『언약과 하나님 나라』는 제목이 가리키고 있듯이, 성경에 나오는 언약들(창조 언약, 노아 언약, 아브라함 언약, 모세-이스라엘 언약, 다윗 언약, 새 언약)에 대한 통시적 이해를 제시한다. 그뿐만 아니라 이 책은 성경의 언약들이 조직신학적 각론(신론, 기독론, 종말론) 등에 어떤 영향을 끼치는가에 관한 이해도 제시한다. 구약 학자인 피터 젠트리가 성경에 나오는 언약들을 역사적으로 고찰한다. 반면에 조직신학자 스티븐 웰럼은 이 언약들의 상호 관계와 그것들 안에 작동하는 일관된 신학적 원리를 추적한다. 이 책은 성경의 구원사가 점진적이고 유기적인 계시로 견인되고 있음을 보여주며 각 언약을 관통하는 하나님의 구속 의지를 잘 드러낸다. 이 책의 두 저자는 성경의 언약들이 결국 하나님 나라를 구현하는 통로요 계기라고 주장한다. 그리고 그들은 이것으로 인해 모든 언약을 관통하는 하나의 주제는 하나님 나라라고 말한다.

이 책은 성경의 언약들에 대한 두 가지 그릇된 입장을 비판적으로 극복하려고 한다. 첫째, 성경의 언약들을 지나치게 파편화하고 구별하며 언약세대마다 하나님의 인류 취급 방법이 다른 것처럼 말하고 심지어 언약들을 조건 언약과 무조건 언약, 행위 언약과 은혜 언약으로 나누거나 또 성경적 언약들 사이에 있는 발전 양상을 구분하지 않고 연속성만 강조하는 경직된 언약신학(17세기 영국과 네덜란드의 옛 언약신학)과 이 언약신학의 일탈적 파생신학인 세대주의 신학을 경계하고 비판한다. 특히 웰럼은 17세기 이후부터 시작된 옛 언약신학자들은 새 언약 시대의 현실들(성령 내주, 그리스도와의 연합)을 구약성경의 언약들에 역투사하거나 구약의 언약들의 실재들을 새 언약을 이해하는 과정에 투사하는 경향을 지적한다. 젠트리와 웰럼에 따르면 구약 성도들에게 경험된 구원의 실재들은 영적 소생과 은혜에 의한 구원, 야웨를 알고 교제하는 경험 그리고 죄용서 경험 등이다. 그러나 구약 시대의 성도들은 신약 시대의 성도들이 누린 성령의 내주 경험이나 그리스도와의 연합 등은 경험하지 못했다.

전체적으로 이 책은 구원사를 세대별로 나누고 인위적인 방식으로 이스라엘 중심의 종말론을 옹호하는 세대주의에 대한 비판에 무게 중심을 둔다. 왜냐하면 두 저자가 보기에는 세대주의가 해석학적으로 그릇되었을 뿐만 아니라 성경의 언약신학적 중심 메시지를 놓치고 있기 때문이다. 저사들은 세대주의 자체는 영국과 네덜란드의 청교도 후예들이 발전시킨 언약신학들의 영향 아래서 발전되어 나왔으나 건전한 구원론과 종말론에서 이탈했다고 생각한다.

이 책의 특징은 세 가지다. 첫째, 이 책은 성경을 관통하는 언약들이 어떻게 하나님 나라 복음을 전달하는 신앙 통로가 되는지를 잘 보여준다. 각각의 언약은 역사적으로 다른 시기에 등장했으나 새 언약을 향해 수렴되고 유기적으로 응집된 하나님의 구속 의지를 매개한다. 둘째, 이 책은 성경의 특정 시기와 특정 언약에 지나친 방점을 찍어 일탈된 종말론에 심취한 사람들에게 적절한 경고가 되며 좋은 길라잡이가 된다. 세대주의적인 친이스라엘 친예루살렘 중심의 재림예수 기대 종파들에게 균형 감각을 찾아줄 것이다. 셋째, 이 책은 구약과 신약이 언약들의 역사를 통해 얼마나 정교하고 유기적으로 연동되고 있는가를 잘 보여준다.

마지막으로 이 추천사에 첨언을 덧붙이고자 한다. 이 책이 정통 개혁교회 신학에 익숙한 독자들이 충분히 동의하지 않을 주장도 개진한다는 점이다. 구약 성도들에게는 신약 성도들에게 경험된 구원의 서정(*ordo salutis*)이 경험되지 못했다고 보는 이 책의 주장은 논쟁의 여지가 있다. 이 두 저자의 주장을 좀 과장하면 모세와 다윗 같은 구약 성도들은 성령의 내주 없이 칭의를 덧입고 그리스도와의 연합됨이 없이 성화를 이루었다고 말하는 셈이다. 이것은 모세와 다윗을 구세주, 구원의 주 예수와 인위적으로 동떨어지게 만드는 것일 수도 있다. 그럼에도 비록 두꺼운 책이지만 이 책은 확실히 정독할 가치가 있는 신앙 양서다.

김회권 \ 숭실대학교 기독교학과 구약학 교수

"구속"에 앞서 "언약"은 매우 고유하고 본질적인 구약의 핵심 신학으로 여겨졌다. 최근의 학자들이 다시금 이 개념에 주목하고 있다. 『언약과 하나님 나라』는 "언약과 하나님 나라"를 성서학의 손에만 맡기지 않고 조직신학과 함께 작업을 이룬 반가운 결과물이다. 그냥 내버려두면 한없이 멀어져 갈 것만 같았던 두 분야인데, 이 저서는 전문적 견지를 잃지 않으며 신뢰할 수 있는 성서학과 조직신학의 협연을 이루어냈다. 이런 만남 뒤에는 역시 신학이란 궁극적으로는 교회의 부름에 응해야 한다는 소명의식이 있었을 것이다. 이 책은 지금 한국의 많은 신학교 강의실에서 탐독해야 할 책이다.

기민석 \ 침례신학대학교 구약학 교수

그리스도인은 누구나 성경 전부를 알고 싶은 열망이 있다. 저자들은 이 열망에 부응하기 위해 언약을 중심으로 언약과 하나님 나라를 통합한다. 이런 작업 위에 한편으로는 세대주의와 언약신학의 타협, 다른 한편으로는 성경신학과 조직신학의 협주가 펼쳐진다. 따라서 이 책은 성경 전부를 알고 싶은 평범한 그리스도인뿐 아니라 본격적으로 신학 작업을 도모하는 사람들에게도 신학을 통합적으로 구성하는 길을 보여준다.

김재윤 \ 아세아연합신학대학교 조직신학 교수

신학사적으로 언제나 치열한 논쟁의 주제가 되었던 "언약과 하나님 나라"의 관계가 이렇게 일목요연하게 정리되어 독자들의 눈앞에 펼쳐지고 있다는 사실 하나만으로도 이 책은 소장할 충분한 가치가 있다. 미국 남침례교단의 탁월한 구약학자와 조직신학자의 환상적이고 치밀한 협업을 통해 『언약과 하나님 나라』가 출간되었다. 이 책의 핵심적 주장은 하나님 나라는 다양한 성경의 언약들을 통해 점진적으로 전개되어 최종적인 완성을 향해간다는 것이다. 서로 다른 학문 분과의 두 학자가 일심으로 이렇게 방대하고도 일관된 주장을 세밀하고 정교하게 펼칠 수 있다는 것 자체가 경이로운 일이다. 하나님 나라의 전개를 논하면서 피치 못하게 마주하게 되는 세대주의에 관한 논의도 탁월하다. 저자들의 주장에 모두 동의하는 것은 아니지만 교파와 교단을 넘어서 성경 전체에 대한 통전적 안목과 조직신학적인 체계적 틀이 필요한 목회자와 신학생들에게 정독을 권한다.

류호준 \ 백석대학교 신학대학원 구약학 교수

언약은 하나님 나라와 더불어 성경을 통전적으로 읽기 원하는 독자에게 매혹적인 주제다. 두 저자는 특히 언약에 대한 개혁주의 언약신학과 세대주의 신학의 견해 차이를 "점진적 언약주의" 또는 "새 언약신학"이라는 중도적 관점으로 극복하려는 성경신학적·조직신학적 시도를 보여준다. 전통적 언약신학의 측면에서 볼 때 이 책은 신구약의 연속성과 불연속성, 언약의 조건성과 무조건성, 그리고 이스라엘과 교회의 관계 등의 이슈를 세대주의와의 대화를 통해 더 넓은 해석적 스펙트럼에서 새롭게 바라보게 하는 기회를 제공한다.

성주진 \ 합동신학대학원대학교 구약학 교수

성경신학자나 조직신학자 모두 "성경이 답이다!"라는 데 동의한다. 그러나 성경을 해석하는 방법에 대해 서로 의구심을 나타내는 경향이 있다. 성경신학자들은 가능한 한 선입견 없이 성경을 해석하기 위해 조직신학이 올바른 성경해석을 방해하지 않을까 염려한다. 특히 그들은 조직신학이 교리를 뒷받침하는 증거 본문으로만 성경 본문을 사용하는 경향을 비판한다. 조직신학자들은 성경의 저자가 성령 하나님이고 "성경이 성경으로 해석된다"고 믿기에, 성경신학이 특정 성경 본문을 구체적인 문맥이나 상황 속에서 너무 자유롭게 해석하는 것은 아닌가 걱정한다. 곧 그들은 마태신학과 바울신학이 서로 다른 신학이 될까 염려한다. 이 책은 구약학자 피터 젠트리와 조직신학자 스티븐 웰럼이 올바른 성경 해석을 위해 성경신학과 조직신학이 어떻게 서로 협력하고 도와야 하는지를 잘 보여준다. 성경신학이든 조직신학이든 모두 "하나님을 아는 지식"으로서의 신학이기 때문이다.

이경직 \ 백석대학교 신학대학원 조직신학 교수

이 귀한 책은 다음 같은 장점이 있다. 첫째, 언약과 하나님 나라를 연결한다. 성경은 결국 언약을 통해서 궁극적으로는 예수님 안에서 이미 임했으나 아직 그 극치에는 이르지 않은 하나님 나라를 계시하는 것임을 잘 보여준다. 둘째, 성경학자와 조직신학자가 같이 한 작업이라는 데 의미가 크다. 성경신학과 조직신학은 늘 함께 손잡고 가야 하는데, 이 책은 이 귀한 일을 잘 시도했다. 셋째, 이 책은 남침례 신학교의 입장에서 언약과 하나님 나라를 연결한다. 달리 말해 이 책은 세대주의를 잘 비판하면서도 온전한 개혁신학적 입장과 또 다른 제3의 입장으로 남침례 신학교의 입장을 잘 드러낸다. 그리고 우리는 이 책의 독특한 주장과 의미 있는 대화를 해야 한다. 나는 이 책에 기본적으로 동감하면서도 또 일부 주장에 대해서는 비판적 거리를 두고 있다. 하지만 독자들이 언약과 하나님 나라의 관계를 잘 정리한 이 책을 읽기를 적극적으로 추천한다.

이승구 \ 합동신학대학원대학교 조직신학 교수

이 책은 성경의 핵심 개념인 언약에 관하여 성경신학과 조직신학이 공동으로 작업한 결과물이다. 저자들은 기존의 세대주의 신학과 언약신학의 주장에 대해 비판적 견해를 취하면서 하나님의 전체 경륜과 성경의 언약들을 "하나로 종합하는" 더 좋은 시도로 "언약을 통한 하나님의 나라"라는 새로운 개념을 소개하고 논증한다. 이 책은 성경에 나오는 언약신학을 철저하게 연구한 대단한 역작임이 틀림없다. 이 분야에 대해 이 책보다 더 방대하고 전문적으로 분석한 책은 지금까지는 없는 것으로 판단된다. 그래서 성경의 언약 개념을 이해하도록 돕는 전문적 연구의 등장이 여간 반갑지 않다. 이 책의 출간은 한국의 신학적 수준을 한 단계 높이는 선구자적 도전이다. 이러한 도전에 이제 한국 기독교인들의 응답이 절실히 요구된다.

차준희 \ 한세대학교 구약학 교수

이 책은 "언약을 통한 하나님 나라"라는 대주제가 성경의 모든 언약을 관통하는 통일성의 원리라는 것을 보임으로써 세대주의 신학과 언약신학의 한계성을 극복하고자 노력했다. 이 책의 중요성은 성경에 대한 부분적 연구의 전문화로 말미암아 상실된 통합적 시각을 회복하여 성경신학과 조직신학의 유기적인 관계를 재조명하는 데 있다. 그뿐만 아니라 이 책은 성경 전체를 조망하면서 언약과 관련한 중요한 많은 신학적 이슈들을 명확하고도 쉽게 제시하는 장점이 있다. 성경에 대한 바른 신학적 접근과 이해를 위해 고민하는 신학도들에게 강력히 추천할 만한 필독서임이 틀림없다.

한상화 \ 아세아연합신학대학교 조직신학 교수

독자는 이 책에서 성경신학과 조직신학이 수렴적 관계로 나아가는 하나의 좋은 예를 볼 수 있을 것이다. 복음주의권의 두 학자 피터 젠트리와 스티븐 웰럼은 언약과 하나님 나라라는 중차대한 신학적 주제를 다루며 성경신학과 조직신학이 상호 간에 어떻게 기여할 수 있는가를 잘 보여준다. 언약신학과 세대주의 신학의 명쾌한 비교가 이 책의 백미다.

황선우 \ 총신대학교 신학대학원 구약학 교수

이 책은 성경 전체의 거시적 이야기의 흐름에 주목하면서 성경의 다양한 언약 사상들이 새 언약에서 절정에 도달하는 하나님의 구원 약속을 성취하는 수단임을 정밀한 주석 작업을 통해 밝히고 있다. 이는 "언약을 통한 하나님 나라"의 신학적 의미를 밝히는 조직신학적 결론과 잘 통합되고 있다. 이 책은 성경과 신학에 묻힌 언약 이해의 깊이에 도달하고자 하는 이들에게 성실한 길잡이가 될 것이다.

홍성혁 \ 서울신학대학교 구약학 교수

이 책의 두 저자인 젠트리와 웰럼은 성경신학이 언약신학과 세대주의 신학 체계를 충분히 알려줄 수 없다고 주장하면서 이 두 신학의 중도, 곧 제3의 길을 제시한다. 우리가 "하나님의 전체 경륜"을 파악하지 못하면 성경을 확실히 이해할 수 없다. 우리는 이 책에서 날카로운 주석과 매우 훌륭한 성경신학의 진수를 발견할 수 있다. 따라서 독자들은 많은 세월 동안 신학의 대화에서 빠질 수 없는 이 책을 꼭 읽어야 한다.

토머스 R. 슈라이너 \ 남침례 신학교 제임스 뷰캐넌 해리슨 신약 해석학 교수

이 책은 해석학적으로 예리하고 주석적으로 엄밀하며 신학적으로도 풍성하다. 달리 말해 이 책은 성경 전체의 메시지와 구조를 일관적으로 제시하는 훌륭한 성경신학 작품이다. 젠트리와 웰럼은 성경신학 분야에서 교과서가 될 만한 책을 저술했다. 이 책은 성경적 계시의 길을 따라가고 싶은 이들에게 충실한 안내자가 될 것이다.

마일스 V. 반 펠트 \ 리폼드 신학교 앨런 벨처 구약신학 및 성경언어 교수

세계적인 성경학자와 훌륭한 조직신학자를 함께 만나면 무엇을 얻을 수 있을까? 여러분 앞에 성경의 정수로 가득 채워진 1,100쪽이 넘는 책이 있다. 여러분은 이 책에서 전체 숲을 조망하면서 꽤 많은 나무도 자세히 살펴볼 수 있다. 이 책은 세대주의 신학과 언약신학의 차이를 중재하고자 애쓴 최초의 책은 아니지만, 관련 논의를 절정으로 이끈다. 이것은 바흐가 바로크 음악을 시작한 최초의 작곡가는 아니지만 바로크 음악을 절정에 이르게 한 것과 같다. 교파를 불문하고 모든 이들은 젠트리와 웰럼이 이 책에서 제시한 주장을 읽어야 한다. 그러나 나는 어떤 거듭난 교인들이 20년 만에 성경을 종합하는 방법의 기초를 이 책에서 배웠다고 주장해도 놀라지 않을 것이다.

조나단 리먼 \ 나인 막스 편집장
*Church and the Surprising Offense of God's Love*의 저자

젠트리와 웰럼은 현재 나와 있는 성경신학 작품에 환영할 만한 책을 하나 추가했다. 이 책의 독보적인 공헌은 두 저자가 역사적 주석과 성경신학 그리고 조직신학을 하나로 결합시킨 데 있다. 이 책은 주석적 통찰력과 성경적인 신학적 드라마 그리고 건전한 조직신학적 결론으로 가득 차 있다. 두 저자가 언약신학과 세대주의 신학의 해석학적 틀에 유효한 대안을 제공하는 것이 특히 중요하다. 이 책을 열렬한 마음으로 추천한다!

스티븐 G. 뎀스터 \ 캐나다 크랜달 대학교 종교학 교수

신학자들은 성경의 언약들 간의 관계를 당연히 성경 해석의 중심 요소로 간주한다. 성경 언약들 간에는 분명히 어느 정도 연속성이 있는데, 그것은 언약들 속에 자기 자신과 자기 뜻을 계시하신 분이 같은 하나님, 곧 아브라함과 이삭과 야곱의 하나님이자 우리 주 예수 그리스도의 아버지이시기 때문이다. 그러나 성경의 언약들 간에는 중대한 불연속성도 분명히 나타나는데, 그것은 성경 자체가 새 언약과 지나간 옛 언약에 관해 말하기 때문이다. 그러면 무엇이 바뀌고 무엇이 바뀌지 않았는가? 젠트리와 웰럼의 이 새로운 작품은 극히 중요한 질문들에 대해 만족스럽고 건전한 답변을 제공한다. 이 주제의 중요성 때문에 그리고 두 저자의 주석적 능력과 신학적 능력으로 두 저자의 답변은 폭넓게 들을 만한 가치가 있다. 독자들에게 이 책을 적극적으로 추천한다!

마이클 A. G. 하이킨 \ 남침례 신학교 교회사 및 성경적 영성 교수

이 책은 하나님의 메시지를 담은 내러티브를 지지하는 구조를 완벽하게 제시하므로 하나님의 말씀을 충실하게 이해하고 싶은 목회자는 이 책을 직접 활용할 수 있을 것이다. 이 언약 연구서는 성경의 메시지를 이해하고 그 메시지를 새 언약 공동체의 삶에 적용하는 틀을 제공한다. 나는 이 연구서를 통해 가르치는 나의 사역에 변화를 가져올 수 있었고, 더 풍성하게 가르치는 것을 개인적으로 경험했다.

조셉 럼브릭스 \ 켄터키 주 윌리스버그 마운트 올리벳 침례교회 목사

이 인상적인 책은 성경의 언약들의 본질을 이해하는 데 크게 공헌한다. 엄밀하게 탐구되고 명확하게 진술되며 과감하게 주장된 이 책의 "점진적 언약사상"의 전제, 곧 세대주의 신학과 언약신학의 중도를 취하는 전제는 언약을 충실하게 다루면서 주석적 깊이와 신학적 엄격함을 결합한다. 그 결과 그것은 신론과 기독론, 교회론 그리고 종말론에 대한 통찰력 있는 반성을 제공한다. 심지어는 견해가 일치하지 않는 지점에서도 다른 사람들에게 성경을 가르치는 자라면 누구나 이 책에서 성경 전체의 신학적 사고의 풍성한 저장소와 계속 다시 돌아갈 매우 소중한 자원을 발견할 것이다.

데이비드 깁슨 \ 스코틀랜드 애버딘 트리니티 교회 목사
*Rich: The Reality of Encountering Jesus*의 공동 저자

Kingdom through Covenant

Peter J. Gentry

Stephen J. Wellum

Kingdom through Covenant

언약과 하나님 나라

피터 J. 젠트리 & 스티븐 J. 웰럼 지음   김귀탁 옮김

새물결플러스

나의 자녀들을 위한 유산

스튜어트 존과 캐시디,

라우라와 스티븐,

조셉 대니얼과 엠마 그레이스에게

－피터 젠트리

여호와께서 증거를 야곱에게 세우시며

법도를 이스라엘에게 정하시고

우리 조상들에게 명령하사 그들의 자손에게 알리라 하셨으니

이는 그들로 후대 곧 태어날 자손에게 이를 알게 하고

그들은 일어나 그들의 자손에게 일러서

그들로 그들의 소망을 하나님께 두며

하나님께서 행하신 일을 잊지 아니하고

오직 그의 계명을 지켜서(시 78:5-7)

우리 언약의 주님께 감사를 드린다

나의 부모님이신 콜린과 요안 웰럼에게

－스티븐 웰럼

차례

3부 신학적 통합

『언약과 하나님 나라』는 성경신학과 조직신학이 서로 유관 학문이라는 확신에 기초해 구성되었다. 확실히 말하자면 조직신학은 성경신학에 근거해야 하고, 성경신학은 다시 문화적·역사적 배경과 언어 자료, 문학적 장치와 기법, 특히 내러티브의 플롯 구조, 즉 하나의 단일한 전체로서 본문을 함축하고 또 하나의 단일한 전체로서 그 본문이 알려주는 포괄적인 이야기를 세밀하게 수반하는 주석에 근거해야 한다. 그리고 이 주장의 반대 주장도 참된 주장이다. 곧 성경 주석과 성경신학은 그 자체가 목적이 아니고, 조직신학을 수행하려는 더 큰 목적을 이루기 위한 하나의 수단이라는 주장도 참이다. 이때 조직신학을 수행하는 더 큰 목적이라는 말은 우리의 생각과 삶 모두가 성경에 사로잡혀 그리스도의 주권에 따르도록 하는 것을 의미한다.

이 책에서 성경신학과 조직신학이라는 학문은 성경의 언약을 새롭게 탐구하고 그와 같은 탐구가 조직신학에 미치는 결과의 의미를 탐구하고자 서로 협력했다. 그래서 성경신학자와 조직신학자가 공동의 작업으로 이 책을 저술했다.

성경신학자인 피터 젠트리(Peter Gentry)가 2부(4장부터 15장까지)에서 구속사 전반에 펼쳐 있는 성경의 언약들을 상세히 설명했다. 또한 이 책의 마지막 부분에 있는 언약에 관한 부록도 작업했다. 이런 장들에 있는 상세한 주석은 중대한 언약 관련 본문과 성경의 언약들을 포괄적 이야기, 곧 과거가 되었든 현재가 되었든 우리 자신의 상상이나 세계관에서 나오는 것이 아니라 성경에서 나오는 이야기에 성경의 언약들을 집어넣는 데 가장 중요한 성경 구절들도 **함께** 취급했다. 젠트리는 성경이 스스로 말하도록 하는 데 심혈을 기울였다. 성경의 언약들은 우리 주 예수 그리스도가 출범시키신 새 언약에서 절정에 달하는 하나님의 계획에 따라 점진적으로 펼쳐지기 때문이다.

스티븐 웰럼은 조직신학자로서 1-3장으로 구성된 1부와 16-17장으로 구성된 3부를 저술했다. 1부에서 그는 조직신학 내에서 이루어지는 언약적 논의에 기초한 성경의 언약들을 설명하는 뼈대를 제공한다. 특히 그는 젠트리가 오늘날 지배적인 두 신학 체계, 즉 세대주의 신학과 언약신학에 반대하는 설명을 제공하는 배경을 준비한다. 그는 이 각각의 성경신학적 체계가 성경의 언약들을 어떻게 이해하는지를 논의한 이후에, 전체 설명에 기초하고 이 두 견해 사이를 중재하고자 할 때 근본적으로 요구되는 중대한 해석학적 문제들을 제시한다. 3부에서 웰럼은 우리가 취하는 **중도적** 견해인 "언약과 하나님 나라"에 대한 "큰 그림"을 요약하고, 조직신학, 특히 신론, 기독론, 교회론, 종말론을 연구할 때 이 견해가 갖게 되는 몇 가지 함축적 의미를 도출한다.

우리가 이 책을 마치고 최종적으로 출간하기 직전에, 이 책에서 다룬 동일한 주제와 관련한 중요한 많은 작품이 등장했다. 우리는 이 작품들에 대해 간략한 의견을 이야기하는 것이 좋을 것 같다. 그중 한 작품이 스캇 한(Scott W. Hahn)의 『언약을 통한 왕권: 하나님의 구원 목적에 대한 정경적인 접근』(*Kingship by Covenant: A Canonical Approach to the Fulfillment of God's Saving Purposes*, Yale, 2009)이다. 비록 지금은 자신이 로마 가톨릭 교도임을 고백하기는 해도, 스캇 한은 고든-콘웰 신학교에서 교육을 받았고, 거기서 성경신학에 대한 훌륭한 예비 지식을 갖추었다. 스캇 한의 작품은 신약성경에 더 중점을 두고 있지만, 우리의 작품은 구약성경에 중점을 두고 있고, 신약성경이 구약성경의 사상과 어떻게 직결되어 있는지에 집중한다. 구약의 언약들을 다루는 스캇 한의 주석은 성경 본문을 엄밀히 주석하는 데 주력하기보다는 왕의 하사 대 종주-봉신 조약이라는 고대 근동의 범주들을 따른다.

또 다른 작품은 제임스 해밀턴(James M. Hamilton)의 『심판을 통한 구원 속에 나타난 하나님의 영광: 성경신학』(*God's Glory in Salvation through*

Judgment: A Biblical Theology, Crossway, 2010)이다. 해밀턴은 정확히 성경 본문들의 통일성을 강조하고, 성경신학의 중심 개념을 주장한다. 즉 그는 "심판을 통한 구원에 나타난 하나님의 영광"이라는 개념이나 주제가 성경 전체를 통합하고, 성경의 부분들 또는 개개의 본문들이 그 개념을 언급하지 않고는 이해될 수 없는 바로 **그** 주제라고 주장한다. 우리는 해밀턴이 성경 본문들의 통일성을 강조하는 것에는 동의하지만, "심판을 통한 구원에 나타난 하나님의 영광"을 성경의 중심 주제로 보는 것에는 찬성하지 않는다. 우리는 "심판을 통한 구원"이 성경의 **한** 주제, 아니 사실은 큰 주제라는 것은 부인하지 않는다. 그렇지만 다른 주제들을 무시하고 **그** 주제만을 강조하는 것에는 동의하지 않는다. 나아가 해밀턴은 성경의 언약들과 그 언약들의 전개와 점진적 성격 또는 성경의 언약들이 성경의 줄거리에 어떻게 전체 하부 구조를 제공하는지에 대해서는 큰 관심을 기울이지 않는다. 그렇지만 성경의 언약들 간의 관계를 통찰하지 않고서는 성경 자체의 체계 안에 있는 (intrasystematic) 범주들을 충분히 파악하지 못하고 하나님의 종합 계획에서 성경의 부분들이 전체와 어떻게 관련이 있는지도 파악할 수 없다는 것이 우리의 주장이다. 성경의 포괄적인 그 주제를 주장하기 전에, 먼저 성경의 언약들의 점진적 본질과 성경의 언약들의 그리스도 안에서의 성취 및 완성에 대한 사실을 파악하는 데 힘써야 한다.

세 번째 작품은 그렉 니콜스(Greg Nichols)의 『언약신학: 개혁파 침례교의 관점』(*Covenant Theology: A Reformed Baptist Perspective*, Solid Bround Christian Books, 2011)이다. 이 작품은 고전적 언약신학에서 발견되는 표준 견해의 내용을 대부분 가정하고, 그것을 침례교 신학에 비추어가며 고전적 언약신학의 내용을 수정하는 데 주력한다. 그러나 지난 50년 동안의 연구는 문화와 언어 그리고 문학적 구조에 대한 정보를 제공하고 있어서 새로운 (*de novo*) 주석을 가능케 하고 필요로 한다.

네 번째 작품은 평신도에게 구약신학을 소개하는 입문서로 산드라 리히터(Sandra Richter)의 『에덴 이야기: 구약성경으로 들어가는 기독교의 통로』(*The Epic of Eden: A Christian Entry into the Old Testament*, InterVarsity Press, 2008)다. 리히터는 아담과 노아와 아브라함, 모세, 그리고 다윗을 언약들과 역사 시기들의 핵심 인물로 사용한다. 따라서 그녀는 우리가 주장하는 것과 같이 성경의 언약들이 구약성경의 플롯 구조의 열쇠라고 주장한다. 리히터의 작품의 범주는 우리 작품의 범주보다 좁고, 둘 사이에 나타나는 주석의 차이는 매우 커서 우리의 작품에서 그녀의 견해를 옹호할 수 없는 것만큼 그녀의 작품에서도 우리의 견해를 옹호할 수 없다.

마지막으로 [2011년] 11월에 비일(G. K. Beale)의 대작 『신약성경신학』(*A New Testament Biblical Theology*, Baker, 2011)이 출간되었다. 비일의 작품과 우리의 작품을 비교해보면 이 서언에서 이야기할 수 있는 것보다 훨씬 더 많은 이야기가 필요하다. 하지만 비일의 접근법과 우리의 접근법의 한 가지 차이는 비일은 우리보다 성경의 줄거리를 밝히는 방법에 더 중점을 두고 있다는 것이다. 비일은 창세기 1-3장의 "사상" 또는 "주제"와 창세기 1-3장에 기초한 이후의 패턴들이 성경의 줄거리를 구성한다고 주장한다. 비일의 메타내러티브는 본질상 창조와 심판 그리고 새 창조로 판명된다. 비일은 그것을 다음과 같이 요약한다.

> 구약성경은 다음과 같은 일을 하시는 하나님에 대한 이야기다. 곧 하나님은 죄악 된 사람들 전부를 지배하는 혼돈에서 새로 창조한 하나님 나라를 점진적으로 다시 세우신다. 그분은 하나님의 말씀과 영으로 이 일을 하신다. 하나님은 죄악 된 사람들에게 약속과 언약을 주셨고 구속하셨다. 그리고 그분은 신실한 자들이 이 하나님 나라를 확장하고, 그리고 신실하지 못한 자들에게는 심판(패배와 포로)이 있을 것이라는 것을 전 세계에 전하라는 사명을 주신다. 하나님은 이 모든 일을 그분의 영광을 위해 하신다(87쪽).

우리는 먼저 비일의 작품에 유익하고 올바른 내용이 많다는 것을 인정한다. 비일의 작품은 풍성한 통찰로 가득 차 있고 조심스럽게 숙고해볼 가

치가 있다. 비일은 창세기 1-3장의 언약을 올바르게 인정하고, 아담의 사명
이 노아와 아브라함 그리고 이스라엘로 이어진다고 말한다. 그럼에도 성경
의 언약들에 대해서는 세부적인 설명을 제공하지 않는다. 대신 그는 창조와
새 창조를 성경의 주요 주제로 다룬다. 하지만 우리의 견해에 따르면 창조
와 새 창조는 성경의 플롯 구조 자체가 아니라 그 구조의 북엔드로 작용하
는 것에 불과하다. 비일은 창조와 새 창조 **사이의** 플롯 구조를 적합하고 적
절하게 전개하는 일에 언약들을 사용하지 못한다. 우리가 구속사를 관통하
며 전개하는 것처럼 정경이 단순히 창세기 1-3장의 패턴과 주제들을 반복
해서 제공하지 않는다. 대신 성경의 언약들은 정경의 구조를 제공하고 성경
의 줄거리를 점진적으로 밝힌다. 그리고 이 언약들을 세부적으로 탐구하는
것은 그리스도를 중심으로 한 하나님의 영원한 구원 계획을 이해하는 데 꼭
필요하다. 각각의 언약은 먼저 자체의 역사적/본문적 배경에서 조명되고,
이어서 상호텍스트적으로, 그리고 정경적으로 조명되어야 한다. 우리가 진
실로 하나님의 전체 경륜, 특히 우리 주님이 출범시키신 새 언약의 영광을
파악하려면 말이다. 이런 이유로 우리는 이 주제와 관련한 비일의 설명이
자신의 작품의 결론에 이르렀을 때 잘못된 결론으로 이어진다고 확신한다.
비일은 그리스도와 새 언약 안에서 정점에 달하는 언약의 점진적인 전개를
세밀하게 다루지 않기 때문에, 우리는 그가 일요일[주일]을 기독교 안식일
로 잘못 간주한다고 생각한다. 비일은 일요일을 새 창조의 표징으로 보고,
안식일을 첫 창조와 (지금은 폐지된) 옛 언약의 표징으로 이해한다. 또한 그
는 새 언약의 표징과 아브라함 언약의 표징인 할례를 혼동하면서 유아세례
를 찬성한다. 이것들은 언약들과 언약의 표징들처럼 구별되고 분리된다. 따
라서 안식일과 세례가 언약적인 배경 속에서 그리고 그리스도 안에서 성취
되는 것과 관련해서 충분히 설명되지 않는다. 결론적으로 비일은 정교하게
다듬어야 할 언약신학의 과제를 남겨놓는다. 곧 우리는 성경 자체의 계시에
따라 성경의 언약을 수정하는 일이 언약신학의 과제라고 확신한다.

우리는 이 방대한 연구를 진행하면서 동료와 가족 그리고 학생들의 도

움을 많이 받았다. 우리는 초고 전체나 부분들을 읽고 유용한 반응을 보여주며 소중한 의견을 제시해준 것에 대해 동료 교수인 대니얼 블록, 스티븐 뎀스터, 스티븐 켐프, 톰 슈라이너, 찰스 할턴, 마일스 반 펠트, 그리고 그렉 앨리슨에게 감사를 전한다. 나아가 여러 가족과 학생들도 다양하게 도움을 주었다. 그중 특히 바바라 젠트리, 로라 뮤직, 존 미드, 제이슨 패리, 브렌트 파커, 앤드류 케이스, 브라이언 데이비슨, 조셉 룸브릭스, 칩 하디, 리처드 루카스, 매트 디키, 우체 아니조르, 앤드류 맥클러그에게 감사를 전한다. 또한 연구에 필요한 자료들을 열람하도록 배려해준 폴 로버츠와 남침례 신학교의 도서관 직원들에게도 감사의 인사를 드린다.

마지막으로 한 가지 언급할 사항은 이 책의 헌정과 관련된 것이다. 피터 젠트리는 이 책을 그의 자녀와 손주들에게 헌정한다. 피터는 자신이 괴팅겐에서 출간할 『70인역: 전도서』(*Septuaginta: Ecclesiastes*)를 그의 부모에게 헌정한다. 노옴 젠트리와 마그 젠트리는 하나님의 말씀을 부지런히 연구하도록 사랑으로 격려해주었다. 시편 78편의 한 본문을 보면 "증거"(에두트)와 "법도"(토라)가 동의어로 구약성경에서 언약을 가리키는 데 사용된다. 하나님은 언약의 가르침을 이전시키는 것을 언약 공동체 곧 가정에 맡기셨다. 우리는 이전해야 할 큰 유산을 갖고 있다.

스티븐 웰럼은 이 책을 그의 부모에게 바친다. 우리는 모두 우리보다 앞서 살았던 사람들 곧 자기 시대에 신실한 삶을 살고, 하나님의 말씀을 굳게 고수하며, 하나님의 말씀을 다음 세대에 이전시킨 사람들의 도움을 받았다. 나의 경우를 보면 나(스티븐)는 나의 부모인 콜린 웰럼과 조안 웰럼에게 큰 도움을 받았다. 그분들은 자신들의 삶과 자기 자녀들을 양육하는 일을 분명하게 완수하셨다. 오늘날 내가 여기까지 올 수 있었던 것은 나의 부모님이 내게 보여주신 모범적인 모습 때문이다. 그분들은 하나님께 신실했고, 자녀들에게 하나님의 말씀을 사랑하라는 가르침을 행동으로 보여주셨으며, 희생적인 사랑의 모습을 매우 다채롭게 보여주셨다. 또한 그분들은 "하나님의 전체 경륜"을 자세하게 설명해주는 사역을 감당하는 지역 교회로 자녀를 인도하겠다는 신념을 가지셨고, 자기 자녀들에게 가르친 것을 가정에서 그대로 실천하셨다. 그리고 한평생 하나님의 은혜에 대한 지속적인 증거로서 부모를 주신 것에 대해 우리 언약의 삼위 하나님께 감사를 바친다.

마지막으로 우리는 이 책을 통해 사람들이 성경의 언약들을 더 깊이 통찰할 수 있고, 또 하나님의 거룩한 백성-그분에게 온전히 헌신하고 신실한 자-으로서 우리의 크신 언약의 하나님을 알고 사랑하며 섬기도록 인도를 받길 기도한다.

피터 J. 젠트리

스티븐 J. 웰럼

괴팅겐과 루이빌 그리고 토론토 사이에 있는 창공에서

약어표

AOAT   Alter Orient und Altes Testament

EV(V)   English version(s)

GKC   *Gesenius' Hebrew Grammar*, ed. E. Kautzsch, rev. A. E.
           Cowley. 2nd English ed. (Oxford, 1910)

HALOT   *The Hebrew and Aramaic Lexicon of the Old Testament*,
           ed. L. Koehler and W. Baumgartner, et al., trans. M. E. J.
           Richardson, study edition, 2 vols (Leiden: Brill, 2001)

JETS   *Journal of the Evangelical Theological Society*

JSOT   *Journal for the Study of the Old Testament*

JSOTSup   Journal for the Study of the Old Testament: Supplement
           Series

MT   Masoretic Text

NDBT   *New Dictionary of Biblical Theology*, ed. T. D. Alexander,
           Brian S. Rosner, D. A. Carson, and Graeme Goldsworthy
           (Downers Grove, IL: InterVarsity Press, 2000).

NSBT   New Studies in Biblical Theology

SBJT   *The Southern Baptist Journal of Theology*

s.v.   *sub verbo* (이 단어 아래 항목을 참조)

TDOT   *Theological Dictionary of the Old Testament*, edited by G.
           Johannes Botterweck, Helmer Ringgren, and Heinz-Josef
           Fabry, 15 vols (Grand Rapids, MI: Eerdmans, 1986-2006).

WBC   Word Biblical Commentary

* 히브리 본문에 있는 별표는 MT(마소라) 본문에 있는 Qere를 표시한다.

Kingdom
through
Covenant

1부

서론

1장

성경신학과 조직신학에서 언약의 중요성

언약이라는 개념은 성경 이야기에서 근본적인 요소다. 가장 기본적으로 언약은 하나님께서 남자와 여자를 그분의 형상으로 창조하시고, 그 관계 속으로 들어가기를 바라는 그분의 열망을 보여준다. 이것은 반복적으로 나타나는 "나는 너희의 하나님이 되고 너희는 내 백성이 될 것이니라"(출 6:6-8; 레 26:12 등)라는 언약의 후렴구에 반영되어 있다. 언약은 창조자와 창조물의 관계에 관한 모든 것이다. 이런 생각은 단순해 보일 수 있다. 그러나 하나님과 인간의 언약 및 언약 관계가 가진 의미는 엄청나게 방대하다.[1]

이 책의 목적은 다음과 같은 두 가지 주장을 증명하는 데 있다. 첫째, 우리는 "언약"이라는 개념이 성경의 내러티브 플롯 구조에서 얼마나 중요한 역할을 하는지를 보여주고자 한다. 둘째, 우리는 기독교 신학에 수많은 중대한 신학적 차이가 존재하고 이런 차이들의 해소는 성경의 언약들이 전개되고 서로 어떻게 관련이 있는지에 관한 이해와 직결되어 있음을 보여주고자 한다. 우리는 첫 번째 주장과 관련해서 언약이 성경신학의 중심이라고 주장하는 것이 **아니다**. 대신 우리는 언약이 성경의 메타내러티브의 뼈대를 구성하고 그래서 "하나님의 전체 경륜"(행 20:27)을 정확히 이해하기 위해서는 정밀하게 "성경의 언약들을 하나로 통합하는" 것이 본질적이라고 주장한다.[2] 마이클 호튼(Michael Horton)은 성경의 언약들에 관해 다음과 같이 말하

---

1   Alistair I. Wilson and Jamie A. Grant, "Introduction," *The God of Covenant: Biblical, Theological, and Contemporary Perspectives,* ed. Jamie A. Grant and Alistair I. Wilson (Leicester, UK: Apollos, 2005), 12.

2   우리는 지금 성경신학의 중심이 무엇인지에 관한 골치 아픈 문제를 다루고 싶지 않다. 학자들이 성경신학의 중심과 관련해서 많은 견해를 제시했지만, 결론적으로 말하면 모두 환원주의로 빠지는 경향이 있다. 예컨대 다음 자료들의 설명과 주장을 보라. Gerhard F. Hasel, *Old Testament Theology: Basic Issues in the Current Debate,* 2nd ed. (Grand Rapids, MI: Eerdmans, 1991); G. K. Beale, "The Eschatological Conception of New Testament Theology," *"The Reader Must Understand": Eschatology in Bible and Theology,* ed. K.

면서 이 점을 멋지게 포착한다. "성경의 언약들은 건물의 구조다. 우리는 성경 자체가 이 건물의 구조를 세운다고 생각한다.…성경의 언약들은 단순히 언약의 개념으로 이루어진 것이 아니라, 하나님께서 우리 인간과 맺으신 언약의 관계가—우리가 성경의 다양성과 통일성을 인식할 수 있는—역사에서 구체적으로 나타난 것이다."[3] 우리가 주장하는 것처럼 성경의 언약들의 본질을 올바르게 파악하지 못하고 언약들이 서로 어떻게 관련이 있는지를 적절히 이해하지 못하면, 우리는 성경의 메시지를 정확히 이해하지 못할 것이다. 그 결과 우리는 우리 주 예수 그리스도 안에 중심을 두고 그분에게서 정점에 이르는 하나님의 자기계시도 정확하게 이해하지 못할 것이다.

이것은 분명하게 새로운 통찰은 아니다. 특히 언약의 중요성에 대해 상세히 글을 쓰고 자기들의 신학을 "언약" 개념에 따라 구축한 개혁파 전통에 속한 학자들에게는 결코 새로운 통찰이 아니다.[4] 사실 다양한 기독교 신학 중 거의 모든 신학은 성경의 언약들이 성경의 이야기를 하나로 묶는 중심 뼈대를 이루고 있다는 사실을 인정한다. 그리스도께서 오시고 초기 교회가 출범한 이후로, 그리스도인들은 언약들 간의 관계, 특히 옛 언약과 새 언약의 관계를 파악하는 데 힘을 쏟았다. 사실상 언약에 관한 씨름과 논쟁을 제

E. Brower and M. W. Elliott (Leicester, UK: Apollos, 1997), 11-52; James M. Hamilton, *God's Glory in Salvation through Judgment: A Biblical Theology* (Wheaton, IL: Crossway, 2010). 우리의 주장은 다음과 같이 매우 간명하다. 사람들이 성경의 언약들은 성경의 메타내러티브의 뼈대를 구성한다는 것과 성경에 나오는 각각의 언약은 그 자체의 역사적 배경과 그리스도 안에서 이루어진 모든 언약의 성취와의 관계 속에서 이해하지 않으면, 우리는 결국 성경의 종합적 메시지를 오해하게 된다.

3 Michael S. Horton, *God of Promise: Introducing Covenant Theology* (Grand Rapids, MI: Baker, 2006), 13. 『언약신학』(부흥과개혁사 역간).

4 우리가 2장에서 좀 더 상세히 살펴볼 것처럼 개혁파 신학 또는 "언약신학"은 "언약"이 성경의 구조의 핵심이고, 따라서 신학의 모든 일에 중심이 된다고 올바르게 이해했다. 실제로 Horton은 *God of Promise*의 11장에서 그것을 다음과 같이 진술한다. "**개혁파** 신학은 **언약**신학과 같은 뜻이다." 하지만 개혁파 신학만이 이런 주장을 한 것은 아니다. 모든 기독교 신학은 올바르게 언약을 중심으로 성경이 전개되는 방식과 우리가 우리 주 예수 그리스도가 새 언약의 머리로서 이루신 것을 생각했다.

외하면, 초기 교회의 많은 논쟁은 파악이 거의 불가능하다. 예를 들어 신약 성경에서 유대인-이방인 관계(마 22:1-14과 평행본문; 행 10-11장; 롬 9-11장; 엡 2:11-22; 3:1-13), 언약 논쟁을 중점에 두고 있는 유대주의자들의 주장(갈 2-3장), 예루살렘 회의의 소집 이유(행 15장), 교회 안에 공존하는 강한 자와 약한 자에 대한 논란(롬 14-15장), 그리스도께서 오신 이후로 옛 언약을 마주 보고 사는 법이 교회에 주는 함축성(마 5-7장; 마 15:1-20과 평행본문; 행 7장; 롬 4장; 히 7-10장)이 얼마나 중요한지 생각해보라. 사실상 이 모든 문제는 간단히 말해 교회가 언약의 변화 곧 옛 언약에서 새 언약으로의 변화와 그리스도의 오심으로 일어난 성취의 본질을 붙들고 씨름할 때 파생된 것들이다.

그리스도인들이 성경의 언약들 간의 관계를 이해하는 방법은 다양했다. 이것이 우리가 다양한 신학 체계를 갖고 있는 이유 중 하나이고, 현대의 맥락에서는 세대주의 신학과 언약신학이 그런 모습을 가장 잘 보여준다. 물론 성경의 언약들 간의 관계를 이해하는 방법이 이 두 견해에 제한되는 것은 결코 아니다. 세대주의 신학과 언약신학은 "성도에게 단번에 주신 믿음"(유 1:3)이 중심 문제라는 사실에 대해서는 서로 일치하지만, 그것들은 많은 문제에 있어 다르다. 결국 그것들은 성경의 언약들의 본질과 이 언약들이 서로 어떻게 관련이 있는지에 대해 다른 견해를 취한다. 따라서 성경 이야기가 아담에서 아브라함을 거쳐 시내산으로 이어지고, 궁극적으로 새 언약의 약속의 도래를 예수의 십자가 사역(눅 22:20; 고전 11:23-26)과 연계시키는 것에는 일치가 있지만, 성경의 언약들을 어떻게 "종합할지"에 대해서는 불일치한다. 이 불일치는 불가피하게 다른 문제들을 파생시킨다. 특히 옛 언약이 새 언약 시대의 신자인 우리에게 오늘날 어떻게 적용되는지에 대한 문제를 일으킨다. 이것과 관련해서 우리가 그리스도인들 사이에서 발견하는 중요한 차이점들은 안식일과 구약의 율법을 오늘날의 국가에 적용하고, 다양한 도덕적 금지 명령을 적용하는 것을 포함하여 다른 여러 문제와 관련이 있다.[5]

이런 이유로 성경의 언약들을 정확히 "하나로 종합하는 것"이 성경신학 및 조직신학의 연구에서 중요하고, 우리가 다양한 교리 분야와 관련해, 성경에서 이끌어낸 신학적 결론에서도 중요하다. 우리가 기독교 신학에 존재하는 각기 다른 견해들, 특히 세대주의 신학과 언약신학의 불일치를 해소하고자 한다면, 우리는 성경의 언약들의 본질과 이 언약들의 상호 관계를 어떻게 이해할 것인지의 문제를 전면에 부각시켜야 하고, 이 문제를 단순히 추정하는 것으로 그쳐서는 **안 된다**. 우리는 정경으로 인정받는 성경 66권 전체에 걸쳐 있는 성경의 언약들을 이해하는 현재의 방식들, 특히 세대주의 신학과 언약신학(그리고 그 신학에서 파생된 다양한 분파)의 이해 방식이 아주 정확하지 않다고 확신한다. 그래서 우리는 이 두 신학 전통에서 배웠지만 그 전통들에 대해 다시 생각하고 그것들을 중재하는 다른 방식, 곧 중도(*Via media*)를 독자들에게 제시하는 것이 우리에게 지금 필요하다고 생각한다. 우리는 그 안에 담긴 언약 관계를 더 잘 이해할 수 있는 방법이 있고, 이 방법은 성경 전체를 더 의미 있게 이해시키며, 결과적으로 우리가 신학적

---

5   성경의 언약들 간의 관계와 관련한 관점의 차이는 다양한 기독교 신학 체계들을 분리시킨다. 그뿐만 아니라 그것은 1세기에 그리스도인과 유대인이 어떻게 서로 다른지를 보여준다. 특히 그리스도인과 유대인이 모세 언약과 그리스도의 오심 사이의 관계를 어떻게 다르게 생각했는지를 보여준다. 1세기에 유대교는 율법을 불멸하고, 불변하며, 영원한 것으로 간주했다(예를 들어, 『솔로몬의 지혜』 18:4, 『아피온 반박문』 2.277, 『모세 승천기』. 2.14, 『희년서』 1:27, 3:31, 6:17). 하지만 바울은 율법-언약을 유대인과 다르게 해석한다. 예를 들어 바울은 모세 오경의 줄거리 안에 율법을 위치시킨 것과 관련해 논증을 펼치면서 율법-언약의 중요성을 상대화시킨다(갈 3:15-4:7). 땅의 모든 족속이 아브라함의 후손으로 말미암아 복을 받게 될 것이라고 아브라함에게 주어진 언약은 모세 시대보다 **앞서 주어지고** 그 이후에 여러 세기가 지난 후 율법이 주어진다. 하지만 모세 오경에서 율법에 많은 지면이 할애되거나 이스라엘 역사 속에서 율법이 아무리 큰 역할을 맡았더라도, 아브라함과 맺은 언약은 율법이 주어졌다고 무효화될 수 없다(갈 3:17). 그러면 율법의 목적은 무엇이었는가? 궁극적으로 신약성경 전체는 율법의 기능이 우리를 그리스도에게 인도하는 데 있었다고 주장한다(참조. 롬 3:21). 분명히 율법-언약에 대한 이런 식의 기독교적 해석은 유대교의 해석과는 근본적으로 차이가 있다. 이 점에 관해서는 D. A. Carson, "Systematic Theology and Biblical Theology," *NDBT*, 89-104과 "Mystery and Fulfillment: Toward a More Comprehensive Paradigm of Paul's Understanding of the Old and the New," *Justification and Variegated Nomism: Volume 2— The Paradoxes of Paul,* ed. D. A. Carson, P. T. O'Brien and M. A. Seifrid (Grand Rapids, MI: Baker, 2004), 394-436을 보라.

차이들을 더 잘 해소하도록 도움을 줄 것이라고 확신한다. 교회 역사가 경고하는 것처럼, 이런 목표가 너무 야심 찬 것이라면, 최소한 우리의 목표는 66권의 성경을 그 안에 담긴 언약들과 하나로 종합하는 방식과 관련해 우리 스스로가 더 잘 인식하도록 하는 것이다. 그렇게 함으로써 우리가 다양한 교리 분야에서 우리의 기본적인 신학적 신념들을 비교하고 대조할 때 그리스도인들 간의 토론이 더 유익하게 나타날 수 있기를 바란다.

"언약을 통한 하나님 나라"가 성경의 내러티브 플롯 구조에 중심이 된다는 것이 우리의 제안이다. 우리는 다음 장에서부터 "언약을 통한 하나님 나라"의 내용을 세부적으로 전개하고자 한다. 우리가 우리의 견해를 "언약을 통한 하나님 나라"라고 말하고 최근의 복음주의 논의 지형에 그것을 위치시킨다면, 우리의 견해는 폭넓게 "새 언약신학"[6] 또는 더 좋은 용어로 표현하면 "점진적 언약주의"[7](progressive covenantalism)로 불리는 사상의 범주에 포

---

[6] "새 언약신학"이라는 이름의 범주 아래 방대한 양의 문헌이 존재한다. 우리는 이 모든 문헌을 지지하지는 않는다. 다만 다음 문헌들은 연구할 때 참조하면 좋을 것이다. Tom Wells and Fred Zaspel, *New Covenant Theology* (Frederick, MD: New Covenant Media, 2002); Thomas R. Schreiner, *New Testament Theology: Magnifying God in Christ* (Grand Rapids, MI: Baker, 2008); Jason C. Meyer, *The End of the Law: Mosaic Covenant in Pauline Theology* (Nashville: B&H Academic, 2009); John G. Reisinger, *Abraham's Four Seeds* (Frederick, MD: New Covenant Media, 1998); Steven Lehrer ed, *Journal of New Covenant Theology*; A. Blake White, *The Newness of the New Covenant* (Frederick, MD: New Covenant Media, 2007). 또한 Michael F. Bird, "New Testament Theology Re-Loaded: Integrating Biblical Theology and Christian Origins," *Tyndale Bulletin* 60/2 (2009): 265-291도 보라. 비록 "새 언약신학"이라는 이름을 취하지는 않는다고 해도, Bird는 자신의 견해가 "새 언약신학"의 범주 안에 있는 것으로 본다. 그는 새 언약의 출범은 곧 **"새로운 구속사 시대와 옛 언약의 경륜 사이에 연속적이지만 변화된 관계**가 있음"을 함축한다고 올바르게 주장한다(284, 강조는 Bird의 것이다). 신약성경 저자들은 이스라엘 이야기가 교회 이야기로 계속 이어진다고 가정한다. 하지만 동시에 그리스도의 인격과 사역으로 새 언약이 옛 언약보다 우월하기 때문에 강력한 불연속성 요소가 존재한다는 것도 강조한다.

[7] "점진적 언약주의"(progressive covenantalism)라는 명칭은 Richard Lucas가 우리에게 제안한 것이다. Lucas는 현재 켄터키 주에 있는 남침례 신학교 박사과정 연구생이다. 비록 "점진적 언약주의"라는 말이 새로운 명칭이기는 해도, 우리의 기본 주장을 적절하게 포착하고 있다. "점진적"이라는 말은 하나님의 계시의 진행 또는 전개가 옛 것에서 새 것으로 점진적으로 나아가는 것을 강조하려는 의미가 있다. "언약주의"라는 말은 모든 언약이 그리스도 안에서 그리고

함되는 것이 적절한 것 같다. 하나의 칭호를 사용해서 어떤 견해를 설명할 때 발생하는 문제는 우리가 그 범주 안에 있는 모든 주장에 전적으로 동의하지 않는다는 데 있다.

우리의 견해를 "점진적 언약주의" 혹은 일종의 "새 언약신학"이라고 부를 때, 우리는 다음과 같은 두 가지 점을 강조하고자 한다. 첫째, 점진적 언약주의는 세대주의 신학과 언약신학의 중도(via media)라 할 수 있다. 그것은 이 두 가지 신학 중 어느 한 가지 신학을 전적으로 지지하거나 또는 완전히 부정하지도 않는다. 둘째, 우리는 성경의 언약들을 통해 하나님의 구속 사역을 살펴볼 때 발견되는 하나님의 계획의 **통일성**을 강조한다. 우리는 다른 언약들을 배제하고 새 언약에만 초점을 맞추는 데 관심이 없고, 오히려 성경에 나오는 각각의 언약과 그 언약 전체를 조망하는 데 관심이 있다. 하지만 하나님께서 오랜 시간 동안 언약을 통해서 그분의 영원한 계획을 우리에게 점진적으로 계시하셨다는 사실을 고려하면, 우리가 하나님의 계획을 정확하기 이해하기 위해서는 각 성경의 구속사적·역사적 맥락 안에서, 곧 그 언약 이전에 있던 사건과 그 이후에 있었던 사건과 관련해서 각각의 언약을 이해해야 한다. 이렇게 할 때 비로소 우리는 하나님이 계시하시는 계획을 바로 파악할 수 있다. 그뿐만 아니라 우리는 그런 계획이 그리스도 안에서 절정에 이르고 완성되며, 신학적 함의를 가진 새 언약의 시작으로 이어지는지를 발견할 수 있다(히 1:1-3; 7:1-10:18; 참조. 엡 1:9-10). 나아가 지금 우리가 그리스도의 영광스러운 사역의 성취와 관련해서 살고 있음을 고려하면, 우리는 우리의 주님이 시작하신 새로운 언약의 실재와 그분이 그것을 성취하신 렌즈를 통해 이전의 언약 모두를 포함해 성경 전체를 우리에게 적용해야만 한다. 바로 이것이 우리의 견해를 "점진적 언약주의" 또는 "새 언약신학"이라고 말하는 이유다.[8] 그러나 우리의 견해와 관련된 특정한 명칭

약속된 새 언약 시대의 도래로 종결되고 정점에 달해 성취되기 때문에 하나님의 전체 구속사가 이 언약들을 통해 펼쳐지는 점을 강조하려는 의미가 있다.

과 상관없이, 우리의 의도는 성경의 언약들의 본질과 그리스도 안에서 맺어진 새 언약과 성경의 언약들의 관계를 이해하는 다른 방법을 제공하는 데 있다. 우리는 다양한 신학적 주제와 관련한 이 견해의 몇 가지 함축적 의미에 대해 설명하고자 한다. 성경의 언약들에 대한 이해가 전체 성경을 "하나로 종합하는" 방식에 대해 매우 근본적인 역할을 행하기 때문이다. 결론적으로 성경신학과 조직신학에서 실제 연구하는 우리의 방법은 성경의 언약들이 하나님의 일관된 구속 계획에서 어떻게 펼쳐지고, 또 어떻게 서로 관련이 있는지에 크게 영향을 받는다.

우리의 방법은 성경신학과 조직신학을 위해 성경의 언약들의 중요성을 확립하면서 연구를 시작한다. 이러한 점을 진술할 수 있는 방법이 여러 가지가 있지만, 우리는 복음주의 신학 안에 있는 두 개의 중요한 신학 체계(세대주의 신학과 언약신학)의 배경에서 성경의 언약들을 논의하는 방식으로 이 점을 진술할 것이다. 세대주의 신학과 언약신학은 (각자가 가진 다양한 특징과 함께) 성경을 하나로 묶을 수 있는 방법을 복음주의자들에게 제공한다. 이 두 신학은 성경의 메타내러티브를 이해하는 방식을 제공하는 해석적 틀이 되려고 한다. 이런 방식으로, 세대주의 신학과 언약신학이라는 두 체계는 성경신학, 즉 "전체-성경신학"의 본보기로 기능한다. 그리고 그다음에 전체-성경신학은 다양한 조직신학적 결론으로 이어진다. 하지만 각 체계는 복음의 핵심 문제들뿐만 아니라 복음주의자들을 분리시키는 중요한 신학적 문제들에 대해서도 아주 다른 결론을 도출한다는 사실이 사람들에게 잘 알려져 있다. 특히 우리는 교회론이나 종말론 같은 교리 분야에서 이런 차이가 있음을 안다. 그렇지만 우리가 앞으로 연구를 통해 논증하려는 것처

---

8 우리의 견해를 "침례교 신학"으로도 생각할 수 있다. 우리는 우리의 견해가 다른 어떤 교파의 교회론이 아니라 침례교의 교회론에 가장 적합한 기반을 제공한다고 믿기 때문이다. 하지만 우리의 견해는 교회론과 관련된 함축성 그 이상의 것을 갖고 있고, 침례교는 하나님의 주권, 구원론, 종말론과 같은 문제들과 관련해서 우리와 다른 견해를 갖고 있어서, "점진적 언약주의"가 우리의 견해에 더 적합한 표현이다.

럼, 이런 차이는 교리 분야의 문제에 한정되지 않는다. 따라서 성경의 언약들의 중요성을 확립하는 것이 도움이 된다. 특히 세대주의 신학과 언약신학의 렌즈를 사용해 언약을 이해하고, 이 두 체계가 언약을 이해하는 것과 관련해 어느 부분에서 서로 다른지를 인식하면서 말이다. 이런 방식으로 우리의 주장은 교회 안에서 현재 통용되고 있는 배경에 기초한다.

우리는 이런 작업을 시작하기 전, 1장에서 성경신학의 본질과 그것과 조직신학의 관계에 관한 우리의 견해를 간략히 설명할 것이다. 우리는 세대주의 신학과 언약신학을 성경신학**과** 조직신학의 본보기로 간주한다. 성경신학과 조직신학이라는 용어 사용에 있어서 만장일치의 합의가 없다는 점을 고려한다면, 우리가 성경신학과 조직신학이라는 말을 사용할 때 이 용어에 대한 우리의 용례를 언급하는 것이 중요하다.

2장에서 우리는 세대주의 신학과 언약신학 내에 있는 차이점과 논쟁들을 주목하면서 그 두 가지 신학의 기본 견해를 설명할 것이다. 우리가 예상할 수 있는 것처럼 이 두 견해는 획일화된 견해가 아니다. 성경-조직신학에 관해 설명할 때, 우리는 성경의 언약에 대한 그 두 견해의 이해에 초점을 둘 것이고 성경의 언약과 관련해서 그들의 특별한 관련 방식을 고려하면서 서로가 어떻게 다른지를 중심으로 다룰 것이다.

세대주의 신학과 언약신학에 대한 이런 설명에 기초해 3장에서는 다음과 같은 두 가지 방식으로 서론과 관련해 결론을 맺을 것이다. 첫째, 우리는 우리가 성경을 이해하는 데 사용하는 기본적인 해석적 전제들을 제시할 것이고, 성경신학과 조직신학을 연구하는 데 사용하는 신학적 방법을 어느 정도 설명할 것이다. 둘째, 우리는 세대주의 신학과 언약신학 사이에 있는 몇 가지 해석학적 유사점과 차이점을 약술하면서 이 두 신학에 대한 설명을 재개할 것이다. 이 두 신학 체계를 판정하여 중도적 견해를 제시하기 위해서는 이런 유사점과 차이점을 설명할 필요가 있다.

이 책의 중심은 4-15장이 될 것이다. 우리는 이 장들에서 "언약을 통한 하나님 나라"라는 우리의 주장을 자세히 설명할 것이다. 각각의 성경적 언약을 우선 구속사적 맥락에서 설명하고 이후에는 우리 주 예수 그리스도의 인격과 사역에서 맺은 새 언약의 시작과 관련해서 설명할 것이다. 마지막으로 16-17장은 우리의 제안을 요약한 부분으로, 설명되지 않은 부분들을 함께 연결한 이 책의 결론 부분이 될 것이고, 이어서 우리는 우리 주장의 결과 중 일부분에 대해 간략하게 보여주려고 한다. 이는 "언약을 통한 하나님 나라"에 대한 우리의 이해가 기독론과 구원론, 교회론, 그리고 종말론 같은 분야에 한정되지 않고 다양한 교리적 주제와 관련된 조직신학이 주장하는 결론들에 어떻게 영향을 미치는지를 강조하려는 것이다.

이제 성경신학의 본질 및 성경신학과 조직신학과의 관계에 대한 우리의 이해를 간략히 설명하도록 하겠다. 여기서 우리는 이 두 가지 용어에 대한 우리의 이해를 설명하고, 성경신학과 조직신학의 본보기로 세대주의 신학과 언약신학을 생각하는 이유에 대해 설명하려고 한다. 비록 우리가 그 두 가지 신학적 견해의 다양한 면에 대해 동의하지 않더라도 말이다.

성경신학의 본질

우리는 구속사를 관통하는 성경의 언약들을 이해하고, 이 언약들 간의 관계와 그리스도 안에서 이루어지는 언약의 궁극적 성취를 밝히려는 시도가 "성경신학"에 포함된 작업이라고 생각한다. 또한 이 작업의 처음 단계는 성경에서 적합한 신학적 결론을 이끌어내고, "하나님의 전체 경륜"(whole counsel of God)을 우리 삶에 적용하는 것이다. 이것이 바로 "조직신학"의 첫 번째 임무다. 하지만 사람들이 "성경"신학과 "조직"신학에 대해 서로 다른 의미로 사용하는 사실을 고려한다면, 우리는 어떻게 이 두 용어를 이해하고 있고, 또 그것들 사이의 관계를 어떻게 이해하는지를 설명해야 한다.

대부분의 그리스도인이 일반적인 차원에서 "성경신학"이라는 용어를 들었을 때, 그들은 아마 신학자들이 자신들의 가르침과 신학이 "성경적"이거나 혹은 "성경에 충실하기"를 바라는 바람을 표현한 것으로 생각할 것이다. 확실히 이런 의미에서의 "성경적"이라는 용례는 모든 그리스도인이 바라고 얻길 소망하는 것이다. 하지만 이런 용례는 우리가 "성경신학"으로 사용하는 용례와 정확히 같지 않다. 사실 교회 역사에서 "성경신학"은 수많은 방식으로 이해되고 있다.[9]

일반적으로 말하자면 지난 2, 3세기 전만 해도 "성경신학"은 종종 조직신학과 동일시되었다. 비록 교회 역사에 등장했던 많은 이들은 우리가 지금 "성경신학"이라고 말하는 것, 곧 성경의 구속사적 전개를 분석하려고 시도했지만 말이다.[10] 우리는 이런 작업을 시도한 인물로 이레나이우스(대략 115-202), 장 칼뱅(1509-1564), 요한네스 코케이우스(1603-1669) 같은 이들을 생각할 수 있다. 이런 의미를 중심으로 생각해볼 때 성경신학은 완전히 새로운 분야는 아니다. 교회는 성경 전체의 내용을 한데로 모을 수 있는 방법을 생각했고 특히 그리스도의 오심과 관련해서 성경 전체를 한데로 모으려고 항상 씨름해왔기 때문이다. 그렇다면 성경이라는 척도를 통해 생각하는 것을 추구한 모든 이들은 어떤 의미에서 "성경신학"을 연구하고 있는 것이다. 당신이 이런 생각에 동의한다면, 다음과 같은 사실을 주목하는 것은 여전히 올바른 것이다. 곧 과거에는 시간을 따라 전진하는 것으로써 성경의 이야기가 발전하는 것으로 생각하기보다는 성경을 훨씬 논리적이고 무시

---

9 성경신학의 역사에 대한 유용한 개관은 C. H. H. Scobie, "History of Biblical Theology," *NDBT*, 11-20을 보라. 또한 다음 자료들도 보라. Schreiner, *New Testament Theology*, 867-888; Robert W. Yarbrough, *The Salvation Historical Fallacy? Reassessing the History of NT Theology* (Leiden, Netherlands: Deo, 2004); H. G. Reventlow, "Theology (Biblical), History of," *Anchor Bible Dictionary*, ed. David Noel Freedman, 6 vols. (Garden City, NY: Doubleday, 1992), 6:483-505; G. E. Ladd, "Biblical Theology, History of," "Biblical Theology, Nature of," *The International Standard Bible Encyclopedia*, rev. ed., ed. Geoffrey W. Bromiley, 4 vols. (Grand Rapids, MI: Eerdmans, 1979), 1:498-509.

10 성경신학에 대한 이 접근법의 적당한 실례는 Graeme Goldsworthy, *According to Plan: The Unfolding Revelation of God in the Bible* (Downers Grove, IL: InterVarsity Press, 2002)를 보라.

간적인 범주로 다루려는 경향이 있었다. 심지어는 "전체 성경신학"을 살펴볼 것을 새롭게 강조한 종교개혁 이후 시대에도 성경신학은 조직신학과 거의 동일시되었고, 조직신학은 "교의적" 관심과 동일시되었다.[11]

계몽주의 시대가 시작하면서, 성경신학은 별개의 신학 분야로 출현하기 시작한다. 어떤 이들은 성경신학이 구별된 신학의 한 분야로 등장하게 된 것은 계몽주의 시대의 "역사 의식"과 관련이 있다고 주장했는데, 올바른 지적이다.[12] 하지만 우리는 계몽주의 시대에 성경신학이 등장한 것을 다른 두 갈래 길로 조심스럽게 구분해야 한다. 한 갈래 길은 계몽주의 시대의 시대 정신(Zeitgeist)으로부터 영향 받아 성경신학과 관련해 부적합한 노선이 형성된 것이다. 그리고 다른 한 갈래 길은 교회 역사에서 과거의 통찰을 발전시키고자 노력하면서, 이제는 더 엄밀하고 세밀하게 그리고 역사를 의식하는 방법에 따라 성경 자체의 내적 주장에 의존하는 적합한 노선이다.

먼저 우리가 성경신학의 적합한 견해라고 생각하는 것을 논의하기 전, 계몽주의 시대 및 고전적 자유주의 신학과 관련된 성경신학의 부적절한 발전에 대해 간략히 생각해보자.

계몽주의 시대 동안에는 **비평적으로** 성경에 접근하는 경향이 고조되었고, 그 결과 역사적 기독교 신학이 분리되었다.[13] 이는 역사에 기초한 "일반적인 책에 접근하는 것처럼"[14] 성경에 접근하는 결과를 일으켰지만, 불행하

---

11 D. A. Carson, "Systematic Theology and Biblical Theology," 89-104을 보라. 거기서 Carson은 다음과 같은 것을 언급한다. "성경신학"이라는 용어는 W. J. Christmann이 개신교의 조직신학을 지지하는 증거 본문들의 편집을 가리키는 의미로 그 단어를 사용했던 1607년에 등장했다(90).

12 Carson, "Systematic Theology and Biblical Theology," 89-94을 보라.

13 계몽주의 시대에 관한 간략한 설명은 W. Andrew Hoffecker ed, *Revolution in Worldview: Understanding the Flow of Western Thought* (Phillipsburg, NJ: P&R, 2007), 240-280을 보라. 참조. Stanley J. Grenz, *A Primer on Postmodernism* (Grand Rapids, MI: Eerdmans, 1996). 『포스트모더니즘의 이해』(예배와설교아카데미 역간). D. A. Carson, *The Gagging of God: Christianity Confronts Pluralism* (Grand Rapids, MI: Zondervan, 1996), 13-137도 참조하라.

14 이것은 Benjamin Jowett의 표현이다. 계몽주의 시대의 성경 이해에 대한 설명은 Kevin J.

게도 그것은 역사비평 방법이라는 문을 열어놓고 말았다. 이것은 성경이 그 자체의 고유한 방식, 곧 기록된 하나님의 말씀으로 다루어지지 않았음을 의미했다. 대신 성경은 하나님께서 인간 저자들을 도구로 사용하셔서 그분의 생각을 그들에게 불어넣어 영감으로 쓰인 글이라는 생각, 즉 성경은 그리스도를 중심으로 하여 하나님의 구속 계획이 권위 있고 정밀하게 전개되는 하나의 글이라는 생각은 성경신학의 출발점으로 거부되었다.

역사비평 방법을 사용해 성경신학을 전개하는 최초의 인물은 종종 "성경신학"의 아버지로 불리는 요한 필립 가블러(Johann Philipp Gabler)다. 가블러는 1787년 3월 30일 알트도르프(Altdorf) 대학교 취임 강연에서 "성경신학과 교의신학의 올바른 구분과, 또한 이 양자의 목적에 관한 바른 정의에 대하여"(*De iusto discrimine theologiae biblicae et dogmaticae regundisque recte utriusque finibus*)라는 제목으로 성경신학을 귀납적이고 역사적이며 기술적인 학문(descriptive discipline)으로 규정했고, 이와 대조적으로 조직신학을 연역적이고 초역사적이며 규범적인 분야로 규정했다. 여기서 그가 "역사적"이라는 용어를 그 이상의 역사**비평적**이라는 의미로 사용했음을 주목하는 것이 중요하다. 가블러는 우리가 하나님의 권위 있고, 신뢰할 수 있으며, 역사에 뿌리를 두고 있고, 그리고 구속사의 축을 따라 펼쳐지는 말씀으로 성경을 읽어야만 한다는 의미로 그 용어를 사용하지 **않았다**. 그에 따르면 **비평적**이라는 용법은 우리가 계몽주의 사상을 따르는 이성주의자들의 전제와 관련해서 성경을 이해해야만 한다는 것을 의미했다. 이것은 최소한 다음과 같은 점을 의미했다.

(1) 성경신학에 종사할 때 우리는 성경의 영감을 전제할 필요가 **없다**.
(2) 성경신학은 각각의 성경 저자의 생각과 개념들을 주의 깊게 수집하는

Vanhoozer, *Is There a Meaning in This Text? The Bible, the Reader, and the Morality of Literary Knowledge* (Grand Rapids, MI: Zondervan, 1998)를 보라. 『이 텍스트에 의미가 있는가』(IVP 역간). 또한 Vanhoozer의 "Exegesis and Hermeneutics," *NDBT*, 52-64도 참조하라.

작업을 포함하고, 이 작업은 역사적·문학적·철학적 비평(합리주의자의 인식론과 결부된)을 통해 이루어진다. (3) 성경신학은 일종의 역사학으로서 옛 종교와 새 종교의 서로 다른 시기를 구분해야 한다. 가블러에게 이것은 기본적으로 "종교사"(history of religions) 접근법을 따라서 성경을 이해하는 것이다. 이는 처음부터 성경을 전체적으로 권위와 정확성이 없는 것으로 이해하려는 것이다. 그렇다면 성경신학에 대한 그의 이해와 관련해서, 가블러의 전체 목적은 성경 연구를 교의적 또는 교리적 목표와 분리하고, 적절하게 참된 것과 참되지 못한 것을 판가름하기 위해 성경을 역사비평 방법으로 연구하는 것이다. 그렇게 연구하면서 가블러는 성경에 대한 높은 견해를 부정하고 점차 성경을 원자론적 관점에 따라 이해하는 경향에 문을 열어놓고 말았다.[15] 그가 성경을 통일되고 하나님께서 우리에게 주신 계시로 인정하지 않았다는 사실을 고려한다면 말이다.

성경신학의 이런 방식이 18세기 말과 19세기 초에 발전되었을 때, 이런 방식을 사용한 이들은 더욱더 역사비평 방법을 사용했다. 이 방법은 대부분 **방법론적** 자연주의를 가정한다.[16] 세월이 흐르면서 역사비평 방법의 최종

---

15 성경신학에 대한 그의 접근법과 함께 Gabler의 중요성을 더 상세히 다루는 것은 다음 자료들을 보라. Carson, "Systematic Theology and Biblical Theology," 89-90, Vanhoozer, "Exegesis and Hermeneutics," 53; J. V. Fesko, "On the Antiquity of Biblical Theology," *Resurrection and Eschatology: Theology in Service of the Church*, ed. L. G. Tipton and J. C. Waddington (Phillipsburg, NJ: P&R, 2008), 443-477. Fesko(447-448)는 Gabler의 성경에 대한 접근법이 다음과 같은 단계를 거치는 것으로 석설하게 요약한다. (1) Gabler는 성경을 "영감 받은" 책으로 간주했으나 우리는 아직 진실로 신적인 것과 신적이 아닌 것을 판가름해야 한다. 따라서 모든 성경을 하나님이 주신 것은 아니다. (2) 우리는 하나님이 주신 것을 어떻게 결정하는가? 우리가 읽는 성경의 각 부분이 "영원한 보편적 종교"와 일치되는지 또는 단순히 성경 저자의 의견과 시대 그리고 문화를 반영하는 것에 불과한지 질문해야 한다. (3) Gabler는 성경이 통일적이고 유기적이며 역사적으로 펼쳐진 신적 계시로서 성경 전체가 하나님의 권위적인 계시를 우리에게 제공한다는 사실을 부인했다. 우리의 견해와 반대되고 신빙성이 없는 Gabler의 견해에 대해서는 Michael F. Bird, "Biblical Theology: An Endangered Species in Need of Defense," ⟨http://euangelizomai.blogspot.com/2008/01/biblical-theology-endangered-species-in.html⟩을 보라.

16 "방법론적 자연주의"는 신의 계시와 기적으로 상징되는 세상에 하나님의 개입과 신적 활동을

결과는 성경을 단편화시키는 폐단을 낳았고, 신학의 한 분야로서 성경신학은 단순히 **비평적** 방법론과 성경적 세계관과 맞지 않는 이질적 세계관의 전제들에 지배를 받는 "기술적"(記述的) 분야가 되었다.

그 결과 성경신학의 이런 접근 방법은 성경의 "통일성"보다 "다양성"을 더 강조하고, 궁극적으로 하나님의 통합된 계획을 밝히려는 목표를 가진 분야로서의 성경신학은 막을 내렸다.[17] 20세기에 들어서면서 성경에 대한 계몽주의 시대의 관점을 극복하려는 노력이 어느 정도 펼쳐졌다. 신학 분야에서는 칼 바르트의 연구가 주목할 만하다. 바르트는 종종 내러티브 신학과 탈자유주의 학파의 선구자로 간주된다. 탈자유주의 학파는 성경을 통일된 경전으로 광범위하게 이해하려고 했다. 하지만 이 학파는 성경에 대해 주장하고 연구할 때 성경의 권위와 정확성과 관련한 전통적 견해를 따르지 않았다. 성경 연구 분야에서도 "성경신학 운동"(Biblical Theology Movement)이 벌어졌다.[18] 이 운동의 목표는 역사비평 방법의 부정적 결과를 극복하고, 성경

고려하지 않고 역사 연구(성경 연구를 포함하여)와 과학 연구에 접근하는 견해다. 방법론적 자연주의는 무신론과 양립하기는 하지만 반드시 무신론과 관련된 것은 **아니다**. 이신론과 만유재신론(panentheism, 두 가지 모두 계몽주의 견해를 지지한다)도 방법론적 자연주의를 전제한다. 그것들이 신의 적절하고 초자연적 의미의 신적 행동을 부인한다는 점을 고려한다면 말이다. 방법론적 자연주의에 대한 유용한 설명과 비판은 Alvin Plantinga, "Methodological Naturalism?" *Origins and Design* 18/1, 〈http://www.arn.org/docs/odesign/od181/methnat181.htm〉과 "Methodological Naturalism? Part 2," *Origins and Design* 18/2, 〈http://www.arn.org/docs/odesign/od182/methnat182.htm〉을 보라.

17 Hans Frei, *The Eclipse of Biblical Narrative: A Study in Eighteenth and Nineteenth Century Hermeneutics* (New Haven, CT: Yale University Press, 1980). 19세기에 "성경신학"은 결국 F. C. Baur와 J. Wellhausen 같은 인물들이나 종교사학파 등과 연계된 다양한 사상의 학파들이 보여주는 것처럼 "고전적 자유주의"와 동일시되었다. 이 인물들과 이 운동들에 대해서는 Stanley J. Grenz and Roger Olson, *20th Century Theology: God and the World in a Transitional Age* (Downers Grove, lL; InterVarsity Press, 1992)를 보라. 『20세기 신학』(IVP 역간).

18 성경신학 운동에 대한 개관은 Gerhard F. Hasel, "The Nature of Biblical Theology: Recent Trends and Issues," *Andrews University Seminary Studies* 32:3 (1994), 211-214과 James Barr, "Biblical Theology," *Interpreter's Dictionary of the Bible: Supplementary Volume,* ed. K. Crim (Nashville: Abingdon, 1976), 104-106을 보라.

본문이 당대의 교회에 살아 있는 말씀이 되도록 만드는 데 있었다. 그렇지만 유감스럽게도 이 학파는 역사적·정통적 기독교의 전제들로 돌아가지는 못했다. 구약 신학 분야를 살펴보면, 예를 들어 이 운동에 참여한 발터 아이히로트(Walther Eichrodt)는 언약 개념을 중심으로 구약성경신학을 저술했다. 이 운동의 다른 학자들은 다양한 중심 개념이나 주제들을 근간으로 삼아 성경신학에 관한 책을 저술했다. 그러나 이들 중 어느 누구도 "전체 성경신학"을 저술하거나 저술하려고 시도하지 못했다. 왜냐하면 그들의 성경관과 신학적 교파를 고려하면 그들 중 전체 정경의 통일된 메시지가 있다고 믿는 자가 거의 없었기 때문이다.[19] 그 결과 20세기가 시작할 때, 복음주의 진영에서 나온 적합한 성경신학 접근법의 선구자로 알려진 게할더스 보스(Geerhardus Vos)가 경고한 것처럼, 이와 같은 성경신학 운동은 실패했다. 보스는 우리가 성경의 온전한 권위와 이런 온전한 권위에 기초한 역사적 기독교 신학을 거부한다면, 우리는 전체 성경신학을 구축할 수 없다고 경고했다.[20]

---

19 성경신학 운동에 대한 평가는 Carson, "Systematic Theology and Biblical Theology," 90을 보라. Carson은 다음과 같이 말한다. "성경신학 운동은 개별적 본문들에 대한 면밀한 연구에 더 큰 강조점을 둔다. 반면에 역사적 기독교 신앙의 이 발견들과의 관계에 대한 진지한 반성에는 큰 강조점을 두지 않고 세분화에 초점을 맞추는 경향이 있었다.…이 경향은 성경 전체의 성경신학과는 거리가 멀고, 구약성경신학 아니면 신약성경신학을 추구했다. 20세기 이후 이런 작품들은 일반적으로 대부분 주제를 다룰 때 더 좁아진 소주제(바울 신학, 마태 신학, Q 신학, 대예언서의 신학 등)로 나누거나 또는 유기적 구조(W. Eichrodt의 언약, G. von Rad의 구원사에 대한 특수화된 이해, R. Bultmann의 실존주의 양식 등)로 세분했다. 그러나 그 작품들은 다양성 속에 나타나 있는 하나님의 계획의 통일성을 밝히는 데 중점을 둔 전체 성경신학을 이끌어내지는 못했다.

20 이런 움직임들에 대한 더 세부적인 설명은 다음 논문들을 보라. Scobie, "History of Biblical Theology," 11-20, Vanhoozer, "Exegesis and Hermeneutics," 52-64, Carson, "Systematic Theology and Biblical Theology," *NDBT*, 89-104. 또한 David L. Baker, *Two Testaments, One Bible: The Theological Relationship between the Old and New Testaments,* 3rd ed. Downers Grove, IL: InterVarsity Press, 2010), 42-165도 보라. 『구약과 신약의 관계』(부흥과개혁사 역간). Geerthardus Vos의 공헌에 대해서는 Fesko, "On the Antiquity of Biblical Theology," 449-453을 보라.

오늘날 비복음주의 신학 안에도 성경을 하나의 통합된 전체로 이해하려고 애쓰는 다양한 견해가 존재한다. 하지만 그들은 대부분 성경관이 빈약하고, 일관된 기독교 전제들에 따라 연구하지 않는다.[21] 이것이 바로 "전체 성경" 신학의 구축이라는 의미와 관련해서 대다수의 비복음주의자가 "성경신학"이 불가능한 것으로 간주하는 이유다. 비복음주의자들이 신적 계시로서의 성경의 통일성을 거부하고 성경 역사의 내러티브의 통합성을 의심하는 역사비평 방법의 방법론적 자연주의 전제들을 받아들이는 것을 고려한다면, 그들은 단순히 이스라엘의 종교적 공동체와 교회가 함께 종교 작품들을 수집해놓은 문학 선집으로 성경을 간주한다.

우리의 견해에 의하면, 이것은 성경신학을 그저 **행하는** 방식이지, 성경신학을 **고찰하는** 적절한 방법이 **아니다.** 이미 성경신학에 대한 이런 접근법은 역사적 기독교의 신학적 확신과도 대립하고, 특히 성경의 교리와 적절한

21 　우리는 "신학적 성경 해석"(TIS, Theological Interpretation of Scripture) 운동으로 알려진 최근의 한 운동을 생각할 수 있다. 이 운동은 매우 다양하게 전개되고, 복음주의자와 비복음주의자가 함께 참여하고 있다. 일반적으로 말하자면 비복음주의자가 성경의 통일성에 집착하는 것은 기록된 하나님의 말씀의 말씀으로서의 성경 자체의 증언과 관련이 있는 것이 아니고, 이 본문들을 성경으로 선택하는 교회의 결정과 관련이 있다. 이 점에서 우리는 여기서 Brevard Childs의 정경적 접근법을 생각하게 된다. Childs의 정경적 접근법은 본문들을 그 본문들의 최종 형태와 정경 형식 안에서 이해하는 방식을 취한다. 그러나 Paul Noble, *The Canonical Approach: A Critical Reconstruction of the Hermeneutics of Brevard S. Childs* (Leiden, Netherlands: Brill Academic, 1995)가 날카롭게 지적한 것처럼, Childs가 최종 형태와 정경 형식에 대한 자신의 입장을 영감 교리와 신적 저자 교리에 두지 않는다면, 허공에 떠도는 공허한 견해에 불과하다. Vanhoozer, "Exegesis and Hermeneutics," 60-61을 보라. Vanhoozer도 이와 동일한 주장을 제시한다. 또한 탈자유주의와 그들의 성경관 및 성경 사용에 대한 상세한 비판은 Kevin J. Vanhoozer, *The Drama of Doctrine: A Canonical Linguistic Approach to Christian Doctrine* (Louisville: Westminster John Knox, 2005)을 보라. 『교리의 드라마』(IVP 역간). TIS 운동에 대한 유용한 서론은 Daniel J. Treier, *Introducing Theological Interpretation of Scripture: Recovering a Christian Practice* (Grand Rapids, MI: Baker, 2008)를 보라. "신학적 성경 해석" 운동이 이처럼 성경에 대해 각기 다른 견해를 가진 다양한 사람으로 구성되어 있는 것을 고려하면, 이 운동이 교회를 위해 성경의 목소리를 높이려고 시도하는 것은 유익하기는 하지만 정통적 신념과 신학으로 돌아오지 않고 얼마나 오랫동안 유지될 수 있을지는 의아하다.

신학과 관련해서도 대립한다. 교회 역사에서, 특히 종교개혁 이후와 계몽주의 이후의 시대를 살펴보면 성경신학을 행하고 고찰하는 적합한 방법을 제공하는 또 다른 길이 있었다. 이 길은 성경을 역사에 자리 잡게 하려는 새로운 시도를 강조했다. 그것은 신적 저자와 인간 저자(들)의 의도(들)와 관련이 있는 "문자적 의미"(*sensus literalis*)를 강조하고, 하나님이 성경 저자들을 통해 포괄적인 기독교 신학과 세계관에 기초하는 구속사 전체에 걸쳐 그분 자신을 계시하신 방법을 이해하려고 노력했다. 앞에서 우리는 그런 노력을 한 인물로 요한네스 코케이우스를 언급했다. 그는 구속사 전체에 걸쳐 펼쳐지는 "언약"에 초점을 두고 성경을 이해하고, 기독교의 신학적 전제들 안에서 의식적으로 활동한 인물이다. 하지만 코케이우스 이전에도 이러한 노선을 따른 장 칼뱅 같은 인물이 있으며, 이후로는 후기 개혁파 개신교 스콜라 학자들도 있었다.[22]

아마 가장 유명한 20세기 성경신학의 선구자로, 계몽주의 시대의 길과 확연히 구별된 다른 길을 따른 인물은 게할더스 보스(Geerhardus Vos)일 것이다. 보스는 20세기 초 프린스턴 신학교에서 성경신학을 가르쳤다.[23] 네덜란드의 칼뱅주의 전통에서 태어난 보스는 아브라함 카이퍼, 헤르만 바빙크 같은 인물들과 함께 성경의 권위에 관한 확고한 신념을 가지고서 성경신학

---

22 종교개혁 이후 후기 개신교 스콜라주의자들을 상세히 다룬 설명은 Richard Muller, *Post-Reformation Reformed Dogmatics: The Rise and Development of Reformed Orthodoxy, ca. 1520 to ca. 1725,* 4 Vols. (Grand Rapids, MI: Baker, 2003)을 보라. 노한 개신교 스콜라주의자들이 제공한 몇 가지 통찰을 성경신학 및 조직신학에 적용하는 것에 대해서는 다음의 자료를 보라. Michael S. Horton, *Covenant and Eschatology: The Divine Drama* (Louisville: Westminster John Knox, 2002); 『언약과 종말론』(크리스챤출판사 역간); Richard Lints, *The Fabric of Theology: A Prolegomenon to Evangelical Theology* (Grand Rapids, MI: Eerdmans, 1993)을 보라.

23 다음 자료들을 보라. Geerhardus Vos, *Biblical Theology: Old and New Testaments* (Grand Rapids, MI: Eerdmans, 1948, repr., Carlisle, PA: Banner of Truth, 2004); 같은 저자, *Pauline Eschatology* (Phillipsburg, NJ: P&R, 1979); 『바울의 종말론』(좋은씨앗 역간); Richard B. Gaffin, Jr. ed, *Redemptive History and Biblical Interpretation: The Shorter Writings of Geerhardus Vos* (Phillipsburg, NJ: P&R, 2001).

을 전개하는 데 힘썼다.[24] 그는 "하나님이 성경에 두신 자기계시 과정을 다루는 주경 신학(exegetical theology)의 한 분야"로 성경신학을 정의했다.[25] 보스는 가블러에 반대하면서 다음과 같이 주장했다. 성경신학은 주석의 한 분야로서 성경 본문과 함께 시작할 뿐만 아니라 성경을 오직 충분히 권위적이고 신뢰할 만한 하나님 자신의 자기 증언의 말씀으로 보아야 한다. 게다가 보스는 다음과 같은 것도 주장했다. 사람들이 성경을 주석할 때, 성경신학은 성경의 통일성과 다양성을 발견하고, 그리스도의 오심과 새 언약 시대의 출범에서 성경신학의 완성을 찾아내려고 노력한다. 성경신학은 오랜 세월에 걸쳐 우리에게 계시된 그대로 하나님의 통일된 계획을 찾아내기 위해 성경 자체의 내적 개요와 형식을 따르면서 성경을 성경 자체의 관점에 따라 이해하는 방법을 추구해야만 한다. 보스가 제시한 방식은 20세기와 오늘날의 21세기 복음주의 진영에서 성경신학의 부흥에 결정적인 역할을 했다.[26]

우리는 "성경신학"이라는 명칭을 갖고 있음에도 불구하고 비복음주의 견해를 거부한다. 따라서 역사와 관련해서 우리는 다음과 같은 브라이언 로스너(Brian Rosner)의 유용한 정의를 사용하여 "성경신학"을 정의하고자 하고자 한다. "성경신학은 교회 안에서 그리고 교회를 위해 행하는 성경에 대한 신학적 해석이다. 그것은 역사적·문학적 민감성으로 지속되고, 성경의 포괄적인 내러티브와 그리스도 중심의 시각을 유지하면서, 하나님에 관한 그리고 하나님과 세상의 관계에 관한 성경의 가르침을 성경 자체의 관점에 따라 분석하고 종합하는 데 힘쓴다."[27] 로스너는 이 정의에서 성경신학

---

24 Kuyper와 Bavinck 그리고 Vos에 대한 Gaffin의 설명은 Richard B. Gaffin, Jr., "Systematic Theology and Biblical Theology," *Westminster Theological Journal* 38 (1976): 281-299, 특히 286-288을 보라.

25 Vos, *Biblical Theology*, 5.

26 Vos의 영향은 웨스트민스터 신학교의 John Murray와 Richard Gaffin, Jr., Sinclair Ferguson 그리고 Vern Poythress 등의 연구에서 직접 확인된다. 하지만 Graeme Goldworthy와 G. K. Beale과 D. A. Carson 그리고 T. R. Schreiner 등과 같은 복음주의 진영의 다수의 학자에게서도 Vos의 영향이 발견되었다.

27 Brian Rosner, "Biblical Theology," *NDBT*, 10 (원문의 강조는 무시했다).

의 본질과 임무에 관련해 몇 가지 중요한 역할을 강조한다. 성경신학은 전체 성경의 종합적 메시지에 관심을 둔다. 성경신학은 부분과 전체의 관계를 이해하는 데 주력한다. 성경신학은 주석 방법의 하나로서 이전 성경 본문과 이후 성경 본문 사이의 상호 관계뿐만 아니라 다양한 주제의 문학적·역사적·신학적 측면에 민감하다. 나아가 성경신학은 단어와 단어의 어원 연구에도 관심을 가질 뿐 아니라, 성경 자체의 관점에 따라 성경의 줄거리를 살펴보고, 그리고 플롯이 그리스도 안에서 정점에 도달하면서 등장하는 개념과 주제들에도 관심을 둔다. 이와 유사한 방식으로 D. A. 카슨도 성경신학을 귀납적·주석적 학문으로 제시한다. 이것은 문학적 다양성을 가진 성경 본문들로부터 전체 정경을 다루는 것이다. 이것이 바로 **상호텍스트성**에 대한 개념이다. 또한 성경신학은 성경 본문들 간의 관련성을 밝히면서 성경 본문에 주도권을 넘겨주고자 한다. 이것이 바로 우리가 성경 자체의 관점에 따라서, 즉 **성경의 내적 텍스트성에 따라** 성경을 이해해야 한다고 말했을 때의 의미다. 성경은 하나님이 주신 것이고 일관되며 통일된 형태로 우리에게 오기 때문에 성경 자체의 범주와 진술에 비추어 해석되어야 한다.[28] 다시 말하자면 모든 신학 작업은 성경 자체의 자기제시와 함께 시작된다. 우리가 성경의 권위와 가르침 위가 아니라 그 아래에서 살고자 애쓰기 때문이다.[29]

28　이 점들에 대해서는 Carson, "Systematic Theology and Biblical Theology," 89-104을 보라.
29　성경 자체의 자기제시와 함께 시작하거나 성경을 **성경 자체의 관점에 따라** 읽는 것은 성경신학의 핵심이다. 그런데 복음수의 성경신학 진영의 사람들이 이 핵심 가치를 반드시 따르는 것은 아니다. 예를 들어 어떤 이들은 성경신학은 구속사를 다양한 역사적 시기로 분류하고, 그런 다음 이 시기들 사이의 구속사의 전개를 다루는 접근법이라고 주장한다. 또는 어떤 이들은 성경신학을 단순히 성경의 포괄적 주제들을 통찰하는 분야로 간주한다. 또는 다른 이들은 성경책을 책별로 연구하는 것으로 성경신학에 접근한다. 이 모든 접근법은 각기 제 자리를 갖고 있으나 우리의 견해로 보면 이 접근법들은 문제점을 드러낸다. 이 접근법들의 근본 문제점은 성경 자체의 자기제시를 따르지 않는다는 것이다. 또는 다른 말로 하자면 이 접근법들은 성경 자체의 문학적 플롯 구조를 주의 깊게 추적하지 않는다. 만일 우리가 **성경 자체의 관점에 따라** 성경을 읽고자 한다면 하나님이 성경을 어떻게 주셨는지, 성경 자체의 내적 구조는 무엇인지, 그리고 우리가 성경신학을 행할 때 이 구조들을 어떻게 하나로 종합해야 하는지 물어보아야 한다. 우리는 성경의 언약들을 통찰하는 방법은 성경 자체의 내적 구조를 추적하고, 본래 읽히도록

이와 같은 기본 개념들을 염두에 두면서, 우리가 성경신학으로 이해하는 것이 무엇인지 요약해보려고 한다. 간단히 말하자면 성경신학은 성경이 그렇다고 주장하는 것과 그 주장이 실제로 그러하다는 것의 정당성을 입증하는 **해석학**이다. 성경의 주장에 따르면, 성경은 기록된 **하나님의** 말씀 외에 다른 것이 아니다. 성경 자체가 하나님의 은혜로운 구속 계획에 대한 통일된 계시다. 실제로 성경이라는 것과 관련해서 성경은 역사에 뿌리를 두고 주로 언약들로 구별되는 특수한 구속사 줄거리를 따라 펼쳐지는 하나님의 계획의 **점진적** 전개다. 해석학으로서의 성경신학은 하나님의 계획의 계시된 본질을 검토하고, 그리스도 안에서 정점에 달하는 그 계획 **이전**과 **이후** 사이의 관계를 주의 깊게 통찰하기 위해 성경 본문들을 성경 자체의 문맥에 따라서, 그리고 이어서 전체 정경에 비추어 주석하는 것이다.[30] 그와 같

의도된 것에 따라 성경을 읽는 법을 배우는 것이라고 확신한다.

30 성경신학이 우선 직접 문맥에서 성경 본문을 해석하고 그다음에는 정경 전체 문맥에서 성경 본문들을 해석하는 방법을 유용하게 묘사하는 두 단어가 있다면 그것은 **공시적**이라는 단어와 **통시적**이라는 단어다. **공시적**이라는 말은 사건들을 정해진 시기 안에 일어나는 것으로 간주한다(때때로 "크로스커트" 해석법으로 지칭된다). 따라서 성경 본문을 공시적으로 읽는 것은 본문들을 직접 문맥에 따라 읽는 것을 가리킨다. 우리는 구속사 문맥 안에 있는 본문들을 주석할 때 그 본문들을 문법적·역사적 방법에 따라 해석하고, 특정 예언자와 책 또는 집합적 자료의 신학을 탐구한다. 이것이 "크로스커트"[cross cut] 접근법으로 불리는 것은 우리가 점진적 계시를 가로지르며 어느 정해진 시점에 어떤 일이 진행되고 있는지를 주목하는 방법을 포함하기 때문이다. 이처럼 "부분들"에 대한 분석적 검토를 포함하므로 성경 주석은 이 단계에서 시작한다. 그러나 우리의 성경 해석은 여기서 끝나지 않는다. 우리는 성경의 통일성 때문에 그 이상의 말을 하지 않으면 안 된다. 그 이상의 말이란 곧 통시적 개념을 소개하는 것이다. **통시적**이라는 말은 사건들을 시간의 흐름에 따라 조명하는 것을 가리킨다(때때로 "롱커트"[long cut] 해석법으로 지칭된다). 성경 본문들은 직접 문맥에 따라 해석되어야 할 뿐만 아니라 "전체"의 관점에 따라서도 해석되어야 한다. 성경은 통일적이면서 동시에 점진적이다. 그러므로 성경신학은 "부분"을 "전체"의 관점에 따라 읽는 것에 관심을 두고, 그리고 어떻게 하나님의 계획이 구속사를 **통해** 즉 우리의 구속이 그리스도 안에서 성취되고 그리고 궁극적으로 완성으로 전개되는지를 밝혀내는 데 관심을 둔다. 이에 대한 더 자세한 설명은 다음을 보라. Graeme Goldsworthy, *Gospel-Centered Hermeneutics: Foundations and Principles of Evangelical Biblical Interpretation* (Downers Grove, IL: InterVarsity Press, 2006), 268-272; 『복음적 해석학』 (CLC 역간); Lints, *Fabric of Theology,* 293-310. Lints 역시 성경 본문들을 해석하는 법을 설명할 때 "부분"과 "전체"의 관계를 다룬다.

이 성경신학은 어떻게 성경의 한 부분에 나오는 본문들이 다른 모든 본문과 관련이 있는지를 이해하도록 도움을 주는 토대를 제공한다. 그 결과 성경의 본문들은 하나님의 뜻에 따라서 정확하게 이해될 수 있다. 이것은 그 결과 개개의 인간 저자들을 통해 발견되지만 궁극적으로는 정경 차원에서 발견된다. 결론적으로 성경신학은 "하나님의 전체 경륜"을 밝히고, "하나님을 따라 그분처럼 생각하고자" 시도한다. 성경신학은 모든 신학과 교리의 기초와 토대를 제공한다. 이제 성경신학에 대한 이런 이해를 염두에 두고 성경신학과 조직신학의 방법들 간의 관계를 숙고하기 전에 조직신학이 무엇인지 간단히 살펴보자.

조직신학의 본질

"성경신학"과 마찬가지로 "조직신학"이 무엇인가에 대한 이해도 다양하다. 이 책에서 이 다양한 견해 모두를 탐구하는 것은 바람직하지 않다. 다만 우리는 조직신학 분야를 어떻게 생각하는지에 대해서 간단하게 진술하고 싶다.[31] 일반적으로 말하자면 성경신학처럼 조직신학의 해석도 포괄적인 신학적·세계관적 입장과 관련이 있고, 조직신학에 대한 다양한 정의들 사이에 있는 차이점은 이런 입장에서 유래한다. 우리는 우리의 목적을 위해 존 프레임(John Frame)의 정의를 우리의 기본적 정의로 사용하고자 한다. 그 정의

---

[31] 조직신학의 본질 및 조직신학과 성경신학의 관계에 대한 유용한 설명은 Gaffin, "Systematic and Biblical Theology," 281-299을 보라. 또한 Gerhard F. Hasel, "The Relationship between Biblical Theology and Systematic Theology," *Trinity Journal* 5 (1984): 113-127도 보라. 조직신학에 대한 설명과 포괄적인 신학적 궤도 안에서 조직신학이 어떻게 조명되는지에 대해서는 다음의 책을 보라. John Webster, "Principles of Systematic Theology," *International Journal of Systematic Theology* 11/1 (2009): 56-71; 같은 저자, "Systematic Theology," *The Oxford Handbook of Systematic Theology,* ed. John Webster, Kathryn Tanner and Iain Torrance (Oxford: Oxford University Press, 2007), 1-18.

는 다음과 같다. 곧 조직신학은 "사람들이 삶의 모든 분야에 하나님의 말씀을 적용하는 것"이다.[32]

　우리의 견해에 따르면, 이 정의는 최소한 두 가지 핵심 요소를 함축하고 있다. 첫째, 성경을 적절히 **적용하려면** 먼저 성경을 정확히 해석해야 한다. 이것은 위에서 설명한 것처럼 성경신학의 과제, 즉 성경의 줄거리를 밝히고 성경이 그 자체의 관점에 따라 하나님의 계획이 그리스도를 중심으로 어떻게 펼쳐지는지를 사람들에게 설명하도록 해주는 작업이다. 이것이 바로 우리가 성경신학은 모든 신학과 교리의 기초와 토대를 제공한다고 주장했던 이유다. 우리가 성경 전체를 정확히 이해하고 그 이해를 우리의 삶에 올바르게 적용하지 못한다면 그것은 신학을 하는 것이 아니기 때문이다.[33] 둘째, 조직신학은 성경을 **삶의 모든 분야에 적용하는 것**을 포함하므로 단순히 성경신학을 하는 것 이상의 일을 한다. 따라서 조직신학은 반드시 성경신학에 기초하고 역사 신학에 따라 행해진 신학의 구성과 교리의 형성을 포함한다. 그뿐 아니라 조직신학은 역사와 과학, 심리학 그리고 윤리학 등 삶의 모든 분야와 상호 작용하는 것을 포함한다. 그와 같은 것을 포함하면서 조직신학은 다른 모든 세계관에 대항하여 성경에 대한 성경적·신학적 틀을 세우고, "하나님을 따라서 그분처럼 생각하는" 것을 배우고, 심지어는 성경이 즉각적으로 말하지 않는 영역에서조차도 그분의 생각을 따르게 하는 세계관을 형성하는 것으로 이어진다. 이런 중요한 방식으로 조직신학은 경쟁적인 다른 모든 세계관에 대항하는 심사숙고한 세계관을 제시한다. 성경적 진리를 우리 실존의 모든 영역에 적용하는 것을 추구하는 것처럼 말이다. 하나의 학문으로서 조직신학은 교회 안팎의 생각들을 평가하는 일과 관련해 **비**

32　John M. Frame, *The Doctrine of the Knowledge of God* (Phillipsburg, NJ: P&R, 1987), 76.

33　또한 우리는 성경 자체의 관점에 따라 성경의 성경신학적 뼈대를 밝히는 것이 세상을 해석하는 우리의 해석의 모체(메타내러티브)가 된다는 말을 덧붙일 수 있다. 우리의 모든 사고와 삶은 성경 아래 포섭되고, 그리하여 우리는 우리의 마음을 새롭게 함으로써 계속 변화되어 간다(롬 12:1-2).

판적인 학문이다. 교회 밖에서 조직신학은 처음에는 믿고 변론해야 하는 믿음을 사람들에게 제시하고, 이후에는 하나님의 말씀의 진리를 거부하는 견해들을 비판하고 평가하기 때문에 변증 기능의 역할을 맡는다. 이런 의미에서 변증학은 당연히 조직신학의 한 부분으로 간주된다. 교회 안에서 조직신학은 우선 신학적 주장들이 성경과 일치하는지를 분석하고, 그다음으로는 이 주장들이 다른 교리들과 관련된 함축적 의미를 분석하기 때문에 **비판적인** 학문이다. 이런 모든 방식으로 조직신학은 우리의 유익과 교회의 유익, 그리고 궁극적으로는 하나님의 영광을 위해 "모든 생각을 사로잡아 그리스도에게 복종하게 하는 데" 힘쓰는 학문이다(고후 10:1-5을 보라).

이상의 기본적인 이해를 염두에 둘 때 성경신학과 조직신학의 관계를 생각하는 가장 좋은 방법은 무엇일까? 앞에서 설명한 것처럼 우리는 성경신학과 조직신학은 서로 긴밀하게 관련이 있고, 그것들은 우리의 사고와 삶이 하나님의 말씀을 따르도록 하는 **신학적** 임무를 가장 중요한 것으로 갖고 있다고 간주한다. 또한 앞에서 말한 것처럼 우리는 성경신학을 우선 **해석학**으로 간주하는 것이 가장 좋다고 생각한다. 왜냐하면 성경신학은 진리의 말씀을 옳게 분별하려고(딤후 2:14-15) 힘쓰는 학문이기 때문이다.[34] 이것이 바

---

34 Carson, "Systematic Theology and Biblical Theology," 95도 마찬가지다. 거기 보면 성경신학을 "다리" 분야로 부르는데, 그 이유는 성경신학이 "성경 본문들과 조직신학의 포괄적 종합을 이어주는" 다리 역할을 하기 때문이다. 이것은 두 분야의 관계를 유용하게 사고하는 한 방법이다. Carson은 "New Testament Theology," *Dictionary of the Later New Testament and Its Developments*, ed. Ralph P. Martin, Peter H. Davids (Downers Grove, IL: InterVarsity Press, 1997), 808에서 성경신학을 주로 시간적 틀 즉 성경의 구속사적 전개에서 작업하는 분야로 생각한다. 반면에 조직신학은 주로 성경 본문들을 무시간적이고 논리적인 질문들을 묻고, 그리하여 무시간적인 답변을 이끌어내는 분야로 생각한다. 우리는 두 분야의 관계에 대한 이런 진술에 완전히 만족하지는 않는다. 성경신학은 우리로 하여금 조직신학을 위해 **성경적** 결론들을 이끌어내도록 만드는 해석학 분야로 그리고 성경의 **적용** 분야인 조직신학은 신학적 결론들을 이끌어내고 기독교적 세계관을 구성할 때 성경신학에 제공하는 성경 자체의 뼈대, 구조, 범주에 참되어야 한다고 생각하는 것이 더 낫다. 이 점에서 성경신학은 조직신학에 근본적인 역할을 하는 분야일 뿐만 아니라 조직신학의 한 부분이기도 하다. 조직신학은 반드시 무시간적 범주들로 그 자체를 구축해야 하는 것은 아니다.

로 조직신학의 결론이 성경신학을 이루는 주석적 결론에 우선적으로 입각한 이유다.

하지만 조직신학은 성경신학보다 더 많은 것을 포함한다. 곧 조직신학은 성경신학에 기초해서 오늘날 우리가 성경에서 믿어야만 하는 것을 구성하고, 교회 내부에서 주장되는 여러 신학적 주장들과 교회 밖에서 통용되는 이질적인 세계관들이 가진 거짓된 생각들을 비판하려고 시도한다. 그 결과 우리는 그리스도의 주권 아래서 새롭게 사는 방식을 배운다.[35]

이 모든 설명은 이 책에서 우리가 행하는 연구에 어떻게 적용될까? 기본적으로 우리는 성경의 언약들의 본질에 대한 더 나은 이해 방법과 성경의 언약들이 서로 어떻게 관련이 있는지에 대한 한 가지 견해를 제시할 것이다. 여기서 사실 우리는 먼저 성경신학에 기초해서 조직신학을 행하고 있다. 우리는 성경적으로 볼 때 성경의 언약들을 하나로 종합하는 전통적인 방법은 확실히 옳지 않다고 주장한다. 이런 주장을 논증하기 위해서 우리는 다른 주장들이 성경의 언약들을 어떻게 하나로 종합하는지 설명하고, 그 견해들의 핵심 차이점을 이해하며, 그 견해들에 반대하여 다른 신학적 주장을 제시하면서 우리의 주장이 성경 전체를 더 잘 파악한다고 천명하고자 한다.

---

35 Goldsworthy, *Gospel-Centered Hermeneutics*, 258-272은 성경신학과 조직신학의 관계 및 상호의존성에 대해 말할 때 이와 매우 비슷한 말을 한다. Goldsworthy는 다음과 같이 올바르게 주장한다. 우리는 본문에서 신학적 형성으로 나아가는 방향을 일직선으로, 즉 주석 → 성경신학 → 조직신학으로 보아서는 안 된다. 대신 그는 그 관계를 "해석학적 나선"(hermeneutical spiral)에 따라 조명한다. Goldsworthy에 따르면, "한 가지 관점에서 성경신학은 교의학[조직신학]을 필요한 것으로 만든다. 만일 성경신학이 계시의 점진성을 말하지 않는다면 모든 성경 본문은 신자와 동일한 일반적 관계를 맺게 될 것이다. 교의학은 하나님의 구속적이고 계시적인 전체 활동이 지금 우리에게 의미하는 바를 말해주는 학문이다. 교의학은 모든 성경 본문이 지금 우리와 동일한 관계 속에 있지 않고, 계시의 통일성에 따라 각 성경 본문은 다른 모든 본문과 어떤 식별할 수 있는 관계를 맺고 있고, 그래서 우리와도 어느 정도 확인할 수 있는 관계에 있다는 점을 인정한다. 성경신학은 성경의 통일성 안에서 다양성을 검토한다.…성경신학의 교의학적 토대는 주석이 가진 실증적 자료가 독립된 의미를 갖고 있지 않고, 신학이나 해석의 어떤 자료도 독립된 의미를 갖고 있지 않다는 사실이다"(270-271). 따라서 조직신학은 성경신학에 근거하지만, 다음과 같은 의미에서 성경신학과 다르다. 곧 조직신학은 교회로서 우리가 믿는 것과 우리가 세상에 말하는 것의 최종 결과물이다.

나아가 우리는 성경의 언약들을 "하나로 종합하는" 다른 방법들에서 도출된 신학적 결론들은 수많은 점에서 잘못되었고, 또 궁극적으로 이것을 교정하기 위해서는 성경으로 다시 돌아가고, 거기서 성경의 언약들에 대한 우리의 견해가 성경이 구속사를 관통하며 이 언약 관계를 밝히는 것에 참되다는 것을 확실히 주장하고자 한다.

이제 우리는 우리의 주장의 배경을 설정하면서 이 임무로 돌아가고자 한다. 우리는 3장의 주제가 될 "성경적 언약들의 본성 및 언약들 간의 관계들"을 이해하기 위해서 복음주의 신학 내에서 두 가지 중요한 성경적·신학적 체계를 설명하면서 2장을 시작하고자 한다.

2장

성경적·신학적 체계에서의 언약들: 세대주의 신학과 언약신학

복음주의 신학 내에서, 세대주의 신학과 언약신학은 대체로 사람들이 성경을 "하나로 종합하는" 방법을 고안하도록 만든다. 말하자면 중요한 신학적 관점으로 기능한다. 이 두 개의 신학 "체계"는 성경의 줄거리를 이해하는 해석적 틀로 작용하고, 조직신학의 결론들을 이끄는 "전체 성경신학"(즉 성경신학들)으로 기능한다. 이런 방식으로, 그 두 가지 견해는 창조부터 새 창조까지에 이르는 하나님의 계시의 전체적인 통일성을 이해하려는 점에서는 비슷하다. 차이점들에도 불구하고 이 두 가지 견해는 "점진적 계시", 구속 시대들(또는 "세대들"), 그리스도 안에서 주어지는 성취, 구속사를 관통하는 하나님의 계획의 변화 등의 개념을 인정한다. 그러나 그것들은 하나님의 계획의 구체적인 부분과 일어나는 변화의 종류에 대해서는 차이를 보인다. 특히 이스라엘 민족이 하나님의 계획에서 맡은 역할에 대해서 서로 입장이 다르다. 물론 우리는 이 두 견해의 차이들을 너무 강조하지 **않도록** 조심해야 한다. 복음에 대한 기본적인 이해와 관련해서 세대주의 신학과 언약신학은 차이점보다는 일치점을 더 많이 보여주기 때문이다. 하지만 중요한 점에서 두 가지 견해는 "하나님의 전체 경륜"을 통찰하는 방식에서 서로 다르다. 이런 불일치는 성경의 언약들의 본질과 언약들 상호 간의 관계에 대한 이해를 중심으로 진행된다. 그래서 이 두 가지 견해가 성경의 언약들과 어떻게 관계를 맺고 어디서 서로의 견해가 다른지를 알기 위해서는 그것들을 서로 비교하고 대조하는 것이 매우 유익하다.

더욱이 우리는 "언약을 통한 하나님 나라"가 성경의 언약들을 더 나은 방법으로 설명한다고 제안했는데, 그렇게 제안한 상황을 설명하기 위해서는 이 두 가지 성경신학과 조직신학에 우리의 견해를 대조하는 것이 유익하다. 우리가 여러 가지 사항과 관련해서 세대주의 신학과 언약신학에 동의하지 않는다면, 우리는 어떤 사항에 동의하지 않고 그 이유가 무엇인지 알아야 한다. 그래서 우리가 아래에서 다룰 논의에는 두 가지 목표가 있다. 비록 우리의 논의가 간략하지만 말이다. 첫째, 우리는 각각의 견해에서 성경의 언약들에 대한 이해가 어느 정도 중심을 이루고 있는지를 보여주고자 한다. 둘째, 우리는 성경의 언약들이 그리스도 안에서 그 목적을 발견하기 때문에 그 언약들 간의 관계를 고찰하는 다른 사고방식을 제시하는 장을 마련하고 자 한다.

세대주의 신학과 세대주의 신학의 분파들[1]

세대주의 신학이 하나의 운동으로 처음 태동한 것은 19세기 초에 영국에 서 등장한 형제 운동(Brethren movement)이었다.[2] 원래 형제 운동은 영국의

---

1   세대주의 신학을 유용하게 요약한 것은 다음 자료들을 보라. Craig A. Blaising and Darrell L. Bock, *Progressive Dispensationalism* (Wheaton, IL: BridgePoint, 1993, 『점진적 세대주의』[CLC 역간]). Craig A. Blaising and Darrell L. Bock eds., *Dispensationalism, Israel, and the Church: A Search for Definition* (Grand Rapids, MI: Zondervan, 1992); Robert L. Saucy, *The Case for Progressive Dispensationalism* (Grand Rapids, MI: Zondervan, 1993); Herbert W. Bateman IV ed., *Three Central Issues in Contemporary Dispensationalism: A Comparison of Traditional and Progressive Views* (Grand Rapids, MI: Kregel, 1999); Wesley R. Willis and John R. Master, eds., *Issues in Dispensationalism* (Chicago: Moody, 1994); John S. Feinberg ed., *Continuity and Discontinuity: Perspectives on the Relationship between the Old and New Testaments* (Wheaton, IL: Crossway, 1988); Ron J. Bigalke, Jr., ed. *Progressive Dispensationalism: An Analysis of the Movement and Defense of Traditional Dispensationalism* (Lanham, MD: University Press of America, 2005). 세대주의 신학의 언약에 대한 견해를 유용하게 설명한 것은 Vern S. Poythress, *Understanding Dispensationalists,* 2nd ed. (Phillipsburg, NJ: P&R, 1994)를 보라. 『세대주의 이해』(총신대학교출판부 역간).

2   세대주의의 역사와 발전에 대해서는 다음 자료들을 보라. Craig A. Blaising, "The Extent and Varieties of Dispensationalism," Blaising and Bock, *Progressive Dispensationalism,* 10-13; Charles C. Ryrie, *Dispensationalism,* rev. ed. (Chicago: Moody, 2007), 69-88; Ron J. Bigalke, Jr and Thomas D. Ice, "History of Dispensationalism," *Progressive Dispensationalism: An Analysis of the Movement,* xvi-xlii. 참조. Michael Williams, *This World Is Not My Home: The Origins and Development of Dispensationalism* (Fearn, Ross-shire, UK: Mentor, 2003).

존 다비(John Darby, 1800-1882), 벤저민 뉴턴(Benjamin Newton, 1807-1899), 조지 뮐러(George Müller, 1805-1898), 그리고 북미의 드와이트 L. 무디(D. L. Moody, 1837-1899), 제임스 R. 그레이브스(J. R. Graves, 1820-1893), C. I. 스코필드(C. I. Scofield, 1843-1921) 같은 인물들과 관련이 있다. 또한 그것은 독자들에게 성경을 해석하는 법과 성경 전체를 세대주의 신학의 관점에 따라 하나로 묶는 법을 가르치는 다양한 주해를 담은 것으로 유명한『스코필드 관주 성경』(Scofield Reference Bible)과도 관련이 있었다. 아마 세대주의 관점에서 쓰인 가장 광범위한 조직신학 작품은 루이스 S. 채퍼(Lewis Sperry Chafer)의 8권으로 이루어진『조직신학』(Systematic Theology)일 것이다.[3]

세월이 흐르면서 세대주의 신학은 여러 번의 개정이 이루어졌다. 우리가 아래서 살펴볼 공통의 핵심기준(common core)을 변함없이 유지하고 있지만 말이다. 크레이그 블레이싱(Craig Blaising)은 세대주의 운동에 대해 다음과 같이 말한다. "역사상 임의의 어느 한 시점에 세대주의의 신학적 전개를 일률적으로 규합하는 표준 신조는 전혀 없었다."[4] 비록 특정 교리적 요소를 계속 유지하고 있더라도 말이다. 이것 때문에 세대주의 신학은 세대주의자들 간의 온갖 차이점을 일괄적으로 묶어 분류하기가 힘들었다.[5] 하지만 블레이싱이 말하는 것처럼 우리는 "세대주의 사상을 포괄적인 세 범주"로 분류할 수 있고,[6] 세대주의 신학의 발전을 파악하기 위해서는 이 범주들을 구별하는 것이 중요하다. 곧 세대주의는 "고전적" 세대주의(예를 들어, 존 다비, 루이스 채퍼,『스코필드 관주 성경』), "수정" 세대주의(예를 들어, 존 월부드, 찰스 라이

---

3   Lewis Sperry Chafer, *Systematic Theology* (1948; repr., Grand Rapids, MI: Kregel, 1993).

4   Blaising, "Extent and Varieties of Dispensationalism," 22.

5   같은 책, 13-21은 하나의 신학 전통으로 세대주의를 결집시키는 8가지 공통적 특징, 곧 성경의 권위, 구속사를 세대별로 구분함, 이스라엘과 차이가 있는 교회의 새로움과 유일성, 보편적 교회의 중요성, 성경 예언에 대한 문자적 이해, 전천년설, 그리스도의 임박한 재림, 가나안 땅에 거할 이스라엘 민족의 미래를 열거한다.

6   같은 책, 22.

리, 존 드와이트 펜테코스트,『스코필드 관주 성경 개정판』), "점진적" 세대주의(예를 들어, 크레이그 블레이싱, 대럴 복, 존 파인버그, 로버트 소시, 브루스 웨어)로 분류된다.

"세대주의"라는 용어도 "언약신학"이라는 용어와 비슷하게 성경적 증거가 있다고 올바르게 주장할 수 있다. "세대"는 "오이코노미아"(*oikonomia*)에서 나온 단어(엡 1:10; 3:2, 9; 골 1:25)로, "가정의 일을 관리하다, 규제하다, 다스리다, 계획하다"를 의미한다.[7] 이 용어 뒤에는 이 세상에서 이루려는 일에 대한 하나님의 계획이나 통치, 그리고 하나님이 인간과의 관계를 조종하고 규제하는 방법에 대한 생각이 놓여 있다. 따라서 블레이싱이 설명하는 것처럼 "세대는 하나님이 인간과 그분의 관계를 관리하거나 조종하시는 구별된 방법을 가리킨다."[8] 세대주의는 아마 세대주의자들이 구속사를 여러 개의 특수한 "세대"로 구분하는 것과 이 각 세대 동안에 하나님이 자신의 종합적 계획의 특수한 어떤 국면을 전개하신다고 믿는 그들의 사상으로 가장 잘 알려져 있을 것이다. 그러나 번 포이트레스(Vern Poythress)가 올바르게 지적하는 것처럼 "세대"라는 말은 세대주의를 다른 견해들과 구분하는 데 전혀 도움이 되지 **않는다**는 주장은 일리가 있다. 왜냐하면 "사실상 모든 시대의 교회와 교회의 모든 분파는 하나님의 세상 통치에 구별된 세대가 있다고 믿었기 때문이다. 때때로 이런 구별 의식이 희미해진 적은 있지만 말이다. 다른 시대들 간의 구별을 인정하는 것은 절대로 세대주의 신학자만의 독특한 특징이 아니다."[9]

현재 대다수 세대주의자도 이 점을 인정한다. 예를 들어 존 파인버그(John Feinberg)는 우리가 세대주의의 독특성을 인정하는 것은 단순히 "세대"

---

7   Craig A. Biaising, "Dispensationalism in Biblical Theology," Blaising and Bock, *Progressive Dispensationalism,* 106-111과 John S. Feinberg, "Systems of Discontinuity," *Continuity and Discontinuity,* 68-69을 보라. 참조, Poythress, *Understanding Dispensationalists,* 9-13. 전문적으로 "세대"라는 말은 "오이코노미아"란 그리스어 단어의 라틴어 번역어인 "디스펜사티오"(*dispensatio*)가 영어화된 것이다.

8   Blaising, "Extent and Varieties of Dispensationalism," 11.

9   Poythress, *Understanding Dispensationalists,* 9-10.

라는 말과, 아니 사실은 세대라는 말 배후에 있는 어떤 개념과도 관련이 있지 **않다고** 주장한다. 만일 이것이 사실이라면 모든 그리스도인은 넓은 의미에서 "세대주의자"일 것이다. 왜냐하면 누구나 구속사 전체에 걸쳐 하나님의 구원 계획은 다양한 "세대"를 포함하고 있고, 하나님의 계획이 그리스도 안에서 성취에 이를 때에는 다양한 변화가 있음을 인정하기 때문이다. 파인버그는 다음과 같이 정확하게 주장한다. "세대주의자와 비세대주의자는 모두 '세대'라는 말과 개념을 사용하므로, 세대라는 말과 세대라는 개념을 사용하는 것이 세대주의의 전형적인 특징은 아니다. 언약신학의 특징으로 언약에 대해 말하는 것만큼 세대주의의 특징으로 세대에 대해 말하는 것도 똑같다. 세대주의자도 항상 언약에 대해 말한다."[10]

따라서 이상의 주장은 다음과 같은 중요한 질문을 제기한다. 세대주의 신학이 오랜 기간에 걸쳐 다양하게 수정된 것을 고려한다면, 과연 세대주의 신학의 고유한 특징은 무엇일까? 세대주의 신학의 **구별된** 특징은 무엇일까? 혹은 세대주의 신학을 구성하는 **필수 조건**은 무엇일까? 이 질문에 대해 많은 논의와 논쟁이 벌어졌고, 사람들은 이 질문에 다양한 답변을 제시했다.[11] 하지만 우리는 세대주의 신학의 필수 조건은 이스라엘-교회 구분이라고 확신한다. 이 구분은 옛 언약 아래에 있는 이스라엘 민족과 새 언약 아래에 있는 하나님 백성으로서의 교회가 서로 다른 언약을 이해하는 방식과 관련이 있다. 온갖 다양한 분파로 나누어져 있는 세대주의 입장에 따르면, "이스라엘"은 혈통적·민족적 백성을 가리키는 것이지, 하나님의 구원 계획에서 역사적 이스라엘을 대체하는 기관이 신약 시대의 교회라는 상황은 결

---

10 Feinberg, "Systems of Discotinuity," 69. 나아가 Feinberg는 다른 두 가지 중요한 특징도 유용하게 제시한다. (1) "세대주의"를 증명하려면 "세대"에 대한 성경의 증거를 보여주는 것 이상의 사실을 요청하고(68-69), (2) "세대"의 수를 주장하는 것도 "세대주의"의 본질적 특징은 아니다(70).

11 예컨대 Ryrie, *Dispensationalism*, 27-55과 Craig A. Blaising, "Dispensationalism: The Search for Definition," *Dispensationalism, Israle and the Church*, 13-34과 같은 작품에서 세대주의의 적절한 정의에 관한 설명을 보라.

코 **아니다**. 예를 들어 언약신학이 가르치는 것처럼 말이다. 따라서 세대주의 자들에 따르면, 하나님의 계획에서 이방인의 구원은 한 민족으로서의 이스라엘, 특히 자기들에게 약속된 특수한 땅과 관련이 있는 이들과 맺은 약속의 성취가 아니다. 오히려 "교회"는 하나님의 구속의 목적에서 완전히 새로운 것이다. 그리고 그것의 기원은 그리스도 안에 있으며, 특히 그리스도께서 오순절에 교회 안의 모든 사람에게 똑같이 베푸신 성령 세례에 있다. 따라서 교회를 "새로운" 기관으로 만드는 요인은 구약 시대의 성령의 복과 **질적으로** 다른 그리스도의 오심과 관련된 성령의 복이다. 그것이 세대주의 신학의 관점에서 볼 때 새 언약 아래 있는 사람의 구원 경험이 옛 언약 아래 있는 이스라엘 자손의 구원 경험과 질적으로 다른 이유다.[12]

이런 이유로 이스라엘-교회 구분을 전제하는 세대주의 신학은 언약 공동체의 본질에 비추어 옛 언약과 새 언약 사이의 **불연속성**을 더 중요하게 생각한다. 나아가 이스라엘-교회 구분은 궁극적으로 그리스도의 천년왕국 통치에서 성취되도록 되어 있는 땅의 약속, 곧 하나님이 이스라엘에게 주신 문자적 땅에 대한 변함없는 약속과 관련이 있다. 세대주의 신학과 언약신학 사이에서 가장 큰 차이는 아마도 두 가지 부분, 곧 교회론과 종말론일 것이다.

먼저 교회론을 살펴보자. 세대주의는 교회의 본질을 교회의 구조 및 규례들과 함께 옛 언약 아래 있는 이스라엘 민족의 본질과 구별된 것으로 생각한다. 교회는 그리스도의 오심과 신자에게 성령의 영원한 내주라는 **새로움**으로 인해 하나님의 세대 안에 구별된 **새로운** 것이기 때문이다. 예를 들어 언약신학과 다르게 세대주의 신학의 교회론은 교회를 신자와 비신자가 "혼합된" 공동체가 아닌 성령에 의해 태어나고 성령이 영원히 내주하는 이들로 구성된 거듭난 공동체로 생각한다.[13] 나아가 이런 이유로 세대주의 신

---

12 Feinberg, "Systems of Discontinuity," 71-85과 Blaising, "Extent and Varieties of Dispensationalism," 13-21을 보라. 이 부분에서 Blaising은 세대주의 신학의 독특한 특징을 주로 이스라엘-교회 관계에 따라 밝힌다.

13 언약 공동체들의 "혼합적" 성격은 옛 언약과 새 언약 아래 있는 언약 공동체의 지위와 택함 받

학은 믿는 자의 세례를 찬성하고 유아세례를 반대한다. 왜냐하면 세대주의 신학에서 이스라엘과 교회를 근본적으로 구별하고 세례의 표징이 새 언약 아래에 있다는 것을 고려하면, 옛 언약의 표징과 새 언약의 표징을 결코 같은 것으로 생각할 수 없기 때문이다. 반대로, 언약신학은 세대주의와 똑같은 이스라엘-교회 구분을 이끌어내지 **않는다**. 대신에 언약 공동체의 본질(구원 경험의 유사성)과 관련해서뿐만 아니라 할례와 세례라는 언약의 표징이 갖고 있는 의미의 유사성과 관련해서도 이스라엘과 교회의 연속성을 더 많이 강조한다. 이상의 모든 것을 종합하면 세대주의 신학의 교회론은 언약신학의 교회론과 다르다.

이번에는 종말론에 대해 생각해보자. 종말론과 관련하여, 이스라엘-교회의 구분 및 하나님이 이스라엘에게 주신 변함없는 약속, 곧 그들이 다윗 계보의 왕(우리 주 예수 그리스도)이 다스리는 물리적인 땅에서 살게 될 것이라는 약속을 근거로 세대주의 신학은 미래의 천년왕국 시대에 이스라엘에게 주어질 특별한 민족적 미래를 인정한다. 이에 대한 논리적 근거는 다음과 같다. 주로 아브라함 언약 아래 있는 이스라엘 민족에게 주어진 물리적 땅의 약속은 아직 성취되지 않았고, 이스라엘 민족에게 주어진 특별한 땅의 약속은 교회와 구별된 방법으로 미래의 천년왕국에서 성취를 필요로 한다. 이런 이유로 세대주의는 종종 책과 영화 그리고 다른 형태의 미디어를 통해 대중 속에 파고든 특수한 종말론과 동일시된다.[14] 반면에 언약신학은 대체

은 자의 지위가 구별된다는 믿음을 강조한다. 이 책 17장에서 언급하려는 것처럼 교회에 대한 이 "혼합적" 관점을 기초로 언약신학은 불가시적 교회-가시적 교회 구분을 그대로 보존한다. 언약신학의 견해에 따르면 교회는 신자와 비신자, 또는 언약신학자들이 말하기 좋아하는 것처럼 "신자와 그들의 자녀"— 택함 받은 자가 될 수도 있고 되지 않을 수도 있는 자녀— 로 **함께** 구성된다. 세대주의 신학은 교회를 유일하고 새로운 본질을 거듭난 자의 공동체로 생각했다. 따라서 교회는 구조적으로 옛 언약 아래에 있는 이스라엘과 다르다고 주장했다.

14 이에 관해서는 Hal Lindsey, *The Late Great Planet Earth* (Grand Rapids, MI: Zondervan, 1973); 같은 저자, *There's a New World Coming* (Santa Ana, CA: Vision, 1974); Tim LaHaye and Jerry Jenkins, *Left Behind: A Novel of the Earth's Last Days* (Carol Stream, IL: Tyndale, 1996); 그리고 "레프트 비하인드" 소설과 영화 시리즈를 떠올리면 된다.

로 이스라엘에게 주어진 땅의 약속은 궁극적으로 교회와 새 창조의 출범으로 성취된다고 믿기 때문에, 여러 가지 이유로 세대주의적 전천년설 종말론을 거부한다.[15] 여기서는 우리의 목적상 세대주의 신학과 언약신학 간의 이 점에 대한 차이가 이스라엘-교회 관계에 대한 그들의 각기 다른 이해와, 그들이 구속사 속에서 성경의 언약들을 어떻게 서로 관련시키는지에 대한 그들의 각기 다른 입장과 직결되어 있음을 언급하는 것이 중요하다.

이제 고전적 세대주의와 수정 세대주의 그리고 점진적 세대주의라는 말로 설명되는 세대주의 신학 안의 몇몇 분파에 대해 간략히 설명하고, 이들 각 분파가 성경의 언약들 간의 관계를 특히 이스라엘-교회 구분에 비추어 어떻게 이해하는지 살펴보자.

고전적 세대주의

고전적 세대주의 신학의 핵심에는 이원론적 구속 개념이 있다. 이 개념은 하나님께서 두 가지 다른 목적, 곧 하늘과 관련된 목적과 땅과 관련된 목적을 추구하신다는 것과 관련이 있고, 그리고 두 개의 다른 집단의 사람들, 곧 하늘에 있는 자들과 땅에 있는 자들과 관련이 있다.[16]

하나님의 지상적 구속 목적에 따르면 하나님의 계획은 창조물을 저주로부터 구속하고 지상에 사는 인간이 땅에서 영원히 존재하도록 불멸성을 부여하시는 것이다. 이 불멸할 지상적 인간은 천년왕국 시대에 처음 등장한

---

15 언약신학은 역사적 전천년설부터 무천년설과 후천년설까지 다양한 천년왕국 견해를 고수하지만, 세대주의 신학은 항상 이스라엘-교회 관계에 대한 자기들의 이해와 결부된 특수한 세대주의적 전천년설 견해를 고수한다. 땅의 약속에 대한 언약신학의 견해를 유용하게 설명하는 것은 Anthony A. Hoekema, *The Bible and the Future* (Grand Rapids, MI: Eerdmans, 1994)를 보라. 『개혁주의 종말론』(부흥과개혁사 역간).

16 Blaising, "Extent and Varieties of Dispensationalism," 23을 보라. 참조. Poythress, *Understanding Dispensationalists,* 19-29.

다. 그들은 주님이 재림하여 새 창조의 완성을 이루실 때 땅에 살고 있는 자들로 구성된다. 그들은 최후의 부활을 겪지 않을 것인데, 그것은 그들이 죽음을 겪지 않고 땅에서 영원히 살 것이기 때문이다. 그러나 하나님의 지상 목적에 맞추어 천상의 목적도 있다. 천상의 목적은 하늘에 있는 사람들에게 집중되어 있다. 이 천상의 인간은 그리스도께서 천년왕국 통치를 위해 재림하시기 전에 죽은 구속받은 모든 세대의 사람들(초세대적인 사람들)로 구성된다. 그들은 아직도 최후의 부활을 기다리고 있고 부활하게 되면 "하늘의" 기업을 경험할 것이다.[17]

고전적 세대주의자는 구속사를 각기 다른 일곱 세대(또는 시대)로 구분하는 것으로도 유명하다. 무죄 시대(에덴 시대), 양심 시대(타락에서 홍수까지), 인간 정부 시대(노아에서 바벨탑 사건까지), 약속 시대(아브라함에서 애굽까지), 율법 시대(모세에서 세례 요한까지), 은혜 시대(교회 시대) 그리고 왕국 시대(천년왕국 시대).[18] 고전적 세대주의자는 이 일곱 세대를 하나님이 각기 다른 제도에 따라 인간을 시험하시는 시기로 보았다. 블레이싱이 지적하는 것처럼 이 다른 세대들에 따라 "하나님은 그분에 대한 순종을 시험하시고자 인간과 자신의 관계를 준비하셨다."[19] 초기 세대들에 있어 하나님은 지상적 삶에 관한 약속들을 주셨으나 우리는 죄로 말미암아 이 약속들을 얻지 못했다. 현재의 교회 시대는 하나님의 "천상의" 목적을 분명히 보여주는 첫 세대다. 결과적으로 교회는 자신들이 이전 세대의 사람들과 다르게 하늘에 있는 영원한 기업을 위해 택함 받은 하늘의 사람들이라는 것을 알고 있다. 교회에 대한 이런 견해를 고려한다면, 고전적 세대주의자는 교회가 하나님의 지상적 구속 목적 ─ 이전 세대와 언약들 속에 계시된 지상적 목적 ─ 의 역사에 놓인 삽입구

17　Lewis S. Chafer, "Dispensationalism," *Bibliotheca Sacra* 93 (1936): 390-449을 보라. 참조. Blaising, "Extent and Varieties of Dispensationalism," 23-24.

18　*Scofield Reference Bible*, note on Genesis 1:28. 참조. Poythress, *Understanding Dispensationalists*, 21-22.

19　Blaising, "Extent and Varieties of Dispensationalism," 24.

(막간)와 같다고 주장했다.[20] 이런 의미에서 하늘 백성으로서 교회의 일차 목적은 지상의 문제나 일들을 추구하는 것이 아니라 영적인 것을 추구하는 데 있었다.

고전적 세대주의자는 성경의 언약들을 어떻게 서로 관련시켰는가? 세대주의 신학의 모든 분파와 비슷하게 고전적 세대주의 신학도 성경의 근본적인 언약은 아담 언약(또는 창조 언약)이 아니라 아브라함 언약이라고 주장했다. 왜냐하면 고전적 세대주의자들은 창조 언약을 인정하지 않았기 때문이다. 아브라함 언약에서 하나님의 지상 목적은 특정한 땅, 곧 이스라엘에서 큰 민족이 되는 혈통적 자손과 관련된 것으로 대부분 계시되었다. 한 민족으로서 그리고 아브라함의 자손으로서 이스라엘은 하나님의 복을 이방 민족들에게 전달하는 중요한 역할을 부여받았다. 고전적 세대주의자들은 아브라함 언약을 **영적으로** 해석할 수 있다는 점을 부인하지 않았고(그들은 신약성경이 하나님의 천상적 목적을 계시하는 책이라고 주장했다), 이스라엘과 관련해서 아브라함 언약은 "문자적으로" 해석되어야 하며, 따라서 땅의 백성에 대한 하나님의 초기의 목적을 보여준다고 강력히 주장했다.[21] 성경의 다른 언약들, 곧 "땅의" 언약들(예를 들어 팔레스타인 언약, 즉 이스라엘에 주어진 땅의 약속, 모세 언약, 다윗 언약)로 해석되는 언약들과의 관계 속에서도 동일한 점이 주장되었다. 흥미롭게도 고전적 세대주의자는 예레미야 31장에 나오는 새 언약에 "문자적" 해석을 적용하면서 새 언약은 교회가 **아니라** 오직 이스라엘에게만 해당된다고 주장했다. 고전적 세대주의자의 주장에 따르면 예레미야 31:31은 새 언약이 "이스라엘 집 및 유다 집과" 맺어지고, 이스라엘은 땅의 백성이지 교회가 아니므로 새 언약은 교회에는 적용될 수 없다고 분명

---

20 같은 책, 27. 참조. Poythress, *Understanding Dispensationalista*, 21-22.

21 Poythress, *Understanding Dispensationalists*, 24은 이 점에 있어 고전적 세대주의를 적절하게 설명한다. Poythress는 이렇게 말한다. "Scofield는 순수한 문자주의자가 아니라 이스라엘과 관련된 점에 대해서만 문자주의자다. 이스라엘과 교회의 이원론은 사실 '문자적' 해석과 '영적' 해석의 해석학적 이원론을 언제 그리고 어디서 적용할지를 결정하는 더 깊은 이원론이다."

히 진술한다. 고전적 세대주의자는 신약성경이 새 언약을 교회에 적용시키는 경우(예를 들어 히 8-10장)에 대해 어떻게 반응할까? 고전적 세대주의자는 그런 경우는 완전히 다른 언약을 가리키는 것이 틀림없다고 주장했는데, 이것은 비판자들이 올바르게 지적한 것처럼 이와 관련된 신약성경의 가르침을 고려하면 유지되기 어려운 견해다.[22] 결론적으로 고전적 세대주의자는 새 언약을 포함해 성경의 모든 언약은 땅의 백성에게서 성취가 일어나는 것으로 생각하지만, 처음에는 천년왕국 기간에, 그리고 그다음에는 마지막 단계에 그 성취가 교회에 적용되는 것으로 생각하지는 않는다. 따라서 새 언약은 **영적** 또는 **풍유적** 의미 이외에 다른 의미를 교회에 적용하면 안 된다. 이 점에서 성경의 언약들은 땅에 속한 자기 백성에 대한 하나님의 지상적 목적과 관련이 있고, 하나님의 천상 목적이나 하늘의 사람들과는 관련이 없다.

성경의 언약들에 대한 고전적 세대주의의 이런 이해는 그들의 나라에 대한 견해와도 연계되어 있다. 고전적 세대주의가 "하늘나라[천국]"(즉 하나님이 자기 아들의 나라를 세울 것이라고 약속하신 다윗 언약의 성취)와 "하나님 나라"(즉 자기 백성들의 마음속에서 행하시는 하나님의 도덕적 통치)를 구분하는 것은 잘 알려져 있었다. "하늘"나라는 그리스도와 함께 등장하지만 처음에 이스라엘은 그 나라를 거부했기 때문에 막간으로 교회 시대가 세워졌다. 궁극적으로 "하늘"나라는 천년왕국과 "하늘"나라가 하나님의 땅의 백성들의 마음속에 세워진 "하나님" 나라와 합해지는 마지막 단계에서 정점에 달할 것이다.[23] 흥미롭게도 "하나님 나라"에 대한 이런 이해는 다음 세대의 세대주의자가 수정을 단행한 첫 번째 요인이었다.

---

22 Blaising, "Extent and Varieties of Dispensationalism," 28-29을 보라. 우리는 히브리서 본문(히 7-10장)은 말할 것도 없고, 예수께서 새 언약을 자신의 죽음에 적용하고 그리고 교회에 어떻게 적용시키시는지(마 26:27-28과 병행 본문)를 주목하기만 해도 된다.

23 고전적 세대주의의 천국과 언약들에 관한 관계를 더 자세히 알고자하면, Blaising, "Extent and Varieties of Dispensationalism," 30-31을 보라.

수정 세대주의

아마 세대주의에서 일어난 가장 큰 변화는 세대주의가 지상적 하나님의 백성과 천상적 하나님의 백성의 구분을 포기한 1950년대에 시작했을 것이다. 블레이싱이 지적하는 것처럼 수정 세대주의자는 "하늘에 있는 한 인간과 새 땅에 있는 다른 인간의 영원한 구분이 있을 것이라는 사실을 믿지 않았다."[24] 대신 그들은 세대 노선을 따라 하나님의 두 백성이 있다고 주장했다. 말하자면 구약의 언약들과 관련된 민족적·국가적 실재로서의 "이스라엘"이 있고 구별된 국제적 공동체로서의 "교회"가 있다. 이런 방식으로 사람들은 둘 중 어느 하나에 속하는 것이지 동시에 이스라엘과 교회에 속하지 못하며, 이 두 집단은 "서로 다른 세대적 특권과 책임을 가지고서 완전히 다르게 형성되었다."[25] 또한 수정 세대주의자는 재빠르게 이 두 집단이 궁극적으로 받는 구원은 동일하다고, 말하자면 똑같이 영광스러운 부활 상태에 들어가 영생을 받는다고 언급했다(그래서 그들은 두 가지 구원 계획이 있다는 비난을 피했다). 하지만 "교회는 항상 교회이고, 이스라엘은 항상 이스라엘"이므로 두 집단 사이에 영원한 구분이 있음을 강조했다.[26]

나아가 수정 세대주의자는 시대를 관통하는 세대들의 수에 대한 견해도 단순화시켰다. 비록 그들 대부분이 전통적인 일곱 세대에 대한 견해를 유지했지만, 대부분은 하나님의 목적을 은혜 이전 세대(즉 교회 시대 이전)와 은혜 세대(즉 교회 시대), 그리고 땅에서 이루어지는 그리스도의 천년 통치로 간주되는 나라 세대에 따라 구분했다. 은혜 이전 세대에 하나님은 이스라엘 민족을 통해 이방 민족들에게 역사하셨다. 이스라엘을 통해 하나님은 정치적

---

24 같은 책, 31.

25 같은 책, 32.

26 같은 책. 영원한 상태가 정확하게 어디서 일어나는지와 관련한 논쟁이 수정 세대주의자들 벌어졌다. A. McClain과 D. Pentecost 그리고 H. Hoyt는 부활과 영광의 상태가 땅에 있다고 주장했다. 반면에 J. Walvoord와 C. Ryrie는 땅이 아니라 하늘에 있다고 주장했다.

·국가적·영적 목적들을 성취하셨다. 하지만 현재 교회 시대에서 그분은 교회 안에서 그리고 교회를 통해 주로 영적 목적을 이루신다. 이스라엘과 교회의 영적 경험들은 비슷하지만 동일하지는 않다. 교회는 옛 세대 아래 있던 이스라엘이 경험하지 못한 사실, 곧 성령의 세례와 인침과 영원한 내주 같은 질적으로 새로운 실재를 경험한다. 그러나 우리는 구원 속에서만 이스라엘과 교회의 차이를 보는 것이 아니다. 이스라엘과 교회의 차이는 이스라엘 백성의 "혼합된" 구성(즉 신자와 비신자로 함께 이루어진 구성)과 달리 거듭난 공동체로서의 교회의 **본질**에 의해서도 나타난다. 이런 모든 방식으로 수정 세대주의자는 이스라엘과 교회의 차이점에 대해 말하고, 하나님의 구원 계획의 불연속성에 대해서도 언급했다.[27]

성경의 언약들과 관련해 또 다른 중요한 수정이 일어났다. 특히 세대주의자들의 새 언약에 관한 이해와, 새 언약과 교회와의 관계에 대한 이해에 중요한 수정이 있었다. 앞에서 언급했던 것처럼 고전적 세대주의 견해에 따르면, 예레미야 31장(그리고 이사야와 에스겔)에 예언된 새 언약은 교회가 아니라 오직 국가적·민족적 백성으로서의 이스라엘에게 주어진 것이거나, 혹은 두 개의 새 언약이 있다. 곧 이스라엘을 위한 새 언약(예를 들어, 렘 31장)과 교회를 위한 새 언약(히 8-10장)이 있다. 이 견해가 가진 문제는 사실상 성경적으로 입증되기 어렵다는 것이다. 그렇다면 어떻게 우리는 우리 주님이 자신의 죽음을 새 언약에 대한 인정으로 이해하는 것(예를 들어 눅 22:20과 병행 본문)이나 예레미야 31장을 분명히 교회에 적용시키는 히브리서를 이해해야 할까? 수정 세대주의자는 예레미야 31장의 "새 언약"이 교회에 적용되지 않는다는 고전적 세대주의자의 생각을 올바르게 거부했다. 말할 것 없이 수정 세대주의자들은 계속해서 고전적 세대주의 동료들과 같이 아브라함 언약

---

27 이스라엘-교회 관계에 대한 보다 철저한 견해는 Ryrie, *Dispensationalism*, 143-157과 S. D. Toussaint, "Israel and the Church of a Traditional Dispensationalist," *Three Central Issues in Contemporary Dispensationalism*, 227-252을 보라.

이 근본적인 언약이고, 아브라함 언약은 지상적·정치적·민족적 언약으로서 모세 언약, 팔레스타인 언약(예를 들어, 땅의 약속), 다윗 언약과 관련이 있다고 주장했다. 물론 그들은 새 언약도 포함시킨다. 하지만 수정 세대주의자들은 교회를 아브라함의 "영적" 후손으로 최소한 간주했고(갈 3:16-29), 아브라함 언약이 교회에서 **영적으로** 성취되었다는 것을 인정했다. 교회가 메시아인 예수와 관련이 있기 때문이다. 그렇지만 수정 세대주의자들은 구약의 언약들과 관련한 민족적·정치적 용어들은, 특히 땅과 관련된 언약의 용어들은 "문자적으로" 성취되어야 한다고 강력하게 주장했다. 즉 이스라엘은 미래의 천년왕국 시대에 다윗 계보에 속한 왕이신 그리스도의 통치 아래 자기들의 땅을 다시 한번 받아야 한다. 따라서 구약의 언약들은 모두 무조건적 언약이고, 그 언약들을 이루실 분은 자신이 보내신 메시아를 통해 이 일을 행하시는 하나님 자신이시다. 그러나 엘리엇 존슨(Elliot Johnson)은 다음과 같이 말한다.

> 하나님께서는 이스라엘이 그분을 거부했을 때에도 이스라엘이 행해야 하는 역할을 이루기 위해 이스라엘을 [다른 민족으로] **바꾸지** 않으신다.…그뿐만 아니라 그분은 이스라엘의 역할에 대해서 **새롭게 해석하지** 않으신다.…또한 하나님께서는 이스라엘이 그분을 거부하더라도 이스라엘의 역할을 성취하는 일에 일시적으로 참여하는 자들을 **부강하게 하지** 않으신다.…오히려 하나님은 이스라엘 민족을 잠시 **옆으로 제쳐두시고**, 야웨의 종(Servant)의 사역을 지속하기 위해서 믿음을 가진 유대인 남은 자들과 함께 믿음을 가진 이방인을 받아들이신다. 야웨의 종이 심판과 통치를 위해 다윗의 아들과 아브라함의 후손으로 다시 오실 때까지 말이다. 야웨의 종의 사역은 **그리스도가 공급하신다는 것을 믿음으로 받아들인 새 언약의 규정들에 근거한다**.…이처럼 이스라엘 민족-종을 옆으로 제쳐두는 것은 이스라엘과 맺은 언약 협정들의 이행을 중단하는 것이다.[28]

---

28 Elliott E. Johnson, "Covenants in Traditional Dispensationalism," *Three Central Issues*

또한 블레이싱이 요약하는 것처럼 수정 세대주의의 옹호자들은 새 언약이 "오늘날 교회에서 **영적으로** 성취되고 있다"고 주장했다. 그러나 이것은 "이스라엘이 미래에 새 언약의 민족적·정치적 국면(땅의 특징)을 경험할 것"이라는 것을 배제하지는 않는다.[29] 아래서 우리가 살펴볼 것처럼 이것 때문에 수정 세대주의의 견해는 이스라엘-교회 관계에 대한 언약신학의 견해와 분명하게 구별된다.

이스라엘과 교회에 관한 수정 세대주의의 사고방식은 중요한 변화였다. 이런 변화는 교회를 하나님의 계획의 단순한 막간이 아니라 결국 "이스라엘과 맺은 새 언약의 **역사적** 성취를 대신하는 것"으로 생각했다.[30] 흥미롭게도 이 변화에서 세대주의자들은 이스라엘-교회 관계와 관련해 언약신학의 이해에 좀 더 근접한 방향으로 나아갔다. 그들은 국가적·민족적 백성으로서의 이스라엘이 아직 충분히 실현되지 못한 특정한 땅의 약속에 따라 이스라엘에게 주어진 하나님의 약속을 경험하게 될 것이라는 주장을 제외하고서 말이다. 따라서 이 수정된 궤도 안에서 세대주의자는 이제 아브라함의 언약과 새 언약을 "영적" 방식 또는 영적 성취로 교회에 적용하면서도 이스라엘과 맺은 언약의 성취를 "문자적" 방식으로 이야기할 수 있게 되었다. 그런데 우리는 여기서 세대주의 신학과 언약신학의 가장 분명한 불일치 중 하나를 본다. 세대주의 신학에 따르면 민족적·국가적 실재로서의 이스라엘에게 주어진 하나님의 약속은 천년왕국 시대와 그 이후에 오직 하나님만이 이루실 "문자적" 땅의 약속, 곧 이스라엘 민족에게 특정한 땅을 주겠다는 약속을 포함한다. 언약신학에 따르면 이스라엘과 교회 간에는 훨씬 더 큰 **연속성**이 존재한다. 곧 이스라엘은 교회이고 교회는 새 이스라엘이라는 그들의 견해를 고려하면 이스라엘에게 주어진 땅의 약속은 또한 교회에 주어진 땅의 약

---

in Contemporary Dispensationalism, 155(강조는 나의 것이다).

29   Blaising, "Extent and Varieties of Dispensationalism," 38.

30   같은 책 38.

속이다. 그런데 이것은 이제 우리의 영원한 기업에 따라 영적으로 성취되고 있거나 또는 오늘날 더 통상적으로, 모형론에 따라 지금 그리스도 안에서 "이미" 여기 있으나 "아직" 기다려야 하는 새 창조 속에서 성취되고 있다.

마지막으로 수정 세대주의자가 자신들의 동료인 고전적 세대주의자가 주장한 "하나님 나라"에 대한 이해를 어떻게 수정했는지를 언급하는 것이 중요하다. 고전적 세대주의자의 견해는 "하늘나라"(즉 영토로서의 나라)와 "하나님 나라"(즉 하나님의 백성의 마음속에서 이루어지는 영적·도덕적 통치)를 날카롭게 구분했다. 그러나 조지 래드의 영향으로 이 고전적 구분은 허물어졌다. 비록 하나님 나라에 대해 각기 다른 여러 가지 견해가 제기되었다고 할지라도, 대다수 세대주의자가 "보편적" 나라(즉 만물에 대한 하나님의 주권)와 "중보적 나라"(즉 다윗 계보의 왕들처럼 하나님이 택하신 중보자를 통해 땅을 다스리고 궁극적으로는 그리스도에게서 정점에 달하는 하나님의 통치)의 관점에 따라 말하기 시작했다. 대다수 세대주의자는 "중보적" 나라의 관점에 따라 그리스도는 현재 땅에 계시지 않으므로 오직 그분이 다시 오실 때 중보적 나라가 다시 등장하고, 천년왕국 통치 이후에 우리는 보편적 나라와 중보적 나라가 하나가 되는 것을 볼 것이라고 주장했다. 그러나 찰스 라이리(Charles Ryrie)와 존 월부드(John Walvoord)는 현시대에 **영적** 나라가 임하는 것에 대해 말하기 시작했다. 비록 다윗 왕국의 정치적·민족적·지상적 성취가 그리스도가 재림하실 때까지는 실현되지 아니하더라도 말이다. 즉 오늘날 그리스도께서 교회 안에서 신자들을 다스리시는 통치에 대해 말하기 시작했다.[31] 블레이싱이 지적하는 것처럼 이것은 굉장히 중요한 수정이었다. 왜냐하면 이것으로 인해 세대주의자들은 이제 "그리스도와 교회의 관계"를 "하나님 나라"[32]로 정의하게 되었기 때문이다. 이것은 이전 시대의 세대주의자들은 행하지 않았던 정

---

31 Ryrie의 설명은 *Dispensationalism*, 182-183을 보고, Walvoord의 설명은 John F. Walvoord, "Biblical Kingdoms Compared and Contrasted," *Issues in Dispensationalism*, 75-91을 보라.

32 Blaising, "Extent and Varieties of Dispensationalism," 41.

의다. 이 수정으로 말마암아 세대주의 운동 안에 다시 한번 수정의 길이 열렸고, 이제 이 수정된 견해를 살펴보자.

점진적 세대주의

"고전적" 세대주의의 이원론과, 교회와 이스라엘을 날카롭게 구분하는 "수정" 세대주의 사상과 반대로, 점진적 세대주의 사상은 교회가 하나님의 단일한 구속 계획과 유기적으로 관련이 있다고 주장한다. 그리스도의 오심으로 교회가 등장한 것은 새 땅과 상관없이 하늘에서 성취되거나 아니면 구속받은 나머지 인간과 영원히 구별되는 유대인과 이방인 계급 안에서 성취되는 이차 구속 계획을 암시하지 않는다.[33] 대신 오늘날 교회는 모든 시대에 걸친 하나님의 전체 백성이 그들의 구별된 민족적·국가적 차이들을 보존하는 가운데 공유하게 될 영적 복에 대한 계시다.

점진적 세대주의의 옹호자들은 "점진적"이라는 말을 점진적 계시의 의미로 사용한다. 즉 그들은 그 단어를 하나님의 계획의 점진적 전개의 성격과 궁극적으로 그리스도 안에서 정점에 달하는 다양한 세대들의 **연속적** 배치(**단속적** 배치가 아닌)를 강조하는 데 사용한다. 이런 식으로 점진적 세대주의자는 구속사 전체에 걸쳐 하나님의 계획의 **연속성**을 강조한다. 그리고 이 점에서 그들은 언약신학이 하나님의 계획의 점진적 전개의 본질을 이해하는 것과 매우 가깝다. 하지만 중요한 차이점이 있다. 블레이싱은 그 차이점을 다음과 같이 설명한다.

구속 계획은 세대별로 각기 다른 국면들을 갖고 있다. 한 세대는 다른 국면보다

---

33 같은 책, 46-48을 보라. 참조. J. Lanier Burns, "Israel and the Church of a Progressive Dispensationalist," *Three Central Issues in Contemporary Dispensalionalism*, 263-291.

어떤 국면을 더 강조할 수 있다. 예컨대 과거 세대에는 신적으로 지시된 정치적 사건들에 강조점을 두었으나 현 세대에는 그리스도 안에서의 다민족적인 영적 정체성에 강조점을 둔다. 그러나 이 모든 세대는 하나님이 정치적으로 이스라엘을 다스리실 **것과** 이방 민족들에게 성령이 똑같이 임하실 미래의 결정적 사건을 **동시에** 나타낸다. 따라서 세대들은 통합된 최종적 구속의 다양한 국면들을 계시함으로써 **점진적으로 진행된다.**[34]

그러나 점진적 세대주의자는 많은 부분에 있어서 언약신학의 주장과 다르게 구속사가 진행될 때 "은혜의 나타남에 있어 **질적** 진전"이 있다고 지체 없이 언급한다. 이것은 하나님의 구속 계획의 근본적인 **불연속성**을 강조한다.[35] 이것이 세대들이 "비록 단일한 구속 계획을 진행시키고 그 진행에 따라 정점에 달할지라도, 단순하게 동일한 구속 경험에 대한 각기 다른 역사적 표현(일부 언약신학 형태들에서처럼)이 아닌"[36] 이유다. 이것도 점진적 세대주의자가 하나님의 계시된 계획 속에서 교회를 **새로운** 실재로 계속 간주하고, 그래서 교회를 이스라엘과 다른 실재로 간주하지만 이전 세대주의자들의 사상만큼 교회를 새로운 실재로 간주하지 **않는** 이유다. 블레이싱은 다음과 같이 설명한다.

초기의 세대주의자들은 교회를 이전에 계시된 것 또는 미래에 계시될 것과 완전히 다른 종류의 구속적 실재로 간주했다. 따라서 교회는 과거와 미래 세대들에서 유대인과 이방인에게 약속된 구속과 분리된 자체의 미래를 갖고 있었다. 그러나 점진적 세대주의자는 교회를 은혜의 새로운 표현으로 보는 데 반해서 이 은혜가 엄밀히 구약성경의 약속들, 특히 이사야서와 예레미야서 그리고 에스겔서의 새 언약에 대한 약속들과 **일치되는** 것으로 생각한다. 이 복들이 교회에서

---

34 Blaising, "Extent and Varieties of Dispensationalism," 48.

35 같은 책, 48(강조는 나의 것이다).

36 같은 책.

새로 시작되었다는 사실로 말미암아 교회는 과거 세대의 유대인 및 이방인과 구별된다. 그러나 단지 이 복들 중 **일부**만 교회에서 시작되었다. 따라서 교회는 **모든** 복이 시작될 뿐만 아니라 완전히 성취될(이 성취는 죽은 자의 부활로 말미암아 모든 세대의 성도들에게 주어질 것이다) 다음 세대와 구별되어야 한다.[37]

따라서 점진적 세대주의자는 구속사에서 차지하는 그 위치에 따라 교회를 이해해야 한다고 주장한다. 교회는 그리스도께서 오시기 전의 이스라엘과 동일한 실재가 **아니다.** 교회는 **새로운** 실재다. 교회는 현 세대, 즉 그리스도의 오심과 관련이 있고, 구속받은 유대인과 구속받은 이방인으로 구성된다. 그러나 비록 이 "새 사람"(엡 2:15) 곧 교회 안에 오직 한 하나님의 백성이 있고 그들이 받는 구원의 복에 차별이 없다고 할지라도, 땅에 중점을 둔 이스라엘 민족에게 주어진 하나님의 특수한 약속들은 무효화되지 **않는다.** 이스라엘과 이방인들에게 주어진 예언적 약속들은 각 사람의 국가적 정체성에 따라 실현될 것이다. 예컨대 오늘날 이방인 신자들과 함께 교회의 지체를 구성하는 유대인 그리스도인은 이스라엘의 미래의 약속들과의 관계를 상실하지 않는다. 유대인과 이방인은 모두 현재와 미래에 동일한 구원의 복에 참여한다. 하지만 "동일하게 구속받은 유대인과 이방인은 그들의 다른 국적에 따라 예수 그리스도의 명령과 통치를 받고",[38] 이 국적은 이 두 민족에 대한 하나님의 약속들과 연계되어 있다. 이 점에서 점진적 세대주의자는 시대 전체에 걸친 한 하나님의 백성과 그리스도에게 중점이 있는 하나의 구속 계획이라는 신약성경의 강조점을 보존할 뿐만 아니라 이스라엘 민족에게 주어진 땅의 약속에 대한 미래의 "문자적" 성취도 똑같이 보존한다.

흥미롭게도 점진적 세대주의자는 이전 세대주의자들이 주장했던 이런 차이점을 지지하기 위해 모형론이 단순한 "영적" 해석보다 더 낫다고 주장

37　같은 책, 49.
38　같은 책, 50.

하기 시작했다.[39] 언약신학과 비슷하게 점진적 세대주의자도 모형론을 "이전 역사 속의 인물 및 사건들과 이후 역사 속의 인물 및 사건들 간의 유사한 패턴을 나타내는" 것으로 간주했다.[40] 예컨대 다윗 왕국은 미래의 종말론적 왕국의 한 모형으로 작용하거나 혹은 이스라엘 민족은 교회의 한 모형으로 작용할 수 있다. 이런 방향으로 나아가면서 점진적 세대주의자는 세대들 간의 날카로운 구분을 피하고, 하나님의 구속 계획의 점진적이고 연속적이며 통일적인 계시를 훨씬 더 잘 이해할 수 있게 되었다.

이 모든 것은 성경의 언약들과 어떻게 관련을 맺을까? 점진적 세대주의자는 성경의 언약들이 그리스도에게 이를 때까지 점진적으로 전개되는 유기적인 성격을 진지하게 취하기를 원한다. 이전 세대주의자들과 비슷하게 점진적 세대주의자도 민족적이고 영적인 다양한 면과 관련해서 아브라함 언약은 성경의 다른 모든 언약의 근본이 된다고 주장한다.[41] 우리는 아브라함 언약의 약속을 통해 민족들을 포함해 땅에 있는 모든 생명에게 복을 베푸실 것이라는 하나님의 약속을 알게 된다. 고대 근동의 언약 패턴에 기초

---

39 같은 책, 52-53을 보라. 초기의 세대주의자들은 모형론과 영적 해석을 동등시했다. Blaising 은 "기름"이 성령의 상징이었다는 점에서 기름이 어떤 면에서 성령의 모형으로 생각되었는지 에 대한 실례를 제공한다. 그러나 초기의 세대주의자들은 모형론 자체를 넘어 하나님의 점진 적인 계획 속의 더 큰 어떤 것을 지시하고 오랫동안 그렇게 인정되었던 신적 계획과 목적을 가 진 "인물, 사건 또는 제도"로 간주하지 않았다.

40 같은 책, 52.

41 Craig A. Blaising, "The Structure of Biblical Covenant: The Covenants Prior to Christ," Blaising & Bock, *Progressive Dispensationalism,* 134-135를 보라. 참조. Eugene H. Merrill, "The Covenant with Abraham: The Keystone of Biblical Architecture," *Journal of Dispensational Theology* 12 (2008): 5-17; Darrell L. Bock, "Covenants in Progressive Dispensationalism," *Three Crucial Issues in Contemporary Dispensationalism,* 169-203. Blaising은 창 1-2장의 하나님의 의도와의 연계성을 인정하기는 해도 성경의 언약들의 구조에 대한 자신의 분석을 노아 언약부터 시작한다("Structure of Biblical Covenants," 128-129). 그러나 Merrill은 창 1:26-28의 아담 언약을 인정한다. Eugene H. Merrill, *Everlasting Dominion: A Theology of the Old Testament* (Nashville: B&H, 2006), 239-241; 같은 저 자, "Covenant and the Kingdom: Genesis 1-3 as Foundation for Biblical Theology," *Criswell Theological Review* 1/2 (1987): 295-308을 보라.

한 오늘날의 언약들에 관한 매우 표준적인 사고방식을 따라 블레이싱은 아브라함 언약을 "왕의 하사" 언약으로, 곧 쌍방적 언약이나 조건적 언약과는 다른 무조건적 언약으로 해석한다.[42] 비록 아브라함이 하나님께 순종할 것을 요청받고 그의 순종이 "그가 하나님의 복을 경험하는 **수단**으로" 기능하며,[43] 그에게 주어진 명령이 "그의 복의 **방법**과 **때**를 조건화한다고" 해도,[44] 하나님의 약속은 그분이 단독으로 인간의 죄의 문제를 해결하시면서 민족들에게 복을 베푸실 주도권을 갖고 있음을 약속하셨다는 점에서 성취가 보장되어 있다("무조건적 약속").

더욱이 아브라함 언약의 기초로서의 성격을 고려한다면 성경의 모든 언약은 아브라함 언약과의 관계 속에서 조명되어야 한다. 하나님의 복과 그 복의 전달은 하나님이 아브라함 언약을 상속받도록 아브라함의 자손을 택하시기 때문에 그들에게 이전된다. 블레이싱은 현대의 많은 학자를 따라 "쌍방적" 언약 또는 "조건적" 언약으로 간주하는 모세 언약 안에서 축복을 위한 새로운 세대가 수립된다고 생각한다.[45] 이삭과 야곱을 거쳐 형성된 아

---

42   "왕의 하사" 언약은 "무조건적" 언약 또는 "단독적" 언약이다. 왕은 이 언약을 통해 자신의 신하들과의 관계에 들어가고, 그들의 순종 여부와 상관없이 신하들에게 어떤 선물을 보장한다. 반면에 "쌍방적" 언약 또는 "조건적 언약"은 고대 근동의 종주-봉신 조약과 비슷하다. 이 협정에서 종주 또는 왕은 자신의 봉신 또는 신복들과의 관계에 들어간다. 왕은 신하들에게 어떤 사실을 약속하고 신하들은 이에 대한 답례로 언약에 복종하겠다고 약속한다. 또한 신하들은 자신들이 왕에게 복종하지 못하면 왕은 그들에게 벌을 내릴 권리가 있고, 그들이 복종하면 왕이 그들에게 자신의 약속을 지켜야 한다는 데 동의한다. Merrill도 아브라함 언약을 왕의 하사 언약으로 간주한다. *Everlasting Dominion*, 239; 같은 곳, "Covenant with Abraham," 8을 보라. 이처럼 다양한 종류의 언약들에 대한 더 상세한 설명은 다음 자료를 보라. Paul R. Williamson, *Sealed with an Oath: Covenant in God's Unfolding Purpose*, NSBT 23 (Downers Grove, IL: InterVarsity Press, 2007), 17-43; Meredith G. Kline, *The Structure of Biblical Authority* (Grand Rapids, MI: Eerdmans, 1975); 『언약과 성경』(부흥과개혁사 역간). 참조. George E. Mendenhall, *Law and Covenant in Israel and the Ancient Near East* (Pittsburgh: The Biblical Colloquium, 1955).

43   Blaising, "Structure of Biblical Covenants," 133. 또한 Merrill, "Covenant with Abraham," 10-11도 보라.

44   Blaising, "Structure of Biblical Covenants," 134.

45   "쌍방적" 언약은 고대 근동의 종주-봉신 조약과 비슷하다. 이 협정에서 종주 또는 왕은 자신의

브라함의 자손은 하나님의 복을 민족들에게 전달하는 수단으로 기능해야 하는 한 민족으로 자라간다. 그러나 모세 언약의 쌍방적 성격을 고려하면 이스라엘이 불순종으로 모세 언약을 깨뜨리고, 따라서 그 언약의 저주 아래 떨어지는 것이 가능하다. 그런데 유감스럽게도 그것이 실제로 역사 속에서 일어나고 말았으며, 그 결과 그들은 포로로 잡혀간다. 하지만 이스라엘의 불순종으로 온 세상에 복을 베푸시겠다는 아브라함 언약에 나타난 하나님의 단독적 약속이 폐기된 것은 아니었다. 블레이싱이 다음과 같이 지적하는 것처럼 말이다. "모세 언약은 그것[아브라함 언약]에 의존한다. 비록 어떤 세대(또는 세대들)가 모세 언약의 조건들을 이행하지 못하고 복 대신 저주를 겪는다고 할지라도, 이것은 그 세대나 이후의 아브라함 자손에게 새롭게 복이 제공될 기회가 여전히 존재한다는 것을 의미한다."[46] 이것이 엄밀하게 이후 성경 언약들에서, 특히 새 언약에서 일어나는 일이다.

블레이싱이 아브라함 언약과 비슷하게 왕의 하사 언약으로 해석하는 다윗 언약 아래서 "복을 중보하는 역할은 정치적으로 다윗 계보의 왕의 기능으로 재구성되었다. 이스라엘과 나머지 민족들에 대한 통치권, 하나님과의 친밀하고 복된 관계, 이스라엘 및 모든 사람과 민족들에게 있을 **복**의 전달(제사장의 중보) 등으로 다윗과 그의 아들(들)에게 복이 베풀어질 것이라는 언약이 맺어졌다."[47] 그러나 다윗 계보의 왕들의 실패를 목격한 예언자들은 새 언약이 모세 언약을 대체하고, 아브라함의 복을 궁극적 완성으로 이끌 새로운 세대의 도래를 바라보았다.

봉신 또는 신복들과의 관계에 들어간다. 왕은 신하들에게 어떤 사실을 약속하고 신하들은 이에 대한 답례로 언약에 복종하겠다고 약속한다. 또한 신하들은 만약 그들이 왕에게 복종하지 못하면 왕은 그들에게 벌을 내릴 권리가 있고, 만약 복종하면 왕이 그들에게 자신의 약속을 지키고 그들에게 복을 베풀어야 한다. 반면에 왕의 하사 언약은 왕이 신하들에게 그들의 순종 여부와 상관없이 어떤 선물을 보장한다.

46 Blaising, "Structure of Biblical Covenants," 144.
47 같은 책, 173. 다윗 언약과 나라 약속에 대한 상세한 설명은 Darrell L. Bock, "Current Messianic Activity and OT Davidic Promise: Dispensationalism, Hermeneutics, and NT Fulfillment," *Trinity Journal* 15 (1994): 55-87을 보라.

따라서 하나님은 이 새 언약 속에서 온전한 죄 사함과 성령의 부어주심, 그리고 부활 생명에서 절정을 이루는 하나님 백성의 변혁 등을 일으키실 것이다. 예수께서 우리를 위해 자신의 십자가 사역에서 시작하신 것이 바로 이 새 언약이다. 그러나 새 언약의 모든 약속과 복이 그리스도의 초림에서 충분히 실현된 것은 아니므로 새 언약은 "이미-아직" 단계의 긴장의 관점에 따라 해석되어야 한다. 블레이싱이 다음과 같이 지적하는 것처럼 말이다. "새 언약 속에는 그리스도의 재림이 있을 때까지 성취가 지연된 약속의 요소들(렘 31:31, 36과 겔 36:28; 37:14의 민족적 및 영역적 약속들과 같은)이 있다."[48] 그러나 이 약속의 요소들, 특히 이스라엘의 땅에 대한 약속의 요소는 아브라함 언약까지 거슬러 올라가므로 그리스도께서 재림하실 때 이루어질 성취를 아직 기다리고 있다. 이런 의미에서 새 언약은 "아브라함 언약이 이 세대에 시작되어 미래에 충분히 실현될 **형태**"로 간주되어야 한다.[49] 그러나 새 언약의 현재 형태는 이스라엘에 대한 특수한 민족적 약속이 최종적으로 실현될 미래의 성취를 아직 기다리고 있는 아브라함 언약의 약속들을 폐기하지 않는다.[50]

우리가 아래에서 주목할 것처럼 점진적 세대주의자가 하나님 나라와 언약들 간의 관계를 어떻게 이해하는지에 관련해서, 그들의 이해는 언약신학의 이해와 많은 유사점이 있다. 우선 한 가지 예를 들자면 "하늘나라"와 "하

---

48 Blaising, "Structure of Biblical Covenants," 202.

49 Blaising, "Extent and Varieties of Dispensationalism," 53.

50 위에서 말한 것처럼 점진적 세대주의자는 이것을 설명하기 위해 시작된 종말론의 "이미-아직" 긴장 관점에 의존한다. 그리스도와 새 언약의 도래 안에서 하나님의 약속은 "이미" 성취가 시작되고 있으나 Blaising이 설명하는 것처럼 "새 언약의 복의 성취가 그리스도의 재림을 기다리고 있다는 사실은 새 언약에 대한 예언이 땅에서 변화된 사람들을 다스리실 메시아를 염두에 두고 있었기 때문에 놀랍지 않다. 그 환상 속에는 다른 모든 민족과 함께 이스라엘의 정치적 평화의 회복이 포함되어 있었다"(Craig A. Blaising, "The Fulfillment of the Biblical Covenants through Jesus Christ," Blaising and Bock, *Progressive Dispensationalism*, 210). 그러나 주목해야 할 중요한 사실은 점진적 세대주의자는 아브라함 언약 — 취소될 수 없고 아직 주어진 모든 약속이 완전히 성취되지 않은 언약 — 과 연계된 이스라엘에게 주어진 미래의 땅의 약속이 아직 남아 있다고 확신한다는 것이다.

나님 나라"라는 말 사이에 중대한 구분이 없어졌다는 것이다. 나아가 블레이싱이 주장하는 것처럼 초기의 세대주의와 달리 "점진적 세대주의는 구속의 다양한 특징들을 독립적인 '나라들'로 분류하지 않고, 영적 측면과 정치적 측면을 함께 갖고 있는 하나의 약속된 종말론적 나라로 생각한다."[51] 점진적 세대주의자는 천년왕국을 포함해 하나님 나라의 이전의 온갖 형태를 이해하기 위해 영원한 천국에 강조점을 둔다. 그러나 언약신학의 대다수 옹호자와 다르게 점진적 세대주의자는 하나님 나라가 미래에 완성되는 것, 즉 나라의 "아직"이라는 측면 곧 땅의 상속과 관련해 하나의 국가로서 이스라엘에게 주어진 특별한 약속이 이루어지는 것은, 처음에는 천년왕국에서 성취되고 이후에는 영원한 상태에서 계속되는 것으로 생각했다. 따라서 오직 하나님 나라가 미래에 완성되었을 때 비로소 아브라함 언약은 진실로 그리고 충분히 실현되고 성취된다.

세대주의와 세대주의 분파에 대한 요약

세월이 흐르면서 세대주의 신학 안에 약간의 변화가 일어났는데, 우리가 보기에 이 변화는 바람직한 변화다. 우리는 어떤 견해든 성경으로 기꺼이 수정받기를 바라는 신학적 견해를 높이 평가해야 한다. 그렇지만 세대주의 신학 분파들의 핵심에 무엇이 놓여 있는지를 분명히 밝히려면, 우리가 처음에 설명을 시작했던 지점으로 다시 돌아가야 한다. 모든 형태의 세대주의 신학의 핵심에 놓여 있는 것은 "이스라엘-교회" 구분 개념으로 나타난다. 다행스럽게도 이것은 우리가 세대주의 신학의 분파들을 설명한 것을 살펴보아도 분명하고, 또 세대주의자들이 자기들의 견해의 두드러진 특징이라고 믿는 것을 그들 스스로 요약하는 것을 살펴보아도 분명하다. 비록 많은 특징

---

51 Blaising. "Extent and Varieties of Dispensationalism," 54.

이 제시되기는 해도 세대주의자는 결국 이 중요한 이스라엘-교회 구분 개념으로 돌아간다.

예를 들어 크레이그 블레이싱은 세대주의 신학의 대표적인 특징으로 여덟 가지를 제시하고, 존 파인버그는 여섯 가지를 제시한다.[52] 그러나 이 대표적인 특징 또는 본질적인 특징을 더 깊이 탐구해보면, 그 특징들이 세대주의 신학에만 존재하는 것이 아닌 것으로 판명되거나(예를 들어, 성경의 권위, 구속사를 세대들로 분류함, 교회의 새로움, 그리고 심지어는 전천년설까지도) 또는 오로지 이스라엘-교회 구분으로 환원되거나 둘 중 하나다. 이 사실을 고려할 때 세대주의(그리고 세대주의의 모든 분파) 견해의 필수 조건은 이스라엘-교회 구분 개념이라고 말하는 것이 안전해 보인다. 나아가 이 구분과 면밀히 관련된 두 가지 신념이 있다. (1) 국가적·민족적 백성으로서 이스라엘은 아직 미래의 천년왕국 시대와 영원 시대에 있을 땅의 약속에 대한 "문자적" 성취를 기다리고 있고, 이것은 종말론에 대해 신학적 함축성을 갖고 있다. (2) "하나님과 교회의 관계는 몇 가지 중요한 면에서 이스라엘 세대와 다르고",[53] 이것은 구원론 및 교회론에 대해 신학적 함축성을 갖고 있다.

이 중요한 지점에서 세대주의자가 해석학적으로 자기들의 견해에 매우 중요한 이스라엘-교회 구분의 기초를 어떻게 세우는지 묻는 것이 중요하다. 이 질문은 언약신학자들이 주장하는 견해와 관련해서 특히 중요하다. 그러나 세대주의 신학과 언약신학의 몇 가지 중대한 해석학적·신학적 차이점을 제시하기 전에, 우리는 세대주의 견해와 다른 언약신학의 성경신학적 견해를 설명하는 것으로 현재의 설명을 마무리하고자 한다. 우리는 세대주의 신학을 반대할 뿐만 아니라, 이보다 더 중요한 우리의 **중도 견해**—"언약을 통한 하나님 나라"—를 주장할 포괄적 맥락을 제시하기 위해 언약신학을 살펴볼 것이다.

---

52 같은 책, 13-21과 Feinberg, "Systems of Discontinuity," 71-85을 보라.

53 Blaising. "Extent and Varieties of Dispensationalism," 15.

언약신학과 언약신학의 분파[54]

성경신학적 체계의 하나로서 언약신학은 종교개혁(예를 들어, 울리히 츠빙글리 [1484-1531], 하인리히 불링거[1504-1575], 장 칼뱅[1509-1564]) 및 헤르만 위트시우스(1636-1708), 요한네스 코케이우스(1603-1669)가 체계화시킨 종교개혁 이후 시대에 뿌리를 두고 있다. 언약신학은 웨스트민스터 신앙고백(1643-1649)과 다른 개혁파 신앙고백들 속에도 정교하게 표현되어 있다.[55]

명칭이 암시하는 것처럼 **언약**신학은 세상 역사를 언약들에 따라 구성할 뿐만 아니라 성경의 모든 다양한 주제를 하나로 종합하는 것이 언약 주제라고 주장한다. 마이클 호튼은 "성경의 모든 주제를 하나로 종합하는 것은 무엇인가?"라는 질문에 답변하면서 다음과 같이 말한다. "성경의 모든 주제를 하나로 종합하는 것은 중심 교의 자체가 아니라 성경적 믿음과 실천으로 이루어진 건축 구조다. 우리가 성경 자체가 세우는 것으로 믿고 있는 이 특수한 건축 구조는 곧 언약을 가리킨다. 이 건축 구조는 단순히 언약 개념을 말

---

54 언약신학에 관한 입문서로는 다음 책들을 보라. Michael S. Horton, *God of Promise: Introducing Covenant Theology* (Grand Rapids, MI: Baker, 2006); Peter Golding, *Covenant Theology: The Key of Theology in Reformed Thought and Tradition* (Fearn, Ross-shire, UK: Mentor, 2004); 『현대인을 위한 언약신학』(그나라 역간); Geerhardus Vos, "The Doctrine of the Covenant in Reformed Theology," Richard B. Gaffin, Jr., ed. *Redemptive History and Biblical Interpretation: The Shorter Writings of Geerhardus Vos* (Phillipsburg NJ: P&R, 1979); O. Palmer Robertson, *The Christ of the Covenants* (Grand Rapids, MI: Baker, 1980); 『계약신학과 그리스도』(P&R 역간). William J. Dumbrell, *Covenant and Creation: A Theology of the Old Testament Covenants* (Carlisle, UK: Paternoster, 1984); 『언약과 창조』(크리스챤서적 역간); Vern Poythress, *Understanding Dispensationalists*, 39-51; Willem VanGemeren, "System of Continuity," *Continuity and Discontinuity*, 37-62.

55 물론 역사적 전례가 없으면 어떤 신학적 관점도 나타나지 못한다. 따라서 R. Scott Clark, "Theses on Covenant Theology," ⟨http://www.wscal.edu/clark/covetheses.php⟩에서 언약신학이 16세기와 17세기에 일어나기는 했어도, 교부 시대에도 언약신학의 요소들이 존재한다고 주장하는 것은 옳다. 또한 Golding, *Covenant Theology*, 13-45도 보라. Golding은 언약신학의 방향에서 활동하는 초기의 일부 사상가들을 다룬다.

하는 것이 아니고, 언약을 통한 하나님의 다루심이 역사 속에서 구체적으로 존재하는 것을 가리키고, 이 존재가 우리에게 복잡한 다양성 속에서 성경의 통일성을 인식하는 배경을 제공한다."[56] 호튼은 언약신학에서 성경의 언약들이 차지하는 중요성에 대해 지속적으로 설명하면서 다음과 같이 말했다. "언약은 뼈대다. 하지만 중심 교의와는 거리가 멀다. 다양한 언약들은 어떤 '방들'(즉 주제들)에서는 다른 언약들보다 더 명백하고 중요하다. 구속 언약은 삼위일체와 중보자로서의 그리스도 그리고 선택을 설명할 때 두드러지게 부각된다. 반면에 창조 언약은 우리가 하나님과 세상(특히 인간)의 관계에 대해 말할 때 더 분명히 부각되고, 은혜 언약은 우리가 구원과 교회 주제를 취할 때 가장 명확하게 드러난다. 그러나 개혁파 신학자들은 성경의 풍부한 내용을 탐구하고 설명할 때마다 자기들이 취하는 모든 주제를 항상 **언약에 비추어** 사고하는 습관이 있다."[57]

역사적으로 언약신학은 하나님과 인간 사이의 모든 관계는 세 개의 언약에 따라 이해된다고 주장했다. 곧 태초 이전에 삼위 하나님 간에 체결된 "구속 언약"(*pactum salutis*), 타락 이전에 전체 인류의 대표인 아담과 맺어진 "행위 언약"(*foederus naturae*) 그리고 그리스도를 통해 믿는 모든 자 즉 택함 받은 자와 맺어진 "은혜 언약"(*foederus gratiae*)이 그것이다.[58] 언약신학은 "은혜 언약"이라는 가장 중요한 신학적 범주 아래 성경의 나머지 모든 언약을 포함시킨다. 언약신학은 성경의 언약들은 단순히 **한 가지** 은혜 언약의 표현이라는 자기들의 신념과 연계된 종합적 통일성 또는 연속성에 따라 성경의 언약들 간의 관계를 조명한다. 말할 것 없이 언약신학은 구속사 전체에 걸쳐 하나의 은혜 언약이 각기 다르게 시행되는 것이지만 종합하면 사실

56　Horton, *God of Promise.* 이 개념의 폭넓은 전개에 대해서는 같은 저자, *Covenant and Eschatology: The Divine Drama* (Louisville: Westminster John Knox, 2002)를 참조하라.

57　Horton, *God of Promise*, 14.

58　아래서 주목할 것처럼 언약신학에는 정확히 은혜 언약이 누구와 체결되는지에 관해, 즉 택함 받은 자와 체결되는지 아니면 그들의 자녀와도 체결되는지에 대해 견해가 나뉜다.

상 모든 시대에 걸쳐 동일하다는 사실을 인정한다.[59] 그러나 아래서 지적할 것처럼 은혜 언약의 연속성의 본질은 언약신학자들 사이에서도 의견이 엇갈린다. 이는 포이트레스가 다음과 같이 정확히 인정하는 것과 같다. "언약신학은 항상 하나의 은혜 언약의 다양한 시행을 인정했다. 이 다양성은 성경 역사의 대부분의 시대들에 해당되었다. 그러나 강조점은 의심할 것 없이 **한 가지** 은혜 언약의 통일성에 기초한다."[60]

이런 이유로 언약신학은 세대주의와 다르게 항상 시대 전체에 걸쳐 펼쳐지는 하나님의 계획의 **연속성**을 훨씬 더 중요하게 생각했다. 특히 "이스라엘-교회" 관계와 관련해서 말이다. 우리는 중요한 이 지점에서 언약신학과 세대주의 신학 체계의 중요한 차이점, 곧 교회론과 종말론과 관련된 차이점으로 이어지는 것을 확인한다. 예를 들어 언약신학은 하나님이 하나의 구속 계획과 하나님의 한 백성을 갖고 계시고, 언약 공동체로서 이스라엘과 교회의 유사점이 중요하다고 항상 주장했다. 언약신학은 세대주의 신학과 다르게 "이스라엘"을 "교회"로 간주하고, 또 교회를 이스라엘로 간주했다.[61] 이것이 바로 언약신학이 여러 가지 면에서 이스라엘과 교회 사이에 연속성이 있다고 주장한 이유다. 예를 들어 그것은 신자와 비신자로 함께 구성되는 언약 공동체의 성격(즉 "혼합" 공동체),[62] 언약의 표징의 연속성(즉 할

---

59 Poythress, *Understanding Dispensationalists,* 40을 보라. 거기서 Poythress는 이 요점을 제시한다.

60 같은 책.

61 만일 "교회는 언제 시작되었는가?"라는 질문을 묻는다면 세대주의 신학과 언약신학은 각기 다르게 답변할 것이다. 세대주의 사상에 따르면 교회는 구속사 속에서 새롭게 등장한 실재이고 오순절에 시작된다. 언약신학 사상에 따르면 교회는 창 3:15에서 (하나님께서) 구속에 대한 최초의 약속을 주신 직후에 시작되고, 두 공동체(교회와 이스라엘)의 구속사적 차이를 인정하기는 해도 기본적으로 동일한 실재로 생각한다.

62 위에서 지적한 것처럼 언약 공동체들(교회와 이스라엘)의 "혼합적" 성격은 옛 언약과 새 언약 아래에서 언약 공동체의 구성원 지위와 택함 받은 자의 지위가 구별된다는 신념을 언급한다. 따라서 언약신학은 "가시적" 교회 대 "불가시적 교회"에 중요한 강조점을 둔다. 언약신학은 신자들의 교회관 즉 교회는 거듭난 사람들로 구성된다는 관점을 반대하고, 교회는 신자와 비신자로, 아니 그들이 말하기 좋아하는 말로 표현하면, "신자와 그들의 자녀"—택함 받은 자의 일

례는 영적으로 세례와 동일한 실재를 상징함), 그리스도께서 이루신 최종적 실재들에 대해 몇 가지 수정 요소가 동반되기는 하지만 옛 언약과 새 언약의 신자들의 구원 경험을 동일하게 보는 것 등이다. 이런 방식으로 언약신학에서 "이스라엘-교회"는 깊이 연계되어 옛 언약 아래에 있는 하나님의 백성과 새 언약 아래에 있는 하나님의 백성 간의 유일하게 주된 차이가 신약의 "교회"는 인종적으로 혼합되고 비민족적인 이스라엘이라는 것과, 신약의 "교회"는 옛 언약의 하나님의 백성의 연장으로 그들보다 더 큰 지식을 갖고 있는 공동체라는 데 있다고 말하지 않을 수 없게 된다. 그러나 거듭남과 내주하심, 및 인 치심 같은 성령의 역사는 기본적으로 구속사 전체에 걸쳐 동일하다.

이 일반적인 서론을 염두에 두고 이제 특별히 성경의 언약들에 대한 그들의 이해를 중심으로 언약신학의 기본 주장을 설명해보자. 우리는 여기서 다음 세 가지 질문에 초점을 맞출 것이다. 언약신학은 성경의 언약들 간의 본질과 관계를 어떻게 이해하는가? 이스라엘과 교회 관계의 본질은 무엇인가? 그리고 옛 언약과 새 언약에 있어 언약의 표징의 본질은 무엇인가? 우리는 이 세 가지 질문에 집중하면서 세대주의 신학과 언약신학의 차이점을 비교하고 대조하는 데 훨씬 도움을 받을 것이다.

언약신학과 성경의 언약들

언약신학에서 "언약(들)"이라는 주제는 성경에 나오는 가장 중요한 통합적 주제다. 그러나 엄밀히 말해 언약이란 무엇인가? "언약"은 모든 시대에 걸쳐 다양하게 정의되었다. 하지만 우리는 다음과 같은 마이클 호튼의 정의를 설명의 출발점으로 삼고자 한다. "언약은 '서약과 동맹'의 관계이고 반드

원이 될 수도 있고 되지 않을 수도 있는 자녀—로 함께 구성된다고 주장한다.

시 동등하지는 않지만 상호적인 헌신 관계를 포함한다."[63] "반드시 동등하지는 않지만 상호적인 헌신 관계"라는 점이 호튼에게 중요하다. 그는 구속사에 "매우 다양한 성경의 언약들이 있고,"[64] 모든 성경의 언약이 정확히 똑같은 것은 아니라고 올바르게 주장하기 때문이다. 그러면 우리는 이처럼 다양한 성경의 언약들 간의 관계를 어떻게 생각해야 할까? 앞에서 말한 것처럼 이 질문에 대한 답변은 다음과 같다. 곧 언약신학은 두 가지 포괄적인 신학적 범주─행위 언약과 은혜 언약─에 따라서 성경의 언약들을 고찰한다. 이 두 언약 모두 영원한 구속 언약에 기초한다.[65]

구속 언약

일부 신학자들은 삼위 하나님 간에 체결된 영원한 협정을 가리키는 것으로 "언약"이라는 말을 사용하는 데 의구심을 표했다. 성경은 이 영원한 언약에 관해 침묵을 지키고 있고 때때로 언약들은 매우 좁은 개념으로 정의되기 때문이다.[66] 그러나 호튼은 정확하게 다음과 같이 주장한다. "우리가 삼위일

---

63 Horton, *God of Promise,* 10. 언약을 성경적으로 정의하는 법에 대한 좀 더 상세한 설명은 Paul R. Williamson, *Sealed with an Oath,* 34-43도 보라.

64 Horton, *God of Promise,* 10.

65 유용한 요약은 Horton, *God of Promise,* 77-110을 보라. 참조. Peter Golding, *Covenant Theology,* Geerhardus Vos, "The Doctrine of the Covenant in Reformed Theology," 234-267; John Murray, "Covenant Theology" *Collected Works,* vol. 4 (Carlisle, PA: Banner of Truth, 1982), 216-240; Robertson, *Christ of the Covenants.*

66 만약 우리가 성경의 언약들을 철저히 고대 근동의 종주-봉신 조약에 따라 정의한다면, 분명히 하나님의 영원한 계획은 이런 의미의 언약은 아닐 것이다. 왜냐하면 성경은 한 하나님의 위격들 간의 종주-봉신 조약에 대해서는 전혀 말하지 않기 때문이다. Horton, *God of Promise,* 81-82가 올바르게 지적하는 것처럼 "어쨌든 [삼위 하나님의] 각 위격은 동등한 신적 위격이시다. 따라서 영원한 삼위 간의 관계 속에는 주종 관계가 절대로 없다. 게다가 성경에는 이런 언약에 대한 형식적 조약 구조도 전혀 나타나지 않는다. 곧 역사적 서언, 규정, 제재 등이 없다.··· 다만 너무 제한적인 언약의 정의는 구속 언약이 성경적 관점이 아니라 사변적 관점이라는 주장을 정당화하는 것처럼 보일 것이다."

체 교리와 무조건적 선택 교리를 동시에 견지한다면, 원리상 하나님의 위격들 간의 영원한 언약 개념에 따라 이 신적 작정을 설명하는 데 어떤 반론을 제기할 수 있는지 불확실하다."[67] 역사적으로 이것이 언약신학이 했던 분명한 일이다. 나아가 언약신학이 주장한 것처럼 우리는 삼위 하나님께서 영원한 계획을 갖고 계시고, 이 계획은 창세 전에 인간 역사의 무대에 알려진 것으로 역사에서 실현되었고(예를 들어 엡 1:4-14), 하나님의 세 위격의 전체 사역이 포함된 것임을 부인할 수 없다. 성경은 이 계획에 대해 말할 때 성부께서 성자에게 사람들을 주신 것(예를 들어 요 6:39; 10:29; 17:2, 6-10; 엡 1:4-12)과 성자께서 자신의 생애와 죽음을 통해 그 계획을 이루신 것(요 6:37-40; 10:14-18; 히 10:5-18), 그리고 성령께서 믿음으로 그리스도와 연합하도록 사람들을 이끄시는 사역(롬 8:29-30; 엡 1:11-13; 벧전 1:5)에 대해 말한다. 이 사실과 성경이 이런 종류의 조치와 계획과 약속들을 "언약"의 범주에 따라 말하는 것을 고려하면, 삼위 하나님 안에서 체결된 언약에 대해 생각하는 것은 적합하다.

언약신학은 **역사 속에서** 펼쳐진 성경의 언약들에 다가갈 때 성경의 모든 언약을 "행위 언약"과 "은혜 언약"이라는 신학적 범주 아래 위치시킨다.

행위 언약

행위 언약은 인류의 머리이자 대표자인 아담과 맺어졌다. 이때 아담과 그의 모든 후손은 하나님의 법을 온전하게 순종하는 것을 조건으로 영생을 약속받았다. 하지만 아담은 그 법에 불순종하여 전체 인류와 함께 죄와 죽음 그

---

[67] Horton, *God of Promise*, 79. 또한 다음 자료들도 참조하라. Charles Hodge, *Systematic Theology*, 3 vols. (1852, repr., Grand Rapids, MI: Eerdmans, 1982), 2:354-373; Louis Berkhof, *Systematic Theology*, (1941; repr., Grand Rapids, MI: Eerdmans, 1982); 『벌코프 조직신학』(크리스천다이제스트 역간); 265-283; Murray, "Covenant Theology," 216-240.

리고 정죄 상태 속에 떨어졌다(롬 5:12-21을 보라). 그러나 하나님은 그분의 자유롭고 주권적인 은혜로 다른 언약, 곧 자신이 마지막 아담이신 주 예수 그리스도를 통해 생명과 구원을 죄인들에게 값없이 제공하신 "은혜 언약"을 인간(특히 택함 받은 자)과 맺으셨다.

우리는 이 부분과 관련해서 "행위 언약"의 엄밀한 본질과 관련한 이해의 불일치가 언약신학에 있다는 사실에 주목해야 한다.[68] 언약신학 내에서 소수 견해이기는 해도, 어떤 학자들은 은혜가 하나님과 아담 사이의 원래 상태의 관계를 포함해 하나님-인간의 모든 관계에 근본적이라는 사실을 강조하고자 "행위"라는 개념을 피하고 "창조 언약"이나 "자연 언약"이라는 말을 선호했다.[69] 더 일반적으로 말하자면 개혁파 신학은 이 원래의 협정을 인류의 머리인 아담과 맺어진 "행위 언약"으로 지칭했다. 이때 아담은 영광의 상태가 아니라 무구(無垢, 도덕적 선)의 상태, 곧 하나님께 순종하면서 자신의 의를 증명할 능력을 갖고 있으나 동시에 불순종하여 전체 인류에게 죽음과 죄를 가져올 수도 있는 상태로 지음 받았는데, 유감스럽게도 아담은 불순종으로 빠지고 말았다. 아담의 역할에 대한 이런 이해는 마지막 아담으로서 하나님의 명령(율법)에 순종하시면서 우리를 위해 의를 얻으시는 그리스도의 능동적 순종에 대한 개혁파 정통주의의 이해에 근본적이다. 그뿐만 아니라 성경의 "율법-복음" 패턴을 확립하는 데에도 근본적이다. "율법"은 행위 언약을 가리키고 "복음"은 은혜 언약을 가리키며, 언약신학 안에 있는 많은 학자들에게는 이것이 성경의 다양한 언약들을 구분하는 수단이 된다. "율법"은 아담 언약 및 시내산 언약(즉 옛 언약, 이 언약은 원 창조 언약의 재발표 [republication]로 간주된다)과 관련이 있고, "복음"은 아브라함 언약과 다윗 언약 그리고 그리스도 안에서 맺어진 새 언약과 관련이 있다.[70]

---

68 언약신학 안에서 벌어진 논쟁에 대한 유용한 설명은 Horton, *God of Promise*, 83-104을 보라.
69 Robertson, *Christ of the Covenants*, 56을 보라. 참조. Murray, "Covenant Theology."
70 Berkhof, *Systematic Theology*, 612을 보라. 참조. Horton, *God of Promise*, 77-110.

이 구분을 오해하지 않는 것이 중요하다. 종종 "율법-복음"이라는 대조는 부정적-긍정적 관계에 따라 이해된다. 그러나 호튼이 다음과 같이 설명하는 것처럼 이런 이해는 옳지 않다. "창조에서(그리고 시내산에서 주어진 신정 제도에서) 율법은 하나님-인간 관계의 기초로서 완전히 긍정적이다. 사실 두 언약(행위 언약과 은혜 언약)은 원리가 근본적으로 다르기는 해도 이 율법의 재발표는 그 자체가 **은혜롭다.**"[71] 이것을 시내산 언약에 적용하면, 비록 이스라엘을 속박에서 벗어나게 하시는 하나님의 해방 행위 — 확실히 강력한 은혜 행위 — 와 함께 시작되기는 해도, 시내산 언약은 주로 언약 당사자의 순종에는 복이, 불순종에는 저주가 따르는 종주-봉신 조약 패턴을 따르는 율법 언약으로 간주되어야 한다. 하나님의 구원 방법은 믿음을 통해 항상 은혜로 주시는 하나님의 약속과 관련이 있다. 하지만 하나님의 땅에서 이스라엘이 갖는 민족적 지위는 이스라엘 언약에 대한 그들의 순종 여부에 달려 있다. 하지만 이스라엘 백성은 순종하지 않으면서 언약의 저주 아래 들어갔다.

은혜 언약

"은혜 언약"(즉 복음, 약속)은 타락 직후에 창세기 3:15에서 주어진 은혜의 약속과 함께 시작되었다. 이후로 창세기 3:15의 약속은 노아, 아브라함, 이스라엘, 다윗과 맺어진 언약들의 다양한 시행을 통해 역사에서 점진적으로 계시되고 성취되었다. 은혜 언약은 궁극적으로 주님이 우리를 위해 이루신 십자가의 승리의 사역으로 시작된 새 언약에서 성취되었다. 그러나 비록 성경에 다양한 언약들이 묘사되고 있지만, 실제로는 오직 **하나의** 포괄적 언약 곧 은혜 언약이 있음을 강조하는 것이 중요하다. 그것이 우리가 언약들 간의 관계를 종합적인 연속성에 따라 조명해야 하는 이유다. 랜디 부스(Randy

---

71　Horton, *God of Promise*, 88.

Booth)는 새 언약의 "새로움"을 설명하면서 이 점을 강조한다. 부스는 "새 언약은 동일한 은혜 언약의 새로운 시행―하지만 더 은혜로운 시행―이다"라고 말한다.[72] 따라서 옛 언약 아래에서 은혜 언약은 궁극적으로 그리스도의 오심을 예표하고 예시한 다양한 약속들과 예언들, 제사들, 의식들, 그리고 규례들(예, 할례)을 통해 시행되었다. 지금은 우리 주님의 오심과 주님의 사역에 따라 은혜 언약은 말씀 선포와 성례 거행을 통해 시행된다. 그러나 하나님의 계획 속에 두 은혜 언약 곧 구약 시대의 한 언약과 신약 시대의 한 언약이 있는 것이 아니라 모든 시대에 걸쳐 형태는 다르지만 본질은 동일한 하나의 언약이 있다.

이것과 관련해서 세월이 흐르면서 은혜 언약에 어떤 변화가 일어나는가를 묻는 것이 적절하다. 언약신학은 이 질문에 긍정적으로 대답한다. 특히 그리스도의 오심과 관련해서 말이다. 그러나 이 변화는 단지 하나님 자신이 명시적으로 우리에게 계시하신 변화이고, 심지어는 이 변화 속에도 대대로 면면히 이어지는 연속성이 기본적으로 존재한다. 해석학적으로 말해서 하나님이 특히 구약 시대에 어떤 것을 폐기하지 않으셨다면 그것은 신약 시대에도 여전히 효력을 갖고 있다. 흥미롭게도 언약신학의 이런 해석은 세대주의 신학의 해석과 비슷하다. 다만 이 두 신학 체계가 그것을 각기 다른 분야에 사용한다는 것만 제외하고는 말이다. 예를 들면 세대주의 신학은 아브라함 언약에 근거하고 있는 이스라엘에게 주어진 땅의 약속은 그리스도의 오심으로 폐기되지 않았고, 지금도 여전히 효력을 갖고 있으며, 따라서 천년 왕국 시대에 이스라엘 민족에게서 성취될 것이라고 생각한다. 언약신학은 땅의 약속에 대해 세대주의 신학과 똑같이 주장하지는 **않지만**,[73] 비슷하게

---

72 Randy R. Booth, *Children of the Promise: The Biblical Case for Infant Baptism* (Phillipsburg, NJ: P&R, 1995), 9; 참조. Murray, "Covenant Theology," 223-234.

73 언약신학은 땅의 약속을 두 가지 맥락에 따라 조명한다. 첫 번째로 땅의 약속은 이스라엘 민족에 의해 깨진 시내산 언약과 연계되어 있다. Horton, *God of Promise*, 47은 땅의 약속을 다음과 같이 진술한다. "하나님과 동맹을 맺은 민족적 실재로서 이스라엘과 맺어진 언약은 조건적 언약이고, 이스라엘 민족은 신정 국가로서의 지위를 박탈당할 정도로 언약을 철저히 위반

계보 원리 ─"너와 네 후손에게"─ 와 관련된 할례-세례 관계에 호소한다. 할례는 아브라함 언약에서 언약의 표징으로 주어졌고, 지금은 그것이 새 언약의 표징인 세례로 이전되지만, 이 두 표징의 배후에는 불변의 계보 원리가 놓여 있다. 새 언약에서 언약의 표징(세례)은 일어난 여러 가지 시행적인 변화 중 하나를 반영하지만, 은혜 언약의 연속성으로 보아 그리고 계보 원리가 신약 시대에도 특별히 폐기되지 않는다는 사실을 고려하면 옛 시행 아래에서의 할례와 동일한 **영적** 중요성을 전달한다. 부스는 다음과 같이 말하면서 이 점을 강조한다. "은혜 언약의 옛 시행 아래서 할례는 언약 입문의 표징과 보증이었다. 은혜 언약의 마지막 시행(새 언약) 아래서 물세례는 언약 입문 표징으로서 할례를 대체했다."[74] 그러나 언약 표징의 형태는 변했을지라도, 은혜 언약의 기본적인 통일성을 고려하면 이 두 표징의 의미와 타당성은 본질상 모든 시대에 걸쳐 동일하게 남아 있다.

그러면 언약신학이 은혜 언약의 연속성을 강조하는 것을 고려할 때 그들은 새 언약에 관해 무엇을 **새롭게** 보는가? 만약 새로운 것이 있다면 은혜 언약의 옛 시행과 새 시행 사이의 주된 차이는 무엇인가? 개혁파 신학 안에서도 이 질문에 대한 답변은 일률적이지 않다. 그러나 다양한 미묘한 차이에도 불구하고 언약신학은 다음과 같은 것에 대해서는 의견이 일치한다. 은혜 언약의 옛 시행과 새 시행간의 주된 차이점은 "약속-성취", 즉 은혜 언약의 옛 시행의 모형과 의식 그리고 제사를 통해 약속되었던 것이 이제 예수 그리스도 안에서 성취되었다. 이런 이해에 따라 대다수 언약신학자는 새 언

했다고 지적하는 것은 절대로 반-셈족적인 판단이 아니다. 세대주의는…땅의 약속을 심지어는 하나님의 계획 속에 이스라엘과 교회의 차이가 들어 있을 수 있을 정도로 영원하고 취소할 수 없는 약속으로 간주한다.…[이것은] 히브리 성경 자체가 이 민족적 언약을 엄밀하게 조건적 관점에 따라 규정하는 것을 인정하지 못하기 때문이다." 두 번째로 언약신학은 땅을 지금 그리스도 안에 있는 새 창조물의 모형으로도 간주한다. 이 점에 대해서는 O. Palmer Robertson, *The Israel of God: Yesterday, Today, and Tomorrow* (Phillipsburg, NJ: P&R, 2000), 3-31을 보라. 『하나님의 이스라엘』(CLC 역간).

74　Booth, *Children of the Prpmise*, 10.

약의 "새로움"을 이전 언약들과의 불연속성을 가져오는 대체 혹은 강한 의미의 성취보다는 **갱신**의 의미에 따라 조명한다.[75] 그것이 대다수 언약신학자가 새 언약의 시행은 이전 언약의 범주와 적용을 단순히 확대시키는 것으로, 이 확대와 함께 더 큰 복을 가져오기는 하지만 은혜 언약의 근본 요소들을 그대로 갖고 있어 이전 시대의 연장이라고 주장하는 이유다. 따라서 이것이 바로 언약신학이 시대 전체에 걸쳐 은혜 언약은 연속성을 가졌다고 천명하는 이유다. 특히, 그렇지만 이런 특징들에 제한되지 않고, 언약신학은 새 언약의 "새로움"을 다음과 같이 조명한다.[76]

1. 그리스도의 십자가를 기초로 그리고 성령이 십자가 사역을 적용하면

---

75 예컨대 다음 자료들을 보라. Booth, *Children of the Promise,* 51; Jeffrey D. Niell, "The Newness of the New Covenant," Gregg Strawbridge ed. *The Case for Covenantal Infant Baptism* (Phillipsburg, NJ: P&R, 2003), 127-155. 참조. Walter C. Kaiser, Jr., *Toward Rediscovering the Old Testament* (Grand Rapids, MI: Zondervan, 1987), 25-26. 언약신학은 새 언약을 **갱신**의 관점에 따라 본다고 말할 때 나는 언약신학이 은혜 언약의 연속성을 강조하고 있음을 부각시키는 것이다. 의심할 것 없이 아래에서 설명할 것처럼 Michael Horton과 같은 언약신학자들은 특히 새 언약을 시내산(옛) 언약과 대조시킬 때 새 언약의 "새로움"을 질적 차이의 관점에 따라 설명한다. Horton, *God of Promise,* 53이 진술하는 것처럼 "이 점은 [렘 31:31-34로부터] 더 이상 분명해질 수 없었다. 새 언약은 시내산에서 맺어진 옛 언약의 갱신이 아니고, 완전히 다른 기초에 따라 맺어진 완전히 다른 언약이다." 그러나 Horton은 시내산 언약을 은혜 언약보다 행위 언약에 따라 더 조명한다는 점을 인정하는 것이 중요하다. Horton이 무조건적인 왕의 하사 성격을 고려해 새 언약을 "복음" 언약이라고 믿는 아브라함 언약과 다른 성경의 언약들과 관련시켜 조명한다면, 그는 구약 시대 언약들과 새 언약의 연속성을 훨씬 더 많이 본다.

76 이 점들은 다양한 자료들로부터 취해진다. 다음 자료들을 보라. Booth, *Children of the Promise,* 63-66; Douglas Wilson, *To a Thousand Generations: Infant Baptism—Covenant Mercy for the People of God* (Moscow, ID: Camon, 1996), 22-34; Niell, "Newness of the New Covenant," 127-155; Richard L. Pratt, Jr. "Infant Baptism in the New Covenant," *Case for Covenantal Infant Baptism,* 156-174; Geoffrey W. Bromiley, "The Case for Infant Baptism," *Christianity Today* (1964년 10월 9일), 7-10; Berkhof, *Systematic Theology,* 299-301; R. Scott Clark, "A Contemporary Reformed Defense of Infant Baptism" 〈http//public.csusm.edu/public/guests/rsclark/Infant_Baptism.html〉, 1-29.

서 더 큰 능력의 순종이 새 언약에서는 가능하다.

2. 새 언약 아래에서는 하나님을 아는 지식이 모든 민족에게로 확대된다. 새 언약에서는 더 많은 사람이 야웨에 관해 더 많이 안다. 이것은 민족들에게 복이 임할 것이라는 아브라함 언약의 약속이 성취된 것이다.

3. 구속의 약속은 이제 그리스도 안에서 죗값이 충분히 지불되면서 성취된다. 의식법과 함께 레위 율법의 옛 시행은 지금 성취되었다.

4. 새 언약은 하나님의 구속 계획의 최종적 계시다. 계시되어야 할 언약의 시행이 더 이상은 없다.

신학적 차이, 특히 교회론의 영역에서의 차이를 강조하는 매우 중요하고 흥미로운 설명은 새 언약 공동체의 **본질과 구조**에서 일어난 변화와 관련한 새 언약의 "새로움"에 있다. 많은 세대주의자와 (침례교인을 포함해) 교회 전통을 따르는 신자들이 주장하는 것처럼, 교회는 사실상 이스라엘과 다르다고 생각하는 이들은 새 언약을 "새롭게" 만드는 것은 다음과 같은 것이라고 주장한다. 곧 "새 언약 공동체"에 있는 **모든** 자는 정의상 현재 마음의 거듭남과 온전한 죄 사함을 경험한 자들이라는 것이다. 예레미야 31:29-34은 확실히 이런 방향을 나타내는 것처럼 보이고, 여기서 교회의 본질에 대한 다양한 이해로 말미암아 길이 갈라지기 시작한다. 분명히 새 언약의 "새로움"에 관한 이 견해는 옛 언약과 새 언약의 구조적인 불연속성을 함축하는데, 언약신학은 은혜 언약의 통일성에 대한 그들의 이해에 따라 이 견해를 거부한다. 그것이 개혁파 신학이 교회를 옛 언약의 이스라엘과 같다고 보는 이유다. 즉 교회를 택함 받은 자(언약 준수자)와 택함 받지 못한 자(언약 위반자)가 함께 포함되어 있는 혼합 공동체로 간주하는 이유다. 따라서 사람이 성경의 이전 언약들과 관련해 새 언약의 **본질과 구조**를 어떻게 이해하는지의 문제는 특히 우리가 교회론을 이해할 때 우리를 갈라놓는 신학 분야들의 발전을 위해 해결되어야 할 중대한 과제다.

여기서 잠시 멈추어 하나의 은혜 언약에 비추어 성경의 언약들을 이해하는 언약신학에 두 가지 중요한 차이점이 있다는 사실을 언급하는 것이 필요하다. 이 두 가지 문제는 언약신학 안에서 광범하게 논의되었다. 첫 번째는 은혜 언약의 **본질**, 특히 은혜 언약이 무조건적 언약인지 조건적 언약인지 혹은 둘 다인지 여부와 관련된 문제를 다루는 것이다. 두 번째는 하나님이 은혜 언약의 언약 관계 속으로 들여보내시는 자들에 대한 문제를 다루는 것이다. 이제 언약신학에 존재하는 다양한 관점들과 언약신학의 종합적 입장을 예증하는 중요한 점들을 부각시키기 위해 이 두 문제를 차례로 고찰해 보자.

첫째, 은혜 언약은 무조건적 언약인가, 조건적 언약인가? 대체로 언약신학은 은혜 언약을 **무조건적** 언약이라고 주장했다. 하나님은 은혜 언약을 확립하기 위해 주권적이고 단독적으로 행하신다. 나아가 그분은 주권적으로 은혜 언약의 언약 관계를 세우실 뿐만 아니라 자신이 자기 백성에게 주시는 약속들을 온전히 지키고 성취하신다. 결론적으로 하나님은 회개와 믿음 그리고 순종과 같이 자신이 자기 백성에게 요구하시는 모든 것을 그리스도 안에서 주권적 은혜로 그리고 성령의 능력으로 그것들을 허락하신다. 이는 코르넬리우스 베네마(Cornelius Venema)가 다음과 같이 적절하게 요약하는 것과 같다.

하나님의 언약의 의무가 하나님의 은혜의 약속보다 선행할 뿐만 아니라 이 의무는 신자들에게 그리고 신자들 안에서 삼위 하나님－성부, 성자, 성령－의 각자의 사역으로 말미암아 성취된다. 하나님의 요구는 은혜에서 나오고 은혜로 말미암아 우리 안에서 성취된다. 이 점들에서 은혜 언약은 온갖 가능한 형태의 공로를 배제하는 무조건적 언약이다. 이것으로 인해 하나님의 백성의 믿음과 순종이 그들의 생명과 구원을 얻는 기초가 된다.[77]

그러나 언약신학 안에서 말해진 것을 따라 그리고 행위 언약과 은혜 언약의 관계에 대한 이상의 설명과 관련해서, 어떤 이들은 성경의 언약들을 무조건적/조건적 범주에 비추어 더 깊이 구분하기를 원했다. 예를 들면 마이클 호튼은 메러디스 클라인(Meredith Kline)의 견해를 따라서 옛 언약(즉 시내산 언약 또는 모세 언약)은 주로 율법-언약이고, 또 아담과 맺어진 "행위 언약"의 재발표로 조건적 언약이지만, 아브라함 언약과 다윗 언약 그리고 새 언약은 무조건적 언약이라고 주장한다. 그는 아담 언약과 시내산 언약(옛 언약)은 고대 근동의 종주-봉신 조약 패턴을 따르지만 성경의 다른 언약들은 하나님이 자기 백성을 위해 단독으로 행하겠다는 무조건적 약속에 근거한다는 가정에 기초해서 주장한다. 이런 이유로 지금 새 언약이 그리스도 안에서 시작되었고 시내산 언약은 더 이상 효력이 없다. 비록 아브라함 언약의 무조건적 성격을 고려하더라도 말이다.[78] 또한 이런 이유로 세대주의 사상과 다르게 호튼은 땅의 약속이 시내산 언약과 연계되어 있고, 조건적 약속이라고 주장한다. 그렇다면 이스라엘은 옛 언약에 불순종할 때 땅을 상실했고, 그때 "신정 국가로서의 지위도 해제되었다."[79]

이와 다르게 언약신학은 은혜 언약(새 언약을 포함하는)이 최소한 두 가지 의미에서 **조건적** 언약이라고 주장했다. 첫 번째, 은혜 언약이 조건적 언약이라는 말은 마지막 아담이신 그리스도가 자기 백성의 대표자와 대리인으로 행위 언약에 규정된 순종의 조건을 성취하신 그리스도의 사역에 철저히 의

---

77 Cornelius P. Venema, "Covenant Theology and Baptism," *Case for Covenantal Infant Baptism*, 211.

78 이 주장의 전개에 대해서는 Horton, *God of Promise*, 23-78을 보라. Blaising이 성경의 언약들을 설명할 때 그런 것처럼 Horton은 오늘날 성경의 언약들을 분류하는 표준 방식을 그대로 따른다. 곧 성경의 언약들을 왕의 하사 언약과 종주-봉신 언약으로 분류한다. 노아 언약과 아브라함 언약, 다윗 언약 그리고 새 언약으로 대표되는 왕의 하사 언약은 무조건적 언약이다. 이 언약들은 모두 언약 당사자가 어떻게 행하는지와 상관없이 하나님이 언약을 단독으로 성취하시는 하나님의 약속을 나타낸다. 반면에 종주-봉신 언약은 조건적이고 쌍방적이다. 따라서 결과가 의무를 지키는 언약 당사자에게 달려 있다. Horton은 아담과 이스라엘 그리고 그들이 체결한 각각의 언약을 이 범주 속에 둔다.

79 Horton, *God of Promise*, 48.

존한 은혜 언약의 복과 관련이 있음을 의미한다. 두 번째, 은혜 언약이 조건적 언약이라는 말은 은혜 언약과 관련된 유익을 얻기 위해서 우리에게 주어진 언약의 의무, 곧 회개와 믿음 그리고 순종 같은 의무와 관련이 있음을 의미한다. 의심할 필요 없이 이 언약의 의무들은 우리가 칭의를 얻기 위한 공로의 근거는 아니다. 오히려 이 의무들은 "언약의 약속을 마주했을 때 필요한 반응"이자, 그것 자체가 "언약의 복을 향유하는 도구"다.[80] 새 언약은 쌍방적인 시내산 언약과 달리 무조건적 언약 또는 왕의 하사 언약이라고 주장하는 호튼은 새 언약 안에서도 이 두 종류의 조건적 요소를 찾아낸다.[81]

여기서는 은혜 언약이 항상 **"언약의 조건에 순종하는 자들에게는 복이 있고, 불순종하는 자들에게는 저주가 내려진다"**[82]는 "조건적 약속"을 포함한다는 대부분의 언약신학자들의 주장을 논의할 필요가 있다. 그렇다면 원리적으로 새 언약을 포함하는 은혜 언약은 앞에서 설명한 두 번째 의미의 조건적 언약이므로 **깨지기가 쉬울** 수 있다.[83] 이 지점에서 대다수 언약신학자는 은혜 언약의 "혼합적" 성격을 주장한다. 말하자면 은혜 언약 공동체는 언약 준수자와 언약 위반자로 함께 구성된다고 주장한다. 이런 언약 공동체의 혼합적 성격을 고려하면, 은혜 언약 공동체의 범주가 옛 시대에서나 새 시대에서나 택함 받은 자의 범주보다 더 넓고 큰 이유다.[84] 예를 들어 호튼은 이 엄밀한 특징을 이렇게 제시한다. 곧 새 언약을 포함하는 은혜 언약은 **"시행**

80　Venema, "Covenant Theology and Baptism," 211. 이 점에 대한 더 깊은 설명은 Berkhof, *Systematic Theology,* 280-281과 Murray, "Covenant Theology," 223-234을 보라.

81　Horton, *God of Promise,* 182-186을 보라. Horton은 새 언약은 최종적 구원을 위해 아주 많은 조건들을 수반하고 있다고 주장한다. 이 조건들에는 최초의 회개와 믿음이 포함될 뿐만 아니라 거룩한 삶 그리고 회개와 믿음을 끝까지 유지하는 견인도 포함된다. 그러나 새 언약은 약속의 언약이므로, 새 언약 안에 있으면 "하나님이 새 언약에서 **요구하시는** 모든 것 역시 하나님에 의해 주어진다!"(184).

82　Booth, *Children of the Promise,* 24 (강조는 Booth의 것이다).

83　새 언약을 포함해 성경의 모든 언약의 "조건적이고" "깨질 수 있는" 성격의 전개에 대해서는 Wilson, *To a Thousand Generations,* 81-96; Pratt, "Infant Baptism in the New Covenant," 169-174을 보라.

84　이 점에 대해서는 Venema, "Covenant Theology and Baptism," 214을 보라.

될 때 조건들을 포함한다." "은혜 언약은 신자 및 그들의 자녀와 맺어진 언약이기 때문이다."[85] 호튼과 모든 언약신학자가 인정하는 것에 따르면, 은혜 언약 안에 있는 모든 자가 택함 받은 자는 아니다. 옛 언약 아래에 있는 이스라엘 민족의 경우와 마찬가지로 교회에도 신자와 비신자가 함께 섞여 있고, 그들 전부가 새 언약의 지체가 되는 것이 가능하다. 호튼과 언약신학자는 종종 인용되는 가라지의 비유(마 13:24-30; 36:43)에 의지해서 다음과 같이 주장한다. "은혜 언약 공동체에 속해 있는 모든 자가 끝까지 견인하는 것은 아니다. 어떤 이는 알곡과 함께 심긴 가라지, 아니면 돌밭에 떨어지거나 가시떨기 위에 떨어진 씨와 같다.…은혜 언약 안에 있는 모든 자가 택함 받은 자는 아니다."[86] 사실 언약신학이 "혼합" 공동체 교회 개념을 주장하는 것은 "은혜 언약"의 본질에 대한 이런 이해에 기인한다. 또한 이것은 유아세례에 대한 그들의 주장의 기초가 된다. 언약신학자들은 다음과 같이 주장한다. 원리적으로 거듭나지 않은 자들을 언약 공동체의 일원으로 간주하고 오직 신자들에게만, 즉 그리스도를 믿는 믿음을 고백하는 자들에게만 언약의 표징을 적용할 수 있다는 교회 전통(그리고 세대주의 전통)과 반대로 거듭나지 않은 자들에게도 언약의 표징을 적용하는 것을 반대할 수는 없다.[87] 이 두 교회론 간의 이런 차이의 핵심에는 옛 언약과 새 언약 공동체의 유사점 및 차이점에 관한 포괄적인 언약 논쟁이 놓여 있다.

은혜 언약의 본질에 대한 이런 이해는 언약신학에서 논의되는 두 번째로 중요한 문제, 즉 은혜 언약에서 하나님은 누구와 언약 관계를 맺으시는

---

85 Horton, *God of Promise*, 182. Horton의 완전한 진술은 다음과 같다. "그럼에도 은혜 언약은 그 **시행**에 조건들이 포함되어 있다. 은혜 언약은 신자 및 그들의 자녀와 맺어진 언약이다. 은혜 언약 안에 있는 모든 사람이 택함 받은 자인 것은 아니다. 아래편 이스라엘이 위편 이스라엘보다 더 큰 집단이다. 어떤 이스라엘 백성들은 광야에서 복음을 듣고 믿음으로 반응했으나 다른 백성들은 그렇게 하지 못했다. 그리고 히브리서 저자는 이것을 동일한 은혜 언약 아래에 있는 신약 시대 상속자들에 대한 경고로도 사용한다(히 4:1-11).

86 Horton, *God of Promise*, 185, 182.

87 이 점을 긍정하는 것으로 Pratt, "Infant Baptism in the New Covenant," 170도 보라.

지에 대한 질문으로 곧장 연결된다. 은혜 언약의 "조건적 요소"와 은혜 언약 안에 있는 모든 자가 택함 받은 자는 아니라는 사실을 고려한다면, 그러면 정확히 누가 은혜 언약의 당사자인가? 하나님은 오직 택함 받은 자와 언약을 맺으시는가, 아니면 "모든 신자와 그들의 자녀"─택함 받은 자가 될 수도 있고 되지 않을 수도 있는 자녀─와 언약을 맺으시는가? 언약신학의 은혜 언약의 "조건적 요소"에 대한 견해와, 또 언약신학이 은혜 언약 공동체의 혼합적 성격을 주장하는 것을 고려하면, 답변은 후자가 될 것으로 보인다. 그러나 언약신학 안에서는 이 문제에 대해 치열한 논쟁이 벌어졌다. 예를 들어 웨스트민스터 신앙고백(7.3)과 웨스트민스터 대요리문답(질문 31)의 내용은 전자의 답변에 적합하다. 즉 하나님은 은혜 언약에서 오직 택함 받은 자와 언약을 맺으신다. 코르넬리우스 베네마는 이 점에 대한 웨스트민스터 신앙고백의 언급을 다음과 같이 간명하게 요약한다. "은혜 언약의 가장 엄밀한 의미인 하나님과의 구원 교제의 관점에서 보면, 은혜 언약의 두 당사자는 삼위 하나님과 그의 택함 받은 백성이다."[88] 그리고 은혜 언약 속에 들어가는 조건은 회개와 믿음이다. 따라서 복음의 값없는 제공을 거부하는 자는 누구나 은혜 언약 **밖에** 있고, 그들이 언약 공동체 밖에 있다는 사실을 함축하는 것으로 보인다.

그러나 이것이 사실이라면, 왜 그토록 많은 언약신학자가 은혜 언약은 "모든 신자와 그들의 자녀"─구원 얻는 믿음으로 반드시 나오는 것이 아니고, 그래서 실제로 택함 받지 못한 자가 될 수 있다고 우리가 알고 있는 자녀─를 포함한다고 주장하는가? 이것이 은혜 언약의 "이중적인 면"이라고 언급되는 것이다. 베네마가 다음과 같이 정확히 지적하는 것과 같다. "언약신학자들은 은혜 언약 안에 약속된 생명과 구원이 오직 택함 받은 자에게만 주어진다는 것을 인정한다. 하지만 그들은 은혜 언약의 약속은 수반된 의무와 함께 아브라함과 그의 후손에게까지 확대된다고 주장한다."[89] 우리는 이

88　Venema, "Covenant Theology and Baptism," 212.

처럼 외관상 모순적인 답변을 어떻게 이해해야 할까? 이것은 사소한 사항이 아니다. 신학적으로 말하자면 교회와 규례들에 대한 언약적인 견해에 대한 많은 주장, 특히 유아세례를 옹호하는 주장은 바로 이 사항과 관련해서 논란이 되고 있다. 유아세례주의자의 표준 주장이 다음과 같이 제시되는 이유다. "신자의 자녀들은 옛 언약의 시행 아래에서 항상 은혜 언약 안에 포함되었다. 이렇게 확립된 성경의 패턴을 존중하여 **우리는 그 반대에 대한 성경적 보증이 명백히 있는 경우가 아니라면 그렇게 추정해야 한다.**"[90] 따라서 유아들도 그들의 믿는 부모와 같이 할례를 받아야 하고, 지금은 그들이 새 언약 공동체의 지체이므로 할례 대신 세례를 받는다.

특히 새 언약의 본질(이 책 17장에서 이 문제로 돌아갈 것이다)과 관련해서 우리가 은혜 언약의 "이중적인 면"이 성경적이라고 생각하는 것과 상관없이, 우리는 이 논쟁에서 언약신학자들이 성경의 **언약들** 간의 관계를 **하나의** 은혜 언약과 연결해서 어떻게 이해하는지를 배운다. 특히 언약신학자들이 새 언약 공동체와 관련해 은혜 언약의 "이중적인 면"을 정당화할 수 있는 유일한 방법은 "은혜 언약"(포괄적인 신학적 범주)을 아브라함 언약(그 안에 민족적이고 모형적이고 영적 국면을 포함하는 특수한 역사적 언약)을 통해 조명하는 것이다.[91] 그것이 아브라함 언약에서 발견되고 할례와 관련된 계보의 원리 ─ "너와 네 후손에게" ─ 가 새 언약 시대가 출범했음에도 불구하고 구속사 전체에 걸쳐

---

89 같은 책, 214. 이 "이중 국면"에 대한 더 깊은 설명은 Betkhof, *Systematic Theology*, 272-289을 보라.

90 Booth, *Children of the Promise*, 10(강조는 나의 것이다).

91 흥미롭게도 그리고 조금은 역설적으로, 세대주의 신학이 아브라함 언약에 호소하는 것과 비슷하게 언약신학도 아브라함 언약에 호소한다. 하지만 결론은 다르다. 위에서 주장한 것처럼 세대주의 신학은 아브라함 언약이 다른 모든 언약의 근본이 되는 언약이고, 해석학적으로 말하면 신약성경에서 주어지거나 명확히 폐지되지 않은 특수한 약속들(특히 땅의 약속)은 지금도 여전히 효력을 갖고 있다고 주장한다. 언약신학자들은 땅의 약속을 세대주의자들과 정확히 똑같이 조명하는 것은 **아니다**. 그러나 그들은 아브라함 언약과 함께 시작되어 정경 전체에 걸쳐 등장하는 "계보의 원리"에 대해 이와 비슷하게 주장한다. 우리는 3장과 17장에서 이 주장으로 다시 돌아갈 것이다.

변함없이 계속 적용되는 이유다. 이 지점에서 언약신학에 대한 공통적인 불평은 언약신학이 아브라함 언약의 민족적(혈통적)인 면이나 모형론적인 면을 **영적인** 면으로 환원시키고, 그것이 성경의 다른 모든 언약, 특히 새 언약을 조명하는 틀이 되는 경향이 있다는 것이다. 따라서 "은혜 언약"에 대해 말하는 것은 사실은 오로지 영적인 면으로 환원된 아브라함 언약에 대해 말하는 것이 되고 만다. 이것이 "은혜 언약"의 당사자에 관한 설명에서 언약신학자들이 은혜 언약의 당사자의 "이중적인 면"에 대해 말할 수 있는 이유다. 비록 "신자와 그들의 자녀"가 아브라함 언약과 특별히 관련된 계보의 원리 (주로 혈통적 관점에 따라 해석되는)이기는 해도 말이다. 이 계보의 원리는 확실히 이후 언약들에서 채택되기는 하지만 우리가 (세대주의 전통을 따라) 주장할 것처럼, 그리스도께서 오셔서 새 언약을 출범시키셨으므로 계보의 원리에 대한 수정은 없는지 크게 의심할 만하다. 나아가 이 지점에서 언약신학은 아브라함 언약의 민족적 요소도 무시하고, 그 요소를 오로지 영적인 관점에 따라 해석하는 경향을 보여준다. 이것은 세대주의 신학이 언약신학을 거듭 비판하는 또 하나의 사항이다.

"은혜 언약"과 "아브라함 언약"의 동등성을 인정하는 견해를 보여주는 실례들이 언약신학에는 많이 있다. 예를 들어 루이스 벌코프(Louis Berkhof)는 최소한 이론상으로는 아브라함 언약이 민족적 측면과 영적인 측면을 동시에 갖고 있음을 인정한다.[92] 하지만 실제적으로는 아브라함 언약의 민족적 측면을 무시하고 **영적** 측면을 일차적인 것으로 간주한다. 이것이 벌코프가 다음과 같이 주장하는 이유다. 곧 할례는 "**은혜 언약**으로 입회하는 표징과 보증"이고(사실 할례는 아브라함 언약의 표징이지, 성경의 모든 언약의 표징이 아니지만 말이다), 성경의 언약들 간의 구속사적 구분과 거의 관련 없이 "이 언약[아브라함 언약]은 여전히 효력이 있고, 현세대의 '새 언약'과 **본질상 동일하다.**"[93] 또한 존 머레이(John Murray)가 다음과 같이 주장할 수 있는 이유다.

92　Berkhof, *Systematic Theology*, 632.

곧 "새 언약은 아브라함 언약의 성취와 표현이고", "아브라함 언약은 유아들을 포함하고 할례로 상징되어 보증되었으며", "할례는 가장 깊은 영적 의미에서 아브라함 언약의 표징"이므로[94] 우리는 은혜 언약의 연속성에 따라 파생된 신적 명령, 곧 유아들에게 세례를 베풀어 그들을 교회의 온전한 지체로 삼으라는 명령 아래 있다. 결론적으로 벌코프와 머레이 그리고 대다수 언약신학자가 주장했던 것은 아브라함 언약의 일부분을 떼어내어 그것을 순수한 복음 언약과 동일시하며, 아브라함 언약을 새 언약과 거의 일대일 방식으로 일치시키는 것이다.

하지만 성경의 나머지 언약들과 "은혜 언약"의 관계에 대한 이런 이해가 과연 적합한지의 여부가 남아 있는 중대한 질문이다. 의심할 바 없이 언약신학에서 이런 해석은 구속사를 관통하는 연속성이 있음을 설명해준다. 더 나아가 교회와 교회의 규례에 관한 언약신학자들의 견해를 확립하는 데 도움을 주는 연속성도 설명해준다. 그러나 이런 해석은 우리가 언약들 간에는 어떤 중요한 **불연속성**이 있다는 것을 인정하게끔 하는 언약들 간의 성경적 **구분**을 정당화하는가? 이 몇 가지 불연속성은 많은 분야에서, 특히 교회론에서 큰 신학적 의미가 있다. 이제 성경의 언약에 대한 언약신학자들의 이

---

93 Berkhof, *Systematic Theology*, 633(강조는 나의 것이다). 사실 Berkhof는 오늘날 그리스도인들에게 표준 언약은 모세(시내산, 옛) 언약이 아니라 (영적인 면에 따라 해석된) 아브라함 언약이라고 주장한다. 그는 다음과 같이 주장한다. "시내산 언약은 은혜 언약의 참된 성격 즉 자유롭고 은혜로운 성격이 이스라엘의 신정 국가 생활과 관련해 율법의 요구가 주도적으로 전면에 배치된 온갖 외적 의식과 형식들로 말미암아 어느 정도 빛이 사라진 시대를 장식하는 마간이다(참조. 갈 3장). 반면에 아브라함 언약에서는 약속과 그 약속에 반응하는 믿음이 부각된다"(296-297). 마찬가지로 R. Scott Clark도 새 언약이 "새로운" 것은 새 언약이 모세 언약(옛 언약)과 대조되기 때문이지 아브라함 언약(또는 아담 언약)과 대조되기 때문이 아니고, 우리 주 예수 그리스도로 말미암아 들어온 새 언약에서 계속되는 것은 아브라함 언약(또는 아담 언약)이라고 주장한다. "Contemporary Reformed Defense of Infant Baptism," 4을 보라. 참조. Horton. *God of Promise*, 40-57. 거기서 Horton은 이와 동일한 견해를 제시한다.

94 John Murray, "Baptism," *Collected Writings of John Murray*, 4 vols. (Carlisle, PA: Banner of Truth, 1977), 2:374을 보라. 또한 Venema, "Covenant Theology and Baptism," 222과 Bryan Chapell, "A Pastoral Overview of Infant Baptism," *Case for Covenantal Infant Baptism*, 11-18에서도 이와 동일한 강조점을 보라.

해에 맞는 교회의 본질에 관한 언약신학의 관점을 좀 더 자세히 살펴보도록 하자.

언약신학과 교회의 본질

우리는 다음과 같은 것을 이미 언급했다. 곧 언약신학은 세월의 흐름 가운데서 은혜 언약이 시행될 때 언약 공동체에는 은혜 언약과 관련된 특권들을 누리고 있었지만 정작 택함 받지 않은 이들이 많다고 주장했다. 이것이 바로 언약신학자들이 언약 공동체의 범위가 택함 받은 자의 범위보다 더 넓다는 사실을 인정한 이유다.[95] 여기서 주목해야 할 중요한 사실은 교회의 본질에 관한 이런 견해가 은혜 언약에 대한 언약신학자들의 이해와 어떻게 직접 연결되어 있느냐는 것이다.

하나님 백성의 통일성은 시대 전체에 걸쳐 은혜 언약의 통일성과 직결되어 있다. 언약신학은 "구약 시대의 이스라엘"과 "신약 시대의 교회" 간의 관계를 연속성**과** 불연속성이라는 강조점을 보존하는 방식으로 생각하기보다는, 불연속성을 희생하고 **연속성**이라는 요소를 지나치게 강조한다. 비록 언약신학 체계 안에 미묘한 견해 차이가 있는 것이 인정된다고 할지라도 말이다.[96] 예를 들어 랜디 부스는 은혜 언약에 따른 하나님의 백성에 대한 이해는 다음과 같은 사실을 함축한다고 강력히 주장한다. "하나님은 모든 시대에 걸쳐 한 백성을 가지셨다. 이 **한 교회**는 다양한 단계를 거쳐 발전했지

---

[95] Venema, "Covenant Theology and Baptism," 214을 보라. 참조, Horton, *God of Promise*, 182.

[96] 예컨대 구약 시대 이스라엘과 신약 시대 교회의 관계에 대한 매우 깊이 있는 설명은 다음 자료들을 보라. Edmund P. Clowney, *The Church: Sacrament, Worship, Ministry, Mission* (Downers Grove, IL: InterVarsity Press, 1995), 27-70; 『교회』(IVP 역간); Robertson, *Christ of the Covenants*, 271-300; 그리고 같은 저자, *Israel of God*, 33-51.

만, 그 교회는 여전히 대대로 **동일한 교회다**."⁹⁷ 이런 견해에서 파생된 중요한 교회론의 결론 중 하나가 유아세례의 정당성이다. 언약신학의 주장에 따르면, 하나님이 구약 시대에 언약 공동체(이스라엘)의 지체로 "신자와 그들의 자녀"를 포함시키셨다면, 신약 시대에도 (교회 안에서) 이와 관련해 변한 것은 아무것도 없다. 부스는 다음과 같이 말하면서 이런 결론을 정확히 이끌어낸다. **"하나님은 교회 지체의 자격 조건을 바꾸지 않으셨기 때문에 새 언약의 신자와 그들의 자녀도 똑같이 하나님의 교회 안에 포함된다**."⁹⁸

이처럼 구속사 전체에 걸쳐 하나님 백성의 **연속성**을 강조하는 것은 우리가 교회의 **본질**에 관해 앞에서 언급했던 것을 상기시킨다. 곧 언약신학은 구약 시대의 하나님의 언약 백성(이스라엘)과 새 언약의 하나님의 백성(교회)을 한 백성으로 간주할 뿐만 아니라 신약 시대의 교회를 본질상 옛 언약 아래에 있는 이스라엘과 같은 공동체로 간주한다. 이를테면 신자와 비신자가 함께 섞여 있는 "혼합" 공동체로 이해한다. 따라서 구약 시대의 이스라엘과 평행되게, 교회 구성원의 범위도 하나님의 영으로 태어나고 믿음으로 그리스도와 연합되며 의롭게 되고 거룩하게 된 참 신자들의 범위보다 더 넓다.

이 지점에서 우리는 언약신학이 자신의 교회론에서 매우 중요하게 생각하는 "불가시적·가시적" 교회라는 유명한 구분을 사용한다는 것을 논의할 필요가 있다. **불가시적** 교회는 하나님이 보시는 교회를 언급하는 것이다. 말하자면 택함 받은 자, 곧 야웨께서 온전히 그리고 흠 없이 그분의 것, 오직 그분의 것으로 알고 계시는 모든 시대, 모든 지역의 택함 받은 자 전체 집단을 언급하는 것이다. 이런 의미에서 교회는 옛 언약이나 새 언약 아래 있든지 간에 인간의 눈에 보이지 않는 영적 실재다. 곧 모든 시대를 망라

---

97 Booth, *Children of the Promise*, 73(강조는 나의 것이다). 이와 동일한 부분에 대해서는 다음 자료들을 보라. Hodge, *Systematic Theology*, 3:549-552; Berkhof, *Systematic Theology*, 565-572; Bromiley, "Case for Infant Baptism," 8-9; John Murray, *Christian Baptism* (Phillipsburg, NJ: P&R, 1980), 31-44.

98 Booth, *Children of the Promise*, 73(강조는 Booth의 것이다).

하는 한 하나님의 백성을 의미한다. 루이스 벌코프는 불가시적 교회를 다음과 같이 설명한다. "교회는 불가시적이라고 이야기된다. 교회는 본질적으로 영적 실재이고, 인간의 눈은 교회의 영적 본질을 식별할 수 없기 때문이다. 또한 흠 없이 누가 교회에 속하는지 또는 속하지 않는지를 결정하기가 불가능하기 때문이다. 그리스도와의 연합은 신비적인 연합이다. 교회와 그리스도를 연합시키는 성령은 불가시적인 끈을 구성하며, 거듭남, 진정한 회심, 참된 믿음, 그리스도와의 영적 교제 같은 구원의 복은 모두 육안으로는 보이지 않는다. 그러나 이 복들은 교회의 진정한 '모습'(*forma*, 이상적 성격)을 구성한다."[99]

하지만 불가시적 교회는 역사 속에서 **가시적이고** 지역적인 형태로 자신의 정체성을 드러낸다는 사실을 급히 덧붙여야만 한다. 존 머레이가 다음과 같이 상기시키는 것처럼 말이다. "교회는 인간의 지각과 관찰에 의해 완전히 불가시적인 실재로 정의될 수 없다. 그것은 신실한 자들의 회합이거나 사회 혹은 총회 또는 회중 혹은 교제다."[100] 교회는 하나님과 하나님의 백성을 연결하고 다른 인간들을 결속하기 위해 하나님이 만드신 끈이다. 그것은 말씀 사역으로, 성례의 거행으로, 그리고 외적 조직과 관리를 통해 가시적인 실재가 된다.[101] 그러나 가시적 실재로서 교회는 "혼합" 공동체로 그 안에 신자와 비신자가 함께 포함되어 있다.

교회의 본질을 이렇게 이해하는 언약신학은 유아세례라는 중요한 신학적 문제를 어떻게 해결하는가? 구약성경의 논증을 따라가보자. 구약 시대에 믿는 집안의 유아는 **개인적으로 신앙을 고백하기 전에** 할례를 받으면서 가시적 교회(이스라엘)에 포함되었고, 또한 할례 행위로 말미암아 언약 공동체의 온전한 구성원으로 받아들여졌다. 비록 그들이 아직 거듭난 구성원이

---

99 Berkhof, *Systematic Theology*, 566. 불가시적-가시적 교회 구분에 대한 비슷한 설명은 Booth, *Children of the Promise*, 88-90과 Murray, *Christian Baptism*, 31-33을 보라.

100 Murray, *Christian Baptism*, 32.

101 Berkhof, *Systematic Theology*, 566.

아닐지라도 말이다. 이것은 새 언약 아래에서도 똑같다. 따라서 믿는 부모에게서 태어난 유아가 아직 믿음을 갖고 있지 못하더라도, 그리고 유아세례가 신약성경에서 성경적인 세례 질서를 깨뜨리더라도, 말하자면 먼저 하나님에 대한 회개와 그리스도를 믿는 믿음이 오고 그다음에 물세례에서 공개적으로 그 믿음을 고백하는 일이 오는 질서를 깨뜨리더라도, 세례라는 언약의 표징을 유아에게 적용하는 것은 충분한 근거가 있다.[102]

분명히 교회의 **본질**에 관한 언약신학의 견해는 신자들로 교회가 이루어졌다는 전통의 한 부분으로 자신들을 이해하는 침례교도를 포함해 세대주의 전통에 있는 많은 사람의 견해와 다르다. 적어도 우리가 앞으로 옹호하려는 견해, 곧 교회가 신자들로 이루어졌다는 전통의 견해에 따르면, 최소한 구약 시대 이스라엘과 신약 시대의 교회 사이에는 구속사적 차이가 엄연히 존재한다. 시대 전체에 걸쳐 하나님의 한 백성만이 있다고 할지라도 말이다. 의심할 바 없이 하나님의 한 백성에는 수많은 연속성이 존재하지만, 또한 수많은 불연속성도 존재한다. 그러한 연속성과 불연속성은 구약성경의 모든 약속과 모형 및 언약을 성취하시면서 완전히 새로운 언약의 시대를 시작하신 우리 대속자의 사역으로 인한 것이다. 이런 교회관에 따르면, 새 언약 공동체의 본질과 관련해 가장 독특한 것은 새 언약 공동체가 옛 언약 아래에 있는 이스라엘처럼 혼합된 사람들로 구성된 것 아니라, 거듭나고 믿는 사람들로 구성되었다는 주장이다. 예를 들어 침례교도들은 새 언약 공동체의 참된 구성원을 거듭남, 회개, 믿음으로 그리스도와의 믿음의 연합속에 실제로 들어간 사람들이라고 생각한다. 말하자면 새 언약 시대의 모든 유익과 복에 참여한 자다. 더욱이 이런 이유로 인해 새 언약의 교회와 관련된 언약의 표지인 세례는 자신들의 삶에서 하나님의 은혜의 주권적인 사역

---

102 성경적인 세례 질서의 문제 곧 먼저 회심하고 그다음에 세례를 받는 것과 이 둘 사이의 긴밀한 관계에 관해서는 G. R. Beasley-Murray, *Baptism in the New Testament* (Grand Rapids, MI: Eerdmans, 1962), 93-305과 Robert H. Stein, "Baptism and Becoming a Christian in the New Testament," *SBJT* 2/1 (1998): 6-17에 나오는 탁월한 설명을 보라.

에 의해 이 영광스러운 실재에 들어간 이들에게만 베풀어진다. 그러나 언약
신학은 우리가 주장하는 견해와는 반대로 언약들의 본질에 관한 자기들의
이해에 맞추어 교회의 "혼합적" 성격을 강조한다. 언약신학의 견해에 따르
면 가시적 교회의 지체들은 모두 "지역 교회에서 세례와 실제 교인 자격을
특징으로 갖고 있는" 모든 자이고,[103] 결국 여기에는 "모든 신자와 그들의 자
녀"가 포함되어 있다.

교회에 대한 언약신학의 개념과 관련해서 일반적으로 제시되는 증거는
무엇인가? 우리의 목적과 관련해서 적어도 세 가지 성경적 증거와 신학적
증거가 종종 인용된다.[104]

1. 가장 근본적인 증거는 구속사를 관통하는 은혜 언약의 본질적 연속
성에 의지하는 것이다. 언약신학자는 이것이 두 가지 진리를 함축한다고 본
다. 첫째, 시대 전체에 걸쳐 하나님의 하나의 백성만이 있다. 둘째, 언약 공
동체의 본질은 기본적으로 동일하다. 따라서 아브라함과 그의 자녀 그리고
이스라엘 민족과 맺어진 언약 공동체의 본질로 말해질 수 있는 사실은 새
언약 공동체의 본질, 곧 신자와 비신자가 함께 포함되어 있는 가시적 교회
의 본질에도 그대로 해당된다.

2. 이 주장을 뒷받침하는 증거는 성경에 나오는 경고 메시지, 특히 배교
가능성을 말하는 본문(예를 들어 히 6:4-6; 10:28-30)에 호소하는 것이다. 왜 이
런 경고 본문들은 은혜 언약의 본질적 연속성을 뒷받침하는 증거로 인용될
까? 매우 단순한 이유로 이 본문들은 어떤 사람이 새 언약 공동체(즉 가시적
교회)의 일원이 되지만 슬프게도 믿음에서 벗어날 수 있음을 함축한다. 달리
말해서 비록 그가 외적으로 그리고 객관적으로 언약 공동체의 구성원일 수
는 있지만, 결코 거듭난 신자가 아닐 수 있다. 따라서 우리가 생각하는 구약

---

103 Booth, *Children of the Promise*, 88.
104 이 세 가지 증거는 언약신학 문헌에서 매우 표준적이다. 예컨대 다음 자료들을 보라. Berkhof,
   Systematic Theology, 632-635; Murray, *Christian Baptism*, 31-68; Booth, *Children of
   the Promise*, 71-95; Wilson, *To A Thousand Generations*, 13-96.

시대의 언약 공동체(이스라엘)나 신약 시대의 언약 공동체(교회)의 본질은 어느 시대든 본질상 동일하다. 그것이 구약 시대의 이스라엘과 신약 시대의 교회는 공동체 안에 택함 받은 자와 택함 받지 못한 자, 신자와 비신자, 곧 언약의 표징(할례나 세례)을 받아서 외적으로 그리고 객관적으로 언약의 구성원이 되었지만, 결코 구원 얻는 믿음을 행사할 수 없는 자가 그 안에 포함될 수 있는 이유다. 따라서 언약신학은 이런 이해를 유아세례에 그대로 적용한다. 그리고 언약신학이 세례라는 언약의 표징을 유아들에게 적용하고 유아들이 그리스도를 믿는 명백한 믿음이 없더라도 교회의 충분한 지체로 간주하는 것에 대해 반대할 만한 그 어떤 것도 없다.

분명히 이것과 관련해서 어떤 이는 경고와 배교 본문들에 관한 특이한 해석에 이의를 제기할 수 있다. 사실 사람들은 이런 논법이 참으로 거듭난 그리스도인들도 구원을 상실하는 게 가능하다는 해석으로 이어질 수 있다고 주장한다. 무엇보다도 아르미니우스주의 신학이 이런 본문들에서 이런 주장을 거듭 주장하지 않았는가?[105] 말할 필요도 없이 언약신학자는 아르미니우스주의가 이 본문을 **택함 받은 자에게 적용할 때는** 비성경적이라고 반대할 것이다.[106] 성경은 참그리스도인(택함 받은 자)이 구원을 상실할 수 있다고 가르치지 않는다. 하지만 역설적이게도 언약신학자들은 이 본문들을 **택함 받은 자가 아닌 언약 구성원 전체에게 적용할 때는** 아르미니우스주의의 주해와 결론에 동의한다. 더욱이 대다수 언약신학자들에 따르면 이 본문들은 택함 받은 자가 구원을 상실할 수 있다는 것을 함축하지 않는다. 오히려 그들은 "가시적 교회의 거듭나지 않은 구성원들은 새 언약에서 언약 위반자가 될 수 있는 것"[107]과 새 언약이 옛 언약과 같이 깨뜨려질 수 있는 언약이라는

---

105 예컨대 Clark H. Pinnock ed. *Grace Unlimited* (Minneapolis: Bethany, 1975); 그리고 같은 저자, *The Grace of God, the Will of Man* (Grand Rapids, MI: Zondervan, 1989)을 보라.
106 Berkhof, *Systematic Theology,* 545-549과 Robert L. Reymond, *A New Systematic Theology of the Christian Faith* (Nashville: Thomas Nelson, 1998), 781-794을 보라.
107 Gregg Strawbridge, "Introduction," *Case for Covenantal Infant Baptism,* 4-5을 보라.

것을 주장한다. 교회의 본질을 이해하기 위해 경고 본문들의 함축적 의미를 설명할 때, 윌슨(Doug Wilson)은 "**택함 받은 자**와 **언약의 구성원**은 동일한 집단에 속한 사람들이 아니다"라고 자신 있게 천명한다.[108] 따라서 결론적으로 성경의 경고 본문들은 모든 시대에 걸쳐 언약 공동체는 "혼합" 공동체라는 언약신학자들의 견해를 뒷받침하는 증거가 된다. 윌슨은 이 견해에 대해 다음과 같이 적절하게 요약한다.

> 침례교[혼합적 견해를 거부하는 자]의 전제는 언약들이 이것과 관련해서 **동일하지 않다**는 것이다. 옛 언약의 어떤 구성원은 거듭난 자였으나 어떤 구성원은 거듭나지 못한 자였다. 그렇지만 새 언약의 모든 구성원은 거듭난 자들이다. 유아세례주의자[언약신학]의 전제는 언약들은 이것과 관련해서 **동일하다**는 것이다. 옛 언약의 어떤 구성원은 거듭난 자였으나 어떤 구성원은 거듭나지 못한 자였다. 새 언약의 어떤 구성원은 거듭난 자나 어떤 구성원은 거듭나지 못한 자다. 유아세례주의자는 언약들 간의 **차이**는 새 언약의 약속들이 훨씬 더 낮다는 것─신자와 비신자의 비율이 엄청나게 변할 것이라는 의미─이라고 주장한다. 새 이스라엘의 역사는 옛 이스라엘의 역사와 같이 비참하지 않을 것이다.[109]

3. 이미 인용한 자료를 추가로 지지하는 뒷받침 증거는 사도행전 2:39에 주어진 약속─"너희와 너희 자녀에게"─에서, 또 성경 전체에 걸친 가족 주제와 신약성경의 가족 세례(행 16:15, 32-33; 18:8; 고전 1:16을 보라)에서 발견된다. 언약신학은 신약성경에 유아세례에 관한 분명한 실례가 없다는 사실이 문제가 된다고 생각하지 않는다. 오히려 사도행전 2:39 같은 본문들은 성경이 말하는 가족 관계와 신약성경의 가족 세례에 대한 기록의 중요성을 비롯해 유아세례의 집례에 대한 기초를 놓는 데 강한 성경적 보증을 제공한

---

108 Wilson, *To a Thousand Generations*, 34.
109 같은 책, 34-35.

다고 확신한다. 왜 그런가? 은혜 언약의 연속성과 구약성경에 나타난 가족들과 가족 간의 연대성의 중요성을 고려하면, 유아가 세례라는 언약적인 표징을 통해 교회의 일원으로 간주되지 않는 경우는 거의 상상할 수 없기 때문이다. 교회에서 특히 유대인-그리스도인(Jewish-Christian) 부모의 유아는 구약 시대에 유아가 할례의 대상이었던 것처럼 당연히 세례의 대상으로 간주될 것이다. 신자들의 유아는 옛 언약의 시여(施與) 아래에 그 언약을 항상 포함했을 것이므로, 언약에 포함되지 않았다는 명백한 성경적 보증이 없는 한, 신약 시대 신자들의 유아 자녀도 오늘날 교회 안에 포함된다고 가정해야 한다. 우리는 유아에게 세례를 주라는 특별한 명령을 할 필요도 없고, 또는 신약성경에서 유아세례에 대한 명시적인 사례를 굳이 찾아낼 필요도 없다. 연속성 원리에 따라 유아는, 명시적으로 교회에 포함되지 않는다는 말을 듣지 않는 한 교회 안에 포함되는 것으로 가정해야 한다. 앞에서 언급했던 것처럼 역설적이게도 이와 같은 언약신학의 주장은 세대주의 신학의 주장과 비슷한 해석학적 주장이다. 다만 두 신학이 주장하는 영역이 다를 뿐이다. 세대주의 신학은 땅의 약속과 관련해 주장했지만 언약신학은 계보 원리와 관련해 그것을 주장했다. 두 신학 모두 아브라함 언약과 관련이 있다![110]

지금까지 진술한 것을 고려하면, 우리는 언약신학이 언약의 표징의 본

---

110 John Murray, *Christian Baptism*, 48-50은 이 점을 엄밀하게 제시한다. John Murray는 이렇게 말한다. "…우리는 이 시대에 유아들이 아브라함 언약에 따라 제공된 복에서 제외된다고 믿어야 할까? 다시 말하자면 우리는 지금 새 언약에서 소중히 여기는 복의 표징이 유아들에게 적합하게 주어질 수 없다고 믿어야 할까? 이 점에서 새 언약은 아브라함 언약보다 덜 은혜롭단 말인가? 유아들과 관련해서 새 언약은 옛 언약에 있었던 것보다 효력이 더 적은가?…만약 유아들이 지금 제외된다면 이 변화는 이전에 하나님이 정하신 규례를 완전히 전복한다는 것을 함축한다는 사실은 아무리 강조해도 지나치지 않다. 따라서 우리는 다음과 같이 물어야 한다. 우리는 구약성경이나 신약성경에서 이런 전복에 대한 어떤 암시나 기미를 발견하는가? 더 신랄하게 말하자면, 신약성경은 유아들이 새 언약에 포함되고 언약의 표징과 보증에 참여하는 것으로서 매우 명백히 공인된 원리를 파기하거나 이 파기에 대한 어떤 암시를 제공하는가?… 이 파기에 대한 증거가 없기 때문에 우리가 신자들의 유아 자녀에게 새 언약의 표징과 보증을 시행하는 것은 여전히 유효하고 영속적인 신적 보증을 갖고 있다고 결론짓는다."

질과 기능을 이해하는 것과 관련해 중요한 의미를 갖고 있다는 사실에 놀라
서는 안 된다. 은혜 언약과 언약 공동체의 연속성을 고려한다면, 언약신학
은 언약의 표징들(할례와 세례)이 동일한 실재를 의미하는 것으로 이해하기
때문이다. 이제 이 마지막 부분에 대해서 살펴보자.

언약신학과 언약의 표징들

은혜 언약과 은혜 언약 공동체의 연속성이 모든 세대에 영향을 미친다는 것
을 고려할 때, 또한 언약신학은 언약의 표징들(할례와 세례)이 본질상 동일한
의미를 전달한다고 주장한다. 사실 이런 이해는 유아세례에 대한 종합적인
변증 중 하나다. 왜냐하면 언약신학은 할례와 세례의 관계를 **대체** 개념에
따라 파악하기 때문이다. 말할 것 없이 할례를 대체하는 세례는 구약성경에
서 약속된 시대가 그리스도 안에서 성취되었다는 것을 상징한다. 이런 의미
에서 새 언약은 변화를 수반하고 있다. 그러나 할례와 세례의 기본적인 의
미와 중요성은 본질상 동일하다.[111]

그러면 이 두 언약의 표징(할례와 세례)의 본질적 의미는 무엇일까? 일차
적으로 이 두 표징은 언약 공동체의 입회 자격과 거기서 파생되는 모든 복
을 상징한다. 예컨대 언약신학은 구약 시대의 할례가 은혜 언약과 언약 공
동체로 들어가는 외적 "표징과 보증"이었다고 주장한다. 할례는 어떤 것을
나타낸다는 의미에서 "표징"이었고, 하나님이 그분의 백성과 맺으신 언약에
기초했으며, 언약의 구속력 있는 본질을 확증했다는 의미에서 "보증"이었
다.[112] 할례는 태어난 지 8일 만에 모든 남아에게 시행되었다. 그러나 할례

---

111 이 주장의 실례에 대해서는 다음 자료들을 보라. Booth, *Children of the Promise*, 96-
    119; Murray, *Christian Baptism*, 45-68; Wilson, *To a Thousand Generations*, 39-80;
    Bromiley, "Case for Infant Baptism," 8-9.
112 "표징과 보증"에 대한 유용한 설명은 Booth, *Children of the Promise*, 98-99을 보라.

는 어떤 식으로든 "사효적 효과"(*ex opere operato*)에 따라 행사된 것은 아니다. 할례는 항상 믿음과 결합되어야 했다. 만일 그렇지 않으면, 이스라엘 백성은 언약 준수자가 아니라 언약 위반자라는 것을 남에게 알려줬다. 이것은 외적으로 할례를 받은 많은 이스라엘 백성이 순종하는 믿음을 오래 견디는 데 실패하면서 결국 자신들을 언약 위반자로 드러냈다는 사실을 설명해준다. 나아가 이런 이유로 이스라엘 언약 공동체에서 언약의 구성원(외적으로 할례를 받은 자)과 영적 남은 자(외적으로 할례를 받고 내적으로 거듭난 자)를 적절하게 구분할 수 있었다. 논증이 보여주는 것처럼 할례에 관한 이야기는 세례와 관련한 이야기가 된다. 신약성경에서는 세례가 "언약의 표징"과 보증으로서 할례를 대체한다. 할례와 마찬가지로 세례에서 우리는 **가시적** 교회 안에 들어가고 그리스도와 동일시되며 언약의 온전한 구성원으로 간주된다. 그러나 할례와 마찬가지로 세례도 그 안에서 그리고 그 자체가 구원하는 연합에 영향을 주지 못한다. 구원은 오직 하나님의 은혜로 주어진다. 하나님의 영이 우리를 살리고, 우리에게 믿음과 회개, 그리고 그리스도와 함께 연합할 때, 우리는 세례가 가리키는 실재 곧 참된 구원을 경험한다. 즉 구약성경과 평행되게 유아들이 새 언약 아래 세례를 받고 언약의 구성원으로 간주될지라도, 그들이 우리 주님을 믿고 우리 주님의 구원하는 믿음을 행사해야만 남은 자 혹은 불가시적 교회의 참된 일원이 된다.

우리의 목적과 관련해 할례에 관한 논의에서 주목해야 할 중요한 사실은 대부분의 논증이 할례 의식의 **영적** 의미와 중요성을 증명하려는 시도라는 것이다.[113] 왜 그런가? 언약 논증의 중심이 언약의 표지들의 **연속성**에 있

---

113 이에 대한 실례는 풍성하다. 예컨대 Louis Berkhof, *Systematic Theology*, 632-633은 아브라함 언약이 민족적 국면을 갖고 있음을 인정한다. 하지만 Berkhof는 입장을 바꾸어 할례 의식을 포함해 아브라함 언약은 새 언약과 평행되게 일차적으로 **영적** 언약으로 간주되어야 한다고 주장한다. 또는 Randy Booth, *Children of the Promise*, 99-100은 다음과 같이 주장한다. "할례는 순전히 자연적이거나 육체적인 사건이었다는 주장은 성경의 가르침의 시금석이 될 수 없다. 할례는 일차적으로 영적 의미(즉 믿음으로 얻는 칭의)를 전달했고, 그러므로 단순히 혈통에 대한 육체적 표징으로 간주될 수 없다. 할례는 정결함을 나타냈다(참조. 신 30:6; 사

기 때문이다. 이 연속성은 거듭남과 칭의, 그리스도와의 연합, 그리고 궁극적으로 그리스도의 십자가 사역 같은 일들의 **영적** 실재를 드러낸다. 그래서 세례가 할례를 **대체하려면** 할례와 세례가 동일한 실재를 나타낸다는 사실이 증명되어야 한다. 그러나 이 책 17장에서 제시되는 우리의 논증을 미리 말한다면, 그것은 그 어느 누구도 다음과 같은 사실, 곧 세례는 그리스도께서 얻으시고 그분의 백성인 우리에게 적용한 **영적** 실재를 의미한다는 사실에 이의를 제기하지 않는다.

그러나 논의의 핵심은 **구약 시대의 언약 배경에 있는** 할례가 신약 시대의 세례가 전달하는 것처럼 **정확하게 동일한 실재를** 전달하는지에 관한 것이다. 할례와 세례가 의미상으로는 비슷하지만 정확하게 똑같지 **않고**, 할례는 세례가 전달하는 것 이상의 사실을 전달하지 않는가? 예를 들어 그것은 민족적이고 모형적이며 영적인 실재를 전달하지 않는가? 이 문제를 해결하는 유일한 방법은 성경의 언약들의 관계를 살펴보는 것이다. 성경의 언약의 관계를 살펴보면서, 우리는 구약 자체의 언약적인 배경에서 구약의 의식(할례)을 먼저 이해하지 않고 새 언약의 실재를 옛 언약의 실재에 넣어서 의미를 조심스럽게 이해하며, 그다음에 언약의 표징들의 연속성과 불연속성 문제를 주의 깊게 생각해야만 한다.

언약신학의 문헌에서 구약 할례의 **영적** 의미는 대체로 최소한 세 가지 방식으로 이해된다. 그런 방식들은 궁극적으로 새 언약 아래에서 세례와 할례의 영적 의미를 관련시키고, 그 결과 할례에 관한 이야기는 세례에 관한 이야기가 된다.[114]

1. 아브라함 언약의 핵심에는 언약 공식, 곧 "나는 너희의 하나님이 되

52:1). 할례는 하나님이 '할례 받은' 곧 '깨끗해진' 마음을 요구하신 사실에 대한 외적 표징이었다." 참조. Murray, *Christian Baptism*, 46-47.

114 이 점에 관한 설명은 다음 자료들을 보라. Murray, *Christian Baptism*, 45-68; Booth, *Children of the Promise*, 96-119; Mark E. Ross, "Baptism and Circumcision as Signs and Seals," *Case for Covenantal Infant Baptism*, 85-111.

고 너희는 내 백성이 될 것이니라"라는 말씀이 있다. 이 구절은 야웨와의 연합과 교제의 복을 이야기한다. 아브라함 언약의 표징으로서 할례는 이 복을 상징하고 보증한다. 할례는 객관적으로 사람을 언약 공동체의 구성원으로 만든다. 세례에 대해서도 똑같이 이야기될 수 있다. 세례도 세례를 받는 자가 그리스도의 구속 사역을 통해 객관적으로 그리스도와 믿음의 연합 속에 들어간 것을 상징한다.[115] 이것은 세례를 받는 자가 언약의 복을 차지하려면 먼저 믿음을 행사해야 한다는 것을 부인하는 것이 아니다. 그러나 다음 사실을 주목하라. 곧 할례와 마찬가지로 세례도 복음의 실재들을 약속하고 예견하는 표징으로 간주된다. 세례는 이 동일한 복음의 실재들이 세례를 받는 자에게 이미 일어났음을 확증하거나 증명하는 것이 아니다.

2. 할례는 육체적 행위로서 죄의 오염의 제거, 죄로부터의 깨끗함을 상징하고, 영적인 마음의 할례의 필요성을 나타낸다(출 6:12, 30; 레 19:23; 26:41; 신 10:16; 30:6; 렘 4:4; 6:10; 9:25). 마찬가지로 세례도 언약 구성원의 마음속에 하나님의 은혜가 내적·영적으로 필요함을 지시하는 외적 표징이다. "세례는 영적 거듭남의 필요성을 나타낸다."[116] 세례는 거듭남이 이미 일어났음을 증명하는 것이 **아니다**.

3. 할례는 아브라함이 할례를 아직 받지 않았음에도 믿음으로 받은 의의 보증(인침)이었다(롬 4:11). 그러한 자격에 있어서 할례에서 "하나님께서는 신자들을 믿음으로 의롭게 하시고, 우리를 믿음으로 말미암아 의인으로 간주하셨다는 사실을 알리셨고 보증하셨다."[117] 할례는 아브라함이 믿음이 있음을 보증하지 않고, 그뿐만 아니라 심지어 아브라함(또는 이 문제와 관련해서는 그 누구도)이 의인이라는 것을 보증하지도 않는다. 대신 "할례가 보증하는 것은 하나님의 약속에 대한 다음과 같은 말씀이다. 곧 **의는 믿음에 기초해 주**

---

115 Booth, *Children of the Promise*, 107.

116 같은 책.

117 같은 책, 102.

어질 것이다.[118] 이와 똑같은 것이 세례에 대해서도 이야기될 수 있다. 이것이 할례와 세례가 믿음으로 경건하지 아니한 자를 의롭게 하실 것이라는 하나님의 약속을 증언하는 이유다. 또한 이것이 믿음이 있기 전에 유아에게 할례나 세례를 베풀 수 있는 이유다. 언약의 표징은 단순히 사람이 하나님의 약속을 믿을 때 의가 주어질 것이라는 약속이다.

따라서 할례와 세례의 중요성에 대해 생각할 때 언약신학은 본질상 할례와 세례는 동일한 복음의 실재들, 즉 거듭남(골 2:11-12; 롬 2:29), 그리스도와의 연합(롬 6:4; 갈 3:27-29), 그리고 그리스도와의 연합과 관련된 모든 복(행 2:38)을 상징한다고 주장한다. 언약의 두 표징은 의미와 적용이 유사하기 때문에, 만일 구약 시대에 언약의 표징을 "신자와 그들의 자녀"에게 적용시키는 것이 적합하다면 그것은 새 언약 시대에도 적합하다. 그러나 이런 주장은 명백히 문제를 일으킨다. 언약의 표징들이 의미와 관련해서 그렇게 비슷하다면, 왜 할례는 언약의 표징으로서의 기능을 상실했을까? 특히 유대인 그리스도인과 관련해서 말이다. 대다수 언약신학자는 새로운 언약이 알려온 더 큰 복으로 인해, 특히 이전보다도 더 많은 사람들(예를 들어 유대인과 이방인)에게 더 많은 복을 가져온다는 것과 관련해서 변화가 일어났다고 주장한다. 앞에서 언급한 것처럼 우리는 옛 언약에서 새 언약으로 이동한 것처럼 약속에서 성취로 이동한다. 그리스도께서 오신 지금, 구약의 어떤 의식들은 그리스도께서 성취하신 사역을 반영하기 위해 바뀌었다. 주의 만찬이 피 흘린 유월절 어린 양을 대체한 것처럼 세례는 할례의 피 의식을 대체했다.[119]

---

118 Mark Ross, "Baptism and Circumcision as Signs and Seals, 94(강조는 Ross의 것이다).

119 포괄적인 개혁파 진영 안에서 유아 성찬에 관한 논쟁이 점차 가열되고 있다. 어떤 언약신학자는 언약의 자녀는 새 언약의 온전한 언약 지체라는 사실을 고려해서 당연히 성찬에도 포함되어야 한다고 주장한다. 유아 성찬을 옹호하는 견해에 대해서는 Gregg Strawbridge ed. *The Case for Covenant Communion* (Monroe, LA: Athanasius, 2006)에서 Douglas Wilson과 Peter Leithart 그리고 Gregg Strawbridge의 글을 보라. 유아 성찬을 반대하는 견해에 대해서는 Cornelius P. Venema, *Children at the Lord's Table?* (Grand Rapids, MI:

언약신학의 기본적인 관점, 특히 성경의 언약들의 본질과 관계를 생각하는 것과 교회의 본질과 언약의 표징들에 대한 언약신학이 가진 의미와 관련해서 말하면 바로 다음과 같다. 세대주의 및 세대주의 분파들과 함께 언약신학도 전체 성경을 "하나로 종합하고", 그래서 놀라운 하나님의 계획을 어떻게든 일목요연하게 파악하려고 애쓰는 성경신학적 관점을 가졌다. 비록 두 견해, 곧 언약신학과 세대주의 신학은 여러 가지 핵심에 있어 서로 동의하지만, 두 견해의 차이점은 성경의 언약들의 본질과 이 언약들의 상호 관계에 대해서는 각각 다른 이해와 관련이 있다. 3장에서 우리는 성경을 이해하고 적용하는 과제를 어떻게 진행할지 제시하는 해석학적 설명을 간단히 제공한 다음, 판정을 요하는 몇 가지 핵심 문제들을 부각시키면서 우리가 주장하는 중도적 견해―"언약을 통한 하나님 나라"―가 이 두 성경신학적 체계보다 더 나은 대안을 제공한다고 확신하는 이유를 다시 설명하고자 한다. 우리는 3장 이후 나머지 장들에서 이 논제를 증명하는 데 주력할 것이다.

Reformation Heritage, 2009)을 보라. "점진적 언약신학" 또는 "새 언약신학"에서 나온 입장들과 비판에 대한 개관은 Brent Parker, "Paedocommunion, Paedobaptism, and Covenant Theology: A Baptist Critique and Assessment"(미-출간 논문)를 보라.

3장

성경의 언약들을 "하나로 종합할" 때 나타나는 해석학적 문제

"성경적"이라는 말은 무엇을 의미할까? 우리는 성경 본문들을 어떻게 올바르게 주석하고 적절한 신학적 결론을 도출하는가? 기독교 신학의 중심에는 성경적이 되려는 시도, 곧 "모든 생각을 사로잡아 그리스도에게 복종하게 하는"(고후 10:5) 시도가 있다. 그러나 우리는 우리의 생각을 성경에 어떻게 복종시키는가? 실제로 우리는 어떤 이의 신학적 주장이 성경에 충실하고, 그래서 그의 주장이 성경적으로 보증되었다는 것을 어떻게 아는가?[1] 분명히 이와 같은 질문들은 새로운 질문은 아니다. 그와 같은 것들은 성경이 처음 주어지고 해석이 시도된 이후로 늘 우리와 함께했다. 그리고 그런 질문들은 종종 많은 이들이 추정하는 것처럼 답변하기가 쉽지만은 않다. 우리 중에는 성경에 대해 일치하는 중요한 견해를 주장하는 이들도 있지만, 모두 교회 안에서 다양한 의견을 경험한다. 이런 경험에 근거해 분명히 어떤 이들이 성경을 자기 마음대로, 곧 누군가의 성경 해석이 다른 이들의 성경 해석보다 더 적절한 해석이라는 사실을 보여줄 수 없다는 결론을 내리고 성경을 다양한 견해에 일치하도록 임의대로 성경을 왜곡했다.

이런 이유로 최소한의 공간을 할애하여 우리가 성경에 어떻게 접근하고 성경을 어떻게 해석하며 우리의 신학적 결론을 어떻게 도출하는지에 관련한 해석학 임무를 반성하는 것이 필요하다. 성경의 언약들에 대한 우리의 중도적 견해가 더 **성경적**이라는 것을 고려한다면, 우리의 기본적인 해석학적 접근법을 분명히 진술하는 것이 우리에게 주어진 당연한 의무다.

우리는 성경에 어떻게 접근하는가? 우리는 성경을 어떻게 해석하는가? 우리는 우리의 신학적 결론을 어떻게 도출하는가? 이런 점들을 논하는 데

1 　나는 1980년대에 트리니티 복음주의 신학교에서 Kevin J. Vanhoozer 교수의 학생으로 공부할 때 **성경적**이 된다는 것은 무슨 뜻일까라는 질문에 처음 직면했다. 이 질문에 대한 Vanhoozer의 답변은 그의 저서 *The Drama of Doctrine: A Canonical Linguistic Approach to Christian Doctrine* (Louisville: Westminster John Knox, 2005)을 보라.

있어 우리의 목표는 두 가지다. 첫째, 우리의 기본적인 해석학적 방침을 설명하는 것이다. 둘째, 우리가 세대주의 신학과 언약신학이라는 두 성경-신학적 입장들이 어느 부분에서 서로 다르고 또 왜 다른지를 논하기 위한 출발점을 제시하는 것이다.

확실히 세대주의 신학과 언약신학 사이에 벌어진 논쟁은 복잡하다. 대다수 사람이 인정하는 것처럼 이 두 신학 체계에 대한 판정은 단순히 한 개의 본문이나 두 개의 본문에 호소하는 것보다 더 많은 문제와 관련이 있다. 오히려 그런 판정은 본문들이 각각의 본문과 관련된 문맥에서 어떻게 이해되는지, 본문들이 다른 본문들과 어떻게 관련이 있는지, 그리고 궁극적으로 성경 전체가 어떻게 "하나로 종합되는지"에 대한 논의를 포함한다. 우리는 성경의 언약들의 본질과 이 언약들의 상호 관계에 대한 주의 깊은 탐구에 초점을 맞추고자 한다. 우리를 이 논쟁의 핵심 속으로 몰아넣는 것이 언약 문제라고 생각하기 때문이다.

성경의 언약들을 4-15장에서 상세히 설명하기 전에, 이번 장에서는 두 가지 포괄적 영역에 초점을 맞출 것이다. 첫째, 우리는 우리가 어떻게 성경에 접근하고 해석하며 적용하는지를 설명할 것이다. 둘째, 우리는 이 해석학적 특징들에 기초해 세대주의 신학과 언약신학 체계를 재검토하고 두 체계를 구별하는 몇 가지 핵심적인 해석학적 문제 — 어떤 체계가 더 **성경적인지** 평가하는 일을 진척시키기 위해 판정을 요하는 문제 — 를 설명할 것이다. 우리는 이것을 설명할 때, "언약을 통한 하나님 나라"는 이 두 체계의 견해에 반대해서 하나님의 전체 경륜에 따라 성경의 언약들을 "하나로 종합하는" 더 나은 견해임을 드러낼 것이다.

해석학적 기초: 우리의 신학적 주장들이 "성경적" 주장들이 되는 것

분명히 해석학적 기초와 관련해서는 이야기할 것이 많다. 하지만 우리는 수

박 겉핥기식으로만 해석학적 기초를 다룰 수 있다. 나아가 이어지는 내용 대부분은 성경 해석학의 대다수 접근법과 일치하고, 따라서 마치 어떤 새로운 사실을 진술하지는 않을 것 같다. 그러나 이야기할 것과 관련해서, 우리가 성경을 이해하고 적용하는 일에 어떻게 접근하고, 성경 본문에서 신학적 진술로 어떻게 나아가는지를 제시하는 것이 중요하다. 우리의 신학이 세대주의 신학 및 언약신학과 다른 점은 포괄적인 해석학 문제들에 관한 것이 아니라 어떤 세부 사실들, 특히 어떤 점들을 적용하는 것과 관련된 문제들이다. 우리는 적절한 때에 이 문제들을 다룰 것이다.[2]

이제 다음 진술을 밝히는 것으로 우리의 종합적인 해석학적 접근법을 설명해보자. 우리의 신학이 성경적이 되려면, 다시 말해 성경에 대한 우리의 해석과 적용이 성경적이려면, 다음 두 가지 원칙을 지켜야 한다. (1) 성경 자체의 주장을 진지하게 취할 것. (2) 대대로 펼쳐진 하나님의 점진적 계시로서 성경이 실제로 말하는 것에 비추어 성경을 해석할 것. 여기서 우리는 몇 가지 해석학적 함축성을 전개하기 전에 이 두 가지 원칙을 먼저 고찰해야 한다.

성경 자체의 주장: 성경의 자기 증명

우리의 신학이 **성경적**이기 위해서는 성경이 주장하는 것을 진지하게 받아

2 　성경을 읽고 적용하는 복음주의의 기본 접근법을 설명하는 데 유용한 표준 해석학 교재 일부를 제시하면 다음과 같다. Graeme Goldsworthy, *Gospel-Centered Hermeneutics: Foundations and Principles of Evangelical Biblical Interpretation* (Downers Grove, IL: InterVarsity Press, 2006); Dan McCartney and Charles Clayton, *Let the Reader Understand: A Guide to Interpreting and Applying the Bible,* 2nd ed. (Phillipsburg, NJ: P&R, 2002); Grant R. Osborne, *The Hermeneutical Spiral: A Comprehensive Introduction to Biblical Interpretation,* 2nd ed. (Downers Grove, IL: InterVarsity Press, 2006).

들여야만 한다. 그렇다면 성경 자체의 주장은 무엇인가? 지금 우리의 목적은 성경 교리를 포괄적으로 해설하고 변론하려는 것이 아니다. 많은 책이 그런 임무를 받아들여서 잘 해냈다.[3] 세대주의 신학과 언약신학 그리고 확실히 역사적 기독교 정통주의와 함께 우리도 성경은 하나님의 말씀을 통해, 또한 성령으로 말미암아 하나님께서 인간 저자들이 자유롭게 기록하도록 의도하신 것을 오류 없이 정확히 기록한 하나님의 능하신 행동의 산물 곧 기록된 하나님의 말씀이라는 것을 인정한다.[4]

교회는 왜 대대로 성경에 관해 이런 것을 주장할까? 이 질문에 대한 답

---

3   가장 최근에 나온 기독교적 성경관의 해설과 변증은 John M. Frame, *The Doctrine of the Word of God* (Phillipsburg, NJ: P&R, 2010)을 보라. 『성경론』(P&R 역간).

4   Kevin J. Vanhoozer는 가장 최근의 성경관에 반대해서 이 견해를 "통설적 견해"(Received View)라고 불렀다. 이 견해는 초기 교회에서 이미 주장되었고 적어도 최근에 이르기까지 대대로 전해진 것이기 때문이다. *A Pathway into the Holy Scriptures*, ed. Phillip E. Satterthwaite and David F. Wright (Grand Rapids, MI: Eerdmans, 1994), 143-181에서 Vanhoozer의 논문 "God's Mighty Speech-Acts: The Doctrine of Scripture Today"를 보라. 근래에 이르기까지 복음주의자와 비복음주의자 모두 교회 역사의 증언은 성경의 무오성을 비롯해 성경에 대한 높은 견해를 옹호한다고 주장했다. 그러나 최근에 이 견해는 수정주의자의 역사 편찬의 도전을 받았다. 새 세대의 역사가들은 지금 현대의 보수주의적 성경관은 부분적으로는 종교개혁 이후 시대의 스콜라적 신학에, 또 부분적으로는 특히 Charles Hodge와 A. A. Hodge 그리고 B. B. Warfield와 같은 프린스턴 학파의 학자들에게 자극을 받아 일어난 일탈 현상이라고 주장하고 있다. 아마 이 견해를 지지하는 것으로 가장 잘 알려진 작품은 Jack B. Rogers and Donald K. McKim, *The Authority and Interpretation of the Bible* (San Francisco: Harper & Row, 1979)일 것이다. Rogers와 McKim의 전제는 교회의 역사적 입장은 성경의 권위는 성경이 말하고자 하는 모든 분야에서 믿을 만한 신뢰성을 갖고 있는 것이 **아니라** 단지 (제한적 의미로 이해된) **믿음과 실천** 영역에서만 성경의 권위를 갖고 있다는 것이다. 그러나 이 주장은 심각하게 문제가 있는 관점으로 판명되었다. 이 관점에 대한 비판은 John D. Woodbridge, *Biblical Authority* (Grand Rapids, MI: Zondervan, 1982)와 Paul Kjoss Helseth, *"Right Reason" and the Princeton Mind: An Unorthodox Proposal* (Phillipsburg, NJ: P&R, 2010)을 보라. 또한 다음 자료들에 나오는 역사적 논문도 보라. D. A. Carson and John D. Woodbridge ed. *Scripture and Truth* (Grand Rapids, MI: Zondervan, 1983); 같은 저자, *Hermeneutics, Authority, and Canon* (Grand Rapids, MI: Zondervan, 1986); Norman L. Geisler ed. *Inerrancy* (Grand Rapids, MI: Zondervan, 1979); Earl D. Radmacher and Robert D. Preus, ed. *Hermeneutics, Inerrancy, and the Bible* (Grand Rapids, MI: Zondervan, 1984); John D. Hannah ed. *Inerrancy and the Church* (Chicago: Moody, 1984).

변은 아주 간단하고 직접적이다. 곧 성경 자체가 성경에 관해 그렇게 주장하기 때문이다. 다시 말하자면 우리는 성경이 하나님의 말씀이 되기를 바랐기 때문에, 교회가 성경에 권위를 부여한 것이 아니다. 성경 자체는 우리가 인간 저자들이라는 매개자들을 통해 기록된 하나님의 권위 있는 말씀이 성경이라는 것을 주장하도록 하고 증언한다. 우리가 성경을 읽을 때, 성경은 그 자체가 다음과 같은 것을 증언한다. 곧 하나님이 성경을 주셨고, 주권적이고 인격적으로 "존재하시는 하나님"이시며 "침묵하지 않으시는 하나님"이 성경을 주셨다.[5] 성경은 하나님에게서 유래했고, 그래서 완전하게 권위가 있고 충분하며, 신뢰할 수 있음을 그 자체가 증언하고 제시한다. 하지만 일부 성경 학자와 신학자들은 이런 주장, 곧 성경이 그 스스로 그런 설득적인 주장을 실제로 하는지에 대해 이의를 제기한다. 예를 들어 제임스 바르(James Barr)는 이런 주장을 반대한다.[6] 하지만 사람들이 성경의 방식대로 성경을 읽으면, 싱클레어 퍼거슨(Sinclair Ferguson)의 말처럼 성경은 창세기부터 요한계시록까지 기록된 하나님의 권위 있는 말씀으로 "정경으로서의 자기의식"을 가졌다는 사실이 지속적으로 증명되고 있다.[7] 우리는 독자에게

---

5 "존재하시는 하나님"과 "잠잠히 계시지 않는 하나님"이라는 표현은 Francis A. Schaeffer의 두 작품 곧 *The God Who Is There*, 30주년 기념 판 (Downers Grove, IL: InterVarsity Press, 1998)과 *He Is There and He Is Not Silent* (Carol Stream, IL: Tyndale, 1972)에서 취한 것이다. 『거기 계시는 하나님』, 『거기 계시며 말씀하시는 하나님』(생명의 말씀사 역간).

6 James Barr, *Fundamentalism* (London: SCM, 1977), 78을 보라. 『근본주의 신학』(대한기독교서회 역간).

7 Sinclair B. Ferguson, "How Does the Bible Look at Itself?" *Inerrancy and Hermeneutic*, ed. Harvie M. Conn (Grand Rapids, MI: Baker, 1988), 47-66을 보라. 성경의 자증과 자기주장에 대한 더 깊은 설명은 다음 자료들을 보라. E. J. Schnabel, "Scripture," *NDBT*, 34-43; Wayne Grudem, "Scripture's Self-Attestation and the Problem of Formulating a Doctrine of Scripture," *Scripture and Truth*, 19-59; John M. Frame, "Scripture Speaks for Itself," *God's Inerrant Word*, ed. John W. Montgomery (Minneapolis: Bethany, 1974), 178-181; John Wenham, *Christ and the Bible*, 3rd ed. (Grand Rapids, MI: Baker, 1994); Timothy Ward, *Words of Life: Scripture as the Living and Active Word of God* (Downers Grove, IL: InterVarsity Press, 2009). 영감과 무오성 교리에 대한 설명을 포함해 이 신념의 기반이 되는 성경 자료에 대한 간략한 묘사는 Stephen

이런 주장을 전개하는 문헌을 각주에서 제시할 것이다. 여기서는 성경에 대한 이런 중요한 견해를 우리가 성경에 접근하고 성경을 해석하는 관점으로 단순히 전제할 것이다.

이런 성경관은 우리가 성경을 해석하는 데 어떤 영향을 미칠까? 이에 대해서는 최소한 역사적 기독교 신학이 항상 인정했던 두 가지 주장이 제시되어야 한다. 첫째, 성경이 주권적이고 인격적이며 전지하신 우주의 주님이신 삼위 하나님에게서 나온 **하나님의** 말씀이라는 것을 고려한다면, 우리는 성경의 다양성에도 불구하고 이 타락한 세상에 대한 하나님의 확실한 계획과 목적을 함께 선언하는 신구약 성경의 **종합적 통일성과 일관성**을 기대해야 한다. 케빈 밴후저는 성경을 다음과 같이 적절하게 설명한다. "성경은 통일된 전달 행위, 말하자면 단일한 신적 저자의 복합적이고 다면적인 언어 행위다."[8] 이것은 우리가 성경을 **통일된** 계시로 간주하고 해석하도록 한다. 우리는 우리의 성경관에 따라 성경의 언약들을 통찰할 때 그 언약들을 서로 독립적이거나 고립된 것으로 생각하지 **않고**, 다양성 속에서 우리 주 예수 그리스도를 중심으로 하는 하나님의 한 가지 계획을 밝히는 것으로 간주할 것이다(엡 1:9-10).

둘째, 성경이 인간 저자들을 통해 기록된 하나님의 말씀이라는 것을 고려하면, 우리는 성경 저자들이 이야기한 것을 읽으면서 하나님의 의도를 발견한다. 따라서 "하나님이 말씀하시는 것은 성경이 말하는 것"(즉 성경 저자들이 말하는 것)이고, 반대로 성경이 말하는 것은 하나님이 말씀하시는 것이다. 궁극적으로 이것은 우리가 특정한 본문과 그 본문들의 의미를 해석하는 방법을 발견하기 위해서는 성경을 정경적인 이해 방식으로 이해하도록 이끈다. "빈약한"(thin) 방법, 즉 전체와 상관없이 성경의 본문들을 고립적으로

J. Wellum, "The Inerrancy of Scripture," *Beyond the Bounds: Open Theism and the Undermining of Biblical Christianity*, ed. Paul K. Helseth, Justin Taylor, John Piper (Wheaton, IL: Crossway, 2003), 237-274을 보라.

8 Kevin J. Vanhoozer, "Exegesis and Hermeneutics," *NSBT*, 61.

이해하는 것은 충분하지 않다. 대신 우리는 본문들을 "풍부한"(thick) 방법, 즉 성경 전체에 비추어 성경의 본문을 이해해야 한다.[9] 우리는 성경 저자들의 글(들)을 통해 하나님의 의도를 발견하지만 다양한 저자들이 긴 시대에 걸쳐 포진되어 있는 것을 고려하면 궁극적으로 성경 저자들을 성경 전체에 비추어 해석해야 한다. 오직 "풍부하게" 성경을 이해할 때에만 우리는 성경의 참된 의미 즉 하나님의 의도가 무엇인지, 그리고 성경이 오늘날 우리에게 어떻게 적용되는지를 찾아낼 수 있다. 이 지적은 단순히 성경 해석에 대한 종교개혁의 중대한 원리 곧 "성경은 성경으로 해석해야 한다"는 원리를 다르게 진술하는 한 방법이다.

또한 그것은 성경의 "풍성한 의미"나 혹은 라틴어로 "센수스 플레니오르"(*sensus plenior*)라고 명명하는 또 다른 방법이다.[10] "센수스 플레니오르"라는 말은 다양하게 이해되고 있고, 따라서 그것을 정의할 때는 주의 깊게 해야 한다.[11] 우리는 그레고리 비일의 이 말에 대한 정의에 동의한다. 예컨대

---

9   성경 읽기의 "빈약한" 방법 대 "풍성한" 방법에 대한 설명은 Vanhoozer, "Exegesis and Hermeneutics," 61-62을 보라.

10   이 표현에 관해서는 D. J. Moo, "The Problem of Sensus Plenior," *Hermeneutics, Authority, and Canon,* 179-211과 G. K. Beale, "Did Jesus and His Followers Preach the Right Doctrine from the Wrong Texts? *The Right Doctrine from the Wrong Text: Essays on the Use of the Old Testament in the New,* ed. G. K. Beale (Grand Rapids, MI: Baker, 1994), 392-393을 보라.

11   "센수스 플레니오르"에 대한 상세한 설명은 다음 자료들을 보라. Raymond E. Brown, *The Sensus Plenior of Sacred Scripture* (Baltimore: St. Mary's University, 1955), 88-122; Matthew W. I. Dunn, "Raymond Brown and the *Sensus Plenior* Interpretation of the Bible," *Studies in Religion* 36 (2007): 531-551; Douglas A. Oss, "Canon as Context: The Function of *Sensus Plenior* in Evangelical Hermeneutics," *Grace Theological Journal* 9 (1988): 105-127. "센수스 플레니오르"의 대다수 옹호자들에게 "더 충분한 의미"는 인간 저자가 의식적으로 의도하지 않은 의미다. 따라서 본문의 의미는 문법적·역사적 주석을 통해서는 찾아낼 수 없다. 이 견해의 문제점은 해석학적 통제가 없이 본문에 대한 주관적 해석의 문을 열어놓는다는 데 있다. 그러나 우리는 저자의 의도를 파헤치지만 동시에 정경 전체에 걸친 상호텍스트적인 전개에도 민감하고 철저한 성경신학을 찬성한다. 이런 방식으로 우리는 정경적인 차원에 따라 성경의 인간 저자들을 통해 펼쳐지는 하나님의 뜻을 찾아낸다. 하나님은 개별 저자들이 아는 것보다 더 많은 것을 말씀하신다. 하지만 그분은 성경의 저자들이 쓰고

그레고리 비일이 "구약성경의 저자들은 자기들이 쓴 모든 글의 의미와 함축성 그리고 가능한 적용을 철저히 이해하지는 못했다"[12]고 주장했을 때 우리는 그의 주장에 공감한다. 하나님의 영감 아래 글을 쓴 구약성경 저자들은 하나님이 주신 참되고 권위적이며 신뢰할 수 있는 글을 썼다. 그러나 하나님이 아직 그분의 영원한 계획의 모든 세부 사실을 계시하지 아니하셨다는 점을 고려하면, 구약성경 저자들은 전체 계시가 어디로 가고 있는지 이해할 수 없었다. 아니 이해하지 못했다. 따라서 세월이 흐르면서 계시가 더 많이 주어졌을 때 우리는 후기의 성경 저자들을 통해 하나님의 계획을 더 깊이 발견하고, 그 계획이 어디로 가고 있는지를 깨닫게 된다. 이런 이유로 구약성경에 대한 신약성경의 해석은 구약성경의 세부 사실을 해석하도록 우리를 도울 때 명확해진다. 왜냐하면 초기보다 후기의 계시가 더 큰 명확성과 이해를 제공하기 때문이다. 다시 말하자면 우리는 신약성경은 구약성경이 어떻게 그리스도 안에서 성취에 이르는지를 우리에게 보여준다는 것을 조심스럽게 인정해야 한다. 이 점에서 그레고리 비일이 올바르게 인정하는 것처럼 구약성경에 대한 신약성경의 해석은 구약성경 저자의 의미를 새로운 함축성과 적용을 깨닫게 하는 의미로 확대시킬 수 있다. 그러나 우리가 인간 저자들을 통해 하나님의 의도를 발견하는 것을 고려하면, 후기의 본문들은 초기의 본문들과의 통합성을 무시하지 **않고,** 구속사의 이전 시기에 "하나님이 자기 백성과 주고받는 것에 대한 구약성경 저자의 이해와 일치시키는 방법으로 내용을 전개한다."[13] 따라서 전체 정경으로서의 성경이 성경을 해석

의도했던 것을 반대하지 않으신다.

12 Beale, "Did Jesus and His Followers Preach the Right Doctrine from the Wrong Texts?" 393.

13 같은 책. Michael D. Williams, *Far as the Curse Is Found: The Covenant Story of Redemption* (Phillipsburg, NJ: P&R, 2005), 81-82은 환상적이고 풍유적인 해석이 "충분한 의미의 실재를 부인함으로써가 아니라 충분한 의미는 오직 원래의 의미의 연장으로 그리고 오직 이후의 성경 계시에 기초해 확립된다고 주장함으로써" 방비된다고 올바르게 주장한다. Wiiliams는 이렇게 덧붙인다. "인정할 수 있는 '센수스 플레니오르' 형태는 우리가 풍유적 해석에서 발견하는 것과 같이 완전히 다른 의미가 아니라 이미 존재하는 것에 대한 더 충분한 의

해야 한다. 이후의 부분들이 "이전 부분들을 더 분명히 이끌고 설명해야" 한다.[14] 그리고 신학적 결론들은 주석을 통해 전체 정경에서 도출되어야 한다.

비록 이 점은 성경 해석학에서 널리 인정되고 있지만, 그것은 세대주의 신학과 언약신학 사이에 벌어진 논쟁의 씨앗이었다. 특히 아브라함 언약과 관련된 땅의 약속과 계보의 원리와 관련해서 논쟁이 벌어졌을 때 말이다. 세대주의 신학은 땅의 약속과 관련해서 구속사 전체에 걸쳐 똑같이 해석해야 하고—이스라엘 민족에게 주어진 취소할 수 없는 약속이므로—그래서 "문자적인" 방식으로 미래에 성취될 것으로 해석해야 한다고 생각한다. 반면에 언약신학들은 신약성경이 땅의 약속을 그리스도의 오심과 새 창조 시대의 출범에서 성취되는 것으로, 말하자면 약속된 땅은 새 창조물의 모형으로 이해하도록 우리를 돕는다고 생각한다. 해결을 요하는 한 가지 중요한 분야는 신약성경이 구약 본문들의 의미에 대한 우리의 이해를 얼마나 지배하는지, 그리고 이 구약 본문들은 새 언약 시대에 어떻게 성취되는지에 대한 문제다. 문법적·역사적 주석은 성경의 포괄적 문맥 안에서 이루어져야 한다. 부분은 전체와 관련해서 해석되어야 한다. 언약신학과 관련해서는 동일한 점이 계보의 원리와 관련해서 진술되어야 한다. 비록 신약성경이 구약성경에서 이 원칙을 적용하는 것과 똑같이 적용하는 것으로 보이지는 않지만, 언약신학자의 손에서 계보의 원리는 구속사 전체에 걸쳐 불변의 원칙으로 남아 있다. 우리는 이후의 장들에서 이 부분으로 돌아갈 것이다. 우리의 목적상 여기서는 단순히 세대주의 신학과 언약신학의 차이를 판정하는 데 있어 관건은 정경적인 성경 읽기를 적용하는 방법에 있음을 언급하는 것이다.

나아가 성경이 어떤 책인지를 고려하면 정경적인 성경 읽기가 성경을

미여야 한다. 도토리 안에서 상수리나무를 보는 것은 좋지만 도토리 안에서 암소를 보는 것은 좋지 않다. 그러나 우리는 저자와 저자의 의도를 놓쳐서는 안 된다"(82).

14 Beale, "Did Jesus and His Followers Preach the Right Doctrine from the Wrong Texts?" 393. 또한 Jared M. Compton, "Shared Intentions? Reflections on Inspiration and Interpretation in Light of Scripture's Dual Authorship," *Themelios* 33 (2008): 23-33, 특히 30-33을 보라.

읽는 하나의 선택적인 방법이 **아님을** 강조하는 것도 중요하다. 사실 정경적으로 성경을 읽는 것은 성경의 본질상, 그리고 성경이 성경 자체에 관해 주장하는 바를 고려할 때 필수적으로 요구되는 일이다. 따라서 이런 식으로 성경을 읽지 **않는** 것은 성경을 정확히 해석하지 못하고, "성경적이지" 못한 것이 되고 말 것이다. 우리가 때가 되면 확인할 것처럼 이 해석학 원리를 어떻게 적용하느냐에 따라 차이가 나타난다. 지금 우리는 단순히 성경의 성경 자체에 관한 주장과 관련해서 우리가 성경에 접근하는 방법을 진술하는 것으로 그친다. 이제 두 번째 주장, 즉 "성경적이" 되려면 우리는 대대로 계시하신 하나님의 점진적 계시인 성경이 실제로 어떤 책인지에 비추어 성경을 해석해야 한다는 사실로 시선을 옮기도록 하자.

성경이 어떤 책인지에 따라 성경을 해석함

성경**이란** 무엇인가? 지금 우리는 성경이 성경 자체에 관해 이야기하는 것과 관련해 일차적으로 생각하지 않고 성경의 실제 현상들과 관련해서 더 많이 생각해보고자 한다. 혹은 하나님이 우리에게 성경을 주시기 위해 선택하신 방법과 인간 저자를 통해 우리에게 그분 자신을 보여주시는 것에 대해 더 많이 생각해보고자 한다. 우리는 두 가지 점에 초점을 맞추어 성경의 현상에 관해 논하고자 한다. 첫째, 성경은 말-행위 계시**이자** 점진적 계시다. 둘째, 우리는 몇 가지 해석학적 의미들을 알아내고자 한다.

말-행위 계시로서의 성경

성경의 사실들을 설명하는 유용한 방법은 성경을 말-행위 계시로 간주하는 것이다. 이것은 무엇을 의미하는가? 간단히 말하자면, 그것은 성경이 인간 저자들의 행위를 통해 수행된 하나님의 구속 행위에 관한 하나님의 권위 있는 해석이라는 것을 의미한다. 세 단계로 나누어 이것에 관해 생각해보자.

첫째, 하나님의 모든 구속 행위는 하나님과 하나님의 계획 그리고 하나님의 목적에 대한 계시라는 사실을 인정하는 것이 중요하다. 하나님은 역사 속에서 그분의 전능한 행동, 곧 자연 세계에서 하나님의 계시를 보여준 것과 대조되는 우리가 종종 특별계시라고 말하는 것을 통해 그분을 계시하셨다. 예를 들어 구약성경에서 하나님의 가장 큰 계시적 구속 행위는 이스라엘을 이집트의 속박에서 구원하신 사건이었다(참조. 출 6:6-7). 신약성경에서 복음 전파는 역사 속에서 하나님이 행하신 행위를 선포하는 것을 포함한다(참조. 행 2:22 이하; 행 3:13 이하; 행 10:36 이하; 행 13:26 이하; 고전 15:3-4). 사실 무엇보다 성경은 하나님이 예수 그리스도 안에서 행하신 일에 집중되어 있다. 신약성경은 하나님이 과거에 약속하신 것과 구약 예언자들이 고대했던 것, 하나님이 우리의 주님이신 예수의 삶과 죽음 그리고 부활―하나님의 전능하신 행위 중 가장 강력한 표현―에서 성취가 이루어졌다고 지속해서 선포한다. 이것이 성취와 관련된 표현들이 신약성경 곳곳에 등장하는 이유다(참조. 막 1:15; 눅 4:21; 갈 4:4).

둘째, 하나님이 자신을 계시하시고 자기 백성을 구속하기 위해 행동하시는 분이라는 사실을 인정하는 것이 중요한 만큼, 하나님의 구속 행위는 행위 자체를 말하는 것으로 그치면 안 되고, 진리에 대한 하나님의 의사소통과 결코 분리될 수 없다는 사실도 인정하는 것이 중요하다. 이런 방식으로, **말과** 행위는 항상 서로를 동반한다. 특히 성경과 관련해서는 말이다. 더욱이 구속이 역사적으로 연결되어 지속되는 것처럼 계시도 그렇게 역사적으로 연결되어 지속된다. 하나님의 계시된 말씀이 하나님의 구속 행위를 해석하기 때문이다. 예를 들면 출애굽기 15:1-18은 이스라엘 백성이 홍해를 건넌 사건을 해석한다. 곧 이 사건은 자기 해석적인 사건으로 결코 남아 있지 않다. 아주 오래전 게할더스 보스가 철학자 임마누엘 칸트의 격언을 빌려 다른 의미로 말한 것처럼 말이다. "하나님의 행위 없는 말씀은 공허하고 하나님의 말씀 없는 행위는 맹목적이다."[15]

사실 말과 행위의 관점에서 보면 성경이 따르는 일반적인 순서가 있다. 곧 먼저 예비적인 말씀이 있고, 이어서 하나님의 행위가 있으며, 그다음에 해석적 말씀이 나온다. 예를 들어 옛 언약이 주어질 때를 보면 우리는 먼저 예비적인 말씀을 보고(출 19장), 이어서 율법을 주시는 하나님의 행위가 있으며(출 20장), 그다음에 율법에 대한 해석적 설명이 나온다(출 21장 이하). 우리는 이와 동일한 순서가 성경 전체에 나오는 것을 여러 번에 걸쳐 확인할 수 있다. 구약성경은 예언의 말씀을 계시하고 우리 주님의 오심과 관련된 더 큰 실재들을 예견한다. 복음서는 하나님의 아들의 오심의 구속적·계시적 사실을 설명하고, 복음서와 함께 나머지 신약성경도 하나님의 아들이 누구신지에 대해서뿐만 아니라 새 언약 시대의 출범과 성자께서 이루신 예언의 말씀의 성취가 가진 충분한 함축성에 대해 마지막 해석을 제공한다.

셋째, 우리는 말-행위 계시로서의 성경은 하나님 자신의 능하신 행위의 산물이라는 것도 인정한다. 성경은 하나님께서 역사에서 펼치신 구속 활동을 기록한 것일 뿐만 아니라 하나님의 구속 행위를 해석하는 말씀이기도 하다. 성경은 그 자체가 가르침과 교화 그리고 교훈을 목적으로 하는 하나님 자신의 구속 행위의 산물이고, 우리의 사고와 삶에 충분히 권위적이고 온전하다. 따라서 기록된 본문으로서 성경의 최종 형태는 하나님 자신이 인간 저자들을 통해 행하신 하나님 자신의 구속 행위에 대한 신적 해석으로, 하나님의 구속 계획에 대한 참되고 객관적이며 권위적인 해석을 전달한다. 성

---

15 Geerhardus Vos, "The Idea of Biblical Theology," *Redemptive History and Biblical Interpretation,* ed. Richard B. Gaffin, Jr., 10. 또한 Ladd가 다음과 같이 올바르게 언급한 것도 보라. "사건들은 그 자체에…자기 설명 능력이 없다. 항상 하나님처럼 행동한 예언자나 사도가 해석한 말이 있었다. 예수께서 죽으신 것은 바리새인들도 인정할 수 있었던 객관적 사실이다. 예수께서 **우리의 죄를 위하여** 죽으신 것은 역시 '객관적 사실'이지만 오직 예언자의 해석의 말을 통해서만 이해될 수 있었던 사건, 곧 역사적 사실 안에서 일어난 신학적 사건이다. 따라서 계시는 사건-말씀(event-Word)의 복합 속에서 일어났다"(G. E. Ladd, "Biblical Theology, Nature of," *The International Standard Bible Encyclopedia,* rev. ed., ed. Geoffrey W. Bromiley, 4 vols. [Grand Rapids, MI: Eerdmans, 1979], 1:506).

경은 철두철미한 말씀-계시는 아니지만 그럼에도 우리가 하나님의 뜻과 구속 계획을 정확히 식별하도록 성경 자체의 구조와 범주에 따라 성경 자체를 온전한 표준 본문으로 읽을 것이 요구되는 참되고 객관적이며 일차적인 본문이다. 다시 한번 해석학적으로 말하자면 이것은 성경이 하나의 전체 계시로 이해되어야 한다는 것, 곧 하나님의 종합적 계획을 이해하기 위해 우리가 "풍부한" 성경 읽기로 부른 것에 따라 정경적으로 읽어야 한다는 것을 상기시킨다.[16] 이런 특징은 점진적 계시로 성경을 이해하면서 더욱 강조된다.

점진적 계시로서의 성경

말-행위 계시로서 성경은 역사적 진행도 포함한다. 왜냐하면 하나님의 구속 계획과 능하신 행위가 즉각 일어난 것이 아닌 것처럼 계시(즉 이 행위에 대한 말씀 해석)도 오랜 세월에 걸쳐 드러나기 때문이다.[17] 구속과 마찬가지로 계시도 주로 하나님의 행위와 구속 관련 언약들로 구분되는 시대들, 곧 분리되지만 서로 관련된 시대들 속에서 독특한 과정을 거치는 **점진적** 방법으

---

16 "본문 내적"(Intratextual)이라는 말은 성경에 대한 우리의 해석과 적용을 적절하게 묘사하는 또 다른 말이다. 이 말은 신약성경 연구에서 성경 저자가 자신의 저술 작업에서 다른 본문들을 언급하는 방법을 가리키는 데 사용될 수 있으나 여기서 "본문 내적"이라는 말은 성경의 자기 묘사가 우리의 신학을 어떻게 지시하고 형성하는지를 강조하는 데 사용된다. 사람들이 성경을 틀에 집어넣고 그 틀에 맞추어 해석하는 사전 세계관을 갖고 성경에 접근하는 것을 의미하는 "본문 외적" 성경 읽기와 달리, "본문 내적" 성경 읽기는 성경이 **성경 자체의 관점에서** 성경 자체의 표현, 세계관, 구조에 따라 말하게 하는 방법이다. 우리는 전체 정경적인 읽기 방법으로 성경 본문을 읽을 때 성경이 성경 자체의 계획을 성경의 줄거리를 따라 밝히도록 해야 하고, 이것이 "하나님을 따라 하나님의 생각을 생각하는" 유일한 방법이다.

17 "점진적"이라는 말은 초기는 미흡하고 후기는 진보하거나 우수한 단계에 들어갔다는 의미에서가 아니라 하나님의 계획의 점차적인 드러남을 나타내는 의미로 사용되는 말이다. 여기서 전자의 개념은 고전적 자유주의와 그 사상의 진화론적이고 헤겔적인 종교 이해(기독교도 포함)와 관련이 있다. 그러나 "점진적"이라는 말은 하나님의 구속 계획이 한꺼번에 갑자기 등장한 것이 아니라 하나님이 자기 백성과 언약 관계 속에 들어가고 자신의 계획을 그리스도 안에서 성취하셨을 때 구속 역사 속에서 점차적으로 드러났다는 생각을 강조한다.

로 펼쳐지고, 궁극적으로 우리 주 예수 그리스도의 인격과 사역에서 정점에 달한다.

히브리서 1:1-3은 이 점을 아름답게 묘사한다. 히브리서 저자는 우리에게 "옛적에 하나님이 선지자들을 통하여 여러 부분과 여러 모양으로 우리 조상들에게 말씀하셨다"라는 사실을 상기시킨다. 하나님의 말-행위 계시는 오랜 세월에 걸쳐 일어났고, 주어졌을 때 자체를 넘어 장차 임할 더 큰 어떤 것을 나타냈다. 사실 이것이 히브리서 저자가 "여러 부분과 여러 모양으로"(polumerōs kai polutropōs)라는 말을 사용해 분명하게 제시하고자 하는 것이다. 말하자면 구약성경의 계시는 반복되었을 뿐만 아니라 또한 아직 완결되지 않았다. 계시의 점진성에 따라 하나님의 계획은 갈수록 더 깊이 드러났고, 그리스도의 오심을 미리 언급하며, 그리스도의 오심에서 정점에 달했다. 윌리엄 레인(William Lane)은 이에 관해 다음과 같이 올바르게 말한다. "옛 언약 아래서 하나님의 자기계시가 가진 단편적이고 다채로운 성격은 조상들 안에 하나님이 자기 백성에게 계속 말씀하실 것이라는 기대를 일깨웠다.…예언자들의 사역은 그 역사의 준비 단계라는 특징이었다."[18] 그러나 이제는 하나님의 아들이 오시면서 마지막 날―구약성경의 계시가 예견한 마지막 때―이 밝았다. 구약성경의 계시는 그리스도 안에서 최종적이고 명확하고 온전한 계시가 이제 임한 것을 강조하면서 "아들 안에서"(en huiō; 히 1:2) 문자적으로 성취되었다. 이에 따라 히브리서 저자는 신약성경 전체와 함께, 하나님의 아들을 그 이전의 예언자들과는 질적으로 다른 범주에 둔다. 그렇다고 해서 구약성경의 예언적 계시의 권위가 무시되는 것은 아니다. 오히려 그것은 이전의 계시는 아직 완결되지 않았고 본질상 자체를 넘어 하나님의 아들 안에서 하나님의 충분한 자기계시가 이루어질 것을 언급하는 것이 하나님의 의도였음을 보여준다. 이것이 하나님의 아들이 예언자 이상의 존재이신 이유다(아니 사실은 하나님의 아들이 전체 예언 제도의 성취다). 곧

18　William L. Lane, *Hebrews 1-8*, WBC 47a: (Dallas: Word, 1991), 11.

하나님의 아들은 예언자들이 말한 바로 그분이다. 그는 이전 시대에 주어진 단편적인 계시를 완결하는 분, 아니 그 이상의 존재다. 곧 하나님의 아들은 하나님의 모든 계시와 구속 목적을 완성시키는 분이다.

이 모든 것은 말-행위 계시로서의 성경은 점진적 계시라는 것도 말해준다. 해석학적으로 말하자면 이것은 우리가 성경을 어떻게 읽고 적용할지에 대해 중요한 함축성을 갖고 있고, 따라서 우리는 성경으로부터 결론을 도출해 우리의 신학적 주장들을 보증한다. 우리의 성경 해석은 성경 전체가 어느 한순간에 즉각 주어진 것이 아니라는 사실에 대해 정당성을 입증해야 한다. 성경을 읽을 때 우리의 임무는 성경이 어떻게 하나님의 구속 계획을 펼치는지 추적하는 데 있고, 이로써 우리는 성경 해석에서 "성경신학"이 맡고 있는 중요한 역할을 다루는 이 책 1장에서 이루어진 설명을 돌아보게 된다. 성경신학은 성경이 어떤 책인지를 정당화하는 데 주력한다. 즉 성경신학은 점진적으로 계시되는 말-행위 계시로서의 성경이 무엇인지를 정당화하는 작업에 힘쓴다. 이 점에서 성경신학은 성경의 구속사적 점진성에 따라 본질상 "하나님의 전체 경륜"을 파악하는 데 주력하는 주석에 기초해서 신학적 성경 읽기를 제공하려고 애쓴다. 말할 것 없이 많은 사람이 강조한 것처럼 성경은 모두 조심스럽게 해석되어야 하는 많은 문학적 형식으로 구성되어 있지만 이 모든 문학적 형식의 배후에는 창조에서 시작되어 새 창조로 이어지는 기본 줄거리가 있고, 이 줄거리는 예수 그리스도 안에 중심이 있으며, 예수 그리스도에게서 정점에 달하는 하나님의 계획을 전개한다.[19] 그리고

---

19 최근에 성경 저자들의 의도, 따라서 신적 저자의 의도를 파악하는 데 있어 문학적 형식이 갖고 있는 중요성을 강조한 인물은 Kevin Vanhoozer가 아닌가 싶다. 이에 대한 충분한 변증은 Kevin Vanhoozer, *Is There a Meaning in This Text? The Bible, the Reader, and the Morality of Literary Knowledge* (Grand Rapids, MI: Zondervan, 1998)을 보라. D. A. Carson은 문학적 형식에 대해 Vanhoozer의 견해에 동의하며, 우리가 저자의 의도를 파악하는 데 있어 문학적 형식만큼 두 번째로 중요한 사실, 곧 우리도 성경을 하나님이 주신 성경 줄거리에 따라 해석해야 한다는 사실을 올바르게 강조한다. 이 점에 대해서는 Carson, *The Gagging of God: Christianity Confronts Pluralism* (Grand Rapids, MI: Zondervan, 1996) 141-278을 보라. 참조. Michael S. Horton, *Covenant and Eschatology: The Divine*

우리는 점진적인 성경의 줄거리―성경 자체의 제시와 성경 자체의 범주―
의 정당성을 입증하면서 성경을 읽는 것이 중요하다. 성경이 우리를 그리스
도와 그리스도께서 우리를 위해 이루신 모든 것으로 이끌기 때문이다. 다시
말하자면 우리는 성경이 그 자체의 구조와 범주 안에서, 곧 성경 자체의 방
식으로 말하도록 해야 한다.

마이클 호튼은 신학을 하는 적절한 방법에 대해 이런 점들이 가진 함축
적 의미를 도출하면서 그런 중요한 점들을 강조한다.[20] 성경이 어떤 책인지
를 고려한다면, 그는 가장 "성경적인" 신학 방법은 "구속사적·종말론적" 방
법이어야 한다고 주장한다. 호튼은 이 말을 우리가 방금 설명한 것과 같은
의미로 말한다. 성경의 권위와 성경이 어떻게 우리에게 왔는지를 고려하면,
우리는 성경을 성경 자체의 설명에 따라서, 그리고 성경 자체의 체계 안에
있는(intrasystematic) 범주에서, 곧 호튼의 용어를 사용하면 "종말론적" 방법
과 "구속사적" 방법으로 해석해야 한다.[21]

호튼은 "종말론적"이라는 말에 대해 단순한 신학적 주제 이상의 의미
로 사용한다. 그것은 하나의 렌즈다. 우리는 이것으로 성경을 읽고 신학
을 한다. 성경 자체는 역사에 뿌리를 둔 시간 속에서 수행된 하나님의 영
원한 계획을 전개하는 구속 계시로 우리에게 주어졌다. 그러기에 성경 자
체의 "형식"과 "형태"는 "종말론적"이다. 이런 이유로 호튼은 당연히 조지
린드벡(George Lindbeck)이 신학에 관한 "경험적 지식에 입각한-명제주
의"(cognitive-propositionalist) 접근법이라고 부른 것을 불편하게 생각한다.[22]
성경은 사실들이나 명제들로 가득한 저장소보다 그 이상의 것을 보여주는
책이다. 성경은 구속의 드라마에 대한 하나의 구성과 줄거리 그리고 신적

Drama (Louisville: Westminster John Knox, 2002), 147-264.

20 Horton, *Covenant and Eschatology,* 1-19, 147-276을 보라.

21 Horton이 사용하는 "체계 안에 있는 범주"라는 말은 기본적으로 우리가 "본문 내적"이라는 말
로 나타내는 것을 의미한다.

22 George A. Lindbeck, *The Nature of Doctrine: Religion and Theology in a Postliberal
Age,* 25th anniversary ed. (Louisville: Westminster John Knox, 2009)을 보라.

해석을 우리 앞에 펼치기 때문이다. 이때 핵심은 종말론적이고, 초점은 기독론에 있으며, 그리고 그렇게 하면서 우리의 성경 해석과 우리의 신학적 결론은 이것을 반영해야만 한다. 호튼이 말하는 "구속사적" 방법은 성경이 "말씀(선포), 행위(수행), 말씀(해석)을 통해 신적 계획의 집행을 유기적으로 전개함으로써" 성경 스스로 내용을 제시하는 것을 의미한다.[23] 구속이 점진적이고 진행적이라는 점을 고려한다면, 계시도 마찬가지다. 계시는 실제 역사적 배경 속에서 하나님의 행위와 인간의 반응에 대한 하나님 자신의 해석이기 때문이다.

이런 이해를 고려한다면, 호튼은 우리의 성경 해석과 신학 행위와 관련된 중요한 의미들을 갖고 있다. 우리는 그 의미 중 한 가지에 집중할 것이다. 우리의 성경 이해와 신학 행위는 당연히 예수 그리스도와 **유기적으로** 관련이 있고 궁극적으로 예수 그리스도에게 관심을 두고 있는 구속사의 역사적 전개를 따라야만 한다. 성경의 "형태"와 "형식"은 우리에게 다음과 같은 것을 상기시킨다. 곧 하나님께서는 하나의 포괄적인 행위로 자신을 계시하신 것이 아니라 유기적이고 점진적인 방식으로 자신을 우리에게 계시하셨다. 사실 이것이 성경의 다양성을 설명하는 데 도움을 주는 계시의 유기적 특성이다. 결론적으로 신학은 성경의 구속사적 구조와 점진적 성격을 고려하지 않고, 성경을 규범적인 본문으로 읽지 않으면서 성경을 증거 본문으로 제시하지 않도록 매우 조심해야 한다.[24]

정경을 "종합하기": 성경 해석의 세 가지 지평

위와 같은 요소들은 성경의 언약들의 본질과 관계를 이해하는 것과 어떤 관

23　Horton, *Covenant and Eschatology*, 5.
24　같은 책, 1-19, 147-276.

련이 있을까? 간단히 대답하면 **모든 부분**에 관련이 있다. 우리가 성경의 언약들을 자세히 살펴보면 하나님은 하나의 포괄적인 행위를 통해서가 아니라 점진적으로 자신을 계시하셨기에, 우리는 먼저 성경 자체의 구속사적 맥락과 관련해서 성경의 모든 언약을 조심스럽게 살펴보아야 한다. 그다음에는 그 언약 이전에 있었던 언약에 관해 질문하고, 이어서 그 언약 이후에 오는 특정 언약과 이전의 언약을 관련시키며, 또 그 언약이 우리 주 예수 그리스도 안에서 이루어지는 새 언약의 출범과 어떻게 관련이 있는지를 살펴보아야 한다. 이런 것을 살펴볼 때에만 우리는 각각의 언약이 이전과 이후의 언약들과 어떻게 관련이 있는지와, 성경의 모든 언약이 현재 그리스도 안에서 시행된 것과 어떻게 관련이 있는지를 이해할 수 있다. 또한 우리는 구속사의 역사적 전개를 탐구할 때 신중해야만 한다. 하나님이 아담과 노아, 아브라함, 이스라엘, 다윗, 그리고 우리 주님과 언약을 맺으셨고 그와 관련해서 성경의 언약들이 구분된 것처럼 구속사의 전체 계획이 서로 유기적으로 관련이 있지만 동시에 다양성을 어떻게 보존하는지, 게다가 하나님의 계획이 그리스도에게서 최절정에 달해 완성된 것처럼 그분의 계획의 연속성과 불연속성이 어떻게 적절하게 유지되는지를 조심스럽게 탐구해야 한다.

이와 관련해서는 리처드 린츠(Richard Lints)의 유용한 작품을 언급하는 것이 중요하다. 그는 복음주의 신학 방법을 제시하면서 위에서 우리가 강조했던 점을 똑같이 강조한다. 최소한 우리가 성경의 본문을 해석하는 방법과 관련해서 말이다. 린츠의 올바른 견해에 따르면 성경신학이라는 학문은 조직신학을 수행하는 데 토대가 되고 성경에서 "성경적" 결론을 도출하는 데에도 중요하다. 또한 그는 성경이 말-행위 계시이자 점진적 계시라는 것을 고려한다면 우리는 세 가지 지평, 곧 본문적·시대적·정경적 지평에 따라서 성경을 해석해야 한다고 강조한다.[25]

---

25 Richard Lints, *The Fabric of Theology: A Prolegomenon to Evangelical Theology* (Grand Rapids, MI: Eerdmans, 1993), 259-311.

이와 같은 세 가지 지평을 강조하면서, 린츠는 성경을 적절하게 해석하는 방법, 곧 성경이 자기에 대해 주장하는 것과 성경이 실제로 어떤 책인지와 관련해서 생각할 수 있도록 우리를 돕는다. 동시에 그는 아전인수 격으로 성경의 본문을 "증거 본문"으로 사용하는 것을 피할 수 있도록 돕는다. 또한 그는 성경 해석과 신학적 설명에 있어 "문맥"이 왕이고, 사실은 세 가지 문맥이 성경의 언약들을 비롯해 전체 성경을 "종합하는" 데 중요하다는 사실을 상기시킨다.[26] 이제 이 세 가지 지평이 적절한 성경신학적 성경 해석에 대해 갖는 중요성을 지적하면서 차례로 하나씩 간략히 설명해보자.[27]

문맥, 문맥, 문맥

우리의 성경 해석은 특정 본문과 함께 시작한다. 곧 린츠가 **본문적 지평**(textual horizon) 또는 직접 문맥으로 부르는 것과 함께 시작한다. 이것은 너

---

26 우리는 땅의 영역의 세 가지 법칙이 "위치, 위치, 위치"라는 말을 빌려 그 말을 성경 해석에 적용할 수 있다. 성경신학적 해석의 세 가지 법칙은 "문맥, 문맥, 문맥" 즉 본문적 지평의 문맥과 시대적 지평의 문맥 그리고 마지막으로 정경적 지평의 문맥이다.

27 이 세 지평에 따라 성경을 이해할 것을 강조하는 것은 새로운 주장이 아님을 언급하는 것이 중요하다. 사실은 모든 그리스도인이 일관적으로는 아니지만 최소한 함축적으로 성경 본문을 읽고 적용할 때에 해왔던 것이다. 이 접근법을 옹호하는 다른 학자들의 자료는 다음과 같다. Edmund P. Clowney, *Preaching and Biblical Theology* (Grand Rapids, MI: Eerdmans, 1961), 16; Carson, *Gagging of God*, 190, n.133; Horton, *Covenant and Eschatology*, 147-180; Vanhoozer, "Exegesis and Hermeneutics," 60-62. Vanhoozer는 세 가지 지평의 기본적인 특징을 다음과 같이 자기 방식으로 제시한다. "'본문이 의미했던/의미하는 것'을 설명할 때 일련의 확대된 해석의 틀을 생각하는 것이 가장 좋은 방법일 것이다. 먼저 당대의 역사적 상황 속에서 말들이 가리킬 수 있었던 것 곧 의미론적 범주가 있고, 이어서 저자들이 구속사의 특정 시점에 가리킬 수 있었던 것 곧 역사적 문맥이 있으며, 그다음에는 말들이 특정한 종류의 문헌의 한 부분으로서 의미할 수 있었던 것 곧 문학적 범주가 있다. 마지막으로 어떤 특정한 시기에 어떤 특정한 종류의 맥락에서 사용된 말들이 오늘날 하나의 통합된 성경의 일부분으로 읽혔을 때, 즉 전체적으로 취해졌을 때 예수 그리스도를 가리키는 것을 의미하는 범주가 있다"(62).

무나 분명한 사항이지만 계속해서 설명할 필요가 있다. 우리는 성경을 한 번만 읽고 그 모든 내용을 이해할 수 없다. 따라서 우리는 성경의 어느 한 부분에서 시작해야 하며, 어디서 시작하든지 거기가 우리의 첫 번째 문맥이다. 문맥과 관련해서 성경 해석학은 본문을 역사적 배경에 두고 저자들이 사용한 언어 규칙들을 이해하며, 본문의 장르를 포함해 작품 구조, 언어의 비유, 단어의 의미, 본문의 이문, 구문들을 분석하면서 인간 저자의 의도를 통해 하나님의 의도를 이해하고자 노력했다. 이 모든 영역에 세심한 주의를 기울이면서, 독자는 저자들이 자기들의 글에서 전달하려는 것이 무엇인지를 알아낸다. 표준이 되는 해석학 교재들은 이런 영역 전반을 다루고, 우리는 성경에 나오는 개별적인 본문을 주석하면서 이 모든 일을 감당했다.[28] 그러나 본문들에 대한 우리의 해석이 여기서 끝나지 않음을 언급하는 것이 중요하다. 여기서 우리는 성경 해석의 두 번째 지평으로 나아간다.

시대적 지평(epochal horizon)이 두 번째 문맥이다. 우리는 시대적 지평으로 본문을 해석한다. 여기서 우리는 본문이 구속사의 어느 부분에 위치해 있는지 혹은 하나님의 점진적 계획과 관련해 어느 부분에 위치해 있는지에 비추어 본문을 이해하려고 한다. 성경은 점진적 계시이므로 본문들은 진공

---

28 예컨대 Vanhoozer, "Exegesis and Hermeneutics," *NDBT*, 52-64을 보라. Vanhoozer(64)는 본문을 "기록에 의해 고정되고, 확대된 대화의 한 부분, 곧 누군가 어떤 것에 관해 다른 이에게 말한 것"이라고 설명한다. 그는 문학적 본문을 "독자의 성찰을 위해 다양한 차원에서 행해진 전달 행동"으로 간주한다. 그는 한 본문을 적절히 이해하기 위해 우리는 모든 동사를 분석하는 것 이상의 일을 해야 한다고 주장한다. 곧 우리는 "저자가 행하는 것이 무엇인지 알아야 할 필요가 있다." 이것은 저자들이 쓴 문장과 문단 그리고 전체 문학 작품 속에서 **행하는** 것이 무엇인지에 대해 주의를 기울이는 것을 포함한다. 본문을 적절히 해석하려면 "언어적 능력과 역사적 능력뿐만 아니라 **문학적** 능력도" 필요하다. 이런 모든 것을 할 때에만 우리는 성경 본문을 포함해 본문들을 "성경 자체의 관점에 따라", 그리하여 저자가 독자들에게 전달하려는 것에 따라 해석할 수 있다. 또한 Osborne, *The Hermeneutical Spiral*; McCartney and Clayton, *Let the Reader Understand*; Goldsworthy, *Gospel-Centered Hermeneutics*; Walter C. Kaiser and Moisés Silva, *Introduction to Biblical Hermeneutics: The Search for Meaning*, 2nd ed. (Grand Rapids, MI: Zondervan, 2007)도 보라. 『성경해석학 개론』(은성 역간). 참조. Vanhoozer, *Is There a Meaning in This Text?*

상태로 우리에게 전해지지 않는다. 오히려 본문들은 그 본문들 **이전에** 일어났던 것이라는 더 큰 문맥에 포함되어 있다. 하나님이 성경 저자들을 통해 전달하려고 하시지만, 이 저자들은 그보다 앞서 일어났던 것과 관련해서 글을 쓴다. 린츠가 이런 문맥을 "시대적 지평"이라고 표현했을 때, 그는 "시대들"(epochs)이 하나님의 다른 계획들을 구현했음을 전달하려고 의도하지 않았다. 우리도 그와 같은 것을 하려고 했다. 오히려 시대들은 하나님의 구속 계시가 오랜 세월에 걸쳐 전개된다는 사실을 우리에게 알려준다. 이런 점진적인 계시의 전개에는 통일성이 있다. 하나님의 계획과 전개되는 목적들은 시대 전체에 걸쳐 통일성을 제공하고 시대들을 하나로 엮어주기 때문이다. 하지만 이런 근본적인 통일성이 시대들 사이에 있는 차이점을 덜 중요하도록 축소시키면 안 되고, 성경에 있는 연속성**과** 불연속성 사이의 균형을 유지해야 한다.

더욱이 하나님의 점진적인 계획에 본문을 적절하게 위치시키는 것은 초기의 계시와 후기의 계시 사이의 **상호텍스트적인**(intertextual) 관계를 조명하는 데 도움이 된다. 후기의 저자들이 초기의 본문들을 언급할 때, 그들은 하나님의 계획이 어디를 향해 가는지에 대한 포괄적인 이해 및 지식과 관련해 주어지는 것을 발판으로 삼는다. 그뿐만 아니라 그들은 하나님의 점진적인 계획 속에서 초기와 후기의 사건, 인물, 그리고 기관들 사이에 하나님이 주신 패턴들, 곧 이것을 적절하게 표현하면 "모형론"(typology)을 분간하기 시작한다. 이런 모형론과 같은 수단에 의해서 하나님의 계획이 진행되고 궁극적으로 그리스도에게서 최고조에 달한다. 하지만 그런 모형론에 제한되는 것은 아니다. 후기의 저자들이 하나님께서 주신 이 패턴(모형들)을 도출할 때 그들은 자기 마음대로 그런 패턴을 연관시킨 것이 **아니다**. 오히려 그들은 하나님이 의도하신 방식과 초기 본문에 모순되지 않는 방식에 따라서 이런 패턴을 전개한다.[29] 우리가 하나님의 종합적 계획과 목적을 파악하는 것

---

29 이 점에 대한 설명은 Beale, "Did Jesus and His Followers Preach the Right Doctrine

은 성경 본문들을 읽을 때 시작한다. 곧 하나님의 종합적 계획과 목적은 우선 직접 문맥 안에서 그 본문들을 읽고, 그다음에는 하나님의 점진적인 계획 속에서 차지하고 있는 위치와의 관계 속에서 그 본문들을 읽을 때 파악된다. 개별 본문들은 단편화되지 않고, "본문"에서 "독자"로 나아가는 과정은 사람의 직관과 기호 또는 선입관의 문제가 아니다.

시대적 차이가 성경에 있다는 것과 관련해 엄밀할 필요가 있을까? 물론 반드시 엄밀할 필요는 없다. 사람들은 이런 차이에 대해 서로 불일치할 수 있다. 중요한 점은 본문들 이전에 일어났던 것들을 고려해서 본문들을 하나님의 구속 행동 및 계획과 관련해서 항상 이해해야 한다는 것이다.[30] 분명

---

from the Wrong Texts?" 391-398을 보라. 또한 D. A. Carson, "Systematic Theology and Biblical Theology," *NDBT*, 98도 보라. Carson은 오늘날 "상호텍스트성"에 대한 다양한 의미를 적절하게 설명한다. 상호텍스트성이라는 말의 한 가지 의미는 성경에서 후기의 본문들이 초기의 본문들을 어떻게 사용하는지를 통찰하는 현재의 사유방식을 가리키는 것이고, 나아가 현대의 해석자들은 이것을 확대시켜 자기들이 성경 본문을 흡수하는 방법에 적용하는 것이다. 따라서 이것은 성경 본문들의 해석법에 영향을 미친다. 하지만 우리는 이런 의미로 상호텍스트성이라는 말을 사용하지 **않는다**. 우리는 이 말을 후기의 성경 저자들이 적절하게 초기의 성경 본문을 해석하고, 의도적으로 초기의 성경 본문을 사용하는 방법을 의미하는 뜻으로 사용한다. 이때 우리는 적합하게 존재하고 하나님의 계시로 파악되는 본문의 단서들을 확인하며 더 정확한 정의를 사용한다. Carson이 지적하는 것처럼 이 점에서 상호텍스트성은 "구속사 전체를 관통하며 펼쳐지는 모형론의 시작"을 확립한다(98). 독자는 이런 종류의 상호텍스트성을 조심스럽게 사용하면 하나님의 계시가 그리스도 안에서 정점에 달하는 것을 어떻게 결합시키고 전개하며 발견하는지 이해하게 된다. 우리에게 유익한 상호텍스트성에 대한 더 깊은 설명은 G. K. Beale, *We Become What We Worship: A Biblical Theology of Idolatry* (Downers Grove, IL: InterVarsity Press, 2008), 22-35를 보라. 『예배자인가, 우상숭배자인가?』(새물결플러스 역간). 상호텍스트성에 대한 폭넓은 설명은 Richard B. Hays, *Echoes of Scripture in the Letters of Paul* (New Haven, CT: Yale University Press, 1989); 『바울서신에 나타난 구약의 반향』(여수룬 역간); 같은 저자, *The Conversion of the Imagination* (Grand Rapids, MI: Eerdmans, 2005)을 보라. 또한 신약성경의 구약성경의 사용에 대해 상호텍스트성을 적용시킨 것은 G. K. Beale and D. A. Carson ed. *Commentary on the New Testament, Use of the Old Testament* (Grand Rapids, MI: Baker, 2007)를 보라. 『신약의 구약사용 주석 시리즈』(CLC 역간).

30 오늘날에는 히브리 정경의 순서에 따라 성경, 특히 구약성경을 어떻게 읽어야 하는지에 대해 당연하고도 중요한 논쟁이 벌어지고 있다. 예컨대 Stephen G. Dempster, *Dominion and Dynasty: A Biblical theology of the Hebrew Bible*, NSBT 15 (Downers Grove, IL:

히 대부분의 사람은 가장 중요한 시대적 구분은 구약 시대와 우리 주님의 오심으로 하나님의 계획이 성취된 신약 시대라는 것에 동의할 것이다. 하지만 다른 중요한 구분들도 있고, 성경은 구속사를 여러 가지 방식으로 구분한다. 예를 들어 로마서 5:12-21을 보면 바울은 모든 인간 역사를 두 사람, 곧 아담과 그리스도를 중심으로 구분한다. 더 나아가 바울은 이 두 머리 아래 다음과 같은 시대들로 구속사를 세분한다. 아담(롬 5:12-13), 아담에서 모세까지(롬 5:14-17), 모세와 율법 언약이 주어진 때로부터 그리스도까지(롬 5:18-21). 또는 사도행전 7:1-53을 보면 스데반은 구약 시대를 세 시대로 구별한다. 족장 시대(행7: 2-16), 출애굽과 약속의 땅 정복 시기를 포함하

InterVarsity Press, 2003), 15-51은 이 점을 다룬다. 또한 다음 자료들도 보라. 같은 저자, "An 'Extraordinary Fact': *Torah* and Temple and the Contours of the Hebrew Canon" (Part 1, 2), *Tyndale Bulletin* 48 (1997): 23-53, 191-218; Paul R. House, *Old Testament Theology* (Downers Grove, IL: InterVarsity Press, 1998), 53-57; 『구약신학』(CLC 역간); John H. Sailhamer, *Introduction to Old Testament Theology: A Canonical Approach* (Grand Rapids, MI: Zondervan, 1995). 참고. Craig G. Bartholomew, et al., *Canon and Biblical Interpretation* (Scripture and Hermeneutics Series 7: Grand Rapids, MI: Zondervan, 2006). 비록 우리가 이 접근법에 매우 동의하고 기본적으로 구약 정경을 읽는 한 방법으로 받아들이지만, 이 접근법은 다양한 정경 순서가 있기 때문에 구약 정경의 **그** 공식적 순서를 확립하는 데 어려움이 있다는 문제점을 갖고 있다. 구약 정경의 **그** 공식적 순서가 확립될 수 있는지 여부와 상관없이(이에 대해 우리는 강력한 사례가 있을 수 있다고 믿는다) 우리는 최소한 신약성경 저자들의 실제 관례는 구약성경 본문들을 구속사 속에서 그 본문들이 차지하고 있는 위치와 관련시켜 해석하는 것이고, 따라서 그 본문들을 **이전**과 이후 본문들(따라서 시대적 지평과 정경적 지평)에 비추어 읽는 것이 중요하다고 주장할 것이다. G. K. Beale and D. A. Carson, "Introduction," *Commentary on the New Testament Use of the Old Testament*, xxvi-xxvii은 이 기본 특징을 제시한다. Beale과 Carson은 이렇게 말한다. "때때로 우리가 신약성경 저자들이 구약성경을 읽는 방법과 그리스도인이 아닌 그들의 유대교 동시대인들이 구약성경을 읽는 방법 간의 두드러진 차이 중 하나는 종종 신약성경 저자들이 취하는 **구속사의 틀**에 있다. 주권적인 하나님의 섭리 아래에서 일어난 모종의 역사적 연쇄 관계는 물론 거의 모든 종류의 모형론적인 해석에 필수적이기는 하지만 그 이상의 것이 분명히 존재한다"(강조는 나의 것이다). 따라서 Beale과 Carson은 우리가 아래서 확인하는 것처럼 역사적 연쇄 관계에 따라 본문을 읽는 것의 해석적 중요성을 강조하기 위해 갈 3장과 롬 4장 그리고 히브리서에 의지하면서 이 점을 예증한다. 그러므로 이 사실을 고려하면 우리가 정경의 엄밀한 순서를 정할 수 있는지의 문제는 성경 본문들이 하나님의 점진적인 계획 속에 어느 지점에 들어가 있는지에 따른다면 그 본문들을 해석하는 데 그리 중요하지는 않을 것이다.

는 모세 시대(행 7:17-45a), 왕정 시대(행 7:45b-53). 또는 마태복음 1장의 계보를 보면 마태는 구속사를 세 시기로 구별한다. 아브라함에서 다윗까지(마 1:26a), 솔로몬에서 포로기까지(마 1:6b-11), 포로기에서 그리스도의 오심까지(마 1:12-17).

그레엄 골즈워디는 마태의 구속사 구분을 따른다. 하지만 그는 마태가 구분한 세 시대와 더불어 아브라함 이전인 창세기 1-11장의 시대를 말하면서 창조(창 1-2장), 충격적인 역사적 타락(창 3장), 원시 역사(창 3-11장) 간의 시대 구분을 추가한다. 골즈워디는 첫 번째 시대, 즉 창조, 타락, 원시 역사와 관련해서 다음과 같은 것을 주장한다. 곧 그런 첫 번째 시대는 하나님의 계획을 드러내고 궁극적으로 그리스도 안에서 정점에 달하는 것으로 작동하는 구속사 전체에 중요한 신학적 전제를 제공한다.[31]

우리의 목적에 흥미롭고 중요한 것은 이 시대 구분들이 대부분 성경의 언약들의 전개를 따라 이루어진다는 관찰이다. 이것과 관련해서 골즈워디 연구의 주된 약점 중 하나는 그가 "하나님 나라[천국]"의 전개를 성경의 주된 틀, 뼈대 또는 마이클 호튼의 용어를 사용하자면 "체계 안에 있는" 범주로 자세하게 설명하지만, 성경의 언약들의 전개가 어떻게 성경의 줄거리를 하나로 묶고 결합하는지에 대해서는 거의 설명하지 않는다는 것이다.[32] 우

---

31 이 점들에 대한 설명은 다음을 보라. Graeme Goldsworthy, *According to Plan: The Unfolding Revelation of God in the Bible* (Downers Grove, IL: InterVarsity Press, 2002), 80-234; 『복음과 하나님의 계획』(성서유니온선교회 역간); 같은 저자, *Preaching the Whole Bible as Christian Scripture: The Application of Biblical Theology to Expository Preaching* (Grand Rapids, MI: Eerdmans, 2000); 『성경신학적 설교 어떻게 할 것인가?』(성서유니온선교회 역간); 같은 저자, *Gospel-Centered Hermeneutics*, 70-73, 245-257; 『복음 중심 해석학』(CLC 역간).

32 Goldsworthy, *Gospel-Centered Hermeneutics*, 241-245은 언약들에 대해 말하지 않고, 언약을 역사를 관통하며 펼쳐지는 하나님 계획의 주된 방법 중 하나로 적용하지 않는다. Goldsworthy에게는 나라[하나님 나라]가 훨씬 더 주도적인 범주다. 하지만 Goldsworthy가 "하나님 나라"와 "언약들"을 연계시키지 못하면서 우리의 견해인 "언약을 통한 하나님 나라"를 주장하는 것은 Goldsworthy의 연구의 약점이고, 본서에서 우리가 극복하고자 노력하는 부분이다.

리가 성경 전체를 통찰할 때 당연히 **하나님 나라**는 중요한 주제다.[33] 하지만 "언약을 통한 하나님 나라"가 성경 자체의 **내적** 구조를 통찰하는 관점이고, 따라서 하나님의 구속 계획 속에서 다양하게 구분되는 시대를 파악하는 더 나은 방법이다.[34]

이 점에서 성경 안의 **이전**과 **이후** 범주들과 관련이 있는 이 시대 구분이 진정 해석학적으로 중요한지 여부를 묻는 것이 중요하다. 또는 이보다 더 훌륭하게 질문을 하자면 이것은 성경 자체의 관점에 따라서 성경을 어떻게 "종합하는가?" 다양한 본문을 하나님의 점진적인 계시와 연결시키는 사

---

33 위에서 인용한 Goldsworhty의 작품 외에도 **하나님 나라**의 틀을 강조하는 작품으로는 다음과 같은 것들이 있다. G. E. Ladd, *The Presence of the Future: The Eschatology of Biblical Realism,* rev. ed. (Grand Rapids, MI: Eerdmans, 1974);『하나님 나라』(크리스천다이제스트 역간). G. R. Beasley-Murray, "The Kingdom of God in the Old and New Testaments," *Reclaiming the Prophetic Mantle: Preaching the old Testament Faithfully,* ed. George L. Kline (Nashville: Broadman, 1992), 179-201; Bruce Waltke, "The Kingdom of God in Bilbical Theology," *Looking into the Future: Evangelical Studies in Eschatology,* ed. David W. Baker (Grand Rapids, MI: Baker, 2001), 15-27; Darrell L. Bock, "The Kingdom of God in New Testament Theology," *Looking into the Future,* 28-60; Dan G. McCartney, "*Ecce Homo:* The Coming of the Kingdom as the Restoration of Human Viceregency," *Westminster Theological Journal* 56(1994): 1-21.

34 시대 구분에 대해서는 말할 것이 더 있을 수 있다. 우리는 이 설명에서 단지 성경이 구속사의 다양한 시대를 구분하는 주된 방법들을 강조하고자 노력했지만 그렇다고 철저하게 제시하지는 못했다. 사실 우리는 아주 짧은 기간에 따라 시대 구분을 더 세분하여 말할 수도 있다. 예컨대 우리 주님의 생애와 사역에 있어 복음서 저자들은 십자가 사건 이전과 부활 대 부활 이후와 승천과 오순절 사이를 구분한다. 우리는 이 시기 안에서도 다양한 분야―예를 들어 하나님에 대한 지식, 우리 주님이 이루고 성취하신 것에 대한 파악, 성령에 대한 경험, 우리가 맺은 언약, 하나님이 하나님의 백성으로서 우리에게 갖고 있는 기대―에서 온갖 차이를 확인한다. 이 점에 관해서는 요 2:20-22을 보라. 이 본문은 부활 후에야 비로소 사람들이 우리 주님이 이루신 것이 내포하고 있는 충분한 의미를 깨닫게 된 것을 보여준다. 또는 요 7:39은 성령에 대한 우리의 경험이 구속사에서 일어나는 특정 사건들 즉 오순절 사건을 포함해 그리스도의 십자가 사역과 관련된 모든 사건과 연계되어 있음을 분명히 한다. 사도행전 2장에 대해서도 똑같이 말할 수 있다. 이 본문은 성령이 구약성경의 기대의 성취로 주어졌기 때문에 일어난 엄청난 변화에 대해 말한다. 성령에 대한 충분한 경험은 오순절 사건 이전에는 일어나지 않았고, 시대적 중요성을 가진 이 구속 행위들이 일어난 이후에 일어났다. 이 지적은 새 언약 안에서 새롭게 되는 것, 특히 그것이 구원론과 교회론에 대해 갖고 있는 함축성과 같은 문제들을 식별하는 데 중요하다.

고는 우리가 성경에서 도출하는 결론, 특히 우리가 성경의 언약들의 본질과 관계를 이해하는 것과 관련해서 얻는 결론에 영향을 미치는가? 이에 대한 답변은 **그렇다**는 것이다. 예를 들어 바울이 로마서 4장에서 주장한 것을 생각해보자. 그는 로마서 4장에서 아브라함이 행위가 아닌 믿음을 통해 은혜로 의롭다 함을 받은 유대인**과** 이방인의 패러다임의 역할을 한다고 주장한다. 이 주장에 대한 보증은 창세기 15:6에서 발견된다. 거기 보면 하나님이 아브라함을 오직 하나님의 약속에 대한 그의 믿음을 기초로 의롭다고 선언하신다. 그러나 바울은 하나님의 칭의 선언이 유대인과 이방인 모두에게 적용되는 것을 증명하기 위해 아브라함의 삶에서 이 칭의 선언이 그가 할례(창세기 15장 **이후에** 창세기 17장에서 행해진)를 받기 **전에** 있었다고 주장한다. 따라서 이것은 아브라함의 칭의가 할례와 관련이 있었던 것이 **아니라** 오직 하나님의 약속을 믿는 그의 믿음에 기초하고 있었음을 보여준다. 이런 이유로 아브라함은 유대인**과** 이방인 믿음의 패러다임의 역할을 할 수 있다. 이것은 할례가 구약 시대에 중요하지 않았다고 말하는 것이 아니다. 확실하게 구약 시대에는 할례가 중요했다. 특히 할례가 아브라함 언약이라는 맥락에서 주어졌고, 나중에는 옛 언약의 맥락에서 이스라엘에게 주어졌기 때문이다. 그러나 우리는 하나님을 알기 위해 이방인들이 주님과의 언약 관계를 맺으려면 먼저 할례를 받아야 한다는 결론을 도출할 수 없다고 주장한다. 불행하게도 유대주의자들이 주장했던 것처럼 말이다. 아브라함은 자신의 삶에서 먼저 할례를 받고 언약 관계를 맺지 않았다. 그뿐 아니라 그리스도가 오셨기에 할례라는 언약의 표징은 효력을 상실했다(고전 7:19). 이것은 성경 이야기의 플롯에서 하나님이 우리에게 구원은 항상 믿음으로 말미암아 은혜로 임한다는 것을 가르쳤다는 사실에 기인한다. 하지만 우리가 창세기 15장 **이후에** 창세기 17장을 적절하게 놓으면서 할례의 중요성을 해석**해야만** 바울의 논증이 효과가 있다는 사실을 주목하는 것이 중요하다. 다른 말로 하자면 우리가 본문들에서 정확한 "성경적" 결론들을 도출하기 위해서는 본문들 **이전과 이후**에 나오는 것과 관련해서 주의 깊게 본문들을 해석해야 한다.

갈라디아서 3장은 이런 점을 보여주는 또 하나의 실례이자 언약의 관계에 대해 생각할 수 있는 매우 중요한 본문이다. 바울은 갈라디아서 3장에서 많은 보수적인 유대인들처럼 "시내산에서 주어졌던 율법에서 일단의 교훈을 보았을 뿐만 아니라 나머지 성경을 이해할 수 있는 해석학적 열쇠도 보았던" 유대주의자들을 반박하고 있다.[35] 이 유대주의자들은 옛 언약을 목적 자체로 이해했고, 그리스도 안에 있는 더 큰 목적을 발견하며 새로운 언약의 출발로 나아가는 수단으로 이해하지 않았다. 이런 이유로, 그들은 이방인이 그리스도인이 되려면 모세의 율법 언약의 영향 아래에 있어야 한다고 주장했다. 이와 반대로 바울은 그리스도께서 오셨으므로 그리스도인들은 모세의 율법 언약에 제약을 받지 **않는다**고 주장했다. 오히려 우리는 율법 언약과 상관없이 믿음으로 그리스도께 나아간다(갈 3:1-6). 바울은 어떻게 자신의 견해에 관해 근거를 제시하는가? 바울은 먼저 아브라함이 믿음으로 말미암아 은혜로 의롭다 함을 얻은 것을 증명하기 위해 창세기 15:6에 호소한다(창 15:6-9). 이어서 그는 아브라함의 삶에서 하나님이 의롭다고 선언하신 것은 모세 율법이 주어지기 오래**전이었다**고 주장한다(창 15:15-29). 이것과 관련해서 바울은 율법이 왜 주어졌는가라는 분명한 문제에 대해 고민하지만 그의 결론은 똑같다. 곧 아브라함은 모세의 율법 언약이 주어지기 **전에** 의인으로 선언되기에 이전의 언약을 무시할 수 없다는 것이다.

그렇다면 해석학적으로 그리고 신학적으로 말하자면, 우리는 하나님의 계획이 어떻게 하나로 일치하는지 그리고 우리의 목적과 관련해서 성경의 언약들이 어떻게 하나로 일치하는지 파악하기 위해서 각각의 언약을 구속사의 자리에 위치시키고, 또 각각의 언약이 이전에 있었던 언약과 이후에 오는 언약과 어떻게 관련이 있는지를 이해해야만 한다. 우리가 "본문적" 지

---

35 Carson, "Systematic Theology and Biblical Theology," *NDBT*, 98. 참조. Beale & Carson, "Introduction," *Commentary on the New Testament Use of the Old Testament*, xxvi-xxvii.

평과 "시대적" 지평과 관련해서 성경의 본문들을 이해하지 않는 한, 우리는 성경을 잘못 이해하고 하나님이 계획하신 일의 **일부분**이 **전체**에 어떻게 일치하는지 이해하지 못할 것이다.[36] 이것이 바로 유대인이 성경을 이해하지 못한 주된 이유 중 하나였다. 일반적으로 말하자면 유대주의자들과 마찬가지로 구약 시대의 유대인은 구속사에서 율법의 언약이 차지하는 기능을 이해하지 못하고 율법의 언약을 해석했다. 그들이 구속사와 관련해서 그것을 이해했다면, 그들은 신약성경이 도출하는 다음과 같은 결론을 동일하게 도출했을 것이다. 하나님의 전체 계획 속에서 모세의 율법 언약은 옛 언약이 궁극적으로 가르친 것, 곧 그리스도 안에서 이루어진 새 언약의 출현으로 우리를 이끄는 일시적인 어떤 것이나 삽입구 이상으로 이해되어야 한다.[37]

---

36 특히 히브리서에 이 점을 예증하는 다른 실례들이 많이 존재한다. 히 7-8장에서 저자는 바울이 롬 4장과 갈 3장에서 펼치는 주장, 즉 우리는 본문을 읽을 때 성경의 줄거리에서 그 본문이 차지하고 있는 위치에 따라 조심스럽게 읽어야 한다는 사실을 똑같이 분명히 한다. 예컨대 히 7장에서 저자는 시 110편에 따라 **레위 제사장 직분이 세워지고 많은 세월이 지난 다음에 온** 다른 질서의 다른 제사장이 임할 것에 대한 하나님의 선언을 고려하면서, 구약성경은 레위 제사장 직분을 자체 목적으로 보지 않고 일시적인 한 제도로 간주했다고 결론짓는다(히 7:11, 28). 또한 히 7장의 주장을 기초로 히 8장에서도 저자는 렘 31장의 새 언약의 약속이 옛 언약의 확립 **이후에** 오는 것으로 보아, 이것은 옛 언약이 일시적인 것으로 그리고 그 자체를 넘어 더 큰 어떤 것을 지시하는 것으로 간주되어야 하는 증거라고 결론짓는다. 이 모든 면에서 성경은 성경의 줄거리를 추적하고 본문들을 그 **이전에** 나오는 본문과 그 **이후에** 나오는 본문에 비추어 보면서 그것들이 줄거리 어디에 자리 잡고 있는지를 염두에 두고 해석해야 한다. 이 점에 대해서는 P. T. O'Brien, *The Letter to the Hebrews*, Pillar New Testament Commentary (Grand Rapids, MI: Eerdmans, 2010), 255-303을 보라.

37 이 점에 관해서는 Carson, "Mystery and Fulfillment," *Justification and Variegated Nomism: Volume 2—The Paradoxes of Paul*, ed. D. A. Carson, P. T. O'Brien and M. A. Seifrid (Grand Rapids, MI: Baker, 2004), 410-412을 보라. Carson은 바울이 오경의 줄거리 속에서 차지하고 있는 모세 오경의 위치를 자세히 주목하면서 모세 언약의 중요성을 파악한다고 주장한다. Carson에 의하면 바울은 그렇게 할 때 거의 율법-언약을 막간으로 간주한다(갈 3:15-4:7). Carson은 이렇게 진술한다. "아브라함의 후손으로 땅의 모든 족속이 복을 받게 되리라는 약속은 많은 세월 뒤에 온 모세 및 율법 수여 사건보다 앞서 주어졌고, 성경에서 율법에 아무리 많은 지면을 할애하고 있다고 할지라도, 또는 율법이 이스라엘 역사에서 아무리 큰 역할을 담당하고 있다고 할지라도, 이 약속은 율법을 받았다고 해서 폐지될 수 없다(갈 3:17)"(412).

우리가 시대적 지평과 관련한 논의를 이렇게 결론을 내릴 때, 우리는 다음과 같은 것을 강조하면서 한걸음 앞으로 더 나아가야만 한다. 곧 우리는 성경의 본문들 **이후에** 오는 것과 관련해서 이전 본문들을 읽어야만 한다. 이것은 세 번째 문맥인 정경적 지평에 대한 논의로 이어진다.

우리가 성경 본문을 해석하면서 고려해야만 하는 마지막 세 번째 문맥은 **정경적** 지평(canonical horizon)이다. 성경이 **하나님의** 말씀이고 그래서 **통일된** 계시라는 사실을 고려하면, 우리는 마지막 분석에서 본문들을 정경 전체와 관련해서 이해해야 한다. 우리가 정경의 차원을 무시한다면, 우리는 성경을 적절하게 해석하거나 적용할 수 없다. 케빈 밴후저가 올바르게 주목한 것처럼 우리가 정경적 지평과 관련해서 성경을 읽어야만 우리는 참된 "성경적" 방법으로, 곧 "성경을 가장 참되고 충분하게 **하나님**의 의도를 따라서 성경을 해석한다."[38] 사실 성경을 정경적으로 이해하는 것은 단순히 교회가 성경을 이해하는 방법과 관련된 문제가 아니다. 오히려 그것은 실제로 성경의 **정체성**과 가장 잘 일치한다. 이런 이유로 "성경을 통합된 것으로 이해하는 것은 다른 여러 가지 해석학적 이해 방식 중 하나의 방식으로 이해하는 것이 아니라 신적 영감으로 주어진 본문 자체의 본질에 가장 잘 일치하는 해석학적 전략으로 이해하는 것이다.[39] 정경은 "온갖 다양한 음성으로 주 예수 그리스도에 대해 증언하는 증인들의 큰 집합소로 간주될 수 있다. 율법과 약속 외에도 경고와 명령, 이야기와 노래가 모두 하나님이 그리스도 안에서 행하신 일과 행하고 계시는 일을 증언한다.…그것들의 포괄적인 정경적 문맥 때문에 아주 사소한 의사소통 행위들도 "구원에 이르는 지혜가 있게 하는" 더 큰 목적을 잡고 새 방향으로 나아가게 한다."[40] 본문들은 성경

---

38 Vanhoozer, "Exegesis and Hermeneutics," 61.
39 같은 책. 이 점의 더 세부적인 전개에 대해서는 Kevin J. Vanhoozer, *First Theology: God, Scripture, and Hermeneutics* (Downers Grove, IL: InterVarsity Press, 2002), 194-203 을 보라. 『제일신학』(IVP 역간).
40 Vanhoozer, "Exegesis and Hermeneutics," 62.

의 줄거리를 따라서 위치하고 궁극적으로 그리스도 안에서 이루어지는 하나님의 계획의 완성에 비추어 해석될 때, 우리는 하나님이 의도하신 방향에서 성경을 해석하고 그 결과 "성경적으로" 이해하기 시작한다.

그렇다면 "성경적"이라는 것은 무엇을 의미하는가? 우리가 성경이 스스로 주장하는 것과 성경이 실제로 어떤 책인지를 진지하게 고려한다면, 정경에 대한 세 가지 지평 이해가 신학적 이해의 출발점이 된다. 신학적 이해는 문법적/언어적·역사적·정경적 해석 방법으로 요약할 수 있다. 최종 분석에 따르면, 성경을 읽고 신학적 결론을 도출하는 가장 좋은 방법은 성경의 언어적·역사적·문학적·구속사적·정경적 문맥에 따라 성경 본문을 해석하는 것이다. 이런 방법으로 우리는 성경이 성경을 해석하게 한다. 우리는 성경 자체가 자신의 체계 안에 있는 범주와 표현에서 어떻게 우리에게 주어지는지를 밝히고자 한다. 그 결과 최종적으로 우리는 성경을 "성경적으로", 즉 하나님께서 의도하시고 "성경 자체의 방식대로" 읽고 적용하며, 그리고 신학적 결론을 도출한다.[41]

---

41 이 점에 관해 Richard Lints는 *Fabric of Theology*, 268-289에서 올바르게 다음과 같이 주장한다. 곧 우리가 성경을 읽을 때 성경 "자체의 관점"에 따라서 읽는다면 "성경의 해석적 구조"를 따르게 될 것이다. "이렇게 성경을 읽기 위해서는 신학적 틀이 단순히 현대에 독특하게 제기되는 일단의 특수 문제들에 대한 답변을 기대하고 성경을 파헤칠 수 없다. 신학적 틀은 성경이 묻고 있는 질문들을 찾아야 한다. 그 이유는 이 질문들이 과거와 현재와 미래를 이해하는 데 중요한 질문들로 남아 있기 때문이다."(269). Lints가 주장하는 것처럼 성경의 해석적 구조를 따르고자 하는 것은 "독자에게 성경의 복합적 건물을 열고 닫는 데 적합한 교리적 모형과 열쇠"를 찾는 것이 아니다(270). 오히려 우리는 **성경 자체의 구조**(내가 "본문 내적"이라는 말로 가리키는 것)를 밝히고, 성경의 특수한 내용**과** 그 구조에 따라 신학적 구조의 개념적 범주들이 성경의 현상들을 적절히 반영하는 것을 확실히 하려고 애쓴다(270-274을 보라). 그러나 해석적 구조에 대한 우리의 이해는 주석에 따라 수정될 수 있다. Lints가 지적하는 것처럼 "이 구조가 적절히 수정에 종속된다는 사실은 성경 자체가 어느 정도 갈등을 일으키는 요소로 구성된 자료들을 포함하고 있다는 것 그리고 확실히 성경 자체 속에 다양한 경쟁적 구조들이 들어 있다는 것을 함축하는 것으로 받아들이면 안 된다."(288). 이 책에서 우리의 주장은 성경의 언약들은 성경의 줄거리의 주된 뼈대와 중추로 작용한다는 것과 이 사실을 무시하거나 성경의 언약들 간의 관계와 성경이 어떻게 언약들을 "종합하는지"를 잘못 생각하면, 성경 자체의 관점에 따라 그리고 하나님이 의도하신 것에 따라 성경을 해석하지 못하는 일이 벌어지고 만다는 것이다.

이 시점에서 성경 자체가 성경의 체계 안에 있는 범주들과 관련해서 정경을 어떻게 하나로 연결시키는지를 묻는 것이 적합하다. 분명하게 지금 이것과 관련해서 이야기될 수 있는 것이 많이 있지만, 다음과 같은 리처드 린츠의 말이 가장 적합해 보인다. 전반적인 상황으로 봤을 때, "성경 해석 중 정경적인 지평에 본질적인 것은 하나님의 약속과 하나님이 그 약속을 성취하신 것의 연속성"[42]이다. 이것은 하나님께서 구속사의 다양한 시기를 하나로 결합하신 중요한 방식 중 하나가 **언약-성취** 주제인 이유다. 이런 이유로 언약-성취라는 주제가 성경을 정확하게 이해하는 데 있어서 중요하다. 하지만 성경의 언약을 분석하지 않고 하나님의 언약을 생각하는 일은 거의 불가능하다는 사실을 주목하라. 삼위 하나님은 창조와 구속과 관련해서 그분이 창조하신 창조물과 언약을 맺으시기 때문이다. 솔직히 "언약-성취" 주제를 분석하는 것은 구속사 전체에 걸친 성경의 언약들을 분석하는 또 다른 방법이다. 그래서 이것이 성경의 전체 이야기 플롯 구조의 틀이자 근간 역할을 하는 이유다. 성경의 언약들을 밝히면서 성경 저자들은 (하나님의 약속들과 관련된) 하나님 계획의 연속성과 (그리스도가 이루신 성취가 하나님이 의도하신 일에 어떻게 변화를 가져오는지에 관한) 불연속성을 이해할 수 있을 것이다. 린츠는 그것을 다음과 같이 진술한다. "성경 저자들은 하나님이 과거에 맺으신 약속들에 신실하셨고, 그래서 미래에도 똑같이 신실하실 것이라는 주장을 자기들의 글의 뼈대로 삼는다. 언약-성취 모형은 이와 같은 다양한 글을 하나로 엮는 실이다. 그것은 현재의 상황 한가운데와 미래의 구원을 위한 소망에 의미를 제공한다."[43] 따라서 우리가 성경의 줄거리를 더듬어 발견하고, 약속에서 성취로 나아가며, 정경 전체에 걸친 성경의 언약들을 설명할 때, 우리는 모든 성경이 어떻게 하나로 모순 없이 일치되고 그리스도 예수 안에서 완성에 도달하는지를 더 잘 파악할 수 있다. 우리는 심지어 성경의 다양한 이야기가

---

42 Lints, *Fabric of Theology*, 303.

43 같은 책.

아무렇게나 짜인 것이 아니라 그리스도 안에서 이야기의 목적을 발견할 수 있는 여러 이야기가 씨줄과 날줄로 엮인 것임을 더 잘 이해하기 시작한다.

리처드 린츠는 "약속-성취" 주제가 성경의 모형론과 긴밀하게 연계되어 있다고 주장한다. 사실 하나님의 구속사적 계획을 전개하는 중대한 수단 중 하나는 하나님이 주신 "모형론"을 사용하는 것이다. 모형론이라는 수단은 하나님의 구속사적 계획을 보여주고, 정말로 "언약-성취" 주제가 성경에서 어떻게 발전되는지를 보여준다. 의심할 바 없이 "모형론"은 성경 연구와 신학 연구 주제 중 뜨거운 감자이며, 사람마다 그것을 다른 의미로 이해할 수 있다. 폴 호스킨스(Paul Hoskins)가 다음과 같이 우리에게 말해주는 것처럼 말이다. "성경의 모형론 연구는 현재 매우 복잡하다. '모형론'과 '모형'이라는 용어 정의가 아직까지 분명하게 정립되지 않았기 때문이다."[44]

그러나 모형론에 대한 논쟁과 상관없이 모형론의 성격을 파악하는 것은

---

[44] Paul M. Hoskins, *Jesus as the Fulfillment of the Temple in the Gospel of John* (Eugene, OR: Wipf & Stock, 2006), 18. Hoskins는 현대의 성경 연구에서 모형론과 관련한 두 가지 다른 개념을 계속해서 설명한다. 첫 번째 개념은 모형과 대형(antitype)의 유사성은 하나님이 주신 것이고, 의도적이며, 전조적이라고 믿는 전통적 견해다. 두 번째 개념은 모형의 전조적이고 전망적인 중요성에 대해 회의적인 시각을 갖고 있는 비판적 견해다(18-36). 모형론에 대한 우리의 견해는 전통적 견해를 찬성할 것이다. 이 견해를 옹호하는 주장에 대해서는 Richard Davidson, *Typology in Scripture: A Study of Hermeneutical TUPOS Structures*, Andrews University Seminary Doctoral Dissertation Series 2 (Berrien Springs, MI: Andrews University, 1981)를 보라. 또한 다음 자료들도 보라. John H. Stek, "Biblical Typology Yesterday and Today," *Calvin Theological Journal* 5 (1970): 133-162; Leonhard Goppelt, *Typos: The Typological Interpretation of the Old Testament in the New,* trans. D. H. Madvig(Grand Rapids, MI: Eerdmans, 1982); Carson, "Mystery and Fulfillment," 404; Moo, "Problem of *Sensus Plenior,*" 175-212; Lints, *Fabric of Theology,* 304-310; G. K. Beale, "Did Jesus and His Followers Preach the Right Doctrine from the Wrong Texts?" 387-404; Graeme Goldsworthy, "Relationship of Old Testament and New Testament," *NDBT,* 81-89; 같은 저자, *Gospel-Centered Hermeneutics,* 234-257; David L. Baker, *Two Testaments, One Bible: The Theological Relationship between the Old and New Testaments,* 3rd ed. (Downers Grove, IL: InterVarsity Press, 2010) 169-189; 『구약과 신약의 관계』(부흥과개혁사 역간); Clowney, *Preaching and Biblical Theology;* Daniel J. Treier, "Typology," *Dictionary for Theological Interpretation of the Bible,* ed. Kevin J. Vanhoozer (Grand Rapids, MI: Baker, 2005), 823-827.

세대주의 신학과 언약신학이라는 성경신학적 체계들을 판정하는 데 중요하다. 아래에서 더 자세히 주목하려는 것처럼 세대주의 신학과 언약신학의 견해가 서로 다른 이유 중 하나는 모형론의 본질 문제와, 그 모형론 이해와 성경의 언약들을 어떻게 서로 관련시키는지와 관련이 있다. 예를 들어 이 책 2장에서 이미 언급한 것처럼 땅의 약속을 이해하는 방법과 관련해서 세대주의 신학과 언약신학의 주된 불일치는 모형론 논쟁과 관련이 있다. 더욱이 언약신학이 세대주의 신학과 다르게 계보의 원리를 이해하고 사용하는 것 역시 모형론 논쟁과 관련이 있다. 그리고 이런 모형론적인 차이들은 성경 언약들에 관한 세대주의 신학과 언약신학의 이해와 연결되어 있다는 사실도 주목해야만 한다. 이 문제의 중요성을 고려한다면 우리가 모형론을 어떻게 이해하는지를 간략히 설명하는 것이 필요하다. 왜냐하면 우리의 주장은 모형론을 특별한 방법으로 이해하고 사용하기 때문이다.

모형론의 본질과 중요성

모형론에 대한 논의에서 첫 번째로 중요한 것은 "알레고리"[풍유법]와 모형론을 구분하는 것이다. 이 둘 사이의 차이점은 무엇인가? 주요 차이점은 모형론이 **역사**와 **본문** 그리고 **상호텍스트적인** 발전에 기초한다는 것이다. 여기서 다양한 "인물과 사건 그리고 제도들"이 서로 일치하는 것은 하나님이 의도하신 것이다. 반면에 알레고리는 이것 중 그 어느 하나도 가정하지 않는다. 더욱이 알레고리들은 (상호)텍스트적으로 보증되는 저자의 의도에 기초하지 않으므로, "알레고리 해석"은 그런 해석을 보증하기 위한 일종의 텍스트 외부 틀에 의존한다. 케빈 밴후저가 다음과 같이 주목한 것처럼, 알레고리 해석은 "이것"(말)은 "저것(개념)을 의미한다"[45]는 것을 선언하기 위한

---

[45] Vanhoozer, *Is There a Meaning in This Text?* 119. 갈 4:24-26은 난해한 본문이다. 많은

해석학적인 전략으로 보인다. 저것(개념)은 텍스트 외부의 틀에 의해 결정된다. 이것은 모형론과 관련이 없고 모형론이 성경에서 기능하는 방법도 아니다. 사실 우리가 모형론을 다루는 여섯 개의 분명한 신약 본문(롬 5:14; 고전 10:6, 11; 벧전 3:21; 히 8:5; 히 9:24)을 탐구한다면, 모형론과 알레고리를 분명히 구별하는 일관된 방식이 등장한다. 그 일관된 방식은 정확히 무엇인가? 먼저 모형론에 관한 정의를 살펴보고 이어서 모형론의 핵심 특징들을 설명하겠다.[46]

우리는 모형론에 관한 리처드 데이비슨(Richard Davidson)의 정의를 사용하고자 한다. 신약성경을 해석하려는 노력 중 한 가지 방법인 모형론은 구약성경의 구원 역사에 등장하는 실재들 혹은 "모형들"(인물, 사건, 제도)을 연구하는 것이다. 이런 실재들은 신약성경의 구원 역사에서 강화된 대형(antitype)의 성취라는 측면(시작과 완성)에 일치하고, 그것을 예시하기 위해 특별히 계획되었다.[47] 이 정의와 관련해서 주목해야 할 두 가지 주석적인 특징이 있다.

첫째, 모형론은 **역사적** 실재들과 **본문적** 실재들에 근거한 상징주의(symbolism)다. 따라서 모형론은 한 시대에 나오는 "인물과 사건 그리고 제

이들이 바울이 알레고리(풍유적) 해석을 했다고 주장하지만 다른 이들은 본문을 모형론에 따라 설명한다. 최근에 Caneday는 다음과 같이 주장했다. 곧 **알레고리**는 지금 갈라디아서 본문에 사용되었지만 바울의 해석 능력에 기초한 것이 아니다. 오히려 창세기 본문 자체가 알레고리다. 그런 역사적 이야기에 있는 인물들이 상징적인 표상과 의미를 부여받았기 때문이다. A. B. Caneday, "Covenant Lineage Allegorically Prefigured: 'What Things Are Written Allegorically' (Galatians 4:21-31)," *SBJT* 14/3 (2010): 50-77을 보라.

46 모형론에 대한 우리의 견해는 다수의 인물들에게 도움을 받고 있으나 특히 Richard Davidson 의 유용한 논문에 큰 도움을 받았다(위의 각주 44을 보라). Davidson은 신약성경에서 **모형**에 대한 모든 용례를 탐구하고, 그 기초에 따라 모형론의 본질에 관한 결론을 이끌어낸다.

47 이 정의는 Davidson, *Typology in Scripture*, 397-408을 요약해 열거한 것이다. Graham A. Cole, *He Who Gives Life: The Doctrine of the Holy Spirit* (Wheaton, IL: Crossway, 2007), 289도 모형론에 대해 유용한 정의를 제공한다. "인물(예를 들어 모세), 사건(예를 들어 출애굽 사건), 제도(예를 들어 성전)는 하나님의 계획 속에서 그 계획의 이후 단계를 예시하고 하나님의 의도를 파악하는 데 필수적인 개념을 제공할 수 있다(예를 들어 새로운 모세가 되고 새로운 출애굽을 일으키며 새 성전이 되시는 그리스도의 오심).

도들"과 이후 시대들에 나오는 대응물의 **유기적** 관계를 포함한다. 초기의 "인물과 사건 그리고 제도"는 "모형"으로 불리지만, 후기의 "인물과 사건 그리고 제도"는 "대형"으로 불린다. 이는 리처드 린츠가 다음과 같이 상기시키는 것과 같다. "모형론적인 관계는 구속 계시 속에서 특정한 시대적 지평과 본문적 지평이 이후 지평들을 연계시키는 중심 수단이다. 모형론적 관계는 현재를 미래와 연계시키고, 또 소급해서 현재를 과거와도 연계시킨다. 모형론적 관계는 하나님의 약속들과 이 약속들에 대한 하나님의 성취 간의 유기적 관련성에 기초한다."[48]

둘째, 모형론은 **예언적** 방법이자 **예시적** 방법이다. 그래서 모형은 하나님이 주시고 의도하신 것이다. 다시 말하자면 하나님은 "모형"이 모형 자체를 넘어 구속사 후기 시대에 일어나는 성취나 "대형"을 향하도록 의도하셨다. 이런 이유로 모형론은 단순한 "유비론"이 아니고 그리스도를 미리 지시하며 그리스도 안에서 궁극적으로 성취될 순환적 패턴이다. 모형론은 구두적인 예언의 의미에서가 아니라 나중에 그리스도 안에서 임하는 것을 예견하기 위한 목표를 갖고 하나님 자신이 세우신 모형/패턴에 따라 세워지며, 후기 본문들이 이 패턴을 강화하면서 점진적으로 알려지는 예견이라는 의미에서 예언의 한 부분으로 간주되어야 한다.[49] 이 점에서 모형론은 "간접

---

[48] Lints, *Fabric of Theology*, 304. 역사를 강조하는 것이 중요한 것은 역사가 전통적인 모형론 견해와 Davidson(*Typology in Scripture*, 46-75)이 탈비판적인 신모형론 관점이라고 부르는 것을 구분하는 요소가 되기 때문이다. 후자의 견해에 따르면 모형들의 역사성은 본질적인 요소가 아니다. 전통적 견해에 따르면 모형과 대형 간의 대응 관계는 단순한 문학적 현상이 아니라 오히려 역사적 실재에 기초한다. Hoskins, *Jesus as Fulfillment of the Temple*, 27; Carson, "Mystery and Filfillment," 404을 보라.

[49] 모형론의 예언적 본질은 전통적 견해와 탈비판적인 신모형론 견해를 구분하는 또 하나의 특징이다. 신모형론 견해에 따르면 모형론 패턴의 발견은 유비와 구약성경의 이후 인물, 사건, 제도들에 대한 회고적 이해에 기초한다. 이 견해에 따르면 모형론은 예언적이고 전망적인 요소가 있는 것으로 간주되지 않고, 따라서 주석적인 근거가 주어지지 않는다. 흥미롭게도 David Baker, *Two Testament, One Bible*, 180-189은 모형론은 예언이 아니고 또 모형론은 주석적인 기반이 되지 못하는데, 그 이유는 "그것[모형론]이 성경 본문들 속에 기록된 사건, 인물, 제도들 간의 관계에 대한 신학적 반성이기" 때문이라고 말함으로써 신모형론 견해에 찬성한다(181).

적” 예언으로, 이것은 바울이 “비밀”을 강조하는 것과 적절하게 대응을 이룬다(예컨대 엡 1:9-10; 3:1-10을 보라).[50] 바울은 자신이 쓴 여러 서신에서 복음은 과거에는 감추어져 있었으나 이제는 그리스도의 오심으로 인해 모든 사람이 알 수 있도록 공적으로 드러나고 알려졌다고 말한다. 따라서 성경은 다음과 같이 두 가지 사실을 동시에 말한다. 첫째, 복음은 미리 **약속되고 예언자들을 통해 분명히** 계시되었다(예를 들어, 롬 3:21). 둘째, 복음은 과거에는 **감추어져** 있었고 그리스도께서 오실 때까지 충분히 알려지지 **않았다**(예를 들어, 롬 16:25-27). 우리는 서로 다른 이 두 가지 생각을 어떻게 하나로 조화시킬 수 있을까? 궁극적으로 이 질문에 대한 답변은 구약성경을 읽는 자들이 구약성경을 정확히 이해하지 **못했다**는 사실로 비판을 받았다는 것**과**, 그토록 많은 사람이 영광의 주님이 오심을 “보고” 이해하지 못한 이유를 설명하는 데 도움을 줄 것이다(예를 들어 요 3:10-11; 5:39-40; 고전 2:7-8을 보라). 이 두 가지 생각을 조화시키는 중요한 방식은 모형론을 통한 방식이다. 모형론의 **간접적** 성격을 고려한다면 우리는 모형론을 조심스럽게 이해해야 한다. 그뿐만 아니라 우리가 주 예수 그리스도의 오심에서 “모형”이 어떻게 성취되는지를 판단하려면 시간의 경과가 필요하다.

이 시점에서 모형론이 예언적이며 하나님에 의해 주어진 것이라는 견해를 뒷받침하고 있는 숨겨진 전제에 대해 명확히 설명하는 것이 중요하다. 모형론에 관한 이 견해는 하나님의 섭리와 지식에 대한 강력한 지지를 전제한다.[51] 어떻게 그런가? 모형은 당대에도 중요성을 갖고 있지만 더 큰 중요성은 미래를 지시하는 데에 있기 때문이다. 그것은 모형 자체보다 장차 임할 더 큰 어떤 것을 증언한다. 그러나 미래의 대형(antitype)은 확실히 **임할** 것이다. 하나님이 그분의 영원한 계획에 따라 그것이 임할 것이라는 사실

---

50 바울 서신에 나타난 “비밀”에 관한 유용한 논문은 Carson, “Mystery and Fulfillment,” 393-436을 보라.
51 Beale, “Did Jesus and His Followers Preach the Right Doctrine from the Wrong Text?” 394-395과 이와 동일한 요점에 제시하는 Lints, *Fabric of Theology*, 306-310을 보라.

을 온전히 아시기 때문이다. 그뿐 아니라 그분은 주권과 섭리를 사용하셔서
대형의 예언적 성취가 그리스도 안에서 일어날 것을 **보증하실** 것이기 때문
이다.[52] 다른 말로 표현하자면 모형과 대형의 관계는 임의적인 관계, 단순한
유비 관계 혹은 독자들이 소급적으로 구성한 관계가 **아니다**. 이 관계는 하
나님이 정하신 **유기적** 관계다. 그 결과 특정한 모형들은 자신들을 넘어 그
리스도 안에서의 성취를 실질적으로 나타낸다. 하나님에 관한 이런 개념 외
에는 우리가 설명하는 것과 같은 모형론은 아무 의미가 없을 것이다. 이것
은 구약성경의 모형과 관련된 자는 누구나 이처럼 미리 나타내는 것의 패
턴을 이해하고 알고 있었다는 것을 말하는 것이 **아니다**. 오히려 그것은 모
형이 (상호텍스트적인 전개에 기인한 반복된 패턴의 경로를 따르는 점에서) 하나의 모
형으로 **발견되었을** 때, 그것은 그것 자체가 올바르게 하나님이 주신 것으로
간주된다.[53]

---

52 Lints, *Fabric of Theology,* 303-311을 보라. 참조. Goldsworthy, *Hermeneutics,* 245-257;
    Hoskins, *Jesus as the Fulfillment of the Temple,* 21-27.

53 이것을 말하는 또 하나의 방법은 모형론 패턴들은 **주석을 통해** 발견된다는 것이다. 모형이 처
    음 소개되는 직접 문맥 속에 그 중요성을 말하는 본문의 단서가 들어 있다. 모형의 중요성은
    처음에는 파악되지 못할 수 있으나 구약성경 안에서 상호텍스트적인 전개를 통해 파악될 수
    있고(예를 들어 후기의 저자들은 이 인물과 제도 그리고 사건을 모형으로 알아보고 그 중요
    성을 강조할 뿐만 아니라 미래에 더 큰 어떤 것을 예견하는 길로 우리를 이끈다), 이어서 전
    체 정경에 따라 독자들은 모형의 의미를 깨닫고, 그 모형이 어떻게 항상 이 모형적인 패턴들
    의 최고의 대형이 되시는 그리스도의 인격과 사역 안에서 주어질 그 계획의 완성을 미리 지
    시하는 하나님의 전체 계획에 적합한지 파악할 수 있다. 신학자들은 모형론에 대한 본문의 보
    증의 필요성을 올바르게 강조했다. Louis Berkhof, *Principle of Biblical Interpretation:
    Sacred Hermeneutics,* 2nd ed. (Grand Rapids, MI: Baker, 1952), 145은 구약과 신약성
    경의 인물 또는 사건 간의 우연한 유사점은 하나가 다른 하나의 모형을 구성하지 않는다는 사
    실을 올바르게 주장했다. 거기에 하나님이 그렇게 계획하신 것에 대한 성경적 증거가 어느 정
    도 있는 것은 틀림이 없다. 『성경해석학』(크리스천다이제스트 역간); 참조. Geerhardus Vos,
    Biblical Theology, 145-146. 구약성경에서 출애굽 모형론의 상호텍스트적인 전개에 대한 연
    구는 Friedbert Ninow, *Indicators of Typology within the Old Testament: The Exodus
    Motif* (Berlin: Peter Lang, 2001)를 보라. 인물과 사건들이 구약성경 안에서 모형론에 따
    라 어떻게 이해되는지를 증명하려고 애쓴 다른 연구에 대해서는 Chad L. Bird, "Typological
    Interpretation *within* the Old Testament: Melchizedekian Typology," *Concordia
    Journal* 26 (2000): 36-52과 Daniel R. Streett, "As It Was in the Days of Noah: The

모형론에 대한 이런 기본적 설명을 고려한다면, 모형론은 성경에서 어떻게 **작동하는가**? 성경은 모형론과 관련해서 이중적인 특성을 보여준다고 생각하는 것이 가장 좋다. 첫째, 모형론은 구속사의 "언약-성취" 패턴을 **반복**한다. 그 결과 다양한 모형은 이후의 인물과 사건 그리고 제도에서 성취되는 모습을 보이지만 궁극적으로는 그리스도 안에서 성취되는 모습을 보여준다. 예를 들어 성경은 아담을 그리스도의 모형으로 소개한다(롬 5:12-21; 고전 15:21-49). 구속사가 전개될 때 첫 사람 아담의 역할을 감당하는 다른 "아담들"(반복 개념)은 인간 역사의 무대에 등장하지만(예를 들어 노아, 아브라함, 이스라엘, 다윗), 이 "다른 아담들"은 궁극적으로 성취하는 인물들이 **아니다**.[54] 그 대신 우리는 이와 같은 다른 모든 아담이 나타내고 예견하는 인물인 "마지막 아담"을 오직 그리스도 안에서만 만난다. 이런 방식으로, 하나님은 첫 아담이 자신을 넘어 그리스도를 나타내도록 의도하셨고, 우리는 이 아담의 패턴이 상호텍스트적으로 발전되고 궁극적으로 그리스도 안에서 성취가 되는 것을 발견할 때 하나님의 의도를 알게 된다. 이것이 모형들은 **예언적이면서** 동시에 **감추어져 있는** 것으로 간주되는 이유다. 모형들은 **예언적**이다. 하나님께서는 모형들이 다양한 방식으로 그리스도를 예견하도록 의도하셨기 때문이다. 또 모형들은 **간접적**이다. 그것들은 간접적 특성을 가지고 있을 뿐만 아니라, 우리는 하나님의 구속 계획이 전개되고 **이후의** 본문들이 반복되는 패턴을 취하고 있음을 보면서 그것들이 모형이라는 것을 알게 되기 때문이다.

또한 이스라엘 민족에 대해 생각해보자. 이스라엘은 세상에서 아담의 역할을 맡은 아들로서(출 4:22-23) "제2의 아담"으로 성경에서 이야기된다. 그뿐만 아니라 그것은 참아들, 참이스라엘, 참종, 참포도나무이신 우리 주

Prophets' Typological Interpretation of Noah's Flood," *Criswell Theological Review* 5 (2007): 33-51을 보라.

54 이후의 장들에서 주장될 것처럼 그리스도의 모형으로서의 아담의 전개가 성경의 언약들의 점진적 발전에 따라 어떻게 밝혀지는지를 주목하는 것이 중요하다.

예수 그리스도의 오심을 예견하는 역할도 한다(예를 들어 사 5:1-7; 호 11:1; 마 2:15; 요 15:1-17을 보라). 더욱이 하나님 백성으로서 우리는 그리스도와의 관계에 의해 모형론적인 패턴에 참여한다. 모형들은 우리가 아닌 그리스도 안에서 우선 성취되기 때문이다. 따라서 모형론적인 패턴으로서 이스라엘의 경우에 그리스도가 가장 먼저 모형론을 성취한다. 교회로서 우리는 그저 그리스도와 연합했기 때문에 "하나님의 이스라엘"로 간주된다. 다른 말로 하자면, 교회로서 우리는 첫 번째 의미에서 이스라엘의 대형적인 성취가 **아니다**. 그리스도만이 그런 역할을 충족하신다. 하지만 믿음으로 그리스도와 연합할 때 우리는 그리스도의 사역의 수혜자가 된다. 참아들/이스라엘이신 그리스도와의 관계를 맺고 있어서 우리는 하나님께서 그분의 형상을 지닌 자로 살도록 우리를 지으신 것이 회복되어(엡 4:20-24) 입양된 아들(갈 3:26-4:7)이자 "하나님의 이스라엘"(갈 6:16)이며, 아브라함의 영적 자손(갈 3:29)이 된다.[55] 이런 방식으로 "이스라엘 집"과 "유다 집"에 주어진 새 언약의 약속(렘 31:31)이 교회에 적용된다. 이스라엘의 대형적인 성취로서 그리스도는 이스라엘의 역할을 감당하고, 믿음으로 그리스도와 연합했기에 새로운 언약 백성이 된 우리는 그리스도의 업적을 우리의 것으로 삼는다.

두 번째, 모형론은 "한층 더 큰"(*a fortiori*) 특성을 보여주거나 혹은 모형은 대형에서 실현될 때 **확대**된다는 사실을 보여준다. 예를 들어 아담이나 다윗에서 예언자, 제사장, 왕들, 구속사를 지나서 참된 다윗 왕이자 큰 대제사장이신 마지막 아담으로 나아가면서, 대형은 이전 모형/패턴들보다 항상 더 크다. 그러나 시대를 지나면서 커지는 그런 확대는 원래의 모형에서 각각의 "작은" 단계를 거쳐 그리스도에 이르기까지 끊임없이 발생하는 것이 **아님**을 주목하는 것이 중요하다. 마치 직선이 끊임없이 이어지는 것처럼 말

---

[55] 우리가 이후에 더 상세히 전개할 것처럼 교회로서 우리는 오직 이스라엘의 대형적인 성취이신 그리스도와의 연합에 따라서만 "하나님의 이스라엘"이 된다는 이 지적은 세대주의 신학의 교회 개념과 언약신학의 교회 개념 사이에서 중도를 취하는 데 중대한 역할을 한다.

이다. 오히려 확대는 그리스도께서 오실 때에만 충분히 발생한다. 이전 모형론의 패턴들은 오고 있는 더 큰 패턴을 미리 보여준다(롬 5:14). 하지만 더 큰 측면은 그리스도 안에서만 실현된다. 예를 들어 아담은 그리스도의 모형으로서의 의무를 수행하고, "작은 아담들"은 역사 속에서 등장하지만 이런 "다른 아담들"(예를 들어 노아, 아브라함, 이스라엘, 다윗)은 모두 믿음과 순종에서 실패한다. 그들에게서는 확대가 일어나지 **않는다**. 그러나 그들은 모두 순종과 믿음에 있어 실패하지 **않을** 더 큰 아담, 곧 마지막 아담을 예견한다. 다윗과 그의 아들들에 대해 생각해보자. 다윗 언약에 뿌리를 두고 있는 그들은 그리스도의 모형으로서의 의무를 수행한다. 우리가 다윗에게서 솔로몬으로 나아가면, 약간의 확대가 있지만 오래 지속되지는 않는다. 솔로몬은 초기에 매우 위대하게 왕위를 시작하지만 생애 말년에는 비참할 정도로 실패한다. 사실 다윗을 포함해 다윗 계보의 왕들이 모두 실패한다. 실패로 인해 그들은 하나님의 구원하시는 통치와 다스림(나라)을 이끌 수 없고, 하나님이 정하신 목적을 이루지 못한다. 다윗의 위대한 아들, 곧 우리 주 예수 그리스도께서 오실 때에만 우리는 고양된다. 그분이 다윗의 패턴을 대형적인 성취로 이끌기 때문이다.

이런 관찰은 여러 가지 이유로 중요하다. 모형론의 "한층 더 큰" 특성은 성경이 그리스도의 유일한 신분을 밝히는 중요한 수단으로 작용한다. 그뿐만 아니라 그것은 성경이 새 언약의 시작과 함께 관련된 전체 성취 시대의 유일성을 기초하는 방식이기도 하다. 다른 말로 하자면, 그것은 하나님의 통일된 계획에서 옛 언약과 새 언약의 적절한 **불연속성**을 규정하는 수단이다. 대형이 역사에 도달할 때, 더 좋게 표현하자면 대형이 출범할 때 이전의 모형들은 목적을 달성할 뿐만 아니라 시작한 전체 시대도 많은 영역에서 거대한 변화를 일으킨다. 이것이 하나님의 계획이 진행되면서 그리스도가 시작한 성취 시대(종종 "이미"라고 이야기되는 시대)가 더 큰 실재들, 곧 하나님 나라와 새로운 언약 시대의 시작, 그리고 새 창조의 도래를 출범과 직접적으로 연관된 실재들을 출범시킨 이유다. 비록 성취 시대가 아직 완성("아직"으로

불리는 시기)을 기다리지만 말이다.[56]

우리가 모형론에 대한 논의를 마치기 전에 모형론의 구조와 성경의 언약들이 얼마나 긴밀하게 관련이 있는지를 주목하는 것이 중요하다. 성경의 모형과 패턴들이 성경의 언약들과 관련이 없다고 생각하기는 어렵다. 다른 말로 하자면, 모형론의 구조와 그것들의 전개를 반성하는 것은 구속사 전체에 걸친 성경의 언약들을 동시에 해석하는 것이다. 예를 들어 아담과 아담을 따르는 "다른 아담들"은 모두 창조 언약, 노아 언약, 아브라함 언약, 이스라엘 언약, 다윗 언약과 관련이 있다. 이런 언약의 모든 인물이 세상에서 아담의 역할을 지속해서 감당했고, 각각의 인물은 순종으로 우리의 구속을 성취하신 마지막 아담의 오심을 미리 보여주고 있다.[57] 혹은 "자손"과 관련해 아브라함에게 주어진 약속을 생각해보자. 아브라함의 자손에 대한 약속은 우선 이삭에게서 점진적으로 전개되고, 이후에는 이스라엘 민족과 다윗 왕에게서 전개되며, 최종적으로 우리 주 예수 안에서 전개된다. 더 나아가서는 아브라함의 영적 자손인 교회에서 전개된다.[58] 또는 옛 언약 아래에서 전체 예언자 제도의 창시자이자 전체 제사장 제도를 출범시킨 모세가 궁극적으로 그리스도 안에서 정점에 이르는 전체 예언자 제도와 제사장 제도와 관련해서 어떻게 발전하는지 생각해보자.[59] 우리는 다윗과 그의 아들들, 전체 성막-성전 구조, 그리고 마침내 도래할 더 큰 출애굽을 예견하는 출애굽 사건 등과 관련된 더 많은 예를 제시할 수 있다. 성경에 나오는 이런 모든 모형은 성경의 언약들과 유기적으로 관계가 있다. 우리는 언약들이 서로 어

---

56 시작된 종말론에 대한 유용한 설명은 Thomas R. Schreiner, *New Testament Theology: Magnifying God in Christ* (Grand Rapids, MI: Baker, 2008), 41-116을 보라.

57 창 1-3장; 5:1-2; 9:1-17; 12:1-3; 출 4:22-23; 삼하 7:5-16 시 8편; 롬 5:12-21; 히 2:5-18과 같은 본문들을 보라.

58 창 12:1-3; 17:1-22; 출 1:1-7; 삼하 7:5-16; 갈 3:16, 29과 같은 본문들을 보라. 이 주제에 대한 전개는 T. D. Alexander, "Seed" *NDBT*, 769-773을 보라.

59 출 19-20, 24, 32-34장; 레 8-9장; 신 18:15-22; 신 34:10-12; 요 1:14-18, 히 1:1-3, 3:1-6을 보라.

떻게 관련이 있고 전체적으로 그 언약들이 그리스도의 오심과 새로운 언약의 시대를 어떻게 미리 보여주는지를 해결하려고 애쓰지 않고는 성경의 모든 모형을 적절하게 생각할 수 없다. 이런 방식으로 성경의 모든 역사는 단순히 구두 예언과 관련된 것이 아니라 영광의 주가 오실 마지막 때의 도래를 예견하고 예언하는 언약들과 관련한 예언의 역사다. 이것이 전체 신약성경이 기독론에 중심을 둔 이유다. 예수가 언약들과 예언자들이 예견한 바로 그분이기 때문이다(예를 들어 마 5:17-18; 11:11-15; 롬 3:21-31). 이것이 성경의 언약들을 "종합하는" 것이 우리가 하나님의 계획을 파악하고 결국 성경을 이해하는 수단이 되는 이유다. 성경의 언약을 하나로 종합하는 것 외에는 우리는 "부분들"이 "전체"에 어떻게 일치하는지를 이해하는 데 실패하고, 우리는 성경을 이해하는 우리의 방식과 관련해서 조금도 "성경적"이라고 말할 수 없다.

성경적이라는 말은 무슨 의미인가? 우리는 성경 본문들을 어떻게 올바르게 주석하고, 적절한 신학적 결론을 도출하는가? 분명히 우리가 지금까지 진술한 것은 충분한 답변이기보다는 아직 수박 겉핥기 식의 이해에 불과하다. 우리가 설명하려고 노력했던 것은 성경의 신학적 해석과 해석적 임무에 접근하는 방법과 관련된 것이었다. 이것이 특히 중요하다. 우리는 성경의 언약들과 관련해서 **중도적** 입장에 찬성하려고 노력했기 때문이다. 이런 기본적인 입장들을 염두에 두고서, 우리는 지금 이 장의 두 번째 부분으로 방향을 돌려 세대주의 신학과 언약신학의 성경신학적 체계가 성경과 전체적으로 조화되는지를 더욱 잘 판정하기 위해서 그 두 신학 체계를 구분하는 중요한 해석학적 문제 중 일부를 논하고자 한다. 두 신학 체계의 해석학적 문제를 논할 때 우리는 "언약을 통한 하나님 나라"가 어떻게 대안적인 견해로 도움을 주는지 간략하게 살펴보고, 이후의 장들부터는 그것에 대해 더 자세히 살펴보고자 한다.

세대주의 신학과 언약신학을 구분하는 중요한 해석학적 문제들

기본적인 신학적 확신과 관련해서 세대주의 신학과 언약신학은 차이점보다는 일치점이 더 많다. 그래서 우리는 두 신학 체계의 차이점을 너무 과장하지 말아야 한다. 그러나 앞장에서 설명한 것처럼 몇 가지 중요한 점들, 특히 이스라엘-교회 관계, 이 관계와 성경의 언약들에 관한 두 신학의 견해를 결합한 것에 따르면, 실질적인 차이점은 서로 다른 이 두 개의 성경-신학적 체계가 성경을 "종합하는" 방식과 관련이 있다.

그렇다면 세대주의 신학과 언약신학을 구분하는 중요한 해석학적 차이점은 무엇인가? 이 질문에 대한 우리의 답변은 이 문제를 상세히 다루는 존 파인버그의 탁월한 작품 『연속성과 불연속성』(*Continuity and Discontinuity*)의 유용한 설명에 의지할 것이다.[60] 파인버그는 세대주의 신학의 핵심적인 해석학적 특징들 또는 그가 "불연속성의 체계들"이라고 표현한 것을 설명하면서 세대주의 신학과 언약신학의 몇 가지 차이점을 예리하게 포착한다. 특히 우리는 파인버그의 논의에서 세 가지 다른 영역의 차이점, 곧 구약성경에 대한 신약성경의 우선성과 성경 언약들의 본질 그리고 모형론의 사용에 초점을 맞추고자 한다. 이 세 가지 영역은 세대주의 신학의 핵심 요소를 더 잘 파악하고 세대주의 신학과 언약신학을 비교하고 대조하도록 우리를 도와줄 것이다. 또한 우리는 이 동일한 문제와 관련한 우리의 접근법에 관한 개요를 설명할 것이다. 이런 접근법은 이후의 장들에서 더 상세히 전개될 것이다.

이 세 가지 영역을 논할 때 그것들이 어떻게 서로 관련이 있고 각각의 영역이 그 자체를 유지하지 못하고 다른 영역이 필요하며 가정해야 하는지

---

[60] John S. Feinberg, "Systems of Discontinuity," *Continuity and Discontinuity: Perspectives on the Relationship between the Old and New Testaments,* ed. John S. Feinberg (Wheaton, IL: Crossway, 1988), 63-86을 보라.

를 주목하는 것이 중요하다. 우리는 이런 사실에 놀라면 안 된다. 이 세 가지 영역들은 우리를 세대주의 신학과 언약신학의 핵심으로 안내하기 때문이다. 더욱이 우리가 이 책 2장에서 살펴보았던 것처럼 이 세 가지 영역은 이스라엘-교회 관계라는 특정한 개념에 기초하고 있고 이스라엘-교회 관계는 언약들에 대한 세대주의 신학 및 언약신학의 견해와 관련을 맺고 있다. 특히 이스라엘 민족에 대해 하나님이 맺으신 불변하는 약속들의 엄밀한 본질과 이 약속들이 교회와 새 언약에서 어떻게 성취되는지에 관해 논란이 있다. 이 세 가지 영역은 우리가 이 중요한 점과 관련해서 세대주의 신학과 언약신학의 본질적인 차이점을 파악하도록 도움을 준다. 우리는 세 가지 영역 모두가 이 두 신학 체계의 핵심적 차이점을 파악하고 각각의 체계가 성경의 언약들을 어떻게 "종합하는지"를 더 잘 이해하기 위해서 필요하다는 사실을 충분히 의식하면서, 이제 이 세 가지 사항으로 시선을 돌려보자.

계시의 점진성에 따른 구약성경에 대한 신약성경의 우선성

파인버그는 세대주의 신학과 언약신학 간의 핵심적인 해석학적 차이점 중 하나가 구약성경에 대한 신약성경의 우선성이라고 주장한다. 특히 하나님의 계획에서 이스라엘 민족의 역할 및 미래와 관련된 결론을 도출하는 것과 관련해서 말이다.[61] 그는 세대주의자들이 성경 해석에 있어서 "문자적" 해석을 일관되게 사용하고, 언약신학자들은 성경을 비문자적으로 혹은 영적으로 해석한다는 거짓 주장을 올바르게 거부한다.[62] 세대주의 신학과 언약신

---

61   이 설명에 대해서는 Feinberg, "Systems of Discontinuity," 73-79을 보라.

62   Vern S. Poythress, *Understanding Dispensationalists*, 2nd ed. (Phillipsburg, NJ: P&R, 1994), 78-96은 "문자적" 해석의 곤란한 문제점을 적절하게 설명한다. Poythress는 Feinberg 와 마찬가지로 세대주의 신학과 언약신학의 차이가 이 부분에서가 아니라 "문자적"이라는 말이 특정 분야에서, 특히 이스라엘-교회 관계에서 사용되는 방식에 있다는 점을 보여준다. 그런데 차이점을 이 부분으로 축소하는 것은 충분하지 않다. 나아가 "문자적인 의미"(*sensus*

학을 이런 방식으로 구분하는 것은 정확한 구분이 아니다. 비록 세대주의자들이 종종 이렇게 말은 하지만 말이다. 언약신학자들이 거듭해서 자기들은 "문자적 의미"(*sensus literalis*)에서 성경을 "문자적으로" 해석한다고 주장한다는 사실을 고려한다면, 이런 식의 구별법은 매우 부정확하다.[63] 파인버그가 다음과 같이 주목한 것처럼 말이다. "양편 모두 문자적으로 해석한다고 주장하지만 그들은 거기서 다른 신학 체계를 도출한다. 이것은 그런 차이점이 문자주의 대 비문자주의에 있지 않고, 문자적인 해석을 하도록 하는 다른 이해에 있다는 것을 암시한다."[64] 이것과 관련해서 파인버그가 옳다. 그렇다면 차이점은 어디에 있는가?

파인버그는 두 신학 체계의 차이점이 각각의 체계가 "구약성경과 신약성경 중 어느 것을 우위에 두고 계시의 점진적 성격을" 이해하는지와 관련이 있다고 제안한다.[65] 의심할 것 없이 이 두 견해 모두 점진적 계시를 진지하게 받아들이고 신약성경은 구약성경을 성취한다는 사실을 인정한다. 하지만 신약성경이 구약성경을 "재해석하는" 데 사용될 수 있는지에 대해서는

---

literalis), 곧 저자의 의도와 저자의 다양한 문학적 형식들의 사용과 관련된 문장의 의미로 "문자적"이라는 말을 이해하는 것이 가장 좋다. 따라서 Kevin Vanhoozer(*Is There a Meaning in This Text?* 312)가 말하는 것처럼 "성경을 문자적으로 받아들이는 것은 성경의 문학적 의미, 곧 성경의 전달 행위의 의미를 파악하기 위해 읽는 것을 가리킨다. 이것은 첫 번째로 각 본문의 명제적·시적·합목적적 측면들을 전달 행위로 정당화하는 것을 함축하고, 두 번째로 이 측면들을 통일된 신적 전달 행위, 곧 하나님의 말씀으로 간주된 성경과 관련시키는 것을 함축한다." "문자적 의미" 개념에 대한 역사적 개요는 Charles J. Scalise, "The 'Sensus Literalis': A Hermeneutical Key to Biblical Exegesis," *Scottish Journal of Theology* 42 (1989): 45-65을 보라.

63 예컨대 Horton, *Covenant and Eschatology,* 171-175을 보라. 참조. Berkhof, *Principles of Biblical Interpretation,* 57-60; Poythress, *Understanding Dispensationalists,* 78-129.

64 Feinberg, "Systems of Discontinuity," 74. 또한 David L. Turner, "The Continuity of Scripture and Eschatology: Key Hermeneutical Issues," *Grace Theological Journal* 6/2 (1985): 275-287과 초-문자주의 또는 영해의 비판에 대해서는 이후로 논쟁이 진행되지 않을 것이라는 Turner의 소견(특히 275-278)도 보라.

65 Feinberg, "Systems of Discontinuity," 74.

근본적으로 불일치한다. 예를 들어 파인버그에 따르면 세대주의 신학은 종종 구약성경과 함께 시작한다. "하지만 세대주의 신학자들이 어디서 시작하든지 간에 그들은 구약성경이 신약성경에 비추어 재해석되기보다는 오히려 자기 나름의 방식으로 해석된다는 것을 주장한다."[66] 다른 한편 파인버그는 비세대주의자들(즉 언약신학자들)이 "우선권을 가진 신약성경의 가르침에서 시작해서 구약성경으로 되돌아가며",[67] 그 결과 구약성경은 신약성경의 가르침에 비추어 재해석된다고 주장한다. 그는 언약신학자들이 이렇게 해석하는 이유가 그들이 하나님이 계시하신 계획에서 구약성경은 일시적인 것이고, 신약성경은 영속적이고 최종적인 것으로 이해한다는 데 있다고 주장한다. 이것 때문에 신약성경이 구약성경보다 우선권을 가진 것으로 이해하는 근본적인 생각과 신약성경이 분명하게 주장하지 않은 것은 무엇이든지 새 언약 시대에는 더 이상 효력이 없다는 경향이 생겨났다.[68]

구약성경에 대한 신약성경의 우선권을 강조하면서, 파인버그가 대부분의 경우에 이런 해석학적인 규칙을 적용하는 데 동의하지 않는 것이 **아니라**는 사실을 주목하는 것이 중요하다. 어쩌면 이것은 무척 역설적인 모습일 수 있다. 예를 들어 파인버그에 따르면 언약신학의 견해를 따라 제사 제도, 음식 법, 제사장직 등은 구약 시대에 임시적이고 일시적인 것이었지만, 이제는 그리스도의 오심과 계시의 점진성과 관련해 종료되었다. 파인버그가

---

66 같은 책, 75.

67 같은 책.

68 Feinberg, "Systems of Discontinuity," 75-76을 보라. Feinberg는 언약신학에서 나온 이 기본적인 해석적인 특징을 보여주기 위해서 Willem VanGemeren, "Israel as the Hermenetical Crux in the Interpretation of Prophecy (II)," *Westminster Theological Journal* 46 (1984): 262을 인용한다. VanGemeren은 언약신학이 구약성경으로부터 무엇이 여전히 효력이 있는지 결정하는 방법을 주목하면서 기본적인 해석학 접근법은 다음과 같다고 주장한다. "신약성경이 명시적으로 주장하지 않는 것은 무엇이든 거부되었고, 구약성경의 예언 언어는 모형론에 따라 해석되었다"(Feinberg, "Systems of Discontinuity," 76에서 인용함). 또한 이 해석학적 관찰은 세대주의 신학과 언약신학이 모형론의 용도를 어떻게 사용하는지와 관련되어 있다는 사실이 인정되어야 하고, 이것은 우리가 아래에서 되돌아갈 특징이다.

다음과 같이 인정하는 것처럼 말이다. "신약성경이 명시적으로 구약의 제도 등을 거부한다면, 구약의 제도는 철회된다."[69] 이런 의미에서 **모든** 그리스도 인은 세대주의 신학에 속해 있거나 언약신학에 속해 있든지 간에 구약성경 보다 신약성경이 우선권을 갖고 있다는 사실에 동의한다. 하지만 이것이 파 인버그의 일차 관심사는 **아니다**. 무엇보다도 파인버그는 언약신학과 세대 주의 신학 체계의 핵심 **차이점**에 대해 논하고 있다. 이것은 우리가 이 책 2 장에서 주장한 것처럼 이스라엘-교회 관계와 언약들 간의 관계에 대한 각 기 다른 이해에 중심을 두고 있다. 따라서 파인버그의 참된 관심은 구약성 경에 대한 신약성경의 우선권 자체에 있는 것이 **아니고**, 언약신학이 어떤 방식으로 이런 이해를 그가 관심을 두고 있는 **그** 특별한 관계, 즉 하나님의 계획에서 이스라엘 민족의 미래 역할을 포함해 이스라엘과 교회의 관계에 적용하는지에 있다.

다른 말로 하자면, 파인버그와 세대주의 신학은 **이 특별한 주장과 관련해 서** 신약성경의 실재들을 구약성경에 비추어 이해하거나 이스라엘 민족을 하나님의 계획 속에서 잠정적이고 모형적인 어떤 것 혹은 단순히 교회의 모 형으로 간주하는 것이 부적절하다고 주장한다. 우리는 신약성경의 주제들 을 가져다가 그것들을 구약성경의 실재들로 뒤바꾸려 하기전에 먼저 구약 성경에서 신약성경으로 나아가는 과정을 거칠 필요가 있다. 더 정확하게 말 하자면 파인버그는 언약신학이 이스라엘 민족에게 주어진 땅의 약속을 영 적 또는 모형론 방식으로 **재해석하기** 위해 신약성경의 우선성에 호소하는 것을 우려한다. 어떻게 그런가? 신약성경이 땅의 약속에 대해 세부적인 언 급을 결여한다는 사실을 고려하여, 언약신학은 신약성경에서 땅의 약속이 명시적으로 주장되지 **않았고**, 따라서 더 이상 효력이 없다고 주장했다.[70] 그

---

69   Feinberg, "Systems of Discontinuity," 76.
70   공정하게 말하자면 이 주장과 관련해서 언약신학의 주장은 신약성경이 이스라엘에게 주어진
      땅의 약속을 명시적으로 언급하지 않고, 따라서 신약성경에서 땅의 약속은 더 이상 효력이 없
      다고 단순히 말하는 것보다 좀 더 복잡하다. 나아가 언약신학은 땅의 약속이 한 민족으로서 이

러나 파인버그가 주장하는 것처럼 언약신학의 문제점은 바로 이것이다. 곧 언약신학은 이 특수한 약속과 관련해서 신약성경의 우선성에 잘못 호소하고, 구약성경의 가르침의 정당성을 인정하지 않았다. 파인버그가 천명하는 것처럼 우리는 땅의 약속과 관련된 문제를 결정하기 위해 신약성경에 호소하기 전에, 먼저 구약성경 스스로가 이 문제에 관해 말하는 것을 인정해야 한다.

파인버그는 언약신학을 비판하면서 누구나 들어야 할 중요한 질문을 제기한다. 곧 우리는 "구약성경에 나오는 어떤 것(특히 이스라엘의 미래에 관한 예언)이 신약성경에서 여전히 유효한지"[71] 어떻게 아는가? 특히 신약성경이 그 문제나 약속을 명시적으로 다루지 않는데도 말이다. 파인버그는 다음과 같은 두 가지 방식으로 대답한다. 첫째, "구약의 예언이나 약속이 정해진 사람들과 무조건적으로 맺어지고 그들과 맺어진 약속이 신약 시대에도 성취되지 않는다면, 그 예언은 앞으로 그들에게 성취되어야만 한다. 신약성경이 예언을 교회에 **적용한다면**, 이스라엘에게 무조건적으로 주어진 예언이 교회에서 성취되지만, 그것은 이스라엘에게도 성취되어야 한다. 계시의 점진

스라엘이 깨뜨린 옛 언약의 조건적 요소와 관련이 있다고 주장한다. Michael Horton이 주장하는 것처럼 "하나님과 동맹을 맺은 민족적 실재로서의 이스라엘 언약은 조건적 언약이었고, 이스라엘 민족은 신정국가로서의 지위를 상실할 정도로 이스라엘 언약을 아주 철저히 어겼다고 지적하는 것은 반셈족적인 언급이 결코 아니다. 세대주의 신학은…하나님의 계획에서 이스라엘과 교회는 서로 다른 것일 수 있을 정도로 땅의 약속을 영원하고 취소할 수 없는 것으로 간주한다.…[그러나 이것은] 히브리 성경 자체가 이 민족적 언약을 엄밀히 조건적 규정에 따라 제한하고 있음을 인정하지 못하는 견해다"(Michael S. Horton, *God of Promise: Introducing Covenant Theology* [Grand Rapids, MI: Baker, 2006], 47). 또한 Keith A. Mathison, *From Age to Age: The Unfolding of Biblical Eschatology* (Phillipsburg, NJ: P&R, 2009), 83-84도 참조하라. 그러나 다음과 같은 점을 주목하는 것이 중요하다. 곧 세대주의 신학은 땅의 약속이 옛 언약과 옛 언약의 조건적 요소와 관련이 있을 뿐만 아니라 옛 언약 이전에 있었던 아브라함 언약의 무조건적 성격과도 관련이 있다고 주장하는 것으로 언약신학의 주장에 대응한다. 이 논쟁은 아래에서 우리가 살펴볼 두 가지 점을 강조한다. 첫 번째는 언약들은 무조건적 언약 아니면 조건적 언약 중 어느 하나로 간주되어야 하는지의 여부이고, 두 번째는 땅의 약속은 본질상 모형론적인지의 여부다.

71　Feinberg, "Systems of Discontinuity," 76.

성이 무조건적 약속들을 폐지할 수는 없다."[72] 둘째, 첫 번째 특징과 관련해, 땅의 약속이 신약성경에서 반복되지 않는다는 사실은 땅의 약속이 효력이 없다는 결론을 수반하지 않는다. 신약성경이 명시적으로 또는 함축적으로 그것을 뒤엎지 않는다면 말이다. 세대주의 신학이 주장하는 것처럼 땅의 약속은 하나님의 무조건적 약속에 근거하기 때문이다.[73] 이 답변에서 파인버그는 구약성경에 대한 신약성경의 우선성과 관련해 몇 가지 중요한 문제들을 제기한다. 세대주의 신학에 따르면 언약신학은 신약성경에 비추어 구약성경을 이해하는 경향이 있고, 구약성경 스스로가 이야기하는 것을 허용하지 않는다. 특히 구약성경이 이스라엘 민족과 맺은 무조건적인 땅의 약속과 관련해서 이야기하는 것을 허용하지 않는다. 반면에 세대주의 해석은 우선 구약성경 스스로가 이야기하기를 원하고, 신약성경이 명시적으로 또는 함축적으로 구약성경의 내용을 폐기하지 않는 한, 구약 시대에 무조건적으로 약속된 것은 신약 시대에도 여전히 유효하다고 주장한다.

우리는 이런 비난에 대해 어떻게 생각해야 할까? 앞에서 보여준 파인버그의 의견은 정확한가? 우리는 우리의 목적과 관련해 이런 논의에서 무엇을 배울 수 있을까? 세대주의자들은 언약신학을 향해 이런 비난을 매우 일반적으로 보여준다. 하지만 더 깊은 반성이 필요하다. 우리는 논의를 발전시키고 신약성경이 구약성경보다 우선한다는 것과 관련해서 동일한 해석학적 문제에 접근하는 방법을 설명하는 다음과 같은 반성을 제시하고자 한

---

[72] 같은 책.

[73] 같은 책. Feinberg는 다음과 같이 설명한다. "만일 신약성경이 구약의 제도 등을 명백히 거부한다면 그것은 당연히 거부된다. 그러나 만일 하나님이 이전에(구약성경에서) 제시하는 점이라면 그 점이 여전히 참되고 효력이 있도록 왜 굳이 신약성경에서 반복하셔야 할까? 하나님이 명시적으로 또는 함축적으로 구약의 가르침을 거부하지 않는 한, 그것이 신약성경에서 반복되지 않는다는 이유만으로 그것이 거부된다고 왜 가정하는가?⋯어떤 이들은 여기서 핵심 단어가 '함축적으로'라는 말에 있다고 답변할 수 있다. 하나님은 신약성경에서 이스라엘에 대한 구약의 약속들을 명시적으로 거부하시지 않는 한, 확실히 그 약속들을 교회에 적용시키심으로써 함축적으로 그렇게 하신다. 나의 대답은 그 약속들은, **만일 그것들이 무조건적으로 주어지는 것이라면**, 함축적으로도 거부될 수 없다는 것이다!"(강조는 Feinberg의 것이다).

다. 첫째, 우리는 파인버그의 주장에 많은 진실이 담겨 있음을 인정한다. 둘째, 하지만 우리는 파인버그가 완전히 옳다고 생각하지는 않는다. 역설적이지만 사실 우리는 세대주의 신학과 언약신학 모두 구약성경에 호소하고 신학적 결론을 도출하면서 같은 해석학을 따른다고 확신한다. 하지만 세대주의 신학과 언약신학은 자기들의 신학 체계에 중요한 **다른** 영역에서 같은 해석학을 사용한다. 그러나 후자의 부분을 살펴보기 전에 우리는 먼저 파인버그의 주장과 관련해서 옳은 것을 살펴보고자 한다.

이 책 17장에서 주장하려는 것처럼 우리는 언약신학에 중심이 되는 특정 영역, 즉 교회론과 규례들(물론 규례는 언약들에 대한 이해와 관련이 있다) 영역과 관련해서—하지만 이 영역에 제한되지 않고[74]—언약신학은 구약성경으로 돌아가서 새 언약의 실재들을 이해하고 또한 그 반대로 신약성경으로 돌아가서 옛 언약의 실재들을 이해하려고 한다는 주장에 대해 동의한다. 언약신학은 언약들과 언약 공동체의 본질 및 구속사 배경에서 언약의 표징들을 먼저 파악하지 않고 새 언약의 실재들을 이해하고, 그리고 그리스도가 현재 오셨기에 구약성경과 신약성경과 관련한 연속성과 불연속성의 문제를 주의 깊게 통찰하지 않고 새 언약의 실재들을 이해한다. 이것과 관련해서 우리는 파인버그가 언약신학에 대해 가하는 기본적인 비판에 동의한다. 하지만 우리는 파인버그가 가장 관심을 보인 영역, 즉 이스라엘 민족에게 주어진 땅의 약속에 대한 그의 주장에는 동의하지 않는다. 우리는 세대주의 신

---

[74] 우리는 구원론 분야에 대해서도 생각한다. 언약신학은 구약 시대 신자의 구원 경험이 기본적으로 새 언약 시대 신자의 구원 경험과 동일하다고 주장한다. 따라서 언약신학자들은 성령의 내주하심이나 심지어는 그리스도와의 연합과 같은 새 언약의 실재들을 옛 언약으로 거슬러 올라가 이해하는 경향이 있다. Sinclar B. Ferguson, *The Holy Spirit* (Downers Grove, IL: InterVarsty Press, 1996), 68; B. B. Warfield, "The Spirit of God in the Old Testament, *Biblical Doctrines* (New York: Oxford University Press, 1929, repr., Carlisle, PA: Banner of Truth, 1988), 121-128을 보라. 참조, James M. Hamilton, Jr., *God's Indwelling Presence: The Holy Spirit in the Old and New Testament* (Nashville: B&H Academic, 2006), 1-24.

학이 땅의 약속을 올바르게 이해했다고 생각하지 않는다.[75] 대신에 파인버
그의 비판에서 긍정적인 예는 그가 "이스라엘"과 "아브라함의 자손"이라는
용어에는 다중 의미가 있다고 주장하는 그의 방법에서 발견된다.[76]

파인버그는 대부분의 세대주의 비판과 다르게 다음과 같이 옳은 주장을
한다. 곧 언약신학자들이 이스라엘과 교회를 구분하지만 그들은 "이스라엘"
과 "아브라함의 자손" 같은 용어에 대한 다양한 의미를 인정하지 **않았다**. 예
를 들어 언약신학은 아브라함 언약을 본질상 새 언약과 동일한 것으로 간주
하고 몇 가지 명백한 **변화**를 인정하지 않는다. 동일한 것으로 간주하고 변
화를 인정하지 않으면서 언약신학은 아브라함 언약을 먼저 **영적** 실재로 환
원하고 그 언약이 가진 민족적이고 모형론적인 측면을 무시하면서 아브라
함 언약을 무력화하려고 한다. 이런 이유로 언약신학은 아브라함 언약에 작
동하는 계보의 원리―"너와 네 후손"(창 17:7)―를 받아들여 아브라함 언약
을 새 언약에서 정지, 폐기, 재해석하지 않고 **정확하게 동일한 방식으로** 성경
전체에 걸쳐 적용할 수 있었다. 사실 이것으로 인해 언약신학이 다음과 같
이 주장할 수 있다. 곧 세례는 할례를 **대체**한 것이고, 언약적 지위와 상관없
이 언약의 표징은 "너와 네 후손"(즉 혈통적 자손)을 위한 것이다. 비록 새 언
약의 시대가 옛 언약의 **성취**로 묘사되지만, 언약신학은 아브라함 언약의 계
보의 원리에 비추어 해석된 "은혜 언약"의 연속성을 고려하면서 "신자와 그
들의 자녀"가 옛 언약 시대에 이스라엘 안에 포함되었던 것처럼 그들이 똑
같이 교회 안에도 포함된다고 가정한다. 우리는 이런 가정이 틀렸다고 생각
한다.[77]

---

75 우리는 이스라엘의 땅이 모형론적인 땅이라는 언약신학의 주장에 동의한다. 이스라엘의 땅
은 뒤로는 원형으로서의 에덴을 지시하는 모형이고, 앞으로는 종말론적 기대 속에서 새 창조
의 성취를 내다보는 모형이다. 이 점에 관한 탁월한 설명은 G. K. Beale, *The Temple and the
Church's Mission: A Biblical Theology of the Dwelling Place of God*, NSBT 17 (Downers
Grove, IL: InterVarsity Press, 2004)을 보라. 『성전 신학』(새물결플러스 역간).

76 Feinberg, "Systems of Discontinuity," 71-73을 보라.

77 이 책 2장에서 언급한 것처럼 아브라함 언약을 새 언약과의 동일시하고 동등화한 것은 언약

파인버그가 올바르게 알아챈 것처럼, 이것과 관련해서 언약신학의 문제점은 그들이 아브라함 언약을 **영적** 측면으로만 환원시키고 민족적·혈통적 측면을 무시한다는 것이다. 하지만 영적 측면으로만 이해하는 것은 새 언약의 실재들을 **너무 성급하게** 옛 시대와 관련시켜 이해하고, 구약성경의 문맥에서 구약성경을 올바르게 살펴보지 않으면서 구약성경보다 신약성경을 더 우선시한다. 우리는 아브라함 언약을 이해할 때, 아브라함 언약을 지금 그리스도 안에서 임한 것과 관련시키기 전에 먼저 자체의 직접적인 배경에서 이해해야 한다. 말할 것 없이 누구나 아브라함 언약은 궁극적으로 우리를 새 언약으로 이끈다는 것을 인정한다. 하지만 우리는 이렇게 물어야 한다. 먼저 자체의 배경 속에서 아브라함 언약의 본질은 무엇인가? 세대주의 신학이 올바르게 주장한 것처럼 아브라함 언약은 언약신학이 종종 제시하는 것보다 훨씬 더 다양한 요소를 갖고 있다. 아브라함 언약은 영적 요소만 포함하는 것이 아니라 성취의 시대가 시작될 때 중대한 불연속성을 일으키는 민족적이고 모형적인 요소도 포함하기 때문이다. 이것은 성경이 "아브라함의 자손"에게 다양한 의미를 부여하는 것으로 가장 잘 예증된다.[78] 파인버그는 아브라함의 자손에 대해 다음과 같이 네 가지 의미로 구별한다. 첫째, 생물학적·민족적·국가적 의미가 있다. 둘째, 이스라엘 나라 전체를 가리키는 정치적 의미가 있다. 셋째, 구속받은 자, 즉 믿음으로 하나님과 영적으로 적절한 관계를 맺고 있는 사람들에게 적용할 수 있는 영적 의미가 있다. 넷째, 이스라엘이 교회의 모형으로 기능할 수 있는 모형론에 따른 의미가 있다.[79]

당사자들에 대한 설명에서 부분적으로 확인된다. 새 언약의 "이중 측면", 즉 "가시적 교회"에서 새 언약의 당사자는 "신자와 그들의 자녀"라는 것을 주장하면서, 언약신학은 자기들이 새 언약 구성원 자격을 아브라함 언약의 관점을 통해 조명하고, 두 언약 간의 구속사적 차이를 인정하지 않고 두 언약을 동일시한다는 것을 보여준다.

78 이 점에 대해서는 Feinberg의 작품 외에도 Alexander, "Seed," 769-773; John G. Reisinger, *Abraham's Four Seeds* (Frederick, MD: New Covenant Media, 1998)를 보라.

79 흥미롭게도 Feinberg는 "아브라함의 후손"의 모형론적인 성격을 교회의 관점에서만 설명한

일반적으로 파인버그와 세대주의 신학의 입장에서 볼 때, 아브라함의 자손에 관한 이런 다양한 의미를 구분하지 **않는** 것은 아브라함 언약을 단순히 **영적**인 측면으로 환원하는 경향이 언약신학에 얼마나 강한지를 설명해준다. 이와 반대로 세대주의 사고의 독특한 점은 아브라함 자손과 관련한 다양한 의미가 신약성경에서 사용되고 있는 것으로 여겨진다는 것과 "한 가지 의미(특히 영적 의미)가 다른 의미들보다 더 중요한 것이 아니며, 어떤 의미도 다른 의미가 가진 의미와 함축성을 없애지 못하는 것이다."[80] 다른 말로 하자면 언약신학은 **이 부분에서** 구약성경보다 신약성경이 우위에 있고, 새 언약의 실재들을 구약 시대와 연결해 이해하면서 "아브라함 자손"의 영적 의미만을 강조하고 민족적 의미는 경시하는 경향이 있다. 파인버그가 볼 때, 이런 경향은 언약신학이 이스라엘과 교회를 구별하지 못하는 이유와, 언약신학자들이 이스라엘 민족에게 주어진 땅의 약속을 영적 의미나 모형론적인 의미로 재해석하는 이유를 설명해준다. 이미 언급했던 것처럼 우리

다. 그는 일부 신약 본문들은 이스라엘로부터 교회에 대한 교훈을 이끌어낼 수 있고(예, 고전 10:1-6), 이 모형론적인 관계를 정당화할 수 있다고 주장한다. 그러나 우리가 아래에서 좀 더 상세히 다룰 두 가지 점을 빠뜨리고 있다. 첫째, Feinberg는 우리가 동의하지 못할 모형론에 대한 특수한 이해를 따른다. 즉 그는 모형론은 예언적이고 전망적인 측면이 아니라 유비에 따라 더 잘 이해된다고 주장한다. 둘째, Feinberg는 그리스도를 이스라엘의 대형으로 설명하지 않아서 그리스도를 "새 이스라엘"로 보지 않는다. 우리의 견해에 따르면 이것이 아브라함의 후손을 네 가지 의미로 설명하는 그의 논의가 가진 결정적인 문제점이고, 우리가 아래에서 그리고 이후 장들에서 전개할 것처럼 Feinberg는 중요한 기독론적인 설명을 빠뜨린다. 우리가 전개할 것처럼 이 지직은 이 임밀한 짐에 있이 세대주의 신학과 언약신학의 견해와 구별될 우리의 견해 곧 "언약을 통한 하나님 나라"에 대해 중요한 함축성을 갖고 있다. 우리는 정경 전체를 관통하면서 이스라엘-교회 관계를 생각하기 때문이다. 따라서 "Systems of Discontinuity," 73에서 "[아브라함 후손의] 다양한 의미의 특별성과 중요성을 더 강조할수록 Feinberg의 체계는 그만큼 더 세대주의적이고 불연속성 경향을 띠게 된다. 왜냐하면 그 특수한 의미들은 이스라엘을 민족적·정치적·영적인 관점에 따라 말하고 아울러 일반적으로 말해 교회를 더 참된 것으로 말하는 것을 필수적으로 요청하지만, 우리의 견해는 아브라함 후손의 다양한 의미의 특별성과 중요성을 강조하는 동시에 이스라엘은 새 이스라엘, 즉 그리스도의 모형이고, 따라서 우리는 세대주의 신학이 주장하는 범주와 일치하지 않는다고 주장할 것이기 때문이다. 우리는 아래에서 이것을 더 자세하게 전개할 것이다.

80 Feinberg, "Systems of Discontinuity," 73.

는 파인버그의 **이런 특수한 적용**을 따르지 **않을** 것이다(이것은 아래에서 논의할 것이다). 하지만 우리는 그의 기본적인 입장은 바르게 진행되고 있다고 생각한다. 우리의 관점에서 보면 파인버그의 견해는 언약신학이 아브라함 언약의 표징, 즉 할례를 취하고 혈통적 후손을 나타내는 일차 의미를 무시하고 오로지 영적 의미와 관련해서 해석하며, 그리고 할례는 세례가 새 언약 아래서 상징하는 것과 동일한 실재를 상징한다고 주장할 수 있는 이유를 설명할 때 더 잘 드러난다.[81]

특정한 예와 상관없이 우리는 지금 그리스도가 오신 것과 성경의 언약을 관련시키기 전에, 구약성경의 문맥과 성경 자체의 문맥에서 성경의 언약들을 이해하지 않으면서 새 언약의 실재들을 **너무 성급하게** 옛 시대와 관련시켜 이해하는 경향을 언약신학이 가지고 있다는 파인버그의 의견에 동의한다. 이것이 바로 우리가 성경의 신학적 해석에 세 가지 지평이 필수적이라고 강조한 이유다. 성경에 나오는 각각의 언약은 그 자신의 직접적인 문맥과 관련해서 먼저 해석되어야 하고(본문적 지평), 이어서 언약 이전에 있었던 것과 관련해서 해석되어야 하며(시대적 지평), 마지막으로 전체 정경과 관련해서 해석되어야 한다(정경적 지평). 이런 해석 과정을 따른다면, 우리는 신약성경이 구약성경보다 더 우위에 있다고 주장한다. 구약성경에 관한 신약성경의 해석은 구약성경의 세부적인 사실들을 명확하게 해석하지만, 이전 본문들과 모순되는 방식으로 해석하지 **않는다**. 이것이 바로 우리가 조심스럽게 신약성경을 허용해야 하는 이유다. 곧 신약성경은 구약성경의 맥락에서 구약성경의 본문들을 정확하게 해석하면서도 구약성경이 그리스도 안에서 성취된다는 사실을 우리에게 보여준다. 결국 성경의 점진적 본성을 고

---

81 이 점의 전개에 대해서는 이 책 17장과 Stephen J. Wellum, "Baptism and the Relationship between the Covenants," *Baptism: Sign of the New Covenant in Christ,* ed. Thomas R. Schreiner and Shawn D. Wright (Nashville: B&H Academic, 2006), 97-161을 보라. 참조. Paul K. Jewett, *Infant Baptism and the Covenant of Grace* (Grand Rapids, MI: Eerdmans, 1978), 89-137.

려한다면, 우리는 먼저 구약성경**에서** 그리고 전체 정경적인 신학과 관련해서 성경 본문과 언약들의 **상호텍스트적인** 전개를 조심스럽게 밝혀야 한다.[82] 성경은 성경으로 해석해야만 한다.

우리는 파인버그의 기본적인 주장에는 동의하지만, 두 가지 영역과 관련한 그의 생각은 정말로 정확하지 않다고 확신한다. 사실 우리가 두 가지 분야에 관한 파인버그의 생각이 정확하지 않은 이유를 이해하기 위해서는 세대주의 신학과 언약신학을 반대하는 우리의 견해를 설명하는 게 중요하다. 따라서 파인버그의 두 가지 영역을 각각 살펴보자.

첫째, 파인버그가 원래의 구약 문맥을 존중하지 않고 신약성경에 비추어 구약성경을 재해석하면서 구약성경보다 신약성경을 우선시한다고 언약신학을 비난할 때, 그는 완전히 정확하지 않다.[83] 사실 우리는 역설적으로

---

[82] G. K. Beale, "Did Jesus and His Followers Preach the Right Doctrine from the Wrongs Texts?" 393은 이와 관련해서 몇 가지 유용한 의견을 제시한다. 성경의 점진적 성격을 고려해서 Beale은 "구약성경의 저자들은 자기들이 기록한 모든 것의 의미, 함축성 그리고 가능한 적용을 철저히 이해하지는 못했다"고 주장한다. 하나님의 영감 아래 기록한 저자로서 그들이 기록한 것은 하나님이 주신 것이고, 참되며 권위 있는 것이고 신뢰할 수 있는 것이었다. 그러나 하나님이 자신의 전체 계획의 모든 세부 사실을 아직 완전히 계시하신 것은 아니라는 사실을 고려한다면, 구약 성경의 저자들은 전체 계시가 어디를 향해 가는지 이해할 수 없고 또 이해하지 못했을 것이다. 따라서 이후의 저자들을 통해 구속사 전체에 걸쳐 계시가 추가로 주어질 때 하나님은 자신의 계획을 그 함축성과 함께 더 깊이 드러내신다. 이런 중요한 방식으로 신약성경이 구약성경보다 우선권을 갖게 되는 이유가 이것이다. 즉 신약성경의 구약성경에 대한 해석은 구약성경의 세부 사실을 해석하도록 우리를 도울 때 분명해진다. 나아가 그것이 우리가 조심스럽게 원 문맥에서 본문들을 정당화하는 한편 동시에 구약성경이 그리스도 안에서 어떻게 성취를 이루는지를 우리에게 증명하는 데 있어 신약성경의 역할을 인정해야 하는 이유다. Beale이 올바르게 인정하는 것처럼 이런 방식으로 신약성경의 구약성경에 대한 해석은 구약성경 저자의 의미를 새로운 함축성과 적용들을 파악하는 의미로 확대시킬 수 있다. 그러나 우리가 인간 저자들을 통해 하나님의 뜻을 발견한다는 사실을 고려하면 후기의 본문들은 초기의 본문들의 본래의 의미를 무시하지 **않고**, 오히려 그 본문들을 구속사의 이전 시기에 "하나님이 자기 백성과 교제를 나누시는 방법에 대한 구약성경 저자의 이해와 일치되는 방식으로" 전개한다. 따라서 전체 정경으로서의 성경은 성경으로 해석되어야 한다. 후기 부분은 "초기 부분을 더 분명히 이끌어내고 설명해야" 한다. 참조. G. K. Beale, *The Erosion of Inerrancy in Evangelicalism* (Wheaton, IL: Crossway, 2008), 223-260.

[83] 이 비난에 대해서는 Feinberg, "Systems of Discontinuity," 75을 보라. Jewett, *Infant*

세대주의 신학과 언약신학이 구약성경에 호소하면서 실제로 **동일한** 해석을 따른다고 생각하지만, 자기들의 신학 체계에 중심이 되는 각기 **다른 분야**에서 구약에 호소하는 것이다. 더욱이 우리는 이 두 신학 체계는 각기 자기들이 존중하는 분야에서 궁극적으로 그리스도와 새 언약의 도래에서 정점에 달하는 점진적인 언약들과 관련된 **상호텍스트적인** 전개를 제대로 파악하지 못하고 있다고 확신한다. 이제 이 두 신학 체계의 핵심으로 우리를 이끄는 두 가지 예에 집중해보자.

세대주의 신학에서 논쟁의 영역은 한편으로 이스라엘-교회 관계와 관련이 있다. 특히 이 논쟁의 핵심은 **무조건적인** 아브라함 언약 아래 이스라엘 민족에게 주어진 땅의 약속과 관련이 있다. 세대주의 신학자들은 땅의 약속이 무조건적인 약속이라고 한다면, 이 땅의 약속은 구속사 전체에 걸쳐 불변적이라고 주장한다. 이런 이유로 땅의 약속은 미래의 천년왕국 시대와 그 이후 시대에 성취되어야 한다. 다른 한편으로 언약신학에서도 논쟁의 영역은 이스라엘-교회 관계와 관련이 있지만 이스라엘에게 주어진 땅의 약속은 민족적 이스라엘과 관련이 **없다**. 오히려 언약신학자들은 "너와 네 후손에게"라는 계보의 원리와 관련해서 **무조건적인** 아브라함 언약에 호소한다. 언약신학에 따르면 우리가 "은혜 언약"의 통일성을 고려한다면, 두 언약 공동체 곧 이스라엘과 교회는 인간의 "혼합된" 몸처럼 구조적으로는 동일한 것으로 남아 있고, 두 언약의 표징 곧 할례와 세례도 구속사 전체에 걸쳐 영적 의미와 관련해서 동일한 것으로 남아 있다.

하지만 이 두 가지 신학 체계에서 **동일한** 해석학이 사용되고, 다른 영역에서만 다르게 적용되고 있음을 알아낸 것은 중요하면서도 역설적이다. 세대주의 신학과 언약신학은 구약성경 자체와 관련해서 구약성경을 이해하고 신약성경이 두 신학 체계가 주장하는 특정한 점을 성취하게 하는 것으로

Baptism, 105도 언약신학은 할례 문제에 관해 새 언약과 신약성경을 통해 구약성경을 "그것이 마치 옛 것인 것처럼" 이해한다고 주장한다.

해석하지 **않도록** 호소한다. 그렇다면 **우리는** 무엇을 주장할까? 우리는 이 두 견해에 정말로 동의하지 않는다. 이 두 견해가 동일한 해석 방법을 따르기 때문이다! 우리는 앞서 설명한 것처럼 세 가지 지평과 관련해서 성경 본문과 성경의 언약들을 해석하고 신학을 해야 한다고 생각한다. 우리는 땅의 **약속과** 계보의 원리를 먼저 구약성경의 언약의 문맥 안에서 이해하고, 구약성경을 구약성경 자체와 관련해서 올바르게 평가할 것이다. 다음으로 우리는 구약성경 자체 **안에서의** 발전에 특히 주목하면서 이 두 문제가 어떻게 언약들 전체에 걸쳐 상호텍스트적으로 전개되는지 질문할 것이다. 마지막으로 우리는 정경 전체가 이 두 문제를 새 언약에서 어떻게 성취하는지 알려줘야 한다고 생각한다. 이런 방식으로 우리는 모든 성경이 땅의 약속을 포함한 언약들이 그리스도 안에서 성취되기 때문에 그 언약들과 계보 원리의 분명한 관계에 대해 이야기하도록 할 것이다.

둘째, 우리는 위에서 언급한 점과 관련해서 파인버그가 언약신학의 해석학을 비판한 것, 특히 이스라엘 민족에게 주어진 땅의 약속과 관련해서 비판한 것은 완전히 정확하지 않다고 확신한다. 우리의 견해에 따르면 파인버그는 이 전체 문제에 대한 증명 없이 자신의 주장을 옳은 것으로 가정하고 논의한다. 하지만 우리가 파인버그에 대해 너무 가혹하게 말하기 전에 다음과 같은 것을 인정할 필요가 있다. 곧 파인버그는 언약신학이 구약성경보다 신약성경에 우선권을 둔다고 말하는 것보다 더 많은 것을 말할 필요가 있음을 시인한다. 또한 그는 자신의 논의를 분명하게 하기 위해서 언약들의 본질에 대한 다른 가정들, 특히 모형론의 역할에 대한 가정이 설명되어야 함을 인정한다. 우리가 이번에 살펴볼 주제가 이것이다.

성경의 언약들의 본질

파인버그는 신학 체계들을 중재할 때에 한 가지 이상의 문제가 연루되어 있음을 충분히 알고 있다. 그는 이전의 주장에 기초해서 세대주의 신학과 언약신학의 두 번째 불일치 문제는 각각의 "언약들에 대한 이해",[84] 특히 각각의 견해가 이스라엘 민족에게 주어진 약속들을 어떻게 이해하는지에 집중되어 있음을 정확히 인정한다. 파인버그는 이 논쟁이 "극히 단순하게 비세대주의자들은 아브라함 언약과 다윗 언약 같은 구약의 언약들을 조건적 언약으로 이해하고, 세대주의자들은 그것들을 무조건적 언약으로 이해하는" 것이 아님을 주목한다. 그것이 모든 경우에 사실이 아니기 때문이다.[85] 대신 이 논쟁은 구약성경에서 **무조건적인** 땅의 약속이 이스라엘 민족에게 주어졌는지를 중심으로 논의가 이루어진다. 파인버그에 따르면, 이것이 그런 것이라면, 신약성경이 이스라엘에 관한 구약 본문을 교회에 어떻게 적용시키는지와 상관없이,[86] 이 본문들의 원래 의미는 이스라엘에 대한 땅의 약속에 맞추어 동일하게 유지되어야 할 뿐만 아니라 "이중 성취"와 관련해서, 즉 교회에 대한 최초의 적용과 성취, 그리고 미래에 이스라엘 민족에 대한 궁극적 성취와 관련해서도 생각되어야 한다.[87] 파인버그는 언약신학이 종종 하

---

84 Feinberg, "Systems of Discontinuity," 79.

85 같은 책. 세대주의 신학과 언약신학 안에는 모두 성경의 언약들이 조건적 언약이나 무조건적 언약 가운데 어디에 속해 있는지에 관해 적절한 논의가 있다. 다음 자료들을 보라. Horton, *God of Promise*, 23-110; Bruce K. Waltke, "The Phenomenon of Conditionality within Unconditional Covenants," *Israel's Apostasy and Restoration: Essays in Honor of Roland K. Harrison*, ed. Avraham Gileadi (Grand Rapids, MI: Baker, 1988), 123-139; Craig A. Blaising, "The Structure of Biblical Covenants: The Covenants Prior to Christ," Craig A. Blaising and Darrell L. Bock, *Progressive Dispensationalism* (Wheaton, IL: BridgePoint, 1993), 128-211; Elliott E. Johnson, "Covenants in Traditional Dispensationalism," *Three Central Issues in Contemporary Dispensationalism: A Comparison of Traditional and Progressive Views*, ed. Herbert W. Bateman IV (Grand Rapids, MI: Kregel, 1999), 121-168; Bock, "Covenants in Progressive Dispensationalism," *Tree Central Issues in Contemporary Dispensationalism, 169-223.

86 Feinberg, "Systems of Discontinuity," 77은 다음과 같은 실례들을 제시한다. 욜 2:28/행 2:16-17; 암 9:11-12/행 15:16-18; 호 11:1/마 2:15.

87 Feinberg, "Systems of Discontinuity," 77-83을 보라. 참조. Bruce A. Ware, "The New Covenant and the People(s) of God," *Dispensationalism, Israel, and the Church*, ed. Craig A. Blaising, Darrell L. Bock (Grand Rapids, MI: Zondervan, 1992), 68-97.

는 것처럼, 즉 신약성경의 이런 본문들이 교회에서 영적으로 지금 완전히 성취되었다는 증거로서 적용하는 것처럼 그 본문들을 교회에 적용하지 않아야 한다고 주장한다. 세대주의자들에게 이런 해석은 이 약속들의 무조건적 성격과 구약 본문들의 의미를 무너뜨린다. 그뿐만 아니라 그것은 이스라엘과 교회를 부당하게도 기본적으로 동일한 공동체로 간주한다. 그보다는 오히려 파인버그와 세대주의 신학이 주장하는 것처럼, 교회는 이스라엘의 대체나 계승으로 간주되면 안 되고, 오히려 유일한 어떤 것으로 간주되어야만 한다. 이것은 우리가 교회와 구분된 것으로서 민족적 이스라엘을 생각하는 것을 요구한다. "하나님 나라의 영적 측면이 지금 교회에 적용되고 있는 사실에도 불구하고 말이다."[88]

이 설명은 우리의 목적과 관련해서 두 가지 중요한 문제를 강조한다. 첫째, 이 설명은 성경의 언약들의 본질을 적절하게 식별하는 것이 세대주의 신학과 언약신학의 차이점을 판정하는 데 중요하다는 것을 상기시켜준다. 이것은 성경의 언약들이 무조건적 언약인지 아니면 조건적 언약인지와 같은 문제를 분명히 이해하는 일과 이 약속들이 누구에게 주어졌는지를 묻는 일을 포함한다. 둘째, 또한 우리는 성경의 언약들에 통합된 것으로 이스라엘-교회 관계를 주의 깊게 고찰해야 한다. 땅의 약속과 관련해서 이스라엘 민족의 특별한 미래에 대해 무조건적인 약속이 주어지고, 따라서 땅의 약속은 구속사 전체에 걸쳐 변함없이 존속한다는 것이 사실인가? 또는 이스라엘과 이스라엘에게 주어진 약속은 조건적 약속으로 간주되고, 따라서 그 약속은 상실되었으며 지금은 영적으로 교회 안에서 성취된 것으로 보아야 하는가? 나아가 언약신학이 주장하는 것처럼 교회는 이스라엘의 계승이고, 따라서 교회는 기본적으로 옛 언약 아래에서의 이스라엘과 본질 및 구조가 동일한가, 아니면 새로운 어떤 실재로서 이스라엘 민족과 구별되는가? 분명히 이 질문들에 답변할 때 우리는 세대주의 신학과 언약신학의 차이점의

---

88 Feinberg, "Systems of Discontinuity," 83.

한복판으로 나아가게 된다. 하지만 이 두 견해를 중재하는 우리의 주장은 무엇일까?

우리는 이 문제와 관련해서 앞으로 두 가지 점을 주장할 것이다. 첫째, 우리는 성경의 언약들을 무조건적 언약 대 조건적 언약으로 구분하는 것은 옳지 않다고 주장할 것이다. 사실 구약성경의 언약들은 두 측면을 섞어서 점진적인 방식으로 하나님의 엄청난 약속들, 단독적인 구원 활동, 구약의 당사자들과 다르게 완벽하게 순종하시는, 심지어 십자가에서 죽기까지 복종하시고, 그래서 우리의 구속을 이루시는 언약 중보자의 필요성에 관한 이야기를 전해준다. 다시 말하자면 우리 주 예수께서 오실 때에, 우리는 하나님의 약속이 하나님 자신의 주권적 행위로 성취된 것을 본다. 곧 우리는 그분의 목숨과 영광스러운 십자가 사역으로 우리의 구속을 이루시고, 새 언약의 출범에 따라 흔들릴 수 없는 기반 위에 세우시는 자신의 아들을 통해 하나님 자신이 주권적으로 성취하신 것을 발견한다. 둘째, 우리는 이 두 견해의 언약 설명에는 기독론에 대한 더 큰 강조점이 빠져 있다고 주장할 것이다. 이것은 세대주의 신학과 언약신학이 그리스도에게 초점을 맞추지 않는다고 말하는 것이 **아니다**. 사실 그들은 기독론에 초점을 맞추고 있다. 다만 우리는 성경의 언약들의 점진적 성격을 파악하기 위해 다양한 언약 중보자들을 포함해 언약에 관한 모든 것이 그리스도 안에서, 오직 그리스도 안에서만 궁극적인 목적과 대형적인 성취가 발견된다는 점을 알아야 한다고 주장하는 것이다.

따라서 이 두 성경신학적 체계와 달리 우리의 주장은 아브라함 언약에 기초하고 있는 계보의 원리(언약신학)와 아브라함과 이스라엘 민족에게 주어진 땅의 약속(세대주의 신학) 그리고 심지어 한 백성으로서 이스라엘 자체는 모두 모형론의 관점에서 우리에게 그리스도를 미리 나타내는 기능을 한다는 것이다. 우리가 이런 방식으로 정경 전체를 살펴볼 때 계보의 원리는 변함없이 존속하는 것이 **아니다**. 오히려 계보의 원리는 새 언약의 머리이신 우리 주 예수 그리스도와 관련해서 조명되고, 그리고 그리스도께서 대표하는 자들 즉 성령으로 태어나고 자기들의 언약의 머리가 되시는 그리스도와 연합한 믿음의 사람들과 관련해서 조명되어야 한다. 나아가 우리는 이스라엘에 대해 생각할 때 이스라엘을 모형론에 따라 아담을 회상하고 아담의 역할을 취하는 것으로 간주해야 한다. 그뿐만 아니라 우리는 "참이스라엘" 곧 자신의 순종하는 삶과 죽음을 통해 자신의 피로 새 언약을 이루고 취득하고 출범시키시는 우리 주 예수 그리스도의 오심을 미리 나타내는 것으로도 간주해야 한다. 이런 방식으로 교회는 단순히 옛 언약 아래에서의 이스라엘을 계승하는 실재가 아니라 새로운 어떤 실재다. 그러나 그렇다고 해서 세대주의 신학이 주장하는 것과 같은 의미의 새로운 실재는 **아니다**. 교회가 새로운 실재인 것은 마지막 아담이자 참이스라엘이신 분이 때가 되어 오심으로 유대인과 이방인이 이제 그리스도 안에서 아브라함에게 주어진 약속의 성취로 "한 새 사람"이 된다는 구속사적 의미에서 새롭기 때문이다(엡 2:11-22). 마찬가지로 교회가 그 땅에 이르게 되면 이스라엘 민족과 같이 교회 역시 하나의 모형이다. 말하자면 교회는 뒤로는 에덴을 바라보고 앞으로는 그것이 지시하는 것, 곧 우리 주 예수께서 지금 새 언약에서 출범시키셨고 또 영광과 권능 속에서 재림하실 때 완성시키실 새 창조물의 대형적인 성취를 바라본다.

분명히 이런 식으로 우리의 입장을 개괄할 때, 우리는 세대주의 신학과 언약신학의 중대한 구분점이 모형론의 본질과 이 모형론적인 구조가 성경의 언약들과 어떻게 관련이 있는지에 있다고 확신한다. 사실 이것이 파인버그가 두 성경신학적 체계 간의 구분점이라고 주장한 세 번째 영역, 말하자면 우리가 이 부분을 끝마치면서 간략히 설명하기 원하는 세 번째 영역이다.

모형론의 본질과 세대주의 신학 및 언약신학의 모형론 사용

세대주의 신학과 언약신학을 구분하는 또 하나의 중요한 점은 모형론의 본질에 있다. 세대주의 신학은 모형론을 종종 사용하지만(비록 통합된 방식으로 사용하지는 않지만), "참이스라엘"이신 그리스도의 모형으로서 이스라엘의 땅과 이스라엘 민족과 관련한 예언적/전망적 의미로는 모형론을 절대로 사용하지는 않는다. 마찬가지로 언약신학도 모형론을 반복해서 사용하지만, 아브라함 언약의 계보의 원리에 따라서 사용하는 것은 결코 아니다. 나아가 언약신학은 그리스도를 "참이스라엘"로 말하지만 일관되게 사용하지는 않는다. 다시 말하자면 언약신학은 종종 그리스도를 "새 이스라엘, 참이스라엘"로 지칭하지만 먼저 "모형"으로서의 이스라엘이 교회적인 함축성을 갖고 있는 "대형"으로서의 그리스도께 우리를 어떻게 끌어가는지 생각해보지 않고, **너무 성급하게** 이스라엘에서 교회로 이동한다. 이것이 언약신학이 두 언약 공동체 ― 이스라엘과 교회 ― 의 본질이 비슷하게 "혼합적" 실재이고, 두 언약의 표징 ― 할례와 세례 ― 이 동일한 영적 실재를 상징한다고 주장할 수 있는 이유다. 여기에는 어떻게 성경이 언약들을 이동하는지, 곧 이스라엘에서 그리스도로 그리고 교회로 이동하는지에 대한 주의 깊은 분석이 빠져 있다. 이런 분석은 우리가 교회의 본질과 교회의 언약의 표징 곧 세례의 중요성을 이해하는 방법에 중요한 변화를 가져온다.

이것을 다르게 말해보자. 세대주의 신학과 언약신학이 다양하게 모형론을 사용하고 종종 비슷한 결과를 가져온다는 것은 의심할 바 없는 사실이다. 예를 들어 그 두 신학은 아담과 모세, 다윗, 예언자, 제사장 그리고 왕들과 같은 인물들이 우리 주 예수 그리스도를 미리 지시하고 그리스도 안에서 성취에 도달한다는 사실에 동의한다. 그것들은 제사 제도, 성막, 성전 등의 모형들이 그리스도의 오심으로 결말에 이르거나 이스라엘의 큰 출애굽 사건이 그리스도 안에서 임할 더 큰 구속을 예견한다는 사실에도 공감한다. 그러나 우리는 이 두 신학 체계의 견해가 **그들 체계의 핵심 영역**에 대해서는 모형론(위에서 정의한 대로)을 사용하지 않는다고 생각한다. 물론 이것은 성경적으로 엄밀히 결정되어야 하는 문제다. 이제 다시 한번 이 두 신학 체계로 돌아가 이 모형론적인 특징을 예증해보도록 하자.

먼저 세대주의 신학의 경우에 대해 말해보자. 만약 세대주의 신학이 이스라엘의 땅과 이스라엘 민족 자체를 모형으로 간주했다면 그들 견해의 핵심적인 주장은 더 이상 타당하지 않게 될 것이다. 왜 그런가? 그렇게 간주했다면 땅의 약속은 천년왕국 시대에 미래의 "문자적" 성취를 요청하지 않았을 것이기 때문이다. 땅 자체는 에덴의 모형이자 패턴이고, 새 창조의 도래에서 성취에 도달하는 전체 창조물의 모형이자 패턴이다. 그러므로 그리스도는 이스라엘의 대형[실체]으로서 땅의 약속을 받고, 본래 새 창조와 연계되어 있는 새 언약을 출범시키면서 땅의 약속을 성취하신다. 그러나 그것은 파인버그와 세대주의 신학이 거부하는 사실들을 엄밀하게 조명하는 방식이다. 이것이 파인버그가 모형론을 설명할 때 모형론에 대해 다른 관점을 취할 뿐만 아니라(위에서 개괄한 것처럼) 이스라엘의 땅이 모형론적인 패턴이 아니고, **또한** 그리스도는 이스라엘의 대형이 **아니라고** 주장하는 이유다. 이제 우리의 주장을 명확히 밝히기 위해 이 영역들을 차례로 고찰해보자.

첫째, 파인버그는 모형론을 조명하는 통상적인 방법은 우리가 주장하는 것과 같이 "모형은 그림자이고 대형은 실체"라는 것이고, 따라서 그 함축된 의미는 "대형의 의미가 모형 자체의 문맥에 있는 모형의 의미를 폐지하고 취소하는" 것에 있다는 것을 인정한다.[89] 그러나 파인버그가 인정하는 것처럼 파인버그와 세대주의 신학은 이 통상적인 방법을 거부한다. 파인버그는 이렇게 말한다. "세대주의자는 모형을 반드시 그림자로 생각하지 않고, 서로 간에 모형론적인 관계가 유지되는 동안 모형과 대형 모두 자체 문맥 속

---

89 같은 책. Feinberg의 모형론 설명은 논점을 흐리고 있다. Feinberg는 이 모형론 이해는 (1) 원래의 문맥을 정당화하지 못한다는 것, (2) 하나님이 모형에 자체를 넘어 대형을 지시하는 의도를 갖고 계셨다는 의미에서 예언적이거나 예시적이지 못하다는 것, 그리고 (3) 신약성경의 모형의 대체는 엄밀히 하나님이 의도하신 것이므로 구약성경에서는 상호텍스트적으로 전개되지 못한다는 점을 가정한다. 우리는 모형들이 자체의 문맥에서 적절한 의미가 주어져야 한다는 사실에는 강력히 동의하지만 모형들이 예시적/예언적이 아니라는 것과 모형들이 지시하는 것(즉 대형)에 이를 때 종착점에 도달했다고 보는 것에 대해서는 동의하지 않는다. 나아가 우리는 그리스도 안에서 이루어지는 성취에서 결정적으로 정점에 달하는 모형의 상호텍스트적인 전개를 추적함으로써 모형에 대한 하나님의 의도를 알 수 있다.

에서 적절한 의미가 주어질 것을 요청한다."[90] 나아가 파인버그는 모형론이
주석에 근거하지 않고, 따라서 자체를 넘어 대형적인 실체를 지시하도록 되
어 있지 않으며, 모형론이 단지 소급적으로 알려지는 두 인물과 사건 그리
고 제도 간의 유비에 의존하고, 그 미래의 일이 원래 문맥에서 드러난 것과
다른 의미를 가질 것이므로 모형들은 미래의 어떤 것을 예시하지 않으며,
비록 신약성경이 구약성경을 모형론에 따라 해석한다고 해도 신약성경의
대형이 명시적으로 구약성경의 모형을 폐하지 않는 한 구약 본문의 의미는
여전히 유효하다는 데이비드 베이커의 견해를 지지한다.[91] 파인버그는 다음
과 같이 요약한다. "모형론의 적절한 이해는 우리에게 비록 신약성경이 구
약성경을 모형론에 따라 해석한다고 해도, 그리고 우리가 그렇게 해야 한다
고 해도, 그것이 우리에게 모형의 의미를 무시하거나 폐하든지 아니면 대형
이 그 모형의 의미를 대체하는 것을 허용하든지 하는 것은 아니다.…[모형
들은] 구체적인 역사적 사건들과 인물들 그리고 약속들이다. 모형들은 미래
를 내다보지만 그 의미를 대형과 동등하게 만드는 것으로 내다보는 것은 아
니다.…신약성경의 대형들은 명시적으로나 함축적으로 구약 모형들의 의미
를 폐하지 않는다."[92] 이 설명으로 모형론에 관해 파인버그와 우리의 견해
가 다르다는 것과 우리가 모형론에 대한 다른 이해를 갖고 연구한다는 것이
분명해진다. 여기서 우리는 두 번째 고찰로 나아간다.

파인버그는 왜 이런 식으로 주장하는가? 이에 대한 답변은 파인버그가
세대주의 신학의 본질적 특징을 설명하는 곳 전체에 걸쳐 발견된다. 그는
이스라엘 민족에게 주어진 땅의 약속과 한 민족으로서의 이스라엘은 그 땅
의 대형 곧 새 창조물을 가져오시는 새 이스라엘로서의 그리스도에 대한 예

---

90 Feinberg, "Systems of Discontinuity," 78.

91 같은 책, 77-79. David Baker의 모형론에 대한 설명은 *Two Testament, One Bible*, 169-
    189을 보라.

92 Feinberg, "Systems of Discontinuity," 78-79. 또한 Feinberg, "Hermeneutucs of
    Discontinuity," 122-124에서 비슷한 주장을 보라.

언의 의미에서의 모형론이 **아니라고** 확신한다.[93] 파인버그는 만일 자신이 이런 관점을 채택했다면, 그것은 언약들 속에서 변함없이 존속하는 약속, 곧 자신이 아브라함(그리고 이스라엘 민족)에게 주어진 무조건적인 약속이라고 믿는 것을 반대하는 것이라고 생각한다. 그러나 이 주장들에 대한 파인버그의 해석은 이 주장들을 증명 없이 진리로 간주하는 것에 불과하다. 왜냐하면 파인버그는 자신의 견해를 세우기 위해 이스라엘과 땅은 그리스도와 새 창조물의 모형이 **아니라고** 가정하지 않으면 안 되기 때문이다. 그러나 우리가 성경의 언약들을 설명할 때 주장할 것처럼 구약 본문은 이스라엘의 땅과 이스라엘 민족을 더 큰 어떤 실재에 대한 모형과 패턴으로 제시한다. 에덴은 아담과 맺어진 창조 언약부터 원형으로 제시되고, 이 원형으로서의 에덴은 이후에 이스라엘의 "땅"을 회상하고 새 창조물의 회복을 예견하는 곳이다. 나아가 언약의 머리로서 아담은 장차 오실 "마지막 아담"의 모형이고, 또 언약들을 통찰해보면 아담과 에덴 땅은 노아와 아브라함 그리고 그의 후손, 이스라엘 민족과 그 민족의 땅에 따라, 그리고 궁극적으로 온 창조물을 다스리실 다윗 계보의 왕에서 전개된다. 사실 언약들이 펼쳐지는 것을 보면 이 모든 패턴에 대한 상호텍스트적인 전개의 성경적인 증거가 풍성하다. 따라서 마지막 아담과 참이스라엘 ─ 우리 주 예수 그리스도 ─ 이 새 언약 시대를 출범시켰을 때, 이 모형들, 곧 그 자체를 넘어 다른 것을 나타내는 이 모형들은 그리스도와 새 언약 시대 안에서 결말과 성취를 발견한다. 우리는 성경의 줄거리에 대한 이 해석이 성경적 언약들이 어떻게 그리스도 안에서 펼쳐지고 그 목적을 발견하는지를 보여주는 더 "성경적인" 해석이라고 생각한다. 이런 이유로 우리는 세대주의 신학이 이 주장들에서 잘

---

93 이것은 John Feinberg가 "Systems of Discontinuity," 71-73에서 성경이 "아브라함의 후손"이라는 말을 언급할 때 사용하는 네 가지 의미를 설명하는 내용에서 확인할 수 있다. 그러나 자신의 모형론을 설명할 때 Feinberg는 이스라엘은 교회의 모형으로 간주될 수 있다고 주장한다. 하지만 그의 설명에는 이스라엘이 어떻게 새 이스라엘이자 참이스라엘이신 그리스도의 모형인지에 대한 내용은 **빠져** 있다.

못된 견해를 갖고 있다고 확신한다.[94]

그러면 언약신학은 어떤가? 우리는 모형론을 사용하고 언약들 간의 관계를 이해하는 데 있어 언약신학자와 어디서 차이가 있는가? 다음 두 가지 주장이 우리의 차이를 보여줄 것이다. 첫째, 우리는 언약신학자들의 계보의 원리에 대한 이해에 문제가 있다고 생각한다. 아브라함 언약의 계보의 원리가 약속에서 성취로 이동할 때 재해석되지 않는다고 생각하는 것은 잘못이다. 구약의 언약들 아래에서 계보의 원리, 즉 언약 중보자와 그의 후손 간의 관계는 **육적**[혈통적] 관계였다(예를 들어 아담, 노아, 아브라함, 다윗). 그러나 이제 그리스도 안에서 그리스도의 중보 아래 그리스도와 그의 후손 간의 관계는 더 이상 육적 관계가 아니라 **영적** 관계이고, 이 관계는 언약의 표징이 실제로 아브라함의 **영적** 자손인 자들에게만 적용되어야 한다는 것을 함축한다. 우리가 주장할 것처럼, 이것이 엄밀히 말해 예레미야 31장에 나오는 새 언약의 약속의 핵심에 놓여 있는 것, 즉 언약을 어긴 "혼합적" 이스라엘 민족과 달리 야웨께서는 **영적으로** 거듭난 언약 백성들과 연합하실 것이고, 그들 **모두**는 그분을 안다는 것이 아닐까? 그리고 이 새 언약의 백성은 **모두** 하나님을 아는 지식과 죄 사함 그리고 언약 위반자가 아니라 언약 준수자가 되게 할 할례 받은 마음의 본질이라는 특징을 나타내는 것이 아닐까? 다시 말하자면 언약신학은 구속사 전체에 걸친 언약들의 중요한 진보를 파악하지 못하면서, 특히 언약 중보자와 그의 후손 관계에 비추어 언약들의 진보를 이해하지 못하면서 계보의 원리가 아브라함으로부터 그리스도에게까지

---

94 Feinberg, "Hermeneutics of Discontinuity," 122-124은 모형론에 관해 비슷한 문제점에 직면한다. 우리는 본문의 의미를 결정할 때 Feinberg가 "역사적·문법적" 해석을 견지하는 것을 인정한다. 하지만 그는 **구약성경 안에서** 이루어지는 모형과 패턴들의 상호텍스트적인 전개를 정당화하지 못한다. Feinberg는 땅의 약속은 비모형론적인 약속이고, 신약성경은 명시적으로 땅의 약속을 폐지시키지 않으므로 땅의 약속은 여전히 유효하다고 가정한다. 그러나 만일 땅이 에덴을 회상하고 새 창조물을 예견하는 모형이라면, **아울러 구약성경 자체가 이 주장을 전개하고** 있다면, Feinberg의 입장은 유지될 수 없다. 신약성경은 "땅"의 의미를 바꾸지 않는다. 오히려 땅의 약속은 예언적으로 하나님의 구속 계획을 예견하는 것이었음을 적절히 보여준다.

이르는 동안 어떻게 변하는지를 제대로 파악하지 못했고, 궁극적으로 새 언약의 "새로움"을 정확히 이해하지 못했다. 언약신학자들은 은혜 언약의 연속성을 강조하는 것 때문에 언약의 차이들을 무시하고, 따라서 새 언약 공동체의 본질을 왜곡한다.

둘째, 우리는 언약신학의 문제점의 핵심에는 그리스도를 일관되게 이스라엘의 대형으로 보지 못하는 사실이 놓여 있다고 확신한다. 이 비판은 우리가 세대주의를 평가하면서 가했던 비판과 비슷하다. 하지만 이유는 다르다. 언약신학의 경우에는 세대주의 신학과 달리 그리스도를 "참이스라엘"로 본다. 하지만 먼저 "모형"으로서 이스라엘이 어떻게 "대형"으로서 그리스도에게로 우리를 이끄는지 생각하지 않고, **너무 성급하게** 이스라엘에서 교회로 곧바로 이동한다. 따라서 이것도 중요한 교회적인 함축성을 갖고 있다. 위에서 언급한 것처럼 이것이 언약신학이 언약의 표징들과 언약 공동체들 간의 차이를 무시하는 경향을 가진 이유다. 그러나 이 관계들을 생각하는 더 나은 방법은 우리가 모형에서 대형으로 곧 아담, 노아, 아브라함, 모세/이스라엘, 다윗과 같은 언약의 머리들로부터 그리스도에게로 이동할 때, 먼저 이스라엘을 교회와의 관계에서가 아니라 그리스도와의 관계에서 어떻게 조명해야 하는지를 주목하는 것이다. 이것이 우리가 언약신학과 달리 교회를 단순히 이스라엘의 대체 또는 일종의 이스라엘의 "새로운" 출현으로 간주하는 것은 **부정확하다**고 주장하는 이유다. 대신 교회는 구속사적 의미에서 볼 때 **새로운** 어떤 실재다. 이스라엘의 대형이자 새 언약의 머리이신 그리스도와의 동일시로 말미암아 교회는 "새 사람"이고(엡 2:11-22), 본질과 구조상 옛 언약 아래에서의 이스라엘과 다르다. 나아가 이 모든 것은 그리스도 예수께서 이전의 모든 언약을 성취하고 새 언약을 출범시키셨기 때문에 사실이고, 따라서 언약적인 변화가 크게 일어났다. 그리고 하나님의 새 언약의 백성으로서 우리는 오직 한 가지 방법을 통해 ─ 하나님에 대한 개인적인 회개와 우리 주 예수 그리스도를 믿는 믿음을 통해 ─ 그리스도의 사역의 유익을 차지한다. 따라서 하나님의 은혜와 능력으로, 그 연합의 온갖 유익과 함께, 우리는 "아담 안에" 있었던 자에서 "그리스도 안에" 있는 자로 이동한다. 더구나 신약성경은 다음과 같은 사실을 분명히 한다. "그리스도 안에" 있는 것, 따라서 새 언약의 지체가 되는 것은 그가 거듭난 사람이라는 것을 함축한다. 왜냐하면 신약성경은 "그리스도 안에" 있는 자가 아버지에게 아무 효력 없이 부르심을 받고, 성령에게서 태어나지 않으며, 의롭다 함을 얻지 못하고, 거룩하게 되지 못하며, 영광을 기다리지 않는 것에 대해서는 전혀 말하지 않기 때문이다(롬 8:28-39을 보라). 이 모든 영역과 이에 수반된 제반 사실들에 있어 우리는 언약신학과 결별하고 중도적 견해를 주장할 것이다.

요약 진술

이제 우리는 성경의 언약들에 대한 세부적인 설명으로 들어가야 한다. 세부적인 설명을 할 때 우리는 위에서 개괄한 것과 같은 해석학적 방법을 따를 것이다. 성경의 각 언약은 먼저 자체의 문맥 속에 위치하고, 이어서 구속사에서 그 **이전에** 오는 것에 따라 이해되며, 마지막으로 그 **이후에** 오는 것에 따라 이해되고, 그리고 궁극적으로 전체 정경과 그리스도의 오심에 따라 이해될 것이다. 오직 이 절차를 따를 때에만 우리는 구약성경의 문맥을 자체의 관점에 따라 진지하게 취하고, 구약성경 안의 상호텍스트적인 전개를 밝히며, 이어서 성경의 모든 언약이 우리 주 예수 그리스도 안에서 어떻게 성취되는지를 발견한다. 나아가 각 언약은 전체에 따라 다루어지고 전체와 관련이 있기 때문에 우리는 또한 세대주의 신학과 언약신학의 중대한 차이점에 특별히 초점을 맞추고 적합한 모형론 패턴들의 전개도 주목할 것이다. 특히 다양한 언약의 머리들과 그리스도와의 관계, 언약의 표징들과 그 표징들이 정경 전체에 걸쳐 어떻게 펼쳐지며 새 언약과 관련이 있는지, 땅의 약속과 땅이 어떻게 모형인지, 어떻게 땅이 새 창조의 출범과 관련이 있는지,

그리고 성경의 언약들에서 이스라엘의 중요한 역할과 모형 및 패턴으로서 이스라엘이 어떻게 그리스도와 교회 그리고 새 언약의 실재들 속에서 성취되는지에 대해서도 주의를 기울일 것이다.

우리는 세대주의 신학과 언약신학의 논쟁은 복잡하지만 그 자체로 중요하다는 것을 당연히 인정한다. 비록 우리가 이 두 신학의 거인들의 어깨 위에 서 있다고 해도, 우리의 목표는 중도적인 성경신학적 체계—"언약을 통한 하나님 나라"—를 주장하는 것이다. 우리는 이 체계가 성경의 줄거리와 하나님이 성경의 언약들을 어떻게 "하나로 종합하는지"를 더 공정하게 다룬다고 생각한다. 이제 그 과제로 들어가 보자.

Kingdom
through
Covenant

2부

성경의 언약들에 대한 해설

성경과 고대 근동의 언약 개념

서론

지난 40년 동안 사람들은 문화와 사회 속에서 엄청난 변화와 변천을 경험했다. 나는 확실히 국가와 정치 또는 사회 분야의 전문가가 아니므로 우리 문화의 이런 변화와 그 이유에 대한 통찰력 있는 연구를 제공하지는 못한다. 하지만 나의 개인적인 경험과 관찰 그리고 오랜 세월에 걸친 독서에 기초해서 비전문가의 견해를 제공할 수는 있다. 최근에 북미 사회와 문화 속에 일어난 변화에는 최소한 두 가지 근본 요소가 나타난다. 첫 번째, 가족관계와 사회관계는 더 이상 배려와 사랑 그리고 신뢰를 특징으로 하는 관계가 아니다. 그것보다는 모든 것이 엄밀하게 계산된다. 아무리 사소한 것이라도 세부적으로 가격이 측정되고 우리는 모든 것에 대해 값을 지불해야 한다. 한 사람을 고용하면 그에게는 매 순간의 의무와 책임이 수많은 규칙들과 더불어 세분화되어 주어진다. 따라서 일이 조금이라도 잘못되면, 상황은 정확히 파악될 수밖에 없다. 그 어느 것도 대충 추정되지 않는다. 예를 들어 약 30년 전에 〈크리스천 호라이즌스〉로 불리는 캐나다의 한 기독교 단체는 직원 한 명을 해고했다. 그 직원이 동성애자였기 때문이다. 그는 자신의 해고 문제를 법정으로 가져갔고, 판사는 이 기독교 단체가 피고용자는 동성애를 할 수 없다는 규정을 특별히 문서화하지 않았다는 것을 근거로 직원의 손을 들어줬다. 이 사건의 핵심은 동성애가 아니다. 핵심은 예전에 충분히 "이해"가 가능했던 것을 이제는 아주 세세하게 문서화해야 한다는 데 있다. 거의 모든 사업 관계의 이면에는 기본적인 신용과 신뢰가 더 이상 없다. 20년 전 나는 토론토에 주택 하나를 구매했다. 당시만 해도 건물 조사관을 고용하지 않았다. 내가 구매할 집 상태를 살펴보았고, 전 집주인이 집 상태를 말한 것을 신뢰해서 곧바로 구입했다. 그러나 약 10년 전에 우리 가족이 미국의 켄터키 주 루이빌로 이사하기 위해 토론토의 우리 집을 매물로 내놓

왔고, 우리 집을 구매한 사람은 건물 상태에 대해 내가 제공한 정보를 믿지 않았다. 구매자는 건물 조사자를 고용했다. 내가 지하실이 건조하다고 알려 주었지만, 건물 조사관은 내 말을 믿지 않았다. 그는 습도를 쟀고, 그런 다음 지하실이 건조하다는 사실을 구매자에게 알려주었다. 루이빌로 이사할 때 우리도 건물 조사관과 흰개미 조사관을 고용했고, 또 전 주인이 서명한 계약서도 낱낱이 검토했다. 그렇게 자세히 검토하더라도 우리는 여전히 속임을 당할 수 있다.

두 번째, 미국은 개인의 이익과 지역의 이익으로 분열되어 있다. 미국에 가장 좋은 것, 포괄적 계획, 종합 목표, 우리를 한 국가로 통합하는 것이 없다. 이것은 부분적으로 오늘날 우리 시대의 정신과 우리 사회의 주된 특성에 기인한다. 강력한 변화와 변천이 일어나고 있다. 지난 2백 년 동안 문명은 이성의 지배를 받았다. 이성이 왕이었다. 모든 것이 이성에 의해 해결되었고, 모든 것이 과학의 지배를 받았다. 이 시대 초기에 살았던 사람들은 이야기에는 관심이 없었다. 이야기는 반드시 논리적이거나 체계적이거나 과학적인 것이 아니었기 때문이다. 그렇지만 오늘날 이성은 더 이상 왕이 아니고, 사람들은 이야기에 예민한 관심을 갖고 있다. 이것은 사람들이 영화나 연극에 돈과 시간을 아낌없이 투자하는 것에서도 쉽게 확인할 수 있다. 그러나 사람들은 "거대 이야기"(Big Story)에는 별로 관심이 없다. 왜 그런가? 큰 이야기는 모든 작은 이야기들을 설명하려고 시도하기 때문이다. 누구든 모든 것을 포괄하는 설명을 제시하면 편협한 사람이 되고, 다른 사람에게 자신의 의견을 강요하는 자가 되고 만다. 그렇게 하면 불관용의 죄라는 용서할 수 없는 죄를 저지른 사람이 된다. 또는 대부분의 사람은 모든 것을 포괄하는 큰 이야기를 제시하는 일이 너무 벅차거나 심지어는 교만하게 보인다는 사실을 알고 있다.

관계 문제와 종합적 계획 문제가 성경에서는 한 개념, 한 단어로 다루어진다. 그것은 곧 언약이다.

성경의 언약들

성경과 성경 세계에 기반한 언약 개념과 생각 그리고 어쩌면 언약이라는 용어 자체도 오늘날 우리 문화와 사회 그리고 사유 세계에서 보면 무척 생소하다. 그런데 구약성경과 고대 근동의 언약들을 정의에 따라 간략히 개관해 볼 때 우리의 관점은 비로소 성경의 관점으로 바뀌기 시작할 것이다.

구약성경의 언약들

구약성경에서 언약에 해당되는 히브리어 단어는 "베리트"(*běrît*)다. 성경에서 이 말은 다양한 관계 속에서 매우 광범위하게 맹세로 묶인 서약을 가리키는 데 사용된다. 곧 베리트는 국제 조약(수 9:6; 왕상 15:19)과 씨족 동맹(창 14:13), 개인 약속(창 31:44), 국가 협정(렘 34:8-10), 충성 서약(삼상 20:14-17), 그리고 결혼(말 2:14)을 가리키는 데 사용된다.

국제 조약

여호수아 9장을 보면, 여호수아가 이스라엘을 가나안 땅으로 인도하여 당시 그 땅에 살고 있던 가나안 족속들을 쫓아내려고 공격을 가했을 때 이스라엘은 기브온 족속에게 속아 계략에 의해 그들과 조약을 맺게 되었다. 이것은 두 국가 간의 평화 조약이었다.

열왕기상 5:12을 보면, 고대 베니게 지역의 한 성읍인 두로의 왕 히람과 이스라엘의 왕 솔로몬이 국제 조약을 맺었다. 그렇게 두 나라 사이에 평화로운 관계가 형성되었고 상업과 무역을 위한 협정이 체결되었다.

씨족/지파 동맹

창세기 14:13을 보면, 광야의 강력한 유목민들은 적들의 공격이 있을 때 서로를 돕기로 동맹을 맺었다. 이것은 본질상 씨족 또는 지파 간의 동맹이었다.

개인 약속

서로 앞지르고 속이려고 애쓰는 가운데 세월이 지나자 라반과 조카 야곱은 서로를 해하지 않기로 약속했다(창 31:44). 이것은 두 개인 사이에 맺은 개인 약속이었다.

충성 서약

사울 왕의 아들 요나단은 사울이 다윗을 제거하고 죽이려고 광분할 때 다윗과 깊은 친분을 한평생 유지했다. 이 친분은 공식적으로 두 번에 걸친 충성 서약으로 엄숙하게 이루어졌다(삼상 18:3; 23:18).

결혼

결혼 관계는 하나님 앞에서 이루어진 맹세로 엄숙하게 공적으로 선언하는 충성 서약이다. 이것은 잠언 2:17과 말라기 2:14에서 분명히 언급되고 있다.

국가의 법적 협정

예레미야 34:8-10에서 시드기야 왕은 모든 노비를 해방시키겠다고 선언하는 언약을 백성들과 맺었다. 이것은 법적 협정 또는 법적 계약과 약간 비슷해 보이지만, 오늘날의 계약이나 법적 문서와는 성격이 달랐다. 이 언약은 왕과 백성 사이에 이루어진 것이므로 국가적 차원에서 처리되었다.

정의와 예증

"언약"(베리트)이라는 말의 정의는 논란이 많지만, 온전한 목적을 위해 다음과 같은 정의에서 시작하는 것이 좋을 것 같다. 다음과 같은 고든 휴겐버거

(Gordon Hugenberger)의 정의는 간략하고 명확하다.

> 통상적 의미로 볼 때 언약은 자연적 의무 관계가 아니라 맹세 아래 일어나는 선택적 의무 관계다.[1]

대니얼 레인(Daniel C. Lane)이 제시한 다음과 같은 정의는 휴겐버거의 정의와 비슷하지만 더 상세하다.

> 언약은 두 당사자 간에 지속되는 협정이다. 이 협정에서 두 당사자 간에는 엄숙함이 수반되고, 최소한 두 당사자 중 어느 한쪽이 다른 한쪽에게 특정한 의무(들)를 준수할 의무를 부여받는 관계가 명시된다. 이런 협정은 신적 저주 아래 맹세가 이루어지고 가시적인 의식으로 비준된다.[2]

언약으로서의 결혼에 대해 철저하고 학문적인 분석을 시도한 휴겐버거는 이스라엘 역사 속에서 언약은 항상 (1) 의무를 포함하고, (2) 맹세를 통해 확립되며, (3) 비상대론적인 (4) 관계를 포함하는 것을 주목한다.[3] 따라서 "베리트"는 맹세로 묶인 서약을 포함하는 관계다.

학자들은 베리트가 "두 당사자 간의 관계를 나타내는 것인지 또는 단순

---

[1] Gordon Hugenberger, *Marriage as a Covenant: A Study of Biblical Law and Ethics Governing Marriage Developed form the Perspective of Malachi* (Leiden, Netherlands: Brill, 1994), 11.

[2] Daniel C. Lane, "The Meaning and Use of the Old Testament Term for 'Covenant' (*berit*): with Some Implications for Dispensationalism Covenant Theology" (박사학위 논문., Trinity International University, 2000)에 나오는 정의를 수정한 것이다. Lane의 실제 정의는 다음과 같다. "'베리트'는 두 당사자 간에 지속되는 협정이다. 이 협정에서 두 당사자 간에는 엄숙함이 수반되고, 최소한 두 당사자 중 어느 한 당사자는 다른 당사자에게 특정한 규정들을 준수할 의무를 부여받는 명확한 관계가 확립된다. 그리고 두 당사자는 신적 저주의 경고 아래 맹세하고 그 맹세를 가시적인 의식으로 비준한다"(314).

[3] Hugenberger, *Marriage as a Covenant*, 11.

히 한 당사자가 자기 자신에게 지우는 의무를 채택하는 것인지"를 놓고 논쟁을 벌인다.[4] 이 논쟁은 그릇된 이분법에 기초한 것처럼 보인다. 인간 당사자들 간의 의무 이행은 어느 정도 그들 간의 이해에 기초한 관계를 포함하고, 인간 당사자들 간의 관계는 단순히 동물적인 차원에서 이루어지는 것이 아닌 한 의무가 없는 경우는 절대로 없다.

베리트라는 단어의 어원이나 기원에 관한 연구가 광범하게 이루어졌지만 이 단어의 의미에 관해서는 특별한 조명이 이루어지지 못했다.[5] 히브리어가 속해 있는 셈족 언어의 어족(語族)에서 베리트는 기원전 1,300년대 초 이집트어로 쓰인 글에서 외래어로 등장하는 것이 확인되었다.[6] 이 사실은 이 단어가 그 시대 이전에도 이미 정착되어 사용되고 있었음을 보여준다. 우리는 베리트라는 용어를 이해하는 데 있어서 어원보다는 사례나 용법이 더 크게 우리에게 도움을 준다는 것을 나중에 확인할 것이다.

존 데이비스(John A. Davies)는 유용하게도 "בְּרִית(베리트) 각각의 용례 이면에 있는 근본적 이미지는 자연적인 친족 관계의 끈으로 묶여 있지 않은 자들에게 가족 범주를 사용하는 것"임을 주목한다.[7] 따라서 어떤 의식(儀式)이나 (준[準])법적 절차를 통해 친족이 아닌 사람들이 이제 가족 관계와 같이 단단하게 하나로 굳게 맺어진 사이가 된다. 이전에 아무 관계가 없던 남자와 여자가 [결혼으로] 이제 다른 혈연이나 친족보다 더 강하게 결속된 관계가 되었다.

---

4   John A. Davies, *A Royal Priesthood: Literary and Intertextual Perspectives on an Image of Israel in Exodus 19:6*, JSOTSup 395 (London: T.&T. Clark, 2004), 175-176.

5   Paul R. Williamson, *Sealed with an Oath: Covenant in God's Unfolding Purpose*, NSBT 23 (Downers Grove, IL: InterVarsity Press, 2007), 37에는 어원에 관한 다양한 입장들이 유용하게 요약되었다.

6   Kenneth A. Kitchen, "Egypt, Ugarit, Qatna and Covenant," *Ugarit-Forschung* 11 (1979): 453-464.

7   John A. Davies, *Royal Priesthood*, 177.

고대 근동의 언약들

우리는 성경에 묘사된 일종의 협정이나 언약들이 오로지 이스라엘 국가에 만 특유한 것이라고 생각해서는 안 된다. 구약성경에 언급된 것들과 동일하 거나 비슷한 언약이나 조약들이 고대 근동 전역, 곧 오늘날 이집트와 이라 크, 시리아와 터키로 알려져 있는 땅과 지역들에서 모두 보편적으로 있었 다. 고대 근동에 있었던 두 가지 형태의 조약을 주목할 만하다. 그것은 (1) 종주-봉신 조약과, (2) 왕의 하사 또는 토지 수여다. 첫 번째 형태의 조약은 대왕 또는 종주와 분봉 왕 또는 봉신 사이에 체결되는 외교 조약이다. 이 조 약의 초점은 봉신 국가 쪽에서 신적 제재 아래 역사적 서언과 맹세로 묶인 충성 확약을 통해 종주 국가의 이익을 강화시키는 데 목적이 있었다. 두 번 째 형태의 조약은 신이나 왕의 호의로 재산을 받거나 제사장이나 왕의 직분 같은 특권적 지위가 주어지는 것을 포함한다. 이 조약의 초점은 영예 및 상 호 인격적 관계에 있다.

한 중요한 연구에서 모셰 바인펠트(Moshe Weinfeld)는 종주-봉신 조약과 왕의 하사 간의 차이를 다음과 같이 설명한다.

> "종주-봉신 조약"은 봉신이 그의 주군 곧 종주국 왕에 대해 지켜야 할 의무로 구성되지만, "왕의 하사"는 주인이 자신의 종에 대해 지켜야 할 의무로 구성된 다. "왕의 하사"에서 저주는 왕의 봉신이 갖고 있는 권리를 위반할 자에게 주어 지지만, "종주-봉신 조약"에서는 저주가 종주국의 왕의 권리를 위반할 봉신에게 주어진다. 다시 말하자면 "왕의 하사"는 주로 종의 권리를 보호하기 위해 시행 되지만, 종주-봉신 조약은 주인의 권리를 보호하기 위해 체결된다. 나아가 왕의 하사는 이미 행해진 충성과 선행에 대한 보상이지만 종주-봉신 조약은 미래의 충성을 이끌어내기 위한 유인책(당근)이다.[8]

---

8   M. Weinfeld, "The Covenant of Grant in the Old Testament and in the Ancient

이 둘 사이에는 차이점 외에 중요한 유사점도 존재한다.

왕의 하사는 주로 수여자가 수혜자에게 주는 약속이지만 수혜자의 충성을 전제로 한다. 마찬가지로 조약도 주된 관심사가 봉신의 의무에 있지만 봉신의 나라와 왕권을 보호하겠다는 주권자의 약속을 전제로 한다.[9]

존 데이비스는 왕의 하사와 종주-봉신 조약의 차이점을 다음과 같이 적절하게 요약한다.

차이점을 주목해본다면, 종주-봉신 조약은 (주군의 인격적 처우에 따라 표현된) 상호 관계에 강조점을 두지만, 왕의 하사 조약은 상호 인격적 관계보다 높은 자가 낮은 자에게 호의를 베푸는 것에 초점을 둔다.[10]

학자들은 형태와 구조에 따라 성경의 언약들과 고대 근동의 조약들을 비교하고 대조하는 것이 유용하다는 것을 발견했다. 예를 들어보자. 신명기는 (내용은 그렇지 않지만) 형식은 고대 근동의 국제 조약, 특히 기원전 2천 년경의 히타이트 족속의 종주-봉신 조약과 동일하다.[11] 우리는 성경의 언약들을 설명할 때 구약성경의 주요 언약들과 이스라엘 주변 민족들의 조약들 간의 차이점과 유사점을 주목하면서 도움을 받을 것이다. 학자들이 고대 근동의 조약들의 모형이나 방식을 사용해서 구약성경의 언약들을 분석하고 묘사하려고 시도했을 때 자주 회피하는 두 가지 중요한 점이 있었다. 첫째, 논의되고 있는 성경의 조약은 고대 근동의 장르나 문학 모델을 각색한 것일

Near East," *Journal of the American Oriental Society* 90 (1970): 185.

9 M. Weinfeld, *Deuteronomy and the Deuteronomic School* (1972; repr., Winona Lake, IN: Eisenbrauns, 1992), 74.

10 John A. Davies, *Royal Priesthood,* 183.

11 많은 학자가 후기 신아시리아 제국의 조약들도 신명기의 구조와 비슷하다고 믿는다. 이 입장은 신명기를 다루는 장에서 비판받을 것이다.

수 있지만 모든 측면에서 문학적 구조를 의식적으로 자세하게 모방하려고 한 것은 아니다. 따라서 우리는 성경의 사례에서 고대 근동의 장르나 모델의 모든 특징을 "찾으려고" 애쓸 필요는 없다. 둘째, 비록 우리가 두 가지 형태의 조약을 구분할 수 있지만, 이 두 조약은 서로 완전히 다른 것이기보다는 오히려 연속체로서 각기 다른 강조점을 보여준다는 것이다.[12] 따라서 하나의 조약을 종주-봉신 조약이나 왕의 하사 가운데 어느 하나로 분류하지 말고, 구약성경의 언약은 이 두 형태의 특징을 가지는 것으로 이해하자. 오로지 한 가지 모형에 따라 언약을 제시하는 것은 성경의 의도를 훼손할 것이다.

성경에 나오는 주요 언약들

구약성경에는 매우 많고 다채로운 언약 또는 조약이 존재하지만 하나님과 다른 당사자—그들이 집단이든 개인이든 막론하고—간에 세워진 어떤 언약들은 구약성경의 규범에 의해 결정되는 내러티브의 플롯 구조를 통해 제시된다. 표 4.1은 주요 언약들을 간략히 보여준다.

표 4.1: 주요 언약들

언약	관련 주요 성경 본문
1. 창조 언약	창세기 1-3장
2. 노아 언약	창세기 6-9장
3. 아브라함 언약	창세기 12/15/17장
4. 시내산에서 맺은 언약	출애굽기 19:3b-8/20-24
5. 다윗 언약	사무엘하 7장/시편 89편

---

12 John A. Davies, *Royal Priesthood*, 183.

이와 같은 목록에 포함될 것과 포함되지 않을 것에 관해서는 약간의 논쟁이 있다. 창세기 1-2장에 묘사된 특징들이 언약으로 불릴 수 있는지에 대해 견해가 엇갈린다. 어떤 이들은 이 목록에 레위 언약 같은 언약들을 집어넣을 것이다(민 25:6-13; 참조. 말 2:1-9). 그러나 이 목록에 포함된 여섯 개의 언약은 최소한 설명되거나 연구될 필요가 있는 중요한 언약들이다.

구약성경 문서들

얼핏 보면 우리가 구약성경으로 부르는 책은 다양한 장르나 문학 형태로 이루어진 본문들을 이상하게 구성한 것처럼 보인다. 히브리어 구약성경을 전수한 사본들은 구약성경 전체에 포함된 개별적인 문학 작품들이 다른 배열을 갖고 있음을 보여준다. 사실 사본들은 대략 70가지에 이르는 다양한 배열이 있다. 이 배열들은 세 가지 형태에 따라 분류될 수 있다. (1) 연대순 배열, 즉 기록된 순서로 생각되는 것에 따른 배열, (2) 전례적 배열, 즉 본문들이 회당 예배에서 읽히는 순서에 따른 배열, (3) 문학적·논리적 배열, 즉 문학적 원리들에 기초한 배열.

문학적·논리적 순서는 구약성경 문서들을 세 집단으로 나눈다. (1) 토라(교훈 또는 율법), (2) 예언서 (3) 성문서. 표 4.2는 이 배열을 보여준다.

표 4.2: 구약 정경: 총 24권.

율법	1. 창세기
	2. 출애굽기
	3. 레위기

| | 4. 민수기 |
| | 5. 신명기 |

예언서	6. 여호수아
	7. 사사기
	8. 사무엘서
	9. 열왕기서
	10. 예레미야
	11. 에스겔
	12. 이사야
	13. 12 예언서

성문서	14. 룻기
	15. 시편
	16. 욥기
	17. 잠언
	18. 전도서
	19. 아가서
	20. 예레미야애가
	21. 다니엘
	22. 에스더
	23. 에스라-느헤미야
	24. 역대기

각 집단 또는 각 부분은 역사나 내러티브와 함께 "다른 장르"의 본문들을 포함한다. 각 부분의 명칭은 "다른 장르"에서 연원한다. 따라서 토라는 역사에 "교훈"이 더해져 구성된 것이다. 예언서는 역사에 "예언"이 더해져 구성된다. 그리고 성문서는 역사에 다양한 다른 "문서들"이 더해져 구성된다. 또한 각 부분 안에는 책들의 배열의 지침이 들어 있다. 곧 역사서는 서술된 사건들이 발생한 연대순에 따라 배열되고, 비역사서는 크기 순서대로 배열된다. 이것이 문학적·논리적 배열이 의미하는 것이다.

연대순 배열과 전례적 배열은 나중에 이차적으로 사용되고, 문학적·논리적 순서에 뒤따르는 부수적인 재배열에 근거한다. 문학적·논리적 배열이 본래적 배열이다. 오늘날 영어 번역 성경의 배열은 히브리 정경에서 연원하

는 것이 아니라, 장르에 따라 본문들을 재배열하는 그리스어 번역본의 기독
교 사본들에서 연원한다.

역사적 증거들은 히브리 정경의 배열이 확실히 기원전 2세기에 시작하
는 것을 보여주고, 아마 그보다 훨씬 이전인 기원전 5세기 말의 에스라와
느헤미야 시대에 시작했을 가능성도 보여준다.[13] 신약 시대에 예수와 사도
들은 이 배열을 인정하고 채택했다.[14] 우리는 기원후 4세기 기독교 사본들
의 배열이 이 전통을 보존하지 못했음을 확인할 수 있다.

우리는 히브리 정경의 배열에서 처음 아홉 권의 책과 마지막 네 권의 책
은 역사적 또는 내러티브 작품이라는 것을 확인할 수 있다. 이 책들 사이에
끼어 있는 책들은 역사적/내러티브 부분에 대한 주석을 구성하는 비내러티
브 작품들이다.

구약성경으로 알려진 문서들의 모음집을 주목해보면 다음과 같은 중요
한 질문이 생긴다. 이것은 단순히 본문들의 모음집에 불과한가, 아니면 하
나의 글인가? 이것은 하나의 책인가, 아니면 수집된 책들인가? 사도들은 성
경이 인간적 기원을 갖고 있을 뿐만 아니라 신적 기원도 갖고 있다고 가르
쳤다. 따라서 인간적 관점에서 보면 매우 많은 저자가 참여하고 있지만 신
적 관점에서 보면 단 한 명의 저자가 있을 뿐이다. 이것은 이 모음집이 하나
의 글로 간주되어야 함을 시사한다.

지금 우리는 히브리 정경(즉 구약성경)에 주목하고 있다. 왜냐하면 히브리
정경은 언약과 관련된 기독교 성경의 주요 본문들을 포함하고 있고, 문학적
플롯 구조를 확립시키는 기독교 성경의 한 부분이기 때문이다. 물론 우리는
기독교 성경의 정경에 필수적인 신약성경 문서들도 이 책이 제시하는 성경
신학에 본질적이고 필수적인 요소로 간주한다.[15]

---

13 Roger Beckwith, *The Old Testament Canon of the New Testament Church and Its
    Background in Early Judaism* (Grand Rapids, MI: Eerdmans, 1985)을 보라.

14 눅 24:44.

15 우리가 믿기로는 신약성경의 정경은 기원후 125년 초에 확정되었고, 신약성경 문서들의 원

성경의 메타내러티브의 뼈대로서 주요 언약들

우리는 문학적 관점에서 구약성경의 플롯 구조가 무엇인지, 아니 사실은 단일한 책으로서 전체 성경의 플롯 구조가 무엇인지 질문해볼 수 있다. 이 책의 논제는 언약들이 포괄적인 이야기의 뼈대를 구성한다는 것이다. 곧 언약들이 성경 내러티브의 중추다.

성경 이야기는 오직 한 하나님이 계신다는 사실에서 시작한다. 하나님은 만물을 창조하셨고, 특히 그분 아래에서 만물을 다스리도록 인간을 창조하셨다. 이 맥락에서 하나님이 우주의 중심이시고, 우리 인간들은 하나님과의 그리고 인간들 간에 올바른 관계를 맺는 것에서 목적을 발견한다. 하지만 최초의 남자와 여자는 이 길을 거부했다. 그러면 하나님이 더 이상 우주의 중심이 아닐 때 어떤 일이 벌어질까? 누가 하나님의 자리를 차지할까? 글쎄, 인간이 차지한다. 인간은 바로 내가 우주의 중심이 되기를 원한다. 그러면 이것이 가능할까? 천만의 말씀이다. 왜냐하면 여러분도 그 자리를 차지하고 싶어 하기 때문이다. 따라서 아담과 하와의 거역 이후로 혼돈과 악이 지배해왔던 탓에 우리는 더 이상 하나님과 올바른 관계를 맺지 못하고 서로를 진실한 인간적 존재로 대하지 못했다.

하나님은 인류 전체를 심판하고 노아와 함께 세상을 새로 시작하셨다. 그러나 이것 역시 혼돈과 악으로 끝났다. 바벨탑 이야기가 분명하게 보여주는 것처럼 말이다.

래 순서는 마태복음, 마가복음, 누가복음, 요한복음, 사도행전, 야고보서, 베드로전·후서, 요한1서, 요한2서, 요한3서, 유다서, 로마서, 고린도전·후서, 갈라디아서, 에베소서, 빌립보서, 골로새서, 데살로니가전·후서, 히브리서, 디모데전·후서, 디도서, 빌레몬서, 요한계시록과 같았다. 이 견해에 대한 설명과 변증에 대해서는 특히 David Trobisch, *Paul's Letter Collection* (Minneapolis: Fortress, 1994); 같은 저자, *The First Edition of the New Testament* (Oxford: Oxford University Press, 2000)를 보라. 또한 C. E. Hill, "The New Testament Canon: *Deconstructio ad Absurdum?*" *JETS* 52 (2009): 101-120; 그리고 같은 저자, *Who Chose the Gospels?* (Oxford: Oxford University Press, 2010)도 주목할 만하다.

마지막으로 하나님은 아브라함과 함께 새롭게 출발하셨다. 그분은 아브라함과 그의 가족을 시범 계획(pilot project)으로 사용하시면서 교만과 거역으로 파괴된 창조물과 인간을 회복시키실 것이다. 이스라엘 백성은 본보기 곧 하나님과 적절한 관계를 맺고 우리 인간의 존엄함에 따라 서로를 적절히 대하는 것이 무엇을 의미하는지 세상에 알리는 빛이 될 것이다. 우리는 이것을 출애굽기에서 선포되고 신명기에서 재진술된 모세 언약으로 부를 수 있을 것이다. 그러나 이스라엘 백성은 모세 언약을 준수하지 못했다. 그들은 순종하면 복을 받도록 되어 있었으나 불순종해서 저주를 받았다. 바로 이것이 성경 이야기가 새 언약을 말하면서 끝나는 이유다. 현재는 새 언약을 지키는 것이 가능할 것이다.

성경 이야기의 이런 요약은 박사 학위 논문 초록에 해당되는 3백 단어도 되지 않는 분량으로 **언약들**이 하나의 본문으로서 성경의 문학적 구조 또는 플롯 구조를 적절히 설명한다는 사실을 보여준다. 유대인 학자인 랍비 리처드 엘리엇 프리드먼(Richard Elliot Friedman)은 이 사실을 다음과 같이 인정했다.

성경의 저자와 편집자들은 우주 구조의 안정성을 약속한 노아 언약, 민족과 땅을 약속한 아브라함 언약, 주권을 약속한 다윗 언약, 생명과 안전 그리고 번성을 약속한 이스라엘 언약으로, 거의 모든 역사적·전설적·교훈적·민속적 그리고 기타의 기사를 자기들의 전통 속에서 묘사하고 조화시킬 수 있는 기반을 구축했다. 만일 우리가 언약에 대한 모든 언급을 지울 수 있었다면 ― 엄밀히 주기적으로 그 문맥들에 통합되어 있기 때문에 절대로 그렇게 할 수 없지만 ― 우리는 산발적인 이야기들을 단순히 수집해놓은 문집을 갖고 있을 것이다. 그렇지만 실제로는 우리는 플롯을 구성할 수 있는 하나의 구조를 갖고 있다.[16]

---

16 Richard Elliott Friedman, "The Hiding of the Face: An Essay on the Literary Unity of Biblical Narrative," *Judaic Perspectives on Ancient Israel,* ed. Jacob Neusner, Baruch A. Levine and Ernest S. Frerichs (Philadelphia: Fortress, 1987), 215.

여기서 강조하는 주장은 언약들이 성경의 포괄적 이야기 곧 성경의 메타내러티브의 열쇠라는 것이다. 이 주장은 정경이 단순히 본문들을 모아놓은 모음집이 아니라 한 권의 책 또는 하나의 본문이라는 생각에 기초해 있지만, 책들의 배열에 대한 계획을 발견하는 것과 같지는 않다. 비록 그것이 부분적으로 관련이 있지만 말이다.[17] 그것은 전체로서 메타내러티브의 문학 플롯 구조에 대한 질문이다. 엄밀히 말해서 비록 모든 부분이 내러티브가 아니라고 해도 말이다. 내러티브가 아닌 장르들조차도 그 장르들을 이해하기 위한 구조를 제공하는 포괄적 이야기에 기초한다.[18] 따라서 비내러티브 장르도 성경 이야기에 기초하고 있다.

이런 주장은 20세기 성경신학 운동이 추구한 목표, 곧 구약성경의 "중심"을 발견하려는 목표와 똑같은 것이 아니다. 예를 들어 발터 아이히로트(Walther Eichrodt)는 『구약 신학』이라는 대작에서 "언약"이 성경신학을 구성할 수 있는 중심 생각이나 개념이라고 주장했다.[19]

지금 내 주장은 "언약"이 구약성경과 관련한 성경신학의 중심이라는 것이 아니라 오히려 언약들(복수형)이 메타내러티브 플롯 구조의 핵심이라는 것이다.

계약과 언약의 비교

우리가 살고 있는 북미의 문화에서는 언약 관계에 대한 성경적 이해가 사라지고, 계약 개념으로 대체되고 있다. 엘머 마튼스(Elmer Martens)는 우리가

17　예컨대 Stephen G. Dempster, *Dominion and Dynasty: A Biblical Theology of the Hebrew Bible*, NSBT 15 (Downers Grove, IL: InterVarsity Press, 2003)를 보라.

18　학자들은 신약성경의 바울 서신과 관련해서 바울의 사상에 내러티브 토대가 있음을 보여줬다.

19　Walther Eichrodt, *Theology of the Old Testament*, trans. J. A. Baker, 2 vols, Old Testament Library (Philadelphia: Westminster, 1961/1967).

언약 관계에 대한 성경적 생각을 분명하고 선명하게 이해하도록 표 4.3에
서 언약과 계약을 비교하고 대조할 수 있도록 한다.[20]

표 4.3: 언약과 계약의 비교와 대조

범주	계약		언약	
형식/문학적 구조	1. 날짜	2. 당사자	1. 화자 소개	2. 관계의 역사
	3. 거래	4. 수여	3. 일반 명령	4. 세부 규정
	5. 보증인	6. 필사	5. 문서 보고	6. 증인
	7. 증인 명단		7. 복과 저주	
이유	기대되는 이익		관계를 위한 욕구	
주도권	상호 협정		강력한 당사자	
방향	협상 사물 지향적		선물 인간 지향적	
의무	이행		충성	
종료	명시됨		불명확함	
위반	있음		있음	

이 다양한 범주들은 계약과 언약의 유사점과 차이점을 강조하는 데 도
움을 주고, 우리는 이 범주들을 통해 언약에서 충성이라는 측면의 중요성을
제대로 파악할 수 있다. 계약과 언약의 가장 분명한 차이점은 형식 또는 문
학적 구조에 있다. 우리는 기원전 5세기의 이집트인들이 아람어로 체결한
계약에 관한 많은 기록을 갖고 있다. 이 계약들의 일관된 형식을 보면 날짜
와 당사자 명단이 나오고, 그리고 거래 사항을 묘사하며, 이어서 보증인과
증인이 나온다. 이 형식은 기원전 2천 년 것이든 또는 1천 년 것이든 그 당
시의 언약이나 조약의 형식과는 현저하게 차이가 있다. 그러나 형식적인 측
면 이외에도 다른 근본적인 차이가 존재한다. 마튼스는 유용하게 이 차이점

---

20 Elmer A. Martens, *God's Design: A Focus on Old Testament Theology* (Grand Rapids,
MI: Baker, 1981), 73. 허락을 받아 사용함.

을 다음과 같이 설명한다.

계약의 이유는 주로 각 당사자가 기대하는 이득에 있다. 따라서 만족스러운 액수에 한 당사자가 다른 당사자가 원하는 어떤 상품의 일정 분량을 제공하는 데 동의한다. 계약은 특별히 **사물** 지향적이다. 그러나 언약은 **인간** 지향적이고, 신학적으로 말하자면 주요한 교환 품목으로 얻는 이득이 아니라 일정한 친밀함이라는 욕구에서 기인한다. 계약 협상에서 각각의 당사자는 상호간에 만족스러운 협정에 이르는 것이 중요하다. 그러나 언약에서 협상은 용납될 수 없다. 더 큰 은혜가 그에게 도움을 준다. 주도권은 그에게 있다. "협상"이 계약을 잘 묘사한다면, "선물"은 언약을 잘 묘사한다. 언약과 계약 모두 의무가 있지만 다음과 같은 차이점이 있다. 계약에서 세워진 조건들은 그 조건들의 이행을 요구한다. 하지만 언약의 의무는 충성하는 것이다. 대체로 언약은 영원하다. 반면에 계약은 구체적인 기한이 있다. 계약서의 점검 사항에 나와 있는 조건들을 확인하는 일에서 계약 위반이 드러날 수 있고 위반 내용이 분명히 확인될 수 있다. 언약도 위반될 수 있지만, 위반 내용이 분명하지 않다. 왜냐하면 언약에서 주안점은 약정 1, 약정 2, 약정 3에 있는 것이 아니라 친밀감의 정도에 있기 때문이다. 언약과 계약의 모든 차이 중 가장 중요한 것은 언약이 인격적 충성으로 이루어진다는 데 있다.[21]

따라서 언약의 핵심에는 사랑 안에서 충성과 신실함에 의해 특징짓는 당사자들 간의 **관계**가 있다. 구약성경을 기록하는 데 사용된 히브리어에는 이런 관계를 표현하기 위해 지속적으로 사용된 한 쌍의 단어, 곧 "헤세드"

---

21 같은 책, 72-73 (강조는 Martens의 것이다). 또한 George E. Mendenhall, *The Tenth Generation: The Origins of the Biblical Tradition* (Baltimore: Johns Hopkins University Press, 1973), xi-xiii, 16-31도 보라. 거기서 Mendenhall은 언약 사회와 계약 사회의 차이를 설명한다. 언약 사회에서는 강조점이 의무에 있고, 계약 사회에서는 강조점이 권리에 있다. 또 언약 사회에서는 공통 유익에 강조점이 있지만 계약 사회에서는 개인의 이익 단체에 강조점이 있다.

(ḥesed)와 "에메트"('ĕmet)가 있다. 영어에서는 이 두 단어와 동등한 의미를 가진 단어를 손쉽게 찾아볼 수 없다. "헤세드"는 충성된 사랑 안에서 자비를 보여주는 것과 관련이 있다. "에메트"는 "신실함" 또는 "진실"로 번역될 수 있다. 이 두 단어는 한 쌍의 단어이기에 우리는 이 단어의 부분들을 하나로 합해서 전체 의미로 정리할 수 없다. 이것은 우리가 영어 단어 버터(butter)와 날다(fly)를 묘사하면서 나비(butterfly)의 의미를 설명할 수 없는 것과 같다. 따라서 이 한 쌍의 단어는 언약 관계 안에서 작동하고, 언약이라는 맥락에서 신실하고 충성된 사랑을 설명하는 데 사용된다.

언약 관계에 대한 반성

"헤세드"와 "에메트"라는 한 쌍의 단어에 대한 탁월한 묘사는 창세기 47:29-30에 나와 있다.

> 29 이스라엘이 죽을 날이 가까우매 그의 아들 요셉을 불러 그에게 이르되, "이제 내가 네게 은혜를 입었거든 청하노니 네 손을 내 허벅지 아래에 넣고 인애와 성실함으로('헤세드'와 '에메트') 내게 행하여 애굽에 나를 장사하지 아니하도록 하라. 30 내가 조상들과 함께 눕거든 너는 나를 애굽에서 메어다가 조상의 묘지에 장사하라!"
>
> 요셉이 이르되, "내가 아버지의 말씀대로 행하리이다."

이스라엘이라고 불린 야곱은 자기 아들 요셉에게 자신이 죽으면 이집트 땅이 아닌 가나안 땅에 자신을 묻어달라고 당부한다. 지금 아버지와 아들의 관계는 언약 관계다. 구약성경에서 가족 관계는 언약으로 맺어졌기 때문이다. 더 강한 쪽 당사자인 요셉이 약한 쪽 당사자인 야곱을 도와야 할 의무가 있다. 이 의무의 이행은 "헤세드"와 "에메트" 즉 신실하고 충성된 사랑을 보여주는 것으로 언급된다.

1. 언약 관계
2. 약한 당사자를 도울 의무
3. 의무의 이행은 신실하고 충성된 사랑을 보여준다.

레온 모리스(Leon Morris)는 다음과 같이 "헤세드"에 대해 주목한다. "'헤세드'는 사람들에게는 이상이고 하나님에게는 현실이다."[22] 솔로몬은 성전을 봉헌하며 드린 기도에서 다음과 같이 확언했다. "위로 하늘과 아래로 땅에 주와 같은 신이 없나이다. 주께서는 온 마음으로 주의 앞에서 행하는 종들에게 언약을 지키시고 은혜를 베푸시나이다"(왕상 8:23). 프랜시스 앤더슨(Francis Andersen)의 다음과 같은 설명은 중요하다.

일부 주석가들이 추론한 것과 반대로, 이 진술은 언약을 준수하는 것으로 "헤세드"를 정의하지 않는다. 오히려 "언약과 헤세드"(중언법)는 정치적 조약이나 상업적 계약과 달리, 야웨의 언약을 "헤세드"의 하나로 간주한다. 최근 몇 십 년 사이에 G. E. 멘덴홀의 지적에 따라 촉발된 성경의 언약들에 대한 많은 논의를 보면, 성경의 언약을 "헤세드"라는 기초에 두지 않고 대신 "헤세드"를 언약 체결 형식들의 구조에 두면서 실제 사실의 순서를 뒤집었다. 특히 여기서 칭송되는 것은 야웨께서 그분의 약속을 지키셨다는 사실이고, 우리는 그 정도로 의무를 이행했다고 말할 수 있다. 그러나 하나님은 스스로 의무를 짊어지신 것이다. 약속하는 것이 "헤세드"의 근본 행위였다. 약속은 보증을 수반했다. 약속을 준수하는 것은 그 자체가 바로 다음에 이어지는 "헤세드"의 의존적 행위가 아니다. 그것은 단순히 "헤세드"를 "준수하는 것"이고, 그런 의미에서 하나님은 신뢰할 수 있는

---

22 Leon Morris, *Testaments of Love: A Study of Love in the Bible* (Grand Rapids, MI: Eerdmans, 1981), 81.

분이다.[23]

넬슨 글루엑(Nelson Glueck)이 "헤세드"에 대한 획기적인 연구를 1967
년에 했고, 그 연구에 자극을 받은 자켄펠트(K. Sakenfeld)와 앤더슨(F.
Andersen) 그리고 클라크(G. R. Clark)가 헤세드의 의미에 대해 수많은 중요
한 연구를 했고 더욱 다듬어진 설명을 제시했다. [24] 앤더슨은 글루엑의 개
념에 반대하여, "헤세드"는 "어떤 종류의 의무에 의해서 일어나는 것이 아니
라 매우 자발적으로 표현된 사랑"을 의미한다고 정의했다.[25] 한 유용한 분석
에서 존 미드(John Meade)는 하나님의 존재 안에서 존재론적 "헤세드"와 기
능적 "헤세드"를 구분했다.[26] 하나님이 자유롭게 "헤세드"를 예증하시는 이
유는 그렇게 하는 것이 하나님의 본성이기 때문이다. 출애굽기 34:5-7에서
모세에게 주어진 계시가 이와 관련된 핵심 본문이다. 스티븐 뎀스터(Stephen
Dempster)는 미드의 구분을 본문의 핵심적인 문학적 표지들을 따라 더 깊이
전개했다.[27]

출애굽기 34:5-7의 문맥을 보면, 모세는 야웨께 그의 영광을 자기에게
보여달라고 간청한다. 야웨는 출애굽기 33:19 이하에서 다음과 같이 반응

---

23 Francis I. Andersen, "Yahweh the Kind and Sensitive God," *God Who Is Rich in Mercy: Essays Presented to Dr. D. B. Knox,* ed. Peter T. O'Brien and David G. Peterson (Homebush West, NSW, Australia: Lancer, 1986), 65.

24 다음 자료들을 보라. Nelson Glueck, *Hesed in the Bible,* trans. Alfred Gottschalk, ed. Elias L. Epstein (Cincinnati: Hebrew Union College Press, 1927, 1967); Katharine D. Sakenfeld, *The Meaning of Hesed in the Hebrew Bible: A New Inquiry* (Harvard Semitic Monographs 17, Missoula, MT: Scholars Press, 1978); 같은 저자, *Faithfulness in Action: Loyalty in Biblical Perspective* (Philadelphia: Fortress, 1985); Andersen, "Yahweh the Kind and Sensitive God," 41-87; Gordon R. Clark, *The Word Hesed in the Hebrew Bible,* JSOTSup 157 (Sheffield, UK: JSOT Press, 1993).

25 Andersen, "Yahweh, the Kind and Sensitive God," 42.

26 John D. Meade, "OT *Hesed* in the NT," 2006년에 남침례교 신학교 교수회에 제출된 미출간 논문.

27 2011년 3월 2일에 나눈 개인적 대화. 표 4.4a와 4.4b는 허락을 받아 사용한다.

하신다.

19 여호와께서 이르시되. "내가 내 모든 선한 것을 네 앞으로 지나가게 하고 여호와의 이름을 네 앞에 선포하리라. 나는 은혜 베풀 자에게 은혜를 베풀고 긍휼히 여길 자에게 긍휼을 베푸느니라." 20 또 이르시되. "네가 내 얼굴을 보지 못하리니 나를 보고 살 자가 없음이니라." 21 여호와께서 또 이르시기를, "보라, 내 곁에 한 장소가 있으니 너는 그 반석 위에 서라. 22 내 영광이 지나갈 때에 내가 너를 반석 틈에 두고 내가 지나도록 내 손으로 너를 덮었다가 23 손을 거두리니 네가 내 등을 볼 것이요 얼굴은 보지 못하리라."

다음은 또 다른 돌 판을 들고 모세가 산으로 올라간 후에, 야웨께서 구름 가운데에 강림하셔서—표 4.4a와 4.4b에서 확인되는 것처럼—자신의 이름을 선포하신다(출 34:6-7).

표 4.4a: 야웨라 야웨라

엘 라훔 웨하눈 אֵל רַחוּם וְחַנּוּן		존재론
에레크 아파임 웨라브 헤세드 웨에메트 אֶרֶךְ אַפַּיִם וְרַב־חֶסֶד וֶאֱמֶת		
노체르 헤세드 라알라핌 נֹצֵר חֶסֶד לָאֲלָפִים		기능 +
노세 아본 와페샤 웨하타아 נֹשֵׂא עָוֹן וָפֶשַׁע וְחַטָּאָה		
웨나케 로 예나케 וְנַקֵּה לֹא יְנַקֶּה		기능 -

포케드 아본 아보트 알 바님 웨알 베네 פֹּקֵד עֲוֹן אָבוֹת עַל־בָּנִים וְעַל־בְּנֵי 바님 알 쉴레쉼 웨알 리베임 בָּנִים עַל־שִׁלֵּשִׁים וְעַל־רִבֵּעִים		

표 4.4b: 야웨라 야웨라

		존재론
자비롭고 은혜롭고		
노하기를 더디 하고 인자와 진실이 많은 하나님이라		
인자를 천대까지 베풀며		기능 +
악과 과실과 죄를 용서하리라		
그러나 벌을 면제하지는 아니하고		기능−
아버지의 악행을 자손 삼사 대까지 보응하리라		

이 계시는 야웨라는 이름을 반복하는 것에서 시작한다. 이것은 구약성경 전체에서 야웨라는 이름이 두 번 반복해서 등장하는 유일한 경우고 이 반복은 "주목하라!"는 뜻이다. 2라는 수 역시 문학적 구조의 열쇠다. 신적 본성에는 세 쌍의 속성이 있고, 첫 번째 쌍(자비롭고 은혜롭고 / 노하기를 더디 하고 인자와 진실이 많은 하나님이라)은 신적 본성에 대한 이전 계시 곧 출애굽기 33:19b에서 모세에게 미리 제시된 것과 교차 구조를 이룬다.

וְחַנֹּתִי אֶת־אֲשֶׁר אָחֹן וְרִחַמְתִּי אֶת־אֲשֶׁר אֲרַחֵם

나는 은혜 베풀 자에게 은혜를 베풀고 긍휼히 여길 자에게 긍휼을 베푸느니라.

따라서 우리는 출애굽기 33:19b에서는 "은혜 베풀"과 "긍휼히 여길"이라는 말을 보지만, 출애굽기 34:6에서는 "자비롭고" "은혜롭고"라는 말을 본다(A-B::B′-A′). 이 두 속성은 야웨 안에 있는 엄청난 은혜와 – 과분한 – 긍휼을 강조한다. 그다음 두 속성은 야웨의 흘러넘치는 신실한 사랑의 속성뿐만 아니라 관용(노하기를 더디 하고)의 속성을 강조한다.

그러므로 이 존재론적 속성들이 부정적 기능과 교차 구조를 이루는 믿을 수 없는 긍정적 기능 속으로 흘러 들어간다. "인자를 베풀며"에서 "노체르"(베풀다)라는 말이 선택된 것은 "노세"(용서하다)와 유음 관계에 있고, 또 그 말이 "행하다"보다 더 능동적인 의미를 내포하고 있기 때문이다. 히브리 성경에서 이에 대한 통상적 표현은 "'헤세드'를 행하다"이다. 헤세드를 베푸는 것이 의미가 더 강하다. 곧 하나님은 열심히 헤세드를 유지하고 보존하신다. 우리가 출애굽기 20:5-6에서 확인할 수 있는 것처럼, 여기서 "천"은 천 명의 사람들을 가리키는 것이 아니라 특별히 "악행을 자손 삼사 대까지 보응하리라"는 말과 대조 관계에 있으며, 그러므로 천 세대를 의미한다. 이것은 이 신적 속성(헤세드)이 흘러넘치는 것을 가리킨다. 다음으로 이 헤세드는 폭넓은 용서를 일으킨다. 그렇지만 여전히 죄를 매우 심각하게 여기는 용서다("그러나 벌을 면제하지는 아니하고"). 다시 말하자면 이것은 값비싼 용서다. 여기서 신적 본성 안에 인간의 죄로 말미암아 일어난 긴장이 있다. 하지만 그것은 언젠가 해소될 것이다.

그리고 이 엄청나고 독보적인 계시는 야웨의 등을 본다는 것을 의미한다! 그렇다면 야웨의 얼굴을 온전히 보는 것은 어떨지 상상해보라!

이에 대한 또 하나의 놀라운 용례는 시편 117편이다.

1 너희 모든 나라들아 여호와를 찬양하며,

　너희 모든 백성들아 그를 찬송할지어다.

2 우리에게 향하신 여호와의 인자하심[헤세드]이 크시고,

　여호와의 진실하심[에메트]이 영원함이로다.

　할렐루야!

시편 117편은 이스라엘의 찬송가(시편) 중 가장 간략하고 가장 짧다. 시편의 표준 구성에 따르면, 야웨를 찬송하라는 요청이 있고 이어서 그렇게 찬송해야 하는 이유가 제시된다. 시편 117편에서 1절은 찬송하라는 요청이고 2절은 찬송의 이유를 제시한다. 찬송의 이유를 제시하는 부분을 보면, 한 쌍의 단어인 "헤세드"와 "에메트"가 서로 떨어져서 평행을 이루는 절에 배치되어 있다. 따라서 야웨를 자랑해야 하는 이유는 야웨께서 자기 백성과 맺으신 언약에 따라 신실하고 충성된 사랑을 보여주셨기 때문이다. 사실 시편 전체는 이 속성을 찬송하는 것으로 요약된다. 신진 학자는 자신의 박사학위 논문을 다 쓰면, 논문의 내용을 300 단어 정도로 요약해야 한다. 우리는 이것을 논문의 초록이라고 말한다. 그런 의미에서 시편 117편은 시편 전체의 논문 초록이다. 시편 117편은 이스라엘의 찬송가에서 가장 긴 시편인 119편을 포함해 애가, 찬송, 감사의 노래 **모두**를 단지 몇 마디 말로 요약하고 있다. 야웨는 언약 관계에 따라 자신의 신실하고 충성된 사랑을 예증하시기 때문에 자기 백성 이스라엘의 경배를 받으시기에 합당하신 분이시다.

5장

노아 언약

서론

「토론토 스타」는 캐나다에서 가장 큰 도시인 토론토의 주요 일간 신문이다. 이 신문은 1996년 11월 당시 캐나다 수상인 장 크레티앙(Jean Chrétien)이 선거 공약의 78%를 완전히 실천했다고 선언하는 논설을 실었다. 반면, 언약들의 진행에 따라 자신을 계시하신 하나님은 노아 언약에 포함되어 노아와 전체 인류에게 주신 자신의 약속을 100% 완벽하게 이루셨다. 곧 수천 년에 걸쳐 100% 실천하셨다. 우리가 현재에 이르기까지 계절들의 교차적인 운행을 경험하고 있는 것이 그 증거다.

노아 언약의 배경

창세기 1-3장 자체가 언약에 포함되는지의 여부가 신학자들 사이에 논란이 되고 있다. 성경에서 "언약"(베리트)이라는 말이 처음 나타나는 곳은 창세기 6:18이고, 거기서 노아와 맺은 언약이 언급된다. 하나님은 노아에게 "그러나 너와는 내가 내 언약(베리트)을 세우리니"라고 말씀하신다. 그 결과로서 창세기 6-9장과 노아 언약을 먼저 검토해야 한다. 그런 다음에 창세기 1-3장에 대해 제기된 문제를 다룰 수 있다.

먼저 우리는 하나님이 (창 6:18에서) 노아에게 이렇게 말씀하시는 배경과 이 본문에서 사용된 말의 의미를 고찰할 필요가 있다.

앞 구절(창 6:17)에서 하나님은 노아에게 자신이 땅에 있는 모든 생명 — 온 세상의 모든 인간과 짐승의 생명 — 을 멸절하기로 하신 것에 대해 알려 주신다. 멸절의 수단은 대재앙 사건 — 온 땅을 뒤덮는 홍수 — 이 될 것이다. 그러나 하나님은 노아에게 홍수의 멸망으로부터 구조를 받고 구원을 받을 수단이 될 큰 "방주"를 만들라고 명령하신다.

창세기 6장 앞부분은 하나님이 분명히 인류를 포기하고 이런 대재앙 사건을 일으키기로 결정하신 이유를 설명한다. 우리는 6:5에서 다음과 같은 말씀을 본다. "여호와께서 사람의 죄악이 세상에 가득함과 그의 마음으로 생각하는 모든 계획이 항상 악할 뿐임을 보시고." 조금 더 앞으로 나가면 우리는 6:11-13에서 다음과 같은 말씀을 본다.

> 그때에 온 땅이 하나님 앞에 부패하여 포악함이 땅에 가득한지라. 하나님이 보신즉 땅이 부패하였으니 이는 땅에서 모든 혈육 있는 자의 행위가 부패함이었더라. 하나님이 노아에게 이르시되. "모든 혈육 있는 자의 포악함이 땅에 가득하므로 그 끝 날이 내 앞에 이르렀으니 내가 그들을 땅과 함께 멸하리라."

6:5은 인간의 상황을 "나쁘고", "악하고" 또는 "사악한" 것으로 묘사하고, 이 상황을 우리가 느끼고 추론하고 결정하고 계획하는 우리의 존재의 중심인 인간의 마음의 상태까지 소급한다. 6:11-13에서는 특히 두 용어가 두드러지게 부각된다. "부패하다"와 "포악함"이 그것이다. 첫 번째 단어("부패하다")는 세 번에 걸쳐 나타나고, 두 번째 단어("포악함")는 두 번에 걸쳐 나타나는데, 그렇게 함으로써 누적 효과를 강조한다. 그러므로 독자는 메시지를 놓치기가 어렵다! "부패하다"는 말은 아름답고 좋은 상황이 이제 파괴되고 손상되고 왜곡되어 있음을 보여준다. 크리스마스 선물을 개봉하고 얼마 못가 어린아이들은 자주 아름답고 복잡한 장난감을 망가뜨리고 손상시키면서 장난감의 모양과 기능이 훼손되고 만다. 포악함(ḥāmās)이라는 말은 특별히 사회적 폭력과 사회적 정의가 구현되지 못하는 인간 사회의 상태를 가리킨다.

창세기 6:6-7에 따르면 부패와 사회적 폭력을 낳는 인간의 마음의 악함은 하나님의 반응을 불러일으킨다.

땅 위에 사람 지으셨음을 한탄하사 마음에 근심하시고, 이르시되. "내가 창조한 사람을 내가 지면에서 쓸어버리되, 사람으로부터 가축과 기는 것과 공중의 새까지 그리하리니. 이는 내가 그것들을 지었음을 한탄함이니라" 하시니라.

어떤 번역은 하나님이 땅 위에 사람 지으신 것을 "후회하시거나" "유감을 느끼시는" 것으로 번역한다. 그러나 이런 하나님의 반응은 불의와 사회적 폭력 그리고 죄악에 반대하는 하나님의 일관된 태도를 가리키고, 하나님이 변하실 수 있거나 변덕스러운 분이라는 점을 암시하지 않는다. 월키의 설명이 유용하다.

우리는 성경에서 하나님이 심판을 행하기로 계획하실 때 사람들이 회개하고 선을 행한다면 악이 결코 팽배하지 않고 오히려 그 반대가 되리라는 것을 보여주는 많은 사례들을 본다(예를 들어 렘 18:5-11). 엄밀히 말하자면 하나님은 불변하시는 분이기에 후회하신다. 폴 하우스(Paul House)는 "하나님의 후회가 엄청나게 큰 우주적 잘못이 저질러진 것이 아니라 조치가 취해져야 한다는 것을 의미한다"고 말한다. 다시 말하자면 하나님의 동기는 항상 선하고 의롭다.[1]

따라서 홍수는 인간의 마음의 악함과 그 결과로 일어난 부패와 포악함에 반응하여 하나님이 행하시는 심판이다.[2]

1　Bruce K. Waltke with Charles Yu, *An Old Testament Theology* (Grand Rapids, MI: Zondervan, 2007), 286. 『구약신학』(부흥과개혁사 역간).

2　이 접근법은 우주적 잘못에 대한 John Goldingay의 접근법과 대조된다. 그것은 마치 때때로 하나님이 플랜 A가 실패하자 플랜 B를 시도하는 미친 과학자인 것처럼 보인다. John Goldingay, *Old Testament Theology: Volume One—Israel's Gospel* (Downers Grove, IL: InterVarsity Press, 2003), 161-184을 보라.

창세기 6:1-4과 홍수 이야기 사이의 관계 그리고 6:1-4에 대한 해석은 굉장히 논란이 많다. 이 책의의 범위에서는 단지 간략한 설명만이 가능하다. 이 논란에서 다음과 같은 두 가지 문제가 중요하다. (1) 사람의 딸들과 결혼하고 자녀를 낳는 "하나님의 아들들"의 정체성(창 6:2, 4), (2) 6:4의 "당시에"와 "그 후에도"라는 시간적 표현에 대한 해석. 하나님의 아들들의 정체성에 대해서는 다음과 같은 세 가지 주도적인 견해가 있다. (1) 하나님의 아들들은 가인의 계보에 속한 경건하지 아니한 자들(창 4:17-24)과 통혼하는 셋의 계보에 속한 경건한 자들(창 4:25-5:32)을 나타낸다. (2) 하나님의 아들들은 당시에 지배권을 갖고 있던 강력한 왕/압제자들을 표현한다. (3) 하나님의 아들들은 인간 여성들과 결혼한 천사들을 의미한다. 마지막 견해는 문제가 있다. 우리는 홍수가 인간의 부패함과 포악함이 아니라 천사에 대한 심판이 었는지를 따져보아야 하기 때문이다.

그러나 이 마지막 견해는 "하나님의 아들들"이라는 정확한 표현이 구약성경에서 일관되게 그리고 오로지 천사들을 언급하고(욥 1:6; 2:1; 38:7. 참조. 시 29:1; 단 3:25), 또 신약성경의 베드로후서 2:4과 유다서 1:6-7에 의해서도 지지를 받기 때문에 진지하게 고려해볼 가치가 있다.[3] 베드로와 유다는 구약성경을 통해 **익히 알려진** 사건들을 언급함으로써 독자들의 믿음을 북돋아 주고자 한다. 베드로와 유다의 설명은 특히 창세기 두 본문(창세기 6-9장과 18-19장)을 언급하는 것으로 이루어져 있다.[4] 베드로와 유다는 범죄한 천사

---

3   어떤 이들은 막 12:25의 예수의 진술을 인용하면서 천사와 인간 사이의 통혼은 불가능하다고 주장했다. "사람이 죽은 자 가운데서 살아날 때에는 장가도 아니 가고 시집도 아니 가고 하늘에 있는 천사들과 같으니라." 그러나 여기서 예수께서 실제로 말씀하시는 것은 **하늘에 있는** 천사들이 결혼하지 않는다는 것이다. 유다는 죄를 지은 천사들이 "자기 지위를 지키지 아니하고 자기[적절한] 처소를 떠났다"(유 1:6)고 명시한다.

4   벧후 2:4-8은 구약 역사에서 **세 가지**가 아니라 두 가지 본보기를 인용한다. 이 본문은 세 개의 접속사 "καί"(그리고)를 포함하고 있다. 중간의 "그리고"는 두 본보기를 결합시킨다. 따라서 각

들이 이후에 있을 심판을 기다리며 특수한 옥에 던져 넣어진 것에 대해 말한다. 유다에 따르면 두 본보기(천사들과 소돔 그리고 고모라 성)는 엄청난 패역을 저질렀다.

"당시에"와 "그 후에도"라는 두 개의 시간적 표현이 창세기 6:4에 나온다. 논의의 목적을 위해 이 구절을 문자적으로 번역하는 것이 유용하다.

당시에 땅에 네피림이 있었고, 또 그 후에도 하나님의 아들들이 사람의 딸들에게로 들어와 자식을 낳았으니, 그들은 용사라. 고대에 명성이 있는 사람들이었더라.

여기서 시간적 표현에 대해서는 주로 두 가지 가능성이 존재한다. 만일 우리가 "당시에"를 창세기 6:1-3에 묘사된 때를 가리키는 것으로 해석한다면 구별되는 것은 홍수 이후의 때와 홍수 이전의 때다. "그 후에도"라는 말로 소개되는 관계절은 천사와 인간의 동거가 홍수 이후에도 계속되었다는 것을 암시하는 것처럼 보인다. 우리는 네피림이 이 결합의 결과였다고 결론지을 수 있다(참조. 민 13:22, 28, 33).

그러나 다른 해석이 가능하다. "그 후에도"(아하레-켄[*aḥărê-kēn*])라는 표현은 보통 두 동사 문장의 두 번째 문장에서 나타난다. 첫 번째 문장은 사건 X가 일어났거나 일어날 것이라고 말한다. 그리고 두 번째 문장은 첫 번째 문장 사건의 후속으로 사건 Y가 일어났거나 일어날 것이라고 말한다.[5] 여기서 우리는 "아하레-켄"이라는 표현이 특별히 창세기 6:2의 사건을 가리키는

본보기는 두 부분을 갖고 있다. (1) 범죄한 천사들 **그리고** 노아의 동시대인들, **그리고** (2) 소돔과 고모라 성 **그리고** 의로운 롯. 그러므로 이처럼 명확한 문학적 구조는 천사들에 대한 내러티브와 노아에 대한 내러티브를 연계시키고, 사탄의 타락과 같이 구약성경에 서술되지 않은 어떤 사건을 가리키는 것이 아니라 창 6:1-4의 기사를 가리키는 것이 틀림없다.

5 비록 이 패턴이 표준적이거나 통상적이라고 해도, 창 41:31이 보여주는 것처럼 유일한 종류의 구성은 아니다.

관계절에 의해 수식되는 것을 주목해야 한다.[6] 따라서 우리는 "당시에"라는 말이 신적 존재와 인간적 존재의 동거가 있기 전을 의미한다고 추정할 수 있다. 그렇다면 창세기 6:4은 네피림이 천사와 인간의 동거가 있기 전에 땅에 있었고, 또한 그 후에도 있었으며, 이 결합과는 아무런 상관이 없었다고 설명해야 할 것이다.

이 후자의 해석은 담화 문법을 고찰해보면 더 강화된다. 창세기 6:4은 두 개의 절 또는 문장으로 구성되어 있다. 첫 번째 문장은 동사절이고, 두 번째 문장은 명사절이다. 둘 다 접속사가 생략된 게 특징이다(절/문장이 시작될 때 접속사나 연결사가 없다). 첫 번째 문장에서는 동사가 문장 앞에 있지 않다. 이 패턴은 주석적 또는 설명적 이탈을 나타낸다. 첫 번째 문장이 주어로 시작한다는 사실은 새로운 화제를 암시한다. 창세기 6:4의 관계절은 이 새로운 화제를 6:2의 사건들에 관련시킨다. 이 명사절은 네피림을 추가로 설명한다. 네피림은 먼 과거에 용사였다. 이것은 저자 입장에서 먼 과거를 의미할 수 있다. 또는 창세기 6:2의 사건과 관련해서 먼 과거를 가리킬 수도 있다. 아마 저자는 네피림을 비신화화하려는 의도를 가졌을 것이다. 이 고대의 용사는 창세기 6:2의 사건 이전에도 있었고 이후에도 있었으며, 반드시 6:2의 사건과 관련되었던 것은 아니다. 따라서 창세기 6:1은 여성이 증가한 것을 묘사하고, 6:2은 천사와 인간의 동거에 대해 묘사하며, 6:3은 그 결과가 여전히 육신적이라는 것을 묘사한다. 그래서 6:3은 하나님의 심판 아래 있게 된 것으로 결론짓고, 6:4은 이 모든 것이 유명한 네피림과는 아무런 상관이 없다고 진술한다. 네피림이라는 말은 특별히 설명되지 않으므로 그들은 이 본문의 고대(최초) 독자들에게 잘 알려져 있었던 것이 틀림없다.

따라서 이 이탈이 보여주는 것은, 만일 우리가 창세기 6:1-4이 천사와 인간의 결합을 언급하고 있다고 추정한다면, 이것이 홍수의 원인과 결부될

6　이것은 분명히 관계 문장으로 수식되는 "아하레-켄"의 유일한 용례다. 옥스퍼드 사전은 대하 35:20을 용례로 제시하지만 평행 관계가 정확하거나 설득력 있는 것은 아니다.

수 없다는 것이다. 게다가 베드로후서 2:4과 유다서 1:6에 따르면, 천사들에 대한 심판은 홍수 심판과 분리되었다.

노아는 자신의 동시대인들과 달리 사회적 폭력이 판을 치는 시대에 의로운 자였다. 창세기 6:8은 노아가 하나님의 은혜의 대상이었음을 암시한다. 이것이 독단적인 결론이 아닌 것은 다음 구절에서 "노아는 의인이요 당대에 완전한 자라. 그는 하나님과 동행하였으며"라고 계시하는 것으로 보아 분명하다. "노아는…하나님과 동행하였으며"라는 표현은 명백히 하나님이 언약을 "세우시기" 오래전부터 노아가 하나님과 관계를 맺고 있었음을 보여준다. "의인"(히브리어 차디크[צַדִּיק])이라는 용어는 하나님과의 관계 속에서 노아의 행위가 의로웠음을 말하는 단어다. 하나님을 향한 그리고 동료 인간을 향한 노아의 행동은 하나님과의 관계에 대한 신실함과 충성됨에 기초해 있었다. 창조주이신 성경의 하나님과의 관계는 어떤 관계든 도덕적 기준을 포함하므로 "의인"이라는 단어는 노아의 행위가 하나님에 대한 헌신으로 하나님의 길에 일치된 것에 기초해 있었음을 의미한다. 올리(J. W. Olley)는 한 중요한 연구에서 의를 "모든 것, 곧 공동체와 물리적 영역 및 영적 영역과 관련된 개인들에게 정의와 조화를 가져오는 것"으로 정의한다.[7] 브루스 월키는 이 정의에 대해 이렇게 덧붙인다. "의인(차디크)은 공동체의 이익을 위해 자신의 불이익을 기꺼이 감수한다. 반면에 악인은 자신의 이익을 위해 공동체의 불이익을 기꺼이 감수한다."[8] 그래서 이 문맥에서 하나님은 노아와의 언약을 보증하기로 결정하신다.

7　J. W. Olley, "'Righteous' and Wealthy? The Description of the *Ṣaddîq* in Wisdom Literature," *Colloquium* 22 (1990): 38-45.

8　Bruce K. Waltke, *The Book of Proverbs: Chapters 1-15*, New International Commentary on the Old Testament (Grand Rapids, MI: Eerdmans, 2004), 97.

구약성경과 고대 근동의 언약 체결

하나님이 노아와 세우신 언약을 더 깊이 고찰하기 전에 구약 시대 문화의 언약 체결 관습을 더 깊이 파악하고 이해하는 것이 필요하다. 언약이나 조약을 체결할 때 통상적으로 포함되는 요소는 무엇인가? 창세기 21:22-34에 묘사된 사건들은 고대 근동의 언약 체결에 포함되는 것에 대한 적절한 사례를 제공한다. 이 내러티브는 그랄(가나안 남쪽과 브엘세바 서쪽에 있는 성읍) 왕이 아브라함과 언약/조약을 맺는 것을 다룬다. 이 두 당사자 간의 협정으로 브엘세바에 있는 우물과 관련된 물의 권리 분쟁이 해결된다. 이 조약은 네 가지 특성을 갖고 있고, 사실상 일반적으로 언약들의 기준이 된다.

(1) 언약이 어떤 관계를 반드시 시작하거나 개시하는 것은 아니다. 언약을 맺기 전에 이미 관계가 펼쳐지고 확립된 두 당사자는 자신들의 협정 또는 서약을 구속력 있는 법적 조건으로 형식화할 수 있다. 아비멜렉과 아브라함은 이미 관계를 맺고 있었다. 언약을 맺을 때 아비멜렉은 자신이 과거에 아브라함에게 보여준 후대(헤세드)를 말하면서 그들 사이에 이미 확립된 이해를 언급한다. 우리가 앞으로 살펴볼 것처럼 언약은 이미 확립된 관계를 새로운 차원으로 이끈다. 하지만 그렇다고 해도 두 당사자는 이미 과거에 교분을 맺고 있었다.

(2) 구약성경에는 표준이 되는 언약이나 조약을 시작하는 것을 가리키는 관례적인 용어가 있다. 언약을 시작하는 것에 대한 이 표준적 표현은 "언약을 쪼개다"(카라트 베리트[*kārat běrît*] 창 21:27, 32)이다. 이 특수한 표현이 어떻게 그리고 왜 사용되었는지는 곧 분명히 밝혀질 것이다.

(3) 언약은 형식적이고 엄숙한 의식을 통해 구속력과 준[準]법적 지위를 관계에 부여한다. 대체로 언약은 사적 영역보다는 공적 영역에 속해 있다. 예컨대 [애인과 함께 도망가는] 가출이 결혼으로 부적합한 이유는 거기에 형식적 또는 공적 의식이 전혀 포함되어 있지 않기 때문이다.

(4) 언약 체결은 서약이나 맹세와 약속 그리고 자주 서명이나 증인과 같

은 요소를 수반한다. 여기서 조약의 두 당사자는 협정을 엄숙하게 선언한다. 윌리엄 덤브렐이 주목하는 것처럼 맹세는 "분명히 전체 협정 절차에서 중요한 요소지만 그렇다고 그것이 언약 자체는 아니다."[9]

비록 창세기 21장에서 언약 의식이 아주 상세히 묘사된 것은 아니지만 우리는 다른 자료들을 통해 언약 의식의 조각들을 하나로 맞출 수 있다. 짐승들이 죽임을 당하고 제물로 바쳐진다. 각 짐승은 둘로 쪼개지고 절반씩 양편에 놓인다. 이어서 조약의 두 당사자가 절반씩 나누어져 있는 죽은 짐승(들) 사이로 걷는다. 이 행동은 상징적이다. 상징되는 것은 이것이다. 곧 각 당사자는 "만일 내게 주어진 의무나 약속을 지키지 않으면 나는 죽은 짐승과 같이 둘로 쪼개질 수 있다"고 말하는 것이다. 따라서 이 맹세나 약속은 조약을 위반했을 때 자신에게 저주를 가져오는 것을 함축한다. 이런 이유로 "언약을 쪼개다"라는 표현은 구약성경에서 언약을 시작하는 데 필요한 관례적인 표현이 되었다.

성경에는 다른 많은 언약 및 조약들이 기록되어 있다. 예를 들면 여호수아와 기브온 족속 간의 언약(수 9장), 길르앗 야베스 사람들과 암몬 사람 나하스 간의 언약(삼상 11:1-3), 다윗과 요나단 간의 두 번의 언약(삼상 18:3; 23:18), 다윗과 아브넬 간의 언약(삼하 3:12-21), 다윗과 이스라엘 간의 언약(삼하 3:21; 5:1-3), 이스라엘 왕 아합과 수리아 왕 벤하닷 간의 언약(왕상 20:31-34), 대제사장 여호야다와 유다 왕 요아스 간의 언약(왕하 11:17)이 있다. 계약을 구성하는 조건들과 두 당사자 간의 성격과 지위가 다르고 언어도 어느 정도 다르지만, 각각의 경우에 체결된 언약은 맹세에 의해서 엄숙해진 서약이나 약속을 포함한다. 두 당사자 간의 협정과 관계의 차원은 이 맹세에 의해 명확히 기술된다.

비록 구약성경에서 기술된 언약 체결에 대한 이상의 설명이 윌리엄 덤

---

9 William J. Dumbrell, *Covenant and Creation: A Theology of Old Testament Covenant* (Nashville: Thomas Nelson, 1984), 17.

브렐의 선구적인 연구에 힘입고 있지만, 그가 제시한 내용과의 미묘한 차이도 지금 논의되고 있다. 최근 폴 윌리엄슨[10](Paul Williamson)과 제프리 니하우스(Jeffrey J. Niehaus)가 덤브렐의 연구를 날카롭게 비판했다.[11] 니하우스는 덤브렐의 정의를 다음과 같이 요약한다. "언약은 두 당사자 사이의 관계를 낳는 것이 아니다. 오히려 언약은 이미 존재하는 관계를 보증하는 것이다."[12] 그러면서 니하우스는 덤브렐의 접근법은 언약과 언약 갱신의 구별을 모호하게 만든다고 주장한다. 또한 그는 덤브렐의 견해를 따르는 해프먼(Hafemann)도 비판한다. 니하우스의 비판은 주목할 만한 가치가 있다.

> …그[해프먼]는 "조약이나 결혼처럼 '언약'도 두 당사자 사이에 이미 존재하는 관계를 보증하거나 공인하는 특수한 종류의 정치적 또는 법적 협정"이라고 생각하면서 덤브렐의 발자취를 따라간다. 해프먼 역시 덤브렐의 경우처럼 언약을 관계를 보증하는 것으로 생각한다. 언약에 대한 이 잘못된 정의가 "하나의 언약 관계" 견해를 가능하게 만들었다. 그러나 우리가 위에서 언급한 것처럼 고대 근동과 구약성경에서 이 기능으로 작용한 것은 언약 갱신이지 언약이 아니었다. 결혼이 언약이라는 사실이 실제로 이에 대한 반증의 한 부분이다. 결혼은 이미 존재하는 관계를 보증하는 것이 아니다. 결혼은 존재하는 관계(남녀가 약혼하는)를 완전히 새로운 차원 — 그 관계를 변화시키는 차원 — 으로 이끌고, 새로운 특권과 새로운 책임을 가지고 새로운 상황을 확립한다.[13]

이런 비판은 유익하지만 부분적으로만 옳다. 언약, 예컨대 결혼은 과거

---

10 Paul R. Williamson, *Sealed with an Oath: Covenant in God's Unfolding Purpose*, NSBT 23 (Downers Grove, IL: InterVarsity Press, 2007).

11 Jeffrey J. Niehaus, "An Argument against Theologically Constructed Covenants," *JETS* 50/2 (2007), 259-273; 같은 저자, "Covenant: An Idea in the Mind of God," *JETS* 52/2 (2009): 225-246.

12 Niehaus, "Argument against Theologically Constructed Covenants," 265.

13 같은 책, 270.

에 사실이었던 것에서 새롭고 다른 관계의 차원을 구현하지만, 두 당사자는
관계를 새로 시작하는 것은 확실히 아니다. 덤브렐은 어떤 예에서 언약과
언약 갱신의 구별을 모호하게 했지만 그의 정의는 창세기 21장에 나오는
조약과 같은 본문에 확고히 기초한다. 니하우스도 두 당사자 사이의 과거의
관계를 어느 정도 인정한다.

> 고대 근동의 언약들을 연구한 학자들 사이에서 오랫동안 충분히 이해된 것으로
> 여기거나 혹은 당연하게 받아들여서 소홀하게 생각한 점이 있는데, 그것은 다
> 음과 같은 것이다. 곧 언약은 두 당사자 사이의 (최소한의) 관계에 대한 과거의
> 역사를 가정한다. 그러나 언약은 일단 동의하면 언약을 체결하는 두 당사자 사
> 이의 관계를 변화시키고, 그 관계를 다른 차원으로 끌고 간다.…이런 사실과 관
> 련해서 적어도 기원전 2천 년대에 체결된 조약에서 발견되는 역사적 서언이 이
> 에 대한 소중한 도움을 제공한다. 역사적 서언은 두 당사자가 언약 관계에 들어
> 가기로 동의하기 전에 이미 존재했던 관계나 이미 일어났던 상호 개입이나 상
> 호 이해에 얽힌 사건들을 기록한다. 역사적 서언은 아무리 작거나 심지어는 적
> 대적인 것일지라도 과거에 모종의 사전 관계가 있었다는 사실을 예증한다. 그
> 러나 이제 두 당사자는 앞으로 진행시킬 것에 따라 (동등한 관계든 아니면 종
> 주-봉신 관계든 간에) 새로운 언약 관계를 지배할 규정들을 선언하고 제재하며
> 증언하고 비준하는 언약 속에 들어간다.[14]

요약하면, 덤브렐의 정의에 대한 크레이그 바르톨로뮤(Craig
Bartholomew)의 다음과 같은 수정은 우리에게 도움을 준다.

> 덤브렐은 언약을 이미 존재하는 관계를 규범화하는 서약으로 이해하면서 신적
> 언약들의 구성적 측면을 무시한다. 신적 언약들은 이미 존재하는 관계 안에서

---

14 Niehaus, "Covenant: An Idea in the Mind of God," 235-236.

작용하지만, 결혼 언약이 그러는 것처럼, 관계를 형성하고 관계를 미래의 방향으로 이끈다.[15]

언약의 시작 대 언약의 보증

히브리 성경에서 언약(*bĕrît*)이라는 용어가 처음 나타나는 곳(들)은 중요하다. 이 용어는 홍수 내러티브에서 처음 등장한다(창 6:18; 9:9, 11, 12, 13, 15, 16, 17). 하나님은 노아와 언약을 "보증하거나" "지키는" 것에 대해 네 번 말씀하신다(창 6:18; 9:9, 11, 17). 히브리어 본문에서 이 말의 히브리어 원문은 "헤킴 베리트"(*hĕqîm bĕrît*)다. 나머지 네 번의 경우(창 9:13, 15, 16, 17)는 언약의 표징 및 언약의 기억과 관련이 있다. 따라서 우리는 하나님이 노아와 그의 자손들과 맺으신 언약을 고찰할 때 언약을 시작하는 것에 대한 표준적인 표현이나 언어가 결여되어 있음을 곧바로 알 수 있다. 우리는 그 어디서도 하나님이 언약을 쪼개는 것(*kārat bĕrît*)에 대해 말씀하시는 것을 읽지 못한다. 왜 여기서는 다른 용어가 사용되었고 그 용어의 의미는 무엇인가? 히브리 성경에서 베리트의 모든 사례와 이 명사가 나타나는 모든 구문과 표현들의 범주를 철저히 연구해보면 철저히 일관된 용법을 보여준다. 곧 "언약을 쪼개다"(*kārat bĕrît*)가 들어 있는 구문은 언약의 시작을 가리키지만 "언약을 지키다"(*hĕqîm bĕrît*)는 표현은 한 언약 당사자가 역사적 현실 속에서 다른 언약 당사자가 이 약속의 성취를 경험하도록, 말하자면 자신의 서약과 의무 또는 약속에 따라 다른 언약 당사자가 유익을 얻도록, 이전에 시작된 언약의 의무를 이행하거나 약속을 지키는 것을 가리킨다.[16]

---

15 Craig G. Bartholomew, "Covenant and Creation: Covenant Overload or Covenantal Deconstruction," *Calvin Theological Journal* 30 (1995): 25.

16 Cassuto는 *kārat bĕrît*라는 표현과 *hêqîm bĕrît*라는 표현의 차이를 이미 인정했다. 최근에 Paul R. Williamson과 Jeffrey J. Niehaus는 William J. Dumbrell이 설명한 차이를 반대했다.

이 두 표현의 차이는 아브라함과 맺은 언약의 경우에서 볼 수 있다. 하나님이 창세기 12장에서 아브라함에게 땅과 자손에 대해 주신 약속이 창세기 15장에서 언약으로 공식화된다. 창세기 15:18에 기록되어 있는 "언약을 세워[쪼개]"(*kārat bĕrît*)라는 표준 용어를 주목해보자. 하나님은 이후 창세기 17장에서 자신이 맺으신 언약의 약속을 **지키신다**. "헤킴 베리트"라는 표현은 창세기 17:7, 19, 21절에서 일관되게 사용되고 "카라트 베리트"라는 표현은 사용되지 않는다. 지금 하나님은 15장에서 시작한 언약에 포함된 약속의 성취를 이미 언약 당사자가 된 아브람이 자신의 삶에서 개인적으로 경험하도록 만드신다. 그렇게 하나님은 자신의 약속을 지키시고, 사라가 그 해에 아기를 낳을 것이라고 말씀하신다.

그러므로 창세기 6장과 9장에 나오는 "헤킴 베리트" 구문은 하나님이 노아와 언약을 시작하신 것을 가리키는 것이 아니라, 노아와 그의 자손을 위해 이전에 시작된 언약을 지키시는 것을 가리킨다. 이 어구는 분명히 창조 당시 하나님과 창조물 사이에 또는 하나님과 인간 사이에 이미 세워진 언약을 암시한다. 하나님께서 자신이 노아와 세우신 언약을 보증하거나 지키겠다고 말씀하실 때 그것은 그분이 창조물에 대한 성실한 서약 곧 아담과 하와 및 그의 가족을 통해 그리고 그들에게 시작하신 복과 규례를 포함해서, 그분이 지으신 모든 것을 보존하고 부양하며 통치하시는 창조자로서의 보살핌이 이제 노아와 그의 자손에게 주어질 것이라고 말씀하시는 것이다.

덤브렐은 하나님이 창조하실 때 시작하신 언약을 재진술하고 보증하신 것이 노아 언약이라는 견해를 주창했다.[17] 그는 자신의 견해를 부분적으로 "카라트 베리트"와 "헤킴 베리트" 용법의 구분에 근거했다. 덤브렐이 이 두

이것은 부분적으로는 Dumbrell의 부적절한 설명에 기인하고, 또 부분적으로는 Williamson 과 Niehaus의 부적절한 사전 연구에 기인한다. Peter J. Gentry, "Kingdom through Covenant: Humanity as the Divine Image," *SBJT* 12/1 (2008): 16-42를 보라. "*bĕrît*"라는 단어와 이 명사가 들어 있는 동사 구문에 대한 우리의 철저한 분석은 이 책의 부록을 보라.

17   Dumbrell, *Covenant and Cretion*, 15-26을 보라.

표현의 용법이 구분되었다는 것을 처음 주장한 것은 아니다. 이미 1934년에 이탈리아의 위대한 학자 움베르토 카수토(Umberto Cassuto)가 이 두 표현의 용법을 이런 식으로 설명했다.[18] 이후로 학자들이 이런 이해를 확증하고 지지했다.[19] 하지만 최근 폴 윌리엄슨이 이 개념에 도전했다.[20]

윌리엄슨은 덤브렐의 설명에 결함이 있다고 주장한다. 그는 다수의 본문들을 보면 "베리트"와 함께 사용된 핵심 동사들이 이미 시작된 언약을 가리키는 것으로 이해하기 어렵다고 역설한다(창 6:18; 9:9, 11; 17:2, 9, 19, 민 25:12; 신 29:11[29:12 EV]; 겔 16:8; 17:13; 대하 15:12).[21] 하지만 그가 증거로 제시하는 본문들은 창세기를 언급하는 경우처럼 선결문제 요구의 오류(begging the question)를 일으키거나, "헤킴 베리트"라는 말을 포함하지 않는다.[22] 윌리엄슨의 연구에는 다음과 같은 두 가지 문제가 있다. (1) 덤브렐은 "카라트 베리트"와 "헤킴 베리트"의 구분에 대한 자신의 기본 주장을 적절하게 표현하지 못했고, 그의 주장은 모든 관련 본문에 대한 더 철저한 연구를 통해 약

---

18 Umberto Cassuto, *La Questione della Genesi* (Florence: Felice le Monnier, 1934), 112-116; 또한 같은 저자, *The Documentary Hypothesis: Eight Lectures,* trans. I. Abrahams (Jerusalem: Magnes, 1961), 47-48도 보라.

19 특히 Jacob Milgrom, *Leviticus 23-27,* Anchor Bible 3B (New York: Doubleday, 2001), 2343-2346과 거기에 나온 참고문헌을 보라.

20 Paul R. Williamson은 자신의 박사학위 논문 *Abraham, Israel, and the Nations: The Patriarchal Promise and Its Covenantal Development in Genesis,* JSOTSup 315 (Sheffield, UK: Sheffield Academic Press, 2000)에서 처음으로 그렇게 주장하고, 이후에 전반적으로 언약을 다룬 작품 *Sealed with an Oath: Covenant in God's Unfolding Purpose,* NSBT 23 (Downers Grove, IL: InterVarsity Press, 2007)에서도 그렇게 주장한다.

21 Paul R. Williamson, *Abraham, Israel, the Nations,* 195; 같은 저자, *Sealed with an Oath,* 73.

22 겔 17:13과 신 29:11(29:12 EV)은 "카라트 베리트"를 사용해서 이미 시작된 언약들을 언급한다. (출 19-24장과 신명기의 관계에 대한 아래의 설명을 보라.) 겔 16:8과 대하 15:12은 "카라트 베리트"와 동등한 표현인 "보 베리트"(*bôʾběrît,* 언약에 들어가다)를 사용한다. 민 25:12은 동사 "나탄"(*nātan,* 주다)을 사용한다. 이 동사는 "행하다"와 같이 단순히 서열이 더 높은 대체 동사이고, 언약의 시작을 가리키는지 아니면 언약의 보증을 가리키는지 여부는 문맥에 따라 좌우된다. 일반적으로 "나탄 베리트"와의 병치가 나타나는 유일한 사례가 "헤킴 베리트"라는 표현이나 이와 동등한 개념을 사용하는 문맥에서 발견된다.

간 수정될 필요가 있다. (2) 윌리엄슨은 그의 연구를 바인펠트(Weinfeld)의 사전(事典) 연구와 로저 벡위드(Roger Beckwith) 같은 학자들이 덤브렐에게 가한 비판에 근거한다.[23] 그는 "바인펠트가 관련 성경 본문들에 대한 포괄적인 목록을 제시하고, 덤브렐의 주장을 평가하는 데 더 나은 기초를 제공한다"[24]고 주장한다. 따라서 한편으로 윌리엄슨은 훨씬 더 잘 설명되고 미묘한 차이가 있을 수 있는 덤브렐의 주장에 반대하고 있다. 다른 한편으로 그는 일차 자료를 세밀하게 검토한 연구에 근거하지 않고 오히려 바인펠트의 연구와 같은 이차 자료에 기초한 것으로 보인다.

지금 우리가 제시하는 설명은 모두 일차 자료 탐구에 기초한다.[25] 비록 우리의 설명이 덤브렐에게 도움을 받았지만, 우리는 증거를 제시하지 못하는 덤브렐의 주장은 피하고, "카라트 베리트"와 "헤킴 베리트"의 용법과 관련해서 수정된 견해를 조심스럽게 제시할 것이다. 덤브렐의 견해에 대한 윌리엄슨의 비판을 여기서는 충분히 검토할 수는 없지만, 나는 윌리엄슨의 설명에 나오는 예들을 제시하고자 한다. "헤킴 베리트"는 언약이 시작하는 것을 의미할 수 있고, "카라트 베리트" 의미와 동일하다는 것을 증명하려고 시도하면서, 윌리엄슨은 이렇게 말한다. "마찬가지로 예레미야 34:18도 단순히 갱신된 언약이 아니라 새로 시작된 언약을 지지하는 강력한 사례가 될 수 있다(참조. 렘 34:10)."[26] 하지만 증거는 그 반대다. "카라트 베리트"라는 표현은 예레미야 34:8, 13, 15에서 사용될 뿐만 아니라 34:10의 "보 베리트"(*bô' bibrît*, 언약에 들어가다)라는 비슷한 표현도 히브리 종들의 해방을 선언하기 위해 시드기야 왕과 예루살렘의 모든 백성 사이에 시작하거나 맺어진

---

23 M. Weinfeld, "בְּרִית *berit*," *TDOT* 2:253-279; Roger Beckwith, "The Unity and Diversity of God's Covenants," *Tyndale Bulletin* 38(1987): 92-118을 보라.

24 Paul R. Williamson, *Abraham, Israel, and the Nations*, 195-196.

25 나는 히브리 성경에 나오는 "베리트"의 모든 용례, 특히 "베리트"가 동사를 수식하는 모든 표현을 주의 깊게 검토했다. 이 검토는 모든 증거에 대한 독자적이고 분리된 두 연구를 통해 이루어졌고 각각 10년이 걸렸다. 그 증거는 부록으로 제공된다.

26 Paul R. Williamson, *Sealed with an Oath*, 73.

언약을 위해 사용된다. 이때 백성들은 종들을 해방하면서 자기들의 의무를 이행했으나 나중에는 언약을 어기고 해방된 종들을 다시 종으로 삼았다. 예레미야는 이 언약을 위반한 것에 대해 항의하도록 보냄을 받았고(렘 34:18에서 아바르 베리트[*'ābar běrît*, 언약을 어기다]라는 표현을 보라), 예레미야 34:18에서 백성들에게 "언약을 지키라"(헤킴 베리트, *bēqîm běrît*)고 촉구했는데, 여기서 "언약을 지키라"는 말은 종들을 해방시키라는 이전의 언약에 포함되어 있었던 약속이 백성들의 삶에서 실제로 이행되는 것을 의미한다. 백성들은 언약에 포함된 서약과 약속을 이행해야 한다. 따라서 단순히 복잡하지 않게 읽는 이 본문의 독법은 "카라트 베리트"와 "헤킴 베리트" 용법의 구분을 반대하는 것이 아니라 오히려 그 구분을 **지지하는** "강력한 사례"일 수 있음을 보여준다. 윌리엄슨은 "헤킴 베리트"가 언약의 **갱신**을 의미하는 것으로 덤브렐의 주장을 해석하고 히브리어 본문의 용법을 오해했다.

출애굽기 6:4과 관련해서 윌리엄슨은 다음과 같이 백위드에게 호소한다.

백위드가 관찰한 것처럼 출애굽기 6:4에서 "헤킴"(הקים)이 사용된 것은 이 동사가 이전에 존재하는 언약의 확증이나 지속을 확실히 나타내는 것이 아님을 보여준다. 출애굽기 6:4은 여러 가지 이유로 특별히 중요하다. 비록 세 족장(아브라함과 이삭과 야곱)이 언급되지만, 언약은 단수형으로 이야기된다. 이와 관련해서는 단 하나의 설명이 가능하다. 곧 하나님은 서로 다른 세 가지 언약, 곧 각각의 족장과 다른 언약을 맺으신 것이 아니라, 단일한 서약이나 언약(곧 엄숙한 약속)을 맺으신 것이다. 처음에는 아브라함과 맺으셨고, 이후에는 이삭과 야곱과 단일한 서약이나 언약(즉 엄숙한 약속)을 맺으셨다. 출애굽기 6:4에서 문제의 서약이나 약속은 본질상 땅 문제와 관련이 있는 것으로 나타난다. 다만 민족과 관련된 언약이라는 측면이 여기서 발견된다. 창세기 12:3과 17장 그리고 22:18에 반영되어 있는 약속의 국제적 요소에 대한 언급이나 암시는 없다. 따라서 출애굽기 6:4에 언급된 언약은 창세기 15:18에서 신적 맹세로 엄숙하게 세워진 것이라고 결론짓는 것이 합리적이다. 만일 이것이 확실히 사실이라면 동사 "헤킴"은 출애굽기 6:4에서 "그들 사이의 언약"을 세우는 것에 적용되어야 한다는 사실이 매우 중요하다. 벡위드가 주장하는 것처럼 이것은 이 동사가 이미 존재하는 언약의 보증과 배타적으로 관련되어 있는 것이 아님을 확증하는 것처럼 보일 것이다. "헤킴"에 대한 이런 해석은 이삭과 야곱의 경우에는 적합한 것으로 이야기될 수 있지만 아브라함의 경우에는 약간 이상하다. 하지만 이상하게 보이는 이유는 창세기 15장 이전에는 "보증되어야" 할 이미 존재하는 언약이 없었기 때문이다.[27]

윌리엄슨이 벡위드의 주장을 적절하게 보여주든 아니든 간에 윌리엄슨의 추론은 부당한 것처럼 보인다. 윌리엄슨이 아브라함과 맺어진 오직 하나의 언약이 있고, 이 언약의 약속들이 이후에 이삭과 야곱에게 반복되었으며, 따라서 이 세 가지를 모두 하나의 언약으로 쉽게 말할 수 있다고 본 것은 정확하다.[28] 그러나 동시에 윌리엄슨은 창세기 15장과 17장에 나오는 언약을 다른 언약으로 간주한다. 이는 윌리엄슨이 출애굽기 6:4의 "헤킴"을 창세기 15장에 적용해야 하고, 그래서 "헤킴 베리트"라는 표현은 이전에 존재하는 언약의 확증을 언급하는 것이 아니라고 주장하게 만든다. 그러나 출애굽기 6:4에서 중요한 것은 하나님이 가나안 땅을 족장들에게 주시겠다는 이 언약의 약속, 곧 족장 중 어느 누구도 생전에 경험하지 못한 약속을 지키실 것이라는 것이다. 히브리서 저자가 예리하게 주목한 것처럼(히 11:13) 말이다. 이것이 바로 "헤킴 베리트"라는 표현이 출애굽기 6:4에서 적절하

---

27 Paul R. Williamson, *Abraham, Israel, and the Nations*, 199.
28 창 26장에서 야웨는 아브라함 사후에 환상을 통해 이삭과 대화하시고 아브라함과 맺은 언약의 약속을 이삭에게 반복해서 확언하신다. 히브리어 본문에서 창 26:3의 표현이 "헤킴 에트-하세부아"(*bēqîm 'et-hašševu 'āh*, 맹세를 보증하다 또는 지키다)임을 주목하라. 이 표현은 "헤킴 베리트"와 동등하고, 하나님이 이삭에게 아브라함에게 주신 자신의 언약을 보증하고 지키실 것이라는 점을 언급한다. 따라서 하나님은 지금 이삭과 새로운(*de novo*) 또 하나의 또는 다른 언약을 시작하시는 것이 아니고, 다만 아버지와 맺은 하나의 언약의 약속이 아들에게도 타당하다는 것을 확언하고 계신다.

게 사용되는 이유다. 더욱이 땅의 약속은 창세기 17장의 언약(출 6:8을 보라)의 한 부분이고, 따라서 우리는 창세기 15장이나 17장의 언약에 대한 암시(allusion)라는 것을 알 수 있다. 창세기 17장의 언약은 창세기 15장에 나오는 언약의 보증이다. 어쨌든 윌리엄슨이 제시한 설명은 따르기가 어렵다. 창세기 15장과 17장의 언약을 다른 언약으로 주장하는 것은 하나의 언약이 모든 족장에게 주어졌다는 주장과 모순되는 것으로 보이기 때문이다. 게다가 윌리엄슨의 추론은 논점을 증명 없이 옳은 것으로 가정하고 논하는 것처럼 보인다.

비록 지금 이러한 분석은 내가 직접 사전을 철저하게 연구한 것에 기초한 것이지만, 흥미롭게도 최근의 사전 연구는 약 20년이 지난 후에 나의 결론을 충분히 지지할 것으로 보인다.

"쿰"(קום)의 히필 형에 대해 『히브리어 사전』(HALOT)은 다음과 같은 여덟 가지 범주로 나누어 의미를 제시한다. (1) 세우다, 짓다. (2) 꺼내다, 지키다. (3) 이루다. (4) 일어나라고 말하다. (5) 일으키다, 일어나는 것을 돕다. (6) 어떤 사람을 일으키다, 지명하다. (7) 일으키다, 세우다, 얻다. (8) 특수한 실례들.[29] 첫째 범주에 대해 말한다면 동사의 목적어가 "돌", "돌들", "포위된 요새", "파멸", "뜰", "휘장", "다윗의 보좌", "제단", "돌기둥", "성막" 또는 "초막", "기둥", "기둥들"이다. 여기서 중요한 것은 무언가를 확립한다는 의미, 예를 들어 건축 기구와 건물 그리고 기념물 등을 세우는 것 또는 들어올리는 것의 의미다. 둘째 범주와 관련해서 "꺼내다"(take out)라는 영어 번역은 독일어 ausführen을 적절하게 번역하지 못했다.[30] 둘째 범주에서 동

---

29 L. Koehler and W. Baumgartner, et al., *The Hebrew and Aramaic Lexicon of the Old Testament (HALOT)*, study edition, M. E. J. Richardson의 감독 아래 trans/ed. 2 vols. (Leiden, Netherlands: Brill, 2001), s.v. קום.

30 독일어 원문은 L. Koehler and W. Baumgartner, *Hebräisches und Aramäisches Lexikon zum Alten Testament*, 3rd ed., ed, W. Baumgartner, J. J. Stamm and B. Hartmann (Leiden, Netherlands: Brill, 1967-1995), s.v. קום에 있다.

사의 목적어는 보통 "말", "말들", "명령", "서약", "언약", "맹세" 등이다. "말"이
라는 단어가 들어갈 때 확립되는 의미는 약속이나 말을 이행하거나 지키는
것이다. 따라서 "언약"을 이 범주에 두는 것이 매우 자연스럽다. 왜냐하면
"말을 지키는 것"과 "언약을 지키는 것"은 "서약" 및 "맹세"와 함께 동일한 의
미 영역에 속해 있기 때문이다.[31] 이와 동일한 범주들이 쾰러-바움가르트너
(Koehler-Baumgartner)가 편찬한 사전의 초판과 재판에도 나온다.[32]

더 오래된 옥스퍼드 성경 히브리어 사전으로 시선을 돌려도,[33] 의미의
범주가 거의 동일하다. "헤킴 베리트"라는 표현의 용례들(6d)은 맹세(6e)나
말(6f)을 지키는 개념으로 분류된다. 그러나 제시된 정의는 "언약을 **세우다**
(맺다, 비준하다)"이다. "세우다"는 말에 해당되는 영어 단어(establish)는 여기
서 혼란을 일으킨다. 그 이유는 언약을 "세우다"라는 말이 어떤 언약을 새롭
게 시작하거나 이미 있었던 언약을 지키는 것 중 어느 쪽이든 의미할 수 있
어서다. 이 혼란의 이유를 찾아내기란 어렵지 않다. 이 사전을 만든 사전 편
찬자들은 문서설을 지지했고, "카라트 베리트"와 "헤킴 베리트"라는 표현의
의미가 동등하고 다른 자료들의 증거가 된다고 생각했기 때문이다. 따라서
그들은 사전 편찬을 문학비평과 결합했다.[34]

가장 최근에 출간되었고 현재까지 가장 탁월한 히브리어 사전으로 인
정받는 게제니우스가 편집한 히브리어 사전 18판은 자료 가설에 기초해서

---

31 "헤킴 베리트"와 "헤킴 다바르"(*hēqîm dābār*)의 유사점은 "카라트"(*kārat*) 역시 "베리트"와 유
    사한 의미를 갖고 목적어로 "나바르"(발, 학 2:5), "알라"(*'ālâ*, 맹세, 신 29:13[EV 14]), "아마
    나"(*'āmānâ*, 견고한 언약, 느 10:1[EV 9:38])를 갖고 있다는 사실에 의해 더 많이 지지를 받
    는다.

32 L. Koehler and W. Baumgartner, *Lexicon in Veteris Testamenti Libros,* 2nd ed. (Brill,
    1958, 1985).

33 Francis Brown, S. R. Driver and C. A. Briggs, *A Hebrew and English Lexicon of the Old
    Testament,* (Oxford: Clarendon, 1907, 1953).

34 Umberto Cassuto, *The Documentary Hypothesis,* trans. I. Abrahams (Jerusalem:
    Magnes, 1961)를 보라. 거기서 Cassuto는 다른 표현들은 다른 의미들과 대신 서로 관련되었
    다고 주장했다. Cassuto의 접근법은 자료들에 관한 전제들로부터의 추론 없이, 언어학적인 접
    근법이었다.

"헤킴 베리트"가 "언약을 지키다"를 의미하는 사례들과 "언약을 시작하다"를 의미하는 사례들을 구분한다.[35] 새롭게 출간된 『고전 히브리어 사전』도 HALOT과 똑같이 분류한다. 이것은 자료 분석의 "보증된 결과"를 더 선호함에도 불구하고 『구약성경신학 사전』(TDOT)의 "쿰"(קום)에 대한 항목이 그렇게 분류하는 것과 같다.[36] 반면에 예니와 베스터만의 『구약성경신학 히브리어 사전』은 옥스퍼드 사전의 저자들이 그런 것처럼 문서설의 영향을 받았다.[37]

이상의 간략한 개관이 보여주는 것은 다음과 같다. 곧 그 누구도 전제에서 자유롭지 않지만, 사전 편찬을 하는 데 있어 (자료설의 비판에 간섭받지 않고) 오직 언어학에만 기초한 사전은 우리가 제시한 입장을 모두 지지한다는 것이다.[38]

노아 언약을 창조 때에 시작된 언약이나 서약에 대한 일종의 재진술과 보증으로 보는 것은 노아 언약을 갱신 언약으로 말하는 것과 같지는 않다. 니하우스가 처음으로 세워진 언약과 이전에 시작된 언약을 보증하거나 비준하는 갱신 언약을 명확히 구분할 것을 요청한 것은 옳다.[39] 그러나 "카라트 베리트"와 "헤킴 베리트" 용법의 구분이 언약의 시작과 언약 갱신이나 갱신 언약 사이의 완전히 타당한 차이와는 상관이 없는 것을 주목하는 것은

---

35 R. Meyer and H. Donner, *Wilhelm Gesenius Hebräisches und Aramäisches Handwörterbuch das Alte Testament,* 18rd ed. (Berlin: Springer, 2009), Lfg. 5, s.v. קום.

36 David J. A. Clines, *The Dictionary of Classical Hebrew* (Sheffield, UK: Sheffield Phoenix, 2010), 7:231–235; J. Gamberoni, "קום qûm," *TDOT* 12:587–612.

37 Ernst Jenni and Claus Westermann ed. *Theological Lexicon of the Old Testament,* 3 vols, trans. Mark E. Biddle (Peabody, MA: Hendrickson, 1997), s.v. קום qûm.

38 "카라트 베리트"와 "헤킴 베리트"는 본질상 동일한 의미라고 주장하는 자들이 제시하는 흥미로운 질문(예 *TDOT* 2:260에서 Weinfeld, "בּרית" *běrît*)은 다음과 같다. 무엇이 다른 용법들에게 동기 유발을 부여하는가? 히브리 성경의 배치는 단순히 자료나 문체상의 변형으로 설명하기가 어렵다. 14회에 걸친 용례 중 절반이 노아 이야기와 창세기 17장에 들어 있다.

39 Jeffrey J. Niehaus, "An Argument against Theologically Constructed Covenants," 266–267; 같은 저자, "Covenant: An Idea in the Mind of God," 236–237.

흥미롭다. "카라트 베리트"는 갱신 언약들에 자주 사용된다.[40] 그것은 갱신 언약들이 이전에 존재했던 언약에 대한 비준을 함축하지만 다른 언약으로 간주될 수 있기 때문이다. 따라서 노아 언약에서 하나님은 "창조물에 대한 그분의 서약을 지키신다." 이것은 이전에 존재했던 언약을 비준하는 것으로 생각될 수 있다. 하지만 이것은 니하우스와 윌리엄슨이 덤브렐을 이해한 의미에서 그런 것은 아니다.

내가 "카라트 베리트"와 "헤킴 베리트"를 구분하자고 주장하는 것은 "베리트"라는 단어와 특별히 관련이 있는 것이 아니라 오히려 "헤킴"의 통상적 의미에 기초한다. 신명기 27:26에서 다음의 예를 주목해보라.

אָרוּר אֲשֶׁר לֹא־יָקִים אֶת־דִּבְרֵי הַתּוֹרָה־הַזֹּאת לַעֲשׂוֹת אוֹתָם

"이 율법 중 어느 하나라도 실천하지 않고 짓밟는 자에게 저주를 하면, 모든 백성은 '아멘' 하십시오"(NIV). NIV는 이 히브리어 본문을 매우 탁월하게 번역했다. 곧 백성은 토라 안에 명시되어 있는 의무나 규정을 이행하는 것으로 토라를 지킨다.

요약하면 "헤킴 베리트"라는 표현에 기초한 언어 용법은 그저 다음과 같은 것을 설명한다. 곧 하나님 자신이 노아와 맺은 언약을 보증하거나 지키실 것이라고 말씀하실 때, 그것은 그분께서 아담과 하와 그리고 그들 가족에게 주신 복과 규례들을 포함해 그분이 창조하신 모든 것을 보살피고 보존하며 부양하고 통치하시겠다고 앞서 창조 때에 주신 서약이 이제 노아와 그의 자손들에게 지금 있다는 사실을 말씀하시는 것이다. 이것은 노아와 아담의 유사점 곧 노아에게 준 언약 조건과 아담과 그의 가족에게 준 규례의 유사점을 주목하면 입증되고 또한 지지를 받을 수 있다.

---

40 수 24:25은 여호수아가 모세 언약에서 시작된 야웨에 대한 헌신을 새롭게 하도록 이스라엘 백성을 인도하는 갱신 언약의 한 사례다.

아담과의 유사점/창조 내러티브

우리는 문학적 기법들과 관련해 **핵심 단어와 지배적 개념, 행동들의 평행적 연쇄 관계, 비슷한 주제들**이 창세기 6-9장의 노아 내러티브를 창세기 1-2장의 창조 내러티브에 관련시키는 사실에 주목할 것이다.

새 창조로서의 홍수 이야기

첫째, 홍수 이야기는 새 창조 내러티브로 소개된다. 하나님이 혼돈하는 깊음 또는 바다(창 1:2, 히브리어 테홈[*tĕhôm*])에서 원래의 하늘과 땅을 분리시키신 것처럼 홍수 이야기에서도 하나님은 혼돈하는 홍수의 물에서 현재의 하늘과 땅을 분리시키신다. 창세기 8:1은 하나님이 바람(히브리어 루아흐[*rûăḥ*])을 일으켜서 온 땅을 덮었던 홍수의 물이 빠지도록 하셨다고 기록하는데, 이것은 하나님의 영(히브리어 루아흐)이 원래 혼돈하는 깊음 위에 운행하시는 창조 내러티브를 상기시킨다.[41] 창조 내러티브에서 하나님은 물을 한곳으로 모아 뭍이 드러나게 하신다. 이어서 하나님은 땅이 채소를 내라고 명령하신다. 홍수 후에 물이 줄어들자 뭍이 드러나고, 비둘기가 감람나무 잎을 부리에 물고 돌아올 때 우리가 보는 것처럼 땅은 채소를 낸다. 이런 유사점들은 우리가 홍수 후에 태초의 시작과 같은 새로운 시작을 갖고 있음을 암시한다.

브루스 월키는 케네스 매튜스(Kenneth Mathews)의 견해를 따라 다음과 같이 말한다. 곧 홍수 내러티브는 창세기 1장에 나오는 창조의 7일 과정에 맞추어 새 창조의 점진적 7단계를 따른다.[42]

1단계: 창조 이전. 하나님의 영이 깊음 위로 운행하신 것처럼(창 1:2), 하나

---

41 이 관련성은 원문에서 더 강하게 나타난다. 히브리어에서 "바람"이나 "영"은 같은 단어(루아흐)이기 때문이다.

42 Bruce K. Waltke with Cathi J. Fredricks, *Genesis: A Commentary* (Grand Rapids, MI: Zondervan, 2001), 128-129에서 가져왔다.

님은 땅을 새롭게 하기 위해 넘실대는 물 위로 바람을 보내신다.

    1:2   "땅", "깊음", "영"(루아흐), "수면"

    8:1b-2   "바람"(루아흐), "땅", "물", "깊음"

2단계: 둘째 날. 하나님이 처음으로 물을 나누신 것처럼(창 1:6-7), 하나님은 물을 다시 모으고 하늘과 땅 사이의 경계를 다시 정하신다.

    1:6-8   "물", "궁창"

    8:2b   "하늘"

3단계: 셋째 날. 하나님이 마르고 경작할 수 있는 땅을 물과 분리시켜 채소를 내게 하신 것처럼, 여기서도 다시 한번 마른 땅이 연속적 과정을 거쳐 드러난다.

    1:9   "물", "뭍", "드러나라"

    8:3-5   "물", "산들의 봉우리", "보였더라"

4단계: 다섯째 날. 하나님이 태초에 그렇게 선언하신 것처럼, 하늘이 다시 한번 날개 달린 창조물의 거처가 된다.

    1:20-23 "새", "땅 위"(알['al])

    8:6-12   "까마귀", "비둘기", "지면에서"(메알[mē'al])

5단계: 여섯째 날. 하나님의 음성으로부터 첫 창조가 이루어진 것처럼 하늘과 땅의 생물이 방주에서 나오라는 명령을 받는다.

    1:24-25 "생물", "가축", "땅에 기는 모든 것", "땅의 짐승"

    8:17-19 "생물", "새", "가축", "땅에 기는 모든 것"

6단계. 하나님의 형상을 지닌 모든 자들인 핵가족의 재등장은 인류의 머리이자 유일한 대표자로서 하나님의 형상으로 지음 받은 남자와 여자,

곧 "아담"(*'ādām*)의 창조에 대한 반복으로 기능한다.

1:26-28	"사람", "하나님의 형상", "남자와 여자"
8:16, 18	노아와 그의 아내
9:6	"사람", "하나님의 형상"

7단계. 하늘의 왕이 은혜로 인간에게 자신의 복을 베풀고 회복된 땅의 열매를 먹이시면서 문화 명령을 새롭게 하고 창조물에 대한 주인으로서의 자격을 회복시키신다.

1:28	"복을 주시며", "생육하고", "번성하라", "땅에 충만하라", "모든 생물을 다스리라"
9:1-2	"복을 주시며", "생육하고", "번성하여", "땅에 충만하라", "땅의 모든 짐승…이 너희를 두려워하며"

새 아담으로서의 노아

둘째, 노아는 홍수 내러티브에서 새 아담으로 소개된다. 노아에게 주어진 복과 사명은 아담에게 주어진 것과 똑같다(창 9:1=창 1:28a). 이런 방식으로 화자는 노아를 새로운 아담으로 묘사한다. 우리가 다음 언약의 조건들을 살펴볼 때, 우리는 노아가 창조 당시에 아담과 하와 그리고 그의 가족에게 주어진 모든 규례를 다시 위임받은 것을 확인하게 될 것이다.

이런 문학적 기법들은 저자가 전달하려는 의도를 결정하는 데 중요하다. 윌리엄슨은 창세기 1-3장을 언약으로 보지 않기 때문에 이 기법들을 과소평가한다.

그럼에도 창세기 1-3장은 홍수 이전에 맺어진 언약 관계를 묘사해야만 한다는 결론은 불합리한 추론이지만, 덤브렐과 다른 학자들이 노아 언약에 창조 내러티브에 대한 명확한 흔적이 나타나 있음을 인정하는 것은 분명히 옳다. 하지만 이런 흔적들은 단순히 하나님이 노아를 통해 그분의 원래 창조의 목적을 성취하길 원하셨다는 사실을 보여준다. 그것들은 하나님과 무생물 사이에 언약이 있었다는 것을 전제하지 않거나 창세기 1-3장에 나오는 내용이 언약으로 이해되어야만 한다는 것을 언급하지도 않는다.[43]

사실 윌리엄슨이 하나님은 노아 언약에서 그분의 본래 창조의 "의도"나 "목적"을 유지하셨지만 창세기 1-3장에서 하나님과 인간의 관계가 언약 관계라는 것을 부인하신다고 말하는 것은 불합리한 추론이다. 이런 불합리한 추론은 윌리엄슨이 자신의 책의 부제목을 "하나님의 펼쳐진 목적 안에 있는 언약"으로 말하는 것에서 분명해진다. 그 책의 부제목은 하나님의 목적을 언약과 관련시키고 있다. 더욱이 그런 결함은 주석에도 있고 언약에 대한 부적절한 정의에도 나타난다. 윌리엄슨이 구성한 성경의 메타내러티브는 사실상 노아와 함께 시작하는 것이고, 이 내러티브에서 아담은 대부분 사라졌다. 이것은 바울이 아담과 그리스도 사이에서 이끌어내는 유사점을 훼손할 뿐만 아니라 노아 언약에 대한 이해도 떨어뜨린다. 이 장 마지막 부분에서 워렌 게이지(Warren Austin Gage)가 첫 창조와 홍수 이후의 재창조 간에 존재하는 모든 유사점을 제시하는 표 5.2를 보라.

게다가 창세기 6-9장의 홍수 내러티브를 보면, 사용된 말이나 문학적 기법 모두 이전에 시작한 언약의 보증을 언급한다. 이 언약은 창조 당시에 시작되고 명시된 하나님과 인간의 관계를 함축한다. 그것은 정의상 두 당사자 사이의 의식(儀式)을 포함할 수 없었다. 왜냐하면 본문은 두 언약 당사자 중 한편을 창조하는 일에 대해 말하고 있기 때문이다. 이것이 "언약을 쪼개다"라는 규범적이고 표준적인 말이 창세기 1-5장에 나오지 않는 이유일 수 있다.[44] 존 스텍(John H. Stek)은 또 다른 이유를 다음과 같이 제시한다.[45]

---

43 Paul R. Williamson, *Sealed with an Oath*, 75.

44 Dumbrell, *Covenant and Creation*, 15-26.

45 John H. Stek, "'Covenant' Overload in Reformed Theology," *Calvin Theological Journal* 29 (1994): 12-41.

…성경의 언약들은 하나님과 창조물이라는 근본 관계에는 포함되어 있지 않다.…언약들은 오히려 확신을 제공하고, 믿음을 북돋으며, 헌신을 강화시키는 역할을 했다. 죄가 아직 침투하지 아니한 세상에서는 헌신에 대한 맹세를 덧붙일 필요가 없었고 "언약"의 필요성도 없었을 것이다. 이런 세상에서 맹세는 그저 사람의 "예"나 "아니오"에 대한 진실을 확립하는 데 필요했을 뿐이다(마 5:34-37; 약 5:12; 참조. 히 6:16). 성경의 언약들은 인간의 연약함 때문에 요구되고, 인간의 연약함에 도움을 주는 특별한 비상조치였다. 성경의 언약들은 하나님 나라가 온전히 임할 때까지만 필요했다.[46]

이런 주장은 잘못이고 결함이 있다. 성경의 언약들은 특별한 비상조치가 아니다. 하나님-인간 관계는 본질적으로 그리고 근본적으로 언약적 관계다. 언약은 하나님 자신의 존재에 본질적이기 때문이다.[47] 스텍이 죄가 들어온 타락 이후에 맹세는 관계에 확신을 더해주었다고 주장하는 것은 일리가 있을지 모른다. 확실히 맹세는 새 창조 아래에서는 완전히 불필요할 것이다.[48] 그러나 크레이그 바르톨로뮤는 스텍의 말에 답변하면서 결혼은 단순히 타락 이후의 현상이 아닌 언약의 한 실례라고 언급한다.[49] 따라서 창세기 1-3장은 하나님과 창조물 사이의 언약으로 설명되거나, 혹은 적어도 창

46　같은 책, 40.

47　참조. Niehaus, "Covenant: An Idea in the Mind of God," 225-246. Niehaus는 구약성경의 언약의 기원을 진화 모형이나 가족 모형에 따라 설명하려는 시도를 비판하고, 대신 언약의 기원은 하나님의 마음에서 나온다고 주장한다. 하나님의 **존재**에서 나온다고 말하는 것이 더 나아 보이기는 해도 Niehaus의 올바른 의견 제시는 설득력 있고 필요한 것이다.

48　D. B. Garlington, "Oath-Taking in the Community of the New Age (Matthew 5:33-37)," *Trinity Journal* n.s. 16/2 (1995): 139-170.

49　Craig Bartholomew, "A Time for War and a Time for Peace: Old Testament Wisdom, Creation, and O'Donovan's Theological Ethics," *A Royal Priesthood? The Use of the Bible Ethically and Politically—A Dialogue with Oliver O'Donovan*, ed. Craig Bartholomew, Jonathan Chaplin, Robert Song and Al Wolters (Grand Rapids, MI: Zondervan, 2002), 106; 특히 같은 저자, "Covenant and Creation: Covenant Overload or Covenantal Deconstruction," 11-33을 보라.

조물에게 필요한 규정된 행위를 포함해서, 하나님이 창조물과 관련해 서약한 것으로 충분히 설명될 수 있다. 또한 우리는 언약은 맹세를 포함하지만 맹세가 언약 자체는 아니라는 사실도 유념해야 한다. 여기서 한 가지 문제는 스텍과 윌리엄슨이 언약에 대한 자기들의 정의에서 맹세의 역할을 너무 강조하는 것이다. 월키의 언약에 대한 정의는 그들보다 더 간단하다. "언약(히브리어 베리트)은 '의무를 수행하는 데 자신을 엄숙히 바치는 것'을 의미한다."[50]

노아 언약의 조건

창세기 9:1-7에서 하나님은 노아에게 복을 주시고, 새로운 아담으로서 그에게 명령을 주신다. 노아가 받은 명령은 하나님이 아담에게 주신 것으로, 타락한 세상의 상황에 알맞게 약간 수정된 것이다. 창세기 9:8-17은 노아 언약과 노아 언약의 당사자들 그리고 표징에 대해 묘사한다. 따라서 창세기 9:1-17은 창세기 6:18에서 하나님이 노아에게 하신 진술의 연장이다. 이제 창세기 9:1-7에서 노아 앞에 놓인 복과 조건을 고찰해보자.

(1) 노아는 "생육하고" "번성하며" "땅에 충만하라"는 말씀을 듣는다. 앞에서 이미 주목한 것처럼 이것은 창조 때에 원래 아담에게 주어진 복이다. 이 명령은 창세기 9:7에서 문체를 바꾸어 반복되고, 따라서 괄호나 북엔드와 같은 역할을 한다. 곧 그것은 노아 언약의 규정과 조건의 뼈대를 제공한다.

(2) 우리는 9:2에서 "땅의 모든 짐승과 공중의 모든 새와 땅에 기는 모든 것과 바다의 모든 물고기가 너희를 두려워하며 너희를 무서워하리니"라는 말씀을 읽는다. 창세기 1장에서 인간은 땅을 정복하고 만물을 다스리라는 명령을 받는다. 이제 하나님은 짐승과 새, 물고기 그리고 땅에 기는 모든 창조물이 인간을 두려워하게 하시면서 타락한 세상에서 인간이 만물을 다스리는 업무를 감당하도록 도우신다. 다른 모든 창조물이 인간을 두려워하

---

50 Waltke, *Old Testament Theology*, 287.

면 인간은 소비와 영양을 위해 창조물을 잡을 때에 수월하다. 따라서 이것
은 그다음 지침 또는 규정과 관련이 있다.

(3) 창조 때에 식물이 음식물로 제공된 것처럼(창 1:29-30) 동물이 인간
에게 음식물로 주어진다. 이 규정에는 중요한 두 가지 제한이 있다. 첫째, 인
간은 살이나 고기를 피와 함께 먹어서는 안 된다. 나중에 모세 율법에 주어
진 지침은 이 규정을 명확히 한 것이다. 다수의 본문이 고기를 먹을 수 있으
려면 동물이 죽임을 당할 때 고기에서 피를 빼내야 하는 규례를 적절히 묘
사한다(레 3:17; 7:26-27; 19:26; 신 12:16-24; 삼상 14:32-34). 또한 하나님은 인간
이 생명을 유지하는 음식물로 새와 물고기, 동물 그리고 땅에 기는 모든 창
조물의 살을 주셨지만 인간들은 서로의 생명을 존중하고 유지하며 보존하
도록 제한하신다. 하나님은 생명의 주님으로 존재하신다. 둘째, 인간의 생
명은 특별히 구별된다. 이것은 식인 풍습(cannibalism)이나 살인을 금지하는
것이다. 심지어는 인간을 죽인 짐승도 책임을 져야 한다.

(4) 인간의 생명은 특별하고 무한한 가치와 중요성을 갖고 있다. 하나님
은 살인에 대해 두 가지 사실을 명시하신다. 첫째, 인류는 한 가족이다. 우리
는 모두 동족이다. 인간의 생명이 부당하게 취급될 때 우리는 형제를 지키
는 자가 되어야 한다. "형제"라는 말은 히브리 성경에서 가인과 아벨 이야기
이후로 여기서 처음 등장해 사용된다(참조. 창 4:2, 8, 8, 9, 9, 10, 11, 21). 현대
번역 성경에는 이 단어가 너무도 자주 불분명하게 번역된다. 창세기 9:5은
문자적으로 다음과 같이 번역될 수 있다. "내가 반드시 너희 생명의 피를 요
구할 것이니, 모든 창조물의 손으로부터 그것을 요구할 것이며, 인간의 손
으로부터 즉 사람의 형제의 손으로부터 그것을 요구하리라." 따라서 화자
는 원래 아담의 가족에게 주어진 하나님의 규례 곧 하나님께서 동료 가족
에게 생명에 대한 값을 요구할 것이라는 것(창 4:9-10)을 우리에게 상기시켜
준다. 따라서 하나님은 공동체에 책임을 물으신다. 둘째, 하나님은 인과응
보를 요구하신다. 말하자면 생명을 취한 것의 형벌은 생명으로 갚는 것을
요구하신다.

בָּאָדָם דָּמוֹ יִשָּׁפֵךְ // שֹׁפֵךְ דַּם הָאָדָם

창세기 9:6의 해석은 논란이 많다. NIV의 번역은 다음과 같다. "사람의 피를 흘리는 자는 누구든 사람에 의해 그의 피를 흘려야 할 것이니." 여기서 "사람에 의해"라는 표현은 "바아담"(ba-'a-da-m)이라는 말의 번역이다. 이 전치사 어구는 전치사 "베트"(b)와 관사 그리고 사람을 가리키는 집합적인 총칭 명사 "아담"('a-da-m)이 결합되어 구성되었다. 여기서 전치사는 두 가지 다른 방식으로 구성되는 것이 가능하다. (1) 베트 인스트루멘탈리스(beth instrumentalis), 즉 전치사는 도구적 용법을 나타낸다. "사람의 피를 흘리는 자는 누구든 사람**을 도구로** 그의 피를 흘려야 할 것이니." (2) 베트 프레티(beth pretii), 즉 전치사는 경제적 교환을 나타낸다. "사람의 피를 흘리는 자는 누구든 그의 피가 그 [죽임당한/살해당한] 사람**과 교환하여** 그의 피를 흘려야 할 것이니." 에른스트 예니(E. Jenni)는 『히브리어 전치사 1권: 전치사 베트』(Die hebräischen Präpositionen, Band 1: Die Präpositionen Beth [Stuttgart: Kolhammer, 1992]), 154에서 이것을 철저하게 다룬다. 첫 번째 해석에 따르면 본문은 사형 처벌을 시행하도록 인간 대행자에게 권한을 준다. 많은 현대의 영어 성경이 이 번역을 따르고 있다. 그럼에도 예니는 히브리어 전치사에 대한 권위 있는 분석을 통해 두 번째 해석이 더 개연성이 크고, 토라에 근본적인 "렉스 탈리오니스"(lex talionis) 곧 보복 원리에도 적합하다고 주장한다. 누군가 예니의 주석을 따른다면, 다음과 같은 것을 주목하는 것이 중요하다. 곧 그 본문은 다른 곳에서 인간 대행자가 사형을 집행하는 권한을 부여받는 사실을 긍정한다. 창세기 9:5은 이렇게 말한다. "내가 반드시 너희의 피 곧 너희의 생명의 피를 찾으리니 짐승이면 그 짐승에게서, 사람이나 사람의 형제면 그에게서 그의 생명을 찾으리라." 그러므로 하나님은 공동체에 책임을 물으신다. 그분은 사회에 비용을 청구하신다.

따라서 하나님은 공동체에 책임을 물으신다. 그분은 사회에 비용을 청구하신다. 본문은 보복이 정부의 손에 있고 각 개인의 분노와 복수에 있지 않다는 사실을 분명히 보여준다. 개인에게는 유혈 폭동의 권한이 주어지지 않았다.

(5) 인간의 생명이 제멋대로 취급당할 때 하나님은 책임 있는 인간 가족/사회에 벌을 내리도록 하신다. 이런 계산 원리는 인간 곧 남자와 여자들이 하나님의 형상으로 지음 받았다는 사실에 기초한다. 하나님의 형상에 대한 언급은 중요하다. 그것은 창조의 기준과 인류의 특별한 지위를 분명히 하고, 인간의 생명이 왜 특별하게 보호받아야 하는 이유를 설명한다. 비록 동물들의 생명이 동일한 정도로 보호받지는 못하지만 말이다.[51] 인간은 동물들을 소유하고, 따라서 짐승을 죽일 수 있지만 살해당해서는 안 된다. 하나님이 그들을 소유하셨기 때문이다(하나님이 인간에게 그분의 소유권의 표시를 새기셨다). 더욱이 우리가 앞으로 살펴볼 것처럼 하나님의 형상에 대한 언급은 창조 당시 하나님과 창조물 사이에, 그리고 하나님과 인간 사이에 확정된 언약에 대한 직접적인 언급이다.

표 5.1은 노아와 그의 가족과 맺어진 언약의 조건을 간략하게 설명하고, 노아 언약의 조건이 창조 때에 하나님이 아담과 하와 그리고 그의 가족과 맺으신 언약의 조건에 어떻게 일치하고, 재개하며, 반복되는지를 보여준다.

표 5.1: 노아 언약과 창조 언약의 비교

노아 언약	창조 언약
생육하고 번성하라	창 1:28 생육하고…
너희를 두려워하며	창 1:28 물고기와 새와 짐승을 다스리라
음식물로 주어진 짐승	창 1:29 음식물로 주어진 식물
고기를 피째 먹지 말라	

---

[51] 태어나지 않은 인간보다 독수리 알을 더 크게 보호하는 나라에서 사는 것은 비참한 일이다.

너희의 피	
…사람의 형제의 생명	창 4:8-24을 보라
하나님의 형상대로	**창 1:27** 자기 형상 곧 하나님의 형상대로

창세기 9:8-17은 지금 노아 언약의 약속과 당사자, 그리고 표징을 기술한다.

노아 언약의 당사자

창세기 6:18을 보면 하나님과 노아 및 그의 가족 간에 언약이 세워진다. 창세기 9:8-17에서는 노아 언약에 대한 설명이 확대된다. 노아 언약의 당사자가 여섯 가지 다른 방식으로 언급된다.

9-10절 "너희와 너희 후손과 너희와 함께한 모든 생물 곧 너희와 함께한 새와 가축과 땅의 모든 생물에게…"

12절 "나와 너희와 및 너희와 함께하는 모든 생물 사이에"

13절 "나와 세상 사이의"

15절 "내가 나와 너희와 및 육체를 가진 모든 생물 사이의"

16절 "나 하나님과 모든 육체를 가진 땅의 모든 생물 사이의"

17절 "나와 땅에 있는 모든 생물 사이에"

창세기 9:8-17의 진술은 서양 사람들의 귀에는 매우 단조롭고 반복적이다. 이 반복은 계속해서 울리는 대성당의 종소리같이 하나님은 세상이 지속되는 동안 자신의 모든 창조물에 헌신하신다는 사실을 미래까지 울려 퍼지게 하신다. 그러므로 이 언약에 명시된 당사자들에게 오해가 있을 수 없다.

노아 언약의 약속

창세기 9:11은 하나님이 자기 자신에게 부과하시는 의무 곧 하나님이 노아
와 또 노아를 통해 전체 인간에게 주시는 약속을 명시한다. "다시는 모든 생
물을 홍수로 멸하지 아니할 것이라. 땅을 멸할 홍수가 다시 있지 아니하리
라." 하나님은 9:15에서 문체를 바꾸어 이 약속을 반복하신다. 우리는 먼저
창세기 8:21에서 이에 대한 하나님의 결심을 확인한다.

> 여호와께서 그 향기를 받으시고 그 중심에 이르시되. "내가 다시는 사람으로 말
> 미암아 땅을 저주하지 아니하리니, 이는 사람의 마음이 계획하는 바가 어려서
> 부터 악함이라. 내가 전에 행한 것 같이 모든 생물을 다시 멸하지 아니하리니."

덤브렐은 이 본문에 대해 다음과 같이 설명한다.

> 창세기 8:21에서 홍수를 겪었음에도 불구하고 여전히 변하지 않는 사람의 마음
> 에 대한 언급은 홍수에서 구원을 받은 8명의 마음을 우선 가리키고, 노아의 의
> 로운 본성이 고유한 것이 아니라는 사실을 분명히 밝힌다. 사실 우리는 대홍수
> 가 모든 시대의 죄에 대한 하나님의 적절한 반응이라는 말을 듣기 때문에 인류
> 는 오직 하나님의 은혜에 의해 보존되었다. 따라서 세상이 끝날 때까지 창조 질
> 서가 지속해서 유지되고 있는 것은 그저 하나님의 은혜로운 성품에 기초한 것
> 이다.[52]

"인간 마음의 성향"에 대한 언급은 앞서 창세기 6:5에 나오는 말을 생각
나게 한다. 여기서 우리는 큰 심판의 이유를 제공받는다. "여호와께서 사람
의 죄악이 세상에 가득함과 그의 마음으로 생각하는 모든 계획이 항상 악할

---

52 Dumbrell, *Covenant and Creation*, 26-27.

뿐임을 보시고." 홍수 심판 이후로 인간의 상태는 홍수가 있기 이전과 여전히 똑같다. 따라서 홍수 심판으로 인간 마음의 상태는 조금도 바뀌거나 변화되지 않았다. 여기에 함축된 사실은 하나님은 큰 심판을 사용해 모든 세대의 인간을 쓸어버리시면서 그분이 의로운 분이라는 것을 분명하게 보여 주실 수 있다. 그런데 하나님이 그렇게 하시지 않은 단 하나의 이유가 있다. 그것은 우리를 향하신 하나님의 은혜와 긍휼 때문이다. 땅은 인간의 악한 상태에도 불구하고 유지되고 보존된다. 따라서 노아와 맺은 언약은 하나님이 타락한 세상을 구원하겠다는 그분의 계획을 수행하실 수 있는 확고한 역사의 한 단계를 구축한다.

덤브렐은 노아 언약 내러티브에서 "언약"이라는 단어가 8번 사용되는데 그중 "나의"라는 소유 대명사가 함께 사용되는 4번의 경우에 주목한다. "내가 너와 **내** 언약을 세우리니/기억하리니"(창 6:18; 9:9, 11, 15).[53] 우리는 여기서 이 네 본문(창 6:18; 9:9, 11, 15)에서 "내 언약"이라는 표현에 담겨 있는 "나의" 힘에 대해 숙고해볼 필요가 있다. 우리는 언약을 어떤 식으로 이해하든 그 안에 서약 또는 의무 개념이 들어 있음을 이미 언급했다. 이것은 사람들이 지켜야 하는 의무인가, 아니면 하나님이 자기 자신에게 부여하는 의무로, 인간은 그로 말미암아 수행된 의무의 수혜자가 되는가? 덤브렐은 "내 언약"에서 "내"에 대한 해석은 후자가 정확한 해석이라는 것을 암시한다고 올바르게 주장한다. 이것은 하나님이 자신을 속박하고, 자신에게 의무를 부여하며, 인간의 실패에도 불구하고 지키실 언약이다.

창세기 9:18-29에서 우리는 노아의 술 취함과 노아가 가나안을 저주하는 이상한 이야기를 마주한다. 첫 사람 아담과 같이 이 두 번째 아담도 포도원을 가꾸는 동산 지기다. 첫 사람 아담과 같이 이 두 번째 아담도 자신의 죄를 수치스럽게 드러내는 불순종의 **아들**이다. 이 이야기가 전해주는 한 가지 중요한 점은 인간 당사자가 또 한 번 언약을 지키는 데 실패했고, 약속의

---

53 같은 책, 28.

성취는 오로지 항상 신실하신 언약 당사자인 하나님의 성실과 은혜에 기인한다는 사실이다. 이것이 창세기 3장에 나오는 타락 이야기와 노아의 이야기가 유사한 점이다.

노아 언약의 표징

하나님은 노아와 노아의 모든 자손 그리고 전체 인류에게 언약에 대한 물리적 표징을 주신다. 노아 언약의 표징은 구름 속에 있는 무지개다. 사실 히브리어에는 "무지개"를 의미하는 단어가 없다. 창세기 9:11에서 사용된 단어는 궁사가 사용하는 활을 의미한다. 이 본문 이외에 구약성경에서 무지개라는 단어가 유일하게 등장하는 또 다른 본문은 에스겔 1:28이다. 이 구절에 나오는 "구름에 있는 활" 같은 완곡한 표현은 궁사의 활이 아니라 하늘에 있는 무지개를 염두에 두고 있다. 나는 다음과 같은 워렌 게이지의 설명을 좋아한다. "활은 전쟁 무기이자 진노의 상징이다. 하나님은 은혜를 상징하는 것으로 하늘에 그것을 지금 두신다. 자신의 진노의 활을 하늘을 꾸미는 일곱 색깔의 아름다운 아치로 만드시는 야웨는 민족들이 칼을 두드려 보습을 만들고 창을 두드려서 낫을 만들라고 명령하시는(미 4:3) 분이시다. 그분은 평강의 왕으로서 인애를 기뻐하시고(미 7:18), 의로운 심판자로서 은혜를 즐거워하시기 때문이다."[54] 따라서 무지개는 "다시는 모든 생물을 홍수로 멸하지 아니할 것이라"는 약속에 암시된 것처럼 하나님이 "자신의 무기를 내려놓으신" 것을 보여주는 시각적 묘사다. 흥미롭게도 무지개가 구름 속에 있는 것은 우리를 땅 위로 내려보내는 것이 아니라 항상 하늘로 올리시는 것을 목표로 하거나 강조한다. 모든 언약이 표징을 갖고 있지는 않지만 노

---

54 Warren Austin Gage, *The Gospel of Genesis: Studies in Protology and Eschatology* (Winona Lake, IN: Carpenter, 1984), 135.

아 언약은 오직 신적 당사자만이 주실 수 있는 표징을 가진 유일한 언약이다. 다른 모든 언약의 표징은 인간 당사자가 준다.

성경의 포괄적 이야기 속에서 노아 언약이 차지하는 위치

노아 언약은 오늘날에도 유효하다. 하나님이 주신 약속과 미래에 대한 진술은 "다시는"이라는 부정적인 강조 용어를 네 번이나 사용한다(창 8:21; 9:11[2회]; 9:15). 하나님의 서약은 대대로 영원하다(창 9:12). 그리고 하나님은 창세기 9:16에서 이 영원한 언약을 준비하신다. 확실히 이 언약의 표징인 무지개는 현재도 하나님의 증거물로 남아 있다. 무지개는 오늘날 우리와 여전히 함께 있다. 성경전서 어디에도 이 언약이 폐지되거나 폐기되었다는 증거는 없다.

앞서 언약들(복수형)이 메타내러티브 플롯 구조의 중심에 자리 잡고 있다고 주장했다. 이 주장을 실증하는 방법은 두 가지다. (1) 문화적 배경과 언어 자료, 문학적 장치와 구조, 그리고 포괄적 이야기에 초점을 맞추어 각 언약의 주요 본문들을 주석하는 방법, (2) 메타내러티브가 외적 메타내러티브 즉 철학이나 세계관으로부터가 아니라 성경에서 구성되도록 하나의 언약 혹은 하나 이상의 언약들 간의 관계를 해설하는 핵심 본문들을 주석하는 방법. 우리는 한편으로는 고전적 언약신학과 다른 한편으로는 세대주의 신학(고전적 세대주의 신학이든 소위 점진적 세대주의 신학을 막론하고)은 성경 외부의 메타내러티브를 너무 많이 포함하고 있다고 주장할 것이다. 나아가 이 고전적 신학 체계들이 제공한 주석은 핵심 본문들의 의미를 설명하는 데 충분히 정확하지 않은 범주들을 사용한다. 언젠가 어떤 사람이 "시대정신과 결혼하는 여자는 다음에 과부가 될 것"이라고 날카롭게 지적했다. 프란시스 쉐퍼(Francis Schaeffer)는 토마스 아퀴나스의 신학은 성경 메타내러티브와 이교 세계관을 결합시킨 신학의 적합한 사례라고 잘 지적했다.[55]

노아 언약과 창조 언약의 관계는 우선 창조 언약에 대해 상세히 설명하면 더 분명히 드러날 것이다. 그럼에도 노아 언약을 다루는 이후의 본문 중 일부는 여기서 고찰할 수 있다.[56]

이사야 24:3-5

이사야 13-27장은 이방 민족들에게 임할 심판의 신탁이 다섯 개씩 세 세트로 이루어진 문학적 장치를 구성한다. 이사야 24장은 다섯 개 신탁으로 구성된 세 번째 세트를 시작하는 부분이다. 곧 모든 민족과 땅의 주민이 고발당한다. 이 "사람의 성"은 사람들이 "이 영원한 언약"의 교훈에 불순종하고 규례를 위반하면서 그 언약을 깨뜨렸기 때문에 멸망당할 것이다.

> 3 "땅이 온전히 공허하게 되고
>> 온전히 황무하게 되리라."
>>> 여호와께서 이 말씀을 하셨느니라.
> 4 "땅이 슬퍼하고 쇠잔하며
>> 세계가 쇠약하고 쇠잔하며
>> 세상 백성 중에 높은 자가 쇠약하며,
> 5 땅이 또한 그 주민 아래서 더럽게 되었으니,
>> 이는 그들이 율법을 범하며,
>> 율례를 어기며,
>> 영원한 언약을 깨뜨렸음이라."

---

55 Colin Duriez, *Francis Schaeffer: An Authentic Life* (Wheaton, IL: Crossway, 2008), 168. 『프란시스 쉐퍼』(복있는사람 역간).

56 일부 학자들이 노아 언약과 잘못 관련시킨 본문들은 이 고찰 대상에서 당연히 제외된다. Williamson: K. J. Dell, "Covenant and Creation in Relationship," *Covenant as Context: Essays in Honour of E. W. Nicholson*, ed. A. D. H. Mayes and R. B. Salters (Oxford: Oxford University Press, 2003), 111-113과 Paul R. Williamson, *Sealed with an Oath*, 65-76에서 Dell에 대한 평가를 보라.

이사야 24:3-5은 모든 인간이 이 "영원한 언약"을 깨뜨렸다고 언급하고 있어서, 지금 이야기되는 언약은 시내산에서 이스라엘에게 준 모세의 언약이라고 결코 생각될 수 없다. 그것과 관련된 가장 개연성이 높은 대상은 노아와 맺은 언약이다. 노아 언약은 창조주가 그의 창조물에 대한 서약과 그때 인간에게 부과한 책임을 다시 강조하면서 창세기 1장에 나오는 창조 언약을 실제로 재확립하고 지지했다. 이사야서에 나오는 신탁은 이 땅에 완전한 파멸이 발생할 것이라고 예언한다. 주민들이 노아 언약의 지침과 조건을 어겼기 때문이다.

이사야 54:9-10

9 "이는 내게 노아의 홍수와 같도다.

'내가 다시는 노아의 홍수로 땅 위에 범람하지 못하게 하리라!'

맹세한 것 같이 내가 네게 노하지 아니하며,

너를 책망하지 아니하기로 맹세하였노니,

10 산들이 떠나며

언덕들은 옮겨질지라도,

나의 자비는 네게서 떠나지 아니하며,

나의 화평의 언약은 흔들리지 아니하리라."

너를 긍휼히 여기시는 여호와께서 말씀하셨느니라.

이 본문은 성경 본문 자체가 여러 언약들의 관계를 정의하도록 한다는 점에서 매우 중요하다. 우리는 이후에 이것을 자세히 고찰할 것이다. 그럼에도 이사야는 지금 새 언약과 노아 언약을 비교하고 있다. 이 두 언약의 유사점은 야웨가 언약들에 포함된 소중한 약속들을 수행하겠다고 단호하게 서약한 데 있다. 야웨께서 다시는 홍수를 일으켜 온 땅을 멸망시키지 않겠다고 약속하신 것처럼 그분은 자기 백성에게 다시 진노하지 않으시고, 화평의 언약에 따른 자신의 충성된 사랑을 철회하지 아니하실 것이다.

예레미야 33:19-26

예레미야는 유다와 이스라엘의 운명을 회복시키겠다는 하나님의 약속을
전달하는 본문의 문맥에서 야웨께서 다윗에게 주신 약속들의 성취에 대해
서도 말한다.

> 19 여호와의 말씀이 예레미야에게 임하니라. 이르시되, 20 "여호와께서 이와 같이
> 말씀하시니라. '너희가 능히 낮에 대한 나의 언약과 밤에 대한 나의 언약을 깨뜨
> 려 주야로 그때를 잃게 할 수 있을진대, 21 내 종 다윗에게 세운 나의 언약도 깨
> 뜨려 그에게 그의 자리에 앉아 다스릴 아들이 없게 할 수 있겠으며, 내가 나를
> 섬기는 레위인 제사장에게 세운 언약도 파할 수 있으리라. 22 하늘의 만상은 셀
> 수 없으며 바다의 모래는 측량할 수 없나니 내가 그와 같이 내 종 다윗의 자손
> 과 나를 섬기는 레위인을 번성하게 하리라 하시니라.'"
>
> 23 여호와의 말씀이 예레미야에게 임하니라, 이르시되, 24 "이 백성이 말하기
> 를 여호와께서 자기가 택하신 그들 중에 두 가계를 버리셨다 한 것을 네가 생각
> 하지 아니하느냐? 그들이 내 백성을 멸시하여 자기들 앞에서 나라로 인정하지
> 아니하도다." 25 여호와께서 이와 같이 말씀하시니라. "내가 주야와 맺은 언약이
> 없다든지 천지의 법칙을 내가 정하지 아니하였다면, 26 야곱과 내 종 다윗의 자
> 손을 버리고 다시는 다윗의 자손 중에서 아브라함과 이삭과 야곱의 자손을 다
> 스릴 자를 택하지 아니하리라. 내가 그 포로된 자를 돌아오게 하고 그를 불쌍히
> 여기리라."

하나님의 신탁은 낮에 대한 언약과 밤에 대한 언약이 깨질 수 없는 것
처럼 다윗 언약이 깨질 수 없다고 주장한다. 그러면 "낮에 대한 나의 언약과
밤에 대한 나의 언약을 깨뜨려"라는 표현으로 언급되고 있는 사실은 무엇인
가? 이 말이 노아 언약을 가리키는지, 아니면 여기서 창조 언약(창 1장)으로

불리는 것을 가리키는지에 대해 논란이 있다. 나는 노아 언약이 창세기 1장의 창조 언약을 "보증하는" 것으로 주장했기에 어느 방식이든 중요한 점은 동일하다는 것이고, 이후에 이 논란을 평가할 것이다.

요약

노아 언약에 대한 이후의 언급들은 창세기 6-9장의 본문에 분명히 표현되어 있는 특징들에 주목한다. 그런 본문 중 두 개의 본문 곧 이사야 54장과 예레미야 33장은 강조 용어 "다시는"이라는 말을 사용한다. 그래서 하나님이 홍수로 심판을 내려 모든 육체를 다시는 멸하지 아니하실 것이라고 약속하신다. 그럼에도 규정과 조건들이 동물들과 인간에게 주어진다. 하나님은 비용을 청구하신다. 이사야 24장은 인간 책임의 중요성을 강조한다.

신학자들은 언약들을 조건적 언약 아니면 무조건적 언약으로 분류하고 묘사하는 데 힘썼다. 말하자면 쌍방 헌신인가, 아니면 단독 헌신인가? 그리고 그 성취가 (하나님과 인간의 관계에 있어서) 인간 당사자의 순종을 조건으로 하는가? 우리가 성경 본문을 정확히 표현하기를 원한다면 이런 범주들은 아무 소용이 없거나 효과적이지 않다. 노아 언약은 성취가 결코 좌절될 수 없는 하나님의 약속들을 포함하지만, 동시에 동물과 인간 공동체에 그들의 행동과 청지기 임무에 책임질 것을 요구한다.

노아 언약은 하나님의 형상을 "보존한다." 우리는 이것을 다음에 논할 것이다. 우리가 살펴볼 것처럼 노아 언약은 한편으로는 하나님과 인간의 언약 관계를 함축하고, 다른 한편으로는 인간과 창조물의 언약 관계를 함축한다. 인간 공동체는 창조주이신 하나님께 신실하고 충성된 사랑으로 순종하는 아들의 모습을 보여주고, 겸손한 종과 책임 있는 청지기로서 창조물을 다스려야 한다. 이 목적을 성취하는 데 무엇보다 중요한 것이 예배다. 창세기 6-8장의 내러티브는 노아를 순종하는 아들로 그리고 땅 위에 있는 생명의 청지기로 묘사하는 데서 시작한다. 또한 노아는 야웨의 진노를 진정시키고 이후에 있을 심판을 제거하기 위해 희생제물로 중요한 경배를 드린다. 그럼에도 첫 사람 아담과 같이 노아도 온전한 성실함이 아니라 벌거벗은 수치를 드러내는 불순종의 아들로 끝난다.

브루스 월키가 적절하게 말한 것처럼 노아 언약은 유익하다. 그것은 과거를 청산하고 새롭게 출발하는 것이 인간의 곤경에 대한 충분한 해결책이 아니라는 점을 보여주기 때문이다.

> 노아의 죄는 인간의 곤경을 조명하는 데 빛을 던져준다. 이때나 그때나 대부분의 사람들은 세상에서 계속되고 있는 것, 다시 말해 사람들 속의 고질적인 문제들 곧 잔인함과 전쟁의 원인이 되는 미움과 편견 그리고 탐욕 등에 대해 넌더리가 난다. 이 문제들은 해결될 수 없다. 왜냐하면 미움과 편견은 우리의 부패한 본성과 우리 역사의 짐들이기 때문이다. 우리는 변하거나 잊어버릴 수 없기 때문에 우리의 본성과 기억은 우리의 운명이다. 사람들의 반응을 보면, 우리 가운데 이상주의자들은 이렇게 묻는다. "우리가 다시 시작하면 되지 않을까? 역사를 지워버리고 과거를 청산하고 새롭게 출발하면 되지 않을까?" 노아 내러티브는 이 해결책이 거짓말임을 보여준다.[57]

하나님은 노아 언약에 입각해서 그분이 창조한 세상을 보존하고 과분한 호의와 인애를 베풀면서 역사의 단계를 견고하게 구축하신다. 그분은 이 역사의 단계에서 타락한 세상을 구원하는 자신의 계획을 실천하실 수 있다. 또한 하나님의 호의와 인애는 장차 임할 예수 그리스도의 구원을 미리 나타낸다. 윌리엄슨도 이와 동일하게 노아 언약의 중요성을 다음과 같이 요약한다.

---

57 Waltke, *Old Testament Theology*, 298.

노아 언약의 신학적 중요성은 최소한 두 가지다. 첫째, 무엇보다도 노아 언약은 우리가 하나님을 보존자로 신뢰하는 데 기초가 된다. 노아 언약은 하나님이 창조 질서를 계속 유지하실 것이라는 확신을 우리에게 준다. 비록 혼돈이 창조 질서를 계속해서 삼켜버릴 듯이 위협함에도 불구하고 말이다.…둘째, 노아 언약이 앞으로 하나님과 인간의 모든 언약이 작동하는 성경-신학적 틀을 제공한다는 점을 고려하더라도, 그 언약의 보편적 범위는 의심할 것 없이 중요하다. 앞에서 주목한 창세기 1장에 암시된 것처럼 노아 언약의 보편적 범위는 다음과 같은 것을 의미한다. 곧 인간이 창조되고 창조물이 현재 보존된다는 복은 궁극적으로 한 사람이나 한 민족이 아니라 온 땅을 포괄한다는 것이다. 따라서 족장 내러티브는 분명히 좁은 초점을 반영하지만 창세기 1-11의 보편적 강조점은 창세기의 이후 장들과 그 외의 성경책들에서 조금도 상실되지 않는다.[58]

워렌 게이지는 아담과 노아의 평행 관계를 일목요연하게 표로 만들어 보여준다(표 5.2를 보라).

---

[58] Paul R. Williamson, *Sealed with an Oath*, 67-68.

표 5.2: 세상의 역사: 대우주[59]

창세기 1장		과거의 세상		창세기 7장
창조	아담	타락	자손의 다툼	심판
1. 혼돈하는 물이 땅을 덮음, 창 1:1-2	1. 인간이 하나님의 형상으로 사명을 받음, 창 1:26	1. 아담이 에덴동산에서 죄를 범함, 창 3:6	1. 가인이 유랑하도록 심판을 받음, 악한 에녹성을 세움, 창 4:17	1. 노아 시대에 땅에 심판이 임함, 창 6:13
2. 하나님의 영이 수면 위로 운행하심, 창 1:2	2. 인간이 땅을 채우라는 명령을 받음, 창 1:28	2. 아담이 선악을 알게 하는 나무 열매를 따 먹음, 창 3:6	2. 셋이 아들 에노스와 함께 야웨의 이름을 부르기 시작함, 창 4:26	2. 하나님이 홍수로 악인을 진멸하려고 땅에 구름을 일으키심, 창 7:23
3. 물이 드러나고, 채소가 생산됨, 창 1:9	3. 하나님이 이름을 짓도록 동물들을 아담에게 이끄심, 창 2:19	3. 아담이 수치스럽게 벌거벗음, 창 3:7	3. 하나님의 아들들이 사람의 딸들을 아내로 취함, 창 6:2	3. 옛 하늘과 땅이 현재의 하늘과 땅 앞에서 사라짐, 벧후 3:5-7
4. 옛 세상의 창조가 끝나고, 하나님이 안식하심, 창 2:2		4. 아담이 벌거벗은 것을 하나님이 발견하심, 창 3:21		
		5. 아담의 죄가 후손에게 저주를 가져옴, 창 3:15		

---

[59] 저작권사에 허락을 받아 수록한다. Gage, *Gospel of Genesis*, 16.

창세기 8장		현재의 세상		요한계시록 22장
새 창조	노아, 새 아담	재현된 타락	재현된 자손의 갈등	새 심판
1. 노아 홍수의 물이 땅을 뒤덮음, 창 7:18-19	1. 인간이 하나님의 형상으로 다시 사명을 받음, 창 9:6	1. 노아가 포도원에서 죄를 범함, 창 9:20-21	1. 노아의 자손들이 흩어짐을 피하기 위해 악한 바벨탑을 쌓음, 창 11:4	1. "노아의 때"가 땅에 다시 임함, 마 24:37-39
2. 비둘기가 물 위로 "떠다님", 창 8:9	2. 인간이 땅을 다시 채우라는 명령을 받음, 창 9:7	2. 노아가 포도주를 마시고 취함, 창 9:21	2. 셈의 후손인 아브람이 야웨의 이름을 부르기 시작함, 창 12:8	2. 하나님이 불로 악인을 진멸시키려고 구름을 타고 오심, 마 24:30; 참조. 벧후 3:7
3. 감람나무 잎사귀가 뭍의 등장을 암시함, 창 8:11	3. 하나님이 짐승을 구원하도록 노아에게 이끄심, 창 7:13-15	3. 노아가 수치스럽게 벌거벗음, 창 9:21	3. 음녀 바빌론이 대대로 시온의 아들들을 미혹함, 참조. 단 1:1; 사 47:1-15; 계 1-18장	3. 현재의 하늘과 땅이 새 하늘과 새 땅 앞에서 사라짐, 벧후 3:12-13
4. 현재의 세상이 끝나고, 하나님이 안식의 제물을 받으심, 창 8:21		4. 노아가 벌거벗은 모습을 아들들이 덮음, 창 9:23		
		5. 노아의 죄가 후손에게 저주를 가져옴, 창 9:25		

6장

창세기 1-3장의 창조 언약

서론

창세기 1-3장에 언약이 포함되었는지의 문제는 지금도 계속 논의되고 있다. 예컨대 윌리엄슨은 자신의 최근 작품 『맹세로 보증함』(*Sealed with an Oath*)에서 하나님-인간 언약은 창세기 6:18의 홍수 내러티브에서 처음으로 소개된다고 주장한다. 윌리엄슨은 덤브렐과 로버트슨이 창세기 1-3장에 언약이 들어 있다고 **찬성하는** 주장에 주목한다. 윌리엄슨에 따르면, 덤브렐은 "내 언약"이라는 말(창 6:18; 9:9, 11, 15)에서 대명사 "나"에 대한 해석, "언약을 쪼개는(카라트 베리트)" 것과 "언약을 지키는(헤킴 베리트)" 것의 의미상의 차이, 그리고 창세기 1:1-2:4a에 언급된 창조의 목적을 이루겠다는 하나님의 서약에 의존한다. 그리고 로버트슨의 주요 증거는 창세기 1-3장의 주석과 관련해서 고찰될 수 있는 예레미야 33:20-26에 근거한다. 윌리엄슨은 덤브렐과 로버트슨의 주장에 결함이 있음을 발견한다.

창세기 1-3장을 분석하기 전에 우리는 창조 내러티브는 언약이 아니라고 주장하는 학자들의 주장에 대응하는 몇 가지 특징을 간략히 제시하고자 한다.

첫째, 윌리엄슨은 많은 학자가 매우 강하게 주장하는 것을 다음과 같이 진술한다. "창세기 6:18 이전에는 최소한 하나님과 인간 사이에 세워진 언약에 대한 암시가 조금도 없다."[1] 하지만 창세기 1-5장에서 "언약"이라는 히브리어 단어의 부재가 창세기 6:18 이전에는 어떤 언약도 없었다는 사실을 증명하는 논증을 구성할 수는 없다. 성경에서 언약이라는 단어가 실제로 사용되지 않아도 충분히 언약을 이야기할 수 있다. 이런 중요한 해석 원

---

1   Paul R. Williamson, *Sealed with an Oath: Covenant in God's Unfolding Purpose*, NSBT 23 (Downers Grove, IL: InterVarsity Press, 2007), 72.

리를 설명하기 위해서는 리처드 슐츠(Richard Schultz)가 제시한 "이사야서에 나오는 왕"에 대한 최근의 연구를 살펴보라.[2] 그는 이사야서에 나타나는 히브리어 어근 "말라크"(*mlk*) ─ 히브리어에서 왕의 통치와 관련된 모든 형용사와 명사 그리고 동사의 기본 어근 ─ 의 모든 문맥을 세밀하게 분석하면서 탐구의 첫 단계를 자연스럽게 시작한다. 하지만 이것은 정말 첫 단계일 뿐이다. 슐츠는 지혜롭게도 다른 방식으로 왕권 개념을 전달하는 방식에 주목한다. "말라크"라는 어근에 기초한 단어를 실제로 전혀 사용하지 않으면서 야웨의 왕권을 명백하게 선포하는 본문은 이사야 66:1이다.

> 여호와께서 이와 같이 말씀하시되,
> "하늘은 나의 보좌요
> 　　땅은 나의 발판이니,
> 너희가 나를 위하여 무슨 집을 지으랴?
> 　　내가 안식할 처소가 어디랴?"

우리가 예상할 수 있는 것처럼 이 구절은 슐츠가 이사야서에 나타난 왕권을 다룰 때 중요한 부분을 구성한다. 그리고 우리가 "왕"이라는 말을 사용하지 않고서도 왕권에 대해 말할 수 있는 것처럼 언약이라는 말을 사용하지 않고서도 얼마든지 언약에 대해 말할 수 있다. 나중에 우리는 "나는 그들의 하나님이 되고 그들은 내 백성이 될 것이라"는 문구가 하나님-인간 언약을 가리키는 한 방법으로 자주 사용된다는 것을 확인할 것이다. 나아가 "토라"(Torah)라는 단어는 반사적으로 언약을 함축하는데, 이것은 믿음이 반사적으로 회개를 당연히 함축하는 것과 같다. 이것은 단지 두 실례에 불과하

2　Richard Schultz, "The King in the Book of Isaiah," *The Lord's Anointed: Interpretation of Old Testament Messianic Texts,* ed. Phlilp E. Satterthwaite, Richard S. Hess and Gordon J. Wenham (Grand Rapids, MI: Baker, 1995), 141-165.

다. 따라서 창세기 1-3장에서 "언약"(bĕrît)이라는 단어의 부재가 하나님과 인간의 언약이 창조 때에 세워졌다는 생각을 반대하는 논증이 전혀 될 수 없다. 주석이 언약 개념이 있다는 것을 증명할 수만 있다면 말이다.

확실히 덤브렐이 질문하는 것처럼 "언약을 쪼개다"라는 표현이 왜 창세기 1-3장에 나타나지 않는지를 물어보는 것이 적합하다.[3] 이 질문에 대한 답변은 단순히 다음과 같다. 곧 창조 때 하나님과 인간 사이에, 인간과 창조물 사이에 세워진 언약을 전달하는 도구로, 자기를 저주하는 맹세를 상징하기 위해 동물을 반으로 쪼개는 것을 가진 의식을 사용하는 것은 시대착오적이고, 부적절한 것이다. 창세기 1:26-28에 대한 주석이 이것을 입증할 것이다.

둘째, 어떤 학자들(예를 들어 존 스텍)은 언약들이 창세기 3장에 나오는 타락 사건 이후에만 필요했다고 주장했다. 그러나 바르톨로뮤가 관찰한 것처럼 결혼은 타락 이전에도 존재했던 언약 관계다. 따라서 두 번째 주장 역시 창세기 1장의 하나님-인간 언약을 반대하는 논증일 수 없다.

셋째, 비록 "언약을 쪼개는 것"(kārat bĕrît)과 "언약을 지키는 것"(hēqîm bĕrît)의 의미상 차이에 대한 설명은 조정되어야 하고 일부 문맥에 대한 설명도 수정되어야 하지만, 그럼에도 그 차이점은 실제로 있고 모든 자료에 대한 철저한 검토에 의해 입증된다. 윌리엄슨은 바인펠트의 견해에 의존하고 있고 모든 자료를 스스로 분석하지 않는다. 우리는 홍수 내러티브를 통해 다음과 같은 사실, 곧 노아가 새 아담으로 등장하는 노아 언약에 사용된 언어는 인간과 창조물의 관계뿐만 아니라 하나님과 인간의 관계와 관련해서 이전에 시작했던 언약을 유지한다는 사실을 확인했다. 창세기 1-3장에는 언약이 전혀 없다는 윌리엄슨의 논증은 빈약한 성경 메타내러티브를 만들었다. 이런 내러티브는 본질적으로 노아와 함께 시작하고 바울이 성경의 더 큰

---

3 William J. Dumbrell, *Covenant and Creation: A Theology of Old Testament Covenants* (Nashville: Thomas Nelson, 1984), 32.

이야기에서 가져온 아담과 그리스도의 유사점을 크게 위험에 빠뜨렸다.

넷째, 언약에 대한 윌리엄슨의 정의 방법은 창조 때에 언약이 있었는지에 대한 질문에 악영향을 끼칠 수 있다. 윌리엄슨은 다음과 같이 말한다.

> 개혁파 신학자들에게, 분명히 하나님을 포함한 모든 관계는 본성상 언약 관계여야만 한다. 일반적으로 그 관계가 하나님과 창조물의 관계이든지 또는 특별히 그분과 인간의 관계이든지 간에 말이다. 언약은 이런 언약 관계를 세우거나 확립하는 것으로 간주된다. 그러나 이것은 사실 성경 본문이 나타내는 것이 아니다. 언약은 하나님-인간 관계를 세우거나 확립하는 것이 아니라 오히려 이 관계를 보증하거나 승인하는 것이다.

여기서 고전적 언약신학이나 고전적/점진적 세대주의 신학을 지지하려고 애쓸 필요는 없지만 윌리엄슨의 진술은 혼란스러워 보인다. 윌리엄슨이 방금 범위가 전체에 미친다고 설명한 노아 언약은 하나님과 모든 창조물과 인간의 관계가 언약 관계라는 것을 충분히 보여줘야 한다. 앞으로 살펴볼 것처럼 노아 언약은 그것을 충분히 보여준다. 언약은 하나님의 존재에 본질적 요소이기 때문이다. 그럼에도 윌리엄슨은 창조 내러티브에 언약이 있다고 주장하는 자들을 반대하는 잘못된 언약 개념을 사용한다.

제프리 니하우스 역시 이것과 관련해서 윌리엄슨의 설명에 문제가 있음을 발견한다. 윌리엄슨에 대한 니하우스의 평가는 다음처럼 온전한 형태로 인용할 필요가 있다.

> 윌리엄슨은 언약이 이미 존재하는 관계를 승인하거나 보증하는 것이라는 이해를 창조 언약을 반대하는 논증으로 사용한다. 그렇게 하면서 그는 하나님과 인간의 언약들에 있는 관계에 대한 배경을 다음과 같이 지적한다.

> 잠시 창조는 제쳐두고, 언약이라는 수단을 통해 이후에 보증되는 하나님과

인간의 관계에 대한 성경의 잇따른 예들을 주목해보자. 하나님은 창세기 12장에서 분명히 아브라함과 관계를 맺고 계셨다. 하지만 창세기 15장까지 그분은 언약이라는 수단을 사용하셔서 그 관계를 공식화하지는 않으셨다. 마찬가지로 하나님은 시내산에서 이스라엘 백성과 언약을 맺으시기 전에도 그들과 오랫동안 관계를 맺고 계셨다. 또한 하나님은 사무엘하 7장에서 다윗과 언약 관계를 확립하시기 전 오랫동안 다윗과 관계를 맺고 계셨다. 그리고 창세기 6장의 바람직한 이해는 하나님이 홍수 이후 바로 언약으로써 노아와의 관계를 보증하시기 전에 그와 관계를 맺고 있었다는 것을 제안한다. 따라서 문제는 타락하기 전에 하나님과 창조물 사이에 또는 하나님과 인간 사이에 관계가 존재했느냐 존재하지 않았느냐가 아니다. 의심할 것 없이 이 관계는 이미 존재했다. 그러나 이 관계를 "언약 관계"로 부른다고 주장하는 것은 완전히 다른 문제다. 본문 속에는 그렇게 부를 만한 명백한 증거가 전혀 없다. 이것은 만약 위에서 언급한 것처럼 언약이 주로 이 관계를 보증하거나 확증하는 수단이었다면 별로 놀랄 일이 아니다. 언약이 이 관계를 세운 것이 아니다.[4]

그러나 질문은 하나님과 아브라함, 하나님과 이스라엘, 하나님과 다윗, 그리고 하나님과 노아 사이에 존재한 관계가 그들과 언약을 맺기 전에 존재했는지가 아니다. 질문은 각 경우에 어떤 종류의 관계가 존재했느냐에 있다. 이에 대한 답변은 그것은 (언약이 아닌) 언약 이전의 관계라는 것이다. 언약이 실제로 "체결되거나"(cut) 혹은 만들어지기 전에 존재했던 그 관계가 미래 언약의 역사적 서언의 본질(stuff)이 되었다. 그래서 야웨는 아브람에게 고향을 떠나라고 명하셨고(창 12:1), 이후에 언약이 세워졌을 때에(창 15장) 자기 자신을 아브람을 갈대아인들이 살던 우르에서 이끌어낸 야웨로 밝히셨다(창 15:7). 마찬가지로 야웨는 이스라엘을 이집트에서 해방시키셨고, 이어서 이제 이스라엘과 맺고 계신 언약의 율법을 그들에게 주셨을 때에 자기 자신을 "나는 너를 애굽 땅, 종 되었

던 집에서 인도하여 낸 네 하나님 여호와"로 계시하셨다(출 20:2). 이 패턴은 정확히 우리가 주로 기원전 2천 년대 말에 국제 조약들 속에서 발견하는 것이다.[5]

성경 본문들과 고대 근동 문화에 나타난 언약들은 매우 다양하다. 그리고 증거가 허용하는 것보다 더 좁게 언약을 정의하면 창세기 1-3장의 상황에 대해 편견을 갖게 된다. 윌리엄슨이 편협하게 정의한 것처럼 말이다. 윌리엄슨이 창조에 있어 "하나님의 보편적 목적"에 대해 말하고, "하나님이 노아를 통해 자기 원래의 창조 목적을 이루고자 하셨다"고 주목하는 것은 흥미롭다.[6] 이 지적은 본질적으로 창조주의 창조물에 대한 (언약적인) **헌신**을 은밀하게 언급하는 것이고, 이것을 윌리엄슨은 피할 수 없다.

마침내, 주석이 창세기 1장에 언약이 있는지 없는지를 보여줘야만 한다. 이때 주석은 문화적·언어적 자료에 기초할 뿐만 아니라 문학적 구조와 기법 그리고 정경의 메타내러티브와 조화를 이룬다. 덤브렐의 주석은 부정확해서 윌리엄슨에게는 설득력이 없는 것 같다. 하지만 윌리엄슨은 창세기 1-3장에 대한 주석을 전혀 제공하지 않는다.

창세기 1-3장에 대한 주석

창세기 1:26-28의 본문과 창세기 2:4-3:24의 원리들에는 분명히 창조 때에 시작한 언약이 언급되고 있다.

비록 오랜 세월에 걸친 분석과 논쟁의 초점이 창세기 1:26-28에 나오는 하나님의 형상에 대한 해석에 맞추어져 있지만, 우리는 한편으로 이 본

5　Jeffrey J. Niehaus, "Covenant: An Idea in the Mind of God," *JETS* 52/2 (2009): 237-238.

6　Paul R. Williamson, *Sealed with an Oath*, 51, 75.

문과 성경신학을 결합하고, 다른 한편으로는 이 본문의 문화적 배경과 언어에 대한 최근의 통찰을 결합해서 본문을 이해할 수 있다. 창세기 1:26-28의 성경신학적 구조는 먼저 홍수 내러티브에서 사용된 언어를 생각하면서 제공했다. 따라서 지금은 이 본문에 대한 문화적 배경과 언어적 특징 그리고 문학적 특징에 대한 면밀한 검토와 함께 이 본문 자체에 대한 주석이 절실하게 필요하다.

창세기 1:26-28에 나타난 하나님의 형상

창조의 절정인 인간

창조 내러티브 곧 창세기 1:1-2:3은 한 주간의 연속 구조에 따라 일곱 단락으로 나뉜다. 창세기 1:26-28은 여섯째 날 창조 사건들을 다루는 창세기 1:24-31에서 각 영역이 구분되는 단락에서 인간 창조를 묘사한다. 우리가 제시하는 다음 고찰은 요점을 쓸데없이 장황하게 설명하는 것처럼 보일지 모르지만 창세기 1:26-28이 하나님의 창조 사역의 절정과 극치로 간주되기를 바라는 의도를 갖고 있다.

(1) 인간 창조를 묘사하는 구절들은 문체의 두드러진 변화가 특징이다. 이 지점까지 창조는 항상 3인칭 단수형 동사로 소개되는 일련의 하나님의 말씀을 통해 이루어졌다. 확실히 1인칭 복수형 "우리가…만들고"는 독자의 이목을 집중시키고 중대한 어떤 사실을 나타낸다. 1인칭 복수형에 대한 해석은 나중에 다룰 것이다. 다만 해석을 어떻게 하든 주된 점은 특별히 중요한 어떤 일이 이 부분에서 일어나고 있다는 것이다.

(2) 창세기 1:24-31의 단락은 다른 단락들과 다른 패턴을 갖고 있다. 표 6.1은 창조 내러티브의 단락들이 다음과 같은 표준적인 연쇄 관계를 따르고 있음을 보여준다. (1) 선포, (2) 명령, (3) 행동, (4) 평가 또는 보고, (5) 약간의 변형이 있는 시간 구조. 그런데 여섯째 단락의 사건들의 패턴은 규범

적 패턴에서 크게 벗어나고, 따라서 독자에게 그 단락의 주제가 무척 중요
하다는 것을 알려준다.[7]

표 6.1: 여섯째 날 창조의 연쇄 관계 대 다른 날들의 창조의 연쇄 관계

첫째 날(1:3-5)	**넷째 날(1:14-19)**
선포	선포
명령	명령과 목적
보고	보고
평가	행동과 목적
행동 묘사	평가
이름 짓기	
시간 구조	시간 구조
둘째 날(1:6-8)	**다섯째 날 (1:20-23)**
선포	선포
명령	명령
행동 묘사	행동 묘사
보고	평가
이름 짓기	복을 주심
시간 구조	시간 구조
셋째 날(1:9-13)	**여섯째 날 (1:14-31)**
선포	선포
명령	명령
보고	보고
이름 짓기	행동 묘사
평가	평가
선포	선포
명령	결심과 목적
보고	행동과 목적
행동 묘사	복을 주심과 목적
평가	양식 공급
시간 구조	보고

---

7 셋째 날과 여섯째 날이 이중 패턴을 함축하고 있음을 주목하라.

일곱째 날(2:1-3)
완료 진술
신적 안식
일곱째 날을 복 주심
일곱째 날을 거룩하게 하심
시간 구조 없음

(3) 포괄적인 문학적 구조에 따라 창조 사역은 여섯째 날에 완성된다. 여섯째 날은 분명히 이 창조 사역의 정점이다.

(4) 도표 6.1은 창조 내러티브에서 각 단락의 단어들의 수를 간단히 제시한다. 여섯째 단락의 단어들의 수는 표준 수치를 크게 넘어선다. 이것은 인간 창조의 중요성을 암시하는 또 하나의 특징이다.[8]

창조의 각 날을 묘사하는 데 사용된 단어의 수

도표 6.1

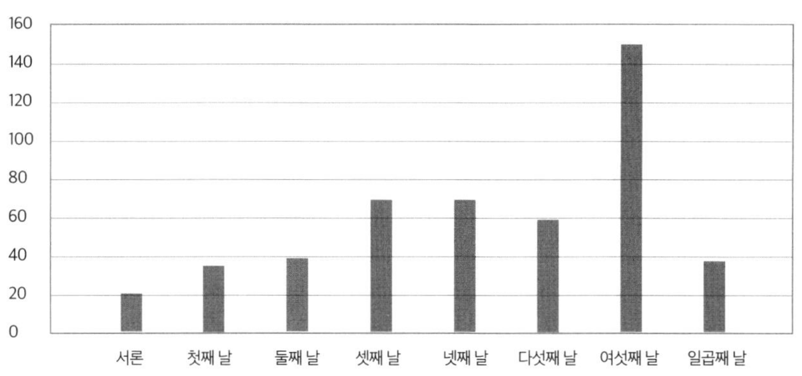

---

8   이 도표는 내가 직접 조사해서 만든 것이다. 하지만 Stephen G. Dempster, *Dominion and Dynasty: A Biblical Theology of the Hebrew Bible* (Downers Grove, IL: InterVarsity Press, 2003), 57에 나오는 비슷한 도표와 비교해보라.

(5) 창세기 2:4-25 곧 소위 이차 창조 기사는 편집자가 다른 자료들을 모아 결합시킨 것을 보여주는 것이 아니라 사실은 요약하는 방식으로 주제를 생각하도록 도움을 주는 히브리 내러티브의 일반적인 형태에 해당한다. 우리는 **현대의 서구** 문헌에 기초한 문학적 분석 원리를 사용해서 고대의 동양 본문들을 비판할 수 없다. 대신 고대 히브리 문헌의 접근법은 한 주제를 취하고, 그 주제를 특정 관점에 따라 전개하며, 이어서 그 전개를 멈추고 같은 주제를 다른 관점에 따라 다시 취한다. 이런 방식은 입체적이고 반복적이다. 일차 창조 이야기(1:1-2:3)는 우주적 관점을 제공한다. 이차 창조 이야기(2:4-3:24)는 인간 창조에 초점을 맞추어 시작한다. 따라서 일차 창조 이야기는 우주 기원에 중점을 두고, 이차 창조 이야기는 인간에게 중점을 둔다. 그러므로 창세기 2:4-3:24은 사실 일차 창조 기사의 여섯째 단락에서 이끌어낸 주제를 더 깊이 전개하는 데 할애되고, 인간 창조의 중요성을 크게 부각시킨다.

(6) 시간 구조를 표시하는 절은 통상적으로 "저녁이 되고 아침이 되니 이는 ~째 날이니라"는 형태를 취하고 있다. 따라서 여섯째 단락에서 정관사가 사용되는 것은 주목할 만하다. "이는 [**그**] 여섯째 날이니라." 여기서 정관사의 기능이 무엇인지는 앞으로 충분히 설명해야겠지만 어쨌든 그것은 인간 창조의 중요성을 부각시킨다.[9]

(7) 히브리어로 "창조하다"에 해당되는 동사 "바라"(*bārā'*)가 사용되는 것은 흥미롭다. 이 동사는 항상 그리고 오로지 하나님을 주어를 갖는 특별한 단어로 보인다.[10] 이 동사는 창조 내러티브에서 단 세 번만 등장한다. 일부

---

9   David A. Sterchi, "Does Genesis 1 Provide a Chronological Sequence?" *JETS* 39/4 (1996): 529-536을 보라. Sterchi가 주장한 수와 연대에 있어 관사 없는 지칭들 간의 관련성은 앞으로 검증되어야 하지만, 관사는 중요한 어떤 것을 암시한다는 그의 주장은 의심할 바 없이 옳다.

10   "바라"에 대한 최근의 분석과 연구는 다음 자료들을 보라. John H. Walton, *Genesis*, NIV Application Commentary (Grand Rapids, MI: Zondervan, 2001), 67-70; 같은 저자, *The*

주석가들은 창세기 1:1에 나오는 이 동사를 통해 무로부터의 질료 창조를 이해했다. 창세기 1:21에서 이 동사는 유기적 생물의 창조에 사용되고, 창세기 1:26에서는 인간 생명의 창조에 사용된다.[11] 중간에는 이 단어의 동의어들이 사용된다. 따라서 이 동사는 창조 사역에서 중요한 특징들을 표시하는 역할을 하는 것으로 보인다.

(8) "아담"(*'ādām*), 곧 남자와 여자를 망라한 인간을 가리키는 총칭은 하나님의 형상으로 창조된다. 이것은 인간을 하나님의 창조의 절정으로 보는 또 하나의 언급이다.[12]

(9) 인간은 왕권을 행사한다. 이것은 어느 정도 논의가 필요하지만 창조물 전체 안에서 인간의 중요성을 언급한다.

(10) 다윗이 쓴 시편 8:5-8의 내용은 창세기 1:26-28에 대한 단어별 주석과 묵상이다. 시편 8:5을 이해하는 데 아무리 논란이 있다고 하지만, 시편 저자는 인간을 하나님의 창조의 절정으로 이해한다.

요약하면 대다수의 문학적 기법들이 인간 창조의 중요성을 나타낸다. 하나님의 형상으로 지음 받은 인간 창조를 해석해보면 이 중요성이 드러날 것이다.

Last World of Genesis One: Ancient Cosmology and the Origins Debate (Downers Grove, IL: InterVarsity Press, 2009), 38-46; 같은 저자, *Genesis One as Ancient Cosmology* (Winona Lake, IN: Eisenbrauns, 2011).『창세기 1장과 고대 근동 우주론』(새물결플러스 역간).

11 C. I. Scofield, ed., *The New Scofield Reference Bible* (Oxford: Oxford University Press, 1970), 1 n. 4을 보라.

12 창 1-5장의 본문 속에서 "아담"이라는 말의 용법은 거의 알아차릴 수 없을 정도로 은밀하게 (1) 총칭적 의미의 인간에서 (2) 사람 즉 최초의 인간으로 (3) 개인 이름의 아담으로 옮겨간다. 특히 Richard S. Hess, "Splitting the Adam: The Usage of *'ĀDĀM* in Genesis I-V," *Studies in the Pentateuch*, ed. J. A. Emerton, Supplements to Vetus Testamentum 41 (Leiden, Netherlands: Brill, 1990), 1-15. 나는 이번 장에서 가장 강한 의미로는 하나님의 형상이 남자와 여자를 망라한 모든 인류(mankind)를 총칭적으로 가리키는 것이라고 주장하기는 해도, 원문의 이런 모호함 때문에 "인간"(man)이라는 말도 간혹 사용한다.

하나님의 형상

지난 2천 년 동안 하나님의 형상에 대한 설명은 수없이 많고 다양했다.[13] 이 주제를 다루는 데 엄청난 양의 잉크가 사용된 것으로 보아 조심스러운 주석이 필요하고 아울러 해석도 겸손하게 해야 한다. 다음은 하나님의 형상에 대한 다양한 견해를 매우 간단하게 개관한 것인데, 고든 웬함의 주석에 나온 것을 다듬은 것이다.[14] 그러나 각 견해의 평가에 대한 책임은 궁극적으로 나에게 있다.[15]

다양한 견해들의 개관

(1) "형상"과 "모양"이라는 말은 인간 본성의 구별된 측면이다(대략 기원후 180년 이레나이우스 이후로 지금까지). "형상"은 하나님을 닮게 만드는 인간의 자연적 속성을 나타낸다(인격, 이성 등). 반면에 "모양"은 구속받은 자를 거룩하게 만드는 인간의 초자연적(즉 윤리적) 은혜를 언급한다. 성경 본문의 문화적 배경에 따른 "형상"과 "모양"에 대한 사전(事典)의 분석을 살펴보면 이 구분은 창세기에 생소한 것이다.

(2) 하나님의 형상은 인간이 창조주와 공유하고 있는 정신적 및 영적 속성을 언급한다. 주석가들이 이 속성들에 대해 서로가 일치하지 않는다는 사실은 이런 접근을 의심스럽게 만든다.

(3) 하나님의 형상은 육체적 닮음을 구성한다. 이 견해에 따르면 히브리어 "첼렘"(ṣelem)은 등장하는 대다수 경우에 육체적 모습 또는 상을 가리킨다. 더구나 창세기 5:3에서 아담은 "자기의 형상과 같은" 셋의 아버지로 묘

---

13 지난 100년 동안에 나타난 견해들을 탁월하고 인상적으로 개관한 것은 Gunnlauger A. Jónsson, *The Image of God: Genesis 1:26-28 in a Century of Old Testament Research*, Coniectanea Biblica: Old Testament Series 26 (Lund, Sweden: Almqvist & Wiksell, 1988)을 보라.

14 Gordon J. Wenham, *Genesis 1-15*, WBC 1 (Waco, TX: Word, 1987), 29-32. 『창세기』(솔로몬 역간).

15 심지어는 Wenham에게서 차용해온 내용이나 그의 것을 적용한 경우에도 그렇다.

사되고, 여기서 형상은 매우 자연스럽게 육체적 용모를 가리킨다. 그러나 구약성경은 하나님의 비물질성과 불가시성을 강조한다(신 4:12). 또한 이 전문 술어가 이집트와 메소포타미아 사람의 사고와 관련이 있다면 하나님의 형상은 용모가 아니라 왕으로서의 기능을 언급한다. 나아가 구약성경은 우리가 때때로 그러는 것처럼 물리적 영역과 영적 영역을 날카롭게 구분하지 않는다. 하나님의 형상은 단순히 한편으로는 인간의 지성이나 영을 가리키고, 다른 한편으로는 인간의 육체를 가리키는 것이 아니라 전 인간을 가리키는 것이 틀림없다. 마지막으로 하나님의 형상은 인간을 짐승과 구별하는 인간의 특징이다. 하지만 속죄 제사 관습은 고대 이스라엘 백성이 인간과 짐승 간의 생리학적 유사점을 깊이 의식하고 있었음을 보여준다.

(4) 하나님의 형상은 인간을 땅에서 하나님의 대표로 만든다. 아래의 조심스러운 주석은 하나님의 대표로서 다스리는 기능이 **형상 자체가 아니라** 하나님의 형상으로 지음 받은 **결과**라는 것을 보여준다.

(5) 하나님의 형상은 하나님과 관계를 맺는 능력이다. 그것은 하나님이 인간과 인격적 관계를 맺으시고, 인간에게 말씀하시며, 인간과 언약을 맺을 수 있다는 사실을 의미한다. 칼 바르트가 이 견해를 제안했고, 클라우스 베스터만(Claus Westermann)은 "하나님의 형상"이 인간 구성 요소의 한 부분이 아니라 인간을 다르게 지은 창조 과정에 대한 묘사라고까지 주장했다. 이 견해는 하나님과의 관계가 하나님의 형상에 근본적이라는 점에서 추천할 만하지만 그럼에도 창세기 5:3과 출애굽기 25:40과 같은 본문은 "형상으로"라는 표현이 창조 과정보다는 창조 결과를 묘사하는 것을 제안한다.

전통적 견해에 대한 비판

대다수 그리스도인들은 두 번째 견해를 따라 하나님의 형상은 인간이 창조주 하나님과 공유하고 있는 정신적 속성과 영적 속성을 언급하는 것이라고 생각했다. 하나님은 불가시적인 분이므로(요 4:24) 사람은 육체적으로가 아니라 도덕성과 인격성, 이성 및 영성에 있어 하나님을 닮는다. 이 해석은 기독교 교회에서 연원한 것이 아니고, 기원전 30년에서 기원후 45년까지 생존했던 유대인 철학자 알렉산드리아의 필론(『창조에 대하여』§ 69)으로 그 기원이 거슬러 올라갈 수 있다.

이 전통적 견해는 본문에 대한 문법적 해석과 역사적 해석의 결과가 아니므로 부적절하다. 오히려 이 견해는 주로 조직신학에서 나온 일종의 추론에 기초한다. 이 견해는 "형상"이 일반적으로 육체적 모습을 언급한다는 사실에 발맞추어 나아가려고 하지 않고, 저자가 의도한 의미나 최초 독자가 고대 근동의 문화 배경과 언어적 배경과 관련해서 본문을 자연스럽게 이해한 것과 관련해서 주석적으로도 타당하지도 않다.

창세기 1:26-28에 대한 주석

창세기 1:26-28이 기록된 당시의 역사적 배경과 언어적 용법에 따라 이 본문의 의미를 결정하려는 참된 연구는 문학적 구조와 문법적 및 사전적 문제들에 대한 고찰 그리고 고대 근동의 배경과 함께 시작해야 한다.

창세기 1:24-31의 구조

이미 언급한 것처럼 여섯째 날 창조 사건을 묘사하는 창조 내러티브 단락(창 1:24-31)은 다른 단락들과 구조가 다르다. 다음 개요는 창세기 1:24-31의 구조를 매우 적절하게 제시하고 있는 디온(P. E. Dion)의 연구에 기초한 것이다.[16]

---

16 P. E. Dion, "Ressemblance et Image de Dieu," *Suppléments aux Dictionnaire de la Bible,* ed. H. Cazelles and A. Feuillet, 55: 383.

여섯째 날 창조 – 창세기 1:24-31

인간 창조 부분을 보면 명령을 내리고 결과를 제시하는 일반적인 형태가 아니라 먼저 하나님의 결심이 있고, 이어서 그 결심에 대한 하나님의 이행이 온다. 이 결심은 두 부분으로 이루어져 있고, 또 이 결심의 이행도 이와 대응하여 두 부분으로 이루어져 있다. 우리는 이 관찰 때문에 고대 근동의 배경을 주목하기 전에 두 가지 분리된 문법 문제를 고찰하지 않으면 안 된다.

창세기 1:26-28의 핵심 문법 문제

창세기 1:26에 나오는 동사들의 순서가 대부분의 현대 번역 성경들을 보면 부적절하게 제시된다. 하나님의 말씀 속에서 사용된 첫 번째 동사는 "나아세"(נַעֲשֶׂה)다. 랜달 가르(Randall Garr)의 다음과 같은 분석은 적절하고 완벽하다.

> 전문적으로 보면 이 형식은 모호하다. 마지막 약한 어근들의 미완료 청유형은 보통 어형론에서는 구분되지 않고 똑같은 어미 "에"(ה֫)로 표현된다. 그러나 "나 아세"의 해석은 매우 분명하다. 이 동사의 자리가 절의 시작 위치인 것은 청유형 독법을 암시할 뿐만 아니라 다른 창조 행위에 사용된 명령과의 비교는 이 동사의 희구법(希求法)의 의미를 강화시킨다.[17]

따라서 첫 번째 동사는 명령 형태이고, 모든 영어 성경 번역은 정확히 "우리가 만들자"(let us make)라고 번역한다. 이 순서에서 두 번째로 나오는 동사는 "웨이르두"(וְיִרְדּוּ)다. 이 동사 역시 미완료나 명령으로 해석될 수 있다. 하지만 중요한 점은 히브리어 문법가들이 이 특수한 순서(청유 다음에 미완료가 따르는 순서)는 목적이나 결과를 표시한다는 것에 동의한다는 것이다.[18] 그러므로 정확한 번역은 "우리가 사람을 만들자.…**그리하여** 그들이 다스리도록…"이다. 여기서 많은 현대 성경 번역이 히브리어 본문의 문법을 적절히 드러내지 못하고 있다. 그래서 주석적으로 중요한 이 다스림은 하나님의 형상의 본질이 아니고 오히려 하나님의 형상으로 지음 받은 결과라는 사실을 위기에 빠뜨린다.

또 하나의 문법 문제는 창세기 1:27에 사용된 절의 형태와 관련이 있다.

---

17 W. Randall Garr, *In His Own Image and Likeness: Humanity, Divinity, and Monotheism,* Culture and History of the Ancient Near East 15 (Leiden, Netherlands: Brill, 2003), 85.

18 Paul Joüon, *Grammaire de l'hébreu biblique* (Rome: Biblical Institute Press, 1923), § 116과 Thomas O. Lambdin, *Introduction to Biblical Hebrew* (New York: Charles Scribner's Sons, 1971), §107을 보라.

27절은 세 개의 절 또는 문장을 포함하고 있다. (1) 그리고 하나님이 사람을 자기 형상으로 창조하셨다. (2) 하나님의 형상대로 그분이 인간을 창조하셨다. (3) 남자와 여자로 그분이 인간을 창조하셨다. 첫 번째 문장은 일반적으로 절의 형태를 갖고 있다. 곧 동사-주어-목적어 형태로 기술되었다. 접속사 "와우"(*waw*)가 사용되고 동사는 "와우"의 계속적 미완료이며, 이것은 히브리어 내러티브의 표준 용법이다. 나머지 두 문장은 이와 다른 절 형태를 갖고 있다. 곧 수식어-동사-목적어 형태로 기술되어 있다. 두 문장 모두 접속사가 없다. 곧 접속사 "와우"로 연결되어 있지 않다. 동사는 둘 다 완료 동사다. 이것은 분명히 실용적 의미를 내포한 거시적 구문을 보여준다. 즉 이 절들은 내러티브를 전개하는 것이 아니라 그 전개에서 잠시 벗어나 그 구절(창 1:27)의 첫 절에 대한 주석을 제시한다.[19] 이 두 짧은 문장은 문법적으로 상황 전달 또는 삽입구로 확인된다. 저자는 인간 창조와 관련된 두 가지 특별한 측면이나 특징을 강조하기 위해 내러티브의 일반적 형태**에서 벗어나고 있다.**

a) 인간 창조는 남자와 여자를 수반한다.
b) 인간은 어떤 면에서 하나님을 닮는다.

저자는 이 두 가지 사실을 강조하기 위해 잠시 멈추고, 바로 그다음 구절(창 1:28)에서 사람에게 주어진 두 가지 명령을 우리에게 제시한다.

a) 생육하라(히브리어 본문에서 세 번에 걸쳐 명령함).
b) 다른 창조물을 다스리라(히브리어 본문에서 두 번에 걸쳐 명령함).

---

19 G. Dempster, "Linguistic Features of Hebrew Narrative: A Discourse Analysis of Narrative from the Classical Period" (박사학위 논문, University of Toronto, 1985).

실제 문학적 구조는 구조에 있어서 교차 구조다. 키아즘(chiasm)이라는 말은 그리스어 알파벳 "키"(x)로 알려진 글자에서 파생된 것이다. 이 글자의 형태는 X와 비슷하다. 이 글자의 윗부분 절반은 아랫부분 절반의 거울의 상을 갖고 있다. 예컨대 만약 하나의 단편 문학 작품이 네 개의 구별된 단위를 갖고 있는데, 첫 번째 단위가 마지막 단위와 일치되고 두 번째 단위가 세 번째 단위와 일치된다면, 결과는 거울의 상 곧 교차 구조다. 다음 도표는 이 교차 구조를 보여준다.

하나님이 자기 형상 곧

　　하나님의 형상대로 사람을 창조하셨다

A　하나님의 형상대로 하나님이 사람을 창조하셨다

B　하나님이 남자와 여자로 사람을 창조하셨다.

B´ 생육하고 번성하여

　　땅에 충만하라

A´　　땅을 정복하고

　　물고기/새/짐승을 다스리라

따라서 성(性)의 이중성은 생육하는 것의 기초이고, 반면에 하나님의 형상은 하나님의 대리인으로서 다스리라는 명령과 서로 관련이 있다. 이 내러티브의 담화 문법에서 도출한 이 관찰은 중요하다. 이 관찰은 하나님의 형상이 인간 성의 이중성에 따라 설명되거나 위치가 정해지는 것이 아님을 보여줄 때 결정적이다.[20]

20　예컨대 M. Smith의 해설을 보자. "인간의 창조는 남자와 여자를 포함한다.…창세기 1장에서 신적 이미지에 따른 인간적 이미지는 신적 커플 곧 남성과 여성을 가정하는 것으로 보인다. 왜냐하면 인간은 남성과 여성에 참여하도록 신적 형상으로 창조되기 때문이다"(M. Smith, "God Male and Female in the Old Testament: Yahweh and His 'Asherah,'" *Theological*

"우리의 형상을 따라 우리의 모양대로 우리가 사람을 만들고"라는 절

이제 1:26a의 "우리의 형상을 따라 우리의 모양대로 우리가 사람을 만들고" 라는 의미를 설명할 시점에 이르렀다. 다음과 같은 초점에 맞추어 이 절을 세밀하게 주석해보자. (1) 이 본문에 대한 고대 근동의 배경, (2) 명사 "형상" 과 "모양"의 의미, (3) 전치사 "따라"와 "대로"의 정확한 역할, (4) 그 맥락에 서 "우리가"라는 1인칭 복수 대명사의 지시어.

이 본문에 대한 고대 근동의 배경

하나님은 성경의 계시를 사람들의 문화와 언어에 담아 전달하신다. 그렇지

Studies 48 [1987]: 339). 이보다 앞서 Karl Barth는 성의 이중성에 기초한 하나님의 형상 접근법을 촉진시켰다(Karl Barth, *Church Dogmatics,* 3/1, authorised trans. J. W. Edwards, O. Bussey and Harold Knight [Edinburgh: T. & T. Clark, 1958], 186과 같은 저자, *Church Dogmatics,* 3/2, authorised trans. Harold Knight, G. W. Bromiley, J. K. Reld and R. H. Fuller [Edinburgh: T. & T. Clark, 1960], 203). Bruce Waltke의 다음 묘사와 평가를 주목하라. "Karl Barth는 창세기 1:26-27로부터 하나님은 사람에게 자기 자신과 그리고 남자와 여자로서 서로 간에 사회적 교통을 나눌 수 있는 능력을 부여하셨다고 올바르게 주장 했다. 그러나 Barth는 하나님의 형상은 관계의 문제라고 주장하면서 너무 멀리 가버렸다. 다른 곳에 나오는 이 어구의 의미는 Barth의 이런 개념을 지지하지 않는다. 창세기 5:1-3과 9:6은 사회적 관계가 아니라 개인에게 적합하고, 따라서 Barth의 교리는 의심스럽다. 각 남자와 여 자는 상대방과 상관없이 하나님의 형상을 갖고 있다."(Bruce K. Waltke with Charles Yu, *An Old Testament Theology: An Exegetical, Canonical, and Thematic Approach* [Grand Rapids, MI: Zondervan, 2007], 217). 이 평가는 혼란스럽고 부분적으로만 사실이다. 본문이 "아담"은 분명히 총칭 용어로서 하나님의 형상을 지니고 있는 것을 긍정하기 때문에 각 남자 와 여자는 상대방과 상관없이 하나님의 형상을 갖고 있다는 Waltke의 주장은 정확하다. 그러 나 하나님의 형상에 대한 묘사의 기초를 인간 성의 이중성에 대한 관계에 두는 Barth의 시도 는 주석의 오류를 일으킨다. 왜냐하면 Barth는 본문에서 거시적 구문에 대한 신호들을 관찰하 지 못했기 때문이다. Waltke는 "하나님의 형상은 남자와 여자로 제시되고 하나님은 성이 없으 시다"는 이유로 하나님의 형상이 사회적 관계를 수반하는 것으로 추론하기 때문에 Barth가 올 바르게 보았다고 말하는 그의 주장은 부정확하다. Waltke가 Barth**가 제시한** 이해 곧 하나님의 형상을 관계 문제로 이해하는 것을 부인하는 것은 아마 옳을 수 있다. 하지만 다음 주석이 보 여줄 것처럼 Waltke의 해설은 하나님의 형상이 하나님과 인간의 관계와 인간과 세상의 관계 를 수반한다는 것을 본문의 내용으로부터 추론해내지는 못한다. 따라서 Waltke가 다른 탁월 한 해설에서 이 점을 설명하는 것은 불분명하고 도움이 되지 않는다.

만 그분은 사람들이 알고 있는 언어를 사용하실 때 그 언어에 새로운 의미를 채우기도 하신다. 그러므로 정확한 해석의 방법은 성경 본문과 당대의 문화로부터 나온 자료를 **비교하고 대조하는** 것이다. 우리는 성경과 고대 근동의 배경의 유사점뿐만 아니라 차이점도 주목해야 한다. 왜냐하면 차이점은 하나님이 계시하신 새로운 의미를 보여주기 때문이다.

이것은 성막(출 25-40장)을 고찰하면 알 수 있다. 우리가 성막 구조나 솔로몬의 성전 구조를 고찰한다면 특이하거나 독특한 것이 전혀 없다.[21] 성막이나 성전의 전체 구조는 고대 근동의 어느 다른 성전과 다를 바가 없었다. 그것들은 모두 바깥뜰과 속죄 제사의 제단 그리고 "성소"와 "지성소"로 나누어진 중앙 건물로 이루어졌다. 그러면 무엇이 주변 이방 종교들의 믿음으로부터 이스라엘의 믿음을 다르게 만들었는가? 당신이 이교 신전에 들어가 보았다면 뜰을 통과해서 성소를 거쳐 지성소 안으로 들어가게 되는데, 우리는 거기서 무엇을 발견하는가? 자연의 힘 중 하나를 표상하는 신상을 발견한다. 그러나 이스라엘의 예배 중앙에서는 그런 신상이 발견되지 않는다. 성막 안의 지성소 안에는 무엇이 있었는가? 무엇보다 먼저 그 안에는 하나님 자신을 표상하는 신상이나 형상이 없었다. 왜냐하면 하나님은 영이시고 사람이 만든 형상으로 적절히 표상될 수 없기 때문이다.[22] 지성소 안에 있는 것은 작은 상자 하나가 전부였다. 그러면 그 상자 안에는 무엇이 있었는가? 십계명이 들어 있었다. 하나님이 이것에 의해 이스라엘 백성에게 말씀하시는 것은 자신이 마술로 조작될 수 있는 분이 아니라는 것이다. 그들이 선한 삶을 살기를 원한다면 하나님이 계시하신 옳음과 그름의 표준에 따른 삶의 방식을 준수해야 한다. 마술에 의한 힘의 조작이 아니라 윤리가 선한 삶을

---

21 Othmar Keel, *The Symbolism of the Biblical World: Ancient Near Eastern Iconography and the Book of Psalms,* trans. Timothy J. Hallett (New York: Seabury, 1978), 151-163.

22 **그룹**은 "형상"으로 간주되지 않고 수호천사로 간주되었다. 이스라엘의 경우에 그룹은 빈 공간을 지키고 있는 천사다.

보장한다.[23] 이 의미는 성경 본문과 고대 근동의 문화적 배경을 비교하고 대조해보면 명확히 드러난다. 처음에는 차이점이 사소하고 무의미해 보인다. 그러나 결국 차이점이 매우 근본적으로 드러나므로 오로지 신적 계시만이 본문의 기원을 설명해줄 수 있다.

성경과 고대 근동의 형상과 모양의 의미

폴 디온(Paul Dion)은 하나님의 형상에 대한 고대 근동의 배경을 매우 세밀하고 철저하게 연구했다.[24] 디온의 연구는 증거를 위해 상세히 참조할 수 있지만 이후에 간략히 요약하는 것으로 그칠 것이다. 우리는 고대 근동에서 조각 예술이 크게 번성한 것을 알고 있다. 그 시대에 조각 예술은 종교의 한 부분이었다. 온갖 종류의 형상과 모양이 현재까지 보존되었다.

이집트 왕을 "이러이러한 신의 살아 있는 표상"으로 묘사하는 명칭 또는 서술적인 칭호는 기원전 1630년대 이후로는 흔한 일이었고, 이스라엘 사람들도 그것을 잘 알고 있었다. 이집트인의 사고에서 왕은 신의 아들이기 때문에 신의 형상이다.[25] 여기서 강조점은 육체적 모습에 있지 않다. 예컨대 남왕(男王)이 여신의 형상으로 조각될 수도 있었다. 그러나 왕의 행동은 신의 행동을 반영한다. 형상은 신의 특성을 반영한다.[26] 형상은 신의 본질적

---

23 하나님의 형상은 특별히 십계명을 따라 사는 삶에서 드러난다. 이것이 이스라엘의 예배 처소 중앙에 아무 형상이 없을 수 있었던 이유다. 하나님은 언약궤 속의 명령이나 교훈이 사람들의 행동으로 묘사되기를 바라셨다. 이것은 인간의 삶 속에 구현된 하나님의 성품이었다!

24 Dion, "Ressemblance et Image de Dieu," 55: 365-403.

25 이집트에서 왕이 신의 아들로 태어나는 것에 관해서는 Keel, *Symbolism of the Biblical World*, 247-256을 보라.

26 메소포타미아 지역의 "신의 형상"과 관련된 개념들은 서로 비슷했다. M. Stol은 이렇게 말한다. "바빌로니아에서 신의 '형상'이 되는 것은 육체적 닮음을 가리키는 것이 아니고 능력(공의, 마술) 또는 성품('사납지만 자애로운')을 가리킨다. 거의 마찬가지로 창세기도 육체적 닮음이라는 원초적 개념을 넘어서고, 하나님을 영적으로 닮는 것에 따라 최초의 인간(들)을 이해한

개념들을 반영한다.

일반적으로 형상과 관련이 있는 생각은 정복과 능력이다. 한 가지 분명한 실례는 대략 기원전 1460년에 카르나크에서 적군을 물리친 투트모세 3세의 승전을 기념하는 카르나크 신전의 비문이다. 이 비문의 다음 시를 보면 신은 1인칭으로 말하고 있고, 2인칭은 왕을 가리킨다.

나는 그대가 자히의 족장들을 짓밟도록 했고,

그들의 땅 전체를 그대의 발아래 뒀다.
나는 그들이 빛의 주로서 그대의 위엄을 보게 했고,

그 결과 그대는 그들 앞에 내 모양으로 빛났다.[27]

투트모세 3세에게 승리를 안겨준 아멘-레(Amen-Re) 신은 이 시의 서두에서 왕을 자기 아들로 부르고, 위의 시구에서는 왕의 통치권의 확장이 그 신의 모양을 원수들 앞에 비추는 것으로 암시된다.

기원전 13세기에 파라오[바로] 람세스 2세는 베이루트 정북 방향 지중해로 흐르는 켈브강 어구의 바위에 자신의 형상을 새겨놓았다. 러시모어산에 새겨진 미국 대통령들의 얼굴처럼 보이는 람세스 2세의 형상은 그가 이 지역의 통치자였다는 사실을 의미했다. 고대 근동에서는 왕이 신의 살아 있는 표상이기 때문에 왕은 땅위에서 신을 대표한다. 왕은 신의 권능을 현실화한다.

요약하자면 기원전 15세기경 고대 근동의 문화와 언어에서 "신의 형상"[신상]이라는 단어는 두 가지 핵심 개념을 전달했다. (1) 통치권, (2) 아들 자격. 왕이 신의 형상인 것은 왕이 신의 아들로서 신과 관계를 맺고 있

다." M. Stol, *Birth in Babylonia and the Bible: Its Mediterranean Setting* (Cuneiform Monographs 14; Groningen, Netherlands: Styx, 2000), 151을 보라.

27 Miriam Lichtheim, *Ancient Egyptian Literature: A Book of Readings* (Berkeley: University of California Press, 1976), 2:36-37.

고, 또 신을 위한 통치자로서 세상과 관계를 맺고 있기 때문이다. 우리는 성경 본문이 주변 문화에서 나온 의미와 명확히 구분하지 않는 한, 성경의 의미가 이와 동일하거나 최소한 비슷하다고 추정해야 한다.

모양과 형상

"모양"(דמות)과 "형상"(צלם)이라는 히브리어 용어에 대한 자세하고 포괄적인 연구가 가능한 의미의 범주를 알려준다.[28]

"모양"은 아하스 왕이 제사장 우리야에게 보낸 제단의 양식(왕하 16:10b)과 같은 물리적 실재를 가리킬 수 있다. 또한 모양은 실재하지만 지시 대상이 명시적이지 않고 정확하지 않은 모습을 가리킬 수도 있다(사 40:18). 심지어는 유사함이나 상대적인 비슷함을 표현하기 위해 비지시적인 대상을 가리킬 수도 있다(사 13:4). 에스겔 1:26이 도움이 된다. 하나님의 모양으로 창조된 인간에 대해 말하는 창세기 1:26과 다르게 에스겔의 환상은 하나님이 인간의 모양으로 나타나신 것에 대해 말하기 때문이다. 가르(W. Randall Garr)가 말하는 것처럼 어느 쪽으로든 하나님과 인간은 형태에 있어서 서로 비슷하다.

"형상"은 크기와 형태, 색깔, 물질 구조, 그리고 가치를 가질 수 있는 실제 세상의 대상을 자주 언급한다. 느부갓네살 왕이 두라 평원에 만든 신상이 하나의 실례다(단 3:1). 그러나 시편 39:6-7이 보여주는 것처럼 "첼렘"은 추상적이고 비유형적인 것을 가리킬 수도 있다. 그리고 "데무트"와 같이 "형

---

28 사전 연구 외에도 많은 연구를 확인할 수 있다. 예컨대 다음 자료들을 보라. J. Barr, "The Image of God in the Book of Genesis—A Study of Terminology," 11-26, H. D. Preuss, "דָּמָה(dāmāh); דְּמוּת," *TDOT* 3: 250-260, F. J. Stendebach, "צֶלֶם"(ṣelem) *TDOT* 12: 386-396. 여기서 제시한 간략한 설명은 Garr, *In His Own Image and Likeness*, 117-176의 철저한 사전 연구에 힘입었다.

상"도 단순히 성곽 위에 새겨진 모습을 가리킬 수 있다(겔 23:14b, 15b).

창세기 1:26-28에 특히 도움이 되는 것은 텔 파카리야(Tell Fakhariyeh) 비문에 나오는 "모양"과 "형상"이라는 말의 용법이다.[29] 오늘날 시리아 동쪽에 있는 도시인 고잔의 왕 하두이 시의 거대한 조각상에는 기원전 10세기나 9세기에 아카드어와 아람어로 병기된 글이 새겨져 있다. 이 본문은 주제와 관련해서 두 부분으로 나뉜다. 첫째 부분은 신의 탄원자와 경배자로서 왕의 역할에 초점을 맞추고 있고, 아람어로 된 본문에는 "데무트"라는 용어가 나오는데, 이 용어는 히브리어의 "데무트"와 의미가 같다. 둘째 부분은 신복들과의 관계에서 왕의 역할에 대해 이야기하는데 특히 왕의 위엄과 권능에 초점을 맞추고 있다. 또 아람어로 된 본문에 "첼렘"이 나오는데, 이 용어는 히브리어의 "첼렘"과 의미가 같다.[30] 두 용어는 왕의 신상을 나타내고 가리킬 수 있지만, 각각 다른 뉘앙스를 갖고 있다.

"형상"이라는 히브리어의 동족어를 포함하는 아카드어 본문들은 텔 파카리야 비문에 기록된 그 단어의 힘과 의미를 지지한다. 간단한 세 가지 예가 "형상"이라는 단어의 용법을 더 분명하게 드러낼 것이다.

LAS 125:14b-19 (K 595, 에사르하돈 시대 곧 기원전 681-668년에 기원함)

왕[내 주]이 내게 다음과 같은 내용을 보내셨다. "나는 내가 왕족이라는 말을 내 아버지의 입에서 들었다. 하지만 나는 이제 그것을 나 자신의 경험으로 알고 있다." 왕 곧 내 주의 아버지는 "벨"(Bēl) 신의 참된 형상이었고, 왕 곧 내 주 역시 "벨" 신의 참된 형상이다.[31]

---

29 나는 스스로 비문을 읽고 연구했음에도 불구하고, 이런 관찰에 대해서는 W. Randall Garr, "'Image' and 'Likeness' in the Inscription from Tell Fakhariyeh," *Israel Exploration Journal* 50/3-4 (2003): 227-234에 도움을 받았다. 영어 번역판을 읽고자 하는 자는 T. Muraoka, "The Tell-Fekherye Bilingual Inscription and Early Aramaic," *Abr-Nahrain* 22 (1983-1984): 79-117을 참조할 수 있다.

30 아람어로 된 텔 파카리야에 비문의 형태에는 실제로는 관사가 있다. צלמא 와 דמותא.

31 Simo Parpola, *Letters from Assyrian Scholars to the Kings Esarhaddon and*

이 편지의 저자는 왕의 신하다. 그는 왕이 "벨" 신의 형상이라고 선언하는데, 그것은 저자가 왕-신하 관계 속에서 왕의 권위와 위엄을 인정하기 때문이다.[32]

LAS 143 o. 14-r. 6 (K 583, 에사르하돈 시대 곧 기원전 681-668년에 기원함)

이미 둘째 날인 오늘, 왜 신하들은 왕 곧 내 주에게 나오지 않는가? (지금) 누가 신들의 왕인 태양보다 훨씬 더 오래 어둠에 머무르고, 온종일 밤낮을 (그리고) 다시 이틀 동안 어둠 속에 머무르는가? 왕 곧 세상의 주는 태양신의 참된 형상이다. 왕은 하루의 반만 어둠 속에 있어야 (하리라)![33]

여기서 왕은 "샤마슈"(Shamash) 신의 형상이고, 샤마슈 신의 권세와 권능을 대표하는 자로 간주되어야 한다.

SAA 8:333 (82-5-22, 63, 기원전 697-665년에 기원함)

마르두크의 전사로 가장 지혜롭고 자비로운 "벨"은 밤에 화가 났지만 아침에는 마음이 누그러졌다. 오 세상의 왕이시여, 그대는 마르두크의 형상이십니다. 그대가 그대의 종들에게 진노하셨을 때 우리는 왕 곧 우리 주의 진노를 겪었고, 우리는 왕의 화해를 보았나이다.[34]

Assurbanipal, Part I: Texts (Winona Lake, IN: Eisenbrauns, 2007), 98-99(=LAS).

32 편집자는 다음과 같이 설명한다. "왕은 마르두크와 연결된다. 특히 그것이 왕의 **선함**과 **자비**를 높이는 데 적합하게 사용되었을 때는 말이다. 따라서 선함과 자비는 확실히 그 당시에 가장 일반적으로 마르두크에 연결된 속성들이었던 것 같다." Simo Parpola, *Letters from Assyrian Scholars to the Kings Esarhaddon and Assurbanipal, Part II: Commentary and Appendices* (Neukirchen-Vluyn, Germany, Neukirchener, 1983; repr., Winona Lake, IN: Eisenbrauns, 2007), 112.

33 Parpola, *Letters from Assyrian Scholars (Part I)*, 112-113.

34 Hermann Hunger, *Astrological Reports to Assyrian Kings* (State Archives of Assyria [=SAA], Vol. 8; Helsinki: Helsinki University Press, 1992), 188-189.

여기서 왕은 그의 신복들에게 신의 위엄과 권세와 권능을 대표한다.

느부갓네살의 브리사 비문의 증거도 성경 본문과의 중요한 유사점을 제
공한다. 느부갓네살은 이렇게 말한다.

> 나는 레바논 사람들이 안전한 목장에 거하도록 하겠다. 나는 (그들을 적대하는)
> 위협자를 허용하지 않았다. 따라서 아무도 그들을 적대하지 못하도록 내가 (그
> 들을) 보호하는 왕으로서 나 자신의 영원한 형상을 만들었다.[35]

우리는 이제 이런 고대 근동 자료들과 창세기 1:26-28의 내용을 **비교하
고 대조해보아야** 한다.

유사점

가르가 언급하는 것처럼 창세기 1:26a의 첫째 문장의 문법은 특이하다.[36]
권고적인 술어(נעשה)와 한정되지 않은 직접 목적어(אדם) 다음에 문법적으로
나 의미론적으로 필수적으로 나오지 않아도 되는 구별된 두 개의 전치사구
가 나온다. 각 전치사구의 정확한 효력을 간단히 살펴보자. 다음 사실이 매
우 분명하다. 곧 비의무적인 문구는 인간 창조와 관련해서 하나님-인간의
관계를 구체화하고, 이 다른 표지는 각 문구가 구별된 의미를 갖고 있다는
사실을 설명한다.

구약성경과 고대 근동의 문화적·언어적 배경에서 "형상"과 "모양"의 일
반적 의미를 고려하면, "아담"이 하나님의 아들로 묘사될 수 있는 것처럼
"모양"은 하나님과 인간의 관계를 구체화한다. 그리고 "아담"은 섬기는 왕으
로 묘사될 수 있는 것처럼 "형상"은 하나님과 인간의 관계를 묘사한다. 비록

---

35 Rocío Da Riva, "A Note to the Nebuchadnezzer Inscription of Brisa," Nouvelles
 Assyriologiques Brèves et Utilitaires (2009/1): 15-16. 나는 Charles Halton의 도움으로
 이 본문에 관심을 가졌다.
36 Garr, *In His Own Image and Likeness*, 95.

모양과 형상이라는 두 용어가 하나님-인간의 관계를 구체화하지만, 모양은 하나님과 관계를 맺고 있는 인간에게 초점을 맞추고 형상은 세상과 관계를 맺는 인간에게 초점을 맞춘다. 이 두 관계는 신실함과 충성된 사랑, 순종과 신뢰― 정확히 타락 이후에 언약들로 명시된 관계들의 특성―를 특징으로 하는 관계로 이해될 것이다. 이런 의미에서 하나님의 형상은 한편으로는 하나님과 인간의 언약 관계를, 다른 한편으로는 인간과 세상의 언약 관계를 포함한다. 하나님-인간의 관계를 묘사할 때 창세기 1:26-28의 언어는 텔 파카리야 비문에 각인된 단어의 용법과 엄밀하게 대응한다.[37]

"모양"과 "형상"에 대한 이런 해석은 창세기 1장의 문맥과 이후 구약성경에서 발견되는 창세기 1장에 대한 해석에서 확증된다.

1) "모양"이라는 용어는 아버지와 아들의 관계처럼 "아담"이 하나님과 특별한 관계를 맺고 있음을 나타낸다. 이것은 창세기 5:1-3에 분명히 내포되어 있다.

1 이것은 아담의 계보를 적은 책이니라. 하나님이 사람을 창조하실 때에 하나님의 모양대로 지으시되.

2 남자와 여자를 창조하셨고, 그들이 창조되던 날에 하나님이 그들에게 복을 주시고 그들의 이름을 사람이라 일컬으셨더라.

3 아담은 백삼십 세에 자기의 모양 곧 자기의 형상과 같은 아들을 낳아 이름을 셋이라 하였고.

스티븐 뎀스터의 다음과 같은 설명은 간결하고 적절하다.

하나님이 아담을 하나님의 형상으로 창조하신 것과 이후에 아담이 자기 형상으

---

[37] 이 견해를 지지하는 설명은 Stephen G. Dempster, "The Servant of the Lord," *Central Themes in Biblical Theology: Mapping Unity in Diversity*, ed. Scott J. Hafemann and Paul R. House (Grand Rapids, MI: Baker, 2007), 136 이하를 보라.

로 셋을 낳은 것을 병렬 배치하면서, 이런 계보를 통해 하나님의 형상이 이전되는 것이 여기에 내포되어 있고, 또한 아들 자격과 하나님의 형상의 연계성도 똑같이 내포되어 있다. 셋이 아담의 아들인 것처럼 아담은 하나님의 아들이다. 확실히 여기서 지금 이어지고 있는 언어는 문자적인 하나님의 아들을 염두에 두고 있는 것은 아니지만 그럼에도 저자는 유비를 사용해서 자신의 주장이 옳다는 것을 입증한다.[38]

이것은 이후 본문들을 통해서도 더욱더 지지를 받을 수 있다. (1) 누가복음 3:38은 아담이 하나님의 아들이라는 것을 제시하기 위해 창세기에 기록된 "하나님의 모양"을 해석한다. (2) 이스라엘은 아담과 하와의 역할을 물려받고, 특히 하나님의 아들로 불린다(출 4:22, 23). 바다의 노래는 이스라엘을 새 에덴으로서의 약속의 땅에 들어가는 새 아담으로 묘사한다(출 15:17). 이후 하나님의 아들은 다윗 언약의 왕에게 특별히 계승된다(삼하 7:14-15). 이스라엘 민족에게 해당되었던 것은 이제 이스라엘의 왕만이 특별하게 성취할 수 있다.

2) "형상"이라는 용어는 "아담"(*'ādām*)이 하나님 아래에서 왕으로서 특별한 지위와 위치를 갖고 있음을 나타낸다. 인간은 이 왕의 지위**의 결과로** 다스리는 자가 된다. "다스리다"라는 용어(창 1:26, 28에서 *rādâ*)는 특히 시편 72:8이 보여주는 것처럼 왕들에게 적용된다. 또한 "정복하다"(*kābaš*)라는 단어는 특별히 왕의 일을 가리킨다(예 삼하 8:11).

이것은 시편 8편으로도 확증된다. 시편 8:5-8은 창세기 1:26-28에 대한 정확한 주석과 묵상을 담고 있다. "그를 하나님보다 조금 못하게 하시고 영화와 존귀로 관을 씌우셨나이다"라고 말하는 8:5은 "우리의 형상을 따라 우리의 모양대로 우리가 사람을 만들고"라는 창세기 1:26b에 대한 주석이다.[39] 이어서 8:6-8은 창세기 1:26b에 명시된 인간의 통치권을 상술하고

---

38 Dempster, *Dominion and Dynasty*, 58-59.

밝힌다. 시편 8편의 저자가 창세기 1:26 본문을 정확히 자신의 마음속에 두고 있음은 명백하다. 특히 히브리어에서 "관을 씌우다"(עטר)와 "영광"(כָּבוֹד) 그리고 "존귀"(הָדָר)라는 단어가 모두 왕권과 관련된 용어라는 것을 주목하라. 이것은 시편 8편의 저자가 "형상"을 왕의 지위에 관해 말하는 것으로 이해했음을 보여준다. 게다가 시편 8:7(8:6 EV)에서 사용된 "다스리다"(משׁל)라는 히브리어는 "지배권을 갖다, 통치하다, 지배하다"를 의미하는 광범위한 용어다. 하지만 그 용어는 일반적으로 왕에 대해 말한다(왕에 관한 예들은 다음과 같다. 시 103:19; 미 5:1[5:2 EV]; 사 14:5; 19:4; 삼하 23:3; 잠 29:26a). "그의 발아래 두셨으니"(שׁית תחת רגליו)라는 문구는 왕권과 관련된 이미지다. 이것은 열왕기상 5:17(5:3 EV)과 위에서 인용한 투트모세 3세의 시와 같은 본문들, 페니키아 비문들(카라테페 A.i.16), 그리고 아시리아 왕의 본문들을 볼 때 분명하다.[40]

시편 8:7-8을 보면 인간이 동물들을 다스린다. 폴 디온은 다음과 같이 적절하게 설명했다. 시편 8:6b에 나오는 "만물"은 창세기 1:14-19과 1:26-28과 관련한 땅의 영역에 제한된다. 이 구절을 보면 인간이 오직 지상의 영역만을 다스린다.[41]

---

39 시 8:5의 "엘로힘"의 의미에 대해 논란이 지속되고 있다. 곧 이 용어는 신들(즉 천사들)을 가리키는가, 아니면 하나님을 가리키는가? 삿 9:9, 13과 시 82:1, 6에 나오는 "엘로힘"의 사례들은 "신들"이라는 뜻이 충분히 가능함을 보여준다. 이것은 유대교 타르굼, 70인역(구약성경의 번역), Jerome이 라틴어로 번역한 불가타 그리고 시리아어 페시타가 취한 해석이다. "하나님"의 의미로 해석하는 것을 지지하려는 강력한 노력이 Donald Glenn, "Psalm 8 and Hebrews 2: A Case Study in Biblical Hermeneutics and Biblical Theology," *Walvoord: A Tribute*, ed. Donald K. Campbell (Chicago: Moody, 1982), 39-51에서 이루어졌다. Glenn의 접근법은 문제가 있다. "당신께서(하나님 — 2인칭 표현[개역개정판은 이것을 '주께서'로 번역했다 — 역자 주]) 그를 하나님(3인칭 표현)보다 조금 못하게 하시고"와 같은 문장은 히브리어 문법의 규칙이 아니기 때문이다. 또한 Glenn은 창 1장의 문맥이 시 8편보다 히 2장을 더 지배한다고 주장함으로써 성경 내적 해석도 사용하지 않는다.

40 Dion, "Ressemblance et Image de Dieu," 55:369, 398.

41 같은 책, 55:398.

차이점

정확한 해석을 하기 위해서는 성경 본문과 당대의 문서들을 대조하고 비교하는 것이 필요하다.

이집트에서는 오직 왕만이 신의 형상이다.[42] 성경을 보면 모든 인간이 하나님의 형상이다. 하나님과 인간 사이의 언약 관계는 인간 사회 속의 엘리트 계층에 제한되지 않는다.

전치사의 엄밀한 의미

"따라"(*bĕ*)와 "대로"(*kĕ*)

이미 언급한 것처럼 창세기 1:26a에 기록된 첫 번째 문장의 문법은 특이하다.

문법적으로나 의미론적으로 볼 때 의무적으로 사용되지 않아도 되는 두 개의 전치사구가 술어(*na'ăśeh*)와 직접 목적어(*'ādām*) 다음에 나온다. "우리의 형상을 따라 우리의 모양대로." 여기서 전치사 "따라"는 히브리어 "베"와 대응을 이루지만, "대로"는 히브리어 "케"와 대응을 이룬다. 각 전치사의 정확한 의미는 무엇일까?

"우리의 형상을 따라 만들고"라는 말은 두 가지 다른 방식으로 해석되었다. 첫째, "따라"는 규범 또는 표준을 가리키는 것으로 해석되었다. 이것이 "만들고"라는 동사 다음에 나오는 전치사 "따라"의 일반적 용법이다. 그러므로 인간이 하나님의 형상을 "따라" 창조된다는 진술은 인간이 하나님의 표상에 적합하다는 것을 의미할 것이다.[43] 고든 웬함이 다음과 같이 설명하

---

[42] 모든 인간은 신의 형상(들)으로 묘사하는 내용이 있는 메리카레의 교훈에 내가 알고 있는 것에 대한 유일한 한 가지 예외가 있다. "사람들은 신의 가축들로 충분히 규정된다. 신은 사람들의 소원에 따라 하늘과 땅을 지었다. 신은 바다-괴물을 퇴치시켰다. 신은 사람들의 코에 생기를 넣었다. 신의 몸에서 나온 자들은 신의 형상이다"(II. 131 이하). James B. Pritchard ed. *Ancient Near Eastern Texts Relating to the Old Testament*, 3rd ed. 부록 추가 (Princeton, NJ: Princeton University Press, 1969)를 보라.

는 것과 같다. "성막이 '신적 양식을 **따라**' 만들어진 것처럼 사람도 '하나님의 형상을 **따라**' 창조된다. 이것은 사람이 반드시 하나님 자신의 모사(模寫)라는 것이 아니라 신적 형상을 지닌 어떤 것의 모사라는 것을 암시한다."[44] 그러나 전통적 견해는 "형상"과 "모양"이라는 말의 의미를 충분히 제시하지 못하고, 또 웬함의 설명도 이 두 전치사가 어느 정도 상호 교환적일 수 있는 **것처럼 보이는** 사실을 설명하지 못한다. 이 어구는 다음과 같이 여섯 번의 사례가 발견된다.

창세기 1:26a   우리의 형상을 **따라** 우리의 모양**대로**

창세기 1:27aα   자기 형상대로(in)

창세기 1:27aβ   하나님의 형상대로(in)

창세기 5:1b   하나님의 모양대로(in)

창세기 5:3a   자기의 모양[을 **따라**(in)] 곧 자기의 형상과 같은[**형상대로**, *according to his image*]

창세기 9:6b   자기 형상대로(in)

이처럼 "따라"를 "모양"이나 "형상"과 연결해서 사용하는 것이 가능하고, 창세기 5:3a에 나오는 이 두 전치사는 우리가 창세기 1:26a에서 발견하는 것과 반대로 사용되고 있다. 확실히 웬함이 제시한 성막의 예를 살펴보면, 출애굽기 25:40에서 "양식**대로** 할지니라"는 표현은 출애굽기 25:9의 "그 모양을 **따라** 지을지니라"와 같다. 제임스 바르는 다음과 같이 날카롭게 지적했다. "일반적으로 '따라'를 의미하는 '베'는 의미상 '모양'을 가리키는 명사들과 결합될 때 '대로'를 의미하는 전치사 '케'와 의미가 거의 동일하다. 여기서 결정적인 것은 단순히 전치사의 의미가 아니라 명사의 의미다."[45] 따

---

43   특히 Barr, "Image of God in the Book of Genesis," 11-26을 보라.

44   Gordon J. Wenham, *Genesis* 1-15, 32(강조는 Gordon의 것이다).

라서 "만들고"라는 동사가 "따라"(베) 앞에 나올 때 "따라"는 **모양을 가리키는 명사들과 함께 사용되므로**, 이 사실에 의해서 "대로"(케)와 의미가 거의 동일하다.[45] 이것이 창세기 1:26a에 나오는 표현을 출애굽기 25:9에서 나오는 표현과 다소 다르게 만든다. 출애굽기에서 전치사의 목적어는 "타브니트"(양식; 개역개정은 "모양"으로 옮김)이다.[47]

그러므로 창세기 1:26a에서 사용된 전치사 "따라"를 "대로"로 번역하는 것이 가능하다. 이 용법은 "베"="따라", "케"="대로"가 이 본문들에서 의미가 거의 동일하다는 것을 보여준다. 확실히 하나님은 사람을 하나님의 형상**대로** 창조하셨다. 인간은 하나님의 표상에 일치하지 않는다. 하지만 인간은 하나님의 형상이다. 이 해석은 신약성경을 통해 지지를 받는다. 바울은 고린도전서 11:7에서 남자가 하나님의 형상이라고 말한다. 그렇다면 창세기는 왜 인간이 하나님의 형상**이다**라고 더 분명하게 말하지 않을까? 왜 이렇게 간접적으로 표현했을까? 나는 고대 근동의 문화적 및 언어적 배경에서 인간이 우상으로 간주되고 경배의 대상이 되는 것을 막기 위해서 간접적 표현이 사용되는 것이라고 말하고 싶다.

두 전치사의 의미가 근접하다는 사실에도, 우리는 의미가 똑같다고 생각해서는 안 된다. 랜달 가르는 최근에 발표한 300쪽 분량의 논문에서 하나님의 형상에 대해 폭넓게 논의했다. 그는 다음과 같이 정확하게 주장한다. "굳이 등장할 의무가 없는 각 어구의 다른 특징은 각 어구가 최소한 서로 간에는 구별된 의미가 있음을 암시한다." 가르의 세밀하고 철저한 언어적 분

---

45   따라서 전문적으로 이것은 "베트 에센티아이"(*beth essentiae*)가 아니고, 영어의 "as"가 기능상으로 이와 동등한 단어다. J. Barr, "Image of God in Genesis," 8을 보라.

46   James Barr, "The Image of God in Genesis—Some Linguistic and Historical Considerations," *Proceedings of the Tenth Meeting (1967) of Die Ou-Testamentiese Werkgemeenskap in Suid-Afrika,* ed. A. van Zyl (Pretoria: Craft Press, 1971), 9 (강조는 James Barr의 것이다). Paul Dion은 기원전 5세기의 엘레판틴 파피루스에서 이와 비슷한 언어 현상을 발견했다. Dion, "Ressemblance et Image de Dieu," 55:388-389를 참조하라.

47   개역개정은 "타브니트"를 똑같이 "모양"으로 번역했다 — 역자 주.

석은 다음과 같은 것을 보여준다. 곧 전치사 "베"="따라"는 근접성을 강조하지만, 전치사 "케"="대로"는 비슷하지만 구별되고 분리된 어떤 것을 강조한다. 가르의 언어적 분석은 또한 에른스트 예니의 철저한 연구에 의해 지지를 받는다. 예니는 히브리어 세 가지 기본 전치사 각각에 대해 전문적인 책을 출간했다. 1권은 히브리 성경에서 전치사 "베"와 관련해 사용된 15,570회에 걸친 모든 사례를 분석하고, 2권은 3,000회 사용된 "케"의 모든 사례를 분석하며, 3권은 전치사 20,000회 사용된 "레"("에게" 또는 "위하여")의 모든 사례를 분석한다. 예니는 근본적인 의미에서 "케"는 두 개의 전치사들의 의미론적 특성과 관련해서 부분적인 동등성(그리고 또한 부분적으로는 비동등성)을 표현하는 (동등한 관계를 특징으로 하는) "베"와 (동등하지 못한 관계를 특징으로 하는) "레"라는 반대 쌍 사이에 위치한다고 결론짓는다.[48] 따라서 "베"는 위치적으로 가까이 있는 것을 가리키는 반면, "케"는 비슷하지만 멀리 떨어져 있고 분리된 것을 가리킨다.

우리는 "형상"과 "모양"이라는 단어가 비슷한 의미를 공유하지만, 각기 다른 강조점을 갖고 있음을 이미 살펴보았다. 텔 파카리야 비문에서 "모양"이라는 용어는 자신이 섬기는 신에 대한 탄원자이자 경배자로서 왕에게 중점을 두고, 신의 아들이라는 것을 전달한다. "형상"이라는 용어는 신하와 관계를 맺는 왕의 위엄과 권력에 중점을 둔다. 이 고대 근동 자료들은 성경 본문의 이 용법에 일치하고 또 그것을 확증한다. 창세기에서 "모양"이라는 용어는 인간 창조와 인간의 계보 그리고 아들 자격과 밀접하게 관련이 있다. 그것은 창세기 1:26에서 인간 창조와 관련해서 나타나고 5:1에서 다시 등장한다. 이 경우에는 "인간의 탄생 역사"라는 제목 아래 되풀이된다.[49] "모양"의 세 번째 용법은 창세기 5:3에서 셋의 계보와 함께 나타난다. "형상"이

---

48 Ernst Jenni, *Die hebräischen Präpositionen, Band 1: Die Präposition Beth* (Stuttgart: Kolhammer, 1992), 11-40; 같은 저자, *Die hebräischen Präpositionen, Band 2: Die Präposition Kaph* (Stuttgart: Kolhammer, 1994), 11-12.
49 히브리어 단어 "톨레도트"(*tôlĕdôt*)는 이 본문에서 제목으로 이해된다.

라는 용어는 왕적 통치의 관점에서 하나님을 대표하는 인간에게 일관되게 사용된다. 관련 명사와 전치사들을 결합하면 인간은 형상에 있어 하나님을 엄밀하게 대표한다. 말하자면 인간은 세상 속에서 하나님의 통치를 대표한다. 또한 인간은 인간 생활을 창출하는 행위를 수행하는 데 있어 하나님과 똑같지는 않지만 비슷하다. 따라서 "베"는 인간이 하나님과 매우 비슷하다는 점을 강조하고, "케"는 인간이 하나님과 비슷하지만 구별된다는 점을 강조한다. 또한 이 해석은 창세기 5:3에서 두 전치사가 반대로 되어 있는 점도 설명해준다. 셋은 확실히 출생과 아들 신분 문제를 공유하지만 자기 아버지의 형상을 나타내는 점에서는 단지 비슷하기만 하고 동일하지는 않다.

난해한 1인칭 복수형 "우리가 ~을 만들고"를 고찰하기 전에, 여기서 지금까지 살펴본 점에 대한 주석적 결과들을 확고히 하고, 통합하며, 그리고 요약하는 것이 유용할 것이다.

요약

창세기 1:26은 하나님-인간의 관계를 두 가지 차원 곧 수직적 차원과 수평적 차원에 따라 정의한다. 첫째, 창세기 1:26은 하나님과 인간의 언약 관계에 따라 인간 존재론을 정의한다. 둘째, 창세기 1:26은 인간과 땅의 언약 관계를 정의한다. 인간과 하나님의 관계는 아들 신분이라는 용어로 가장 잘 포착된다. 인간과 창조물의 관계는 왕권과 종의 신분 또는 더 낮게 말하면 섬기는 왕권이라는 말로 표현될 수 있다.

이 해석은 문화적 및 언어적 배경에 따라 "첼렘"(ṣelem, 형상)의 일반적 의미를 가장 잘 존중한다. 한스 볼프(Hans Walter Wolff)는 이 문제를 다음과 같이 잘 표현했다.

고대 근동의 배경에서 왕의 신상은 그 신상이 세워진 영역에 대한 왕의 지배권을 선언하는 것과 동등했다(참조. 단 3:1, 5-6). 기원전 13세기에 파라오 람세스 2세가 자신의 형상을 지중해 연안의 베이루트 북방의 나흐르 엘-켈브강 어구의 바위에 새겼다. 형상은 그가 이 지역의 지배자라는 것을 의미했다. 따라서 인간은 창조물 가운데 하나님의 형상으로 세워진다. 그는 하나님이 창조물의 주인이라는 것의 증거다. 그러나 하나님의 청지기로서 사람은 자의적인 독재가 아니라 책임 있는 대리인으로 자신의 임무를 수행하면서 하나님의 통치권을 행사한다. 사람의 통치와 다스림의 의무는 자율적인 것이 아니다. 인간은 모사물이다.[50]

따라서 형상은 물리적이지만 단순히 물리적인 것을 크게 넘어선다. 이것은 "형상"의 물리적 측면을 허용하는 해석이지만 세상을 다스리는 데 있어 인간의 특성은 하나님을 나타내는 것이라는 것을 결과적으로 강조한다.

하나님의 형상에 대한 이 정의는 기능적 정의가 아니라 **존재론적** 정의라는 것을 주목하는 것이 중요하다. 웬함이 언급하는 것처럼 "형상을 따라"라는 표현은 창조의 과정보다는 창조의 결과를 묘사한다. 창세기 5:3과 출애굽기 25:40의 용법이 보여주는 것처럼 말이다.[51] 문법은 인간이 하나님의 형상으로 지음 받은 결과로 다스리는 자가 되었음을 보여준다. 다스림은 형상 자체의 본질이 아니다. 따라서 형상을 단순히 기능적 용어로 정의하는 사람은 언어학적으로나 신학적으로 오류를 범하는 것이다.[52]

인간은 하나님의 형상**이다**. 섬기는 왕이자 하나님의 아들로서 인류는 한편으로는 하나님과 맺은 언약 관계라는 맥락에서 하나님의 통지를 창조물에게 전하고, 다른 한편으로는 땅과 관련된 언약의 맥락에서 하나님의 통

---

50 Hans Walter Wolff, *Anthropology of the Old Testament* (Philadelphia: Fortress, 1974), 160-161.

51 Wenham, *Genesis 1-15*, 31.

52 Eugene H. Merrill, "A Theology of the Pentateuch," *A Biblical Theology of the Old Testament*, ed. Roy B. Zuck (Chicago: Moody, 1991), 7-87. 이 부분과 관련해서 Merrill 은 "그것은 본질에 관한 진술이 아니라 기능에 관한 진술이다"라고 말한다(14).

치를 창조물에게 중보하는 역할을 감당한다. 따라서 하나님 나라의 개념이 성경 첫 장에서 발견된다. 확실히 언약을 통한 하나님 나라가 주제다. 당연히 아브라함의 가족으로서 이것을 수행하기를 바라는 모세 언약은 (1) 하나님과의 올바른 관계, (2) 참된 인간적 방법으로 서로를 대하는 방법, (3) 땅의 자원들에 대한 선한 청지기가 되는 방법에 대한 하나님의 명령을 제공하는 것으로 요약될 수 있다.

신학자들은 타락으로 죄에 빠지면서(창 3장) 하나님의 형상이 어느 정도 손상되었는지 또는 완전히 상실되었는지에 대해 논란을 벌였다. 일반적으로 하나님의 형상은 타락으로 말미암아 손상되었지만 상실된 것은 아니라고 주장되고 있다(창 9:6; 약 3:9). 하나님이 언약을 통해 세상에서 인간의 통치를 확립하신 것으로 하나님 형상에 대한 지금의 해석은 이 문제를 명확히 밝힌다. 창세기 3장에 묘사된 인간의 거역은 창조 언약의 핵심에 있는 사랑과 충성, 순종, 그리고 신뢰를 위반했다. 하나님은 노아 언약을 통해 이 관계를 확증하고 재확립하고자 하셨다. 그런 의미에서 "헤킴 베리트"라는 표현이 나타난다. 노아의 술 취함 이야기(창 9:20-27)는 다시 한번 언약 관계에서 인간 당사자의 무능력을 보여준다. 그래서 하나님은 아브라함 언약을 통해 아브라함 및 그의 가족과 새롭게 출발하신다. 아브라함 언약은 철기 시대에 이행되고, 이어서 모세 언약이 아브라함의 자손인 이스라엘과 맺어진다. 이후에 다윗 언약이 분명히 하는 것처럼 이스라엘, 더 구체적으로 말하자면 이스라엘의 왕은 언약 관계를 갱신하고 야웨의 교훈과 뜻(즉 토라)을 하나님의 백성의 마음과 삶 속에 그리고 그들을 통해 민족들에게 확립하는 도구가 될 것이다. 분명히 실패로 일관된 오랜 역사에서 나사렛 예수가 이스라엘의 왕으로 오셔서 새 언약을 시작하고 자신의 새 창조에 참여하는 자들의 삶 속에 하나님의 통치를 일으키면서 언약 관계를 새롭게 하셨다. 따라서 예수의 천국 선포는 창세기 1:26-27에서 이미 우리가 확인한 메시지 외에 다른 것이 아니다.

우리가 신약성경과 예수 그리스도의 사역이 창조한 하나님 형상의 갱신에 대한 신약성경의 언급들을 주목해보면 인간과 하나님과의 **관계**를 강조하는 말들이 사용된다. 이것은 에베소서와 골로새서 본문들의 평행 관계에서 분명하다.

에베소서 4:24

하나님을 따라 의와 진리의 거룩함으로 지으심을 받은 새 사람을 입으라.

골로새서 3:10

새 사람을 입었으니 이는 자기를 창조하신 이의 형상을 따라 지식에까지 새롭게 하심을 입은 자니라.

하나님은 새 창조—새 하늘과 새 땅—를 계획하셨다. 하나님이 먼저 하늘과 땅을 만들고 이후에 거기서 사람들이 살게 하신 첫 창조와 달리, 새 창조 속에서 하나님은 먼저 사람들을 새롭게 만들고 이후에 그들이 살 땅을 새롭게 하신다. 새 창조는 옛 창조에서 시작한다. 곧 하나님이 예수를 죽은 자 가운데서 일으키셨을 때 예수는 새 창조에서 첫 사람이셨다. 그리고 믿음으로 예수 그리스도와 연합된 자는 누구나 새로운 창조물**이다**(고후 5:17. 자주 부정확하게 "한 새로운 창조물이다"로 잘못 번역된다). 이 일은 속사람에게서 먼저 일어난다. 그리고 이후에 부활할 때 겉 사람에게서도 일어난다. 에베소서 4:24과 골로새서 3:10은 신자들에게 일상적인 삶의 방식에서 새로 창조된 생명에 수반되는 것을 그들 자신들 속에 모두 받아들이라고 촉구한다. 에베소서 4:24에서 "하나님을 따라"라는 어구는 그 자체로 모호하지만, 골로새서 3:10의 평행 사실에서 의미가 명확해진다. 그것은 새 창조도 옛 창조와 같이 하나님의 형상과 모양을 따라 이루어짐을 의미한다. 이와 관련해서 바울은 에베소서 4장 본문에서 의와 거룩함이란 단어를 사용하고, 골로새서 3장에서는 지식이란 단어를 사용한다.[53] 과거에는 하나님의 형상에 대한 연구에서 이것이 잘못 해석되었다. 바울은 거룩함과 지식 그리고 의를 언급한다. 이렇게 언급하는 이유는 그가 윤리적·정신적 또는 영적 특성들을 하나님의 형상의 **요소들**로 인정했기 때문이 아니라 그런 용어들은 **언약**과 관련된 용어이고 언약 관계를 묘사하기 때문이다. 따라서 신약성경은 여기서 제시된 창세기 1:26의 하나님의 형상에 대한 설명을 지지한다. 하나님의 형상은 인간과 하나님의 관계 그리고 인간이 그분과 나누는 영적 교제를 나타낸다.[54]

1인칭 복수형의 의미

1인칭 복수형 "우리가 ~을 만들고"에 대한 해석은 난해한 문제다. 최근 케네스 매튜스(Kenneth A. Mathews)의 주석이 이에 대한 다양한 견해와 이 문제에 대한 학자들의 곤경을 탁월하게 요약한다.

> 주석가들은 이 복수형 언급을 다양하게 이해했다. (1) 다신교 신화의 유산, (2) 창조물 곧 "하늘과 땅"에게 전하는 하나님의 명령, (3) 하나님의 존귀와 위엄을 가리키는 복수 용법, (4) 자기 숙고, (5) 하늘 궁정의 천사들에게 전하는 하나님의 명령, (6) 한 하나님 안에서 위격들 간의 대화. 우리가 1:1-2:3의 정교한 신학을 고찰할 때 저자가 다신교 요소를 조금이라도 용납하고 있을 가능성은 전혀 없다. 따라서 첫 번째 견해는 배제된다. 두 번째 견해는 오직 하나님만이 창조주로 간주되는 27절과 명백히 모순된다. 특별한 존경을 보여주기 위해 사용된 복수형(존경의 복수 용법)은 문제가 있다. 27절의 핵심은 하나님의 위엄이 아니라 하나님과 인간의 독특한 유사함에 있기 때문이다. 네 번째 견해는 신인

---

53 특히 거룩함은 오늘날 교회에서는 잘 이해하지 못하는 개념이다. 특히 Claude-Bernard Costecalde, *Aux Origines du sacré biblique* (Paris: Letozey & Ané, 1986)의 유익한 연구를 보라.

54 여기서 제시된 "형상"과 "모양"에 대한 주석과 아래에서 제공되는 에덴동산에서 아담의 역할에 대한 해석은 2008년 11월 19일에 미국 로드아일랜드 주의 프로비던스에서 개최된 복음주의 신학협회의 연례 총회에서 Catherine Beckerleg가 발표한 "New Light on Genesis 1-3 and Man as the Image of God"이라는 제목의 논문으로 확증을 받았다.

동형론으로 하나님을 성찰하는 존재로 묘사하면서 "우리가 ~을 만들고"를 자기 숙고의 복수 용법으로 생각한다. 이것은 27절에서 복수형이 단수형으로 변화("**자기** 형상")하는 것에 의해 지지를 받는다. 27절은 "숙고"하는 모습이 완료된 것을 보여준다. 고대 신화를 보면 신적 숙고가 인간 창조보다 먼저 있다. 자기 숙고는 구약성경에서 증명되지만(시 42:5, 11; 43:5) 여기서 이 복수형이 이런 방식으로 사용되고 있다는 증거는 전혀 없다.[55]

매튜스는 구약성경과 고대 근동의 평행 본문들에서 하나님이 하늘 궁정의 천사들에게 명령하시는 것이라는 견해를 지지하는 증거를 찾아내지만 다음과 같은 신학적 근거와 관련해서 이 견해를 거부한다. 곧 어떻게 인간이 천사들의 형상으로 창조되었다고 이야기할 수 있을까? 그래서 그는 하나님 안에서 위격들의 대화를 언급하는 것으로 이 본문을 해석한다. 비록 그는 이런 해석이 이 본문에 대한 "정경적인" 이해라고 고려하지만 말이다. 사실 이런 입장은 그의 마지막 제안(곧 이 복수형이 위격 간의 대화를 가리킨다는 해석)이 옳지 않다는 것을 보여준다. 성경은 신적이면서 인간적인 책이다. 저자이신 하나님이 삼위일체를 언급했을 수 있지만, 이것은 신약성경에 이를 때까지는 확인될 수 없다. 클라인스(D. J. A. Clines)는 이 복수형은 하나님과 창세기 1:2에 언급된 하나님의 영 사이의 대화를 언급하는 것이라고 주장한다.[56] 하지만 브루스 월키는 이것은 "하나님의 영"을 신약성경의 의미에 따라 해석하는 것이라고 주장한다.[57] 창세기 1장의 인간 저자가 그런 의미를 의도했거나 창세기 1장의 원래 청중들이 그런 의미로 이해했냐는 것은

---

55 Kenneth A. Mathews, *Genesis 1-11:26,* New American Commentary 1A (Nashville: Broadman & Holman, 1996), 161.

56 D. J. A. Clines, "The Image of God in Man," *Tyndale Bulletin* 19 (1968): 69.

57 Waltke, *Old Testament* 213. 창 1장에서 삼위일체 개념을 이끌어내는 것은 적절한 해석의 시금석이 아님을 보여주는 추가 언급에 대해서는 Walton, *Genesis,* 128-129을 보라. Walton은 복수형을 하늘의 궁정을 언급하는 것으로 간주하지만 인간이 천사의 형상으로 지음 받았다고 생각하지는 않는다.

사실상 불가능하다. 본문을 쓴 저자와 그 내용을 듣는 청중들을 이런 방식으로 함부로 다루는 해석은 대단히 의심스럽다. 정경적인 본문 이해는 필요하지만 이것은 전반적으로 특별한 변론을 더 따르는 것 같다.

그러면 이런 곤경에서 벗어날 방법은 있을까? 하나님이 천상의 궁정의 천사들에게 명령하신다는 견해에 대한 증거가 인상적이다. 일부 독자는 이 견해에 익숙하지 않을 수 있다. 고대 가나안과 메소포타미아 문헌에 나오는 본문들은 탁월하거나 우수한 신이 신들의 모임이나 공동체를 주관하는 만신전의 모습에 대해 묘사한다. 그러나 우리는 구약 당대의 다른 문화를 주목할 필요는 없다. 구약성경 자체 내에도 이에 대한 증거가 풍성하기 때문이다. 시편 82:1이 적절한 사례다.

> 하나님은 신들의 모임 가운데에 서시며
> 하나님은 그들 가운데에서 재판하시느니라.

또한 우리는 욥기 1장과 2장, 열왕기상 22장, 이사야 6장, 그리고 예레미야 23:18에서도 하나님의 모임을 잠깐 들여다볼 수 있다. 이들은 다양하게 "사자들"/ "천사들", "신들" 또는 "하나님의 아들들"(즉 신이나 신격들의 계급에 속한 자들)로 불린다. 구약성경에서 천사들이나 신들은 하나님께 종속되고 복종한다. 그들은 하나님께 예배하고(시 29:2), 하나님께 순종하며(시 103:20-21), 하나님을 찬송하고(시 148:2-5), 하나님을 섬기고 하나님께 수종을 든다(왕상 22:19).[58]

존 월튼은 십계명의 첫 번째 계명을 고대 근동의 배경에 따라 해석한다면, 첫 번째 계명은 "신들"을 야웨와 동등한 권능을 소유하고 있거나 어떤 의미에서는 경배받기에 합당한 존재로 이해하는 잘못된 해석으로 나아갔다는 사실을 최근에 보여줬다. 비록 "너는 나 외에는[앞에] 다른 신들을 네

58　Garr, *In His Own Image and Likeness*, 69-70.

게 두지 말라"는 계명이 일반적으로 가장 우선되는 것으로 이해되지만, 이런 해석은 언어적 자료에 반대된다. 히브리 성경에서 "앞에"라는 전치사가 인격적 대상과 결합되어 나타나는 모든 사례는 공간적이다. 월튼은 이 구절의 정확한 해석은 신적 모임에 대한 언급을 함축한다고 주장한다. 우리는 오해를 피하기 위해 월튼의 주장 전체를 인용할 필요가 있다.[59]

고대 근동에서 성행했던 관습과 신념들을 면밀히 탐구한 것을 고려하면서, 베르너 슈미트는 여러 제안 중 두 가지를 제안했다. 슈미트는 십계명의 첫 번째 계명이 다른 신들의 형상을 성전 안에 두는 것을 금지했다는 것을 제안하는 것에서 시작한다.[60] 하지만 이 첫 번째 계명은 고대 근동의 습관을 이루는 일반적인 생각을 따르지 않는다. 고대 근동에서는 단 하나의 신을 경배하는 신전을 만들 때 그 신과 함께 활동하는 동료들도 그 신전에 모신다.[61] 슈미트는 하나님의 지상적 임재보다 천상적 임재에 초점을 맞추는 다른 견해를 옹호한다. 말하자면 첫 번째 계명이 야웨 앞에서 다른 신들을 두는 것을 금지할 때, 그것은 야웨께서 만신전, 곧 신들의 모임에서 활동하거나 또는 다른 배우자 신과 함께 활동한다는 개념을 배제한다. J. 보테로는 왕이 국가의 우두머리로서 자기 가족과 구조화된 계급 제도에서 활동하는 관리들과 함께 다스리는 통치 제도와 이 체계를 비교한다.[62]

---

59 이 인용문은 Walton의 책 각주에 들어 있고, 전치사 "리프네"에 인격적 대상이 결합되어 있는 사례들을 열거한 표는 제외한다. John H. Walton, "Interpreting the Bible as an Ancient Near Easterm Document," *Israel-Ancient Kingdom or Late Invention? Archaeology, Ancient Civilizations, and the Bible*, ed. Daniel I. Block (Nashville, B&H, 2008), 306-309.

60 Werner Schmidt, *The Faith of the Old Testament* (Philadelphia: Westminster, 1983), 71.

61 므낫세는 다른 신들에게 제물을 바치도록 성전 뜰에 제단을 세우고 성전에 아세라 목상을 설치한다. 이 목상은 야웨를 경배하기 위한 제사적인 목적으로 기능하거나 야웨의 동료를 가리키는 상징으로 기능했다(왕하 21:5-7; 겔 8:5).

62 J. Bottéro, "Intelligence and the Technical Function of Power: Enki/Ea," *Mesopotamia: Writing, Reasoning and the Gods* (Chicago: University of Chicago, 1992), 232-250. 인용문은 233에서 발견된다.

이 이미지를 배경으로 하는 것은 이스라엘 백성이 야웨 앞에서 다른 어떤 신도 상상하지 못했다는 것을 암시한다. 학자들은 간단히 사전 연구만 해보아도 이 의미에 도달할 수 있다. 하지만 고대 근동의 자료들의 도움이 없으면, 사전 연구의 결과는 해석자들에게 어떤 의미도 전달해주지 못한다. 결국 학자들은 다른 해석을 제안했다. 비록 히브리 본문에 나타나는 전치사의 조합이 인격적 대상을 취할 경우에 그 의미가 일관되게 공간적 개념을 나타내지만 말이다. 비교 문화 지식을 사용하면서, 우리는 항상 본문에 있었지만 등한시했던 본문의 의미를 찾아낼 수 있었다.

성경 외의 자료가 제공한 정보에 따르면, 이 공간적 의미는 신빙성이 있다. 고대 근동에서 신들은 만신전 안에서 활동했고 신들의 회의에서 모든 결정을 내렸다. 나아가 주요 신들은 대체로 동료 신들이 있었다. 신들은 공동체적 삶을 경험했다. 신들의 운명은 신들의 모임에서 결정되었고, 이것은 왕과 성, 신전, 그리고 사람들의 운명도 마찬가지였다. 신들은 다른 신들 앞에서 임무를 수행했다. 로웰 핸디는 이 체계를 권위 있는 신들과 활동적인 신들의 계급 제도로 다음과 같이 유용하게 요약한다.

만신전의 최고 권력자는 땅과 우주의 질서를 규제하고 유지할 책임이 있었지만, 우주를 유지하는 데 필요한 실제 활동에는 적극적으로 참여하지 않았다. 바로 아래 계급에 위치한 신들이 이 활동을 수행했다. 실제로 우주를 소유한 신들의 권한 아래 일하는 이 활동적인 신들은 우주를 순조롭게 운행할 것으로 예상되었다. 이런 계급에 위치한 만신전의 신들은 각기 자신의 통치를 수행하는 특별한 권한의 영역이 있었다. 이상적으로 보자면 모든 신은 최고의 권력을 가진 신이 바라는 방식으로 우주가 완벽하게 운행되도록 자기들의 의무를 이행해야 했다. 하지만 신들도 인간들처럼 약점이 있었고 우주를 순조롭게 운행하지 못하게 방해하는 경쟁자가 있는 것으로 묘사된다.[63]

---

63 Lowell Handy, *Among the Host of Heaven* (Winona Lake: Eisenbrauns, 1994), 97.

첫 번째 계명을 비교 해석한 것에 따르면, 이스라엘 백성은 야웨를 신들의 공동체 안에서 활동하는 존재로 이해하지 않았다. 그들은 야웨께서 신들과 함께 있거나, 배우자를 가진 만신전의 우두머리로 활동하거나, 동료를 갖고 계시는 분으로 상상하지 않았다. 간단히 말하자면 야웨는 단독으로 활동하셨다. 만신전/신들의 회의 개념은 많은 신적 존재들 사이에 권력의 배분이 있음을 가정한다. 첫 번째 계명은 단순히 그리고 명료하게 야웨의 권능이 절대적이라고 선언했다. 하나님의 권능은 다른 신들에게 배분되거나 신들의 회의의 뜻에 의해 제한받지 않았다.

야웨 "이외에" 어느 다른 신들에 대한 경배를 금지하는 계명의 핵심은 이스라엘의 신 개념이 그들을 주변의 다른 민족들과 구별된다는 것을 확신시키는 데 있었다. 만일 해석자가 거부되는 개념이 무엇인지 깨닫지 못하면, 첫 번째 계명은 쉽게 오해되고 만다. 이 교정된 해석에 따르면 첫 번째 계명의 목적은 단순히 일신 숭배 사상을 높이고자 함에 있는 것이 아니다. 그것은 다른 방식으로 일신론 문제에 도움을 주었다. 비록 이 본문이 명시적으로 다른 신들의 존재를 부정하지는 않아도, 야웨 앞에서 다른 신들을 제거한다. 만일 야웨께서 다른 신들과 능력 및 권능 또는 권한을 공유하시지 않는다면, 다른 신들은 그 단어의 의미에서 보더라도 신이 아니다.[64] 따라서 첫 번째 계명은 다른 신들의 비존재를 주장하지 않는다. 다만 그 신들이 무력하다는 것을 주장한다. 첫 번째 계명은 단순히 다른 신들이 경배 받아서는 안 된다고 선언하면서 다른 신들의 권리를 박탈하는 것이 아니라 다른 신들이 경배받을 만한 그 어떤 지위를 갖고 있지 못하다고 선언한다.[65]

---

[64] 이 개념의 중요성은 확대될 수 있다. 만약 우리가 고대 근동에서는 어떤 것이 이름과 장소 또는 기능으로 정해지지 않았을 때에는 존재하는 것으로 간주되지 않았다는 개념을 거기에 덧붙인다면 말이다. J. Walton, *Ancient Near Eastern Thought and Old Testament* (Grand Rapids: Baker, 2006), 87-97에서 설명을 보라.

[65] 이것은 Christopher Wright의 견해와 가깝다. Wright는 "이 구절의 근본 취지는 야웨의 유일한 신격이 아니라 야웨의 이스라엘에 대한 유일한 주권"이라고 말한다. *Deuteronomy* (Peabody, MA: Hendrickson, 1996), 68.

따라서 구약성경의 신들의 모임에 대한 접근은 이중적이다. 한편으로 구약성경은 하나님 앞에서 하나님을 섬기는 천사들이나 신들로 알려진 존재들의 실존을 인정한다. 다른 한편으로 구약성경은 이 신들이 야웨와 함께 경배받기에 합당한 권위나 능력이나 지위를 갖고 있다는, 이스라엘 주변 사회들 속에 팽배했던 생각을 거부한다.

"우리가 만들고"라는 어구가 신들의 모임을 가리킨다는 증거의 존재는 매튜스가 랜달 가르의 연구 성과로 인정하는 것보다 더 강력하다. 가르는 창세기 1:26-27은 "하바"(*hābā*)로 시작된 절들의 공식 또는 패턴을 따른다고 지적한다. 형태상 "하바"는 확대된 명령형으로, 칼 형 어간이고, "주다"는 뜻을 가진 어근 "야하브"(*yāhab*)에서 나온 남성 단수형이다. 이 동사는 두 가지 구별된 용법, 곧 문자적 용법과 비문자적 용법을 갖고 있다. 문자적 용법에서 이 동사는 실제로 주는 것을 의미한다. 비문자적 용법에서 이 동사는 영어의 "자"(c'mon)와 같이 정확히 명령에 접속사가 없이 접두사로 붙여진 조작 또는 설득의 불변화사로 기능한다. 자, 같이 놀아봅시다(C'mon, let's play together). 그러나 "레카"(לְכָה)나 "쿠마"(קוּמָה)와 달리 명령형 "하바"는 항상 접속사 없이 연결되고 앞에 붙이는 명령과 수와 인칭이 일치될 필요가 없다. 여기서 중요한 것은 "하바"로 시작되는 모든 절이 다음과 같이 고정된 패턴을 갖고 있다는 점이다.

1. 지시 또는 단언의 말(각각 청유나 미완료로 나타남)
2. 행동을 제안하는 말(사건)
3. 공동으로 그리고 집단적으로 화자와 지시적으로 구별된 청자 사이의 말
4. 화자의 제안이 청자의 암묵적 동조를 받는 말
5. 확인이 안 되든 또는 확인이 되고 뚜렷하게 나타나든 간에 행위자(예를 들어 청자, 지도자)가 전하는 말

이 패턴의 모든 사례는 확인이 가능하다. 창세기 11:3, 4, 7, 38:16, 출애

굽기 1:10 등이다. 여기서 주목할 만한 것은 창세기 1:26-27은 정확히 이 규정된 패턴을 갖고 있다는 사실이다. 비록 "하바"라는 소개 불변화사가 없기는 해도 말이다. 가르는 창세기 1:26에 "하바"라는 불변화사가 없는 것에 대해 특정 자료에 있는 특유한 방언으로 설명하지만 이런 견해는 불필요하다. 또한 가르는 철저한 분석을 통해 "하바"라는 불변화사가 항상 고민을 일으키는 상황을 소개할 때 사용한다고 지적하지만, 창세기 1:26에는 고민의 흔적이 전혀 없다. 이것은 "하바"라는 불변화사가 없는 경우에 대한 흥미로운 설명이다. 따라서 창세기 1:26-27의 규정된 패턴은 하나님이 하늘의 궁정에서 명령하고 계심을 지지하는 강력한 논증을 제공한다.

그렇다면 이제는 이것이 문맥상 무슨 의미를 가질 수 있는지 보여줄 필요가 있다. 존 월튼이 묘사한 고대 근동의 배경에 관한 설명에서 한 가지 주장이 가능하다. 고대인들은 세계를 통치하는 것이 신들과 관련해서는 공동체 활동으로 이루어졌다고 믿었다. 나는 창세기 1:26-27은 이런 개념을 뒤엎는 논증으로 이해된다고 주장하고 싶다. 하나님은 인간과 다스림을 공유하기로 결심하신 것을 천상의 궁정에 알리신다. 이것은 부정적 결과와 긍정적 결과를 함께 함축한다. 긍정적 측면에서 보면 이것은 인간을 천사들과 거의 동등한 지위로 높인다. 천사들과 같이 인간도 야웨께 순종하고 복종하며 세상에 하나님의 다스리심을 가져올 것이다. 이것은 정확히 시편 8:5에 언급된 점이다. "그를 하나님(gods)보다 조금 못하게 하시고." 그러나 부정적 측면도 있다. 이 결심은 결국 고대 근동의 사고에 따르면 신들의 권리를 빼앗는 것이다. 야웨는 고대 가나안 민족이 이해한 것과 같은 의미로 신들과 다스림을 공유하시지 않는다.[66] 이것은 "너는 나 외에는[내 앞에] 다른 신들을 네게 두지 말라"는 계명의 또 다른 표현이고 일신론을 강력히 천명한다.

"'엘로힘'이 인간 창조에 참여한 것을 말한다"라는 주장에 대한 클라인

---

[66] 독자적으로 이 결론에 도달한 후에 나는 Garr가 이미 이 결론을 제시한 것을 알았다. Garr, *In His Own Image and Likeness*, 222.

스의 반대는 본문의 세부 사실에 적절한 관심을 기울이지 못한 것이다.[67] 가르가 겜저(Gemser)를 다음과 같이 인용하면서 말하는 것과 같다.

창세기 1:26의 복수형을 천상의 존재들의 복수형으로 이해할 수는 있지만, 의지나 목적의 다양성에 대한 암시는 없다. 하나님의 신적 궁정이 그분의 제안에 일치한다.[68]

또한 가르는 본문에 제안과 집행의 대조가 나타나 있음을 언급한다. 하나님은 제안하실 때 천상의 궁정을 포함시키신다. 그러나 집행하실 때는 3인칭 동사를 유일하게 사용하고, 동사가 "아사"(만들다, עשה)에서 "바라"(창조하다, ברא)로 바뀌는 중대한 변화가 있는데, 이것은 집행이 절대로 그리고 오로지 하나님께 속한 일임을 보여준다.[69] 인간 창조를 포함해 만물의 창조는 오로지 하나님의 사역이다.

의심할 것 없이 어떤 이들은 위의 주장에 설득되지 않을 것이다. 위의 주장이 창세기 1:26-27에 대한 주석에 필수적인 것은 아니지만 언약을 통한 하나님 나라 주제를 표현하는 것으로 하나님의 형상을 해석하는 것에 적합하기 때문에 창세기 1:26-27에 대한 주석과 조화를 이룬다. 하나님은 세상에서 그분의 통치를 "신들"이나 "천사들"을 통해서가 아니라 주로 인간들을 통해 행하실 것이라는 점을 신적 모임에 전달하셨다.

---

67 Clines, "Image of God in Man," 67. "우리의 형상을 따라 우리가 사람을 만들고"라는 절에서 "우리"를 하늘의 궁정에서 말씀하시는 하나님을 가리키는 것으로 해석하는 것은 하나님이 인간을 창조하는 데 있어서 천사들의 공동 창조나 참여를 요청하는 것이 아니다. 천사들이 인간과 함께 우주를 다스리는 일에 참여하게 될 것이라고 선언하시는 분은 하늘 궁정의 재판장이자 왕이시다. 이것은 이사회/주주총회에 "우리가 전 사원 주주 제도를 시행하자"라고 선언하는 회사 대표 곧 CEO에 비교할 수 있다.

68 Garr, *In His Own Image and Likeness*, 201.

69 같은 책, 203-204.

창조 언약의 목표: 안식

여섯째 날은 창조 주간의 완성이 아니라 정점이다. 완성은 일곱째 날에 임한다. 따라서 창조 기사는 사람과 사람에게 주시는 명령으로 끝나지 않는다. 비록 인간이 창조의 목표들을 실현시킬 대리인이기는 해도 인간이 만물의 완성은 아니기 때문이다.[70]

> 이전 6일 동안의 창조에 펼쳐져 있고, 첫째 날에서 셋째 날, 넷째 날과 여섯째 날 사이에 내적 평행과 진행 관계가 있어 보이는 것으로 형성되어 있는 여덟 창조 행위의 대칭관계는 일곱째 날을 추가함으로써 실제적인 의미를 갖게된다. 일곱째 날에 하나님이 안식하시는 것에 창조의 목표가 암시되어 있다. 이 목표는, 이 목표를 손상시키려는 인간의 시도가 계속됨에도 불구하고 유지될 것이다. 일곱째 날의 안식은 창조가 지시하는 목표를 알려준다. 그뿐만 아니라 그것은 인간에게 "창조의 목표와 동시에 이어지는 모든 것의 시작이 하나님의 자유하게 하시는 안식일의 사건, 휴식하는 안식일과 기쁨의 사건이고, 또한 인간은 이런 사건에 참여하라고 촉구받은 견해를 굳게 고수하는 역사를 시작하라는 부르심이다.[71]

창세기 2:8-17의 문맥에 있는 창세기 1:26-27

하나님의 형상을 따라 그리고 하나님의 모양대로 인간을 창조하신 것에 대해 우리가 제시한 해석은 창세기 2:8-17과 거기서 추가로 전개된 사실에

---

70 Dumbrell, *Covenant and Creation*, 34-35.

71 Dumbrell은 Karl Barth, *Church Dogmatics*, 3/1 (Edinburgh: T. & T. Clark, 1958), 98을 인용하고 있다. 『교회교의학 Ⅲ/1』(대한기독교서회 역간).

의해 확증된다. 확실히 창세기 2:4은 창세기 1:26-28에 대한 설명과 해설을 시작하고, 거기서 하나의 종(種)으로서의 인간 창조가 제시되며 세상을 다스리는 왕권이 인간에게 이전된다.[72] 결론적으로 창세기 2장은 언약 구조 안에서 인간에게 주어진 이 왕적 통치가 어떻게 효력을 발휘하는지를 우리에게 말해준다. 저자는 사람이 에덴 밖에서 지음 받았고 지음 받은 후에 에덴동산에 놓였다는 사실을 언급한다. 에덴동산은 세상의 복의 중심지로 제시된다. 에덴동산에서 세상의 강이 발원해 동산 밖의 네 근원으로 갈라졌다. 에덴동산은 또한 하나님의 성소로 기능하고, 사람은 그곳에서 하나님의 임재를 직접 친밀하게 경험하고 누렸다. 고든 웬함도 윌리엄 덤브렐을 따라서 에덴동산을 성소로 묘사하고 아담을 에덴동산에서 섬기는 제사장으로 묘사했다. 이것은 하나님의 형상과 관련해서 간략하게 요약될 수 있다.[73]

분리된 공간으로서의 에덴동산

동산에 해당되는 히브리어 단어(*gan*)는 "둘러싸다", "울타리를 두르다", "보호하다"를 의미하는 어근에서 파생했다. 창세기 2:8-17에 묘사된 동산은 둘러싸인 또는 보호하는 공간이다. 구약성경을 보면 왕의 동산(왕하 25:4; 느 3:15; 렘 39:4; 52:7)과 포도원(잠 24:30-31; 사 5:5) 둘레에 담을 쌓았다. 구약성경의 그리스어 번역인 70인역은 창세기 2장에 나오는 흙담이나 돌담으로 둘러싸인 행복한 동산을 의미하는 말로 페르시아어에서 차용한 용어(παράδεισος)를 사용했다. 오늘날의 문화와 사회에서 우리는 일반적으로 "동산 지기"를 천한 일 곧 블루칼라 노동자나 성공의 사다리에서 낮은 계단에 속하는 직업이나 일로 생각한다. 고대 근동의 문화도 비슷했다. 왕의 동산뿐만 아니라 신전들에도 정원이 있었다. 재력가가 이 정원을 소유했고 가꾸었다. 물론 개인들도 동산을 갖고 있었다. 동산 지기는 사회에서 최하위 계

---

72 나는 여기서 Dumbrell, *Covenant and Creation*, 35에 의존하고 있다.
73 아래를 보라.

층에 속한 구성원으로 간주되었다. 예를 들어 유피테르((Iuppiter)가 존재하지 않았을 때 일식이 발생하는 동안 대리 왕의 취임식이 거행되는 경우, 대리 왕은 왕좌에서 내려와 대리 왕으로 임명을 받았다. 허용된 시간이 지나면 대리 왕은 살해당했다. 이때 대리인은 사회에서 희생시켜도 전혀 문제가 되지 않는 사람 중에서 뽑혔다. 전쟁 포로와 사형 선고를 받은 죄수, 왕의 정적, 지적 장애인, 그리고 동산 지기가 그런 대리인으로 뽑혔다.[74] 그럼에도 메소포타미아에서 왕들은 엄청난 동산을 만들고 가꾸었다. 사실 "동산 지기"는 메소포타미아에서 군주들을 묘사하는 명칭 또는 통칭이었다.[75] 이런 용법은 루이 14세가 만든 베르사유 궁정과 비슷하다. 이 궁정은 루이 14세가 자연을 통제하고 모든 나무를 장식 정원으로 만들 수 있는 능력을 갖고 있음을 보여주었다. 따라서 "동산 지기"는 왕의 직업이었다. 동산 지기로서 아담의 역할은 더 나아가 아담을 **왕으로** 묘사한다.

동산 지기로서 아담의 역할은 성경에서 한참 뒤에 나온다. 예수의 십자가 죽음이 있고 최초의 부활절에 제자들(베드로와 요한)은 무덤으로 달려갔다. 그들은 무덤이 빈 것을 발견하고 집으로 돌아왔다.

마리아는 무덤 밖에 서서 울고 있더니…뒤로 돌이켜 예수께서 서 계신 것을 보았으나 예수이신 줄은 알지 못하더라.…**그가 동산 지기인 줄 알고** 이르되 "주여, 당신이 옮겼거든 어디 두었는지 내게 이르소서! 그리하면 내가 가져가리이다." 예수께서 "마리아야" 하시거늘, 마리아가 돌이켜 히브리말로 "랍오니" 하니(이는 선생님이라는 말이라; 요 20:11-16).

N. T. 라이트가 지적하는 것처럼, "마리아가 예수께서 참아담으로 **동산**

---

74 대리 왕 의식에 대해서는 Simo Parpola, *Letters from Assyrian Scholars (Part II)*, xxii-xxxii를 보라.

75 M. Hutter, "Adam als Gärtner und König (Gen. 2:8, 15)," *Biblesche Zeitschrift* 30 (1985): 258-262를 보라.

지기였다고 생각하는 것은 그리 어리석은 실수가 아니었다."[76]

거룩한 공간/성소로서의 에덴동산

창조는 고대 근동에서 일반적으로 고대 근동의 창조 기사 및 신전 건물과 관련이 있다. 예를 들어 에사길라 신전은 바빌론 신화 『에누마 엘리쉬』에 나오는 마르두크 신을 경배하기 위해 건설되었다. 창세기 2:8-17은 첫 사람을 동산 성소의 일종의 제사장으로 묘사한다. 이 본문의 문학적 구조에 따르면 2:8a는 동산의 창조를 묘사하고 2:8b는 그곳에 인간이 거주한 것을 묘사한다. 이어지는 부분 곧 2:9-15은 2:8a를 상술하고 2:16-17은 2:8b를 상술한다.

에덴동산에 대한 묘사와 구약성경 다른 곳과 고대 근동의 성소에 대한 묘사 사이의 유사점들은 에덴동산이 성소로 묘사된다는 것을 드러낸다.[77] 몇 가지 증거는 다음과 같이 요약된다.

1. 에덴동산은 하나님이 임재하시는 특징으로 묘사된다. 거기서 하나님은 바람이 부는 날에 사람을 만나러 오신다. 히트파엘(*bithpael*) 형태로 사용된 동사 "할라크"(거니시는[*bālak*], 창 3:8)는 나중에 장막 성소에 임재하시는 하나님을 묘사하기 위해 사용된 것과 같은 말이다(레 26:12; 신 23:15[23:14 EV]; 삼하 7:6-7).

---

[76] N. T. Wright, *Following Jesus: Biblical Reflections on Discipleship* (Grand Rapids, MI: Eerdmans, 1995), 57-59(강조는 나의 것이다). 『나를 따르라』(살림출판사 역간).

[77] 다음 자료들을 보라. William J. Dumbrell, *The Search for Order* (Grand Rapids, Mi: Baker, 1994), 23-26; Gordon J. Wenham, "Sanctuary Symbolism in the Garden of Eden Story," *I Studied Inscriptions from before the Flood: Ancient Near Eastern, Literary, and Linguistic Approaches to Genesis 1-11*, ed. R. S. Hess and D. T. Tsumura, Sources for Biblical and Theological Study 4 (Winona Lake, IN: Eisenbrauns, 1994), 399-404. 나는 여기서 두 학자에게 크게 의존하고 있다.

2. 인간이 에덴동산에서 쫓겨났을 때 "케루빔"(그룹들[*kerûbîm*], 즉 동산 지기 창조물)은 동산 동쪽에서 생명나무의 길을 지켰다(창 3:24). 이것은 에덴동산의 입구가 동쪽에 있었음을 분명히 암시한다.[78] 이후로 성막과 성전의 입구도 에덴동산과 같이 동쪽에 있었고 "케루빔"이 지켰다(왕상 6:23-28; 출 25:18-22; 26:31; 왕상 6:29). 두 그룹이 솔로몬의 성전의 내소를 지켰고, 또 두 그룹이 내소 안에 있는 언약궤 위의 속죄소를 지켰다. "케루빔" 그림은 성막의 휘장과 성전의 담에 장식되었다(출 26:31; 왕상 6:29).

3. 에덴동산 중앙에는 생명나무가 있다. 마찬가지로 성막과 성전의 중앙에는 "메노라"(즉 가지가 달린 촛대)가 있다. 캐롤 메이어스(Carol Meyers)가 보여준 것처럼 이것은 생명나무를 표현한 것이다.[79] 생명의 풍성함이 성소에서 발견될 수 있다는 생각은 토라의 속죄 제사의 지침에 기본적이며 시편에서 되풀이되는 주제다.

4. 에덴동산에서 아담에게 주어진 책임과 업무는 "레오브다 울레쇼므라"(*lĕʿobdāh ûlĕšomrāh*, 그것을 섬기고/경작하고 지키게 하시는 것)이다. 토라에서 이 두 동사가 함께 나오는 유일하게 다른 본문은 민수기 3:7-8과 8:26 그리고 18:5-6이다. 이 세 본문은 성소를 지키고 섬기는 레위인의 의무를 묘사한다. 이 말들은 또한 구약성경에서 예배에 대해 흔히 사용된다. 따라서 아담은 예배를 중심으로 자신의 역할이나 업무를 이행하는 일종의 레위인으로 묘사된다.

5. 창세기 2:10에 따르면 "강이 에덴에서 흘러나와 동산을 적셨다." 창세기 2:11-14에서 확인하는 것처럼 이 상은 온 세상에 비옥함과 생명을 제공한다. 마찬가지로 우리는 시편 46:5(46:4 EV)에서 "한 시내가 있어 나뉘어 흘

---

78 Umberto Cassuto, *A Commentary on the Book of Genesis I* (Jerusalem: Magnes, 1961), 174. 동시에 이스라엘이 동쪽으로 추방되었다는 사실과 문학적 연계성이 있을 수 있다.

79 Carol L. Meyers, *The Tabernacle Menorah: A Synthetic Study of a Symbol from the Biblical Cult*, American Schools of Oriental Research Dissertation Series 2 (Missoula, MT: Scholars Press, 1976).

러 하나님의 성 곧 지존하신 이의 성소를 기쁘게 하도다"라는 말씀을 읽는다. 에스겔 47장은 새 예루살렘의 성전에서 흘러나와 죽은 바다를 살리는 큰 강에 대해 묘사한다. 이 비옥함과 생명의 원천은 하나님의 임재가 그곳에 있음을 암시한다. 이 강 중 하나가 기혼으로 불린다. 또한 기혼은 예루살렘 성전 아래에 있는 샘의 이름이기도 했다(왕상 1:33, 38, 45).

6. 에덴동산에 생명을 주는 강은 에덴에서 흘러나와 네 근원으로 나뉜다. 물은 낮은 곳으로 흐르기 때문에 이 사실은 분명히 에덴이 높은 곳이었음을 암시한다.[80] 고대 근동에서는 신전들이 산 위에 자리 잡고 있었는데, 그 이유는 산 위가 하늘과 땅이 만나는 곳이었기 때문이다. 에스겔 28:13-14에서 에덴은 또한 산에 있는 성소(성산)로 묘사되고 설명된다. 흥미롭게도 구약성경에는 이스라엘에게 주어진 약속의 땅인 가나안을 새 에덴으로 묘사하는 본문들이 있다. 이 본문들은 "새 에덴"을 산에 있는 성소 곧 하나님의 거처로 말한다(출 15:17; 시 78:54). 하나님이 심판으로 이스라엘 땅을 황폐화시킨 후에 하나님의 갱신 계획은 광야를 회복시켜 그곳을 에덴과 같은 곳으로 만드는 것을 포함한다(사 51:3; 겔 36:35). 미래의 새 예루살렘/시온도 산에 있는 성소다(사 2:2-4; 4:5; 11:9; 25:6-8; 56:7; 57:13; 65:11, 25).

7. 에덴동산은 하나님의 명령이 주어지는 장소다. 하나님은 자신이 만드신 동산에 인간을 두신 후에(창 2:8, 15) 거기서 인간에게 명령하셨다. 야웨는 날마다 거기서 인간을 만나셨고, 이 일상적인 만남을 통해 심판자와 왕으로서 사람에게 자신의 죄를 계산할 것을 촉구하셨다. 마찬가지로 성막(그리고 이후로 솔로몬의 성전)의 목적도 하나님이 왕으로서 다스리시는 장소가 되는 것에 있다. "내가 그들 중에 거할 성소를 그들이 나를 위하여 짓되"(출 25:8).

---

[80] 만일 "에덴"이 수메르어에서 유래하는 말이라면, 그 말은 "평원, 초원 지대, 탁 트인 지역"을 의미할 것이다. 그러나 우리는 본문이 하나님이 에덴에 동산을 만드신 것을 암시한다는 사실을 언급하지 않을 수 없다. 따라서 에덴은 동산보다 더 넓은 지역이었다. 그럼에도 에덴이라는 말은 "행복/호사"를 의미하는 비슷한 음성의 다른 말에서 유래한 것으로 보인다. 신구약 중간기 문헌까지는 낙원을 산으로 분명하게 묘사하지 않는다. 〈http://www.aakkl.helsinki.fi/melammu/database/gen_html/a0001371.php〉를 보라.

성소의 내소 중앙에 있는 언약궤는 일종의 하나님의 보좌의 발등상이다. "여호와께서 그룹 사이에 좌정하시니"(삼상 4:4; 삼하 6:2=대상 13:6; 왕하 19:15; 시 99:1).

8. 에덴동산에 있는 선악을 알게 하는 나무는 "먹음직도 하고 보암직도 하고 지혜롭게 할 만큼 탐스럽기도 한 나무"로 간주되었다(창 3:6). 이 특징 들은 시편 19편에 반영되어 있다. 거기 보면 모세 언약/토라/율법이 "우둔 한 자를 지혜롭게 하며, 마음을 기쁘게 하고, 눈을 밝게 하는" 것으로 묘사 된다. "증거"로 지칭되는 모세 언약/토라는 내소 곧 지성소 안의 언약궤 안 에 보관되었다(출 25:16; 신 31:26). 언약궤를 만지면 선악을 알게 하는 나무의 열매를 먹었을 때 그랬던 것과 같이 죽임을 당했다(삼하 6:7; 민 4:20).

9. 창세기 3:21에는 "여호와 하나님이 아담과 그의 아내를 위하여 가죽 옷을 지어 입히시니라"고 기록되어 있다. 제사장들의 위임 의식 기사를 보 면 모세가 제사장들에게 옷을 입혔다(출 28:40-41; 40:14; 레 8:13).

10. 에덴에서 흘러나온 강의 첫 번째 지류는 하윌라 온 땅을 둘렀는데 (창 2:11), 이것은 성막과 성전을 장식하고 있는 금을 상기시킬 것이다. 성소 에는 "쇼함"(šōham, 호마노?) 보석이 있었다(출 25:7; 28:9, 20; 대상 29:2). 이 두 보석에는 열두 지파의 이름이 새겨졌고, 대제사장의 에봇 위에 달렸다(출 28:9-14). 히브리어로 "베돌라흐"(bĕdōlaḥ)=베델리엄(bdellium, 나무에서 뽑아낸 일종의 특별한 수액 또는 송진)으로 불린 물질도 하윌라 땅에서 발견되었다. "베 돌라흐"가 나타나는 유일하게 다른 본문은 민수기 11:7이다. 이 본문은 만 나의 모양을 하윌라 물질에 비유한다. 어떤 만나는 성막에 보관되었다(출 16:33-34).[81]

---

81 특히 Jon D. Levenson, *Theology of the Program of Restoration of Ezekiel 40-48* (Harvard Semitic Museum 10; Missoula, MT: Scholars Press, 1976), 26-36을 보라.

에덴동산과 출애굽 당시 성막 간의 연관성

구약성경의 다른 본문들도 에덴동산과 이후의 성소 간의 제사적인 연관성을 지지한다.[82] 웬함은 다음과 같이 말한다.

[창세기] 1:1-2:3은 6일에 걸친 세상 창조에 대해 말한다. 1:1-2:3의 창조 기사의 결론과 출애굽기 25-40장의 성막 건축 기사 어구의 평행 관계는 오랫동안 주목받았다.[83] 커니[84]는 성막 건축을 위한 지침에서 6가지 명령은 6일 창조와 대응을 이루고 있다고 주장했다. 더 최근에 바인펠트[85]는 첫 번째 안식일에 하나님의 안식(창 2:13)은 성막 안에 거하실 때 갖는 안식과 대응을 이루고 있다고 주장했다.[86]

존 데이비스도 창조 기사와 성막 기사의 이런 유사점에 대해 다음과 같이 말한다.

더 강한 특징은 안식일 구조 곧 6일+1일 순환을 사용하는 것과 관련해서 주장될 수 있다. 이것은 창세기 1:1-2:3의 창조 기사를 설명하기 위한 구조적 장치로 사용되었다. 6일+일곱째 날의 패턴은 성막 전체 지침에 대해 **수미상관** 관계(*inclusio*)를 구성한다. 성막 지침의 서두는 시내산 위에 머무르는 하나님이 만

---

82 성막 건축을 설명하는 출 25-40장과 창조를 설명하는 창 1-3장의 구조와 어법의 평행 관계에 대해 나는 2004년 처음으로 남침례교 신학교의 Daniel I. Block의 강의 노트인 "Introduction to the Old Testament, Part I: Pentateuch and Historiographic Literature 20200"을 통해서 알았다.

83 U. Cassuto, *A Commentary on the Book of Exodus* (Jerusalem: Magnes, 1976), 476.

84 P. J. Kearney, "Creation and Liturgy: The P Redaction of Exod 25-40," *ZAW* 89 (1977), 375-387.

85 M. Weinfeld, "Sabbath, Temple and the Enthronement of the Lord—The Problem of the Sitz im Leben of Gen. 1:1-2:3," *Melanges bibliques et orientaux en l'honneur de M. Henri Cazelles,* ed. A. Caquot and M. Delcor, 501-512, AOAT 212 (Kevelaer: Butzon and Becker, 1981).

86 Wenham, "Sanctuary Symbolism in the Garden of Eden Story," 404.

드신 구름 속으로 들어가는 모세에 관한 기사다. 거기서 우리는 "여호와의 영광이 시내산 위에 머무르고 구름이 엿새 동안 산을 가리더니 일곱째 날에 여호와께서 구름 가운데서 모세를 부르시니라"(출 24:16)는 말씀을 본다.

나아가 창세기의 창조 기사 첫 부분이 하나님의 안식에 대한 기록(창 2:2-3)으로 끝나는 것처럼 성막 기사의 전체 **명령** 부분(제사장직에 관한 지침들을 포함해)도 "성막 창조자들"에게 신적 안식을 모방하라는 명령하는 것으로 끝맺는다(출 31:13-17). 바토는 이렇게 언급한다. "제사장 저자가 이 장면을 6일의 적극적 창조 활동과 하나님이 창조 활동을 마치고 '안식하신' 일곱째 날을 언급하는 창세기의 시작 장면과 평행을 이루게 하려는 의도를 갖고 있다는 사실은 의심의 여지가 있을 수 없다."[87] 마찬가지로 커니도 얼마간 더 정교하게 다듬기는 하지만 자신이 P(제사장 문서) 편집자의 구조로 간주하는 것에 주의를 기울인다.[88] 그는 출애굽기 25-40장에서 더 포괄적인 구조를 찾아내는데, 이 구조는 주제에 따라 창세기 기사의 창조(25-31장), 타락(32-33장), 재건(34-40장) 구조를 반영한다고 본다. 첫 번째 부분의 일곱 개의 분리된 신적 말씀(25:1; 30:11, 17, 22, 34; 31:1, 12에서 시작되는)이 주제에 따라 창세기 1:1-2:3의 창조의 7일과 각각 연쇄적 대응 관계를 이루고 있다. 커니가 주장하는 모든 평행 관계가 똑같이 설득력이 있는 것은 아니지만 일곱 말씀이 있고, 거기서 일곱 번째 말씀은 안식일의 안식을 촉구하는 것이라는 사실은 유익하다. 또한 일과 휴식으로 이루어진 안식일 순환은 성막 건축에서 행해지는 일과 관련된 사람들에게 특별히 요구된다(출 35:2).

따라서 하나님의 영이 원래 창조된 수면을 뒤덮으신 것처럼(창 1:2) 시내산 위에 하나님의 "카보드"(כבוד, 영광)로 뒤덮인다(출 24:16, 17). 하나님의 영은

---

87 Bernard F. Batto, *Slaying the Dragon: Mythmaking in the Biblical Tradition* (Louisville, KY: Westminster/John Knox, 1992), 120.

88 Peter J. Kearney, "Creation and Liturgy: The P Redaction of Exod 25-40," *ZAW* 89 (1977), 375-387.

성막 창조 사역을 위해 기능공들에게 은사를 베푸셨다(출 31:3; 35:31).[89]

나아가 시편 132:14에서 성소는 야웨의 안식의 처소로 묘사된다. 우리는 출애굽기 20:11에서 같은 말이 안식일을 묘사하는 데 사용된 것을 본다. 하나님이 일곱째 날에 "쉬었음이라." 따라서 우리는 여섯째 날에 에덴동산을 만드신 것은 성소를 건축하는 것이고, 일곱째 날에 하나님이 안식하신 것은 곧 그 성소에 들어가시는 것으로 볼 수 있다.[90]

데스몬드 알렉산더(T. Desmond Alexander) 역시 그레고리 비일과 고든 웬함의 연구를 따라 에덴동산을 성소/성전으로 묘사한 것을 언급한다. 그는 이 사실에서 다음과 같은 의미를 도출한다.

(1) 에덴동산은 하나님과 인간이 서로의 임재를 즐거워하는 장소이기에 훗날 이스라엘 백성의 성소의 원형이 되는 것이 적합하다. 이것은 성막과 성전의 많은 장식의 특징들이 본질상 나무 모양으로 되어 있는 이유를 설명해준다. (2) 아담과 하와는 거룩한 곳에서 하나님을 직접 대면했기 때문에 우리는 그들이 거룩한 신분 또는 제사장의 지위를 갖고 있었던 것으로 추정할 수 있다. 오직 제사장만이 성소나 성전 안에서 섬기는 것이 허용되었기 때문이다. (3) 직접 진술되지 않기는 해도, 창세기 첫 부분의 장들은 에덴동산의 경계가 사람들이 생육하고 번성하여 온 땅을 채우도록 확대될 것이라는 사실을 함축한다.[91]

---

89 John A. Davies, *A Royal Priesthood: Literary and Intertextual Perspectives on an Image of Israel in Exodus 19.6*, JSOTSUP 395 (London: T. & T. Clark, 2004), 146-147(강조는 Davies의 것이다).

90 M. Weinfeld, "Sabbath, Temple and the Enthronement of the Lord—The Problem of the Sitz im Leben of Gen. 1:1-2:3," *Melanges bibliques et orientaux en l'honneur de M. Henri Cazelles,* ed. A. Caquot and M. Delcor, 501-512, AOAT 212 (Kevelaer: Butzon and Becker, 1981). 501-512를 보라.

91 T. Desmond Alexander, *From Eden to the New Jerusalem: An Introduction to Biblical Theology* (Grand Rapids, MI: Kregel, 2008), 25. 『에덴에서 새 예루살렘까지』(부흥과개혁사 역간).

이 설명은 탁월하지만 그 의미를 충분히 연구하지 못했다. 이 설명은 크고 작은 문학적 구조에 대한 주석과 분석을 통해 문화적·언어적 자료를 주목하면서 내러티브의 플롯 구조를 찾아내는 데 초점을 맞추지 않고, 주제에 기반한 성경신학의 약점을 그대로 노출한다. 우리는 히브리 문학의 패턴은 반복과 요약 그리고 입체적 요소가 특징이라는 것을 기억해야 한다. 창세기 1장은 창조 주제를 다루고, 창세기 2장은 창조 주제를 다른 관점과 관련해서 다시 다룬다. 둘을 하나로 묶어보라. 그러면 창조의 홀로그램을 갖게 될 것이다.

창세기 2:8-17은 아담을 동산 성소에서 경배하는 일종의 왕-제사장으로 묘사한다. 이 본문은 창세기 1:26-27에 확립된 언약 구조 안에서 인간에게 주어진 왕적 통치가 어떻게 효력을 발휘하는지를 설명한다. W. J. 덤브렐은 이것의 의미를 다음과 같이 제시한다.

요약하면 세상에 대한 지배권과 함께 세상에서 창조된 인간은 세상과 즉각 분리되어 직접적으로 하나님의 임재 속에 거한다. 이 모든 것에서 이야기되고 있는 것은 확실히 지배 명령이 어떻게 행사되어야 했느냐에 관한 것이다.…인간은 주로 세상을 질서 있게 하는 임무에 종사하는 것이 아니라 모든 생명을 규제하는 우선권 체계가 있었다는 사실을 인정하는 것으로 자신에게 맡겨진 세상을 통제했다. 만일 사람이 올바로 창조주와 관계를 맺었다면, 그는 창조물에게 올바로 반응할 것이다.[92]

창조 언약에는 남/여 관계와 가정생활의 질서가 포함되어 있다. 그 결과 창조물에 대한 올바른 반응 중 하나는 서로를 적절하게 대하는 방식으로 참된 인간미를 보여주는 것이다.

창세기 2:8-17과 창세기 1:26-27의 관계는 의미심장하다. 창세기 2:8-

92　Dumbrell, *Covenant and Creation*, 35-36.

17은 "모양"과 "형상"의 관계를 사람과 하나님의 언약 관계 속에서 설명한다. 오직 아버지-아들의 관계가 예배와 교제 그리고 순종하는 사랑을 통해 성숙해질 때, 인류는 하나님 자신에게 본질적인 왕권과 통치권을 적절하고 적합하게 세상에 반사하고 보여줄 것이다. 왕권은 언약 관계를 **통해** 효력이 발휘된다.

창조 언약의 요청과 불이행

에덴동산에서 이루어진 언약 관계에는 실제적이고 절대적인 필요조건이 있었다. 선악을 알게 하는 나무의 열매를 먹는 것이 금지되었다. 우리는 이 언약 관계에서 사랑과 충성 그리고 신뢰를 유지하기 위한 조건이 충족되지 못했다는 것을 잘 알고 있다. 아담이 금지된 나무의 열매를 먹었을 때, 로마서 5:12-21이 분명히 말하는 것처럼, 우리도 모두 거기에 어쨌든 연루되었다.

창조 언약을 깨뜨린 것을 설명하려면 이에 대한 주석을 간략하게나마 덧붙일 필요가 있다. 이 최초의 범죄에 포함된 것은 무엇이었을까? 금지된 나무의 열매를 먹지 말라는 금지 명령은 충성과 순종을 시험하기 위해 일방적으로 부과된 수단이었는가? 이것은 확실히 사실이지만 그렇다고 뱀이 제시하고 타락 후에 하나님이 확증하신 것, 곧 그들이 "하나님(gods)과 같이 되어 선악을 알게 되는" 것을 정당화하지는 못한다(창 3:5, 22을 보라).

어떤 이들은 선악을 알게 된 것을 서로에 대한 성적 이해를 반영하는 것으로 설명했다. 이 견해는 성에 대한 지식의 획득이 사람을 어떻게 하나님과 같게 만드는지를 명확히 밝히지 못하므로 부적절하다.

다른 이들은 선과 악을 정반대되는 두 극단으로 묘사하면서 지식의 완전함을 표현하는 한 방법으로 설명했다. 그러나 확실히 아담과 하와 또는 이후의 어떤 인간도 지식의 완전함을 가졌다고 주장할 수 없다.

염두에 둘 만한 가장 좋은 설명은 클라크(W. M. Clark)의 견해다.[93] 클라

---

93 W. M. Clark, "A Legal Background to the Yahwist's Use of 'Good and Evil' in Genesis

크는 히브리 성경에서 이 말이 나오는 모든 사례를 주의 깊게 분석하고 "선악을 아는 것"은 절대적인 도덕적 자율을 행사하는 것과 관련이 있다고 주장했다. 말하자면 선악을 아는 것은 옳고 그른 것을 하나님과 독립적으로 스스로 선택하거나 결정하는 것을 의미한다. 아담 자신이 자기 자신을 규제하기로 한 결정은 어떤 의미에서 그를 하나님과 같이 만드는 것이었다. 그러나 또한 자기 앞에 있는 문제들을 확신할 수 있을 만큼 오랜 기간이나 항상 자신의 선택의 결과를 예견할 수 없다는 점에서 하나님과 같지 않다.

요약

창세기 1-3장의 철저한 주석은 창조 때에 하나님이 그분의 형상과 그분의 모양대로 인간을 만드신 것을 보여준다. 기원전 15세기의 문화적·언어적 배경에서 그리고 본문에 사용된 문학적 기법과 메타내러티브가 제공한 구조에 따르면, 이것은 인간이 아들로서 하나님과 맺는 관계와 인간이 섬기는 왕으로서 창조물과 맺는 관계에 대해 말한다. 고대 근동에서 가족이라는 배경 및 왕과 백성의 관계라는 배경은 모두 충성된 사랑과 순종과 신뢰를 요구하는 언약 관계다.

구약성경의 이후 본문들

구약성경의 이후 몇몇 본문들은 창조 언약이 있는지 여부에 대한 문제와 직접 관련이 있을 수 있다.[94]

2-3," *Journal of Biblical Literature* 88 (1969): 266-278. 또한 H. Blocher, *In the Beginning* (Downers Grove, IL: InterVarsity Press, 1984), 126-133도 보라.

창조 언약을 명시적으로 지지하는 내용을 호세아 6:7에서 발견할 수 있다. 물론 이 본문이 창조 언약을 명시적으로 지지하는지에 대한 논란이 있을 수 있다. MT 본문은 "웨헴마 케아담 아베루 베리트"(*wĕhēmmâ kĕʾādām ʿābĕrû bĕrît*)로 되어 있고, 이 문구는 문자적으로 "그들도 아담처럼 그[95] 언약을 어겼고"로 번역될 수 있다. 윌리엄슨은 이 문제를 주목하고 다음과 같이 주장한다.

> 비록 여러 번역 성경과 주석가들이 "케아담"(*kĕʾādām*)을 인간적 의미에 따라 "아담처럼"을 의미하는 것으로 해석하지만, 대다수 해석자는 이 중요 단어를 이 고유명사를 지리적 의미로 취해서 "베아담"(*bĕʾādām*, 아담 안에서/아담에서)으로 바꾼다. 곧 약속의 땅으로 들어간 후에 처음 도착한 성읍 곧 아담 지역을 가리키는 것으로 본다(수 3:16). 확실히 지리적 해석은 본문의 교정을 필수적으로 수반하지 않을 것이다(호 2:3; MT 본문 6:5에서 비슷한 구문인 "캄미드바르"[*kammidbār*, 문자적으로, "광야에서와 같이"]를 참조하라). 이 지리적 이해에 대한 더 많은 지원은 호세아 6:7의 직접 문맥에서 길르앗(호 6:8)과 세겜(호 6:9)이 언급된 것과 특히 "베리트"(언약) 직후에 위치를 가리키는 "샴"(*šām*, 거기서)이 배치된 것에서 발견된다.[96]

윌리엄슨의 주장은 설득력이 있는 것처럼 보인다. 그럼에도 존 데이비

---

94 여기서 창 1장과 2장에 대한 제2성전 시대 유대교의 이해를 검토하는 시도는 전혀 시행하지 않는다. 그럼에도 집회서 14:17은 창 1-3장을 분명히 언급하고 언약이라는 말을 명확히 사용한다는 점에서 주목할 만하다. πᾶσα σὰρξ ὡς ἱμάτιον παλαιοῦται ἡ γὰρ διαθήκη ἀπ᾿ αἰῶνος θανάτῳ ἀποθανῇ. 이 본문은 창 1-3장에 언약이 나타나 있음을 입증할 수 있는 것은 아니지만 이 질문에 대한 초기 유대교의 사상을 언급한다.

95 비록 "베리트"에 관사가 없지만, 히브리 시에서 관사를 생략하는 것은 흔하고 일반적이다. Williamson은 그 명사를 비한정적인 것으로 취급하여 "한 언약"이라고 번역한다. 하지만 문맥의 언급은 의심할 것 없이 모세의 그 토라를 나타낸다.

96 Williamson, *Sealed with an Oath*, 55.

스는 호세아 6:7은 호세아 4:4-6과 연계되어 있을 가능성을 시사한다.

> 4 그러나 어떤 사람이든지 다투지도 말며
>
> 책망하지도 말라.
>
> 네 백성들이 제사장과 다투는 자처럼 되었음이니라.
>
> 5 너는 낮에 넘어지겠고,
>
> 너와 함께 있는 선지자는 밤에 넘어지리라.
>
> 내가 네 어머니를 멸하리라!
>
> 6 내 백성이 지식이 없으므로 망하는도다!
>
> 네가 지식을 버렸으니,
>
> 나도 너를 버려 내 제사장이 되지 못하게 할 것이요,
>
> 네가 네 하나님의 율법을 잊었으니,
>
> 나도 네 자녀들을 잊어버리리라.

데이비스는 호세아가 출애굽기 19:6을 직접 언급하고 있고, 집단적 이스라엘을 "오- 제사장아!"라는 말로 지칭한다고 설득력 있게 주장한다. 백성들이 토라를 거부했기 때문에 하나님도 그들의 왕 같은 제사장 직분을 거부하셨다. 데이비스는 계속해서 이렇게 말한다.

이런 이해는 호세아 6:7에서 "케아담"에 대해 "아담처럼"과 같은 인기가 없는 독법을 지지할 것이다(Vulgate, RV, NASB, NIV). 만일 호세아가 시내산에서 이스라엘이 아담의 참된 계승자로서 새 인간으로 구성되었다는 생각과 함께(참조. 에스라4서 3:3-36; 6:53-59; 바룩2서 14:17-19), 자신이 갖고 있는 전제의 한 부분으로 아담을 목가적인 제사장-왕으로 묘사하는 창세기 2장의 이야기를 독자들과 공유하고 있다면(참조. 겔 28:12-15; 희년서 4:23-26), 시내산에서 맺은 언약의 위반(예. 호 4:1, 2)을 에덴동산에서의 거역(창 3장; 참조. 겔 28:16-17)과 비교하는 것은 의미가 있다. 70인역의 "호스 안트로포스"(ὡς ἄνθρωπος)는 그 언급이 사람을 가리키는 것으로 이해한다. 다른 견해는 "케아담"(כאדם)을 장소에 대한 언급으로 이해하는 것이다(참조. "샴"[שם, 거기서], 이것은 장소에 대한 언급을 요청하는 것으로 보인다). 그러나 전치사 "케"(כ)가 선택되어야 했던 이유(이 의미에 따라 "케"는 보통 "베"(ב)로 교정된다)와 "언약"의 개념이 아담(RSV, JB, NRSV)이나 아드마(Admah, NEB) 같은 장소와 연계되어 소개되어야 하는 이유는 불분명하다.[97]

이스라엘의 왕 같은 제사장 직분은 호세아가 호세아 11:1에서 "하나님의 아들"(출 4:22)로 직접 언급하는 것처럼, 출애굽 당시 그들에게 부여된 아담의 역할이다. 이스라엘은 모세 언약을 어기면서 이 역할을 상실했다. 창세기 2장과의 연관성은 자연스럽고 적합하다. 그러나 윌리엄슨은 언어학적 자료를 사용하는 데 엄밀하지 않았다. 호세아 6:7에서 부사 "샴"(거기서)이 "베리트" 다음에 오는 것은 사실이지만 거기서 새로운 절이 시작된다. "거기에서 나를 반역하였느니라." 이 부사는 호세아 9:15과 12:4에서 보는 것처럼 일반적으로 장소적 기능과 공간적 기능을 갖고 있다.

> 그들의 모든 악이 길갈에 있으므로,
>   내가 거기에서 그들을 미워기 시작했노라(호 9:15, ESV).

> 그는 벧엘에서 하나님을 만났고,
>   거기에서 하나님은 우리에게 말씀하셨나니(호 12:4, ESV).

그러나 이 부사의 앞에 나오는 지시 대상은 상황을 언급하면서 그 위치를 간접적으로 명시할 수 있다. 호세아 10:9(아래 본문)을 살펴보고, 9:9과 비교해보라.

---

[97] John A. Davies, *Royal Priesthood*, 202-203.

오 이스라엘아! 네가 기브아 시대로부터 범죄하더니,

　　거기에서 계속 죄를 짓는구나(ESV).

여기서 호세아 6:7의 "아담처럼"이라는 말은 한 지역 곧 에덴동산에서 지은 죄를 언급한다. "거기에서"라는 말은 다시 이 상황을 언급할 수 있다. 만일 MT 본문의 호세아 6:7이 곧이곧대로 받아들여진다면, 이스라엘이 제2의 아담으로서의 역할을 실패하는 것은 에덴동산에서 결정되었다는 것을 함축하는 것으로 보인다. 왜냐하면 모든 이들은 어쨌든 아담의 언약 파괴에 포함되어 있기 때문이다.

그들은 아담처럼 언약을 어기고,

　　거기에서 신실하지 못하게 나를 대했느니라(ESV).

호세아 6:7은 정말 난해하고 논란이 많다. 하지만 윌리엄슨은 이 본문을 문자 그대로 이해하면 안 된다는 것을 보여주지 못했다. 호세아서는 지리적 언급을 많이 하지만 구약성경은 아담으로 알려진 지역(수 3:16)에서 언약의 파괴가 있었다는 것을 어디에서도 분명히 말하지 않는다. 반지성적인 사람이 아니라면, 이런 식으로 주장하지는 않을 것이다.

예레미야 33:19-26

예레미야 33:19-26에서 야웨께서 다윗과 맺으신 언약의 확실성은 낮과 밤의 운행에 대한 야웨의 언약의 확실성과 서로 관련이 있다.

19 여호와의 말씀이 예레미야에게 임하니라. 이르시되. 20 "여호와께서 이와 같이 말씀하시니라." "너희가 능히 낮에 대한 나의 언약과 밤에 대한 나의 언약을 깨뜨려 주야로 그때를 잃게 할 수 있을진대, 21 내 종 다윗에게 세운 나의 언약도 깨뜨려 그에게 그의 자리에 앉아 다스릴 아들이 없게 할 수 있겠으며, 내가 나를

섬기는 레위인 제사장에게 세운 언약도 파할 수 있으리라. 22 하늘의 만상은 셀
수 없으며 바다의 모래는 측량할 수 없나니, 내가 그와 같이 내 종 다윗의 자손
과 나를 섬기는 레위인을 번성하게 하리라" 하시니라.

23 여호와의 말씀이 예레미야에게 임하니라. 이르시되. 24 "이 백성이 말하기
를 '여호와께서 자기가 택하신 그들 중에 두 가계를 버리셨다' 한 것을 네가 생
각하지 아니하느냐? 그들이 내 백성을 멸시하여 자기들 앞에서 나라로 인정하
지 아니하도다!"25 여호와께서 이와 같이 말씀하시니라. "내가 주야와 맺은 언약
이 없다든지, 천지의 법칙을 내가 정하지 아니하였다면 26 야곱과 내 종 다윗의
자손을 버리고 다시는 다윗의 자손 중에서 아브라함과 이삭과 야곱의 자손을
다스릴 자를 택하지 아니하리라. 내가 그 포로 된 자를 돌아오게 하고 그를 불쌍
히 여기리라."

분명히 윌리엄슨은 이것이 노아 언약(창 8:22)에 대한 언급으로, 창세기
1장의 언약을 암시하는 것이 아니라고 주장하길 원한다. 그러나 이것은 피
상적인 추론이다. 노아 언약은 창조 때에 세우신 규례에 대한 창조주의 서
약을 새롭게 하는 것으로, 예레미야 33장은 노아에 대한 하나님의 서약과
창조 때에 주신 원래의 서약을 함께 포함한다. "하늘과 땅의 고정 질서"에
대한 하나님의 서약은 창조 때에 시작했고, 노아 언약에서 계속 유지되었
다. 윌리엄슨도 "하나님은 노아를 통해 그분의 원래의 창조 목적을 이루시
고자 하셨다"라고 말할 때 이 사실을 그대로 인정한다.[98] 윌리엄슨이 예레미
야 33장의 본문은 창조 언약이 아니라 노아 언약에 대한 언급이라고 확언
하는 것은 그가 "언약을 쪼개는 것"(*kārat bĕrît*)과 "언약을 지키는 것"(*hēqîm
bĕrît*)을 잘못 이해하고 잘못 사용하기 때문이다. 이와 평행을 이루는 언급
이 예레미야 31:35-37에 나온다. 이 구절은 창조 언약을 확실히 언급하고,
이스라엘에 대한 하나님의 서약이 창조에 대한 서약만큼 확실하다는 것을

98　Paul R. Williamson, *Sealed with an Oath*, 51, 75.

언급한다. 이에 대한 이유는 이스라엘의 **구원** 교리가 **창조** 교리에 기초하기 때문이다. 윌리엄슨은 이 사실을 놓쳤다.

7장

아브라함 언약 (I)

서론

창조 언약이 하나님과 인간, 인간과 창조물 사이에 맺어진 이후 그다음의 노아 언약은 원래의 창조 언약을 보증하는 것으로 맺어졌고, 이 웅대한 성경 이야기의 다음 부분은 아브라함 언약으로 이어진다. 캐나다의 토론토 대학교의 기독교개혁교단(CRC) 교목인 브라이언 월쉬(Brian Walsh)는 언젠가 포스트모던 시대에 교회가 직면한 도전들에 대해 이 거대한 이야기가 가진 중요성을 다음과 같이 말했다.

> 포스트모던 문화는 모든 거대한 이야기를 크게 의심한다. 시카고 출신의 스매싱 펌킨스 밴드도 이와 관련해서 통찰력 있는 점을 보여준다. 그들은 "초토화 이야기"(tales of a scorched earth)에서 한없이 슬픈 노래를 이렇게 노래한다. "우리는 모두 죽었다. 예, 우리는 모두 죽었다/ 산산이 박살난 과거로 이루어진 미래 안에서." 우리는 산산이 박살난 과거로 이루어진 미래 안에서 살고 있다. 그 "과거"는 마르크스주의 유토피아, 과학기술의 자유 또는 자본주의 낙원에 대한 거대한 이야기를 전했기 때문이다. 그러나 우리는 이 이야기들이 아직 끝나지 않았다는 사실과 또한 그것들이 근본적으로 끝날 수 없다는 사실도 알게 되었다. 그것들이 근본적으로 거짓말이라는 단순한 이유 때문이다. 포스트모던의 정신은 우리의 삶을 분명하게 형성한 이와 같은 거대한 이야기가 결국 해방과 진보의 이야기가 아니라 속박과 억압 그리고 폭력의 이야기라고 주장한다. 그리고 이런 견해에 따르면, 역사의 실제 과정과 운명에 대한 거대한 주장을 제시하는 이야기나 세계관은 이런 폭력과 억압을 일으키는 일반적인 원인으로 인식될 것이다. 나는 포스트모던의 전환이라는 이런 특성이 기독교 신앙에 가장 큰 도전이 되고 있다고 생각한다. 기독교에 가장 중요한 것이 한 가지가 있다면, 그것은 하나의 거대한 이야기다. 달리 어떻게 우리가 성경이 이야기하는 창조와

타락, 구속, 그리고 완성이라는 우주적 이야기를 해석할 수 있을까? 하지만 우리가 포스트모던 문화에서 전해야만 하는 것은 엄밀히 말해 바로 이 이야기다. 모든 거대한 이야기의 해체에도 불구하고 그리스도인들은 모든 창조물에 대한 하나님의 자유케 하시는 구속 이야기를 매주 담대하게 선포해야 한다. 이 이야기는 약속한 것을 실제로 이행한다.[1]

창세기 플롯 구조 속에서의 아브라함

우리가 메타내러티브, 곧 실제로 성경의 자료와 세속적인 세계관의 결합이 아니라 성경의 메타내러티브를 구성하고자 한다면, 우리는 화자가 창세기와 모세 오경 그리고 전체적으로 성경이라는 더 큰 플롯 구조에 아브라함에 관한 이야기를 위치시키기 위해 사용한 텍스트의 형식과 문학 기법에 주의를 기울여야 한다. 그 후 우리는 아브라함 내러티브 안에 있는 내적 움직임과 문학적 구조를 평가할 수 있다. 영국의 복음주의 학자 N. T. 라이트는 아브라함 이야기를 다음과 같이 묘사한다.

아브라함은 창세기 구조 안에서 모든 인류의 곤경에 대한 해답으로 등장한다. 아담에서 시작해 가인을 거쳐 홍수 사건과 바벨탑 사건을 거치는 재앙과 "저주"의 흐름이 하나님이 아브라함을 부르셔서 "땅의 모든 족속이 너로 말미암아 복을 얻을 것이라"고 말씀하실 때 반전되기 시작한다.[2]

---

1 Brian Walsh, "The Church in a Postmodern Age: Ten Things You Need to Know," *Good Idea! A Resource Sheet on Evangelism and Church Growth* 3/4 (Toronto: Wycliffe College Institute of Evangelism, 1996), 1-5.

2 N. T. Wright, *The New Testament and the People of God* (Minneapolis: Fortress, 1992), 262. 『신약성서와 하나님의 백성』(크리스찬다이제스트 역간).

아담과 노아 이후 지금 하나님은 또 하나의 새로운 출발을 행하신다. 아브람과 그의 가족은 제2의 아담이 된다. 성경 내러티브에 나타나 있는 유사점을 주목해보라. 아담과 하와는 세 아들이 있었다(그 외의 다른 아들들은 본문에 언급되지 않는다. 창 5:4). 마찬가지로 창세기 5장의 계보는 세 아들(셈과 함 그리고 야벳)이 있는 사람에서 끝난다. 창세기 11장의 계보도 똑같이 그렇게 끝난다. 곧 세 아들(아브람과 나홀 그리고 하란)이 있는 사람에서 끝난다. 이 유사점은 독자에게 아브라함을 노아 및 아담과 비교해보도록 자극하려는 문학적 기법이다.

창세기 1-3장과 창세기 12장 사이에는 다른 유사점도 있는데, 그것은 우리가 아브람을 새 아담으로 간주해야 함을 제안하고, 이제 그런 유사점 중 일부를 탐구할 것이다.

새 창조 본문으로서의 창세기 12장

사도 바울에 따르면 하나님이 아브람을 택하신 것은 없는 것을 있는 것으로 부르시는 것을 포함했다. 바울은 다음과 같이 말한다.

> 16 그러므로 상속자가 되는 그것이 은혜에 속하기 위하여 믿음으로 되나니, 이는 그 약속을 그 모든 후손에게 굳게 하려 하심이라. 율법에 속한 자에게 뿐만 아니라 아브라함의 믿음에 속한 자에게도 그러하니, 아브라함은 우리 모든 사람의 조상이라. 17 기록된 바 "내가 너를 많은 민족의 조상으로 세웠다" 하심과 같으니, 그가 믿은 바 하나님은 죽은 자를 살리시며 없는 것을 있는 것으로 부르시는 이시니라(롬 4:16-17).

바울이 아브라함이 없는 것을 있는 것으로 부르시는 하나님을 믿었다고 말할 때, 그가 우리의 마음에 가져오기 위해 사용하는 이 말은 무슨 뜻인가? 바울은 자신이 직접적으로 언급하는 성경의 단 한 구절, 곧 창세기 1장에 대해 생각할 것이다. 창조 내러티브에서 우리는 반복해서 "하나님이 이르시되 x가 있으라 하시니 x가 있었고"라는 말씀을 읽는다. 하나님은 간단하게 말씀하셨고 없는 것을 있는 것으로 부르신다. 그러므로 신약성경에 따라 창세기 12-25장을 읽을 때 우리는 아브라함의 부르심을 일종의 "새 창조"로 간주해야 한다. 창세기 1:3에서 하나님의 말씀이 무를 존재와 실존으로 만드는 것처럼 창세기 12:3에서도 바벨탑의 혼란과 저주가 낳은 혼돈—창세기 12장 직전의 세상의 상태—에서부터 새로운 질서를 낳는 것은 하나님의 말씀이다. 창세기 10장과 11장은 연대순으로 제시되는 것이 아님을 주목하라. 창세기 10장은 지면 위로 산산이 흩어진 다양한 세상의 가족과 사람들을 보여주는 "민족들의 계보"를 보여준다. 창세기 11장은 "바벨탑" 내러티브를 제시하는데, 이 사건은 민족들이 어떻게 이런 식으로 세상 전역에 흩어졌는지를 설명해준다. 첫 사람 아담이 언약을 지키지 못하고 가인을 통해 이어진 그의 가계는 소년을 살해하고 자신의 가증스런 행위에 대해 왈가왈부하는 자는 누구든 가차 없는 보복을 가하겠다고 공언한 일부다처주의자 라멕이 드러낸 부패와 폭력으로 끝난 것처럼, 둘째 아담인 노아도 사회적 정의를 실천하는 언약 공동체를 만들지 못하고 바벨의 인본주의적 교만을 낳고 말았다. 땅은 다시 한번 혼돈으로 돌아가고, 이에 하나님께서 아브람을 부르시면서 새로 시작하신다. 한 주석가가 다음과 같이 주목한 것처럼 말이다. "이런 방식으로 아브람 선택의 무조건적인 본성과 절대적인 자유는 강조되었다. 따라서 모든 역사를 형성하고 이끄는 능력으로서 하나님의 뜻은 이 점에서 완전히 분명해진다."[3]

마지막 아담으로서의 이스라엘

다른 유사점들은 중요 단어들의 용법에 의해서 확립된다. 아담에게 주어진 임무와 관련된 언어가 창조 내러티브 이후의 내러티브에서 "복을 주다", "생

3　William J. Dumbrell, *Covenant and Creation: A Theology of Old Testament Covenants* (Nashville: Thomas Nelson, 1984), 58.

육하다", "번성하다"는 용법을 따르면서 어떻게 창세기 전체에서 반복되는지를 주목해보자.

1:28 하나님이 그들에게 **복을 주시며** 하나님이 그들에게 이르시되 "**생육하고 번성하여** 땅에 충만하라, 땅을 정복하라, 바다의 물고기와 하늘의 새와 땅에 움직이는 모든 생물을 다스리라" 하시니라.

12:2-3 내가 너로 큰 민족을 이루고 네게 **복을 주어** 네 이름을 창대하게 하리니, 너는 **복**이 될지라. 너를 **축복하는** 자에게는 내가 복을 **내리고**…

17:2, 6, 8 내가 내 언약을 나와 너 사이에 두어 너를 크게 **번성하게** 하리라.… 내가 너로 심히 **번성하게** 하리니…내가 너와 네 후손에게…가나안 온 땅을 주어…

22:16 **이하** 네가 이같이 행하여…내가 네게 큰 **복을 주고** 네 씨가 크게 **번성하여** 하늘의 별과 같고 바닷가의 모래와 같게 하리니…또 네 씨로 말미암아 천하 만민이 **복을 받으리니** 이는 네가 나의 말을 준행하였음이니라.

26:3-4 [여호와께서 이삭에게 나타나 이르시되] "이 땅에 거류하면 내가 너와 함께 있어 네게 **복을 주고** 내가 이 모든 땅을 너와 네 자손에게 주리라. 내가 네 아버지 아브라함에게 맹세한 것을 이루어 네 자손을 하늘의 별과 같이 **번성하게** 하며, 이 모든 땅을 네 자손에게 주리니 네 자손으로 말미암아 천하 만민이 **복을 받으리라**…"

26:24 두려워하지 말라. 내 종 아브라함을 위하여 내가 너와 함께 있어 네게 **복을 주어** 네 자손이 **번성하게** 하리라.

28:3-4 [이삭이 야곱을 축복하고 이르되] "전능하신 하나님이 네게 **복을 주시어** 네가 생육하고 **번성하게** 하여 네가 여러 족속을 이루게 하시고, 아브라함에게 허락하신 복을 네게 주시되, 너와 너와 함께 네 자손에게도 주사, 하나님이 아브라함에게 주신 땅 곧 네가 거류하는 땅을 네가 차지하게 하시기를 원하노라."

35:11-12 하나님이 그[야곱]에게 이르시되 "나는 전능한 하나님이라. **생육하며 번성하라.** 한 백성과 백성들의 총회가 네게서 나오고⋯내가 아브라함과 이삭에게 준 땅을 네게 주고 내가 네 후손에게도 그 땅을 주리라."

47:27 이스라엘 족속이 애굽⋯땅에 거주하며 거기서 생업을 얻어 **생육하고 번성하였더라.**

48:3-4 [야곱이] 요셉에게 이르되 "이전에⋯전능하신 하나님이 내게 나타나사 **복을 주시며** 내게 이르시되" "내가 너로 **생육하고 번성하게** 하여⋯내가 이 땅을 네 후손에게 주어 영원한 소유가 되게 하리라."⋯

N. T. 라이트는 창세기를 통해 "복을 주다", "생육하다", "번성하다"라는 용어의 용례를 살펴본 후에 다음과 같이 결론을 맺는다.

따라서 아브라함의 부르심과 할례, 이삭을 바침, 아브라함에서 이삭으로의 전환, 이삭에서 야곱으로의 전환, 그리고 이집트 체류와 같은 중요한 순간에 내러티브는 조용히 아브라함과 그의 가족이 어느 정도 아담과 하와의 역할을 물려받았다는 점을 제시한다. 그러나 차이점도 중요하다. 창세기 48:3-4에 반영된 35:11-12을 제외하고, 명령("생육하고 번성하라⋯")이 약속으로 바뀐다("내가 너로 생육하고 번성하게 하리라⋯"). 창세기 17장에서는 "크게"라는 말이 덧붙여진다. 그리고 가장 중요하게 가나안 땅의 소유와 원수들에 대한 승리가 창세기 1:28에 주어진 자연에 대한 지배권을 대신한다. 우리는 창세기의 이런 측면을 다음과 같은 말로 요약할 수 있다. 곧 아브라함의 자손은 하나님의 진정한 인류이고, 그들의 본향은 새 에덴이다.[4]

여기서 라이트가 제시한 마지막 사항은 출애굽기 15:17에서 강하게 설명된다. 홍해를 건넌 후에 이스라엘이 부른 노래 마지막 부분은 다음과 같이 전개된다.

주께서 백성을 인도하사 그들을 주의 기업의 산에 심으시리이다.
여호와여, 이는 주의 처소를 삼으시려고 예비하신 것이라!
주여, 이것이 주의 손으로 세우신 성소로소이다.

이 구절에서 가나안 땅에 이스라엘이 세워진 것은 **성소**에 나무를 심은 것으로 묘사된다. 이것은 정확하게 창세기 2장과 에스겔 28장에 묘사된 에덴의 모습이다. 동일한 생각이 시편 78:54에서도 표현된다. 읽어보면 다음과 같다.

그들을 그의 성소의 영역,
　　곧 그의 오른손으로 만드신 산으로 인도하시고.

시편 78:54은 야웨께서 이스라엘을 가나안 땅으로 인도하신 출애굽 사건을 묘사하지만, 약속의 땅을 묘사하기 위해 사용된 용어들은 약속의 땅을 에덴 관점에 따라 성소로 묘사한다. 이 묘사는 아시리아와 바빌론 사람들을 통해 하나님의 심판으로 일어난 가나안 땅의 황폐화 이후에 회복이 약속되는 두 본문에 의해 강화된다. 이 두 본문을 보면 가나안 땅이 다시 한번 에덴과 같이 될 것이다.

4　N. T. Wright, *The Climax of the Covenant* (Minneapolis: Fortress, 1991), 21-23.

나 여호와가 시온의

모든 황폐한 곳들을 위로하여,

그 사막을 에덴 같게, 그 광야를 여호와의 동산 같게 하였나니(사 51:3).

33 주 여호와께서 이같이 말씀하셨느니라. "내가 너희를 모든 죄악에서 정결하게 하는 날에 성읍들에 사람이 거주하게 하며 황폐한 것이 건축되게 할 것인즉, 34 전에는 지나가는 자의 눈에 황폐하게 보이던 그 황폐한 땅이 장차 경작이 될지라! 35 사람이 이르기를 '이 땅이 황폐하더니 이제는 에덴동산 같이 되었고, 황량하고 적막하고 무너진 성읍들에 성벽과 주민이 있다' 하리니, 36 너희 사방에 남은 이방 사람이 나 여호와가 무너진 곳을 건축하며 황폐한 자리에 심은 줄을 알리라. 나 여호와가 말하였으니 이루리라"(겔 36:33-36).

따라서 아브라함과 나중에 이스라엘로 불린 그의 가족은 말하자면 마지막 아담이다. 하나님은 노아와 함께 결정적인 새 출발을 행하셨다. 이제 하나님은 아브라함과 함께 새 출발을 행하고 계신다. 성경 내러티브에서 이후로 결정적인 새 출발은 없다(역사의 종말에 새 창조에 이를 때까지 말이다).

우리가 구약성경을 따라 이스라엘을 마지막 아담으로 보고, 또 이후에 유대 전승이 그렇게 이해하는 것처럼 아담의 죄를 파기시키는 자로 볼 때,[5] 우리는 여기서 그리스도를 마지막 아담으로 보는 바울 이해의 배경을 본다.[6] 역사가 전개될 때 예수께서 자신의 인격과 사역을 통해 하나님이 한 백성으로서 이스라엘에게 바라셨던 바를 이루시기 때문이다.

---

5 『미드라쉬 창세기 라바』(*Genesis Rabbah*) 14.6.

6 롬 5:12과 고전 15장을 보라. 고전 15:45-48에서 바울은 "첫 사람 아담"과 "마지막 아담" 그리고 "첫 사람"과 "둘째 사람"을 서로 대조시킨다. 예수 그리스도는 둘째 아담이 아니라 **마지막** 아담이었다. 둘째 아담은 노아였다. 그리고 새 창조와 옛 창조의 대조에 따라 예수 그리스도는 둘째 사람이다.

아브람을 다루시는 하나님에 대한 개관

하나님은 나중에 아브라함으로 불린 아브람을 40년 이상 다루셨다. 이 기간 동안 고향을 떠나 그가 알지 못하는 곳으로 가라는 부르심이 아브람에게 있었다. 하나님은 처음에(창 12장에서) 아브람에게 약속을 주셨는데, 이 약속은 나중에(창 15장과 17장에서) 언약에 소중히 담기고, 결국은(창 22장에서) 맹세로 보증되었다. 이 기간 전체에 걸쳐 우리는 하나님의 약속에 대한 믿음과 자기에게 계시된 지침에 대한 순종에 따라 아브람의 성품과 삶에 발전과 성장이 있었음을 확인할 수 있다. 창세기는 그것의 부분들이 "출생/가족 역사"에 따라 구분되는 문학적 구조의 특징을 가졌다. 아브람에 관한 내러티브는 데라의 "가족 역사"(창 11:27-25:11)에 들어 있고, 이것은 자연스럽게 다음과 같이 열아홉 부분으로 나뉜다.

데라의 출생/가족 역사	**11:27-25:11**
데라의 가족과 하란으로의 여행	11:27-32
아브람의 부르심과 가나안으로의 여행	12:1-9
아브람과 사라의 이집트 체류	12:10-20
아브람과 롯의 분리	13:1-18
동쪽 네 왕과의 싸움	14:1-24
아브람과 언약을 맺음	15:1-21
하갈이 이스마엘을 낳음	16:1-16
아브람과의 언약을 확증함	17:1-27
아브라함의 환대와 사회적 정의	18:1-33
롯이 소돔의 멸망에서 구원받음	19:1-29
롯의 딸들의 근친상간	19:30-38
아브라함의 그랄 거류	20:1-18
이삭의 출생	21:1-21
아비멜렉과의 언약	21:22-34

확실히 이 구분들은 위의 개요가 보여주는 것보다 더 정교한 문학적 구조로, 화자는 이 부분들을 솜씨 있게 배열한다. 하지만 그 개요는 단순히 이 기본적인 구분들에 따라 하나님이 아브람을 다루시는 것에 대한 플롯의 흐름을 보여준다.

하나님이 아브라함과 언약을 맺으신 것에 관해 말한다면, 아브람 내러티브에서 서너 가지 일화가 특히 두드러진다. 첫째, 창세기 12장에서 하나님은 아브람에게 자손 및 땅(즉 아브람의 자손이 살 수 있고 그들이 고향으로 부를 수 있는 곳)을 포함해서 도저히 믿을 수 없는 약속을 하신다. 이어서 15장에서 이 약속들은 언약으로 승화된다. 이후 17장에서 아브람과 사래가 하갈과 이스마엘을 통해 자손에 대한 약속을 인간적인 방법으로 이루려고 시도한 뒤에 하나님이 그분의 약속을 반복하고 언약을 보증하시는데, 이때 할례 의식이 추가된다. 창세기 22장에 따르면 약 10년에서 15년이 흐른 후에 하나님께서 아브라함을 "시험하시고", 그의 순종에 따라 그분의 약속에 대한 또 다른 강력한 보증으로 스스로 맹세하신다.

아브라함 내러티브의 핵심

1. 약속을 주심: 아브람의 부르심(창세기 12장)

2. 언약을 맺으심: 자손과 땅에 대한 약속(창세기 15장)

3. 언약을 보증함: 할례의 표징(창세기 17장)

4. 아브라함의 순종과 약속들을 맹세로 보증하심(창세기 22장)

우리는 하나님과 아브라함의 관계를 결혼 관계에 비유할 수 있다. 그렇게 보면 12장에서 약속들을 주시는 것은 약혼 또는 정혼을 나타낸다. 15장에서 언약을 맺는 것과 17장에서 언약을 보증하시는 것은 결혼 언약의 혼인 서약과 대응을 이룬다. 아브라함을 시험하신 후에 하나님은 강력한 맹세로 자신의 약속들을 반복하신다.

창세기 12장의 개요

창세기 12장의 핵심 문법 문제와 문학적 구조를 세밀하게 고찰하는 것은 하나님이 아브람에게 주신 약속과 그 약속들의 결과로 맺어진 언약을 정확히 해석하는 데 필요하다. 사실 이 핵심 사항에 대한 해석은 성경의 나머지 부분을 이해하는 데 큰 영향을 미친다.

약속을 주심: 아브람의 부르심(창세기 12장)

하나님의 말씀: 명령과 약속	12:1-3
가라(명령)	
1. 내가 너로 큰 민족을 이루게 할 것이다	(약속)
2. 내가 네게 복을 내릴 것이다	(약속)
3. 내가 네 이름을 창대하게 할 것이다	(약속)
복이 될지라(명령)	
1. 내가 너를 축복하는 자에게는 복을 내릴 것이다	(약속)
2. 내가 너를 저주하는 자에게는 저주를 내릴 것이다	(약속)
3. 땅의 모든 민족이 너로 말미암아 복을 얻을 것이다	(약속)
아브람의 반응: 순종	12:4-9
1. 순종	(4-6절)
2. 보증	(7절)
3. 순종	(8-9절)

창세기 12장은 두 부분으로 나뉜다. 12:1-3은 하나님이 아브람에게 주시는 말씀으로 구성되고, 12:4-9은 그 말씀에 대한 아브람의 반응을 언급한다. 12:1-3의 문학적 구조를 주목하는 것이 중요하다. 히브리어 본문을 보면 두 개의 명령이 사용된다(즉 이 두 개의 동사는 히브리어 동사 체계에서 명령 동사로 규정된다). 곧 "가라"와 "되라"다. 이 두 명령에는 각각 세 개의 접두사 형태가 사용되었고(이것은 청유나 미완료 용법으로 해석될 수 있다), 일반적으로 명령을 따르는 접두사 형태는 목적이나 결과를 나타낸다. 따라서 세 가지 약속이 이 두 명령에 각각 나온다.

문학적 구조가 논란이 되고 있으므로 내용을 상세히 분석할 필요가 있다. 하나님이 창세기 12:1-3에서 아브람에게 주신 말씀에는 여덟 개의 동사가 사용되었다(삽입 또는 관계 문장에 나오는 동사는 포함하지 않았다). "레크"(לֶךְ, 가라), "웨에에스카"(וְאֶעֶשְׂךָ, 이루고), "와아바레크카"(וַאֲבָרֶכְךָ, 복을 주어), "와아가델라"(וַאֲגַדְּלָה, 창대하게 하리니), "웨흐예"(וֶהְיֵה, 될지라), "와아바라카"(וַאֲבָרְכָה, 복을 내리고), "아오르"(אָאֹר, 저주하리니), "웨니브레쿠"(וְנִבְרְכוּ, 복을 얻을 것이라). 첫 번째와 다섯 번째 동사 곧 "레크"와 "웨흐예"는 형식상 모호하지 않고, 칼(qal) 명령법 곧 2인칭 단수형으로 분석되어야 한다. 나머지 동사들은 모두 1인칭 의지 동사(즉 청유형)로서, "-아"(-â) 접미사나 절의 앞에 위치한 것으로 보아 그렇게 판단된다.[7] 대명사적 접미사를 가진 동사 형태(웨에에스카[וְאֶעֶשְׂךָ], 와아바레크카[וַאֲבָרֶכְךָ])는 당연히 "-아" 접미사를 가질 수 없으나 절 앞에 위치하고 의지 동사들의 연속으로 보아 "-아" 접미사를 가진 것으로 추론되어야 한다. 창세기 12:1-3의 접두사 형태는 의미를 크게 변화시키지도 않고 단순 미래 직설법으로 파악될 수 있었다. 창세기 12:3의 "아오르"는 "와우"가 접두사로 붙어 있는 것이 아니고, 또 절 요소가 전치(前置)되기 때문에 절 앞에 위치하는 것도 아니다. 이런 절 패턴은 문장이 이전 절과 대응적인 짝을 이

---

7   Peter J. Gentry, "The System of the Finite Verb in Classical Biblical Hebrew," *Hebrew Studies* 39 (1998): 7-39을 보라.

루는 특징이 있다(즉 "너를 축복하는 자에게는 내가 복을 내리고, [그러나] 너를 저주하는 자에게는 내가 저주하리니"는 담화 문법의 특징에 따라 대응적인 짝으로 작용하는 절들이다).[8]

이 관계에서 학자들이 가장 곤란함을 느끼는 동사 형태는 "웨흐예"다. 많은 학자가 이 동사를 강조의 결과절로 이해하고 "따라서 너는 복이 될 것이라"로 해석하기를 좋아한다. 매튜스는 다음과 같이 설명한다.

> "웨흐예 베라카"(וֶהְיֵה בְּרָכָה, 문자적으로 "복이 되다" 2d절)는 청유 동사 "와아가델라"(וַאֲגַדְּלָה, "내가…창대하게 하리니")를 앞에 두고 있다. 동사들의 이 연쇄 관계로 말미암아 이 명령 동사는 기대된 확실성 또는 의도를 표현한다(GKC § 110i). 미완료 동사 형태 대신 명령 동사 형태를 사용하는 것은 약속의 확실성을 강조한다(*IBHS* § 34.4c).[9]

매튜스는 월키와 오코너의 『성경 히브리어 구문론』(*An Introduction to Biblical Hebrew Syntax*)에 의존한다. 관련 부분은 다음과 같이 진술한다.

> 간접 명령형과 같이 직접 명령형도 일반적 의미가 상실되는 용법을 갖고 있다. "헤테로시스"(*heterosis*) 용법은 한 문법 형태를 다른 문법 형태로 바꾸는 것을 포함한다. 명령형과 함께 헤테로시스도 미래에 성취될 약속이나 예언을 창출하고, 그리하여 접두사 활용을 사용하는 경우보다 더 강력하고 생생한 의미를 만들어낸다.[10]

---

8 Stephen G. Dempster, "Linguistic Features of Hebrew Narrative: A Discourse Analysis of Narrative from the Classical Period" (박사학위 논문, University of Toronto, 1985).

9 Kenneth A. Mathews, *Genesis 11:27-50:26*, New American Commentary 1B (Nashville: B&H, 2005), 107, n. 51.

10 Bruce K. Waltke and Michael P. O'Connor, *An Introduction to Biblical Hebrew Syntax* (Winona Lake, IN: Eisenbrauns, 1990), 572.

확실히 명령과 미래 직설법의 구분은 많은 언어에서 분명하지 않다. 우리는 이것을 입증하기 위해 라틴 수사법에 의존할 필요가 없다.[11] 월키와 오코너가 제공한 세 가지 실례는 특별히 설득력이 없고(왕하 19:29; 시 110:2; 사 54:14), 가장 단순하게 직설적인 명령으로 추정할 수 있다. 비록 다른 곳에서 월키가 매튜스의 분석에 동의하는 것처럼 보이지만,[12] 창세기 12:3은 하나의 실례로 제공되는 것이 아니다. 매튜스의 설명은 대단히 만족스럽지 못하다. 지금 우리의 가정은 모든 동사 형태의 선택은 **동기를 유발한다**는 것이다. 결과절은 절 앞에 위치에 있는 접두사 형태로 더 분명히 드러날 것이다. 저자가 어떤 결과를 의도했다면 "웨티헤예"(וְתִהְיֶה)나 "우테히"(וּתְהִי)와 같은 형태가 "웨흐예"(וֶהְיֵה)보다 더 분명하고 더 자연스러웠을 것이다.

우리는 GKC § 110i처럼 청유형 다음에 나오는 명령형을 목적의 연속 관계로 해석할 수 있다. 그런데 이런 연속 관계가 청유형과 간접 명령형과 함께 사용되는 경우가 일반적이지만 히브리어 의지 동사에 대한 최근 연구가 보여주는 것처럼 명령형과 함께하는 경우는 매우 드물다.[13] 이것이 문제를 일으킨다. 하지만 기민한 독자는 "웨흐예"(וֶהְיֵה)와 "레크"(לֶךְ)를 즉시 연결

---

11 또한 Gentry, "System of the Finite Verb in Classical Biblical Hebrew"에서도 설명했다.

12 Bruce K. Waltke with Charles Yu, *An Old Testament Theology: An Exegetical, Canonical, and Thematic Approach* (Grand Rapids. MI: Zondervan, 2007), 149. 이 문제는 Bruce K. Waltke with Cathi J, Fredericks, *Genesis: A Commentary* (Grand Rapids, ML: Zondervan, 2001)에서 거론되지는 않는다.

13 Hélène Dallaire, "The Syntax of Volitives in Northwest Semitic Prose" (박사학위 논문, Hebrew Union College, Cincinnati, OH, 2002); 그리고 Ahouva Shulman, "The Use of Modal Verb Forms in Biblical Hebrew Prose" (박사학위 논문, University of Toronto, 1996)를 보라. 이 연구들의 결과로 히브리어의 의지 동사와 관련해 Waltke와 O'Connor의 문법이 폐지된다. 또 다른 최근의 연구 Joel S. Baden, "The Morpho-Syntax of Genesis 12:1-3: Translation and Interpretation," *Catholic Biblical Quarterly* 72 (2010): 223-237은 저자 자신의 연구에 기초해 창세기-열왕기, 예레미야, 요나, 스가랴, 말라기, 룻기, 에스더, 다니엘, 에스라, 느헤미야, 역대기의 산문에 나타난 모든 의지 동사에 대한 분석을 제공한다. 유감스럽게도 Baden은 Schulman과 Dallaire의 탁월한 연구를 알지 못하는 것처럼 보이고, 핵심 문학적 단서들을 놓치기 때문에 문법 지식을 진전시키지 못하거나 본문에 대한 해석에 크게 공헌하지 못한다.

시킬 것이다. 왜냐하면 둘 다 명령형일 뿐만 아니라 하나님의 말씀을 지배하는 **1인칭** 형태와 달리 **2인칭** 형태이기 때문이다. 확실히 이것은 발화를 두 부분으로 구분하는 저자의 문학적 표시다. 따라서 그 문장에는 단 **두** 개의 명령이 있고 그 명령형 동사에는 **세** 가지 약속이 따른다.

어떤 학자들은 이런 분석이 문제점을 해결하지 못한다고 생각한다. "복이 될지라"는 **명령**이 무엇을 의미하는지를 묻기 때문이다. 우리가 여기서 보는 것, 심지어는 하나님-인간의 관계가 15장에서 언약으로 엄숙히 선언되기 이전에 보는 것은 하나님과의 관계에서 순종하거나 이행해야 할 명령이나 의무가 있다는 것이다. 하지만 이 명령이나 의무는 항상 하나님의 강력한 약속으로 둘러싸여 있거나 지지를 받고 있다. 오래전에 아우구스티누스는 이것을 다음과 같이 표현했다. "하나님은 자신이 명하시는 것을 행하실 수 있다." 하나님은 어떤 일을 행하겠다고 약속하신다. 그러나 하나님은 아브람을 세상에 복을 전하는 대리인으로 사용하는 배경에서 그 일을 행하신다. 이어지는 세 가지 약속은 "복이 될지라"는 명령을 설명하기 시작하고, 그 명령이 어떻게 일어날 것인지를 밝혀준다. "너를 축복하는 자에게는 내가 복을 내리고 너를 저주하는 자에게는 내가 저주하리니 땅의 모든 족속이 너로 말미암아 복을 얻을 것이라 하신지라." 비록 아브람에게 명령하기는 해도, 여전히 아브람이 다른 사람들에게 복을 전해줄 수 있게 하실 함축적인 행위자는 하나님이시다.[14]

윌리엄슨은 창세기 12:3과 관련해서 문법적으로 중요한 점을 주석하는 데 인용할 가치가 있다.

현재 상태 그대로 전통적인 히브리어 본문(MT 본문)은 강조의 결과절로 "따라서 너는 확실히 복을 받을 것이라"로 해석되거나 이차 명령으로 "복이 되라"로

---

14 다른 곳에서 "복이 되는" 것을 유일하게 직접 언급하는 본문은 슥 8:13이다. 스가랴서의 이 언급은 창 12:2의 "복이 될지라"는 명령과 같은 형태로 구성하는 것이 가능함을 보여준다.

해석될 수 있다. 현대 영어 번역들은 분명히 전자를 선호하지만 대다수 최근의 연구는 후자를 지지한다. 그러므로 유감스럽게도 이것은 학자의 견해가 날카롭게 갈라져 있는 한 영역이다. 확실히 어떤 이들은 심지어 본문 수정을 통해 곧 히브리어 자음들을 보존하고 거기에 다른 모음 부호를 집어넣어 문제점을 완전히 제거할 것을 제안했다. 그렇게 되면 본문이 "그리고 그것[즉 '네 이름', 2c절]이 복이 될지라"로 교정될 것이다. 그러나 이런 극단적 조치는 불필요하다. 특히 그 이유는 현재 상태 그대로 의미를 파악하는 것이 얼마든지 가능하고, 의심할 여지없이 후자가 더 어려운 이문이기 때문이다.

이 동사를 이차 신적 명령으로 이해하는 것을 지지하는 사례가 창세기 17:1b에서 발견될 수 있다. 거기 보면 비슷한 구성(명령 동사에 "히"[hyb] + X가 포함된 형태)이 발견되고, 여기서 동사는 의심할 것 없이 명령으로서의 힘을 갖고 있다("너는 내 앞에서 행하여 완전**하라**" 창 17:1). 명령적 독법을 보존하는 것에 대한 추가 지지는 창세기 12:1-3의 두 명령형 동사가 청유형 동사 이전에 나온다는 사실―통상적으로 목적이나 결과를 표현하는 구성―로 제시될 수 있다. 이 명령-청유절 가운데 첫 번째 동사는 조건적 약속을 표현하므로, 동일한 본문 단위에서 동일한 구성은 똑같이(즉 이차 조건적 약속으로) 해석되어야 한다고 결론짓는 것이 합리적으로 보인다. 이같이 이해되면 아브라함의 신적 사명은 두 가지였다. 곧 아브라함은 "가야" 했고, 또 "복이 되어야" 했다.[15]

첫 번째 진술을 제외하고 윌리엄슨의 분석은 탁월하다. 그 형식이 강조적인 결과절로 해석될 수 있다고 생각하는 자는 본문을 잘못 해석하고 문학적 구조에 대한 중요한 단서를 놓쳤다. 동사 "웨흐예"(וֶהְיֵה, 될지라)는 "와아가델라"(וַאֲגַדְּלָה, 창대하게 하리니)가 아니라 "레크"(לֵךְ, 가라)와 연속 관계에 있다. 명령형이 앞에 나오는 히브리어 명령법은 단순히 명령의 논리적 연속 관계

---

15 Paul R. Williamson, *Sealed with an Oath: Covenant in God's Unfolding Purpose*, NSBT 23 (Downers Grove, IL: InterVarsity Press, 2007), 78-79.

를 보여주는 것이지, 의지 동사들의 다른 연속 관계에서 그러는 것처럼 강조적인 결과나 목적 또는 귀결을 나타내는 것이 아니다.[16] "될지라"는 동사의 명령형이 그 자체적인 증명에 문제가 있거나 독자적이거나 한 것이 아니다.[17]

이상의 개요가 보여주는 것처럼 하나님이 아브람에게 주신 여섯 가지 약속은 세 개씩 두 개의 단위로 분류된다. (1) 첫 번째 세 가지 약속의 단위는 한 개인인 아브람에게 주는 복이다. 곧 아브람은 큰 민족을 이루고, 복을 받으며, 이름이 창대하게 될 것이다. (2) 두 번째 세 가지 약속 단위는 아브람과의 관계를 통해 세상 민족들에게 주어지는 복(또는 저주)이다. 성경 역사가 전개될 때, 우리는 이것이 의미하는 것을 알 수 있다. 곧 창조주 하나님이 만드신 세상은 인간의 교만과 거역으로 말미암아 파괴되고 파멸되었다. 하나님은 파괴된 자신의 창조물을 구원하고 회복시키는 도구로 아브람과 그의 가족을 사용하려고 계획하신다.

브루스 월키는 대작 『구약신학』(*An Old Testament Theology*)에서 아브라함의 부르심을 다음과 같이 묘사한다. "하나님은 하나님 나라의 침투와 관련해 아브라함과 일곱 가지 약속을 하신다."[18] 하나님의 명령은 "일곱 가지 약속을 수반하고, 한마디로 하나님의 구원 계획을 보여주는 확대된 세 가지 지평과 관련된다."[19] 이 확대된 지평들은 동심원 구조로 묘사된다. 첫 번째 단계는 아브람부터 시작하고(기원전 2000년), 두 번째 단계에서는 이스라엘과 시작하고(기원전 1400년), 그리고 마지막 단계에서는 모든 족속과 시작

---

16 히브리어 의지 동사들의 다른 순서의 의미에 대해서는 다음 자료들을 보라. Thomas O. Lambdin, *Introduction to Biblical Hebrew* (New York: Charles Scribner's Sons, 1971), § 107; Allen P. Ross, *Introducing Biblical Hebrew* (Grand Rapids, MI: Baker, 2001), § 20.7; Paul Joüon, *Grammaire de l'hébreu biblique* (Rome: Biblical Institute Press, 1923), § 116.

17 "הָיָה"에 대해서는 출 18:19; 삼상 18:17; 사 33:2; 시 30:11; 31:3; 71:3, 전 7:14을 보고, "וְהָיָה"에 대해서는 창 17:1; 출 24:12; 34:2; 삿 17:10; 18:19을 보라.

18 Waltke, *Old Testament Theology*, 149.

19 같은 책, 314.

한다(현재). 하지만 7가지 약속에 대한 묘사는 유감스럽게도 잘못되었다. 그 묘사는 약속을 두 가지 초점, 곧 이후의 구분에 직접적으로 일치하는 측면과 창세기 15장과 17장의 두 가지 주안점으로 구분하는 문학적 구조를 이해하지 못하게 하고 불명료하게 한다. 더욱이 "확대되는 지평들"은 삼중 구조가 아니라 이중 구조라는 사실을 모호하게 한다. 하나님은 아브라함에게 복을 주고, 또 아브라함(단수형)과 관련된 민족들에게 복을 주신다. 그러므로 세 단계로 이루어진 동심원 그림은 이 본문에 맞지 않는다.

한 개인으로서 아브람에게 주어진 약속들은 민족과 복 그리고 창대한 이름에 중점을 둔다. 첫째, 아브람은 큰 민족을 이룰 것이다. 그런데 우리는 땅이 없는, 영토가 없는, 수많은 사람이 살고 고향이라고 부르는 장소가 없는 큰 민족을 생각할 수는 없다. 따라서 땅이라는 생각이 이 약속에 함축되어 있고, 야웨는 15:7에서 이것을 다음과 같이 분명히 명시하신다. "여호와께서 아브람에게 나타나 이르시되 '내가 이 땅을 네 자손에게 주리라' 하신지라." 먼저 살고 있던 땅과 민족에서 분리되지 않으면 큰 민족을 이루고 영토 안에서 살 수 없다. 7절에 나오는 미래의 민족을 위한 땅 또는 영토에 대한 보증과 약속은 하나님의 약속들에 대한 아브람의 반응과 교차 구조 관계에 있다. 15:7에서 하나님의 계시의 보증 양편에는 아브라함의 순종과 경배가 있다. 15:8과 15:9은 아브람이 제단을 쌓고 야웨의 이름을 부르며 장막을 설치한 사실에 대해 말한다. 제단과 장막은 가나안에서 아브람이 보여준 행동의 특징이다. 제단은 오직 가나안에서 체류하는 것과 관련해서 언급된다(창 12:7, 8; 13:4, 18; 22:9[2회]). 이집트나 그랄에서 체류하는 동안에는 제단이 없다. 단지 절반의 진실과 거짓말 그리고 고생만 있었다. 우리는 가나안이 에덴과 관련된 말에 따라 성소로 묘사되는 것을 위에서 확인했다. 이제 우리는 아브람이 **아담의 역할**을 수행하는 것을 본다. 곧 아브람은 이 산당에서 제사장으로서 제사를 드리고 하나님을 경배한다. 창세기 12장 이전에 "제단"이라는 말이 나타나는 유일한 본문은 창세기 8:20이다. 거기를 보면 둘째 아담인 노아가 홍수 심판 후에 야웨께 제사를 드린다. 이것은 아브라함이 가나안의 산당에서 제사를 드리는 역할을 감당하면서 마지막 아담으로서의 활동을 행한 것을 부각시킨다. 장막은 단순히 약속들의 성취와 영원한 상황이 아직 이르지 않았음을 강조한다.[20]

한 개인으로서 아브람에게 주어진 두 번째 약속은 복이다. 내러티브가 전개될수록 우리는 복의 의미를 알게 될 것이고, 이 주제로 다시 돌아올 것이다. 세 번째 약속은 하나님이 아브람의 이름을 창대하게 하시리라는 것이다. 빌 아놀드(Bill Arnold)가 다음과 같이 지적하는 것처럼 이 약속에 왕권에 대한 의미가 함축되어 있다고 보는 것이 가능하다.

여호와는 아브람의 이름을 "창대하게" 하실 것인데, 이것은 명성이나 갈채에 대한 약속 이상이다. 오히려 자기 자신들의 힘으로 자기 이름을 내려고 불멸을 위해 애처로이 힘을 쓴 바벨탑 건설자들(창 11:4)과 달리 히브리 성경에서 하나님이 사람에게 창대한 이름을 주신다는 것은 그를 왕적인 인물로 삼으신다는 것이다(삼하 7:9).[21]

아놀드의 말이 옳다. 아브람에게 주신 이 약속은 하나님이 다윗과 언약을 맺으실 때 그에게 주신 약속과 비슷하다. "땅에서 위대한 자들의 이름 같이 네 이름을 위대하게 만들어주리라"(삼하 7:9).[22] 이것은 아브라함과 사라

---

20 이 부분을 쓴 다음에 나는 아브라함이 제사장으로 역할을 한다는 Alexander의 주장을 우연히 섭렵했다. 내가 지적한 것 외에도 Alexander는 다음과 같은 사실을 덧붙인다. "아브라함은 여러 번에 걸쳐 하나님을 만나 신적 전달을 받는다(창 12:1-3; 13:14-17; 15:1; 4-5, 7, 9, 13-16, 18-21; 17:1-22; 18:1-33; 21:12-13; 22:1, 12, 15-18). 아브라함과 하나님의 특별한 관계는 아브라함이, 비록 제사장으로 지명 받은 적은 없다고 할지라도, 제사장의 지위와 동등한 지위를 누리고 있음을 시사한다"(T. Desmond Alexander, *From Eden to the New Jerusalem* [Grand Rapids, MI: Kregel, 2008], 83). 나는 Alexander의 마지막 문장에 충분히 동의하지만 아브라함이 하나님으로부터 전달을 받는 사실은 아브라함이 예언자라는 것을 보여주는 것으로도 해석될 수 있다(참조. 창 20:7).

21 Bill T. Arnold, *Genesis* (Cambridge: Cambridge University Press, 2009), 132.

22 나는 이에 대한 관심을 갖는 데 있어 Stenphen Kempf의 도움을 받았다. 우리는 또한 일부 학자들이 창 6:4의 "명성이 있는 사람들"(안셰 하솀[אַנְשֵׁי הַשֵּׁם])을 왕들로 간주한 것도 지적할

에게서 나온 왕들을 직접 가리키는 것과 분명히 일치한다(창 17:6, 16). 또한 그것은 아브람이 왕실 사람이라는 사실과도 어울린다. 아브람이 아담의 역할을 맡았기 때문이다. 알렉산더가 주목하는 것처럼 아브람은 결코 왕으로 불린 적이 없지만 그랄 왕이 아브람을 왕과 동등한 자로 대우하고, 헤브론 주민들은 아브람을 "하나님이 세우신 지도자"로 지칭하며(창 23:6), 창세기 14장에서 아브람의 군사적 활약은 그를 왕들과 동등한 위치에 놓는다.[23]

사실 창세기 14장은 놀라운 인물 곧 왕-제사장인 멜기세덱을 소개하는데, 거기서 화자는 아브람을 멜기세덱과 동등한 인물로 묘사한다. 창세기 14장의 사건들은 아브람에 대한 묘사와 그의 "왕-제사장"으로서의 역할에서 중요한 사건들이다. 창세기 14장의 내러티브는 동쪽의 주요 네 통치자 곧 시날 왕 아므라벨, 엘라살 왕 아리옥, 엘람 왕 그돌라오멜, 고임 왕 디달을 소개한다. 이 왕들은 14년 전에 정복에 필요한 공물을 내놓지 않은 가나안 통치자들을 처벌하려고 왔다. 이 왕들은 사해 남쪽 평원에 위치한 다섯 왕 곧 소돔 왕 베라, 고모라 왕 비르사, 아드마 왕 시납, 스보임 왕 세메벨, 벨라 즉 소알 왕이 통치하는 성읍을 비롯해서 여러 성읍의 군대를 패배시킨다. 이 패배에는 당시 소돔에 살던 롯이 포로로 잡혀가는 일도 포함되어 있다. 아브람은 극적인 구출 작전을 개시하여 자신의 사병 318명과 자신과 동맹을 맺은 아모리 족속의 동지들 곧 마므레, 아넬, 에스골과 함께 밤에 네 왕을 공격했다. 네 왕을 물리치고 돌아올 때 아브람은 두 왕 곧 소돔 왕과 살렘(= 예루살렘) 왕의 영접을 받았다.

17 아브람이 그돌라오멜과 그와 함께한 왕들을 쳐부수고 돌아올 때에 소돔 왕이

수 있다(Waltke & Fredricks, *Genesis: A Commentary*, 115-118).

23 창세기의 이 주제에 관한 더 깊은 전개는 T. Desmond Alxender, "The Regal Dimension of the תולדות־יעקב: Recovering the Literary Context of Genesis 37-50," *Reading the Law: Studies in Honour of Gordon J. Wenham*, ed. J. G. McConville and Karl Möller, Library of Hebrew Bible/Old Testament Studies 461 (Mew York: T. & T. Clark, 2007), 254-266을 보라.

사웨 골짜기 곧 왕의 골짜기로 나와 그를 영접하였고,

18 살렘 왕 멜기세덱이 떡과 포도주를 가지고 나왔으니 그는 지극히 높으신 하나님의 제사장이었더라. 19 그가 아브람에게 축복하여 이르되!

"천지의 주재이시오, 지극히 높으신 하나님이여—
아브람에게 복을 주옵소서!
20 너희 대적을 네 손에 붙이신
지극히 높으신 하나님을 찬송할지로다!"

하매, 아브람이 그 얻은 것에서 십분의 일을 멜기세덱에게 주었더라.
21 소돔 왕이 아브람에게 이르되 "사람은 내게 보내고 물품은 네가 가지라!"
22 아브람이 소돔 왕에게 이르되 "천지의 주재이시오 지극히 높으신 하나님 여호와께 내가 손을 들어 맹세하노니 23 네 말이 '내가 아브람으로 치부하게 하였다' 할까 하여, 네게 속한 것은 실 한 오라기나, 들메끈 한 가닥도 내가 가지지 아니하리라. 24 오직 젊은이들이 먹은 것과 나와 동행한 아넬과 에스골과 마므레의 분깃을 제할지니 그들이 그 분깃을 가질 것이니라"(창 14:17-24).

이 두 왕(소돔 왕과 살렘 왕)은 각기 다른 형태의 왕권을 보여준다.[24] 소돔 왕은 왕이 소유물을 취하고 힘으로 다스리는 생각, 곧 힘이 정의를 만든다는 생각을 보여준다. 이것은 가나안 왕들의 권한에 대한 일반적인 패턴이다. 곧 절대 군주는 자기 자신을 강화하는 데 자신의 지위를 사용한다. 반면에 살렘 왕 멜기세덱은 다른 종류의 왕권을 보여준다. 멜기세덱은 만물

---

24 이 설명에 대해 나는 J. Gordon McConville, "Abraham and Melchizedek: Horizons in Genesis 14," *He Swore an Oath: Biblical Themes from Genesis 12-50*, ed. R. S. Hess, G. J. Wenham and P. E. Satterthwaite, 2nd ed. (Cambridge: Tyndale House, 1993, 1994), 93-118과 T. Desmond Alexander, *From Eden to the New Jerusalem*, 80-83의 도움을 받았다.

의 창조자/소유자이신 절대자 하나님을 인정한다. 따라서 모든 통치자는 지극히 높으신 하나님의 주권을 인정하고, 자기가 소유한 모든 것을 하나님의 선물로 간주해야 한다. 통치자는 지극히 높으신 하나님의 종이다. 통치자의 왕권은 하나님 **경배**에 기초한다. 아브람은 세 가지 일을 행한다. (1) 그는 지극히 높으신 하나님을 야웨로 인정한다. (2) 그는 멜기세덱에게 십일조를 바친다. (3) 그는 자기 권리를 주장해서 소돔 왕이 그에게 주는 전리품 중 하나도 받지 않는다. 다시 말하자면 아브람은 멜기세덱이 보여주는 왕-제사장과 동일시된다. 따라서 아브람은 원래 아담에게 주어졌고, 지금은 자기에게 주어진 왕-제사장의 역할을 채택하고 있다.

두 번째 단위의 세 가지 약속은 아브람(그리고 그의 가족)과의 관계를 통해 세상 민족들에게 복(또는 저주)을 제공하는 것이다. 첫째, 하나님은 아브람을 축복하는 자들(복수형)에게는 복을 내릴 것이라고 약속하신다. 둘째, 동일한 약속이 부정적 방식으로 진술된다. 곧 하나님은 아브람을 경시하거나 가볍게 대하는 자에게 저주를 내리실 것이다. 셋째, 간략한 진술로 아브람은 땅의 모든 족속이 그로 말미암아 복을 얻을 것이라는 것을 듣는다. 두 가지 단위의 복은 세 가지 약속으로 시작하고 끝난다. 또한 하나님이 아브람을 축복하는 자들(복수형)에게 복을 내리시지만 아브람을 가볍게 대하는 자(단수형)에게 저주를 내리실 것이라는 사실을 주목하라. 왜 복수형에서 단수형으로 바뀔까? 하나님께서 아브람을 축복하는 자는 **많고** 저주하는 자는 **적기**를 바라시기 때문이다. 복수형에서 단수형으로의 이 변화는 혼돈과 죽음으로 바뀐 세상을 구원하고 구속하는 하나님의 계획에 있어 하나님의 자비로움을 강조한다.

"땅의 모든 족속이 너로 말미암아 복을 얻을 것이라"는 마지막 약속에 대해서는 논란이 있다. 여기서 문제가 되는 것은 "바라크"(*brk*, 복을 베풀다)의 니팔 형의 정확한 기능이다. 이에 대해서는 학자들이 제시하는 두 가지 주요 견해가 있다. 하나는 이 니팔 형을 수동태 용법(즉 땅의 모든 족속이 너로 말미암아 복을 받을 것이라)으로 해석하는 것이다. 다른 하나는 이 니팔 형을 재귀 용법(즉 땅의 모든 족속이 너로 말미암아 스스로 복을 얻을 것이라)으로 해석하는 것이다. 두 견해 모두 문법적으로 가능하다. "바라크"의 니팔 형은 히브리 성경의 다른 곳에서 단 두 번만 발견되는데(창 18:18; 28:14), 둘 다 창세기 12:3의 약속을 반복하는 내용이다. 이 논란을 악화시키는, 것은 창세기 12:3에 나오는 이 약속을 두 번 더 반복하는 것은 "바라크"(창 22:18; 26:4)의 히트파엘 형(*bithpael* form)으로 기록되어 있고, 다른 곳에서 창세기 12:3의 또 다른 두 번의 언급 또는 반영 (시 72:17; 렘 4:2)도 이 동사의 히트파엘 형으로 기록되어 있다는 것이다. 히브리 성경에는 "바라크"의 히트파엘 형의 사례가 단지 세 번만 나타나고, 이 사례들은 창세기 12:3과는 전혀 상관이 없다(신 29:19; 사 65:16 [2회]).

이 히트파엘 형은 본질상 수동태, 재귀 용법, 상호 작용 관계 또는 중간태(언어 행동을 포함하면서, 그것은 "복을 말하다"로 해석될 수 있다)를 가리키는 것으로 기능할 수도 있다. 수동태 기능은 상대적으로 드물게 일어난다. 히트파엘 형의 사례와 특히 창세기 12:3의 언급이나 반복이 아닌 창세기 밖에서 나타나는 발생의 예를 보고 다음과 같이 주장할 수 있는 강한 유혹이 있다. 곧 니팔 형의 사례들은 재귀 용법으로 간주되어야 할 뿐 아니라, 70인역과 신약성경에 반영되어 있는 것(참조. 행 3:25; 갈 3:8)처럼 수동태로 보는 전통적 해석도 포기되어야 한다. 또 다른 접근법은 니팔 형과 히트파엘 형은 구별된 의미를 갖고 있다고 주장하는 것이다.

윌리엄슨은 니팔 형을 재귀 용법으로 보는 해석을 반대하고, 히트파엘 형이 다음과 같이 주로 재귀 용법으로 사용된다고 주장한다.

…이 약속들이 아브라함의 이름이 아니라 명백히 그의 인격과 관련이 있다는 사실은 "바라크" 동사를 재귀 용법으로 해석하기를 바라는 자들에게 심각한 문제를 일으킨다. 추가로 제기되는 어려움은 문맥이 민족들이 이스라엘의 복에 참여하게 될 것이라고 예견한다는 것이다(창 12:3a에서 기본적으로 기대되는 것이 복수형으로 표현된다). 따라서 단순히 이 복을 **바라는 것**은 "결정적으로 실

망스런 결말"이 되고 말 것이다(덤브렐 1984: 70). 나아가 이 본문을 배타적으로 재귀 용법으로 해석하면, 니팔 형이 사용된 관련 본문들도 배타적으로 제외되는 것처럼 보일 것이다. 이것은 창세기 18:18에서 매우 명백하게 확인된다. 거기서는 다른 민족들에게 표현된 단순한 소원에 관한 진술로는 아브라함의 국제적 중요성을 거의 설명하지 못할 것이다. 그러므로 "바라크"의 이 니팔 형 사례들은, 창세기 22:18과 창세기 26:4에 히트파엘 형이 나타나 있음에도 불구하고, 재귀 용법으로 해석해야 한다는 주장은 개연성이 없어 보인다. 그렇다면 이 히트파엘 형의 사례들을 어떻게 해석해야 할까?

이것을 설명하는 한 가지 가능한 방법은 니팔 형의 사례들에 "중간태" 의미(즉 "복을 얻다/복을 찾다")를 부여하는 것이다. 이 번역은 수동태와 재귀적 의미를 결합시키는 이점을 갖고 있고, 이것은 창세기 편집자가 왜 동사의 두 형태를 마지막 본문에서 바꾸지 않고 그대로 둔 이유를 설명하는 데 도움을 줄 것이다. 나아가 수동태 의미보다 중간태 의미가 의도되었다면, 이것은 또한 "바라크"의 더 흔한 수동태 동사형(칼 형 수동태 분사[바루크]나 푸알 형)이 사용되지 않은 이유도 설명해줄 것이다. 더욱이 덤브렐(1984: 71)이 정확히 다음과 같이 말하는 것처럼 말이다. "이런 의미는 또한 민족들이 회복된 이스라엘에게로 나아오는 구도자로 일관되게 제시되는 구약성경의 선교에 대한 전체 입장에도 더 부합될 것이다."

그러나 비록 니팔 형이 이 "복을 찾는" 것의 생각을 전달한다고 해도, 이것은 여전히 관련 본문들에 "바라크"의 두 형태가 넓게 사용된 것을 설명하지 못한다. 왜 창세기 12:3과 18:18 그리고 28:14에서 니팔 형이 사용되고, 창세기 22:18과 26:4에서는 히트파엘 형이 사용되었을까? 최종 편집자가 자기 마음대로 이 다른 두 동사형을 사용했거나 기초 자료로 말미암아 본문에 일관성을 부여하는 데 약간 미온적인 것으로 추정하는 것보다는, 니팔 형과 히트파엘 형이 이 특정 본문들에서 어떻게 사용되는지 더욱 면밀하게 검토하는 것이 가치 있다. 면밀히 비교해보면 각 동사형이 같은 의미로 사용되기보다는 구별된 뉘앙스를 갖고 있음을 보여준다(윌리엄슨 2000a, 227-228). 니팔 형이 나타나는 곳에서는 직접적 상황이 덜 함축되어 있다. 민족들이 복을 얻는 통로가 되는 사람은 아브라함(또는 창 28:14의 경우에는 주로 야곱)이다. 반면에 히트파엘 형이 발견되는 문맥에서 복의 통로는 예견된 복을 직접 전달할 약속된 "후손"이다(참조. 시 72:17; 렘 4:2). 따라서 그 약속의 히트파엘 형은 인간이 자기 이익을 얻기 위해 행한 행동(즉 "수익의 재귀 용법," *IBHS* § 26.2e)으로 이해될 수 있고, "땅의 모든 족속이 네 후손으로 말미암아 스스로 복을 얻을 것이라"로 번역될 수 있다. 반면에 니팔 형은 중간태 의미로서 "땅의 모든 족속이 너를 통해 복을 경험할 것이라"로 이해될 수 있다.[25]

니팔 형의 재귀적 의미를 반대하는 윌리엄슨의 주장은 설득력이 있고 건전하다. "바라크" 동사의 형태의 선택은 자의적인 선택이 아니라는 윌리엄슨의 전제 역시 타당하다. 그럼에도 니팔 형의 사례들이 보여주는 복은 히트파엘 형의 사례들이 보여주는 복보다 덜 직접적으로 전달된다는 생각은 그리 만족스럽지 못하고, 윌리엄슨의 단서에도 불구하고 그 "자손"이 창세기 28:14의 진술의 한 부분이라는 사실에 따라 흔들린다.

리(Chee-Chiew Lee)의 분석이 더 낫고, 나아가 이 분석은 일반적으로 창세기 12:3과 이 본문의 구약성경의 반복에 대한 그뤼네베르크(Keith N. Grüneberg)의 철저하고 포괄적인 연구에 의해 지지를 받는다. 리는 다음과 같이 말한다.

나는 "바라크"의 니팔 형을 수동태로 받아들이고("땅의 모든 족속이 복을 받을 것이다"), 히트파엘 형은 평가적-선언적 재귀 용법으로 받아들인다("땅의 모든 족속이 자기들을 복이 있다고 선언할 것이다"). 그 이유는 다음과 같다. 첫째, 창세기 12:3b과 이 구절을 반복하는 본문들에 나오는 짝 단어들("미쉬파하"[משפחה]/"고이"[גוי] "아다마"[אדמה]/"에레츠"[ארץ] "니브레쿠"[נברכו]/"히트

---

25 Paul R. Williamson, *Sealed with an Oath*, 80–81.

바라쿠"[התברכו]) 간의 의미의 중첩이 분명히 있다고 해도, 그 변형들은 의도적이고 약간 다른 뉘앙스를 지니고 있다는 사실이 확립될 수 있다. 예를 들어 "미쉬파하 아다마"(משפחה אדמה 원문 그대로)는 창세기 12:3에서 창세기 1-11장, 특히 창세기 10-11장의 연결 고리로 사용된다. "미쉬파하"는 창세기 10장에서 5회에 걸쳐 등장하고, 그 가운데 4회가 "고이"와 함께 나타나며, 사람들의 각 씨족이 결국 어떻게 민족으로 발전하는지를 묘사한다. 이 말은 또한 창세기 28:14에서 창세기 12:3b과 수미상관 용법으로 사용된다. 이후에 이 복에 대한 반복과 민족들의 계보(창 10장)의 연속성을 추가로 증명하기 위해 창세기 18:18과 22:18 그리고 26:4은 "미쉬페호트 하아다마"(משפחת האדמה, "땅의 족속") 대신 "고이이 하아레츠"(גויי הארץ, "천하만민")를 사용한다. "고이"는 강력한 정치적 의미를 전달하므로 "아다마"보다 정치적 의미가 더 강한 "에레츠"와 그 말을 함께 사용하는 것은 자연스럽다. 둘째, 족장 내러티브는 반복해서 다른 사람들이 아브라함과 그의 자손으로 말미암아 하나님께 어떻게 복을 받거나 저주를 받는지를 묘사한다(예컨대 아비멜렉, 라반, 보디발, 바로, 애굽 등이 포함된다). 나아가 라반은 자신이 야곱으로 말미암아 하나님께 복을 받았다고 선언했다(창 30:27). 내러티브 어디서도 우리는 사람들이 적극적으로 스스로 아브라함과 연계시키거나 중간태나 직접적인 재귀적 용법이 함축된 것처럼 복의 공식과 패러다임으로 아브라함의 이름을 부름으로써 복을 구하는 것을 보지 못한다. 그러므로 수동태 니팔 형과 평가적-선언적 히트파엘 형이 창세기 문맥에 가장 적합하다. 니팔 형과 히트파엘 형의 의미에 대한 이런 이해는 나중에 민족들의 복 모티프가 어떻게 전개되는지를 우리가 이해하는 데 본질적인 요소다.[26]

윌리엄슨의 경우처럼 재귀적 니팔 형을 반대하는 리의 주장도 설득력이 있지만, 히트파엘 형이나 니팔 형을 사용하는 동기에 대한 리의 설명이 창

---

26 Chee-Chiew Lee, "גוים in Genesis 35:11 and the Abrahamic Promise of Blessing for the Nations," *JETS* 52/3 (2009): 472.

세기 본문의 문맥적·언어적 내용에 더 부합한다. 따라서 우리는 니팔 형은 수동태("땅의 모든 족속이 복을 받을 것이다")로, 히트파엘 형은 평가적·선언적 재귀 용법(땅의 모든 족속이 자신들을 복 있는 자로 생각하고/선언할 것이다)으로 결론 지으려 한다.[27]

복

창세기 12:1-3에서 "복"이라는 단어는 5번 등장한다. 덤브렐이 주목하는 것처럼 이 단어의 선택과 사용은 의심할 바 없이 이 단어가 가진 힘의 개념을 이용하기 위해 의도된 것이다. 덤브렐의 다음과 같은 설명은 적절하다.

> 하나님은 창세기 12:2a에서 아브람에게 복을 주시고, 여기서 복의 개념은 민족 및 명성과 밀접히 관련이 있다. 따라서 그 결과 아브람은 복의 구현 곧 복이 어떠해야 하는지의 본보기다(2b절). 하나님은 아브람의 복의 원천을 올바르게 인정하는 자들에게 복을 베푸시고(3a절), 결국은 12:3b에서 아브람은 인간에게 복의 중보자가 된다.[28]

"복"의 실제 의미는 무엇인가? 복은 생명과 관련이 있다. 저주가 죽음을 가져오는 것처럼 말이다. 그렇다면 아브람 당시 고대 근동에서 복의 의미는

27　Moberly는 창 22:18과 26:4의 히트파엘 형에 비추어 이 니팔 형을 해석한다. R. W. L. Moberly, *The Bible, Theology, and Faith: Abraham and Jesus* (Cambridge Studies in Christian Doctrine 5, Cambridge: Cambridge University Press, 2000)를 보라. Moberly의 뒤는 Joel N. Lohr, *Chosen and Unchosen: Conceptions of Election in the Pentateuch and Jewish-Christian Interpretation* (Shiphrut 2, Winona Lake, IN: Eisenbrauns, 2009), 113이 잇는다. Moberly의 제자 Keith N. Grüneberg는 자신의 책 *Abraham, Blessing, and the Nations: A Philological and Exegetical Study of Genesis 12:3 in Its Narrative Context* (Berlin: Walter de Gruyter, 2003)에서 Moberly의 분석을 거부한다. Grüneberg는 이 본문들에서 니팔 형의 의미를 히트파엘 형의 의미와 구별한다. 그럼에도 Lee(앞에서 언급한)의 분석이 더 우수하다.

28　Dumbrell, *Covenant and Creation*, 67-68.

무엇이었을까? "복"은 건강하고, 연장자로서 가족을 보살피며 대가족을 이끌고, 사업에 성공하며(즉 가축을 많이 소유하고 풍성하고 넉넉한 수확을 얻는), 땅을 차지하고, 권력을 누리며, 원수들에게 승리하며 사는 인생의 의미와 관련해서 풍족하고, 장수하는 멋진 삶을 의미할까? 우리가 이런 생각들을 현대 사회의 생각으로 바꾼다면, 복은 과연 무엇을 의미할까? 복은 건강하고, 사업에 성공하며, 넓은 교제 범위(페이스북?)를 갖고, 영향력과 권력이 있고, 큰 집과 자동차를 소유하며, 멋진 성생활을 누리는 것을 의미할까?

브루스 월키는 다음과 같이 설명한다. "하나님을 주어로 하는 '복을 주다'(brk)라는 용어는 미래 세대에 대한 책임 의식이 동반된 다산과 승리를 의미한다.(창 1:28; 26:24; 27:27-29)."[29] 하지만 월키는 의미심장하게도 다음과 같은 말을 덧붙인다. "또한 이 말은 구속, 곧 수혜자를 변화시키고 안전을 제공하시는 하나님과의 관계를 의미한다."[30] 덤브렐도 이런 중요한 측면을 주목했다. 아브라함의 삶이 전개되면서, 우리는 복의 의미를 깨닫는다. 복은 하나님과 맺은 언약 관계라는 배경에서 작용한다. 복은 어떤 이의 충직함과 신실함 그리고 결속력을 보여준다. 이런 것들에 의해서 하나님의 뜻과 목적을 성취하는 인간의 자연적이고 개인적인 능력이 진보하고 발전된다.[31] 아브람에게 주신 하나님의 말씀은 아브람의 부르심을 성취할 수 있도록 강력하다.

저주와 복

창세기 12:1-3을 연구하면서 우리는 "복"이라는 말이 창세기 12:1-3에서 5회에 걸쳐 나타난다는 사실을 방금 주목했다(창 12:2[2회], 3[3회]). 흥미롭고 주목할 만한 것은 복의 반대말인 "저주"('ārar)라는 말이 창세기 1-11장에

---

29 Waltke, *Old Testament Theology*, 316.
30 같은 책.
31 Dumbrell, *Covenant and Creation*, 68.

서 엄밀하게 5회에 걸쳐 나타난다는 것이다(3:14; 3:17; 4:11; 5:29; 9:25). 볼프 (H. W. Wolff)는 창세기 1-11장에서 저주가 갖고 있는 중요성을 언급했다.[32] 창세기 3:14에서 저주(뱀에 대한)는 자유와 능력의 상실뿐만 아니라 패배와 비천함도 가져왔다. 창세기 3:17에서 저주는 인간과 땅의 단절을 일으켰다. 나아가 창세기 4:11에서 가인은 땅에서 저주를 받았고, 그 결과 유목민과 유랑자가 되면서 인간 사회로부터 소외를 겪었다. 노아가 가나안을 저주한 것은 더 깊은 몰락과 수치를 가져왔다. 가나안이 가장 비천한 종이 되었던 것처럼 말이다. 따라서 "저주"라는 단어는 점증적인 박탈 및 증대하는 손실과 관련이 있다. 저주가 인간을 에덴에서 바벨로 몰아가는 것처럼 말이다. 창세기 12:1-3에서 "복"이라는 단어가 5회에 걸쳐 반복되는 것은 아브람의 부르심이 이 저주 상황을 변화시킬 것이라는 점을 암시한다. 곧 깨진 관계가 잠재적으로 그리고 점진적으로 회복된다. 사람과 하나님, 사람과 사람사이에 들어온 파괴된 관계는 결국 회복될 것이다. 아브람을 우르에서 불러내는 새로운 강력한 말씀이 창세기 1-11장의 저주를 무력화할 것이다.

따라서 창세기 12:1-3에서 첫 번째 단위의 세 가지 약속과 두 번째 단위의 세 가지 약속 사이에 인과 관계가 있다. 아브람과 그의 가족에게 복을 주시는 하나님의 계획은 모든 민족을 복과 구원으로 이끄는 수단이다.[33] 폴하우스는 하나님이 아브람을 선택하고 아브람과 그의 가족에게 복을 주시기로 한 결정을 다음과 같이 적절하게 설명한다. "여기서 선택은 어떤 사람도 배제하거나 정죄하지 않는다. 오히려 옳은 일을 행할 의도가 전혀 없는 세상에 오로지 유익으로 작용하기 때문이다."[34]

---

[32] H. W. Wolff, "The Kerygma of the Yahwist," *Interpretation* 20 (1966): 131-158.

[33] 나를 가르친 교수 중 한 사람은 이것을 이해하지 못했다. 그래서 그는 "하나님이 유대인을 선택하신 것은 얼마나 이상한가!"라는 시를 인용한다.

[34] Paul R. House, *Old Testament Theology* (Downers Grove, IL: InterVarsity Press, 1998), 73.

아브람과 하나님의 도성

창세기 12:1-3에서 아브람의 부르심은 두 가지 명령으로 구성되어 있다("가라"[1절]와 복이 "되라"[2절]). 이 두 명령에는 각각 세 가지 약속이 뒤따른다. 첫 번째 약속은 "내가 너로 큰 민족을 이루고"이고, 마지막 약속은 "땅의 모든 족속/종족이 너로 말미암아 복을 얻을 것이라"이다(창 12:1, 3). 우리는 여기서 하나님의 백성과 다른 세상 사람들을 함께 묘사하는 데 사용된 단어를 주목할 필요가 있다. 하나님은 아브람을 큰 **민족**으로 만들겠다고 약속하신다. 이것은 히브리어로 "고이"(gôy)라는 단어다. 세상의 다른 민족 집단은 **족속** 또는 **종족**으로 불린다. 이와 관련된 히브리어 단어는 "미쉬파하"(mišpāḥâ)다.

먼저 "고이" 또는 민족을 고찰해보자. 이 단어가 하나님의 백성에게 적용되는 것은 매우 드물다. 구약성경의 언어에서 이 단어는 완전히 일관된 용법으로 사용된다. "암"(ʿam)이라는 단어는 거의 항상 이스라엘을 가리킨다. **친척**이라는 용어는 시내산에서 맺어진 언약(출애굽기 24장)으로 확립된 하나님과 이스라엘의 가족/결혼 관계의 친밀함을 효과적으로 표현한다. 한편으로 "고이"라는 용어는 이스라엘을 제외하고 세상의 다른 공동체나 사회들을 가리키는 데 사용되는 표준어다. 정말이지 이런 용법은 일관적이다. 따라서 우리가 이와 다른 용법을 볼 때, 우리는 왜 그렇게 사용되었는지 물어볼 필요가 있다. 예를 들어 "고이"라는 단어는 경멸적인 의미로 이스라엘에게 적용되는 예들이 있다. 때때로 이스라엘은 "백성"이 아니라 "민족"으로 불린다. 저자가 이스라엘이 죄악으로 말미암아 마치 하나님의 백성이 **아닌** 것처럼 행동하고 있음을 전달하려고 하기 때문이다. 이것은 이스라엘의 행동과 태도가 이스라엘이 하나님의 선민으로서 특별한 지위를 갖지 못한 공동체와 같다는 것을 암시한다(예. 삿 2:20).

그러면 창세기 12장에서 하나님은 왜 아브람이 큰 "고이" 또는 민족을 이루게 하겠다고 말씀하시는가? "고이"의 기본적 의미는 국가적·정치적·사회적 구조를 갖고 있는 사람들의 **유기적** 공동체다. 이것은 창세기 12장에서 다른 민족들이 경멸적으로 "미쉬파하"로 불리는 사실과 대조된다. 이 단어는 대가족보다는 더 크고 부족보다는 더 작은, 조직화되지 않은 친족 집단을 가리킨다.

창세기 12장의 배경은 창세기 10장과 11장이다. 이 두 장에서 우리는 바벨의 역사를 보고(창 11장), 바벨의 역사에서 우리는 인간의 업적과 노력을 완전히 신뢰하는 순진한 낙관주의를 본다. 인간은 그가 살고 있는 세계의 중심이고 무엇이든 이룰 수 있다. 낙관주의 철학은 창세기 11장에서 하나님의 심판을 받고, 결국 민족들이 파괴되어 온 지면에 흩어지는 결과를 초래한다(창 11:9과 10장). 반면에 창세기 12장은 하나님의 말씀으로 세워진 정치 구조, 즉 중심에 하나님이 계시고 그분을 공동체의 통치적 우두머리와 왕으로 삼는 구조를 보여준다. 다른 말로 표현하자면, 우리는 언약(즉 하나님과 아브람 사이의 언약)이라는 수단을 통해 세워진 하나님 나라를 갖는다. 이 때문에 우리는 **언약을 통한 하나님 나라**를 갖고 있다.

창세기 12:3의 약속은 구약성경 이후 본문들에서 여러 번에 걸쳐 제시되거나 인용된다. 창세기 28:14에서 세상 민족들이 또한 창세기 12:3과 수미상관 관계를 이루고, 문학적 요소를 부각시키기 위해 "미쉬파호트"(mišpāḥôt)로 불린다. 하지만 창세기 12:3을 직접 언급하는 다섯 본문, 곧 창세기 18:18과 22:18, 26:4, 예레미야 4:2, 그리고 시편 72:17에서, 세상 민족들은 더 흔하게 사용되는 일반적인 용어 "고임"으로 불린다. 이것은 저자가 창세기 12:3에서 특별히 "미쉬파호트"라는 말을 사용하는 데에 실제 목적이 있음을 보여준다. 곧 저자는 이 세상 나라들은 절대로 아무것도 이루지 못하고, 오직 하나님 나라만이 영원히 지속될 것이라는 점을 제시하고자 한다. 저자의 용어 선택은 다음과 같은 사실을 강조한다. 곧 이 세상 나라들은 지속할 능력이나 중요성을 갖고 있지 못하지만 아브람의 가족은 영원한 능력과 중요성을 갖고 있는 진정한 나라라는 것이다.

이것은 독일 학자 에버하르트 루프레흐트(Eberhard Ruprecht)의 연구를 통해 지지를 받는다. 루프레흐트는 야웨께서 아브람에게 왕권을 주겠다고 약속하신 약속들을 탐구했다. 아브람이 창세기 12장에서 약속을 받은 것은

많은 동방의 군주가 희망하는 것들이었다(참조. 삼하 7:9; 시 72:17).[35]

헬레니즘 시대에 사용된 그리스어에서 이런 의미를 가장 잘 전달하는 단어는 "폴리스"(polis) 곧 "도시"[성]라는 말이다. 현대 세계에서 우리는 도시를 정의상 인구가 적은 시골 지방과 달리 인구 밀집 지역으로 생각하는 경향이 있다. 현대의 개념과 반대로 첫 세기에 "도시"라는 말은 국가에 통치자가 있고 적절한 정치 및 사회 구조가 있는 조직화된 공동체 개념을 갖고 있었다. 이것은 우리가 일반적으로 영어 단어 국가(state)라는 말로 전달하는 의미다. 따라서 하나님이 아브람에게 주신 약속은 실제로는 하나님의 도성을 함축하고, 히브리서 저자는 독자들에게 창세기 12장에서 저자가 의도한 의미를 정확히 설명해준다. 아브라함은 하나님이 그에게 지시하고 거하라고 명령한 지역에 갔다. 비록 그가 거기서 외국인과 나그네로 살아야 했지만 말이다. 아브라함은 "하나님이 계획하시고 지으실 터가 있는 성"을 바라고 있었다(히 11:10).

창세기 15장과 17장에서 아브람에게 주어진 중요한 약속들은 하나님과 아브람 사이에 맺어진 하나님-인간의 언약에 소중히 담길 것이다. 우선 우리는 창세기 12장의 배경, 표현, 말투, 언어가 창조 내러티브 그리고 창세기 1:26-28의 하나님의 형상에 대한 묘사와 완전히 다르기는 해도, **생각**은 동일하다는 사실을 주목하게 된다. 아브람(그리고 아브람에게서 나온 민족)은 **아담**이라는 인물, 정말이지 마지막 아담을 구성한다. 왜냐하면 이 이후로는 중대한 새 출발이 전혀 없기 때문이다. 하나님은 아브람과 그의 가족과의 관계를 통해 모든 창조물에 대해 자신의 통치가 확립되기를 원하신다. 말하자면 언약을 통해 하나님 나라를 세우기를 바라신다. 곧 살펴볼 것처럼 언약

---

35 다음 자료들을 보라. Gordon J. Wenham, *Genesis 1-15*, WBC 1 (Waco, TX: Word, 1987), 275; Eberhard Ruprecht, "Vorgegebene Tradition und Theologiche Gestaltung in Genesis XII 1-3," *Vetus Testamentum* 29 (1979): 171-188; 같은 저자, "Der Traditionsgeschictliche Hintergrund der Einzelnen Elemente von Genesis XII 2-3," *Vetus Testamentum* 29 (1979): 444-464.

은 아들 자격으로 묘사될 수 있는 하나님과의 관계를 함축할 뿐만 아니라
하나님의 통치를 확립하는 왕권을 수반하는 나머지 창조물과의 관계도 포
함한다.

8장

아브라함 언약 (II)

서론: 지금까지 논의된 성경의 포괄적 이야기의 요약

성경의 포괄적 이야기는 우리가 살고 있는 세상과 세상 안에 있는 모든 것의 조물주이신 창조주 하나님과 함께 시작한다. 인간은 하나님이 만드신 작품의 절정이다. 더욱이 인간이라는 창조물과 다른 모든 창조물 사이에는 한 가지 차이가 있다. 오직 인간만이 창조주 하나님의 형상으로 지음 받았다. 결국 하나님과 인간, 인간과 모든 창조물 간의 언약 관계를 맺은 결과는 이 세상에서 독특한 역할과 특별한 임무를 수반한다. 하지만 첫 사람들은 창조주 하나님을 거역했다. 결과적으로 창조물의 모든 면에는 파괴와 죽음을 가져오는 혼돈과 불화가 존재한다.

첫 인간이 선택한 파멸은 하나님의 간섭이 요청될 때까지 계속 나락으로 떨어졌다. 하나님은 인류를 심판하고 노아 및 그의 가족과 함께 새롭게 시작하셨다. 노아는 새 아담으로 묘사된다. 혼돈의 물이 마르고 마른 땅이 드러나자 노아는 마른 땅에 자리를 잡고 생육하며 번성하라는 명령을 받는다(창 9:1). 즉 노아에게 아담의 사명 또는 명령이 주어진다. 그러나 결론적으로 노아의 가족은 첫 사람 아담의 가족과 똑같은 혼돈과 부패로 끝난다.

그래서 하나님은 아브라함 및 그의 가족과 함께 또 다른 새로운 출발을 시작하신다. 아브라함과 그의 가족은 이스라엘로 불리고, 하나님의 참된 인간이 될 제2의 아담이다. 사실 이스라엘이 마지막 아담이다. 이후로 중요한 새 출발이 인류에게 전혀 없을 것이기 때문이다. 이스라엘은 언약 공동체 안에서 나머지 세상에 하나님이 원래 모든 인간에게 의도하신 관계들―첫째는 하나님과의 언약, 이어서 인간들 간의 언약 그리고 생태계에 대한 청지기로서의 역할―을 보여줄 것이다. 진실로 하나님은 아브라함의 가족을 통해 세상의 모든 민족에게 복을 베풀 것을 계획하신다. 그분은 아브라함, 이스라엘, 그의 마지막 아담을 통해 일하시는 방식으로 첫 사람 아담이 일으킨 죄와 사망에 대한 해결책을 제공하실 것이다. 아브라함과 그의 가족을 통해 민족들에게 베푸시는 복에는 첫 사람 아담이 일으킨 죄와 사망을 해결하는 일이 포함되어 있다는 사실은 이사야서의 고난의 종에 관한 본문들(사 42:1-9; 49:1-13; 50:4-9; 52:13-53:12)과 같이 아주 오랜 세월이 흐를 때까지 **명확히** 제시되지 않는다.

아브라함 내러티브의 핵심

1. 약속을 주심: 아브람의 부르심(창세기 12장)
2. 언약을 맺으심: 자손과 땅에 대한 약속(창세기 15장)
3. 언약을 보증함: 할례의 표징(창세기 17장)
4. 아브라함의 순종과 약속들을 맹세로 보증하심(창세기 22장)

우리는 창세기 12장에 기록된 아브람의 부르심과 그에게 주어진 약속을 살펴보았다. 지금 창세기 15장에는 하나님의 약속들이 야웨와 아브람의 언약에 명시되어 있다. 아브람의 언약은 17장에서 보증되고 유지된다. 이제 우리는 하나님과 아브람의 언약 관계의 전개와 이 관계에 대한 아브람의 신실함과 사랑의 발전을 살펴보아야 한다.

아브라함 언약의 체결(자손과 땅에 대한 약속)—창세기 15장

창세기 15장의 문학 구조는 명확하다. 본문은 절반으로 나뉘고, 각각의 부분은 동일한 패턴과 구조로 구성되었다. 첫째, 야웨는 자신을 아브람에게 (환상으로) 계시하고 약속을 주신다. 둘째, 아브람은 불평으로 반응하고 하나님의 약속의 성취에 대해 질문한다. 셋째, 하나님은 자신의 계시를 두 번째로 확대하고 연장하며, 자신의 약속을 보증하고 반복하신다. 따라서 이 두 부분은 첫 부분과 마지막 부분이 맞물려 있는 (교차) 삼중 구조로 구성되어 있다. 전반부의 약속은 자손의 선물에 중점을 두고, 후반부의 약속은 땅의 선물에 중점을 둔다. 따라서 아브라함 언약은 창세기 12장에서 아브람에게 준 약속들을 소중히 간직하고 있다. 특히 그것은 창세기 12:1-3에는 처음 세 가지 약속에 대한 성취에 초점을 두고, 즉 아브람 자신에게 특별히 주어진 하나님의 약속에 초점을 둔 약속들을 소중히 간직하고 있다.

창세기 15장의 개요

첫째 부분—씨/자손	**15:1-6**
A 하나님이 자신을 계시하고 약속을 주심	1절
B 아브람이 불평하고 질문을 함	2-3절
A′ 하나님의 계시와 보증	4-6절
둘째 부분—땅	**15:7-21**
A 하나님이 자신을 계시하고 약속을 주심	7절
B 아브람이 불평하고 질문을 함	8절
A′ 하나님의 계시와 보증	9-21절

창세기 15장은 "이후에"라는 말로 시작한다. 이 말은 14장에 기록된 동쪽 네 왕에 대한 승리 사건을 언급하는 것이다. 더욱이 네 왕의 패배가 있은 후 어느 시점에 야웨는 아브람에게 환상을 통해 계시하신다. KJV와 이후의 NKJV, NIV와 같은 새 번역은 이 점을 크게 부각시켰다. KJV의 번역은 다음과 같다.

이 일 후에 여호와의 말씀이 환상 가운데 아브람에게 임하여 말씀하시되. "아브람아 두려워하지 말라. 나는 너의 방패**이다. 그리고** 너의 지극히 큰 상급이다"(창 15:1).

첫째, 굵은 글씨로 표시한 "이다"는 히브리어에서 무동사절을 암시하고, 또 굵은 글씨로 표시한 "그리고"는 히브리어 원문에는 나타나지 않는다. 흠

정역은 "나는"을 주어로, "너의 방패"와 "너의 지극히 큰 상급"을 술어로 갖고 있는 것으로 무동사절을 해석한다. 이것은 이 히브리어 본문에 대해 가능한 또는 개연적인 독법이 아니다. "그리고"가 히브리어 본문에 없다는 사실은 새롭고 분리된 무동사절을 나타낸다. "너의 상급"이 주어이고 "지극히 큰"이 술어다. 이 무동사절에서 절 연결사가 없는 것(접속사 생략)은 이런 체언문의 순서에서는 특이한 것이 아니다. 하나님은 아브람에게 두려워하지 말라고 명령하신다. 이 명령은 다음 두 진술의 도움을 받는다. (1) 하나님은 그를 보호하실 것이고, (2) 하나님은 그에게 상급을 주실 것이다. 이 두 명령과 약속은 14장의 사건과 직결되어 있다. "동쪽의 네 큰 악한 왕들"이 다음 해에 아브람에게 보복하러 다시 찾아오지 않을까? 확실히 보복에 대한 두려움은 실제적이고 심각하다. 야웨는 이런 아브람에게 방패가 되실 것이다. 그분은 아브람을 예상된 보복으로부터 보호하실 것이다. 둘째, 아브람은 창세기 14장 마지막 부분에서 당연히 자신의 권리인 승리의 전리품을 조금도 취하지 않았다. 그는 자신의 부(富)의 원천이 소돔 왕이 아니라 야웨가 되기를 원했다. 따라서 야웨는 아브람에게 상급을 주겠다고 약속하신다. 그분은 자신 곧 야웨가 승리의 전리품 대신 아브람의 상이라고 말씀하시는 것이 아니다. 야웨는 자신이 아브람이 이 전리품을 하나도 취하지 않은 것에 대한 보상으로 뭔가 주실 것이라고 말씀하시는 것이다. 이것이 정확한 해석인 것은 아브람의 반응으로 보아 분명하다. 아브람은 "당신이 어떻게 나의 상급입니까?"라고 말하지 않고 "무엇을 내게 주시려 하나이까?"라고 말한다. 아브람은 화가 난다. 야웨께서 큰 약속을 주셨지만 아브람은 이 큰 민족의 시작이 최소한 **한 아기**의 출생으로 계시되기를 손꼽아 기다리는 중이다.

야웨는 아브람의 이런 불평에 대해 다른 날 밤에 계시를 주는 것으로 반응하신다. 그분은 아브람에게 셀 수 있으면 별들을 세보라고 요구하신 다음, 아브람의 자손이 바닷가의 모래와 같이 또는 밤하늘의 별과 같이 무수히 많을 것이라고 약속하신다. 여기서 야웨께서 하시는 것은 이미 주신 약속을 웅대한 말로 반복하시는 것이 전부다. 그러나 아브람은 이 약속을 꼭

붙든다. 6절은 "이에 아브람은 여호와를 **믿고 있었고**, 여호와는 그것을 아브람에게 의로 돌리시고"로 번역될 수도 있다. K. A. 매튜스는 정확히 여기에 포함된 담화 문법을 다음과 같이 묘사한다.

> 동사 "웨헤에민"(*wěhe'ěmin*, 믿으니)의 구문은 과거 시제 내러티브에서 발견되는 전형적 패턴에서 벗어난다. 이 구성력은 과거부터 반복되는 지속적 믿음의 의미를 전달한다. 저자는 연속적인 사건들에 대한 아브람의 믿음을 신현 메시지의 결과로 보지 않고, 기록된 사건들에 따라 편집하고 있다.[1]

따라서 창세기 15:6은 아브람이 일반인들이 경험하는 것처럼 여전히 급변하는 상황에 처해 있고 믿음의 여정을 계속하고 있다고 보고한다.

또 다른 견해는 "와우"(*waw*) 접속법 완료형인 "웨헤에민"은 미완료 시상으로 인해 실제적으로 중요한 것을 나타내고, 그래서 연속되는 내러티브에서 절정 같은 것을 보여준다는 것이다.[2] 이 견해에 따르면 창세기 15:6은 창세기 15:1-6의 사건 순서의 절정이 될 것이다. 덤브렐은 아브람의 행위/태도를 더 깊은 신뢰의 반응으로 강조한다.[3]

창세기 15:7은 창세기 15장의 후반부를 시작하는 곳이다. 여기서 야웨

---

1   Kenneth A. Mathews, *Genesis 11:27-50:26*, New American Commentary 1B (Nashville; B&H, 2005), 166-167.

2   참조. Robert E. Longacre, "Analysis of Preverbal Nouns in Biblical Hebrew Narrative," *Journal of Translation and Textlinguistics*, ed. Robert D. Bergen (Dallas: SIL, 1994), 50-98. 또한 "웨카탈"(*weqatal*) 형태를 과거형 "와이크톨"(*weyyiqtol*)의 한 변형으로 해석하는 것도 가능하다. Rudolf Meyer, "Auffallender Erzähulungstil in einem angeblichen Auszug aus der 'Chronk der Konige von Juda'," *Festschrift Friedrich Baumgärtel zum 70 Geburstag*, ed. J. Herrmann and L. Rost (Erlangen, Germany: Universitätsbund Erlangen, 1959), 115-122; 그리고 Stephen G. Dempster, "Linguistic Features of Hebrew Narrative: A Discourse Analysis of Narrative from the Classical Period" (박사학위 논문, University of Toronto, 1985), 266을 보라.

3   William J. Dumbrell, *Covenant and Creation: A Theology of the Old Testament Covenants (Carlisle, UK: Paternoster, 1984)*, 54.

는 창세기 12:7에서 아브람에게 분명하고 명백하게 밝히신 땅에 대한 약속을 반복하시면서, 다시 한번 아브람에게 말씀하신다. 여기서 또다시 아브람은 화를 낸다. 그는 이 약속이 이루어지리라는 것을 어떻게 확실히 알까? 지금까지 아브람의 경험에는 이 약속의 성취에 대한 증거가 전혀 없다. 다시 야웨는 자신의 약속을 반복하시지만 그렇게 하실 때 자신의 약속을 언약에 집어넣으신다.

여기서 묘사된 의식 또는 의례는 약간 이상하다. 그럼에도 창세기 15:18이 분명히 말하는 것처럼 이 의식은 하나님과 아브람 사이에 언약을 승인한다. 규범적이고 표준적인 표현인 "언약을 쪼개다"(카라트 베리트[*kārat bĕrît*])라는 말이 사용된다. 이 신비로운 의식에 대한 해석은 논란이 많다. 언약 체결 의식은 언약 당사자들이 언약 관계와 약속들에 신실하지 못하면 그들 자신이 죽음의 저주를 받겠다는 맹세를 포함한다. 반으로 쪼개놓은 짐승 사이를 걷는 것은 다음과 같이 말하는 것이다. "내가 나의 약속(들)과 나의 맹세를 지키지 않으면 이 죽은 짐승과 같이 되기를 바란다." 학자들은 이것을 자기 저주의 맹세, 즉 언약의 약속을 위반한 자에게 죽음의 저주가 돌아온다는 맹세라고 묘사한다. 언약 체결 의식을 설명하는 세부 사실은 본문마다 다르다. 예레미야 34:18-20에서 언약을 체결하는 것 역시 의식을 위해 희생된 짐승의 조각 사이를 걷는 것을 명시한다.

> 18 송아지를 둘로 쪼개고 그 두 조각 사이로 지나매, 내 앞에 언약을 맺었으나 그 말을 실행하지 아니하여 내 계약을 어긴 그들을 19 곧 송아지 두 조각 사이로 지난 유다 고관들과 예루살렘 고관들과 내시들과 제사장들과 이 땅 모든 백성을 20 내가 그들의 원수의 손과 그들의 생명을 찾는 자의 손에 넘기리니 그들의 시체가 공중의 새와 땅의 짐승의 먹이가 될 것이며.

아브람에게 주어진 환상을 보면, "연기 나는 화로와 타는 횃불"이 쪼갠 고기 사이로 지나간다. 이것은 무엇을 보여주는 것일까? 우리가 이스라엘 백성들이 가나안 땅에 들어갈 즈음 그들에게 주어진 책이 창세기라는 사실을 기억한다면, 우리는 그 관점과 관련해서 즉 출애굽 사건 이후에 연기와 불이 하나님이 임재하시는 것의 상징이라는 것을 알 수 있다. 야웨의 사자는 처음에 떨기나무 불꽃 안에서 모세에게 나타나셨다(출 3:2). 광야 여행을 하는 동안 하나님은 구름 기둥과 불 기둥으로 이스라엘을 인도하신다(출 13:21). 시내산에서 하나님의 임재는 연기와 불로 나타난다(출 19:18; 20:18). 오직 하나님만이 쪼갠 고기 사이를 지나신다는 사실은 매우 주목할 만한 것이고, 그 약속은 오직 하나님에게만 기초한다는 사실을 보여준다.

그러나 이 신비로운 의식에는 그 이상의 사실이 담겨 있을 수 있다. 주석가 고든 웬함은 다음과 같은 질문으로 나의 사고에 영향을 미쳤다.

이 해석은 "언약을 쪼개다"라는 말을 설명할 수 있는 데 반해, 이 의식과 관련된 많은 특징을 설명하지 않고 그대로 남겨둔다. 그 해석은 이런 특정한 동물의 선택에 대해 설명하지 않는다. 왜 희생제사 방식만 선택되는가? 왜 하필이면 삼년 된 짐승이어야 하는가? 왜 새는 쪼개지 않는가? 왜 아브람은 솔개를 쫓아내는가? 그리고 마지막으로 하나님의 자기 저주가 실제로 가능한지 질문되어야 한다. 하나님이 "내가 내 말을 지키지 않으면 내가 죽을 것이다"라고 말씀하는 것이 구약성경의 신학과 양립하는가? 하나님의 맹세는 일반적으로 "내가 살아있는 것을 두고 맹세하노니"(참조. 민 14:21) 형식을 취한다.[4]

또 웬함은 이스라엘의 경배에 온갖 깨끗한 희생제물이 포함된 것도 지적한다. 그는 제물로 바쳐진 동물들이 이스라엘을 보여준다고 주장한다. 솔개는 외국 민족들의 공격을 보여준다. 아브람은 외국 민족들의 공격으로부터 자기 자손을 방어한다. 마찬가지로 기드온은 미디안의 7년에 걸친 학대를 상징하기 위해 7년 된 수소를 제물로 바쳤다(삿 6:1, 25). 나중에 출애굽기

---

4   Gordon J. Wenham, *Genesis 1-15*, WBC 1 (Waco, TX: Word, 1987), 332.

에서의 구원은 하나님이 아브라함에게 하신 그분의 맹세를 지킨 것으로 설명된다(출 2:24; 신 9:5). 이 동물들은 3년 된 것으로, 이것은 이집트에서 보낸 3세대를 상징한다. 불과 연기가 쪼갠 짐승 사이를 지나는 것은 하나님이 자기 백성 가운데에서 행하시는 것을 나타낸다(레 26:12).[5]

최근에 학자들은 이 의식을 자기 저주의 맹세로 보는 견해에서 손을 뗐다. 일부 학자들은 창세기 15장의 의식과 예레미야 34장의 의식의 상관성에 따라 창세기 내러티브의 기록 연대를 족장 시대(대략 기원전 2000년)가 아닌 예레미야 시대로 생각한다. 하젤(G. Hasel)과 헤스(R. Hess)가 발표한 중요한 논문들은 다음과 같을 것을 보여주고자 노력했다. 곧 창세기 15장에 나오는 내용들은 기원전 1000년에 알려진 신아시리아와 아람의 조약들보다는 기원전 2000년 당시에 기록된 글이라고 알려진 문화적 증거에 훨씬 더잘 일치한다.[6] 하젤과 헤스의 시도는 단지 부분적으로만 유익하다. 그들이 제시한 자료가 이후의 주석에서는 다소 왜곡되었기 때문이다. 하젤은 이렇게 주장한다. "그러나 예레미야 34:18-19은 한 가지 면에서는 명확하고 분명하다. 곧 오직 언약의 한 당사자 즉 '유다 고관들과 예루살렘 고관들과 내시들과 제사장들과 이 땅 모든 백성'(렘 34:19)이 쪼갠 송아지 두 조각 사이로 지나갔다. 예레미야 34:18-19과 창세기 15:17 간의 유사점은 각 경우에 한 당사자가 그 조각 사이를 지나갔다는 사실에 있다." 유감스럽게도 하젤은 완전히 판단을 잘못했다. 예레미야 34:8-22에서 조약을 맺는 유일한 당사자는 34:19에 열거된 자들이다. 이것은 당사자와 하나님 **사이에** 맺어진 언약이 아니었다. 이것은 당사자들이 하나님 **앞에서** 맺은 언약이었다(렘 34:15). 그리고 자기들의 종을 해방하지 않은 그들은 모세 언약을 위반했다.

---

5   Wenham, *Genesis* 1-15, 333.

6   Gerhard F. Hasel, "The Meaning of the Animal Rite in Genesis 15," *JSOT* 19 (1981): 61-78; 그리고 Richard S. Hess, "The Slaughter of the Animals in Genesis 15:8-21 and Its Ancient Near Eastern Context," *He Swore an Oath: Biblical Themes from Genesis 12-50*, ed. R. S. Hess, G. J. Wenham and P. E. Satterthwaite, 2nd 2d. (Cambridge: Tyndale House, 1993, 1994), 55-65을 보라.

백성들과 하나님 사이에 있는 것은 모세 언약이다. 그것이 예레미야 34:18 의 분명한 의미다. 따라서 예레미야 34장에서 조약을 맺는 모든 당사자는 쪼갠 송아지 조각 사이를 지나갔고, 창세기 15장에서는 오직 하나님만이 그 조각 사이를 지나가셨다. 지도자와 백성들 간에 맺어진 언약의 수혜자는 종들이었지만, 종들이 언약의 당사자는 아니었다. 매튜스의 최근 주석은 하 젤과 헤스의 연구에 기초한 탁월한 탐구의 한 본보기를 보여준다. 하지만 매튜스도 하젤과 헤스처럼 "목욕물을 버리면서 아기까지 버린다."

여기서 매튜스의 글을 충분히 인용하고, 매튜스가 언약을 다루는 중요 한 본문에서 이처럼 자료들을 혼동하는 것을 비판하는 것은 필요하고 도움 을 준다.

"조각"(*beter*)이라는 단어가 예레미야 34:18-19에 묘사된 비슷한 의식에 나타 난다. 종종 학자들은 창세기 15장에 나오는 언약의 실천을 설명하기 위해 예 레미야 34장의 의식을 모형으로 사용한다. 두 개의 말장난(wordplay)이 예레 미야서 본문에 나오는 언약의 실천을 묘사한다. 송아지는 두 조각으로 "쪼개진 다"(*kārat*, 렘 34:18). 이것은 히브리 노비들의 해방과 관련해서 하나님과 유다 지도자들 사이에 "쪼개진"(세워진, NIV 즉 "언약을 쪼개는"[*kārat bĕrît*]) 언약을 승인하기 위한 것이다. 백성들은 신실하지 않게 행동했기 때문에 "언약을 어긴 자들"(하오베림[*hāʿōbĕrîm*], NIV "위반한 자들" 렘 34:18)로 간주되었다. 그들 은 언약을 위반하면 처벌의 수용을 보여주는 고기 "사이로 지난"(하오베림) 자들 이었다. 죽임 당한 송아지의 끔찍한 결과와 같이 죽음의 위협이 그들을 기다리 고 있었다(렘 34:18). 야웨는 "공중의 새"(오프[*ʿōp*])가 이 위반자들의 시체를 즐 길 것이라고 위협하신다(렘 34:20). 이 상징적 죽임이 가진 저주의 측면은 기원 전 1000년경 아시리아와 아람 간에 체결된 봉신 조약과 유사점이 있다. 이런 이 유로 창세기 15장은 보통 연대가 예레미야 시대나 그 이후 시대로 귀속된다.

하지만 족장 기사와 예레미야서에 나오는 언약의 실천에 나타나는 중요한 차이는 이런 결론을 의심스럽게 만든다. 비록 예레미야 34장의 본문이 송아지의 도살을 포함하고 새를 언급하지만, 창세기 15장에 기록된 언약의 실천은 여러 동물을 필요로 한다. 또한 창세기 15:10에서 쪼개는 의식은 "바타르"(*bātar*, 둘로 쪼개는)란 단어로 묘사되었다. 예레미야 34장이 "언약을 쪼개는"이라는 것을 의미하고, 관용적으로 사용되는 "카라트"(*kārat*, NIV 만들다)란 단어를 사용하는 것과는 다르게 말이다. 또한 중요하게도 언약을 준수하지 못했을 때 주어질 저주의 경고가 창세기 15장 본문에는 명시적으로 나타나 있지 않다. 예레미야 34장의 저주의 성격에 비추어 읽어보면, 창세기 15장 본문은 하나님이 두 조각 사이를 지나시면서 자기 저주를 스스로 감수하시는 것이 내포되어 있을 수 있다. 그렇지만 그것은 하나님에 대한 지식과 신학적으로 조화시키는 것이 어렵고, 어떻게 하나님이 자기에게 저주를 수행하시지에 대한 설명도 불가능하다. 기원전 2000년대 알라라크(Alalakh)에서 발견된 고대 글에는 어떤 우월한 자가 어린 양이나 양들을 죽여서 맹세를 보증했다는 사실이 기록되어 있는데, 이런 사례들이 더 가능성이 높다. 아브람 사건을 이런 계약의 맹세들과 비교해보면, 창세기는 하나님이 보증하시고 공식적으로는 동물을 죽여서 비준하는 언약의 맹세를 묘사한다(비교. 출 24:3-8).

창세기 15장에는 알라라크 맹세 의식과는 다른 특성이 여전히 존재한다. 창세기 15장에 묘사된 동물의 수와 종류 그리고 동물을 반으로 쪼개는 과정은 고대 근동에서 발견되는 것과 전혀 비슷한 점이 없다. 비록 창세기 15장의 의식이 언약의 맹세를 표면적으로 긍정하지만, 뒤이어 나오는 예언(창 15:13-16)은 그 의식의 특성들에 상징적으로 중요성이 부여되어 있음을 시사한다. 뒤늦게 서야 우리는 그 예언이 이스라엘의 이집트 속박과 탈출 그리고 가나안 정복을 예시하고 있음을 깨닫는다. 대다수 사람은 연기 나는 화로와 타는 횃불이 야웨를 상징한다는 것을 인정한다. 곧 이 장면은 광야에서 하나님의 임재를 상징하던 구름 기둥 및 불 기둥과 대응을 이룬다(예. 출 13:21-22). 아브람이 쫓아낸 "솔개"는 죽임 당한 짐승에 관한 위협을 암시한다. "솔개"(*'ayiṭ*)는 탐욕스러운 특성(사 18:6; 렘 12:9)으로 인해 "새"를 가리키는 일반적 용어(치포르[*ṣippôr*], 창

15:10; 오프['ôp], 렘 34:20)와 다르고 부정한 것이다. 예언의 문맥(창 15:13-16)에서 죽은 동물의 쪼개진 부분은 아브람의 자손을 상징하고, 솔개는 아브람의 자손을 종으로 삼는 민족(이집트)을 상징한다. 아브람이 동물의 고기를 방어하는 자로 나타나는 것은 그의 충성을 보증하고, 이스라엘의 미래를 보장하는 아브람의 순종하는 경건을 언급하는 것이거나(예. 22:16-18) 혹은 예언자로서 활동하는 그의 중재자 역할을 언급하는 것일 것이다(예. 18:16-33; 20:7, 17). 아브람이 쪼개진 고기 사이로 지나가지 않았기에, 그는 이 약속을 이행해야 하는 야웨의 의무 아래 있지 않다. 화로가 쪼갠 고기 사이로 지나가면서 상징적으로 속박당한 이스라엘과 함께하시는 야웨의 임재는 아브람의 자손의 보존과 구원을 보증한다.[7]

언약을 다루는 구약성경의 모든 본문에 대한 (우리의 연구처럼) 철저한 분석은 다음과 같은 사실을 보여준다. 첫째, 언약 체결의 어떤 특징들은 언약 문서들의 변화하는 모형과 함께 이 시기(기원전 2000-4000년) 전반에 걸쳐 변함없이 존재한다. 둘째, 언약 체결의 일관되고 표준적인 특징들과 함께, 각각의 언약 체결 사례에는 그 자체의 독특한 변형이 있을 수 있다. 더욱이 종교 의식들의 세부 사실은 당대의 독자들이 이미 알고 있는 배경 지식을 고려한 것으로, 언약 체결을 하는 당사자들이 언약 체결 의식의 모든 특징을 문서에 포함시키는 경우는 거의 없다. 각 화자는 단지 자신의 이야기의 맥락과 관련해서 자신의 목적을 언급한다. 언약 체결과 관련해서 일관된 특징을 보여주는 전체적인 모습은 언약 체결의 모든 맥락을 고려할 때에만 가능하다.

아브람은 기원전 2000년대의 사람이고, 예레미야는 기원전 500년대의 사람이다. 언약 체결의 표준적 특징들은 이 두 언약 체결 절차에 공통적으로 반영되어 있다. 짐승을 쪼개고 언약을 세우는 당사자는 죽은 짐승

---

7   Mathews, *Genesis 11:27-50:26*, 171-172.

조각 사이를 지나가거나 걸어간다. 두 본문은 모두 "카라트 베리트" 곧 "언약을 쪼개다"라는 표준 용어를 사용한다. 이런 공통점은 고대 근동의 오래된 문화적 자료를 증언해준다. 구약성경도 그런 문화적 자료의 한 부분이다. 비록 고대 근동에서 사용되었던 다른 문서들이 특히 "짐승을 둘로 쪼개는 것"을 언급하지는 않지만 말이다. 왜 이런 문서들은 그 문화가 당연한 것으로 여기는 것을 기술하면서도, 대부분의 각 사례에서는 그런 당연한 사안에 대해 기술하는 것을 불필요한 것으로 여겼을까? 헤스가 연구한 알라라크의 본문도 모든 세부 사실을 제공하지 않는다. 어떤 문서는 (어린 양을 반으로 갈라 그 사이를 걸어가는 것을 언급하기보다는) 어린 양의 목을 자르는 것을 언급하는데, 그것은 분명히 자기를 저주하는 맹세다. 언약 당사자가 조약에서 자기가 재산을 하사하기로 한 것을 철회한다면, 그는 자신을 저주한 것이다.[8]

창세기 21:22-34에서 아브라함과 아비멜렉은 조약을 맺는데, 우리는 이미 그 조약을 고찰했다. 이 조약 체결 절차는 자세히 묘사되지 않는다. 우리는 이 구절에서 "아브라함이 양과 소를 가져다가 아비멜렉에게 주고 두 사람이 서로 언약을 세우니라"(창 21:27)는 이야기를 본다. 아마 아브라함과 아비멜렉은 창세기 15장과 예레미야 34장처럼 짐승을 반으로 쪼갠 다음 그 조각 사이를 걸었을 것이다(어쩌면 그들은 알라라크의 본문에서처럼 짐승의 목을 잘랐을까? 그러나 이런 조약식은 여전히 자기 저주 맹세를 포함했다). 문화적으로 이해된 이런 세부 사항들은 독자들에게는 충분히 설명될 필요가 없다. 이 짐승들은 아비멜렉에게는 선물이 아니었다. 왜냐하면 아브라함은 일곱 암양 새끼를 선물로 따로 놓았기 때문이다(창 21:28-30). 이것은 특이한 의식이었고, 그래서 아비멜렉은 아브라함에게 설명을 요구했다. 아브라함은 아비멜렉

---

8 기원전 제2천년기 초에 등장하고 AT 456으로 지칭되는 이 문서는 다음과 같이 진술한다. "Abba-An은 Yarimlim에게 신들의 맹세를 하고 한 어린 양의 목을 쪼갰다(그리고 말하기를). 만일 내가 네게 준 것을 취한다면 (내게 저주가 있기를)." Richard S. Hess, "Slaughter of the Animals in Genesis 15," 57.

에게 그것들이 자신이 문제의 우물을 판 증거라고 말했다. 따라서 여기서도 우리는 언약 체결의 일관된 특징들이 특수한 상황에 알맞게 변형되는 가변적인 특징들과 함께 등장하는 것을 확인한다.

아마 창세기 21장의 언약 체결과 매우 비슷한 것이 대략 기원전 18세기에 시리아 동쪽 마리(Mari)에서 나온 문서의 내용일 것이다. 이 짧막한 문서에는 다음과 같은 내용이 기록되어 있다. "나는 당나귀 새끼 곧 어린 암나귀를 죽였다. (따라서) 나는 하네안 족속(Haneans)과 이다마라스 족속(Idamaraṣ) 사이에 평화를 이룩했다."[9] 여기서 종주국의 왕은 자신의 속국들 사이의 언약 비준 의식을 감독하기 위해 자신의 부관을 파견했다. 이런 비준 의식 또는 의례 자체는 자세히 묘사되지 않았다.[10] 왜 자세히 묘사되지 않았을까? 결국 "창세기 15장에 묘사된 동물의 수와 종류 그리고 동물을 반으로 쪼개는 과정은 고대 근동에서 발견되는 것과 전혀 비슷한 점이 없다"는 매튜스의 설명은 아무 가치가 없다. 창세기 21장에서는 세부 사실이 제공되지 않는다. 하지만 창세기 15장에는 세부 사실이 제공된다. **그것은 오직 한 당사자만이 그 조각 사이를 지난다는 사실이 아주 특별한 것이기 때문이다.** 이런 세부 사항들은 창세기 15장에서 중요하고, 그래서 자세히 묘사된다.

예레미야 34장과 창세기 15장의 차이에 대해 매튜스가 제시한 차이점은 단지 창세기 15장의 정확한 해석을 가로막을 뿐이다. 매튜스가 열거한 어휘의 차이는 한편으로 예레미야서 저자가 34장에서 보여주는 말장난에 기인하고, 다른 한편으로 창세기 15장에서 나오는 의식을 통해 야웨가 전달하기를 원하는 예언적 상징에 기인한다. 그럼에도 두 본문은 모두 동일한

---

9   A. Leo Oppenheim et al., eds., *The Assyrian Dictionary*, 1A:2 (Chicaco: Oriental Institute, 1968), 482에서 인용함. Charles-F. Jean, *Archives Royales de Mari* (Paris: Imprimerie Nationale, 1950), II 37: 11을 보라.

10   마리에서 나온 본문에서 흥미로운 점은 종주국의 속국이 언약 체결 의식/제사를 위해 자신을 강아지 새끼와 새 그리고 나귀로 간주하는 것이다. 당사자들은 강아지 새끼나 새를 인정하지 않을 것이다. 다만 나귀는 인정할 것이다. 이것은 대집단의 사람(들)이나 민족(들) 차원에서 언약이나 조약을 체결할 때 큰 짐승이 사용되는 구약성경의 패턴을 확증한다.

표준 언약 체결 용어를 사용한다. 예레미야 34장에서 등장하는 송아지는 국가적 차원에서 체결된 언약에 더 적합하다. 따라서 창세기 21장에서 등장하는 수소와 양은 아브라함과 아비멜렉의 언약 체결 의식에서 사용된다. 하지만 창세기 15장에서 사용된 짐승들은 웬함이 설명하고 매튜스가 차용해 말하는 것처럼 특별한 상징을 위해 선택된다. 그렇기 때문에 이런 증거는 우리가 실수로 "창세기 15장에 나오는 언약의 실천을 설명하기 위해 예레미야 34장의 의식을 모형으로 사용하는" 것을 보여주지 않는다.[11]

하나님이 자기 저주의 맹세를 하신다는 생각이 신학적으로 어렵다는 사실은 그저 다음과 같을 것을 보여준다. 곧 우리는 하나님에게 가능하고 올바른 것이 무엇인지에 대한 우리의 생각을 본문에 집어넣는 것을 억제해야 한다는 것을 증명할 따름이다. 또한 창세기 22장에서 하나님이 아브라함에게 이삭을 제물로 바치라고 요구하시는 것을 신학적으로 조화시키는 것도 어렵다. 본문에 대한 비판적 접근법이 화자가 자신의 이야기의 줄거리에 비밀과 긴장을 집어넣을 권리를 가로막을 수는 없지 않은가?

창세기 15장에서 자기 저주 맹세 개념이 명시적으로 나타나지 않는다는 말은 일고의 가치도 없는 주장이다. 만일 우리가 매튜스가 해석하는 것처럼 과감하게 이 의식의 특수한 특징들의 상징을 해석할 수 있다면, 1500년 이상 구약성경에서 변함없이 유지되고 있는 표준적인 특징들은 왜 그렇게 해석될 수 없겠는가? 창세기 15장의 연대에 대해 더욱 비판적인 학자들의 해석을 반대하고 보수주의자의 주장을 옹호하는 데 관심을 두는 것은 그 본문의 의미에 대해 억지 주장을 낳는 것으로 보인다.

---

11 Mathews, *Genesis 11:27-50:26*, 170-172.

결론

레이 반더 래안(Ray Vander Laan)은 창세기 15장의 언약 체결 의식에 대해 다음과 같이 멋지게 제시했다.

우리의 하나님은 얼마나 위엄하신 분일까! 하나님이 자신의 창조물에게 베푸시는 사랑은 얼마나 엄청날까!

상상해보라! 우주의 창조자, 거룩하고 의로우신 하나님이 자기 백성에게 자신의 사랑을 표현하려고 기꺼이 하늘을 떠나 메마르고 뜨거운 네게브 광야의 장막으로 내려오신 것을.

"나를 위해 암소와 숫양과…산비둘기와 집비둘기 새끼를 가져올지니라." 하나님은 아브라함에게 이렇게 말씀하셨다. 따라서 이 짐승들을 제물로 바치고 흘린 피가 양편에 뿌려졌을 때 하나님은 언약을 세우셨다. 언약을 세우려고 하나님은 타는 횃불의 형태로, "맨발로" 짐승들 사이에 있는 피의 길을 걸으셨다.

생각해보라. 전능하신 하나님이 맨발로 피바다를 걸으셨도다! 조금도 과장하지 않고 인간이 그렇게 하는 것은 생각만 해도 불쾌하다. 그러나 하나님은 자신의 모든 능력과 위엄으로 자신의 사랑을 그렇게 인격적으로 표현하셨다. 그분은 전통적인 근동 지방의 언약 체결 의식에 참여하면서 자신이 행하고자 하신 것을 그 당시 지역과 문화의 사람들에게 피할 수 없을 정도로 분명히 하셨다.

하나님은 이렇게 말씀하셨다. "아브라함아, 내가 너를 많이 사랑한다. 내가 이 언약을 너와 네 자손을 위해 참으로 이루겠다고 약속하마. 너와 맺은 내 언약을 절대로 깨뜨리지 아니할 것이다. 네가 이해하도록 즉시 정성을 다할 것이다"

짐승들의 사체 사이로 피의 길을 지나가시는 하나님을 그려보고, 하나님이 걸어가실 때 피가 튀기는 것을 상상해보라. 그러면 그분의 성실하신 서약을 인정하는 데 도움이 될 것이다. 하나님은 자신의 선민이 이해할 수 있는 말로 자신이 약속하신 것을 반드시 행하실 것을 표현하셨다. 그리고 그분은 결국 자신의 생명, 자신의 피를 십자가에 내놓으시면서 자신의 약속을 이루셨다.

우리는 하나님이 아브라함을 다루시는 것을 아주 먼 나라의 어떤 떨어진 역사의 조각처럼 보기 때문에 종종 우리 역시 하나님이 그 바위 많은 평지 헤브론 근방에서 언약을 맺으신 백성들의 긴 계보에 속해 있다는 사실을 깨닫지 못한다. 그리고 우리보다 앞서 온 사람들처럼 우리도 그 언약을 깨뜨렸다.

하나님은 광야의 먼지 속에서 아브라함이 죽인 짐승들의 피 사이를 걸으셨을 때 아브라함의 **모든** 자손—믿음의 가문에 속한 모든 자—과 언약을 맺으신 것이다. 하나님은 피를 튀기며 걸으셨을 때 **우리**를 위해 그렇게 하셨다.

우리는 단순히 개인적으로 하나님과 관계를 맺은 자들이 아니다. 우리는 우리의 유명한 유대인 조상들 곧 다윗과 히스기야 그리고 베드로로부터 무수한 무명의 신자들에 이르기까지, 고대의 이스라엘 백성과 예수 당시의 유대인들로부터 초대 교회 이후의 기독교 공동체에 이르기까지 역사를 거치며 면면히 이어져 온 긴 계보의 사람들에게 속해 있다. 우리는 하나님이 네게브의 먼지와 모래 속에서 관계를 세우신 자들의 공동체에 속해 있다.

그러나 그 이상이다. 하나님은 자기 백성과 언약을 맺으셨을 때, 그분은 그 누구도 생각조차 할 수 없는 그런 일을 행하셨다. 일반적인 피의 언약에서 각 당사자는 자기와 관련된 약속을 지키는 책임만 있었다. 그러나 하나님은 아브라함과 언약을 맺으셨을 때 **양편의** 약속을 지키겠다고 약속하셨다.

하나님은 이렇게 말씀하셨다. "아브라함아, 어떤 이유로든—나의 신실하지 못함이나 너의 신실하지 못함으로—이 언약이 깨진다면 그 대가는 내가 치르겠다. 너 또는 너의 자손들이(그들을 위해 네가 이 언약을 맺은 것이다) 이 언약을 준수하지 못한다면, 나는 피로 그 대가를 지불할 것이다."

그리고 그 순간에 전능하신 하나님은 자기 아들 예수에게 사형 선고를 내리셨다.[12]

---

12 Ray Vander Laan with Judith Markham, *Echoes of His Presence: Stories of the Messiah from the People of His Day* (Colorado Springs: Focus on the Family, 1996), 8-9.

아브라함 언약의 보증: 할례의 표징 ─ 창세기 17장

창세기 15장에서 하나님과 아브람 사이에 맺어진 언약은 창세기 17장에서 보증되고 유지된다. 창세기 15장과 17장의 엄밀한 관계에 대해서는 논란이 있다. 그러나 이 관계를 적절히 규명하기 전에 우리는 아브라함을 이야기하는 내러티브의 흐름에서 창세기 17장의 문학적 구조와 그 본문의 상세한 신학적 내용 및 문맥을 고찰해야 한다.

창세기 15장처럼 창세기 17장의 문학적 구조도 명확하다. 다시 말해 창세기 17장도 반으로 나뉘고, 각각의 부분은 동일한 패턴과 구조를 갖고 있다. 또다시 야웨는 아브람에게 말씀하신다. 추정하건대 그분은 꿈에서 그에게 말씀하신다. 비록 이것은 창세기 15창처럼 본문에 명백하게 나타나지는 않지만 말이다. 야웨는 자손에 관한 언약의 약속을 보증하려는 자신의 의도를 표현하신다. 이에 아브람은 엎드린다. 하나님은 자손과 땅에 대한 자신의 약속을 더 자세히 말씀하신다. 하나님은 아브람에게 언약의 표징으로 할례를 명하신다. 이어서 이 패턴이 반복된다. 야웨는 사라에게 자손의 복을 베푸시겠다는 자신의 의도를 표현하신다. 또다시 아브람은 엎드린다. 하나님은 계속 말씀을 하시고 1년 안에 사라에게 아들의 탄생이 있을 것이라고 특별히 선언하신다. 창세기 17장은 아브람이 자기 자신, 이스마엘 그리고 그의 온 집안사람에게 할례를 행하면서 아브람이 할례 명령에 순종했음을 언급하는 것으로 끝난다.

창세기 17장의 개요

A. 자손에 대한 자신의 맹세를 보증하시는 야웨의 의도   17:1-2

B. 아브람이 엎드림   17:3

C. 하나님이 자손과 땅의 선물을 약속하심   17:4-8

D. 할례의 표징이 주어짐   17:9-14

A′. 사라에게 자손의 복을 베푸시겠다는 야웨의 의도   17:15-16

B′. 아브람이 엎드림　　　　　　　　　　　　　　　　　　17:17-18

C′. 하나님이 사랑에게 아들이 있을 것이라고 약속하심　　17:19-22

D′. 할례의 표징이 행해짐　　　　　　　　　　　　　　　17:23-27

15장의 언약 체결은 앞서 14장에서 발생한 사건들과 관련해 주어진 것처럼 17장에 나오는 언약 보증은 16장에서 발생한 사건들, 곧 사래와 아브람이 하갈을 통해 자손을 얻으려고 했던 사건과 관련해서 주어진다.

지금 우리는 17장의 몇 가지 일에 관심을 집중하고 있다. 야웨는 아브람에게 나타나셔서 다음과 같이 말씀하신다. "나는 전능한 하나님이라, 너는 내 앞에서 행하여 완전하라"(창 17:1).

첫째, 야웨는 "엘 샤다이"(*El Shaddai*, 전능하신 하나님)로 자신을 드러내신다. 이 부분은 성경에서 하나님의 이 이름이 등장하는 최초의 사례다. "샤다이"란 히브리어 단어의 의미를 결정하기 위해 학자들은 이 단어의 기원을 두고 논쟁을 벌였지만 시원한 결론을 얻지는 못했다. 하지만 이 단어의 의미는 사용된 용법에서 충분히 잘 결정될 수 있다. 하나님의 이 이름은 특별히 구약성경에서 족장들 곧 아브라함과 이삭 그리고 야곱의 생애와 관련이 있다. 이 이름은 언약의 약속과 당시 족장들이 직면한 현실의 괴리 때문에 그들의 믿음을 격려하기 위해 주어진 것으로 보인다. 그렇다면 이 문맥에서 야웨는 강력하게 간섭하시는 하나님이시다. 그리스어 구약성경에서 "엘 샤다이"를 "전능자"(παντοκράτωρ)로 번역하는 것이 관례이고,[13] 이 번역어가 그 의미를 매우 잘 드러낸다. 앞에서 주목한 것처럼 아브람 내러티브들은 새 창조로 제시된다. 바벨탑 이후의 혼돈은 민족과 나라들의 흩어짐, 그리고 아브람과 사래의 불임으로 대변되는데, 이후로 아브라함에게 주어진 하나님의 말씀은 무에서 유를 만들어내는 권능의 말씀이다.

13　창세기 번역자가 "판토크라토르"의 번역어를 사용하지 않고, 오히려 욥기 번역자 그 단어를 사용하면서 널리 알려졌다.

둘째, "엘 샤다이"는 아브람에게 "내 앞에서 행하여"(התהלך לפני)라고 명령하신다. 어떤 사람 앞에서 행한다는 것은 무슨 뜻인가? 존 월튼은 구약성경 전체에 걸쳐 나타나는 이 표현의 용법을 다음과 같이 세밀하게 분석한다.[14]

칼 형(G) 어간과 히트파엘 형(HtD) 어간이 나타나는 것은 함께 고찰될 수 있다. 변형된 형태를 사용해서 동일한 의미를 표현하는 관련 문맥들이 있기 때문이다(왕상 9:4에서 칼 형 용법과 왕하 20:3에서 히트파엘 형 용법을 참조하라). 동사와 전치사의 병치는 매우 다양한 문맥에서 거의 30회에 걸쳐 나타난다. 이 사례들은 다음과 같이 분류될 수 있다.

1. 전치사의 목적어로서의 사람들

1. 이스라엘 앞에서 행하신 구름 기둥으로서의 하나님(출 13:21 등) [G]

2. 그 땅으로 이스라엘 앞에서 가신 하나님(신 1:30; 31:8) [G]

3. 여리고에서 제사장들 앞에서 간 군대와 언약궤 앞에서 간 제사장들(수 6:9, 13) [G]

4. "후방 호위"에 대한 익숙한 평행 요소(사 52:21; 58:8) [G]

5. 야곱이 에서에게 보낸 예물의 목적(창 32:21) [G]

6. 사무엘의 실제 역할 행위(삼상 12:2) [HtD]

7. 새 제사장 계열의 기대된 역할 행위("나의 기름 부음을 받은 자 앞에서," 삼상 2:35) [HtD]

2. 전치사의 목적어로서의 하나님

1. 다윗 계보 왕들의 기대된 역할 행위(왕상 2:4; 8:23, 25; 9:4; 대하 6:16; 7:17) [G]

---

14 John H. Walton, *Covenant: God's Purpose, God's Plan* (Grand Rapids, MI: Zondervan, 1994), 72-73. 표는 저작권사에 허락을 받고 사용한다.

2. 히스기야의 실제 역할 행위(왕하 20:3; 사 38:3) [HtD]

3. 족장들의 기대된 및 실제 역할 행위(창 17:1; 24:40; 48:15) [HtD]

4. 제사장들의 기대된 역할 행위(삼상 2:30) [HtD]

5. 구원받은 시편 저자의 예견된 역할 행위(시 56:13 [14]; 116:9) [HtD]

월튼의 세밀한 연구 결과는 다음과 같이 요약될 수 있다. 하나님이 어떤 사람 앞에서 행하실 때 그것은 하나님의 인도와 보호를 의미한다. 반면 사람들이 하나님 앞에서 행할 때 그것은 그들이 하나님의 사자나 대사로 섬기는 것을 의미한다. 창세기 17:1에서 하나님은 아브람에게 자기 앞에 행하라고 명령하신다. 따라서 아브람은 세상에서 하나님의 대행자 또는 대사와 대표가 되어야 한다. 세상은 아브람을 바라볼 때 하나님과 올바른 관계를 갖는 것이 어떤 것인지, 그리고 하나님이 인간에게 어떤 의도를 갖고 계시는지를 보게 될 것이다. 창세기 12장에서 아브람에게 약속된 땅의 지리적 위치의 중요성을 파악하고, 또 아브람에게 주어진 약속들의 중요성을 깨닫기 위해서는 고대 근동의 지도에서 여행 노선을 살펴보라(도표 8.1). 아브람에게 약속된 땅인 가나안은 너비 약 48km, 길이 약 161km에 달하는 작은 지역에 불과하다. 고대 세계의 초강대국들이 가나안 땅 양편에 자리를 잡고 있다. 서쪽에는 이집트가 있고, 동쪽에는 메소포타미아(아시리아와 바빌론)가 있다. 가나안과 메소포타미아 사이의 대부분의 지역은 사막이다. 고대 세계에서 초강대국 간의 상업과 교역을 위한 유일하게 편리한 통로는 아브람에게 주어진 이 작은 땅을 통과하는 것이다. 현대의 관점에서 보면 아브람과 그의 가족은 고대 세계에 있던 **통신망의 중추**를 따라 이동한다. 이집트와 메소포타미아 간의 모든 통신과 상업과 교역은 가나안을 통과할 것이다. 그리고 그렇게 그곳을 통과할 때 사람들은 무엇을 보게 될까? 그곳을 통과하는 이들은 오직 유일하신 참하나님과의 올바른 관계, 인간적으로 서로를 대하는 방법, 땅의 자원들에 대한 적절한 청지기 직무를 예증하는 한 집단의 사람들을 보게 되어 있다.[15] 이것은 아브람과 그의 가족을 통해 모든 민족에게 복을 베푸시려는 하나님의 방법과 계획의 시작이다. 따라서 "내 앞에서 행하라"는 명령은 땅의 모든 족속이 복을 얻을 것이라는 창세기 12:3의 명령과 직접 연결되어 있다.

도표 8.1

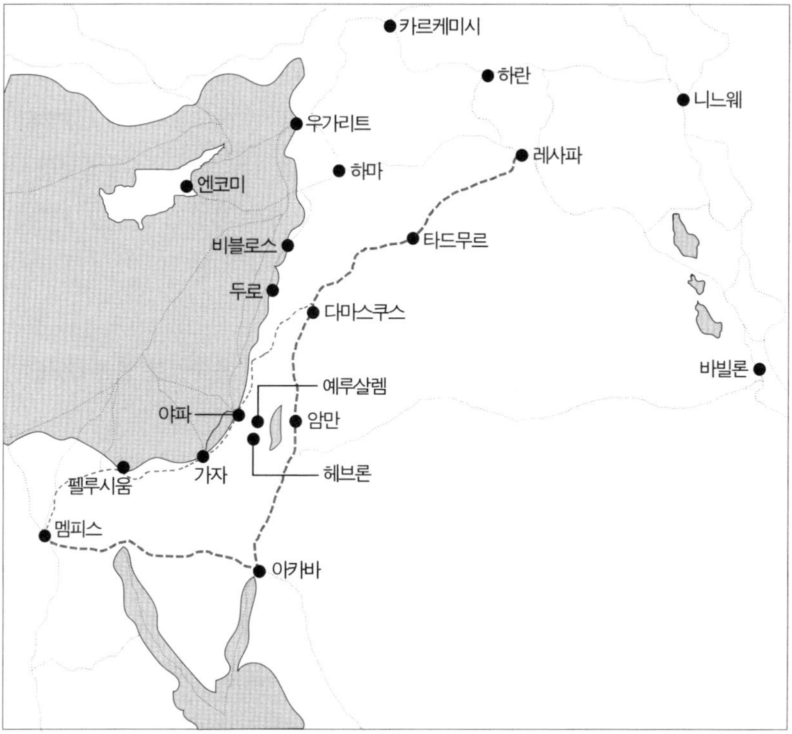

창세기 17:1에서 아브람에게 주어진 하나님의 명령은 실제로는 두 가

---

15 이 책은 아브라함 내러티브들이 땅과 땅의 자원들에 대한 적절한 청지기 직분 문제를 제시하는 방법에 대해서는 거의 다루지 않는다. 이것은 Byron L. Wheaton, "Abraham, Land, and Stewardship: Reading the Abraham Narratives for Their Contribution to Israel's Land Ethic" (박사학위 논문, Westminster Theological Seminary, 2001)에서 매우 상세히 전개된다. 여기서 제시한 설명은 Wheaton의 작품에 의존하고 있다.

지다. (1) 내 앞에서 행하라. (2) 완전하라. "완전한"으로 번역된 히브리어 단어는 "타밈"(*tāmîm*)이다. 이 형용사는 "온전한"과 "전체적인" 그리고 "전부"를 의미하는 어근에서 파생한 것이고, "감소가 조금도 없는 전체"를 의미한다.[16] 비록 "타밈"이라는 형용사 및 이 단어와 긴밀하게 관련된 형용사 "탐"(*tām*)이 구약성경에서 빈번하게 사용되는 말이기는 해도("타밈"은 대략 91회가 나타나고, "탐"은 15회가 나타난다), 인간과 관련해서 사용되는 경우는 그리 흔하지 않다. 왜냐하면 대부분의 용례가 제사를 위한 짐승과 관련되어 사용되기 때문이다. 사실 창세기 전체를 보아도 "타밈"은 아브람과 관련해서는 오직 여기서만(창 17:1), 그리고 노아와 관련해서는 창세기 6:9에서만 나타나는데, 두 사람 모두 화자의 문학적 기법에 따라 아담적 인물로 간주되는 자들이다.

> 노아는 의인이요 당대에 완전한(타밈) 자라. 그는 하나님과 동행하였으며 (창 6:9)

형용사 "타밈"(완전한)은 또한 욥기 12:4에서 "의로운"(צַדִּיק, 차디크)과 병렬 배치되어 있다. 거기서 욥은 의롭고 온전한 자신이 조롱거리가 되었다고 항의한다(참조. 잠 11:5). 나아가 "타밈"은 신명기 32:4에서 "야샤르"(יָשָׁר, 정직하시도다)와 결합되어 나타난다. 따라서 하나님은 아브람을 언약 관계에 있어 도덕적으로 흠과 결함이 없고, 정직하고 신실한 자가 되라고 요구하시는 것이다.

그러나 사실 우리가 여기서 아브람 내러티브들을 살펴보면 아브람이 다른 사람들을 대할 때 정직하고 신실하지 못한 점이 있었음을 확인하게 된다. 창세기 12:17-20에서 이미 그런 사례가 확인된다. 아브람과 사래가 가

---

16 B. Kedar-Kopfstein, "תָּמַם *tāmam*; תָּם *tām*; תָּמִים *tāmîm*; תֹּם (תֹּם) *tōm* (tom-); תֻּמָּה *tummâ*; תֻּמִּים *tummîm*" in *TDOT* 15: 72.

나안 땅에 임한 기근을 피해 이집트에 들어갔을 때 바로는 아브람이 사래를 누이로 속이는 계략을 짠 것은 진실하지 못한 일이라고 불평했다. 또 창세기 16장에서도 아브람이 사래의 여종 하갈을 통해 상속자를 얻게 되었을 때 하갈이 사래를 멸시하는 일이 벌어지자 아브람은 사래의 고민을 인정하고 사래에게 하갈을 학대해도 된다고 말한다. 이 일로 하갈과 이스마엘은 양식이 충분하지 못한 광야로 쫓겨난다. 이 행위 역시 흠 없는 모습과는 거리가 멀다. 그리고 창세기 17장에서 하나님의 명령이 주어졌지만 아브람의 이후 행위에서 이런 결함 있는 요소는 제거되지 않는다. 창세기 20장에서 아브라함이 블레셋 사람의 땅으로 여행할 때에도 다시 사라를 공개적으로 누이로 소개하고, 이때 그 땅의 아비멜렉 왕은 속임수를 쓴 아브라함을 비난한다. 창세기 21장에서 아브라함과 아비멜렉은 조약을 맺는다. 아브라함은 자신이 판 우물 문제로 아비멜렉의 사람들에게 학대받은 것에 대해 불평한다. 하지만 아비멜렉은 자기는 처음 듣는 이야기라고 반박한다. 이것 역시 민족들에 대한 결함 없는 처신은 아니다. 하나님은 아브라함을 자신의 사자와 예언자로 세우신 것(창 20:7), 곧 아비멜렉이 간음죄의 형벌로 죽임을 당하지 않도록 중보자로 세우신 것에 난처하셨을 것이 틀림없다. 창세기 저자는 시간이 지나고 세월이 흐르면서 작은 일이 큰 일이 되는 것을 보여주는 데 심혈을 기울인다. 따라서 이후 창세기 26:6-11에서 이삭 역시 아내 리브가를 누이로 속인다. 다만 그의 아버지의 입에서는 "선의의 거짓말" 또는 절반의 진실이었던 것(사라는 사실 아브람의 이복 누이였다)이 이삭의 입에서는 악의의 거짓말이 된다. 이어서 3대째인 이삭의 아들 야곱은 완전히 거짓말쟁이와 사기꾼이 된다. 그리고 염소 가죽으로 자기 아버지를 속인 야곱은 급기야 자기 아들들에게 염소 가죽으로 속임을 당한다. 물론 아브람은 가나안에서 제단을 쌓고, 거기서 야웨의 이름을 불렀다(즉 선포했다). 아브람은 자기가 믿는 신의 대사였다. 그렇지만 그 신을 전적으로 신실하게 대표하지는 못했다.

창세기 16장의 상황은 17장의 언약 보증에 중요한 동기를 제공한다. 창세기 17:2은 "웨에테나"(wĕ'ettĕnâ)라는 동사로 시작하고, 이것은 거의 확실하게 1인칭 단수형 양태(modal)의 형태로 확인되며, 앞 절의 명령과 직접 연결되어 목적절 또는 결과절을 표시한다. "내 앞에서 행하여 완전하라. 그러면 내가 내 언약을 나와 너 사이에 두어." 이 언약 관계 속에서 아브람에게 기대되는 것은 순종이다. 이미 창세기 12장에서 야웨께서 아브람을 부르셔서 그에게 이런 큰 약속들을 주셨을 때 명령이 있었다. "가라"…그리고 "복이 될지라." 창세기 15장은 이 큰 약속을 되풀이하고, 그것을 언약에 명시했다. 그럼에도 아브람은 온전한 신실함을 예증하지 못했다. 따라서 창세기 17장에서 하나님은 자신의 언약을 보증하고/지키시며, 다른 무엇보다 아브람이 아담 역할을 하는 데 있어 순종하는 아들이 되어야 할 필요성을 강조하신다.

여기서 무시되어서는 안 되는 주석적 질문이 하나 있는데, 그것은 "베리트"(언약)가 직접 목적어일 때 동사 "나탄"(נתן [두다])의 의미가 무엇이냐는 것이다. 윌리엄슨의 분석은 우리가 취한 견해에 도전을 주므로 상세히 인용할 필요가 있다.

> 우리가 창세기 17장을 창세기 15장에서 공식적으로 비준된 언약의 재-보증의 관점에 따라 이해한다면, 창세기 17:2에서 동사 "나탄"의 미완료 어미 변화를 배치하는 것이 오히려 당혹스럽다. 웬함이 설득력 있게 주장하는 것처럼 "언약이 창세기 15:18에서 이미 시작되었기(카라트[כרת], 쪼개다) 때문에 어떤 의미에서 하나님이 아브라함에게 언약을 주실 필요가 있는지는 바로 분명하게 이해되지 않는다. 웬함은 가장 인기 있는 공시적 해석에 의지하면서 이 어려움을 해소한다. 곧 여기서(창 17장) 중요한 사실은 단순히 하나님의 주도권에 있는 것이 아니라 인간의 반응("내 앞에서 행하여 완전하라"는 말로 요약되고, 모든 남자에게 할례를 시행하라는 명령으로 해설되는)을 강조하는 언약의 보증 또는 비준에 있다고 주장한다. 하나님이 세우신 언약과 인간에게 주어진 이 언약의 본질적 의무에 대한 강조 사이의 긴 지연 기간(약 14년)의 난점은 이미 부각되

었다. 앞에서 인간과 관련된 의무의 측면이 충분히 명확하지 않은 이유는 약간 모호하다. 만일 이 두 본문이 단순히 한 언약의 두 측면/단계를 묘사하는 것이라면, 왜 하나님은 인간 당사자의 책임을 상술할 때까지 그토록 오래 기다리셨는가? 확실히 창세기 15장이 아브라함 편의 본질적 책임을 이미 암시했다면 이에 대한 신학적 결론은 동일하지 않을까? 한편으로 편집자가 이 문학적 난제에 대해 비난을 받는다면, 긴밀하게 관련이 있는 이 두 본문의 근거는 적절하게 설명되지 않았다. 확실히 편집자는 하갈 일화를 내러티브의 더 적절한 자리에—예컨대 15장의 후반부에—배치하고, 언약 의식에 대한 J 문서와 P 문서의 설명을 융합할 수 있었다. 따라서 창세기 17장에서 언약의 예견된 "주심"은 표준적인 공시적 또는 통시적 설명에 쉽게 받아들여지지 않는다. 공시적 설명은 언약과 관련된 의무의 측면을 계시하는 데 있어 불필요한 지연의 근거를 제공하지 않는다. 반면에 통시적 설명은 편집자의 문학적 능력을 의심하게 만든다.

덤브렐은 "나탄"(17:2에서)의 의미를 "언약의 유효화"(setting the covenant in operation)로 이해한다. 덤브렐이 말하는 "언약의 유효화"는 창세기 15장의 언약이 활성화된 약속의 형태로 실현된 것을 의미한다. 따라서 창세기 17:2은 아마 다음과 같이 이해되어야 할 것이다. "…따라서 내가 나와 너 사이에 세운 내 언약을 실행해서 너를 크게 번성하게 하리라." 이 번역은 확실히 라부샹(Labuschagne)의 "나탄"에 대한 사전 연구로 지지를 받는다. 라부샹은 이 동사의 기본적인 의미는 목적 또는 내용을 유효하게 하는 행위라고 주장한다. 이 해석에 대한 추가 지지는 "나탄"이 약속된 언약의 복들과 관련되어 사용될 때 그 실현 또는 성취를 전달하는 사실에서 발견된다. "땅"의 선물의 성취가 창세기 12:7, 13:15, 17, 15:7, 18, 17:8 그리고 함축적으로 15:2에서 전달된다. 창세기 17:5, 6, 20에서 이 동사는 국제적 (또는 이스마엘의 경우에는 국가적) 중요성을 가진 약속과 연계된다. 창세기 17:16의 초점은 약속된 아들에게 있다. 이것은 문맥상 아브라함의 엄청난 번성에 대한 약속(창 17:2b; 참조. 창 12:2; 13:16, 15:5)과 관련이 있는 것으로 보이는 창세기 17:2이 뒤에 있다. 우리가 확인한 것처럼 이것은 의심할 것 없이 창세기 17장의 주요 주제다. 따라서 창세기 17:2에서 "나탄"은 문제의 언약의 약속(들), 즉 아브라함의 엄청난 번성(17:2 후반부가 암시하는 것으로 보이는 것처럼)이 시작된 것을 암시할 수 있다.

그러나 비록 "나탄"이라는 동사를 언약의 약속들의 성취의 이행을 전달하는 것으로 해석하는 것이 정확할 수 있지만, 창세기 17장에 선언된 언약과 이미 15장에서 시작된 언약을 동일시하는 것의 적절함은 단순히 가정될 수 없다. 이것은 여전히 창세기 15장과 17장의 약속의 강조점이 다른 것을 적절하게 인식하지 못하는 것이다. 창세기 15장에서 세워진 언약의 약속의 초점은 아브라함의 무수한 자손이 땅을 상속받는 것이다. 이것은 창세기 17장의 문맥(8절)에서 되풀이 되지만 확실히 훨씬 그 이후까지도 시행되지 않은(최소한 한 가지 추가적인 하나님-인간 언약 즉 시내산에서 맺은 언약 이후에 시행되는) 약속의 한 측면이다. 하지만 창세기 17장에서 "시행된" 언약의 **주된** 초점은 아브라함이 국가를 상속받는 것으로 나타나지 않고 오히려 그의 국제적 중요성으로 나타난다. 따라서 국가에 대한 기대가 창세기 17장에서 부차적인 위치로 간주된다는 사실은 **그저** 15장에 기록된 언약의 약속들을 **단순하게** 이행하는 또 하나의 단계로 "할례의 언약"을 이해하는 사례를 심하게 약화시킨다. 적어도 창세기 15장과 17장에는 강조점의 차이가 있고, 이 두 기록을 어떻게든 서로 관련시키려는 시도는 고려되고 설명되어야 한다.

그러나 덤브렐은 자신의 주장을 과장하기는 해도 창세기 15장과 17장의 연속성을 정확하게 보고 있다고 말할 수 있다. 창세기 17장의 아브라함의 후손에 대한 강조점은 분명히 문학적 및 신학적 핵심을 제공한다. 이 인용구는 독자에게 아브라함의 국제적 중요성이 그의 국가의 상속에 대한 기대와 완전히 분리되어서는 안 된다는 것을 확실히 남겨둔다. 두 기대는 어떤 식으로든 관련이 있다. 확실히 여기서와 다른 곳의 순서를 고려하면, 아브라함의 국제적 중요성은 어쨌든 먼저 실현될 국가에 대한 기대에 수반되어 있는 것으로 보인다.[17]

---

17 Paul R. Williamson, *Abraham, Israel, and the Nations: The Patriarchal Promise and Its Covenantal Development in Genesis*, JSOTSup 315 (Sheffield, UK: Sheffield Academic Press, 2000), 203-205 (강조는 Williamson의 것이다).

윌리엄슨은 "나탄 베리트"의 의미를 결정하기 위해 올바르게 창세기 15 장과 17장의 관계를 붙들고 씨름한다. 윌리엄슨이 제시하는 많은 설명은 유용하다. 그는 창세기 17장의 민족들에 대한 강조점을 언급하면서 설명에 기여한다. 그는 창세기 17장의 중요성을 정확히 언급한다. "민족들을 이루는 것"에 초점을 두는 것은 사실 창세기 17장의 두 부분, 곧 아브라함과 사라와 관련이 있다.

> 4 보라! 내 언약이 너와 함께 있으니, 너는 여러 민족의 아버지가 될지라. 5 이제 후로는 네 이름을 아브람이라 하지 아니하고 아브라함이라 하리니. 이는 내가 너를 여러 민족의 아버지가 되게 함이니라. 6 내가 너로 심히 번성하게 하리니, 내가 네게서 민족들이 나게 하며 왕들이 네게로부터 나오리라(창 17:4-6).

> 내가 그에게 복을 주어 그가 네게 아들을 낳아 주게 하며 내가 그에게 복을 주어 그를 여러 민족의 어머니가 되게 하리니, 민족의 여러 왕이 그에게서 나리라 (창 17:16).

이스마엘은 국가와 왕권을 함께 약속받는다.

> 이스마엘에 대하여는 내가 네 말을 들었나니, 내가 그에게 복을 주어 그를 매우 크게 생육하고 번성하게 할지라! 그가 열두 두령을 낳으리니, 내가 그를 큰 나라가 되게 하려니와(창 17:20).

창세기 12:1-3의 약속들의 왕권 사상이 창세기 17장에서 전면에 부각되고, 아브라함은 민족들에게 복이 될 뿐만 아니라 한 민족 이상, 아니 사실은 **많은** 민족을 이룰 것으로 나타난다. 당연히 바울도 "아브라함이나 그 후손에게 세상의 상속자가 되리라고 하신 언약"에 대해 말한다(롬 4:13). 아브라함은 가나안 땅 이상의 땅을 상속받을 것이다. 아브라함은 세상을 상속받을 것이다.

그럼에도 윌리엄슨의 주석에는 오류가 있다. 이는 그가 언어 문제에 적절한 관심을 기울이지 못하고, 전략적 단어들의 사전 연구를 이차 자료에 의존하며, 덤브렐의 잘못된 해석에 지나치게 과민 반응하고, 언약 체결의 정의에 대해 치우친 견해를 갖고 있기 때문이다.[18] 따라서 윌리엄슨은 결론적으로 창세기 15장과 17장은 분리되지만 서로 관련이 있는 두 언약이라고 주장한다.

창세기 17:2을 제외하고 "나탄 베리트"라는 표현이 발견되는 곳은 오직 창세기 9:12과 민수기 25:12뿐이다.[19] 민수기 25:12의 문맥은 "주다"라는 의미가 필요한 것처럼 보이지만 창세기 9:12과 17:2의 문맥은 "세우다"라는 의미가 필요하다. 의미장 이론(semantic field theory)에 따르면 대부분의 언어에서 명사와 동사는 특수한 의미의 장(場)을 갖고 있을 뿐만 아니라 의미론 영역에서 관련 단어들의 등급에 따라 사용된다. 등급이 높은 동사는 보통 낮은 등급에 속한 단어 대신 사용될 수 있다. 따라서 "나탄"은 창세기 9:12과 17:2에서 "헤킴" 대신 사용된다. 이 대체는 자연스러운 문체의 변화다. 그것은 홍수 내러티브와 창세기 17장은 오로지 "카라트 베리트"가 아니라 "헤킴 베리트"의 표현의 지배를 받고 있기 때문이다. "헤킴 베리트"라는 표현은 창세기 6:18과 9:9, 11, 17, 17:7, 19, 21에서 발견되지만 "카라트 베리트"는 이 본문들의 문맥에서 전혀 발견되지 않는다. 따라서 덤브렐의 "나탄"에 대한 주장(주로 윌리엄슨이 동의한)은 전혀 목적에서 벗어나 있지 않고, 언어 원리들도 그 의미와 용법을 모두 적절하게 설명할 수 있다.

"베리트"의 1인칭 대명사 접두어("내 언약") 역시 창세기 17장과 15장의

---

18 앞에서 설명함.

19 Williamson은 비록 다른 곳에서 창 9:12(**아브라함과 이스라엘** 그리고 **족속들**, 201, n.52)을 빠뜨린 것에 대해 Wenham을 비판하기는 해도, 창 9:12과 17:2(아브라함과 이스라엘 그리고 족속들, 204, n.63)만을 열거하고, 동사 "나탄"에 대한 언급 없이 민 25:12을 설명한다(아브라함과 이스라엘 그리고 족속들, 200).

관계를 설명하는 것의 한 부분이다. 다시 윌리엄슨이 덤브렐의 주장을 평가한 것을 주목해보자.

(인용구에서 처음 등장하는 것을 포함해서) 창세기 17장에 등장하는 사례 중 절반 이상이 "베리트"에 1인칭 단수 소유 대명사가 붙어 있다(창 17:2, 4, 7, 10, 19, 21절). 그 언약이 창세기 17장에 소개되는 것에 기초하면, "내 언약"은 15장에서 이미 언급된 언약과 동일한 것을 결론적으로 의미한다. 그러나 이 결론은 자세한 검증을 거친 것은 아니다. 그것에 대해 다수의 유력한 비판이 제기될 수 있다.

노아 언약(참조. 창 6:18; 9:8-17)도 불가사의하게 (맥에버뉴[McEvenue]도 마찬가지로) 똑같은 방식으로(즉 "베리티") 소개되고 있다는 사실은 이 대명사 접두어가 이미 언약이 세워진 사실을 지시한다는 주장을 심각하게 손상시킨다. 유추하면 창세기 6:18에 언급된 "언약"도 이미 세워진 언약의 재보증이어야 한다. 하지만 이 언약 이전에, 창세기에는 이미 세워진 언약에 대한 암시가 조금도 없다. 창세기 6:18에서 "베리트"가 언급되는 것은 단순히 홍수 내러티브에서 그 명사가 처음 나타난 것을 반영하는 것이 아니라 모세 오경 전체에서 언약에 대한 명시적인 최초의 언급을 반영한다. 그렇다면 창세기 6:18에서 언급하는 이미 존재하는 언약은 어떤 것일까?

창세기 6:18의 언급은 창세기 첫 장들에 반영된 원 창조 언약을 가리킨다는 덤브렐의 추측은 확고한 주석적 지지를 결여하고 있다. 따라서 설득력이 없는 주장으로 남아 있다. 덤브렐이 노아 언약에 창조 내러티브의 여러 가지 명확한 내용을 반영하고 있음을 인정하는 것은 두말할 것 없이 정확하다. 하지만 창세기 1-3장은 홍수 이전의 언약 관계를 묘사하는 것이 틀림없다는 그의 결론은 불합리한 결론이다.[20]

---

20 Paul R. Williamson, *Abraham, Israel, and the Nations*, 190-191.

분명히 윌리엄슨은 이런 주장을 매우 강력하게 제시한다. 우리는 이미 윌리엄슨이 "카라트 베리트"와 "헤킴 베리트"라는 표현을 분석한 것은 결함이 있고, 게다가 일차 자료를 철저하게 검토한 분석이 아닌 바인펠트가 분석한 이차 자료의 검토에 근거한다는 사실도 확인했다. 또한 성경의 내러티브들에서 "베리트"라는 용어를 실제로 사용하지 않고 언약들을 묘사하는 근본적인 방법이 있다는 것도 확인했으며, 우리는 이것을 창세기 17장을 다루면서 간략히 다시 확인할 것이다. 나아가 윌리엄슨은 창세기 1-3장에서는 언약이 발견되지 않는다는 자신의 주장을 확증하는 주석을 제시하지 않는다. 또한 창세기 6-9장과 17장에서 사용된 다양한 표현과 용어들에 대해 적절한 설명도 제공하지 않는다. 따라서 윌리엄슨의 주장은 결론을 미리 옳은 것으로 가정한 선결문제의 오류를 범하고 있다.

창세기 17장에서 "베리트"에 붙은 대명사 접두어의 사례들은 이미 세워진 언약을 암시한다는 덤브렐의 주장은 주목할 만한 가치가 있다. 명사 "베리트"는 1인칭 단수형 대명사 접두어가 붙어 구약성경에서 47회에 걸쳐 등장한다. 이 가운데 4분의 1이 넘는 13회가 두 본문 곧 창세기 6-9장과 17장에 집중적으로 나타나는 것은 주목할 만하다.[21] 언어학적으로 대명사 접두어는 그 명사를 한정 명사로 만들고, 문법적 기능은 앞에서 나온 말을 가리키는 (즉 뒤에서 지시하는) 것에 있을 것이다. 구약성경의 모든 사례를 세밀하게 검토해보면, 모든 경우에 그 언급은 앞에 나온 말을 가리키고, 이미 세워진 언약을 언급하는 것으로 드러난다.[22] 결론적으로 말해 덤브렐의 주장이 견고한 근거에 기초하고, 윌리엄슨의 전제는 언어학적 자료에 반대되는

---

21 위에서 인용한 Williamson의 목록에 창세기 17:9은 빠져 있다.

22 47회의 용례는 다음과 같다. 창 6:18; 9:9, 11, 15; 17:2, 4, 7, 9, 10, 13, 14, 19, 21; 출 6:4, 5; 19:5; 레 26:9, 15, 42(3회), 44; 민 25:12; 신 31:16, 20; 수 7:11; 삿 2:1, 20; 왕상 11:11; 시 50:5, 16; 89:35; 132:12; 사 59:21; 렘 11:10; 31:32; 33:30(2회), 21, 25; 겔 16:60, 62; 44:7; 호 8:1; 슥 11:10; 말 2:4, 5. 시 50:5에서 1인칭 대명사 접미사는 "나와 맺은 언약"을 의미하고, 에스겔서 16:62에 나오는 것은 아마 언약의 대명사가 후속하는 어구를 지시하는 기능 (cataphoric)이거나 예상에 의한 언급일 수 있다.

것으로 보인다.

따라서 우리는 창세기 6-9장이 창세기 1-3장의 하나님의 창조 언약의 보증인 것처럼, 창세기 17장도 창세기 15장에서 시작된 하나님의 아브라함과의 언약의 보증이라고 확신할 수 있다. 창세기 15장과 17장은 각각 창세기 12:1-3의 첫 번째 단위의 세 가지 약속과 두 번째 단위의 세 가지 약속과 관련이 있다. 아브라함은 개인적으로 명성과 민족을 주시는 것으로 자신에게 복을 주시겠다고 하신 하나님의 약속에 큰 관심을 가졌다. 하지만 이 약속들은 아브람을 통해 모든 민족에게 복을 주시겠다는 두 번째 단위의 세 가지 약속에 근본적이다. 그러나 아브라함은 민족들에게 복을 주시겠다는 것에 대해서는 아무 관심을 보여주지 않았다. 따라서 윌리엄슨이 창세기 17장에서 국제적인 강조점이 나타나 있다고 지적하는 것은 확실히 옳다. 창세기 17장에서 이 계시에 대한 아브라함의 반응은 다음과 같이 분명히 나타난다.

> 17 아브라함이 엎드려 웃으며 마음속으로 이르되 "백 세 된 사람이 어찌 자식을 낳을까? 사라는 구십 세니 어찌 출산하리요?" 하고 18 아브라함이 이에 하나님께 아뢰되 "이스마엘이나 하나님 앞에 살기를 원하나이다"(창 17:17-18).

아브라함은 하나님의 이 계획에 대해 분명히 회의적이었고, 창세기 16장에서 하나님의 계획을 이행하기 위한 자신의 노력을 고려해달라고 다음과 같이 하나님께 간청한다. "이스마엘이나 하나님 앞에 살기를 원하나이다." 물론 아브라함의 아들 이스마엘에게도 하나님께서 민족을 이루고 큰 나라가 되게 하겠다고 복을 약속하셨다. 그러나 아브라함 언약은 오로지 대략 1년 안에 아브라함과 사라에게서 태어날 아들로 말미암아 지켜질 것이다. 그렇지만 아브라함은 이 계획을 듣고 웃는다. 그는 하나님의 계획이 이스마엘을 통해 이루어지는 것에 대해서는 이해할 수 있지만, 생식 기능이 사라진 부부에게서 어떻게 생명이 태어날 수 있는지는 이해할 수 없다. 그러나 창세기 17장의 주제는 분명히 다음과 같은 것이다. 곧 "나는 **전능한** 하나님이라, 너는 내 앞에서 행하여 완전하라." 창세기 15장과 17장 사이에 14년이 경과한 이유는 야웨께서 아브라함이 하나님이 누구신지를 진정으로 깨닫고 이해하며, 그 이해에 따라 엄밀하게 신실하고 충성하는 언약 관계가 되기를 바라시는 데 있다. 아브라함은 자신의 힘으로 행하는 것이 완전히 무력하다는 것을 깨달을 때 비로소 하나님을 "엘 샤다이"로 알게 될 것이다.

창세기 15장과 17장의 관계를 논하는 과정에서 윌리엄슨은 T. D. 알렉산더가 창세기 9장과 17장의 평행 관계에 대해 제시한 것을 표 8.1에서 보여준다.[23]

표 8.1: 창세기 9장과 17장의 평행 관계

표현		노아 언약	아브라함 언약
헤킴 베리트	הקים ברית	창 9:9, 11, 17	창 17:7, 19, 21
나탄 베리트	נתן ברית	9:12	17:2
에트 자르아카 아하레이카	את זרעך אחריך	9:9	17:7, 8, 9, 10, 19
비메오드 메오드	מאד במאר	7:19	17:2, 6, 20
레도로탐	לדרתם	6:9; 9:12	17:7, 9, 12
웨니크레타 한네페쉬 하히	ונכרתה הנפש ההוא	9:11	17:14
프루 웨르부	פרו וברו	8:17; 9:1, 7	17:20
홀리드	הוליד	6:10	17:20
베에켐 하욤 하제	בעצם היום הזה	7:13	17:23, 26
콜-자카르	כל־זכר	6:19; 7:3, 9, 16	17:10, 12, 23

---

23 Paul R. Williamson, *Abraham, Israel, and the Nations*, 86에 나오는 것을 고친 것이다. Williamson은 그것을 T. D. Alexander, "A Literary Analysis of the Abraham Narrative in Genesis" (박사학위 논문, Queen's University of Belfast, 1982), 179에서 인용한다. 저작권사의 허락을 받아 사용한다.

이 평행 관계는 문서설에 도움을 주거나 부추기는 것이 아니라 화자가 아담과 같은 인물로 노아와 아브라함을 묘사하는 데 심혈을 기울이고 있음을 보여준다. 아담에게 "생육하고 번성하라"고 하신 명령은 노아에게 이전되고, 아브라함에게 이르러서는 "크게"라는 부사가 덧붙여져 약속이 된다.

창세기 17장에서 하나님은 아브람과 사래의 이름을 다시 지어주신다. 아브람의 이름은 아브람("높임을 받은 아버지")에서 여러 민족의 아버지라는 뜻을 가진 아브라함으로 바뀐다. 사래의 이름은 사라로 바뀐다. 월키가 주목한 것처럼 사래와 사라는 모두 "공주"를 의미하는 이름으로 적용 과정에서 변형이 이루어진 이칭(異稱)이기는 해도, "그녀가 태어날 때 가졌던 이름인 사래는 그녀의 고귀한 혈통을 돌아보게 하지만 언약을 통해 바뀐 이름인 사라는 그녀의 고귀한 자손을 내다보게 한다."[24] 윌리엄슨은 이것이 창세기 15장과 17장을 구별된 언약으로 분리시키는 이유라고 생각한다.

이 두 언약이 나오는 장(창 15장과 17장)을 구분하는 가장 분명한 측면 중 하나는 창세기 17장에서 아브라함과 사라의 새 이름이 소개되는 것이다. 창세기 15장에서 이름을 변경하라고 언급되지 않는 것이 중요하다. 그뿐만 아니라 창세기 17장 이전에 그 이름들이 사용되지 않았다는 사실은 이후에 그 이름들이 사용된 사실과 완벽하게 일치한다는 것도 중요하다.

창세기 17장에 나오는 새 이름에 언약적인 중요성이 주어진다는 것과 관련해서, 창세기 15장에 그 이름이 소개되지 않는 것은 거기 기록된 언약이 다른 목적을 갖고 있음을 함축할 것이다. 또는 최소한 구별된 강조점을 갖고 있음을 함축할 것이다. 다시 말해 이런 추론은 각 장을 세밀하게 분석해보면 확증된다. 창세기 15장은 약속의 땅을 상속받는 한 민족의 조상으로서 아브라함의 역할을 강조하지만, 창세기 17장은 약속된 복을 상속받을 여러 민족들의 "아버지"로

---

24 Bruce K. Waltke with Cathi J. Fredricks, *Genesis: A Commentary* (Grand Rapids, MI: Zondervan, 2001), 262.

서 아브라함의 역할을 강조한다. 따라서 창세기 17장에서 이름의 변경과 관련해서 독자는 아브라함 내러티브의 두 언약 구절이 포괄하는 범위가 같지 않다는 사실을 절묘하게 깨닫게 된다.[25]

창세기 17장의 범위가 창세기 15장의 범위보다 더 크다. 아브라함 내러티브의 전체적인 특징은 하나님이 더 큰 약속으로 모든 질문에 답변하시는 것이기 때문이다. 또한 하나님은 언약의 수혜자의 이름을 바꾸는 것과 같은 그런 관계에서 그분이 누구시고, 그분이 원하는 것이 무엇인지를 그분의 백성에게 전달하기 위해 문화적인 수단을 사용하신다. 하지만 이것은 창세기 15장과 17장을 다른 두 언약으로 간주할 어떤 근거로 보아서는 안 된다. 셋째, 창세기 17:7b과 17:8b에서 언약이 아브라함 및 그의 자손들과 맺어지는 것을 주목해보자.

> 7 내가 내 언약을 나와 너 및 네 대대 후손 사이에 세워서 영원한 언약을 삼고 **너와 네 후손의 하나님이 되리라.** 8 내가 너와 네 후손에게 네가 거류하는 이 땅 곧 가나안 온 땅을 주어 영원한 기업이 되게 하고 **나는 그들의 하나님이 되리라.**

야웨는 아브라함의 하나님이자 그의 후손의 하나님이시다. 그분은 그들의 하나님이 되실 것이다. 위의 본문에서 굵은 글씨로 표시된 부분은 성경에서 언약 공식(최소한 그 전반부)을 언급하는 첫 번째 사례다. 우리는 출애굽기 6:7에서 온전한 언약 공식을 발견한다.

> 너희를 내 백성으로 삼고 나는 너희의 하나님이 되리니, 나는 애굽 사람의 무거운 짐 밑에서 너희를 빼낸 너희의 하나님 여호와인 줄 너희가 알지라.

---

25 Paul R. Williamson, *Abraham, Israel, and the Nations*, 106.

먼저 루돌프 스멘트(Rudolf Smend)가 제시한 공식에 주목해보라.[26] 엘머 마튼즈(Elmer Martens)의 『하나님의 계획: 구약신학을 중심으로』(*God's Design: A Focus on Old Testament Theology*)는 성경에 나오는 이 말을 탁월하게 설명한다.[27] 롤프 렌토르프(Rolf Rendtorff)가 학문적 연구를 통해 보여주는 것처럼 언약 공식은 때로는 전반부만 발견되고(A), 때로는 후반부만 발견되며(B), 또 때로는 전체 공식이 발견된다(C).[28]

A 공식   나는 너희의 하나님이 될 것이다

B 공식   너희는 내 백성이 될 것이다

C 공식   나는 너희의 하나님이 되고 너희는 내 백성이 될 것이다   = A + B

렌토르프는 언약 공식에 대한 자신의 분석을 다음과 같이 결론을 내린다.

따라서 언약 공식은 다양한 측면 아래서 등장한다. 그것은 히브리 성경의 중요 부분들에서 **대단히 의식적인 방법**(conscious manner)으로 소개되는 신학적 언어의 한 부분이 된다. 이 공식은 하나님과 이스라엘의 관계, 그리고 이스라엘과 하나님의 관계를 매우 풍성하게 표현한다. 동시에 이 공식은 무엇보다 "언약"과 "선택하다"와 같은 언어와 신학적 언어의 다른 부분들과 결합되어 나타난다.…많은 경우에 이 공식은 이런 부분들을 하나로 묶고 그것들을 새롭게 해석한다. 또는 그 연관 관계를 통해 새로운 신학적 일관성을 창출한다.[29]

---

26 Rudolf Smend, *Die Bundesfoemel* (Theologische Stutien 68, Zürich: EVZ-Verlag, 1963).

27 Elmer Martens, *God's Design: A Focus on Old Testament Theology* (Grand Rapids, MI: Baker, 1981).

28 Rolf Rendtorff, *Die "Bundesformel": eine exegetisch-theologische Untersuchung* (Stuttgart: Katholische Bibelwerk, 1995).

29 Rolf Rendtorff, *The Covenant Formula: An Exegetical and Theological Investigation*, trans. Margaret Kohl, *Old Testament Studies* (Edinburgh: T. & T. Clark, 1998), 92(강조는 나의 것이다).

따라서 언약의 핵심에는 다음 관계가 놓여 있다. "나는 그들의 하나님이 되고 그들은 내 백성이 될 것이다." 비록 이 문구는 "베리트"라는 단어가 풍성하게 등장하는 창세기 17장에서 지금 등장하지만, 이와 동일한 문구나 말은 성경에서 "언약"이라는 단어가 등장하지 않는 곳에서 많이 나타나고, 항상 언약을 논의 주제와 화제로 드러낸다. 중요한 예가 고린도후서 6:16과 요한계시록 21:3이다.

> 하나님의 성전과 우상이 어찌 일치가 되리요. 우리는 살아 계신 하나님의 성전이라. 이와 같이 하나님께서 이르시되, "내가 그들 가운데 거하며 두루 행하여 나는 그들의 하나님이 되고 그들은 나의 백성이 되리라"(고후 6:16).

> 내가 들으니 보좌에서 큰 음성이 나서 이르되 "보라! 하나님의 장막이 사람들과 함께 있으매, 하나님이 그들과 함께 계시리니. 그들은 하나님의 백성이 되고 하나님은 친히 그들과 함께 계셔서"(계 21:3).

바울이나 요한은 "언약"이라는 말을 사용하지 않지만 이 본문들에서 새 언약을 묘사하고 설명할 때 언약 공식이 언약 개념을 강력히 전달한다.

넷째, 아브라함에게 언약의 표징이 주어진다. 구약성경에서는 언약에 물리적 표징이 수반되는 경우가 흔하다. 물론 물리적 표징이 언약 체결의 필수적 요소이고 의무적 요소는 아니다. 우리는 무지개가 노아 언약의 표징이었음을 확인했다. 그리고 이후에 안식일은 시내산에서 이스라엘과 맺은 언약의 표징이었다. 아브라함은 하나님이 그와 그의 자손 사이에 맺어진 것으로 보증하신 언약의 물리적 표징으로 할례를 시행하라는 명령을 받았다(창 17:9-14).

여기서 중심 질문은 이것이다. 곧 할례가 지시하거나 상징하는 것은 무엇인가? 창세기 17:14에 따르면 이 표징은 언약 공동체의 구성원 자격을 규정한다.

할례를 받지 아니한 남자 곧 그 포피를 베지 아니한 자는 백성 중에서 끊어지리니, 그가 내 언약을 배반하였음이니라.

그러나 질문이 또 남아 있다. 할례는 언약 공동체에 속해 있음을 어떻게 지시하거나 상징하는가? 유감스럽게도 기독교 교회는 할례 의식에 대해 크게 잘못된 생각과 이해를 갖고 있다. 그것은 주로 할례 의식의 의미에 대한 적합한 배경이 적절하게 연구되지 못했기 때문이다. 예를 들어 팔머 로버트슨(O. Palmer Robertson)은 언약에 대한 그의 다른 유용한 작품에서 할례는 깨끗함을 의미한다고 주장한다. 이런 주장은 문제의 백성들에게 "포피를 제거하는 위생적 행위가 거룩하신 하나님과 부정한 백성간의 언약 관계 확립에 필수적인 정결을 상징했다"는 근거 없는 가정에 기초한다.[30] 다른 문화들은 어린아이에서 어른으로 들어서는 통과 의례로 사춘기 어린아이들에게 할례를 시행했다. 아브라함과 그의 자손은 난 지 8일 만에 어린 아기에게 할례를 시행해야 한다. 할례 의식에 대한 정확한 이해는 고대 근동의 배경에 따라, 특히 아브라함과 이집트의 연관성을 고려한다면 이집트 배경과 관련해서 조명되어야 한다. 이 주제의 연대에 대한 가장 탁월한 연구는 존 미드(John D. Meade)가 진행하고 요약한 것이다.[31] 미드는 아브라함과 이스라엘의 할례를 이해하는 데 가장 개연성 있는 배경 ─ 통상적인 환경 기준 ─ 은 이집트라는 것을 예증한 다음 자신의 결론을 이끌어내는데, 그 결론은 여기서 인용할 가치가 충분하다.

---

30 O. Palmer Robertson, *The Christ of the Covenants* (Phillipsburg, NJ: Presbyterian & Reformed, 1980), 150.

31 John Meade, "The Meaning of Circumcision in Israel: A Proposal for a Transfer of Rite from Egypt to Israel," *Adorare Mente* 1 (2008): 14-29 〈http://adoraremente.sbts.edu/〉. David A. Bernat, *Sign of the Covenant: Circumcision in the Priestly Tradition* (Atlanta: Society of Biblical Literature, 2009)은 책 한 권 분량으로 할례 주제를 다룬 연구서다. 자료설에 대한 저자의 집착과 고대 근동 문화적 배경에 대한 관심 부족으로 생산적인 결과는 낳지 못하고 있다.

첫째 그리고 가장 중요하게, 하나님은 할례 의식에 이미 존재하는 언약 관계를 덧붙이신다(참조. 창 15:18, 거기 보면 히브리어 동사 "카라트"는 언약을 처음 시작하는 것을 의미한다). 할례는 이 언약 관계에 어떻게 기여하는가? 이 질문에 대한 답변은 아브라함의 할례를 하나님께 그분의 번성에 대한 약속을 지키도록 상기시키는 의미로 보는 것에서 저주와 성결을 포함하는 다면적인 의미까지 포괄적이었다. 이 연구는 이 결론 중 후자에 동의한다.…이집트의 할례는 제사장의 입문 의식이었다.

둘째, 왕-제사장이 이집트에서 신의 아들이고 할례를 통해 성별되었던 것처럼 야웨의 장자로서 이스라엘(출 4:22-23)도 자신의 섬김을 성별하기 위해 할례를 시행했고 또 시행할 것이다(수 5:2-9). 우리는 이 연구에서 아들 자격과 형상에 대한 성경 용어를 깊이 탐구할 수 없다. 하지만 이집트 배경은 확실히 이스라엘이 야웨의 장자로서 그분에게 속해 있음을 그들에게 보여줄 것이라는 사실에 주목하는 것은 흥미롭다. 왜냐하면 이스라엘도 바로와 같이 할례를 시행했기 때문이다.

셋째, 이집트에서는 제사장들만 할례를 받을 의무가 있었지만 이스라엘에서는 모든 남자가 태어난 지 8일 만에 할례를 받아야 했다(창 17:12). 이것은 아브라함의 가족이 제사장들로 구성된다는 것을 상징했다. 이후 이야기를 보면 이스라엘은 **제사장 나라**와 거룩한 백성으로 불린다(출 19:6). 또한 "거룩한 백성"이라는 말은 하나님에 대해 성별되었거나 하나님께 속한 것을 의미하고, 그 의미는 제사장 나라의 의미를 보완할 것이다. 제사장 나라로서 할례는 이스라엘 백성의 적절한 표징이다. 왜냐하면 할례는 모든 이스라엘 남자로 하여금 자신이 특별히 야웨에 대해 성별되고, 또 야웨를 섬기기 위해 성별된 제사장이라는 것을 상기시켜줄 것이기 때문이다.

[따라서] 이집트에서는 할례가 신과의 동맹이나 동일화 그리고 신을 섬기기 위한 성별의 의미를 갖고 있다. 이 의식은 모든 제사장이 신에 대해 갖는 의무였다. 하지만 증거는 할례가 제사장이 아닌 평민 계급에는 강요되지 않았음을 제안한다.…비록 이집트 사람의 의식과 이스라엘 사람의 의식 간에는 형식적 차

이가 있지만, 이 차이는 실제로 이스라엘 안에서 중대한 신학적 근거로 작용했다. 이스라엘 안에서 모든 남자 아기는 태어난 지 8일 만에 하나님을 위해 성별되거나 하나님께 바쳐졌다. 아브라함과 사라의 가족은 태어날 때부터 야웨의 제사장으로 간주되어야 했다.[32]

헨리 모리스(Henry Morris)의 다음과 같은 설명도 유익하다.

나아가 할례는 주로 관련된 개인과 그의 부모 그리고 그의 아내와 관련이 있는 표징이었다. 할례는 백성 전체와 관련이 있는 표징이 아니고 오로지 개인과 관련이 있는 표징이었다. 부모와 관련이 있는 할례는 부모들은 하나님이 그들의 결혼에 복을 베푸신 아들에게 씨를 이전시키는 일에 충실하고, 자기 아들을 훈련시켜 그가 하나님의 뜻을 따르도록 노력하는 것을 확증하는 것이다. 아내와 관련된 할례는 남편은 확실히 아브라함의 자손이고, 그녀는 결혼 관계에서 남편에게 확실히 기쁘게 복종하며, 믿음으로 하나님이 가정과 자녀에게 복을 베푸실 것이라는 것을 확신시켜 주었다. 남편 자신과 관련해서 할례는 자신과 자신의 가족이 아브라함의 하나님을 위해 성별된 것과 자기들이 세상에 대한 하나님의 부르심과 사역에 참여하게 된 것을 날마다 증언하는 역할을 했다.[33]

남자가 성인이 되어 또는 사춘기에 할례를 받았던 고대 근동의 문화와 달리, 아브라함의 가족의 남자들은 태어난 즉시 곧 난 지 8일 만에 할례를 받아야 했다. 매튜스는 이것을 속죄일과 연관시킨다.

제사에서 아기가 태어난 7일은 막 출산한 어머니에게 부정한 것으로 간주되었고, 이어서 8일째에 아기의 할례가 시행되었으며, 그 어머니는 33일이 지나야

---

32   Meade, "Meaning of Circumcision in Israel," 27-29.

33   Henry M. Morris, *The Genesis Record: A Scientific and Devotional Commentary on the Book of Beginnings* (Grand Rapids, MI: Baker, 1976), 334.

정결해질 수 있었다(레 12:2-4). 8일째는 야웨께 바치거나 속죄하는 날로 특별히 지켜졌다(예를 들어 출 22:30; 레 9:1; 14:10, 23; 15:14, 29; 22:27; 23:39; 민 6:10; 겔 43:27).[34]

이 설명은 적절하지 않다. 8일은 창조 기사에서 그 중요성이 유래한다. 창조 기사에서 하나님은 6일 동안 세상을 창조하시고 7일째에 안식하셨다. 7일은 기한이 정해지지 않은 날로서, 8일은 새 창조가 시작하는 날이고, 이것은 새 아담으로서 아브라함과 관련된 새 창조의 설명에 적합하다.

메러디스 클라인은 할례 의식의 부정적 의미를 주장했다. 창세기 15:7-18(참조. 렘 34:17-20)의 쪼개는 의식처럼 할례도 축출에 대한 언약의 저주를 생생하게 묘사하고, 자손에게서 끊어지는 것을 경고했다(창 17:14). 비록 이스라엘 주변의 다른 민족들이 할례를 시행했지만, 이스라엘 자손은 포피를 완전히 잘라내고 제거한 유일한 민족이었다. 따라서 이 부정적 의미는 할례가 "내 앞에서 행하여 완전하라"(창 17:1)는 언약의 요구에 충실하지 못할 때 언약 공동체에서 끊어지는 것을 상징한다는 것이다.[35] 할례의 이 부정적 측면은 이미 인용한 창세기 17:14의 본문에서 분명한 지지를 받는다.

그렇기 때문에 할례는 아브라함과 그의 가족에게 요구된 의식으로서, 언약 공동체의 자격을 상징했다. 부정적 관점에서 할례 받지 않은 사람은 언약 공동체에서 끊어질 것이다. 긍정적 관점에서 할례는 제사장으로서 하나님을 섬기는 일에 온전히 헌신하는 것을 상징했다. 이 언약의 표징은 아브라함이 민족들을 복으로 이끌라는 부르심을 받음으로써 제사장으로서 그가 맡은 아담의 역할을 강조한다. 바울은 로마서 4:11에서 창세기 17:23-27에 묘사된 아브라함의 순종을 창세기 15:6에 따라 아브라함과 야웨의 관

34　Mathews, *Genesis 11:27-50:26*, 204.

35　Jason S. DeRouchie, "Circumcision in the Hebrew Bible and Targums: Theology, Rhetoric, and the Handling of Metaphor," *Bulletin for Biblical Research* 14/2 (2004): 175-203을 보라.

계를 특징짓는 믿음의 의의 한 표현으로 올바르게 본다. 그리고 로버트 버겐(Robert D. Bergen)은 다음과 같이 올바르게 주목한다. "이제 자기 몸에 언약의 표징을 가진 자로서 아브라함은 언약의 자녀들에 대한 아버지의 자격을 갖추었다."[36]

한 언약인가 아니면 두 언약인가?

『NIV 스터디 성경』 19쪽에 실린 표에는 "구약성경에 나오는 주요 언약들"이라는 제목이 붙어 있다. 거기 보면 하나님이 아브라함을 다루시는 것을 두 언약 곧 아브라함 언약 A와 아브라함 언약 B로 나누어 설명한다. 아브라함 언약 A는 창세기 15장과 대응을 이루고, 특징이 왕의 하사로 규정된다. 아브라함 언약 B는 창세기 17장과 대응을 이루고, 특징이 종주-봉신 조약으로 규정된다. 최근에 폴 윌리엄슨은 자신의 박사학위 논문에서 이 견해를 지지했다.[37] 또한 그는 성경의 모든 언약을 포괄적으로 다룬 작품도 썼고,[38] 자신의 박사학위 논문에서 전문적으로 깊이 다룬 아브라함 언약을 이 작품에서 요약한다. 윌리엄슨은 창세기 15장과 17장에 대한 과거의 분석들을 다음과 같이 정리한다.

> 통시적 관점에서 연구하는 학자들은 일반적으로 아브라함 언약의 "단계들"을 연대순으로 구별된 사건들과 반대로 문학적 구성이 이루어진 것으로 생각한다. 이 문학적 구성은 아브라함 내러티브의 최종 형태 배후에 있는 것으로 추측되는 다양한 자료들 또는 전통들의 융합에 따라 전개되었다고 주장된다. 그렇게

---

36 Robert D. Bergen, *HCSB Study Bible,* ed. Edwin A. Blum and Jeremy Royal Howard (Nashville: Holman, 2010), 40.

37 Paul R. Williamson, *Abraham, Israel, and the Nations: The Patriarchal Promise and Its Covenantal Development in Genesis,* JSOTSup 315 (Sheffield, UK: Sheffield Academic Press, 2000)로 출간되었다.

38 Paul R. Williamson, *Sealed with an Oath: Covenant in God's Unfolding Purpose,* NSBT 23 (Downers Grove, IL: InterVarsity Press, 2007).

이해된 창세기 15장과 17장은 아브라함 전설에 있는 단 하나의 사건이나 일화에 대해 다른 시기에 기록된 본질적으로 다른 설명이다. 아브라함 언약의 확립과 관련해서 구분된 생각이나 연대적으로 구분된 단계는 아브라함 전설집의 편집 기간에 일어난 편집 과정에 따라 인위적으로 도입된 것이다. 따라서 본래 하나의 아브라함 언약에 대한 두 개의 구분된 설명이 지금은 언약 관계에 있어서 연대적으로 두 개의 구분된 시기에 발생한 것으로 나타난다.

하지만 창세기 15장과 17장의 문학적·신학적 차이와 관련한 몇 가지 보증되지 않은 전제들을 포함해서(윌리엄슨 2000a: 81-95을 보라), 통시적 관점과 같은 분석은 아브라함 내러티브의 최종 형태에 이 두 언약의 인용구가 포함된 사실을 설명하지 못한다. 후자와 관련해서는 다음과 같은 것이 이야기되어야만 한다. 곧 사람들이 무비판적으로 어느 정도 단편적이고 일관성이 없는 최종 편집 과정을 추정하지 않는 한, 창세기 15장과 17장은 아브라함 내러티브 전체에 그 자체로 구별된 신학적 공헌을 하고 있다.

공시적 관점에서 아브라함 언약이 하나라고 생각하는 이들은 대체로 아브라함이 야웨와 맺은 관계가 발전하면서 주어진 단계적 계시로 아브라함의 언약을 이해한다. 언약이 언제 세워졌는지(즉 창 12장인지 아니면 15장인지)에 대해서는 견해가 나뉜다. 하지만 하나님이 아브라함에게 주신 약속들에 초점을 맞추고 있는 이후의 장들은 단순히 동일한 언약을 보증하고 확대한다는 것과 관련해서는 견해가 일치한다. 이렇게 이해된 창세기 17장은 아브라함 언약의 체결에 대한 또 다른 기사가 아니다. 그것은 이전에 세워졌던 언약의 갱신이거나 약속의 발전의 다음 단계다. 이 발전 단계에서 약속을 포함한 측면은 앞서 드러나지 않은 의무적인 측면들이 보완된 중요한 것이다.

하지만 이런 주장들의 문제점은 언약 체결의 이 두 "단계" 사이에 긴 시간의 경과를 설명하지 못하거나—언약 구조와 약속들의 강조점과 관련해서—창세기 15장과 17장의 중대한 차이를 제대로 해명하지 못한다는 데 있다.[39]

---

39 같은 책, 85-86.

　이상의 두 접근법은 (1) 통시적 접근법과 (2) 공시적 접근법으로 설명된다. 통시적 접근법을 따르는 이들은 비평 학자들이다. 그들이 사용하는 방법론에는 양식비평과 편집비평 및 자료비평이 포함된다. 공시적 접근법을 따르는 이들은 정경의 형태에서 본문을 받아들인다. 윌리엄슨의 묘사(비록 엄밀한 의미의 통시적이고 공시적인 묘사는 아니지만)는 존 바턴(John Barton)의 『구약성경 읽기: 성경 연구의 방법』(*Reading the Old Testament: Method in Biblical Study*)에 도움을 받았다.[40] 하지만 그는 이 작품에서 "통시적" 및 "공시적"이라는 전문 용어를 혼동하고 있는 것 같다.

　전문적인 용어로 통시적 연구는 자료들의 편집에 대한 순전히 발생론적 연구(genetic study)다. 문자적이고 일반적인 어법에서 통시적이라는 말은 "시간을 통한 발전"을 의미한다. 반면에 공시적이라는 단어는 "동시에"를 의미한다. 따라서 이 용어의 비전문적인 용법에서 아브라함의 발전하는 믿음과 그에게 주어진 하나님의 계시의 이해에 하나님이 반응하신다는 생각은 통시적 접근법으로 더 잘 묘사될 것 같다. 이제 언약 체결의 이 두 "단계"의 시간 간격 또는 창세기 15장과 17장의 차이에 대한 윌리엄슨의 견해의 문제점을 간략히 살펴보자.

　윌리엄슨은 창세기 15장과 17장을 개별적으로 설명한 후에 다음과 같은 요약으로 결론을 맺는다.

> 위의 분석으로 보아 창세기 15장과 17장에 언급된 언약들은 특성(일시적/영원한, 단독적/쌍방적)과 일차 강조점(국가적/국제적)에서 분명히 다르다. 이 언약들이 단순히 한 언약의 두 단계라는 주장은 둘 사이에 걸쳐 있는 약 13년이라는 설명할 수 없는 세월의 간격과 창세기 17장의 언약의 미래에 대한 일관된 계획(문자적으로 "내가 내 언약을 둘 것이다"[창 17:2]; "내가 내 언약을 세울 것이

40　John Barton, *Reading the Old Testament: Method in Biblical Study* (Philadelphia: Westminster, 1984).

다"; 창 17:7)에 의해 심각하게 손상된다. 이 두 언약의 장(창 15장과 17장)의 중요한 차이뿐만 아니라 이 말의 변칙도 공시적 설명을 더 개연성 있는 견해로 만든다. 곧 이 두 장은 두 개의 구분되지만, 서로 관련된 언약에 중점을 둔다(윌리엄슨 2000a: 212-214).

창세기 15장과 17장에서 나타나는 다른 강조점이 창세기 12:1-3에 나타난 계획된 의제에 기술된 두 다른 요소를 반영한다는 사실이 이런 결론을 한층 더 지지한다. 창세기 15장은 아브라함을 "큰 민족"으로 만들겠다는 하나님의 약속(창 12:2)에 집중되어 있다. 반면에 창세기 17장은 아브라함을 통해 "땅의 모든 족속이 복을 얻을 것"(창 12:3)이라는 하나님의 약속에 더 초점이 맞추어져 있다. 이렇게 이해된 두 개의 구분된 언약은 하나님과 아브라함이 체결한 것으로 이해된다. 첫 번째 언약(창세기 15장에서 체결된)은 엄숙하게 아브라함을 "큰 민족"으로 만들겠다는 하나님의 약속을 보증했다. 그리고 두 번째 언약(창세기 17장에 예견된, 그러나 아직 체결되지 않은 언약) 역시 아브라함과 그의 "후손"을 통해 민족들에게 복을 베풀겠다는 하나님의 약속을 보증했다.[41]

창세기 15장과 17장은 구별된 언약을 구성한다는 윌리엄슨의 주장은 실제보다 더 큰 설득력이 있는 것처럼 보인다.

우리가 방금 제시한 아브라함 내러티브들에 대한 해석(창 12장 = 약속을 주심, 창 15장 = 언약을 세움, 창 17장 = 언약을 보증함)은 여러 가지 이유로 윌리엄슨에게는 불가능하다. 한 가지 이유는 우리가 여기서 설명한 것처럼 그리고 용법에서 확증된 것처럼 윌리엄슨은 "언약을 쪼개는 것"(카라트 베리트) 대 "언약을 보증하는/지키는 것"(헤킴 베리트)의 구별된 의미를 가진 표현을 인정하지 않기 때문이다. 윌리엄슨의 분석은 수정이 필요한 덤브렐의 해석을 반대한 바인펠트의 자료(일차 자료에 대한 윌리엄슨의 분석이 아니라)에 근거한다. 이것은 사람의 해석에 영향을 끼치는 근본적인 언어적 주장이다. 윌리엄슨

---

41 Paul R. Williamson, *Sealed with an Oath*, 89.

은 "언약을 보증하다"는 말이 히브리 성경 다른 곳에서 더 흔하게 사용되는 표현과 반대로 왜 창세기 17장에서 일관되게 나타나는지에 대해 만족스러운 설명을 제공하지 못한다. 사실 윌리엄슨의 주장은 빈번하게 윌리엄슨 자신에게도 불리하게 작용한다.

> 출애굽기 6:4의 언급(아브라함의 경우)은 실제로 창세기 17:8에 대한 언급으로, 곧 창세기 15:18에서 공식적으로 비준된 언약/약속에 대한 명백한 보증이라고 주장될 수 있다. 그러나 이것은 분명히 출애굽기 6장에서 창세기 15장을 특별히 두드러지게 언급하는 것을 적절하게 설명하지 못한다.[42]

창세기 15장과 17장이 하나의 언약을 말한다면, 윌리엄슨이 자신의 반대 주장이 지금 제거되었다는 사실을 알지 못하는 것은 이상하다.

둘째, 윌리엄슨이 자신의 두 작품에서 보여준 분석은 창세기 15장과 17장을 주석하는 일에 중점을 두었고, 그는 아브라함 내러티브들 전체 줄거리의 흐름을 제대로 설명하지 못한다. 아브라함에게 나타나는 하나님의 다른 계시들은 하나님의 명령과 약속 그리고 계시와 관련해 오랜 세월에 걸쳐 아브라함의 믿음, 순종, 이해가 발전하고 성장하는 것에 대한 직접적인 반응으로 주어진다. 이것이 진정한 통시적 접근법이고, 윌리엄슨이 본문의 편집역사에 대한 비평적 재구성을 위해 "통시적 접근법"이라는 말을 사용하는 것과 혼동되어서는 안 된다.

하나님이 자신을 다루시는 것에 대한 아브라함의 믿음과 순종과 이해는 연대순에 따라 점차 자라가는 성장과 진보와 관련이 있다. 창세기 15장은 아브라함을 "큰 민족"으로 만들겠다는 하나님의 약속(국가적 약속)에 집중되어 있고, 창세기 17장은 아브라함을 통해 "땅의 모든 민족이 복을 받도록 하겠다"는 하나님의 약속(국제적 약속)에 집중되어 있다는 주장은 윌리엄슨이

---

42 Paul R. Williamson, *Abraham, Israel, and the Nations*, 199-200.

기여한 실제 공헌 중 하나다. 하지만 이런 차이점이 지나치게 강조되는 것 같다. 창세기 15장과 17장은 모두 "땅"과 "자손"에 대해 말한다.[43] 창세기 17장이 여러 곳(창 17:8, 16)에서 아브라함에게 땅과 아들을 주겠다고 말하는 것과 이런 복은 아브라함에게 속한 복이지 그를 통해 민족들에게 주어진 복이 아니라는 사실을 주목하는 것은 흥미롭다.

창세기 12장에서 하나님께서 주신 약속들은 우선 아브람에게 준 복에 집중하고, 이후에는 그를 통해 민족들에게 준 복에 집중하고 있기에, 다음과 같이 생각하는 것이 논리적이다. 곧 아브라함은 자신의 삶에서 두 번째 복이 어떻게 성취되는지를 아는 것보다는 첫 번째 복이 어떻게 성취되는지를 아는 데 더 관심이 있었을 것이다. 더욱이 창세기 15장과 17장은 12장에서 아브라함에게 주어진 약속들과 같은 순서로 그 약속들을 전개한다.

월리엄슨은 "[창세기 15장과 17장]이 단순히 한 언약의 두 단계라는 주장은 이 두 단계 사이에 약 13년이라는 설명할 수 없는 세월의 간격으로 인해 심각하게 손상을 받는다"고 주장한다.[44] 이것은 깜짝 놀랄 만한 진술이다. 창세기 15장과 17장 사이의 약 13년이라는 시차는 16장으로 해소된다. 곧 아브라함과 사라가 하나님의 약속의 성취를 인간적 노력과 계략을 통해 성취하려고 시도한 것을 다루는 내러티브로 메워진다. 하갈 이야기는 아브라함과 사라가 약속된 것의 역사적 실재를 경험으로 확증하고 이끄는 데 걸린 시간을 설명해주는 적절한 근거다. 또한 그것은 아브라함의 지평이 아브라함과 그의 가족을 넘어 민족들에게 복을 주라는 그의 부르심을 확대할 필

---

43 Bruce Waltke의 창 12-50장 개요를 보면, 15:1-16 부분의 제목은 "아브라함과 맺은 땅의 언약과 이스마엘의 수태 고지"다. 그리고 17:1-18:15의 제목은 "아브라함과 맺은 후손 언약과 이삭의 수태 고지"다(Bruce K. Waltke with Charles Yu, *An Old Testament Theology: An Exegetical, Canonical, and Thematic Approach* [Grand Rapids, MI: Zondervan, 2007], 311을 보라). 이것은 본문의 사실과 부합하지 않은 제목이다. 왜냐하면 창 15장과 17장은 모두 "땅"과 "후손"에 초점을 맞추고 있기 때문이다. 나중에 318쪽에서 제시할 창 15장의 개요도 동일한 사실을 인정한다.

44 같은 책.

요를 보여준다. 이것과 관련해서 아브라함의 실패는 예수의 직계 제자들이 활동하는 시대에 이를 때까지 이스라엘 나머지 역사의 한 특징이다.

창세기 15장의 언약은 일시적인 언약이고, 17장의 언약은 영원한 언약이라는 주장은 침묵 논증(argument from silence)에 근거한다. 창세기 17장은 영원한 언약이라고 말하지만(창 17:7, 13, 19), 15장은 그런 말을 하지 않는다. 이것도 선결문제의 오류다. 창세기 15장과 17장이 동일한 것을 언급한다면, 그렇다면 언약이 영원하다는 17장의 진술은 15장에도 적용될 것이기 때문이다. 창세기 15장의 언약은 아브라함에게 "땅"을 주겠다는 것이고(창 15:18-21), 17장의 언약은 이 땅의 언약이 "영원한 기업"(창 17:8)으로 언급되고 있음을 주목하라. 하나님의 약속들은 아브라함 내러티브 전체에서 처음부터 끝까지 더 커졌고 더 좋아졌다. 하지만 이것이 서로 구별된 언약을 주장하는 근거는 아니다.

창세기 15장의 언약은 일방적이고, 17장의 언약은 쌍방적이라는 주장은 오해에 근거한다. 언약을 무조건적 언약 또는 조건적 언약으로 묘사하는 전통적 언어는 부적절하다. 우리는 하나님이 아브라함 언약에서 두 당사자의 신실함을 보증하시지만 여전히 언약에 약속된 대로 민족들을 복으로 이끌기 위해서는 아브라함의 신실한 순종이 필요하고 주장할 것이다. 성경의 메타내러티브는 하나님이 아담 안에서 처음부터 끝까지 순종하는 아들을 찾으신다는 것이다. 창세기 15장과 17장은 하나의 동일한 언약이고, 이 본문들은 하나님의 언약에 대해 입체적이고 완전한 이미지를 보여준다.

또한 윌리엄슨이 제안하는 관점을 가지고 창세기 17장을 이해하는 데는 어려움이 있다. 17장에 나오는 언약이 창세기 15장에 등장하는 언약이 아니라면, 그렇다면 **언약**이라는 단어의 등장은 하나님이 이제 막 확립하려고 하시는 언약을 언급하는 것이다. 하나님은 창세기 17:9에서 아브라함에게 자신의 언약을 지키라고 요구하신다. 그분은 17:10에서 그 언약에는 할례가 포함된다고 설명하신다. 이어서 17:11에서는 할례가 언약의 표징이라고 말씀하신다. 이것은 언약을 언약의 표징을 준수하는 것으로 축소시키는 것처럼 보인다. 창세기 17장이 15장의 언약을 보증하는 것이라면, 이 표징은 아브라함 언약 전체에 제공된 것이다. 그러나 창세기 17장이 구분된 언약을 제정하는 것을 보여주는 것이라면, 인간의 순종은 언약의 표징을 지키는 것으로 축소된다. 이런 해석은 만족스러운 이해를 제공하지 못한다.

월리엄슨의 접근법이 문제가 되는 것은 구약성경과 신약성경의 이후 본문들은 하나님이 아브라함을 다루시는 것을 결코 **복수형** "언약들"로 언급하지 않기 때문이다. 구약성경의 역사적 서언 어디서도(예. 느 9장) 두 개의 아브라함 언약을 언급하지 않는다. 오직 하나의 아브라함 언약이 있고, 이 언약이 이삭과 야곱에게 승인된다.

아브라함의 순종과 하나님의 강력한 맹세

창세기 18-19장

창세기 17장에서 언약을 보증한 직후, 곧 불과 두 달이나 넉달이 지나지 않아 세 사람이 헤브론에 있는 아브라함을 방문한다.[45] 이 신비로운 세 나그네는 야웨와 두 대리인 또는 사자로 판명된다. 본문은 우리가 이전에 하나님으로부터 온 계시를 발견하는 것과 똑같은 방법("야웨께서 아브람에게 나타나")으로 이 만남을 묘사한다. 창세기 15장에서 계시는 환상의 방식으로 발생했다. 창세기 12:1, 7과 17:1에서 하나님의 계시의 방법은 명확하지 않다. 그러나 여기서(창 18:1) 하나님은 아브라함에게 사람으로 나타나신다.

아브라함은 세 나그네에게 자신의 환대를 받아주실 것을 간청하고, 그들은 아브라함의 간청을 받아들인다. 세 나그네가 음식을 먹고 아브라함이

---

45 창 17장에서 야웨는 사라가 1년 안에 아들을 가질 것이라고 약속하셨다. 18장에서 사라는 임신에 대해 아무런 증상을 느끼지 못했고, 따라서 이 방문은 창 17장의 계시가 있고 단지 두 달에서 넉달 사이에 이루어진 것이 틀림없다.

그들을 겸손히 섬기는 동안 그들이 아브라함에게 아내 사라가 지금 어디 있는지 묻는다. 이에 아브라함은 퉁명스럽게 "장막에 있나이다"라고 대답한다. 의심할 것 없이 고대 근동의 문화적 관례에 따르면 남자들이 다른 남자의 아내에게 직접 말하는 것은 허용된 일이 아니었다. 사라는 이 신통찮은 대화를 장막 문 뒤에서 들을 수 있었다. 갑자기 "말하다"의 동사가 3인칭 복수형에서 3인칭 단수형으로 바뀌고, 그 화자는 17장에서 특별하고 구체적으로 약속한 1년 내 **사라에게** 아들이 생길 것이라는([한] 큰 민족[들]이 되는 것에 대한) 약속을 반복한다. 이에 사라는 웃는다. 화자는 우리에게 사라가 폐경기에 이르렀고 더 이상 남편과 육체관계를 맺지 못하는 상태에 있음을 알려준다. 달리 말해 아브라함과 사라는 그만큼 **늙었다.**[46] 야웨는 아브라함에게 사라가 왜 웃었는지 질문하신다. 야웨께는 불가능한 것이 아무것도 없기때문이다. 그래서 그분은 다시 사라에게 아들이 있을 것이라는 자신의 약속을 반복해 말씀하신다. 비록 이 질문이 아브라함을 향했지만, 실제로는 사라를 향한 것이다. 사라는 두려움으로 자기가 웃었음을 부인한다. 그래서 지금 사라는 두려움 때문에 거짓말을 한다. 자기 남편 아브라함이 두려움 때문에 이집트에서 사라가 자기 누이라고 거짓말을 했던 것처럼 말이다.

야웨와 사라의 이런 간접적인 대화는 이 사건의 다음 장면에서 중요한 배경으로 작용한다. 이 세 방문자는 소돔을 "바라보며" 그곳을 향해 길을 떠나고, 아브라함은 그들을 전송하려고 나갔다(즉 아브라함은 갈림길까지 그들과 함께 걸었다). 다시 야웨께서 대화를 시작하시고, 이때의 대화는 다음과 같이 진행된다.

17 여호와께서 이르시되 "내가 하려는 것을 아브라함에게 숨기겠느냐? 18 아브라함은 강대한 나라가 되고 천하 만민은 그로 말미암아 복을 받게 될 것이 아니냐?"(창 18:17-18)

---

46 Mathews, *Genesis 11:27-50:26*, 218.

야웨는 수사적 질문으로 대화를 시작하신다. 내가 하려는 것(평지의 도시들을 심판하시는 것)을 아브라함에게 숨기겠느냐(문자적으로, 덮겠느냐)? 당연히 숨기시지 않는다! 창세기 18:18은 야웨께서 아브라함에게 솔직하고 꾸밈이 없어야 하는 이유를 표현한다. 첫째, 아브라함은 강대한 나라가 되리라는 진술은 창세기 12:1-3의 약속의 첫째 단위와 일치한다. 둘째, 천하 만민이 아브라함으로 말미암아 복을 받게 되리라는 진술은 창세기 12:1-3의 약속의 둘째 단위와 일치한다. 약속의 첫째 단위는 창세기 15장에서 맺어진 언약에 기록되어 체결되었다. 둘째 단위는 창세기 17장의 언약 보증에서 강조되었다. 따라서 이 두 진술은 하나님이 아브람과 언약 관계를 맺으셨다는 사실의 경계를 정하고, 이런 형태의 관계는 특별히 진실함 즉 신실하고 충성된 사랑이라는 맥락에서 개방성과 투명성을 요구한다. 이 개방성과 투명성은 정확히 아브라함과 그의 아내 사라가 동료 인간들 또는 하나님과의 관계에서 보여주지 못한 특성이다. 창세기 17:1에서 "완전하라"는 요청과 창세기 18:15에서 사라의 거짓말이 보여주는 것처럼 말이다. 따라서 17:18의 수사적 질문은 야웨께서 아브라함과 사라와 맺고자 하시는 그런 종류의 언약 관계를 그들에게 모범을 보여주고 계시는 것을 나타낸다. 이것은 야웨께서 자신의 계획(독자 입장에서 볼 때 아직 은폐되어 있는 계획)을 아브라함에게 계시하는 동기에 대해 계속 설명하실 때 분명해진다.

19 "내가 그로 그 자식과 권속에게 명하여 여호와의 도를 지켜 의와 공도를 행하게 하려고 그를 택하였나니, 이는 나 여호와가 아브라함에게 대하여 말한 일을 이루려 함이니라." 20 여호와께서 또 이르시되 "소돔과 고모라에 대한 부르짖음이 크고 그 죄악이 심히 무거우니, 21 내가 이제 내려가서 그 모든 행한 것이 과연 내게 들린 부르짖음과 같은지 그렇지 않은지, 내가 보고 알려 하노라"(창 18:19-21).

이 본문에서 몇 가지 중요한 사항이 명확히 밝혀지거나 강조되고 있다.

일반적으로 산문에서 "의"[정의]와 "공도"[공의]라는 단어가 나란히 사용될 때, 그 두 단어는 사회적 정의라는 하나의 개념이나 생각을 형성한다. 이것은 중언법 곧 두 단어를 통해 한 개념을 표현하는 것으로 알려진 수사적 표현이다. 한 쌍의 단어는 두 단어를 함께 놓는 것보다 다른 하나의 생각을 표현하는 관용구가 된다. 사람들이 영어 "butter"(버터)와 "fly"(날다)를 공부하면서 "butterfly"(나비)를 분석할 수 없는 것처럼, 그렇게 사람들은 "의"와 "공도"라는 단어를 분석하면서 이 표현의 의미를 결정할 수 없다. 나중에 구약 성경에서 이 한 쌍의 단어는 모세 언약의 요청과 규정을 요약하는 방식이 된다. 그리고 이것은 야웨의 성품을 나타내는 하나의 표현이 된다. 이는 그 용어가 오늘날 일반적으로 사용되는 방식과 다르게 지금 이 본문에서 사회적 정의를 의미하는 것의 내용을 정의한다.

창세기 18:19에 나오는 절의 구문론에 따르면, "사회적 정의를 행하는 것"은 아브라함과 그의 가족이 "여호와의 도를 지키는" 방법이다. 이 "여호와의 도"는 이미 아브라함에게 분명히 계시되었다. 야웨는 아브라함에게 언약 관계에 필수적인 개방성과 투명성 즉 완전하게 되는 것의 의미를 제공하는 것으로 시작하셨다("내가 하려는 것을 아브라함에게 숨기겠느냐").

내러티브의 플롯 구조의 흐름에서 그 단어의 의미는 다음과 같아 보인다. 곧 아브라함이 평지에 있는 성들의 멸망을 막고자 ─ 그리고 롯을 구원하고자 ─ 의인을 악인과 함께 멸망시켜서는 안 된다고 야웨께 간청하기 시작했을 때, 바로 이때 그는 사회적 정의를 실천하는 첫 단계를 취하는 것이고 그리고 이것이 민족들에게 복을 주는 일의 시작이기도 하다. 따라서 창세기 17장의 교훈은 아브라함의 초점을 창세기 12:1-3의 세 가지 약속의 첫째 단위에서 세 가지 약속의 둘째 단위 곧 "천하 만민은 그로 말미암아 복을 받게 될 것"으로 옮겨놓는 데 효과적이다.

독자는 지금 창세기 14장과 18장을 비교하고 대조해보는 것이 필요하다. 왜냐하면 아브라함은 이 두 사건 모두에서 곤경에 빠진 조카 롯을 구출하려고 애쓰고 있기 때문이다. 그러나 창세기 18장의 사건은 사병 318명과 함께 약탈자 왕들에게서 롯을 구출해내는 창세기 14장의 사건과 크게 다르다. 여기서는 아브라함이 동쪽에서 온 매우 악한 왕들과 맞서는 것이 아니고, 전능한 하나님이신 야웨 자신과 맞서고 있다. 악한 성들을 심판하기로 결정하시는 분은 하나님이시기 때문이다. 롯을 구출하기 위해 아브라함은 자신의 빈틈없는 속임수 전략(밤에 기습 공격을 감행함, 창 14:15)을 포기해야 한다. 대신 아브라함은 언약 관계에서 "여호와의 도" 즉 야웨 자신의 성품을 따라야 한다. 그는 "여호와의 도"를 받아들이고 사회적 정의를 실천해야 한다. 아브라함은 단지 자신의 친척이라는 것을 근거로 롯에게 자비를 베풀어달라고 요청할 수 없다. 그는 한 집단으로서 "의인"을 위해 간청하되, 의인을 악인과 함께 멸망시키지 않는 의로우신 심판자이신 하나님께 간구해야 한다. 따라서 아브라함은 하나님 자신의 성품을 근거로 **민족들의 제사장으로서** 중보하는 자가 된다. 그가 중보에 나서 야웨께서 요구한 성 안에 있는 의인들의 수를 6회에 걸쳐 50명에서 10명까지 점차 감소하는 동안 야웨께서는 참으신다. 분명히 말하자면 의인으로 불릴 자격이 있는 자는 6명에 불과했다. 곧 롯과 롯의 아내 그리고 롯의 두 딸과 사위였다(하나님의 심판의 대행자들은 멸망 전에 성에서 그들을 끌어내고자 했다). 창세기 19장 마지막 부분에 나오는 롯의 슬픈 이야기가 보여주는 것처럼 아브라함은 두 전체(미래의) 민족 곧 모압과 암몬 족속을 구원하는 데 성공했다. 여기서 아브라함은 (다른) 민족들에게 복이 되기 시작한다.

창세기 22장

창세기 22:15-18은 아브라함의 순종과 언약의 약속들의 성취와의 관련성을 강조하는 또 다른 일화다. 창세기 19장에서 소돔과 고모라가 멸망을 당한 후에 아브라함은 한동안 블레셋 족속의 영토인 그랄에 체류하고, 창세기 20장에 기록된 사건들은 창세기 12:10-20의 이집트 체류 기간에 있었던 사건들과 거의 동일하다. 마지막으로 창세기 21장을 보면 사라에게서 아들이 태어나고, 이때 그 부모는 하나님의 약속에 대해 웃은 사실을 기억하고 아들의 이름을 이삭이라고 지었다. 아브라함은 또 창세기 21장에서 우물 소유권과 관련해서 아비멜렉과 언약 또는 조약을 맺는다(이것은 앞에서 설명했다).

이어서 창세기 22장에서 아브라함은 하나님의 시험을 받아 약속의 아들로 당시에 소년 곧 젊은이였던 이삭을 제물로 바치라는 요구를 받았다.[47] 이것은 아브라함이든 이 내러티브의 독자든 간에 이해하기 어려운 요구다. 이삭은 이제 자기 아버지의 애정과 사랑의 중심 대상이다. 티머시 켈러(Timothy Keller)는 창세기 22장을 "아브라함의 두 번째 부르심"(창 12장의 첫 번째 부르심에 맞추어)으로 간주한다.[48]

…아브라함은 하나님으로부터 또 한 번 부르심을 받았다. 그리고 그 부르심은 더 충격적이었다.

네 아들 네 사랑하는 독자 이삭을 데리고 모리아 땅으로 가서 내가 네게 일러준 한 산 거기서 그를 번제로 드리라.…

이것은 최종 시험이었다. 하나님의 부르심이 분명히 하는 것처럼 이삭은 이제 아브라함의 **전부**였다. 하나님은 "이삭"을 소년으로 언급하지 않고 "네 아들, 네

---

[47] 화자가 말해주지 않으므로 우리는 여기서 이삭의 나이가 몇 살인지 엄밀하게 모른다. 그럼에도 소년 이삭은, Grüneberg가 지적하는 것처럼, 충분히 나무를 나르고 질문을 할 정도로 성장했다(Keith N. Grüneberg, *Abraham, Blessing, and the Nations: A Philological and Exegetical Study of Genesis 12:3 in Its Narrative Context* [Berlin: Walter de Gruyter, 2003], 228).

[48] 창 12:1-3의 아브람의 부르심과 창 22:1-18의 아브라함의 부르심 간의 연관성은 명확한 문학적 표지들에 따라 확립된다. Grüneberg는 이렇게 말한다. "첫째, '레크-레카'(לך-לך, 너는 가라)라는 어구는 히브리 성경에서 오직 이 두 군데서만 발견된다. 둘째, 아브라함은 각각의 경우와 관련해 구체적으로 명시되지 않은 곳으로 가라는 말을 듣는다." Grüneberg, *Abraham, Blessing, and the Nations*, 222을 보라. 이것은 Keller가 창세기 22장을 "두 번째 부르심"으로 지칭하는 것을 정당화한다.

사랑하는 독자"라고 언급하신다. 아브라함의 사랑은 숭배가 되었다. 이전에 아 브라함의 삶의 의미는 하나님의 말씀에 의존했다. 그런데 지금은 이삭에 대한 사랑과 행복에 의존하고 있다. 아브라함의 삶의 중심이 바뀌었다. 하나님은 너 는 네 아들을 사랑할 수 없다고 말씀하신 것이 아니다. 너는 사랑하는 자를 가짜 신으로 만들어서는 안 된다고 말씀하신 것이다.[49]

여기서 켈러는 정곡을 찌르고 있다. 아브라함은 하나님께 복을 받았다. 하지만 하나님과 맺은 그의 언약 관계는 하나님이 주신 복보다 훨씬 더 중 요해야만 한다. 즉 아브라함은 단순히 하나님의 선물이나 약속 때문에 하나 님을 바라는 것이 아니라 하나님 자신을 바라야 한다. 아브라함은 하나님이 주시거나 약속하시는 것보다 더 큰 보물로 하나님을 찾아야 한다.

아브라함 내러티브가 진행되는 동안 화자는 복이 무엇을 의미하는지를 다시 정의한다. 이 내러티브의 플롯 구조는 우리에게 복의 문제에 있어 아 브라함과 롯을 비교하고 대조해보도록 촉구한다. 당시의 문화적 기준에 따 르면 아브라함과 롯 모두 복을 받았다. 그들은 자녀와 가족이 있다. 사실 아 브라함은 그저 이스마엘로 큰 민족이 되는 과정이 시작된 것으로 알고 만 족했다(창 17:18). 그들은 가축과 양떼와 낙타를 갖고 있다. 롯은 평지의 다 섯 성읍 중 주요 성읍인 소돔 성 의회의 의원이 된다. 아브라함 그리고 그의 대리인으로서 롯은 원수들을 물리치고 승리를 거둔다. 그러나 화자는 롯의 길이 내리막길이라는 점을 분명히 한다. (1) 롯은 자기 눈을 들었다(창 13:10). (2) 롯은 자신의 힘으로 선택했다(창 13:11). (3) 롯은 소돔으로 장막을 옮겼다 (창 13:12). (4) 롯은 소돔에 거주했다(창 14:12). (5) 롯은 소돔 성문에 앉아 있 었다. 즉 롯은 소돔 성 의회의 의원이었다(창 19:1). 그는 시대의 기준으로 보

---

[49] Timothy Keller, *Counterfeit Gods: The Empty Promises of Money, Sex, and Power, and the Only Hope that Matters* (New York: Dutton, 2009), 7(강조는 Keller의 것이다). 『팀 켈러의 내가 만든 신』(두란노 역간).

면 성공한 사람이었다. 하지만 자신의 선택으로 멸망의 운명이 기다리고 있음을 깨닫지 못하고 있다. 이런 "복"은 하나님과의 언약 관계가 없으면 공허하다.

아브라함이 이삭을 제물로 바칠 준비가 되었을 때, 곧 그가 자기 아들을 죽일 준비가 되었을 때, 야웨의 사자가 그 행위를 중단시킨다. 이어서 아브라함은 뿔이 수풀에 걸려 있는 한 숫양을 보고 대신 그 숫양을 제물로 바친다.

> 15 여호와의 사자가 하늘에서부터 두 번째 아브라함을 불러 16 이르시되 "여호와께서 이르시기를 '내가 나를 가리켜 맹세하노니 네가 이같이 행하여 네 아들 네 독자도 아끼지 아니하였은즉, 17 내가 네게 큰 복을 주고 네 씨가 크게 번성하여 하늘의 별과 같고 바닷가의 모래와 같게 하리니 네 씨가 그 대적의 성문을 차지하리라.' 18 '또 네 씨로 말미암아 천하 만민이 복을 받으리니 이는 네가 나의 말을 준행하였음이니라' 하셨다" 하니라(창 22:15-18).

그뤼네베르크가 주목한 것처럼 "창세기 22:16-18은 명백히 아브라함에게 주어진 약속 중 하나님의 맹세가 포함된 유일한 약속이다."[50] 게다가 이 언약에 사용된 동사들은 형식에 얽매이지 않고 부정사로 강조되고, 영어로는 "확실히"로 번역된다. 하나님은 창세기 12장에서 주신 자신의 약속들을 확언하고, 창세기 15장에서 언약으로 엄숙히 선포하며, 17장에서 언약의 보증을 주신 다음, 18:19에서 강력한 맹세로 다시 언급하신다. 그런데 이것은 하나님의 보증에 대한 가장 강력한 진술이다. 하지만 이 약속들의 성취는 아브라함의 순종과 분명히 관련이 있다. 여기서도 아브라함의 순종과 관련해서 다음과 같은 그뤼네베르크의 주석이 적합하다.

아브라함이 하나님의 부르심에 대한 반응으로 자기에게 가장 소중한 것을 포기

---

50 Grüneberg, *Abraham, Blessing, and the Nations*, 228.

하는 것이 그에게 전혀 유익이 되지 않는 것처럼 보일 때에 그가 하나님의 부르심에 대한 반응으로 그 소중한 것을 포기하겠다는 증거만이 그가 하나님에 대한 반응과 관련해서 순전한 동기를 가졌음을 밝혀줄 것이다.…아브라함의 순종은 맹목적인 순종, 곧 독단적인 하나님의 변덕에 단순히 외적으로 굴복하는 행위의 문제가 아니다. 그것은 오히려 준비시키고(창 22:14) 자신의 약속들에 신실하시며(창 22:16-18), 심지어는 고통스럽고 당혹스러운 어떤 것을 요청할 때에도 선으로 이끄시는 하나님과 맺는 관계에서 연원한다.

인간의 순종은 하나님의 약속에서 나올 수 있는 것 외에 다른 것을 할 수 없다. 오히려 아브라함의 행동은 하나님의 자유로운 결정과 함께 그 약속에 대한 추가적인 근거가 된다.[51]

아브라함의 순종은 믿음의 순종이다. 즉 언약 관계를 배경으로 신실하고 충성된 사랑에서 나오는 순종이다. 하나님은 서약과 의무 그리고 약속을 제공하셨으나 이것들은 언약 관계에서 순종하는 아들이 없으면 성취되지 않는다.

창세기 22:17은 창세기 15장과 17장이 구별되고 분리된 두 언약을 다루고, 전자는 일방적 언약, 후자는 쌍방적 언약을 가리킨다는 윌리엄슨의 주장에 결정적 타격을 가한다. 왜냐하면 이 구절은 특별히 아브라함의 순종으로 그의 후손이 하늘의 무수히 많은 별과 바다의 모래와 같게 될 것이라는 약속과 관련이 있기 때문이다. 그뤼네베르크는 다음과 같이 말한다. "아브라함의 후손이 하늘의 별만큼 많을 것이라는 약속은 창세기 15:5과 26:4(그리고 또한 출 32:13)에서 발견된다. 바닷가의 모래와 비교하는 것은 창세기 32:13[12]에서 발견된다. 창세기 22:17의 이중 비교는 독특하다."[52] 창세기 22:16-18에서 후손에 초점을 두는 것은 창세기 17장과 비슷하지만

---

51 같은 책, 223, 224, 226.
52 같은 책, 229.

별만큼 많은 후손에 대한 약속은 특별히 창세기 15장과 관련이 있다. 따라서 오직 한 언약이 있고, 그렇다고 우리는 단순하게 이 언약이 일방적 언약이라고 말할 수 없다. 조건적 언약 대 무조건적 언약이라는 전통적 생각은 철저한 검증이 필요하다. 우리는 아브라함 내러티브들의 플롯 전개를 주목해야 한다. 아브라함의 급변하는 믿음에서, 창세기 20장에서 정말 나쁘게도 자기 아내 사라를 팔아 위기를 넘긴 사건은 창세기 22장에서 시험의 필요성과 강력한 맹세의 확증이 필요하다는 것을 재촉한다. 창세기 16장에 나오는 사건들이 창세기 17장에서 언약 보증의 동기를 부여하는 것처럼 말이다.

창세기 22장의 강력한 맹세에는 창세기 12:1-3의 마지막 약속을 반복하는 내용, 곧 "네 씨로 말미암아 천하 만민이 복을 받으리니 이는 네가 나의 말을 준행하였음이니라"가 포함되어 있고, 지금 아브라함의 순종과 함께 연결되어 있다. 히브리어 본문에서 세 가지 문법 문제에 주목할 필요가 있다.

וְהִתְבָּרֲכוּ בְזַרְעֲךָ כֹּל גּוֹיֵי הָאָרֶץ

"웨히트바라쿠 베자르아카 콜 고예 하아레츠"

네 씨로 말미암아 땅의 모든 족속[천하 만민]이 복을 받으리니(창 22:18)[53]

첫째, "바라크"(*bārak*)의 히트파엘 형의 의미론적 가치는 무엇인가? 이 형태를 수동태로 해석하는—70인역만큼 오래된—고대 전통이 있다. 그러나 최근 학자들은 그뤼네베르크의 철저한 연구에서 발견하는 것과 같이 "복을 말하다"를 의미하는 "언어 행동 히트파엘 형"을 주장한다. 그럼에도 벤저민 누난(Benjamin Noonan)은 그뤼네베르크 연구의 언어학적 토대가 건전하지 못하다는 점을 보여주었다.[54] 히브리어와 관련된 다른 언어들을 보면,

---

53 이것은 단지 설명의 목적을 위해 문자적으로 번역한 것이다.

54 Benjamin J. Noonan, "Abraham, Blessing, and the Nations: A Reexamination of the Niphal and Hitpael of ברך in the Patriarchal Narratives," *Hebrew Studies* 51 (2010): 73-93.

"바라크"의 히트파엘 형이 언어 행동 중간태로 기능한다는 그뤼네베르크의 주장을 지지하는 증거가 전혀 없다. "바라크"의 히트파엘 형의 명확한 의미는 기본 형태 곧 피엘 형에서 발견된 선언적·평가적 기능의 재귀적 의미가 될 것이다. 따라서 "바라크"의 히트파엘 형은 "복을 받았다고 <u>스스로</u> 생각하다 또는 선언하다"를 의미하고, 이 의미론적 가치가 문맥에 잘 부합할 것이다.

또한 접미어가 붙은 명사 "네 씨"에서 "베트" 전치사의 정확한 기능을 결정하는 것도 중요하다. 에른스트 예니는 언어학적 원칙에 따라 "베트"의 15,570회에 달하는 전체 사례를 분석하는 중요한 작품을 썼다.[55] 근본적으로 "'베트' 전치사는 두 상관물 x와 y 곧 x가 y를 가리키는 것을 암시한다."[56] 첫 번째 상관물 x는 두 번째 상관물 y와 관련이 있다. 그러므로 y는 준거점 또는 준거 기준이다. 이 본문에서 "베트"의 특수한 기능은 예니가 **베트 전달**로 부르는 것 곧 **베트 실현**의 하위 범주다.[57] 단순히 말해 이 말이 의미하는 것은 y는 사람, 짐승 또는 사물이라는 것(**베트 실현**), 그리고 y는 x에 대하여 간접적으로 말하는 것(**베트 전달**)이다. 따라서 아브라함의 "씨"는 간접적으로 민족들 즉 아브라함의 "씨"를 통해, 더 낫게 말하자면 아브라함의 "씨"의 "이름으로" 복을 말할 민족들에 대해 말한다. 누난이 제공한 히트파엘 형에 대한 분석에 따르면 "베트"는 단순히 도구적 의미다. 곧 민족들은 아브라함의 씨로 말미암아 또는 아브라함의 씨를 통해 자기들이 복을 받았다고 생각한다/선언한다. 이 점에서 수동태 히트파엘 형과 "선언적·평가적 히트파엘 형"은 사실상 같은 의미다. 그뤼네베르크는 창세기 22:16-18의 종합적 취지를 다음과 같이 잘 요약한다.

---

55 E. Jenni, *Die hebräischen Präpositionen, Band 1: Die Präposition Beth,* (Stuttgart: Kolhammer, 1992).

56 E. Jenni, *Die hebräischen Präpositionen, Band 1: Die Präposition Beth,* 64을 보라.

57 같은 책, 164.

창세기 22:18은 민족들이 복을 받으리라는 것을 부인하지 않는다. 함축적으로 보면 그것을 긍정한다. 그러나 이 구절의 주된 취지는 이스라엘 자신의 번성을 강조하는 데 있다. 이 번성은 세 가지 사실에 기초하고 있음을 암시한다. 곧 그 세 가지 사실은 하나님의 약속과 아브라함의 신실한 순종 그리고 이스라엘이 야웨에게 지속적으로 헌신하는 것이다. 말하자면 야웨의 율법을 지키는 것, 예루살렘에서 예배하는 것, 이스라엘의 삶이 야웨께 전적으로 달려 있음을 인정하는 것이다.[58]

또한 그뤼네베르크의 결론은 창세기 22장의 모리아산(= 예루살렘)과 창세기 26:5에 나오는 "토라"에 대한 언급에 기초한다.

셋째, 창세기 22:17과 22:18에 나오는 "네 씨"는 누구를 언급하는가? 이 문제는 다음과 같은 사실에서 발생한다. 곧 영어 명사처럼 히브리어 "씨"라는 명사도 집합적 단수형(한 자루의 씨)이나 단일한 단수형(씨들이 아니라 하나의 씨)으로 해석될 수 있다. 잭 콜린스(Jack Collins)는 모든 자료를 완벽하게 그리고 철저히 검토해본 결과 의도된 의미가 집합적 단수형인지 단일한 단수형인지에 관해 다음과 같은 원리들을 찾아냈다. (1) "제라"(זֶרַע)가 일반적으로 "후손 또는 자손"을 가리키는 집합적 의미로 사용될 때, 동사들은 일반적으로 단수형이다. 비록 복수형이 여러 차례 발견되지만 말이다. (2) "제라"가 "후손"을 의미할 때 대명사(독립적 대명사, 목적격 대명사와 접미사)는 항상 복수형이다. (3) "제라"가 특정(개인) 자손을 가리킬 때 그 단어는 단수형 동사의 어미 변화와 형용사 그리고 대명사를 동반한다.[59]

이상의 문법 원칙에 따르면 창세기 22:17의 마지막 절은 이어지는 내용과 구별되는 것으로 보인다. T. D. 알렉산더는 다음과 같이 주석한다.

58　Grüneberg, *Abraham, Blessing, and the Nations*, 235.

59　Jack Collins, "A Syntactical Note (Genesis 3.15): Is the Woman's Seed Singular or Plural?" *Tyndale Bulletin* 48/1 (1997): 142-144.

이 마지막 절의 두드러진 특징은 "와우"(*vav*) 연속법과 함께 시작하지 않는다는 점이다. 오히려 그것은 비전환 "와우"가 앞에 나오는 미완료 동사 "이라쉬"(יִרַשׁ)로 소개된다. 이 구문 배열은 마지막 절에 언급된 "제라"가 창세기 22:17 첫 부분에 언급된 것과 다를 수 있는 가능성을 남겨놓는다. 첫 번째 "제라"는 분명히 매우 많은 수의 자손을 가리키지만, 콜린스의 접근법에 따르면 두 번째 "제라"는 원수들을 물리치고 승리한 한 개인을 가리킨다.

창세기 22:17에 대한 이 후자의 독법은 창세기 22:18a에도 함축되어 있다. 거기 보면 이렇게 진술한다. "웨히트바라쿠 베자르아카 콜 고예 하아레츠"(וְהִתְבָּרֲכוּ בְזַרְעֲךָ כֹּל גּוֹיֵי הָאָרֶץ, "네 씨로 말미암아 땅의 모든 족속이 복을 받으리니"). 창세기 22:17에서 "씨"에 대한 직전 언급이 한 개인을 의미한다면, 이것은 22:18a의 경우에도 마찬가지일 것이다. 그 구절에서는 수의 변화를 암시하는 것이 전혀 없기 때문이다. 따라서 "땅의 모든 족속"의 복은 아브라함에게서 나온 모든 자손이 아니라 아브라함의 한 특정 자손과 관련이 있다.[60]

창세기 24:60에도 동일한 구분 배열로 기록되어 있음을 주목할 수 있다. 시편 72:17도 창세기 22:17a-18a을 인용한 것이다. "사람들이 그로 말미암아 복을 받으리니." 이 시편 문맥에 따르면 모든 민족에게 복을 전달할 자로 여기서 언급된 개인은 왕적인 인물이다. 알렉산더(Alexander)는 이렇게 설명한다.

시편 72편의 제목은 솔로몬을 연상시키지만 내용은 분명히 솔로몬 왕의 통치를 크게 능가하는 통치를 행하는 왕을 염두에 두고 있다. 확실히 이 미래의 왕은 온 땅을 다스리고 원수를 패배시키면서 학대받는 자를 구원으로 이끄는 자로

---

60 T. Desmond Alexander, "Further Observations of the Term 'Seed' in Genesis," *Tyndale Bulletin* 48/1 (1997): 365. 또한 같은 저자, "Genesis 22 and the Covenant of Circumcision," *JSOT* 25 (1983): 17-22도 보라.

묘사된다(참조. 시 72:4-14).[61]

따라서 갈라디아서 3:16에서 그 본문(창 22:17)이 "자손들"이라고 말하지 않고 "자손"이라고 말한다는 바울의 주장도 히브리 성경에 대한 견고한 주석에 근거한 것으로 보인다.[62]

창세기 26장

창세기 12:1-3의 6가지 약속 중 마지막 약속이 다시 한번 창세기 26:1-5에서 반복되고, 창세기 22:18처럼 여기서도 민족들의 복이 아브라함의 순종과 관련이 있다.

1 아브라함 때에 첫 흉년이 들었더니, 그 땅에 또 흉년이 들매 이삭이 그랄로 가서 블레셋 왕 아비멜렉에게 이르렀더니 2 여호와께서 이삭에게 나타나 이르시되 "애굽으로 내려가지 말고 내가 네게 지시하는 땅에 거주하라. 3 이 땅에 거류하면 내가 너와 함께 있어 네게 복을 주고, 내가 이 모든 땅을 너와 네 자손에게 주리라! 내가 네 아버지 아브라함에게 맹세한 것을 이루어 4 네 자손을 하늘의 별과 같이 번성하게 하며, 이 모든 땅을 네 자손에게 주리니, 네 자손으로 말미암아 천하 만민이 복을 받으리라. 5 이는 아브라함이 내 말을 순종하고 내 명령과 내 계명과 내 율례와 내 법도를 지켰음이라" 하시니라(창 26:1-5).

이삭이 땅과 재물 그리고 물을 차지했을 때 26:24은 아브라함과의 관련성을 다시 언급한다.

23 이삭이 거기서부터 브엘세바로 올라갔더니 24 그 밤에 여호와께서 그에게 나

---

61 Alexander, "Further Observations of the Term 'Seed' in Genesis," 365.
62 C. John Collins, "Galatians 3:16: What Kind of Exegete Was Paul?" *Tyndale Bulletin 54:1* (2003), 75-86을 보라.

타나 이르시되 "나는 네 아버지 아브라함의 하나님이니 두려워하지 말라! 내 종 아브라함을 위하여 내가 너와 함께 있어 네게 복을 주어 네 자손이 번성하게 하리라" 하신지라.

25 이삭이 그곳에 제단을 쌓고, 여호와의 이름을 부르며 거기 장막을 쳤더니, 이삭의 종들이 거기서도 우물을 팠더라(창 26:23-25).

화자는 창세기 26장에서 이삭이 자기 아버지의 발자취를 따르는 것으로 묘사한다.[63] 이삭은 이집트로 내려가지 않고 자기 아버지처럼 그랄(블레셋 영토)에 머무르는 동안 아내에 대해 거짓말을 하고, 우물 문제에서 승리를 거두며, 브엘세바에서 아비멜렉과 조약을 맺는다. 얀젠(J. G. Janzen)은 이와 관련해서 다음과 같이 말한다. "창세기 26장에서 이삭의 삶이 아브라함의 모습을 힘 있게 반복하는 것은 이삭의 소명이 대부분 아브라함이 개척했던 길을 강화하는 것임을 보여준다."[64] 야웨는 네 번에 걸쳐 약속을 아브라함과 연결한다(창 26:3, 5, 24[2회]).

야웨는 창세기 26:2-5의 신적 계시에서 "이삭과 함께 있겠다"고 약속하신다. 즉 그분은 이삭을 보호하고 이삭이 하는 일에 성공을 주겠다고 약속하신다. 함께 있겠다는 약속이 여기서 처음으로 족장에게 주어진다. 물론 아비멜렉은 창세기 21:22(그리고 다른 곳?)에서 하나님이 아브라함과 함께하시는 것을 알았고, 또 26:28에서 하나님이 이삭과 함께하는 것을 알았다. 아브라함에게 주어진 복과 자손 그리고 땅에 대한 약속들이 이삭에게도 주어진다. 땅에 대한 약속이 교차 구조에 따라 A-B-A 패턴으로 자손에 대한 약속을 둘러싸고 있음을 주목하라.

야웨는 자신이 아브라함에게 했던 "맹세를 확정하겠다"고 약속하신다.

---

63 Grüneberg, *Abraham, Blessing, and the Nations*, 235.
64 J. G. Janzen, *Genesis 12-50: Abraham and All the Families of the Earth*, International Theological Commentary (Grand Rapids/Edinburgh: Eerdmans/Handsel, 1993), 103.

이 표현은 "헤킴 세부아"(*hēqîm šĕbuʿâ*, "맹세한 것을 이루어")이고, 직접적으로 "헤킴 베리트"와 동등하며, 다만 목적어가 "언약"이 아니라 "맹세"인 것만 다르다. "맹세"의 용도는 아마 창세기 22:16-18의 맹세를 직접 언급하는 것일 것이다. 이것은 창세기 15장에서 체결되고 17장에서 유지된 언약을 강력하게 확정한다. 그러므로 이 "맹세"는 아브라함 언약을 나타내지만 특별히 창세기 22:16-18을 언급한다. 자손을 별과 같이 많게 하겠다는 언급은 창세기 15:5을 직접 언급하는 것이다. 비록 그것이 창세기 22:17에서 언급되지만 말이다. 그리고 "네 자손으로 말미암아 천하 만민이 복을 받으리라"(창 26:4)는 약속은 창세기 17장의 강조점과 22:18에서 변형되어 표현된 것과 관련이 있다.

창세기 12:1-3의 여섯 가지 약속 중 이 마지막 약속은 창세기 내러티브들에서 5회에 걸쳐 주어진다. 창세기 12:3, 18:18, 22:18, 26:4, 28:14. 창세기 12:3에서는 전치사구가 "너로 말미암아"(in you)이고, 18:18에서는 "그로 말미암아"(in him)다. 여기서 두 대명사는 모두 아브라함을 직접 가리킨다. 창세기 22:18과 26:4에서 전치사구가 "네 씨[자손]로 말미암아"로 바뀐다. 아브라함은 언약 관계에 신실하고 충성하며 순종적이었다. 이후로는 민족들의 복이 이스라엘의 번성에 달려 있다. 창세기 28:14에서 하나님은 야곱에게 땅의 모든 족속이 "너와 네 자손으로 말미암아" 복을 받을 것이라고 말씀하신다. 창세기 28:14은 12:3을 제외하고 세상 사람들을 "미쉬파호트"(*mišpaḥôt*, 족속)로 부르는 유일하게 다른 본문이다. 다른 모든 반복적인 본문은 "고임"(민족들)이라는 말을 사용한다. 이것은 창세기 28:14이 아브라함 내러티브 구조에서 일종의 수미상관 관계를 구성하기 때문이다.[65] 반면에 리(Chee-Chiew Lee)는 이렇게 말한다. "나중에 민족들의 계보(창세기 10장)와 함께 이 복을 반복해서 언급하는 것과의 연속성을 추가로 증명하기 위

---

65 Chee-Chiew Lee, "נויים in Genesis 35:11 and the Abrahamic Promise of Blessings for the Nations," *JETS 52/3* (2009): 472을 보라.

해 창세기 18:18, 22:18, 26:4은 "미쉬페호트 하아다마"(משפחת האדמה, 땅의 족속) 대신 "고에이 하아레츠"(גויי הארץ, 천하 만민)를 사용한다."[66] 또한 창세기 28:14은 "너와 네 자손으로 말미암아"라는 말이 나오는 유일한 본문이다. 여기서 두 대명사(너와 네)는 족장 야곱을 가리키고, "자손" 곧 "후손"이라는 용어가 사용된 것은 야곱이 족장으로서 그 약속을 자기 자신을 통해, 또한 자신의 가족을 통해 지킬 수 있는 마지막 사람이기 때문이다. 족장들 이후로 이 복은 그들의 후손으로 이루어진 민족 곧 이스라엘을 통해 임한다.

이삭에게 약속들이 반복되는 것은 창세기 26:5에서 그 성취를 아브라함의 순종과 관련시키는 것으로 귀결된다. 이것은 창세기 26:24에서도 마찬가지다. 창세기 26:5은 이것을 명확히 밝힌다. "네 자손으로 말미암아 천하 만민이 복을 받으리라. **이는** 아브라함이 내 말(즉 나에 대한 자신의 의무)을 순종하고 내 명령과 내 계명과 내 율례와 내 법도를 지켰음이라." "미쉬마르티"(*mišmartî*, 내 명령") "미츠보타이"(*miṣwōtay*, 내 계명"), "후코타이"(*ḥuqqôtay*, 내 율례), "토로타이"(*tôrôtay*, 내 법도)라는 네 가지 용어는 모두 모세 언약의 특징이다. **왜냐하면 이 내러티브는** 민족들의 복이 그들이 순종하는 데 달려 있음을 **이스라엘에게 가르치기 위해** (모세가) **기록한 것**이기 때문이다.

창세기 35장

아브라함에게 주어진 약속들의 성취와 아브라함의 순종의 관련성에 대한 설명을 마치기 전에, 우리는 이 약속들이 나중에 야곱에게 반복될 때 참으로 획기적인 전환이 일어나는 것을 확인할 수 있다. 야곱은 라반에게 쫓겨난 후에 가나안 땅으로 돌아가고 브엘세바에서 살았다. 브엘세바는 아브라함과 이삭이 살았던 곳이다. 하나님은 하란을 향해 북쪽으로 올라가 벧엘을 다시 찾도록 브엘세바에서 야곱을 부르셨다. 벧엘은 하나님이 하늘까지 닿은 사다리 꿈을 통해 야곱에게 자신을 계시하신 첫 번째 장소였다. 고든 웬

---

66 같은 책.

함이 다음과 같이 주석하는 것처럼 말이다.

> 아브라함이 제물을 바치러 모리아산으로 사흘에 걸쳐 순례한 것이 그의 생애에서 약속들에 대해 가장 결정적인 재보증을 받는 정점의 사건이었던 것처럼, 야곱의 거룩한 여정도 그가 지금까지 들었던 약속들에 대한 가장 강력한 진술로 완성된다. 그리고 야곱은 창세기 48:3-4에서 생애 마지막 시기에 에브라임과 므낫세를 축복하는 가운데 회고했던 것이 바로 이 계시다.[67]

이 계시의 내용은 창세기 35:9-13에 나타나 있다.

> 9 야곱이 밧단아람에서 돌아오매 하나님이 다시 야곱에게 나타나사 그에게 복을 주시고, 10 하나님이 그에게 이르시되 "네 이름이 야곱이지마는 네 이름을 다시는 야곱이라 부르지 않겠고, 이스라엘이 네 이름이 되리라" 하시고 그가 그의 이름을 이스라엘이라 부르시고.
> 11 하나님이 그에게 이르시되 "나는 전능한 하나님이라. 생육하며 번성하라! 한 백성과 백성들의 총회가 네게서 나오고, 왕들이 네 허리에서 나오리라. 12 내가 아브라함과 이삭에게 준 땅을 네게 주고, 내가 네 후손에게도 그 땅을 주리라" 하시고. 13 하나님이 그와 말씀하시던 곳에서 그를 떠나 올라가시는지라.

여기서 생육하며 번성하라는 명령은 아브라함과 이삭처럼 야곱이 새 아담의 역할을 물려받는다는 것과 가나안은 곧 새 에덴이라는 것을 알려준다. 따라서 자손과 땅에 대한 약속은 특별히 그리고 강력히 야곱에게 주어졌다. 그러나 이 약속들에 흥미로운 전환이 있다. 야곱은 한 백성[민족]과 백성들[민족들]의 한 "총회" 또는 "집단"이 자기에게서 나올 것이라는 말을 듣는다. 우리는 이미 한 민족이 그에게서 나오리라는 것을 알고 있다. 그러나 "백성

---

67 Gordon J. Wenham, *Genesis 16-50*, WBC 2 (Waco, TX: Word, 1994), 325.

들의 총회"가 그에게서 나올 것이라는 말은 무슨 뜻인가? 이것은 이스라엘 "지파들"을 가리키는 것일 수 없다. 왜냐하면 이것으로는 정치적·사회적으로 정부를 가진 실재로 구축되어 있는 세상 사람들의 집단을 가리키는 히브리어 단어 "고임"을 만족시킬 수 없기 때문이다. 이스라엘이 두 왕국(남 왕국/북 왕국)으로 분열되었을 때 나중에 펼쳐질 나라의 전개를 가리키는 것도 될 수 없다. 두 왕국은 정확히 백성들의 총회가 아니기 때문이다. 이후 내러티브의 문맥에서 이것은 다만 아브라함을 통해 약속된 복 아래 있는 공동체 속에 이방인들이 포함된 것을 나타내는 전조일 수 있다. 리는 이 본문을 상세히 주석하면서 다음과 같이 말한다.

> 폴 윌리엄슨은 히브리 성경에서 카운슬러, 보호자 또는 은인으로 묘사하는 "아브"(אב, 아버지)에 대한 은유적 용법이 다음과 같은 것을 제안한다고 주장한다. 곧 지금 아브라함의 아버지 됨은 혈통적 계보를 넘어서고 아브라함이 많은 민족의 영적 은인 곧 "그들에게 하나님의 복을 전달하는 중보자"가 되리라는 것을 함축한다.[68] 창세기 17:4-5에서 아브라함에게 주어진 약속과 35:10-12에서 그 약속이 야곱에게 반복되는 것의 미묘한 차이는 다음과 같다. 아브라함이 "여러 민족의 아버지"가 되는 것은 여전히 아브라함의 다른 물리적 후손을 통해 성취될 수 있지만 야곱이 "한 백성과 백성들의 총회"가 되는 것은 오로지 그의 물리적 후손을 넘어서야만 성취될 수 있다.[69]

아브라함이 "여러 민족의 아버지"가 될 것이라는 약속은 이스라엘 민족과 이스마엘의 후손(창 25:12-18) 그리고 아브라함의 후처인 그두라의 후손(창 25:1-5), 에서(창 36:1-19, 31-43)와 모압(창 19:37)과 암몬(창 19:38)의 후손

---

68 Paul R. Williamson, *Abraham, Israel, and the Nations,* 158-160.
69 Chee-Chiew Lee, "גוים in Genesis 35:11 and the Abrahamic Promise of Blessings for the Nations," 473-474을 보라.

을 통해 성취된다고 주장하는 것이 합리적일 것이다. 리가 언급한 것처럼[70] 이런 이해가 일반적인 이해지만, 창세기 35:11의 진술은 이런 이해를 허용하지 않는다. 우리가 확인할 수 있는 것은 하나님이 족장들을 다루시는 패턴이 있는 것처럼 보인다는 것이다. 하나님은 큰 약속을 주신다. 그분은 아브라함이 큰 민족이 되고 가나안을 그의 소유로 갖게 될 것이라고 약속하신다. 이것은 이미 창세기 12장에서 충분히 언급되었다. 아브라함은 이스마엘과 함께 큰 민족을 이루고, 하갈을 통해 아버지가 되며, 땅을 차지하기 위해 미래의 후손을 기다리는 것에 행복해 했을지 모른다. 그러나 하나님은 창세기 17장에서 아브라함에게 약속된 민족은 그의 아내 사라와 연합할 때 나오게 될 것이라는 사실을 분명히 밝히셔야 했다. 따라서 이 패턴은 인간이 지각하는 하나님의 약속들은, 이런 약속들은 매우 거대한 것이지만, 거의 항상 하나님이 진정으로 자기 백성을 위해 생각하고 준비한 것과 관련해서 방해를 받는 비전을 형성한다는 것이다.

또한 말이 나온 김에 창세기 35:11은 민족과 왕들이 아브라함에게서 그리고 이제는 야곱에게서 나올 것이라는 창세기 17:6의 약속을 반복한다는 것도 주목해야 한다. 이 실마리는 나중에 풀리겠지만 그것이 아브라함과 그의 가족에 대한 하나님의 뜻이고, 단지 인간적인 지각으로는 미래에 대한 비전을 다 파악하지 못할 것이다.

구약성경에서 두 본문이 추가로 창세기 12:3의 마지막 약속에 대한 인용 또는 언급으로 간주될 수 있다. 예레미야 4:2과 시편 72:17이다. 이 두 본문이 창세기 12:3을 인용한 것이라면, 그 본문들은 아브라함 언약을 각각 다윗 언약 및 새 언약과 관련시킨다. 따라서 우리는 나중에 다윗 언약과 새 언약을 다룰 때 이 두 본문을 설명할 것이다.

---

70 같은 책.

메타내러티브에 있는 긴장

아브라함 이야기가 전개되는 과정에서 중요한 긴장들이 메타내러티브의 플롯 구조에 도입된다. 이 방대한 이야기는 창조 그리고 순종하는 아들이자 세상을 다스리는 왕적 대리인으로서 야웨 하나님과의 언약에 들어간 첫 사람과 함께 시작한다. 하지만 인간의 불순종이 혼돈과 죽음을 가져왔다. 이에 하나님은 홍수 이후에 구원받은 새 세상 및 둘째 아담(노아)과 함께 새 출발을 하셨다. 그렇지만 여기서도 우리는 인간 당사자가 언약 관계에 신실하지 못한 것을 확인했다. 오직 하나님만이 은혜로 세상을 보존하신다.

따라서 무질서가 바벨탑 사건으로 이어지면서, 하나님은 새 아담인 아브라함 및 그의 가족과 함께 새로운 창조를 시작하신다. 아브라함은 내러티브에서 가나안, 곧 새 에덴에 거주하는 새 아담으로 묘사된다. 우리는 여기까지의 메타내러티브를 통해 인간 당사자는 언약 관계에서 신실하지 않았고, 신실할 수도 없다는 사실을 깨닫는다. 또한 이제는 아무리 새 출발을 한다고 해도 창조물에 죽음이 들어오게 한 인간의 불순종과 불충성이라는 원래의 문제점을 조금도 해결하지 못한다는 것도 알고 있다.

그럼에도 하나님은 아브람을 부르셔서 그의 삶에 관해서뿐만 아니라 그를 통해 온 세상에 주어질 구원의 복에 관한 큰 약속을 주신다. 이후 창세기 15장에서 이 큰 약속은 언약으로 강화된다. 비록 하나님의 말씀이 아브람에게 그 어떤 것도 분명하게 드러내주지 않지만 말이다. 이 언약은 일반적으로 고대 근동의 조약들에 입각해서 체결되지만, 특이하게도 하나님은 언약의 당사자들을 위해 자기 저주의 맹세를 행하신다. 이것은 아브라함 당시 세계에서는 완전히 전대미문의 사건으로 또 다른 긴장을 불러일으킨다. 우리가 인간 당사자는 언약 관계에서 완전한 헌신과 충분한 순종을 보여주지 못하는 것을 알기 때문에 하나님은 이 점과 관련해서 그저 그분의 죽음을 단언하시는 것 같다. 그러면 하나님이 어떻게 죽을 수 있단 말인가? 우리는 이야기의 마지막 부분에서 일이 어떻게 전개되는지 이해하게 된다. 하지만 이 단계에서 우리는 이 내러티브에 들어 있는 긴장을 인정해야 한다.

그러나 창세기 17:2(창 18:19; 22:18; 26:5과 같은 이후 본문들뿐만 아니라, 지금 하나님은 자신의 언약을 지키신다[나중에는 강력한 맹세로 보증하신다])이 보여주는 것처럼 하나님은 계속 언약 관계에서 순종하는 아들을 요구하시고, 약속의 성취를 자기 자신과 함께 아브라함의 순종 그리고 미래의 아브라함의 자손 곧 이스라엘의 순종에 기초하신다. 요약하자면 아브라함은 언약의 완벽한 당사자가 되지 못했고 당시 그가 살았던 세계에 여러 방식으로 야웨를 나쁘게 보여줬다. 아브라함이 완전한 헌신과 순종을 보여주지 못한 것은 모든 면에서 순종할 다른 사람이 와야 한다는 사실을 나타낸다.

여기에는 내러티브 플롯 구조의 긴장뿐만 아니라 신학적 긴장도 있다. 우리는 하나님-인간의 다른 언약 관계가 어떻게 성취되는지 궁금하다. 불순종이 인간 당사자에게 있는 고질병이라는 것, 곧 인간 당사자는 **본성상** 신실하지 않다는 것을 고려한다면 말이다. 이 내러티브는 전능하신 하나님의 강력한 약속이 아브라함 언약을 뒷받침한다는 것을 독자에게 보증한다. 하나님은 아브라함 언약의 약속들을 보증하시지만 또한 언약 관계에 순종하는 아들도 요청하신다.

이런 모든 긴장은 나중에 내러티브의 플롯 구조에서 중요하고, 우리는 자의적인 해석을 통해 이 긴장들을 제거하려고 시도해서는 안 된다. 이 긴장들을 있는 그대로 인정해야 한다. 우리는 본문이 우리를 엄격히 감독하도록 해야 한다. 우리가 이야기에서 허용할 수 있는 것과 허용할 수 없는 것을 판단하기 위해 본문을 엄격히 감독해서는 안 된다.

아브라함 언약의 목적 – 이 웅대한 이야기는 어떻게 전개되는가

하나님은 왜 아브라함과 언약을 맺으셨을까? 그리고 그렇게 오래전에 체결된 이 언약은 오늘날 우리와는 어떤 관련이 있을까? 관련 본문에 대한 주석은 다음과 같은 것을 보여준다. 곧 비록 문화적·역사적 배경과 언어가 창세기 1-3장 또는 창세기 6-9장과 다르지만, 주요 생각은 여전히 하나님께서 언약 관계를 배경으로 그분의 통치를 확립하신다는 것이다. 아브라함과 그의 자손은 이런 식으로 민족들에게 빛이 될 것이다.

성경을 앞뒤로 살펴보면 아브라함 언약과 관련해서 두 가지 사실이 이야기되어야만 한다. 첫째, 아브라함 언약은 이 순간부터 하나님께서 인류를 대하시는 모든 것의 기초이자 역사에서 전개하실 그분의 계획과 목적의 기초가 된다. 따라서 언약들(창조 언약, 노아 언약, 아브라함 언약)은 성경의 메타내러티브 플롯 구조의 중추다. 구약성경을 간략하게 살펴보아도 이것을 분명하게 보여준다.

창세기는 아브라함의 가족이 많은 구성원을 거느린 큰 민족 곧 이스라엘이 되는 것으로 끝난다. 자손과 번성에 대한 약속이 성취되고 있다.

출애굽기에서는 이것에 더하여 속박에서 구원을 받고 땅의 선물이 주어질 것이다. 따라서 아브라함 언약은 이스라엘이 이집트의 속박에서 구원을 받는 것의 기초가 된다. 이스라엘은 큰 민족이 되고, 하나님은 시내산에서 이스라엘 민족과 언약을 맺으신다(신 7:7-9).

그다음 시내산에서 맺어진 모세 언약은 하나님이 다윗과 맺으신 언약의 기초가 된다. 이스라엘 왕은 하나님의 통치를 이스라엘 백성과 모든 사람들에게 나타내는 모세 언약의 시행자와 중보자가 된다(삼하 7:22-24).

그러나 이야기가 전개될 때, 한편으로는 하나님의 신실하심이 눈에 띄고, 다른 한편으로는 인간의 신실하지 못함이 눈에 띈다. 그동안 모든 점에서 하나님의 계획은 실패로 귀결되는 것처럼 보인다. 이스라엘은 하나님이 민족들에게 복을 베푸시려는 계획과 관련해서 하나의 장애물이다. 이스라엘이 죄로 가득하다면 어떻게 이스라엘이 세계에 복을 전해줄 수 있을까? 바울은 갈라디아서 3장에서 이것을 설명한다.

8 또 하나님이 이방을 믿음으로 말미암아 의로 정하실 것을 성경이 미리 알고 먼저 아브라함에게 복음을 전하되 "모든 이방인이 너로 말미암아 복을 받으리라" 하였느니라. 9 그러므로 믿음으로 말미암은 자는 믿음이 있는 아브라함과

함께 복을 받느니라.

10 무릇 율법 행위에 속한 자들은 저주 아래에 있나니, 기록된 바 "누구든지 율법책에 기록된 대로 모든 일을 항상 행하지 아니하는 자는 저주 아래에 있는 자라!" 하였음이라. 11 또 하나님 앞에서 아무도 율법으로 말미암아 의롭게 되지 못할 것이 분명하니, 이는 "의인은 믿음으로 살리라!" 하였음이라. 12 율법은 믿음에서 난 것이 아니니, "율법을 행하는 자는 그 가운데서 살리라!" 하였느니라. 13 그리스도께서 우리를 위하여 저주를 받은 바 되사 율법의 저주에서 우리를 속량하셨으니, 기록된 바 "나무에 달린 자마다 저주 아래에 있는 자라!" 하였음이라. 14 이는 그리스도 예수 안에서 아브라함의 복이 이방인에게 미치게 하고 또 우리로 하여금 믿음으로 말미암아 성령의 약속을 받게 하려 함이라(갈 3:8-14).

예수 시대에 이르면 이스라엘은 이스라엘 언약에 충실하지 못했기에 저주 아래에 있다. 이스라엘은 민족들에게 복을 전하는 도구가 되기를 원했을까? 아니다. 이스라엘은 로마 제국의 권력을 정복해 박살내고, 민족들을 쫓아내며, 세계를 지배하는 국가로 만들어 이스라엘을 영광으로 이끌 게릴라 군대를 일으키길 원한다. 그래서 하나님은 자신의 약속을 이루시기 위해 예수를 보내셨다. 첫째, 예수는 이스라엘을 저주에서 구원해서 하나님과 올바른 관계를 맺을 수 있도록 관계를 회복시켰다. 둘째, 이스라엘의 왕으로서 예수는 이스라엘 민족이 전체적으로 실패한 일 곧 민족들을 복으로 이끄는 일을 했다. 그는 십자가에 달려 죽으시면서 이 두 가지 일을 다 이루셨다. 신약성경의 다수의 본문은 예수 그리스도의 오심을 아브라함 언약과 특별히 관련시킨다. 첫 번째 본문은 누가복음 1:54-55다.

54 그 종 이스라엘을 도우사,

   긍휼히 여기시고 기억하시되,

55 우리 조상에게 말씀하신 것과 같이

   아브라함과 그 자손에게 영원히 하시리로다 하니라.

누가복음 1장에 나오는 마리아의 찬가는 자기 아들의 탄생을 하나님께서 "긍휼히 여기고 기억하시는" 일로 묘사한다. "긍휼"로 번역되는 그리스어 단어 이면에는 언약의 의무를 이행하는 것과 관련이 있는 "헤세드"라는 히브리어 단어가 있다. 성취되는 언약의 약속들은 마리아에 따르면 아브라함에게 주어진 것들이다.

이어서 누가복음 1:69-75을 보면 다음과 같이 전개된다.

69 우리를 위하여 구원의 뿔을

그 종 다윗의 집에 일으키셨으니,

70 이것은 주께서 예로부터 거룩한 선지자의 입으로 말씀하신 바와 같이

71 우리 원수에게서와

우리를 미워하는 모든 자의 손에서 구원하시는 일이라.

72 우리 조상을 긍휼히 여기시며,

그 거룩한 언약을 기억하셨으니,

73 곧 우리 조상 아브라함에게 하신 맹세라!

74 우리가 원수의 손에서 건지심을 받고,

75 종신토록 주의 앞에서 성결과 의로,

두려움이 없이 섬기게 하리라 하셨도다(눅 1:69-75).

세례 요한이 출생할 때 그의 아버지 사가랴는 못하던 말을 다시 하게 되고 입을 열어 예언한다. 사가랴는 하나님이 이스라엘을 도우려고 아브라함에게 주신 자신의 약속을 이루실 것에 대해 말한다.

이어서 사도행전 3:24-26은 다음과 같이 말한다.

24 또한 사무엘 때부터 이어 말한 모든 선지자도 이 때를 가리켜 말하였느니라.

25 너희는 선지자들의 자손이요, 또 하나님이 너희 조상과 더불어 세우신 언약의 자손이라. 아브라함에게 이르시기를 "땅 위의 모든 족속이 너의 씨로 말미암

아 복을 받으리라" 하셨으니, 26 하나님이 그 종을 세워 복 주시려고 너희에게 먼저 보내사, 너희로 하여금 돌이켜 각각 그 악함을 버리게 하셨느니라.

베드로는 솔로몬의 행각에서 거지를 고친 후 성전에서 설교한다. 그는 십자가에 달려 죽고 죽은 자 가운데서 다시 살아나신 하나님의 종 예수로 말미암은 기쁜 소식을 선포한다. 이 기쁜 소식은 하나님이 아브라함에게 주신 자신의 약속을 이루셨고, 예수를 "너희에게 먼저 보내사 너희로 하여금 돌이켜 각각 그 악함을 버리게 하셨다"는 것이다. 따라서 신약성경의 몇몇 구절만 확인해보아도 아브라함 언약이 예수 그리스도로 말미암은 죄 사함과 칭의를 선포하는 복음의 메시지의 기초와 토대라는 것이 분명해진다.

의심할 바 없이 언약들, 특히 아브라함 언약이 메타내러티브의 중추를 구성한다는 주장은 비판을 받을 것이다. 많은 성경신학자가 직면한 한 가지 문제는 다음과 같다. 곧 성경신학자들은 역사서와 예언서가 언약들을 포괄하는 것을 이해하지만, 그들은 시편과 지혜서 본문들은 이것과 관련해서 어느 부분이 적합한지를 알지 못한다. 하지만 시편과 같은 책은 아브라함 언약과 아브라함 언약에서 흘러나온 모세와 다윗 언약에 근거한다. 다음과 같은 두 개의 예가 이 점을 충분히 보여줄 것이다.

시편 47편은 민족들에게 즐거워하라고 초대하는 시다. 야웨께서 모든 사람의 최고 주권자가 되셨고 그들을 이스라엘 아래 복종시키셨기 때문이다. 시편 47편 마지막 부분에서 우리는 다음과 같은 시를 읽는다.

8 하나님이 뭇 백성을 다스리시며,

   하나님이 그의 거룩한 보좌에 앉으셨도다.

9 뭇 나라의 고관들이 모임이여!

   아브라함의 하나님의 백성이 되도다.

   세상의 모든 방패는 하나님의 것임이여!

   그는 높임을 받으시리로다(시 47:8-9).

어떻게 "뭇 나라[복수형]의 고관들이 아브라함의 하나님의 백성[단수형]이 되는지" 주목해보자. 비이스라엘 민족들도 하나님의 백성에 포함된다. "아브라함의 하나님"이라는 언급은 이 시를 노래하는 자들에게 다음과 같은 것을 상기시키는 데 충분한 역할을 한다. 곧 이방인이 하나님의 한 백성에 포함되는 것과 아브라함이 민족들의 총회의 아버지가 되는 것은 오직 영적 의미에서, 즉 신앙의 본보기에서 가능할 수 있다는 것이다.

시편 117편은 시편 전체에서 가장 짧은 시이지만 고대 이스라엘의 찬송가로서 아마 가장 중요한 시일 것이다. 이 시는 논문의 초록과 같이 가능한 한 적은 말로 시편 전체 내용을 종합하고 있기 때문이다.

> 1 너희 모든 나라들아, 여호와를 찬양하며,
>
> 너희 모든 백성들아, 그를 찬송할지어다!
>
> 2 우리에게 향하신 여호와의 인자하심이 크시고,
>
> 여호와의 진실하심이 영원함이로다.
>
> 할렐루야!

한 쌍의 단어인 인자하심(헤세드)과 진실하심(에메트)은 사실상 모세 언약/토라에서 두 당사자에게 요구하는 행위를 요약한 것이다. 이스라엘의 찬송가 중 가장 짧은 시편 117편은 시편 전체를 다음과 같이 요약한다. 곧 야웨는 자신의 언약에 대한 신실하심과 사랑으로 말미암아 민족들의 찬양을 받으셔야 한다. 여기서 핵심적인 주석적 열쇠는 2절의 "우리"라는 대명사의 지시 대상을 파악하는 데 있다. 노르베르트 로핑크(Norbert Lohfink)와 에리히 젱어(Erich Zenger)는 각주에서 이것을 다음과 같이 강하게 표현한다.

시편 117:2은 포괄적인 것을 의미한다. 곧 야웨의 인자하심과 진실하심이 "우리" 곧 이스라엘과 민족들을 강력히 지배하고 있다. 그것은 대다수 해석자들과 다르게, 또한 마티스의 『시인』(*Dichter*) 292-297쪽과 다르게 주장하는 것이다. 시편 117편은 할렐(Hallel)을 위해 지어졌고, 시편 113-118편은 엄밀히 "민족들에 대한 신학"을 염두에 두고 있다는 것은 주타 슈뢰텐(Jutta Schröten)이 뮌스터 대학교 박사학위 논문인 「시편 118편의 기원, 구성, 영향 사」(*Entstehung, Komposition und Wirkungsgeschichte des 118. Psalms*) BBB 95 (Weinheim: Beltz Athenaeum, 1995)에서 밝혔다.[71]

로핑크와 쟁어는 자신들의 작품에서 시편을 각기 독립된 시로 해석하기보다는 이스라엘 찬송가로서 전체 편집 작업과 관련해서 해석하는 것의 중요성을 설명한다. 그러나 우리가 표준적 견해를 따른다면, 그 견해는 이스라엘이 민족들에게 야웨를 찬양하라고 명령하는 것이라고 말한다. 따라서 시편 117편 본문에서 "우리"는 이스라엘을 가리키는 것으로 해석해야 할 것이다. 진실하심과 인자하심은 이스라엘이 하나님과의 언약 관계에서 경험한 것이다. 그렇다면 하나님의 신실하신 충성된 사랑으로 말미암아 아브라함 언약을 거쳐 민족들에게 복이 흐른다. 확실히 이것이 로마서 15:11에서 바울이 말하는 것이다.[72] 결국 두 입장 간에 큰 차이는 없는 듯하다.

둘째, 언약들의 목적은 하나님이 자기 자신을 계시하시는 것이다. 노아 언약 이후로 우리는 모든 것이 하나님의 은혜에 달려 있음을 깨닫게 된다. 인간은 이 세상의 삶에서 근본적인 요소인 하나님과의 언약 관계에 대한 자신의 신실함을 증명하지 못하고 또 증명할 수도 없다. 따라서 내 친구 중 한 명의 친구인 돈 우드(Don Wood)는 이렇게 물었다. "만일 모든 것이 하나님의 은혜에 달려 있다면 왜 이렇게 긴 이야기가 필요할까?" 하나님은 창세기 12장에서 언급하신 자신의 은혜를 왜 우리에게는 활발하게 부어주시지 않

---

71 Norbert Lohfink and Erich Zenger, *The God of Israel and the Nations: Studies in Isaiah and the Psalms* (Collegeville, MN: Liturgical Press, 1994), 182, n.44. 『이스라엘의 하느님과 민족들』(가톨릭출판사 역간).
72 여기서 나는 바울이 시 117편을 사용하는 것에 관심을 갖는 데 있어 Stephen G. Dempster 의 도움을 받았다.

는가? 우리는 메타내러티브가 지금까지 이르는 동안 혼돈과 죽음은 오직 하나님의 은혜로만 극복할 수 있다는 것을 확실히 깨닫게 된다. 이 질문에 대한 답변은 하나님은 자기 자신을 계시하길 원하시기 때문이라는 것이다. 존 월튼은 다음과 같이 설명한다.

> 하나님은 역사에서 주권적으로 행하는 계획을 갖고 계신다. 그 계획의 목표는 하나님께서 자신이 창조한 사람들과 관계를 맺는 것이다. 그런데 사람들은 자기들도 알지 못하는 하나님과 관계를 맺기 어려울 것이다. 하나님의 본성이 숨겨지거나 모호하거나 왜곡된다면 정직한 관계는 불가능할 것이다. 따라서 하나님은 이 관계의 방법을 명확히 밝히기 위해서 자기계시를 주된 목표로 삼으셨다. 그분은 사람들이 자기를 알기 원하신다. 이 계획을 이끄는 장치는 언약이고, 도구는 이스라엘이다. 언약의 목적은 하나님을 계시하는 데 있다.[73]

---

73 Walton, *Covenant: God's Purpose, God's Plan*, 24.

9장

이스라엘(모세) 언약: 출애굽기

출애굽기의—그리고 모세 오경 전체의—중심은 19-24장에 걸쳐 나오는 사건 곧 시내산에서 야웨와 이스라엘이 체결한 언약이다. 출애굽기 1-18장은 이스라엘이 이집트의 속박 및 예속에서 해방된 것과 광야를 거쳐 시내산에 이르기까지의 여정을 묘사한다. 그리고 출애굽기 25-40장은 언약을 통해 확립된 하나님의 왕권에 대한 적절한 반응으로 예배 처소를 건축하는 것에 할애된다.

하지만 이것보다 훨씬 더 큰 주장이 출애굽기 19-24장과 관련해서 제기될 수 있다. 모세는 이 부분에 대해 "언약서"(Book of the Covenant)라는 제목을 직접 붙인다(출 24:7). 언약서는 언약의 추가 또는 보충으로서(참조. 신 28:69 MT [29:1 EV]) 신명기와 함께 옛 언약의 핵심을 구성한다. 그리고 그것은 그리스도인들 사이에 있는 모든 주요한 불일치의 기초가 되는 옛 언약과 새 언약의 관계에 대한 해석이다. 달리 말해 모든 교파의 차이는 궁극적으로 시내산에서 맺은 언약과 오늘날 우리의 관계에 대한 서로 다른 이해에서 비롯된다.

이처럼 출애굽기 19-24장을 간략히 살펴볼 때 이 본문에 대한 정확한 해설은 다음과 같은 것에 근거해야 한다. (1) 더 큰 문학적 구조에 대한 면밀한 관심, (2) 본문의 문화적·역사적·언어적 배경에 기초한 주석, (3) 성경의 포괄적 이야기(메타내러티브)와 이 본문이 어떻게 그런 포괄적 이야기에 적합한지에 대한 명확한 고찰.

우리는 출애굽기 19-24장이 어디서 그리고 어떻게 성경의 포괄적 이야기에 적합한지에 대해 9장의 시작과 끝 부분에서 간략히 설명할 것이다. 곧 우리는 이것을 시내산에서 맺은 언약에 대한 모든 분석의 틀로 삼을 것이다.[1] 9장 중간에서는 출애굽기 19-24장의 문학적 구조에 관심을 기울이고,

---

1   창 1-2장의 창조 언약과 창 6-9장의 노아 언약은 Peter J. Gentry, "Kingdom through

이후에는 출애굽기 19:5-6의 시내산에서 맺은 언약에 대한 하나님의 목적, 십계명의 처음 네 계명, 그리고 24:1-11의 언약 비준 의식에 중점을 두고 설명할 것이다.

포괄적 성경 이야기 안에서 출애굽기 19-24장의 위치

성경 내러티브는 우리가 사는 세상과 확실히 전체 우주의 조물주이신 창조주 하나님과 함께 시작한다. 우리 인간은 하나님의 창조 사역의 최고의 작품이다. 나아가 인간과 동물, 실제로는 우리와 다른 모든 창조물에는 차이가 있다. 인간만이 창조주 하나님의 형상으로 지음 받았고, 창조주를 위해 수행할 특별한 임무를 부여받았다.

창세기 1:26-28에 따르면 하나님의 형상은 인간의 삶을 한편으로는 창조주 하나님과의 언약 관계에 따라 정의되고, 다른 한편으로는 창조물과의 언약 관계에 따라 정의된다(단순히 기능적으로 정의되는 것이 아니라 존재론적으로 정의된다). 인간과 하나님의 언약 관계는 아들 됨이라는 용어에 의해 파악되고 창세기 5:1-3에 함축되어 있다. 인간과 창조물의 언약 관계는 왕권과 종의 지위라는 관계를 반영할 것이다. 우리는 앞에서 다음과 같은 것을 주목했다. 9세기에 아람의 텔 파카리야 비문의 "찰마"(ṣalmā', 형상)는 신하들과 관련해서 왕의 위엄한 권력과 통치를 언급하지만, "데무타"(děmûthā', 모양)는 신과 관련해서 왕의 탄원자 역할을 가리킨다.[2] 따라서 고대 근동의 자료는 성경 본문에 사용된 단어들을 엄밀하게 확증하고 대응하며 예증한다.

나아가 창세기 2:4-25이 보여주는 것처럼 이 아담의 아들은 동산 성소

Covenant: Humanity as the Divine Lmage," *SBJT* 12/1 (2008): 16-42에 더 상세히 설명되어 있다.

2   W. Randall Garr, "'Image' and 'Likeness' in the Inscription from Tell Fakhariyeh," *Israel Exploration Journal* 50/ 3-4 (2003): 227-234.

의 제사장과 같다. 아담의 아들은 먼저 하나님 자신이 행하신 것처럼 하나님의 통치를 행하기 위해 하나님의 방법을 배워야 한다.[3]

따라서 성경 내러티브는 처음에 언약 관계를 통해 하나님의 통치, **언약을 통한 하나님 나라**를 세우는 데 초점이 있다.

그러나 첫 사람은 창조주 하나님을 거역했다. 그 결과 창조물의 모든 면에는 혼돈과 불화 그리고 죽음이 들어왔다.

첫 사람이 선택한 파멸의 길은 하나님의 간섭이 요청될 때까지 부패와 폭력의 내리막길로 이어졌다. 이에 하나님은 인간을 홍수로 심판하고 노아 및 그의 가족과 함께 새 출발을 하셨다. 노아는 노아 내러티브에서 새 아담으로 제시된다. 물의 혼돈에서 벗어나 뭍이 드러나자 노아는 뭍에 살며 생육하며 번성하라는 명령을 받는다(창 9:1). 말하자면 노아에게 아담의 사명 또는 명령이 주어진다. 여기서 창세기 1장과의 대응 관계가 두드러진다. 그러나 결국 노아의 가족은 첫 사람 아담의 가족과 똑같은 혼돈과 부패로 끝난다. 민족들은 바벨탑 사건으로 갈 길을 잃어버리고 온 지면에 흩어진다.

그래서 하나님은 또 다른 새 출발을 시작하셨다. 이번에는 아브라함과 함께하셨다. 아브라함과 이스라엘로 불린 그의 가족은 하나님의 참된 인간이 되어야 할 제2의 아담이다. 하나님은 창세기 12장에서 아브라함에게 큰 약속을 주신다. 이 약속들은 결국 창세기 15장과 17장에서 아브라함 및 그의 자손과 맺은 언약 속에 소중히 담겨 22장에서 강력한 맹세로 보증된다.

아브람에게 주어진 첫 번째 약속인 "내가 너로 큰 민족을 이루고"에서 히브리어 본문은 "고이"라는 단어를 사용한다. 반면에 하나님의 여섯 가지

---

3 다음 자료들을 보라. Gordon J. Wenham, "Sanctuary Symbolism in the Garden of Eden Story," *I Studied Inscriptions from before the Flood: Ancient Near Eastern, Literary, and Linguistic Approaches to Genesis 1-11,* ed. R. S. Hess and D. T. Tsumura, Sources for Biblical and Theological Study 4 (Winona Lake, IN: Eisenbrauns, 1994), 399-404; William J. Dumbrell, *The Search for Order: Biblical Eschatology in Focus* (Grand Rapids, MI: Baker, 1994), 24-25; M. Hutter, "Adam als Gärtner und König (Gen. 2:8, 15)," *Biblische Zeitschrift* 30 (1985): 258-262.

약속 중 마지막 약속인 "땅의 모든 족속/가족이 너로 말미암아 복을 얻을 것이라"에서는 "미쉬파하"(mišpāḥâ)라는 단어를 대신 사용한다. 용어의 이런 대조는 언약을 통한 하나님 나라로 초점을 옮긴다.

따라서 아브라함과 이스라엘이 아담의 역할을 물려받았다.[4] 출애굽기 4:22-23에서 야웨는 이스라엘 민족을 **아들**이라고 언급하신다. 시내산에서 하나님과 이스라엘 사이에 세워진 언약에서 하나님의 목적이 출애굽기 19:3-6에서 제시된다. 제사장 나라로서 이스라엘은 민족들에게 하나님을 알리고 하나님과 올바른 관계를 맺을 수 있도록 그들을 이끄는 역할을 하게 될 것이다. 이스라엘은 언약 공동체에서 세상의 다른 나라들에게 우선은 하나님과의 관계를 보여주고, 두 번째는 인간들 사이의 관계 및 물리 세계의 관계를 보여주어야 한다. 이런 관계는 하나님께서 모든 인간에게 원래 의도하셨던 것이다. 사실 그분은 아브라함의 가족을 통해 세상의 모든 민족에게 복을 주시는 목적과 계획을 갖고 있었다. 하나님은 이런 방식, 곧 아브라함의 가족을 통해, 마지막 아담인 이스라엘을 통해 첫 사람 아담이 일으킨 죄와 죽음에 대한 해결책을 제공하실 것이다. 이스라엘은 고대 세계의 초강대국(이집트와 메소포타미아)을 지리적으로 연결하고, 국가 간의 정보를 전달하는 지역에 위치했다. 그들은 이런 위치에서 하나님과 올바른 관계를 맺는 방법, 참된 인간적 방법으로 서로를 대하는 방법, 그리고 청지기로서 땅의 자원들을 신실하게 보살피는 방법을 민족들에게 보여주어야 한다. 이것이 이스라엘이 하나님의 아들이라는 것을 의미하는 것이다.

하나님이 아브라함에게 주신 약속은 두 가지 사실 곧 자손과 땅에 중점을 둔다. 우리가 모세 언약 또는 이스라엘과 맺은 언약을 제정한 사건을 다루는 출애굽기부터 신명기를 읽을 때, 우리는 약속들이 성취된 것을 본다. 첫째, 하나님은 아브라함의 자손을 크게 증가시켜 바닷가의 모래와 같이 또

---

4 출 15:17은 아담에게 에덴이 동산 성소였던 것과 같이 이스라엘에게 가나안이 성소가 됨을 보여준다.

는 밤하늘의 별과 같이 그들이 셀 수 없을 만큼 많게 하셨다. 둘째, 하나님은 그들에게 가나안 땅을 주셨다.

그러나 하나님의 계획과 목적은 바뀌지 않았다. 하나님은 아브라함의 자손에게 복을 베풀고, 또 그들을 통해 모든 민족에게 복을 베풀기를 원하신다. 사실 하나님의 계획은 이스라엘을 통해 깨지고 파괴된 그분의 창조물을 회복하는 것이다. 하나님은 이스라엘이 이집트에서 나와 가나안 땅에 들어가기 전에 그들과 언약을 맺으신다. 이 협정 또는 언약의 목적은 이스라엘이 하나님이 베풀기 원하는 복을 누리고, 그들이 다른 민족들에게 복이 될 수 있도록 하는 것이다. 이 언약은 이스라엘 백성들에게 하나님이 원하시는 참된 인간이 되는 법을 보여줄 것이다. 그것은 하나님과 올바른 관계를 맺고, 언약 공동체 안에 있는 다른 모든 사람과 올바른 관계를 맺도록 그들을 가르치며 안내하고 이끌 것이다. 또한 이 언약은 모든 창조물과 올바른 관계를 맺고 땅의 자원들에 대해 선한 청지기가 되는 법을 그들에게 가르칠 것이다. 따라서 우리는 모세 언약이 아브라함과 이스라엘 민족 전체에, 그리고 그들을 통해 온 세상에 주어진 하나님의 약속들의 성취를 이루도록 하는 시기에 주어진 것이라고 말할 수 있다.

언약들의 명칭

자주 이 언약은 "시내산[에서 맺어진] 언약"으로 언급되지만 성경의 용어는 무엇인가? 신약성경의 관점 곧 "새 언약"이라는 라틴식 표현에서 살펴보면, 고린도후서 3:14은 이 언약을 "옛 언약"[구약]이라고 말한다.[5] 히브리서 8-9장도 이 언약에 대해 "첫" 언약이라는 말을 사용한다. 그러나 구약성경

5　"신약"(New Testament)이라는 단어는 라틴어 "노붐 테스타멘툼"(*Novum Testamentum*)에서 유래한다. 여기서 "노붐"은 "새로운"을 의미하고 "테스타멘툼"은 언약을 의미한다.

에서 이 언약은 보통 토라(율법) 또는 모세의 토라(율법, 출 24:12)로 불린다.

성경의 언약들은 일반적으로 인간 당사자에 맞추어 이름이 붙여진다. 창세기 6-9장의 언약은 하나님과 노아 사이에 맺어진다. 이 언약은 노아의 가족을 포함하고, 또 그들을 통해 모든 인간을 포함하는 것으로 확대된다. 따라서 이 언약을 "노아 언약"으로 부르는 것은 타당하다. 창세기 15장과 17장의 언약은 창세기 15:18에서 "아브람[과 맺은] 언약"으로 불린다. 이 언약은 곧바로 이삭과 야곱에게 넘어가기 때문에 레위기 26:42에서는 이삭[과 맺은] 언약과 야곱[과 맺은] 언약으로 불린다. 이후에 우리는 "네 조상들에게 맹세하신 언약"(신 4:31)이라는 말을 발견하는데, 이 말은 아브라함과 이삭 그리고 야곱과 맺은 언약을 가리킨다. 언약이라는 말이 항상 단수형임을 주목하라. 결코 "네 조상들에게 맹세하신 언약들"이 아니다. 그러므로 우리는 편리하게 그리고 적절하게 그 언약을 "아브람/아브라함 언약"으로 부를 수 있다. 시내산에서 맺어진 언약은 출애굽기 24:7에서 "언약서"로 불린다. 출애굽기 34:27에서 이 동일한 언약이 모세와 이스라엘과 맺어진 것으로 말해진다. 따라서 어떤 학자들은 이 언약을 모세 언약으로 불렀다. 나아가 이 언약은 이스라엘 언약 또는 이스라엘과 맺은 언약으로도 당연히 불릴 수 있을 것이다. 어쨌든 이 언약은 성경 어디에서도 시내산 언약으로 불리지 않고, 인간 당사자에 따라 이름을 붙이는 것이 성경의 패턴에 더 적합하다. 나중에 하나님이 다윗과 언약을 맺으실 때 그 언약은 곧바로 "다윗[에게 세운] 언약"으로 불린다(대하 13:5; 21:7; 시 89:3; 렘 33:21). 마지막으로 하나님은 예레미야 31:31에서 "새 언약"으로 불리는 언약을 맺으신다.

출애굽기 19-24장의 문학적 구조

구약성경과 신약성경의 관계에 대한 대중적이고 학문적인 논의가 모두 그릇된 이분법을 통해 헛된 논쟁으로 귀결되는 이유 중 하나는 출애굽기

19-24장 본문의 문학적 형태를 적절하게 고찰하지 못하는 데서 직접 기인
한다. 대신에 그런 논의들은 본문이 분명하게 언급하지 않거나 갖고 있지
않은 틀이나 구조를 본문에 억지로 집어넣는다.

출애굽기 19-40장의 개요

1. 배경	19장
2. 열 가지 말씀	20장
3. 판결들	21-23장
4. 언약 비준 의식	24장
5. 예배—신적 왕권의 인정	25-40장

위에 나오는 출애굽기 19-40장의 폭넓은 개요와 형태는 표제와 특정
용어의 사용에 의해 언급되고 있다. 본문의 중심에는 두 부분이 있다. 이
두 부분은 (1) 20장의 "열 가지 말씀"(십계명)과 (2) 21-23장의 "판결들"(또
는 "율법들"/"법규들")이다. **이 두 부분은 본문에 있는 실제 제목들이다.** 출애굽
기 20:1은 다음과 같이 내용을 간단히 소개한다. "하나님이 이 모든 말씀
으로 말씀하여 이르시되." 그리스도인들은 보통 이 부분을 "십계명"(Ten
Commandments)이라고 언급하지만 언약의 기초를 구성하는 이 명령은 출
애굽기 34:28과 신명기 4:13 그리고 10:4에서 단순히 "열 가지 말씀"(Ten
Words)으로 언급된다. 일반적으로 야웨의 명령이 언급될 때 열 가지 말씀
이 포함되어 있음에도 불구하고 엄밀히 "십계명"이라는 말이 들어 있는 곳
은 구약성경 어디에도 없다. 십계명은 신약성경에서 계명들로 자주 언급
되고(마 19:17; 막 10:19; 눅 18:20; 롬 13:9; 7:7-8; 마 5장; 딤전 1:9-10), 이것이 오
늘날 십계명이라는 말을 선호하는 이유다. 첫 번째로 우리는 단순히 "말씀
들"(the Words)이라는 단어를 갖고 있다. 이어서 우리는 21-23장에서 "판결
들"(Judgements; 개역개정 "법규")이라는 단어를 갖고 있다. 출애굽기 21:1은 분
명히 21장 전체의 제목이다.

제목뿐만 아니라 내용도 이 두 부분을 명확히 구별한다. 열 가지 말씀(십계명)은 절대 명령 또는 금지로 제시되고, 보통 2인칭 단수형으로 표현된다. 열 가지 말씀은 특수한 사회 상황과 관련이 없는 일반 명령이다. 열 가지 말씀은 규정된 법(prescriptive law)으로 묘사될 수 있다. 형벌이나 처벌이 구체적으로 묘사되어 있지 않기 때문이다. "[너는](단수형) 도둑질하지 말라"라는 한 가지 예를 들어보자. 히브리어에서 "로"(lō) + 미완료 구성은 계속성과 불특정성을 의미한다. 너는 오늘이나 내일이나 이번 주나 이번 달이나 올해에나 어느 해에나 도둑질해서는 안 된다는 뜻이다. 일반적으로, 절대로 말이다! 반면에 판결들(법규)은 판례법으로 제시된다. 이 부분은 통상적으로 조건 문장의 형태를 취한다. 여기서는 열 가지 말씀에 구현되어 있는 근본 원리가 특별히 특정한 사회적 상황에 적용된다. 판결들은 적용 법규(descriptive law)로 묘사될 수 있는데, 그 이유는 구체적으로 형벌이나 처벌이 부과되어 있기 때문이다. 한 가지 예를 들어보자. 출애굽기 21:28-32은 소가 사람을 받아 죽이고, 그것이 본래 소의 버릇인지를 확인해야 하는 경우에 대해 언급한다. 이런 판례법에 대해서는 나중에 더 자세히 설명할 것이다. 따라서 출애굽기 20장과 21-23장은 이스라엘 언약의 특수 부분을 구성하고, 단순히 "말씀들"과 "판결들"이라는 제목이 붙는다.

계명들: 열 가지 말씀(출 20:1; 34:28; 신 4:13)

- 절대 명령, 보통 2인칭 단수형 금지로 이루어짐
- 특정한 사회적 상황과 관련 없는 일반 명령
- 규정된 법—형벌이나 처벌이 언급되지 않음

법규들(판결들—KJV, 율법들—NIV)

- 사례 판결, 판례법, 판결례
- 십계명에 구현되어 있는 근본 원리를 특정한 사회적 상황에 특별히 적용시킴
- 형벌과 처벌을 부과하는 적용 법규(보통 "만일 ~하면" 문장이나 조건문의 형

태로 이루어짐)

이스라엘 언약의 이 두 구별된 부분은 언약 비준 의식이 묘사되는 출애굽기 24장에서 분명히 언급된다. 출애굽기 24:1-8에서 다음과 같이 사용된 특수 용어들을 조심스럽게 주목해보자. 주제뿐만 아니라 히브리어 본문의 절 패턴에 따르면 출애굽기 24:1은 20:21-22과 관련이 있고 직접 뒤를 잇는다. 출애굽기 20:21-26과 24:1-2에서 야웨는 시내산의 구름으로부터 모세에게 말씀하시는데, 제단과 관련된 지침을 제공하고 누가 산에 올라와 언약 비준 음식을 먹어야 할 것인지 지시하신다. 출애굽기 24:3에서 모세는 백성들에게 나아가 보고한다. "모세가 와서 여호와의 모든 말씀과 그의 모든 율례를 백성에게 전하매 그들이 한 소리로 응답하여 이르되 '여호와께서 말씀하신 모든 것을 우리가 준행하리이다.'" 여기서 모세가 "모든 말씀"과 "모든 율례"를 보고한 것을 주목하라. 이 두 용어는 분명히 출애굽기 20:2-17의 "열 가지 말씀"과 21-23장의 "판결들"을 가리킨다. 백성들이 "여호와께서 말씀하신 모든 것을 우리가 준행하리이다"라고 말할 때, "말씀하신 것"이라는 말은 이 구절 앞부분에 나오는 "모든 말씀과 모든 율례"라는 표현을 축약한 것이다. 마찬가지로 다음 구절인 24:4에서도 우리는 "모세가 여호와의 모든 말씀을 기록하고"라는 말을 본다.[6] 여기서도 "여호와의 말씀"은 "말씀과 율례들"을 간략히 말하는 것이다. 긴 말을 축약하는 것이 히브리 문화의 전형적인 특징이다. 훨씬 이후에 히브리 정경은 "율법과 선지자와 글들"이라는 온전한 명칭을 간단히 "율법"으로 축약할 수 있다. 예컨대 바울

---

[6] William M. Schniedewind는 "글은 출 21-23장의 소위 언약 법전에서 아무런 역할을 하지 못한다"고 주장한다. William M. Schniedewind, *How the Bible Became a Book: The Textualization of Ancient Israel* (Cambridge: Cambridge University Press, 2004), 131을 보라. 이 주장은 Alan Millard, "The Tablets in the Ark," *Reading the Law: Studies in Honour of Gondon J. Wenham,* ed. J. G. McConville and Karl Möller (Library of Hebrew Bible/Old Testament Studies 461, New York: T. & T. Clark, 2007), 254-266에서 철저히 논박되었다.

은 "율법"에서 인용한다고 말하고, 곧이어 이사야서 본문을 인용한다(고전 14:21). 따라서 "율법"은 "율법과 예언자"를 간략히 말하는 용어임이 틀림없다. 반면에 "판결들"은 단순히 "열 가지 말씀"을 실제 상황 속에 펼쳐놓는 것이므로 출애굽기 24:3과 24:4에 나오는 "말씀"이라는 표현은 단순히 "말씀"을 명시하는 것으로서 말씀 전체(말씀과 율례)를 가리키는 것이다. 따라서 이스라엘 언약의 두 부분은 모세가 받아 적은 것이다. 그리고 이것이 출애굽기 24:7에서 "언약서"로 불린다.

출애굽기 19장과 24장은 이 "언약서"의 북엔드를 구성한다. 시작 부분인 출애굽기 19장은 시공간 배경과 이 언약에 대한 하나님의 목적, 그리고 시내산에서 야웨의 계시를 받기 위한 백성들의 준비를 묘사한다. 마지막 부분인 출애굽기 24장은 언약 비준 의식을 묘사한다. 이 뒤를 이어 출애굽기 25-40장은 이 언약을 통해 백성들 가운데 확립된 하나님의 왕권에 대한 적절한 반응을 보여주는 예배 장소의 건축에 대해 묘사한다. 창세기 1장이 언약을 통해 하나님의 통치를 확립하고 이어서 창세기 2장에서 성소 예배의 우선권을 묘사하는 것처럼 출애굽기에서도 먼저 하나님을 이스라엘 가운데 계시는 왕으로 확립하고 이어서 하나님의 아담의 아들로서 이스라엘 민족의 예배의 우선권을 묘사한다.

그렇다면 출애굽기 19-24장의 형태와 구조는 분명히 본문에 특징이 나타난다. 출애굽기 20-23장은 "말씀들"(20장)과 "판결들"(21-23장)로 이루어진 "언약서"를 구성한다. 출애굽기 19장과 24장은 언약서의 북엔드를 구성하는데, 19장은 배경과 상황을 제공하고 24장은 언약 비준 의식을 묘사한다.

언젠가 학자들이 지적한 것처럼 출애굽기 19-24장의 구조는 대략적인 개요에서 기원전 15-13세기의 고대 근동 문화의 국제 조약의 형태 및 구조와 평행을 이룬다. 신명기와 히타이트 종주-봉신 조약 간의 평행 관계는 출애굽기의 언약서와 히타이트 조약 간의 평행 관계보다 더 주목할 만하다. 그렇다고 해도 출애굽기와 히타이트 조약 간의 평행 관계 역시 두드러진다. 국제 조약은 다음과 같은 특수한 형식을 따랐다. (1) 전문(창시자 확인), (2)

당사자들 간의 과거 관계의 역사, (3) 기본 규정, (4) 세부 규정, (5) 기록 조항, (6) 증인들, (7) 복과 저주. 표 9.1은 "언약서"가 이 패턴을 얼마나 대략적으로 따르는지를 보여준다.

표 9.1: 출애굽기에 나타나 있는 이스라엘 언약의 구조

1. 전문	20:1
2. 역사적 서언	20:2
3. 규정 　a. 기본 규정 　b. 세부 규정	 20:3-17 21-23장
4. 기록 조항	24장

신명기와 달리 출애굽기에는 "복과 저주" 부분이 빠져 있다. 그럼에도 명령들이 분명히 언약이나 조약 형태로 인정된 것에 소중히 담겨 있다. 적절한 신학적 이해를 위해 이 형태가 무엇을 함축하는지는 나중에 살펴볼 것이다. 그렇다고 해도 이것만큼은 분명하다. 곧 이스라엘 언약은 충성된 사랑과 순종 그리고 신뢰의 관계 속에서 하나님을 아버지와 왕으로 정의하고, 이스라엘을 순종하는 아들로 정의하기 위해 종주-봉신 조약의 형태로 형성된다. 이것은 하나님의 시내산 현현이 이스라엘에서 왕의 등극과 등장에 대한 명확한 신호(삼하 15:10; 왕상 1:34, 39, 41; 왕하 9:13)인 나팔 소리와 함께 선포된다는 사실로 확증된다(출 19:16, 19; 20:18).[7] 이제 이스라엘 언약이 기독교 신학에 대해 갖고 있는 함축적 의미를 살펴보기 전에 지면이 허락하는 대로 출애굽기 19장에 주어진 이 언약에 대한 하나님의 목적, 열 가지 말씀에 대한 요약 진술, 언약 비준 의식과 중요성을 간략히 분석해보자.

7　H. Ringgren, "שׁוֹפָר" *šôpār TDOT* 14:541-542. 또한 John A. Davies, *A Royal Priesthood: Literary and Intertextual Perspectives on an Image of Israel in Exodus 19.6*, JSOTSup 395 (London: T. & T. Clark, 2004), 109도 보라.

이스라엘 언약에 대한 하나님의 목적(출 19:5-6)

이미 진술한 것처럼 출애굽기 19장은 언약서(출 19-24장)의 배경을 제공하고, 언약서의 첫 부분의 북엔드로 작용한다. 이스라엘은 광야를 거쳐 약속의 땅으로 가는 여정에서 시내산에 도착한다. 출애굽기 19장의 중심에는 질풍처럼 시내산을 오르내리는 모세의 움직임이 놓여 있다. 세 번에 걸친 연속적 오르내림이 이 부분을 지배하고 있다. (1) 올라가고(출 19:3) 내려옴(출 19:7), (2) 올라가고(출 19:8) 내려옴(출 19:14), (3) 올라가고(출 19:20) 내려옴(출 19:25). 이 세 번의 연속적 오르내림은 출애굽기 19장에서 세 부분의 경계를 구성하고, 그 경계는 다음과 같은 내용에 한정된다. (1) 이 언약에 대한 하나님의 목적, (2) 야웨를 만나 계시와 토라를 받기 위한 백성들의 준비,[8] (3) 시내산에서의 하나님의 실제 현현. 따라서 출애굽기 19장의 문학적 구조는 다음과 같다.

출애굽기 19장의 문학적 구조

1. 시공간 배경	19:1-2
2. 이스라엘 언약에 대한 하나님의 목적	19:3-8
3. 이스라엘 언약을 받기 위한 인간적 준비	19:9-15
4. 시내산에서 주어진 야웨의 계시	19:16-25

모세의 계속된 오르내림은 이스라엘 백성과 하나님의 거리에 대한 생생한 묘사와 중보자의 필요성을 제시한다. 이어서 이 두 당사자 간의 사랑과 충성 그리고 신뢰의 언약 관계에 대해 이적이 있어야 함을 강조한다.[9]

---

8   히브리어 단어 "토라"는 단순히 "지침"이나 "교훈"을 의미한다.

9   여기서 시내산 언약과 창조 언약 사이에 대조가 있다. 에덴에서 사람은 산 위에서 살고, 중보자 없이 하나님과 동행한다. 나는 이 통찰에 대해 John Meade의 도움을 받았다.

3 모세가 하나님 앞에 올라가니 여호와께서 산에서 그를 불러 말씀하시되 "너는 이같이 야곱의 집에 말하고 이스라엘 자손들에게 말하라. 4 '내가 애굽 사람에게 어떻게 행하였음과 내가 어떻게 독수리 날개로 너희를 업어 내게로 인도하였음을 너희가 보았느니라. 5 세계가 다 내게 속하였나니 너희가 내 말을 잘 듣고 내 언약을 지키면, 너희는 모든 민족 중에서 내 소유가 되겠고,[10] 6 너희가 내게 대하여 제사장 나라가 되며 거룩한 백성이 되리라.' 너는 이 말을 이스라엘 자손에게 전할지니라." 7 모세가 내려와서 백성의 장로들을 불러 여호와께서 자기에게 명령하신 그 모든 말씀을 그들 앞에 진술하니, 8 백성이 일제히 응답하여 이르되 "여호와께서 명령하신 대로 우리가 다 행하리이다." 모세가 백성의 말을 여호와께 전하매(출 19:3-8).

존 데이비스는 이 본문에 나오는 다수의 동사에 주목하면서 이 본문의 교차 구조를 다음과 같이 나타낸다.[11]

A 시내산에 진을 친 이스라엘 백성(3인칭 복수형 동사들, 1-2절)
  B 모세의 올라감과 야웨의 소환(3인칭 복수형 동사들, 3a절)
    C 이스라엘에게 전달된 메시지에 관한 하나님의 지침(2인칭 단수형 동사들) (3b절)
      D 이스라엘에 관한 하나님의 선언(2인칭 복수형 동사들, 4-6a절)
    C′ 이스라엘에게 전달된 메시지에 관한 하나님의 지침(2인칭 단수형 동사들, 6b절)
  B′ 모세의 올라감과 장로들에 대한 소환(3인칭 단수형 동사들, 7절)

---

10 이 인용은 NIV 성경의 각주에서 가져온 것이다. NIV 본문은 "…possession. Although the whole earth is mine, [6] you"로 되어 있다. 여기서 문법은 분명히 이 부사절이 다음 부분이 아니라 이전 부분에 의존하고 있는 것을 암시한다. 따라서 양보절보다 원인절이 암시되어 있다.

11 John A. Davies, *Royal Priesthood*, 35에 나오는 것을 다듬은 것이다.

A′ 이스라엘 백성의 반응(3인칭 복수형 동사들, 8a절)

이 교차 구조는 출애굽기 19:3-8을 분명히 독립적 단위로 묘사하면서 더 도움을 준다. 교차 구조 문단은 보통 중심에 중점을 둔다. 이 교차 구조는 중심 주제가 하나님과 이스라엘 간의 언약에 대한 하나님의 목적이라는 것을 보여준다.

따라서 출애굽기 19:1-2이 역사에서 특정한 시공간을 명시한 후에, 19:3-8은 하나님의 관점에서 이 언약의 목적을 상세히 제시한다. 그리고 우리가 그 구절들에서 확인하는 것은 간략한 언약의 계획이다. (1) 19:4은 두 언약 당사자의 과거에 맺은 관계의 역사를 묘사한다. (2) 19:5과 6절은 위대한 왕이신 야웨의 봉신으로서 이스라엘의 완전한 충성과 순종 관계를 제시하고, 이에 따른 몇 가지 복을 약속한다. (3) 19:7과 8절에서 백성들은 이 목적에 동의한다. 따라서 19:3-8에서 나오는 이 언약의 계획과 관련한 그 형태와 구조가 고대 근동의 언약 및 조약들의 방식과 일치한다.

출애굽기 19:4은 환난에서 이끌어낸 것을 독수리 날개 이미지를 사용하면서 백성들과 야웨의 과거 관계를 감동적으로 요약한다. "내가 애굽 사람에게 어떻게 행하였음과 내가 어떻게 독수리 날개로 너희를 업어 내게로 인도하였음을 너희가 보았느니라." 이 간략한 진술은 이집트에서 노예로 살았던 이스라엘 백성의 비참한 상황과 야웨께서 이적과 기사로 이스라엘 백성을 열 가지 재앙에서 벗어나게 해주시고 그리고 홍해를 건너 속박된 노예 상태에서 자유를 주시며 그들을 구원해 주신 것을 요약한다. 또한 그것은 하나님이 낮에는 구름 기둥과 밤에는 불 기둥을 사용하여 광야의 미로와 미궁을 통과하도록 이스라엘을 이끄신 방식에 대해서도 말한다. 이 방식의 인도하심 역시 낮의 무더위와 밤의 추위로부터 이스라엘을 보호했다. 날마다 그들의 양식을 위해 하늘에서 만나가 내렸고, 그들의 목마름을 해갈시키기 위해 반석에서 물이 나왔다. 오늘날 우리의 문화는 영화 〈반지의 제왕〉에서 독수리가 간달프를 기적적으로 구출하는 장면을 통해 이것을 상상할 수 있다. 하나님은 이스라엘 백성들이 고달픈 광야 여정 속에 있을 때, 말하자면 독수리 날개로 그들을 업어 인도하심으로써 그들을 보호하고 그들의 필요를 공급하셨으며, 그리하여 그들이 자신에게 나아오도록 여정을 주도하셨다. 즉 하나님은 이스라엘 백성들을 자신과 사람 사이의 만남의 장소로 이미 준비된 처소인 하나님의 산 곧 시내산으로 인도하셨다(출 3:1).

존 데이비스가 언급하는 것처럼 "[내가 너희를] 내게로 인도하였음을" 이라는 말은 히브리 성경에 유례가 없다. 여기서 데이비스의 주석은 충분히 인용할 가치가 있다.

…"내게로 인도하였음을"은 이전의 하나님의 행동들의 근원적 동기를 드러내고, 지역이 아니라 관계에 초점이 있다. 그 산과 모든 지리적 언급이 잠시 동안 시야에서 사라지는데, 이로써 우리는 하나님이 어느 곳에 계시는지 확신하지 못하게 된다. 이 산의 높은 곳에 독수리들이 둥지를 틀고 있는가?(욥 39:27-30; 욥 1:4; 렘 49:16) 또는 독수리들이 하늘에서 또는 별들 사이에서 날고 있는가?(잠 23:5; 30:19; 애 4:19) 만일 저자들이 이런 질문들에 대해 답변을 요구한다면, 후자의 질문에 대한 가능한 답변은 우리가 다시 긴밀하게 평행을 이루는 소개 공식을 사용하는 하나님의 행위들을 암송하는 출애굽기 20:22에서 발견된다. "여호와께서 모세에게 이르시되 '너는 이스라엘 자손에게 이같이 이르라! 내가 하늘로부터 너희에게 말하는 것을 너희 스스로 보았으니.'"…그것이 암시하는 것처럼 시내산에서 정점에 이르는 출애굽 경험에 대한 하나님의 관점을 제시하는 이 중심적인 요약 선언에서 가장 중요한 사실은 이스라엘이 하나님께 가까이 **다가가는 것**이다. 이 다가감은 하나님이 주도권을 갖고 행하신 결과다.[12]

출애굽기 19:5-6은 조건문의 형태로 되어 있다. "너희가 이것을 행하면…너희가 할 것이요…너희가 할 것이요" "만일 ~면" 곧 조건절은 언약 규

---

12 John A. Davies, *Royal Priesthood*, 40-41.

정들에 대한 절대적 순종을 명시한다. "그렇다면" 곧 귀결절은 야웨와의 관계에 따라 그 결과를 정의한다. 말하자면 이스라엘 백성들은 두 가지 면에서 곧 (1) 왕의 소유[보물]로서, (2) 제사장 나라와 거룩한 백성으로서 야웨에게 속하게 될 것이다.

이 언약 관계에 대한 하나님의 목적을 정의하는 말들의 의미를 설명하기 전에 출애굽기 19:5-6과 4절의 관계가 강조되어야 한다. 이것을 묘사하기 위해서는 도표를 사용하는 것이 좋을 것 같다.

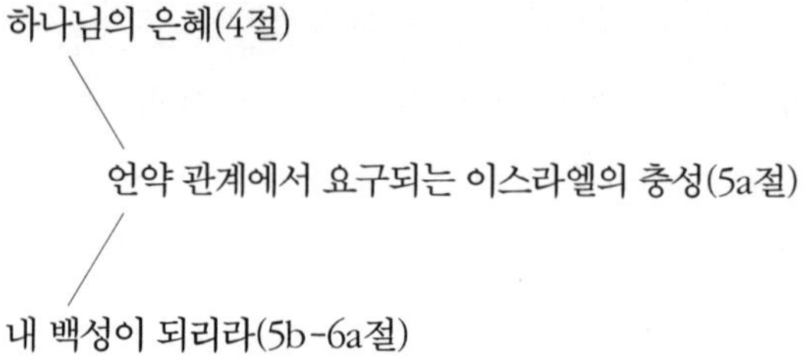

출애굽기 19:4은 야웨와의 언약을 체결하고 지키는 것의 동기가 하나님의 주권적 은혜라는 것을 보여준다. 창조주 하나님은 호의와 인자를 보여주시려고 이스라엘을 택하셨고, 역사 속에서 이스라엘을 구속하고 자기 백성으로 삼으셨다. "율법"과 "은혜"에 따라 옛 언약과 새 언약을 비교하면서 많은 오해가 일어났다. 이 본문은 다음 사실을 명확히 한다. 곧 우리가 새 언약에서 그런 것을 발견하는 것처럼 옛 언약도 은혜에 기초하고, 이 언약을 지키는 것의 동기는 하나님의 은혜에 있다. 하나님은 이스라엘 백성들이 고달픈 광야 여정 속에 있을 때 마치 독수리 날개로 전체 이스라엘 백성을 품으신 것처럼 그들을 보호하고 그들에게 필요를 공급하셨으며, 마침내 하나님 자신, 곧 하나님의 거룩한 시내산으로 그들의 여정을 끝내셨다. 따라서 이것은 인간 당사자의 관점에서 볼 때 이스라엘 언약의 기초가 출애굽 사건들을 통해 확립된 야웨에 대한 확신과 신뢰 그리고 야웨에 대한 감사에 있었다는 것을 가르친다. (새 언약과 다른 것은 이스라엘 백성이 약속에 순종해야 한다

는 데 있다.)

이어서 출애굽기 19:5과 19:6은 하나님의 관점에 따라 이 언약이 이스라엘 백성들에게 주어진 목적과 야웨께서 제안하신 언약을 비준하면서 주어질 하나님과 이스라엘 관계의 본질을 묘사한다.

학자들은 출애굽기 19:5-6의 조건문의 논리에 대해 논쟁을 벌였다. 뮐렌버그(James Muilenburg) 같은 학자는 순종을 조건으로 내세워 그것을 따르면 상을 베푸는 성경 본문들과 출애굽기 19:5-6을 비슷한 상황으로 간주했다.[13] 반면에 패트릭(Dale Patrick) 같은 학자는 전제절(protasis) 혹은 "조건절"은 유익의 전제 조건을 제시하는 것이 아니라 귀결절(apodosis) 또는 "결과절"의 상태의 내용과 본질을 정의하는 것으로 주장한다.[14] 데이비스는 다음과 같이 두 문장을 비교하면서 이 두 견해를 설명한다.

"만일 당신이 당신을 가르치겠다는 내 제안을 받아들여 히브리어와 다른 동족 언어를 배우는 데 전력을 다한다면, 당신은 보수가 좋은 대학에서 근무하고 퇴직금도 받을 수 있을 것입니다." "만일 당신이 당신을 가르치겠다는 내 제안을 받아들여 히브리어와 다른 동족 언어를 배우는 데 전력을 다한다면, 당신은 셈족 언어 전문 학자가 되는 만족을 느낄 것입니다."[15]

여기서 두 번째 문장은 조건적 정의로서 "결과절"이 "조건절"에 고유하게 내재해 있음을 분명하게 설명한다. 댄시기어(Dancygier)와 스위처(Sweetser)는 언어 연구를 통해 문법적 차원에서는 후자의 입장이 더 설득력이 있다는 사실을 발견했다. 문법학자들이 조건문을 일반적으로 사실적 조건문과 반사실적 조건문으로 분류하는 것은 적절하지 않다.[16] 댄시기어

---

13 James Muilenburg, "The From and Structure of the Covenantal Formulations," *Vetus Testamentum 9* (1959): 347-365.

14 Dale Patrick, "The Covenant Code Source," *Vetus Testamentum* 27 (1977): 145-157.

15 John A. Davies, *Royal Priesthood*, 43-44.

와 스위처는 다음과 같은 세 가지 주요 형태에 따라서 조건문을 분류한다. (1) **내용적 조건문**(content conditionals). 이런 조건문에서 화자는 외적인 사회-물리적 세계에 대해 예측한다. 따라서 결과절은 어떤 상황을 전제한다(모범이 되는 "사실적" 조건문). (2) **인식적 조건문**(epistemic conditionals). 이런 조건문에서는 화자가 결과절에서 (귀추적[abductive], 내적) 추론을 도출한다. 따라서 조건절이 추론의 근거를 제공한다. (3) **발화-행위 조건문**(speech-act conditionals). 이 조건문에서 화자는 결과절에서 발화 행위를 조건적으로 수행하고, 따라서 조건절이 그 발화 행위를 "적합한" 것으로 만든다.[17] 출애굽기 19:5-6의 조건문은 분명히 마지막 세 번째 범주에 속해 있다.[18] 따라서 이 조건문은 언약 관계 속에 내재해 있는 이스라엘의 특권적 지위를 선언하고 있다. 이는 신명기 7:6-11, 14:2 그리고 특히 26:18-19과 같은 중요한 평행 관계를 가진 본문에서 발견되는데 역시 이 견해를 확증한다.[19] 데이비스는 두 해석을 평가한 후에 다음과 같이 결론을 맺는다.

> 어쨌든 신실한 섬김의 조건에 기초한 상(밀렌버그의 견해)과 명예롭고 신실한 섬김을 요구하는 지위로 높아짐을 수반하는 호의(패트릭의 견해) 간의 구분에 너무 큰 비중을 두면 안 된다.…이것이 이미 확립된 관계의 틀 안에서 이해된다면, 우리가 출애굽기 19:5에서 어떤 형태의 조건적 상(賞)을 이끌어낸다고 해도, 5-6a절에서 이스라엘에 대한 명예로운 지칭의 의미와 기능에 대해 [아래에

---

16 전통적으로 "אִם"은 **실재하지 않는** 조건절이 아니라 **실재하는** 조건절을 소개하는 역할을 한다. 예컨대 Bruce K. Waltke and M. O'Connor, *An Introduction to Biblical Hebrew Syntax* (Winona Lake, IN: Eisenbrauns, 1990), §38.2을 보라.

17 다음 자료들을 보라. Bill Bivin, "Translating IM" (2010년 10월 20일에 텍사스 주, 댈러스에서 개최된 SIL 국제 창세기 워크숍에서 발표된 논문); 그리고 Barbara Dancygier and Eve Sweetser, *Mental Spaces in Grammar: Conditional Constructions* (Cambridge Studies in Linguistics 108, Cambridge: Cambridge University Press, 2005).

18 2010년 11월 19-23일에 세계성서학회 연례 모임에서 B. Dancygier와 개인적인 대화에서 확인했다.

19 신 26:18-19은 우리가 다음 장인 "이스라엘(모세) 언약: 신명기" 부분에서 다룰 것이다.

서] 제시되는 경우를 크게 약화시키지 않을 것이다.[20]

이미 우리가 확인한 것처럼 언약들의 특징을 묘사하는 데 사용된 조건문과 비조건문의 범주들은 유익하거나 유용하지 않다.[21] 그것들은 성경 본문에 나오는 다른 강조점들을 보지 못하기 때문이다. 우리는 나중에 옛 언약과 새 언약의 관계를 다룰 때 이 주제로 다시 돌아올 것이다.

조건문의 논리와 직결된 문법적 질문은 5절의 자유 부정사/부정사 절대형 "샤모아"(שָׁמוֹעַ, 듣다)의 담화-문법의 실용적 가치다. "웨아타 임-샤모아 티슈메우 베콜리"(וְעַתָּה אִם־שָׁמוֹעַ תִּשְׁמְעוּ בְּקֹלִי, "너희가 내 말을 잘 들으면"). 이것은 다루기가 어려운 내용이다. 데이비스의 분석은 철저하고 완벽하지만, 그가 인정하는 것처럼 결정적이거나 분명하게 규명하지 못하고 있다. 그럼에도 최근의 히브리어 문법 연구가 이런 측면에 대해 도움을 줄 수 있다.[22] 히브리 성경에서 어근 "샤마"(שׁמע)가 자유 부정사 + 한정 동사 형태로 8회에 걸쳐 등장하는 것이 흥미롭다. 곧 그런 형태는 출애굽기 15:26, 19:5, 22:22, 23:22, 신명기 11:13, 15:5, 28:1 그리고 사무엘상 23:10에서 등장한다. 이 8회의 용례 중 6회는 "베콜"(בְּקוֹל[내 말을])이라는 보어가 암시하는 것처럼 순종과 관련이 있다. 따라서 출애굽기 22:22과 사무엘상 23:10은 제외된다.[23] 김유기의 연구는 부정사 절대형은 술어를 수식하는 양태 부사가 아닌 문장 전체

---

20 John A Davies, *Royal Priesthood*, 46.
21 예컨대 아브라함 언약과 같이 설명하기에 부적합한 조건적 및 무조건적 성격의 범주에 대해서는 John A Davies, *Royal Priesthood*, 180-181을 보라.
22 Scott N. Callaham, *Modality and the Biblical Hebrew Infinitive Absolute* (Wiesbaden: Harrassowitz, 2010); Yoo-Ki Kim, *The Function of the Tautological Infinitive in Classical Biblical Hebrew*, Harvard Semitic Studies 60 (Winona Lake, IN: Eisenbrauns, 2009); Lynell Zogbo, "Interface entre l'exégèse et la traduction de la Bible: le cas de l'infinitif absolu en hébreu"(2010년 5월 25-26일에 몬트리올에서 개최된 국제 심포지엄에서 발표된 논문)
23 신 11:13에서 동사 보어가 "אֶל־מִצְוֹתַי"이고, 다른 곳에서는 בְּקוֹל이나 בְּקֹלִי가 사용된다. 둘 다 순종의 들음을 명시한다.

를 수식하는 것으로 기능하고, 실제로는 문장의 차원을 훨씬 뛰어넘는 담화 문법 또는 거시적 구문론의 신호로 기능한다는 것을 보여준다. 이 6회의 용례 각각의 경우에 이 부정사 절대형은 히브리어만이 아니라 다른 많은 언어에서도 초점이나 주제를 명시하는 동사 앞에 위치한다. 리넬 조그보(Lynell Zogbo)의 간략하지만 중요한 연구는 거시적 구문론의 기능도 탐구한다. 이 부정사 절대형은 단언적 또는 대조적인 초점과 관련성을 명시할 뿐만 아니라 미래 사건들을 예시하거나 주요 주제를 명시하기도 한다. 더욱이 그것은 내러티브의 최고 절정과 중요한 지점을 나타내는 격동의 부분(zones of turbulence)에서 등장한다.[24] "그리고 이제"(וְעַתָּה)라는 소개말은 비유 언어("내가 어떻게 독수리 날개로 너희를 업어 내게로 인도하였음을")와 함께 격동의 부분을 표시하는 데 도움을 준다. 데이비스는 이것을 다음과 같이 매우 강조한다.

> 거시적 구문론의 서두의 불변화사 "웨아타"(וְעַתָּה, 이제)는 4절의 1인칭(하나님의 활동을 상술하는) 절들로부터 2인칭(이스라엘을 가리키는) 절들로 주어가 바뀌는 것에 주의를 집중시키고, 또한 과거 사건들의 서술, 특히 칼루베틸(Kalluveetil)이 주목하는 것처럼 언약의 배경 속에서 현재와 미래의 결과들에 대한 선포로 시간적 변화를 명시하는 수사적 효과를 갖고 있다(신 4:1; 10:12; 수 24:14; 삼상 12:13; 대상 22:11).[25]

자유 부정사 역시 말의 중간에 온다. 리넬 조그보는 자신의 연구에서 다음과 같이 결론을 내린다.

> 이 부정사 절대형은 담화 기능 곧 포괄적 역할을 한다. 말하자면 그것은 **이 본문**

---

24 "격동의 부분"(zones of turbulence)이라는 표현에 대해서는 Robert E. Longacre, "The Grammar of Discourse," in *Topics in Language and Linguistics,* ed. Thomas A. Seboek and Albert Valdman (New York: Plenum, 1983)을 보라.

25 John A Davies, *Royal Priesthood,* 42.

의 매우 중요한 부분을 명시한다. 동사를 반복하면서 그것 자체가 언어적으로 특징이 된다. 또한 그것은 그것을 강조하는 표지들, 곧 중간 배치, 비유 언어, 반복, 듣고-또 듣고, 나-내가, 모든…다와 같은 것을 동반한다. 또한 의미심장하게도 주석과 관련해 이 구절은 **내 언약을 지키라**와 병행을 이룬다. 내가 보기에는 바로 이것이 지금 부정사 절대형과 관련된 것이다! 부정사 절대형이 출애굽기의 **주제**인 **언약**을 강조한다.[26]

출애굽기 15:26과 23:22의 사례들이 이것을 확증하고, 출애굽기 19:5-6을 절정으로 두드러지게 하며, 이 언약을 강조하는 데 서로 협력해서 기능하는 것이 흥미롭다. 다른 유일한 사례들도 이 언약을 강조하는 신명기의 본문, 곧 이 핵심적인 순간에 있다는 사실은 주목할 만하다.

1. 내 소유(역대상 29:3; 전도서 2:8)

언약 관계에서 이스라엘의 역할과 지위에 대한 하나님의 계획을 정의하는 말들의 의미가 이제 설명될 수 있다. "내가 사유한 보물"(personal treasure), "제사장 나라", "거룩한 백성" 같은 말을 설명할 때 출애굽기 19:5-6의 문학적 구조를 주목하는 것이 중요하다. "와우"(waw, "그리고") 접속사로 연결되어 있는 두 구절은 야웨의 선언의 내용을 구성한다. 첫 번째 절은 "너희는 모든 민족 중에서 내 소유가 될 것이다"이다. 두 번째 구절은 "[그리고] 너희가 내게 대하여 제사장 나라가 되며 거룩한 백성이 되리라"이다. 이 두 진술 간의 관계는 앞에서 설명한 고대 히브리어 문헌의 표현법, 곧 먼저 특수한 관점에 따라 주제를 취하고, 이어서 그것을 멈추고 동일한 주제를 다른 관점에 따라 다시 취하는 설명 방식을 상기하면 가장 잘 이해된다. 이 패턴은 입체적이고, 거시적 차원과 미시적 차원에 따라 반복해서 계속된다. 우리는 한 주제에 대해 대화를 시작하고, 이어서 그 대화를 마친다. 그런 다음 또 다른

---

26 2010년 7월 17일에 Lynell Zogbo와 나눈 개인적 대화(강조 표시는 Zogbo의 것이다).

대화를 시작한다. 이때 두 대화를 함께 취하면 그 대화는 마치 스테레오 음향 시스템의 좌우 스피커와 같다. 곧 각각의 대화는 약간씩 다르고 함께 모이면 돌비 서라운드 사운드나 3D 입체 음향을 구현한다. 다시 말하자면 두 진술은 동일한 사실에 대해 말하고 있고, 각각 다른 방식으로 말하며, 동일한 주제를 다른 관점에서 고려한다. 일단 그 용어가 설명되자마자, "제사장 나라"와 "거룩한 백성"이란 말을 함께 고려하는 것은 또 다른 방식, 곧 "하나님의 소유"라고 말하는 게 분명해질 것이다. 다시 말하자면 "제사장 나라"와 "거룩한 백성"이라는 말은 스테레오 음향 시스템의 좌우 스피커를 구성하고, 이어서 두 용어가 함께 묶이면 오른쪽 스피커인 "내 소유"라는 말과 짝을 이루는 왼쪽 스피커를 구성한다.

이스라엘 언약의 첫 번째 목적은 이 택함 받고 구속받은 사람들이 하나님 자신의 소유와 개인적 보배가 되리라는 것이다. 여기서 "소유"로 번역되는 "세굴라"(sĕgullâ)라는 히브리어 단어는 역대상 29:3에서 다윗 왕 자신의 개인적 금과 은의 보고나 금고, 곧 보배롭고 가치 있는 모든 것을 모아놓은 개인 은닉처에 사용된 말과 같다.[27] 만일 우리가 시간을 되돌려 고대 근동 시대로 돌아가 본다면, 우리는 하투샤(보아즈칼레, 터키)와 우가리트(시리아) 같은 주요 도시들에서 왕의 풍성한 보물 저장소를 발견할 것이다. 21세기 현대인들은 19세기 유럽의 군주들과 같은 왕정을 경험한 적이 없기 때문에 그것을 상상하기가 어렵다. 오늘날 이와 비교할 수 있는 것이 있다면 그것은 런던에서 보는 왕의 대관식용 보석들이 아닌가 싶다. 전도서 2:8에서 사용된 용어도 왕의 개인적 보물을 가리킬 것이다. 이 두 본문(대상 29:3과 전 2:8)은 구약성경에서 비은유적 의미로 그 단어가 등장하는 유일한 본문이다.

"세굴라"의 의미에 대한 존 데이비스의 설명은 매우 유익하다. 비록 이

---

27 히브리어 "세굴라"는 오직 출 19:5; 신 7:6; 14:2; 26:18; 대상 29:3; 말 3:17; 시 135:4; 전 2:8에서만 나타난다. 대상 29:3과 전 2:8을 제외하고 이 모든 용례는 출 19:5을 다시 언급한다. 이 용례들은 구체적이고 통상적인 이 말의 용법을 보여주는 데 유효하다.

단어가 성경 히브리어에서는 흔하게 나타나지 않는다고 해도, 구약성경 이후에 등장한 미시나 문헌에서는 상업적·법적 용어로서 흔하게 사용된다. 거기서 이 단어는 사회적 약자(아내나 종과 같은)와 관련된 사적 재산을 가리킨다. 데이비스는 그린버그(Moshe Greenberg)가 제시한 히브리어 단어 "세굴라"와 아카드어 단어 "시킬투" 사이의 연관성에 주목한다.[28] 누지에서 발견된 고대 바빌로니아, 중기 바빌로니아, 표준 바빌로니아 판본, 그리고 중기 아시리아 사본들에서 이 아카드어 단어는 일차로는 불법적으로 획득한 물건의 "취득"이나 "소유"를 가리키고, 이차적으로는 토지의 한 부분을 구성하는 소유물과 구분되는 개인 소유물의 "취득"이나 "소유"를 가리킨다.

출애굽기의 이 본문에 해결의 실마리를 던져주는 은유적 용법이 고대 바빌로니아 시대의 문헌에 존재한다. 존귀한 왕을 신으로 지칭하는 것이 기원전 15세기 이후에는 사용되지 않는다. 데이비스는 아반 왕에 대한 다음과 같은 명칭을 인용한다. "아반, 강하신 왕, 사란의 아들, 신의 종…신의 사랑받는 자…신의 보배."[29] 따라서 왕이라는 인물은 신의 헌신적인 종으로 간주된다. 비슷한 용법이 우가리트 언어에서도 발견되는데 데이비스는 그것을 다음과 같이 설명한다.

PRU 5의 본문 60(18:38)은 연대가 기원전 12세기 초, 히타이트 종주국으로부터 우가리트의 마지막 왕인 암무라피(Ammurapi)에게 보낸 서신의 사본(의심할 것 없이 아카드어 원문에서 번역한 것)이다. 이 본문은 봉신 왕을 종주국과의 관계에서 종주국 왕의 "종"([']*bdh*)과 "소유"(*sglth*)로 묘사한다. 두 왕 간의 관계에 대한 이 단어는 우가리트 봉신 왕이 관례인 공물을 바치지 못한 것에 대해 종주국 왕이 질책할 때 쓰는 말이다.[30]

---

28 Moshe Greenberg, "Hebrew *segulla*: Akkadian *sikiltu*," *Journal of the American Oriental Society* 71 (1951): 172-174.

29 John A Davies, *Royal Priesthood*, 53.

30 같은 책.

"내 소유"(개인적 보배)라는 말에 대한 우가리트어 단어의 사용이 알라라크에서 나온 아카드어의 위의 실례에서와 같이 종의 개념과 짝을 이루고 있다는 것에 주목하라. "내 소유"는 조약으로 규정된 관계와 관련한 헌신적인 섬김의 배경에서 사용된다. 다후드(Mitchell Dahood)가 주목한 것처럼 섬김과 내 소유(개인적 보배)가 똑같이 짝을 이루고 있는 것이 구약성경, 곧 말라기 3:17에서 발견된다.[31]

만군의 여호와가 이르노라. "나는 내가 정한 날에 그들을 나의 특별한 소유(סגלה)로 삼을 것이요. 또 사람이 자기를 섬기는(עבד) 아들(בן)을 아낌 같이 내가 그들을 아끼리니."

여기서 "내 소유"와 병행을 이루고 있는 것은 헌신적인 **섬김** 개념을 내포한 "아들"이다. 아카드어와 우가리트어의 평행 본문들로 확증되는 이 성경 본문(말 3:17)은 출애굽기 19:5에 엄청난 해결의 실마리를 던져준다. 야웨께서 이스라엘을 자신의 개인적 보배로 부르실 때 그분은 아들이 바치는 일종의 헌신적인 섬김에 대해 말씀하시는 것이다.[32] 여기서 우리는 창세기 1:26-28에 나오는 하나님의 형상으로 되돌아간다. 이스라엘은 언약 관계 속에서 아들과 명예로운 왕의 헌신적인 섬김을 다해야 하는 아담의 역할을 물려받았다.[33]

---

31 Mitchell Dahood, "Ugaritic Hebrew Parallel Pairs," *Ras Shamra Parallels: The Texts from Ugarit and the Hebrew Bible,* ed. Loren R Fisher, 3 vols, Analecta Orientalia, 49-51 (Rome: Pontifical Biblical Institute Press, 1975), 2:1-33.

32 현대 독일어에서 "보화"(schatz)라는 단어는 **가족 배경**에서 애칭, 특히 남편이 아내를 부르는 호칭으로 사용된다.

33 시 134:1과 135:1에서 "야웨의 종들"(עבדי יהוה)이라는 영예로운 별칭이 제사장들에게 주어진다. 또한 שרת의 피엘형의 분사형(즉 "종")도 제사장들을 야웨의 종으로 묘사하는 데 사용된다(렘 33:21; 겔 45:4; 욜 1:9; 1:13; 2:17; 느 10:37[EV 10:36]; 대하 13:10). 시 103:21에서, משרתיו(메샤르타브)는 צבאיו, 즉 하나님께 수종을 드는 천군 천사와 병행을 이루고 있다. 그리고 사 61:6에서 야웨의 종으로 지칭되는 제사장들은 집단적 이스라엘이다. 즉 이전에 언약

원인적-설명적 "키"(כִּי) 절[34]은 온 세상이 야웨에게 속해 있음을 설명해 준다. 어떤 의미에서 왕은 온 나라의 주인 또는 소유자이지만 이에 더하여 개인적/사적 보배를 가질 수 있다. 온 세상은 하나님의 손에 끼어 있는 반지와 같고, 택함 받은 하나님의 백성은 그 반지의 보석이다.

2. 제사장 나라

비록 일부 해석자들이 "제사장 나라"와 "거룩한 백성"의 의미를 개별적으로 고찰하기는 해도, 진정한 의미에서 이 두 말은 함께 취해져야 한다. 본문(출 19:5-6)은 분명히 이 언약 관계의 목표를 두 가지 진술로 나눈다. 첫째 진술은 설명이나 이유로 지지를 받는다. 둘째 진술은 "제사장 나라"와 "거룩한 백성"이라는 말을 중언법으로, 또는 최소한 평행을 이루는 한 쌍의 행이 어떤 주장에 대해 포괄적인 관점을 창출하고자 약간 다르지만 비슷한 두 관점에 따라 주제를 고찰하는 히브리 시의 비슷한 표현법으로 결합시킨다. 이두 어구는 여기서 차례로 각각 설명될 것이다. 하지만 각 어구의 의미에 대한 설명은 다른 편 어구의 의미를 함께 염두에 두어야 한다. 따라서 우리는 이 두 어구가 함께 "내 소유"의 충분한 의미를 풀어놓는다는 것을 염두에 두어야 한다.

먼저 출애굽기 19:6에서 발견되는 "제사장 나라"라는 어구를 고찰해 보자. 완전한 문장은 다음과 같다. "너희가 내게 대하여 제사장 나라가 되

을 어기면서 더럽혀진 출 19:5-6의 부르심이 이제 새 언약에서 새롭게 된다. John A Davies, *Royal Priesthood*, 154-155을 보라.

[34] 어떤 이들은 그 용법이 엄밀히 원인적 용법이 아니므로 "설명적" 또는 "증거적" 용법이라는 말을 사용할 것이다. A. Aejmelaeus, "Function and Interpretation of כִּי in Biblical Hebrew," *Journal of Biblical Literature* 105/2 (1986): 193-209을 보라. 세부적인 분석과 평가에 대해서는 John A. Davies, *Royal Priesthood*, 55-60을 보라. 학자들은 이 כִּי가 (1) 원인적 용법, (2) 양보적 용법, (3) 단언적 용법, (4) 설명적 용법이라고 주장했다. 원인적 용법과 양보적 용법은 논리적으로 만족스럽지 못하다. 어떤 동기로 그것이 이유를 제공하는가? 또는 야웨의 보편적 소유권에 대한 양보가 왜 요구될까? Aejmelaeus가 보여준 것처럼 단언적 용법은 개연성이 전혀 없다.

며"(*tihyû lîmamleket kōhănîm*). 가운데 단어에서 "라메드" 전치사는 분명히 소유를 암시한다.[35] "나라"에 해당되는 히브리어 단어는 지배 대상인 영토 또는 영역을 언급하거나 왕의 통치와 주권의 행사를 언급하는 것일 수 있다.[36] 따라서 주요 견해들에 따르면 "제사장 나라"라는 말은 하나님이 다스리시는 제사장들의 영토를 가리키거나 아니면 실제로 제사장 직분을 가진 사람들이 왕의 직분을 행사하는 것, 즉 왕 같은 제사장 직분을 의미하는 것일 수 있다. 이 두 견해 중 하나를 선택하기는 어렵다. 왜냐하면 "라메드" 전치사는 전자를 암시하지만 "나라"를 수식하는 "제사장"이라는 단어는 후자를 암시하기 때문이다. 그러나 후자의 견해에서 "맘레케트"(*mamleket*, 왕권, 왕의 몸, 왕의 집)라는 집합 명사 뒤에 있는 "코하님"(*kōhănîm*, 제사장)을 동격의 소유격 용법으로 이해하는 것이 한정의 소유격 용법으로 이해하는 것보다 더 자연스러운 해석이 될 것이다.[37] 따라서 우리는 "제사장"을 "제사장적 왕권"이나 "제사장적 왕도"를 의미하는 것보다 어떤 면에서 "제사장"으로서 모든 이스라엘을 가리키는 집합적 개념으로 이해할 수 있다. 아마도 제사장은 두 가지 의미를 모두 가진 것으로 의도된 것일 수 있다. 그러므로 그것은 하나님과 이스라엘의 관계와 이스라엘과 세상의 관계를 모두 보여주고 있다. 이런 모호한 표현은 "언약을 통한 하나님 나라" 주제에 도움을 줄 것이다.

그렇다면 제사장의 기능은 무엇인가? 이것 역시 해석이 중요하다. 어떤

---

35 E. Jenni, *Die hebrälschen Präpositionen, Band 3: Die Präposition Lamed* (Stuttgart: Kolhammer, 2000), 23-25, 54-57, 77에 나오는 권위 있는 설명을 보라.

36 F. Brown, S. R. Driver and C. Briggs, eds., *A Hebrew and English Lexicon of the Old Testament* (Oxford: Clarendon, 1907, repr., 1953), s.v.를 보라. Davies는 자신이 "능동적" 해석과 "수동적" 해석으로 부르는 것의 장점을 상세히 제시한다. 이것은 정확한 접근법이 못된다. 히브리어 명사 형태에서 접두사 "*mem*"은 통상적으로 (1) 도구, (2) 위치, (3) 추상적인 언어를 표시한다. 이것은 (1) 통치 수단, (2) 통치 장소, (3) 통치 행위의 의미를 낳을 것이다. 이것은 언어학적 관점에서 정확한 자료 분석이고, 사전을 보면 엄밀하게 문제의 단어에 이런 의미들이 붙어 있다(John A. Davies, *Royal Priesthood*, 70-86을 보라). 결론적으로 위에서 주장된 모호한 의미는 Davies의 논증에서 파생된다.

37 John A. Davies, *Royal Priesthood*, 94를 보라.

해석은 중보자로서의 제사장에 중점을 둔다. 따라서 제사장의 기능은 다른 사람들을 위해 대신 제물을 바치면서 다른 사람들이 하나님의 임재에 들어가도록 돕는 것이다. 이 관점을 따르는 덤브렐은 중보자로서의 역할을 능동적이고 선교적인 역할이 아니라 수동적인 역할로 이해한다. 데이비스는 다음과 같이 설명한다.

> 따라서 덤브렐은 "민족들에 대한 섬김"이라는 온건한 입장이라는 더 확실한 토대에 기초해서, 이 섬김을 어느 정도 수동적인 성격을 가진 것으로 이해한다. 말하자면 이스라엘이 민족들을 섬기는 것은 그들이 하나님과의 관계 속에 있는 자들이기 때문이다. 덤브렐은 민족들이 복을 얻는 통로가 되는 사람으로서 아브라함의 역할(창 12:2-3; 18:18; 22:18; 26:4)과 이 개념을 연결한다. 하지만 그는 6절에 나오는 지위의 개념을 중요하지 않은 것으로 간주한다. 지위는 "세굴라"(소유)라는 말에서 이미 다루어졌기 때문이다. 그러나 만일 그 구문에 대한 나의 이해가 정확하다면, "맘레케트 코하님"(제사장 나라)과 "고이 카도쉬"(거룩한 백성)라는 표현은 "세굴라"(소유)를 부가적으로 설명하는 것이고, 야웨의 "특별한 보배"가 되는 특권적 범위에 대한 독자의 이해를 추가로 돕는다.[38]

반면에 데이비스의 해석은 하나님의 임재로 나아가는 제사장 직분에 집중한다. 데이비스는 출애굽기 19장 전체가 19:22에서 제사장직의 의미에 대해 매우 중요한 단서를 제공한다고 주장한다.

> 또 여호와에게 가까이 하는 제사장들에게 그 몸을 성결히 하게 하라! 나 여호와가 그들을 칠까 하노라.

---

[38] John A. Davies, *Royal Priesthood*, 97. William J. Dumbrell, *Covenant and Creation: A Theology of the Old Testament Covenants* (Carlisle, UK: Paternoster, 1984), 89-90을 보라.

이 본문은 사실상 제사장은 누구인가에 대한 정의를 제공한다. 곧 제사장은 야웨께 다가가거나 가까이 나아가고 성결하여 야웨를 섬기는 자다. 데이비스는 추가로 다음과 같은 것을 주목한다.

제사장과 관련된 어떤 이해든지 그 이해의 핵심적인 것은 왕의 궁정의 수행원처럼 하나님 앞에 나아가고 하나님의 임재 앞에서 하나님을 "섬기는" 일에 적합한 사람이라는 개념이다. 출애굽기 25-31장과 35-40장에 묘사된 성막 제사는 고대 세계에 만연한 이데올로기에 따라 하늘에 있는 신전의 거룩한 영역에서 일어난 것을 모방한 것이다.[39]

데이비스가 제시하는 강조점을 지지하는 또 다른 주장이 출애굽기 19:22의 "카다쉬"라는 어근에서 파생된 "성결히 하다"라는 동사에서 발견된다. 확실히 이 동사와 관련된 형용사 "카도쉬"는 자주 제사장의 활동과 관련된 모든 일에 사용된다. 나아가 우리는 출애굽기 19:5-6에서 "맘레케트 코하님"(제사장 나라)과 병행을 이루는 어구는 "고이 카도쉬"(거룩한 백성)라는 사실을 주목해야 한다. 이 두 표현에서 "나라"와 "백성"이 병행을 이룬다면 "거룩한"은 "제사장"과 병행을 이룬다. 비록 북미에서 "거룩한"에 대한 통상적 이해가 분리와 관련이 있지만, 우리가 간략히 살펴볼 것처럼 데이비스는 "거룩한"이라는 단어는 어떤 분리된 영역을 의미하는 것이 아니라, 사람이나 물건이 신적 영역과 관련된 것을 의미한다고 올바르게 주장한다.

사람이나 물건은 야웨께 거룩하거나 또는 어떤 경우에는 바알에게 거룩하다(왕하 10:20). 그것들은 본질상 거룩하신(קדוש) 분과 교제하는 데 적합해야 한다. 특히 하나님이 그분의 성소에 좌정해 계신 것으로 묘사될 때(사 6:3; 시 99:5, 9)처럼 말이다. 벧세메스 사람들이 깨닫고 있었던 것처럼(삼상 6:20) 야웨, 곧

---

39 John A. Davies, *Royal Priesthood*, 98.

거룩하신 하나님 앞에 서는 것은 결코 가벼운 일이 아니다. 시편 15편과 24편의 "성전 입장 전례"는 하나님의 처소에 나아가는 자에게 요구되는 이 거룩함을 강조한다.

만일 우리가 "카도쉬"(거룩한)를 "코하님"(제사장)을 이해하는 지침이 되는 말로 간주한다면, 이스라엘의 "코하님"으로서의 성격은 야웨를 만나기 위한 그들의 성결함 또는 준비와 관련될 것이다. 이것이 옷을 세탁하고 성관계를 삼가는 것을 포함해 출애굽기 19:14-15에 묘사된 준비의 목적이다.[40]

마지막으로 데이비스는 이 시내산 기사는 단순히 이스라엘의 민족들에 대한 책임을 직접 언급하는 내용을 포함하지 않는다는 점을 주목한다. 그리고 그는 우리가 제사장 직분의 **기능적** 정의가 아니라 **존재론적** 정의를 주목해야 한다고 생각한다.[41] 공동체의 눈에 제사장이 하나님과의 관계를 맺고 **있는지**가 관건이다.

데이비스가 주장하는 말의 강조점과 초점은 정확하다. 왜냐하면 데이비스의 주장은 기본적으로 성경 본문에 견고하게 기초하기 때문이다. 그럼에도 이스라엘의 제사장 직분을 하나님의 임재 속에 나아가는 것으로 보고 야웨만을 하나님으로 경배하는 데 우선권을 두는 초점은 출애굽기 19:5-6의 배경으로 메타내러티브를 올바르게 주목한 덤브렐의 관점을 배제하는 것이 아니다. 창세기 1-2장에서 하나님이 자기 자신과 인간 사이의 언약 관계를 통해, 또 인간과 창조물의 언약 관계를 통해 자신의 통치를 확립하시는 것처럼(창 2장에 따르면 이 언약 관계에서 아담의 우선 사항은 하나님의 임재 속에서 세상에 대한 자신의 관점과 역할을 제시하면서 시간을 보내는 것이다), 그분은 아브라함과의 관계에 따라 민족들에게 복을 주겠다고 약속하는 아브라함 언약(창 12-22장)과, 이제는 왕 같은 제사장(민족들에게 빛이 되는 결과를 가져오는 경배에

---

40 같은 책, 99-100.
41 같은 책, 97-98.

우선 사항이 있는)으로서 아브라함의 가족인 이스라엘과의 언약(출 19-24장)을 통해 그분의 통치를 확대하고 계신다. 이스라엘은 세상의 중앙에 자리를 잡고 있으므로 세상 민족들은 이스라엘이 하나님과의 올바른 관계, 인간 상호 관계 속에 나타나는 사회적 정의, 땅의 자원들에 대한 선한 청지기 직분을 보여주는 것을 목격할 것이다. 분명히 데이비스가 나중에 제사장의 의무를 설명하고, 성경 본문에 따라 이것이 하나님과 사람들 사이의 중보자로서의 기능을 포함한다는 점을 보여주는 것은 적절하다. 그러면 왜 여기서는 그것을 제외시켰을까?[42]

곧이어 우리는 이스라엘 곧 마지막 아담이 하나님의 통치를 받는 백성으로 하나님께 속해 있고, 그들이 자신들의 생각과 말과 행동에서 하나님의 통치를 보여주는 데 꼭 필요한 하나님을 경배하면서 왕권을 행사할 것이라는 것을 깨닫는다. 데이비스는 성막이 형식적으로 하늘 성소의 축소판이자 이동식 성소이며, 이스라엘은 출애굽기 24:9-11에 기록된 언약 비준 의식을 통해 하늘 성소를 어렴풋이 감지했다 것과 성막의 건축이 출애굽기 19-24장 다음에 나오는 문학적 단원의 주제라는 것을 주목했다.[43] 시내산에서 하나님의 임재를 상징했던 구름이 출애굽기 40장에서는 성막에 상주한다. 따라서 이스라엘은 움직일 때마다 하나님의 임재와 함께한다. 나아가 성막은 에덴동산의 복사판이자 우주의 표상이다. 아담이 동산 성소에서 제사장으로 경배에 헌신하면서 자신에게 주어진 명령을 이행했던 것처럼, 새 아담으로서 이스라엘도 성막에서 그리고 이후에는 성전에서 제사장으로 경배하는 데 전념하면서 자기들에게 주어진 명령을 이행해야 한다. 성경과 고대 근동에서 왕들은 성전을 건축하는 자이기 때문에,[44] 출애굽기 25-40장에 나오는 성막을 건축한 나라로서의 이스라엘도 자신을 왕의 신분으로

---

42 같은 책, 162-164.
43 같은 책, 139.
44 같은 책, 144.

묘사한다. 이스라엘은 왕이자 제사장이다. 그리고 앞에서 언급한 것처럼 이것이 호세아 6:7의 핵심이다. "그들은[즉 이스라엘은] 아담처럼 언약을 어기고 거기에서 나를 반역하였느니라." 이스라엘이 언약을 어긴 것은 왕이자 제사장으로서의 자신의 역할을 어긴 것이었다.

또한 이스라엘은 민족들을 하나님의 임재와 통치 아래로 이끄는 도구다. 그들은 하나님을 섬기는 일에 완전히 전념하는 백성이 될 것이다. 이스라엘 안에서 시행된 할례 의식은 이런 일에 대한 가장 적절한 실례다. 할례를 이해하는 데 적절한 배경 지식은 이집트다. 이집트에서는 바로와 그의 가족 그리고 귀족, 최고위 제사장, 최고위 엘리트 전사만이 할례를 받았다. 그 이유는 오직 그들만이 신을 섬기는 데 완전히 헌신한 자들이었기 때문이다.[45] 신명기 10:16에서 이스라엘에게 "마음에 할례를 행하라"고 명령하는 것은 직전에 주어진 다음과 같은 명령의 해설과 같다. "네 하나님 여호와를 경외하여 그의 모든 도를 행하고 그를 사랑하며 마음을 다하고 뜻을 다하여 네 하나님 여호와를 섬기고 내가 오늘 네 행복을 위하여 네게 명하는 여호와의 명령과 규례를 지킬 것이 아니냐"(신 10:12-13). 따라서 할례는 야웨를 온전히 섬기라는 생각을 적절하게 표현한 수단이다.

아울러 데이비스가 제공한 다음 요약은 적합하고 들을 만한 가치가 있다.

이스라엘의 제사는 고대 세계의 성소 이데올로기와 몇 가지 특징을 공유한다. 성막은 이상적인 또는 회복된 우주의 표상으로, 하나님과 인간은 성막, 곧 세속적인 세상의 제약들을 초월하는 환경 속에서 서로 만난다. 거룩한 공간에 나아가는 것이 허용된 제사장은 이스라엘에게 지속된 이상(理想), 곧 이스라엘의 집단적 제사장직의 의미와 그 직분이 말하는 하나님의 임재 속으로 나아감의 모형이다. 제사장은 왕의 존엄성과 이 영역으로 나아갈 권리가 인정되는 택함 받

---

45 John Meade, "The Meaning of Circumcision in Israel: A Proposal for a Transfer of Rite from Egypt to Israel," *Adorare Mente* 1 (2008): 14-29=⟨http://adoraremente.sbts.edu/⟩.

고 특권 받은 자다. 심지어 대제사장의 경우에는 하늘의 보좌실로 간주되는 거룩한 공간, 곧 이상적 우주의 지성소까지 나아갈 권리를 갖는다.

제사장은 고대 근동에 만연한 제사장 이데올로기의 왕권의 특징을 공유한다. 이스라엘은 고대의 제사장-왕에 대한 집단적 기억을 갖고 있었고, 이스라엘 제사장들의 의복에 대한 묘사는 이 왕과의 연관성을 어느 정도 보존하고 있다. 이스라엘 백성은 제사장 직분을 행할 때 그들 자신의 왕-제사장 지위와 특권을 지속적으로 상기했다. 아론과 그의 아들들의 제사장직에 대한 세밀한 문학적 묘사는 독자가 이스라엘 전체의 왕 같은 제사장직의 이미지가 의미하는 것을 구축할 수 있도록 어느 정도 도움을 준다.

성소 건축은 신의 지침에 맞게 신적으로 계시된 패턴에 따라 택함 받은 왕이 행하는 사역이라는 기대와 일치되게, 출애굽기에 따르면 "왕 같은 제사장"으로서 자기들의 지위에 맞추어 이스라엘도 집단적으로 왕 같은 성소 건축자로 기능하는 것으로 제시된다.[46]

스티븐 뎀스터는 『지배권과 왕조』(*Dominion and Dynasty*)라는 성경신학 작품에서 지금 제시한 설명과 매우 비슷하게 "제사장 나라"라는 말을 다음과 같이 분석한다.

이 마지막 말(곧 "제사장 나라")은 이스라엘을 특수한 형태의 나라로 지칭하는 것이다. 이스라엘은 특수한 한 왕의 나라가 아니라 제사장 직분이 특징이 되는 나라가 될 것이다. 이스라엘은 백성들을 위해 하나님을 섬기고, 또 반대로 하나님을 위해 백성들을 섬긴다. 이스라엘은 "힘과 묵인에 의존하는 정치가들이 다스리는 나라가 아니라 야웨를 믿는 믿음에 의존하는 제사장들이 다스리는 나라가 될 것이다. 곧 군림하는 나라가 아니라 종으로 섬기는 나라"가 될 것이다(뎀스터 263). 따라서 이스라엘은 지배권의 의미를 섬김으로 다시 정의할 것이다. 이

---

46 John A Davies, *Royal Priesthood*, 169.

것이 이스라엘의 구별된 업무가 될 것이다. 곧 세상 민족들 가운데에서 이스라엘의 구별된 특성이 될 것이다.[47]

요약하자면 이스라엘이 왕 같은 제사장으로 부름 받은 사건은 이스라엘 언약과 아브라함 언약을 연결한다. 시편 67편은 다음과 같이 이것을 매우 잘 설명한다.

1 하나님은 우리에게 은혜를 베푸사 복을 주시고,

  그의 얼굴빛을 우리에게 비추사(셀라)

2 주의 도를 땅 위에,

  주의 구원을 모든 나라에게 알리소서.

3 하나님이여 민족들이 주를 찬송하게 하시며,

  모든 민족들이 주를 찬송하게 하소서.

우리는 시편 67:1에서 이스라엘이 제사장으로서 기도하는 모습을 본다. 이스라엘이라는 민족 전체는 민수기 6장에 나오는 아론의 축복 기도를 드리기 때문이다. 이 축복 기도의 목표나 목적은 민족들에게 구원이 임하게 하려는 데 있다. 이것은 아브라함 언약의 목표와 다른 것이 없다.

3. 거룩한 백성

"제사장 나라"와 병행하는 어구는 "거룩한 백성"(히브리어, *gôy qādôš*)이다. 이미 언급한 것처럼 "거룩한 백성"이라는 어구는 "제사장 나라"와 반드시 같은 것을 의미하지 않고, 두 어구가 함께 묶여 병행 관계를 이루는 히브리 시의 시행처럼 한 사람의 마음에 삼차원의 그림을 그리는 것과 같은 짝으로 기능

---

47 G. Dempster, *Dominion and Dynasty: A Biblical Theology of the Hebrew Bible*, NSBT 15 (Downers Grove, IL: InterVarsity Press, 2003), 101–102.

한다.

"고이"(gôy), 곧 "백성"이라는 단어는 나라라는 단어와 병행 관계를 이룬다. "백성"이 경제적·정치적·사회적 구조이고, 정부의 지도력은 이 구조 안에서 최종적으로 작동한다.[48] 따라서 그것은 우리에게 창세기 12:2을 분명히 생각나게 한다. 앞서 설명했던 것처럼 말이다. 이스라엘이 하나님의 백성이자, 하나님 나라다. 아브라함과 맺은 약속의 성취인 이스라엘은 모세의 언약 덕분에 하나님의 직접적인 통치 아래서 인간 생활을 다스리시는 하나님의 통치의 모델을 제공할 것이다.

"거룩한"이라는 형용사가 "백성"을 수식한다. "거룩한" 백성은 무슨 뜻인가? 유감스럽게도 오늘날 교회가 "거룩한"이라는 용어를 충분히 이해하지 못하고 있다. 그것은 일반적으로 "순전하다" 또는 "구별되다"로 정의된다. 이런 정의들은 잘못된 정의들이다. 지금 그것들의 의미는 용법보다는 어원에 따라 결정되었고, 그 어원은 아주 논쟁의 여지가 많기 때문이다.

"거룩한"이라는 단어가 구별된다는 것을 의미한다는 생각은 바우디신(W. W. Baudissin)의 영향을 받은 것으로 여겨진다. 바우디신은 1878년에 히브리어로 "거룩한"의 어근, 즉 "카다쉬"(qdš)는 "자르다"라는 뜻을 가진 "카다-"(qd)에서 기원했다고 주장했다.[49] 하지만 최근에 프랑스 출신의 복음주의 학자인 코스테칼드(Claude-Bernard Costecalde)의 철저한 연구가 "거룩한"이라는 단어의 의미에 더 많은 해결의 실마리를 제시하고 있다. 왜냐하면 코스테칼드의 분석은 가설적인 어원이 아니라 용례에 기초하기 때문이다.[50]

---

48 앞서 이 책 6장에서 창 12:2에 나오는 "민족"에 대해 설명한 외에, Daniel I. Block, "The Foundations of National Identity: A Study in Ancient Northwest Semitic Perceptions" (박사학위 논문, University of Liverpool, 1981)의 권위 있는 연구도 보라.

49 W. W. Baudissin, "Der Begriff der Heiligkeit im Alten Testament," *Studien zu semitischen Religionsgeschichte* (Leipzig, Germany: Grunow, 1878), 2:1-142.

50 Claude-Bernard Costecalde, *Aux origines du sacré biblique* (Paris: Letouzey et Ané, 1986). 유감스럽게도 이 작품은 프랑스어로 저술되어 있어 북미의 복음주의 세계에는 별로 알려지지 못했다.

코스테칼드의 연구는 구약과 같은 시기의 고대 근동의 문헌(예, 아카드어와 우가리트어 문헌)에 나타난 모든 용례를 검토했다. 당연히 코스테칼드는 "거룩한"이라는 단어의 성경적 의미가 이스라엘 주변 문화들의 용어와 의미가 비슷하다는 사실을 발견했다. "거룩한"의 기본 의미는 "분리되다"가 아니라 "성결하게 되다" 또는 "바쳐지다"이다. 이것은 그리스어에서 이와 대응을 이루는 단어인 "하기오스"(ἅγιος)의 기본 의미이기도 하다.[51]

모세가 야웨를 불타는 수풀 사이에서 만났을 때 그곳이 "거룩한 땅"이므로 신을 벗으라는 요구를 받는 출애굽기 3장 본문이 주목할 만하다. 이 본문은 구약성경에서 형용사 형태나 명사 형태로 어근 "카다쉬"가 등장하는 첫 번째 사례다. 출애굽기 3장 내러티브에서 모세는 거룩한 땅에서 떨어지라는 명령을 받는 것이 아니라 떨기나무, 곧 하나님이 말씀하시는 곳에서 떨어지라는 명령을 받는다. 거룩한 땅과 관련해서 접근할 수 없거나 구별되어야 할 것은 아무것도 없다. 나아가 그때 모세가 느끼는 공포와 충격은 거룩한 장소 때문이 아니라 하나님의 계시 때문이다. "거룩한 땅"(출 3:5)은 하나님이 말씀하시는 떨기나무 사이보다 더 넓은 공간을 포함하고, 출애굽기 3:1의 "하나님의 산"과 동등하다. 룻기 4:7에서 기업을 무르는 일을 확정하기 위해서 가장 가까운 친척이 신을 벗었던 것처럼 신을 벗는 행위는 당시의 문화에서 익히 알려진 탈-소유 의식 또는 의례였다. 모세는 이 땅이 하나님의 소유라는 것을 인정하고 성결한 태도를 가져야 한다. 따라서 "거룩한" 땅은 구별됨의 표시가 아니라 하나님과 인간의 만남을 위해 준비되고 성별되거나 헌신된 땅이다.

따라서 거룩한 백성은 하나님과 교제하려고 준비하고 성별된 백성이자 하나님께 완전히 헌신한 백성이다. 모세 오경의 교훈들은 종종 야웨께

---

51 H. G. Liddell, R. Scott, and H. S. Jones, *A Greek-English Lexicon*, 9th ed./with revised supplement(Oxford: Oxford University Press, 1996), s.v. ἅγιος는 기본적으로 "신들에게 헌신한"을 의미한다.

서 "내가 거룩하니"라고 말씀하는 진술로 지지를 받는다. 이런 진술들은 하나님을 향한 이스라엘의 온전한 헌신이 두 가지 방식, 곧 (1) 하나님의 윤리와 도덕을 동일시하면서, (2) 공동체 안의 연약한 자에 대한 하나님의 관심을 공유하면서 증명된다는 것을 보여준다. 레위기 19장과 20장의 명령과 교훈은 야웨께서 거룩하다는 주장(레 19:2; 20:26)과 관련이 있고, 외국인과 가난한 자, 눈먼 자와 귀먹은 자를 학대하지 않는 행위를 포함한다. 언약서의 "판결들"(출 19-24장) 중 일부 규정은 고아와 과부의 학대에 관한 규정이다(출 22:23). 하나님은 종의 권리(예. 출 21:2-11)와 사회에서 권리를 박탈당한 자의 권리에 관심을 갖고 계셨다. 우리는 지난 30년 넘게 페미니스트, 반핵 운동가, 동성애자 인권 운동가들이 외치는 귀에 거슬리는 항의를 들었다. 그러나 하나님은 몸이 망가지고, 경제적으로 어려움에 처하며, 정신적으로 문제가 생긴 자들의 음성을 듣고 계신다. 우리가 하나님과 언약 관계를 맺고 있다면, 그분처럼 우리도 도움을 부르짖기에 너무 약한 목소리를 가진 자들의 음성을 들어야 한다.

또한 질투하시는 하나님은 그분에게 헌신하는 것을 보호하신다. 하나님의 분노는 자신의 거룩하심이 저해될 때 불타오른다. 언약궤를 손으로 붙잡은 웃사의 경우처럼 말이다(삼하 6:7). 또 시편 2편을 보면 세상의 왕과 군왕들이 야웨의 기름 부음 받은 자를 대적할 때 하나님은 자신이 세운 왕을 보호하고자 분노로 불타오른다. 또한 신약성경에 나오는 바울은 교회를 박해했던 사람이지만 셋째 하늘까지 올라갔다. 말하자면, 그는 예수, 곧 기름 부음을 받은 자(=그리스도)에게 매우 과격한 주먹을 휘둘러 그분의 얼굴을 때렸지만, 결국 그는 자신이 죄인 중의 괴수라고 말했다(딤전 1:15).

따라서 "내 소유"와 "제사장 나라" 그리고 "거룩한 백성"이라는 용어의 설명은 이스라엘과 맺은 시내산 언약의 목표와 목적을 보여준다. 비록 창세기 1:26-28 및 창세기 12:1-3과 표현하는 말이 다르지만, 우리는 분명히 시내산 언약이 철기 시대에 존재했던 하나의 민족 전체를 통해 아브라함에게 주어진 약속들의 목적을 이행하고 성취하는 것을 분명하게 알 수 있다.

하나님은 언약을 통해 그분의 나라를 세우고 계신다. 이스라엘 언약은 한편으로는 하나님과의 관계를 수반하고 다른 한편으로는 세상과의 관계를 수반한다. 이스라엘은 하나님과 관계를 맺는 것이 무슨 뜻인지, 진정으로 인간적으로 서로를 대하는 것이 무슨 뜻인지, 그리고 땅의 자원들의 선한 청지기가 되는 것이 무슨 뜻인지 세상에 보여주어야 할 것이다. 제사장으로서 이스라엘 백성은 하나님의 복을 나머지 세상에 전달하고, 나머지 세상이 하나님을 알도록 이끄는 데 쓰임 받을 것이다.

크리스토퍼 라이트(Christopher J. H. Wright)는 출애굽기 19:5-6이 다음과 같이 교차 구조를 갖고 있음을 관찰한다.

자 그렇다면, 너희가 내 말을 잘 듣고 내 언약을 지키면,
　　A 내 [특별한 개인적] 소유가 되겠고
　　　B 너희는 모든 민족 중에서
　　　B′ 세계가 다 내게 속하였나니
　　A′ 너희가 내게 대하여 제사장 나라가 되며 거룩한 백성이 되리라.[52]

라이트는 이에 대하여 다음과 같이 말한다. "처음 조건절(첫째 행) 다음에 네 문구로 이루어진 교차 구조가 이어진다. 이 네 문구 중 안쪽 두 행은 세상과 세상 민족들에 대한 하나님의 보편적 소유권을 묘사하고, 바깥쪽 두 행은 이스라엘을 위한 하나님의 특수한 역할을 표현한다. 또한 이 구조는 "제사장 나라와 거룩한 백성"이라는 이중 어구가 "내 소유"[개인적 소유]와 동격 관계에 있음을 분명히 한다.…이스라엘의 **지위**는 특별히 보배로운 소유가 되는 것이다. 그 **역할**은 민족들 중에서 제사장과 거룩한 공동체가 되

---

[52] Christopher J. H. Wright의 번역(아래를 보라). 개역개정판은 다음과 같은 순서로 되어 있다. "세계가 다 내게 속하였나니/ 너희가 내 말을 잘 듣고 내 언약을 지키면/ 너희는 모든 민족 중에서/ 내 소유가 되겠고/ 너희가 내게 대하여 제사장 나라가 되며 거룩한 백성이 되리라─역자 주.

는 것이다."[53] 라이트가 설명한 것처럼 이 문학적 구조는 창세기 1장에서 하나님의 형상의 아들 신분과 왕권을 취하는 이스라엘이 하나님 및 세상과 맺는 언약 관계에 대해 지금 설명한 것을 강화시킨다.

새 언약은 옛 언약이 실패한 곳에서 시작한다. 모세 언약의 목적들이 지금 교회 안에서 성취되고 있다. 사도 베드로는 교회를 하나님의 소유(특별한 보배), 제사장 나라, 거룩한 백성(벧전 2:9-10)으로 부른다. 에베소서 2:15에 따르면 하나님은 유대인과 이방인을 함께 자신의 새 사람[즉 아담]으로 창조하셨다. 그리고 나중에 살펴볼 것처럼 이것은 "대체 신학"으로 불릴 수 없다.

열 가지 말씀(출애굽기 20장)

열 가지 말씀("십계명")의 간략한 설명은 모세 언약이 하나님과의 올바른 관계와 인간관계의 사회적 정의를 수반한다는 주장을 반복해서 할 것이다.

열 가지 말씀 곧 십계명에 대한 몇 가지 일반적인 의견은 모세 언약을 적절히 이해하는 데 꼭 필요하다.

열 가지 말씀은 시내산에서 맺어진 하나님과 이스라엘 간의 언약의 핵심을 구성한다. 우리가 지금 보고 있는 것처럼 언약서는 열 가지 말씀(십계명)과 판결들(법규)로 구성된다. 열 가지 말씀은 모세 언약의 기본적이고 근본적인 요청을 구성한다. 판결들은 십계명에 기초한 세부 규정이다. 곧 그것들은 열 가지 말씀을 실제로 특정한 사회 상황에 적용하고 다양한 우발적 사건과 상황들 속에서 의미를 이끌어내고 취한다.

성경 본문의 최초 전통(출 34:28; 신 4:13; 10:4) 속에서 이 요청들을 예컨대

---

53 Christopher J. H. Wright, *The Mission of God: Unlocking the Bible's Grand Narrative* (Downers Grove, IL: InterVarsity Press, 2006), 255-256(강조 표시는 Wright가 한 것이다). 『하나님의 선교』(한국 IVP 역간).

오늘날 우리가 그렇게 알고 있는 것처럼 "십계명"으로 부르지 않고 "열 가지 말씀"으로 지칭한다는 사실은 이미 지적했다. 사실 이에 대해 그리고 엄밀하게 열 가지 교훈이 있는 것에 대해서는 특별한 이유가 있다. 시내산 언약과 창조 사이에는 관련성이 있다. 창조 내러티브에서 하나님은 단순히 말씀하시는 것으로 즉 자신의 말씀으로 우주를 창조하신다. 히브리어 본문에는 "와요메르"(*wayyō'mer*), 곧 "[그리고] 그가[=하나님이] 이르시되"라는 동사가 10회에 걸쳐 나타난다. 실제로 전체 창조는 하나님의 말씀에 의존하거나 달려 있다. 여기서는 언약서가 이스라엘을 한 백성으로 구축한다. 말하자면 언약서가 이스라엘의 헌법이다. 그리고 이스라엘 민족을 탄생시키는 것도 열 가지 말씀이다. 창조와 마찬가지로 하나의 국가로서 이스라엘은 자신의 참된 존재를 위해 열 가지 말씀에 의존한다.

비록 성경 본문이 우리에게 **열 가지** 말씀이 있다고 분명하게 말하지만, 유대교와 가톨릭 그리고 개신교 전통들은 열 가지 말씀을 열거하는 데 서로 달랐다. 여기서 열 가지 말씀의 목록의 차이는 첫째, 둘째, 열째 명령에 집중되어 있고, 그리고 목록의 차이에 대한 논쟁은 MT 본문의 암송 방식(cantillation) 문제와 신명기 5장의 열 가지 말씀의 반복이 출애굽기의 열 가지 말씀과 약간 다르게 변형된 사실뿐만 아니라 열 가지 말씀의 형태와 의미 및 문체의 문제와도 관련이 있다. 지금 우리가 제시하는 열 가지 말씀의 처음 "네" 명령에 대한 설명은 존 월튼이 제시한 설명에 빚을 지고 있으므로, 그것은 개신교 또는 개혁파 전통을 따른다. 이어서 가톨릭-루터교회 전통의 견해와 이 견해를 따라 나온 몇 가지 다른 해석에 대해서도 간략히 살펴볼 것이다.

개신교 전통은 열 가지 말씀을 이스라엘과 야웨의 관계를 규정하는 처음 네 명령과, 언약 공동체 안에서 인간 상호 간의 관계를 다루는 마지막 여섯 명령으로 나눈다. 마지막 여섯 명령은 사람들이 서로를 성실하게 대하는 방법을 규정한다.

특히 "키"(*kî*, ="왜냐하면" 또는 "때문에")로 소개되는 처음 네 명령을 지켜야 하는 이유나 근거를 주목해보자(출 20:5, 6, 11). 첫째 명령과 둘째 명령이 주어진 다음에 한 가지 이유가 제시된다. 셋째 명령과 넷째 명령이 주어진 다음에는 그런 명령 각각에 대해 한 가지 이유가 제시된다. 이것은 처음 네 명령이 구조적으로 하나의 짝이라는 것을 고려하라는 암시다.

마지막 여섯 명령을 지켜야 하는 이유나 근거는 제시되지 않는다. 이 계명들은 모든 인간의 기본적이고 양도할 수 없는 권리를 수반하며 모든 사회의 관습과 법들로 인정되었기 때문이다.[54] 이 "율법들"은 다른 고대 근동 사회의 법전들과 비슷할 것이다.

고대 근동의 법전들[55]

우르-남무 법	기원전 21세기
리피트-이쉬타르 법	기원전 19세기
에슈눈나 법	기원전 18세기
함무라비 법전	기원전 18세기
고대 히타이트 법	기원전 17세기
중기 아시리아 법	기원전 12세기

비록 열 가지 말씀이 이 율법들을 부정적으로 표현했지만, 그것들은 다음과 같은 모든 인간의 양도할 수 없는 권리와 관련해서 긍정적으로 표현될 수도 있다.

살인하지 말라	= 자신의 생명에 대한 모든 인간의 권리
간음하지 말라	= 자신의 가정에 대한 모든 인간의 권리

---

54 C. S. Lewis, *The Abolition of Man* (London: Geoffrey Bles, 1943, 1946). 『인간폐지』(홍성사 역간).

55 John H. Walton, *Ancient Near Eastern Thought and the Old Testament: Introducing the Conceptual World of the Hebrew Bible* (Grand Rapids, MI: Baker, 2006), 69-71.

도둑질하지 말라   = 자신의 재산에 대한 모든 인간의 권리

네 이웃에 대하여 거짓 증거하지 말라 = 자신의 명예에 대한 모든 인간의 권리

어떤 사회도 모든 인간의 양도할 수 없는 기본 권리를 존중하지 않는 것을 허용할 수 없다. 마지막 여섯 명령은 고대 근동의 다른 사회들의 법전의 명령과 비슷하고, 이스라엘에도 익히 알려져 있었기 때문에 이 계명들을 지키는 이유나 근거를 본문에 굳이 넣을 필요가 없다. 그러나 모리스 앤드류(Maurice E. Andrew)와 J. 스탐(J. Stamm) 교수가 주장한 것처럼 처음 네 계명은 고대 근동 법전의 내용과 비슷하지 않다.[56] 확실히 오직 한 하나님만을 경배하라는 계명, 우상을 만들거나 섬기지 말라는 계명, 그리고 안식일을 준수하라는 계명은 전적으로 성경 본문에만 유일하게 등장한다. 사실 메소포타미아 지역에서 일곱째 날은 불길한 날로 간주되었다. 따라서 이 네 명령은 새로운 계시를 구성하고, 하나님은 은혜로 이 명령들을 지키는 것의 근거를 제공하신다. 그 결과 이스라엘은 전례가 없는 관습을 따라야 하는 적절한 동기를 이해할 수 있다.

또한 왜 이 계명들은 금지 명령으로 주어지고, 왜 그것들은 2인칭 단수형으로 제시되는지에 관한 질문이 제기되어야만 한다. 왜 이 계명들은 양도할 수 없는 권리로서 긍정적으로 표현되지 않았을까? 왜 그것들은 모든 대상에게 전달되도록 2인칭 복수형으로 이야기되지 않았을까? 이에 대한 이유는 간단하다. 하나님은 모든 개인이 자신들의 양도할 수 없는 권리를 먼저 생각하기보다는 다른 사람의 양도할 수 없는 권리를 먼저 생각하는 것을 원하셨기 때문이다. 이것은 부정적 구성과 2인칭 단수형 표현의 이유를 다 설명해준다.

---

56 Johann J. Stamm and Maurice E. Andrew, *The Ten Commandments in Recent Research,* Studies in Biblical Theology, Second Series 2 (Naperville, IL: Alec R. Allenson, 1967). 나는 하나님의 이름의 오용에 관한 명령이 다른 고대 근동 사회들 속에서 발견되는지 여부에 대해서는 주의 깊게 탐구하지 못했다.

처음부터 그리고 이스라엘 역사 전체에 걸쳐, 모세 언약의 지침들— 열 가지 말씀뿐만 아니라 열 가지 말씀을 특정 상황에 적용시키는 많은 판결들 모두— 을 단축시키고 간추리고 요약하려는 시도가 있었다. 예를 들어 레위기 18-20장은 십계명의 마지막 여섯 계명을 특별히 더 깊이 전개하는 일련의 지침들을 포함하고 있다. 레위기 19장의 중간과 마지막 부분에서 "네 이웃 사랑하기를 네 자신과 같이 사랑하라"(19:18, 34)는 명령을 발견하는 것은 흥미롭다.[57] 예수와 첫 세기 당시 다른 랍비들은 주석적 통찰력을 발휘해 다음과 같이 주장했다. 곧 그 두 구절에 기록된 명령은 레위기 19장에 나오는 다양한 교훈에 대한 간략한 요약문이었고, 그들이 상술하는 열 가지 말씀의 마지막 여섯 계명에 대한 간략한 요약문이었다. 후기의 예언자와 시인들은 다음 두 쌍의 단어로 토라를 요약했다. 한 쌍의 단어는 "인자와 진실"이고 다른 한 쌍의 단어는 "공의와 정의"다. 이 두 쌍의 단어는 각각 중언법이다. 곧 두 단어를 사용해 한 가지 생각을 전달한다. 첫 번째 쌍의 단어는 신실하고 충성된 사랑을 가리키고, 두 번째 쌍의 단어는 사회적 정의를 가리킨다. 이것은 언약 규정들을 하나의 "효과적 어구"로 압축하려는 시도의 일환이다. 이것이 중요한 것은 이 규정들이 인간의 상호 관계 속에서 신실한 사랑과 사회적 정의를 표현하고 있음을 보여주기 때문이다.

이같이 모세 언약을 간단히 다루어보았다. 그런데 그리스도인들은 열 가지 말씀 중 마지막 여섯 계명을 이해하는 것보다 처음 네 계명을 이해하는 것을 더 힘들어하므로, 이제 지면이 허락하는 한 처음 네 계명을 각각 설명해보도록 하자.

57　이 명령은 이웃을 "돕거나" "유익하게 하라"는 것을 의미한다. A. Malamat, "'You Shall Love Your Neighbour as Yourself': A Case of Misinterpretation," *Die Hebräische Bibel und ihre zweifache Nachgeschichte: Festschrift für Rolf Rendtorff zum 65. Geburtstag*, ed. E. Blum, C. Macholz and E. W. Stegemann (Neukirchen-Vluyn, Germany: Neukirchner, 1990), 111-115을 보라.

첫 번째 명령: 나 외에는 다른 신들을 네게 두지 마라

일부 학자와 전통들은 출애굽기 20:2-3을 열 가지 말씀의 첫째 명령으로 이해했다. 그러나 이스라엘 언약이 폭넓게 히타이트 조약에 따라 구성되었다는 사실은 분명하게 다음과 같은 것을 주장한다. 곧 야웨께서 "나는 너를 애굽 땅, 종 되었던 집에서 인도하여 낸 네 하나님 여호와니라"고 말씀하는 20:2절은 사실 조약의 역사적 서언에 해당된다. 따라서 첫째 명령은 "너는 나 외에는 다른 신들을 네게 두지 말라"는 20:3만 포함한다는 것이 명확히 설명된다. 로마 가톨릭과 루터교회의 해석 전통은 20:3의 명령("너는 나 외에는 다른 신들을 네게 두지 말라")과 20:4의 명령("너를 위하여 새긴 우상을 만들지 말고")을 하나의 명령으로 간주하고, 또 탐내지 말라는 명령을 두 개의 명령으로 나눈다. 곧 "네 이웃의 아내를 탐내지 마라"와 "네 이웃의 집을 탐내지 마라"로 나눈다. 브루스 월키가 다음과 같이 주목한 것처럼 말이다. "후자의 구조에 따르면 첫 번째 계명은 거짓 예배를 정죄하고, 열 번째 계명은 아내와 재산을 구분한다."[58]

종교개혁가와 종교개혁 전통을 따르는 신조들의 해석에 따르면 첫 번째 명령은 야웨 앞에서 어떤 다른 신을 두어서도 안 된다는 것, 즉 다른 신들을 야웨보다 더 사랑해서는 안 된다는 것을 의미한다. 따라서 이 금지는 우선권 문제로 파악된다. 웨스트민스터 신앙고백에 따르면, 우리의 태도와 생각과 말과 행위 속에서 최고의 우선권은 하나님이어야만 한다. 다른 이들은 이런 금지의 계명을 철학적으로 해석했고, 그것의 핵심은 철저한 일신론을 확립해서 다른 신들의 실존을 배제하는 것이라고 주장했다.

그러나 첫 번째 명령은 다른 신들의 실존을 인정하는 것처럼 보인다. 서

---

58 Bruce K. Waltke with Charles Yu, *An Old Testament Theology: An Exegetical Canonical, and Thematic Approach* (Grand Rapids, MI: Zondervan, 2007), 411. 『구약신학』(부흥과개혁사 역간). 여기서 해설은 "야웨 앞에 다른 신을 두지 않는 것"과 "우상을 만들지 않는 것"의 차이를 분명히 보여주지만 "이웃의 아내를 탐내는 것"과 "이웃의 집을 탐내는 것"은 구별된 개념이 아니다. 따라서 여기서 우리는 유대교와 개혁파 구분을 따른다.

양에 있는 대학들에서 종교사 수업 시간에 가르치는 내용을 보면, 이스라엘 역사 초기에 사람들이 택일신론자(henotheist)였다는 주장이 빈번하게 제기된다. 즉 그들은 많은 신들의 실존을 믿었으나 의식적으로 오직 한 신을 섬기기로 결정했다는 것이다. 이스라엘 종교가 발전하면서 택일신론은 유일신론으로 대체되었다.

브루스 월키는 다음과 같이 종교적 명령과 신학적 주장을 구분하면서 이 문제를 완화한다.

> 다른 신들이 존재하는지에 대한 신학적 주장을 판단하기 위해서는 신명기 4:39을 주목해야 한다. "그런즉 너는 오늘 위로 하늘에나 아래로 땅에 오직 여호와는 하나님이시요 다른 신이 없는 줄을 알아 명심하고." 나아가 신명기 32:17-21은 우상숭배를 귀신들에게 절하는 것으로 간주한다. 32:17은 "그들은 하나님이 아닌(로 엘로힘[*lō'-'elōhîm*]), 하나님) 귀신들에게 하였으니"로 해석된다. 이 선언문은 신학적 믿음과 교리의 기초로 작용한다.
>
> 반면에 종교적 명령은 주관적 실재를 다룬다. 사실은 다른 신들의 존재와 관계없이 인간은 "하나님이 아닌" 것을 만들고 숭배한다(고전 8:4-8). 위에서 언급한 것처럼 칼뱅은 인간의 마음은 끊임없는 우상 공장이라고 지적했다. 따라서 첫 번째 계명은 다른 신들의 존재를 암묵적으로 가정하고 있는 것이 아니라 자기들 자신의 신을 만들어내고 숭배하는 인류의 부패한 본성을 가정하고 있는 것이다. 종교적 명령은 인간 상황의 현실을 반영하지만, 신학적 주장의 역할을 하지 않는다. 다른 계명들은 단호하게 일신론을 가르친다.[59]

이 구분은 굉장히 유익하지만 그럼에도 우선권과 관련한 주석이 정확하다는 것을 가정하고 있다. 그런데 이 주석은 유지되기 어렵다. 존 월튼이 다음과 같이 주목하는 것처럼 말이다. "하나님을 최고의 우선권을 갖고 계시

---

59 Waltke, *Old Testament Theology*, 415-416.

는 분으로 보는 관점은 히브리어 '알 파나이'('*l pny*, 내 앞에서)를 그리스어 전치사 '플렌'(*plēn*, 외에는)으로 번역한 70인역만큼 오래 되었다. 그러나 이 히브리어 단어가 '외에는'을 의미한다면, 그런 의미의 단어는 여러 개가 있었다(예. '아크'[*'ak*]나 '라크'[*raq*]. 마찬가지로 이 히브리어 단어가 우선권을 표현하려는 의도가 있었다면 신 4:12이나 사 45:21에서 발견되는 말을 사용할 수도 있었다)."[60] 히브리 성경에서 전치사 '알 프네-'("앞에")에 인격적 대상을 붙이는 용법을 철저히 연구한 월튼은 용법의 의미가 일관되게 공간적 개념이라는 것을 증명한다.[61] 따라서 언어학적 자료는 공간적 의미를 주된 견해로 간주할 것을 요구한다.

과거에 이 본문의 연구자들은 공간적 의미로 이해하는 해석을 피했다. 그들이 그것이 어떻게 그럴 수 있는지를 이해하지 못했기 때문이다. 고대 근동 문화에서 나온 자료는 이제 공간적 의미가 어떻게 매우 알맞은지를 밝혀준다. 당시 고대 근동의 문화에서 신들은 판테온, 곧 만신전 안에서 활동했다. 존 월튼은 첫 번째 계명이 고대 세계의 신에 대한 이런 통상적 이해로부터 야웨를 구별시킨다고 주장한다. 월튼의 분석은 충분히 인용할 만한 가치가 있다.[62]

> …첫 번째 계명이 야웨 앞에서 다른 신들을 두는 것을 금지할 때, 그것은 야웨께서 만신전, 곧 신들의 모임에서 활동하거나 또는 다른 배우자 신과 함께 활동한다는 개념을 배제한다. J. 보테로는 왕이 국가의 우두머리로서 자기 가족과 구조

---

60 John H. Walton, "Interpreting the Bible as an Ancient Near Eastern Document," *Israel-Ancient Kingdom or Late Invention? Archaeology, Ancient Civilizations, and the Bible*, ed. Daniel I. Block (Nashville: B&H, 2008), 306.

61 같은 책.

62 이 인용문은 Walton의 책의 각주에 포함되어 있고, 전치사 "알 프네" + 인격적 대상의 용례에 대한 표는 제외한다. John H. Walton, "Interpreting the Bible as an Ancient Near Eastern Document," *Israel-Ancient Kingdom or Late Invention? Archaeology, Ancient Civilizations, and the Bible*, ed. Daniel I. Block (Nashville: B&H, 2008), 306-309.

화된 계급 제도에서 활동하는 관리들과 함께 다스리는 통치 제도와 이 체계를 비교한다.[63]

이 이미지를 배경으로 하는 것은 이스라엘 백성이 야웨 앞에서 다른 어떤 신도 상상하지 못했다는 것을 암시한다. 학자들은 간단히 사전 연구만 해보아도 이런 의미에 도달할 수 있다. 하지만 고대 근동의 자료들의 도움이 없으면, 사전 연구의 결과는 해석자들에게 어떤 의미도 전달해주지 못한다. 결국 학자들은 다른 해석을 제안했다. 비록 히브리 본문에 나타나는 전치사의 조합이 인격적 대상을 취할 경우에 그 의미가 일관되게 공간적 개념을 나타내지만 말이다. 비교 문화 지식을 사용하면서, 우리는 항상 본문에 있었지만 등한시했던 본문의 의미를 찾아낼 수 있었다.

성경 외의 자료가 제공한 정보에 따르면, 이 공간적 의미는 신빙성이 있다. 고대 근동에서 신들은 만신전 안에서 활동했고 신들의 회의에서 모든 결정을 내렸다. 나아가 주요 신들은 대체로 동료 신들이 있었다. 신들은 공동체적 삶을 경험했다. 신들의 운명은 신들의 모임에서 결정되었고, 이것은 왕과 성, 신전 그리고 사람들의 운명도 마찬가지였다. 신들은 다른 신들 앞에서 임무를 수행했다. 로웰 핸디는 이 체계를 권위 있는 신들과 활동적인 신들의 계급 제도로 다음과 같이 유용하게 요약한다.

만신전의 최고 권력자는 땅과 우주의 질서를 규제하고 유지할 책임이 있었지만, 우주를 유지하는 데 필요한 실제 활동에는 적극적으로 참여하지 않았다. 바로 아래 계급에 위치한 신들이 이 활동을 수행했다. 실제로 우주를 소유한 신들의 권한 아래 일하는 이 활동적인 신들은 우주를 순조롭게 운행할 것으로 예상되었다. 이런 계급에 위치한 만신전의 신들은 각각 자신의 통치를 수행하는 특별한 권한의 영역이 있었다. 이상적으로 보자면 모든 신은 최고 권

---

63 J. Bottéro, "Intelligence and the Technical Function of Power: Enki/ Ea," *Mesopotamia: Writing, Reasoning and the Goods* (Chicago: University of Chicago, 1992), 232-250. 이 인용문은 233쪽에서 발견됨.

력을 가진 신이 바라는 방식으로 우주가 완벽하게 운행되도록 자기들의 의무를 이행해야 했다. 하지만 신들도 인간들처럼 약점이 있었고 우주를 순조롭게 운행하지 못하게 방해하는 경쟁자가 있는 것으로 묘사된다.[64]

첫 번째 계명을 비교 해석한 것에 따르면, 이스라엘 백성은 야웨를 신들의 공동체 안에서 활동하시는 존재로 이해하지 않았다. 그들은 야웨께서 신들과 함께 있거나 배우자를 가진 만신전의 우두머리로 활동하거나 동료를 갖고 계시는 분으로 상상하지도 않았다. 간단히 말하자면 야웨는 단독으로 활동하셨다. 만신전/신들의 회의 개념은 많은 신적 존재들 사이에 권력의 배분이 있음을 가정한다. 첫 번째 계명은 단순히 그리고 명료하게 야웨의 권능이 절대적이라는 것을 선언했다. 하나님의 권능은 다른 신들에게 배분되거나 신들의 회의의 뜻에 의해 제한받지 않았다.

야웨 "이외에" 어떤 다른 신들의 경배를 금지하는 계명의 핵심은 이스라엘의 신 개념이 그들 주변 민족들과 구별된다는 것을 확신시키는 데 있었다. 만일 해석자가 거부되는 개념들이 무엇인지 깨닫지 못하면, 첫 번째 계명은 쉽게 오해되고 만다. 이 교정된 해석에 따르면 첫 번째 계명의 목적은 단순히 일신 숭배 사상을 높이고자 함에 있는 것이 아니다. 그것은 다른 방식으로 일신론 문제에 도움을 주었다. 비록 이 본문이 명시적으로 다른 신들의 존재를 부정하지는 않아도, 야웨 앞에서 다른 신들을 제거한다. 만일 야웨께서 다른 신들과 능력, 권능 또는 권한을 공유하시지 않는다면, 다른 신들은 그 단어의 의미에서 보더라도 신이 아니다.[65] 따라서 첫 번째 계명은 다른 신들의 비존재를 주장하지는 않는다. 다만 그 신들이 무력하다는 것을 주장한다. 첫 번째 계명은 단순히 다른 신들이 경배 받아서는 안 된다고 선언하면서 다른 신들의 권리를 박탈하는 것

64　Lowell Handy, *Among the Host of Heaven* (Winona Lake: Eisenbrauns, 1994), 97.
65　이 개념의 중요성은 확대될 것이다. 만약 우리가 고대 근동에서는 이름, 장소 또는 기능이 주어지지 않을 때 어떤 것이 존재하지 않는 것으로 간주되었다는 개념을 이것에 덧붙인다면 말이다. Walton, *Ancient Near Eastern Thought and the Old Testament*, 87-97의 설명을 보라.

이 아니라 다른 신들이 경배 받을 만한 그 어떤 지위를 갖고 있지 못하다고 선언한다.[66]

역사와 성경이 하나님을 점진적으로 계시하고 밝힐 때, 전체 성경은 하나님이 예수 그리스도 안에서 온전히 그리고 충분히 자신을 계시하셨다는 사실을 보여준다. 예수는 "하늘과 땅의 모든 권세를 내게 주셨으니"라고 말씀하셨다. 우리의 삶, 우리의 섬김과 사역, 우리의 예배는 오직 하나님의 권세만을 인정해야 한다. 이것은 우리 문화에서 숭배 받는 모든 신과 우상의 특권을 박탈한다. 나는 예수 그리스도만을 위해 살지, 그 이외에 다른 존재를 위해서는 살지 않는다.

두 번째 명령: 형상/우상을 만들지 말라

열 가지 말씀의 두 번째 명령은 다음과 같다. "너를 위하여 새긴 우상을 만들지 말고 또 위로 하늘에 있는 것이나 아래로 땅에 있는 것이나 땅 아래 물 속에 있는 것의 어떤 형상도 만들지 말며"(출 20:4). 존 월튼이 지적하는 것처럼 우상 제조의 금지에 대한 대중적 해석은 다음 네 가지 요소들에 큰 영향을 받았다. (1) 유대교의 해석, (2) 동방 정교회 전통의 성상에 대한 논쟁, (3) 로마 가톨릭 전통의 성인들의 조상(彫像), (4) 개신교의 관점을 반영하는 미술이 무엇인지에 대한 논쟁.[67] 고전적인 유대교와 무슬림 전통은 두 번째 명령에 따라 어떤 생물에 대한 표상을 만드는 것을 완전히 금지했다. 하나님은 불가시적이고 초월적인 분이므로 형상 속에 하나님을 담을 수 없다는 개념이 19세기까지 기독교의 해석을 지배했다. 다른 이들은 이 본문(출

---

66 이것은 Christopher Wright의 견해에 가깝다. Wright는 이렇게 말한다. "이 구절의 근본 취지는 야웨의 유일한 신격이 아니라 이스라엘에 대한 야웨의 유일한 주권이다." *Deuteronomy* (Peabody, MA: Hendrickson, 1996), 68. 인용문 전체는 Walton, "Interpreting the Bible as an Ancient Near Eastern Document," 306-309을 보라.

67 Walton, "Interpreting the Bible as an Ancient Near Eastern Document," 309-313.

20:4)을 영적으로 해석했고 우리가 우리의 에너지와 돈 그리고 가치를 바쳐 신처럼 사랑하는 어떤 것을 우상으로 간주했다.

두 번째 명령에 대한 이런 오해는 두 가지 요소에 기인한다. 첫째, 우상의 본질과 역할에 관한 고대 근동의 개념들에 대한 무지 때문이다. 월튼은 우상에 대한 고대 근동의 사고를 다음과 같이 세 범주로 분류한다.

첫 번째 범주는 형상의 제조다. 고대 근동의 사고방식으로 보면 오직 신만이 형상의 제조를 인정하고 시작할 수 있었다. 제조 과정이 끝나면 특별한 의식과 규례, 특히 입을 여는 의식을 통해 신이 형상 속에 깃들고 형상은 음식을 먹고 마시고 향냄새를 맡을 수 있게 되었다.

두 번째 범주는 형상의 사용과 관련이 있다. 월튼은 "고대 세계에서는 모든 공식적인 공중 예배는 형상을 중심으로 이루어졌다"는 사실을 주목한다.[68] 따라서 형상은 중보를 포함했다. 사람들이 형상을 존귀하게 하려고 옷을 입고 술을 마시며 음식을 먹을 때 형상은 신에게서 온 계시를 사람들에게 전달하고, 또 사람들의 경배를 신에게 전달했다.

세 번째 범주는 형상의 기능과 본질에 관한 고대 근동의 개념과 관련이 있다. 월튼에 따르면 "입회 의식에 따라 물질적 형상은 신적 본질에 의해 생명력을 갖게 되었다. 그러므로 이후부터 형상은 신을 표상할 뿐만 아니라 신의 임재를 상징했다. 그러나 이것은 형상이 그로 말미암아 신격화되었다는 것을 의미하지는 않는다. 신은 형상 속에 구현된 실재였다."[69]

두 번째 계명에 대한 오해는 고대 근동의 문화와 세계관에 대한 무지만이 아니라 이 본문(출 20:4)의 문법에 대한 잘못된 분석에 기인하기도 한다. 우리는 출애굽기와 신명기에 나오는 열 가지 말씀의 두 번째 명령의 정확한 본문을 긴밀하게 고찰해야 한다. 아래의 히브리어 본문은 KJV과 NIV이다.

---

68 같은 글, 311.
69 같은 글, 312

출애굽기 20:4 לֹא תַעֲשֶׂה־לְךָ פֶסֶל וְכָל־תְּמוּנָה

KJV: 너는 너를 위하여 어떤 새긴 형상도, 또는 어떤 것의 어떤 모양도 만들지
말고…

NIV: 너는 네 자신을 위해 어떤 것의 모양을 본떠서 우상을 만들지 못한다…

신명기 5:8 לֹא־תַעֲשֶׂה־לְךָ פֶסֶל כָל־תְּמוּנָה

KJV: 너는 너에게 어떤 새긴 형상도, 또는 어떤 것의 어떤 모양도 만들지 말고

NIV: 너는 네 자신을 위하여 어떤 것의 모양을 본떠서 우상을 만들지 못한다…

NIV의 번역은 초기의 유대교 랍비 전통의 이해를 보여주고, 말할 것 없이 이 이해는 히에로니무스의 라틴어 불가타를 통해 전승되었다. 이것은 오늘날 정통 유대인들이 이 본문을 이해하는 방식이고, 또 무슬림이 이 본문을 일관되게 이해해온 방식이기도 하다.

히브리어 원문의 본문은 "그리고"를 의미하는 등위 접속사 "와우"와 동사의 목적어를 실제로 결합한다. 일련의 다른 절들이 "와우"와 결합할 수 있으나 이것은 "와우"가 영어의 "or"(또는)와 같은 뜻을 갖고 있음을 의미하지 않는다.[70] 히브리어 본문은 접속사 "또는" 즉 "오"(ô)를 갖고 있고, 여기서 그 말은 다른 가능성을 가리키는 데 사용될 수 있었다. 출애굽기 20:4의 본문은 난해하지만 초기 랍비들의 이해는 히브리어 문법 규칙을 따르지 않는다. 신명기의 병행 본문은 "와우" 접속사를 갖고 있지 않고, 대신 복합 개념 어구인 "새긴 형상/어떤 형태로 **만든** 우상…"을 사용한다. 확실히 여기서 "또는"으로 해석하는 것은 구문과 반대된다. 해석 전통들은 출애굽기 20:4에 대한 자기들의 이해에 맞추어 신명기 5:8을 해석한 것으로 보인다.

그러나 우리가 분명한 것을 통해 불분명한 것을 해석하는 성경의 유비

---

70 Brown, Driver and Briggs, *Hebrew and English Lexicon of the Old Testament*, s.v. ו §
1d를 보라.

를 이해한다면, 유대교의 이해는 이 본문의 정확한 의미가 될 수 없다. 예를 들어 성막의 미술이나 솔로몬의 성전의 미술을 보라. 솔로몬의 성전 건물의 미술 작품은 창조물을 수소(bull), 그룹(cherubim), 사자, 종려나무, 석류 형상들로 나타냈다(왕상 7:18, 25, 36). 신명기 5:8의 본문의 문법은 분명하기 때문에 더 좋은 접근법은 이 분명한 본문을 사용해서 불분명한 출애굽기 20:4을 해석하는 것이다. 출애굽기 20:4의 구성은 중언법으로 이해될 수 있다. 중언법은 히브리어 문헌에서 하나의 개념을 "그리고"로 연결시킨 두 개의 명사나 동사로 전달하는 통상적인 비유 용법이다. 성경에서 이에 대한 주목할 만한 첫 번째 사례는 창세기 3:16이다. 히브리어 본문은 "내가 너의 고통과 너의 임신을 크게 더하리니"로 되어 있다. 이것은 한편으로는 고통을 더하고 다른 한편으로는 임신을 더하는 것을 의미하지 않는다. 그다음 문장은 계속해서 "네가 고통 속에서 자식을 낳을 것이며"라고 설명한다. 따라서 앞의 표현은 "임신의 고통"을 의미하는 것이 틀림없다. 말하자면 중언법의 한 사례다. 그러므로 출애굽기 20:4에서 "새긴 우상과 어떤 형상"은 신명기 5:8에 비추어 "어떤 형태의 새긴 형상/우상"을 의미해야 한다. 이것은 NIV가 취한 방식이고, 정확히 히브리어의 문법을 따르는 접근법으로, 출애굽기의 잘못된 해석을 신명기의 명확한 본문에 집어넣는 것이 아니라 다른 본문의 해석을 돕기 위해 한 본문의 명확한 의미를 사용하는 것이다.

따라서 두 번째 명령의 정확한 주석은 이 본문이 미술이나 형상으로 창조 질서의 양상들을 표현하는 것과는 아무 상관이 없음을 보여준다. 오히려 두 번째 명령은 신으로부터 인간에게 전해진 신의 임재 및 계시를 전달하거나 사람들이 신을 숭배하는 것의 매개물로 형상을 사용했다는 것과 관련이 있다. 월튼이 지적하는 것처럼 "형상의 금지는 형상을 통해 신의 필요를 만족시키기 위한 미신 숭배로 이해된 그런 종류의 예배를 배제한 것이다."[71]

---

71 Walton, "Interpreting the Bible as an Ancient Near Eastern Document," 313.

세 번째 명령: 하나님의 이름을 망령되게 부르지 말라

열 가지 말씀의 세 번째 명령에 관해서도 똑같이 대중적인 오해가 존재한다. "너는 네 하나님 여호와의 이름을 망령되게(*laššāw'*) 부르지 말라"(출 20:7). 마찬가지로 이 본문에 대한 이해를 증진시키려면 문화적 배경과 언어학적 자료에 대한 더 깊은 지식이 요구된다.

첫째, 세 번째 명령의 기본 취지는 모독, 뻔뻔한 맹세 또는 불경으로 하나님의 이름을 무익하게 사용하는 것과 관련이 있지 않다. 이것은 확실히 온당한 해석이 아니며, 하나님의 이름에 대한 존중과 존경은 신명기 28:58에서 요구된다.

둘째, 전통적 견해는 세 번째 명령은 거짓 맹세에 초점이 있다고 보았다. 브루스 월키는 다음과 같이 말한다.

> …가장 중요한 단어는 **샤브**(*šāw'*. "헛되이" 참조. 레 24:15)다.…샤브는 히브리어 성경에서 다양한 의미로 사용된다. 그것은 거짓말이나 속이는 말을 하는 것을 가리키거나(신 5:20에서는 이웃에 대해 거짓 증거하는 것과 관련이 있다. 출 23:1에서는 거짓 풍문이나 소문과 관련이 있다), 거짓 경배를 가리키거나(사 1:13에서는 백성들이 마음에도 없이 경배의 한 형태로 하나님께 거짓 공물을 드리는 것을 언급함), 거짓 예언을 가리킨다(겔 13:3-7에서는 본 것의 실재성이 전혀 없음에도 불구하고 환상을 보았다고 주장하는 거짓 예언자들을 언급함). 허버트 후퍼몬(Herbert Huffmon)은 성경과 성경 외의 증거를 들어 이 계명은 거짓 또는 경솔한 맹세를 금하는 것이라고 주장한다. "여기서 초점은 의도든 행동이든 사람의 거짓 때문에 하나님을 공범자로 만들지 말라는 데 있다."[72]

물론 언어학적 자료의 분석에 따르면 세 번째 명령은 하나님의 이름을

---

[72] Waltke, *Old Testament Theology*, 419.

거짓되게 또는 무가치하게 높이는 것과 관련이 있다. 그러나 이것이 전체 그림을 제공하는 것은 아니다.

셋째, 타당한 이해를 얻기 위해서는 언어학적 자료에 대한 연구의 결과를 고대 근동 문화의 배경 안에 두어야 한다. 월튼이 지적하는 것처럼 이것은 마술 곧 이름들에 대한 거짓 사용이나 적절한 사용이 나타나는 분야에 대한 조심스러운 정의에 달려 있다.[73] 고대 근동 및 그리스-로마 세계에서는 종교와 마술 간에 구분이 없었다. 나중에 중세 교회와 계몽주의의 영향으로 이 둘 사이에 구분이 이루어졌다. 그러나 과거의 해석자들은 이름들이 어떻게 마법과 힘의 구조 속에서 사용되었는지 제대로 파악하지 못했다.

프란츠-스자보(G. Frantz-Szabó)는 초자연적 힘을 불러일으키는 맥락과 관련해 마술에 대한 포괄적이고 유용한 정의를 다음과 같이 제공한다.

[마술]은 배우고 터득할 수 있는 신들과 다른 초자연적 세력들에게 영향을 끼칠 수 있는 일관된 기법 체계다.…실천으로서, 아니 사실은 과학으로서, 마술은 이미 확립되고 대부분 경험적인 수단을 통해 땅의 상황을 바꾸거나 유지시키려고 시도하거나 땅의 상황을 새롭게 일으키려고 한다. 마술은 단지 주술적인 힘을 조작할 뿐만 아니라 종교와 관련이 있는 고도의 초자연적 힘을 지배하려고 애쓰는 것이기도 하다.[74]

하나님의 이름은 하나님의 전체 성품과 인격을 보여주고 요약한다. 하나님의 이름을 사용하는 것은 특수한 상황에 하나님의 인격과 능력을 가져오는 것이다. 세이츠(C. Seitz)가 유용하게 주장하는 것처럼 하나님은 진실로 "[출애굽기 3장]에서 자신의 이름을 알려달라는 모세의 요청에 반응하시지

---

73 Walton, "Interpreting the Bible as an Ancient Near Eastern Document," 316을 보라.
74 G. Frantz-Szabó, "Hittite Witchcraft and Divination," *Civilizations of the Ancient Near East,* ed. Jack M. Sassaon, 4 vols. (New York: Charles Scribner's Sons, 1995), 3:2007.

만 독자나 모세가 전혀 대비하지 못한 방식으로 반응하신다.…하나님의 이름은 하나님 자신의 성품에 대한 가장 개인적인 계시이고, 따라서 엄밀한 의미에서 단순히 고유명사(짐이나 샐리와 같이)가 아니라 하나님으로서 하나님의 성품에 적합한 이름이다."[75] 하나님이라는 존재에 반대하는 곧 하나님의 성품에 반대되는 일을 하려고 그분의 이름을 사용할 때 우리는 거짓말로 그분의 이름을 높인다. 월튼은 다음과 같이 말한다. "하나님의 이름은 신이라는 신분에 상응하고, 신이라는 신분은 부정한 용도를 위해 제멋대로 사용될 수 있다. 신분을 도용하는 문제는 오늘날에도 널리 알려져 있다."[76] 시편 139:19 이하를 보면 다윗은 어떤 사람을 죽이려는 계획에 자신을 가담시키려 하고, 그 일을 야웨의 이름으로 행하려고 하는 동료 이스라엘 사람들과 자기 자신을 가장 강력한 말로 분리시킨다. 하나님의 이름을 잘못 사용하는 것은 오늘날 그리스도인들 사이에서도 발생한다. 곧 우리가 성경을 통해 이것을 하나님의 계시된 뜻에 따르는 것이 아닌 것을 알면서도, "주님이 이런 저런 일을 행하도록 나를 인도하셨다"고 말할 때에 발생한다.

네 번째 명령: 안식일을 지키라

열 가지 말씀의 네 번째 명령은 안식일을 지키라는 적극적 명령이다(출 20:8-11). 이 명령의 중요성은 내용의 길이로 암시된다. 명령이 열 가지 말씀 중 가장 길다.

20세기 몇 십 년 동안 학자들은 이스라엘의 안식일의 전조를 고대 이스라엘 주변 민족들 속에서 찾으려고 노력했다. 하지만 이 노력은 전혀 성공하지 못했다. 히브리어 "샤바트"(šabbāt)는 한 달의 열다섯째 날(15일)을 가리

---

75 Christopher Seitz, "The Call of Moses and the 'Revelation' of the Divine Name: Source-Critical Logic and Its Legacy," *Theological Exegesis: Essays in Honor of Brevard S. Childs,* ed. Christopher Seitz and Kathryn Greene-McCreight (Grand Rapids, MI: Eerdmans, 1991), 154.

76 Walton, "Interpreting the Bible as an Ancient Near Eastern Document," 318.

키는 바빌로니아어 "샤바투"(*šabbatu*)와 관련이 없다. 나아가 바빌로니아 달력에서 매달 7일, 14일, 21일, 28일은 불길한 날로 간주되었다. 그럼에도 신적 안식 개념은 고대 근동 문헌의 본문들에서 충분히 증명되고, 이 문화적 배경이 네 번째 명령을 해석하는 데 도움을 준다.

월튼은 주로 바빌로니아의 『에누마 엘리쉬』와 같은 대서사시에서 고대 근동의 신적 안식 개념의 여섯 가지 측면을 이끌어내 제시한다.[77] 이 측면들은 다음과 같이 간략히 요약할 수 있다. (1) 고대 서사시에서 신적 안식은 반역으로 깨질 수 있다. (2) 신적 안식은 다툼 후에 성취되었다. (3) 신적 안식은 질서를 확립하는 창조 행위 이후에 성취되었다. (4) 신적 안식은 신전에서 성취되었다. (5) 신적 안식은 지속적 통치와 안정이 특징이다. (6) 신적 안식은 신들이 인간들을 창조해 인간들이 신들의 일을 하게 하는 것으로써 성취되었다.

안식일을 지키라는 성경의 명령과 고대 근동의 문화적 배경 간에는 유사점과 차이점이 공존한다. 우리는 관련 본문들에서 언어학적 자료를 조심스럽게 살펴볼 필요가 있다. 출애굽기 20:8-11에서 이스라엘 백성은 안식일을 기억하여 거룩하게 하라는 명령을 받는다. 구약성경에서 기억이라는 개념은 단순히 지성적 회상이 아니다. 기억은 지성을 앞세워 어떤 것을 지키는 것에 기초한 시공간 행위를 수반한다. 이스라엘은 안식일을 거룩하게 지켜야 한다. 안식일을 지키는 것은 야웨께 속해 있고 야웨께 바쳐져야 하는 기념 사건이다. 자유민이나 종이나 주민이나 거류하는 외국인을 막론하고 인간과 짐승은 모두 인간 자신의 생계유지를 위해 통상적으로 행하는 업무와 일을 멈추어야 한다. 안식일을 지키는 것은 야웨를 생명의 창조자와 수여자로, 그리고 우리의 삶을 다스리시는 분으로 인정하는 행위다.

표면상으로는 많은 평행 사실이 존재함에도 불구하고 성경적 관점은 고대 근동의 관점과 근본적으로 차이가 있다. 월튼은 다음과 같이 말한다. "구

---

77 같은 책, 319-322.

약 시대에 사람들은 하나님의 필요를 만족시키거나 하나님을 위해 일하기 보다는 자기들 자신의 유익과 양식을 위해 일한다. 안식일에 하나님의 안식을 공유하라는 명령을 받았을 때 그것은 하나님의 안식 자체에 참여하라는 것이 아니고, 질서를 일으키고 유지하시는 하나님의 사역을 인정하라는 것이다. 하나님의 안식은 우주에 대한 하나님의 통제를 상징하고, 하나님의 백성은 그들 자신을 위해 사용할 수 있었던 날을 하나님께 바칠 때마다 이것을 인정한다."[78]

한편 신적 안식을 위한 고대 근동의 신전 건축과 하나님의 안식에서 절정에 달하는 성경의 창조 기사 간의 유사점은 확실하다. 성경에서 창조 기사의 구조를 보면 우주가 하나님이 안식을 취하실 수 있는 성소/성전으로 건축된다는 사실을 분명하게 보여준다.

네 번째 명령을 설명하다 보면 우리는 옛 언약과 새 언약의 관계 문제의 한복판으로 나아가지 않을 수 없다. 하지만 이번 장에서는 이 문제를 적절히 설명할 수 없다. 그럼에도 여기서 안식일에 대한 몇 가지 주석을 제시하는 것은 적절하다.

첫째, 출애굽기 31:12-18에서 분명히 진술되는 것처럼 우리는 안식일이 야웨와 이스라엘 간에 맺어진 옛 언약의 표징이었다는 것을 주목해야 한다. 언약들은 종종 그것들과 관련된 물리적 표징을 갖고 있다. 하나님은 노아 언약에서 무지개를 약속에 관한 물리적 표징으로 주셨다. 그분은 아브라함 언약에서 할례를 이스라엘 안의 모든 남자의 몸에 주어진 물리적 표징으로 명령하셨다. 마찬가지로 6일 동안 세상을 창조하신 하나님이 일곱째 날에 안식하시면서 스스로 자신을 거룩하게 하신 안식일도 야웨와 이스라엘 사이에 맺어진 언약의 영원한 표징으로 규정된다.

둘째, 옛 언약과 새 언약을 비교해보면 우리는 옛 언약에 있는 주의 백성들의 자기 정체성이 어린 아이의 정체성이지만 새 언약에 있는 주의 백

---

78 같은 책, 322.

성들의 자기 정체성은 성숙한 어른의 정체성이라는 것을 확인한다(갈 3:24-25). 옛 언약의 외적 형식과 그림자가 그리스도 안에서 임한 실재로 말미암아 제거되었기 때문이다(골 2:16-17).

그러면 안식일에 대해서는 어떻게 말할까? 열 가지 말씀이 나오는 구약성경 두 본문(출 20장; 신 5장)을 보면, 한 본문에서 안식일이 주어진 이유와 다른 본문에서 안식일이 주어진 이유가 다르다는 사실을 즉시 알아볼 수 있다. 출애굽기에서는 그 이유가 20:11에서 주어진다. 하나님의 창조 사역은 완료되었다. 곧 마쳤다. 사람들은 거기에 아무것도 덧붙일 수 없었다. 사람들은 하나님의 안식에 들어가 하나님의 사역을 누리도록 초대받았다. 히브리서는 이에 대한 생각을 그리스도의 사역에 적용한다(히 3:7-4:11). 우리는 예수 그리스도의 사역에 어떤 것도 덧붙일 수 없다. 우리는 예수 그리스도의 사역을 누리기만 하면 된다.

신명기 5:15에서는 안식일에 대해 다른 이유가 주어진다. 이스라엘 백성은 자기들이 이집트에서 종이었던 것과 하나님이 자기들을 속박에서 해방시키신 것을 기억하고, 안식일에 자기들이 쉬는 것처럼 종들에게도 쉴 기회를 주어야 한다. 바울은 골로새서 1:12-14에서 신약성경의 다른 많은 저자들과 마찬가지로 주 예수의 사역을 새 출애굽으로 설명한다. 이집트는 세상을 가리키는 표상이자 상징이다. 파라오는 사탄의 상징이고 속박은 우리의 정욕과 교만에 대한 예속의 상징으로, 그리스도께서 자신의 십자가 죽음을 통해 우리를 이 상태로부터 속량시키셨다. 예수는 새 여호수아다. 그는 새 언약으로 자신과 관련된 사람들을 하나님의 안식일에 들어가 그 안식을 누리게 하실 분이다.

요약

열 가지 말씀 중 처음 네 명령은 두 쌍으로 분류될 수 있다. 다음과 같은 존 월튼의 요약은 이 분류의 기능과 의도를 파악하는 데 유용하다.[8]

첫 번째 계명과 두 번째 계명

야웨의 두 영역(신의 영역과 인간의 영역)에서의 활동 방식

• 첫 번째 계명은 야웨께서 신의 영역에서 활동하시는 방식으로 인식되면 안 되는 것과 관련이 있다. 곧 야웨는 다른 신들과 권세를 나누지 않으신다.

• 두 번째 계명은 야웨께서 인간의 영역에서 활동하시는 방식으로 인식되면 안 되는 것과 관련이 있다. 곧 야웨의 임재와 계시 또는 예배에 관한 형상의 매개물이 그분에게 제공되어서는 안 된다.

세 번째 계명과 네 번째 계명

야웨의 능력 행사

• 세 번째 계명은 야웨의 능력/권세가 어떻게 인식되어서는 안 되는지와 관련이 있다. 곧 사람들은 야웨의 능력을 통제하려는 시도를 멈추는 것으로 야웨의 능력을 인정해야 했다.

• 네 번째 계명은 야웨의 능력/권세가 어떻게 인식되어야 했는지와 관련이 있다. 곧 사람들은 안식일에 자기들 자신의 생계를 유지하려는 시도를 멈추면서 야웨의 능력을 인정해야 했다.

다른 해석들

십계명에 대한 해석에는 신중히 고려할 가치가 있는 여러 가지 다른 가능성이 존재하고, 그중 한두 가지만 추가로 살펴보자.

첫째, 열 가지 말씀의 목록에 관한 제이슨 드루치(Jason S. DeRouchie)의 최신 연구는 다음과 같이 가톨릭-루터교회의 분석을 지지한다.[80]

---

79 같은 책, 323에서 인용해서 다듬었다.

80 다음 자료들을 보라. Jason S. DeRouchie, *A Call to Covenant Love: Text Grammar and Literary Structure in Deuteronomy 5-11*, Gorgias Dissertations 30 (Piscataway, NJ: Gorgias, 2007), 115-117, 127-13; 같은 저자, "Numbering the Decalogue: A Textlinguistic Reappraisal" (2007년 4월에 세계성서학회 중서부 지역 모임에서 발표된 논문). 이 분석은 Daniel I. Block, "Reading the Decalogue Right to Left: The Ten Principles

1. 다른 신들을 두지 마라	2. 하나님의 이름을 망령되게 부르지 마라

3. 안식일을 지켜라	4. 부모를 공경하라

5. 살인하지 마라	6. 간음하지 마라

7. 도둑질하지 마라	8. 거짓 증언하지 마라

9. 남의 아내를 탐내지 마라	10. 남의 가족의 일원/물건을 탐내지 마라

드루치의 분석은 설득력이 있다. 그의 분석이 담화 문법/거시 구문/텍스트-언어 분석에 기초하기 때문이다. 이런 언어 연구 분야는 본문 전체의 개별 문장들의 경계를 넘어서거나 벗어나는 문법적 표지들인 언어의 특징들에 면밀한 주의를 기울인다. 특히 신명기 5:6-21의 열 가지 말씀에서 목록이 이렇게 분류되는 것은 다섯 번째-열 번째 계명은 접속사 "와우"("그리고")로 결합되어 있지만, 첫 번째-네 번째 계명은 연사 생략(접속사가 없음)으로 마지막 여섯 계명과 구별되기 때문이다.[81] 나아가 출애굽기 20:3-6과 신명기 5:7-10에서 오직 한 가지 이유가 첫 번째 명령과 두 번째 명령을 지지한다는 사실 ― 개신교 전통의 목록에 따르면 ― 은 추가로 두 명령이 하나의 명령으로 간주되어야 한다는 것을 확증한다.

둘째, 따라서 열 가지 말씀의 정확한 목록에 비추어보면 "너는 나 외에는 다른 신들을 네게 두지 말라"는 명령과 "너는 네 자신을 위하여 형상/우상을 만들지 말라"는 명령은 함께 취해져 첫 번째 명령을 구성하고, 따라서 "너는 네 하나님 여호와의 이름을 망령되게 지니거나/들어 올리지 말라"는 명령이 두 번째 계명을 구성한다.

---

of Covenant Relationship in the Hebrew Bible" *How I Love Your Torah, O Lord! Studies in the Book of Deuteronomy* (Eugene, OR: Cascade, 2011), 56-60에서 지지를 받았다; 같은 저자, *Deuteronomy*, NIV Application Commentary (Grand Rapids, MI: Zondervan, 2012).

81 거시 구문론 신호로서 연결사 생략 대 "와우" 접속사 사용에 대한 설명과 증거는 Stephen G. Dempster, "Linguistis Features of Hebrew Narrative: A Discourse Analysis of Narrative from the Classical Period" (박사학위 논문, University of Toronto, 1985)를 보라.

대니얼 블록은 "너는 네 하나님 여호와의 이름을 망령되게 부르지 말라"는 두 번째 명령에 대해 다른 해석을 제시한다.[82] 전통적 해석과 영어 성경들의 번역은 "핵심 문제, 곧 야웨의 이름을 지니는 것이 소유권의 증표나 표지의 문제라는 것을 이해하지 못할" 수 있다.[83] 이 두 번째 명령을 이해하는 실마리는 "나사"(נשא)라는 동사에 있다. 이 단어는 이 본문(출 20:7)에서 "오용하다", "선언하다", "취하다"를 의미하지 않는다. 왜냐하면 이 번역들은 모두 다른 관용구를 요청하기 때문이다. 대신 여기서는 통상적 의미인 "지니다, 전달하다"가 가장 알맞다. 이 동사가 이름과 함께 배치된 사례는 오직 출애굽기 28:12과 28:29에서만 나타난다. 거기서는 이스라엘의 아들들의 이름을 지니고 있는 대제사장 아론을 언급한다. 왜냐하면 그 아들들의 이름이 아론의 에봇 두 어깨받이에 붙인 두 보석에 새겨져 있었기 때문이다. 나아가 블록은 다음과 같이 주장한다.

민수기 6:27에 따르면 장차 아론 계열의 제사장들은 이스라엘 자손에게 "아론의 복"으로 알려지게 된 것을 선언하면서 야웨의 이름을 그들에게 "둘" 것이다. 그리고 그들은 야웨의 이름의 흔적을 지니고 있었기 때문에 야웨의 복의 대상이었다. 신명기에서 "카도쉬 라야웨"(קדש ליהוה) 곧 "야웨의 성민"이라는 표현은 이스라엘 전체에 적용된다(신 26:19; 참조. 신 7:6; 14:2, 21). 집과 문에 그리고 이마에 붙인 성구함에 새겨놓아야 했던 "셰마"와 같이 하나님의 이름을 지니는 것은 하나님의 소유권의 표시로서 사람에게 하나님의 이름을 새겨넣은 것을 의미한다.

이 견해를 지지하기 위해 여러 다른 본문들을 간략히 언급할 수 있다.

---

82 Daniel I. Block, "Bearing the Name of the Lord with Honor," *How I Love Your Torah, O LoRd!* 61-72 (원래 *Bibliotheca Sacra* 168 [2011]: 20-31에 발표됨).

83 같은 책, 63.

은유적으로 사용된 낙인(예. 가축) 개념이 이사야 44:5b의 기초가 된다.

한 사람은 이르기를 "나는 여호와께 속하였다" 할 것이며,
또 한 사람은 "야곱의 이름으로 자기를 부를 것"이며,
또 다른 사람은 "자기가 여호와께 속하였음"을 그의 손으로 기록하고,
이스라엘의 이름으로 존귀히 여김을 받으리라.

나아가 신명기 28:9-10도 분명히 야웨의 성민(즉 야웨께 거룩한 자)을 야웨의 이름을 지니는 것에 관련시킨다.

9 여호와께서 네게 맹세하신 대로 너를 세워 자기의 성민이 되게 하시리니, 이는 네가 네 하나님 여호와의 명령을 지켜 그 길로 행할 것임이니라. 10 땅의 모든 백성이 여호와의 이름이 너를 위하여 불리는 것을 보고 너를 두려워하리라.

마지막으로 하나님이 자기 백성을 포로로 심판하셨을 때 그들이 **자신의 거룩한 이름을 더럽혔다**는 이유로(겔 36:17-23) 그들을 민족들 가운데 흩으신 것을 주목해보라. 반면에 포로와 심판의 종식을 위한 다니엘의 유명한 기도에서, 다니엘은 하나님께 **주의 성과 주의 백성이 주의 이름을 지니고 있으므로** 주님 자신을 위해 행하실 것을 간구한다(단 9:16-19).

그러면 "라샤브"(*laśśāw*, KJV. "헛되이")라는 부사어구로 수식될 때 "이름을 지니고 있다"는 말은 무슨 뜻일까? 앞에서 인용한 브루스 월키의 주석은 적합하다. 그가 이 본문에 대해 전통적인 유대교의 해석을 주장하고 있음에도 불구하고 말이다. 월키가 주장하는 것처럼 비록 그 명사는 "공허함" 또는 "무가치함"을 의미할 수 있지만, 그것은 빈번하게 속이거나 거짓된 것과 관련이 있다. 이사야 59:3의 "너희 입술은 거짓을 말하며"가 좋은 사례다(참조. 사 5:18). 시편 139:20은 실제로 열 가지 말씀의 두 번째 명령을 암시하고, 문맥은 그 문제를 명확히 한다.

그들이 주를 대하여 악하게 말하며

주의 원수들이 주의 이름으로 헛되이 맹세하나이다.

지금 다윗(이 시편의 제목에 따르면)은 어떤 사람을 죽일 계획을 갖고 자기에게 그 계획에 가담하기를 바라는 사람들에 대해 말하고 있다. 이것은 야웨의 이름을 거짓으로 지니고 있는 것이고, 다윗은 그들을 하나님의 원수로 간주한다. 왜냐하면 그들이 야웨의 이름의 보호 아래 하려는 행위는 야웨라는 존재와 그분이 나타내시는 것에 반대되기 때문이다.

셋째, 대니얼 I. 블록이 제시한 둘째 명령에 대한 분석에 기초하면 첫째 명령과 둘째 명령에 관한 추가 통찰이 가능해진다. 가톨릭-루터교회 전통의 십계명 목록에 따르면, "다른 신을 두지 마라"는 첫 번째 명령은 "나는 너희 하나님이라"는 주장과 동일하고, "여호와의 이름을 거짓으로/무가치하게 지니고 있지 마라"는 두 번째 명령은 "너희는 내 백성이라"는 주장과 동일하다. 왜냐하면 이름을 지니는 것은 야웨께 속해 있는 것(야웨의 성민)을 나타냈기 때문이다. 즉 명예의 상징으로 야웨의 증표를 붙이고 있음을 보여주기 때문이다. 이 점에서 표 9.2에서 확인되는 것처럼 열 가지 말씀의 처음 두 명령은 언약 공식("나는 너희의 하나님이 되고 너희는 내 백성이 될 것이다")에 대한 해설로 간주될 수 있다.

표 9.2: 언약 공식의 해설로서의 열 가지 말씀의 처음 두 명령

내 앞에 다른 신을 두지 마라	→	나는 너희 하나님이 될 것이다
내 이름을 거짓으로 지니고 있지 마라	→	너희는 내 백성이 될 것이다

첫 번째 명령에서 "엘 카나"(*'ēl qannā*, KJV. "질투하는 하나님")의 언급은 이 견해를 더욱 지지한다. 왜냐하면 히브리어 "카나"는 사람의 재산을 보호하는 행위를 언급하고, 그다음 두 번째 명령은 이스라엘이 야웨의 재산임을 암시하기 때문이다.

넷째, 스티븐 뎀스터가 최근에 제시한 주장도 살펴보아야 할 것이다.[84] 뎀스터는 열 가지 말씀이 하나님의 이름, 특히 출애굽기 34:5-7에서 하나님의 이름을 계시하는 것과 관련해서 더 깊이 해설하는 것이라고 주장한다. 살펴보면 그렇다. 그는 하나님의 정체성과 관련해서 "나는 네 하나님 여호와니라"(출 20:2)는 표현이 성경에서 처음으로 사용되고, 이어서 "너를 애굽 땅, 종 되었던 집에서 인도하여 낸"이라는 말씀이 뒤따라 나오는데 이 구절이 하나님의 이름을 설명하는 주석으로 이해된다고 주장한다.[85] 뎀스터는 첫 번째 명령은 야웨의 유일성과 이스라엘의 독점적인 경배, 곧 야웨는 한 하나님을 강조한다고 주장한다. 두 번째 명령[개신교 전통의 목록에 따르면]은 물리적 영역에서 야웨의 독보적인 비교 불가능성을 강조한다. 곧 야웨는 어떤 물리적 모방이 있을 수 없을 정도로 크신 분이다. 특히 이 명령을 지키는 동기 ― "엘 카나"[KJV, "질투하는 하나님"] ― 는 분명히 하나님의 정체성과 관련이 있다(참조. 출 34:14). 열 가지 말씀 속에는 "나를 미워하는 자"의 삼사 대까지 이르는 처벌과 "나를 사랑하는 자"의 천 대까지 이르는 "헤세드"(은혜)가 들어가 있다. 출애굽기 34:5-7에서 하나님의 이름이 계시될 때에는 이 처벌이 생략된다. 세 번째 명령[개신교 전통의 목록에 따르면]에서는 하나님의 이름은 절대로 더럽혀질 수 없는데, 그것은 하나님의 이름은 어떤 것과도 비견할 수 없기 때문이다. 죄를 지은 당사자는 벌을 면제받을 수 없다는 것을 주목하고, 출애굽기 34:6-7의 "여호와께서는 벌을 면제하지는 아니하고"에 나오는 하나님의 이름의 계시와 이것을 비교해보라. 이 접근법은 열 가지 말씀 나머지 부분에서도 유효하다. 하지만 이에 대한 명시적 언급은 빠져 있다. 또한 출애굽기 22:26-27(25-26 MT)은 성경에서 "하눈"(חנון, "자비로운", 출 34:6에서 하나님의 이름에 대한 계시처럼)이 율법을 지키는

84　2011년 2월 4일에 나눈 개인적 대화.

85　"나는 너를 애굽 땅에서 인도하여 낸 네 하나님 여호와니라"는 말씀은 하나님의 이름을 이런 형식으로 사용하는 최초의 용례로 볼 수 있다. 하지만 다른 의미에서 보면 이 말씀은 앞서 창 17:7-8에서 나타난 언약 공식의 일부를 재구성하는 것이다.

동기 관련 문맥에서 처음 등장하는 사례라는 것도 주목하라. 어쨌든 출애굽기에서의 중심 요소는 하나님의 이름을 계시하는 것이다(출 3, 6장 그리고 지금 다루고 있는 20-24장). 세이츠는 하나님의 이름은 하나님 자신의 성품에 대한 가장 개인적인 계시라고 설명했다. 따라서 하나님 이름의 계시로서의 열 가지 말씀은 동시에 야웨의 성품에 대한 계시다. 의심할 것 없이 열 가지 말씀의 구조는 다양한 분석이 동시에 가능한 용법에 따라 배열된다.

판결들(출애굽기 20:22-23:33)

"열 가지 말씀"(십계명) 다음에 "판결들"(법규)이라는 제목이 붙은 부분이 나온다. 이 부분은 열 가지 말씀의 연장이다. 비록 이 부분이 부분적으로 필연적인 또는 규범적인 진술(너는 할지니라/하지 말지니라. 예. 출 22:18-23:10)의 형태를 취하고 있지만, 다수의 부분이 조건문의 형태 곧 사례 판결, 적용 법규 또는 판례로 되어 있다(예. 출 21:2-22:17). 열 가지 말씀과 마찬가지로 제사 문제에 대한 규정(즉 절기, 출 23:10-19)이 도덕 문제와 배상 그리고 사회적 정의 문제와 결합되어 있다.

데이비스는 판결들 부분은 다른 신들의 경배의 위험성을 경고하는 것으로 시작하고 끝나는데, 이 수미상관 관계가 이 부분의 역할을 규정한다고 주장한다.[86]

존 월튼은 판결들 부분의 내용을 고대 근동의 문화 및 사회의 대응물과 비교하고 대조시키는 중대한 연구를 진행했다.[87] 앞에서 제시한 표를 여기서 다시 언급하면 다음과 같다.

---

[86] John A. Davies, *Royal Priesthood*, 112.

[87] John H. Walton, *Ancient Near Eastern Thought and the Old Testament: Introducing the Conceptual World of the Hebrew Bible* (Grand Rapids, MI: Baker, 2006).

고대 근동의 법전들

우르-남무 법	기원전 21세기
리피트-이쉬타르 법	기원전 19세기
에슈눈나 법	기원전 18세기
함무라비 법전	기원전 18세기
고대 히타이트 법	기원전 17세기
중기 아시리아 법	기원전 12세기

월튼은 이스라엘의 이웃 민족인 이집트와 메소포타미아가 남긴 이와 같은 본문들을 연구하는 데 평생을 바친 학자들에게 의존한다. 그리스-로마 세계의 유산을 갖고 있는 우리가 이 본문들을 생각할 때 이 본문들은 법전이 아니라는 데 의견이 일치된다. 왜냐하면 이 본문들은 **포괄적**이거나 **규범적**이지 않기 때문이다. 고대인들은 자료들을 편집하기를 좋아했고, 이 본문들은 법적 지혜를 형성하는 사례들을 모은 문집이다. 고대 근동의 법률 자료 전문가인 보테로는 이렇게 말한다.

[함무라비] "법전"의 저자의 관점에서 그 "법전"은 입법 질서와 관련해서 단일한 규범적 가치 그 자체를 행사하려는 것은 하나도 없었다. 하지만 그것은 모범 사례로서의 가치는 갖고 있었다. 사법 질서에 있어 교훈적이고 교육적인 면은 있었다. 법은 구체적인 현실에 적용된다. 모범 사례는 구체적인 현실에 자극을 준다. 그렇지만 그것은 완전히 다른 문제다. 결론적으로 우리는 여기서 법전을 갖고 있는 것도 아니고 법적 개혁의 헌장을 갖고 있는 것도 아니다. 다만 우리는 무엇보다 그 자체의 방식으로 법적 효력을 행사하는 본보기를 가진 조약을 갖고 있다.[88]

---

88 J. Bottéro, "The 'Code' of Hammurabi," *Mesopotamia: Writing, Reasoning and the Gods* (Chicago: University of Chicago Press, 1992), 156-184.

보테로는 법률 조약 및 점(占)과 의술에 대한 조약을 비교한다. 이 조약들은 형태와 기능이 비슷하다. 이 세 가지 조약은 모두 조건적 진술을 포함하고, 모형이나 패러다임으로 작용하는 사례를 통해 시행자에게 도움을 주려는 의도를 갖고 있다. 월튼이 다음과 같이 말하는 것과 같다.

의술 조약은 의사들에게 진단에 관해 가르치고, 점 조약은 점쟁이들에게 징조를 통해 예언에 대해 가르친다. 그리고 법률 조약은 (미래의 왕이나 궁정 관리를 막론하고) 당사자들에게 본보기가 된 복합적 사례들을 통해 법적 지혜를 가르친다.[89]

다시 보테로는 이렇게 결론을 맺는다.

설형문자 조약들은 패러다임이나 표의 형태 외에 다른 것이 아니다. 문제의 분야의 내용이 일치된 것, 과학적 판단의 관례가 형성된 것, 정확한 추론의 의미가 그것들의 결정적 현상에 따라 문제의 과학의 모든 물리적 대상에 이 동일한 판단과 추론들을 적용시키는 능력으로 동시에 획득된 것은 비슷한 정신으로 간주되는 모형들의 반복과 다양한 특수 사례로 인한 것이다.[90]

따라서 고대의 법률 조약들은 오늘날 우리가 서구 세계에서 생각하는 그런 의미의 법전이 아니라 모범적인 판결들을 통해 주어진 본보기 정의(model justice)로 교훈을 준다.

함무라비는 자신의 통치적 정의의 능력이 태양신 샤마시에게서 연원했다는 점을 보여주려고 자신의 통치와 다스림을 합법화하는 모범적인 판결들의 목록을 만들었다. 이런 의미에서 고대 근동의 법적 본문들과 지혜 문

---

89 Walton, *Ancient Near Eastern Thought and the Old Testament*, 289.
90 Bottéro, "'Code' of Hammurabi," 178.

헌 사이에 유사점이 있다.

또한 함무라비의 법률 조약이 "국법"으로 간주되지 않고, 법정이나 사회에 의무를 부과하는 것이 아니었다는 사실을 주목하는 것도 중요하다. 고대 근동의 자료들을 통해 법정 소송들을 광범위하게 연구하고 조사해보면, "법전"으로 자주 언급되는 여섯 가지 주요 법적 계약들에 대한 어떤 직접적 언급이나 호소가 전혀 없다.

표 9.3: 모세 오경과 고대 근동의 법의 문학적 배경

출애굽기 19-24장/신명기	고대 근동의 조약
본질상 하나님의 자기계시	본질상 왕의 자기 영광
거룩한 나라가 된다는 것을 의미하는 "올바른" 행위에 대한 세부적이고 체계적인 비전을 종합하는 언약 헌장	정의의 "올바른" 행사에 대한 세부적이고 체계적인 전체 비전을 종합하는 정치적 헌장
언약 규정	법률 조약
이상적인 언약 준수자를 묘사함	이상적인 왕을 묘사함
성경 편찬의 일차 목적은 성화	메소포타미아 법 편찬의 일차 목적은 정의

시내산 언약(출애굽기 19-24장)은 고대 근동 문화와 비교되거나 대조되어서는 안 된다. 월튼은 둘 사이의 몇 가지 차이점을 확인하는 데 도움을 주는 표(표 9.3)를 제공한다.[91] 출애굽기 20-23장에 나오는 이스라엘 언약은 가나안 땅에서의 삶을 위해 야웨의 지침과 토라(즉 교훈)를 구체화한 언약 규정들을 담고 있고, 이 규범적 진술들은 확실히 순종을 요구하는 의도를 담고 있었다. 그럼에도 판례법들은 철기 시대의 문화적 배경에서 하나님의 공의를 예증하고, 당시의 심리학에 제한을 받는다. 이 국면은 "법"이 영원하지 않다는 것을 보여준다.

---

[91] Walton에게 허락을 받아 *Ancient Near Eastern Thought and the Old Testament*, 293의 내용을 다듬은 것이다.

제프리 니하우스는 월튼이 법적 자료에 대해 내린 결론을 거부한다. 니하우스의 긴 반론을 요약해 인용하면 다음과 같다.

…조약 가설은 고대의 법전들에 포함된 대다수 법들의 매우 세부적인 본질에 비추어보면 부족해 보인다. 비슷한 실례가 함무라비 법전이다. 함무라비 법전의 법들은 많은 다양한 사례를 대단히 구체적인 것에 따라 제시하고, 단순한 조약의 패러다임이 아니라 그 자체가 법이다(물론 그것들이 종종 모세 율법처럼 판결의 본보기를 제공한다. 또는 실제로 세속적 법도 그렇게 판결의 본보기를 제공할 수 있다. 왜냐하면 우리는 어떤 법전도 일어날 모든 사건의 세부 사실 전체를 예견할 수 없다는 사실을 알기 때문이다). 나아가 함무라비는 자신을 "의의 왕"이라고 부른다. 샤마시가 그에게 법/정의/진실(아카드어, 키나툼[*kînātum*]) 을 주었기 때문이다"(함무라비 법전 xxxb.95-98). 이 주장은 궤변가들도 좀처럼 반박할 수 없는 주장이고, 함무라비 법전의 내용의 형식에 포함되어 있다(월튼, 『고대 근동의 사상』, 288-291을 참조하라). 우리가 "키나툼"을 "법"보다 "정의/진실"로 이해할 수 있지만, 키나툼의 역사적 용법은 무엇이 옳은지에 대한 신적 표준과 일치되는 상태를 가리킨다(『시카고 대학 동양 연구소의 아시리아 사전』, 8:383-384을 참조하라). 또한 메소포타미아의 법과 언약의 신인 샤마시가 왕에게 그것을 준다. 더구나 이 진술과 자신이 땅에 법/판결을 주었다고 말하는 왕의 진술들(『함무라비 법전』 xxvb. 60-74. 참조. 함무라비 법전 xxvb. 80-84, "내가 절차, 통치 그리고 법을 주었다")은 월튼의 진술, 곧 "우리는 고대 근동에서 샤마시(신)나 함무라비(왕)가 법수여자로 간주될 수 없었음을 발견했다"(297)는 진술과 직접적으로 모순된다.[92]

유감스럽게도 니하우스는 이 법적 자료들이 조약이라는 가설의 핵심을

---

92 Jeffrey J. Niehaus, *Ancient Near Eastern Themes in Biblical Theology* (Grand Rapids, MI: Kregel, 2008), 56-57.

이해하지 못하는 것 같다. 두 가지 주요 사안이 문제가 된다. 첫째, 니하우스는 언약과 법을 혼동한다. 그는 "모든 언약은 법, 즉 한 당사자나 두 당사자가 지켜야 하는 규정들을 포함한다"고 말한다.[93] 이것은 범주의 중대한 혼동이다. 언약 규정들은 법전의 법들과 같은 것이 아니다. 법전의 법들은 언약 규정이 아니라 계약의 요구 조건과 비슷하다. 둘째, 니하우스는 "법전"의 법들은 실제 생활에서 이끌어낸 실제 선례 또는 전례라고 말하면서 월튼의 견해에 반대하려고 애쓴다. 그러나 이 말은 "법률 조약"의 선례들은 아시리아와 바빌로니아의 많은 법정 기록을 볼 때 실제 법정 소송에서 전혀 활용되지 않았다는 월튼의 말의 강조점을 이해하지 못하고 있다. 이 선례들은 기원상 실제 선례들이 될 수 있지만, 그것들의 목적은 법정에서 사용되는 실제 법을 제공하는 데 있지 않고(아무리 실제적인 것으로 보일지라도), 왕의 정의와 지혜를 예증하는 데 있다. 물론 소송들은 구체적인 특징이 있다. 선례들은 본보기나 패러다임으로 근본적이고 자연스럽다. 게다가 니하우스는 월튼의 주장을 부정확하게 표현한다. 월튼이 샤마시나 함무라비가 법수여자로 간주될 수 없다고 말하기 때문이다. 이 진술을 하기 전에 곧 295쪽에서 [94] 월튼은 그리스-로마 시대의 유산에 기초한 오늘날 서구 사회에서 우리가 사용하는 의미로 법수여자라는 말을 사용하는 것이 아님을 보여주기 위해 "법수여자"에 따옴표를 한다. 신명기를 다루는 다음 장 마지막 부분에서 우리는 언약과 법률 조약의 형식에 함축되어 있는 문제를 조심스럽게 검토할 것이다. 니하우스는 출애굽기 19-24장과 신명기는 내용상으로는 "법전"으로 볼 수 있으나 형식상으로는 사실상 법전이 아니라는 사실과, 형식상으로는 언약으로 볼 수 있으나 사실상 내용에서는 약간의 차이가 있다는 사실을 반영하지 않는다. 마지막으로 니하우스는 "법"을 아카드어 "키나툼"에 상응하는 단어로 사용하면서 자신의 관점을 보강하지만 그가 의존하는 『시카고

---

93 같은 책, 56.

94 Walton, *Ancient Near Eastern Thought and the Old Testament*, 295.

대학 동양 연구소의 아시리아 사전』은 "키나툼"의 의미를 단지 "정확한 척도, 정의, 진실"만이라는 것만을 제시하지 결코 "법"에 상응하는 단어로 제시하지 않는다. 비록 우리가 말하고 있는 문학 장르에서 왕이 시행하는 정의를 신이 준 것으로 말할 수 있지만, 이것이 우리가 갖고 있는 법전이 왕의 법적 지혜에서 나온 조약과 반대된다는 것을 의미하는 것은 아니다. 따라서 니하우스가 『시카고 대학 동양 연구소의 아시리아 사전』에 의존하는 것은 근거가 빈약하다.

언약 비준 의식(출애굽기 24:1-11)

열 가지 말씀과 판결들을 상술한 이후에, 출애굽기는 24장에서 내러티브 형태를 취한다. 데이비스는 출애굽기 24장과 19장 사이의 긴밀한 연계성을 다음과 같이 지적한다.

> 여러 가지 면에서 출애굽기 24:1-11은 19장의 내러티브와 긴밀하게 관련이 있고, 이것은 이동을 멈춘 후에 20-23장에서 율법을 상술하면서 재개되는 것이다. 사르나는 출애굽기 24장과 19장에서 여러 번에 걸쳐 등장하는 "다바르"(דבר)의 의도적인 사용과 19장에서 7회에 걸쳐 사용되는 "야라드"(ירד, 내려오다)와 24장에서 7회에 걸쳐 사용되는 "알라"(עלה, 올라가다)가 일치하는 것을 주목했다. 이것은 출애굽기 19장과 24장을 예견과 실현으로 결합시키는 역할을 하는 특별한 수미상관 관계다. 특히 이스라엘 언약이 처음 제시되고, 이어서 완성되는 내용을 다룬 두 단원, 곧 출애굽기 19:3b-8 단원과 24:3-8 단원의 밀접한 연계성이 때때로 확인된다.[95]

---

95 John A. Davies, *Royal Priesthood*, 116.

출애굽기 24장은 두 개의 일화가 특징을 이룬다. 언약 비준 의식이 24:1-11에서 묘사된다. 24:12-18에서는 이스라엘이 하나님을 어떻게 경배할지에 대한 지침을 받기 위해 모세가 시내산으로 올라간다.

언약 비준 의식은 우리가 시내산 언약을 이해하는 데 매우 중요하다. 첫째, 모세는 열 가지 말씀과 판결들을 출애굽기 19:7-8에서처럼 언약에 동의하는 백성들에게 보고한다. 이어서 그는 열 가지 말씀과 판결들을 출애굽기 24:7에서 "언약서"로 지칭되는 문서에 기록한다. 아침 일찍 모세는 제단을 건축하고 열두 기둥을 똑바로 세운다. 추측컨대 여기서 제단은 야웨를 상징할 것이다. 왜냐하면 우리는 열두 돌기둥이 백성, 말하자면 이스라엘 열두 지파를 상징한다는 말을 듣기 때문이다. 모세는 열두 지파의 도움을 받아 번제와 화목제를 드린다. 그는 제물로 바친 소의 피를 모아 반은 제단에 뿌린다. 그다음에는 언약서를 낭독하고, 이에 백성들은 순종하고 언약 규정들을 지킬 것을 서약한다. 이어서 모세는 나머지 반의 피를 백성들에게 뿌린다/던진다. 사실 그는 실제로는 백성을 상징하는 기둥들에 피를 뿌렸을 것이다.

월키는 이때 백성에게 뿌려진 피에 관해 이렇게 말한다. "여기서 후자는 '언약의 피'로 불리는데, 그 이유는 이 피가 피를 받은 자들을 죄로부터 깨끗하게 하면서 언약 관계에 효과를 미치기 때문이다."[96] 이 해석은 그럴듯하게 보일 수 있으나 이 경우에는 본문의 증거에 의해서 유지될 수 없다. 레위기 7:12-18에 따르면 화목제는 감사의 표현이나 서약의 결과로 드려질 수 있다. 여기서는 후자가 적절한데, 그것은 언약 체결에 서약이 수반되기 때문이다. 출애굽기 24장에 언급된 제사는 속죄제나 속건제로 명시되지 않고 또는 속죄제를 드릴 때 통상적으로 사용되는 "뿌리다"("나자"[נָזָה])라는 동사가 사용되지 않는다.[97] 이 피는 백성에게만 뿌려지는 것이 아니라 야웨를

---

[96] Waltke, *Old Testament Theology*, 435.
[97] 말하자면 "뿌리다"를 의미하는 "나자"(נָזָה)가 아니라 "던지다"를 의미하는 "자라크"(זָרַק)가 사용되는데, 개역개정은 둘 다 "뿌리다"로 번역했다 — 역자 주.

나타내는 제단에도 뿌려진다. 물론 야웨는 죄로부터 깨끗하게 되실 필요가 없다. 대신 이 의식은 다음과 같은 의미를 함축한다. 피의 반은 야웨께 드리고 나머지 반은 백성들에게 준다. 이 두 상징적 행위 사이에 언약서가 낭독되고 그 규정을 지키겠다는 백성들의 서약이 이뤄진다. 여기서 이 피는 두 당사자를 결합시킨다는 것을 상징한다.[98] 출애굽기 24장의 의식과 가장 비슷한 것은 결혼식이다. 피로 연결되지 않은 두 사람이 이제 결혼 언약에 따라 어떤 다른 친족보다 더 가까운 사이가 된다. 야웨께서 이스라엘의 "고엘"(*gōʾēl*) 즉 가장 가까운 친족이 되시는 것과, 이스라엘이 단순히 한 국가가 아니라 "백성"(עַם) 즉 야웨와의 특별한 관계 속에 들어가는 친족이 되는 것은 시내산에서 맺은 언약을 통해서다.

이 해석은 백성을 대표하는 당사자가 시내산으로 올라가 음식을 먹는다는 사실로 확증된다. 언약을 체결하는 의미에서 공동으로 음식을 먹는 것에 대한 사례는 허다하다.[99] 이런 고대 근동과 성경의 관습은 오늘날 결혼식 피로연의 기초가 된다.

데이비스는 언약 비준 의식에 대해 다른 해석을 제안한다. 그는 언약 비준 의식을 이스라엘의 하나님에 대한 제사장 임직 의식으로 본다. 결론 부분에서 이스라엘을 대표한 칠십 장로는 하나님의 임재 안으로 직접 들어간다. 교차 구조가 이것을 지지하는 것으로 확인된다.

A 나아감에 대한 예상(19:1-19).

  B 보복에 대한 두려움에 대해 멀리 떨어져 있으라는 예상치 못한 경고(19:20-25).

---

[98] Walther Eichrodt, *Theology of the Old Testament,* trans. J. A. Baker, 2 vols. (Philadelphia: Westminster, 1961), 1:43, 156-157.

[99] 언약 비준으로서의 교제의 식사의 사례가 나오는 본문은 다음과 같다. 창 31:44-46; 삼하 3:12-13, 20. 왕의 즉위는 언약(삼하 3:21; 5:3=대상 11:3; 렘 34:8-18) 및 언약 비준으로서의 교제의 식사(삼상 11:15; 왕상 1:9, 25; 3:15)와 관련이 있다.

C 백성들에게 기대한 성품에 대한 계시, 그들의 두려움과 중보에 대한 탄
원(20장).

B′ 멀리 떨어짐에 대한 예상(24:1-2).

A′ 예상치 못한 보복 없는 나아감(24:9-11).[100]

하나님의 임재 앞에 나아감이 제사장이 되는 것의 핵심에 놓여 있기 때문에 이 문학적 구조는 언약 비준 의식에서 이 목표에 도달한다는 개념을 지지한다.

데이비스는 언약 비준 의식과 레위기 8장의 제사장 임직 의식에 대한 묘사 간의 병행 관계를 다음과 같이 주목하면서 자신의 견해를 더욱더 확증한다.

둘 다 몸을 씻고 옷을 입는 의식(레 8:6-9; 참조. 출 19:10), 제사(레 8:14, 23; 참조. 출 24:5), 피를 제단에 뿌림(레 8:15, 19, 24; 참조. 출 24:6), "임직 후보자"에게 피를 뿌림(레 8:23, 24, 30; 참조. 출 24:8), 그리고 이어서 야웨 앞에서 음식을 먹는 시간(레 8:31; 참조. 출 24:11)과 회막 문, 즉 하늘 성소의 복사판이 문지방에 머무르는 시간(레 8:33, 35; 참조. 출 24:10)이 있다. 또 יְהוָה וְלֹא תְמוּתוּ וּשְׁמַרְתֶּם אֶת־מִשְׁמֶרֶת(여호와께서 지키라고 하신 것을 지키라. 그리하면 사망을 면하리라, 레 8:35)는 명령이 있고, 레위기 8장이 "아론과 그의 아들들이 여호와께서 모세를 통하여 명령하신 모든 일을 준행하니라(וַיַּעַשׂ)"라는 언급으로 끝나는 것에도 평행 관계가 있다(레 8:36; 참조. 출 24:3, 7).[101]

출애굽기 24장에 나오는 의식은 이스라엘을 왕 같은 제사장으로 "임명하는" 것이라는 데이비스의 주장은 하나님의 임재 앞에 나아가지 못하는 것

---

100 John A. Davies, *Royal Priesthood*, 119.

101 같은 책, 122-123.

에서 믿을 수 없이 하나님의 임재 앞으로 나아가는 순간이라는 평범한 말로 확인된다. 그러나 위에서 언급된 레위기 8장과의 평행 관계는 신빙성이 없다. 중요한 것은 레위기 8장의 제사는 출애굽기 24장의 제사와는 현격하게 다르다는 점이다. 레위기 8장의 의식은 다음 세 가지 제물을 수반한다. (1) 속죄제(חטאת)에 바치는 소, (2) 번제(עלה)의 숫양, (3) 위임식(מלאים)의 다른 숫양. 출애굽기 24장의 제사는 단지 두 가지다. (1) 번제와 (2) 화목제(שלמים זבח)로, 둘 다 소를 제물로 바친다(제물의 수는 명시되지 않는다). 데이비스는 이렇게 말한다. "출애굽기 24장의 두 종류의 제사는 함께 묶여 죄의 제거, 즉 부정함의 상태에서 하나님의 성품인 거룩함의 상태로의 변화를 위한 의식의 특징을 갖고 있다. 두 제사는 다른 방식으로는 가능하지 않은 화목(속죄, 레 1:4) 또는 신과의 교제의 확립, 아니 사실은 왕의 존엄성의 확립에 대해 말한다."[102]

여기서 데이비스의 설명은 문제를 혼란스럽게 만든다. 레위기 1-7장에 묘사된 것과 같은 이스라엘의 제사의 의미에 대한 매우 간략하고 단순한 설명이 피터 레이하르트(Peter J. Leithart)의 『새로운 관점의 구약성경 읽기』(*A House for My Name*)에서 발견된다.[103] 당연히 **모든** 제사는 더럽고 죄악 된 인간이 하나님께 나아가고 하나님의 인정을 받는 것과 관련이 있다. 그러나 번제는 성결과 헌신이라는 개념을 전달하고, 화목제는 하나님과의 교제에 초점이 있다. 출애굽기 24장의 언약 비준 의식에서는 정화제 또는 속죄제가 완전히 빠져 있다. 거룩함은 성결 또는 헌신과 관련이 있지만 출애굽기 24장에서의 초점은 특별히 속죄, 곧 죄의 제거에 있지 않다.

데이비스는 출애굽기 24장의 식사의 중요성을 이해하기 위한 일환으로 다른 견해들을 탐구한다.

---

102 같은 책, 120.

103 Peter J. Leithart, *A House for My Name: A Survey of the Old Testament* (Moscow, ID: Canon, 2000), 87-97. 『새로운 관점의 구약성경 읽기』(CLC 역간).

출애굽기 24:11의 식사는 그 자체가 언약의 공식적 비준 행위를 구성하는 것으로 간주된다고 주장하는 것은 아무 유익이 없다. 그러나 그 문학적 배경에서 살펴보면, 이 식사는 "언약"에 대한 언급(출 24:7, 8) 이후에 곧바로 등장하고, 더 일반적으로 야웨와의 이런 관계를 기본 주제로 갖고 있는 이 전체 부분(19장부터 이어지는)을 절정으로 끌어올린다는 의견은 피할 수 없다. "베리트"라는 단어가 현재의 본문에는 빠져 있다. 물론 이것이 중요한 것은 아니다. 사무엘하 7장에서 완전히 없는 것처럼 말이다. 하지만 시편 89편이나 132편과 같은 본문들을 통해 다윗에게 인정된 "베리트" 또는 언약은 출애굽기 24장의 핵심을 구성하는 것이 분명하다. 니콜슨은 적어도 편집 차원에서 이 식사가 언약의 인용을 마무리하는 기능을 한다는 점을 인정한다. 이 어려움은 어느 정도 언약의 본질에 관한 근거 없는 몇몇 가정들과 관련이 있고, 우리는 여기서 (시내산 언약의 유효한 언약 패러다임으로 유일하게 대중적으로 간주되는) 종주국 조약과 밀접하게 유비적인 어떤 요소를 갖고 있다고 추정하는 것을 경계해야 한다. 우리는 이 본문이, 최소한 이 본문의 최종 형태에서, 이 식사와 관련이 있는 "언약"의 본질에 관해 스스로 말하도록 해야 한다.

지금 전체 시내산 사건을 이스라엘의 왕-제사장 성격의 인정과 확증하는 것을 보여주는 이해에 따라서 이 식사는 이스라엘에 대해 이미 행해진 선언의 요지를 추가로 예증하는 사건으로 간주될 수 있다. 즉 그 식사가 제안하는 게 그 어떤 것이라 하더라도, 그것은 다른 무엇보다 이스라엘이 하나님의 수행원이나 제사장으로서 하나님의 영역에 제한 없이 나아갈 수 있게 된 것을 분명히 암시한다.[104]

데이비스는 이 식사가 하나님께 은혜로 나아가게 된 것을 보여준다는 태도를 확실히 고수한다. 하지만 그는 제사와 제물의 피가 두 당사자 모두에게 뿌려진 것을 주목하지 못하면서 중요한 사실을 놓친다. 이스라엘의 제

---

[104] John A. Davies, *Royal Priesthood*, 134.

사에 대한 레이하르트의 설명에 주목해보자.

성막에서 이스라엘은 주로 짐승들을 가져와 죽이고 제단에서 그것들을 불로 태워서 하나님을 경배한다. 이런 종류의 경배는 종종 "제사"로 불리지만 이것이 정확히 맞는 말은 아니다. 성경에서 "제사"는 제물을 바친 뒤에 식사가 이어지는 것을 가리킨다. 식사가 없으면 제물을 바치는 것을 "제사"로 불러서는 안 된다.

이스라엘의 예배를 이해하려면 우리는 모든 짐승 제물에 사용되는 두 개의 단어를 이해할 필요가 있다. 첫 번째 단어는 히브리어 단어 "코르반"(*qorbān*, 레 1:2; 2:1; 3:1-2; 4:23; 5:11; 7:38)이다. 이 단어는 "선물" 또는 "가까이 가져온 것"을 의미한다. 이스라엘에서 선물(gift)은 매우 중요한 것이다. 이것은 단순히 우리가 생일에 받는 것과 같은 "선물"(present)이 아니다. 두 사람이 선물을 교환할 때 이 선물은 우정을 형성하거나 우정을 지속시킨다. 선물 교환은 어떤 사람과 "언약"을 맺는 하나의 방식이다. 이것은 결혼식에서 신랑과 신부가 반지를 교환하는 것과 같다. 하나님은 시내산에서 이스라엘과 언약을 맺으신다. 따라서 이스라엘은 하나님의 "신부"가 된다. 이스라엘의 남편으로서 야웨는 많은 선물을 약속하신다. 이스라엘은 "결혼" 언약이 유지되기 위해 선물을 받을 것이다.[105]

레위기 8장의 제사장 위임식에는 제사가 없다. 즉 의식에 식사가 포함되어 있지 않다. 레이하르트는 시내산에서 이루어진 언약 체결을 결혼이나 혼인의 관점에서 묘사하는 것을 목표로 삼고 있다. 확실히 에스겔 및 호세아와 같은 후기 예언자들은 언약 체결을 이런 식으로 본다. 그리고 레이하르트가 계속해서 주장하는 것처럼 우리는 생일, 기념일, 결혼일과 같은 중요한 사건들을 기념할 뿐만 아니라 그런 날에 가족이나 친구들과 식사를 하면서 시간을 즐긴다.[106] 이스라엘을 대표하는 칠십 장로는 하나님과 함께 식사

105　Leithart, *House for My Name*, 87.
106　같은 책, 88.

를 하는데, 그것은 그 식사가 **가족**의 친분 관계, 즉 하나님과의 **결혼 관계를 기념하는** 것이기 때문이다. 데이비스의 해석이 정확하지 않은 것은 아니지만 너무 한정되고 제한적이어서, 문화의 포괄적 배경과 성경의 메타내러티브를 고려하지 못하고 있다. **한** 제물의 피가 **두** 당사자에게 뿌려지는 것은 두 당사자 간의 관계가 이제 혈연관계나 친족 관계만큼 가깝다는 것을 상징한다. 호세아서의 메시지가 대담하게 선포하는 것처럼 시내산 언약은 이스라엘을 하나님의 백성으로 만든다. 즉 이 친족의 호칭은 그들이 야웨의 친족이라는 것을 보여준다. 결혼 언약의 위반, 곧 간음은 그들을 "내 백성이 아니게" 만든다(호 1:9).

포괄적인 이야기 안에서 본 시내산 언약: 이스라엘 언약의 형식의 중요성

출애굽기와 신명기에서 주어진 언약의 형식을 관찰해보는 것이 모세 언약에 대한 적절한 이해에 중요하고 옛 언약과 새 언약의 상호 관계를 파악하는 데 근본적이다. 출애굽기와 신명기의 형식과 문학적 구조는 다음과 같은 점들을 보여준다.

(1) 십계명은 법규들에 근본적이고, 반대로 법규들, 곧 판례법은 십계명을 삶의 모든 분야에 실제로 적용하고 확대한다. 그럼에도 우리는 십계명을 "영원한" 것으로 취급할 수 없고, 법규들은 "한시적인" 것으로 취할 수 없다. 왜냐하면 둘 다 하나님과 이스라엘 사이에 맺어진 협정 또는 언약을 구성하는 요소이기 때문이다.

(2) 율법을 (a) 도덕법, (b) 시민법, (c) 의식법으로 분류하고 구분하는 것이 일반적이다. 하지만 이런 분류는 성경의 내용에 맞지 않고, 성경의 내용과 본문의 문학적 구조의 특징에서 분명하게 파생된 것이 아니라 성경의 외부 자료에 있는 내용이 성경에 유입된 것이다. 사실 의식법, 시민법, 도덕법은 판결들, 곧 법규 부분만이 아니라 열 가지 말씀 즉 십계명에도 혼

합되어 있다(안식일 규정은 적절하게 의식법으로 분류될 수 있다). 의식법과 시민법 그리고 도덕법을 구분하자고 주장하는 이들이 그렇게 구분하는 것은 그들이 의식법(그리고 어떤 경우에는 시민법)은 지금은 더 이상 사용되지 않고 도덕법만 영원하다는 것을 주장하고 싶어하기 때문이다. 유감스럽게도 존 프레임(John Frame)은 권위 있는 연구서 『기독교 윤리학』(*The Doctrine of the Christian Life*, CLC 역간)에서, 그리고 브루스 월키는 권위 있는 연구서 『구약신학』에서 이 전통을 고착화시킨다.[107] 이것은 이 점에 대해 성경을 부정확하게 제시하는 것이다. 출애굽기 24장은 분명히 언약서는 열 가지 말씀과 판결들로 구성되어 있음을 암시하고, 이것은 예수께서 완전히 이루셨다고 선언하는 언약(열 가지 말씀과 판결들)이며,[108] 히브리서도 이 언약이 새 언약으로 말미암아 이제 폐지되었다고 선언한다.[109] 우리가 성경의 가르침을 정확히 제시하기 위해 말할 수 있는 것은 옛 언약에 요약되고 담겨지고 정리된 하나님의 의는 여전히 변함이 없다는 것과 이 동일한 의가 이제는 새 언약에 요약되고 담겨 있다는 것이다.[110]

(3) 우리가 내용 및 형식과 관련해서 출애굽기와 신명기를 당시 고대 근동의 문서들과 비교할 때, 다음 두 가지 특징은 비슷한 점이 없다.

---

107 John M. Frame, *The Doctrine of the Christian Life* (Phillipsburg, NJ: P&R, 2008), 213-217. Frame은 "웨스트민스터 신앙고백에서 [도덕법, 의식법], 시민법을 구분하는 것은 얼핏 보아도 좋은 구분"이라고 말한다(213). 하지만 그는 나중에 "모세 오경의 율법은 분명히 도덕법, 시민법 또는 의식법으로 분류되지 않는다"는 사실을 인정한다(214). 결론적으로 그는 옛 언약으로부터 오늘날 그리스도인들에게 적용할 수 있는 것과 없는 것을 가려내는 명확한 기준을 제공하려고 애쓴다. 또한 Waltke, *Old Testament Theology*, 434, 436도 보라.

108 마 5:17.

109 히 8:13.

110 Waltke는 열 가지 말씀(십계명)은 하나님의 성품과 마음의 표현이라고 말하지만 그의 접근법은 옛 언약이 오늘날 우리에게 어떻게 적용되는지에 대한 성경적 기준을 제공하지 못한다 (Waltke, *Old Testament Theology*, 413을 보라). 십계명을 포함해 율법은 **하나의 법전으로서** 우리에게 적용되지 않는다. 그러나 이 법전 속에 담겨진 의는 지금 새 언약에 있는 우리에게도 소중하다.

a) 내용과 관련해서, 성경 문서들은 고대 근동 법전들과 동일하지만 법전 형태를 취하지 않는다.

b) 형식과 관련해서, 성경 문서들은 고대 근동의 언약 또는 국제 조약들과 동일하지만 내용은 다르다.

이것은 굉장히 유익한 것이다. 하나님은 자기 백성 가운데서 자신이 왕으로 다스리기를 바라신다. 그분은 자기 백성의 삶과 생활방식을 인도하고 지도하며 가르치기를 원하신다. 하지만 그분은 사랑과 충성 그리고 신뢰의 관계라는 배경에서 그런 것들을 하고자 하신다. 이것은 고대 그리스와 로마의 법전이나 고대 근동의 법전과는 완전히 다르다. 그 법전들은 모든 시민을 속박하고 지배적인 권세로부터 형벌을 시행하는 비인격적인 행위의 법을 보여준다. 우리는 토라가 단순히 "법"이 아니라 오히려 자기 백성의 아버지와 왕으로서 하나님이 주신 인격적 "교훈"을 의미한다는 것을 항상 기억해야 한다. 따라서 "언약의 교훈"과 같은 말이 더 유용할 것이다.[111]

옛 언약에 대한 우리의 관점은 문화적 배경과 성경 본문의 언어를 적절하게 주의하고, 또 동시에 성경 본문 자체의 문학적 구조를 우리에게 알려주며 성경 본문의 위치를 포괄적인 이야기에서 고려하도록 만드는 정확한 주석으로 확대된다. 이 성경-신학적 뼈대가 특별히 중요한 것은 거기서 우리가 십계명을 하나님과 인간 사이의 관계와 인간과 인간 사이의 관계를 도덕 원리로 결정하는 데 있어 근본적인 요청으로 볼 뿐만 아니라 참된 사회정의의 기초와 아담적 인물인 하나님의 아들과 딸이 되는 것, 즉 참되고 진정한 인간이 되는 것이 무엇을 의미하는지의 기초로 보기 때문이다.

---

111 Waltke는 이런 매우 중요한 점을 *An Old Testament Theology,* (Grand Rapids, MI: Zondervan, 2007), 405의 확대된 각주에서 강력히 제시한다. 그럼에도 옛 언약과 새 언약의 관계에 대한 Waltke의 설명은 적절하게 통합되어 있지 않다.

10장

이스라엘(모세) 언약:
신명기

서론: 그 내용의 핵심과 그 핵심의 내용

우리는 이스라엘(모세) 언약과 관련된 내용의 핵심과 그 핵심적 내용을 신명기에서 마주한다. 특히 신명기 6:4 이하는 아마 구약성경의 핵심 본문일 것이다. 나는 수사적 효과나 학자로서 내 견해를 드러내기 위해 이것을 말하는 게 아니다. 우리 주 예수 그리스도께서 친히 땅에서 제공하신 교훈과 가르침에서 그렇게 말씀하셨다(마 22:34-40). 예수와 사도들이 자기들이 어떻게/왜 이 결론에 이르게 되었는지를 발견한 것처럼 우리도 그들을 통해 구약성경을 해석하는 법을 배워야 한다.

존 번연의 고전 『천로역정』을 보면 "크리스천"은 "복음전도자"에게 다가올 진노를 피해 천성으로 가는 길을 찾아가라는 가르침을 받기 전까지 멸망의 성에서 살고 있다. 크리스천은 수렁과 벌판을 떠나 작은 문으로 향한다. 그는 이 문을 통과하면 천성으로 가는 여행을 시작할 것이다. 우리는 신명기 6:4-9이 구약성경의 영적인 대로(즉 메타내러티브)로 나아가는 작은 문과 같다고 말할 수 있다.

1. 신명기의 기록 연대

구약 학자들은 신명기의 최종 형태가 기원전 5세기에 주어졌다는 데 생각이 일치한다.[1] 이것은 적절하지 않은 판단이다. 신명기 본문의 문학적 형

---

[1] 다음 자료들을 보라. M. Weinfeld, *Deuteronomy 1-11: A New Translation with Introduction and Commentary*, Anchor Bible 5 (New York: Doubleday, 1991), 12-13; 같은 저자, "Book of Deuteronomy," *The Anchor Bible Dictionomy*, ed. David N. Freedman (New York: Doubleday, 1992) 2:168-183; Duane L. Christensen,

태/구조는 서로 배타적이지 **않은** 다양한 관점들(즉 훈계/설교 대 조약)에 따라 분석될 수 있다. 신명기 본문의 특징에 따르면 신명기는 모세가 제공한 세 개의 설교 또는 담화로 나뉠 수 있다. (1) 1:1-4:43, (2) 4:44-26:19, (3) 27:1-30:20. 반드시 경쟁 구조를 이루는 것은 아니지만 이와 다른 견해를 언급하면, 그것은 기원전 14세기의 히타이트 족속 사이에 통상적이었던 종주-봉신 조약의 형태를 가진 것으로 신명기를 분석하는 견해다. 신명기의 문학적 구조를 이런 식으로 해석하는 학자들 중 한 사람이 키친(K. A. Kitchen)이다(표 10.1.a).[2]

표 10.1a: 종주-봉신 조약의 한 형태로서의 신명기(키친)

1. 표제	1:1-5
2. 역사적 서언	1:6-4:43

3. 규정
  a. 기본 규정
  b. 세부 규정
	
	4-11장
	12-26장

4a. 본문 기록	31:9, 24-26
4b. 공적 낭독	31:10-13
5. 증인들	31:16-30, 특히 26절, 32:1-47

6. 복과 저주
  a. 복
  b. 저주
	
	28:1-14
	28:15-68

그러나 내가 신명기 본문을 분석한 것은 신명기 27장을 본문 기록 및

Deuteronomy 1:1-21:9, rev. ed., WBC 6A (Nashville: Thomas Nelson, 2001), 1xviii; Gordon J. Wenham, Exploring the Old Testament: A Guide to the Pentateuch (Downers Grove, IL: InterVarsity Press, 2003), 1: 187-195.

2 K. A. Kitchen, Ancient Orient and Old Testament (Downers Grove, IL: InterVarsity Press, 1966), 96-98; 같은 저자, The Bible in Its World: The Bible and Archaeology Today (Downers Grove, IL: InterVarsity Press, 1977), 82; 같은 저자, On the Reliability of the Old Testament (Grand Rapids, MI: Eerdmans, 2003), 283-289을 보라.

공적 낭독에 해당되는 것으로 간주하고 증인에 대한 호소 부분은 빠져 있는 것으로 결론짓는다. 따라서 형식적인 면에서 보자면 조약 구조의 패턴이 신명기 28:68에서 끝날 것이다. 이 분석은 표 10.1b에서 확인할 수 있다.

표 10.1b: 종주-봉신 조약으로서의 신명기(젠트리)

1. 표제	1:1-5
2. 역사적 서언	1:6-4:43
3. 규정 　a. 기본 규정 　b. 세부 규정	 4:44-11:32 12-26장
4a. 본문 보관	27:1-8
4b. 공적 낭독	27:9-26
(증인들	30:19)
복과 저주 　a. 복 　b. 저주	 28:1-14 28:15-68

핵심으로 다음과 같은 것을 주목해야 한다. 곧 그것은 야웨 이외에는 그 어떤 신도 존재하지 않으므로 그 어떤 신들에게 호소할 수 없고, 이 부분은 정의상 야웨와 이스라엘 간의 언약 또는 조약의 한 부분이 될 수 없다는 것이다. 이것이 신명기에서 증인들 부분이 빠져 있는 이유를 설명해준다.

스티븐 게스트(Steven Guest)는 고대 근동의 조약들을 고려하면서 신명기의 문학적 구조에 대해 매우 깊이 있는 연구를 최근에 했다. 그의 연구는 나의 연구와 매우 비슷하다(표 10.1c).[3]

3　Steven W. Guest, "Deuteronomy 26:16-19 as the Central Focus of the Covenantal Framework of Deuteronomy" (박사학위 논문, The Southern Baptist Theological Seminary, 2009), 55. 저자에게 허락을 받아 사용한다.

표 10.1c: 종주-봉신 조약으로서의 신명기(게스트)

1. 전문	1:1-5
2. 역사적 서언	1:6-4:44
3. 규정 　a. 일반 규정 　b. 세부 규정	 4:45-11:32 12:1-26:19
5. 증인에 대한 호소	27:11-26
6. 복과 저주	28:1-69 (EV 29:1)
7. 엄숙한 맹세 의식	29:1 (EV 29:2)-30:20

게스트는 신명기 27:11-26은 증인에 대한 호소 부분을 구성하고, 다른 가능성이 없으므로 이 호소는 야웨 자신에게 하는 호소라고 주장한다.

이 의식을 위해 지파를 나눈 것은 교훈을 위한 것이다. 지파 중 반은 백성들을 축복하기 위해 그리심산에 서고, 나머지 지파들은 저주를 선포하기 위해 에발산에 서야 한다. 그리고 레위인들이 복을 낭송하는 것이 신명기 27장에 기록되어 있지 않지만, 이 복이 선포되지 않았다고 주장할(침묵 논증으로부터 나온 주장을 제외하고) 하등의 이유는 없다. 반복된 촉구는 이스라엘 공동체가 언약의 규정들을 어기며 행동하는 자들과 분리되게 해달라고 야웨께 전하는 간청으로 이해될 수 있다. 다시 말하자면 공동체는 야웨께 언약의 시행자로 행하실 것을 간청하는 것이다.[4]

나와 게스트의 분석이 제안하는 신명기의 문학적 구조는 사실상 기원전 14세기의 히타이트 족속에서 통상적이었던 종주-봉신 조약의 구조와 동일한 것으로 논증된다.

제기될 수 있는 질문들이 신명기의 기록 연대에 관한 주된 요점에 영향

4　같은 책, 62-63.

을 미치지 못한다고 해도, 나와 게스트가 제공한 신명기 27장에 대한 분석이 완전히 만족스러운 것은 아니다. 다음 문제들은 대니얼 I. 블록과의 대화에서 제기되었던 것이다.

그러나 만일 이것[즉 신명기 27장]이 히타이트 조약의 기록 조항과 동등한 것이라면, 토라를 돌판에 새긴 것은 확실히 다른 기능을 수행합니다. 이 단회적인 사건(수 8장) 이후에 이스라엘 백성이 언약 갱신이나 재회부하는 의식을 위해 그곳으로 돌아오는 것으로 늘 가정되었다는 암시는 전혀 없습니다.…저는 모세가 시내산에서 만들어진 돌판 문서에 의존한다고 실제로 생각합니다(참조. 신 10:1-6). 확실히 모세가 여기서 십계명 돌판으로 행하는 것은 히타이트 종주국의 봉신들이 자기들의 문서로 행하는 것, 곧 종주국에 대한 자기들의 의무를 스스로 상기하는 일을 행하는 것으로 추정되었습니다. 원 문서가 이 언약 갱신 사건을 지배하기 때문에, 기록 조항이 특별히 필요하지는 않습니다. 물론 이 역할이 신명기 31:9-13에 의해 행해지지 않는다면 말이죠. 결론적으로 신명기는 고대 근동 조약들의 구조 및 특징을 광범하게 갖고 있지만 교훈적이고 수사적인 관심사가 법적 문제를 능가합니다.[5]

따라서 신명기 27장이 기록 조항이라면, 기록 조항의 기능에 대한 추가 조사가 요구된다.

K. A. 키친은 조약들의 형식을 폭넓게 분석했다. 흥미로운 것은 고대 근동의 조약들의 문학적 형식이 세월이 흐르면서 변한다는 것이다. 이것은 표들을 보면 쉽게 설명될 수 있다. 먼저 표 10.2는 고대 근동에서 3천 년에 걸쳐 체결된 언약들/조약들과 법률 조약들의 포괄적 목록을 제공한다.[6]

---

5 2011년 1월 21일에 Daniel I. Block과 개인적으로 나눈 대화.
6 Kitchen, *On the Reliability of the Old Testament*, 285. 저자에게 허락을 받아 다듬었다.

표 10.2: 고대 근동의 언약들/조약들과 법률 조약들

단계	연대	문서들의 목록
I. 원시: 조약들	대략 2500-2300년대	A. 동쪽: 에안나툼/움마, 나람-신/엘람 B. 서쪽: 에블라와 아바르살
II. 초기: 법들	대략 2100-1700년대	후기 3차: 우르-남무 초기 2차: 리피트-이쉬타르, 함무라비
III. 초기: 조약들	대략 1800-1700년대	마리와 텔 레일란의 여러 조약 2 고 바빌로니아 조약
IV. 중간: 조약들	대략 1600-1400년대	2 북 시리아 조약(알라라크) 4 히타이트 조약 (아나톨리아, 실리시아)
V. 중기: 조약들	대략 1400-1200년대	31+히타이트 조약, 아나톨리아, 이집트, 시리아
VI. 후기: 조약들	대략 900-650년대	A. 동쪽: 10 메소포타미아 조약 B. 서쪽: 3 세피레 아람어 조약

그다음 초기 법률 조약들의 문학적 구조는 표 10.3처럼 제시될 수 있다.[7]

표 10.3: 초기의 법률 조약들의 문학적 구조

우르-남무	레피트-이쉬타르	함무라비
[1. 전문(소실)]	1. 전문	1. 전문
2. 서언: 신학적 서언 역사적 서언	2. 서언: 신학적 서언	2. 서언: 신학적 서언
3. 법들	3. 법들	3. 법들
(소실)	9. 끝맺음 말	9. 끝맺음 말
(소실)	6b. 복	6b. 복
(소실)	6c. 저주	6c. 저주

---

7   같은 책, 287. 저자에게 허락을 받아 다듬었다.

마지막으로 표 10.4와 10.4b는 단계 III에서 VI까지의 조약들의 형식과 문학적 구조를 제시한다.[8]

표 10.4a: 단계 III과 IV

III 단계		IV 단계	
마리/레일란		북시리아	히타이트
5. 증인	7. 서약	1. 표제	1. 표제 5. 증인
3. 규정		3. 규정	3. 규정
6c. 저주		6c. 저주	7. 서약 6c. 저주

표 10.4b: 단계 V와 VI

단계 V	이스라엘 언약	단계 VI: 서쪽	단계 VI: 동쪽
히타이트 조약들	출애굽기 20장 신명기	세피레	아시리아
1. 표제	1. 표제	1. 표제	1. 표제
2. 역사적 서언	2. 역사적 서언	5. 증인	5. 증인
3. 규정	3. 규정	6c. 저주	3. 규정
4. 보관/낭독	4. 보관/낭독	3. 규정	6c. 저주
5. 증인	5. 증인		
6c. 저주	6b. 복		
6b. 복	6c. 저주		

이 두 가지 중요한 자료는 확실한 자료를 분명히 고찰했다. 첫째, 조약들의 형식과 문학적 구조는 세월이 흐르면서 바뀌고, 신명기의 형식은 오직 후기인 기원전 14세기 자료와 가장 잘 일치된다. 신명기의 형식은 기원전

---

8   같은 책, 287-288. 저자에게 허락을 받아 다듬었다.

14세기 이전이나 이후 조약들과는 일치되지 않는다.

둘째, 신명기의 형식은 분명히 히타이트의 종주-봉신 조약의 형식을 따르지만, 실제로 그것은 그 시대의 법률 조약과 정치 조약의 혼합 또는 결합을 보여준다. 복과 저주의 순서가 법률 조약의 순서와 일치되기 때문이다. 소수의 복과 다수의 저주가 들어 있다는 사실은 종주-봉신 조약과 일치하지만 말이다. K. A. 키친은 그것을 다음과 같이 표현한다.

시내산에서 맺은 언약은 단순히 법도 아니고 그렇다고 당연히 조약도 아니다. 이 언약은 집단 관계의 더 깊은 측면, 즉 사회-정치-종교적 언약을 일으킨 이 둘의 **융합**을 보여준다. 이 맥락에서 법과 조약 그리고 언약은 세 폭짜리 그림을 구성하는 세 부분이다. 법은 집단 내의 집단 구성원 간의 관계를 규정한다. 조약은 정치적으로 구별된 두 집단의 구성원(또는 원래 봉신들) 간의 관계를 규정한다. 그리고 이 맥락에서 언약은 집단과 그 집단을 지배하는 신의 관계를 규정한다. 따라서 시내산에서 맺은 언약은 경배를 통해 신을 섬긴다는 의미에서 "종교적"이다. 언약의 의무적 내용이 실제 삶의 규칙(법)이라는 점에서 사회적이다. 그리고 신이 집단에 대해 배타적인 주권자로서 역할을 한다는 점에서 정치적이다. 이 융합은 특히 세 가지 세부 사실로 드러난다. 첫째, 내용의 **종합적** 틀과 주요 범주는 기원전 14세기/13세기의 조약 형식에서 기인한다. 둘째, 규정의 법적 내용은 조약이 아니라 법에서 파생되고, 시내산에서 맺은 언약이 짧은 복과 긴 저주를 사용하는 것(히타이트 종주-봉신 조약의 대체로 동등한 저주와 복과 달리)은 더 오래된 법 모음집의 시행으로 돌아간다. 셋째, 이 최종적 비준이 있기 전에 중간 끝맺음 말을 사용하는 것 역시 조약이 아니라 더 오래된 법 모음집으로 돌아가는 것이다.[9]

이에 대해서는 나중에 더 말할 것이 있으나 고대 근동에서 나온 증거는 신명기가 본문의 내적 증거가 나타내는 시대, 곧 모세 시대에서 기원한다는 사실을 강력히 제시한다.

2. 신명기 — 구약성경의 중심

신명기는 메타내러티브 및 신학과 관련해서 구약성경 전체의 중심이다.

첫째, 신명기는 모세 오경 또는 성경전서의 처음 다섯 책을 절정과 결론으로 이끈다. 창세기에 따르면 하나님은 자신의 복과 구원을 땅 끝까지 전파할 땅을 주시려고 아브라함을 부르셨다. 신명기에서 아브라함의 가족은 드디어 그 땅으로 들어갈 준비를 하고 있고, 그들은 땅 끝까지 복이 되고 구원을 전할 수 있도록 그 땅에서 어떻게 살아야 할지에 대한 지침을 받는다.

출애굽기는 하나님이 이스라엘을 이집트에서 어떻게 구원하셨고, 그 결과 그들이 하나의 산(시내산)에 이르러 그분을 경배하고 거룩한 백성과 왕 같은 제사장으로 살라는 그분의 말씀에 일치해 살기 시작한 것을 서술한다. 이스라엘이 하나님을 경배하는 것에 대한 추가 교훈과 야웨께서 주시는 언약에 어떻게 헌신할지에 대한 세부 지침이 레위기에서 주어진다. 그리고 신명기는 이처럼 출애굽기와 레위기에서 주어진 언약을 보완한다. 곧 신명기가 그 언약을 마무리한다(신 28:69[EV 29:1]). 나아가 민수기의 주제인 광야 여정은 이스라엘을 바로 이 지점으로 이끈다. 따라서 신명기는 모세 오경의 절정이다.

역사서 곧 여호수아서와 사사기, 사무엘서 그리고 열왕기서(히브리 정경에서 전기 예언서로 알려진 책들)는 이스라엘 언약의 관점, 특히 신명기에 주어진 관점에 기초하고 평가한 이스라엘의 역사를 보여준다. 예를 들어 이스라엘과 유다는 신명기 12장의 예배의 중앙화의 명령을 기초로 평가된다. 곧 이스라엘은 여로보암이 세운 중심지에서 예배를 드리고 유다는 높은 산지에서 예배를 드린다. 이스라엘 왕국의 역사는 신명기 17장에 따라 평가된다. 예언의 말의 효력은 신명기 18장을 기초해서 평가된다(예. 왕하 24:2). 신명기의 관점이 저자들에게 "역사 서술의 방법/철학"을 제공하기 때문에 여호

9　Kitchen, *On the Reliability of the Old Testament*(강조는 Kitchen의 것이다).

수아서에서 열왕기까지를 "신명기 역사"로 지칭하는 것이 학자들 간의 통상적인 견해다. 그러나 학자들이 완전히 엇갈리는 것은 신명기의 기록 연대를 기원전 6세기나 5세기로 잡는 데 있다. 그렇지만 신명기가 최초로 기록되었고, **이후로** 이스라엘 역사는 구약 정경의 이 중심 문서의 관점에 따라 기록되었다.

이스라엘 언약, 특히 신명기에 구성되어 있는 이스라엘 언약의 표현이나 형식은 또한 후기 예언서 곧 이사야서, 에스겔서, 열두 소예언서의 기초와 토대이기도 하다. 예언자들의 주요 관심사는 이스라엘 백성들에게 이스라엘 언약을 상기시키는 것이었다. 이스라엘 백성들은 끊임없이 우상을 섬기고 언약 규정을 이행하지 않으면서 이스라엘 언약을 어겼다. 클라우스 베스터만이 『예언의 기본 형태』에서 매우 적절하게 보여준 것처럼 예언의 약속과 경고 그리고 심지어는 예언의 문장들은 모두 신명기에 기초한다.[10] 이에 대한 한 가지 적절한 실례는 예언자 예레미야가 가장 선호하는 "그들의 (악한) 마음의 완악함이"라는 표현이다(렘 3:17; 7:24; 9:14, 11:8; 13:10; 16:12; 18:12; 23:17). 이 표현은 신명기 29:18에서 연원하고, 구약성경 다른 곳에서는 오직 시편 81:13(EV 81:12)에서만 나타난다.[11]

시편 저자는 야웨의 토라—"그의 율법을 주야로 묵상하는도다"(시 1:2)—에 대해서 말할 때, 그는 신명기를 언급하고 있다. 신명기는 시편 중 가장 긴 시편 119편에서도 칭송된다.

브루스 월키는 잠언의 신학과 가장 긴밀하게 관련이 있는 책이 신명기라는 것을 설명했다.[12] 잠언은 왕과 왕비가 함께 자기 아들을 야웨의 길로

---

10 Claus Westermann, *Basic Forms of Prophetic Speech*, trans. Hugh Clayton White (Louiville: Westminster John Knox, 1991).

11 예레미야서에 나오는 신명기 어구의 목록에 대해서는 Louis Stulman, *The Prose Sermons of the Book of Jeremiah: A Redescription of the Correspondences with the Deuteronomistic Literature in the Light of Recent Textual Research*, SBL Dissertation Series 83 (Atlanta: Acholars Press, 1986), 31-44을 보라.

12 Bruce K. Waltke, "The Book of Proverbs and Old Testament Theology," *Bibliotheca*

안내하는 교훈을 담고 있다. 이스라엘 언약의 토라, 곧 교훈(신명기)은 야웨의 길을 따르도록 아들을 매혹시키는 아름다운 여인으로 묘사된다. 야웨의 길을 따르지 못하는 것은 단순히 미련하고 어리석은 것으로 그치지 않고 야웨께 죄를 범하는 것으로서 사람의 모든 길에 손실을 가져온다. 마찬가지로 아가서도 결혼 관계에 있어 지혜의 길을 제시한다. 그리고 욥기에 관해 말한다면 언약과 관련된 "고엘"(기업 무를 친족) 개념이 없으면 욥기의 고난에 대한 가르침은 김이 빠진 것과 같을 것이다. 엄밀히 말해 이스라엘은 시내 산에서 언약을 맺으면서 야웨와 결혼하고 "그의 백성"이 되기 때문에 지금 야웨는 그들을 빚과 고난에서 벗어나게 할 가장 가까운 친족이시다.

나머지 구약성경에 대한 신명기의 중심적 위치는 아마 다음과 같은 도표로 나타낼 수 있을 것이다.

신명기와 창세기(땅의 약속, 땅에 들어감)

신명기와 출애굽기-레위기(언약의 추가)

신명기와 민수기(광야 여정의 종료)

여호수아서-열왕기의 기초로서의 신명기(신명기 역사)

예언서의 기초로서의 신명기

지혜 문헌의 기초로서의 신명기

3. 신명기 6:4-5 — 신명기의 중심

우리가 종주-봉신 조약이라는 형식의 관점에서 신명기를 본다면, 신명기 6:5의 **명령**("너는 마음을 다하고 뜻을 다하고 힘을 다하여 네 하나님 여호와를 사랑하라")은 이스라엘 언약의 일반 규정을 제시하는 부분에서 전문과 역사

Sacra 136 (1979): 302-317.

적 서언 **직후에** 위치한다. 신명기 6:5의 명령은 사실 이 부분에서 출애굽기
19-24장에서 **반복된** 내용 이후로 주어진 **첫 번째** 명령이자, 모든 언약 규정
중 **가장 중요한** 명령, 곧 야웨께 온전히 헌신하고 충성라는 명령이다. 신명
기 6:5의 명령은 이스라엘 언약의 모든 요청과 규정의 기초다.[13] 모세는 신
명기 4:45-11:32 부분에서 **이 한 가지 요청**을 가능한 한 충분히 해설하는
데 관심을 두고 있다.

종주-봉신 조약들의 분석의 선구자인 빅토르 코로첵[14](Viktor Korošec)은
조약의 이 부분에 관해 다음과 같이 진술한다.

> 묘사가 의미하는 것은 바로 다음과 같다. 곧 봉신은 이미 받은 혜택과 배려 그리
> 고 호의로 말미암아 종주국 왕에게 계속 감사해야 할 의무가 있다. 이에 따라 봉
> 신이 종주국 왕에게 바치는 헌신은 당연한 논리적 귀결로 제시된다.[15]

신명기 6:5을 문학적 구조의 문맥에 놓는 것은 우리가 예상할 수 있는
것처럼, 예수께서 옳았다는 것을 입증한다. 곧 위대하신 왕에게 온 마음을
다해 헌신하는 것, 이것이 첫째 되는 가장 큰 계명이다.[16] 따라서 지금까지

---

13 일부 학자들은 특수 규정을 담은 부분(12-26장)은 열 가지 말씀/십계명에 따라 배열되어 있
    다고 주장했다. Stephen A. Kaufman, "The Structure of the Deuteronomic Law," *Maarav*
    1/2 (1978-1979): 105-158; John H. Walton, "Deuteronomy: An Exposition of the Spirit
    of the Law," *Grace Theological Journal* 8/2 (1987): 213-225을 보고, 또 보다 최근에 나
    온 John D. Currid, *Deuteronomy* (Darlington, UK: Evangelical Press, 2006)도 보라. 그
    러나 Daniel I. Block은 이런 요인을 찾지 않는다. Block, *Deuteronomy,* NIV Application
    Commentary (Grand Rapids, MI: Zondervan, 2012), 301-302을 보라. 또한 Jeffrey H.
    Tigay, *Deuteronomy=[Devarim]: The Traditional Hebrew Text with the New JPS
    Translation* (Philadelphia: Jewish Publication Society, 1996)에서 관련 부분을 참조하라.

14 Viktor Korošec, *Hethitische Staatsverträge: Ein Beitrag zu ihrer juristischen Wertung*
    (Leipzig, Germany: T. Weicher, 1931).

15 George E. Mendenhall, "Covenant Forms in Israelite Tradition," *The Biblical
    Archaeologist Reader,* ed. Edward F. Campbell and David N. Freedman, 3 vols (New
    York: Doubleday, 1970), 3:33.

16 후기 신아시리아 조약들로부터 나온 영향으로서 충심어린 헌신 개념을 보는 R. Frankena

말해진 사실로부터 신명기 6:5은 구약성경의 핵심 본문이다.

4. 하나님을 사랑하는 것의 의미

하나님을 사랑하라는 핵심 명령은 세 전치사구의 수식을 받고 있다. (1) 마음을 다하고, (2) 뜻을 다하고, (3) 힘을 다하여. 따라서 우리는 이 세 전치사구를 각각 살펴보아야 한다.

히브리어에서 "마음"이라는 말은 사람의 존재의 핵심 곧 각 사람의 중심을 가리킨다. 특히 마음은 우리가 느끼는 자리, 생각하는 자리, 그리고 결심하고 계획하는 자리를 가리킨다. 즉 감정과 지성 그리고 의지를 가리킨다. 이것은 다음과 같은 설명에 도움이 되는 본문들에서 쉽게 확인될 수 있다.

A. 감정:

마음의 즐거움은 얼굴을 빛나게 하여도,

　　마음의 근심은 심령을 상하게 하느니라(잠 15:13).

마음의 즐거움은 양약이라도

　　심령의 근심은 뼈를 마르게 하느니라(잠 17:22).

이 잠언 본문들이 "마음의 즐거움"을 언급할 때 그것은 분명히 건전한 정신 상태에 따라 갖는 사람의 감정과 느낌을 가리킨다.

("The Vassal-Treaties of Esarhaddon," *Oudtestamentische Studiën* 25 (1965): 122-154)에게는 실례지만, 이 충심어린 헌신 개념은 분명히 진술되고 있고, 기원전 제2천년기 초 조약들에는 때때로 정확히 이 말들(충심어린)이 들어 있다. 예컨대 Gary Beckman, *Hittite Diplomatic Texts,* 2nd ed. (Atlanta: Scholars Press, 1995, 1999), 27-28, 55-56, 105를 보라. Frankena의 견해와 비슷한 견해는 M. Weinfeld, *Deuteronomy 1-11,* Anchor Bible 5 (New York: Doubleday, 1991), 7을 보라. 나는 이 언급들에 대해 John D. Meade의 도움을 받았다.

B. 지성:

그러나 깨닫는 마음과 보는 눈과 듣는 귀는 오늘 여호와께서 너희에게 주지 아
니하셨느니라(신 29:4).

이 백성의 마음을 둔하게 하며,

> 그들의 귀가 막히고,

> 그들의 눈이 감기게 하라.

염려하건대 그들이 눈으로 보고,

> 귀로 듣고,

> 마음으로 깨닫고,

다시 돌아와 고침을 받을까 하노라(사 6:10).

신명기 29:4과 이사야 6:10에 따르면 사람은 마음으로 **깨닫는다**. 따라
서 확실히 여기서 언급되는 것은 통상적으로 우리가 지성으로 부르는 것이
다. 이것은 우리가 판단하고 생각하며 이해하는 자리다.

C. 의지:

사람이 마음으로 자기의 길을 계획할지라도

> 그의 걸음을 인도하시는 이는 여호와시니라(잠 16:9).

네 마음의 소원대로 허락하시고,

> 네 모든 계획을 이루어 주시기를 원하노라(시 20:4).

잠언 16:9과 시편 20:4은 "마음"이 계획하고 소원한다는 것을 보여준다.
마음은 우리가 결심하는 자리다. H. W. 볼프는 히브리어 단어 "마음"에 관
해 이렇게 말한다.

단연코 대다수 경우에 지성적이고 합리적인 기능은 마음에 귀속된다. 즉 그것은 엄밀히 우리가 머리에 귀속시키는 것, 아니 더 정확히는 뇌에 귀속시키는 것이다. 사무엘상 25:37을 참조하라.…우리는 성경적 인간이 이성보다 감정에 의해 더 좌우된다는 거짓 인상을 차단해야 한다.[17]

볼프에 따르면 히브리어 단어 "마음"은 인간의 마음에 관해 말하는 814회의 본문 중 대략 400회가 지성을 가리킨다. 이것은 "우리가 성경적 인간은 이성보다 감정에 의해 더 좌우된다는 거짓 인상을 차단해야 한다"는 볼프의 경고를 지지한다.

따라서 우리는 성경의 언어가 오늘날 서구 세계에 속한 우리 자신의 언어와 현저하게 차이가 있음을 유념해야 한다. 우리에게는 마음이 감정과 느낌, 사랑 그리고 밸런타인데이와 관련이 있다. 반면에 성경에서 마음은 우리가 추론하고 생각하며 결심하고 계획하는 자리다. 우리는 빈번하게 사람들은 머리와 마음 사이의 45cm 간격에 다리를 놓을 수 없다고 말한다.[18]고대 히브리인들은 이런 간격을 전혀 몰랐다. 마음은 사람의 존재의 중심이고, 감정과 지성 그리고 의지가 조화와 연합 속에서 함께 작용하는 자리다.

신명기 6:5 본문이 복음서에서 어떻게 인용되는지 주목해보자.

34 예수께서 사두개인들로 대답할 수 없게 하셨다 함을 바리새인들이 듣고 모였는데. 35 그중의 한 율법사가 예수를 시험하여 묻되 36 "선생님 율법 중에서 어느 계명이 크니이까?" 37 예수께서 이르시되 "네 마음을 다하고 목숨을 다하고 뜻을 다하여 주 너의 하나님을 사랑하라 하셨으니. 38 이것이 크고 첫째 되는 계명이요. 39 둘째도 그와 같으니, 네 이웃을 네 자신 같이 사랑하라 하셨으니, 40 이 두 계명이 온 율법과 선지자의 강령이니라"(마 22:34-30).

17　Hans W. Wolff, *Anthropology of the Old Testament*, trans. Margaret Kohl (Philadelphia: Fortress, 1974), 46-47.

18　Anne Murray의 오래된 앨범 "Heart over Mind"를 들어 보라.

28 서기관 중 한 사람이 그들이 변론하는 것을 듣고 예수께서 잘 대답하신 줄을 알고 나아와 묻되 "모든 계명 중에 첫째가 무엇이니이까?"

29 예수께서 대답하시되 "첫째는 이것이니 '이스라엘아, 들으라. 주 곧 우리 하나님은 유일한 주시라. 30 네 마음을 다하고 목숨을 다하고 뜻을 다하고 힘을 다하여 주 너의 하나님을 사랑하라 하신 것이요.' 31 둘째는 이것이니 '네 이웃을 네 자신과 같이 사랑하라 하신 것이라. 이보다 더 큰 계명이 없느니라."

32 서기관이 이르되 "선생님이여, 옳소이다. 하나님은 한 분이시오. 그 외에 다른 이가 없다 하신 말씀이 참이니이다. 33 또 마음을 다하고 지혜를 다하고 힘을 다하여 하나님을 사랑하는 것과 또 이웃을 자기 자신과 같이 사랑하는 것이 전체로 드리는 모든 번제물과 기타 제물보다 나으니이다." 34 예수께서 그가 지혜 있게 대답함을 보시고 이르시되 "네가 하나님의 나라에서 멀지 않도다 하시니" 그 후에 감히 묻는 자가 없더라(막 12:28-34).

대답하여 이르되 "네 마음을 다하며 목숨을 다하며 힘을 다하며 뜻을 다하여 주 너의 하나님을 사랑하고 또한 네 이웃을 네 자신 같이 사랑하라 하였나이다"(눅 10:27).

마태복음에서 이 명령은 네 마음(heart, καρδία)과 목숨(soul, ψυχή) 그리고 뜻(mind, διανοία)을 다해 하나님을 사랑하라는 것으로 인용된다. 마가복음에서 이 명령은 네 마음과 목숨 그리고 뜻과 힘(strength, ισχύς)을 다해 하나님을 사랑하라는 것으로 인용되고, 서기관은 이에 대해 대답할 때 이것을 네 마음 또는 지혜 그리고 힘으로 압축시켜 말한다. 그리고 누가복음에서 이 명령은 네 마음과 목숨 그리고 힘과 뜻을 다해 하나님을 사랑하라는 것으로 인용된다. 마태복음에서는 "힘"이 생략되고 대신 "뜻"이 들어간다. 마가복음과 누가복음에서는 "뜻"이 들어가고 생략되는 것은 없다. 곧 거기서는 네 가지 사실을 모두 언급한다. 서기관의 압축된 대답에서는 "목숨"이 생략되고 "지혜"가 들어간다. 복음서의 모든 인용의 중심에는 뜻 또는 지혜가 들어가 있는 것이다. 이 이유는 "카르디아"(마음)라는 그리스어 단어는 첫 세기 청자에게 추론과 생각이 마음이라는 히브리어 단어의 기능에 포함되어 있다는 사실을 충분히 전달하지 못하기 때문이다.

우리는 단순한 지성적 추구가 하나님을 사랑하는 것과 동등하다고 생각해서는 안 된다. 문맥에 따르면 하나님을 사랑하는 것은 하나님을 두려워하고, 하나님의 명령에 순종하며, 다른 세대에 하나님의 교훈을 전달하는 것과 관련이 있다.

신명기 6:5의 명령에서 두 번째 규정은 "뜻(soul)을 다하여" 야웨를 사랑하라는 것이다. 여기서 "뜻"(soul)은 히브리어 단어 "네페쉬"(נֶפֶשׁ)의 번역이다. 이 말을 가장 잘 설명하는 것 중 하나가 H. W. 볼프의 설명이다.[19] 이 말의 원래 의미는 "목"이고, 의미를 확대하면 그것은 우리의 "욕구"나 "갈망"을 언급하는 것일 수 있다. 여기서의 뜻은 만일 사람이 계속 생존하려면 반드시 만족되어야 하는 "욕구" 또는 "생명과 관련된 필요" 기관을 나타낸다. 이런 방식으로 이 단어는 영혼 또는 생명을 의미한다. 우리의 전체 생명은 우리의 욕구와 필요에 따라 야웨께 바쳐져야 한다.

세 번째로 우리는 힘을 다해 야웨를 사랑해야 한다. 이것은 "메오드"(מְאֹד)라는 히브리어 단어를 번역한 것으로서, 이 단어는 통상적으로 "지극히" 또는 "크게"를 의미하는 부사다. 성구 사전을 보면 히브리 성경에서 "메오드"가 나오는 대략 300회의 사례 중 "능력"이나 "힘"을 뜻하는 명사로 사용하는 경우는 신명기 6:5과 열왕기하 23:25뿐이다.[20] 여기서 이 단어는 부사의 기능을 하는 것으로 해석되어야 할 것이다. "너는 마음을 다하고 뜻을 다하여 충분히 네 하나님 야웨를 사랑하라"가 될 것이다.

---

19 Wolff, *Anthropology of the Old Testament*, 11-25.
20 왕하 23:25은 신 6:5을 직접 암시한다. 따라서 명사로서 "메오드"에 대한 증거는 오직 신 6:5의 해석에 근거한다.

5. 신명기의 언약 공식

우리는 창세기 17장을 분석할 때 언약 공식("나는 그들의 하나님이 되리라", 17:8; 참조. 7절)이 거기서 처음 나온다는 사실을 주목했다. 렌토르프는 중대한 연구에서 이 공식의 세 가지 변형을 제시했다. 그는 "나는 너희의 하나님이 되리라. 곧 '리히오트 레카 엘로힘'(להיות לך לאלהים)"을 "A 공식"으로 부른다(16회 등장). "너희는 그에게 백성이 되리라. 곧 '리히오트 로 레암'(להיות לו לעם)"을 "B 공식"으로 부른다(10회 등장). 그리고 그는 이 두 공식이 결합되어 있는 것을 "C 공식"으로 부른다(12회 등장).[21]

스티븐 게스트는 신명기에 나타난 언약 공식 연구로 박사학위를 최근에 받았다.[22] 게스트의 연구의 핵심은 다음과 같이 요약된다. 게스트는 언약 공식은 엄밀히 말해 신명기에서 전체적으로 7회에 걸쳐 나타난다고 말한다 (신 26:17-18은 하나의 사례로 간주된다).[23]

1. 신명기 4:20

וְאֶתְכֶם לָקַח יְהוָה וַיּוֹצִא אֶתְכֶם מִכּוּר הַבַּרְזֶל מִמִּצְרָיִם
לִהְיוֹת לוֹ לְעַם נַחֲלָה כַּיּוֹם הַזֶּה:

여호와께서 너희를 택하시고 너희를 쇠 풀무불 곧 애굽에서 인도하여 내사 자기 기업의 백성을 삼으신 것이 오늘과 같아도.

---

21 Rolf Rendtorff, *The Covenant Formula: An Exegetical and Theological Investigation*, trans. Margaret Kohl, Old Testament Studies (Edinburgh: T. & T. Clark, 1998), 13-32.

22 Steven Ward Guest, "Deuteronomy 26:16-19 as the Central Focus of the Covenantal Framework of Deuteronomy" (박사학위 논문, The Southern Baptist Theological Seminary, 2009).

23 같은 책, 155-156.

2. 신명기 7:6

כִּי עַם קָדוֹשׁ אַתָּה לַיהוָה אֱלֹהֶיךָ בְּךָ בָּחַר יְהוָה אֱלֹהֶיךָ
לִהְיוֹת לוֹ לְעַם סְגֻלָּה מִכֹּל הָעַמִּים אֲשֶׁר עַל־פְּנֵי הָאֲדָמָה

너는 여호와 네 하나님의 성민이라. 네 하나님 여호와께서 지상 만민 중에서 너를 자기 기업의 백성으로 택하셨나니.

3. 신명기 14:2

כִּי עַם קָדוֹשׁ אַתָּה לַיהוָה אֱלֹהֶיךָ וּבְךָ בָּחַר יְהוָה
לִהְיוֹת לוֹ לְעַם סְגֻלָּה מִכֹּל הָעַמִּים אֲשֶׁר עַל־פְּנֵי הָאֲדָמָה:

너는 네 하나님 여호와의 성민이라. 여호와께서 지상 만민 중에서 너를 택하여 자기 기업의 백성으로 삼으셨느니라.

4a. 신명기 26:17

אֶת־יְהוָה הֶאֱמַרְתָּ הַיּוֹם לִהְיוֹת לְךָ לֵאלֹהִים

네가 오늘 여호와를 네 하나님으로 인정하고.

4b. 신명기 26:18

וַיהוָה הֶאֱמִירְךָ הַיּוֹם לִהְיוֹת לוֹ לְעַם סְגֻלָּה כַּאֲשֶׁר דִּבֶּר־לָךְ

여호와께서도 네게 말씀하신 대로 오늘 너를 그의 보배로운 백성이 되게 하시고.

5. 신명기 27:9

הַיּוֹם הַזֶּה נִהְיֵיתָ לְעָם לַיהוָה אֱלֹהֶיךָ:

오늘 네가 네 하나님 여호와의 백성이 되었으니.

6. 신명기 28:9

יְקִימְךָ יְהוָה לוֹ לְעַם קָדוֹשׁ כַּאֲשֶׁר נִשְׁבַּע־לָךְ

여호와께서 네게 맹세하신 대로 너를 세워 자기의 성민이 되게 하시리니.

7. 신명기 29:13 (29:12 MT 본문)

לְמַעַן הָקִים־אֹתְךָ הַיּוֹם לוֹ לְעָם וְהוּא יִהְיֶה־לְךָ לֵאלֹהִים
כַּאֲשֶׁר דִּבֶּר־לָךְ

맹세하신 대로 오늘 너를 세워 자기 백성을 삼으시고, 그는 친히 네 하나님이 되시려 함이니라.

그러나 신명기에서 언약 공식이 7회에 걸쳐 발견되는 것은 단순한 사실이 아니다. 언약 공식은 기원전 14세기의 히타이트 조약들의 문학적 구조에 따라 구분된 신명기의 일곱 부분 각각에서 한 번씩 나타난다.

표 10.5: 신명기의 문학적 부분들 속에 나타난 언약 관계 공식(CRF)[24]

히타이트 조약 공식	신명기의 제시	사용된 CRF (언급)
1) 전문	1:1-5	없음
2) 역사적 서언	1:6-4:44	B 공식 (4:20)
3a) 일반 규정	4:45-11:32	B 공식 (7:6)
3b) 세부 규정	12:1-26:15	B 공식 (14:2)
	26:16-19	C 공식 (26:17-19)
4) 기록 조항	27:1-8	없음
	27:9-10	B 공식 (27:9)
5) 증인에 대한 호소	27:11-26	없음
6) 복과 저주	28:1-69 [영어 29:1]	B 공식 (28:9)
7) 엄숙한 맹세 의식	29:1 [영어 29:2]-30:20	C 공식 (29:12)

언약 공식은 각각의 주요 부분에서 단순히 한 번씩 발견되는 것이 아니고, 각 부분의 문학적 구조의 핵심 지점에서 나타난다. 두 가지 사례가 이것을 충족시킬 것이다.

---

24 같은 책, 158. 허락을 받아 사용함.

신명기 4:15-24의 문학적 구조는 다음과 같이 교차 구조로 제시될 수 있다.[25]

A 너희는 삼가라(15절)

  B 부패하지 말라(16-19절)

    X 언약 관계공식(20절)

  B′ 내가 부패했다(21-22절)

A′ 너희는 삼가라(23-24절)

언약 공식이 교차 구조에 따라 이 부분의 중심에 어떻게 나타나는지 주목해보자.

신명기 28:7-14의 복들도 교차 구조 패턴에 따라 다음과 같이 배열된다.[26]

A 적군들을 물리치는 복(7절)

  B 땅에서 얻는 복(8절)

    X 관계의 복(9-10절)

  B′ 땅에 대한 복(11-12절)

A′ 머리가 되는 복(13-14절)

다시 한번 언약 공식이 이 문학적 구조의 중심인 9절에서 나타난다.

게스트는 신명기 26:17-19의 이중으로 변형된 언약 공식을 옛날 돌다리의 종석에 비유하고, 신명기 전체의 거시적인 교차 구조에서 26:17-19의 중심적 위치를 논증하면서 이 주장을 지지한다.[27]

---

25   같은 책, 164-165. 허락을 받아 사용함.

26   같은 책, 210.

27   같은 책, 152.

A 모세의 지도 아래 선포된 언약 갱신의 복과 저주(11:26-28)

  B 세겜에서 선포된 언약 갱신의 복과 저주(11:29-32)

    X 야웨와 이스라엘 간에 이루어진 상호 헌신(26:16-19)

  B′ 세겜에서 선포된 언약 갱신의 복과 저주(27:1-16)

A′ 모세의 지도 아래 선포된 언약 갱신의 복과 저주(28:1-69)

신명기 26:16-19의 본문은 동사 "아마르"(אמר, 말하다)의 히필 형이 히브리어 성경에서 오직 여기서만 발견되기 때문에 해석하기가 어렵다. 문자적인 번역은 다음과 같이 할 수 있을 것이다.

너는 야웨로 하여금 오늘 네 하나님이 되고, 그분의 길을 따라 행하며, 그분의 규례와 계명과 법도를 지키고, 그분의 음성에 순종하라고 말씀하게 했다. 그리고 야웨께서는 너로 하여금 오늘 그분이 약속하신 대로 그분의 특별한 소유(보배)가 되는 백성이 되고, 그분의 모든 계명을 지키며, 찬송과 명예와 영광을 받기 위해 그분이 지으신 모든 민족 위에 너를 높이 세우시고, 또 그분이 약속하신 대로 너를 네 하나님 야웨의 성민이 되겠다고 말씀하셨다.[28]

각 당사자에게 "말씀하게[말하게] 했다"에 각각 네 개의 문구가 붙어 있다(히브리어 본문에서는 부정사로 표현됨). 당사자의 의무는 표 10.6에서 확인되는 것과 같다.[29]

---

28 우리 자신의 번역이다. Guest의 번역은 같은 책, 126을 보라.

29 같은 책, 126. 허락을 받아 사용함.

표 10.6: 부정사 형태로 나타난 조약의 의무들

말하는 자	말하는 자의 의무	상대 당사자의 의무
야웨 (신 26:17)	לִהְיוֹת לְךָ לֵאלֹהִים	וְלָלֶכֶת בִּדְרָכָיו וְלִשְׁמֹר חֻקָּיו וּמִצְוֹתָיו וּמִשְׁפָּטָיו וְלִשְׁמֹעַ בְּקֹלוֹ
이스라엘 (신 26:18-19)	וְלִשְׁמֹר כָּל־מִצְוֹתָיו	לִהְיוֹת לוֹ לְעַם סְגֻלָּה כַּאֲשֶׁר דִּבֶּר־לָךְ וּלְתִתְּךָ עֶלְיוֹן עַל כָּל־הַגּוֹיִם אֲשֶׁר עָשָׂה לִתְהִלָּה וּלְשֵׁם וּלְתִפְאָרֶת וְלִהְיֹתְךָ עַם־קָדֹשׁ לַיהוָה אֱלֹהֶיךָ כַּאֲשֶׁר דִּבֵּר

이 네 개의 단위 중 첫째 단위의 첫 문구는 야웨의 서약이고, 마지막 세 문구는 이스라엘의 서약이다. 이 네 개의 단위 중 둘째 단위의 둘째 문구는 이스라엘의 서약이고, 첫 문구와 마지막 두 문구는 야웨의 서약이다. 게스트는 이 서약을 다음과 같이 도표로 제시한다(표 10.7).[30]

표 10.7: 상호 언약적인 서약 (신명기 26:16-19)

야웨께서 말씀하심		이스라엘이 말함
서약	לִהְיוֹת לְךָ לֵאלֹהִים	
	וְלִשְׁמֹר כָּל־מִצְוֹתָיו	서약
조건	וְלָלֶכֶת בִּדְרָכָיו וְלִשְׁמֹר חֻקָּיו וּמִצְוֹתָיו וּמִשְׁפָּטָיו וְלִשְׁמֹעַ בְּקֹלוֹ	
	לִהְיוֹת לוֹ לְעַם סְגֻלָּה כַּאֲשֶׁר דִּבֶּר־לָךְ וּלְתִתְּךָ עֶלְיוֹן עַל כָּל־הַגּוֹיִם אֲשֶׁר עָשָׂה לִתְהִלָּה וּלְשֵׁם וּלְתִפְאָרֶת וְלִהְיֹתְךָ עַם־קָדֹשׁ לַיהוָה אֱלֹהֶיךָ כַּאֲשֶׁר דִּבֵּר	유익

---

30 같은 책, 119. 허락을 받아 사용함.

따라서 이 부정사들의 주어는 다음과 같이 채워질 수 있다.[31]

A 나는 네 하나님으로 있을 것이다

    B 너는 내 길을 따라 행하고

      너는 내 규례와 내 계명과 내 법도를 지키며

      너는 내 음성을 들으라

   B′ 우리는 당신의 모든 계명을 지킬 것이다

A′ 당신은 우리를 당신의 특별한 소유(보배)가 되는 백성이 되게 하고

    당신은 당신이 지으신 모든 민족 위에 우리를 높이 세우고

    당신은 우리를 성민이 되게 하리라

이 교차 구조에서 처음 네 문구(A와 B의 구절)는 야웨께서 말씀하시는 것이고, 마지막 네 문구(B′와 A′의 구절)는 이스라엘이 말하는 것이다. 그럼에도 배열은 수사적 효과를 위해 맞물림 구조로 주어진다.

게스트는 이 히필 형 용법의 어려움을 다음과 같이 설명한다.[32]

위에서 주목한 것처럼 영어에 그 교환의 법적 성격을 포착할 수 있는 "X가 Y로 하여금 말하게 했다"와 기능적 동등성을 갖고 있는 말이 없는 것이 어려움을 일으킨다. 우리가 제공할 수 있는 가장 좋은 길은 대응하는 두 당사자의 본래의 정체성과 그들에게 허락된 의무에 대한 진술, 그리고 상대 당사자로부터 기대된 추론적 규정을 유지하는 완곡한 번역이 될 것이다. 이 언약의 관계적 요소는 야웨가 준 관계에 우선권이 있음을 강조하는 두 표현들에서 부각되어야 한다.

31　같은 책, 117.
32　같은 책, 126.

이어서 게스트는 관용적인 해석을 제공한다.[33]

> 오늘 너는 다음과 같은 야웨의 선언을 비준했다. 곧 야웨께서 네 하나님이 되리라는 것, 네가 그분의 길을 따라 행하리라는 것, 네가 그분의 규례와 계명과 법도를 지키리라는 것, 네가 그분의 음성을 들으리라는 것을 비준했다. 오늘 야웨는 너희의 선언 곧 그분이 약속하신 대로 네가 그분에게 특별한 소유(보배)가 되는 백성이 될 것이라는 것, 네가 그분의 모든 계명을 지키리라는 것, 그분이 찬송과 명예와 영광을 위해 지으신 모든 민족 위에 너를 높이 세우실 것이라는 것, 그분이 약속하신 대로 네가 네 하나님 야웨의 성민이 되게 하리라는 것을 비준했다.

이 구절들을 떠받치는 내러티브는 모압 평지에서 관계의 관점에 따라 명확히 선포된 야웨와 이스라엘 간에 교환된 언약의 서약이다. 상호 의무와 규정에 대한 진술이 선포되고 양 당사자에게 비준된다. 이는 게스트가 다음과 같이 언급하는 것과 같다.

> 이 순간에는 종주국인 야웨께서 앞으로 나아가고─이 엄숙하고 거룩한 의식을 통해 예견되고 요구되는 것처럼─자신의 은혜롭고 위엄 있는 선언을 제공하신다. "나는 네 하나님으로 있을 것이다." 그러나 이 선언은 거기서 멈추지 않는다. 야웨는 계속해서 자신이 제정한 의무와 부합하는 규정들을 충분히 제시하신다. "너는 내 길을 따라 행하고, 너는 내 규례와 내 계명과 내 법도를 지키며, 너는 내 음성을 들어야(순종해야) 할 것이다."
>
> 이에 대한 반응으로, 곧 자기들의 하나님으로 야웨를 소유한 데서 나오는 믿을 수 없는 특권을 인정하면서 봉신 이스라엘은 야웨가 옛날에 족장들에게 주신 야웨의 서약의 결과인 이 독특한 관계를 인정하고 이렇게 진술한다. **"당신이**

---

33 같은 책.

약속하신 그대로 우리는 당신의 특별한 소유(보배)가 되는 백성이고, 우리는 당신의 모든 계명을 지킬 것입니다. 당신은 당신의 찬송과 명예와 영광을 위해 당신이 지으신 모든 민족 위에 우리를 높이 세우실 것이며, **당신이 약속하신 그대로** 우리는 우리 하나님 야웨의 성민이 될 것입니다."

따라서 이 본문은 야웨께서 이스라엘의 하나님이 되겠다고 스스로 서약하심으로써, 그리고 그 언약의 제반 규정들을 거듭 선언하심으로써 언약을 시작하신다는 것을 계시한다.[34]

이중 언약 공식이 발견되는 신명기 26장은 내용이 세 가지 의식에 할애되고 있다. (1) 첫 열매를 십일조로 바치는 신앙고백의 의식(신 26:1-11), (2) 3년마다 십일조를 바치는 신앙고백의 의식(신 26:12-15), (3) 언약 비준에 대한 신앙고백의 의식(신 26:16-19). 게스트는 이 세 의식 전체 간의 형식, 예물, 신앙고백 그리고 은혜에 있어 지금까지 간과되었던 흥미로운 평행 관계를 다음과 같이 지적한다.[35]

야웨는 처음 두 의식에서와 같이 땅과 생산 또는 속박으로부터 해방의 선물을 주시는 대신 이스라엘에게 **자기 자신**을 그들의 하나님으로 주신다. 그리고 두드러진 평행 관계 속에서 이스라엘은 야웨의 특별한 소유(보배)의 백성이 되고 성민이 되어 자기 자신들을 야웨께 다시 바치면서 야웨의 은혜의 선물에 **반응한다.** 이 점에서 이스라엘의 감사의 반응의 "증거"와 지속적 신실함의 보증은 첫 열매나 십일조가 아니라 오히려 온 마음을 다해 그의 모든 계명을 지키는 것(וְלִשְׁמֹר כָּל־מִצְוֹתָיו)으로 표현되는 언약에 대한 충성된 헌신이다.[36]

---

34 같은 책, 122.
35 같은 책, 133에서 도표를 보라.
36 같은 책, 142.

게스트가 주장하는 것처럼 언약 공식은 문학적 구조를 함께 묶는 데 있어 중심 역할을 한다.

일단 신명기의 언약 구조의 다른 개요가 세워지면, 언약 관계 공식이 언약 구조의 각 요소들 속에서 한 번씩 사용된 것을 확인하는 것은 신학적 중요성이 아니라도 그 공식에 문학적 중요성이 있다는 생각을 강화시켰다. 신명기 26:17과 26:18-19에서 그 공식의 두 개별적인 요소들의 효력은 신명기에서 크레센도(점점 세게)로 나타난다. 즉 역사적 서언(신 1:6-4:44)과 일반 규정(신 4:45-11:32) 그리고 특수 규정(신 12:1-26:15)으로 시작되어 언약 당사자들 간의 비준 서약이 교대로 일어났던 정점까지 점점 세게 올라갔다가 기록 조항(신 27:1-10)과 증인에 대한 호소(신 27:11-26), 복과 저주의 낭독(신 28:1-6), 그리고 마지막으로 엄숙한 서약 의식(신 29:1-30:20)으로 끝난다.[37]

따라서 게스트는 다음과 같이 결론을 맺는다. "신명기 26:16-19의 언약 공식은 옛날 돌다리의 종석(宗石)과 같이 신명기의 언약 구조를 규정하고 통합시키며 무게를 짊어지고 있는 초점으로 작용한다. 따라서 이것은 '언약 공식을 **매우 의식적으로** 도입한 신학적 언어 요소'라는 렌토르프의 지적을 긍정한다."[38]

6. 신명기와 이전 언약들 간의 관계

여기서 물어야 할 중요한 질문은 신명기와 출애굽기 24:7에서 "언약서"로 지칭되는 출애굽기 19-24장 사이의 관계다. 나중에 우리는 신명기와 아브

---

37 같은 책, 228.
38 같은 책, 230 (강조는 Guest의 것이다).

라함 언약의 관계를 살펴볼 것이다.

신명기 자체 안에는 이전에 시내산에서 맺어진 언약에 대한 언급이 분명히 들어 있다. "카라트 베리트" 즉 "언약을 쪼개다"라는 표준 용어를 사용하는 본문이 다섯 군데에서 발견된다. 신명기 4:23, 5:2, 5:3, 9:9, 28:69(29:1 EV).[39] 여기서 신명기 9:9를 예증으로 인용해보자.

그때에 내가 돌판들 곧 여호와께서 너희와 세우신 언약의 돌판들을 받으려고 산에 올라가서 사십 주 사십 야를 산에 머물며 떡도 먹지 아니하고 물도 마시지 아니하였더니.

"여호와께서 너희와 세우신 언약"이라는 표현이 돌판들을 받으려고 산에 올라가는 것으로 묘사된다. 이것은 분명히 시내산에서 맺어진 언약 사건을 가리킨다.

또한 신명기에는 신명기 자체를 언약으로 직접 그리고 구체적으로 가리키는 동일한 표준 용어(카라트 베리트)가 사용되는 본문들도 있다. 예컨대 28:69(29:1 EV)처럼 말이다.

אֵלֶּה דִבְרֵי הַבְּרִית אֲשֶׁר־צִוָּה יְהוָה אֶת־מֹשֶׁה

לִכְרֹת אֶת־בְּנֵי יִשְׂרָאֵל בְּאֶרֶץ מוֹאָב מִלְּבַד הַבְּרִית אֲשֶׁר־כָּרַת אִתָּם בְּחֹרֵב

호렙에서 이스라엘 자손과 세우신 언약 외에 여호와께서 모세에게 명령하여 모압 땅에서 그들과 세우신 언약의 말씀은 이러하니라.

신명기 28:69(29:1 EV)은 새로운 부분을 시작하는 구절이다. 그 이유는 종주-봉신 조약에 입각한 형식과 구조에 따라 28:68에 언급된 저주로 그 언약이 끝나기 때문이다. 따라서 "이러하니라"는 지시 대명사가 있는 "말씀

---

[39] 신 7:2에서 "카라트 베리트"라는 표현은 가나안 족속과 조약을 체결하는 것을 가리킨다.

은 이러하니라"(these are the words)는 문구는 신명기 본체 곧 신명기 1:1-28:68을 직접 가리킨다. 이 본문(신 1:1-28:68)이 가나안 땅에 들어가기 전 모압 땅에서 백성들과 세운(즉 쪼갠) 언약을 구성한다. 이 본문에서 전치사 "외에"(מִלְבַד)가 중요하다. 이 전치사의 의미는 "외에", "그밖에" 또는 "게다가" 이다.[40] 이 본문은 분명히 신명기 자체가 하나의 언약 곧 레위기와 민수기에서 내용이 확대되는 출애굽기 19-24장의 언약서 **외에** 이스라엘 백성들과 맺어진 언약이라고 진술한다. 따라서 신명기는 시내산 언약의―대체가 아니라―보충이다. 그것은 유언장에 덧붙여진 추가 조항과 약간 비슷하다(하지만 여기서는 추가 조항이 유언 자체보다 더 포괄적이다).

시내산에서 맺어진 이스라엘 언약과 신명기 간의 관계의 중요성을 어느 정도 포함하는 본문이 신명기 5:1-6이다.

> 1 모세가 온 이스라엘을 불러 그들에게 이르되 "이스라엘아, 오늘 내가 너희의 귀에 말하는 규례와 법도를 듣고 그것을 배우며 지켜 행하라. 2 우리 하나님 여호와께서 호렙산에서 우리와 언약을 세우셨나니, 3 이 언약은 여호와께서 우리 조상들과 세우신 것이 아니요, 오늘 여기 살아 있는 우리 곧 우리와 세우신 것이라. 4 여호와께서 산 위 불 가운데에서 너희와 대면하여 말씀하시매, 5 그때에 너희가 불을 두려워하여 산에 오르지 못하므로, 내가 여호와와 너희 중간에 서서 여호와의 말씀을 너희에게 전하였노라." 여호와께서 이르시되 6 "나는 너를 애굽 땅 종 되었던 집에서 인도하여 낸 네 하나님 여호와라."

이 본문은 세부 규정으로 이어지는 언약의 주요 규정(신 6:5)을 제시하기

---

40 F. Brown, S. R. Driver and C. Briggs ed. *A Hebrew and English Lexicon of the Old Testament*(Oxford: Clarendon, 1907, 재판, 1953), s.v. בַד를 보라. 그리고 예컨대 L. Koehler and W. Baumgartner, *Hebräisches und Aramäisches Lexikon zum Alten Testament,* 3rd ed., ed, W. Baumgartner, J. J. Stamm, and B. Hartmann (Leiden, Netherlands: Brill, 1967-1995), s.v. בַד를 보라.

전에, 출애굽기 19-24장에서 나온 언약의 내용을 개관한다. 신명기 5:2은 "우리 하나님 여호와께서 호렙산에서 우리와 언약을 세우셨나니"라고 말하고, 표준 용어 "카라트 베리트" 즉 "언약을 쪼개다"라는 말을 사용한다. 이것은 시내산에서 세워진 이스라엘 언약 즉 출애굽기 19-24장을 분명히 가리킨다. 이어서 모세는 "이 언약은 여호와께서 우리 조상들과 세우신 것이 아니요, 오늘 여기 살아 있는 우리 곧 우리와 세우신 것이라"고 말한다. 여기서 일어나는 질문은 모세가 말하는 "우리 조상들"은 어떤 뜻이냐는 것이다. 지금은 죽은 시내산 세대를 가리키는가, 아니면 신명기에서 "조상들"의 통상적 지시 대상인 아브라함과 이삭 그리고 야곱을 특별히 가리키는가? 또 한 가지 문제는 같은 문장에서 신명기를 가리키는 것으로 추론된 "이 언약"의 지시 대상이다. 제리 황(Jerry Hwang)은 신명기의 이 용어를 분석한 중대한 연구에서 신명기 저자는 시내산에서 주어진 언약서와 신명기를 하나로 융합시켰다고 결론지었다.[41] 만일 이것이 사실이라면 "조상들"은 족장들과 출애굽 이전 세대를 모두 가리킬 수 있었다. 어쨌든 이전 세대는 언약을 어기고 광야에서 죽었으며, 이제 언약은 새로운 이스라엘과 함께 갱신될 필요가 있다. 피터 레이하르트는 이것을 분명히 그렇게 이해했다.

모세 오경은 이스라엘이 가나안 동쪽 모압 평지에 진을 친 것으로 끝난다. 이스라엘 백성들은 아직 "에덴의 동쪽"에 있으나 지금 자기들의 땅을 받기 위해 요단강을 건널 준비를 하고 있다. 이스라엘 백성들이 모압에 진을 치고 있는 동안 모세는 그들에게 설교하고, 이 모세의 설교는 신명기를 구성한다. 이제 그들은 새 이스라엘이므로 하나님이 시내산에서 맺은 언약이 갱신된다.[42]

41　Jerry Hwang, "The Rhetoric of Remembrance: An Exegetical and Theological Investigation into the 'Fathers' in Deuteronomy" (박사학위 논문, Wheaton College, 2009).

42　Peter J. Leithart, *A House for My Name: A Survey of the Old Testament* (Moscow, ID: Canon, 2000), 106. 『새로운 관점의 구약성경 읽기』(CLC 역간).

사실은 출애굽기 34장이 아니라 신명기가 언약 갱신으로 간주되고 이해되어야 한다.[43] 현대 영어 성경들의 편집자가 붙인 제목을 보면 출애굽기 34:10-27의 제목이 자주 "이스라엘 언약의 갱신"으로 되어 있다. 그러나 이런 묘사에 대한 실제 기초는 본문 자체에 전혀 들어 있지 않다. 출애굽기 19-40장의 연대순 사건들이 충분한 연쇄적 관계 속에 있는 것은 결코 아니다. 그럼에도 이 사건들이 신명기 9:9-29에서 다시 제시되는 것은 출애굽기 내러티브를 명확히 밝히는 데 도움을 준다. 출애굽기 24장에서 이스라엘 언약을 비준한 후에 모세는 산으로 다시 올라오라는 요구를 받은 것처럼 보인다. 출애굽기 24:12에서 다음과 같은 내용을 본다.

> 여호와께서 모세에게 이르시되 "너는 산에 올라 내게로 와서 거기 있으라. 네가 그들을 가르치도록 내가 율법과 계명을 친히 기록한 돌판을 네게 주리라."

모세는 자신이 구두로 전한 언약서(열 가지 말씀과 판결들)를 기록했지만, 하나님은 모세에게 이스라엘 백성들을 가르치기 위해 그분이 직접 교훈(토라)과 계명을 기록한 돌판을 주실 것이다. 따라서 모세가 산에 올라갔을 때 구름 즉 야웨의 영광이 6일 동안 산을 덮었고, 모세는 일곱째 날에 부르심을 받고 구름에 싸여 산위에 올라가 사십 주야를 산에 있었다(출 24:15-18). 이 기간이 끝나자 모세는 분기탱천하여 산을 내려갔다. 백성들이 열 가지 말씀의 첫 번째 명령을 어겼고 이것에 의해 언약을 위반했기 때문이다(출 32:15-20). 의심할 것 없이 모세가 돌판을 깨뜨린 것은 언약이 깨진 것을 상징했다. 이어서 모세는 백성들을 중보하고 또 한 번 사십 주야를 산 위에서

---

43 확실히 말하면 분명히 이 점에 있어 모든 언약은 이중적이다. (1) 창조 언약은 노아와의 우주적 언약에서 보증된다. (2) 창 15장의 아브라함 언약은 창 17장에서 보증된다. (3) 시내산에서 맺어진 이스라엘 언약(출 19-24장)은 모압 평지에서 맺어진 이스라엘과의 신명기 언약에서 보증된다. 이 언급에 대해 나는 퀘벡 주, 몬트리올의 Georges-Emile Durand에게 도움을 받았다.

있었다(출 34:27-28). 이 기간 동안 하나님은 모세에게 자신을 자비롭고 용서하시는 분으로 계시하셨다. 모세는 새롭게 계시된 하나님의 성품에 직접 호소했다. 이 문맥에서 하나님은 다음과 같은 말씀을 주신다.

> 여호와께서 이르시되 "보라! 내가 언약을 세우나니 곧 내가 아직 온 땅 아무 국민에게도 행하지 아니한 이적을 너희 전체 백성 앞에 행할 것이라. 네가 머무는 나라 백성이 다 여호와의 행하심을 보리니, 내가 너를 위하여 행할 일이 두려운 것임이니라"(출 34:10).

특히 10절에서 능동 분사 "내가 세우나니"(אנכי כרת)의 용법에 주목해보라. 이 행동은 임박한 것으로 해석되든지 또는 미완료로 해석되든지 간에, 문맥은 하나님이 언약을 체결하는 **중임**을 암시한다.[44] 열 가지 말씀은 먼저 구두로 주어지고, 그 이후에 기록되었다. 시내산에서 맺어진 언약은 돌판이 백성들에게 주어지기 전에 이미 깨졌다. 하나님은 모세의 간청으로 이스라엘을 용서하시고, 열 가지 말씀이 기록된 또 다른 돌판을 백성들에게 주시면서 자신이 체결하신 언약을 유지하셨다. 이스라엘 백성들이 십계명이 다시 기록된 돌판을 받은 것과 상관없이 출애굽기 34장이 "언약 갱신"을 함축한다는 암시는 전혀 없다. 결국 시내산에서 언약 속에 들어간 세대는 광야에서 모두 죽었고, 이어서 다른 세대가 등장했다.[45] 신명기는 그들과 맺은

---

44 히브리어에서 분사의 기능과 의미에 대해서는 다음 자료들을 보라. Ronald J. Williams, *Williams' Hebrew Syntax,* 3rd ed., rev. and expanded by John C. Beckman (Toronto: University of Toronto Press, 2007), 88; Christo H. J. van der Merwe, Jackie A. Naudé, and Jan H. Kroeze, *A Biblical Hebrew Reference Grammar,* Biblical Languages: Hebrew 3 (Sheffield, UK: Sheffield Academic Press, 1999), § 20.3; Peter T. Nash, "The Hebrew Qal Active Participle: A Non-Aspectual Narrative Backgrounding Element" (박사학위 논문, University of Chicago, 1992).

45 언약 규정에 따라 하나님은 "나를 미워하는 자의 죄를 갚되 아버지로부터 아들에게로 삼사 대까지 이르게 하거니와 나를 사랑하고 내 계명을 지키는 자에게는 천 대까지 은혜를 베푸신다"(신 5:9-10. 참조, 출 20:5-6). 그럼에도 이스라엘이 언약을 깨뜨렸을 때에는 오직 한 세대

언약의 갱신일 뿐만 아니라 시내산에서 맺은 언약에 대한 보충으로 처음 맺어진 언약이기도 하다. 히브리 성경에는 여기 말고 이 분사가 표준 용어(카라트 베리트)로 사용되는 오직 세 구문이 있다. 신명기 29:11, 13, 그리고 비슷하게 느헤미야 10:1이 그것이다. 각 경우에 이 분사는 영어의 현재 시제와 대응을 이루고, 완결 과정 속에 있는 언약 체결의 어떤 사실을 나타낸다.

"카라트 베리트"라는 표현이 사용되는 나머지 사례들은 출애굽기 19-24장과 신명기를 하나로 융합시킨 것을 가리키는 것으로 해석될 수 있었다. 이 사례들은 다음과 같다. 신명기 29:11, 13(29:12, 14 EV), 29:24(29:25 EV), 31:16.

10 오늘 너희 곧 너희의 수령과 너희의 지파와 너희의 장로들과 너희의 지도자와 이스라엘 모든 남자와 11 너희의 유아들과 너희의 아내와 및 네 진중에 있는 객과 너를 위하여 나무를 패는 자로부터 물 긷는 자까지 다 너희의 하나님 여호와 앞에 서 있는 것은 12 네 하나님 여호와의 언약에 참여하며 또 네 하나님 여호와께서 오늘 네게 하시는 맹세에 참여하여, 13 여호와께서 네게 말씀하신 대로, 또 네 조상 아브라함과 이삭과 야곱에게 맹세하신 대로, 오늘 너를 세워 자기 백성을 삼으시고 그는 친히 네 하나님이 되시려 함이니라. 14 내가 이 언약과 맹세를 너희에게만 세우는 것이 아니라, 15 오늘 우리 하나님 여호와 앞에서 우리와 함께 여기 서 있는 자와 오늘 우리와 함께 여기 있지 아니한 자에게까지이니(신 29:10-15).

그때에 사람들이 대답하기를 그 무리가 자기 조상의 하나님 여호와께서 그들의 조상을 애굽에서 인도하여 내실 때에 더불어 세우신 언약을 버리고…(신 29:25).

만 광야에서 멸망당했다. 야웨의 이름은 야웨를 자비롭고 은혜로운 분으로 얼마나 예증하는가(출 34:5-7)! 나는 이 통찰에 대해 Stephen G. Dempster에게 도움을 받았다.

또 여호와께서 모세에게 이르시되 "너는 네 조상과 함께 누우려니와 이 백성은 그 땅으로 들어가 음란히 그 땅의 이방 신들을 따르며 일어날 것이요. 나를 버리고 내가 그들과 맺은 언약을 어길 것이라"(신 31:16).

지금까지의 설명을 요약해보자. 신명기 29:1에 따르면 신명기는 시내산/호렙산 언약과 분리된 그 자체가 하나의 언약이다. 본질상 이 언약은 시내산에서 맺어진 언약의 보충이다. 모압 평지에서 맺어진 이 언약은 또한 깨진 시내산/호렙산에서 맺어진 언약 이후 세대와의 갱신이다. 따라서 신명기는 분리된 언약임에도 불구하고 동시에 시내산 언약의 한 부분이고, 그러므로 이 두 언약은 신명기의 많은 본문들에서 하나로 융합되어 있다.

그러나 존 H. 세일해머(John H. Sailhamer)는 신명기 29장을 예언서에 약속된 언약과 관련이 있고, 29장 이전의 신명기 어느 부분과도 관련이 없는—규정 부분이 없는—별개의 언약으로 본다.[46] 세일해머의 주된 주장은 다음과 같다.

신명기 29:1에서 확인되는 언약은 시내산(호렙) 언약이 될 수 없다. 왜냐하면 이것은 "호렙에서 [하나님이] 이스라엘 자손과 세우신 언약[*habberît*] 외에 [*millĕbad*] 야웨께서 모세에게 명령하여 모압 땅에서 그들과 세우신[*likrōt*] 언약"이기 때문이다(신 29:1 [28:69 MT]). 만일 이 언약이 시내산 언약과 구별되는 언약이라면, 신명기 29장 이전에 있는 어떤 언약도 가리키지 않아야 한다. 왜냐하면 신명기 29장에 앞선, 언약에 대한 모든 언급은 분명히 시내산(호렙) 언약으로 확인되기 때문이다. 이 사실에 대해 의심할 사람은 아무도 없다.[47]

---

[46] John H. Sailhamer, *The Meaning of the Pentateuch: Revelation, Composition, and Interpretation* (Downers Grove, IL: InterVarsity Press, 2009), 399-404. 『모세 오경 신학』(새물결플러스 역간).

[47] 같은 책, 400.

세일해머는 신명기 29장은 신명기 자체가 시내산 언약과 분리된 하나의 언약이라고 분명히 진술한다고 올바르게 주장한다. 그럼에도 신명기 29장에 앞선, 언약에 대한 모든 언급은 분명히 시내산 언약과 동일하다는 세일해머의 주장은 거짓이다. 곧 세일해머는 제리 황의 연구가 주는 유익을 취하지 못했다. 신명기는 분명히 모압에서 맺은 언약과 시내산에서 맺은 언약을 하나로 융합시킨다. 따라서 MT 본문의 구분이 정확하고, 이 언약은 여기까지의 신명기를 언급하는 것으로 해석되어야 한다.

마지막으로 신명기 4:29-31과 8:18에 대한 간략한 주석이 필요하다.

신명기 4:29-31

모세가 언약/조약의 역사적 서언 부분에서 과거 야웨와의 관계의 역사를 개관할 때, 이스라엘 백성이 언약을 어긴 것과 신실하지 못한 것이 당연히 언급된다. 모세는 신명기 4:1-14에서 순종을 명하고, 4:15-31에서는 저주와 포로 그리고 죽음을 가져올 미래의 언약 위반과 우상숭배의 위험성에 대해 경고한다. 그럼에도 그들이 포로로 잡혀갈 때, 그때에도 야웨는 자기 백성을 멸하거나 "네 조상들"과 맺으신 언약을 잊거나 하지 않으신다.

29 그러나 네가 거기서 네 하나님 여호와를 찾게 되리니, 만일 마음을 다하고 뜻을 다하여 그를 찾으면 만나리라. 30 이 모든 일이 네게 임하여 환난을 당하다가 끝날에 네가 네 하나님 여호와께로 돌아와서 그의 말씀을 청종하리니, 31 네 하나님 여호와는 자비하신 하나님이심이라. 그가 너를 버리지 아니하시며, 너를 멸하지 아니하시며, 네 조상들에게 맹세하신 언약을 잊지 아니하시리라.

시내산의 긴 그림자가 이스라엘 백성들 위에 드리워져 있다. 뎀스터는 시내산 언약 체결 이전과 이후의 사건들이 어떻게 비슷한지를 상술하고, 이후의 사건들이 더 엄격하게 판단된다고 상술한다.[48] 이 내러티브 플롯 구조가 여기까지 이르는 동안 이스라엘이 신실한 인간 당사자가 될 가능성은 그리 크지 않다. 따라서 이 요소는 신명기 28장과 29장 이후에 그리고 또한 모세의 노래 중 신명기 32:34-43—"베리트"라는 말이 여기서는 나타나지 않지만—이후에 30장이 필요함을 설명해준다.[49] 신명기 30장과 32:34-43은 함께 이스라엘의 신실하지 못함과 미래의 심판을 예견한다. 또한 신명기 4:29-31은 이스라엘 언약과 아브라함 언약의 관계를 강조한다. 아브라함 언약 때문에 이스라엘이 이스라엘 언약을 위반한 것이 아브라함의 가족에 대한 하나님의 목적이 끝장난 것을 의미하지는 않는다.

신명기 8:18

וְזָכַרְתָּ אֶת־יְהוָה אֱלֹהֶיךָ כִּי הוּא הַנֹּתֵן לְךָ כֹּחַ לַעֲשׂוֹת חָיִל
לְמַעַן הָקִים אֶת־בְּרִיתוֹ אֲשֶׁר־נִשְׁבַּע לַאֲבֹתֶיךָ כַּיּוֹם הַזֶּה

네 하나님 여호와를 기억하라. 그가 네게 재물 얻을 능력을 주셨음이라. 이같이 하심은 네 조상들에게 맹세하신 언약을 오늘과 같이 이루려 하심이니라.

문맥을 보면 모세는 자신의 모든 수사적 기교를 발휘하여 야웨를 잊어버릴 때 초래될 위험성에 대해 이스라엘 백성들에게 경고한다. "잊다"에 해당되는 단어가 히브리어에 두 가지가 있고, 여기서 사용된 단어는 정신적 잘못이 아니라 도덕적 잘못을 함의한다. 이스라엘 백성들은 바야흐로 가족과 집, 풍성한 농장 그리고 적으로부터의 구원을 누릴 곳에 도착하는 상황인데, "누가 야웨를 필요로 하는가?"라고 어이없는 결론을 내린다. 이것은 야웨를 잊어버리는 것이다.

반면에 신명기 8:18에 따르면 "야웨를 기억하는" 것은 언약 규정에 순종하면서 야웨를 사랑하는 것이다. 이스라엘 백성들이 이렇게 할 때 야웨

---

48 Stephen G. Dempster. *Dominion and Dynasty: A Biblical Theology of the Hebrew Bible*, NSBT 15 (Downers Grove, IL: InterVarsity Press, 2003), 113.

49 나는 이번 장에 대한 포함이 필요한 부분을 제시하는 데 있어 이번 장을 유용하게 개관한 Daniel Block의 도움을 받았다.

는 자신이 약속하신 복 즉 재물을 주실 것이고, 그리하여 그들의 조상들에게 맹세하신 자신의 언약을 "이루시거나" "지키실" 것이다. 여기서 "조상들"의 언급은 "맹세하다"라는 동사와 함께 당연히 창세기 22장에서 아브라함에게 주시고, 이후에 이삭과 야곱에게 주신 강력한 맹세를 상기시킬 것이다. 맹세는 출애굽기 19-24장에서는 언급되지 않는 것으로 보인다. 따라서 땅의 선물과 그 땅에서 재물을 얻을 능력은 야웨께서 그 능력을 주시기 때문이고, 야웨께서 조상들에게 주신 자신의 맹세를 지키시기 때문이다. 그러나 "조상들"을 이전 세대를 가리키는 것으로 해석하면 출애굽기 19-24장에 주어진 언약 규정에 대한 순종은 재물과 조상들에게 주신 약속의 성취를 낳을 것이다. 어쨌든 야웨에 대한 순종은 야웨의 약속을 성취하는 수단이고, 이것은 신적으로 주어지는 능력을 수반한다.

이 난해한 구절에 대한 대니얼 I. 블록의 설명도 유용하다.[50]

NIV는 "אֲבֹתֶךָ"를 "너희 선조들"(your forefathers)로 번역한다. 이는 야웨께서 문제의 언약을 족장들과 맺으신 언약으로 이해하는 오래된 전통을 따르는 것이다.[51] 이것이 신명기 8:1의 이 말에 대한 정확한 해석일지는 모르지만, 8장의 문맥 안에서, 특히 8:3과 8:16에 비추어보면, 모세가 출애굽 세대를 염두에 두고 있는 것으로 보는 것이 더 나은 듯하다. 이 해석은 야웨께서 아브라함과 그의 자손 전체에게 복을 베풀겠다고 하신 약속(창 12:2; 참조. 17:20)에도 불구하고 이것이 언약/약속들에 대한 언급들에서 두드러진 주제가 아니라는 사실로 강화된다. 확실히 내러티브들은 야웨께서 아브라함(창 24:1 ["범사에"], 35)과 이삭(창 25:11; 26:12-14, 29)에게 복을 베푸신 것에 대해 말하지만, 신명기 8:7-9(참조. 신 7:12-16)에서 이스라엘 백성을 대우할 때 풍성한 물질적 복을 베푸

---

50 나는 지금 Block의 신명기 주석이 출간되기 전에 그것을 인용하고 있다. 이 책은 최근에 출간되었다.
51 이 해석은 이 지점에서 아브라함, 이삭, 야곱의 이름들이 들어가 있는 사마리아 오경과 70인역만큼 뒤로 거슬러 올라간다. 참조. BHS, s.v.

시는 것은 호렙산/시내산에서 이스라엘과 맺은 언약의 조건(레 26:1-13; 참조.
신 28:1-14) 안에서 약속된 복이 성취된 것으로 보아야 가장 적절히 이해된다.
이 이해는 종종 신명기에서 출애굽 세대의 경험과 달리 모세의 현재 청중에게
사건의 중요성을 강조하기 위해 반복되는 표현으로, 모세가 "כַּיּוֹם הַזֶּה" 곧 "오늘
과 같이"라는 말을 덧붙이는 것으로 강화된다.[52]

제리 황은 신명기 8장의 점진적 진행을 주목한다. 신명기 8:18은 백성
들이 먹고 만족하여 오만하게 된 미래의 사실을 추정하는 것이므로 조상들
은 모압에서 행해진 이 의식에 참여한 현재 세대를 가리킬 수도 있다. 제리
황은 다시 언약들의 경계선에 의도적 모호함이 나타나 있다고 제안한다.[53]

7. 신명기 언약 형식의 중요성

앞에서 우리는 언약서의 형식의 중요성을 설명했고, 그 설명에 신명기도 포
함시켰다. 신명기에 대한 분석은 한두 가지 보강이 필요하다.

출애굽기 19-24장에서 열 가지 말씀이 판결들에 근본적이고, 반대로 판결
들은 열 가지 말씀을 삶의 전 분야에 실제로 적용하고 확대하는 것처럼, 신명
기에서도 12-26장의 특수 규정 역시 (철기 시대 문화에서) 충성에 대한 기본 규
정과 열 가지 말씀을 삶의 다양한 분야에 적용하고 확대하는 것이다.

다시 말하지만 율법을 (a) 도덕법, (b) 시민법, (c) 의식법으로 분류하는
것은 신명기 본문의 문학적 구조에 맞지 않는다. 사실 의식법과 시민법 그
리고 도덕법은 함께 뒤섞여 있다.

---

52 신 2:22, 30; 3:14; 4:20, 38; 6:24; 8:18, 15; 11:4; 29:28; 34:6. 또한 신 26:16; 27:9; 29:4도
    참조하라.
53 Hwang, "Rhetoric of Remembrance."

신명기의 내용과 형식을 고대 근동의 당대 문서들과 비교해보면 신명기는 다른 조약들과의 관계상 기원전 14세기에 기록된 작품임이 드러난다 (도표 10.1을 보라. 거기 보면 첫 번째 칼럼과 두 번째 칼럼은 기원전 14세기에 속해 있으나 세 번째 칼럼과 네 번째 칼럼은 기원전 7세기에 속해 있다).

고대 근동의 조약 형식들의 비교

도표 10.1

후기 히타이트	출애굽기/신명기	세피레	아시리아
표제	표제	표제	표제
서언	서언	증인	증인
규정	규정	저주	규정
보관	보관	규정	저주
증인	증인		
저주	복		
복	저주		

신명기에서 발견되는 것처럼 이스라엘 언약은 내용과 형식을 함께 취할 경우 고대 근동의 조약들과 유사한 점이 없다. (1) 내용에 있어 신명기는 고대 근동의 법률 조약들과 매우 비슷하지만, 법률 조약의 형식을 갖고 있지 않다. (2) 형식에 있어 신명기는 고대 근동의 조약들과 매우 비슷하지만, 내용에 있어서는 아니다. 이것은 도표 10.2로 보아 분명하다.

고대 근동의 법/조약과 신명기 간의 비교

도표 10.2

법	조약	구약의 언약(신명기)
전문	표제	표제
서언	서언	서언
법	규정	규정
에필로그	보관	보관
복	증인	증인
저주	저주	복
	복	저주

하나님은 자기 백성의 삶/삶의 방식을 지도하고 가르치기를 원하신다. 하지만 그분은 사랑과 충성 그리고 신뢰를 특징으로 하는 가족 관계의 맥락에서 그렇게 되기를 바라신다. 이것은 그리스와 로마 시대의 법전 또는 고대 근동의 법률 조약과는 완전히 다르다. 우리는 토라가 "법"이 아니라 "교훈"을 의미한다는 것을 항상 기억해야 한다. 그리스도인들은 단순히 언약이라고 하는 "교훈"에 대해 말하는 것이 더 나을 것이다.

또한 조지 멘덴홀(George E. Mendenhall)이 제시한 언약과 법의 비교도 도움이 된다(표 10.8).[54] 존 월튼은 『고대 근동 사상과 구약성경』[55]이라는 유용한

---

54 George E. Mendenhall, "The Conflict between Value Systems and Social Control," *Unity and Diversity: Essays in the History, Literature, and Religion of the Ancient Near East,* ed. Hans Goedicke, J. J. M. Roberts (Baltimore: Johns Hopkins University Press, 1975), 169-180. Table © 1975 The Johns Hopkins University Press. 존스홉킨스 대학교 출판사의 허락을 받아 재출간한다.

55 John H. Walton, *Ancient Near Eastern Thought and the Old Testament: Introducing the Conceptual World of the Hebrew Bible* (Grand Rapids, MI: Baker, 2006), 299-301.

책에서 이 비교를 따른다.

표 10.8: 언약과 법을 비교하는 멘덴홀의 표

	언약	법
목적	공통의 주님이라는 공동 관계를 확립하면서 전에는 존재하지 않았던 공동체를 창조함.	질서 있는 자유와 안전을 유지하기 위해 법이 도구로 작용하는 사회 질서를 전제함.
기초	감사: 이미 받은 유익(=은혜)에 대한 반응.	사회적 두려움: 혼란과 힘의 위협의 공격에서 사회를 보호하는 노력.
제정	각 개인이 기꺼이 제공된 의무를 받아들이는 자발적 행위.	유능한 사회적 당국에 의해 이루어짐. 이 당국이 각 개인을 보통 출생으로 얻는 사회 조직의 구성원으로서의 지위에 따라 각 개인을 결속시킴.
타당성	사회적 배경과 상관없이 각 사람을 결속시킴. 그것은 하나님 자신만큼 보편적이고, 따라서 "하나님의 편재성" 개념의 진정한 기초가 됨.	사회적 경계선에 철저히 의존함. 사회 질서의 경계선을 넘은 자는 완전히 부적합한 자가 됨.
제재	특수한 경우에는 예측할 수 없고, 인간 역사의 인과 개념과 연관된 사회 조직의 통제 아래 있지 않음. 적극적 및 소극적 제재를 다 포함함.	선택된 당국을 통해 사회 조직에 의해 시행됨. 주로 소극적 제재이지만, 비정치적 기관이 경제적 이득 및 명성을 통해 복종을 이끄는 동기를 부여하기도 함.
규범	대체로 구두로 제시된다. 곧 추상적인 개념의 정의(definition)는 곧 구체적인 상황과 "하나님에 대한 경외"가 사람들의 의무(=양심)로 제시됨.	보통 특수한 위반에 대해 규정된 특수한 제재로 사회적 권위에 의해 미리 정의됨. 본질상 자의적이고 형식적인데, 그 이유는 단지 행위의 형식만이 법정에서 증명될 수 있기 때문임.
방향	미래 지향적임: 개인적 행위를 믿을 수 있는 깃으로 민들고, 띠리서 시적 및 공적 안전의 기초가 됨. 결과에 대한 예측은 위반의 경우에 4대까지 미침.	과거 지향적임: 공적 질서를 더 안전하게 만들기 위해 그 공저 질서이 위반을 처벌하려고 애씀. 다만 사회가 위반자에게 부과하는 힘을 갖고 있는 형벌을 미리 경고하는 의미에서만 미래 지향적임. 경고의 범주가 매우 짧음(제한의 법령).
사회적 국면	의무는 개인적이지만 결과(복과 저주)는 당연히 사회적임. 그 이유는 그 결과가 "하나님의 행위"—가뭄, 전염병, 전쟁의 패배 등—이기 때문임. 사회에 대한 개인적 책임과 죄인의 보호를 억제시키는 사회적 책임을 강조함.	의무는 사회에 의해 정의되고 모든 구성원을 구속하지만 제재는 반대 절차와 의식 안에서 오직 죄를 지은 개인에게만 부과됨. 사회와 죄인이 맞붙는 싸움의 형태를 지님.

발전	특히 초기 단계에서 사회적 관습의 기초가 구성됨. 사회적 통제가 넘어갈 때 사회적 연대성에 대한 단순한 의례적 강화로 전락할 수 있음.	보호하려고 애쓰지만 만들어낼 수 없는 관습적 도덕을 전제함. 형식적 정의가 점차 고정화되고, 갈수록 진정한 윤리적 내용을 결여하는 경향이 있음.
연속성	사회가 창출하는 것이 아니므로 사회가 보장하는 것이 될 수 없음. 본질상 역할이 사적이고 개별적이고 독립적임. 예언자들, 그리스도, 사도들. 따라서 특정한 사회 통제 체계의 파괴는 가치 체계의 종결을 의미하지 않음.	사회적 기관—왕, 제사장, 정치 관리, 입법부, 행정부, 사법부—이 없이는 존재할 수 없음. 정치 구조가 몰락할 때 존재를 멈춤.

8. 이스라엘 언약과 아브라함 언약의 관계

우리는 성경 본문에 충실한 메타내러티브를 구성하기 위해 근본이 되는 본문들의 의미를 정확히 판단해야 한다. 그뿐만 아니라 우리는 본문이 둘이나 그 이상의 언약들 간의 상호 관계에 관해 말하는 것도 경청해야 한다.

이스라엘 언약과 아브라함 언약의 관계에 관한 본문 속에는 두 가지 핵심이 있다. 첫째, 출애굽 사건은 아브라함 언약의 성취다(출 2:24; 신 7:7-9; 9:5; 렘 11:2-4). 창세기 15장에서 하나님은 아브라함과 언약을 맺으셨을 때, 아브라함의 자손은 4백 년 동안 자기들의 소유가 아닌 나라에서 속박과 학대를 당하며 살게 되지만 이후에 큰 재산을 갖고 그곳을 나올 것이라고 예언하셨다. 우리는 이것을 언급하는 여러 본문 중 신명기 7:7-9을 한 본보기로 인용할 수 있다.

7 여호와께서 너희를 기뻐하시고 너희를 택하심은 너희가 다른 민족보다 수효가 많기 때문이 아니니라. 너희는 오히려 모든 민족 중에 가장 적으니라. 8 여호와께서 다만 너희를 사랑하심으로 말미암아, 또는 너희의 조상들에게 하신 맹세를 지키려 하심으로 말미암아 자기의 권능의 손으로 너희를 인도하여 내시되, 너희를 그 종 되었던 집에서 애굽 왕 바로의 손에서 속량하셨나니, 9 그런즉

너는 알라. 오직 네 하나님 여호와는 하나님이시오, 신실하신 하나님이시라. 그를 사랑하고 그의 계명을 지키는 자에게는 천 대까지 그의 언약을 이행하시며 인애를 베푸시되.

여기서 이집트의 속박으로부터의 구원이 자신의 사랑의 언약을 지키시는 야웨께 귀속된다. 이것은 창세기 15장에서 아브라함에게 주신 야웨의 약속을 분명히 가리킨다.

둘째, 출애굽기 19:5-6은 다음과 같은 것을 보여준다. 곧 하나님은 이스라엘 언약으로 말미암아 아브라함에게 다시 명하신 아담 역할을 이스라엘 민족이 성취하기를 원하신다. 하나님은 언약을 통해 자기 백성의 삶 속에 자신의 복을 제공하고 자신의 통치를 확립하며, 또 그들을 통해 나머지 세상에 대해서도 그렇게 하실 것이다.

11장

다윗 언약[1]

1 　여기서 다윗 언약에 관해 제시된 내용은 많은 부분이 이전에 Peter J. Gentry, "Rethinking the 'Sure Mercies of David' in Isaiah 55:3," *Westminster Theological Journal* 69 (2007): 279-304에 발표된 것이다.

서론

성경 내러티브 플롯 구조에 있는 또 다른 핵심은 하나님이 이스라엘의 왕인 다윗과 맺으신 협정 또는 언약이다. 우리는 이 성경 본문의 언어를 준수해서 이 협정을 편리하고 간단한 제목, 곧 다윗 언약으로 부를 것이다.

앞으로 살펴볼 것처럼 다윗 언약은 여러 가지 중요한 측면에서 포괄적 이야기로서 기능한다. 이스라엘 백성의 역사에서 다윗 언약은 하나님이 이스라엘 민족의 왕권에 대해 정하신 모형이 시작하는 것이다. 나아가 그것은 하나님의 백성 가운데 야웨의 왕권을 더 높고 깊게 시행한다. 다윗 언약은 발전하는 이스라엘 민족의 걱정거리와 문제점을 제시하는 것 외에도 이스라엘 언약에, 아니 더 거슬러 올라가 아브라함 언약에 표현된 하나님의 의도와 목적을 특별히 전개한다.

먼저 우리는 이스라엘에서 왕권이 시작된 배경과 역사적 상황을 살펴볼 것이다. 이어서 다윗 언약에 대한 주요 본문들을 검토하고, 이것이 후기의 구약 본문들, 특히 이사야 55장에 어떻게 적용되고 이해되는지 확인해볼 것이다. 그리고 마지막으로 다윗 언약과 이스라엘 언약 및 아브라함 언약과의 연관성과 관계들을 간략히 설명할 것이다.

여호수아

여호수아는 모세와 같은 지도자였다. 그는 이스라엘 백성을 가나안 땅 곧 아브라함 언약에서 족장들에게 약속된 땅으로 이끌었다. 여호수아서는 두 부분으로 나뉜다. 첫 번째 부분은 가나안 땅의 정복을 묘사한다. 두 번째 부분은 이스라엘 열두 지파에게 그들의 **가족**(מִשְׁפָּחוֹת) 대로 가나안 땅을 분배하는 것을 묘사한다. 이 결과는 분명히 이스라엘 언약의 성취였고, 또한 여호수아서의 내용이 언약 갱신 의식으로 끝날 때(수 24:25) 확인할 수 있는 것처럼 이스라엘을 높은 수준의 헌신으로 이끌었다. 거기서 사용된 표현은 "카라트 베리트" 즉 "언약을 쪼개다"이다. 어떤 학자들은 이 본문들에 나오는 "카라트 베리트"라는 표현은 반드시 언약의 시작을 가리키는 것은 아니고 언약 갱신에도 사용될 수 있다고 부정확하게 추론했다. 당연히 이것은 잘못된 결론이다. 실제로 일어난 일은 여호수아가 **언약을 지키도록** 백성들과 **언약을 맺은** 것이다. 곧 이스라엘 언약은 시내산과 모압에서 모세를 통해 시작되었다. 따라서 언어학적 관점에 따라 전문적으로 말하자면 "카라트 베리트"는 오직 언약의 시작만을 가리킨다.[2] 여호수아서 24장 본문과 엄밀하게 비슷한 또 하나의 사례 본문을 제시하자면 그것은 열왕기하 23:2-3이다.

2 이에 왕이 여호와의 성전에 올라가매, 유다 모든 사람과 예루살렘 주민과 제사장들과 선지자들과 모든 백성이 노소를 막론하고 다 왕과 함께한지라. 왕이 여호와의 성전 안에서 발견한 언약책의 모든 말씀을 읽어 무리의 귀에 들리고, 3 왕이 단 위에 서서, "여호와 앞에서 언약을 세우되 마음을 다하고 뜻을 다하여 여호와께 순종하고 그의 계명과 법도와 율례를 지켜 이 책에 기록된 이 언약의 말씀을 이루게 하리라" 하매, 백성이 다 그 언약을 따르기로 하니라.

여기서 요시야 왕은 언약을 지키겠다는, 즉 "이 언약의 말씀을 이루게 하겠다"(*lĕhāqîm 'eth dibrê habbĕrît hazzō't*)고 언약을 맺는다(*kārat bĕrît*).

---

2 오늘날은 부부가 은혼식에서 본질상 언약 체결 의식에 해당되는 절차에 따라 과거의 결혼 서약을 새롭게 하는 것이 흔하다. 이것은 현대판 "언약을 지키기 위한 언약 맺기"의 한 본보기다. 따라서 "언약을 맺다"는 표현 자체가 언약 갱신을 가리키는 것을 뜻하지는 않는다.

사사들

다음 시대(사사 시대)는 모든 면에서 암울하다. 사사 시대에 이스라엘 민족은 끊임없이 언약을 어긴다. 사사기 저자는 당시에 반복되는 순환을 다음과 같이 묘사한다. (1) 이스라엘 백성이 언약을 어기고 야웨에게 죄를 범한다. (2) 야웨께서 이방 민족들이 이스라엘을 침략하도록 허용하심으로써 그들을 징계하신다. (3) 회개에 대한 촉구와 도움에 대한 부르짖음이 있다. (4) 야웨께서 이스라엘 백성을 그들의 원수로부터 구원하고 한동안 그들을 다스리는 사사로 불리는 영웅 또는 구원자를 일으키신다. 저자는 사사기 마지막 부분에서 이렇게 설명한다. "그때에 이스라엘에 왕이 없으므로 사람이 각기 자기의 소견에 옳은 대로 행하였더라"(삿 21:25). 여기서 사사기 저자는 사실 이스라엘 백성의 상태와 언약이 어떻게 보존되는지를 언급하고 있다. 저자는 정치적 또는 종교적 이상을 보존할 수 있는 인간적 도움이 없다고 할지언정, 왕이 없고 각 사람이 자기 자신의 기준을 따른 사실에도 불구하고, 야웨께서 일련의 구원자 인물들을 통해 직접 간섭하시면서 이 시대에 이스라엘 언약을 보존하셨다고 말하고 있다. 따라서 사사기는 어느 시대든 간에 이스라엘 백성은 자신들의 실존을 그들 자신이 만들어낸 왕정과 같은 정치 제도에 의존하지 않을 것이라는 사실을 암시한다. 이스라엘은 그들 자신의 생존을 맹세와 약속으로 규정된 의무를 결코 저버리지 않는 언약 당사자의 신실함에 의존할 것이다.[3]

---

3 William J. Dumbrell, *Covenant and Creation: A Theology of the Old Testament Covenants* (Carlisle, UK: Paternoster, 1984), 132을 보라.

사무엘과 왕정의 시작

사무엘서를 펼치면 하나님에 대한 이스라엘 백성들의 경배는 타락한 상태에 있다. 이 타락한 상태는 대제사장 엘리에게 일차적인 책임이 있는데, 그것은 그가 자기 아들들 곧 홉니와 비느하스의 잘못을 징계할 수 없었기 때문이다. 하나님은 자기 백성을 이 위기에서 구원할 자로 사무엘을 준비하셨다.

사무엘상 8장을 보면 이스라엘 장로들이 사무엘에게 주변 민족들처럼 자기들을 이끌 왕을 정해달라고 요구한다. 이 요구는 백성들의 마음을 혼란케 한 많은 문제점을 드러낸다. 첫째, 사무엘은 사사였다. 통상적으로 야웨께서 자신의 영으로 사사들을 정하셨다. 사사는 왕조와 같이 혈통적 아들이 세습하는 직분이 아니었다. 둘째, 이스라엘 백성은 주변 민족들이 갖고 있던 것과 똑같은 왕을 원했다. 여기서 문제는 왕을 원한 것 자체에 있지 않았다. 유진 H. 메릴(Eugene H. Merrill)이 말하는 것처럼 하나님은 처음부터 왕을 세우는 것을 계획하셨다. "사람은 '바다의 물고기와 하늘의 새와 땅에 움직이는 모든 생물을 다스리도록' 하나님의 형상으로 지음 받았다(창 1:26-28). 사람은 에덴동산과 만물에 대한 주권을 행사하도록 에덴동산에 거주했다."[4] 이후에 하나님은 마지막 새 출발을 시작하셨을 때 아브라함과 사라에게 그들로부터 왕이 나올 것이라고 약속하셨고(창 17:6, 16), 이 약속은 야곱에게 다시 보증되었다(창 35:11). 야곱이 임종 직전에 각 지파의 조상이 될 자기 아들들에게 행한 축복 기도를 보면, "규가 유다를 떠나지 아니하며/ 통치자의 지팡이가 그 발 사이에서 떠나지 아니하기를/ 실로가 오시기까지 이르리니/ 그에게 모든 백성이 복종하리로다"(창 49:10)라는 선언이 나온다. 심지어는 발람도 두 번째 신탁에서 "왕을 부르는 소리가 그중에 있도다"(민

---

4 Eugene H. Merrill, *Kingdom of Priests: A History of Old Testament Israel,* 2nd ed. (Grand Rapids, MI: Baker, 1987, 2008), 208. 『제사장의 나라』(CLC 역간).

23:21)라고 말하고, 또 네 번째 신탁에서는 "한 별이 야곱에게서 나오며 한 규가 이스라엘에게서 일어나서"(민 24:17)라고 말한다. 마지막으로 모세는 신명기 17:14-20에서 하나님의 선택과 하나님의 시간에 따라 세워질 왕정에 대한 규정과 조항을 제시한다. 이때 왕은 야웨께서 택하신 자(신 17:15)라야 하며, 이스라엘 언약의 원리에 따라 백성을 다스려야 한다(신 17:18-20).[5] 따라서 문제는 이스라엘 백성이 왕을 원한 것에 있지 않았고, 이방 민족들과 같은 왕을 원한 것에 있었다. 당시 가나안에서 왕권은 중앙 집권적이고 절대적이었으며, 권력 남용의 부작용을 잠재적으로 내포하고 있었다. 게다가 이스라엘 백성은 동맹과 계약 그리고 조약을 통해 야웨가 아니라 다른 민족들을 의지할 위험성이 컸다. 더구나 왕은 야웨의 직접적 개입이 아니라 왕조에 의해 왕좌에 앉을 것이므로 백성들에 대한 하나님의 직접적 통치가 왜곡될 수 있었다.

사울: 사무엘하 6장

사무엘서는 예배의 타락과 백성의 불순종으로 말미암아 하나님께서 블레셋 사람이 언약궤를 빼앗아가도록 허용하셨다고 진술한다. 상징적으로 이 것은 언약궤 위에 좌정해계셨던 야웨께서 자기 백성을 떠나 자진해서 포로가 되셨다는 것을 암시했다. 사무엘하 6장에서 언약궤가 다시 돌아온 것은 야웨께서 왕으로 자기 백성 가운데 살기 위해 귀환하신 것을 함축한다. 사무엘하 6장이 7장보다 앞서 나온다는 사실은 오직 야웨의 왕권이 자기 백성 가운데 견고하게 세워져 있을 때에만 이스라엘에서 왕권 문제가 다루어질 수 있다는 사실을 보여준다. 야웨의 성소가 왕정보다 앞서 나온다.[6]

---

5   Merrill, *Kingdom of Priests*, 208쪽에서 인용해 확장했다.

6   John H. Walton, *Covenant: God's Purpose, God's Plan* (Grand Rapids, MI: Zondervan,

또 다른 중요한 요소는 이때에 이스라엘에 예언자 직분이 출현한다는 것이다. 사무엘이 예언자들의 시초다. 예언자 직분 역시 이스라엘 언약으로부터 직접 나온다(민 12:6-9; 신 18:15-22). 그리고 이때에 예언자 직분이 생겨나는 것은 예언자가 왕의 절대적 통치를 견제하고 야웨 곧 하나님께서 이스라엘 왕을 통해 백성들을 다스리신다는 것을 확신시키는 역할을 행하기 때문이다. 모든 다윗에게는 또한 하나님의 말씀의 권위를 갖고 왕 앞에 직접 나아가 왕의 결정과 행동을 반대할 수 있는 나단이 있어야 한다.

다윗: 사무엘하 7장

구약성경에서 다윗 언약을 다루는 주된 본문은 사무엘하 7장과 이와 평행을 이루고 있는 역대상 17장 및 시편 89편(특히 89:3-4과 89:19-37)이다. 사무엘하 7장은 이 협정을 특별히 언약으로 부르지 않지만 "베리트"라는 말이 사무엘하 23:5과 예레미야 33:21, 시편 89:3, 28, 34, 39, 132:12, 그리고 역대하 13:5에서는 실제로 사용된다. 나아가 이사야 55:3에 나오는 다윗 언약과 관련해 사용된 "헤세드"라는 용어가 사무엘하 7:15에서 **사용된다**.

이제 이 관계가 어떻게 형성되는지 확인할 수 있도록 사무엘하 7장의 문학적 구조를 주의 깊게 살펴보는 것에서 시작해보자.

사무엘하 7장—개요

I. 다윗에게 주신 하나님의 약속   1-17절

  A. 다윗의 계획   1-3절

  (다윗이 야웨의 집을 건축하자고 제안한다)

  B. 하나님의 약속   4-17절

1994), 65-73을 보라.

사무엘하 7장은 반반으로 나뉘는데, 전반부는 다윗에게 주신 하나님의 약속들에 대한 계시를 서술하고 후반부는 다윗이 경배로 반응하는 것을 기록하고 있다. 7:18에서 "다윗 왕이 여호와 앞에 들어가 앉아서"라고 말할 때 그것은 다윗이 묵상하고 예배하며 기도하기 위해 성소에 들어간 것을 의미

한다.[7]

그리고 사무엘하 7장 전반부는 다시 두 부분으로 나뉜다. 첫째 부분에서 다윗은 현재의 임시 장막이 아니라 백향목으로 이루어진 웅대한 성소를 건축하겠다고 제안한다. 하나님은 이에 대한 반응으로 다윗을 위해 집을 짓겠다고 약속하신다. "집"(בַּיִת)이라는 말에 언어유희가 있다. 다윗이 야웨를 위해 짓기 원하는 "집"은 성소 또는 성전이다. 야웨께서 다윗을 위해 지으실 "집"은 왕조 곧 왕의 가문이다. 이 언어유희는 구약성경에서 반복해서 받아들여진다. 예를 들어 아모스 9장을 보면 아모스 예언자가 다윗 왕조의 서글픈 상태 곧 "무너진 장막"을 다시 세우실 미래의 때를 예언한다. 문맥도 부패한 예배에 바쳐진 성전의 무너짐을 가리키므로 왕조와 성전 모두 다윗의 "무너진 장막"에 대한 언급과 관련이 있다(암 9:11).

성전을 건축하겠다는 다윗의 최초 계획은 예언자 나단에게 인정을 받는다. 그런데 나단이 밤에 본 꿈 또는 환상에서 하나님의 계시를 받고 난 뒤에 무효화된다. 이것이 중요하다. 이스라엘에서 왕권은 위대한 왕이신 야웨께 예속되어야 한다는 것이 사무엘하의 주제 중 하나이기 때문이다.[8]

하나님이 다윗에게 주시는 선물과 약속을 상술하는 사무엘하 7:8-16에서 문학적 구조의 여러 가지 핵심 표지를 주목할 필요가 있다. 첫째, 7:8과 7:9a에 등장하는 완료와 "와우" 접속법 미완료 동사 형태가 7:9 중간에서 미래의 시간을 표시하는 "와우" 접속법 완료 동사 형태로 바뀌는 것은 분명히 과거의 복과 미래의 약속 간의 단절을 표시한다. 둘째, 7:8에서 시작되는 사

---

7 다윗의 기도는 이 본문이 신명기 전체 역사(여호수아서-열왕기서)에서 하나님의 이름을 그대로 반복하고 또 다양한 하나님의 이름을 언급하는 **유일한** 본문이라는 점에서 주목할 만하다. 사무엘하 7:18-29에 나오는 하나님의 이름은 다음과 같다. יַהְוֶה(18, 24절), אֲדֹנָי יַהְוֶה(18, 19, 19, 20, 22, 28, 29절), אֱלֹהִים(22, 23, 24, 28절), יַהְוֶה אֱלֹהִים(25절), יַהְוֶה צְבָאוֹת(26, 27절), אֱלֹהִים עַל יִשְׂרָאֵל(26절), אֱלֹהֵי יִשְׂרָאֵל(27절). 나는 이 통찰을 Stephen G. Dempster의 과거 제자였던 Florence White에게 힘입었다.

8 Donald F. Murray, *Divine Prerogative and Royal Pretension: Pragmatics, Poetics, and Polemics in a Narrative Sequence about David (2 Samuel 5.17-7.29)*, JSOTSup 264 (Sheffield, UK: Sheffield Academic Press, 1998), 281-301을 보라.

자(使者) 공식(כֹּה אָמַר יְהוָה צְבָאוֹת "만군의 여호와께서 이와 같이 말씀하시기를")이 형태가 다르기는 해도 7:11b에서 반복된다(וְהִגִּיד לְךָ יְהוָה "여호와가 또 네게 이르노니"). 이것은 7:12에서 시작되는 시간 절과 함께 본문의 분명한 특징으로 다윗의 죽음 이후의 시간을 가리키고, 다윗의 생전에 성취될 약속과 다윗의 사후에 성취될 약속을 분리시킨다.

다윗 언약은 신적 의무와 인간적 의무를 명확히 구분한다. 신적 의무 또는 약속은 문학적 구조에 따라 다윗의 생전에 성취될 약속과 다윗의 사후에 성취될 약속으로 나뉜다. 다윗의 생전에 성취될 약속은 7:8-11a에 제시되어 있다. (1) 위대한 이름, (2) 하나님의 백성으로서 이스라엘을 위한 견고한 처소, (3) 다윗을 원수들에게서 벗어나 편히 쉬게 함. 다윗의 사후에 성취될 약속은 사무엘하 7:11b-13과 7:16에 제시된다. 여기서 야웨가 다윗에게 약속하시는 것은 지속적 왕조와 나라 그리고 왕위다. 이 약속은 7:11b-13에서 처음으로 주어지고 7:16에서 반복된다. 이 A-B-A′의 교차 구조의 중앙 부분에 부자 관계로 정의되는 야웨와 다윗 간의 언약이 있다. 이것은 다윗 왕 편의 야웨에 대한 순종의 필요성을 강조한다. 전통적으로 신학자들은 다윗 언약을 무조건적 언약으로 간주했다. 물론 다윗 언약의 내용이 야웨께서 주신 강력한 약속들로 구성되어 있다는 것은 사실이다. 그럼에도 사무엘하 7:14-15이 보여주는 것처럼 다윗 왕에게 기대되는 것은 신실함이고, 이 두 구절은 다윗 왕 편에서 신실하지 못할 가능성을 예견하며, 이 신실하지 못함은 야웨의 징계를 초래할 것이다. 결국 사무엘하 7:14-15은 다윗 언약이 오직 신실하신 아버지 단독으로(즉 야웨께서 자신의 약속을 지키시는 것으로) 성취되는 것이 아니라 신실한 아들에 의해서도(즉 다윗 왕이 야웨의 토라에 순종하는 것으로) 성취될 것이라고 말하는 것이다. 이 문학적 교차 구조는 실제로 언약의 본질을 가시적 방식으로 묘사한다. 곧 이 부자 관계에서 중요한 것은 신실함과 순종이다. 하지만 이 관계는 다윗의 자손과 나라 그리고 왕위(순서는 교차 구조 중앙 이전과 이후가 동일하다)에 대한 야웨의 확실한 약속에 의해 양편에서 뒷받침된다. 이와 동일한 문학적 교차 구조가 이

후에 다윗 언약을 주석하는 시편 132:11b-12에서 확인된다. 시편 132:11a
과 132:12b은 하나님의 약속을 강조하고, 132:12a은 순종하는 아들의 필
요성에 대해 말한다. 따라서 한 번 더 하나님의 약속은 신실하고 순종하는
아들의 필요성을 양편에서 떠받치고 지지한다.

여기서 다윗 언약에서 신적 의무와 인간적 의무에 대해 이후 본문들이
제시하는 내용을 간략히 주목할 필요가 있다. 첫째, 그렇다고 해도 야웨와
다윗 왕의 관계를 "아버지"와 "아들"로 묘사하는 것의 의미가 충분히 설명되
지 않으면 안 된다. 이 안에 포함된 요소로는 히브리어에서 "벤"(בֵּן)이라는
단어의 사용, 가나안과 고대 근동의 왕권에 대한 문화적 배경, 조약을 체결
할 때 가족 언어의 사용, 그리고 본문의 정경적인 문맥 등이 있다.[9]

9　다음 참고문헌 중 Hoffmeier의 논문이 가장 유용했다. John Day, "The Canaanite
Inheritance of the Israelite Monarchy," *King and Messiah in Israel and the Ancient
Near East,* ed. John Day, JSOTSup 270 (Sheffield, UK: Sheffield Academic Press,
1998), 72-90; H. Frankfort, *Kingship and the Gods* (Chicago: University of Chicago
Press, 1948), 300-301; Ivan Engnell, *Studies in Divine Kingship in the Ancient Near
East,* 2nd ed. (Oxford: Blackwell, 1967); J. K. Hoffmeier, "The King as God's Son in
Egypt and Israel," *Journal of the Society for the Study of Egyptian Antiquities* 24
(1994): 28-38; T. Jacobsen, "The Concept of Divine Parentage of the Ruler in the
Stela of the Vultures," *Journal of Near Eastern Studies* 2 (1943): 119-121; T. Kleven,
"Kingship in Ugarit (=*KTU* 1. 16 I 1-23)," *Ascribe to the Lord: Biblical and Other
Studies in Memory of Peter C. Craigie,* ed. L. Eslinger and G. Taylor, JSOTSup 67
(Sheffield, UK: Sheffield Academic Press, 1988), 29-53; Marjo C. A. Korpel, *A Rift in
the Clouds: Ugaritic and Hebrew Descriptions of the Divine* (Münster, Germany:
Ugarit-Verlag, 1990), 252-261; A. Latto, "Second Samuel 7 and Ancient Near Eastern
Royal Ideology," *Catholic Biblical Quarterly* 59 (1997): 244-269; T. N. D. Mettinger,
King and Messiah: The Civil and Sacral Legitimation of the Israelite Kings (Lund,
Sweden: Gleerup, 1976), 259-274; J. Tigay, *The Evolution of the Gilgamesh Epic*
(Philadelphia: University of Pennsylvania Press, 1982), 152-156; Juan-Pablo Vita, "The
Society of Ugarit," *Handbook of Ugaritic Studies,* ed. W. G. E. Watson and N. Wyatt
(Handbook of Oriental Studies I: The Near and Middle East 39, Leiden, Netherlands:
Brill, 1999), 455-498; K. W. Whitelam, "Israelite Kingship I: The Royal Ideology and
Opponents," *The World of Ancient Israel,* ed. R. E. Clements (Cambridge: Cambridge
University Press, 1989), 119-140. 나는 이 주제에 관한 문헌을 찾도록 도움을 준 John
Walton에게 감사를 전한다.

문자적·혈통적 가족 관계는 분명히 문맥과 반대된다. 그럼에도 히브리어에서 "아들"을 나타내는 단어인 "벤"은 영어의 "son"보다 훨씬 더 폭넓은 의미 영역을 갖고 있다. 산업화 이전에 농업이 지배하는 경제와 사회에서 교역은 통상적으로 가족 집단 안에서 이루어졌다. 이런 방식으로 아들들은 가족 환경과 가정 교육 그리고 유전을 통해 전해진 공통적 특성을 드러낼 뿐 아니라 자기 아버지가 행한 것을 관례적으로 행했다. 따라서 "아들"이라는 말은 어떤 것의 "특성들을 소유하는 것"을 의미하는 데 사용될 수 있다. 이사야 5:1의 포도원 비유에서 사랑하는 자는 "베케렌 벤-셰멘"(בְּקֶרֶן בֶּן־שֶׁמֶן) 곧 "심히 기름진 산"에 포도원을 갖고 있다. 산비탈의 중턱 또는 대지는 "비옥함의 아들" 즉 풍성한 생산이라는 특징을 갖고 있다. 관용적인 영어 번역은 "비옥한 언덕"(fertile hillside)가 될 것이다.

고대 근동과 가나안 지역의 문화적 배경은 중요하다. 최소한 기원전 1650년경 이후로 이집트에서는 왕이 신의 아들이었기 때문에 시민들은 왕을 신의 형상으로 인식했다. 여기서 강조점은 물리적 모양에 있지 않았다. 예를 들어 남자 왕이 여신의 형상일 수도 있었다. 강조점은 왕의 행위가 신의 행위를 반영하는 것에 있다. 신의 형상으로서 왕은 신의 특성과 본질적 개념을 반영하는 자다.[10]

우리는 우가리트 문서를 통해 케레트 왕에 대한 이야기를 알게 된다. 케레트 왕은 엘의 아들로 묘사된다.[11] 케레트 왕의 더할 나위 없는 건강은 그

---

10   P. E. Dion, "Ressemblance et image du Dieu," *Suppléments aux Dictionnaire de la Bible* X, ed. H. Cazelles and A. Feuillet, 55: 365-403을 보라.

11   Gregorio del Olmo Lete and Joaquín Sanmartín, *A Dictionary of the Ugaritic Language in the Alphabetic Tradition*, trans. W. G. E. Watson, 2 vols. (Handbook of Oriental Studies I: The Near and Middle East 67, Leiden, Netherlands: Brill, 2003), 226을 보라. 또한 다음 자료들도 주목할 만하다. K. A. Kitchen, "The King List of Ugarit," *Ugarit, Forschungen* 9 (1977): 131-142; T. Kleven, "Kingship in Ugarit (*KTU* 1.16 I 1-23)," *Ascribe to the Lord: Biblical and Other Studies in Memory of Peter C. Craigie*, ed. L. Eslinger and G. Taylor, JSOTSup 67 (Sheffield, UK: Sheffield Academic Press, 1988), 29-53.

가 신적 기원을 가진 존재임을 암시하는 것으로 이해되어야 한다.[12]

구약성경은 벤하닷으로 알려진 다메섹의 아람 왕에 대해 기록한다.[13] 이름으로 보면 벤하닷은 그가 섬기는 신의 아들이다. 아마르나 서신과 우가리트 서신의 인물 묘사를 보면 사회를 구성하는 여러 신분의 다수의 이름이 "[신의 명칭]의 아들" 형식으로 되어 있음을 보여준다.[14] 그러므로 우리는 벤하닷이라는 이름이 그가 자신을 그의 국민들에게 바알 신의 대표로 간주했음을 증명하는 것인지는 확실히 알 수 없다. 그것은 이름이 부모로부터 받은 출생명인지, 아니면 왕좌에 오를 때 지은 이름인지에 달려 있다.[15]

이와 같이 가나안과 고대 근동의 문화는 신의 아들로서의 왕이라는 개념이 충분히 확립되어 있었음을 보여준다.[16] 그 의미는 이집트와 가나안 그리고 메소포타미아에서 각기 다를 수 있지만, 공통적 특징은 왕이 어떤 면에서 백성들에게 신의 특성을 대표한다는 생각이다.

또한 고대 근동에서는 종주-봉신 조약의 당사자들이 상대방을 아버지와 아들로 언급할 수 있다.[17] 이것은 사무엘하 7장과 중요한 관계가 있다. 이전

---

12 또한 P. Kyle McMarter, Jr., "Two Bronze Arrowheads with Archaic Alphabetic Inscriptions," *Eretz-Israel* 26 (1999): 124*-128*도 참조하라.

13 왕상 15:18, 20, 대하 16:2, 4. M. Cogan, *1 Kings*, Anchor Bible 10 (New York: Doubleday, 2000), 399-400을 보라.

14 "[신의 이름]의 아들" 형태에 대하여 아마르나와 우가리트 본문들 속에 나타난 모든 이름의 목록은 이번 장의 부록을 보라.

15 어떤 이들은 이것이 왕조의 이름이라고 주장한다. 하지만 이것을 지지하는 명확한 증거는 전혀 없다. K. Lawson Younger, Jr., "Shalmaneser III and Israel," *Israel-Ancient Kingdom or Late Invention? Archaeology, Ancient Civilizations, and the Bible*, ed. Daniel I. Block (Nashville: B&H, 2008), 225-256을 보라.

16 특히 *Studies in Divine Kingship in the Ancient Near East*, 80을 보라.

17 메소포타미아에 대해서는 예컨대 W. Heimpel, *Letters to the King of Mari: A New Translation, with Historical Introduction, Notes, and Commentary* (Winona Lake, IN: Eisenbrauns, 2003), 48을 보고, 26:347(311)과 26:372(326) 같은 본문들을 주목하라. 거기 보면 종주국 왕을 가리키는 의미로 "아버지"라는 호칭이 사용된다. 이집트와 가나안의 경우를 보면 아마르나 문서들(EA)에서 "아버지"와 "아들"이라는 말이 종주-봉신 조약의 두 당사자를 가리키는 데 사용된다. 예컨대 William L. Moran ed. and trans., *The Amarna Letters* (Baltimore/London: Johns Hopkins University Press, 1987, 1992, 2002)에서 EA

에 신학자들은 성경의 언약들을 무조건적 약속이나 조건적 약속의 관점에 따라 설명했다. 그러나 최근에는 언약들이 한편으로는 종주-봉신 조약 모형에 따라 분류되고, 다른 한편으로는 왕의 하사 모형에 따라 분류되었다. 전자는 봉신 왕의 종주국에 대한 의무를 강조한다. 후자는 큰 왕이 그의 귀족이나 봉신에 대한 의무를 강조한다. 다윗 언약은 자주 왕의 하사 모형으로 간주되었으나 무조건적-조건적 언약의 범주 또는 보다 최근에 등장한 종주-봉신 모형 대 왕의 하사 모형 어느 쪽과도 딱 일치하지는 않는다.[18] 사무엘하 7:14-15은 분명히 아들 편의 순종의 필요성을 강조하지만 문학적 구조는 이것이 일차적으로 아버지의 약속에 토대를 두고 있음을 보여준다.[19]

44, 73, 82을 보라. 킬라무와와 카라테페 비문들에서 보는 것처럼 페니키아 본문들에도 비슷한 말이 나온다. J. C. L. Gibson, *Textbook of Syrian Semitic Inscriptions: Phoenician Inscriptions*, 3 vols (Oxford: Clarendon, 1982), 3:47-48, 130-131을 보라. 나는 이 본문들을 찾아내는 데 있어 Gregory Smith와 Jim Harriman의 도움을 받았다.

18   Anderson은 삼하 7장이 세 가지 중첩된 개념 곧 아들 채택과 언약 그리고 왕의 하사를 포함하고 있다고 생각한다. A. A. Anderson, 2 *Samuel*, WBC 11 (Waco, TX: Word, 1989), 122. 다윗 언약을 왕의 하사로 보는 견해의 주된 지지자는 Weinfeld다. 다음 자료를 보라. M. Weinfeld, "The Covenant of Grant in the Old Testament and in the Ancient Near East," *Journal of the American Oriental Society* 90/2 (1970): 184-203; 같은 저자, "בְּרִית berith," *TDOT* 2:253-279. 그러나 삼하 7장이 왕의 하사에 대한 본질적 요소를 결여하고 있음을 보여주고, 종주-봉신 조약 모형이 더 적합하다는 견해에 대한 증거가 Paul Kalluveettil, *Declaration and Covenant*, Analecta Biblica 88 (Rome: Biblical Institute Press, 1982), 181에서 제공되었다. 또한 Weinfeld의 견해에 대한 비판이 Gary N. Knoppers, "Ancient Near Eastern Royal Grants and the Davidic Covenant: A Parallel?" *Journal of the American Oriental Society* 116/4 (1996): 670 697에서 이루어졌다. 따라서 Anderson이 더 적절하다. 최근에 Gordon Johnston은 Weinfeld가 제시하는 왕의 하사와 종주-봉신 조약 간의 이분법이 너무 엄격하고 아무리 증거를 재검토해 보아도 지지를 받지 못한다는 사실을 논증했다. Gordon Johnston, "A Critical Evaluation of Moshe Weinfeld's Approach to the Davidic Covenant in the Light of Ancient Near Eastern Royal Grants: What Did He Get Right & What Did He Get Wrong?"(2011년 11월에 캘리포니아의 샌프란시스코에서 개최된 복음주의 신학협회의 연례 모임에서 발표된 미출간 논문)을 보라.

19   특히 왕하 16:7의 언약 문맥에서 종과 아들 신분 간의 관련성을 주목하라. Stephen G. Dempster, "The Servant of the Lord," *Central Themes in Biblical Theology: Mapping Unity in Diversity*, ed. Scott J. Hafemann and Paul R. House (Grand Rapids, MI: Baker, 2007), 136-137을 보라.

사무엘하 7장도 히브리 정경의 책들의 배열에 따라 읽어야 한다.[20] 정경 적인 성경 읽기를 해보면 다윗 왕이 신명기 17장의 교훈들에 따라 하나님 의 아들로서의 아담과 하나님의 아들로서의 이스라엘의 역할을 모두 물려 받은 것을 암시한다. 이것은 여기서 간략히 개관하고 요약될 필요가 있다.

첫째, 창세기 1:26-28에 따라 인간이 하나님의 형상으로 지음 받은 사 실이 고려되어야 한다. 하나님의 형상은 한편으로는 창조주 하나님과의 언 약 관계에 비추어, 다른 한편으로는 창조물과의 언약 관계에 비추어 인간 존재론을 규정한다. 전자는 "아들 신분"이라는 말로 파악될 수 있고 창세기 5:1-3에 함축되어 있다.

하나님이 아담을 하나님의 형상으로 지으신 신적 창조와 이후에 셋이 아담의 형상으로 태어난 인간적 창조가 병렬 배치됨으로써 이 계보를 통한 하나님의 형상의 이전이 함축되어 있고, 아울러 아들 신분과 하나님의 형상 간의 연계성 도 함축되어 있다. 셋이 아담의 아들인 것처럼 아담도 하나님의 아들이다. 여기 서 펼쳐지는 언어는 확실히 문자적인 하나님의 아들 개념을 고려하고 있지 않 지만, 그럼에도 저자는 유비를 사용해 자기의 주장이 옳음을 역설한다.[21]

후자의 관계 즉 인간과 창조물의 관계는 왕권과 섬기는 종의 관계를 반 영한다. 앞서 우리는 9세기 텔 파카리야에 비문에서 "찰마"(형상)는 그의 신 하들과 관련해 왕의 위엄한 자아와 능력을 가리키지만 "데무타"(모양)는 신 과 관련해 왕의 탄원자로서의 역할을 언급한다는 사실을 주목했다.[22] 고대 근동의 자료는 성경 본문에 대한 이 주석을 확증하고 그것과 정확히 대응을

---

20 이 접근법에 대해서는 특히 Stephen G. Dempster, *Dominion and Dynasty: A Biblical Theology of the Hebrew Bible*, NSBT 15 (Downers Grove, IL: InterVarsity Press, 2003) 을 보라.

21 같은 책, 58-59.

22 W. Randall Garr, "'Image' and 'Likeness' in the Inscription from Tell Fakhariyeh," *Israel Exploration Journal* 50/3-4 (2003): 227-234.

이룬다.

창세기 2:4-25이 보여주는 것처럼 하나님의 아들인 아담은 동산 성소에서 일하는 제사장과 같다. 아담은 처음으로 하나님 자신이 그렇게 하신 것처럼 하나님의 통치를 행사하기 위해 하나님의 방법을 배워야 한다.[23]

둘째, 이스라엘은 이 아담의 역할을 물려받았다.[24] 야웨는 출애굽기 4:22-23에서 이스라엘 민족을 자신의 아들로 지칭하신다. 시내산에서 하나님과 이스라엘 사이에 세워진 언약에 있는 하나님의 목적은 출애굽기 19:3-6에 나온다. 제사장 나라로서 이스라엘은 하나님의 길을 민족들에게 알리고, 또 민족들을 하나님과 올바른 관계를 맺도록 하는 역할을 해야 한다. 이스라엘은 지리적으로 고대 세계의 초강대국들 사이를 연결하는 유일한 통로 지점에 위치하고 있으므로, 이스라엘은 이 위치에서 하나님과 올바른 관계를 맺는 법, 참된 인간적 방법으로 서로를 대하는 법, 그리고 땅의 자원들을 신실하게 보살피는 법을 민족들에게 보여주어야 한다. 이것이 이스라엘이 아들 신분을 갖게 된 진정한 의미다.

셋째, 신명기 17장은 왕이 이런 역할을 하는 지도자가 되어야 함을 암시한다. 신명기 17:16-20은 이 미래의 왕이 자신의 책임을 이행하는 방법에 대해 묘사한다. 17:16-17에서 소극적 명령을 제시한 후에, 17:18-20은 세 가지 적극적 명령을 구체적으로 제시하는데 그것은 모두 토라와 관련이 있다. (1) 왕은 토라를 따라야 한다. (2) 왕은 토라를 자기 옆에 두어야 한다. (3) 왕은 토라를 읽어야 한다.[25] 다시 말하자면 유일한 긍정적 요청은 왕은

---

23   다음 자료들을 보라. Gordon J. Wenham, "Sanctuary Symbolism in the Garden of Eden Story," *I Studied Inscriptions from before the Flood: Ancient Near Eastern, Literary, and Linguistic Approaches to Genesis 1-11*, ed. R. S. Hess and, D. T. Tsumura, Sources for Biblical and Theological Study 4 (Winona Lake, Eisenbrauns: 1994), 399-404; William J. Dumbrell, *The Search for Order: Biblical Eschatology in Focus* (Grand Rapids, MI: Baker, 1994), 24-25; M. Hutter, "Adam als Gärtner und König (Gen. 2:8, 15)," *Biblische Zeitschrift* 30 (1985): 258-262.

24   출 15:17은 아담에게 에덴이 동산 성소였던 것과 같이 이스라엘에게 가나안이 성소가 된다는 것을 보여준다.

모범 시민으로서 토라를 구현해야 한다는 것이다.[26] 이것은 사무엘하 7장에 제시된 부자 관계에 대한 정확한 의미다.

사무엘하 7:18-29에서 예언자 나단을 통해 주어진 이 계시에 대한 다윗의 반응은 다윗 언약에 대한 다윗 자신의 이해를 보여준다. 이 점에서 문제 구절인 7:19이 결정적으로 중요하다. 7:18에서 다윗은 자신과 자신의 집이 크게 높아진 사실을 언급한다. 그러나 이제 7:19에서는 이 영예가 먼 미래에 관한 약속들로 인해 작아 보인다고 말한다. *"zō't tôrat hā'ādam"*(조트 토라트 하아담). 이 문구는 학자들을 괴롭힌 난제였다. 1984년 NIV의 번역은 "이것이 사람을 다루는 당신의 통상적 방식입니까?"(Is this your usual way of dealing with man?)로 되어 있고, 이것이 표준 해석을 대표한다.[27] 그러나 이 해석은 문제가 있다. 첫째, 질문을 암시하는 문맥적 신호와 문법적 표시들이 존재하지 않을 때에는 이 구절을 긍정적이고 선언적인 진술로 읽는 것이 훨씬 더 자연스럽다.[28] 둘째, 『BDB 사전』[29]은 "토라"의 가능한 의미로 "방식"을 제시하지만, 단연코 생각에 떠오르는 일차 의미는 "교훈" 또는 "율법"이다. 이 제한 어구(bound phrase)에서 이 규정되지 않은 요소(free member)는 주어나 목적어일 수 있다. 이 규정되지 않은 요소가 사람일 때 그것은 자주

---

25 나는 Daniel I. Block의 새 주석, *Deuteronomy*, NIV Application Commentary (Grand Rapids, MI: Zondervan, 2012)가 출간되기 전에 미리 참조할 특권을 가지면서 큰 도움을 받았다.

26 Daniel I. Block, "The Burden of Leadership: The Mosaic Paradigm of Kingship (Deuteronomy 17:14-20)," *How I Love Your Torah, O LORD! Studies in the Book of Deuteronomy* (Eugene, OR: Cascade, 2011), 118-139을 보라(원래 *Bibliotheca Sacra* 162 [2005]: 259-278에 담겨 출간됨).

27 개역개정은 이것을 "이것이 사람의 법이니이다"로 번역한다—역자 주.

28 Walter C. Kaiser, Jr., "The Blessing of David: The Charter for Humanity" *The Law and the Prophets: Old Testament Studies Prepared in Honor of Oswald Thompson Allis*, ed. John H. Skilton, Milton C. Fisher and Leslie W. Sloat (Philadelphia: Presbyterian & Reformed, 1974), 311-312.

29 F. Brown, S. R. Driver and C. Briggs eds., *A Hebrew and English Lexicon of the Old Testament* (Oxford: Clarendon, 1907, 재판, 1953), s.v.도 그렇다. 그러나 삼하 7:19은 "토라"에 이 의미를 부여한 유일한 사례다.

주격의 소유격 용법으로 해석되지만 여기서는 목적의 소유격 용법으로 해석되는 것도 충분히 일리가 있다.[30] 따라서 우리는 "이것이 인간을 위한 교훈이니이다"로 번역해야 한다. 덤브렐과 카이저는 "사람의 법"이라는 표현은 "인간을 위한 헌장"의 의미를 갖고 있는 아카드 어구 "테리트 니셰"(*tērīt nīshē*)와 유사하다는 것에 주목한다.[31]

다윗은 나단을 통해 계시된 언약이 인간을 위한 야웨의 교훈이라고 말할 때, 그는 이를 어떤 의미로 사용했을까? 사무엘하 7:14-15에 나오는 야웨와 다윗 왕 간의 관계에 있는 인간적 의무는 부자 관계를 세우는 것으로 암시된다. 우리는 고대 근동에서 어떤 나라나 지방은 지방 신이 그곳을 지배하는 것으로 생각되었고, 왕은 그 지방 신의 대표로 간주되었다는 것을 이미 확인했다. 이것은 왕이 신의 아들로 불릴 수 있었던 이유를 설명해준다. 따라서 다윗 왕은 하나님의 아들로서 이스라엘 민족 전체에 하나님의 교훈이나 토라를 시행해야 했고, 그 결과 그는 모세의 토라의 중보자였다. 그러나 다윗 왕이 대표했던 신은 한 지방이나 한 지역으로 제한된 신이 아니라 온 세상의 창조자이자 주권자이신 하나님이셨기 때문에 다윗 왕의 통치는 단순히 이스라엘이 아니라 **모든** 민족에 영향을 끼쳤다. 이런 생각은 시편 2편과 다른 많은 시편에서 발전되었지만 **이미** 사무엘하 7장에 암시되어 있다. 따라서 이 다윗 아들의 신실함은 창세기 1:26 이하에 나오는 하나님의 형상으로 암시되는 것처럼 하나님이 창조 언약에서 인간에게 의도하신 것과 똑같이, 온 세상에 대한 하나님의 통치에 영향을 미칠 것이다. 나는 이것이 사무엘하 7:19에 나타난 다윗의 반응의 배후에 있는 논리라고 생각한다. 그리

---

30 Fokkelman은 이 구절을 JPS 번역을 따라 탄원절로 해석한다. 하지만 그럼에도 "하아담"(*ha-'a-da-m*)을 목적어로 간주한다. "이것이 사람들을 위한 법이 되기를 바라나이다." J. P. Fokkelman, *Narrative Art and Poetry in the Books of Samuel: A Full Interpretation Based on Stylistic and Structural Analyses: Vol. III: Throne and City (II Sam. 2-8 & 21-24)* (Assen, Netherlands: Van Gorcum, 1990), 240 n.67, 242.

31 Dumbrell, *Covenant and Creation*, 151-152, Walter C. Kaiser, Jr., "Blessing of David: The Charter for Humanity," 314-315.

고 이것이 다윗 계보의 왕을 하나님의 아들로 만드는 언약은 모든 민족에게 야웨의 토라를 적용하는 도구라고 다윗이 주장하는 이유다. 하나님의 아들이라는 다윗 자신의 이해는 사무엘하 7:19에 나오는 그의 진술에 분명히 표현되어 있다. 곧 그 언약은 인간을 위한 하나님의 헌장 또는 교훈이다.

평행 본문인 역대상 17:17은 텍스트 상의 문제가 있지만 도움이 된다. 이 본문에서 *zō't tôrat hā'ādam*에 대응하는 절이 *ûrě'îtanî kětôr hā'ādam hamma'ălāh*(우레이타니 케토르 하아담 하마알라, 나를 존귀한 자들같이 여기셨나이다)다. 이 문제점에 대한 가장 철저한 언급과 "토르"(*tôr*, 토라 [*tôrâ*]의 잘못이 아님)의 의미에 대한 가장 좋은 제안이 『구약성경의 본문비평』(*Critique Textuelle de l'Ancien Testament*)에서 발견된다. "그대는 높은 곳에 앉은 사람의 지위에 따라 나를 보나이다."[32] 이것은 사무엘하 23:1-7에 나오는 다윗의 마지막 말과 동등하다. 거기 보면 다윗이 나단의 신탁을 "베리트"(בְּרִית, 언약)로 지칭하고(삼하 23:5), 사무엘하 23:1에서는 자기 자신을 가리켜 "높이 세워진 기름 부음 받은 자"(עַל הֻקַם הַגֶּבֶר)로 부른다. 시편 89:28(89:27 EV)의 진술도 비슷하다.

> 내가 또 그를 장자로 삼고
>> 세상 왕들에게 지존자가 되게 하며.

여기서 두 번째 행은 다윗의 아들의 신분의 의미를 "세상 왕들에게 지존자"가 되는 것으로 설명한다. 이 본문들은 모두 사무엘하 7:19에 대한 해석을 보여주고, 다윗 왕이 대표하는 신이 지존하고 보편적이기 때문에 다윗

---

32 Dominique Barthélemy, *Critique Textuelle de l'Ancien Testament*, l. Josué, Juges, Ruth, Samuel, Rois, Chroniques, Esdras, Néhémie, Esther, Rapport final du Comité pour l'analyse textuelle de l'Ancien Testament hébreu institué par l'Alliance Biblique Universelle, établi en coopération avec Alexander R. Hulst, Norbert Lohfink, William D. McHardy, H. Peter Rüger, coéditeur, James A. Sanders, coéditeur. Orbis Biblicus et Orientalis 50/1 (Göttingen, Germany: Vandenhoeck & Ruprecht, 1982), 457-458.

왕도 인간들 중 가장 높은 지위를 갖는다는 것을 보여준다. 비평적인 본문 문제를 갖고 있음에도,[33] 사무엘하 7:19은 시편과 예언서에 나오는 메시아 대망이라는 보편주의로 들어가는 열쇠다.[34]

반응 부분 곧 사무엘하 7:18-29에서 "좋은 것"이라는 말이 어떻게 이 언약을 가리키는 데 사용될 수 있는지 주목해보자. 다음과 같은 회베르-요하그(Höver-Johag)의 설명은 적절하다.

사무엘하 7:28에서 "토바"(*tôbâ*)는 다윗의 집과 맺으신 야웨의 언약을 가리킨다(참조. 삼하 7:29; 삼상 25:30; 대하 24:16. 아카드어 *dabābu ṭābūta* = 히브리어 *dabbēr ṭôb*).[35]

이것은 저자가 언약에 대해 말하기 위해 *běrît*(언약)라는 말을 굳이 본문에 등장시킬 필요가 없다는 것을 보여준다.

---

33 이에 대해서는 P. Kyle McCarter, *II Samuel,* Anchor Bible 9 (New York: Doubleday, 1984), 233과 Hans J. Stoebe, *Das zweite buch Samuelis* (Kommentar zum Alten Testament VIII 2, Gutersloh, Germany: Gutersloher, 1994), 231을 보라.

34 나는 이 엄밀한 어법에 대해 Daniel I. Block의 도움을 받았다. William M. Schniedewind, *Society and the Promise to David: The Reception History of 2 Samuel 7:1-17* (Oxford: Oxford University Press, 1999)은 최근에 사무엘하 7장 연구에 크게 기여했다. William M. Schniedewind의 접근법은 당시 사회에서 문헌의 기능뿐만 아니라 통시적 및 공시적 해석의 국면들에 초점을 맞추고 있고 중요한 통찰력을 제공한다. Schniedewind가 이전 학자들보다 본문들의 초기 연대설을 주장한 것은 칭찬할 만하지만 본문 역사의 편집 단계에 대한 그의 분석은 크게 문제가 있다. 왜냐하면 Schniedewind는 담화 문법/본문 언어학 분야를 고려하지 않기 때문이다(예컨대 S. G. Dempster, "Linguistic Features of Hebrew Narrative: A Discourse Analysis of Narrative from the Classical Period" [박사학위 논문, University of Toronto, 1985]를 보라). 또한 수용 역사를 다룬 작품에서 Schniedwind의 분석이 삼하 7:1-17로 제한되고 있는 것도 이상하다. Schniedwind는 수용 역사의 첫 단계 곧 삼하 7:18-29에서 그 약속에 대한 다윗 왕의 반응을 고려하지 않는다. 다윗에게 주어진 약속과 사 55장 사이의 연관성에 대한 Schniedwind의 간략한 주석은 표준 견해를 따르고, 우리가 여기서 다루고 있는 문제점을 조명하지 않는다.

35 I. Höver-Johag, "טוֹב, *ṭôb-*" *TDOT* 5:296-317, 특히 312을 보라. 동족어인 아카드어의 어구들에 대한 설명은 같은 저자, "טוֹב, *ṭôb-*" *TDOT* 5:296-317, 특히 301-302을 보라. 나아가 기원전 8세기에 체결된 세피르 조약에서 "선"을 무너뜨리고 "악"을 세움으로써 조약을 깨뜨릴 수 있다는 점을 주목하라(KAI 222[Sefire I] C. 16-23). 나는 이 점에 대해 Chip Hardy의 도움을 받았다.

사무엘하 7장에 대한 이후의 해석들

이제 야웨와 다윗 사이에 맺어진 언약의 신적 의무와 인간적 의무에 대한 이후의 본문들의 언급을 간략히 고찰할 필요가 있다. 또한 이 언급들은 이사야 55:3을 정확히 해석하는 데 중요하고, 학자들은 이 본문을 해석할 때 자주 상호텍스트적인 연계성에, 특히 시편 89편과의 연계성에 크게 의존했다.[36] 시편 89편과 이사야 55:3의 상호텍스트적인 연계성을 가장 잘 다룬 연구 중 하나로 평가받는 연구에서, 하임(K. Heim)은 나단의 신탁이 이스라엘과 당시 유다의 정치적 현실에 기초한 다른 방향에 따라 재해석되거나 변경되었다고 주장하는 학자들의 이해에 몰두한다. 하임은 피쉬베인(M. Fishbane)의 견해에 다음과 같이 대답한다.

> 시편 89편의 발전 또는 변화는 원래의 신탁의 타당성을 보호하기 위해 주로 도입되었다는 피쉬베인의 견해는 설득력을 상실한다. 우리가 이런 효과에 더 효과적인 변화를 도입할 수도 있다는 것을 주목한다면 말이다. 그러나 시편 89편은 다윗의 약속-언약은 무조건적이라는 것을 계속 견지한다. 시편 89편의 무조건적 성격을 조건적 성격으로 변화시키는 것이 이 언약을 정치적 현실과 더 일치시키고 신학적 문제점을 해결할 수 있지만, 시편 89편은 다윗의 약속-언약은 무조건적 언약이라는 것을 계속 견지한다. 시편 저자는 이런 변화를 자신의 도구 중 하나로 갖고 있었을 것이다. 왜냐하면 다른 많은 본문들이 정확히 이 변화 형태를 사용했기 때문이다(예. 시 132:12; 왕상 2:3-4; 6:12; 8:25).[37]

---

36 편집비평 방법론의 지배를 받아 최근에 이루어진 삼하 7장과 관련된 본문들에 대한 연구는 Petri Kasari, *Nathan's Promise in 2 Samuel 7 and Related Texts* (Helsinki: Finnish Exegetical Society, 2009)를 보라.

37 Knut M. Heim, "The (God-)forsaken King of Psalm 89: A Historical and Intertextual Enquiry," *King and Messiah in Israel and the Ancient Near East: Proceedings of the Oxford Old Testament Seminar,* ed. John Day, JSOTSup 270 (Sheffield, UK: Sheffield Academic Press, 1998), 296-322.

이상의 설명에서 하임의 요점은 충분히 이해가 된다. 하지만 최근 학자들이 충분히 주목하지 않았던 것은 다음과 같은 것이다. 곧 이후의 성경 저자들이 당대의 맥락과 신학적 긴장에 나단의 신탁을 채택하고 적용하지만, 그들의 주석은 자주 그렇게 인정되는 것보다 더 굳건하게 원래의 신탁에 뿌리를 박고 있다는 것이다.[38] 이것은 나단의 신탁 자체가 조건적이면서도 무조건적인 요소를 다 갖고 있기 때문이다. 이후의 성경 저자들은 사무엘하 7:11b-13과 7:16에서 발견되는 무조건적 요소에 더 많이 중점을 두거나(예. 삼하 22:51=시 18:51 [18:50 EV]), 7:14-15에서 발견되는 조건적 요소에 더 중점을 둔다(예. 시 132:12; 왕상 2:3-4; 6:12; 8:25; 대하 6:16; 7:17-18; 렘 22:1-5, 24). 확실히 무조건적 요소에 아주 많이 중점을 둔 시편 89편에서는 조건적 요소가 표면에 드러난다. 특히 다음 두 개의 본문이 강조되어야 한다.

시편 89:31-34(89:30-33 EV)

31절 אִם־יַעַזְבוּ בָנָיו תּוֹרָתִי	וּבְמִשְׁפָּטַי לֹא יֵלֵכוּן׃
32절 אִם־חֻקֹּתַי יְחַלֵּלוּ	וּמִצְוֹתַי לֹא יִשְׁמֹרוּ׃
33절 וּפָקַדְתִּי בְשֵׁבֶט פִּשְׁעָם	וּבִנְגָעִים עֲוֹנָם׃
34절 וְחַסְדִּי לֹא־אָפִיר מֵעִמּוֹ	וְלֹא־אֲשַׁקֵּר בֶּאֱמוּנָתִי׃

30 만일 그의 자손이 내 법을 버리며,

　내 규례대로 행하지 아니하며,

31 내 율례를 깨뜨리며,

　내 계명을 지키지 아니하면,

32 내가 회초리로 그들의 죄를 다스리며,

　채찍으로 그들의 죄악을 벌하리로다.

33 그러나 나의 인자함을 그에게서 다 거두지는 아니하며,

---

38 다윗 언약을 다루는 다른 본문들을 서로 맞지 않는 이질적인 전통들로 구분하는 최근의 연구는 드문 일이 아니다. 예컨대 Steven L. Mckenzie, *Covenant* (St. Louis: Chalice, 2000)가 그렇다.

나의 성실함도 폐하지 아니하며.

시편 89:31은 신명기 17장과 직접적으로 관련을 맺고 있고, 다윗 혈통의 왕은 이스라엘 국가를 통치하는 토대가 토라가 되도록 토라를 알고 지켜야 한다는 것을 (사 11:3a처럼) 강조한다. 어디까지나 야웨의 성실함을 강조하는 것이지만, 왕의 측면에서 토라를 지키는 것의 필요성은 마땅히 주목되어야 한다.

시편 89:50(89:49 EV)

אַיֵּה חֲסָדֶיךָ הָרִאשֹׁנִים אֲדֹנָי   נִשְׁבַּעְתָּ לְדָוִד בֶּאֱמוּנָתֶךָ׃

주여, 주의 성실하심으로 다윗에게 맹세하신

그전의 인자하심(*ḥăsādîm*)이 어디 있나이까?

이 본문은 다윗 언약에서 야웨가 약속하셨고 주님이 적어도 다윗의 자손들 중 일부를 위해 행하신 **헤세드**(*ḥesed*)의 행위에 호소한다. 비록 시편 저자의 삶의 상황에서는 아닐지라도 말이다. 윌리엄슨은 지시 대상이 하나님일 때 헤세드를 증명하는 주체로 하나님을 생각하는 것이 자연스럽고, 따라서 주격의 소유격 용법이 본보기라고 주장했다. 윌리엄슨은 지시 대상으로 확실히 인간이 요청되는 첫 번째 본문에서 오해를 피하도록 의미가 확실히 말해진다고 주장했다.[39] 나는 그 대명사로 사용된 그 지시 대상이 일반적으로 주어라고 주장하고자 한다. 그 지시 대상이 하나님인지 혹은 인간인지 상관없이 말이다. 여기서 히브리어 "하사데카"(*ḥăsādêkā*)의 대명 접미사는 윌리엄슨이 인정하는 것처럼 주격의 소유격 용법으로 이해되어야 한다.[40] 그러나 시편 저자는 야웨가 행하는 인자함의 언약 행위는 시간적으로

---

39 위에서 느 13:14에 대한 그의 설명을 분석한 것을 보라.
40 H. G. M. Williamson, "'Sure Mercies of David,'" 36.

이전에 이루어진 것이고 다윗 언약에서 약속된 것이라는 것을 분명히 하려고, "그전의"라는 수식어와 관계절을 이 제한 어구에 포함시킨다. 따라서 명확하게 하는 수식어는 지시 대상이 하나님인지 또는 인간인지와 상관없이 덧붙여질 수 있다.

열왕기상 3:6과 평행 본문인 역대하 1:8은 야웨의 약속을 성취하는 데 있어 다윗의 신실함의 역할에 대한 솔로몬의 이해를 분명히 드러낸다.

וַיֹּאמֶר שְׁלֹמֹה אַתָּה עָשִׂיתָ עִם־עַבְדְּךָ דָוִד אָבִי חֶסֶד גָּדוֹל

כַּאֲשֶׁר הָלַךְ לְפָנֶיךָ בֶּאֱמֶת וּבִצְדָקָה וּבְיִשְׁרַת לֵבָב עִמָּךְ

וַתִּשְׁמָר־לוֹ אֶת־הַחֶסֶד הַגָּדוֹל הַזֶּה

וַתִּתֶּן־לוֹ בֵן יֹשֵׁב עַל־כִּסְאוֹ כַּיּוֹם הַזֶּה:

솔로몬이 이르되 "주의 종 내 아버지 다윗이 성실과 공의와 정직한 마음으로 주와 함께 주 앞에서 행하므로, 주께서 그에게 큰 은혜를 베푸셨고, 주께서 또 그를 위하여 이 큰 은혜를 항상 주사 오늘과 같이 그의 자리에 앉을 아들을 그에게 주셨나이다."

여기서 야웨는 자신의 언약의 의무를 수행하시지만 다윗도 자신의 의무를 수행하며, 따라서 약속이 성취된다.

마지막으로 이사야 55장 본문의 주석 문제를 고찰하기 전에 우리는 제한 어구 "하스데 다비드"(ḥasdê dāwîd)가 나타나는 다른 구절로 역대하 6:42을 다루어야 한다. 부켄(W. A. M. Beuken)의 탁월한 고찰을 반복하지 않아도,[41] 우리는 여기서 강조점이 야웨께서 그분의 언약 의무를 이행하시는 것에 있을 뿐만 아니라 다윗의 아들이 자신의 의무를 이행하는 것에 있음을 주목한다.

역대하 6장 전반부는 1-11절로 솔로몬의 복을 담고 있다. 6:4은 다윗에

---

41 W. A. M. Beuken, "Isa. 55.3-5: The Reinterpretation of David," *Bijdragen* 35 (1975): 49-64.

게 주신 야웨의 약속을 언급한다. 6:5에서는 두 가지 약속이 언급된다. (1) 성전을 위해 성읍을 선택하는 것과 (2) 이스라엘을 다스릴 지도자를 선택하는 것이다. 이어서 6:6은 이 두 약속의 성취를 언급한다. (1) 야웨는 성전을 위해 예루살렘을 택하셨고, (2) 야웨는 자기 백성 이스라엘을 다스리는 지도자로 다윗을 택하셨다. 6:7-11은 계속해서 모세의 토라나 이스라엘 언약 문서들을 보관하는 성전을 건축할 자가 왜 다윗이 아니라 다윗의 아들이 되는지를 설명한다. 그 설명은 나단의 신탁에 직접 의존한다. 6:1-11에서 확립된 두 주제 곧 성전을 위해 예루살렘을 선택하는 것과 지도자를 위해 다윗을 선택하는 것이 기도의 마지막 부분에서 역대기 저자를 이해하는 데 중요하다.

역대하 6장 후반부는 12-42절로 솔로몬의 기도를 기록한다. 솔로몬은 6:14에서 야웨 앞에서 온전히 헌신하는 종들에게 언약을 지키고 "헤세드"를 베푸시는 분으로서 야웨를 찬송하는 것으로 기도를 시작한다. 이것이 중심이다. 확실히 다윗 언약은 야웨께서 성실하게 지키셔야 할 약속들을 수반한다. 그러나 나단을 통해 주어진 신탁은 야웨께서 오직 신실한 아들에게, 그리고 그 아들을 통해서만 다윗 언약의 약속들을 지키실 것이라는 사실을 분명히 밝힌다. 따라서 역대기 저자의 관점에서 보면 야웨의 약속은 오직 순종하는 아들이 왕위를 차지할 때 성취될 것이다. 이후의 역사 과정이 증명하는 것은 언약이 유지되려면 야웨께서 약속을 지키셔야 할 뿐만 아니라 아울러 순종하는 아들도 제공하셔야 한다는 것이다.

역대하 6:15은 야웨가 솔로몬의 아버지인 다윗과 관련해 맺으신 서약을 자기 입으로 말씀하고 자기 손으로 이루신 것을 강조한다.

역대하 6:16에서 솔로몬은 다윗의 자손과 관련해서 야웨가 약속하신 것을 이루어달라고 그분에게 간구한다. 만일 그들이 **다윗이 행한 것 같이** 신실하게 토라를 따른다면 말이다. 6:17은 야웨가 그분의 약속을 이루실 것을 간청하는 기도를 반복한다.

여기까지 솔로몬은 다윗에게 주신 약속에 성실할 것을 야웨께 간청한다. 하지만 솔로몬은 (1) 다윗의 순종과 (2) 약속들이 효력을 발휘하는 데 필요한 자손들의 순종을 강조했다.

역대하 6:18-40은 솔로몬이 성전에서 그리고 이 성전을 향해 드려진 기도를 들어달라고 하나님께 간구하는 간청으로 이루어진다. 언급되는 다양한 상황은 모두 모세 언약(출애굽기와 신명기)에 기초한다.

솔로몬의 기도의 마지막 부분을 보면 열왕기상 8장의 솔로몬의 기도와 차이가 있는 역대기 저자의 기사에서 흥미로운 사실이 발견된다. 첫째, 역대하 6:39b과 6:40은 열왕기상 8:50-53을 빠르게 요약한다. 이어서 역대기 저자는 역대하 6:41-42에서 시편 132:8-10을 거의 문자 그대로 인용한다. 시편 132편의 이런 인용에 대한 부퀜의 설명을 여기서 반복할 필요는 없다. 그러나 몇 가지 중요한 언급만으로도 부퀜의 요점은 강화될 것이다. 우리가 시편이 이스라엘의 찬송가였음을 상기한다면, 역대기 독자는 시편 132편이 역대하 6장 배경의 한 부분이라는 것을 알게 된다. 이것은 시편 132편이 역대하 6장 첫 부분에서 제기된 관심사를 언급하기 때문이다. 이 관심사는 (1) 성전을 위해 시온을 선택하는 것과 (2) 이스라엘의 지도자로 다윗과 그의 자손을 선택하는 것이다. 역대기 저자의 역사적 관점에서 보면 당시에 이 두 가지 선택이 중대한 위기에 처해 있었다. 그러나 시편 132편은 신실한 다윗을 기반으로 야웨께서 다윗에게 하신 자신의 서약을 지키실 것을 간구하는 **기도문**이다. 이것이 132:12과 그리고 특히 132:10의 "주의 종 다윗을 위하여[때문에]"라는 어구의 명확한 의미다. "위하여"[때문에]에 해당되는 히브리어는 전치사 "바아부르"(*baʿăbûr*)다. 이 단어는 히브리어 성경에서 49회에 걸쳐 사용되었는데 그중 18회의 "바아부르"는 부정사 동사 또는 접두사 동사 형태를 한정하고, 의미는 "~하기 위하여"다. 나머지 31회의 경우는 이 전치사가 고유 명사/대명사 또는 접두사 동사 형태를 한정하고,[42] 의미는 "~때문에" 또는 "~를 위하여"다.[43] 이 전치사가 고유 명

---

42 MT 본문에서 접미사가 붙은 동사로 제약을 받는 "바아부르"의 유일한 용례는 미 2:10이다.

사를 한정하는 모든 경우에 이 전치사 어구는 "사람을 대신해 어떤 일을 행한 것 때문에"가 아니라 "사람이 행한 것 때문에"를 의미한다. 이런 "바아부르"의 사용에 대한 흥미로운 확증이 창세기 26:24에서 발견된다. 거기 보면 *baʿăbûr ʾabrāhām*("바아부르 아브라함", 아브라함 때문에)은 창세기 26:5의 "*ʿēqeb ʾăšer šāmaʿ ʾabrāhām bĕqōlî*"(에케브 아셰르 샤마 아브라함 베콜리, 아브라함이 내 말을 순종했기 때문에)와 동등한 단축 어구다.[44] 역대하 6:42에서 "하스데 다비드"(다윗에게 베푸신 은총)라는 말은 시편 132:10을 인용할 때 나오는 "바아부르 다비드"(다윗을 위하여[때문에])를 대신하고, 그래서 아마 동일한 의미를 의도했을 것이다.[45] 이런 방식으로 역대기는 솔로몬이 다윗의 신실함에 근거해서 야웨께 자신의 약속을 지키실 것을 간구하는 내용을 담고 있다. 그것은 솔로몬이 야웨께 자기 아버지의 순종으로 말미암아 성실하실 것을 호소하는 문맥에서 잘 드러날 것이다.[46] 그러나 메시아에게 초점이 있는 역대기 문맥에서는 이것이 야웨께서 이 약속들을 드디어 이루실 수 있도록 순종하는 아들로 오실 미래의 왕에 대한 소망이다.

요약하자면 이후 본문 중 어떤 본문은 언약 관계에 있어 아들의 의무를 강조하지만(왕상 2:2-4; 6:12; 8:25; 9:4-9; 대하 6:42; 7:17; 시 132:11-12), 다른 본문은 아버지의 신실함을 강조한다(삼하 22:51; 왕상 3:6; 8:15; 24-26; 대상 17:13; 대하 1:8; 6:4, 10, 14-15, 16; 7:10; 시 89:28-37; 렘 33:19-26).

---

43 분석은 A. Even-Shoshan, *A New Concordance of the Bible*, 3 vols. (Jerusalem: Kiryat-Sefer, 1982)에 기초한다. 나는 모든 용례를 분석한 후 약 5년 동안 이 연구를 잊고 있다가 Stephen Dempster에게 "바아부르"의 용법에 대해 물었다. Dempster도 모든 용례를 분석했다. 말하자면 우리는 독자적으로 동일한 분석을 시도한 것이다. 그는 출 9:16을 "바아부르"의 두 용법을 증명하는 최소한의 짝에 대한 적합한 한 사례로 지적했다(2010년 1월 27일에 나눈 개인적 대화).

44 나는 이 통찰을 Stephen Dempster에게 힘입었다.

45 이것은 Beuken이 지적한 것이지만 요점은 위에서 "바아부르"의 용법을 고찰할 때 강조되고 있다.

46 또 최근에 (Williamson에게는 실례지만) G. Gakuru, *An Inner-Biblical Exegetical Study of the Davidic Covenant and the Dynastic Oracle* (Lewiston, NY: Edwin Mellen, 2000), 222에서도 그렇게 주장했다.

이사야 55:3의 해석

3 너희는 귀를 기울이고 내게로 나아와

　들으라. 그리하면 너희의 영혼이 살리라.

내가 너희를 위하여 영원한 언약을 맺으리니,

　곧 다윗에게 허락한 확실한 은혜이니라.

4 보라! 내가 그를 만민에게 증인으로 세웠고,

　만민의 인도자와 명령자로 삼았나니,

5 보라! 네가 알지 못하는 나라를 네가 부를 것이며,

　너를 알지 못하는 나라가 네게로 달려올 것은

여호와 네 하나님 곧 이스라엘의 거룩하신 이로 말미암음이니라.

　이는 그가 너를 영화롭게 하였느니라.

이사야 55:3-5은 성경에서 다윗 언약과 새 언약을 함께 이해할 때 매우 중요한 본문이다. 55:3의 "하스데 다비드"(다윗에게 허락한 은혜)라는 단어, 곧 KJV에서 "다윗에 대한 확실한 은혜"(the sure mercies of David)로 번역된 말의 해석을 둘러싸고 논쟁이 얼마 동안 격화되었다. 우리는 이 논쟁에 주도적으로 참여하고, 히브리어의 문법과 번역들로부터 나오는 증거를 재고하면서 표준 견해에 이의를 제기할 것이다. 우리는 학자들의 일치된 합의와는 반대로 "확실한 은혜"는 **다윗을 위한**(for David) 은혜가 아니라 **다윗에 의한**(by David) 은혜라고 주장할 것이다. 나아가 창세기 1장부터 신명기 17장과 사무엘하 7장을 거쳐 이사야 55:3에 이르는 정경적이고 신학적인 궤도 안에 이사야서의 이 본문을 적절히 관련시키면, 이사야 55:3-5은 이사야 53-54장의 영원한 언약을 가져올 미래의 섬기는 다윗 왕에게 사무엘하 7:19을 적용하는 것으로 해석될 수 있다. 사도행전 13장의 인용은 이 해석을 강력히 지지하는 것으로 간주된다.

학자들의 논쟁 속에 나타난 이 어구의 구성

1965년에 카쿠(A. Caquot)는 이사야 55:3의 "하스데 다비드"라는 한정 명사구에서 "다비드"는 목적어로 분석되어야 한다는 표준 견해[47]에 이의를 제기하고, 대신 다윗을 인애와 사랑의 언약 행위의 주어로 이해해야 한다고 주장했다.[48] 이후 부켄이 1974년에 카쿠의 분석을 채택해 더 깊이 전개했지만,[49] 1978년에는 휴 윌리엄슨이 그것을 거부했고[50] 1989년에는 월터 카이저가 그것을 거부했다.[51] 최근의 주석가들은 윌리엄슨을 직접 따르거나 아니면 단순하게 표준 견해를 견지한다.[52]

---

47 표준 견해에 대해서는 다음 자료들을 참조하라. H.-J. Zobel, "חֶסֶד, ḥesed," *TDOT* 5:64, H. J. Stoebe, "חֶסֶד, ḥesed," *Theological Lexicon of the Old Testament,* ed. Ernst Jenni and Claus Westermann, trans. Mark E. Biddle, 3 vols. (Peabody, MA: Hendrickson, 1997), 2:449-464. 지난 50년 동안 "헤세드"의 의미에 대한 연구가 굉장히 많이 나타났다. 그러나 근본적인 연구는 Nelson Glueck, *Hesed in the Bible,* trans. Alfred Gottschalk, ed. Elias L. Epstein (Cincinnati: Hebrew Union College Press, 1927, 1967)이다. 최근의 연구로는 Sung-Hun Lee, "Lament and the Joy of Salvation in the Lament Psalms," *The Book of Psalms: Composition and Reception,* ed. W. Flint and Patrick D. Miller JR., Supplements to Vetus Testamentum 94 (Leiden, Netherlands: Brill, 2005)를 보라.

48 A. Caquot, "Les 《Graces de David》. A Propos d'Isaie 55/3b," *Semitica* 15 (1965): 49-59.

49 W. A. M. Beuken, "Isa. 55, 3-5: The Reinterpretation of David," *Bijdragen* 35 (1975): 49-64.

50 H. G. M. Williamson, "'The Sure Mercies of David': Subjective or Objective Genitive?" *Journal of Semitic Studies* 23 (1978): 31-49. 사 55:3-5에 대한 Williamson의 해석은 최근 진술에서도 본질상 바뀐 것이 없다. H. G. M. Williamson, *Variations on a Theme King, Messiah and Servant in the Book of Isaiah* (Carlisle, UK: Paternoster, 1998), 113-131을 보라.

51 Walter C. Kaiser Jr., "The Unfailing Kindnesses Promised to David: Isaiah 55.3," *JSOT* 45 (1989): 91-98.

52 예컨대 John N. Oswalt, *The Book of Isaiah: Chapters 40-66* (Grand Rapids, MI: Eerdmans, 1998), 438을 보라. 또한 표준 견해를 주장하는 것으로는 다음과 같은 것들이 있다. Klaus Baltzer, *Deutero-Isaish,* Hermeneia (Minneapolis: Fortress, 2001), 470; Joseph Blenkinsopp, *Isaiah 40-55,* Anchor Bible 19 (New York: Doubleday, 2000), 367, 370; Walter Brueggemann, *Isaiah 40-66* (Louisville: Westminster John Knox, 1998), 158-159; Gakuru, *Inner-Biblical Exegetical Study of the Davidic Covenant*

첫째, 윌리엄슨은 고대 역본들을 검토한 다음 70인역은 사실상 카쿠의 주장과 달리 다윗을 목적의 소유격(하스데 다비드라는 어구에서)으로 해석하는 견해를 지지한다고 결론을 내린다. 더 나아가 그는 카쿠가 인정하는 것처럼 불가타뿐만 아니라 타르굼도 히브리어 본문의 모호함을 그대로 갖고 있다고 주장한다. 다만 페시타는 주격의 소유격 용법을 지지한다. 나중에 우리는 고대 역본들, 특히 70인역 이사야 55:3과 사도행전 13:34이 이사야 55:3을 인용한 것으로 돌아갈 것이다.

둘째, 윌리엄슨은 문법적 고찰을 통해 "헤세드"가 명사나 대명사 접미사를 한정할 때에는 사실상 모든 곳에서 이 규정되지 않은 요소(free member), 또는 대명사 접미사가 이 은혜의 주체 곧 행위자임을 암시한다고 주장한다. 카쿠와 같이 윌리엄슨도 "헤세드"의 복수형이 히브리 성경에서 18회에 걸쳐 나타난다고 말한다. 창세기 32:11을 제외하고 이 명사는 항상 제한 어구에 포함되어 있고, 규정되지 않은 요소가 항상 주어다. 다만 논란이 되고 있는 본문인 이사야 55:3과 역대하 6:42은 예외다. 그러나 윌리엄슨은 이 사실들이 이사야 55:3의 어구를 주격의 소유격 용법으로 읽는 것을 반드시 요청하는지를 묻는다.

윌리엄슨은 다른 접근을 취해서 이사야 55:3보다 연대가 앞서는 모든 본문에서 *ḥăsādîm*(하사딤)을 베푸는 자는 하나님이라고 주장한다. 따라서 이사야서의 독자들은 이사야 55:3의 이 어구를 다윗의 언약적인 충성이 아니라 하나님의 충성을 가리키는 것으로 이해했을 것이다. 윌리엄슨은 느헤미야 13:14의 *ḥăsāday 'ăšer 'āsîtî*(내가 행한 선한 일)에 나오는 "하사딤"은

<hr>

and the Dynastic Oracle, 205-207, 229; John Goldingay, *Isaiah,* New International Biblical Commentary (Peabody, MA: Hendrickson, 2001), 313-314; J. Alec Motyer, *The Prophecy of Isaiah: An Introduction and Commentary* (Downers Grove, IL: InterVarsity Press, 1993), 121; Christopher Seitz, *Word Without End: The Old Testament as Abiding Theological Witness* (Grand Rapids, MI: Eerdmans, 1998), 160. 때때로 우리는 자기들은 그것을 두 가지로 다(목적격과 주격) 해석할 수 있다고 생각하는 포스트모더니즘의 영향을 받은 해석자들을 접한다.

확실히 어떤 사람을 가정하고 있고, 오해를 피하기 위해 그 의미를 설명한다고 주장하면서 이 해석을 지지한다. 이어서 그는 훨씬 더 통상적으로 사용되는 "헤세드"의 단수형 용법으로 관심을 돌리고, 시편 5:8(5:7 EV), 에스라 7:28과 9:9, 느헤미야 13:22b, 그리고 특히 시편 144:2과 요나 2:9(2:8 EV)에 나오는 "하사딤"을 목적격 용법으로 이해하는 것이 가능하고 개연적이며, 아니 사실은 확실한 것이라고 주장한다.

마지막으로 윌리엄슨은 이사야 55:3의 문맥을 고찰한다. 그는 "헤세드"와 *ne'ĕmān*(확실한)의 용법은 이사야 55:3을 사무엘하 7장과 강력히 연결한다고 주장하고, 그 문맥은 하나님이 다윗에게 성실하시고 다윗은 하나님에게 성실하지 않다는 것을 들어 부켄과 카쿠의 주장을 비판한다. 증거는 *ḥasdê dāwīd hanne'ĕmānîm*("다윗에게 허락한 확실한 은혜")을 *bĕrît 'ôlām*(영원한 언약)과 동격으로 읽어야만 하고, 그리고 이런 식으로 그 본문을 이해하는 것이 매우 자연스러운 독법일 뿐만 아니라 다윗을 주어가 아닌 목적어로 해석할 것을 보여준다.

윌리엄슨의 견해와 관련해서 우리는 이 제한 어구가 다윗을 행위자나 주어로 해석하는 일반적인 방법을 따르는 부켄과 카쿠가 정확하다고 주장한다. 구약성경에 나오는 "헤세드"의 복수형 18회 중 2회만이 목적어로 간주되고, 철저히 자료들을 분석한 윌리엄슨의 주장에 따르면 구약성경에 나오는 "헤세드"의 단수형 228회 중 6회만이 목적어로 가능한 독법이거나 개연적인 독법임을 발견할 수 있다.[53] 이 여섯 본문의 해석에 대해 논쟁하는 것은 아무 의미가 없다. 이 본문들에 대한 극소수의 논란 많은 해석은 부켄과 카쿠의 논점을 지지하고, 반대 주장은 자기에게만 유리한 것을 강하게 주장한다. 따라서 언어학적 용법은 원 독자의 마음속에 있는 첫 번째 생

---

53 "헤세드"의 228회에 걸친 단수형 용례 가운데 129회가 자유 요소가 인물인 제한 어구 속에서 발견된다(A. Even-Shoshan, *A New Concordance of the Bible*, [Jerusalem: Kiryat-Sefer, 1982], s.v. חֶסֶד를 보라).

각은 그 규정되지 않은 요소를 주어로 해석할 것을 요청한다. 이사야 55:3과 역대하 6:42에 있는 그 규정되지 않은 요소가 하나님이 아니라 인간이라는 것은 그 규정되지 않은 요소를 목적어로 해석하는 것을 분명하게 지지하지 않는다.[54] 첫 번째 경우에 느헤미야 13:14의 "히브리어"에 나오는 "하사딤"은 확실히 어떤 사람을 가정하고 있고, 오해를 피하기 위해 그 의미를 설명하고 있다는 윌리엄슨의 주장은 느헤미야 13:14의 구문이 창세기 32:11(32:10 EV)에 있는 구문과 기본적으로 같다는 사실에 주목하지 못한다. 창세기를 보면 하나님이 충성된 사랑 행위의 행위자다. 느헤미야 13:14에 관계 문장이 추가된 것은 행위자를 강조하는 사실에 기인하고 대명 접미사가 목적격인지 주격인지에 대해 오해를 피하는 것으로 기능하지 않는다. 하지만 윌리엄슨은 창세기 32:11(32:10 EV)에 나오는 화자는 충성된 사랑의 행위를 받는 자이고, 이것이 이 구절에서만 "헤세드"(복수형)가 용법상 하나의 구문으로 사용되지 못하고 확실히 사용될 수 없는 이유라는 사실을 알아차리지 못했다.

그러나 제한 어구들 속에서 "헤세드"의 용법은 그저 이사야 55:3을 정확하게 해석하는 데 필요한 한 요소에 불과하다. 다른 중요한 문맥적·문법적·사전적 고려 사항은 다음과 같다. 전체와 관련해서 이 제한 어구를 가장 자연스럽게 해석하는 것은 그것을 55:3a의 "베리트 올람"(*běrît ʿôlām*, 영원한 언약)과 동격으로 해석하는 것이다. 윌리엄슨도 이전의 많은 학자들과 마찬가지로 이것을 충분히 옹호했다. דָּוִד(다윗)에 대해 말하자면 우리는 그를 통상적으로 사울의 뒤를 이어 이스라엘의 왕이 되고 이스라엘 왕국의 지속적 왕조를 유일하게 시작한 역사적 인물로 생각한다. 그런데 지금 여기에 문제

---

54 4QMMT e.25에서 다윗은 "이쉬 하사딤"으로 불린다(E. Qimron, J. Strugnell, *Miqsat Ma ase Ha-Torah*, 쿰란 4동굴, 5권, 유대 광야에서 발견, 10 [Oxford: Clarendon, 1994], 62-63, 91을 보라). 편집자들은 이것을 "의로운 행위의 사람"으로 정확히 번역한다. 본문은 이 제한 어구의 자유로운 구문을 주격으로 해석한 쿰란 공동체의 사 55:3에 대한 주석을 보여준다. 나는 Simon Gathercole의 도움으로 이 본문에 관심을 갖게 되었다.

의 **난점**이 있다. 우리는 한 당사자 곧 이스라엘의 하나님 야웨와 다른 당사자 곧 다윗과 그의 자손들 간에 확립된 언약 관계를 알고 있다(삼하 7장). 그러나 "하사딤" 즉 다윗이나 그의 자손의 어떤 언약적인 자비 행위, 곧 이 언약에서 인간적인 의무를 이행하는 어떤 행위가 영원한 언약을 구성하고, 결국 이사야 55장의 문맥을 만족시킬 수 있었을까? 여기서 학자들은 이에 대한 마땅한 답변을 찾을 수 없었기 때문에 다른 가능성을 찾는 데 이끌리고, 그래서 전통적 해석은 대부분 이 제한 어구에서 דוד를 목적어로 해석하는 쪽을 선택했다. 이 지점에서 윌리엄슨과 카이저가 설득력 있게 부켄과 카쿠를 반박한다. 다윗 왕의 은혜와 자비 행위는 이사야 55장의 문맥을 만족시키지 못한다. 그러나 전통적 해석도 문제점에서 벗어나지 못했다. 윌리엄슨은 이 어구를 다윗에 대한 하나님의 언약적인 성실하심을 의미하는 것으로 이해하고,[55] "다윗에 대한 나의 견고하고 확실한 사랑"(RSV)과 같은 번역을 제시한다.[56] NIV는 "다윗에게 약속한 나의 신실한 사랑"으로 번역한다. 카이저도 비슷하게 "다윗에게 약속한 끊임없는 자비"[57]로 번역한다. 그러나 사실 다윗을 목적의 소유격 용법으로 이해하면 카이저나 NIV의 번역과 같은 번역이 나오지 않는다는 데 문제가 있다. 이 제한 어구에서 *ḥasdê*라는 말은 다윗에 의해 행해지거나(주격) 또는 다윗을 위해(목적격) 수행되는 행위를 의미한다. 따라서 *Ḥasdê dāwīd*는 다윗에게 "약속된 복"이나 "신실하심"을 의미할 수 없다. 그것은 오직 언약의 의무/규정을 이루는 행동만 의미할 수 있다.

---

55 H. G. M. Williamson, "'Sure Mercies of David,'" 44.
56 같은 책, 31.
57 Kaiser, "Unfailing Kindness Promised to David," 91.

이사야 55:3에 대한 주석

이제 우리는 이사야 55:3에 대한 주석에 곧바로 착수하고자 한다. 윌리엄슨은 "헤세드"가 거의 항상 주격의 소유격 용법을 지배한다는 것을 쉽게 인정하는데, 주된 문제점은 다윗이 행한 "헤세드" 행위가 이사야 55:3의 문맥을 만족시키는 게 어떻게 가능한지를 이해하는 것이다. 여기서 우리는 윌리엄슨과 다른 학자들이 부켄과 카쿠의 주장에 대해 제기한 반론에 동의할 수 있다. 그럼에도 세 번째 견해가 있다. 이 견해는 "다윗"을 다윗 왕조의 창건자가 아니라 다윗 왕조에서 일어날 미래의 왕에 대한 지시문으로 해석하는 것이다.[58] 이사야 53:3의 문맥에서 이에 대한 증거가 분명히 발견된다. 이사야 55:3b은 미래 시제로 표현된다. 그러나 이사야 55:4에서 נְתַתִּיו(네타티오, 세웠고)가 완료 시제이기는 해도, 그것은 야웨께서 다윗 왕이 감당할 **미래의 역할을 계획한** 사실을 가리킨다. 이 해석은 히브리어 완료 시제의 표준 용법을 충분히 보존하고, 미래의 방향이 어떻게 유지되는지를 보여준다.

이전에 델리치(F. Delitzsch)가 이 견해를 고찰했으나 거부했고, 최근에는 월터 카이저가 델리치를 따라 이 견해를 거부했다.[59] 델리치는 이렇게 말한다. "'다윗'이라는 이름을 메시아에 직접 적용하는 것은 거부되어야 한다. 추가적인 언급 없이 메시아가 다윗으로 불리는 경우가 없다는 사실에 근거해서 말이다."[60] 이 반론은 진지하지 못하다. 이 반론은 이사야서의 이 언급 방식이 다른 예언서들의 언급 방식과 일치되는 것이 틀림없다고 무조건 잘못 가정하고, 이사야서 자체의 언급 방식은 제시하지 않는다. 이사야서에서 다윗이라는 이름은 "다윗 성"(사 22:9; 29:1)과 같은 표현에서 보듯 역사적 인물

---

58 George Smith는 이 견해를 선호하는 것처럼 보인다. George Adam Smith, *The Book of Isaiah*, 2 vols. (New York: Doubleday, 1927), 2:430-431과 n.1을 보라.

59 F. Delitzsch, *Biblical Commentary on the Prophecies of Isaiah*, trans. J. Martin, 2 vols. (Grand Rapids, MI: Eerdmans, 1950), 2:355. 이 영어 번역은 독일어 원문 4판(1875)에 기초한다. 또한 Kaiser, "Unfailing Kindnesses Promised to David," 95도 보라.

60 같은 책.

이 아닌 다른 것을 가리킨다. 히스기야에게 말할 때에 이사야는 야웨를 "네 조상 다윗의 하나님"(사 38:5)으로 부른다. 그러나 "다윗의 집/장막"(사 7:2; 7:13; 16:5; 22:22)과 "다윗의 왕좌"(사 9:7)라는 말은 저자를 기준으로 현재 또는 미래를 막론하고 다윗의 자손을 가리키는 데 사용된 표현이다. 따라서 이사야서에서 다윗이라는 이름을 사용하는 것은 미래의 자손이 저자에게 가장 먼저 떠오른 생각이었음을 보여준다. D. I. 블록은 최근에 발표한 "내 종 다윗: 고대 이스라엘의 메시아 환상"에서 이사야서에 나오는 야웨의 종은 다윗 왕가에 속한 인물이라는 점을 굳이 반복할 필요가 없을 정도로 강력히 주장한다.[61] 다윗 왕과 나라를 웅대한 나무가 베임을 당한 것으로 묘사하는 비유 용법(사 6:13)과 이사야 53:2에서 순과 뿌리를 언급하는 것은 분명히 이 본문을 이사야 11:1과 11:10에서 이새의 싹과 뿌리인 미래의 왕에 대한 환상과 관련시킨다. 모티어(Motyer)가 설명하는 것처럼 "**이새**에 대한 언급은 그 **싹**이 단순히 다윗 계보에 있는 어떤 다른 왕이 아니라 오히려 또 다른 다윗이라는 점을 암시한다."[62] 해석의 역사에서 이사야 9장과 11장에 나오는 미래의 왕과 이사야 53장에 나오는 야웨의 종 사이의 관련성은 70인역의 번역만큼이나 오래되었다. 이사야 53:2에서 *yônēq*를 παιδίον(어린아이)으로 번역하는 것은 그리스어 번역자의 마음속에 그것이 이사야 9:5(9:6 EV)과의 명백한 관련성이 있음을 보여준다.[63] 야웨의 종의 정체를 파악하는 열쇠는 두 번째 종의 노래가 나오는 이사야 49:3과 49:6이다.[64] 이사

---

61 Daniel I. Block, "My Servant David: Ancient Israel's Vision of the Messiah," *Israel's Messiah in the Bible and the Dead Sea Scrolls,* ed. Richard S. Hess and M. Daniel Carroll (Grand Rapipds, MI: Baker, 2003), 17-56. 또한 Ivan Engnell, "The 'Ebed Yahweh Songs and the Suffering Servant Messiah in 'Deutero-Isaiah'," *Bulletin of the John Rylands Library* 31 (1948): 93과 E. J. Kissane, *The Book of Isaiah: Translated from a Critically Revised Hebrew Text with Commentary,* 2 vols. (Dublin: Browne & Nolan, 1943), 2:179-180도 보라.

62 Motyer, *Prophecy of Isaiah,* 121 (강조는 Motyer의 것이다).

63 나는 이 통찰을 Stephen Dempster에게 힘입었다.

64 나는 이 주제의 해석의 어려움과 달리 그리고 이 주제에 대한 방대한 양의 문헌에도 불구하고,

야 49:3은 이 종을 이스라엘이라고 말하고, 49:6은 이 종이 야곱의 지파들(= 이스라엘)을 회복시킬 것이라고 말한다. 이 종은 이스라엘이지만 또한 이스라엘을 회복시킨다. 우리는 이 난해하고 외관상 모순적인 상황을 어떻게 해결할 수 있을까? 우리가 이 종을 왕으로 간주한다면, 우리는 해결책을 제시할 수 있다. 왕은 **본질상 그 나라**를 가리키는 의미가 있지만 또한 그 나라의 구원자를 의미할 수도 있다. 만일 "다윗"이 이사야 55:3에 나오는 미래의 왕을 가리킨다면 이에 대한 전례는 이미 호세아 3:5에서 확립되었고, 이 용법은 예레미야(30:8-9)와 에스겔(34:23; 34:24; 37:24; 37:25)의 용법과 더 비슷하다.

위에서 제시한 사무엘하 7장의 다윗 언약에서의 "아들 신분"에 대한 해설 및 이사야 55:3이 미래의 다윗을 가리킨다는 이해와 함께, 이제 이사야 55:3의 조각들을 하나로 모을 수 있다. 이 접근법은 이사야서의 사상의 흐름에 가장 적합하고, "만민의 증인"과 "만민의 인도자와 명령자"라는 말의 문맥상 의미를 가장 잘 설명해준다. 또 이런 접근법이 "다윗에 의한 충성된 사랑의 신실한 행위"와 "영원한 언약" 간의 동격 관계와 "신실한"(확실한)이 수식어로 사용되는 이유에 대해서도 가장 설명을 잘한다. 이 주장은 다음과 같이 상술할 수 있다.

미래의 회복된 시온에 대한 첫 번째 환상이 이사야 2장에 나온다. 거기 보면 시온산이 새로운 세상에서 가장 높은 산이 되고, 모든 민족이 교훈(tôrâ)과 야웨의 말씀을 받기 위해 시온으로 모여든다. 이 환상은 4장의 환상과 함께 미래의 시온산은 에덴과 시내산의 역할을 물려받는다는 것과 한때 창기가 되었던(사 1:21) 성읍이 이제 "거룩하다"는 말(사 4:3)이 암시하는 것처럼 사회 정의를 특징으로 하는(사 1:26) 곳이 된다는 것을 보여준다.

이사야 9:5-6(9:6 EV)과 11:1-10의 환상은 새로운 전환을 가져온다. 미래의 왕 곧 새 다윗이 일어날 것이다. 이 왕은 야웨를 경외하는 것에 기쁨을

이 종의 정체성에 관한 나의 진술이 너무 간단하다는 것을 잘 알고 있다.

느낄 것이다. 여기서 토라는 시편 19편에 나오는 토라와 동의어다. 따라서 이 왕은 신명기 17:18-20의 명령을 이행하고, 그 결과 토라의 사회 정의가 충족될 것이다(사 11:3b-5). 이사야 11:10에 따르면 이 왕 자신이 만민의 깃발이 될 것이다. 여기서 우리는 이사야 2:1-4에서 시온으로 모여드는 민족들이 이 다윗 왕을 **통해** 야웨의 토라를 받게 된다는 것을 확인한다. 이미 이 미래의 왕과 관련된 야웨의 종은 이사야 42:1, 3-4, 49:3, 6절에서 민족들에게 정의를 베풀 것이다. 또한 종의 노래 문맥을 보면 민족들에게 기치(깃발)를 세우는 사실이 이사야 49:22에서 반복된다. 요약하자면 사무엘하 7장에서 암시된 것처럼 하나님의 아들로서 미래의 다윗은 하나님의 교훈과 통치를 모든 민족에게 가져올 것이다.

학자들은 이사야 55:3b에 나오는 *ḥasdê dāwīd ḥanne'ĕmānîm*(하스데 다비드 하네에마님)이 55:3의 *bĕrît 'ôlām*(영원한 언약)과 동격으로 기능한다는 사실을 강조했다. 미래의 다윗은 어떤 "헤세드"의 행위로 영원한 언약을 구성할 수 있을까? 야웨의 손 개념은 이사야서 전체에 스며들어 있는 새 출애굽 주제의 한 요소다. 이사야 50:2에 등장하는 손은 53:1에 나오는 네 번째 종의 노래(51:5; 51:9; 52:10에 이은)에서 절정에 달하는 손(팔)을 암시한다. 그럼에도 야웨께서 자기 백성을 구원하기 위해 자신의 소매를 걷어 올리고 팔을 걷어 부칠 때 전혀 예기치 못한 결과가 임할 것이다. 미래의 왕은 군사력과 용맹 그리고 전략이 아니라(사 11:3-5), 단순히 자신의 말씀(사 11:4; 49:2; 50:4)과 자신을 *'āšām*(속건제물, 사 53:10)으로 바치는 것으로써 자기 원수들을 박살내거나 땅에서 악을 제거한다.[65] 따라서 야웨의 토라가 민족들을 이끌고 야웨의 왕권이 민족들 속에서 효력을 발휘하는 수단과 방법("만민

---

65 Kaiser는 이런 방향으로 움직이고 있는 것으로 보인다. 그는 사 55:3에 관해 이렇게 진술한다. "이사야 52:13-53:12에서 야웨의 종이 자신의 큰 고난 행위를 통해 베풀고 이룬 결과가 이제 55:1-13에서 제공되고 있다"(Walter C. Kaiser, Jr., *The Messiah in the Old Testament* [Grand Rapids, MI: Zondervan, 1995], 182). 그러나 그럼에도 Kaiser는 "하스데 다비드"를 목적의 소유격 용법으로 해석한다.

의 인도자와 명령자"를 통해, 사 55:4)이 네 번에 걸친 종의 노래에서, 특히 52:13-53:12의 네 번째 노래에서 상세히 소개된다. 이사야 55:3로 계속 실마리가 이어지는 54장의 영원한 언약에 대한 설명을 확립하고 지배하는 주제는 종의 "헤세드" 행위다.[66] 3절에서 "하스데 다비드"와 "베리트 올람"의 동격 관계가 의미를 갖게 되는 것은 종이 스스로 "백성의 언약"이 되기 때문이다(사 42:6; 49:8).

이사야 55:4-5은 미래의 다윗이 만민에게 증인이 되고 만민의 인도자와 명령자가 되는 것에 대해 말한다. 이 본문은 다윗 언약에 있어 하나님이 의무를 이행하시는 것보다 인간이 의무를 이행하는 것에 대해 훨씬 더 많은 말을 한다. 부켄은 עֵד לְאוּמִּים(에드 레우밈, 만민에게 증인으로)이라는 말을 설명할 때 이렇게 결론짓는다. "다윗이라는 증인은 그의 운명 자체를 구성하는 것도 아니었고 구원의 선포와 성취가 연결된 신뢰로 구성된 것도 아니다. 더 적절히 말하면 그것은 민족들 속에서 하나님을 숨김없이 찬송하는 것으로 이루어졌다."[67] 윌리엄슨은 다음과 같이 존 이튼(John Eaton)에게 호소하면서 대응한다. "지금 이튼은 이 왕의 역할의 세 가지 요소를 발견한다. 이 세 가지 요소는 문맥에 각각 적합하다. 말하자면 왕은 권면하고 경고하는 자이고, 자신의 경험에 따라 하나님의 계시와 구원을 증언할 수 있는 자이며, 자신의 참된 실존을 통해 민족들에게 '증표'가 되는 자다."[68] 이튼은 두 번째 요소가 가장 중요하다고 주장한다. 하지만 이것은 야웨의 교훈이 백성들의 삶에서, 심지어는 민족들의 삶에서 효력을 발휘하도록 활동하는 왕의

---

66 마찬가지로 Ivan Engnell은 더 깊은 숙고를 요하는 진술에서 이렇게 말한다. "이사야 54:1 이하는 찬송 형태로 '에베드 야웨'[야웨의 종]의 노래의 결론을 구성한다.…여기서 야웨의 종의 부활과 높아지심의 결과가 묘사되고 있다. 곧 다윗 언약을 기초로 시온의 회복과 새 예루살렘의 건설이 '에베드 야웨'를 통해 이루어진다"(I. Engnell, "The 'Ebed Yahweh Songs and the Suffering Servant Messiah in 'Deutero-Isaiah'," Bulletin of the *John Rylands Library* 31 [1948]: 89).

67 W. A. M. Beuken, "Isa. 55:3-5: The Reinterpretation of David," *Bijdragen* 35 (1975): 60.

68 Williamson, "'Sure Mercies of David," 47-48.

중심 기능을 고려하지 못하는 것이다. "이것이 사람의 법[곧 사람을 위한 교훈]이니이다"(삼하 7:19). 이것이 이사야서의 지배적인 사상이다. 야웨의 종은 야웨의 토라를 먼 섬들로 가져온다.

다윗을 이사야 55:4과 시편 89:38(89:37 EV)의 증인과 연관시키려고 애쓴 것이 잘못된 시작이었다. 이튼은 다윗이나 그의 후손이 시편 89:38의 증인이라는 생각을 제안했고, 윌리엄슨은 이것을 "매력적인" 것으로 생각했다.[69] 티모 베이욜라(Timo Veijola)가 보여준 것처럼 시편 89:38에서 *ne'ĕmān*(확실한)은 서술 형용사이지[70] 한정 형용사가 아니고, 89:37ab-38a은 3행구를 구성하므로 38b절은 38a절과 평행 관계가 아니다.[71] 결론적으로 우리는 NIV의 번역과 같이 "궁창의 신실한 증인"으로 번역할 수 없다. 윌리엄슨의 "구름 속에서 증인이 되리라"는 번역[72]은 "네에만"을 한정 형용사로 구성할 때 나타나는 문법적인 문제점을 인정하지만 이것은 단순한 체언문을 자연스럽게 해석하는 게 아니다. 따라서 베이욜라는 시편 89:38에서 다윗의 후손이 증인이 아니라 야웨가 증인이라고 주장한다. "궁창의 증인은 신실하시다[확실하시다]."

히브리 성경에 나오는 '*ēd*(증인)의 모든 사례에 대한 주의 깊은 검토는 이사야 55:4에 대해 앞에서 언급한 주장과 다른 방향을 시사하고, 이 다른 방향이 제시된 해석보다 더 알맞다. 자신의 언약의 의무를 이행하는 데 있어 다윗 왕의 역할은 사무엘하 7:14-15과 신명기 17:18-20에 기초한 하나님의 아들 지위로 정의된다. 다윗 왕의 역할은 야웨 자신의 공의와 정의를 보여주는 것이다. 이 역할에 근본적인 것은 다윗 왕이 스스로 모방하고 지

---

69   John Eaton, "The King as God's Witness," *Annual of the Swedish Theological Institute* 7 (1970): 25-40, H. G. M. Williamson, "'Sure Mercies of David,'" 48.

70   C. Brockelmann, *Hebr ische Syntax* (Neukirchen-Vluyn, Germany: Neukirchener, 1956), § 58.

71   Timo Veijola, "The Witness in the Clouds: Ps 89:38," *Journal of Biblical Literature* 107/3 (1988): 413-417.

72   Williamson, "'Sure Mercies of David,'" 48.

켜야 하는 토라다. 따라서 토라에 담긴 하나님의 공의와 정의는 다윗 왕의 결정과 통치의 모든 국면을 통해 드러날 것이다. 보편적 신의 아들이 되는 것의 논리와 사무엘하 7:19의 진술은 이 교훈이 단순히 이스라엘만을 위한 것이 아니라 모든 민족을 위한 것임을 보여준다. 이것은 다윗 왕이 어떻게 그리고 왜 증인인지를 설명해주고, 이는 이튼과 윌리엄슨이 제시한 주장보다 더 나은 관점이다.

그럼에도 여기에는 훨씬 더 많은 사실이 존재한다. "에드"(증인)에 대한 사전 연구는 증인이 **언약**에서 기능한다는 것을 보여준다. 특히 깨진 언약 관계를 회복시키기 위해 활동하는 역할을 보여준다. 라반과 야곱이 언약을 맺을 때 돌무더기가 증인으로 기능한다. 티모 베이욜라가 설명하는 것처럼 "조약을 위반하게 되면 조약을 위반한 당사자 앞에 나아가 그를 고발하는 것이 증인의 의무다(참조. 창 31:50)."[73] 다윗 왕이 민족들을 위해 하는 일이 이 일이다. 종의 노래에서 두 번에 걸쳐 야웨의 종이 그의 인격으로 백성의 언약이 될 것이라고 밝히는 것을 주목하라(사 42:6; 49:8). "증인"이라는 단어가 때때로 "언약"으로 대체되는 것처럼, 그렇게 "언약궤"가 "증거궤"가 되고, 그래서 다윗을 만민에게 증인이라고 말하는 것은 그가 백성의 언약이라는 종의 노래의 진술들과 서로 관련이 있다는 것이다. 나아가 이사야 19장의 배경도 중요하다. **다윗**과 **만민**의 관계는 이사야 19:20에서 **제단**과 **이집트**의 관계와 같다.[74] 다윗은 민족들에게 그들의 언약에 대한 불충성에 대해 말

---

[73] Veijola, "Witness in the Clouds: Ps 89:38," 417.

[74] 사 19장의 내용은 이집트에 대한 심판의 신탁이다. 이 심판은 내전과 내란 그리고 악독한 왕의 통치를 수반한다. 강물과 바닷물이 마르고, 따라서 농업과 어업 경제에 영향을 미칠 것이다. 전통적인 이집트의 지혜와 종교는 효력이 없을 것이다. 이집트의 지혜와 종교는 유다와 야웨의 지혜와 종교를 두려워하게 될 것이다. 그때 야웨의 제단이 이집트 중앙에 세워지고 야웨의 기념물이 이집트 국경에 세워질 것이다. "그것은 이집트 땅에서 군대들에게 야웨에 대한 표징과 증거가 될 것이다." 이집트 사람은 그들의 압제자로 말미암아 야웨께 부르짖고, 그러면 야웨께서 그들에게 구원자를 보내실 것이다. 이 본문과 수 22:34 사이에는 얼마간 유사점이 있다. 여호수아서 본문을 보면 두 지파와 반 지파는 자기들이 야웨께 속해 있는 증거를 상기시킨다. 마찬가지로 이 제단도 이스라엘 경계 밖에 있는 자들을 야웨와의 관계 속으로 이끄는 역할을 한

하고, 창조주 하나님에 대한 그들의 파괴된 의무에 대해 말하며, 그리고 그는 야웨와 민족들 간의 언약 관계의 회복을 가져온다. 앞서 진술한 것처럼 야웨의 토라가 민족들을 이끌고 야웨의 왕권이 민족들 속에서 효력을 발휘하는 수단과 방법이 네 번에 걸쳐 등장하는 종의 노래에, 특히 52:13-53:12의 네 번째 노래에서 상세히 소개된다. 그리고 이것이 이스라엘을 알지 못하는 나라와 또 이스라엘이 알지 못하는 나라가 이스라엘 왕의 증인 사역을 통해 이스라엘로 달려오는(사 55:5) 이유다.

이 왕은 또 만민의 인도자와 명령자다(*nāgîd ûmĕṣawwēh lĕ'ummîm*). 도널드 머레이(Donald F. Murray)는 *nāgîd*(인도자)에 대해, 특히 사무엘하 5:17-7:29의 문맥과 관련한 나기드에 대해 꼼꼼한 연구를 가장 최근에 했다. 다음과 같은 머레이의 결론은 그대로 인용할 가치가 있다.

우리의 본문에 나오는 "멜레크"(*melek*)는 야웨에게서 나온 자신의 능력을 임의로 조작할 수 있는 것으로 이해하고, 야웨와 이스라엘 사이에서 부적절하고 균형잡히지 않은 방식으로 주제넘게 나서며, 이스라엘을 자신의 왕권의 신복에 불과한 존재로 대하는 사람이다. 반면에 "나기드"는 야웨에게서 나온 자신의 능력이 주권적이고 불가침적인 것으로 보는 사람이고, 야웨의 백성의 유익을 위해 야웨의 지시 아래 엄격하게 행동하며, 군주이신 하나님의 자발적인 신하에 불과한 존재로서 자기 자신을 간주하는 사람으로 묘사된다.[75]

야웨의 왕권을 이행하는 것과 관련해 이사야 1-39장에 나오는 미래의 왕의 역할과 이사야 40-66장의 종의 역할에 관한 묘사만큼 더 적합한 것은

다. 단지 수 22장에서는 밖에 있는 자가 이스라엘 사람이지만 여기서는 이집트 사람이다. 이 제단은 야웨의 관계를 회복시키는 기능을 한다.

75 Donald F. Murray, *Divine Prerogative and Royal Pretension: Pragmatics, Poetics, and Polemics in a Narrative Sequence about David (2 Samuel 5.17-7.29)*, JSOTSup 264 (Sheffield, UK: Sheffield Academic Press, 1998), 299.

없다. 이사야는 "나기드"라는 말을 사용한다. 미래의 다윗이 다윗 언약의 틀에서 순종하는 아들의 역할을 수행하기 때문이다.

마지막으로 우리는 *ḥasdê dāwīd*(하스데 다비드)를 *hanne'ĕmānîm*(하네에마님)으로 묘사하는 것(사 55:3)을 적절히 설명해야 한다. 윌리엄슨은 카쿠가 "자신의 견해와 일치하는 해석을 단순히 제시하지만", 부켄은 "'하네에마님'으로 인해 야기된 문제점을 더 분명히 본다"는 것을 알아본다.[76] 따라서 윌리엄슨은 "네에만"(확실한[신실한])이 "헤세드", "다비드", "베리트"와 관련될 때 확실히 나단의 신탁을 가리키는 것이 틀림없다는 것을 보여주고자 한다. 만일 우리가 이 견해를 인정하다면 "다비드"를 목적의 소유격 용법만큼 또는 목적의 소유격 용법보다 주격의 소유격 용법으로 해석하는 것을 지지할 수 있다. 왜냐하면 나단의 신탁은 야웨 자신의 약속에 대한 신실하심에 어울리는 순종하는 아들의 신실함과 관련이 있기 때문이다. 그렇지만 여기서도 윌리엄슨은 증거를 다룰 때 어느 정도 편파적이다.

우리는 이스라엘 백성이 "그(하나님)의 언약에 성실하지 아니하였다"는 사실을 시편 78:37에서 확인한다. 그러나 하나님과의 언약 관계에 있는 인간 당사자에게 "네에만"(*n'mn*, 성실하다)을 적용하는 이 독특한 사례는 부정적 용법으로 사용되므로, 어쨌든 이사야 55:3의 매우 다른 분위기를 밝히기 위한 방식으로 (부켄에 반대해서, 53쪽) 이 사례를 사용하는 것은 확실히 위험하다. 마지막으로 느헤미야 9:8은 하나님이 아브라함의 마음이 "충성됨"(네에만)을 보셨고, 그 결과 아브라함과 언약을 세우셨다고 이야기한다. 그러나 이것은 확실히 주격의 소유격 용법을 함축할 수 있는 이사야 55:3과 매우 긴밀한 평행 관계가 있지만, 이런 결론에 반대해서 다음과 같은 것이 언급되어야 한다. 곧 느헤미야 9:8의 "네에만"이 아브라함의 마음(그리고 따라서 아브라함 자신)을 수식하지만, 이사야 55:3에서 복수형 "하네에마님"은 단수형 "다비드"가 아니라 "하스데"에 결합

---

76 Williamson, "Sure Mercies of David," 41.

되어 있는 것으로 이해되어야만 한다.[77]

이것은 단지 허울만 좋은 언어적 추론으로 분류될 수 있다. 어떤 사람 또는 그 사람의 행위가 신실한 것으로 고려되고 있는지가 사람들이 하나님 또는 인간에 대해 말하는 것인지에 영향을 미치지 않는다. 그리고 그 행동이 어떤 곳에서는 부정적이고 다른 곳에서는 긍정적이라는 것도 그 말이 인간에게 적용될 수 있다는 사실을 바꾸지 못한다. 윌리엄슨이 놓친 것은 악한 아하스 왕 관련 부분(사 7-9장)이나 선한 히스기야 왕 관련 부분(사 36-39장)에서 왕정의 역사는 우리가 여전히 순종하는 다윗 아들을 절실하게 기다리고 있음을 보여주는 이사야서의 분위기다. 시편 89편에서는 야웨의 성실하심에 대해 질문이 제기될 수 있지만 이사야서 본문에서는 그것이 문제가 아니다.

윌리엄슨은 이 문제점에 대한 자신의 접근법을 다음과 같이 요약한다.

우리는 지금까지 다음과 같은 것을 보여주고자 노력했다. 첫째, 역본들은 "하스데 다비드"의 구성 문제를 해결하는 데 적합하게 작용될 수 없다. 둘째, "헤세드"는 거의 항상 주격의 소유격을 지배하는 것이 사실이지만, 이것이 모든 경우에 반드시 그럴 필요는 없다는 암시가 있고, 대신 문맥이 결정적 요소여야 한다.[78]

이 말은 매우 건전하다. 고대 역본들은 해석 역사에서 중요한 자리를 차지하지만 그렇다고 이 문제를 해결할 수 있는 것은 아니다. 그러나 "헤세드"와 함께 사용된 구문의 패턴은 큰 중요성을 갖고 있다. 나는 윌리엄슨이 목적의 소유격 용법의 진정한 사례들이 존재한다는 것을 증명하는 데 성공했다는 것을 납득하지 못하지만, 문맥에서 나오는 일차적 사실은 원 화자가 선호하는 패턴은 "하스데 다비드"를 주격의 소유격 용법으로 구성하는 것에

---

[77] 같은 책, 43.

[78] 같은 책, 41.

있다는 점이다. 따라서 입증 책임은 문맥이 주격의 소유격 용법이 아닌 다른 의미를 요청하는 것을 보여주는 데 있다. 해석자들이 이사야 55:3의 문제의 어구를 목적의 소유격 용법의 관점에 따라 해석하려고 애쓴 주된 이유는 역사적 다윗이 아니라 미래의 다윗을 고려하고 있다는 사실을 이해하지 못하고, 또 구약성경의 언약들의 궤도와 이사야서의 전체 문맥, 특히 55장 근접 문맥의 사상의 흐름을 제대로 파악하지 못했기 때문이다. 일부 해석자들이 영어로 해석할 때 "다윗에게 주어진 은혜에 대한 약속들"[79] 또는 "다윗에게 약속된 끊임없는 인자하심"[80]으로 해석하는 사실 곧 목적의 소유격 용법으로서 문자적 번역을 위해 언어학적 범주를 벗어나는 해석은 실제로 그 문구를 이런 식으로 해석하는 것이 얼마나 서투른 해석인지를 보여준다. 적절한 번역은 "다윗의 신실한 은혜"처럼 번역되어야 한다. 복이 만민에게 임한다. 이는 다윗에 대한 야웨의 약속들이 어떤 이들이 생각하는 것처럼[81] 민주화되었기 때문이 아니라 순종하는 아들인 새 다윗이 야웨의 토라를 모든 인간에게 전파하는 데 성공하기 때문이다. 만일 우리가 주격의 소유격 용법을 따른다면 다윗의 은혜는 자신의 승리를 많은 사람과 공유하는 것을 포함

---

79 Otto Eissfeldt, "THe Promises of Grace to David in Isaiah 55:1-5," *Israel's Prophetic: Essays in Honor of James Muilenburg,* ed. Bernhard W. Anderson and Walter Harrelson (New York: Harper, 1962), 196-207도 그렇다.

80 Kaiser, "Unfailing Kindnesses Promised to David" 91-98도 그렇다.

81 예컨대 Claus Westermann, *Das Buch Jesaia: Kapitel 40-66,* 2nd ed. (Göttingen, Germany: Vandenhoeck & Ruprecht, 1970), 227-230을 보라. 말할 것 없이 이 주제에 대한 중요한 작품은 Benjamin D. Sommer, *A Prophet Reads Scripture: Allusion in Isaiah 40-66* (Stanford, CA: Stanford University Press, 1998)이다. 암시와 영향 그리고 반영을 구분하는 방법론적 원리에 대한 설명은 대단히 예리하고 이해를 돕는다. 그러나 Sommer는 사 55장에서 시 89편과 132편을 암시하는 것에 대해 설득력 있는 증거를 전혀 제공하지 못한다. 분명히 세 본문은 모두 다윗 언약을 다루고 있고, 그래서 공통의 어휘와 주제를 담고 있다. 그러나 Sommer는 삼하 7장의 근본저인 역할을 무시하고, 사 55장과 이 시편들(89편과 132편) 간의 연관성은 처음에 제시된 원리에 따라 엄격하게 창출되지 않았다. 사 55:1-3에 대한 Sommer의 주석은 Eichrodt의 주석에 기초하고 있고(Sommer, *Prophet Reads Scripture,* 265, n.25을 보라), 전통적 견해를 넘어서지 못한다.

할 수 있고(사 53:10-12을 보라),[82] 따라서 이제는 모든 사람이 종인 것과 같이 또한 모든 사람이 하나님의 아들과 딸이다. 이것이 미래의 다윗이 언약을 민주화시키는 방법일 것이다.

사도행전 13:34의 이사야 55:3 인용

이제 70인역 이사야 55:3과 이 본문에 대한 사도행전 13:34의 인용이 윌리엄슨이 주장하는 것처럼 목적의 소유격 용법을 지지하는가에 대한 문제가 남아 있다. 윌리엄슨은 중성 복수형 ὅσια(호시아)는 신명기 29:18(29:19 EV)에서만 나타난다는 사실을 언급한다. 신명기 29:18에서 *šālôm yihyeh-lî*(샬롬 이히에-리, 내게는 평안이 있으리라)는 관용적으로 ὅσιά μοι γένοιτο(호시아 모이 게노이토)로 번역된다. 이어서 윌리엄슨은 듀퐁[83](Dupont)과 뢰베스탐[84](Lövestam)의 독자적 연구에 호소한다. 그들은 "호시아"가 "하나님으로부터 기대될 수 있는 복과 선한 선물에 대한 일반적 표현"을 가리킨다고 주장한다.[85] 마지막으로 윌리엄슨은 대다수 주석가를 따라서 이 의미가 사도행전 13:34을 인용한 것에 가장 적합하다고 주장한다.

첫째, 우리는 "호시오스"의 통상적 의미와 이사야서의 "헤세드"에 대해 사용된 번역 기술을 고찰하는 것으로 설명을 시작하고자 한다. 우리가 갖고 있는 표준 신약성경 그리스어 사전들이 보여주는 것처럼, "호시오스"는 두

---

82 Peter J. Gentry, "The Atonement in Isaiah's Fourth Servant Song (Isaiah 52:13-53:12)," *SBJT* 11/2 (2007): 20-47을 보라.

83 J. Dupont, "ΤΑ ΟΣΙΑ ΔΑΥΙΔ ΤΑ ΠΙΣΤΑ(Ac XIII 34=Is LV 3)," *Revue Biblique* 68 (1961): 91-114.

84 Lövestam, *Son and Saviour: a Study of Acts 13, 32-37,* Coniectanea Neotestamentica XVIII (Lund, Sweden: Gleerup, 1961).

85 Lövestam, *Son and Saviour: a Study of Acts 13, 32-37,* 75, Williamson이 "'Sure Mercies of David,'" 32에서 인용함.

가지 기본 의미를 갖고 있다. (1) 신적으로 허용된 또는 승인된 것을 가리킨다. (2) 독실하고 거룩하며 경건한 사람들 또는 그들의 행위를 가리킨다. 실제로는 이 중성 복수형이 발견되는 두 평행 본문이 있다. 신명기 29:18과 『솔로몬의 지혜』 6:10이다. 이 두 본문에서는 일차 의미인 "신적 법의 승인을 받은"이 매우 적합하다. 따라서 신명기 29:18에서 "호시아 모이 게노이토"는 "내게 …이 허용될 수 있기를"이라고 번역될 수 있고,[86] (『솔로몬의 지혜』 6:10에서) οἱ γὰρ φυλάξοντες ὁσίως τὰ ὅσια(호이 가르 퓔락손테스 호시오스 타 호시아)는 "거룩함으로 거룩한 규례들을 지킨 자"로 번역될 수 있다.[87] 이 평행 본문이 이사야 55:3을 해석하는 데 도움이 되는지의 여부는 확인해야 할 문제로 남아 있다.

이사야서의 그리스어 번역자는 이사야서에서 "헤세드"라는 말을 8회에 걸쳐 접하고, 번역할 때 통상적으로 ἔλεος(엘레오스)라는 단어를 사용했다. 이 말이 "헤세드"에 대한 70인역 번역자들의 동등한 표준 용어다(사 16:5; 54:8; 54:10; 63:7[2회]). 이사야 57:1의 *'anšê ḥesed*(안셰 헤세드, "진실한 이들")를 ἄνδρες δίκαιοι(안드레스 디카이오이, 거룩한 이들)로 번역하고, 이사야 40:6에서 만발한 꽃의 매력 또는 아름다움에 대해 δόξα(독사, "영광")를 사용하는 것은 번역자가 문맥에 민감하고 충분히 관용적 번역을 할 수 있음을 잘 예증한다. 이사야 55:3의 τὰ ὅσια Δαυιδ(타 호시아 다위드)라는 번역은 규범에서 벗어나므로, 문맥상 관용적 번역에 동기를 부여받은 것으로 보는 것이 좋다. 만일 신적 승인을 염두에 두고 있다면 그 말은 "다윗에 대한 신적 작정"을 의미할 수 있을 것이다. 이것은 사무엘하 7장에서 다윗에게 주어진 하나님의 약속을 가리키기 위한 독특한 방법으로 보인다. 목적의 소유격 용법

---

[86] 사실 이것은 T. Muraoka, *A Greek-English Lexicon of the Septuagint, Chiefly of the Pentateuch and the Twelve Prophets* (Leuven, Belgium: Peeters, 2009), s.v. ὅσιος에서의 해석과 번역이다.

[87] David Winston, *The Wisdom of Solomon,* Anchor Bible 43 (New York: Doubleday, 1979), 151에서 번역.

이 가능하지만, "다윗에 대한 하나님의 복/약속"과 같은 영어 번역들은 규범을 넘어 "호시오스"에 허용된 의미 영역을 확대한다.[88] 또한 이 문구는 신적 의무나 다윗의 거룩한 행위/일을 의미할 수도 있다. 다시 말하자면 목적의 소유격 용법도 가능하지만 주격의 소유격 용법이 덜 어색해 보인다. 그러나 주격이나 목적의 소유격 용법 중 어느 쪽으로든 번역이 가능하고, 70인역 번역자의 의미는 그리 명료하지 못함을 정직하게 인정해야 한다. 그럼에도 우리는 70인역 번역자가 하나님의 은혜를 염두에 두고 있는 것이 아님을 보여주기 위해 통상적으로 사용하는 "엘레오스"를 피했다고 주장할 수 있다. 윌리엄슨은 이사야서 번역자가 왜 하나님의 은혜를 염두에 둔 더 직접적인 표현법에서 벗어나 대신 독특한 표현을 사용했는지를 설명하지 못한다.

마지막으로 사도행전 13:34에서 이사야 55:3을 인용하는 것을 살펴보자. 비록 이 본문이 광범위하게 논의되고 다수의 견해가 목적의 소유격 용법을 선호하기는 해도, 여기서는 다른 해석을 간략히 주장하려고 한다.

문맥을 보면 사도행전 13장에서 바울은 비시디아 안디옥에서 회당 집회에 참석하고 있다. 거기서 바울은 유대인과 하나님을 경외하는 이방인들(행 13:16, 26)로 구성된 청중에게 말씀을 전한다. 바울의 설교는 이스라엘 이야기를 상술하는 내용인데, 우리는 거기에 포함되는 것과 생략되는 것을 주목해야 한다. 말할 것 없이 사도행전에 기록된 사실은 단지 주된 요점들을 선별해 제시하는 것에 불과하다. 그럼에도 그것은 조상들의 선택과 출애굽 그리고 사사 시대를 단지 이스라엘이 왕을 요구할 때까지 재촉하듯 간략히

---

88 Dupont과 Lövestam이 실제로 제시하는 그리스 시대 이교 신전들의 비문은 "신적으로 비준된 일"을 의미하는 규칙적 사용에 속해 있고, "신적 복"과 같은 번역을 거의 지지하지 않는다. Williamson은 이것을 인정하지만, Bauer의 사전은 Dupont이나 Lövestam의 연구를 인정하지 않는 것처럼 보인다. Walter Bauer, *A Greek-English Lexicon of the New Testament and Other Early Christian Literature,* trans. and rev. by W. F. Arndt and F. W. Gingrich, 2rd ed. rev. by F. W. Gingrich and F. W. Danker (Chicago: University of Chicago Press, 1979), s.v. ὅσιος를 보라

언급한다. 사울이 왕이 되고 제거된 후에 다윗이 왕이 된다. 다윗에 관해서는 한 가지 사실만 언급되지만 그것이 중요하다. 곧 다윗은 하나님이 원하시는 모든 것을 행할 것이다. 이 왕은 곧 사무엘하 7장의 신실한 왕이다. 이어서 바울은 예수께서 하나님이 다윗의 계보에서 이스라엘을 위해 보내겠다고 약속하신 구주라는 사실을 증명하려고 한다(행 13:23). 마지막으로 예수의 죽음과 부활은 예언자들의 말을 성취한다(행 13:27). 사도행전 13:32에서 바울은 "너희"(2인칭 복수형), 즉 자신의 청중에게 기쁜 소식을 전한다. 하나님이 조상들에게 약속하신 것은 우리, 곧 그들의 자손들에게 성취되었다. 그분이 예수를 죽은 자 가운데서 살리셨을 때 말이다. 바울은 시편 2:7을 인용하고, 이어서 하나님이 예수를 일으키셔서 다시는 썩음을 당하지 않도록 하실 것이라고 주장한다. 시편 2편의 다윗 아들의 부활이 썩음을 당하지 않는 생명이 되리라는 것은 이사야 55:3과 시편 16:10의 두 본문에서 논증된다. 이사야 55:3에서 그는[즉 하나님은] "내가 다윗에 대한 신실한 ὅσια를 너희에게 주리라"고 말씀하셨다(여기서 "너희"가 2인칭 복수형임을 주목하라. 바울에 따르면 수신자는 비시디아 안디옥의 청중, 곧 처음에 "다윗의 신실한 ὅσια"를 약속받은 사람들의 자손이다. 이것은 이사야서의 남은 자 교리에 비추어보면 충분히 의미가 있다). 따라서 바울이 τὰ ὅσια Δαυιδ τὰ πιστά(타 호시아 다위드 타 피스타, 다윗의 거룩하고 미쁜 은사)라는 말에서 주격의 소유격 용법을 의도하고, "다윗"이 역사적 다윗이 아니라 메시아의 모형으로 이해된다면, 문맥에서 바울의 주장은 분명해진다. 다윗이 **자기** 세대를 섬겼다는 설명은 사도행전 13:34에서 염두에 두고 있는 인물이 역사적 다윗이 아니라는 것에 대한 명확한 진술이다. 대신 이사야서에 나오는 다윗은 메시아를 가리킨다. 이사야 55:3의 문맥에서 다윗의 경건한 행위는 53장에 나오는 종의 고난과 죽음이므로 부활에 대한 언급이 분명해진다. 이사야 53:11은 "그가 자기 영혼의 고난 이후에 **생명**의 빛을 보고 만족할 것이라"(NIV)고 말한다. 이사야 53:12은 종이 자신의 승리를 많은 사람과 공유하리라는 것을 언급한다. 그리고 바울이 이사야 53장에 나오는 한두 구절을 인용하지 않고 55:3을 인용하는 것은 당연하다. 왜냐하면 55장은 종의 사역을 민족들에게 적용시키는 본문이기 때문이다. 다시 말하지만 학자들이 사도행전 13:34의 τὰ ὅσια(거룩한 은사)의 적절한 의미를 찾으려고 무척 애쓴 것은 그들이 잘못된 다윗을 생각하고 있기 때문이다.[89] 따라서 사도행전 13:34에 대한 이 해석이 개연적이고, 또한 이사야 55:3의 주장과도 일치한다.

마지막으로 노련한 학자들뿐만 아니라 심지어는 초보 연구자들도 표준 용법으로부터 나온 의미와 분명히 단절되어 있는 한 곳에서 ὅσια의 의미를 배정하는 성구 사전의 기입을 의심의 눈으로 보아야 한다. 댕커(F. W. Danker)가 편집한 새로운 3판 사전은 사도행전 13:34을 "신적으로 승인된 일" 부분에서 제외하고, 자체 번호를 붙인 단락을 부여한다. 그러나 그 설명은 이전 판의 설명과 거의 동일하다.

사도행전 13:34의 δώσω ὑμῖν τὰ ὅσια Δαυιδ τὰ πιστά(도소 휘민 타 호시아 다위드 타 피스타, 내가 다윗과 관련된 끊임없는 신적 보증이나 작정을 너희(복수형)에게 주리라)에서 ὅσια에 대한 언급에 특별한 관심이 있다(신적 작정 또는 규례의 의미로서 τὰ ὅσια에 대해서는 『솔로몬의 지혜』 6:10, 요세푸스의 『유대고대사』 8,115를 보라). 이사야 55:3에서 이것의 인용은 분명히 직후에 이어지는 시편 15:10의 인용이 시편 저자인 다윗을 가리킬 수 없고 오직 그리스도만을 언급할 수 있다는 것을 보여준다(히 2:6-9의 지시 대상과 관련된 논증 노선을 간단히 비교해보라). 다윗에 대한 약속은 엄숙하게 "너희"에게 이전되었다. 그러나 다윗 자신은 너희가 아니라 자기 자신의 세대를 섬겼다(행 13:36). 따라서 하나님의 약속들은 그가 아니라 그의 메시아 후손을 가리킨다.[90]

---

89 Stephen G. Dempster는 역사적 다윗과 미래의 다윗 간의 동일한 구분이 사도행전 2:22-32에서 이루어지고 있음을 내게 상기시켜 주었다(개인적 대화).

90 Walter Bauer, *A Greek-English Lexicon of the New Testament and Other Early Christian Literature,* 3rd ed., trans/ed. F. W. Danker (Chicago: University of Chicago Press, 1957, 1979, 2000), 728.

"보증" 또는 "작정"에서 "약속"으로의 이동은 언어적으로 보증이 없는 비약이다. 만일 우리가 표준 용법에 따라 "다윗의 경건한 행위"와 같은 의미를 제시한다면, 댕커의 『신약성서 그리스어 사전』의 설명은 충분한 의미를 가질 것이다.

결론

결론적으로 이사야 55:3에 언급된 "다윗의 신실한 은혜"는 이 본문에서 미래의 왕의 모형인 다윗이 행한 은혜를 가리킨다. 이 충성된 사랑의 신실한 행위 또는 순종하는 행위는 자신을 *'āšām*(아샴, 속건제물)으로 바치고, 자신의 부활로 다윗 언약의 야웨의 약속들을 성취할 수 있으며, 동시에 새 언약 곧 영원한 언약의 기초가 되는 이사야 53장의 섬기는 왕의 행위다. 따라서 이 미래의 왕은 신명기 17장과 사무엘하 7장에서 이스라엘(신 17장)을, 그리고 확실히 모든 민족(삼하 7:19)을 신적 교훈 곧 토라로 인도함으로써 자신에게 요구된 역할을 성취한다. 그리하여 이 미래의 왕은 만민의 인도자와 명령자로, 자신이 직접 민족들에게 언약의 증인이 된다. 이것이 정확히 사도행전 13:34이 이사야 55장을 해석하는 관점이다.

다윗에게 주어진 약속들의 성취

다윗 언약에 수반된 약속들은 본문에 의해 둘로 나뉜다. (1) 다윗의 생전에 성취되는 약속들, (2) 다윗의 사후에 성취되는 약속들. 사무엘하 7:8-11a은 다윗의 생전에 성취될 약속들을 제시한다. (1) 위대한 이름과 (2) 하나님의 백성으로서 이스라엘을 위한 견고한 처소, 그리고 (3) 다윗을 원수들에게서 벗어나 편히 쉬게 함. 사무엘서 8장은 다윗의 승리의 목록을 제시하고, 저자는 이 세 가지 약속의 성취를 보여주기 위해 이 목록을 전략적으로 7장 다음에 둔다. 사무엘하 8:13에 따르면 "다윗이 소금 골짜기에서 에돔 사람 만 팔천 명을 쳐 죽이고 돌아와서 명성을 떨친다." 사무엘하 8장에 열거된 원수들의 패배는 하나님이 이 승리들을 통해 자기 백성 이스라엘을 위해 견고한 처소를 만드셨음을 보여준다. 열왕기상 5:4에서 솔로몬은 자신이 모든 면에서 안식-자기 아버지 다윗에게서 받은 유산-을 누리고 있다는 사실을 증언한다.

다윗의 사후에 성취될 약속 역시 세 가지다. (1) 영원한 집과 (2) 나라, 그리고 (3) 왕위. 하나님이 다윗에게 영원한 집을 주실 수 있는 길은 두 가지가 있다. 하나는 모든 자손이 남자 후사를 낳는 것이다. 모든 인간적 왕가는 이 점에서 항상 문제가 있기 마련이었다. 다른 하나는 언젠가 영원히 죽지 않을 한 자손이 태어나는 것이다. 신약성경에 따르면 실제로 일어난 일은 바로 후자다. 곧 영원한 집/자손이 자신의 부활로 영원한 사람이 된 다윗의 후손 예수 그리스도 안에서 성취된다. 그리고 오시는 예수 그리스도의 인격과 사역을 통해 영원한 나라가 이미 시작되었다(벧후 1:11). 예수께서 부활 후에 승천하여 아버지 우편에 앉아계셨을 때, 신약성경 저자들은 예수께서 영원한 하늘 보좌에서 다스리신다는 사실을 분명히 한다(행 2:29-36; 히 12:22-24).

다윗 언약과 이스라엘 언약의 관계

사무엘하 7장을 설명할 때 확인한 것처럼 이스라엘 왕은 이스라엘 언약의 시행자가 되어야 했다.[91] 왕은 군사적 승리를 야웨께 의존함으로써 백성들에게 야웨의 왕권을 보여주어야 한다. 왕은 백성들을 다스릴 때 하나님의

---

91 추가로 Walton, *Covenant: God's Purpose, God's Plan*, 68-69을 보라.

사회 정의를 대표하고, 또 백성들의 순종을 자신의 인격에 구현해야 한다. 따라서 이스라엘에서 왕권은 출애굽기 19:3b-6을 이루는 수단이었다. 즉 왕은 경건한 종이자 하나님의 아들이 되어야 하고, 또 민족들에게 하나님의 의를 가르치며 민족들을 야웨의 통치 아래 나아오도록 초청하는 제사장으로 기능해야 한다.

우리는 다윗이 에봇을 입은 것에서 제사장으로서의 그의 역할을 본다. 사무엘하 6:14에 나오는 다윗에 대한 묘사는 사무엘상 2:18의 사무엘에 대한 묘사와 동일하다. 또한 우리는 시편 110:4에서도 제사장으로서의 다윗 왕의 역할을 본다. 이상의 모든 본문은 다윗 왕이 자신의 인격을 통해 하나님이 이스라엘 민족 전체가 제사장 나라로 정하신 목적을 이루리라는 것을 암시한다. 다윗 왕은 이스라엘 민족을 자기 자신 속에 구현해야 한다.

위에서 네 번째 종의 노래(사 52:13-53:12)를 설명할 때 우리는 그 왕이 본질상 그 백성이라는 의미가 있지만 또한 그 백성의 구원자일 수도 있다는 것을 확인했다. 창세기 20:4은 왕과 고대 근동 문화에 속해 있는 백성 간의 집단적 연대성을 적절하게 예증한다.

1 아브라함이 거기서 네게브 땅으로 옮겨가 가데스와 술 사이 그랄에 거류하며, 2 그의 아내 사라를 자기 누이라 하였으므로, 그랄 왕 아비멜렉이 사람을 보내어 사라를 데려갔더니. 3 그 밤에 하나님이 아비멜렉에게 현몽하시고 그에게 이르시되 "네가 데려간 이 여인으로 말미암아 네가 죽으리니, 그는 남편이 있는 여자임이라." 4 아비멜렉이 그 여인을 가까이 하지 아니하였으므로 그가 대답하되 "주여, 주께서 의로운 백성도 멸하시나이까? 5 그가 나에게 이는 내 누이라고 하지 아니하였나이까? 그 여인도 그는 내 오라비라 하였사오니, 나는 온전한 마음과 깨끗한 손으로 이렇게 하였나이다"(창 20:1-5).

이 본문에서 하나님께서 아비멜렉에게 결혼한 여자를 취했다는 이유로 그가 죽을 것이라고 말씀하시는 것을 주목해보라. 아비멜렉은 이렇게 반응한다. "주여, 주께서 의로운 백성도 멸하시나이까?" 따라서 당시 그 문화는 **왕**을 죽이는 것은 **백성**(־ִ)을 멸하는 것과 같다고 가정한다. 이것은 연합적 머리 개념에 대한 분명한 예증이다. 곧 왕은 **본질상** 백성**이다**. 따라서 이스라엘의 왕에 대한 하나님의 계획 속에서 왕이 이스라엘로서 개인들의 집단이 하지 못한 것을 백성 전체를 위해 행하는 것은 당연하다.[92]

다윗 언약과 아브라함 언약의 관계

첫째, 하나님은 다윗을 사용해 자기 백성에게 안식을 주고 그들에게 처소를 제공하실 것이다. 잠시 창세기 15:18-21과 신명기 11:24 그리고 열왕기상 4:20-21(4:20-5:1 MT)을 비교해보라.

> 18 그날에 여호와께서 아브람과 더불어 언약을 세워 이르시되 "내가 이 땅을 애굽 강에서부터 그 큰 강 유브라데까지 네 자손에게 주노니, 19 곧 겐 족속과 그니스 족속과 갓몬 족속과 20 헷 족속과 브리스 족속과 르바 족속과 21 아모리 족속과 가나안 족속과 기르가스 족속과 여부스 족속의 땅이니라 하셨더라"(창 15:18-21).

> 너희의 발바닥으로 밟는 곳은 다 너희의 소유가 되리니, 너희의 경계는 곧 광야에서부터 레바논까지와 유브라데 강에서부터 서해까지라(신 11:24).

> 20 유다와 이스라엘의 인구가 바닷가의 모래 같이 많게 되매 먹고 마시며 즐거워하였으며, 21 솔로몬이 그 강에서부터 블레셋 사람의 땅에 이르기까지와 애굽

---

92 네 번째 종의 노래에서 왕과 백성들 간의 집단적 연대성에 대한 상세한 설명은 Gentry, "Atonement in Isaiah's Fourth Servant Song (Isaiah 52:13-53:12)," 20-47을 보라.

지경에 미치기까지의 모든 나라를 다스리므로, 솔로몬이 사는 동안에 그 나라들이 조공을 바쳐 섬겼더라(왕상 4:20-21).

창세기 15:18-21에 언급된 땅의 경계들이 신명기 11:24에서 이스라엘의 "장소"로 정의된다. 열왕기상 4:20-21은 이 지리적 "장소"가 다윗의 아들인 솔로몬 시대 동안 이스라엘에 속했다는 사실을 암시한다. 따라서 다윗 언약은 아브라함 언약의 약속들의 성취의 수단이었다.

둘째, 하나님은 다윗을 사용해 아브라함 언약에 약속된 대로 민족들에게 복을 베푸실 것이다. 다윗 언약은 인류를 위한 헌장 또는 교훈이다. 이사야 55장은 이 미래의 왕이 모든 민족에게 신적 교훈 곧 토라를 제공할 때 자신의 자비의 행위로 어떻게 만민에게 증인이자 만민의 인도자와 명령자가 되는지를 보여준다.

다윗 왕과 아브라함 언약의 관계는 시편 72:17에 엄밀하게 묘사되어 있다.

יְהִי שְׁמוֹ לְעוֹלָם

לִפְנֵי־שֶׁמֶשׁ יָנִין יִנּוֹן שְׁמוֹ

וְיִתְבָּרְכוּ בוֹ

כָּל־גּוֹיִם יְאַשְּׁרוּהוּ׃

그의 이름이 영원히 지속되기를,

    그의 이름이 해가 있는 한 계속되리로다.

사람들이 그 안에서 복을 받기를,

    모든 민족이 다 그를 복되다 부르리로다(ESV)!

시편 72:17b은 *bārak*의 히트파엘 형의 또 하나의 사례로 시작된다. ESV에서 "사람들이 그 안에서 복을 받으리니"는 수동태로, 이것이 영어 번역들의 통상적 번역이다. 그뤼네베르크는 발화 행위 히트파엘 형이 더 알맞다고 주장한다.

…시편 72:17은 왕의 이름이 영원하리라는 요청과 함께 시작된다. 이것은 다른 민족들이 자기들의 복에 그의 명성을 사용할 정도로 그의 명성이 지속되리라는 진술을 적절히 소개할 것이다.…창세기 48:20은 사람의 이름이 이와 같이 사용될 수 있는 경우에 대한 명확한 사례를 제공한다. 훨씬 더 중요하게는 יתברכו(이트바르쿠, 사람들이 복을 받으리니)는 יאשרוהו(예아셰루후, 그를 복되다 하리로다)와 유사하고, 만일 이 "복"이 민족들 편의 말이라면 이 유사점은 긴밀하다.[93]

그러나 벤저민 누난(Benjamin Noonan)은 그뤼네베르크의 분석이 창세기 48:20과 "바라크"의 히트파엘 형의 일반 용법 간의 관계에 관해 몇 가지 의심스러운 전제들을 갖고 있음을 보여준다. 거기서 "베트"(*beth*) 전치사의 사용은 반드시 이 히트파엘 형과 용례가 동일한 것일 수는 없다.[94]

비록 ESV가 시편 72:17aα에서 "계속하다"(continue)로 번역하는 말이 약간 모호하기는 해도, 그것은 왕과 나라들에 사용된 식물/나무 이미지에 속해 있는 것으로 보인다. 따라서 우리는 이 구절을 다음과 같이 번역할 수도 있다.

그의 이름이 영원히 지속되기를,

> 그의 이름이 해가 계속되는 한 솟아나리로다.

사람들이 그로 말미암아 자기들이 복을 받은 것으로 생각하기를,

> 모든 민족이 다 그를 행복하다 부르리로다!

시편 72편에 나오는 사유의 흐름은 단순하다. 솔로몬으로 "말미암아서

---

93 Keith N. Grüneberg, *Abraham, Blessing, and the Nations: A Philological and Exegetical Study of Genesis 12:3 in Its Narrative Context* (Berlin: Walter de Gruyter, 2003), 213.

94 Benjamin J. Noonan, "Abraham, Blessing, and the Nations: A Reexamination of the Niphal and Hitpael of ברך in the Patriarchal Narratives," *Hebrew Studies* 51 (2010): 80.

든” 솔로몬을 “위해서든” 시편 72:1에서는 하나님께서 왕에게 판단과 공의를 주시기를 바라는 기도로 시작한다. 72:2에서 그 결과 왕은 사회 정의를 갖고 재판할 것이다.[95] 이런 나라에서 궁핍한 자와 가난한 자의 주장에 공의가 주어진다. 이 왕의 통치는 보편적 시공간으로 확대된다. 72:10에서 왕은 세상 끝으로부터 조공을 받고, 72:11에서 모든 민족이 왕을 섬긴다. 지금 우리는 여기까지 사무엘하 7장을 충분히 해설하고 있다. 72:12-17에서 동일한 주제가 다른 “담화 경로”에 따라 전개된다. 시편 저자는 이 왕의 이름과 통치의 번영이 계속되도록 많은 사람이 이 왕에 대해 항상 기도할 것을 바란다. 72:17은 이런 사유의 흐름을 적절히 소개하고, 이 왕의 명성이 지속되고 모든 민족의 개인들이 자기들을 이 왕으로 말미암아 복을 받는다고 선언하고 그가 행복하다고 말하기를 바란다. 누난의 분석도 이와 비슷하다.

시편 72편에 대한 최근의 분석은 왕이 번영과 복의 중보자로 묘사되는 고대 근동의 제왕 이데올로기와 비교해서 그 구조와 내용에 집중한다. 시편 72편의 특수한 구조는 논란이 있지만 많은 학자가 시편 72:8-11은 왕의 국제적 지배권을 묘사하는 구별된 단위를 구성하고 있음을 인정한다. 세상의 민족들이 복종과 섬김 그리고 공물을 통해 왕의 환심을 사는 것으로 묘사하는 72:8-11은 구조적으로 그리고 주제적으로 72:17b과 연계되어 있다. 이것에 비추어보면 “웨이트 바르쿠”(사람들이 복을 받으리니)와 “예아셰루후”(그를 복되다 하리로다)의 유사점은 환심의 관점에 따라 이해되어야 한다.…“베트” 전치사는 사람들이 자기들의 복과 은혜를 위해 의존하는 자가 왕이므로 왕은 복의 도구를 상징한다.… 따라서 72:17의 요점은 복에 대한 언급이 아니라 복의 중보자로서 왕의 역할에 대한 반응으로 보여주는 민족들의 환심 행위에 있다.[96]

---

95 여기서 떨어져 있는 짝 단어 “공의”와 “정의”를 주목하라.

96 Benjamin J. Noonan, “Abraham, Blessing, and the Nations: A Reexamination of the Niphal and Hitpael of ברך in the Patriarchal Narratives,” *Hebrew Studies* 51 (2010): 81.

많은 이들이 지적한 것처럼 그뤼네베르크도 시편 72:17bα의 말은 아브라함의 약속과 동일하다고 주장한다. 곧 우리는 히트파엘 형의 같은 동사와 "베트" 전치사, 그리고 "모든 민족"이라는 주어를 갖고 있다. 그럼에도 그뤼네베르크는 이 구절에서 창세기 본문에 대한 암시를 보지 못하는 것으로 보인다.

> 어떤 주석가들은 시편 72:17이 족장들의 약속을 암시하고, 시편 저자는 이 약속들이 다윗 왕정에서 또는 다윗 왕정을 통해 성취된다고 주장한다. 이것은 반증하기는 어렵지만 시편 72편은 아브라함의 약속에 대한 어떤 암시를 보이지 않기에 완전히 파악할 수 있는 것처럼 보이고, 문맥을 보면 족장 전통들에 대한 의존이 거의 없다는 것을 암시한다.[97]

그럼에도 모든 민족이 다윗 왕의 통치로 힘을 얻는다는 생각은 다른 식으로도 표현될 수 있었다. 시편 2편에서 민족들의 왕은 "아들에게 입 맞추고" 그와 적절한 관계 속에 들어가라는 권면을 받는다. 그러나 시편 72:17의 말은 족장들에게 주어진 약속과 동일하다. 창세기 28:14에 따르면 민족들의 복은 이스라엘 민족을 통해 임한다. 시편 72편의 생각은 사무엘하 7장의 다윗에 대한 언약의 약속들에서 논리적으로 전개되지만 우리는 민족들의 복이 이스라엘 왕을 통해 임하는 것을 확인한다. 지금 솔로몬이 시편 72편에서 다윗이 그런 것처럼 다윗 언약이 민족들에게 복을 전하는 중보자가 이스라엘 민족 전체에서 이스라엘 민족을 대표하고 대변하는 왕으로 좁혀지는 것을 본다는 생각을 피하기는 어렵다.

시편 72:17의 70인역의 번역은 의미심장하다. 왜냐하면 거기 보면 시편 72:17과 아브라함에게 주어진 약속들 간의 관련성이 극명하게 드러나기 때문이다.

---

97 Grüneberg, *Abraham, Blessing, and the Nations*, 216.

καὶ εὐλογηθήσονται ἐν αὐτῷ πᾶσαι αἱ φυλαὶ τῆς γῆς πάντα τὰ ἔθνη μακαριοῦσιν αὐτόν (시 71:17b[72:17b EV]).

πᾶσαι αἱ φυλαὶ τῆς γῆς(파사이 하이 퓔라이 테스 게스, 모든 민족이다)라는 말은 분명히 창세기 12:3 그리고 이와 수미상관 관계를 이루고 있는 창세기 28:14의 כֹּל מִשְׁפְּחֹת הָאֲדָמָה(콜 미쉬페호트 하아다마, 땅의 모든 족속)를 상기시킨다. 우리가 70인역의 모체 본문이 MT 사본보다 저급한지 또는 우월한지 알아볼 필요는 없지만 필사자가 MT 사본의 본문이 같은 글자(כֹּל[콜])로 시작하는 어구들을 빠뜨린 본문 생략에 기인한 것일 수 있다고 확실히 말할 수 있다. 시편 71:17bα는 또한 명시적인 주어를 생략 및 결여하고 있는 것처럼 보인다. 한편 70인역의 본문은 번역자의 해석에 기인한 것일 수 있다. 어쨌든 기원전 200년경에 나온 70인역의 본문은 분명히 시편 72:17을 아브라함 언약과 연결하고, 그 증거는 가볍게 제쳐둘 수 없다.

시편 72편에 대한 이상의 고찰은 이 히브리 시편의 최종 편집의 배열로 강화된다. 데이비드 미첼(David Mitchell)은 시편의 종말론에 대한 고전적인 작품에서, 시편 2편과 72편이 각각 시편 1권의 시작과 시편 2권의 마지막에 위치하고 있음을 지적한다.[98] 시편 2편은 야웨가 세우신 왕의 승리를 선언하고, 시편 72편은 세워진 나라에 대해 말한다. 이 관련성은 아브라함에게 약속된 민족들의 복이 다윗 왕/나라를 통해 임한다는 사실을 암시한다.

---

[98] David C. Mitchell, *The Message of the Psalter: An Eschatological Programme in the Book of Psalms*, JSOTSup 252 (Sheffield, UK: Sheffield Academic Press, 1997), 243-253.

11장 부록: 아마르나/우가리트 본문의 신의 아들

다음 내용은 "신의 아들" 형태에 대한 아마르나와 우가리트 본문들의 모든 인간적 이름들을 분석한 것이다.

1. 아마르나 본문[1]

이름	의미	설명	출처
Bin-Ana	아나의 아들	이집트의 아지루에 보존[2]	EA 170:37
Ben-Elima	엘루의 아들	(존경의 복수형?) 정체불명[3]	EA 256:15
Šum-Adda	아다의 아이	발루메의 아들[4]	EA 8:8, 13, 35, 224:3 (GAGI, 222)
Šumu-Haddi	하두의 아이	시장(?), 이집트에 보존[5]	EA 97:1 (GAGI, 222)

2. 우가리트 본문[6]

이름	본문 출처	설명
bnil	PRU 3:253	(반 솔트 32 n.259, 139, 163)
	PRU 4:201 (RS 18:2): 18	= 4.623:6 (반 솔트 11)

---

1 이 분석은 다음 자료들을 기초해 이루어졌다. Richard S. Hess, "Amarna Proper Names" (박사학위 논문, Hebrew Union College, 1984); 같은 저자, *Amarna Personal Names*, American Schools of Oriental Research Dissertation Series 9 (Winona Lake, IN: Eisenbrauns, 1993); William L. Moran, ed. and trans., *The Amarna Letters* (Baltimore/London: John Hopkins University Press, 1987, 1992, 2002) = EA; Daniel Sivan, *Grammatical Analysis and Glossary of the Northwest Semitic Vocables in Akkadian Texts of the 15th-13th C.B.C. from Canaan and Syria*, AOAT 214 (Neukirchen-Vluyn, Germany: Neukirchener, 1984) = GAGI.

2 Hess, *Amarna Personal Names*, 381.

3 같은 책.

4 같은 책, 384.

5 같은 책.

6 이 분석은 다음 자료들을 기초해 이루어졌다. Frauke Gröndahl, *Die Personennamen der Texte aus Ugarit* (Studia Pohl 1, Rome: Pontifical Biblical Institute, 1967); Gregorio del Olmo Lete and Joaquin Sanmartín, *A Dictionary of the Ugaritic Language in the*

이름	본문 출처	설명
bnil	PRU 3:253	(반 솔트 32 n.259, 139, 163)
	PRU 4:201 (RS 18:2): 18	= 4.623:6 (반 솔트 11)
	Ug5 2rev. 12'	
	Ug5 3rev. 6'	
	3.10:17	
	4.86:12	
	4.297:3	
	4.377:19	
	4.609:8, 19	
	4.616:10	
	4.623:6	마리아누스의 목록[7]
	4.723:1	
	4.791:13	

Alphabetic Tradition, trans. W. G. E. Watson, 2 vols. (Handbook of Oriental Studies I: The Near and Middle East 67, Leiden, Netherlands: Brill, 2003) = DULA. 이 지칭들은 DULA의 약어 표와 체제에 따라 붙여졌다. 모든 지칭은 다음 자료들에 사용된 최고 판들에서 조심스럽게 점검되었다. M. Dietrich, O. Loretz and J. Sanmartín, *The Cuneiform Alphabetic Texts from Ugarit, Rab Ibn Hani and Other Places* (=*KTU*, 2nd, enlarged ed.) (Münster, Germany: Ugarit-Verlag, 1995); AT WO5 = Alalah Tablets, *Die Welt des Orients* 5, PRU = F.-A. Claule Schaeffer ed, *Le Palais Royal d'Ugarit* (Mission de Ras Shamra 6-9, Paris: Klincksieck, 1955); RSOu = P. Bordreuil ed, *Ras Shamra-Ougarit* (Publications de la Mission Francaise Archéologique de Ras Shamra-Ougarit; Paris: Éditions Recherche sur les Civilisations, 1991-); Ug=F.-A. Claude Schaeffer ed., *Ugaritica* (Paris: P. Guethner, 1939-). 추가 정보는 다음 자료들로부터 제공된 것이다. R. Hess, "The Onomastics of Ugarit," *Handbook of Ugaritic Studies,* ed. W. G. E. Watson and N. Wyatt (Handbook of Oriental Studies I; The Near and Middle East 39, Leiden, Netherlands: Brill, 1999), 499-528; Wilfred H. van Soldt, *Studies in the Akkadian of Ugarit: Dating and Grammar,* AOAT 40 (Neukirchen-Vluyn, Germany: Neukirchener, 1991); W. G. E. Watson, "Ugaritic Onomastics (1)," Aula Orientalis 7 (1990): 113-127.

7 사회 집단의 일원 (〈titular of war chariot〉, DULA, 580.

이름	본문 출처	설명
bnʻmyn	4.69 III 5	
	4.75 IV 8	
	4.77:11	
	4.280:12	(반 솔트 17, 139)
	4.290:11	고위직? (반 솔트 37)
	4.356:5	고위직? (반 솔트 37)
	4.357: 25?	고위직? (반 솔트 37)
	4.677:5	
	4.755:9?	
	4.785:19	
bnʻn	4.33.32	Rqd 근위병
	4.35 II 19	직업별로 분류된 사람들[8]
	4.232:47	Rqd 구매자
	4.753:14	
	9.423:8 (RS Ou 14 46)	
bnʻnt	PRU 3:194 (RS 11.839:12)	
	PRU 3:194 (RS 11.839:16)	? (일리-아부도 가능)[9]
	4.307:6	Yny 마을의 왕립 농장의 농노
	4.320:4	
bin-baʻalana	PRU 3:193 (RS 12. 34:15)[10]	베카니 마을 출신
bnhd(d)	아래를 보라.	
bnpdr	4.655:8	
bn rpiyn	4.232 (I) 8	Rqd 마을 출신

---

8 "안누의 아들"로 읽어야 한다. "븐"(*bn*은 이름의 한 부분이 아니다. 직업="튼"(*t-nn*, 궁사?). 참조. van Soldt 38.

9 John Huehnergard, *The Akkadian of Ugarit,* Harvard Semitic Monographs (Atlanta: Scholars Press, 1989), 400, n.85도 그렇다.

10 또한 DULA, 226도 참조하라.

이름	본문 출처	설명
bnršp	4.33:12	Ary 근위병
	4.155:15	
	4.170:9	
bnršpy	4.69. I 22	전사의 직함
	4.93 II 17	참조. PRU 3:20 (RS 15.63:11, 12, 19)
bin-šapši	PRU 3:195 (RS 15.09 B I 17)	
	PRU 6:79 (RS 19.42:5)	
	RSOu 7 3:7=	
	dumu-dutu dumu Idingir-sikim	= Bin-sˇapsˇi ma-r ill--sˇalim?[11]
bnšpš	4.63 IV 6	
	4.194: 18	
	4.227 I 11	
	4.628:5	
	4.666:4	
	4.422:43 훼손된 문맥	
btšpš?	RSOu 14 44:6 또는 bnšpš?	
bnymn	4.64 IV 9	
	4.69 II 3	
	4.123:4	
	4.617 (I) 19	
	4.785:9	
DUMU ad-dá	AT WO5 p.63 (136,4)	(참조. GAGI, 222)
šùm-adì	PRU 3:59 (RS 16. 133:6)	Gíˇse의 아들(아카드어 본문)
šu-um-ᵈaddu	PRU 3:151 (RS 16. 197:14)	(아카드어 본문)

11 Pierre Bordreuil, *Une bibliothéque au sud de la ville: Ras Shamra-Ougarit VII* (Paris: Éditions Recherche sur les Civilisations, 1991), 20도 그렇다. 또한 F. Gröndahl, *Die Personennamen der Teste aus Ugarit,* 326, 354도 보라.

12장

새 언약:
서론/이사야서/에스겔서

서론: 예언자들은 누구이고, 예언자들은 왜 새 언약에 대해 말했는가?

성경의 메타내러티브는 우리가 살고 있는 세상 곧 우리의 우주를 지으신 창조자 하나님과 함께 시작한다. 창조자로서 하나님은 자신이 지으신 모든 창조물을 보살피고 유지하는 데 헌신하신다. 그분은 자신의 모든 창조물을 다스리고 통치하며 지혜롭게 일하신다. 하나님의 창조 사역의 절정과 극치는 인간이다. 하나님은 자신이 지으신 세상의 관리와 청지기 직무를 인간에게 맡기셨다. 이 언약적인 조치는 인간의 불충성과 거역으로 깨졌다. 첫 사람은 창조주와 독립적으로 행동하고 사물을 관리하기로 결정했다. 이로 말미암아 모든 것은 지금 혼돈과 악으로 가득 차 있다.

성경 이야기가 드러내는 것처럼 하나님은 인간의 거역에 대해 다양하게 반응하신다. 이 파괴된 세상을 회복하고, 이 세상을 그분이 정하신 원래의 목적대로 섬기도록 하려는 하나님의 계획의 중심에는 언약으로 불리는 일련의 협정들이 놓여 있다. 첫째, 노아 언약은 창조물 전체에 대한 창조주의 서약을 재확립한다. 이어서 하나님은 한 개인 아브라함을 통해 그리고 그의 가족을 통해 창조주 하나님과 인간 및 인간 서로 간에 올바른 관계를 맺는 새 인류를 형성하는 활동을 시작하신다. 시내산에서 맺어진 이스라엘 언약(신명기로 보충되는)은 이스라엘 민족을 하나님의 백성으로 세우고 그들이 가나안 땅에서 영위하는 삶을 주관한다. 다윗 언약은 왕이 언약의 시행자로 기능하기 때문에 하나님은 왕을 통해 하나님의 통치가 하나님의 백성 가운데 확립되는 왕권을 세운다. 하나님이 이스라엘 민족 전체를 위해 계획하신 것이 이제 왕과 왕의 리더십을 통해 시행될 것이다.

이후에, 곧 기원전 750년과 550년 사이에 하나님의 대변자로 활동하는 집단의 사람들이 일어나 이스라엘 백성이 언약을 지키지 못한 것에 주의를 촉구하게 되었다. 이들이 바로 예언자들이다. 예언자들은 하나님을 위해 말씀을 전한 하나님의 종이었다. 그들은 하나님의 백성 앞에 서서 이스라엘 언약이 규정한 하나님과의 올바른 관계와 그들 서로 간의 적절한 관계에서 점차 벗어나게 된 것을 지혜롭고 교묘하게 폭로했다. 예언자들은 하나님으로부터 환상을 받아 장차 임할 사건들에 대해 선포했다. 어떤 사건들은 조만간에 일어날 것이다. 다른 사건들은 금방 일어나지는 않을 것이다. 예언자들은 하나님이 신실하지 못한 자기 백성들을 다루고 파괴된 창조물을 회복시키려는 그분의 종합적인 계획을 성취하기 위해 다양한 방법으로 역사하신다고 선언했다. 백성들이 이스라엘 언약을 깨뜨리고 어겼기 때문에 예언자들은 하나님이 자신도 신실하게 지키실 뿐만 아니라 자기 백성도 신실하게 지킬 새 언약을 대신 마련하실 것이라고 선언했다.

새 언약을 언급하는 본문들

예언자들은 다양한 시점에 다양한 곳에서 다양한 방법으로 새 언약에 대해 말했다. 그들은 6회에 걸쳐 영원한 언약을 언급하고, 3회에 걸쳐 화평의 언약을 말하며, 3회에 걸쳐 하나님이 자기 백성에게 새 마음과 새 영을 주시리라는 약속을 제시한다. 그런데 "새 언약"이라는 말은 실제로는 한 번밖에 언급되지 않는다. 그러나 이 언급들은 모두 동일한 사실을 가리킨다.

새 언약을 언급하는 주요 본문들

1. 영원한 언약: 예레미야 32:36-41; 50:2-5; 에스겔 16:59-63; 37:15-28(특히 37:26); 이사야 55:1-5; 61:8-9.

2. 화평의 언약: 이사야 54:1-10(특히 54:9-10); 에스겔 34:20-31(특히 34:25); 37:15-28(특히 37:26).

3. 새 마음과 새 영에 대한 약속: 에스겔 11:18-21; 18:30-32; 36:24-32(특히 36:26)[참조. 사 59:21].

4. 새 언약: 예레미야 31:31-34.

우리가 신약성경을 살펴보면, 우리는 똑같은 언약이 새 언약이라는 명칭으로 6회에 걸쳐 언급되고(눅 22:20; 고전 11:25; 고후 3:6; 히 8:8; 9:15; 12:24), 영원한 언약이라는 말은 단 한 번만 언급된다는(히 13:20) 사실을 확인할 수 있다는 게 흥미롭다. 따라서 구약성경에서 가장 흔하게 사용되는 이 언약의 명칭("영원한 언약")이 신약성경에서는 단 한 번만 사용되고, 구약성경에서 단 한 번만 사용되는 명칭("새 언약")이 신약성경에서 가장 흔하게 사용된다.

이사야서에 나타난 새 언약

구약성경에 나오는 언약들을 다룬 이전 작품들은 예언서에서 선택한 다수의 본문들을 **함께** 논하면서 새 언약의 주제를 다루는 경향이 있었다. 여기서는 주요 예언서(이사야서와 예레미야서 그리고 에스겔서) 각각의 공헌을 **개별적으로** 고찰할 것이다. 비록 다양함이 모순을 의미하지는 않지만, 예언자들은 하나님이 세상을 어떻게 회복시킬지에 대해 획일적으로 제시하지 않는다. 각 예언자의 공헌은 그들의 사역의 배경 안에서 고찰되어야 한다. 특히 그것은 그들이 쓴 작품의 흐름과 문학적 구조 안에서 고찰될 필요가 있다. 각 예언자의 공헌이 **개별적으로** 이야기될 때 그들의 다면적인 표현은 **하나의 전체**로 규합될 수 있다. 새 언약의 주제를 다루는 본문들을 설명하는 것 말고도, 예언자가 새 언약과 이전의 주요 언약들 간의 관계를 다루는 본문들을 분석하는 것도 중요하다. 이런 방식으로, 근본이 되는 본문들에서 확인할 수 있는 언약들에 관한 성경의 가르침을 정리하는 것은 우리 자신의 상상이나 인간의 철학이 아닌 성경에서 나오는 상부 구조에서 종합될 것이다.

이사야 54:1-55:13

이사야 54:1-55:13은 새 언약을 다루는 주요 본문 중 하나다. 우리는 이사야 54:10에서 "화평의 언약"이라는 말과 55:3에서 "영원한 언약"이라는 말을 발견한다. 우선 우리는 이사야서 전체의 포괄적인 문학적 구조에 이 본문을 위치시킬 필요가 있다. 비록 이사야서에 대한 최근의 연구가 비평 학문이 제시한 단편 자료들보다 본문의 정경적인 형성에 더 큰 초점이 맞추어져 있지만, 작품 전체에 내재한 더 큰 문학적 구조를 찾아내려고 애쓴 학자는 거의 없었다.[1] 예언자들의 설교와 글은 오늘날 우리가 살고 있는 서구 세계의 담화에 매우 근간이 되는 아리스토텔레스의 형식 논리학의 패턴을 확실히 따르지 않는다. 대신 고대 히브리 문헌의 접근법은 특정 관점에 따라 한 주제를 취해 그 주제를 전개하고, 그런 다음 그 주제를 다른 관점에 따라 다시 취하는 방식이다. 이 패턴은 입체적이고 순환적이다. 한 담화가 다른 담화의 배경에 따라 들려지면, 그것은 스테레오의 좌우 스피커와 같이 기능하고, 이때 우리는 돌비 서라운드 사운드 또는 입체 영상 장면과 같은 느낌을 받는다. 이사야서도 이 기법의 예외가 되지 않는다. 이사야서의 주된 주제는 옛 창조에 속한 부패한 시온이 새 창조의 회복된 시온으로 전개되는 것이다. 이 주제가 대략 일곱 개의 주요 부분에서 제시된 이후에, 독자는 결국 아주 생생한 이미지를 갖게 된다.[2] 이사야서의 주요 순환 부분들은 대체로 다음과 같이 묘사될 수 있다.

이사야서: 옛 창조의 시온에서 새 창조의 시온까지

1. 시온의 심판과 변혁-1부	1:2-2:5
2. 시온의 심판과 변혁-2부	2:6-4:6
3. 포도원의 심판과 임마누엘	5:1-12:6

1 주목할 만한 예외는 아래에서 인용될 Motyer의 주석이다.

2 이 개요는 부분적으로 J. Aleck Motyer에게 힘입었다. 담화 문법 표시들로 보아 37:38과 38:1 사이에 큰 단절이 요구되고, 여기서는 지면의 제약으로 상세한 고찰이 불가능하다.

4. 사람의 성과 하나님의 성의 대조 13:1-27:13

5. 민족들에 대한 신뢰와 야웨의 말씀에 대한 신뢰의 대조 28:1-37:38

6. 시온과 세상의 위로와 구속 38:1-55:13

7. 새 창조 시대에 안식일을 지킴 56:1-66:24

이사야는 이사야 1:2-2:5에서 자신의 주제의 첫 번째 순환을 제시한다. 이 순환은 하나님과 이스라엘 사이의 깨진 언약으로 시작해서―이스라엘 백성들의 죄로 말미암아 이스라엘 백성을 통렬히 비난하는―미래의 변화된 시온에 대한 환상으로 끝맺는다. 이사야는 이사야 2:6-4:6에서 자신의 주제의 두 번째 순환을 제시한다. 이 순환은 현재의 부패한 시온에서 죄와 심판을 다시 간략히 언급하는 것으로 시작해 미래의 변화된 시온에 대한 환상으로 끝맺는다.

이사야 5-37장은 최소한 모세 언약/토라를 지키지 못한 실패 문제를 상세히 언급하고 심판을 경고하는 세 개의 세부 단원으로 구성된다. 이사야는 많고 많은 하나님의 징계 행위에도 불구하고 이스라엘 백성들이 사회 정의를 실천하지 못한 것에 초점을 맞춘다. 언약은 깨지고 돌이킬 수 없을 정도로 파괴된다. 모든 것이 예배 의식(儀式)에서는 제대로 진행되지만, 이스라엘 백성들은 하나님의 새 인간으로서 자기들에게 요구되는 삶의 방식을 나타내는 데 실패했다. 이스라엘 언약의 교훈은 "사회 정의"라는 말로 적절히 요약될 수 있다.[3] 야웨와 언약 관계 속에 있는 공동체로서 그들은 사회 정의에 따라 야웨의 성품을 세상에 보여주고 민족들에게 하나님의 복과 구원을 전하는 도구가 되도록 부르심을 받았다. 하지만 하나님 백성들이 서로를 대하는 삶의 방식은 사회적 불의가 특징이었다. 신실하던 성읍이 창기가 되었

---

[3] Thomas L. Leclerc, *Yahweh Is Exalted in Justice: Solidarity and Conflict in Isaiah* (Minneapolis: Fortress, 2001); 그리고 특히 Peter J. Gentry, "Speaking the Truth in Love (Eph 4:15): Life in the New Covenant Community," *SBJT* 10/2 (2006): 70-87(이 책에서 다듬어져 15장에 포함되어 있음)을 보라.

다(사 1:21). 야웨는 이제 신명기 28장의 언약에 수반된 엄청난 저주와 경고들을 이루시는 것 외에 다른 선택이 없으셨다. 최종적 경고는 포로로 잡혀가는 것이고 이 주제가 이사야 5-37장에서 취해진다.

주제별 언급 중 여섯 번째 부분(사 38-55장을 망라하는)은 특히 시온과 세상의 위로와 구속에 초점이 맞추어져 있다. 모티어(J. Alec Motyer)의 주석[4]에서 가져온 아래의 개요는 옛 창조의 시온에서 새 창조의 시온으로의 변화를 다루는 이 순환 속에서 사유의 흐름을 명확히 밝히는 데 효과적이다.

이사야 38-55장: 종에 대한 책

A. 역사적 서언—히스기야의 파멸적인 선택	38:1-39:8
B1. 보편적 위안	40:1-42:17
1. 이스라엘의 위안	40:1-41:20
2. 이방인의 위안	41:21-42:17
C¹. 구속의 약속	42:18-44:23
1. 해방	42:18-43:21
2. 용서	43:22-44:23
C². 구속의 대행자	44:24-53:12
1. 고레스: 석방	44:24-48:22
2. 종: 속죄	49:1-53:12
B². 보편적 선언	54:1-55:13
1. 시온에 대한 부르심	54:1-17
2. 세상에 대한 부르심	55:1-13

---

4 J. Alec Motyer, *The Prophecy of Isaiah: An Introduction and Commentary* (Downers Grove, IL: InterVarsity Press, 1993); 같은 저자, *Isaiah: An Introduction and Commentary,* Tyndale Old Testament Commentaries (Downers Grove, IL: InterVarsity Press, 1999)를 보라.

첫째, 이사야 38-55장의 문학적 구조의 개요는 포로로부터의 귀환이 두 가지 두드러진 특징과 단계를 포함한다는 것을 보여준다. 이미 언급한 것처럼 이사야 38-55장은 포로 상태의 심판을 넘어 이스라엘의 위로와 위안, 즉 이스라엘을 포로에서 이끌어낼 미래의 역사를 훨씬 더 깊이 들여다본다. 그다음에 야웨는 만민이 사회 정의에 대한 야웨의 교훈을 추구할 백성/장소와 같은 곳으로 시온을 확립하실 것이다. 이 확립은 출애굽 언어로 묘사된다. 그래서 바빌론 포로로부터의 귀환은 새 출애굽─확실히 말하자면 더 큰 출애굽!─외에 다른 것이 아닐 것이다.[5] 이 새 출애굽은 또한 가장 가까운 친족의 의무를 가리키는 "구속하다[대속하다]"(*gā'al*)라는 말로도 묘사된다. 야웨는 이스라엘 언약에 따라 이스라엘의 가장 가까운 친족이 되시므로, 자기 백성을 이전에 이집트의 속박과 예속에서 구원하신 것처럼 그들을 포로로부터 "다시 사실" 것이다. 그러나 포로로부터의 귀환은 연대순으로 이어지는 하나의 과업이 아니다. 포로로부터의 구속에 대한 약속은 두 구별된 사건, 곧 석방(사 42:18-43:21)과 용서(사 43:22-44:23)로 나뉜다. 석방은 이스라엘 백성들이 물리적으로 바빌론 포로에서 벗어나 자기들의 땅으로 돌아가는 것을 언급하고, 용서는 그들의 죄와 깨진 언약이 충분히 그리고 최종적으로 처리되는 것을 가리킨다. 그것은 "너는 바빌론에서 백성들을 데리고 갈 수는 있겠지만, 어떻게 백성들에게서 바빌론을 나가게 하겠는가?"라는 말로 적절하게 표현되었다.[6] 에스라서와 느헤미야서는 이스라엘 백성이 포로로부터 귀환했으나 하나님과 그들의 관계에 비추어보면 그들이 조금도 변하지 않았음을 보여준다. 곧 사회 정의를 실천하지 못한 것이 핵심 문제점으로 남아 있다. 그것이 스가랴와 같은 포로기 이후 예언자

---

5 이사야서에 나타난 출애굽 언어와 주제에 관한 설명은 Bernhard W. Anderson, "Exodus Typology in Second Isaiah," *Israel's Prophetic Heritage: Essays in Honor of James Muilenburg*, ed. Bernhard W. Anderson and Walter Harrelson (New York: Harper, 1962), 177-195을 보라.

6 광주리 속에 담긴 여인이 하늘을 나는 두 여인에게 바빌론으로 옮겨지는 슥 5:15-11의 환상은 이스라엘 백성들이 바빌론을 떠나는 과정을 상징하는 것으로 보인다.

들에게 포로로부터의 귀환이 현재의 실재이자 미래의 소망이 되는 이유다. 포로 사건은 오로지 하나님이 백성들의 죄를 처리하고, 언약을 새롭게 하시며, 성전이 재건되고, 야웨께서 왕으로 그들 가운데 거하시려고 다시 오실 때 비로소 끝날 것이다.

스가랴 3:9과 5:5-11은 죄 사함/제거는 여전히 미래의 일이라는 것을 보여준다. 확실히 일흔 이레에 대한 다니엘의 환상의 핵심은 포로 기간이 70년 안에(in seventy years) 끝난다는 것이 아니라 햇수로 70주 안에(in seventy weeks of years) 끝난다는 것이다. "네 백성과 네 거룩한 성을 위하여 일흔 이레를 기한으로 정하였나니 허물이 그치며 죄가 끝나며 죄악이 용서되며 영원한 의가 드러나며 환상과 예언이 응하며 또 지극히 거룩한 이가 기름 부음을 받으리라"(단 9:24). 따라서 포로로부터의 귀환은 두 가지 특징이 있다. 곧 그 특징들은 바빌론으로부터의 물리적 귀환 및 죄의 속박과 예속으로부터의 영적 구원이다. 그리고 이 두 가지 특징에 대응하여 구속의 두 구별된 대행자가 있다. 바로 고레스와 야웨의 종이다. 고레스는 첫 번째 임무를 수행할 것이다. 곧 이스라엘 땅으로의 물리적 귀환을 일으킬 것이다(사 44:24-48:22). 그리고 야웨의 종은 두 번째 임무를 수행할 것이다. 곧 죄 사함을 가져올 것이다(사 49:1-53:12).

둘째, 이사야서의 포괄적인 문학적 구조는 첫 번째 종의 노래(사 42:1-9)와 나머지 종의 노래(사 49:1-13; 50:4-9; 52:13-53:12) 사이에 본문의 간격이 있는 이유를 명확히 밝힌다. 첫 번째 종의 노래는 서론적인 시작 부분에 속한 것으로서 이스라엘과 민족들의 위로 주제를 다룬다(사 40:1-42:17). 아브라함 언약이 이 서론 부분을 뒷받침한다. 아브라함 언약의 핵심에는 아브라함과 그의 가족 이스라엘을 통해 온 세상에 복이 임할 것이라는 약속이 놓여 있다. 이 부분에서는 배열이 중요하다. 이스라엘의 위로가 먼저 오는데, 그 이유는 이때에 이스라엘이 저주 아래 있기 때문이다. 이스라엘은 문제점의 일부분이지 해결책의 일부분이 아니다. 먼저 하나님이 이스라엘을 위로하고 회복시키셔야 한다. 오직 그때에만 그분은 이스라엘을 모든 민족의 위안과 회복의 도구로 사용하실 수 있다. 이사야는 이사야 42:18-44:23에서 이 위로를 (1) 포로로부터의 구속, (2) 죄로부터의 구속에 따라 정의한다. 그리고 그는 44:24-53:12에서 죄로부터의 구속을 이루는 종의 사역이 있기 전에 포로로부터의 해방을 이루는 고레스의 사역에 대해 묘사한다. 이 지점에서 야웨의 종에 대한 세 본문이 죄로부터의 구속에 초점을 맞추기 위해 함께 등장한다. 이 세 본문은 각각 죄로부터의 구속 주제에 대한 첫 번째 제시와 이 주제의 두 번째 제시로서의 해설(세 번째 부분은 제외, 각 개요를 아래에서 보라) 그리고 반응 부분으로 구성되어 있다.[7]

이사야 49:1-55:13의 개요

A¹. 야웨의 종의 이중 사명: 이스라엘과 세상		49:1-6
B¹. 해설: 세상과 이스라엘에 대한 사명의 확인		49:7-13
C¹. 반응: 낙담하고 둔감한 시온		49:14-50:3
A². 고난 속에서 순종하고 반응하는 야웨의 종		50:4-9
B². 해설: 순종하는 자와 완고한 자		50:10-11
C². 반응을 촉구 받는 시온		51:1-52:12
A³. 성공하고 죄를 담당하고 승리하는 야웨의 종		52:13-53:12
B³. 반응: 이스라엘과 세상에 대한 초대		54:1-55:13

셋째, 이 문학적 구조는 야웨의 종의 정체성을 파악하는 데 실마리를 던져준다. 야웨의 종의 정체성에 대한 논쟁은 여러 세기에 걸쳐 격화되었고 현재도 약화되지 않고 계속되고 있다.[8] 이 논쟁이 벌어지는 한 가지 그

---

7   다시 한번 나는 Motyer, *Prophecy of Isaiah*, 383으로부터 나의 개요를 다듬었다.

8   최근의 설명에 대한 문헌 자료는 Murray Rae, "Texts in Context: Scripture in the Divine Economy," *Journal of Theological Interpretation* 1/1 (2007): 1-21을 보라. 정경적인 해석에 대한 Rae의 관심은 칭찬할 만하지만 그리스도인들과 유대인을 모두 만족시키는 그의 포스트모던 방식의 해결책은 개연성이 없다. 지난해에도 그리스도인과 유대인 간의 인터넷상의 토론이 상당히 빈번했다.

럴 만한 이유는 이사야서 본문 자체에 있다. 그것은 어떤 주제를 모호하고 비밀스런 방법으로 거론하기 시작하고, 문제가 명확해질 때까지 하나씩 결정적 지식을 더해가는 것이 이사야서 문체의 특징이다.[9] 예를 들어 이사야 21:1-9의 바빌론 관련 신탁은 해변 광야에 관한 경고로 시작된다. 우리는 다만 끝이 될 때까지, 곧 21:9에 이를 때까지 예언자가 바빌론에 관해 무엇을 말하는지 깨닫지 못한다. 이사야가 야웨의 종에 대해 제시하는 것도 비슷하다. 시작할 때 곧 이사야 41:8에서 야웨의 종은 이스라엘이다. 이 야웨의 종은 성경의 포괄적 이야기의 성경신학적 구조 안에서 하나님의 아들과 섬기는 왕으로서 아담의 역할을 물려받고, 출애굽기 19:5-6의 시내산 언약에서 거룩한 백성과 제사장 나라로 부르심을 받았다. 그러나 그는 이사야 42:18-19에서 귀먹고 불순종하는 자로 나타난다. 이것은 이사야 42:1-9 그리고 특히 50:4-11에 나타난 종의 이미지와 모순된다. 야웨의 종으로서 이스라엘은 포로와 그에 수반된 모든 것으로부터 구원받거나 깨진 언약 관계의 문제점을 충분히 해결 받지 못하고 비참한 곤경 속에 있다(예. 사 43:22-28). 우상숭배와 사회적 불의가 이스라엘의 고질병이다. 이것은 딜레마다. 곧 이스라엘은 야웨의 종으로서 완전히 실패했는데, 하나님께서는 아브라함에게 주신 자신의 약속을 어떻게 지키실 수 있단 말인가? 이스라엘은 나머지 민족들에게 세 가지 면에서 본보기가 되어야 했다. (1) 하나님과의 관계에 대한 신실함과 충성됨, (2) 인간적 관계에 있어 사회 정의, (3) 창조물/환경에 대한 책임 있는 청지기 직무.

다른 곳에서 상세히 전개된 이 질문에 대한 답변은 두 번째 종의 노래에서 직접 제시되고, 거기서 이 질문에 대한 상세한 반응이 시작된다(사 49:1-13). 우리는 이사야 41:8에서처럼 이 두 번째 종의 노래 시작 부분 곧 이사

---

9   Goldingay는 이사야서에 대한 자신의 연구에서도 이것을 지적했다. "종종 그러는 것처럼 이사야 선지자는 더 깊은 해설이 필요함을 암시하는 것으로 시작한다"(John Goldingay, *The Message of Isaiah 40-55: A Literary Theological Commentary* [London: T. & T. Clark, 2005], 492).

야 49:3에서 이스라엘이 야웨의 종이라는 사실에 대한 확언을 다시 듣는다. 따라서 야웨의 종은 곧 이스라엘 민족이다. 그러나 이사야 49:5-6에서 야웨의 종의 임무는 이스라엘 민족을 야웨께 인도하는 것이다. 이 인도는 앞에서 묘사된 것처럼 물리적·영적 포로로부터 귀환시키는 것이다. 그렇다면 야웨의 종이 어떻게 이스라엘 민족이면서 동시에 이스라엘 민족의 구원자일 수 있을까? 이 난제를 명쾌하게 해소하는 방법은 오직 한 가지 가능한 해결책이 있고, 이사야는 이사야서 전반부에서 이 해결책을 우리에게 제시했다. 곧 야웨의 종은 앞에서 묘사된 미래의 왕이 틀림없다는 것이다(예. 사 11:1-10). 이스라엘의 왕은 한 개인으로서 "나는 이스라엘"이라고 말할 수 있다. 이스라엘의 왕은 이스라엘 민족 전체를 대표할 수 있지만 동시에 이스라엘과 구별될 수 있다. 미국인들은 왕정을 경험하지 않았기 때문에 이것을 이해하기 어렵다. 고대나 근대를 막론하고 왕정 국가에서는 왕이 곧 국가**라는** 의미가 있다. 동시에 왕은 국가의 구원자이자 국가를 위해 전쟁에서 싸운다. 많은 그리스도인이 본문의 전개 과정을 조심스럽게 살펴보지도 않고 너무 쉽게 나사렛 예수를 야웨의 종으로 간주한다. 이 종을 이스라엘 민족으로 간주하는 유대교의 표준 해석의 주된 문제점은 이스라엘 민족은 본문에서나 역사 속에서 자기들 자신의 죄에 대한 속죄는 고사하고 스스로 구원할 수 있는 능력이 전혀 없다는 것이다.[10]

마지막 세 개의 종의 노래는 각각 본문 속에 반복 패턴이 들어 있다. 먼저 이사야는 주제를 제시하고, 이어서 개념들을 더 깊이 전개하는 해설을 제공하며, 마지막으로 반응 부분을 언급한다. 이사야 53장에 나오는 네 번째 종의 노래는 두 쌍으로 이루어진 네 개의 연을 갖고 있다. 곧 두 개의 연은 세부 사실을 제공하고 사건들을 묘사하며(사 53:1-3, 7-9), 각각 그 뒤에

---

10 야웨의 종이 한 개인이라고 결론을 내리는 주장은 사 49:6에서 야웨의 종이 이스라엘 민족을 구원하는 것으로 진술하고, 사 53장에서는 한 개인이 아닌 다른 어떤 존재가 될 수 없을 정도로 관련 내용이 매우 풍성하게 제공된다는 사실에 기초한다. Peter J. Gentry, "The Atonement in Isaiah's Fourth Servant Song *SBJT* 11/2 (2007): 20-47을 보라.

사건들의 의미를 설명하는 두 연을 갖고 있다(사 53:4-6, 10-12). 우리는 연의 첫째 쌍을 기본 주제로, 둘째 쌍을 해설로 간주할 수 있다. 이사야 54장에서 이스라엘에 반응을 촉구하는 부분이 시작된다. 이스라엘은 울려 퍼지는 기쁨의 외침/소리/노래를 뿜어내도록 부르심을 받았다. 이스라엘이 노래하는 이유는 이스라엘의 가족과 결혼 그리고 의의 성읍이 회복되었기 때문이다. 이것이 본질상 새 언약에 대한 논의다.

이사야 54장의 주제는 포로로부터의 귀환, 하나님과 하나님의 백성 간의 화목의 창출, 언약 관계의 회복과 시온의 재건이다. 왜냐하면 하나님의 백성의 관점에서 볼 때 하나님의 성읍이 크게 파괴되었기 때문이다. 이사야 54장의 다양한 문단과 부분을 하나로 묶는 것은 하나님의 백성을 여인으로 나타내는 은유다. 이사야 54:1-3에서 하나님의 백성은 남편 있는 여자보다 지금 자식을 더 많이 가진, 잉태하지 못하는 여인으로 묘사된다. 54:4-10에서 하나님의 백성은 버림받은 아내(즉 이혼한 여자), 곧 오래 동안 과부의 치욕을 갖고 있었으나 이제는 창조자 하나님과 화목하고 하나님과 결혼한 여자로 묘사된다. 이 부분에는 새 언약의 약속과 노아 언약의 약속 간의 비교가 포함되어 있다. 곧 하나님은 자신이 절대로 다시는 홍수로 심판하지 않겠다고 약속하신 것처럼 지금은 절대로 다시는 자기 백성에게 노하지 않겠다고 약속하신다. 마지막으로 54:11-17에서는 여자가 광풍에 시달렸지만 이제는 튼튼한 기초와 성벽으로 요새화되고 화려한 보석들로 재건된 시온 성으로 묘사된다. 따라서 54:17을 간략히 살펴보면 새 언약이 어떤 면에서는 성경의 이전의 모든 주요 언약들과 비교되거나 상관되거나 연계된다.

따라서 이사야 54장은 53장에 나오는 섬기는 왕의 죽음과 부활에 기초한 새 언약을 논한다. 몇몇 핵심 단어들이 이사야 53장에 나오는 종의 노래를 54장과 결합한다. 이사야 53:11-12에 나오는 "많은 사람"은 54:1에 나오는 기적적인 가정의 많은 사람이다. 곧 이 두 곳에서 사용된 히브리어 단어가 똑같다. 이사야 53:8에서 외견상 끊어지지만 부활 후에 나타나는 종의 씨 곧 후손은 이제 54:3에서 민족들을 얻는 자손이다. 이 의로운 자는 이사야 53:11에 나오는 많은 사람을 의롭게 한다. 그는 그들을 의롭게 만든다. 그들은 이사야 54:14에 나오는 것처럼 공의로 설 것이다. 이것은 54:17에서 송사하는 대적들로부터 정당성을 입증받는 것과 거의 동등한 의미다. 그리고 단수형으로 사용된 종이 이사야 54:17에서는 복수형으로 야웨의 종들이 된다.

이사야 54:1-17의 개요

A. 사라: 잉태하지 못한 여인	54:1-3
B. 이스라엘: 버림받은 아내	54:4-10
C. 시온: 학대 받은 여인	54:11-17
1. 재건된 성	11-14a
2. 안전한 성	14b-17

기적적인 가정(사 54:1-3)

하나님의 백성은 기쁨의 큰 소리를 외치도록 부르심 받는다. 그들은 대가족을 준비할 필요가 있다. 왜 그런가? 이사야 53장은 그들의 후손이 열방을 상속할/차지할/소유할 것이라고 말하기 때문이다. 이 진술 자체는 약간 모호하다. 이것은 이스라엘이 결국 자신들을 괴롭히던 주변 민족들을 정복할 것을 의미하는 것으로 해석될 수 있다. 하지만 53:1은 이런 해석을 허용하지 않을 것이다. 그 구절은 홀로된 여자의 자식이 결혼한 여자의 자식을 크게 앞지를 것이라고 말한다. 이게 무슨 뜻인가? 결혼한 여자("남편 있는 자")는 옛 언약 시대의 이스라엘이다. 홀로된 여자는 포로의 파멸에서 돌아온 거의 전멸된 이스라엘이다. 포로 이후에 회복된 가정은 이전보다 수가 훨씬 더 많다. 신약성경의 관점에서, 이것은 더 분명해진다. 곧 이스라엘은 민족들의 대를 잇는다. 그들이 그 가족의 일원이기 때문이다.

이스라엘 역사에서 잉태하지 못한 여인은 사라를 가리킨다. 아브라함과 사라 시대에 대한 암시는 장막에 대한 암시와 씨/자손에 대한 언급으로 보아서도 분명하다. 따라서 잉태하지 못한 여인에 대한 언급은 아브라함 언약을 언급하는 한 방법이고, 아브라함에게 바닷가의 모래 같이 그리고 하늘의 별 같이 엄청나게 많은 자손을 주시겠다는 약속을 상기시킨다. 그러나 아브라함 언약은 이스라엘을 통해 민족들에게 복이 주어질 것이라는 것도 약속했다. 따라서 이스라엘은 파괴적인 군사적 정복을 통해서가 아니라 민족들을 가족으로 만드는 복을 통해 그들을 차지한다. 단순히 하나의 민족으로 자라고 번성하기 위해 포로에서 자기들의 땅으로 귀환하는 것이 가족 장막터의 방대한 확장에 대한 필요를 충분히 설명해주지 못한다.

복원된 결혼 관계(사 54:4-10)

그다음 부분 곧 이사야 54:4-10은 하나님을 남편과 조물주 그리고 구속자로 언급한다. 이것은 이스라엘/모세 언약 곧 시내산에서 하나님과 이스라엘 사이에 맺어진 언약을 분명히 가리킨다. 이 결혼 관계는 이스라엘의 신실하지 못함으로 깨어졌고, 하나님은 이스라엘에 포로의 저주를 일으키셨으며, 그리하여 신실하지 못한 자신의 아내를 버리셨다. 말하자면 이 진노는 단지 잠시 동안 발휘되었다. 결혼 관계는 깨어졌고 아내는 버림받았으나/과부가 되었으나 이제 화목으로 결혼이 새롭게 된다.

이사야 54:4은 이스라엘 여인을 부끄러움과 수치 그리고 치욕에서 불러내는 명령과 함께 시작한다. 이스라엘은 젊었을 때의 수치를 잊어야 한다. 이것은 이스라엘이 하나의 민족으로서의 삶을 시작했을 때 이집트에서 겪은 4백 년의 속박과 예속을 상징한다. 이스라엘은 더 이상 과부 시절의 치욕을 기억해서는 안 된다. 이것은 바빌론 포로 생활 70년을 나타낸다. 이스라엘은 야웨와 결혼했으나 부정한 아내였고 결국 과부처럼 버림받고 홀로된 여인이 된다. 그녀가 사랑했던 모든 이들(즉 우상들/외국 민족들과의 동맹)과 심지어 그녀의 남편도 그녀에게서 등을 돌렸다.

이사야 54:5은 야웨를 이스라엘의 남편과 조물주로 언급한다. 하나님은 창조자 하나님 곧 온 땅의 하나님이실 뿐만 아니라 한 민족으로 이스라엘을 만드신 창조주와 조물주이시다. 시내산 언약을 통해 하나님은 이스라엘과 결혼했고, 따라서 이스라엘의 남편이며, 이제는 구속자 곧 포로와 속박으로부터 이스라엘을 다시 구입할 의무를 가진 가장 가까운 친족이 되신다.

이사야 54:6에 따르면 이스라엘은 고등학교 시절의 애인으로, 결혼했으나 버림받은 여자로 자신을 생각할 수 있다. 그러나 이것은 단지 한순간에 반전된다. 하나님은 이제 이스라엘에게 연민과 긍휼 그리고 언약의 충성된 사랑을 영원히 보여주실 것이다. 이 결혼 관계는 회복될 것이다. 이사야 54:10에서 화목하게 된 것을 강조하기 위해 화평의 언약으로 불리는 새 언약이 있을 것이다. 하나님의 진노는 진정되고 끝났다. 이제 이스라엘은 새 언약을 통해 깨진 관계가 회복되어 유익을 얻을 수 있다. 새 언약은 깨진 옛 언약을 새롭게 하고 회복시킨다. 하지만 그것은 그 이상을 의미한다. 새 언약이 옛 언약과 다른 점은, 아니 그것보다 더 우월한 점은 언약의 효력이 하나님의 백성에게 달려 있지 않고 오히려 영원하신 하나님의 자비에 달려 있기 때문이다. 한동안 임했던 진노는 이제 영원한 사랑 및 긍휼과 대비된다.

이것은 새 언약과 하나님이 노아와 맺으신 언약 간의 비교로 예증된다. 하나님이 노아 언약에서 절대로 온 세상을 홍수로 다시는 심판하지 않겠다고 약속하신 것처럼 지금 새 언약에서도 절대로 자기 백성에게 다시는 진노하지 않겠다고 약속하신다. 산들이 떠나며 언덕들은 옮겨질지라도 새 언약에서 하나님의 "헤세드" 곧 하나님의 언약적인 신실하심과 사랑은 결코 제거되지 아니할 것이다. 그것이 새 언약이 화평의 언약으로 불리는 이유다.

공의의 성(사 54:11-17)

1. 재건된/복구된 성(사 54:11-14a)

이사야 54:11-17은 이 여인을 성, 곧 시온 성으로 언급한다. 이 여인 즉 이스라엘은 광풍에 시달리고 고통을 겪었으나 재건되고 복구될 것이다. 이스라엘의 새 기초는 청옥으로 견고하게 세워질 것이다. 이스라엘은 보석과 화려하게 채색된 돌로 장식될 것이다. 이런 건축은 모든 사람이 야웨를 알게 되리라는 사실을 나타낸다.

시온성은 야웨께서 자기 백성 가운데에서 왕으로 다스리고, 항상 다윗의 자손인 자기 아들이 백성들과 그들을 넘어 민족들에게 자신의 다스리심을 대표하는 장소와 다윗 언약을 상기시킨다.

우리는 이사야 54:13에서 "네 모든 자녀는 여호와의 교훈을 받을 것이니"라는 말씀을 읽는다. 이것은 예레미야 31:33-34과 서로 완벽하게 관련이 있다. 새 언약에 관해 새로운 사실은 새 언약 공동체의 전체 구성원이 신자라는 사실이다. 이스라엘/모세 언약에서—확실히 이스라엘 언약이 민족 전체에 대해 철기 시대 이스라엘에서 시행하려고 추구하는 아브라함 언약에서—이스라엘 백성은 언약 공동체 안에서 태어난다. 이때 이스라엘 백성들 중 어떤 이는 언약 공동체의 구성원이기는 하나 신자가 아닌 상황이 벌어질 수 있다. 새 언약 공동체에서는 믿음의 공동체와 언약 공동체가 완전히 동일한 범주가 될 것이다. 이것은 이사야가 "네 모든 자녀는 여호와의 교훈을 받을 것이니"라고 말할 때 의미하는 것이고, 이것은 회복된 성이 아름답고 영원한 재료로 세워질 것이라는 진술에 대한 설명이다. 그것은 베드로가 새 언약 안에 있는 신자를 새 성전의 산 돌로 묘사하는 것(벧전 2:5)과 비교할 수 있다. 모든 언약 구성원이 야웨를 알기 때문에 성의 모든 지체 또는 "조각"이 아름답고 영원한 재료 즉 보석을 구성할 것이다. 이것이 정확한 해석이라는 증거는 "교훈을 받다"로 번역된 히브리어 단어 לִמּוּד(리무드)가 "제자"를 의미한다는 사실에 있다. 같은 단어가 이사야 50:4에서는 야웨의 종에게 사용되고, 여기서는 야웨의 백성들에게 적용된다. 왜냐하면 이사야 54:17에 따르면 야웨의 백성들도 야웨의 종이기 때문이다.

2. 안전한 성(사 54:14b-17)

이 하나님의 성은 공의로 세워진다. 이것은 이스라엘의 기초의 한 부분으로, 이스라엘 공동체의 특징이 될 것이다. 또한 이 공의는 결국 이스라엘을 보호하고 구원할 것이다. "공의"를 의미하는 같은 히브리어 단어가 이사야

54:17에 나오는 법정에서 이스라엘을 고소하는 자들에게 대항하여 이스라엘을 신원한다는 거의 비슷한 의미로 사용된다.

야웨는 새롭게 된 성에 원수가 없고 어떤 공격도 없을 것이라고 약속하시는 것이 아니다. 그러나 이스라엘은 두려워하지 않아도 된다. 공포를 가질 필요도 없다. 파괴하는 무기에 관해 말한다면 야웨께서 무기 제조자와 제조된 무기 그리고 무기 사용자의 의도를 주관하신다. 어떤 것도 하나님의 성을 해할 수 없다. 이스라엘을 대적하는 어떤 무기도 하나님의 성을 파괴하는 일에 성공하거나 승리하지 못할 것이다. 이스라엘을 고소하는 어떤 혀도 법정에서 승리하지 못할 것이다. 하나님과 하나님의 백성 사이의 화평으로 말미암아 하나님의 백성에게 평화와 온전함이 넘칠 것이다.

이 하나님의 성은 야웨의 종들의 최후의 안식처다. 곧 하나님에 대한 그들의 신실함 때문에 그들이 겪은 모든 것에 공의와 보상이 따른다(사 54:17). 교묘하게 그리고 조용히, 하지만 명백하게 이사야는 그들을 모든 종 가운데 가장 큰 종과 연결한다. 이 큰 종이 야웨께 배운 제자였던 것처럼(사 50:4) 그들 역시 제자다(사 54:13). 이 큰 종이 그랬던 것처럼(사 53:4) 그들도 고난을 겪었다(사 54:11). 그리고 이 큰 종이 확실히 의롭다는 것을 입증받은 것처럼(사 50:8) 그들도 의롭다는 것을 입증받을 것이다(사 54:17). 그들이 야웨의 종들로 불리는 것은 그들이 이 온전한 종의 발자취를 따르기 때문이다. 그들은 이 큰 종의 고난을 공유하고, 이 큰 종의 영광에도 참여할 것이다. 그들은 "그의 후손" 곧 그의 속건제물의 열매이고(사 53:10), 하나님의 성이 그들의 집이 될 것이다.

따라서 새 언약은 하나님의 약속과 다른 모든 언약의 목적을 실현한다. (1) 새 언약은 아브라함 언약에 약속된 무수한 씨를 낳는다. (2) 그것은 이스라엘 언약에 약속된 하나님과 인간 사이에, 그리고 이스라엘 언약을 추구한 인간들 속에 공의를 낳는다. (3) 새 언약은 다윗 왕이 다스리는 하나님의 성을 세운다. 이 모든 것은 노아에게 주어진 약속만큼 확실하다.

이사야 55:1-5

이사야 55:3에서 하나님은 자신이 영원한 언약을 맺으신다고 선언하신다. 이 언약은 다윗이 행한 충성 행위, 즉 이사야 53장의 섬기는 왕의 속죄의 죽음으로 묘사된다. 여기서 이사야는 다윗 언약과 새 언약을 연관시킨다. 새 언약은 하나님이 다윗과 맺으신 언약의 약속들을 이룰 것이다. 사무엘하 7:19은 다윗 언약이 모든 인간을 위한 하나님의 교훈이라는 사실을 계시한다. 이사야는 이방인이 이스라엘로 불리게 되는 사실을 말하면서 이 사실을 따른다. 곧 그때 이방인들은 이스라엘의 왕을 증인으로 야웨의 교훈(토라)을 자기들에게 제공하는 자기들의 인도자와 명령자로 바라볼 것이다. 이것은 정확히 베드로와 바울이 사도행전에서 민족들에게 기쁜 소식을 선포하기 시작했을 때 일어난 일이다.

이사야 56:1-8

이사야 56장에서 이 책의 마지막 부분이 시작된다. 여기서 예언자 이사야는 자신이 다룬 주제들을 다른 관점에서 전개한다. 이사야의 생각은 이사야서 첫 부분의 패턴을 그대로 따른다. 먼저 백성들이 우상숭배와 불의로 고소를 당하고 정죄를 당한다. 이어서 미래의 회복되고 변화된 시온 성에 대한 환상이 온다. 그런 다음에 기름 부음 받은 정복자의 오심과 해방과 구원의 행위로 이 변화를 일으키시는 사역에 대한 묘사가 이어진다. 마지막으로 이사야서는 미래에 대한 기도와 약속으로 끝난다.

　　이사야 56장은 이사야서에서 새로운 주요 부분을 시작하는 장이지만 그럼에도 이전 부분들과 직결되어 있고, 이스라엘과 세상을 위한 하나님의 계획의 다음 단계를 제시한다. 새로운 시온으로서 함께 모인 자들이 사회 정의를 실천하고 안식일을 지킨다.

이사야 56:1-8의 개요

1. 의를 행하고 안식일을 지키는 새롭게 된 시온　　　　　　56:1-2

2. 야웨를 경배하는 공동체의 구성원   56:3-8

  A. 외국인의 불평   56:3a

  B. 고자의 불평   56:3b

  B′. 성전에서 고자의 지위   56:4-5

  A′. 성전에서 외국인의 지위   56:6-8

의를 행하고 안식일을 지키는 새롭게 된 시온 (사 56:1-2)

이사야 56:1-8은 이사야서의 마지막 주요 부분의 서론을 구성하고, 이 마지막 주요 부분의 많은 중심 주제들이 이 포괄적 개요 속에 제시된다. 56:1 전반부는 정의를 지키거나 의를 행하라는 촉구와 명령이다. 우리는 곧바로 짝 단어인 "정의-의"가 사회적 정의에 대한 관용어를 구성하는 시적 병행법에 따라 배치되어 있음을 확인할 수 있다. 56:1 후반부는 이 명령의 동기 또는 이유를 제공한다. "이는 나의 구원이 가까이 왔고 나의 공의가 나타날 것임이라." 따라서 56:1 전반부는 사회 정의를 실천하라는 명령이고, 후반부는 이 명령이 해방과 구원 행위로써 자신의 의를 제공하시는 하나님의 주권적 행위에 기초한다는 것을 보여준다.

더 진행하기 전에 여기서 이사야서의 이 마지막 주요 부분이 56:1에 따라 처음 두 부분과 맞물려 있고 융합되어 있음을 확인하는 것이 중요하다. 자주 시적 대구법에 따라 다른 행에 갈라져 있는 "정의-의"라는 짝 단어는 지금까지는 단지 이사야서의 첫 주요 부분 곧 1-37장에서만 나타났다. 이사야 1:21, 1:27, 5:7, 5:16, 9:6(9:7 EV), 11:4, 16:5, 26:9, 28:17, 32:1, 32:16, 33:5. 또한 이 짝 단어는 이 마지막 세 번째 주요 부분에서 6회에 걸쳐 발견된다. 이사야 56:1, 58:2[2회], 59:4, 59:9, 59:14.[11] 이사야 56:1 후반부에서 짝 단어 "공의-구원" 또는 "구원-공의"는 공의를 하나님의 속성 또는 성품으로 말한다. 공의는 하나님이 자신의 모든 관계 속에서 행하시는

---

[11] Leclerc, *Yahweh Is Exalted in Justice*, 특히 10-13, 88, 157을 보라.

역사이고, 사람들은 자신들의 관계 속에서 공의를 갖고 있지 못하므로 공의
는 하나님이 제공하시는 해방과 구원의 행위, 즉 선물로 와야 한다. 그리고
이 짝 단어는 오직 이사야서의 둘째 주요 부분 곧 이사야 38-55장에서만
발견된다(사 45:8; 45:21; 46:13; 51:5; 51:6; 51:8). 따라서 이사야서의 이 세 번째
주요 부분의 1절은 오직 첫 번째와 두 번째 주요 부분에서 각각 발견되는 단
어들을 결합하고 있다. 이것은 이사야서의 통일성의 증거이고, 또한 이 세
번째 주요 부분이 이제 이 두 개념에 따라 계획적으로 구축될 것이라는 사
실을 보여준다.

이사야 56:2은 안식일을 지키고 자기 손으로 어떤 악도 행하지 않는 자
에게 복을 선언한다. 우리는 이 진술과 관련해 다음 두 가지 사실을 특별히
주목할 필요가 있다. 첫째, 마태복음 5장에서 예수께서 전하신 팔복과 같이
표현된 이 복은 특별히 유대인이나 이스라엘 사람을 겨냥한 것이 아니다.
오히려 이 복은 일반적이다. 56:2의 첫 행은 "사람"(אֱנוֹשׁ)이라는 말을 포괄적
인 용어로 사용하고, 이 행과 짝을 이루는 행은 "사람의 아들[인자]"(בֶּן־אָדָם)[12]
이라는 표현, 즉 "인간"을 말하는 통상적인 히브리어 용어를 사용한다. 따라
서 이 초대는 특별히 이스라엘 사람이 아니라 인류에 속해 있는 모든 사람
에게 주어진다. 이것은 56:3-8에서 극명하게 드러나겠지만 지금으로서는
55장이 모든 사람을 똑같이 풍성한 잔치에 초청한다는 사실을 언급할 수
있다. 이사야 56:1-8은 모이는 사람들, 곧 모든 사람이 하나이고, 모든 사
람이 동등하며, 모든 사람이 기도하는 집에서 환영받는 사람들을 묘사한다.
우리가 주목할 필요가 있는 두 번째 사실은 이사야서 첫 부분과 달리 사회
정의의 실천에 관한 사항이 특별히 나타나지 않는다는 것이다. 단지 자기
손으로 악을 행하지 않는 것에 관한 일반적 진술이 있을 뿐이다. 여기서 이
사야는 고아와 과부를 언급하지 않고 불의에 관한 특정 문제를 제시하지도
않는다. 대신 여기서는 안식을 지키라는 요청이 주어진다. 야웨를 경배하는

---

12 개역개정판은 이 말을 "사람"으로 번역했다—역자 주.

것에 초점이 있다. 이 모든 것은 무엇을 의미하는가? 56:3-8이 이 두 생각을 명확히 밝히고 상술한다.

야웨를 경배하는 공동체의 구성원(사 56:3-8)

무엇보다 이 부분은 고아와 과부에게 초점을 맞추지 않고 외국인과 고자에게 초점을 맞춘다. 외국인은 하나님의 백성에서 제외되었다. 고자 역시 신명기 23:1(23:2 MT)에 따라 하나님을 경배하는 것이 금지되었다. 나아가 고자는 자신의 이름을 전해주고 자기를 기억해줄 자손이나 후손이 없었다. 그러나 이사야 56:3-8은 외국인이 야웨를 만나고 고자도 안식일을 지킬 수 있음을 명시하며, 두 사람 모두 하나님의 한 백성에 포함된다는 것을 보여준다. 많은 본문이 이 점과 관련해서 약간은 모호하다. 이 본문들은 이스라엘이 민족들을 정복하고 그들의 땅을 차지하는 것을 의미하는 것으로 해석될 수 있다. 그러나 56:3-8에서는 아니다. 우리는 이 점을 면밀하게 살펴볼 것이다.

첫째, 우리는 외국인과 고자가 하나님의 백성에게서 끊어지는 것을 확인한다. 56:3에서 외국인은 야웨께서 자기를 야웨의 백성 중에서 반드시 갈라낼 것이라고 불평한다. 고자는 자신이 마른 나무라고 불평한다. 그는 열매를 맺고 재생산이 가능한 씨를 생산하기는커녕 오히려 마른 나무다.

둘째, 이사야 56:3과 6절에 따르면 우리는 외국인이 야웨와 연합하는 것을 확인한다. 56:6에 따르면 외국인은 야웨를 섬기며 야웨의 이름을 사랑한다. "섬기다"라는 동사(שרת)는 구약성경에서 레위인과 성전 제사장의 직무를 가리키는 데 가장 흔하게 사용되는 단어다. 그와 같이 이런 외국인이 단순히 성전에 들어가는 것이 허용되는 정도가 아니라 레위인 및 제사장과 똑같은 자격을 갖춘 것으로 간주된다. 56:6 마지막 부분에서 외국인은 야웨의 종들(עבדים)이 된다(참조. 사 54:17; 56:6; 63:17; 65:8, 9, 13, 15; 66:14). 우리는 이사야 54:17에서 새 언약 공동체에 포함되는 자가 야웨의 종들로 불리는 것을 보고 충격을 받았다. 야웨의 종이 많은 사람의 죄를 감당하고, 많은 사람이 야웨의 종의 승리를 공유하며, 결국은 그들도 야웨의 종들이 된다. 그런데 우리는 여기서 야웨의 종들로 불리는 자가 외국인이기 때문에 더 큰 충격을 받는다. 56:6 마지막 부분에서 이 외국인이 안식일을 지키고 언약을 굳게 붙들고 지키는 자로 나타난다. 이사야서 첫 부분을 보면 이스라엘과 언약 공동체 안에서 태어난 자와 이스라엘 민족 그리고 혈통적 이스라엘은 안식일을 지키지 않았다. 그들은 안식일 파괴자들이었다. 그런데 이제는 안식일을 지키는 자가 외국인들이다. 이 동일한 사실이 고자에 대해서도 말해진다. 이사야 56:4에서 고자는 야웨를 기쁘시게 하는 일을 선택하고 야웨의 언약을 굳게 붙잡는다. 그 결과 하나님은 자기 집(즉 성전)에서, 그리고 자신의 성 안에서 아들과 딸들에게 주는 것보다 더 좋은 기념물과 이름을 고자에게 주신다. 이 고자의 이름은 영원히 전해지고 결코 끊어지지 않을 것이다. 따라서 우리는 이전에 하나님의 백성 밖에 있고 성전에서 경배하는 것이 금지되었던 자가 이제는 야웨를 만나고 참된 경배자로 간주되는 것을 본다.

셋째, 이스라엘 백성에서 제외되는 극단적 실례에 속해 있던 개인들이 이제는 야웨의 참된 경배자로 간주될 뿐만 아니라 언약 공동체 안에 포함된 자로 확인된다. 이사야 56:7-8의 표현을 주목해보라. 곧 하나님은 그들을 자신의 성산으로 인도하실 것이다. 그분은 자신의 기도하는 집에서 그들에게 기쁨을 주시고 그들은 하나님이 기꺼이 받으실 번제와 희생을 드릴 것이다. 이런 진술들 속에는 점진적 진행 과정이 함축되어 있다. 첫 번째, 그들은 야웨께서 계시는 곳 곧 하나님의 성산으로 인도를 받는다. 두 번째, 그들은 하나님의 기도하는 집에서 제사하도록 인도받는 것에서 암시되어 있는 것처럼 하나님의 임재 속에 들어가고 하나님의 가족으로 받아들여진다. 세 번째, 그들은 인정과 교제를 보증하는 이 규례들에 참여한다. 곧 그들은 하나님의 제단에서 기꺼이 받을 번제(עֹלוֹת)와 희생(וְזִבְחֵיהֶם)을 드린다.[13] 이런 외

---

13 신약성경 저자들에 따르면(롬 12:1; 빌 4:18; 히 13:15-16; 벧전 2:5), 이 예언들은 교회 예배

국인이 이스라엘 공동체에 참여하는 것에 대해 이보다 더 분명한 사실은 없다! 이사야 56:8은 이 점을 훨씬 더 분명히 밝힌다. 56:8의 첫째 행은 하나님이 이스라엘의 포로들을 모으시는 것에 관해 말한다. 이어서 둘째 행은 하나님 자신이 모은 백성 외에 다른 사람들을 추가로 더 모으실 것이라고 말한다. 우리는 이사야 49:6에서 함축적으로 제시되었던 것이 여기서 명시적으로 제시되는 것을 본다. 먼저 하나님은 자기 자신의 백성을 모으실 것이다. 그런 다음 종(들)이 민족들의 빛이 될 것이다.

시편 87편

우리는 지금 이방 민족들이 한 하나님의 백성에 포함되는 것에 대해 말하는 예언서의 본문들을 살펴보고 있지만 여기서 노르베르트 로핑크(Norbert Lohfink)와 에리히 젱어(Erich Zenger)가 지적한 이사야와 시편 사이의 대화를 주목해야 한다.[14] 이 대화에 대한 적절한 하나의 실례는 시편 87편이다. 이 시편은 우리가 살펴보고 간략히 설명할 가치가 있다(표 12.1을 보라).

표 12.1: 시편 87편의 본문

1a. 고라 자손의 시 곧 노래
1b. 그의 터전이 성산에 있음이여! 2. 여호와께서 야곱의 모든 거처보다 시온의 문들을 사랑하시는도다.
3a. 너를 가리켜 영광스럽다 말하는도다. 3b. 하나님의 성이여(셀라),

에 참여하는 그리스도인들(유대인이나 이방인을 막론하고)의 은사와 찬송 그리고 기도를 통해 성취된다.

14 Norbert Lohfink and Erich Zenger, *The God of Israel and the Nations: Studies in Israel and the Psalms,* trans. Everett R. Kalin (Collegeville, MN: Liturgical Press, 2000). 여기서 시 87편에 대한 설명은 Erich Zenger에게 의존하고, 그가 쓴 장에서 직접 취해진 것이다. 시 87편의 번역은 약간 다르다.

4a. 나는 라합과 바벨론이 나를 아는 자 중에 있다 말하리라.
4b. 보라, 블레셋과 두로와 구스여,
4c. "이것들도 거기서 났다 하리로다."
5a. 시온에 대하여 말하기를,
5b. "이 사람, 저 사람이 거기서 났다"고 말하리니,
5c. 지존자가 친히 시온을 세우리라 하는도다.
6a. 여호와께서 그 수를 세시며,
6b. 민족들을 등록하실 때에는
6c. "이 사람이 거기서 났다" 하시리로다(셀라).

7a. 노래하는 자와 뛰어 노는 자들이 말하기를,
7b. "나의 모든 근원이 네게 있다" 하리로다.

시편 87편의 문학적 구조

시편 87편은 동심원에 따라 배열된 짧은 네 부분 또는 네 연으로 구성되어 있다. 첫째 연(1-2절)은 시편 87편 전체의 표제를 구성하고 동심원 구조와 분리되어 있다. 첫째 연은 야웨께서 시온을 사랑하신다는 사실을 선언한다. 둘째 연(시 87:3)은 시온에 관한 큰 일이 (민족들을 통해) 말해지는 것을 선언하고, 동일한 사실을 표현하는 넷째 연(시 87:7)과 조화를 이루고 있다. 셋째 연(87:4-6)에서는 야웨께서 말씀하시고 민족들의 출생 신고를 열거한다. 이 세 부분은 다음과 같이 ABA 구조에 따라 배열되어 있다.

A. 이것들도   거기서 났다 (4절)

B. 이 사람, 저 사람이   거기서 났다 (5절)

A. 이 사람이   거기서 났다 (6절)

87:4과 6절의 반복적 진술은 야웨께서 민족들을 등록시키는 이미지를 배경으로 하는 구조(수미상관 관계)를 구성한다. 중앙의 표현은 강조와 주제를 가리킨다.

중앙 부분을 둘러싸고 둘째 연과 넷째 연이 놓여 있는데, 이것은 전치사구 "너를 가리켜/네게"(87:3a, 7b)와 연관되고, 또한 이 전치사구를 통해 "거

기서"라는 전치사구를 갖고 있는 중앙 부분(87:5)과 융합된다. 첫째 연과 둘째 연은 한 단위로 간주되고, 따라서 동심원 패턴이 완벽한 것으로 볼 수 있다. 이 시적 구조는 87:3과 6절이 **"셀라"**라는 말로 끝난다는 사실로 확증되고 지지된다.

시편 87편의 메시지

시편 87편의 두 바깥 부분/연(87:1-3과 7절)은 구약성경에서 시온에 대한 일관되고 통일된 전형적인 그림을 제시한다는 점에서 일치한다. 시온은 세상의 우주적 산이자 야웨께서 세상의 왕으로 등극하며 포괄적인 **샬롬**의 하나님으로 거하시는 낙원의 산인 "성산"에 터전을 둔 하나님의 성이다. 하나님의 성 중심에서, 아니 더 낫게 표현하면 그 안에 거하시는 하나님의 궁전/성전 한복판에서 "생명의 근원"이 솟구친다. 이 "근원"은 에덴동산으로부터 나온 이 장면에 없어서는 안 되는 요소다. 기혼이 에덴동산 바로 바깥으로 흐르고 있는 네 강 중 하나에게(창 2:13) 붙여지는 이름이자, 예루살렘 성벽 바로 바깥에 흐르고 있는 샘에(왕상 1:33, 38, 45; 대하 32:30; 33:14) 붙여지는 이름이라는 것은 주목할 만하다. 시온은 동일한 물의 근원을 소유하고 있다는 점에서 에덴과 같다.

시편 87:2b에 언급된 "시온의 문들"은 아마 많은 사실을 함축할 것이다. 성문들은 성[도시]에만 있는 특별한 것이다. 성은 시골과 달리 문이나 문들을 가진 성벽이라는 특징이 있다. 고대 이스라엘에서 성문은 서구 세계 도시들의 시청과 대응을 이룬다. 그것은 사업 거래와 법정 재판이 중요하게 이루어졌던 장소다. 따라서 성문은 성의 정의와 공의를 실천하게 하는 열쇠가 되는 곳이었다. 환유법에 의하면 "시온의 문들"은 또한 성전의 문들을 가리킬 수도 있다. 야웨께서 세우신 정의와 생명의 질서는 성전의 "문들"과 관련이 있다(참조. 시 15편; 24편; 사 33:14-16). 이사야 2장에서 민족들이 야웨의 교훈을 받기 위해 시온으로 모여든다고 선포한 미래의 시온에 대한 환상처럼, 시편 87편의 이 두 바깥 부분(시 87:1-3과 7절)도 시온을 민족들에 대한 보편적 사회 정의와 공의의 원천으로 선포한다.

시편 87편의 중간 부분(4-6절)은 야웨께서 많은 민족의 구성원들에게 하나님의 도성의 시민권을 부여하시는 이미지로 빈틈없이 채색되어 있다. 그들을 "시민권 명부"에 등록하시기 때문이다. 이런 생각은 시적 묘사에 따라 세 번에 걸쳐 반복된다. 이 생각의 배후에는 고대 근동의 다른 곳에서 기록된 운명과 생명에 대한 하늘의 책이 놓여 있을 것이다. 우리는 구약성경에서 성전 회중의 구성원이 될 수 있는 자격 제도를 발견한다(사 4:3; 겔 13:9; 시 69:28[29 MT]; 출 32:32). 그리고 이것이 시편 87편의 본문의 배경이라는 주장이 더 나은 주장이다. 첫 번째 진술이 가장 충격적이고 의미심장하다. 곧 야웨는 블레셋과 두로 그리고 구스 땅뿐만 아니라 전통적으로 중요한 두 개의 원수인 이집트(라합)와 바빌론이 (권리와 의무를 가진) 법적인 방법으로 시온과 관련성이 있음을 인정하셨다.

이 다섯 세력의 이름(라합, 바빌론, 블레셋, 두로, 구스)의 열거는 세상 어느 곳도 제외되는 곳이 없다는 사실을 암시한다. 오히려 시온을 땅의 중심 또는 중앙으로 선포하는 것과 함께 온 세상을 염두에 두고 있다.[15] 언급되는 네 이름은 사방 곧 동(바빌론), 서(이집트), 남(구스), 북(블레셋과 두로)과 대응을 이루며 그것들을 상징한다. 이런 지리적 및 공간적 관점에서 보면 시온은 한 지역, 한 장소다. 그러나 히브리어에서 "성"은 여성 명사다. 시온에서의 출생과 출생 신고의 이미지는 시온이 민족들의 어머니라는 개념을 제공한다. 그리스어 번역에서 이 본문을 필사하고 전달하는 과정에서 빚어진 잘못으로 말미암아 실제로 이 성이 "어머니 시온"으로 불리는 일이 벌어졌다. 그런데 이 잘못된 본문 전달이 희한하게도 본문의 의미를 매우 잘 전달한다. 이사야 66:7-14 역시 시온을 자기 자식 곧 이스라엘 시민이 되는 자를 낳는

---

15 땅의 중심으로서의 예루살렘에 관해서는 Thomas Renz, "The Use of the Zion Tradition in the Book of Ezekiel," *Zion, City of Our God,* ed. Richard S. Hess and Gordon J. Wenham (Grand Rapids, MI: Eerdmans, 1999), 86-87을 보라.

여인으로 묘사한다. 시편 87편에서 시온은 자연적 출생을 통해서가 아니라 야웨 자신의 결정과 선택을 통해 민족들의 어머니가 된다. 만일 우리가 시편 87:4-6의 중간 부분을 1-2절의 주제에 관한 진술과 연관시킨다면, 야웨는 시온을 사랑하시기 때문에 시온에 민족들을 "자식"으로 주신다.

시편 87편의 사유 패턴은 스가랴 2:10-12[14-16 MT]의 종말론적 환상과 비슷하다. 물론 두 본문의 주제를 이루는 요소들의 순서가 정반대로 구성되어 있는 것만 빼고는 말이다.

스가랴 2:10-12 [14-16 MT]		시편 87편
10 [14]절	여호와의 말씀에 시온의 딸아 노래하고 기뻐하라. 이는 내가 와서 네 가운데에 머물 것임이라.	7절
11 [15]절	그날에 많은 나라가 여호와께 속하여 내 백성이 될 것이요, 나는 네 가운데에 머물리라.…	4-6절
12 [16]절	여호와께서 장차 유다를 거룩한 땅에서 자기 소유를 삼으시고 다시 예루살렘을 택하시리니.	1-2절

여기에 두 가지 주석적 어려움이 남아 있다. (1) 우리는 시편 87:5c을 어떻게 해석해야 할까? (2) 시편 87편에 언급된 민족들은 어떻게 해석해야 할까? 어떤 해석자들은 이 민족들에 대한 언급이 디아스포라 유대인을 가리키는 것이라고 말하면서 민족들이 시온 시민으로 참여한다는 생각을 피한다. 시편 87편과 고라 자손의 시편들의 관계를 고찰한다면, 그것은 시편 87:5c에 대한 정확한 해석을 제공한다. 그리고 시편 87편과 아삽의 시편들, 특히 시편 83편의 관계를 주목해본다면, 그것은 민족들에 대한 정확한 해석의 문제를 해결해준다.

쳉어는 시편에 나오는 찬송들의 편집 **배열**을 세밀하게 설명한다. 시편 87편은 고라 자손의 시편(42-49; 84-85; 87-89편)에 속해 있고, 그 앞에 아삽의 시편들(50; 73-83편)이 나온다.

시편 87편을 보면 야웨는 1절에서 시온을 세우시고, 5c절에서는 세상에 유익을 주는 힘을 시온에 구비시켜 주신다. 87:5c은 사실 시편 48:8(9 MT)을 인용한 것이다. 고라 자손의 시편들은 공통적인 언어적 및 신학적 개요를 갖고 있고, 또한 전체를 하나로 묶어 주장을 전개한다. 젱어는 시편 87편과 고라 자손의 시편들 사이의 관련성에 관해 다음과 같이 말한다.

[우리는] 시편 87:5c을 야웨께서 시온을 민족들의 삶의 원천으로 "준비시키는" 방법을 알려주는 것으로 해석하는 것도 가능하다. 48:8[9]에서 말하는 시온의 준비 과정은 시편 48:9-11[10-12]에서 노래하는 시온에 존재하거나 거기서 나오는 "공의와 정의"의 구원적인 선물이라는 사실을 분명히 알 수 있다. 이와 함께 세상의 왕으로서 야웨는 원수 민족들에게서 "그들의 능력"을 "박탈하신다." 이 법적 국면은 시편 87편에서도 발견된다. 세상의 왕이신 야웨의 능력의 보좌로부터 법적이고 구속력 있는 방법으로 민족들을 야웨의 영역으로 이끌고, 그 이후로 그들에게 이 영역의 법을 따르도록 의무를 지운다. 시편 46:10[11]("너희는 가만히 있어 내가 하나님 됨을 알지어다")의 관점에 따르면, 시편 87:4a에서 야웨께서 라합과 바빌론이 "나를 아는 자" 중에 있다고 선언하시는 것은 엄밀하게 다음과 같은 사실을 의미한다. 곧 민족들은 세계 평화의 질서 속에서 야웨에게서 나온 교훈을 받을 준비가 되어 있다. 시편 87:4a은 시편 25:14의 관점에 따라 이해되어야 한다. 곧 이집트와 바빌론은 야웨를 아는 자들에 속한다. 왜냐하면 야웨께서 그들에게 자기 자신과 언약에 대한 지식을 주셨기 때문이다.[16]

시편 87편은 시편 83편과 관련이 있다. 시편 83편은 아삽 집단에 속한 시편으로 결론을 맺고 있고 다음과 같은 여러 가지 핵심 단어들이 사용되기 때문이다.

---

16 Lohfink, Zenger, *God of Israel and the Nations*, 145.

(1) "블레셋과 두로"라는 지리적 명칭이 83:7[8 MT]과 87:4에서 나타난다.

(2) 시편 83편은 야웨께서 그분 자신을 보여주고, 오직 그분만이 온 세계의 지존자라는 것을 알려줘야 한다는 인상적인 진술로 끝난다(시 83:18[19 MT]). 시편 87:5에 따르면 야웨는 시온을 민족들의 "중심"과 "생명의 근원"으로 "세우심"으로써 지존자로 드러나신다.

(3) 이스라엘을 진멸하려는 민족들의 공격을 좌절시키는 야웨의 개입의 목표는 시편 83:18[19 MT]에 따르면 민족들이 야웨와 야웨의 이름을 아는 것에 있다. 시편 87:4에서 야웨는 큰 세력들을 "나를 아는 자"로 제시한다.

시편 86편은 가난하고 박해받는 자의 기도다. 표제는 저자를 다윗으로 확인해준다. 다윗은 야웨께서 마침내 이루실 시편 87편의 환상 곧 야웨의 왕적 통치의 실현을 통해 민족들에게 보편적 해방이 임하는 것(시 86:8-10)에 대한 환상에 절박하게 호소한다. 또한 시편 86편은 출애굽기 34장을 인용한 것이라고 주장할 수 있다. 그리고 출애굽기 34장은 시내산 언약의 하나님이 계시될 때 일어날 결정적인 종말론적 전환을 간절히 기대한다. 이것은 시편 25편에서 시내산 언약이 민족들에게 확대되는 것의 기초가 된다.

따라서 시편 87편의 문맥은 우리가 시편 87편의 민족들을 디아스포라 유대인이 아니라 이방 민족들로 해석할 것을 결정적으로 요청한다. 시편 87편은 분명히 야웨께서 이스라엘의 원수인 이방 민족들을 인도해 시온의 백성으로 삼으실 것이라고 가르친다. 이 가르침은 이사야 19:24-25의 주목할 만한 진술을 반영한다.

24 그날에 이스라엘이 애굽 및 앗수르와 더불어 셋이 세계 중에 복이 되리니, 25 이는 만군의 여호와께서 복 주시며 이르시되 "내 백성 애굽이여, 내 손으로 지은 앗수르여, 나의 기업 이스라엘이여, 복이 있을지어다" 하실 것임이라.

여기서 이사야는 새롭게 되고 회복된 시온이 이스라엘의 최대의 원수들을 인도해서 그들을 하나님의 한 백성으로 통합시킬 것이라고 예언한다.[17]

이사야 59:21

또 하나의 중요한 본문이 이사야 59:21이다.

여호와께서 이르시되 "내가 그들과 세운 나의 언약이 이러하니, 곧 네 위에 있는 나의 영과 네 입에 둔 나의 말이 이제부터 영원하도록 네 입에서와 네 후손의 입에서와 네 후손의 후손의 입에서 떠나지 아니하리라" 하시니라. 여호와의 말씀이니라.

존 데이비스의 다음과 같은 주석은 적절하면서도 간명하다.

이사야 59:1-15에 나오는 시온의 통탄할 만한 상황의 묘사, 곧 백성들의 죄와 죄악으로 인해 하나님과 갈라진 결과(사 59:2) 이후 16절에서 전환기가 일어난다. 16절에서 야웨의 팔이 그분의 백성을 위해 개입한다. 거기서 시온의 영광스러운 회복에 대한 지속적 묘사가 이어지고, 다시 한번 하나님의 임재와 영광으로 아름답게 꾸며진다. 이 묘사는 62장이 끝날 때까지 중단 없이 계속된다.

이 회복의 열쇠는 야웨께서 시온에서 자기 백성의 유익과 자신의 영광스러운 임재를 열렬히 추구하며 그곳으로 되돌아오신 것에 있다(사 59:17-20). 야웨께서 선언하신 "언약"(사 59:21) 또는 자신의 영과 자신의 말씀을 통해 자기 백성과 영원히 함께 계시겠다는 서약과 함께 말이다. 이어서 이사야 60-62장은 시온(이스라엘의 남은 자)의 회복이 함축하고 있는 높아진 지위를 묘사하는 이미지를 사용한다.[18]

---

17 70인역의 번역자는 24-25절의 문자적 의미를 견딜 수 없었으리라!

18 John A. Davies, *A Royal Priesthood: Literary and Intertextual Perspectives on an Image of Israel in Exodus 19:6*, JSOTSup 395 (London: T. & T. Clark, 2004), 212.

이사야 61:1-11

많은 그리스도인이 이사야 61장의 처음 세 구절(1-3절)을 잘 알고 있다. 왜냐하면 예수께서 이 세 구절을 누가복음 4:16-21에 기록된 회당 예배에서 인용하셨기 때문이다. 그럼에도 일반적으로 그리스도인들은 이사야 61장 나머지 부분이 새 언약에 관해 말하는 것은 잘 모르고 있다.

1 주 여호와의 영이 내게 내리셨으니,

　이는 여호와께서 내게 기름을 부으사

　가난한 자에게 아름다운 소식을 전하게 하려 하심이라.

나를 보내사 마음이 상한 자를 고치며,

　포로된 자에게 자유를,

　갇힌 자에게 놓임을 선포하며,

2 여호와의 은혜의 해와

　우리 하나님의 보복의 날을 선포하여

　모든 슬픈 자를 위로하되

3 무릇 시온에서 슬퍼하는 자에게

화관을 주어

　그 재를 대신하며,

기쁨의 기름으로

　그 슬픔을 대신하며,

찬송의 옷으로

　그 근심을 대신하시고

그들이 의의 나무

　곧 여호와께서 심으신

　그 영광을 나타낼 자라 일컬음을 받게 하려 하심이라.

4 그들은 오래 황폐하였던 곳을 다시 쌓을 것이며,

　옛부터 무너진 곳을 다시 일으킬 것이며,

황폐한 성읍 곧 대대로 무너져 있던

　것들을 중수할 것이며,

5 외인은 서서 너희 양 떼를 칠 것이요,

　이방 사람은 너희 농부와 포도원지기가 될 것이나,

6 오직 너희는 여호와의 제사장이라 일컬음을 받을 것이라.

　사람들이 너희를 우리 하나님의 봉사자라 할 것이며,

너희가 이방 나라들의 재물을 먹으며,

　그들의 영광을 얻어 자랑할 것이니라.

7 너희가 수치 대신에

　보상을 배나 얻으며,

능욕 대신에

　몫으로 말미암아 즐거워할 것이라.

그리하여 그들의 땅에서 갑절이나 얻고,

　영원한 기쁨이 있으리라.

8 "무릇 나 여호와는 정의를 사랑하며,

　불의의 강탈을 미워하여

성실히 그들에게 갚아 주고,

　그들과 영원한 언약을 맺을 것이라.

9 그들의 자손을 뭇 나라 가운데에,

　그들의 후손을 만민 가운데에 알리리니,

무릇 이를 보는 자가

　그들은 여호와께 복 받은 자손이라 인정하리라."

야웨께 기름 부음을 받고 야웨의 영으로 충만해진 장차 오실 왕이 큰 희년을 일으키실 것이다. 의심할 것 없이 이사야 61:1의 "데로르"(דְּרוֹר)라는 단어는 레위기 25:10을 직접 언급한 것이다. 성령으로 기름 부음을 받은 왕은 말할 것 없이 이사야 11장에 묘사된 왕과 같은 왕이다. 이 왕의 리더십에 따라 시온에서 슬퍼하는 자가 회복되고 오래 황폐했던 곳이 재건된다. 외국인이 밭과 과수원을 돌보고 이스라엘은 야웨의 제사장으로 불릴 것이다(사 61:6). 데이비스는 이 단순한 진술을 폭넓게 검토한다.[19] 그가 이사야 61장 본문에서 출애굽기 19:6의 암시를 보는 것은 확실히 옳다. 이스라엘 언약을 위반하면서 상실된 이스라엘의 왕 같은 제사장으로서의 역할은 새 언약으로 다시 회복된다. 의미심장하게도 이 본문은 이사야 61:8에서 다음과 같이 분명하게 진술한다. 곧 새 언약에서 이 상의 수여를 가져오거나 일으키는 것은 야웨의 성실하심이다. "나 여호와는…성실히 그들에게 갚아주고 그들과 영원한 언약을 맺을 것이라." 이것은 새 언약에 대한 분명한 언급이다. 새 언약은 야웨의 성실하심으로 맺어지고 상을 수반하는, 곧 문맥에서 언급된 지위(제사장)와 부를 수반한다. 또한 새 언약이 제사장으로서 회복된 지위를 명시하는 61:6에서 그들이 "하나님의 봉사자"로 불리는 것은 주목할 만하다. 하나님의 봉사자란 말은 이사야 56:6에서 이방인에게 적용된 것과 정확히 같은 말이다. 장자는 두 배의 몫을 상속받았다. 이것 역시 출애굽기(4:22)에서 이스라엘에게 주어진 역할과 관련이 있다.

이사야 62:12

사람들이 너를 일컬어 "거룩한 백성이라,
　　여호와께서 구속하신 자라" 하겠고,
또 너를 일컬어 "찾은 바 된 자요,
　　버림받지 아니한 성읍이라" 하리라.

이사야 62:12에서 "거룩한 백성"이라는 지칭은 이사야 61:6에 대한 다음과 같은 해석 곧 새롭게 된 하나님의 백성은 새 언약에서 이스라엘이 이

19　같은 책, 212-217.

스라엘 언약을 어기면서 상실한 것, 곧 거룩한 백성과 왕 같은 제사장으로서의 지위를 얻는다는 해석을 확증한다.[20] 앞에서 확인한 것처럼 이것이 아담의 역할, 곧 왕 같은 제사장으로 기능하는 것이다.

이사야 66:18-24

지금까지 새 언약에서 민족들이 맡은 역할과 관련된 많은 본문을 유익하게 검토할 수 있었다. 이사야 66:18-24은 앞의 본문들보다 더 중요한 본문 중 하나다.

18 내가 그들의 행위와 사상을 아노라. 때가 이르면 뭇 나라와 언어가 다른 민족들을 모으리니, 그들이 와서 나의 영광을 볼 것이며, 19 내가 그들 가운데에서 징조를 세워서 그들 가운데에서 도피한 자를 여러 나라 곧 다시스와 뿔과 활을 당기는 룻과 및 두발과 야완과 또 나의 명성을 듣지도 못하고 나의 영광을 보지도 못한 먼 섬들로 보내리니, 그들이 나의 영광을 뭇 나라에 전파하리라. 20 나 여호와가 말하노라. "이스라엘 자손이 예물을 깨끗한 그릇에 담아 여호와의 집에 드림 같이, 그들이 너희 모든 형제를 뭇 나라에서 나의 성산 예루살렘으로 말과 수레와 교자와 노새와 낙타에 태워다가 여호와께 예물로 드릴 것이요. 21 나는 그 가운데에서 택하여 제사장과 레위인을 삼으리라." 여호와의 말이니라.

22 "내가 지을 새 하늘과 새 땅이 내 앞에 항상 있는 것 같이 너희 자손과 너희 이름이 항상 있으리라." 여호와의 말이니라. 23 여호와가 말하노라. "매월 초하루와 매 안식일에 모든 혈육이 내 앞에 나아와 예배하리라.

24 그들이 나가서 내게 패역한 자들의 시체들을 볼 것이라. 그 벌레가 죽지 아니하며, 그 불이 꺼지지 아니하여 모든 혈육에게 가증함이 되리라."

---

20 같은 책, 215.

이사야 66장에서 이 네 단락은 교차 구조 형태로 배치되어 있다. 마지막 단락은 66:18-24이다. 여기서 이사야는 야웨의 집으로 순전한 예물을 가져오는 세계적인 순례에 대해 말하고(사 66:18-21), 이어서 66:22-23에서 모든 사람이 안식일을 지키는 것을 본다. 이 부분은 이사야 66장 첫 부분의 중요한 질문에 따라 제기된 주제들로 돌아간다. 야웨의 참된 성전은 어디이고, 거기서 경배하는 사람들은 누구인가? 이 질문에 대한 답변은 하나님은 특정한 지리적 장소에서 경배 받는 것이 아니라, 어떤 부류의 사람들 곧 하나님의 말씀에 두려워 떠는 마음이 가난하고 통회하는 심령을 가진 자들의 경배를 받으신다는 것이다. 또한 동시에 이 부분은 민족들이 미래의 시온과 하나님의 백성의 역할을 하는 것에 관한 65장 첫 부분의 주제로 돌아간다. 이사야 56장과 58장에서 제기된 안식일을 참되게 지키는 자와 참되게 예배하는 자의 문제도 결론짓는다.

또한 이 부분에는 이사야서의 마지막 부분을 첫 부분과 일치시키는 것도 나타나 있다. 이사야는 이사야 1장에서 부패한 예배 형식에 대해 백성들을 꾸짖고, 이사야서의 마지막 부분인 여기서 다시 이 주제로 돌아와 이 문제점이 결국 어떻게 해결되었는지를 보여준다.

이사야 66:18이 난해한 것은 분명히 히브리어 본문으로부터 몇 단어가 빠져 있기 때문이다. 이 구절은 "[그리고] 내가"라는 말로 시작된다. 이어서 "그들의 행위와 사상"이라는 말이 나온다. 그다음에 나오는 동사 "이르다"(is coming)는 여성 동사로, 이르는 자가 야웨로 되어 있는 NIV의 번역은 제외되어야 한다. 가장 좋은 번역은 다음과 같다. "그리고 나로서는, 그들의 행위와 사상에 따라, 뭇 나라와 언어를 모을 때가 이르고, 그들이 와서 내 영광을 볼 것이며." 에스겔 21:12(21:7 EV)과 39:8에서도, 우리는 여성 동사 형태로 "임하다[오다]"(coming)는 동사를 갖고 있는데, 여기서 생략된 주어는 "때"라는 말이다. 따라서 이런 해석도 이 본문을 해석하는 하나의 가능한 방법이다. 문제는 이 민족들을 모으는 것이 부정적 의미냐 아니면 긍정적 의미냐 하는 것이다. 말하자면 하나님이 그들을 심판하기 위해 모으시는 것인지, 아니면 구원하기 위해 모으시는지에 대한 문제다. 문맥에 따르면 둘 다 가능하다. 그러나 이사야 66:18-24에서 강조점은 야웨를 참되게 경배할 자를 민족들로부터 모으는 것에 있다. 따라서 여기서 강조점은 긍정적 의미에 있다. 우리는 이 본문(사 66:18)을 볼 때 이사야 2:2-4을 상기하게 된다. 거기 보면 민족들이 일상생활을 위해 야웨로부터 교훈 곧 토라를 받기 위해 시온 산으로 모여든다. 또한 이 본문을 볼 때, 우리는 이사야 11:10도 상기하게 된다. 거기 보면 이새의 뿌리가 만민의 기치로 서고, 따라서 만민은 야웨에게 돌아올 것이다. 이사야 66:18의 평행 본문은 스가랴 2:15(2:11 EV)이다. 이 스가랴서 본문은 많은 민족이 미래의 한 날에 야웨께 속하게 될 것이라고 말한다. 또 다른 평행 본문은 시편 22:27(28 MT)이다. "땅의 모든 끝이 여호와를 기억하고 돌아오며 모든 나라의 모든 족속이 주 앞에 예배하리니." 이 본문(사 66:18)의 마지막 부분은 민족들이 야웨의 영광을 볼 것이라고 말한다. 구약성경에서 야웨의 영광은 빛나는 구름이었고, 이것은 하나님이 백성 가운데 거하신 것을 암시했다. 이것이 여기서 언급하는 사상으로 보인다. 성막이 건축되었을 때 이스라엘은 성막 위에 내려온 빛나는 구름으로 야웨의 영광을 보았고, 이것은 창조주 하나님이 그들과 함께 거주하려고 오셔서 그들 가운데서 왕으로 다스리는 것을 보여주는 것이다. 여기서도 민족들은 야웨의 영광을 볼 것이다.

민족들은 하나님이 그분의 영광을 보도록 자기들을 모으신다는 것을 어떻게 알 수 있을까? 이사야 66:19은 하나님이 민족들 가운데에 징조를 두신다고 말한다. 이 본문은 민족들이 새 예루살렘으로 모이는 것을 언급하므로, 우리는 우리의 관점에 따라 이 징조가 십자가를 가리키는 것으로 간주하고 그렇게 이해할 수 있다. 하지만 이사야는 야웨의 영광을 보도록 민족들을 모으는 공통 원인이 될 어떤 일반적인 방식의 징조만을 알고 있다.

그다음 도피한 자가 먼 민족들에게 파견되고 파송된다. 어떤 이들은 도피한 자가 이스라엘에서 나오는 것으로 해석하지만 이사야 45:20은 특별히 민족들로부터 나오는 것으로 말한다. 이들은 먼 나라로 보내질 것이다. 여기에 열거된 지역들이 정확히 어디인지 확인하기란 어렵다. 다시스는 아마 스페인을 가리킬 것이다. 히브리어 본문은 뿔(Pul)과 룻(Lud)을 언급한다. 창세기 10:13에 따르면 룻은 아프리카에 있고, 10:22에 따르면 룻은 셈족과 관련이 있는데, 그것으로 추론해보면 룻은 아마 소아시아 지역에 있을 것이다. NIV는 뿔(Lybya)과 룻(Lydia)을 아프리카 지역으로 말하고, 이어서 두발(Tubal)과 야완(Greece)을 동부와 서부 터키 지역으로 말하는데, 그것이 아마 옳을 것이다. 이스라엘에 알려진 그리스인들은 남서부 터키에 살던 이오니아인들이었다. 어쨌든 이 지역들은 모두 이사야 시대의 지리와 관련해서 보면 지도 가장자리에 위치한 나라들을 나타낸다. 그리고 도피한 자는 야웨에 대해 듣거나 야웨의 영광을 본 적이 없었으므로 그들이 이 먼 나라들로 파견된다는 것은 놀라운 일이다. 이것은 신약 시대의 선교 사역에 대한 구약성경의 암시다. 통상적으로 구약성경을 보면 모든 민족이 이스라엘의 하나님에 대해 그리고 서로를 대하는 올바른 법을 배우려고 이스라엘로 온다. 신약성경을 보면 예수께서 제자들을 땅 끝까지 파송하신다. 이사야서 이 본문(사 66:19)은 마태복음 28장의 지상 명령과 거의 비슷하다.

이어서 이사야 66:20은 다음과 같이 진술한다. "나 여호와가 말하노라. 이스라엘 자손이 예물을 깨끗한 그릇에 담아 여호와의 집에 드림 같이 그들이 너희 모든 형제를 뭇 나라에서 나의 성산 예루살렘으로 말과 수레와 교자와 노새와 낙타에 태워다가 여호와께 예물로 드릴 것이요." 이 구절은 다양하게 해석된다. 어떤 이들은 "형제"라는 말이 사용되고 있어서 이사야가 민족들 속에 흩어져 있던 이스라엘 사람들이 모이는 것을 말하고 있다고 생각한다. 그러나 이사야는 민족들로부터 나온 개종자가 하나님의 한 백성의 일원이 되리라는 것을 보여주기 위해 "형제"라는 단어를 사용했다고 생각하는 것이 더욱 개연성이 높다.

다양한 고찰은 "형제"가 이방인들을 가리키는 해석을 지지한다. 이사야서 본문의 모든 단어는 조심스럽게 선택되고 동기를 자극하는 효과가 있다. 예를 들어 참된 금식을 정의하는 이사야 58:7을 주목해보라. "또 주린 자에게 네 양식을 나누어주며 유리하는 빈민을 집에 들이며 헐벗은 자를 보면 입히며 또 네 골육을 피하여 스스로 숨지 아니하는 것이 아니겠느냐?" 여기서 이사야는 "바사르"(בָּשָׂר, 골육[살])라는 말을 사용하여 "빈민"이 **가족**임을 증명한다. 빈민은 다른 사람들이 아니다. 우리 자신에게 속해 있는 사람들이고, 따라서 우리가 가족을 먹여 살리는 것과 동일한 책임을 지고 그들을 먹여 살려야 한다. 마찬가지로 이사야 56:6도 외국인[이방인]을 "섬기는 자"와 "종"으로 말하면서 그들이 제사장으로서 동일한 지위를 갖고 있음을 보여준다. 똑같은 용법이 이사야 66:20에서도 사용된다. 거기 보면 אָח(형제)라는 단어가 민족들로부터 나온 자들도 **가족**임을 보여주는 데 사용된다. 물론 "형제"는 이사야서에서 드물게 사용되는 단어고(사 3:6; 9:19[18 MT]; 19:2; 41:6; 66:5; 66:20), 이사야 66:5에서는 이스라엘 자손을 가리킨다. 그럼에도 "형제"가 이스라엘 동료 사람들이었다면, 핵심은 실망스런 결말이 되고, 형제가 예물을 드리는 것과 이스라엘 사람이 예물을 드리는 것 사이의 비교는 완전히 동어 반복과 같은 무의미한 사실이 되고 말 것이다. 로마서 15:16은 이사야서 본문(사 66:20)에 직접 의존하고, 바울은 이 본문이 하나님의 백성에 합류하게 된 이방인 곧 비유대인을 가리키는 것으로 해석한다. 이것 역시 민족들이 시온산으로 모여드는 것에 관한 이사야 2장의 환상과 일치한다. 요한복음 11:49-52은 이것을 다음과 같이 확증할 것이다.

49 그중의 한 사람 그해의 대제사장인 가야바가 그들에게 말하되 "너희가 아무 것도 알지 못하는도다. 50 한 사람이 백성을 위하여 죽어서 온 민족이 망하지 않

게 되는 것이 너희에게 유익한 줄을 생각하지 아니하는도다" 하였으니, 51 이 말은 스스로 함이 아니요, 그해의 대제사장이므로 예수께서 그 민족을 위하시고 52 **또 그 민족만 위할 뿐 아니라 흩어진 하나님의 자녀를 모아 하나가 되게 하기 위하여 죽으실 것을 미리 말함이러라**(강조는 나의 것이다).

이사야 66:21은 여기서 한걸음 더 나아간다. 민족들로부터 나온 사람들은 이스라엘 자손이 깨끗한 예물을 드리는 데 쓰임 받은 것처럼 야웨를 경배하러 나올 뿐만 아니라 그들 중 어떤 이들은 제사장으로, 말하자면 야웨를 경배하는 공동체의 지도자인(사 61:6) 레위인으로 선택받을 것이다. 다시 말하지만 "제사장"이라는 단어는 이사야 8:2, 24:2, 28:7, 37:2, 61:6, 66:21에서만 드물게 사용되는 단어다. 우리는 이사야 61:6에서 새롭게 된 하나님의 백성이 이스라엘 언약에서 이미 선언된 지위를 한 번 더 부여받는 것을 보았다. 이제 왕 같은 제사장으로서 이스라엘은 이방인을 포함한다. 문맥은 영광과 특권 그리고 민족들이 재물을 소비하고 야웨께 가까이 나아감을 강조한다.

우리가 이사야 66:18-21에서 보게 된 것을 요약하면 다음과 같다. 곧 하나님은 민족들을 모으고 그들 가운데에 징조를 세우실 것이다. 그분은 (심판에서) 도피한 자를 먼 땅으로 보내고, 그들을 통해 그곳 사람들이 야웨의 영광을 알고 보게 하실 것이다. 이 사자(使者)들은 비유대인을 야웨께 드리는 일종의 예물로 가져올 것이고, 민족들은 예루살렘에서 경배를 드리며, 심지어 그들 중 일부는 제사장으로 택함 받을 것이다.[21]

이사야 66:22은 이제 이에 대한 보증을 제공한다. "내가 지을 새 하늘과 새 땅이 내 앞에 항상 있는 것 같이[즉 내가 이미 그것들을 볼 수 있을 만큼 매우 확실하게] 너희 자손과 너희 이름이 항상 있으리라, 여호와의 말이니라." 이것은 아브라함에게 주신 하나님의 약속을 분명히 언급하는 것이다.

---

21   롬 15:16을 보라.

아브라함의 이름과 그의 자손이 보존되는 것은 이제 하나님께서 유대인과 비유대인을 한 가족으로 통합하셨기 때문이다. 새로운 세상은 두 가지 사실 곧 새로운 장소와 새로운 백성을 포함한다. 66:22은 이 두 가지가 하나님의 마음속에 있기 때문에 확실하다는 사실을 보여준다. 하나님은 자기 앞에 그것들을 실제로 두실 수 있다. 이어서 66:23은 모든 민족이 매월 초하루와 안식일에 야웨를 예배하러 나아오는 것에 대해 말한다.

이사야서의 마지막 구절(사 66:24)은 구원받은 자들이 이사야의 구원 메시지에 부정적으로 반응한 자들에 대한 최후의 심판을 지켜볼 것이라고 언급한다.

이사야 65:1-25

시온의 변화는 새 창조물/새 예루살렘에 대한 선언으로 완성과 결론에 도달한다. 모티어는 이사야 65-66장이 하나의 교차 구조 단위를 구성함을 설명한다. 이 중요한 본문은 상세히 읽어볼 가치가 있다.

> 1 "나는 나를 구하지 아니하던 자에게 물음을 받았으며,
>
>   나를 찾지 아니하던 자에게 찾아냄이 되었으며,
>
> 내 이름을 부르지 아니하던 나라에
>
>   '내가 여기 있노라, 내가 여기 있노라' 하였노라.
>
> 2 내가 종일 손을 펴서
>
>   자기 생각을 따라
>
> 옳지 않은 길을 걸어가는
>
>   패역한 백성들을 불렀나니,
>
> 3 곧 동산에서 제사하며
>
>   벽돌 위에서 분향하여
>
> 내 앞에서 항상
>
>   내 노를 일으키는 백성이라.

4 그들이 무덤 사이에 앉으며,

　　은밀한 처소에서 밤을 지내며,

돼지고기를 먹으며,

　　가증한 것들의 국을 그릇에 담으면서,

5 사람에게 이르기를 '너는 네 자리에 서 있고 내게 가까이 하지 말라!

　　나는 너보다 거룩함이라' 하나니

이런 자들은 내 코의 연기요,

　　종일 타는 불이로다.

6 '보라, 이것이 내 앞에 기록되었으니,

　　내가 잠잠하지 아니하고 반드시 보응하되

　　그들의 품에 보응하리라.'

7 너희의 죄악과 너희 조상들의 죄악은 한 가지니,

　　그들이 산 위에서 분향하며,

작은 산 위에서 나를 능욕하였음이라.

　　그러므로 내가 먼저 그들의 행위를 헤아리고

그들의 품에 보응하리라"

　　　　　　　　여호와가 말하였느니라.

8 여호와께서 이와 같이 말씀하시되.

"포도송이에는 즙이 있으므로,

　　사람들이 말하기를 그것을 상하지 말라.

　　거기 복이 있느니라 하나니,

나도 내 종들을 위하여 그와 같이 행하여

　　다 멸하지 아니하고,

9 내가 야곱에게서 씨를 내며,

　　유다에게서 나의 산들을 기업으로 얻을 자를 내리니,

내가 택한 자가 이를 기업으로 얻을 것이요,

　　나의 종들이 거기에 살 것이라.

10 사론은 양 떼의 우리가 되겠고,

　　아골 골짜기는 소 떼가 눕는 곳이 되어

　　나를 찾은 내 백성의 소유가 되려니와,

11 오직 나 여호와를 버리며

　　나의 성산을 잊고

갓에게 상을 베풀며

　　므니에게 섞은 술을 가득히 붓는 너희여,

12 내가 너희를 칼에 붙일 것인즉,

　　다 구푸리고 죽임을 당하리니,

이는 내가 불러도 너희가 대답하지 아니하며

　　내가 말하여도 듣지 아니하고

나의 눈에 악을 행하였으며

　　내가 즐겨하지 아니하는 일을 택하였음이니라.”

13 이러므로 주 여호와께서 이와 같이 말씀하시니라.

“보라, 나의 종들은 먹을 것이로되,

　　너희는 주릴 것이니라.

보라, 나의 종들은 마실 것이로되,

　　너희는 갈할 것이니라.

보라, 나의 종들은 기뻐할 것이로되,

　　너희는 수치를 당할 것이니라.

14 보라, 나의 종들은 마음이 즐거우므로

　　노래할 것이로되,

너희는 마음이 슬프므로 울며

심령이 상하므로

통곡할 것이며

15 또 너희가 남겨 놓은 이름은

내가 택한 자의 저줏거리가 될 것이니라.

주 여호와 내가 너를 죽이고,

내 종들은 다른 이름으로 부르리라.

16 이러므로 땅에서 자기를 위하여 복을 구하는 자는

진리의 하나님을 향하여 복을 구할 것이요,

땅에서 맹세하는 자는

진리의 하나님으로 맹세하리니,

이는 이전 환난이 잊어졌고,

내 눈 앞에 숨겨졌음이라.

17 보라, 내가 새 하늘과 새 땅을

창조하나니,

이전 것은 기억되거나

마음에 생각나지 아니할 것이라.

18 너희는 내가 창조하는 것으로 말미암아

영원히 기뻐하며 즐거워할지니라.

보라, 내가 예루살렘을 즐거운 성으로 창조하며

그 백성을 기쁨으로 삼고,

19 내가 예루살렘을 즐거워하며

나의 백성을 기뻐하리니,

우는 소리와 부르짖는 소리가

그 가운데에서 다시는 들리지 아니할 것이며,

20 거기는 날 수가 많지 못하여

죽는 어린이와 수한이 차지 못한 노인이

다시는 없을 것이라.

곧 백 세에 죽는 자를

젊은이라 하겠고

백 세가 못되어 죽는 자는

저주 받은 자이리라.

21 그들이 가옥을 건축하고 그 안에 살겠고,

포도나무를 심고 열매를 먹을 것이며,

22 그들이 건축한 데에 타인이 살지 아니할 것이며,

그들이 심은 것을 타인이 먹지 아니하리니,

이는 내 백성의 수한이

나무의 수한과 같겠고,

내가 택한 자가 그 손으로 일한 것을

길이 누릴 것이며

23 그들의 수고가 헛되지 않겠고

그들이 생산한 것이 재난을 당하지 아니하리니,

그들은 여호와의 복된 자의 자손이요,

그들의 후손도 그들과 같을 것임이라.

24 그들이 부르기 전에 내가 응답하겠고

그들이 말을 마치기 전에 내가 들을 것이며,

25 이리와 어린 양이 함께 먹을 것이며

사자가 소처럼 짚을 먹을 것이며

뱀은 흙을 양식으로 삼을 것이니.

나의 성산에서는 해함도 없겠고,

상함도 없으리라."

여호와께서 말씀하시니라.

이사야 65:1-66:21의 개요[22] (야웨의 약속들의 교차 구조)

A¹. 자기를 찾지 아니한 자에 대한 야웨의 촉구	65:1
B¹. 거역하는 백성에 대한 하나님의 보응	65:2-7
C¹. 보존 받은 남은 자에 대한 약속	65:8-10
D¹. 야웨를 저버린 자의 죽음의 운명	65:11-12
E. 새 창조에서 야웨의 종들의 기쁨	65:13-25
D². 야웨를 저버린 자의 죽음의 운명	66:1-4
C². 보존 받은 남은 자에 대한 약속	66:5-14
B². 거역하는 백성에 대한 하나님의 보응	66:15-17
A². 자기를 찾지 아니한 자에 대한 야웨의 촉구	66:18-21

이 문학적 교차 구조의 목적은 두 가지다. 첫 번째 목적은 우리의 관심을 중앙 부분 곧 새로운 시온이 중심에 있는 새 창조에 대한 약속에 단단히 고정하는 것이다. 두 번째 목적은 이 환상의 성취의 조건과 단계를 보여주고, 중앙 부분의 다른 쪽에 따라 이 진리를 더 상세히 전개하는 것이다. 우리는 최종 상태에 대한 설명에 지면을 더 할애할 것을 기대할 수 있지만, 이사야는 우리가 그 상태까지 이르는 과정을 제시하는 데 더 많은 지면을 할애한다.

우리는 이사야 65:13에 중점을 두면서 설명을 시작할 수 있다. 이사야 65:13은 "이러므로"라는 말로 시작되고, 65:2-12의 단락에 제시된 대조적인 운명들을 요약한다. 65:13-18로 구성된 부분은 세 가지 사유의 흐름, 곧 1절의 세계화 흐름, 2-7절과 11-12절의 심판 흐름, 8-10절의 남은 자 흐름이 함께 묶여 있다.

남은 자는 하나님의 종들로 지칭된다. 하나님의 종들은 먹을 것이나, 거역하는 자는 주릴 것이다. 하나님의 종들은 마실 것이나, 거역하는 자들은

22　Motyer, *Prophecy of Isaiah*, 522-523에서 다듬은 것이다.

갈할 것이다. 하나님의 종들은 축하와 기쁨을 누릴 것이나, 거역하는 자들은 수치를 당할 것이다. 하나님의 종들은 즐거움으로 가득 차고 즐거움을 반사하며 퍼뜨리는 소리를 크게 울릴 것이나, 거역하는 자들은 고통으로 가득 차고 상한 심령으로 통곡할 것이다. 이런 말은 육체적 행복과 영적 행복을 함께 말한다. 하나님의 종들의 모든 외적 필요는 충족되고 내적으로도 충분히 만족할 것이다.

이 단락(사 65:13-25)과 남은 자를 언급하는 65:8-10의 단락은 남은 자를 야웨의 종들로 부른다는 점에서 놀랍다. 고난의 종의 희생적인 죽음과 고난이 새롭고 영원한 언약을 낳는 것을 언급하는 이사야 54:17에서 이미 우리는 새 언약 공동체로서 새 언약에 참여하는 자 역시 종들로 지칭되는 것을 확인했다. 더 놀라운 구절은 이사야 56:6이다. 거기 보면 민족들로부터 나오는 개인들이 야웨의 종들에 포함된다는 사실을 분명히 한다. 또 파수꾼의 기도의 한 부분인 이사야 63:17에서도 기도하는 자가 하나님께서 그의 종들에게 긍휼을 베풀어주실 것을 간구한다. 그리고 이제 이 기도는 우리가 야웨의 종들에게 쏟아지는 복을 보는 것으로 응답받는다.

이사야 65:15-16은 아브라함에게 주어진 약속 및 아브라함과 맺어진 언약이 "야웨의 종들"로 지칭되는 새 언약 공동체에서 성취된다는 것을 보여준다. 정말 역설적으로 믿지 않는 이스라엘의 이름은 하나님의 택함 받은 자의 저주거리가 되고, 야웨는 그들을 죽이신다. 새 언약 공동체에 새 이름이 주어지는데, 그 이름이 무엇인지는 명시되지 않는다. 그리고 땅에서 복을 받거나 복을 구하는 자는 "진리의 하나님[아멘의 하나님]"에게 복을 받거나 복을 구할 것이고, 땅에서 맹세하는 자는 진리의 하나님으로 맹세하는 것이다. "진리의 하나님"(대다수 영어 번역 성경이 이렇게 번역한다)이라는 명칭은 실제로 히브리어 본문에서는 "아멘의 하나님"이다. 영어 단어 "amen"은 히브리어 אָמֵן(아멘)이라는 부사의 음역으로서 "확실히"와 같은 것을 의미하고, 맹세나 약속을 인정하는 사람이 사용하는 말이다. 복을 줄 수 없는 거짓 신에게 복을 구한 반역적인 이스라엘 자손과 달리, 새 언약 공동체의 지체들은 자신의 이름으로 약속하신 복을 인정하고 실제로 그 복을 베푸실 수 있는 하나님에게 복을 구할 것이다.[23]

이 단락(사 65:13-25; 특히 65:15-16)과 아브라함 언약 사이에는 명확한 관련성이 존재한다. 첫째, 창세기 17장의 아브라함 언약에서 아브람이 새 이름, 즉 아브라함이라는 이름을 받은 것(창 17:5)을 주목해보라. 둘째, 아브라함 언약이 아브람과 그의 가족을 축복하는 자에게 복을 약속한 것을 주목해보라. 셋째, 아브람의 가족을 거부하는 자 – 단수형으로 되어 있음 – 에게 저주가 있다는 것을 주목해보라. 이사야 65:15-16에서 복과 저주는 분명히 창세기 12:2-3의 약속들을 상기시키지만 그 약속들을 새 언약 공동체와 그 공동체의 "아멘의 하나님"에 따라 다시 정의한다. "아멘의 하나님"이라는 명칭은 구약성경에서는 오직 여기서만(사 65:16) 발견되고, 신약성경의 고린도후서 1:20에서 설명된다.[24] 바울이 설명하는 것처럼 하나님의 모든 약속이 "예"가 되는 것은 새 언약 공동체 안에서다.

그뤼네베르크는 bārak("복을 주다")의 히트파엘 형은 "서약하다"를 의미한다고 주장한다. 그 말이 이사야 65:16b의 "맹세하다"와 평행 관계에 있기 때문이다.[25] 그럼에도 이 시의 A행은 B행과 의미가 동일할 필요가 없고, 마치 바울이 그 형태를 수동형으로 구성하는 것처럼 보인다. 왜냐하면 하나님의 약속들에 대해 "예"를 듣는 자는 복을 받는 자이기 때문이다. 따라서 우

---

23 65:15은 אֲשֶׁר라는 관계 불변화사로 시작된다. Motyer는 65:15의 "이름"을 선행사로 추정한다. 하지만 그 절 안에 재개 대명사(resumptive pronoun)가 없다는 것이 그의 해석을 지지하지 않는다. 그것은 결과 곧 "그러므로"를 표시하거나 우리는 또 하나의 빈 머리 관계사(null head relative, 즉 분사에 붙는 관계 관사)로 확인되는 빈 머리 관계사를 가질 수 있다. 이 결과는 그 땅에서 복을 받는 자는 반드시 아멘의 하나님에게 복을 받는 것으로 규정되는 계층으로 제한된다는 것이다. 나는 이 본문을 분석하는 데 도움을 준 토론토 대학의 Robert Holmstedt 교수에게 감사를 전한다.

24 신약성경에서 예수께서 독특하게 "아멘, 아멘"이라는 말로 시작하는 것을 주목하라.

25 Keith N. Grüneberg, *Abraham, Blessing, and the Nations: A Philological and Exegetical Study of Genesis 12:3 in Its Narrative Context* (Berlin: Walter de Gruyter, 2003), 211.

리는 이사야 65:16a을 "땅에서 복을 받는 자는 아멘의 하나님에게 복을 받을 것이요"라고 번역할 수 있다.

이사야 65:17은 이전 부분의 특수하고 세계적인 복에 대한 설명을 소개하기 위해 접속사 "왜냐하면"으로 시작된다.[26] 이전 부분은 "아멘" 곧 진리의 하나님과 관련이 있는 자에게 주어질 복을 약속하는 것으로 끝났다. 이 복의 경험은 근본적이어서, 인간이 과거의 고통과 환난을 단순히 잊어버리는 게 아니라 하나님 자신이 그것들을 잊어버리신다. 65:17은 이전 것에 대한 생각을 취해, 이전 것이 왜 기억되지 아니할 것인지를 보여준다. 하나님이 모든 것을 새 것으로 만들기 때문이다.

새 창조―새 하늘과 새 땅―에 대한 약속은 구원에 대한 하나님의 계획이 불충분한 계획이 아님을 보여준다. 하나님은 더 큰 어떤 것을 염두에 두고 계신다. 그렇다. 그것은 포로로부터의 귀환과 하나님의 백성을 학대해 온 민족들로부터의 해방을 포함한다. 사실 이것보다 훨씬 더 크다. 그것은 언약이 새롭게 되고 성전이 재건되며 야웨께서 시온으로 다시 돌아오실 정도로 죄 사함과 화목을 수반한다. 하나님은 다시 한번 자기 백성 가운데에 왕으로 거하신다. 따라서 하나님의 백성은 하나님과 올바른 관계를 맺을 뿐만 아니라 신실함과 진실함, 정의와 공의 곧 사회 정의를 갖고 진정한 인간적 방법으로 서로를 대하게 된다. 그리고 놀랄지 모르겠지만 이 복들은 이제 하나님의 한 백성 속에 포함되는 민족들로부터 흘러나온다. 그러나 창조물 자체는 인간의 죄로 말미암아 허무한 것과 멸망에 굴복하고 있고, 하나님은 이것이 고쳐질 때까지 구원 역사를 끝내지 아니하실 것이다. 하나님은 완전히 새로운 상태의 우주 곧 새 하늘과 새 땅을 만드실 것이다. 따라서 우리는 여기서 구원 계획이 불충분한 임시 수리 계획이 아님을 확인한다. 우리는 하나님의 회복 계획에 따라 에덴의 원래 상태를 상기하게 된다. 아니, 사실은 현재의 세상보다 훨씬 더 좋고 웅대한 세상을 생각하게 된다. 아우

---

26   개역개정에는 이 말이 나타나 있지 않다―역자 주.

구스티누스는 언젠가 자신은 치료받아야 할 것보다 더 완전히 치료받지 못한다면 자신의 영혼을 위대한 의사에게 맡기는 것이 두렵다고 말했다. 하나님의 구원 계획은 정말로 완전하고, 하나님은 우리의 삶과 관련해 절반의 개혁과 갱신으로 결코 만족하지 아니하실 것이다.

하나님이 이전 것을 잊어버리시는 것은 결과적으로 우리가 옛 창조물을 잊어버리는 것이 된다. 그리고 하나님이 새 것에서 즐거워하고 기뻐하시는 것처럼 우리도 새 것에서 즐거워하고 기뻐하라는 명령을 받는다.

최종 상태는 하늘에서 사는 삶이 아니라 오히려 새 창조물 안에서 사는 삶이라는 사실이 강조되어야 한다. 어려서 내가 들은 복음은 지옥에 떨어지는 영원한 심판과 예수 그리스도를 믿는 믿음으로 말미암아 가는 천국에 관해 경고받는 것이었다. 신자가 죽으면 "주님과 함께 있으려고" 천국으로 간다는 것은 성경의 진리다. 우리는, 그리고 히브리서 12장에서 온전하게 된 의인들의 영이 주의 임재 속에서 안전하게 되는 하늘의 시온에 관해 어렴풋이 알게 된다. 그러나 이것이 우리의 최종 목표는 아니다. 최종 목표는 악으로 가득 차 있고 우리의 빈약한 청지기 직무로 완전히 파괴된 이 세상을 떠나는 것이 아니라 우리가 새 출발을 알리는 표지를 가진 새 창조물 속에서 사는 것이다.

이사야 65:18b은 예루살렘을 즐거운 성으로 창조하고 하나님의 백성을 기쁨으로 삼는 것에 대해 묘사한다. 이 본문이 예루살렘은 새 창조물이라는 것을 보여주는 것처럼 보인다. 이것은 알렉산더가 다음과 같이 지적하는 것과 같다. "의미심장하게도 이사야 65:17-18에서 '새 하늘과 새 땅'의 창조는 예루살렘의 창조와 평행을 이룬다(참조. 사 24:23). '창조하다'를 의미하는 *bārā'*라는 히브리어 동사의 반복적인 사용은 여기서 예루살렘을 새 하늘과 새 땅과 **의도적으로 동등시하는** 것을 암시한다. 말하자면 예루살렘과 새 하늘과 새 땅은 하나다."[27] 아마 이것이 이 본문을 이해하는 유일한 방법은 아

---

27 T. Desmond Alexander, *From Eden to the New Jerusalem: An Introduction to Biblical*

닐 것이다. 하지만 요한계시록 21장에서 우리는 이것이 정확한 해석이라는 것을 확인한다. 예루살렘은 새로운 세상의 중심일 뿐만 아니라 사실 새로운 세상과 공존한다. 새 창조물은 새 예루살렘이고, 반대로 새 예루살렘은 새 창조물이다. 이 결론은 이사야 65:25을 통해서 분명해진다. 거기 보면 새 창조물이 하나님의 거룩한 성산으로 묘사된다. 곧 시온산이 새 에덴이 된다!

새 창조물의 창조 순서는 옛 창조물의 창조 순서와 반대다. 옛 창조에서는 하나님이 먼저 우리가 살 장소를 만들고, 이어 그 안에서 살 창조물을 지으셨다.[28] 그러나 새 창조에서는 하나님이 먼저 자신의 새 백성을 만들고, 이어서 그들이 살 집을 지으실 것이다. 이런 순서는 창세기 12장에서 처음 확인된다. 거기 보면 하나님이 아브람 및 그의 가족과 마지막 새 출발을 시작하신다. 창세기 12:1-3에 주어진 약속들은 하나님이 아브람을 큰 민족으로 삼으실 것을 선언하는 것으로 시작된다. 땅에 관해서는 말해지는 것이 없지만 확실히 이것도 함축되어 있다. 큰 민족은 고국으로 부르는 장소가 없이는 존재할 수 없기 때문이다. 이것은 실제로는 12:7에서 명시적으로 언급된다. 거기 보면 하나님께서 아브람에게 가나안 땅을 약속하신다. 그럼에도 하나님이 아브람을 다루시는 역사가 보여주는 것처럼 하나님의 우선권은 언약 백성을 먼저 창조하는 데 있지, 그들이 살 땅의 문제를 해결하는 데 있지 않다. 우리가 다윗 언약에서 확인한 것처럼 창세기 15:18-21에서 아브람과 맺어진 언약에서 정의되고, 신명기 11:24-25에서 이스라엘의 장소로 묘사된 땅은 솔로몬 시대에 이르러 이스라엘의 소유가 된다(왕상 4:24-

---

Theology (Grand Rapids, MI: Kregel, 2008), 53-54. Cf. Jon D. Levenson, *Creation and the Persistence of Evil: The Jewish Drama of Divine Omnipotence* (San Francisco: Harper & Row, 1988), 89-90.

28 Craig G. Bartholomew, "The Theology of Place in Genesis 1-3," *Reading the Law: Studies in Honour of Gordon J. Wenham*, ed. J. G. McConville, Karl Möller, Library of Hebrew Bible/Old Testament Studies 461 (New York: T. & T. Clark, 2007), 173-195 을 보라.

25[5:4-5 MT]). 그러나 이스라엘 언약의 저주로써 땅을 상실하는 결과가 임했다. 먼저 갈릴리 지역, 이어서 북 왕국, 이후로 유다 왕국, 그리고 마지막으로 예루살렘을 상실했다. 그렇지만 새 언약을 설명할 때 이사야는 새 시온 백성들이 옛 시온 백성들보다 훨씬 더 수가 많을 것이라고 선언한다(잉태하지 못하는 여인, 사 54:1-3). 왜냐하면 민족들이 새로운 시온으로 몰려올 것이기 때문이다. 여기에 함축된 사실은 역사적 이스라엘에 수반된 땅보다 더 큰 땅이 요구되리라는 것이다. 새 시온은 어떻게 새 예루살렘/새 이스라엘의 충분한 영역을 확보할 수 있을까? 이사야 65장은 이 문제를 해결한다. 곧 새 예루살렘과 새 창조물은 동일한 범주가 될 것이다. 바울이 말하는 것처럼 아브람은 자신이 세상의 상속자가 되리라고 믿었다(롬 4:13).

어떤 이들은 미래의 예루살렘 성과 이스라엘의 땅에 관한 약속들을 이런 식으로 설명하는 것에 난색을 표명할 것이다. 시온의 변화와 관련해 이사야서에서 점진적 **전개**가 있음을 관찰하는 것이 무척 중요하다. 처음에 우리는 이사야의 예언의 핵심 주제는 옛 창조의 부패한 시온에서 새 창조의 회복된 시온으로의 변화 또는 이동에 있고, 이 주제는 순환적인 일곱 주요 부분에서 제시된다고 주장했다. 이 일곱 부분 중 다섯 부분이 미래의 시온에 관한 환상으로 끝난다(사 2:1-4; 4:2-6; 11:1-10; 25:6-12:, 65:17-25). 첫째 부분(사 2:1-4)은 민족들이 교훈(토라)을 받기 위해 그곳으로 모여드는 것과 다른 모든 산보다 더 높은 야웨의 전의 산에 대해 묘사한다. 둘째 부분(사 4:2-6)은 열매 맺는 땅과 야웨께 바쳐진 성, 그리고 출애굽할 때와 같이 영광의 덮개로 그늘이 드리워진 예배 장소의 이미지들을 결합한다. 셋째 부분(사 11:1-10)은 미래를 에덴동산과 같은 상태로 묘사한다(에덴이 산 위에 있음을 상기하라). 넷째 부분(사 25:6-12)은 사망이 영원히 진멸된 산에서 오래 저장된 포도주로 연회가 베풀어지는 장면을 묘사한다. 마지막으로 다섯째 부분(사 65:17-25)은 새 창조물과 새 예루살렘을 하나의 그림 안에 결합한다. 우리가 미래의 시온에 관한 이사야의 환상을 보기 위해서는 이 모든 그림을 홀로그램으로 한데 모아야 한다. 이것은 스테레오 시스템, 아니 서라운드 오디오

시스템보다 훨씬 더 입체적이다.

이제 특별히 이사야 2장과 4장에 나오는 첫째 환상과 둘째 환상을 주목해보자. 이사야 2:1-4의 환상을 보면 야웨의 전의 산이 다른 모든 언덕이나 산보다 더 높은 곳에 자리 잡고 있었다. 고대 근동에서 산은 하늘과 땅이 만나는 장소로 간주되었고, 결국 산은 인간이 하나님을 만날 수 있던 장소가 되었다. 따라서 성소와 성전과 예배 처소가 모두 산꼭대기에 세워진 것은 결코 놀랄 일이 아니다. 지역이 팬케이크처럼 편평한 티그리스-유프라테스 하곡(河谷)에서는 신전들이 **산처럼** 지구라트[29](ziggurat)로 세워졌다. 여기 이사야 2장에 나오는 야웨의 전의 산은 높고 높은 산이다. 곧 이 산에 비교하면 다른 모든 곳은 언덕에 불과하다. 이것은 다른 모든 종교의 신탁은 부족한 것으로 확인되고 침묵을 지킨다고 말하는 것과 같다. 시온은 야웨께서 말씀하시는 곳, 또한 야웨의 말씀이 온 세상 안에서 그리고 온 세상에 대해 최고가 되는 곳으로 회복되었다.

이 성전 성은 과거의 다른 산들을 생각나게 한다. 첫째, 에덴동산은 높은 산 위에 있었다. 그렇지 않다면 어떻게 한 강이 네 근원으로 나누어지고 온 세상에 물을 공급할 수 있었겠는가? 비록 "산"이라는 말이 창세기 2장에는 나타나지 않아도, 에스겔 28:13-14에서 에덴에 대해 묘사할 때에는 나타난다. 에덴동산은 산이었을 뿐만 아니라 성소 곧 예배 장소이기도 했다. 그곳은 야웨 하나님의 임재를 특징으로 하는 곳이었다. 하나님은 에덴동산에서 창조물의 삶을 다스리는 명령을 내리셨다.

둘째, 토라의 원천으로서 시온산은 "하나님의 산"으로 불리는 시내산(출 3:1) 곧 하나님이 자기 백성의 일상적 삶을 다스리고 규제하기 위해 십계명과 교훈[법규]들을 발하신 장소를 우리에게 상기시킨다. 이사야 2장에서 우리는 야웨께서 자신의 말씀을 주시는 곳이 시내산이 아니라 시온산이라는

---

29 지구라트는 햇볕에 말려 만든 벽돌이나 구워 만든 벽돌로 만들어진 메소포타미아나 엘람 도시의 주신에 바쳐진 성탑(聖塔)이다—역자 주.

것을 확인한다. 나아가 토라는 하나님을 기쁘시게 하는 정당하고 의로운 삶을 위한 율법 곧 법전과 법규로 그치는 것이 아니다. 동시에 그것은 언약 곧 하나님과 하나님의 백성 간의 사랑과 충성 및 신뢰의 관계를 구축한다. 토라는 어떤 면에서 말씀 언약의 뒷면이다.

우리는 민족들이 야웨를 경배하기 위해 시온산으로 모여들고, 거기서 그들이 야웨의 토라 곧 하나님을 자신들의 삶의 적절한 자리에 둘 뿐만 아니라, 참된 인간적 방법으로 다른 사람들을 대하는 법을 포함하고 있는 일상적 삶에 대한 교훈을 받는 장면을 마주한다. 이사야가 "토라"라는 말을 언약의 뒷면으로 사용하는 것은 교묘하게 모든 민족이 하나님과 언약 관계 속에 있게 되리라는 것을 암시한다. 이사야 2:3에는 토라[율법]와 야웨의 말씀이 평행 관계를 이루고 있다. 이것은 2:3 이외에 이사야 1:10에서만 나타난다. 1:10에서는 시온이 야웨의 법[율법]과 말씀을 거부했다. 2:3에서는 야웨의 율법과 말씀이 올바른 자리로 회복된다. 따라서 이사야 2:1-4에서 미래의 시온에 대한 환상을 보면 미래의 시온은 이전에 에덴 및 시내산이 맡았던 역할을 맡았다.

이사야 4:2-6의 환상은 기름진 **땅과** 거룩한 성(이스라엘과 예루살렘) 장면에 관한 것이다. 나아가 거기에는 시온산 전체 지역과 그곳에서의 모든 모임을 덮는 영광의 덮개가 나온다. 출애굽 광야 여정에서는 영광의 덮개가 성막 위에 있었다. 따라서 이제는 전체 시온 성이 성막 또는 성전(계 21-22장의 전조)과 같다. 그러므로 미래의 시온은 에덴과 시내산의 이미지를 취한다. 그곳은 단순히 옛 예루살렘 성 또는 이스라엘 땅이 아니다. 그곳은 변화되고 변혁된 시온이다. 아니 그 이상이다. 곧 전체 새 창조물이 하나님의 백성이 거하는 장소이자 하나님이 경배 받는 장소(성전)다. 따라서 이사야서 앞부분을 통해 우리는 이사야 65장의 환상이 새 예루살렘과 새 창조물이 동일한 범주를 가리킴을 인정하는 길을 준비하게 된다.

에스겔서에 나타난 새 언약

세상 속에서 하나님의 왕권을 확립하는 일의 중심에는 예배가 놓여 있다. 우리는 창세기 2장에서 아담과 하와가 동산 성소에 배치되는 장면이 묘사되는 것을 확인했다. 아담과 하와가 하나님의 임재 속에서 시간을 보낼 때에만, 그들은 하나님 자신이 그분의 창조물과 관계를 맺는 방식으로 이 세상에서 하나님의 통치를 시행할 수 있었을 것이다. 이스라엘은 이집트를 탈출할 때 하나님의 아들로서 아담의 역할을 물려받았고(출 4:22), 그때 예배의 우선성은 성막을 건축하라는 지침으로 아주 명백해진다. 예배를 위한 이 이동 장막의 건축이 완료되자, 창조주 하나님이 왕으로서 자기 백성 가운데에 거하시는 것을 보여주고자 하나님의 임재의 상징인 빛나는 구름이 성막 위에 임했다(출 25:8; 40:34).

이에 대해 이사야서와 예레미야서 그리고 에스겔서와 같은 예언서의 이야기는 모두 정확히 일치된다. 하나님의 백성은 거듭해서 이스라엘 언약을 어겼다. 하나님에 대한 사랑과 이웃에 대한 사랑은 모든 면에서 우상숭배 및 부패한 사회 정의로 대체되었다. 그 결과 이스라엘의 예배는 공허하고 위선적인 것이 되고 말았다. 예레미야서는 히브리 정경의 후기 예언서 중 최초의 예언서다. 우리는 예레미야 7-10장에서 예레미야의 유명한 "성전 설교"를 본다. "너희는 이것이 여호와의 성전이라, 여호와의 성전이라, 여호와의 성전이라 하는 거짓말을 믿지 말라"(렘 7:4). "여호와의 성전이라"는 말을 세 번에 걸쳐 반복하는 것은 가장 강력한 형태의 표현이다. 말하자면 예레미야는 이렇게 말하는 것이다. "너희는 절대로 너희가 좋아하는 대로 살 수 없고, 만약 그렇게 살면 성전을 행운의 부적이나 행운의 토끼 발처럼 대하는 것이다." 이스라엘 백성들은 하나님이 으레 자기들 가운데에 거하시는 한 보호를 받을 것이라고 생각했다. 예레미야의 메시지는 언약을 어기는 것은 하나님이 자신의 경고에 충실하시고, 자기 백성에게 포로의 저주를 내리신다는 것(신 28장)을 의미한다는 것을 전하는 것이다. 정말 중요하게도 하나님은 그들 가운데 거하실 수 없었는데, 그것은 그들의 행실과 삶의 방식이 토라에 구현되어 있는 하나님 자신의 성품과 모순되었기 때문이다.

에스겔은 예레미야의 "성전 설교"를 한 단계 더 깊이 전개한다. 에스겔이 본 첫 환상은 야웨의 영광을 상징하는 빛나는 구름을 가시적으로 보여주고, 하나님의 보좌가 바퀴를 갖고 있는 장면을 보여준다. **왜** 보여주는가? 하나님이 떠나실 준비를 하고 계시기 때문이다! 하나님은 사회적 불의와 우상 숭배에 둘러싸여 계시고, 성전은 본래 갖고 있던 오성급 호텔의 지위를 잃어버렸다. 따라서 하나님은 더 이상 그런 성전에는 거하실 수 없다. 이 메시지는 유다 백성들에게 엄청난 충격으로 다가온 것이 틀림없다. 에스겔 8-11장의 시작 환상은 더 깊이 전개되고, 야웨의 영광을 상징하는 빛나는 구름이 실제로 성전을 떠나 동문으로 움직이기 시작한다. 마지막으로 야웨의 영광이 하나님의 성에서 떠나간다. 나는 하나님이 머물러 계시지 않으면 하나님의 성은 더 이상 하나님의 성일 수 없다는 것을 보여주고자 이런 말을 하는 것이다.[30] 에스겔서의 구조와 형태를 간략히 고찰해보면 이 문제점의 전개와 해결책이 드러난다.

에스겔서의 구조와 형태

에스겔서의 개요

1. 첫 환상과 에스겔의 부르심	1:1-3:15
2. 에스겔의 역할과 메시지	3:16-7:27
3. 야웨의 영광이 성전을 떠나감	8-11장
4. 포로에 대한 상징 행위	12-24장
5. 이방 민족들에 대한 신탁	25-32장

---

30 하나님이 예루살렘을 떠나신 것은 완전히 부정적인 일인 것만은 아니다. 하나님이 포로가 된 자기 백성의 성소가 되실 것이라는 점은 긍정적 측면이다(겔 11:16).

6. 하나님의 리더십과 회복   33-36장
7. 마른 뼈 골짜기   37-39장
8. 새 성전   40-48장

　이미 언급한 것처럼 에스겔의 "첫 환상"은 하나님이 성전을 떠나실 준비를 하고 계시기 때문에 야웨의 영광의 움직임을 묘사한다. 둘째 부분(겔 3:16-7:27)은 에스겔의 역할과 메시지를 제시한다. 모든 예언자와 마찬가지로 에스겔도 이스라엘 백성들을 이해시키기 위해 온갖 전달 수단과 방법을 동원한다. 하나님과 관련해서는 우상숭배로 말미암아, 그리고 타인들과 관련해서는 사회적 불의로 말미암아 이스라엘 백성들은 언약을 어겼고, 포로의 저주가 그들에게 임했다. 이것은 설교를 통해 전달된다. 하지만 상징적 드라마를 통해서도 전달된다. 에스겔은 에스겔 4:1-4에서 바빌론 사람의 장차 임할 공격을 실연하기 위한 하나의 소품으로 토판 위에 예루살렘을 그리라는 명령을 받는다. 그는 백성들의 기도가 하나님께 상달되지 않으리라는 것을 보여주기 위해 철판을 가져와 자신과 성읍 사이에 둔다. 또 에스겔은 에스겔 4:4-8에서 이스라엘의 죄를 짊어지고 390일 동안 한쪽으로 누워 있고, 또 유다의 죄를 짊어지고 40일 동안 다른 한쪽으로 누워 있으라는 명령을 받는다. 그래서 전체 기간이 430일인데, 이 기간은 이집트에서 가졌던 속박 기간을 상징한다. 이사야와 같은 예언자들이 미래의 구원을 새로운 출애굽으로 묘사하는 것으로 예언한 것처럼, 에스겔도 새로운 출애굽이 일어나기 **전에** 또 다른 "이집트의 속박"이 있음을 암시한다. 이것은 다니엘의 일흔 이레 환상과 비슷하다(단 9:24). 예레미야의 예언에 따르면 포로 기간은 70년에 이를 수 있다(렘 25:1-11). 그러나 죄를 효과적으로 처리하고 하나님과의 깨진 언약 관계를 회복시키는 데는 더 많은 기간이 요구될 것이다. 유감스럽게도 백성들은 에스겔의 메시지를 주의하지 않았다. 에스겔 33:32에 따르면 예언자 에스겔은 단지 고운 음성으로 음악을 잘하는 자로 여겨졌다.

　에스겔 8-11장은 둘째 환상을 구성하고, 이 환상에서 야웨의 영광이 성

전을 떠나간다. 이 부분 다음에는 주로 도래할 심판과 포로 사건을 전달하기 위하여 상징적 드라마를 통해 주어지는 유다에 대한 메시지가 12-24장에 걸쳐 추가로 나온다.

에스겔 25-32장은 이방 민족들에 대한 신탁을 구성한다. 이 신탁들은 신명기 32장에 제시된 계획으로 말미암아 모든 주요 예언서 안에서 발견된다. 이스라엘이 언약을 어긴 것은 포로의 저주를 초래할 것이다. 처음에 하나님은 자기 백성을 완전히 진멸시키려고 계획하신다(신 32:26). 그러나 이방 민족들의 조롱을 염려하신다(신 32:27). 이방 민족들은 하나님이 이스라엘의 죄 때문에 이스라엘을 정복하는 것을 허용하셨다는 사실을 깨닫지 못하고 자기들이 자기들 자신의 신과 능력으로 이스라엘을 멸망시켰다고 결론지을 것이다. 따라서 이방 민족들은 그들의 오만함과 우상숭배적인 세계관 때문에, 그리고 하나님의 백성을 학대한 것 때문에 처벌받게 될 것이다.

이어서 에스겔 33-36장에서는 이스라엘에 새로운 다윗—메시아—의 형태로 새로운 리더십이 주어질 것이다. 이 부분의 메시아 관련 주제는 스티븐 뎀스터가 다음과 같이 잘 요약하고 있다.

심지어는 포로로 잡혀간 분열된 왕국이 "내 종 다윗"으로 말해지는(겔 37:24-25; 참조. 34:232-4) 새로운 지도자 아래 다시 연합된다. 그러나 그 새로운 지도자는 상대적으로 낮은 신분을 갖고 권력을 차지할 자로 묘사된다. 주목할 만한 비유적인 한 본문에서 다윗의 자손은 큰 나무에서 뽑아내 시온산으로 가져가 거대한 나무로 자라 열매를 맺고 숲의 각종 새를 위해 그늘을 만들도록 그곳에 심겨진 연한 가지(*yōneqet*)에 비유된다(겔 17:22-24). 따라서 숲의 모든 나무(세상 사람들)가 "나 여호와는 높은 나무를 낮추고 낮은 나무를 높이며 푸른 나무를 말리고 마른 나무를 무성하게 하는 줄" 알 것이다(겔 17:24). 이후로 권력을 차지할 이 "다윗"은 목자라는 그의 낮은 혈통으로 기억된다(겔 34:23). 그는 부패하고 타락한 목자로 상징되는 과거의 지도자들과 달리 참된 리더십을 제공할 것이다. 다윗의 통치에 대한 이 두 모티프(연한 가지와 목자)는 이스라엘 민족을 위해 선한 목자들을 일으킬 – 공의를 가져올 – 다윗 계보에서 나오는 "가지의 성장"에 대한 예레미야의 예언(렘 23:1-8)을 반영한다.[31]

이어서 하나님과 하나님의 백성의 관계를 새롭게 하는 새 언약 곧 죄로 완고해진 마음을 효과적으로 처리할 언약이 올 것이다(겔 36:24-32). 이 이후에는 죽은 자로부터의 부활 관점에 따라 묘사되는 포로로부터의 귀환이 선언된다. 마른 골짜기 환상은 하나님의 백성이 기적적으로 생명을 얻고 원수들에게 승리하게 된 것을 보여준다(겔 37:1-14).

에스겔서는 새롭게 된 성전과 고침 받은 땅에서 한 번 더 자기 백성 가운데 거하시는 하나님에 대한 환상을 다룬 40-48장으로 끝난다. 에스겔서의 결론은 매우 강렬하다. 곧 야웨께서 함께 계신다는 것이다. 야웨의 영광은 성전에 되돌아왔다. 하나님은 한 번 더 자기 백성 가운데에 왕으로 거하고 계신다. 따라서 회복은 사무엘하 7장의 두 가지 의미 곧 다윗 왕조와 성전에 있어 다윗의 집이 재건되는 것을 포함한다.

에스겔 11:16-21

첫 번째 중요한 본문은 에스겔 11:16-21이다.

> 16 "그런즉 너는 말하기를, '주 여호와의 말씀에 내가 비록 그들을 멀리 이방인 가운데로 쫓아내어 여러 나라에 흩었으나 그들이 도달한 나라들에서 내가 잠깐 그들에게 성소가 되리라 하셨다' 하고."
>
> 17 "너는 또 말하기를, '주 여호와의 말씀에 내가 너희를 만민 가운데에서 모으며 너희를 흩은 여러 나라 가운데에서 모아내고 이스라엘 땅을 너희에게 주리라 하셨다' 하라."

---

31 Stephen G. Dempster, *Dominion and Dynasty: A Biblical Theology of the Hebrew Bible*, NSBT 15 (Downers Grove, IL: InterVarsity Press, 2003), 170-171.

[18] "그들이 그리로 가서 그 가운데의 모든 미운 물건과 모든 가증한 것을 제거하여 버릴지라. [19] 내가 그들에게 한 마음을 주고 그 속에 새 영을 주며, 그 몸에서 돌 같은 마음을 제거하고 살처럼 부드러운 마음을 주어 [20] 내 율례를 따르며 내 규례를 지켜 행하게 하리니, 그들은 내 백성이 되고 나는 그들의 하나님이 되리라. [21] 그러나 미운 것과 가증한 것을 마음으로 따르는 자는 내가 그 행위대로 그 머리에 갚으리라. 나 주 여호와의 말이니라."

이 예언 본문은 직접적이고 솔직하다. 이스라엘은 민족들 속으로 흩어졌다. 하나님은 자기 백성을 민족들로부터 모으시고 그들에게 한 번 더 이스라엘 땅을 주실 것이다. 그분은 귀환하는 포로들에게 — 히브리어 본문의 문자적 번역에 따르면 — "한 마음과 새 영"을 주실 것이다. 그러나 우상 숭배에 빠지는 자는 심판을 받을 것이다. 따라서 모든 포로가 회복되는 것은 아니다. 우리는 방금 이사야서에서 확인한 것처럼 에스겔서에서도 포로로부터의 귀환은 물리적이면서 동시에 영적이라는 것을 확인할 수 있었다. 에스겔 11:20은 언약 공식을 포함하고, 따라서 "언약"이라는 말이 나오지 않더라도 이 본문은 새 언약에 대해 분명히 말하고 있다.

에스겔 11:19의 "내가 그들에게 한 마음을 주고 그 속에 새 영을 주며"라는 진술은 에스겔 36:26의 "새 영을 너희 속에 두고 새 마음을 너희에게 주되"와 비슷하고, 또 예레미야 32:39에 언급된 "내가 그들에게 한 마음과 한 길을 주어"와도 비슷하다. 바울이 신약성경에서 새 언약 공동체에게 "한 마음/한 뜻을 가지라"(통상적으로 "사이좋게 지내라"로 번역되는)고 권면하는 것도 이와 같은 본문들에 당연히 근거할 것이다.

사도행전 4:32	καρδία καὶ ψυχὴ μία	한 마음과 한 뜻
로마서 12:16	φρονεῖν τὸ αὐτό	마음을 같이 하며
로마서 15:5	φρονεῖν τὸ αὐτό	뜻이 같게 하여
고린도후서 13:11	φρονεῖν τὸ αὐτό	마음을 같이 하며

<table>
<tr><td>빌립보서 2:2</td><td>φρονεῖν τὸ αὐτό</td><td>마음을 같이 하여</td></tr>
<tr><td></td><td>φρονεῖν τὸ ἕν</td><td>한 마음을 품어</td></tr>
<tr><td>빌립보서 4:2</td><td>φρονεῖν τὸ αὐτό</td><td>같은 마음을 품으라</td></tr>
</table>

확실히 바울은 에베소서 4:4에서 한 영에 대해 말할 때 에스겔서의 한 마음과 새 영을 생각하고 있었을 것이다. 그리고 한 세례(엡 4:5)는 마음에 기록된 새 언약의 교훈(즉 토라, 다시 말하자면 회개와 신앙 그리고 회심의 전체 결합)을 가리킬 것이다.

에스겔 16:59-63

59 나 주 여호와가 이같이 말하노라. "네가 맹세를 멸시하여 언약을 배반하였은즉, 내가 네 행한 대로 네게 행하리라. 60 그러나 내가 너의 어렸을 때에 너와 세운 언약을 기억하고 너와 영원한 언약을 세우리라. 61 네가 네 형과 아우를 접대할 때에 네 행위를 기억하고 부끄러워할 것이라. 내가 그들을 네게 딸로 주려니와, 네 언약으로 말미암음이 아니니라. 62 내가 네게 내 언약을 세워 내가 여호와인 줄 네가 알게 하리니, 63 이는 내가 네 모든 행한 일을 용서한 후에 네가 기억하고 놀라고 부끄러워서 다시는 입을 열지 못하게 하려 함이니라." 주 여호와의 말씀이니라.

이 본문은 예루살렘이 많은 경우에 많은 연인을 두고 자신의 남편을 속인 신부로 묘사되는 긴 비유로 끝난다. 예루살렘의 죄악은 북이스라엘 왕국의 죄악 및 남쪽 소돔 성의 죄악과 비교된다.

에스겔 16:59에 따르면 예루살렘은 신실하지 못한 많은 행위의 결과로 이스라엘 언약의 저주를 겪을 것이다. 에스겔 16:60은 이스라엘이 언약을 어긴 것에 대해 말하고, 따라서 하나님이 그들과의 영원한 언약을 보증하는 것(*bēqîm bĕrît*)에 대해 말한다. 통상적으로 *kārat bĕrît*(언약을 쪼개다)라는 표현은 언약 체결을 묘사하는 데 사용된다. "카라트 베리트"라는 표현은 이전에는 존재하지 않았으나 이제 당사자들 간에 처음으로 시작되는 언약을 가리킨다. 이에 대한 적절한 사례가 이사야 55:3과 예레미야 31:31 그리고 에스겔 34:25과 37:26이다. 반면에 "헤킴 베리트"는 이미 존재하는 서약이나 약속을 지키는 것을 일반적으로 가리킨다. 그러나 에스겔 16:60과 62절은 새 언약에 대해 "헤킴 베리트"를 사용한다. 우리는 이 본문에서 에스겔의 말을 어떻게 해석하고 이해해야 할까? 두 가지 가능성이 존재한다.

한 가지 가능성은 에스겔의 말은 이스라엘 언약과 새 언약 사이에 연계성이 있음을 암시할 수 있다는 것이다. 에스겔은 하나님이 이스라엘 언약에서 의도하신 것을 새 언약이 효과적으로 이룬다는 점을 보여주기 위해 "언약을 보증하거나 지키다"는 표현을 사용하는 것으로 볼 수 있다. "영원한 언약"이라는 말이 구약성경에서 16회에 걸쳐 등장하는 것을 확인해보면 흥미롭다. 노아 언약에 대해 2회(창 9:16; 사 24:5), 아브라함 언약에 대해 4회(창 17:7, 19; 시 105:10; 대상 16:17), 다윗 언약에 대해 1회(삼하 23:5; 참조. 대하 13:5), 새 언약에 대해 6회(사 55:3; 61:8; 렘 32:40; 50:5; 겔 16:60; 37:26), 그리고 언약의 표징에 대해 3회(창 17:13; 출 31:16; 레 24:8)가 나타난다. 구약성경 어디서도 시내산에서 맺은 이스라엘 언약이 영원한 언약으로 불리지 않는다.

새 언약에 대한 예언자들의 관점이 다양하다는 것을 주목하는 것이 중요하다. 새 언약에 대한 예언자들의 공헌은 **일률적이지 않고**, 하나님의 미래 언약 갱신의 면모를 다양한 각도에서 조명한다. 아마 우리는 일반적 언어 용법에 따라 "헤킴 베리트"라는 표현이 여기서는 "카라트 베리트"와 동등하다고 가정해서는 안 되고, 오히려 다양한 관점에 따라 새 언약의 체결을 바라보는 것으로 가정해야 한다. 에스겔 16:60은 이스라엘이 시내산에서 맺은 언약을 어겼고, 이후에 하나님은 그들과 맺은 영원한 언약을 지키신다고 말한다. 에스겔의 말은 시내산 언약과 새 언약 사이에 연계성이 있다는 것을 암시한다. 에스겔은 "언약을 보증하거나 지키다"라는 표현을 사용해 하나님이 시내산에서 맺은 언약에서 의도하신 것을 새 언약이 효과적으로 이룬다는 것을 보여준다. 이 점은 "영원한"이라는 말은 시내산에서 맺은 언약에 대해서는 결코 사용되지 않고, 여기서 새 언약이 영원한 언약으로 불리는 사실로 인해 지지를 받는다.

다른 한 가지 가능성은 이전 본문들에서 확인된 "카라트 베리트"와 "헤킴 베리트"의 구분이 이후 본문들에서는 유지되지 않는다는 것이다. 학자들은 에스겔의 언어는 그 속에 많은 변화와 발전이 발생한 것과 함께, 고전 성경 히브리어와 후기 성경 히브리어의 변천을 보여준다고 생각했다.[32] 이 본문(겔 16:59-63)에 나오는 "헤킴 베리트"의 두 가지 예는 확실히 "언약을 시작하는 것"을 의미하는 것으로 보인다. 우리는 문자적으로 "내가 너를 위해 영원한 언약을 유지하리라 = 내가 너를 위해 영원한 언약을 시행할 것이다"로 번역할 수 있다. 문맥과 관련해서 다음과 같은 것이 분명한 것 같다. 곧 영원한 언약이 이전에는 존재하지 않았지만 미래의 알려지지 않은 어느 시점에 처음으로 시작될 것이다. 이 두 번째 가능성이 훨씬 더 개연성이 높아 보인다. 따라서 이 하나의 본문에서 "헤킴 베리트"가 두 번 등장하는 것은 구약성경 전체에서 여기가 유일한 곳이다. 여기서 이 표현은 "언약을 시작하다"를 의미하는 것처럼 생각된다. 어쨌든 영원하지 않았던 것이 이제는 계속되고 영속될 것이다.

예루살렘이 사마리아와 소돔에게 넘어가겠지만 그것은 이스라엘 언약에 기초한 것이 아니다(겔 16:61). 이 진술은 새 언약에서는 옛날 이스라엘의 분리가 고침을 받고 이방인이 포함된다는 사실을 암시한다.

32　Mark F. Rooker, *Biblical Hebrew in Transition: The Language of Ezekiel*, JSOTSup 90 (Sheffield: JSOT Press, 1990)을 보라.

1 또 여호와의 말씀이 내게 임하여 이르시되 2 "너희가 이스라엘 땅에 관한 속담에 이르기를,

아버지가 신 포도를 먹었으므로,
그의 아들의 이가 시다고 함은 어찌 됨이냐?"

3 주 여호와의 말씀이니라. "내가 나의 삶을 두고 맹세하노니 너희가 이스라엘 가운데에서 다시는 이 속담을 쓰지 못하게 되리라. 4 모든 영혼이 다 내게 속한지라. 아버지의 영혼이 내게 속함 같이 그의 아들의 영혼도 내게 속하였나니 범죄하는 그 영혼은 죽으리라."

30 주 여호와의 말씀이니라. "이스라엘 족속아, 내가 너희 각 사람이 행한 대로 심판할지라. 너희는 돌이켜 회개하고 모든 죄에서 떠날지어다. 그리한즉 그것이 너희에게 죄악의 걸림돌이 되지 아니하리라. 31 너희는 너희가 범한 모든 죄악을 버리고, 마음과 영을 새롭게 할지어다. 이스라엘 족속아, 너희가 어찌하여 죽고자 하느냐?" 32 주 여호와의 말씀이니라. "죽을 자가 죽는 것도 내가 기뻐하지 아니하노니, 너희는 스스로 돌이키고 살지니라."

에스겔 18:1-4은 예언자를 통해 보낸 메시지의 주요 생각을 말한다. 반면에 18:30-32은 결론을 제공한다. 이 중요한 본문은 하나님과 하나님의 백성의 관계가 옛 언약 아래에서 어떻게 구성되는지를 다루고, 그것이 새 언약에 약속된 것과 어떤 차이가 있는지를 언급한다. 예레미야도 동일한 속담과 문제점을 배경으로(렘 31:29-30) 새 언약에 관한 메시지를 제시한다(렘 31:31-34). 우리는 다음 부분에서 세부적인 논의 및 평가와 함께 에스겔이 인용한 속담과 관련된 카슨의 중요한 주석을 제공하고 예레미야 31:29-34

의 분석도 제공할 것이다. 지금으로서는 에스겔 18:31의 "새 마음과 새 영"에 대한 언급이 예언자가 새 언약의 실재들로 말미암아 일어난 변화를 묘사하고 있음을 분명히 예증한다는 것을 확인할 수 있다. 옛 언약 아래에서 백성들과 그들의 잘못하기 쉬운 인간 지도자의 집단적 연대는 그들이 다른 사람의 죄로 말미암아 고통을 겪을 수 있다는 것을 의미했다. 그러나 이것이 새 언약 아래에서는 해당되지 않을 것이다.

에스겔 34:17-31

17 주 여호와께서 이같이 말씀하셨느니라. "나의 양 떼 너희여! 내가 양과 양 사이와 숫양과 숫염소 사이에서 심판하노라. 18 너희가 좋은 꼴을 먹는 것을 작은 일로 여기느냐? 어찌하여 남은 꼴을 발로 밟았느냐? 너희가 맑은 물을 마시는 것을 작은 일로 여기느냐? 어찌하여 남은 물을 발로 더럽혔느냐? 19 나의 양은 너희 발로 밟은 것을 먹으며, 너희 발로 더럽힌 것을 마시는도다" 하셨느니라.

20 그러므로 주 여호와께서 그들에게 이같이 말씀하시되 "나 곧 내가 살진 양과 파리한 양 사이에서 심판하리라. 21 너희가 옆구리와 어깨로 밀어뜨리고 모든 병든 자를 뿔로 받아 무리를 밖으로 흩어지게 하는도다. 22 그러므로 내가 내 양 떼를 구원하여 그들로 다시는 노략 거리가 되지 아니하게 하고, 양과 양 사이에 심판하리라. 23 내가 한 목자를 그들 위에 세워 먹이게 하리니, 그는 내 종 다윗이라. 그가 그들을 먹이고 그들의 목자가 될지라. 24 나 여호와는 그들의 하나님이 되고, 내 종 다윗은 그들 중에 왕이 되리라." 나 여호와의 말이니라.

이 본문은 자기 권력을 강화하고 백성들을 돕지 않고, 그뿐 아니라 자기들 위에 있는 신적 왕의 유익을 위해 일하지 않는 지도자들을 다루는 에스겔서에 들어 있으므로, 에스겔이 양떼의 선한 목자가 되시고, 백성들의 유익에 관심을 쏟으며, 동시에 하나님의 유익을 돕는 오실 왕과 관련해서 만물에 대한 하나님의 회복에 대해 말하는 것은 자연스럽다. 여기서 오실 왕

은 이사야 55:3과 이사야서와 같은 시기에 나온 호세아 3:5에서 언급되는
오실 왕과 비슷하게 "내 종 다윗"으로 지칭된다.

에스겔 36:22-36

22 "그러므로 너는 이스라엘 족속에게 이르기를, '주 여호와께서 이같이 말씀하시기를, 이스라엘 족속아, 내가 이렇게 행함은 너희를 위함이 아니요, 너희가 들어간 그 여러 나라에서 더럽힌 나의 거룩한 이름을 위함이라. 23 여러 나라 가운데에서 더럽혀진 이름 곧 너희가 그들 가운데에서 더럽힌 나의 큰 이름을 내가 거룩하게 할지라. 내가 그들의 눈앞에서 너희로 말미암아 나의 거룩함을 나타내리니, 내가 여호와인 줄을 여러 나라 사람이 알리라." 주 여호와의 말씀이니라.

24 "내가 너희를 여러 나라 가운데에서 인도하여 내고 여러 민족 가운데에서 모아 데리고 고국 땅에 들어가서 25 맑은 물을 너희에게 뿌려서 너희로 정결하게 하되, 곧 너희 모든 더러운 것에서와 모든 우상숭배에서 너희를 정결하게 할 것이며, 26 또 새 영을 너희 속에 두고 새 마음을 너희에게 주되 너희 육신에서 굳은 마음을 제거하고 부드러운 마음을 줄 것이며, 27 또 내 영을 너희 속에 두어 너희로 내 율례를 행하게 하리니 너희가 내 규례를 지켜 행할지라. 28 내가 너희 조상들에게 준 땅에서 너희가 거주하면서 내 백성이 되고, 나는 너희 하나님이 되리라. 29 내가 너희를 모든 더러운 데에서 구원하고 곡식이 풍성하게 하여 기근이 너희에게 닥치지 아니하게 할 것이며, 30 또 나무의 열매와 밭의 소산을 풍성하게 하여 너희가 다시는 기근의 욕을 여러 나라에게 당하지 아니하게 하리니, 31 그때에 너희가 너희 악한 길과 너희 좋지 못한 행위를 기억하고 너희 모든 죄악과 가증한 일로 말미암아 스스로 밉게 보리라. 32 주 여호와의 말씀이니라. 내가 이렇게 행함은 너희를 위함이 아닌 줄을 너희가 알리라. 이스라엘 족속아, 너희 행위로 말미암아 부끄러워하고 한탄할지어다."

예수께서 요한복음 3장에서 직접 언급하시는 새 언약에 대한 이 유명한

에스겔서 본문은 하나님이 자기 백성을 그들의 죄―그들의 부정함과 우상들―를 처리하면서 언약 관계를 회복시키시는 것에 대해 말한다. 인간 당사자의 본성적인 완고함과 신실하지 못함은 그들에게 새 마음과 새 영이 주어지면서 변화될 것이다. 에스겔 11장과 18장에 나오는 것처럼 말이다. 이 신적 영은 인간 당사자가 하나님의 교훈을 따르도록 능력을 주고 동기를 부여할 것이다. 땅도 기름지고 비옥하게 될 것이다. 하나님은 자기 백성이 아니라 자기 자신을 위해 그렇게 하실 것이다. 말하자면 신명기 32장의 모세의 노래에 제시된 것처럼 그분은 자신이 거룩하시다는 것, 즉 자신의 성품과 계획 그리고 목적에 온전히 부합하고 헌신하신다는 것을 예증하기 위해 그렇게 하신다.

에스겔 37:15-28

"신적 리더십과 회복"을 다루는 에스겔서의 여섯째 부분은 "마른 뼈 골짜기" 환상이 나오는 일곱째 부분으로 자연스럽게 이동한다. 마른 뼈 골짜기 환상은 이스라엘의 회복을 죽은 자로부터의 부활로 예언한다. 에스겔은 이 환상의 한 부분으로 이 미니 드라마 또는 단막극을 사용해서 하나님의 계시를 다음과 같이 전달한다.

15 여호와의 말씀이 또 내게 임하여 이르시되 16 "인자야, 너는 막대기 하나를 가져다가 그 위에 유다와 그 짝 이스라엘 자손이라 쓰고, 또 다른 막대기 하나를 가지고 그 위에 에브라임의 막대기 곧 요셉과 그 짝 이스라엘 온 족속이라 쓰고, 17 그 막대기들을 서로 합하여 하나가 되게 하라. 네 손에서 둘이 하나가 되리라. 18 네 민족이 네게 말하여 이르기를, '이것이 무슨 뜻인지 우리에게 말하지 아니하겠느냐' 하거든, 19 너는 곧 이르기를, '주 여호와께서 이같이 말씀하시기를, 내가 에브라임의 손에 있는 바 요셉과 그 짝 이스라엘 지파들의 막대기를 가져다가 유다의 막대기에 붙여서 한 막대기가 되게 한즉, 내 손에서 하나가 되리라 하셨다' 하고, 20 너는 그 글 쓴 막대기들을 무리의 눈앞에서 손에 잡고 21 그들에게

이르기를, '주 여호와께서 이같이 말씀하시기를, 내가 이스라엘 자손을 잡혀 간 여러 나라에서 인도하며, 그 사방에서 모아서 그 고국 땅으로 돌아가게 하고, 22 그 땅 이스라엘 모든 산에서 그들이 한 나라를 이루어서 한 임금이 모두 다스리게 하리니, 그들이 다시는 두 민족이 되지 아니하며 두 나라로 나누이지 아니할지라. 23 그들이 그 우상들과 가증한 물건과 그 모든 죄악으로 더 이상 자신들을 더럽히지 아니하리라. 내가 그들을 그 범죄한 모든 처소에서 구원하여 정결하게 한즉 그들은 내 백성이 되고 나는 그들의 하나님이 되리라.

24 내 종 다윗이 그들의 왕이 되리니, 그들 모두에게 한 목자가 있을 것이라. 그들이 내 규례를 준수하고 내 율례를 지켜 행하며, 25 내가 내 종 야곱에게 준 땅 곧 그의 조상들이 거주하던 땅에 그들이 거주하되, 그들과 그들의 자자손손이 영원히 거기에 거주할 것이요, 내 종 다윗이 영원히 그들의 왕이 되리라. 26 내가 그들과 화평의 언약을 세워서 영원한 언약이 되게 하고, 또 그들을 견고하고 번성하게 하며 내 성소를 그 가운데에 세워서 영원히 이르게 하리니, 27 내 처소가 그들 가운데에 있을 것이며, 나는 그들의 하나님이 되고 그들은 내 백성이 되리라. 28 내 성소가 영원토록 그들 가운데에 있으리니, 내가 이스라엘을 거룩하게 하는 여호와인 줄을 열국이 알리라 하셨다' 하라."

두 나무 막대기를 하나로 합하는 에스겔의 극적인 행동은 유다와 이스라엘로 떨어져 있는 분열 왕국이 포로로부터 귀환하여 한 나라로 결합되는 것을 상징한다.

하나님은 그들의 죄와 죄악을 처리하실 것이다. 여기에 언약 공식이 두 번에 걸쳐 나오는 것을 주목해보라. "그들은 내 백성이 되고 나는 그들의 하나님이 되리라"(겔 35:23). "나는 그들의 하나님이 되고 그들은 내 백성이 되리라"(겔 35:27). 두 부분으로 이루어진 이 공식은 두 명령 모두에서 사용된다.

이 언약 관계는 그들이 죄로부터 깨끗해지면 회복될 것이다. 에스겔은 "화평의 언약"이라는 말과 "영원한 언약"이라는 말을 함께 사용해 이 두 가지 말이 동일한 언약을 가리키는 두 가지 방식이라는 것을 보여준다. "화평의 언약"이라는 말은 특히 야웨와 그의 백성의 화목을 강조하는 문맥에서 사용된다. 야웨의 백성들이 우상숭배 및 하나님 언약의 교훈을 위반한 그들의 불충함 때문에 화평의 언약이 필요하다. "영원한 언약"이라는 말은 이스라엘 언약(그리고 확실히 이전의 언약들)에서 신실하지 못한 인간 당사자의 문제점이 영원히 드러나리라는 것을 강조하는 데 사용된다. 곧 이스라엘은 진실로 거룩해질 것이다. 다시 말해 그들은 야웨께 헌신적이고 경건하며 신실하게 될 것이다.

이 다윗 왕은 새롭게 된 이스라엘을 다스리는 자로 세워지고, 그 결과 백성들은 언약의 교훈들을 주의하여 지킬 것이다.

결론적으로 성전이 회복될 것이다. "내 성소가 영원토록 그들 가운데에 있으리니"(겔 35:28).

에스겔 35:25은 구약성경에서 여러 중요한 요소를 하나로 결집시킨 강력한 진술이다. "내가 내 종 야곱에게 준 땅, 곧 그의 조상들이 거주하던 땅에 그들이 거주하되 그들과 그들의 자자손손이 영원히 거기에 거주할 것이요. 내 종 다윗이 영원히 그들의 왕이 되리라." 에스겔서―그리고 확실히 이사야서와 예레미야서―사유의 전개와 진행을 주의 깊게 따라온 독자들은 새 예루살렘과 새 창조물이 동일한 시공간에 속한다는 점에서 그 땅에 사는 새롭게 된 이스라엘에 관한 약속이 성취되고 있음을 깨달을 것이다. 확실히 사도 요한은 요한계시록 21-22장에서, 에스겔 40-48장의 새 성전에 대한 에스겔의 묘사에 나타난 새 창조를 인정한다. 또한 주의 깊은 독자들은 앞에서 살펴본 에스겔 16장에서 새롭게 된 이스라엘은 더 이상 민족적 요소에 기초하지 않고, 야웨와 화목하고 야웨를 믿는 자로 정의된다는 결론을 도출할 것이다. "예루살렘은 사마리아와 소돔에게 주어지겠지만 그것은 이스라엘 언약을 기초로 해서가 아니다"(겔 16:61을 보라). 새 언약에서는 옛날 이스라엘의 분리가 고침 받고 이방인이 포함된다. 오직 신실한 인간 당사자(즉 신자들)만이 언약 공동체를 구성한다. 그리고 다윗 메시아가 모든 것을 다스리는 통치자다.

따라서 이 본문은 에스겔서 이전 본문들에서 개별적으로 다루어지는 새 언약에 대한 다양한 모든 요소들을 하나로 결집시킨다.

13장

새 언약:
예레미야서

예레미야서의 기본 메시지는 다음과 같은 몇 마디 말로 요약할 수 있다. "바빌론 사람들이 오고 있다." 예레미야는 기원전 627년에 예언자로 활동을 시작해 기원전 587년에 예루살렘이 멸망하고 난 이후 몇 년간 더 활동했다. 그는 이 기간 동안 신아시리아 제국의 멸망과 나보폴라사르(Nabopolassar)와 그의 유명한 아들 느부갓네살이 이끈 바빌로니아 제국의 급격한 발흥에 대해 예언했다. 예레미야는 요시야 같은 왕들의 이스라엘 민족의 개혁 시도가 부적절하다는 것을 알고 있었고, 유명한 "성전 설교"에서는, 이전의 이사야와 이후의 에스겔이 그렇게 한 것처럼, 이스라엘 백성들의 위선적 예배에 대해 경고했다.

MT 본문과 70인역의 (해결되지 않은) 큰 차이는 우리가 예레미야서 본문을 연구하는 데 골치를 썩인다. 이런 골치에도 불구하고 덤브렐은 예레미야의 예언이 세상과 유다를 관련시키려는 의도가 있음을 올바르게 주목한다. MT 본문의 배열에 대한 다음과 같은 덤브렐의 옹호는 주목할 만하다.

히브리어 성경에서 예레미야의 예언이 이방 민족들에 대한 신탁으로 끝나는 것은 의미심장하다. 널리 인정되고 있는 것처럼 그리스어 구약성경(70인역)에서는 이 신탁들이 예레미야 25:13a과 15절 사이에 위치한다. 하지만 이것은 예루살렘의 멸망과 멸망 직전에 있었던 일을 설명하면서 예레미야서를 끝맺으려는 목적뿐만 아니라 더 일관된 역사적 구조를 만들려는 열망에서 편집된 것으로 보인다. 우리가 예언자 예레미야의 부르심의 본질과 히브리어 성경에서는 이 신탁들이 예레미야서의 마지막 부분에 위치한 것을 함께 조명해본다면, 그 본문의 위치는 그 예언이 국제주의에 초점을 맞추고 있음을 분명하게 보여준다. 이 국제적인 정치적 관점은 예레미야가 알고 있었던 것처럼 당시에 조직된 모든 세계는 바빌론의 주도 아래 구성된 새로운 사회 구조에 포함되어 있었다는 사실을 인정한다.

나아가 형식적 구조의 관점에서 보면 예레미야 51:64은 1:1과 수미상관 관계를 구성한다. 예레미야 46-51장에 나오는 이방 민족들에 대한 신탁은 지리적 관점에 따라 배열되고(이집트, 블레셋, 모압, 암몬, 에돔, 다메섹, 아랍[게달과 하솔], 엘람 그리고 마지막으로 바빌론), 바빌론에 굴복하지 않은 것을 공통 주제로 갖고 있다. 마지막으로 바빌론 자체는 "휘브리스"(*hubris*, 교만)로 처벌받는다. 이 신탁들은 유다가 바빌론의 헤게모니를 세계적인 상황의 새로운 한 요소로 인정해야 할 필요가 있다는 사실을 보여주는 예레미야 예언의 일관된 취지를 강조한다.[1]

예레미야서의 구조와 형태

우리가 새 언약 및 새 언약과 관련된 문제들을 다루는 연구와 관련된 핵심 본문들을 고찰할 경우에 예언서 중 가장 긴 이 작품에 관한 간단한 개요가 우리에게 도움을 줄 것이다.

예레미야서의 개요

표제 1:1-3

1. 예레미야의 부르심과 환상	1:4-19
2. 유다와 예루살렘에 대한 심판	2-25장
A. 이스라엘의 죄책과 처벌	2-6장
B. 예레미야의 성전 설교	7-10장
C. 경고와 심판	11:11-15:9
D. 고백, 상징 행위, 설교	15:10-25:38
3. 예레미야와 거짓 예언자들 간의 논쟁	26-29장

---

[1] William J. Dumbrell, *The End of the Beginning: Revelation 21-22 and the Old Testament* (Homebush West, NSW, Australia: Lancer, 1985), 83.

예레미야 4:2

무엇보다 먼저 우리의 관심은 예레미야 4:2에 있다. 예레미야서 앞부분에 속해 있는 이 본문은 이스라엘과 야웨의 관계, 그리고 이 관계가 모든 민족에게 미치는 영향과 의미에 초점을 맞추고 있다.

1 여호와께서 이르시되

   "이스라엘아, 네가 돌아오려거든

     내게로 돌아오라.

네가 만일 나의 목전에서 가증한 것을 버리고,

     네가 흔들리지 아니하며,

2 진실과 정의와 공의로

     여호와의 삶을 두고 맹세하면,

나라들이 나로 말미암아 스스로 복을 빌며

     나로 말미암아 자랑하리라."

설명을 돕기 위해 2절의 히브리어 본문을 제시하면 다음과 같다.

וְנִשְׁבַּעְתָּ חַי־יהוה בֶּאֱמֶת בְּמִשְׁפָּט וּבִצְדָקָה

וְהִתְבָּרְכוּ בוֹ גּוֹיִם וּבוֹ יִתְהַלָּלוּ׃

예레미야 4:1-2을 해석할 때 설명을 요하는 네 가지 문제가 있다. 첫째, ESV에서 "흔들리다"(waver)로 번역된 히브리어 동사는 נוד(누드)이고, 이 단어의 일차적 의미는 "이리저리 다니다/앞뒤로 흔들리다/퍼덕거리다/요동하다/흔들다/파도치다"이다(예. 왕상 14:15). 그 단어의 이차적인 의미는 "정처 없다/헤매다"(예. 창 4:12, 14) 또는 "도망하다"(예. 렘 49:30; 50:3, 8)이다. 존 브라이트(John Bright)는 "내 앞에서 빗나가지 말며"로 번역하는데,[2] 그의 번역은 NIV의 번역과 비슷하다. 그러나 여기서는 ESV의 번역이 더 좋은 번역이다. 그것은 이스라엘이 야웨의 언약 관계에 있어 충성과 불-충성 사이에서 변덕스럽게 흔들리는 것을 의미하는 은유적 의미이기 때문이다. 이스라엘의 언약에 대한 불-충성과 변덕스러움은 예레미야서의 중요한 주제다. 예레미야는 "이스라엘 백성들의 악한 마음의 완고함"과 그들의 고질적인 상처에 대해 자주 말한다. 확실히 예레미야 3:1-4:4 전체는 야웨에 대한 언약적인 사랑에 헌신적이고 신실한 충성으로 돌아오라고 촉구한다.

둘째, 우리는 여기서 "바라크" 동사의 히트파엘 형을 다시 한번 마주한다. 이것은 다른 많은 해석들이 가능하다. 그뤼네베르크의 분석은 매우 꼼꼼해서 충분히 인용할 만한 가치가 있다.

지금 여기서 사용된 히트파엘 형은 대체로 재귀적 용법으로 판단된다(NASB, NKJV, JB, RSV).[3] 하지만 수동태 번역이 알려져 있지 않은 것은 아니다(예. NIV, NRSV, 브라이트). 그렇지만 다시 말해 수동태 의미는 의심스러워 보인다. 왜냐하면 התברכו(개역개정-스스로 복을 빌며)는 יתהלל(개역개정-자랑하리라)와 평행 관계를 이루기 때문이다. 여기서 후자의 말은 잠언 31:30에서 수동태로 사용된 것으로 보인다(이 책 200-201쪽을 보라). 그러나 다른 곳에서는 일정하게 "칭송하다"와 "자랑하다"는 의미로 사용된다. 문맥은 예컨대 다음과 같

---

2   John Bright, *Jeremiah*, 2nd ed, Anchor Bible 21 (New York: Double days, 1965), 21.

3   개역개정은 재귀적 용법으로 이해해서 "스스로 복을 빌며"로 번역한다— 역자 주.

은 본문들에서 주어가 자랑을 행하는 것을 분명히 한다. 예레미야 49:4(그것이 "재물을 의지하는 것"과 연계되어 있음, הבטחה באצרתיה), 시편 34:3[2](시편 저자가 하나님을 찬양함), 시편 105:3(백성들에게 감사하고 알리고 노래하고 즐거워하라고 명령함), 이사야 41:16("길"[즐거워하다]과 평행을 이룸). 다른 곳에서 그것은 수동태 의미를 배제하기가 확실히 더 어렵다. 하지만 비수동태 의미가 더 개연성이 있는 것으로 보인다(예. 렘 9:22-23; 왕상 20:11; 시 52:3[1]). 따라서 예레미야 4:2에서 יתהללו בו의 의미는 "그들[나라들]이 그를 자랑하리라"[즉 그에 대한 찬양을 말함으로써]는 것이 압도적으로 개연성이 높아 보인다. 그러므로 והתברכו בו는 "그들[나라들]이 그로 말미암아[즉 그의 이름으로] 복을 빌 것이다"가 된다. 수동태 의미가 배제된 것에 대해 이 분석은 시편 72:17에서 יתברכו(복을 받으리니)에 주어진 설명을 반복할 것이다(세부적인 주장을 보려면 이 책 213-214쪽을 보라). 묘사된 일차 상황은 아마 개인들이 다른 개인들에게 복을 말하는 상황일 것이고, 이것은 재귀적 의미나 상호 관계 의미와 분명히 일치하는 것은 아니다. 그러나 주된 요점은 엄밀히 복을 받는 자가 누구냐(또는 복을 베푸는 자가 누구냐)가 아니라, 복이 말해질 때 하나님의 이름을 사용하는 것에 있다. 따라서 다시 우리는 히트파엘 형의 발화 행위로 이해하는 것이 가장 개연성이 높다.[4]

이 분석은 앞에서 인용했던 리(Lee)의 분석, 곧 창세기 12:3과 이후에 이 본문이 반복된 형태로 등장한다는 분석과 조화한다는 사실을 주목하라. 우리는 니팔 형은 수동태 의미가 있고("그들이 복을 받을 것이다"), 히트파엘 형은 선언적-평가적인 재귀적 의미("그들이 스스로 복 있는 것으로 선언할 것이다")가 있다고 결론지었다. 그럼에도 누난(Noonan)이 "바라크"의 히트파엘 형에 대한

---

4   Keith N. Grüneberg, *Abraham, Blessing, and the Nations: A Philological and Exegetical Study of Genesis 12:3 in Its Narrative Context* (Berlin: Walter de Gruyter, 2003), 217. Bright는 실제로 이 히트파엘 형을 수동적 용법이 아니라 재귀적 용법으로 해석한다(Bright, *Jeremiah*, 21).

논의에서 보여준 것처럼 이 히트파엘 형은 "발화 행위 히트파엘"이 아니라 선언적-평가적인 재귀의 의미를 갖고 있다.

만일 나라들이 하나님께 신뢰를 두고 그들의 행복을 하나님 안에서 찾고 스스로 하나님을 자랑한다면, 이 평행 관계는 나라들 역시 하나님으로부터 복을 찾으리라는 것을 암시한다. 다시 말해 핵심은 복이나 찬양에 대한 진술이 말해지고 있다는 것이 아니다. 비록 그런 일이 일어날 수 있다고 해도 말이다. 오히려 핵심은 나라들이 자기들의 신뢰를 하나님께 두고 하나님의 복을 추구한다는 것이다. 이와 같은 이해는 이 문학적 장치라는 포괄적 문맥에서 일관되고, 이 문맥에서 예레미야 3:17은 하나님의 복 안에 나라들을 포함시키는 것을 언급한다. 따라서 예레미야는 이스라엘이 나라들에게 질투심을 불러일으킬 것이라고 표현한다(참조. 사 19:24-25). 이스라엘이 회개할 때 나라들은 이스라엘이 어떻게 하나님과의 언약 관계로부터 유익을 얻는지 보고, 자기들도 하나님으로부터 오는 복을 얻기 위해 그 관계 속에 들어가기를 바랄 것이다.[5]

셋째, "나라들이[gôyīm] 그 안에서 스스로 복 있는 것으로 간주하며"[6]에서 3인칭 대명사 그는 누구를 가리킬까? 문맥의 근접성 원리에 따르면 그것은 야웨를 가리키는 것이 틀림없다.[7] 만일 창세기 12:3의 약속과 그 약속의 반복에 대한 암시가 있다면,[8] 이 본문은 독자에게 다른 의미를 제시한다. 나라들은 아브라함이나 그의 가족에게 복을 받는 것이 아니라 야웨께 복을 받은 것을 스스로 선언한다.[9]

---

5   Benjamin J. Noonan, "Abraham, Blessing, and the Nations: A Reexamination of the Niphal and Hitpael of ברך in the Patriarchal Narratives," *Hebrew Studies 51* (2010): 83.

6   개역개정에는 "나라들이 나로 말미암아 스스로 복을 빌며"로 번역되어 있다—역자 주.

7   대명사 지시 대상에 대한 더 상세한 설명은 Grüneberg, *Abraham, Blessing, and the Nations*, 217-218을 보라.

8   렘 4:2이 창 12:3을 암시하거나 사용하고 있는지 또는 반복하고 있는지 여부 문제는 간단히 설명될 것이다.

넷째, 예레미야 4:1-2은 확대 조건문으로, 해석자들은 조건절 즉 "조건절"이 끝나는 곳과 "귀결절"(then)이 어디서 시작되는지에 대해 의견의 차이를 보인다. 많은 영어 번역이 4:2a을 위에서 인용한 ESV의 본문처럼 번역한다. 반면에 존 브라이트는 다음과 같이 귀결절이 4:2b이 아니라 4:2a에서 시작하는 것으로 본다.

If you return, O Israel-Yahweh's word-

오 이스라엘아, 네가 돌아오려거든-야웨의 말씀-

To *me* return,

내게로 돌아오라

If you put your vile things aside

만일 네가 가증한 일을 버리고

Nor stray from my presence

내 앞에서 빗나가지 않으면

Then might you swear, "As Yahweh lives,"

그러면 너는 "야웨께서 살아 계시므로"

Truthfully, justly, and rightly,

진실로, 정의롭게 그리고 정당하게 맹세할 수 있고,

And the nations by him would bless themselves,

또 나라들은 그로 말미암아 복을 얻을 것이며,

And in him exult.[10]

그 안에서 크기 기뻐하리라.

---

9   렘 4:2의 본문이 창 12:3의 변형이라는 확언에 대해서는 J. A. Thompson, *The Book of Jeremiah,* New International Commentary on the Old Testament (Grand Rapids, MI: Eerdmans, 1980), 213을 보라.

10   Bright, *Jeremiah,* 21.

브라이트의 번역이 히브리어 본문의 의미를 더 잘 제시한다. 예레미야 4:2a과 2b절은 모두 "와우" 연계형 완료 동사로 시작된다. 나아가 4:1a부터 4:1b까지 반복되는 "조건절"은 4:2a에서는 더 이상 반복되지 않는다. 이것은 우리가 조건절에서 귀결절로 이동하고 있음을 나타내는 분명한 표시지만, 4:2b을 귀결절의 시작으로 구별할 수 있는 분명한 표시는 있을 수 없다. 브라이트는 사유의 흐름도 잘 파악한다. 만일 이스라엘이 언약 관계에 따라 야웨께 순수한 헌신과 충성을 갖고 돌아온다면, 이스라엘이 야웨의 이름을 사용하는 것은 그들의 신실함과 정의를 나타낼 것이다. **따라서** 이것은 이스라엘의 하나님께 돌아가도록 나라들에게 영향을 미칠 것이다. 이것이 창세기 12장 이후로 전개되는 구약성경의 플롯 구조다.

그뤼네베르크는 주로 동일한 어휘가 거의 사용되지 않고 있다는 것을 이유로 예레미야 4:2이 창세기 본문을 암시하고 있다는 사실을 의심한다.[11] 앞서 우리는 창세기 12장이 하나님은 정확히 창세기 1:26-27에 묘사된 대로 언약 관계를 통해 인간의 마음과 삶 속에 자신의 통치를 확립하신 사실을 설명한다는 점을 확인했다. 이런 생각은 분명하게 같다. 그러나 어휘와 말은 별로 비슷하지 않다. 이스라엘이 야웨와의 관계에 신실할 때 복이 민족들에게 흘러갈 것이라는 예레미야 4:2의 생각은 아브라함에게 주어진 약속들의 성과로서 이스라엘 언약에 명확히 기초한다.

예레미야 12:14-17

방금 제시한 예레미야 4:1-2의 해석은 다음과 같은 내용으로 이루어진 예레미야 12:14-17의 신탁으로 확증되고 강화된다.

---

11 Grüneberg, *Abraham, Blessing, and the Nations*, 218-219.

14 내가 내 백성 이스라엘에게 기업으로 준 소유에 손을 대는 나의 모든 악한 이웃에 대하여 여호와께서 이와 같이 말씀하시니라. "보라, 내가 그들을 그 땅에서 뽑아버리겠고, 유다 집을 그들 가운데서 뽑아내리라. 15 내가 그들을 뽑아 낸 후에 내가 돌이켜 그들을 불쌍히 여겨서 각 사람을 그들의 기업으로, 각 사람을 그 땅으로 다시 인도하리니, 16 그들이 내 백성의 도를 부지런히 배우며 살아 있는 여호와라는 내 이름으로 맹세하기를, 자기들이 내 백성을 가리켜 바알로 맹세하게 한 것 같이 하면 그들이 내 백성 가운데에 세움을 입으려니와 17 그들이 순종하지 아니하면 내가 반드시 그 나라를 뽑으리라 뽑아 멸하리라." 여호와의 말씀이니라.

여기서 야웨는 "내가 내 백성 이스라엘에게 기업으로 준 소유에 손을 대는 나의 모든 악한 이웃에 대하여" 말씀하신다. 역사적으로 말하자면 이 이웃은 많은 세월 동안 이스라엘 땅과 백성들에게 해를 입힌 이스라엘 주변의 땅과 민족들을 가리킬 것이다. 곧 그들 중 일부 민족의 이름을 언급한다면, 그것은 아람 족속과 에돔 족속, 모압 족속, 블레셋 족속, 그리고 더 넓게 본다면 아시리아 사람과 바빌론 사람 및 이집트 사람이다.

예레미야 12:14은 유다의 포로에 대해서만 말하는 것이 아니라 이스라엘 주변의 땅과 사람들의 포로에 대해서도 말한다. "뽑아내다"는 동사는 두 가지를 의미할 수 있다. 땅에서 뽑아내는 것은 사람들을 포로로 보내는 것을 의미할 것이다. 또 그들 중 유다를 뽑아내는 것은 유다를 포로상태로부터 돌려보내는 것을 의미할 것이다. 그러나 놀라운 것은 12:15에 따르면 **각 땅**과 **사람**을 포로상태로부터 귀환시킬 것이라는 점이다. 그리고 모든 포로가 고향으로 돌아올 때, 만약 민족들이 이스라엘로부터 이스라엘의 하나님의 이름으로 맹세하는 법을 배운다면, 그들 역시 회복된 이스라엘 가운데에 "세움을 입을" 것이다. 그러나 그렇게 하지 않는다면 그들은 각각 영원히 한 나라로서 진멸 당할 것이다.

예레미야 12:14-17이 예레미야 4:1-2과 분명하게 유사한 것은 새롭게 되고 회복된 이스라엘(신실함과 사회적 정의로 야웨께 신실하고 충성하는)을 통해 민족들이 동일하신 야웨를 섬기는 자가 되고, 새롭게 된 하나님의 백성 **가운데에** 세워질 것이라는 생각이다.

예레미야 12:14-17에서 추가되고 새롭게 나타나는 생각은 포로상태로부터의 귀환 개념이 유다와 이스라엘뿐만 아니라 민족들에게도 적용된다는 것이다. 이런 생각은 우리가 살펴볼 다음 본문 곧 예레미야 16:14-18에서 더 깊이 전개된다.

예레미야 16:14-18

14 여호와의 말씀이니라. "그러나 보라, 날이 이르리니 다시는 이스라엘 자손을 애굽 땅에서 인도하여 내신 여호와께서 살아 계심을 두고 맹세하지 아니하고, 15 이스라엘 자손을 북방 땅과 그 쫓겨났던 모든 나라에서 인도하여 내신 여호와께서 살아 계심을 두고 맹세하리라. 내가 그들을 그들의 조상들에게 준 그들의 땅으로 인도하여 들이리라."

16 여호와의 말씀이니라. "보라, 내가 많은 어부를 불러다가 그들을 낚게 하며 그 후에 많은 포수를 불러다가 그들을 모든 산과 모든 언덕과 바위틈에서 사냥하게 하리니, 17 이는 내 눈이 그들의 행위를 살펴보므로 그들이 내 얼굴 앞에서 숨기지 못하며 그들의 죄악이 내 목전에서 숨겨지지 못함이라. 18 내가 우선 그들의 악과 죄를 배나 갚을 것은 그들이 그 미운 물건의 시체로 내 땅을 더럽히며 그들의 가증한 것으로 내 기업에 가득하게 하였음이라."

이미 언급한 것처럼 예레미야는 다음과 같은 일관된 메시지를 전한다. "바빌론 사람들이 오고 있다! 유다는 포로로 잡혀갈 것이다." 그러나 이것이 메시지의 전부가 아니다. 아울러 위로의 메시지도 있다. "하나님이 이 백성들을 포로상태에서 이끌어내실 것이다." 추방과 포로상태로부터의 귀환에 관한 이 메시지는 예레미야 16:14-15에서 먼저 직설적인 말로 표현되고, 이어서 16절에서 비유 언어로 반복된다.[12]

예레미야 16:14-15에서 포로상태로부터의 귀환은 새 출애굽으로 묘사된다. 출애굽은 이스라엘 역사에서 큰 사건이었다. 그럼에도 규모와 중요성 면에서 이 출애굽은 미래의 포로상태로부터의 귀환과 비교하면 빛이 바랠 것이다. 미래에 새롭게 된 야웨의 백성은 이집트에서 탈출한 사건으로 정의되거나 규정되지 않고, 오히려 모든 포로가 고향으로 돌아오는 "새 출애굽" 사건으로 정의되거나 규정된다. 예레미야 16:15에 따르면 새 출애굽 사건에서 이스라엘 자손은 북방 땅으로부터 인도함을 받는다. 왜냐하면 아시리아와 바빌론에서 이스라엘로 들어가는 통상적인 여행 통로는 동방 통로가 아니라 북방 통로이기 때문이다.

예레미야 16:16은 그리 흔치 않은 비유 언어를 사용해 야웨께서 모든 포로를 돌아오게 하시는 수고와 여정을 묘사하고 제시한다. 거기 보면 어업 및 사냥과 포로상태로부터의 귀환 사이에 비교가 이루어진다. 고기를 낚고 사냥을 하는 자는 대상을 포획하기 위해 인내와 전략 그리고 시간이 필요하다. 마찬가지로 하나님도 자신의 "포획물" 즉 포로들을 잡기 위해 상당한 인내와 전략 그리고 시간이 필요하실 것이다.

여기서 잠시 이 예언의 성취에 대한 예수와 사도들의 해석을 따르는 것이 유익하다. 예수께서 자신의 특별 대리인으로 훈련시킬 열두 제자를 선택하는 과정에서 보는 것처럼 마태복음 4장 본문에는 예레미야 16:16에 대한 분명하고 명백한 언급이 들어 있다.

18 갈릴리 해변에 다니시다가 두 형제 곧 베드로라 하는 시몬과 그의 형제 안드레가 바다에 그물 던지는 것을 보시니, 그들은 어부라. 19 말씀하시되 "나를 따라오라, 내가 너희를 사람을 낚는 어부가 되게 하리라" 하시니(마 4:18-19).

---

12 이 생각과 말들의 반복에 대해서는 렘 23:8과 31:8을 참조하라.

예수께서 베드로와 안드레에게 자신이 그들을 "사람을 낚는 어부"가 되게 할 것이라고 이야기하셨을 때 예레미야 16:16을 직접 언급하시는 것이고, 자신이 자기를 따르는 자들을 사용해서 포로들을 고향으로 이끌 것임을 말씀하는 것이다. 우리는 앞에서 포로상태로부터의 귀환이 두 단계로 이루어진다는 것을 확인했다. (1) 바빌론으로부터의 (물리적) 해방, (2) 죄와 정죄와 사망으로부터의 (영적) 해방. 여기서 포로상태로부터의 귀환의 두 번째 단계는 예수의 오심과 그분의 사역으로 시작된다. 이것은 새 출애굽이 예수 그리스도의 인격과 사역에서 시작되었음을 언급하는 복음서의 많은 본문에 의해 입증되었다.

포로들을 고향으로 이끄는 일은 사실 주 예수의 초림으로 시작되었고, 그분의 재림으로 완결되었다. 이것은 바울이 데살로니가전서 4:13-18에서 이사야 27:12-13을 분명히 언급하는 것으로 분명해진다.

> 13 형제들아, 자는 자들에 관하여는 너희가 알지 못함을 우리가 원하지 아니하노니, 이는 소망 없는 다른 이와 같이 슬퍼하지 않게 하려 함이라. 14 우리가 예수께서 죽으셨다가 다시 살아나심을 믿을진대, 이와 같이 예수 안에서 자는 자들도 하나님이 그와 함께 데리고 오시리라. 15 우리가 주의 말씀으로 너희에게 이것을 말하노니, 주께서 강림하실 때까지 우리 살아남아 있는 자도 자는 자보다 결코 앞서지 못하리라. 16 주께서 호령과 천사장의 소리와 하나님의 나팔 소리로 친히 하늘로부터 강림하시리니, 그리스도 안에서 죽은 자들이 먼저 일어나고 17 그 후에 우리 살아남은 자들도 그들과 함께 구름 속으로 끌어 올려 공중에서 주를 영접하게 하시리니, 그리하여 우리가 항상 주와 함께 있으리라. 18 그러므로 이러한 말로 서로 위로하라.[13]

주의 강림하심은 천사장이 하나님의 나팔을 부는 소리로 선포된다. 바

---

13 ESV는 이 본문을 저자 자신의 번역에 따라 수정했다.

울이 말하는 나팔 소리는 직접 계시로 들은 어떤 것이 아니고, 오히려 그가 자신의 성경책 곧 구약성경 이사야 27장에서 배운 것이다.

12 너희 이스라엘 자손들아, 그날에 여호와께서 창일하는 하수에서부터 애굽 시내에까지 과실을 떠는 것 같이 너희를 하나하나 모으시리라. 13 그날에 큰 나팔을 불리니, 앗수르 땅에서 멸망하는 자들과 애굽 땅으로 쫓겨난 자들이 돌아와서 예루살렘 성산에서 여호와께 예배하리라(사 27:12-13).

이사야는 여기서 포로들을 마지막으로 모으는 것을 언급하고 있고, 그는 이것을 추수하는 것과 비교하고 있다. 따라서 데살로니가전서 4장에서 주께서 친히 강림하시는 것을 선포하기 위해 불은 큰 나팔은 포로들을 고향으로 이끄는 마지막 단계에 대한 신호다.

그러므로 예수와 사도들에 따르면 포로들을 모으는 것은 그리스도의 초림으로 시작되어 재림으로 끝나는 일이다.

예레미야 16:17과 18절이 새 출애굽을 필요로 하는 추방과 포로의 이유를 독자들에게 상기시키면서 단락을 끝맺는 것에 주목해보자. 그렇게 단락을 끝맺는 것은 이스라엘 자손의 우상숭배가 야웨께 숨겨지지 못하고, 야웨는 출애굽기 19-24장에 나오는 언약, 곧 시내산에서 맺어지고 그리심산과 에발산 위에서 신명기에 보충된 언약을 어긴 이스라엘 자손들에게 보응하시기 때문이다. NIV(대다수 번역들도 마찬가지다)는 예레미야 16:18 첫 부분의 번역 곧 "내가 그들의 악과 그들의 죄에 대하여 그들에게 두 배로 갚을 것이다"는 원문의 의미를 제대로 이끌어내지 못한다. 히브리어 본문의 문자적 번역은 이렇다. "내가 먼저 그들의 죄악과 죄를 두 배로 갚을 것이다." 이것은 하나님의 처벌의 값이 두 배라는 것을 의미하는 것이 아니고, 형벌이 악행과 엄밀하게 일치한다는 것을 의미한다. 이 언약에서 공의의 기초는 **렉스 탈리오니스**(*lex talionis*) 곧 보복 원리다. "눈은 눈으로, 이는 이로, 손은 손으로, 발은 발로, 덴 것은 덴 것으로, 상하게 한 것은 상함으로, 때린 것은 때

림으로 갚을지니라"(출 21:24-25). 모든 범죄에 대해 엄밀하게 동등해야 할 보응이 있고, 일으킨 손해나 해보다 더 커서는 안 된다.[14]

예레미야 31:27-40

이제 예레미야 31:27-40을 살펴보자. 이 본문은 예레미야서에서 새 언약에 관한 주된 본문일 뿐만 아니라 구약성경에서 "새 언약"이라는 말이 실제로 사용되는 유일한 본문이다. 새 언약에 관한 본문은 보통 "위로의 책"으로 불리는 잘 정리된 부분(렘 30-31장)에서 나타나는데, 이 부분 앞에는 예레미야 그리고 그와 거짓 예언자들과의 논쟁이 제공한 방대한 메시지가 나오고, 뒤에는 마지막 때 예루살렘에 관한 묘사와 이방 민족들에 대한 신탁이 나온다. 다행스럽게도 예레미야의 메시지는 모두 나쁜 소식이 아니다. 멸망과 심판을 예언하는 가운데에 하나님의 백성의 미래의 회복에 대한 놀라운 메시지가 들어 있다.

예레미야 31:27-40을 어느 정도 상세히 검토하기 전에 문맥을 살펴보는 것이 중요하다.

예레미야 30-31장의 개요: 위로의 책

서론: 하나님 백성의 회복과 귀환에 대한 약속	30:1-3
장차 임할 고통의 때, 그러나 야곱은 구원받을 것임	30:4-7
이스라엘의 징계와 구원, 민족들의 멸망	30:8-11
고칠 수 없는 상처: 이스라엘의 징계	30:12-17

14　나는 단독으로 이 해석에 이르렀으나 나중에 Meredith G. Kline, "Double Trouble," *JETS* 32/2 (1989): 171-179에서 그것이 입증된 것을 확인했다.

이 개요는 우리가 살펴볼 즉각적인 문맥에 본문을 위치시켜 포괄적 문맥에서 사유의 흐름을 파악하도록 도움을 준다. 예레미야 30:1-3은 이 부분 전체에 대한 일종의 서론이자 표제를 구성한다. 그리고 예레미야 30:4-11은 이 부분 전체의 생각을 요약하는데, 그것은 민족들에게는 멸망이 임하지만 이스라엘에게는 회복이 있다는 것이다. 따라서 회복이 상세히 묘사되는데, 북 왕국 이스라엘의 회복으로 시작해서 남 왕국 유다의 회복으로 끝난다. 사상의 흐름이 우리가 다시 모이고 회복된 백성을 보는 곳에 도달하면 새 언약에 대한 선포가 이루어진다. 이후로 새 언약의 영속성에 대한 설명과 새 예루살렘을 잠시 들여다보는 내용이 이어진다.

이 본문 전체가 여기서 설명 없이 인용된다. 히브리서 저자도 똑같이 설명 없이 인용하고 그 이후 신약성경에서 가장 긴 구약성경 본문을 인용하는 것은 히브리서 저자에게 그 원인이 있다. 다시 말해 이것은 이 본문의 중요성을 보여준다.

26 내가 깨어 보니 내 잠이 달았더라.

27 여호와의 말씀이니라. "보라! 내가 사람의 씨와 짐승의 씨를 이스라엘 집과 유다 집에 뿌릴 날이 이르리니, 28 깨어서 그들을 뿌리 뽑으며 무너뜨리며 전복하며 멸망시키며 괴롭게 하던 것과 같이 내가 깨어서 그들을 세우며 심으리라." 여호와의 말씀이니라. 29 "그때에 그들이 말하기를,

다시는 아버지가 신 포도를 먹었으므로
아들들의 이가 시다 하지 아니하겠고.

30 신 포도를 먹는 자마다 그의 이가 신 것 같이 누구나 자기의 죄악으로 말미암아 죽으리라."

31 여호와의 말씀이니라. "보라! 날이 이르리니 내가 이스라엘 집과 유다 집에 새 언약을 맺으리라. 32 이 언약은 내가 그들의 조상들의 손을 잡고 애굽 땅에서 인도하여 내던 날에 맺은 것과 같지 아니할 것은 내가 그들의 남편이 되었어도 그들이 내 언약을 깨뜨렸음이라." 여호와의 말씀이니라. 33 "그러나 그날 후에 내가 이스라엘 집과 맺을 언약은 이러하니 곧 내가 나의 법을 그들의 속에 두며 그들의 마음에 기록하여 나는 그들의 하나님이 되고 그들은 내 백성이 될 것이라." 여호와의 말씀이니라. 34 "그들이 다시는 각기 이웃과 형제를 가리켜 이르기를 '너는 여호와를 알라' 하지 아니하리니 이는 작은 자로부터 큰 자까지 다 나를 알기 때문이라. 내가 그들의 악행을 사하고 다시는 그 죄를 기억하지 아니하리라." 여호와의 말씀이니라.

35 여호와께서 이와 같이 말씀하셨느니라.
"그는 해를 낮의 빛으로 주셨고,

달과 별들을 밤의 빛으로 정하였고,

바다를 뒤흔들어 그 파도로 소리치게 하나니,

그의 이름은 만군의 여호와니라.

36 이 법도가 내 앞에서

폐할진대,

이스라엘 자손도 내 앞에서 끊어져

영원히 나라가 되지 못하리라."

여호와의 말씀이니라.

37 여호와께서 이와 같이 말씀하시니라.

"위에 있는 하늘을 측량할 수 있으며

밑에 있는 땅의 기초를 탐지할 수 있다면,

내가 이스라엘 자손이 행한 모든 일로 말미암아

그들을 다 버리리라."

여호와의 말씀이니라.

38 "보라! 날이 이르리니, 이 성은 하나넬 망대로부터 모퉁이에 이르기까지 여호와를 위하여 건축될 것이라." 여호와의 말씀이니라. 39 "측량줄이 곧게 가렙 언덕 밑에 이르고 고아로 돌아 40 시체와 재의 모든 골짜기와 기드론 시내에 이르는 모든 고지 곧 동쪽 마문의 모퉁이에 이르기까지 여호와의 거룩한 곳이니라. 영원히 다시는 뽑거나 전복하지 못할 것이니라."

이 부분을 설명하는 많은 견해들이 본문의 범위를 예레미야 31:31-34로 제한한다. ESV에서 31:31절 이하에 "새 언약"이라는 편집 표제가 붙어 있는 것을 주목해보라. 확실히 "보라! 날이 이르리니"(렘 31:31)라는 말은 아마 하나의 신탁이나 한 단위의 시작을 표시하는 말일 것이다. 31:27과 31:38은 동일한 문구("보라 날이 이르리니")로 시작된다. 그러나 31:26은 예레미야가 깨어나 잠이 그에게 달았다고 말하는 것을 주목하라. 이것은 예언자의 통상적 전달 수단이 꿈과 환상이었다는 것(민 12:6을 보라)과 위로의 책의 내용이 흔한 나쁜 소식이 아니라 좋은 소식으로 나타났기 때문에 예레미야가 이때 잠을 달게 느꼈다는 것을 암시한다. 동시에 예레미야가 잠에서 깬 상태는 분명히 31:25에서 하나님의 전달이 끝나는 것을 분명히 암시하고, 그래서 우리가 위로의 책 마지막 부분에 덧붙인 것은 그것에 추가된 한정된 부분의 여러 예언적 신탁이다. 우리가 확인하게 될 것처럼 예레미야 31:27-30은 31:31-34에 통합되고, 새 언약의 해석과 관련해서 중요하다. 이런 이유로 나는 31:27-40을 한 단원에 속한 부분으로 정했고, 이 단원은 반복적인 소개 문구에 따라 세 부분으로 나뉜다. 31:35 첫 부분에 나오는 사자 공식 역시 새로운 단락의 시작을 표시한다. 따라서 종합해보면 이 부분은 네 개의 단락을 담고 있다(31:27-30, 31-34, 35-37, 38-40절). 그런데 여기서 새 언약에 관한 논의들을 보면 그것들은 일반적으로 이 네 단락에 통합된 사고의 흐름을 고찰하는 데 초점을 맞추고 있고, 대신 31:31-34을 불필요하게 분리해서 이 한 단락에 온 주의를 집중하고 있다.

이 본문에 대한 우리의 설명은 다음 네 가지 질문을 중심으로 진행될 것이다. (1) 예레미야는 새 언약이 언제 시작될 것이라고 예언했는가? (2) 하나님은 새 언약을 누구와 맺으셨는가? 두 당사자 중 하나는 분명히 하나님이시지만 우리는 다른 (인간) 당사자를 어떻게 규정하고 한정해야 할까? (3) 새 언약은 옛 (이스라엘) 언약과 얼마나 비슷하거나 또는 얼마나 비슷하지 않은가? 다시 말하자면 새 언약에 관해 **새로운** 것은 엄밀하게 무엇인가? (4) 새 언약의 힘 또는 약속은 무엇인가? 말하자면 이 새롭게 된 언약이 시내산에서 맺어지고 모압 평지에서 주어진 신명기로 보충된 이전의 언약보다 어떤 면에서 더 나은가?

시기

예레미야 31:27, 31, 38은 모두 "보라! 날이 이르리니"라는 말로 시작된다.

이 말은 위로의 책의 전체 서론인 30:3에도 나타난다.

> 1 여호와께로부터 말씀이 예레미야에게 임하여 이르시니라. 2 "이스라엘의 하나님 여호와께서 이와 같이 말씀하여 이르시기를, '내가 네게 일러 준 모든 말을 책에 기록하라.' 3 여호와의 말씀이니라. '보라! 내가 내 백성 이스라엘과 유다의 포로를 돌아가게 할 날이 오리니. 내가 그들을 그 조상들에게 준 땅으로 돌아오게 할 것이니 그들이 그 땅을 차지하리라.' 여호와께서 말씀하시니라.

위로의 책의 전체 서론은 "보라!…날이 오리니"(הִנֵּה יָמִים בָּאִים)라고 선언한다. 그다음에 이 문구는 예레미야 31:27-40에서 세 번에 걸쳐 등장한다(렘 31:38의 בָּאִים["이르리니"]은 MT에서는 케레[Qere, 읽는 글자]로 제공된다). 확실히 이 문구는 예레미야서에서 익숙하게 등장하지만(약 14회 또는 15회 등장),[15] 구약성경 다른 곳에서는 매우 드물게 발견된다(6회).[16] "날"이라는 말에 관사가 붙어 있지 않은 것을 주의 깊게 살펴보라. "그날이 이르리니"라는 번역은 정확하지 않다. 본문은 단순히 "날이 이르리니"라고 말한다. 그것은 정해지지 않은 날이다. 우리는 이것을 구약성경의 종말론에서 또는 예언자들의 글에서 사용하는 전문 술어로 간주해서는 안 된다.[17] 이 말은 단순히 날이 **정해지지 않은** 미래를 가리킨다. 정해지지 않은 이 미래의 시기가 가까이 왔는지 아니면 멀리 있는지 여부는 이 예언서에는 전혀 명시되지 않는다.

당사자

본문에 따르면 야웨는 "이스라엘 집과 유다 집에" 새 언약을 맺으신다(렘 31:31).

---

15 렘 7:32; 9:25(24 MT); 16:14; 19:6; 23:5; 23:7; 30:3; 31:27; 31:31; 33:14; 48:12; 49:2; 51:47; 51:52. 렘 31:38Q도 보라.

16 삼상 2:31; 왕하 20:17; 사 39:6; 암 4:2; 8:11; 9:13.

17 참조. Peter Andreas Munch, *The Expression Bajjôm Ha-hu-: Is It an Eschatological Terminus Technicus?* (Oslo: I Kommisjon hos Jacob Dybwad, 1936).

이렇게 인간 당사자가 명시되는 것은 예레미야서에서 이들이 시내산에서 맺어진 언약을 깨뜨린 당사자이기 때문이다.

> 여호와의 말씀이니라. "**이스라엘의 집과 유다의 집이**
> 내게 심히 반역하였느니라"(렘 5:11).

> "**이스라엘 집과 유다 집이** 내가 그들의 조상들과 맺은 언약을 깨뜨렸도다"(렘 11:10).

새 언약은 앞서 약속된 포로로부터의 귀환과 분열된 왕국의 재통일을 가져올 것이다.

> 그때에 **유다 족속**이 **이스라엘 족속**과 동행하여 북에서부터 나와서 내가 너희 조상들에게 기업으로 준 땅에 그들이 함께 이르리라(렘 3:18).

따라서 예레미야 31:31에서 "이스라엘 집과 유다 집"이 명확히 언급된 것은, 예레미야 30-31장의 문맥에 따르면 이전에 분열된 왕국이 통일될 것이라는 점을 보여주기 위함이다. 예레미야 30:1-31:26의 다시 모이고 회복된 북 왕국과 다시 모이고 회복된 남 왕국은 **하나로** 다시 통일될 것이다. 다수의 본문들이 그러는 것처럼 예레미야 31:1은 하나로 통일된 하나님의 백성이 있을 것이라는 사실을 강조한다.

그러나 우리는 예레미야서의 이전 구절들을 통해 이방인 곧 비유대 민족들이 회복된 하나님의 백성으로 이스라엘 가운데에 세워질 것이라는 사실을 이미 확인했다. 그들 역시 사람을 낚는 어부를 통해 고향으로 돌아올 포로들이다.

이제 우리는 이것을 따르고, 예수와 사도들이 신약성경에서 어떻게 그것을 해석하는지 확인해야 한다.

먼저 마지막 유월절 식사에서 예수께서 예레미야의 새 언약을 분명히 언급하신 것을 주목해보자. 이것은 동시에 예수께서 주의 만찬을 제정하신 것이었다. 마태복음 26:26-29의 본문은 다음과 같다.

26 그들이 먹을 때에 예수께서 떡을 가지사, 축복하시고 떼어 제자들에게 주시며 이르시되 "받아서 먹으라. 이것은 내 몸이니라 하시고." 27 또 잔을 가지사 감사 기도 하시고 그들에게 주시며 이르시되 "너희가 다 이것을 마시라. 28 **이것은** 죄 사함을 얻게 하려고 많은 사람을 위하여 흘리는 바 **나의 피 곧 언약의 피니라**. 29 그러나 너희에게 이르노니 내가 포도나무에서 난 것을 이제부터 내 아버지의 나라에서 새것으로 너희와 함께 마시는 날까지 마시지 아니하리라" 하시니라.

예수는 유대교의 유월절 식사를 자신의 속죄의 십자가 죽음을 묘사하는 장면으로 다시 정의한다. 따라서 이 장면은 예수의 십자가 죽음을 엄밀하게 "유월절 어린 양"으로서 자신의 희생에 기초해 용서와 화목을 가져오는 새 출애굽으로 해석한다. 이 장면에서 잔은 "죄 사함을 얻게 하려고 많은 사람을 위하여 흘리는 바 나의 피 곧 언약의 피"를 상징한다. "새 언약"의 정확한 국면이 마태복음 기사에는 기록되어 있지 않아도 누가복음 22:20의 기사에는 들어 있다.

14 때가 이르매 예수께서 사도들과 함께 앉으사 15 이르시되 "내가 고난을 받기 전에 너희와 함께 이 유월절 먹기를 원하고 원하였노라. 16 내가 너희에게 이르노니, 이 유월절이 하나님의 나라에서 이루기까지 다시 먹지 아니하리라" 하시고, 17 이에 잔을 받으사 감사 기도 하시고 이르시되 "이것을 갖다가 너희끼리 나누라. 18 내가 너희에게 이르노니, 내가 이제부터 하나님의 나라가 임할 때까지 포도나무에서 난 것을 다시 마시지 아니하리라" 하시고, 19 또 떡을 가져 감사 기도 하시고 떼어 그들에게 주시며 이르시되 "이것은 너희를 위하여 주는 내 몸이라. 너희가 이를 행하여 나를 기념하라" 하시고, 20 저녁 먹은 후에 잔도 그와 같

이 하여 이르시되 "이 잔은 내 피로 세우는 새 언약이니 곧 너희를 위하여 붓는 것이라. 21 그러나 보라! 나를 파는 자의 손이 나와 함께 상 위에 있도다. 22 인자는 이미 작정된 대로 가거니와 그를 파는 그 사람에게는 화가 있으리로다" 하시니, 23 그들이 서로 묻되 우리 중에서 이 일을 행할 자가 누구일까 하더라.

"많은 사람을 위하여 흘리는 바"라는 마태복음 본문의 언급은 야웨의 종의 속죄의 죽음이 "많은 사람"을 위해 죄 사함을 가져올 "유월절 어린 양"이라고 설명하는 이사야 53:10-12을 분명히 언급하는 것으로 보인다.[18] 새 언약에 대한 예레미야서의 언급이 적어도 누가복음 본문에는 분명히 나타나 있고, 이런 언급은 마태복음 본문에도 분명히 나타나 있다. 따라서 예수의 마지막 유월절 식사는 새로운 전통 의식으로 바뀐다. 이 식사에서 잔은 이사야와 예레미야가 정의한 새 출애굽에서 죄 사함을 가져오려고 희생제물이 되신 예수의 생애(유월절 어린 양으로서)를 나타낸다.

일단 복음서의 주의 만찬 제도와 이사야 53장 및 예레미야 31장의 관련성이 확립되면, 예수께서 이 식사를 **자기 제자들**에게 제공하시는 것을 주목하는 것은 흥미롭다. 말하자면 새 언약은 첫 세기에 차별 없이 유대교의 모든 구성원으로 해석되는 이스라엘 집과 유다의 집과 맺어진 게 아니라, 오히려 그것은 민족성과 상관없이 특별히 **예수를 따르는 자**로 해석되는 이스라엘 집 및 유다의 집과 맺어진 것이다.

"우리가 새 언약에서 인간 당사자를 어떻게 규정하는지"의 질문을 다루는 또 하나의 핵심 본문은 로마서 11:13-24이다.

13 내가 이방인인 너희에게 말하노라. 내가 이방인의 사도인 만큼 내 직분을 영광스럽게 여기노니, 14 이는 혹 내 골육을 아무쪼록 시기하게 하여 그들 중에서

---

18 "많은 사람"이라는 표현은 사 53:11-12에서 4회에 걸쳐 나타난다. Peter J. Gentry, "The Atonement in Isaiah's Fourth Servant Song (Isaiah 52:13-53:12)," *SBJT* 11/2 (2007): 20-47을 보라. 개역개정에는 "많은 사람"이라는 말이 명확히 나타나 있지 않다―역자 주.

얼마를 구원하려 함이라. 15 그들을 버리는 것이 세상의 화목이 되거든 그 받아들이는 것이 죽은 자 가운데서 살아나는 것이 아니면 무엇이리요? 16 제사하는 처음 익은 곡식 가루가 거룩한즉 떡덩이도 그러하고 뿌리가 거룩한즉 가지도 그러하니라.

17 또한 가지 얼마가 꺾이었는데 돌감람나무인 네가 그들 중에 접붙임이 되어 참감람나무 뿌리의 진액을 함께 받는 자가 되었은즉, 18 그 가지들을 향하여 자랑하지 말라! 자랑할지라도 네가 뿌리를 보전하는 것이 아니요, 뿌리가 너를 보전하는 것이니라. 19 그러면 네 말이 가지들이 꺾인 것은 나로 접붙임을 받게 하려 함이라 하리니, 20 옳도다. 그들은 믿지 아니하므로 꺾이고, 너는 믿으므로 섰느니라. 높은 마음을 품지 말고 도리어 두려워하라. 21 하나님이 원 가지들도 아끼지 아니하셨은즉 너도 아끼지 아니하시리라. 22 그러므로 하나님의 인자하심과 준엄하심을 보라. 넘어지는 자들에게는 준엄하심이 있으니, 너희가 만일 하나님의 인자하심에 머물러 있으면, 그 인자가 너희에게 있으리라. 그렇지 않으면 너도 찍히는 바 되리라. 23 그들도 믿지 아니하는 데 머무르지 아니하면 접붙임을 받으리니, 이는 그들을 접붙이실 능력이 하나님께 있음이라. 24 네가 원 돌감람나무에서 찍힘을 받고 본성을 거슬러 좋은 감람나무에 접붙임을 받았으니, 원 가지인 이 사람들이야 얼마나 더 자기 감람나무에 접붙이심을 받으랴.

바울은 이 본문에서 새 언약의 유익에 대해 설명하고, 특히 새 언약의 당사자가 유전적으로 이스라엘 자손과 어떻게 관련이 있는지를 설명한다. 왜냐하면 바울이 사역하는 동안 대부분 이스라엘 자손은 예수를 메시아로 받아들이기를 거부하고 예수의 죽음을 포로로부터의 귀환의 마지막 단계의 기초로 간주하지 않았기 때문이다. 바울의 주요 사명은 기쁜 소식을 이방인에게 전하는 데 있었고, 이것은 대성공을 거두었다. 우리는 바울이 사역하는 동안 그리고 이후 예수를 믿고 교회에 들어온 자가 유대인은 적고 이방인은 많았다는 사실을 어떻게 이해해야 할까? 이것은 로마서 9-11장에서 다룬 곤란한 문제다. 바울은 예수의 인성과 사역을 이방인 곧 민족들이 받아들인 것은 역사적 이스라엘 민족의 질투를 일으키고, 그들이 예수 그리스도를 믿는 믿음으로 나아오도록 동기를 부여할 것이라고 설명한다.

잘 알려진 것처럼 바울은 이스라엘을 상징하기 위해 감람나무 은유를 사용한다. 원 가지는 잘리고 원 가지가 아닌 가지가 그 나무에 접붙여졌다. 구약성경에서 위풍당당하게 큰 나무와 열매를 잘 맺는 식물이 왕과 나라를 나타내는 일은 일반적이다. 다니엘 4장의 느부갓네살의 꿈이 분명한 하나의 실례다. 에스겔 17장은 이스라엘 왕을 이런 식으로 묘사하고, 또 에스겔 31장에서도 아시리아와 이집트의 왕을 그렇게 묘사한다. 이스라엘을 상징하기 위해 사용된 가장 통상적인 "나무"는 포도나무다(신 32:32; 사 3:14; 5:1-7; 27:1-6; 렘 2:21; 5:10; 12:10-13; 겔 15장; 17장; 19:10-14; 호 10:1-2; 시 80:8-19). 시편 80편의 은유가 특히 포도나무의 특징을 잘 나타낸다. 왜냐하면 시편 80편은 포도나무(즉 이스라엘)가 어떻게 자라고 번성하는지를 묘사하면서 하나님 나라의 확장이라는 주제를 전개하고, 또한 이스라엘의 아담적 아들 신분(시 80:15)에 대해 말하기 때문이다. 감람나무로 이스라엘을 상징하는 경우는 그리 흔하지 않다(렘 11:16; 호 14:6[7 MT]). 예레미야는 **감람나무**를 불사르고 그 가지를 꺾는 것에 대해 말한다(또한 렘 5:10에서 포도나무가 이런 식으로 묘사된 것도 보라). 따라서 바울에게 감람나무는 이스라엘을 상징하고, 이 예레미야 본문이 로마서 11장에서 바울의 설명에 근본적인 역할을 한다. 믿지 않고 거역하는 이스라엘 자손은 제거되었으며 대신 다른 민족의 개인들이 하나님의 백성 곧 새롭고 변화된 시온에 참여하게 되었다. 앞서 확인한 것처럼 이 주제는 이미 예레미야서에서 예시되었다. 물론 거기서는 신약성경에서만큼 명확하게 제시되지는 않았다.

에베소서 2장과 3장 본문이 이것을 신약성경에서 가장 분명하게 보여준다.

11 그러므로 생각하라. 너희는 그때에 육체로는 이방인이요 손으로 육체에 행한 할례를 받은 무리라 칭하는 자들로부터 할례를 받지 않은 무리라 칭함을 받는 자들이라. 12 그때에 너희는 그리스도 밖에 있었고 이스라엘 나라 밖의 사람이

라. 약속의 언약들에 대하여는 외인이요, 세상에서 소망이 없고 하나님도 없는 자이더니, 13 이제는 전에 멀리 있던 너희가 그리스도 예수 안에서 그리스도의 피로 가까워졌느니라. 14 그는 우리의 화평이신지라. 둘로 하나를 만드사, 원수 된 것 곧 중간에 막힌 담을 자기 육체로 허시고, 15 법조문으로 된 계명의 율법을 폐하셨으니, 이는 이 둘로 자기 안에서 한 새 사람을 지어 화평하게 하시고, 16 또 십자가로 이 둘을 한 몸으로 하나님과 화목하게 하려 하심이라. 원수 된 것을 십자가로 소멸하시고 17 또 오셔서 먼 데 있는 너희에게 평안을 전하시고 가까운 데 있는 자들에게 평안을 전하셨으니, 18 이는 그로 말미암아 우리 둘이 한 성령 안에서 아버지께 나아감을 얻게 하려 하심이라. 19 그러므로 이제부터 너희는 외인도 아니요, 나그네도 아니요, 오직 성도들과 동일한 시민이요. 하나님의 권속이라. 20 너희는 사도들과 선지자들의 터 위에 세우심을 입은 자라. 그리스도 예수께서 친히 모퉁잇돌이 되셨느니라. 21 그의 안에서 건물마다 서로 연결하여 주 안에서 성전이 되어 가고, 22 너희도 성령 안에서 하나님이 거하실 처소가 되기 위하여 그리스도 예수 안에서 함께 지어져 가느니라(엡 2:11-22).

1 이러므로 그리스도 예수의 일로 너희 이방인을 위하여 갇힌 자 된 나 바울이 말하거니와, 2 너희를 위하여 내게 주신 하나님의 그 은혜의 경륜을 너희가 들었을 터이라. 3 곧 계시로 내게 비밀을 알게 하신 것은 내가 먼저 간단히 기록함과 같으니, 4 그것을 읽으면 내가 그리스도의 비밀을 깨달은 것을 너희가 알 수 있으리라. 5 이제 그의 거룩한 사도들과 선지자들에게 성령으로 나타내신 것 같이 다른 세대에서는 사람의 아들들에게 알리지 아니하셨으니, 6 이는 이방인들이 복음으로 말미암아 그리스도 예수 안에서 함께 상속자가 되고, 함께 지체가 되고, 함께 약속에 참여하는 자가 됨이라(엡 3:1-6).

바울이 에베소서 2:15에서 "한 새 사람"에 대해 말할 때, 그는 분명히 새 **아담**을 생각하고 있고, **교회** – 예수 그리스도의 부활로 생겨난 새 창조물에 힘과 머리(그리스도)와 몸(교회)의 연합으로 인해 – 가 이 새 아담, 곧 아브라함과 그의 가족과 함께 새롭게 시작한 아담의 역할을 나타낸다고 말하고 있다.

이방인 — 이스라엘 나라가 아닌 또는 그 밖의 땅에 살고 이스라엘 국가에 속하지 않은 나라들과 민족들의 일원 — 은 이스라엘 출신 신자들과 함께 **한 새 사람**을 구성했다. 바울은 에베소서 2:14에서 "그는 둘[두 집단]로 하나를 만드사"라고 말한다. 그리고 그는 다시 2:15에서 "이 둘[두 집단]로 자기 안에서 한 새 사람[인간]을 지어"라고 말한다. 이스라엘 자손과 비이스라엘 자손이 교회와 갈라지는 미래도 없고, 이스라엘 자손이나 비이스라엘 자손이 분리되는 미래도 없다. 둘 다 교회의 일원이 될 것이다. 이것은 이 창조물의 멸망에서 살아남아 새 하늘과 새 땅의 창조물 안에 배치될 사람들의 몸이다.

바울은 에베소서 3:5에서 이 진리가 이전에는 예수 그리스도의 교회의 사도들과 예언자들에게 **이제 나타내신 것 같이** 나타나지 않았다고 말한다. 여기서 "같이"(as)라는 말은 **종류**가 아니라 **연대**와 **정도**를 가리킨다.[19] 바울은 이 진리가 이전에는 전혀 계시되지 않았다고 말하는 것이 아니다. 이 진리는 구약 예언자들에게도 알려져 있었다. 하지만 구약의 예언자들은 지금 신약 시대의 예언자와 사도들이 가르침을 받은 것만큼 분명히 가르침을 받지는 못했다.

25 형제들아, 너희가 스스로 지혜 있다 하면서 이 신비를 너희가 모르기를 내가 원하지 아니하노니, 이 신비는 이방인의 충만한 수가 들어오기까지 이스라엘의 더러는 우둔하게 된 것이라. 26 그리하여 온 이스라엘이 구원을 받으리라 기록된 바,

---

19 루이빌에 있는 프랭클린스트리트 교회의 주일학교에서 섬기는 Harriet Michael이 정도뿐만 아니라 시간 요소도 이해할 수 있도록 내게 도움을 주었다.

> "구원자가 시온에서 오사
>
> 야곱에게서 경건하지 않은 것을 돌이키시겠고."

27 내가 그들의 죄를 없이 할 때에 그들에게 이루어질 내 언약이 이것이라 함과
같으니라(롬 11:25-27).

로마서 11:25-27은 그리스도인들 간에, 특히 고전적 언약신학 대 세대주의 신학 간에 논쟁이 많이 벌어진 본문이다. 어떤 이들은 "이방인의 충만한 수"는 소위 교회 시대를 가리키고, 교회 시대가 끝나면 지정학적 나라가 이스라엘로 회복되며 혈통적 이스라엘이 구원받을 것이라고 가르쳤다. 또한 그들은 다니엘서에 의존해 그렇게 말할 수 있다. 다니엘서는 이방의 네 나라 다음에 하나님 나라가 이어진다고 묘사한다. 그러나 유감스럽게도 모든 사람이 그들이 견지하는 가정과 그들이 성경을 메타내러티브로 함께 묶는 방식에 눈이 멀 수 있다. 결국 우리는 모두 어떤 특정 본문이든 이런 관점에 따라 이해한다.

바울은 방금 로마서 11장에서 감람나무 은유를 통해 이스라엘을 묘사했다. 거기서 그는 원 가지 중 얼마는 잘리고, 또 얼마는 이제 비유대인 가지가 원 뿌리와 나무에 접붙여졌다고 말한다. 이것은 새 인간과 회복된 이스라엘이 민족성에 기초한 것이 아니라 믿음과, 그리고 주님과의 언약 관계에 기초한 것을 의미한다. 포로가 고향으로 돌아오는 동안에 다수의 "이방인 포로들"(예레미야 자신의 이미지를 사용하면)이 먼저 고향으로 돌아가고, 이것은 다수의 유대인 포로들이 마지막으로 고향으로 돌아가도록 동기를 자극할 것이다. 그러나 유대인 포로들은 원 감람나무로 **되돌아올** 것이다. 우리는 로마서 11장에 나오는 바울의 가르침의 맥락에서 "온 이스라엘"을 해석해야 한다. 교회, 곧 새 창조물 안에 사는 유일한 인류 밖에 있는 혈통적 이스라엘인들에게 독립된 미래는 없다. 그리고 이것은 이른바 대체 신학이 아니다. 이것은 예언자들이 혁신되고 회복된 시온에 대해 가르친 것이다. 요한

계시록 21장은 이 것을 더 명확하게 보여준다.

> 1 또 내가 새 하늘과 새 땅을 보니, 처음 하늘과 처음 땅이 없어졌고, 바다도 다시 있지 않더라. 2 또 내가 보매, 거룩한 성 새 예루살렘이 하나님께로부터 하늘에서 내려오니, 그 준비한 것이 신부가 남편을 위하여 단장한 것 같더라. 3 내가 들으니 보좌에서 큰 음성이 나서 이르되, "보라! 하나님의 장막이 사람들과 함께 있으매, 하나님이 그들과 함께 계시리니, 그들은 하나님의 백성이 되고 하나님은 친히 그들과 함께 계셔서, 4 모든 눈물을 그 눈에서 닦아 주시니, 다시는 사망이 없고, 애통하는 것이나, 곡하는 것이나, 아픈 것이 다시 있지 아니하리니, 처음 것들이 다 지나갔음이러라"(계 21:1-4).

새 출애굽 공동체 곧 새 시온이 히브리서 12:18-24에서 정의된다. 이 공동체는 현재 하늘에 있는 하나님의 보좌 앞에 모이고 있다. 새 창조물이 준비될 때 즉 이 공동체가 살 장소가 준비될 때 이 공동체는 하늘에서 새 땅으로 내려온다. 요한계시록 21:2에서 그곳은 "거룩한 성"과 "새 예루살렘" 그리고 "신부"로 불린다. 신약성경에서 신부는 교회를 나타내는 은유이고, 요한계시록 21:2에서 신부는 새 예루살렘과 동일시된다. 이후에 요한계시록 21:10-16에서 동일한 이름들 즉 거룩한 성, 새 예루살렘으로 간주되는 동일한 공동체가 정육면체로 묘사된다. 열두 문이 있고 이스라엘 열두 지파의 이름이 그 문들 위에 새겨져 있다. 나아가 열두 기초석이 있고 어린 양의 열두 사도의 이름이 그 위에 새겨져 있다.

통상적으로 기초석은 아래에 놓인다. 우리는 정육면체 아래 놓인 열두 기초석을 어떻게 상상할 수 있을까? 아마 구석마다 한 기초석이 놓이고, 각 구석 중간에 두 기초석이 놓이는 것으로 상상할 수 있을 것이다. 이것이 적합한 것은 사방에 나누어져 있는 열두 문이 각 방향마다 세 개의 문을, 말하자면 각 기초석 사이에 하나의 문을 갖고 있었을 것이기 때문이다.[20] 따라서 구약 시대의 이스라엘과 신약 시대의 사도 공동체는 새 예루살렘에서 완전히 그리고 충분히 통합된다. 이것은 바울이 에베소서에서 유대인과 비유대인이 하나로 연합된 새 사람과 언약 공동체를 구성한다고 묘사하는 것과 같다. 요한계시록 21:3에 나오는 언약 공식을 주목해보라.

새 언약과 옛 언약: 연속성과 불연속성

새 언약은 옛(이스라엘) 언약과 어떻게 비슷하고 또는 어떻게 비슷하지 않은가? 다시 말하자면 새 언약에 관해 **새로운** 것은 엄밀하게 무엇인가? 예레미야 31:31-34은 새 언약을 묘사한다. 학자들은 히브리어에서 "새로운"(חָדָשׁ) 이라는 말의 의미에 대해 격렬한 논쟁을 벌였다. 새 언약은 새로운 언약 곧 이전에 존재하지 않았던 언약을 의미하는가? 새 언약은 새로운 발전인가, 아니면 다시 한번 어떤 일이 일어나는 것, 예컨대 새 날이 일어나는 것인가? 조슈아 문(Joshua N. Moon)은 우리가 예레미야 31:31-34의 진술로 새 언약의 의미를 정의해야 한다고 올바르게 주장한다.[21]

그렇게 하기 위해서는 예레미야 31:31-34의 문법적·문학적 구조에 주의를 기울이는 것이 중요하다. 스캇 해프먼(Scott J. Hafemann)은 예레미야 31:31-34의 사유의 흐름을 유용하게 도표로 명확히 제시한다.[22] 핵심 명제들에 따르면, 예레미야 31:31-34의 주장은 다음과 같다.

> 31절 여호와의 말씀이니라. "보라! 날이 이르리니 내가 이스라엘 집과 유다 집에
> 새 언약을 맺으리라."

---

20 Michael Wilcock, *I Saw Heaven Opened: The Message of Revelation*, The Bible Speaks Today (Downers Grove, IL: InterVarsity Press, 1975), 208을 보라. 『요한계시록 강해』(IVP 역간).

21 Joshua N. Moon, *Jeremiah's New Covenant: An Augustinian Reading*, Journal of Theological Interpretation Supplement 3 (Winona Lake, IN: Eisenbrauns, 2011), 168 이하.

22 Scott J. Hafemann, "The Covenant Relationship," *Central Themes in Biblical Theology: Mapping Unity in Diversity*, ed. Scott J. Hafemann and Paul R. House (Grand Rapids, MI: Baker, 2007), 49에서 다듬었다.

32a절 **특별히**-부정적으로: "이 언약은 내가 그들의 조상들의 손을 잡고…맺은 것
과 같지 아니할 것은…."

32b절 "[이는] 그들이 (시내산에서 맺은) 내 언약을 깨뜨렸음이라."

32c절 "[비록] 내가 그들의 남편이 되었어도." 여호와의 말씀이니라.

33a절 **특별히**-긍정적으로: "그러나 그날 후에 내가 이스라엘 집과 맺을 언약은 이
러하니, 곧 내가 나의 법을 그들의 속에 두며 그들의 마음에 기록하여."

33b절 **직접적 결과**: "나는 그들의 하나님이 되고 그들은 내 백성이 될 것이라." 여
호와의 말씀이니라.

34a절 **궁극적 결과**: "그들이 다시는 각기 이웃과 형제를 가리켜 이르기를, '너는 여
호와를 알라 하지 아니하리니.'"

34b절 "이는 작은 자로부터 큰 자까지 다 나를 알기 때문이라."

34c절 **이 결과의 기초**: "내가 그들의 악행을 사하고 다시는 그 죄를 기억하지 아니
하리라." 여호와의 말씀이니라.

예레미야가 새 언약에 관해 선언하는 내용에는 우리가 주목해야 할 몇
가지 주요 사항이 있다.

첫째, 새 언약은 야웨를 완고하게 거역하는 이스라엘의 고질적인 문제
점에 대해 하나님이 약속하신 응답이다. "그의/그들의 마음의 완악함"이라
는 표현이 구약성경에서 10회에 걸쳐 나타난다(신 29:19[18 MT]; 렘 3:17; 7:24;
9:14 [13 MT]; 11:8; 13:10; 16:12; 18:12; 23:17; 시 81:12 [13 MT]). 예레미야는 신
명기 본문의 사례(신 29:19)를 취해 그 말을 예레미야서 전체에서 8회 사용
한다. 이 말의 거의 모든 용례가 예레미야서에 나온다고 보아도 무방하다.
이것은 예레미야가 예레미야 30장에 나오는 "고칠 수 없는 부상"과 같은 다
른 어구들과 함께 이스라엘의 거역이 불치병과 같다는 사실을 강조하고 있
음을 보여준다. 곧 이스라엘은 장차 임할 하나님의 진노와 분노를 피할 수
없다. 심판은 매우 확실하다. 새 언약은 심판을 넘어 하나님이 옛 언약에 있
는 인간 당사자의 완악함에 대한 해결책을 제공하실 미래를 바라본다. 의로

운 관계에 대한 하나님의 지침과 교훈은 내면화되어 마음에 기록될 것이다. 백성들의 마음은 변화될 것이므로 그들은 신실한 언약 당사자가 될 것이다. 새 언약은 이스라엘 언약과 같지 않을 것이다. 이스라엘 백성들이 언약을 어겼기 때문이다. 지금 새 언약 아래에 있는 야웨의 백성들은 완전히 신실하고 충성될 것이다. 그들은 언약을 지키는 자가 될 것이다. 따라서 예레미야서에서 새 언약은 옛 언약 아래에서 신실하지 못하고 완악한 마음을 가진 이스라엘이라는 맥락에 대조해서 해석되어야 한다. 새 언약 아래에서는 인간 당사자가 신실한 자가 된다는 점을 발터 아이히로트가 다음과 같이 적절하게 진술한다.

> 예레미야 31:31 이하의 취지는, 비록 영에 대해 말하지 않아도, 결국은 이사야 32:15 이하, 11:9 또는 에스겔 36:26 이하의 취지와 전혀 다르지 않다. 말하자면 그것은 인간 생활 속에서 하나님의 뜻을 실현시키는 것에 대해 하나님 자신이 창출하신 새로운 가능성에 대해 말하는 것이다.[23]

조슈아 문은 예레미야 31:31의 새 언약이 "첫" 언약 곧 "옛" 언약과 대조되는 것이 아니라 **깨진** 언약과 대조된다는 사실에 주목한다.

우리는 예레미야 31:31-34을 이해하는 첫 번째 확고한 특징을 이제 확립할 수 있다. 곧 "내가 그들을 애굽 땅에서 인도하여 내던 날에"라는 언급(렘 31:32이나 11:4과 7절을 막론하고)은 대조적인 언약(예. 모세 언약 또는 요시야 언약)을 가리키기 위해 사용되는 말이 아니다. 이 말은 우리가 예레미야서를 벗어나 출애굽기나 신명기에 묘사된 사건들로 뛰어드는 것을 정당화하는 것도 아니다. 오히려 이 말은 야웨와 야웨의 백성 간의 언약 즉 야웨께서 그들을 자기 자신의

---

23 Walther Eichrodt, *Theology of the Old Testament*, 2 vols, trans. J. A. Baker, Old Testament Library (Philadelphia: Westminster, 1961), 2:58, n.5.

소유로 주장하신 크신 행위의 시작을 우리에게 나타낸다. 다시 말하자면 우리는 예레미야 11장에서 백성들이 야웨께 신실하지 못한 것—깨진 언약—은 처음부터 곧 야웨께서 그들을 자기에게로 부르시고 이끄시기 위해 행하신 때부터 깨졌다는 것을 배운다.[24]

조슈아 문은 새 언약과 대조되는 것은 백성들의 신실하지 못함이라는 점을 정확히 강조한다. 이것은 분명히 새 언약을 모든 언약 지체가 신실한 자 즉 신자인 언약으로 정의한다. 그럼에도 학자들이 단순히 깨진 언약이 요시야 언약인지 아니면 모세 언약인지 논쟁을 벌인다고 해서 우리가 이 문제에 대해 불가지론의 입장을 취해야 함을 의미하는 것은 아니다. 우리가 앞서 논증한 것처럼 열왕기하 23:3-5에 따르면 요시야 언약은 시내산에서 시작되고 신명기에서 갱신된 이스라엘 언약을 확립하거나 지키기 위해 시작된 언약이었다. "내가 그들을 애굽 땅에서 인도하여 내던 날에"라는 말은 가장 확실하게 요시야 시대의 사건들이 아니라 시내산의 사건들을 가리킨다.

예레미야는 언약 당사자로서 이스라엘의 신실하지 못함을 말하기 위해 폭넓은 표현을 사용한다. 특히 세 가지 표현이 간략히 언급될 필요가 있다.

1 너희는 예루살렘 거리로
  빨리 다니며,
  그 넓은 거리에서
찾아보고 알라.
너희가 만일 정의를 행하며,
  진리를 구하는 자를 한 사람이라도 찾으면,
내가 이 성읍을 용서하리라.
2 그들이 여호와께서 살아 계심을 두고 맹세할지라도,

---

24 Moon, *Jeremiah's New Covenant*, 194.

실상은 거짓 맹세니라.

3 여호와여, 주의 눈이 진리를 찾지 아니하시나이까?

주께서 그들을 치셨을지라도,

　그들이 아픈 줄을 알지 못하며,

그들을 멸하셨을지라도,

　그들이 징계를 받지 아니하고,

그들의 얼굴을 바위보다 굳게 하여

　돌아오기를 싫어하므로,

4 내가 말하기를 "이 무리는 비천하고,

　어리석은 것뿐이라.

여호와의 길,

　자기 하나님의 법을 알지 못하니."

5 내가 지도자들에게 가서

　그들에게 말하리라.

"그들은 여호와의 길,

　자기 하나님의 법을 안다" 하였더니,

그들도 일제히 멍에를 꺾고,

　결박을 끊은지라(렘 5:1-5).

22 사실은 내가 너희 조상들을 애굽 땅에서 인도하여 낸 날에 번제나 희생에 대하여 말하지 아니하며 명령하지 아니하고, 23 오직 내가 이것을 그들에게 명령하여 이르기를, "너희는 내 목소리를 들으라. 그리하면 나는 너희 하나님이 되겠고, 너희는 내 백성이 되리라. 너희는 내가 명령한 모든 길로 걸어가라. 그리하면 복을 받으리라" 하였으나, 24 그들이 순종하지 아니하며 귀를 기울이지도 아니하고⋯(렘 7:22-24).

네가 옛적부터 네 멍에를 꺾고

네 결박을 끊으며 말하기를

나는 순종하지 아니하리라 하고(렘 2:20).

예루살렘 성이 구원받을 수 있도록 의인 한 사람을 찾으러 다니는 것을 묘사하는 예레미야 5:1-5은 아브라함이 소돔과 고모라를 위해 간청했던 장면을 상기시킨다. "야웨의 길"이라는 말은 창세기 18:19을 직접 언급하는 것이다. 거기에는 아브람이 그의 가족에게 사회 정의를 행함으로써 야웨의 도를 지키라고 명하는 내용이 나온다. 예레미야가 이스라엘 백성들이 야웨의 길을 알지 못한다고 천명하는 것은 **언약**에 대해 성실하지 못한 태도를 비판하는 것이다. 예레미야 7:23에서 "내 목소리를 들으라"는 명령은 출애굽기 15:26과 19:5을 직접 언급하는 것이고, 따라서 듣거나 순종하기를 거부하는 것은 예레미야가 **언약**에 대한 불성실함을 비판하는 것이다. 예레미야 2:20에서 예언자는 이스라엘이 경건하고 순종적인 아들로서 야웨를 섬기게 하려고 출애굽을 멍에를 꺾는 것(바로를 섬기는 것에 대한)으로 묘사한다. 그렇지만 이스라엘은 야웨를 섬기지 않을 것이다. 이것은 출애굽기 19:5-6을 언급하고 **언약**에 대한 불성실함을 묘사하는 또 다른 방법이다. 조슈아 문은 새 언약이 이스라엘의 이런 불성실함을 반전시킨다고 올바르게 주장한다. 그럼에도 그는 히에로니무스의 주석(새 언약은 새 시대다)과 아우구스티누스의 주석(새 언약은 어느 시대든 신실한 신자의 특징이다)을 대조시킬 때 지나친 단순화의 오류를 범한다. 새 언약은 모든 언약 지체들이 신실하게 사는 새 시대를 수반한다.

둘째, 새 언약에서 하나님의 תּוֹרָה(교훈)는 내면화되어 인간 삶의 중심인 마음 즉 사람이 추론하고 느끼며 결심하고 계획하는 내적 인간에 기록될 것이다.[25] "토라"(부적절하게 "율법"으로 번역되는)라는 말은 적절한 관계(하나님-인

---

25 통상적으로 렘 31:33의 첫 번째 진술은 미래 시제로 번역된다. "내가 나의 법을 그들의 속에 둘 것이며." Adrian Schenker는 히브리어 본문의 형태가 완료 시제이므로 과거로 번역되어야 한

간, 인간-인간, 인간-창조물의 관계)에 대한 하나님의 지침과 교훈은 절대로 변하지 않으리라는 것을 보여준다. 새 언약은 의에 대한, 옳고 그름에 대한, 언약 관계 안에서 적절한 것에 대한 하나님의 기준이 변하는 것을 의미하지 않는다. 아니, 새 언약에서 새로워지는 것은 언약을 지키는 데 있어 양 당사자가 갖고 있는 능력이다.

하나님의 교훈을 마음에 기록하는 것은 예레미야서 앞부분에서 언약궤가 쓸모없게 될 것이라는 약속과 대응을 이룬다.

> 16 여호와의 말씀이니라. "너희가 이 땅에서 번성하여 많아질 때에는 사람들이 여호와의 언약궤를 다시는 말하지 아니할 것이요, 생각하지 아니할 것이요, 기억하지 아니할 것이요, 찾지 아니할 것이요, 다시는 만들지 아니할 것이며, 17 그 때에 예루살렘이 그들에게 여호와의 보좌라 일컬음이 되며 모든 백성이 그리로 모이리니, 곧 여호와의 이름으로 말미암아 예루살렘에 모이고 다시는 그들의 악한 마음의 완악한 대로 그들이 행하지 아니할 것이며, 18 그때에 유다 족속이 이스라엘 족속과 동행하여 북에서부터 나와서 내가 너희 조상들에게 기업으로 준 땅에 그들이 함께 이르리라"(렘 3:16-18).

케빈 영블러드(Kevin J. Youngblood)가 주목한 것처럼, 새 언약의 징후들은 예레미야 2:11-12에서와 같이 일찍 시작된다. 거기 보면 야웨께서 이스라엘의 북 왕국에게 용서를 베푸실 것이라고 말씀하신다. 만약 그들이 그들의 죄

다고 주장한다. "속에"(קֶרֶב)라는 말은 "그들 가운데"로 해석된다(Adrian Schenker, *Das Neue am neuen Bund und das Alte am alten: Jer 31 in der hebräischen und griechischen Bibel* (Forschungen zur Religion und Literatur des Alten und Neuen Testaments 212; Göttingen, Germany: Vandenhoeck & Ruprecht, 2006), 30, n. 29을 보라). 나는 예언적 완료 앞에 "와우" 접속법 완료 또는 미완료가 나오는 것은 미래 시제로 예언을 시작하는 통상적인 패턴이고(예. 민 24:17), "속에"(קֶרֶב)가 "마음"(לֵב)과 짝을 이룰 때 의미는 사람의 내적 부분을 가리키는 것이 틀림없다고 생각한다. 또한 Joshua N. Moon, *Jeremiah's New Covenant: An Augustinian Reading*, Journal of Theological Interpretation Supplement 3 (Winona Lake, IN: Eisenbrauns, 2011), 234-238도 그렇다.

를 인정하기만 하면 말이다. 이 문맥에서 야웨는 언약궤가 더 이상 필요 없게 될 것이라고 말씀하신다. 영블러드는 적절하게 다음과 같이 설명한다.

언약궤는 언약 문서의 필사본을 보관한 상자였기 때문에 언약궤를 빼앗긴 것이 함축하는 의미는 다곤의 신전에 있었던 것처럼 대재앙이 임하는 것이 될 것이다(삼상 4-6장). 그런데 야웨께서는 미래에는 언약궤가 필요 없을 것이라고 말씀하신다. 왜 그런가? 예레미야 31:31 이하는 새 언약 문서가 하나의 제사 기구 안에 보관되는 것이 아니라 바로 야웨의 백성들의 마음속에 보관될 것이라고 제시하기 때문이다.[26]

따라서 하나님의 백성은 새 언약을 신실하게 지킬 것이다. 하나님의 교훈은 내면화되어 하나님의 백성의 생각과 느낌 그리고 계획에 깊이 뿌리내릴 것이다. 바울은 고린도후서 3:3에서 고린도 교회 그리스도인들에게 새 언약의 증거에 대해 말할 때 이것을 제시한다.

너희는 우리로 말미암아 나타난 그리스도의 편지니, 이는 먹으로 쓴 것이 아니요 오직 살아 계신 하나님의 영으로 쓴 것이며, 또 돌 판에 쓴 것이 아니요 오직 육의 마음 판에 쓴 것이라.

셋째, 새 언약 아래에서 하나님과의 언약 관계는 하나님이 신자들의 마음에 삶에 대한 지침과 새 언약의 교훈을 "기록하신" 것의 직접적 결과다. 이것은 "나는 그들의 하나님이 되고 그들은 내 백성이 되리라"는 언약 공식으로 보아 분명하다. 다시 한번 바울이 고린도후서 6:15-18에서 언약 공식을 고린도 교회 그리스도인들에게 어떻게 적용하는지 주목해보라.

---

26 Kevin J. Youngblood, "Beyond Deuteronomism: Jeremiah's Unique Theological Contribution"(2009년에 립스콤 대학에 제출된 논문).

14 너희는 믿지 않는 자와 멍에를 함께 메지 말라. 의와 불법이 어찌 함께하며, 빛과 어둠이 어찌 사귀며, 15 그리스도와 벨리알이 어찌 조화되며, 믿는 자와 믿지 않는 자가 어찌 상관하며, 16 하나님의 성전과 우상이 어찌 일치가 되리요. 우리는 살아 계신 하나님의 성전이라. 이와 같이 하나님께서 이르시되 "내가 그들 가운데 거하며 두루 행하여, 나는 그들의 하나님이 되고 그들은 나의 백성이 되리라."

17 "그러므로 너희는 그들 중에서 나와서
　　따로 있고,
부정한 것을 만지지 말라!"
　"내가 너희를 영접하여,
18 너희에게 아버지가 되고,
　너희는 내게 자녀가 되리라."
　　　　　전능하신 주의 말씀이니라 하셨느니라.

바울은 구약성경에서 가져온 인용 문구들을 혼합해서 "너희는 믿지 않는 자와 멍에를 함께 메지 말라"는 자신의 명령을 뒷받침한다. 첫째, 그는 레위기 26:11-12에서 언약 공식을 가져온다.[27] 둘째, 이사야 52:11에서 가져온 문구는 포로들에게 바빌론을 떠나 새 출애굽 공동체에 참여하라는 촉구이고, 여기에 동일한 주제에 대한 또 다른 단락으로 간주될 수 있는 에스겔 20:41에서 "내가 너희를 받고"라는 약속을 가져온다. 셋째, 마지막으로 고린도후서 6:18은 사무엘하 7:14에 나오는 다윗 언약의 부자 관계를 새 언약 공동체의 모든 지체에게 적용하는 것처럼 보인다.

---

27 최근에 나온 Stanley E. Porter, "The Concept of Covenant in Paul," *The Concept of the Covenant in the Second Temple Period,* ed. Stanley E. Porter and Jacqueline C. R. de Roo, Supplements to the Journal for the Study of Judaism 71 (Leiden, Netherlands: Beill, 2003), 269-285에서 연구가 "언약"이라는 말을 넘어 언약 관련 언어로 확대되기는 해도, 고후 6:16-18을 언급하지 않는다. 언약 개념은 많은 신약 학자들이 알고 있는 것보다 훨씬 더 널리 퍼져 있다.

넷째, 새 언약이 시작된 결과는 다음과 같은 공동체가 만들어질 것이라는 것이다. "그들이 다시는 각기 이웃과 형제를 가리켜 이르기를 '너는 여호와를 알라' 하지 아니하리니, 이는 작은 자로부터 큰 자까지 다 나를 알기 때문이라. 내가 그들의 악행을 사하고 다시는 그 죄를 기억하지 아니하리라. 여호와의 말씀이니라"(렘 31:34). 이 구절은 정말 중요한 진술로, 그 중요성이 충분히 이해되지 못했다. 이 진술의 의미를 파악하려면 이 구절이 예레미야 31:29-30과 대립 관계에 있고 다음과 같은 말씀으로 제기된 문제점에 대답하는 진술이라는 것이 이해되어야 한다.

29 그때에 그들이 말하기를,

"다시는 아버지가 신 포도를 먹었으므로
　　아들들의 이가 시다 하지 아니하겠고."

30 신 포도를 먹는 자마다 그의 이가 신 것 같이 누구나 자기의 죄악으로 말미암아 죽으리라.

예레미야 31:29은 바빌론 포로들 사이에 유행하던 한 속담을 인용한다. 통상적으로 사람이 신 포도를 먹으면 이가 시리다. 부모가 신 포도를 먹었는데 아들들의 이가 시리다고 주장하는 것은 부모의 죄로 말미암아 아들들이 심판받게 된(즉 포로로 잡혀가게 된) 것을 말하는 하나의 방식이다. 이 본문에 대한 가장 정평 있는 주석 중 하나는 D. A. 카슨의 주석이다. 우리는 이 문맥에서 그의 주석을 인용할 필요가 있다.

기원전 6세기에 예언자 예레미야는 야웨를 위해 말씀을 전하면서 이스라엘 백성들이 더 이상 "아버지가 신 포도를 먹었으므로 아들들의 이가 시다"(렘 31:29)는 속담을 반복할 필요가 없을 때에 대해 예언한다. 이스라엘의 역사는 모세 언약 아래에서 이 속담이 이루어진다는 특징이 있다. 모세 언약의 구조는 매우 민족적이고 종족적이었다. 지명된 지도자들 — 예언자와 제사장과 왕 그리고 종종 70 장로나 브살렐과 같은 다른 지도자들 — 은 성령을 받아 하나님을 위해 백성들에게 말하고, 하나님의 백성들을 위해 하나님께 말했다(참조. 출 20:19). 따라서 지도자들이 죄를 범하면 온 민족이 죄로 더럽혀졌고 결국은 하나님의 진노에 직면했다. 그러나 예레미야는 이 속담이 폐지될 때가 올 것이라고 말한다. 대신 하나님은 "신 포도를 먹는 자마다 그의 이가 신 것 같이 누구나 자기의 죄악으로 말미암아 죽으리라"(렘 31:30)고 약속하신다. 이것은 오직 모세의 이름과 관련된 전체 언약 구조가 다른 언약 구조로 대체될 때에만 사실이 될 수 있었다. 그것이 엄밀히 야웨께서 약속하시는 것이다. 곧 야웨는 "이스라엘 집과 유다 집에 새 언약"을 맺으실 것인데, 이 언약은 이집트를 떠날 때 그들의 조상들과 맺으신 "언약과 같지 아니할 것이다." 약속된 새 언약의 본질은 조심스럽게 이렇게 기록된다. 곧 하나님은 자신의 법을 자기 백성들의 속에 두고 그들의 마음에 기록할 것이다. 하나님에 대한 중재된 지식을 갖지 않고, "그것은 그들이 작은 자로부터 큰 자까지 다 나를 알기 때문이고", 그러므로 "다시는 각기 이웃과 형제를 가리켜 이르기를 '너는 여호와를 알라' 하지 아니할" 것이다(렘 31:31 이하). 이것은 선생이 전혀 없는 시기에 대해 예언하는 것이 아니다. 문맥에 따르면 이것은 중보자들이 필요 없는 시기에 대해 예언하는 것이다. 왜냐하면 이 새 언약 아래에서 전체 언약 공동체는 하나님에 대해 개인적인 지식, 곧 죄 사함(31:34)과 마음에 기록된 하나님의 법(31:33)을 특징으로 하는 지식을 가질 것이기 때문이다. "내가 그들에게 한 마음과 한 길을 주어 자기들과 자기 후손의 복을 위하여 항상 나를 경외하게 하고 내가 그들에게 복을 주기 위하여 그들을 떠나지 아니하리라 하는 영원한 언약을 그들에게 세우고 나를 경외함을 그들의 마음에 두어 나를 떠나지 않게 하고"(렘 32:39-40).[28]

---

28 D. A. Carson, "Evangelicals, Ecumenism, and the Church," *Evangelical Affirmations,* ed. Kenneth S. Kantzer and Carl F. H. Henry (Grand Rapids, MI: Zondervan, 1990), 359-360.

비록 근본적인 특징이 더 분명히 진술될 수 있었지만, 우리는 지금 카슨의 분석에 동의할 것이다. 카슨은 옛 언약 공동체와 새 언약 공동체의 차이는 새 언약 공동체에 중보자들이 없는 것에 있다고 주장한다. 하지만 이것은 확실히 사실이 아니다. 새 언약 공동체는 한 (인간) 언약 중보자를 가질 것이기 때문이다. 즉 한 인격 안에 예언자와 제사장 그리고 왕이 되시는 예수 그리스도를 갖게 되기 때문이다. 옛 언약 공동체에서는 이 언약 중보자들이 죄를 범하고, 이 **결함 있는 중보자들**로 말미암아 공동체가 고통을 겪었다. 하지만 새 언약 공동체에서 우리의 언약 중보자는 죄가 없으시다. 그 결과 공동체는 결함 있는 중보자로 말미암아 고통을 절대로 겪지 않을 것이다.

그러나 예레미야 31:29-30과 달리 34절은 옛 언약에서 백성들은 단순히 그 공동체 안에서 태어나기만 하면 언약 공동체의 일원이 되었다고 말한다. 그들은 어른이 되면, 어떤 이들은 야웨를 믿는 신자가 되고 다른 이들은 신자가 되지 못했다. 이로 말미암아 언약 공동체 안에 어떤 **지체들**은 다른 **지체들**에게 야웨를 알라고 권면해야 하는 상황이 벌어졌다. 그러나 새 언약 공동체 안에서는 육체적 출생으로 지체가 되는 것이 아니라, 모든 사람에게 믿음이 요구되는 거듭남으로써 지체가 된다. 따라서 오직 신자들만이 새 언약 공동체의 지체다. 곧 모든 **지체**는 **신자들**이고, **오직** 신자들만이 새 언약 공동체의 지체다. 따라서 새 언약 공동체 안에는 더 이상 어떤 지체들이 다른 지체들에게 야웨를 알라고 권면할 상황이 벌어지지 않을 것이다. 새 언약 공동체 안에는 거듭나지 않은 지체와 같은 경우는 없을 것이다. 모든 지체가 신자이고, 모든 지체가 야웨를 안다. 모든 지체가 죄 사함을 경험하기 때문이다.

예레미야 31:33-34에서 예레미야가 가르치는 것은 이사야 54:13에서 이사야가 가르치는 것과 동일하다. "네 모든 자녀는 여호와의 교훈을 받을 것이니 네 자녀에게는 큰 평안이 있을 것이며." 언약 공동체 안의 모든 사람이 하나님과의 화목(화평)을 경험한다. 따라서 모든 사람이 야웨와 살아 있는 관계를 맺으며, 삶에 대한 하나님의 교훈이 마음에 기록될 것이다.

예레미야 31:34의 마지막 부분이 암시하는 것처럼 새 언약 공동체의 이 특성들의 기초는 새 언약이 세워짐으로써 주어진 하나님의 죄 사함이다.

예레미야 31:34은 중요하다. 그것은 장로교회의 견해에 결함이 있음을 보여주기 때문이다. 새 언약 공동체에는 신자들이 아닌 언약 지체는 하나도 없다. 장로교회에 대한 이 항의는 겸손한 태도로 해야만 한다. 대체로 장로교회는 침례교회보다 언약의 의미와 역할에 대해 훨씬 더 나은 이해를 갖고 있었기 때문이다.

브루스 월키는『구약신학』에서 마태복음 13장에 나오는 예수의 비유가 새 언약 공동체는 거듭난 자와 거듭나지 않은 지체들을 함께 포함한다는 사실을 보여준다고 주장한다.

첫 번째 비유인 씨 뿌리는 자 비유(마 13:1-23)는 외적으로 예수 그리스도를 메시아로 받아들이는 소수만이 끝까지 견디고 좋은 열매(즉 하나님에 대한 사랑과 타인에 대한 사랑)를 맺는다는 것을 드러낸다. 두 번째 비유인 가라지 비유(마 13:24-30)는 현재 세상 속에는 좋은 씨(즉 하나님 나라의 백성)와 가라지(즉 사탄의 나라의 백성)가 공존하고, 함께 자라다 세상 끝날에 있을 최후의 심판에서 가라지는 불에 태워지고 알곡은 구원을 받게 될 것이라는 것을 보여준다. 주님의 마지막 비유인 그물 비유(마 13:47-50)는 가시적인 하나님 나라라는 같은 그물에 함께 잡힌 고기는 좋은 고기와 나쁜 고기로 구성되어 있고, 세상이 끝날 때까지 서로 분리되지 않는다는 사실을 극명하게 제시한다.

결론적으로 새 언약의 통치에는 참되고(거듭나고) 명목석인(거듭나지 않은) 예수 그리스도의 추종자가 모두 포함된다. 명목적인 추종자는 시험을 견디고 극복하는 거듭남과 영생의 뿌리를 갖고 있지 않기 때문에 결국 떨어져 나간다. 교회들에 보내는 서신들을 보면 사도들은 이런 현실에 직면해 있다(참조. 고전 15:2; 갈 1:6-9; 히 6:4-6; 10:26-39; 요일 2:3-6, 19; 계 2:14, 20-23; 3:1-5, 16). 다시 말해 옛 언약과 새 언약의 통치 속에서 참된 신자와 명목적인 신자가 함께 발견된다. 참된 신자는 언약의 복을 받고, 명목적인 신자는 언약의 저주를 받는다.[29]

유감스럽게도 위의 둘째 단락에서 주장되는 것은 첫째 단락의 주석에 입각하지 못하고 있다. 말하자면 "결론적으로"라는 말에 문제점이 있다. 이것은 고전적 언약신학의 더 큰 문제점에서 기인한다. 곧 고전적 언약신학이 제시하는 메타내러티브는 한 언약과 다른 언약의 관계(들)를 정의할 때 성경 본문들이 말하는 것에 적절한 관심을 기울이지 않기 때문에 성경에 충실하지 못하다. 먼저 우리는 "그 언약"이라는 말이 성경에서 결코 발견되지 않기 때문에 고전적 언약신학자들이 말하는 것과 같이 "그 언약"에 대해 말할 수 없다. 대신 우리는 언약들(복수형) 즉 창조 언약과 아브라함 언약, 이스라엘 언약, 다윗 언약, 그리고 새 언약에 대해 말할 수 있다. 나아가 우리는 성경 본문들이 언약들 간의 관계를 정의하도록 해야 한다.

하나님은 아브라함 언약에서 이스라엘을 위한 복과 이스라엘을 통해 민족들에게 전달되는 복도 약속하신다. 이스라엘 언약은 아브라함에게 주어진 약속들을 이행하기 위해 시작된다. 다윗 언약은 이스라엘의 왕을 통해(이스라엘 민족 전체를 통해서가 아니라), 다시 말해 그 왕이 이스라엘과 민족들에게 정의를 행함으로써 임할 복을 계시한다. 이스라엘의 우상숭배와 죄는 언약을 위반한 것이고, 따라서 세상에 대한 구원 계획은 실패한 것처럼 보였다. 새 언약은 죄 사함을 가져옴으로써 하나님과 이스라엘의 깨진 관계를 회복한다. 구속은 유대인과 이방인이 새 사람으로 창조되는 회복된 이스라엘에 정의를 시행하는 다윗 왕의 업적과 승리를 가리킨다. 새 언약 공동체는 새 창조물—새 하늘과 새 땅—을 상속받는 유일한 인류다.

골로새서 1:13에 따르면 하나님은 옛 창조물과 새 창조물 사이에 중첩이 있는 현시대에 예수 그리스도를 믿는 신자들을 "흑암의 권세"에서 건져 내 "그의 사랑의 아들의 나라로 옮기심으로써" 구원하신다. 교회 안에서 신자들은 새 언약의 복을 경험한다. 그러나 어떤 면에서 새 언약이 거듭나지

---

29 Bruce K. Waltke with Charles Yu, *An Old Testament Theology: An Exegetical, Canonical, and Thematic Approach* (Grand Rapids, MI: Zondervan, 2007), 442.

않은 자를 "지배하겠는가?" 거듭나지 않은 자가 받는 유일한 복은 창조 언약으로서 모든 인간에게 똑같이 주어진 복이다.

첫 번째 비유("씨 뿌리는 자 비유")에서 밭은 천국의 아들과 악한 자의 아들들이 명확히 분리되어 있지 않은 세상을 가리킨다. 그럼에도 교회와 세상은 동일한 실재가 아니다. 이것이 교회의 권징에서 사람들을 교회에서 출교시키는 것이 그들을 사탄에게 내어주는 것, 즉 그들을 새 언약에 의해 시행된 보호에서 제외하고 그들을 사탄의 나라가 가진 위험들에 노출시키는 것을 가리키는 이유다(딤전 1:20). 이것은 골로새서 1:13에 나오는 사랑의 아들의 나라로 옮기는 것에 정반대 되는 것이다.

두 번째 비유("그물 비유")에서 그물에 잡힌 고기는 복음을 외적으로 받아들임으로써 새 언약의 지체가 되는 것처럼 보이는 모든 사람을 상징한다. 하지만 실제로 거듭난 새 언약의 지체는 세상이 끝날 때 구별된다. 교회 권징의 목적은 가시적 교회와 실제 새 언약의 참된 지체가 가능한 한 많이 동일하게 하고자 이런 분류의 과정(마 18:17; 고전 5:13)을 지금 시작하는 데 있다. 물론 우리는 **오직** 세상이 끝날 때에 이것이 완전하게 성취된다는 것을 인정한다. 따라서 그물에 잡힌 고기는 외관상으로는 그렇게 보이지만, 새 언약의 참된 지체를 상징하지는 않는다.

다섯째, "내가…새 언약을 맺으리라"(*kārat běrît*)는 표현은 단순히 하나님이 언약 갱신을 통해 시내산 언약을 보증하거나 재확립하거나 지키는 것이 아니다. 하나님은 새 언약을 시작하고 새로 출범시키시는 것이다. 따라서 새 언약은 옛 언약이 아니다. 글자 그대로 **새로운** 언약이다. 이것은 자동적으로 이스라엘 언약을 법전 또는 공인된 협정으로서는 폐기된 것으로 해석한다. 이스라엘 언약이 법률 조약이면서 동시에 언약 또는 봉신 조약이라는 점을 상기하라. 새 협정 또는 법전은 하나님과 하나님의 백성 사이에 효력이 발휘될 것이다. 그러나 그 법전의 교훈은 동일할 것이다. 그 결과 우리는 옛 언약과 새 언약을 비교하고 대조할 때 법전으로서의 옛 언약에 매이지 않지만, 옛 언약에서 예증된 하나님의 의는 새 언약에 담겨지고 통합되었다고 말할 수 있다.

이것은 그리스도인들이 삶에 대해 많이 논의하는 것에서 대체로 이해받지 못하는 것이다. 그리스도인으로서 나는 십계명과 관련이 없다. 왜냐하면 십계명은 내게는 적용되지 않고, 하나님과 이스라엘 간의 협정의 한 부분이기 때문이다. 나와 하나님의 관계는 새 언약에 기초하고 새 언약에 따라 규정된다. 그럼에도 새 언약 안에서 하나님의 교훈은 내 이웃을 사랑하라고 내게 말한다. 그 결과 간음과 살인 그리고 도둑질 등은 여전히 언약을 위반하는 것이다. 하나님의 의는 변하지 않았다. 따라서 그리스도인을 옛 언약 아래 두려는 신율주의자(theonomist) 같은 자는 거짓 선생이다.

우리는 옛 언약과 새 언약의 몇 가지 유사점과 차이점을 간단히 다음과 같이 제시할 수 있다.

새 언약과 옛 언약의 유사점

1. 기초가 동일함(하나님의 은혜)

2. 목적이 동일함(참조. 벧전 2:9-10)

3. 똑같이 피로 시작됨(히 9:6-10:18)

4. 하나님의 교훈의 특성이 동일함(롬 13:8; 갈 5:14)

새 언약과 옛 언약의 차이점

1. 더 나은(죄 없는) 중보자(히 8:6; 9:15; 12:24)

2. 더 나은 제사(히 9:6-10:18; 사 42:6; 52:13-53:12)

3. 더 나은 공급(하나님의 영; 겔 36:24-28)

4. 더 나은 약속(새 마음의 부여; 겔 36:24-28)

새 언약의 힘: 담대히 나아감

예레미야서에서 새 언약에 관한 단락들과 분리된 위로의 책에는 다가올 새로운 상황의 힘과 약속에 관한 몇 가지 놀라운 진술들이 있다. 예레미야

30:21-22의 놀라운 예언을 살펴보자.

> 21 그 영도자는 그들 중에서 나올 것이요,
>
> 그 통치자도 그들 중에서 나오리라.
>
> 내가 그를 가까이 오게 하리니 그가 내게 가까이 오리라.
>
> 참으로 담대한 마음으로 내게 가까이 올 자가 누구냐?
>
> 여호와의 말씀이니라.
>
> 22 너희는 내 백성이 되겠고,
>
> 나는 너희들의 하나님이 되리라.

새 언약에 대한 이런 말씀의 취지는 다음 세 가지 표제 아래 전개될 수 있다.

1. 아무도 자기 자신이 주도권을 갖고 하나님께 나아갈 수 없다

예레미야는 이 본문에서 과감한 비유 언어를 사용한다. 이 비유 언어는 통상적으로 대다수 영어 번역에서는 번역되지 않고 있다. 예레미야 30:21c은 이렇게 번역될 수 있다. "자신의 마음을 저당 잡히고 내게 가까이 올 자가 누구냐?" 이것은 재산을 담보로 사용한 사람과 어떤 것을 위해 자신의 목숨을 내놓은 사람 사이를 비교하는 은유다. 자신의 절박한 경제적 곤경으로 말미암아 돈을 위해 집이나 재산을 저당 잡히는 것은 극단적이고 급진적인 조치이지만, 자신의 마음 즉 자신의 목숨을 내놓는 것은 이보다 훨씬 더 필사적인 행위다. 내적 인간은 사람의 가장 보배로운 재산이기 때문이다. 여기서 예레미야는 말하자면 하나님을 뵙기 위해 자신의 영혼을 파는 사람에 대해 묘사한다. 하나님을 뵙기 위해 가장 소중하게 여기는 소유물을 저당물로 사용할 수 있겠는가? 절대로 **못한다**! 이 은유는 인간 편에는 하나님께 가까이 나아갈 수 있는 아무런 주도권이 없다는 사실을 표현한다. 주도권은 하나님, 오직 하나님으로부터 나오는 것이 틀림없다.

2. 하나님은 자기 백성의 왕-제사장이 자기에게 가까이 나아오게 하셨다

비록 사람은 만왕의 왕이자 만주의 주이신 하나님의 엄위하신 임재 속에 들어갈 어떤 인간적 주도권을 갖고 있지 못하지만, 하나님은 자기 백성의 왕을 자기에게 가까이 나아오게 하셨다. 이는 에스더가 페르시아 제국의 위대한 왕 앞에 나아간 것보다 훨씬 더 엄청난 순간이다. 톰슨(J. A. Thompson)은 이렇게 설명한다.

> 명령 없이 하나님의 임재 속에 들어가는 것은 목숨을 내건 일이었다. 따라서 통치자는 특별히 정치적인 일보다 제의적 기능 또는 제사적 기능을 수행하는 것처럼 보인다. 이 장면은 정치적인 의무와 제사적인 의무를 함께 수행하는 왕-제사장에 대한 묘사다. 이런 개념은 중동 지방에서는 잘 알려져 있었다.[30]

우리는 예레미야 30:21에 사용된 단어를 조심스럽게 주목해야 한다. 21절은 영도자(אַדִּיר) 또는 통치자(מֹשֵׁל)에 관해 말한다. 첫 번째 단어는 문자적으로 "힘 있는 자"를 가리키고, 두 번째 단어는 "다스리다"라는 일반 동사에서 나온 분사다. 브라이트는 예라미야서 저자가 "왕"을 가리키는 통상적 용어(מֶלֶךְ)의 사용을 기피한 것은 사무엘서 저자가 "나기드"(נָגִיד)를 선호한 것과 동일한 이유라고 올바르게 지적한다. 나아가 "가까이 오다"는 동사(נָגַשׁ)와 "가까이 오게 하다"는 동사(קָרַב)는 주로 제사장의 섬김과 사역에 대한 묘사와 관련해서 사용된다.[31] 따라서 30:21의 단어는 제사장이자 왕으로 장차 올 인물을 묘사한다. 제사장과 왕의 결합은 구약성경의 메시아 본문에서 매

---

30 Thompson, *Book of Jeremiah*, 562을 보라. Bright는 여기서 "통치자('왕'이라는 말을 피함)는 특별히 정치적 임무를 감당하는 자가 아니라 제의나 제사 기능을 수행하는 자"라는 것을 특히 언급한다(Bright, *Jeremiah*, 280. 또 *HALOT*, s.v. נגשׁ도 참조하라).

31 예컨대 L. Koehler and W. Baumgartner, *Hebräisches und Aramäisches Lexikon zum Alten Testament*, 3rd ed., ed. W. Baumgarther, J. J. Stamm and B. Hartmann (Leiden, Netherlands: Brill, 1967-1995), s.v. נגשׁ와 קרב를 보라.

우 드물게 등장하지만(참조. 시 110편), 장차 임할 이 인물이 태초부터 창조물을 다스리는 인간을 위해 하나님이 계획하신 아담의 역할을 성취하는 것을 암시한다. 또한 30:21은 이스라엘 중에서 나오는 장차 임할 왕에 대해서도 말한다. 이것은 정확히 하나님이 한 예언자를 일으키시는 것에 대해 신명기 18:15에서 사용되고, 또 하나님이 이스라엘을 위해 왕을 선택하시는 것에 대해 신명기 17:15에서 사용된 단어다.

3. 우리는 그 왕으로 말미암아 하나님께 가까이 나아갈 수 있다

예레미야 30:21-22에 함축된 의미는 이 통치자에게 참여하는 자 곧 그의 백성은 그로 말미암아 하나님께 가까이 나아갈 수 있다. 그리고 이것은 히브리서 10:19-22에서 명백히 제시된다.

> 19 그러므로 형제들아, 우리가 예수의 피를 힘입어 성소에 들어갈 담력을 얻었나니, 20 그 길은 우리를 위하여 휘장 가운데로 열어놓으신 새로운 살 길이요, 휘장은 곧 그의 육체니라. 21 또 하나님의 집 다스리는 큰 제사장이 계시매, 22 우리가 마음에 뿌림을 받아 악한 양심으로부터 벗어나고, 몸은 맑은 물로 씻음을 받았으니, 참 마음과 온전한 믿음으로 하나님께 나아가자.

예레미야 31:35-36은 하나님이 해를 낮의 빛으로 주고 달과 별들을 밤의 빛으로 배열하신 것이 지속되는 것처럼 새 언약이 지속적이고 영속적이며 영원한 것이라고 말한다. 윌리엄슨은 이것이 아마 창조 언약보다는 노아 언약에 대한 언급일 것이라고 주장한다.

일부 학사들은 예레미야 33:20-26을 [창세기 1-2장의 창조 언약에 대한] 추가 지지로 제시했지만, 여기서 무생물과의 언약에 대한 언급은 창세기 1-3장의 암묵적인 "창조 언약"에 대한 언급이라기보다는 창세기 8:22-9:13(특히 창 8:22)에 반영된 노아 언약의 측면들에 대한 언급으로 보인다. 틀림없이 예레미야 31:35-37에서 이끌어낸 어느 정도 비슷한 유추도 확실히 창조물 속에 확립된 고정 질서에 대한 언급일 것이다. 비록 이것이 침묵 논증을 형성하는 것처럼 보이지만 말이다.[32]

예레미야 31:35-36의 본문은 특별히 해를 낮의 빛으로, 별들을 밤의 빛으로 정하신 것을 언급한다. 이것은 창세기 8:22보다 창세기 1:14-16에 대한 더 분명한 언급이다. 만일 우리가 창세기 6-9장에서 재보증되고 지켜지는 창조 언약을 인정한다면, 그것은 양쪽을 다 언급하는 것일 수 있다. 그럼에도 윌리엄슨의 주장은 특히 그가 예레미야 31:35-37과 창조물의 고정 질서 사이의 연관성의 힘을 느낄 때 자기에게 유리한 것만 내세우는 특수 변론으로 보인다. 이것이 어떻게 창세기 1:14-16이 이 고정 질서에 대해 말할 때의 침묵 논증인가?

마지막으로 예레미야 31:38-40은 쇄신되고 회복된 예루살렘의 국면들을 묘사하고, 심지어는 이전에 거절하는 데 사용된 영역들도 야웨에게 바쳐질 것이라고 주장한다. 이 본문에 언급된 지역들은 모두 어디인지 알려져 있지 않지만 예레미야는 북동쪽으로부터 북서쪽으로, 그리고 이어서 남서쪽과 남동쪽으로 돌아가며 언급하는 것으로 보인다. 새 예루살렘의 지리는 이와 다를 것이고, 시체와 쓰레기로 더럽혀진 힌놈 골짜기가 야웨의 거룩한 곳이 될 것이다. 새 예루살렘은 옛 예루살렘과 다르면서도 확장될 것이다.

추기

예레미야서는 본문 전승사에서 문제가 많은 책으로 유명하다. 히브리어 MT

---

32 Paul R. Williamson, *Sealed with an Oath: Covenant in God's Unfolding Purpose*, NSBT 23 (Downers Grove, IL: InterVarsity Press, 2007), 74.

본문과 70인역 간에 많은 차이가 나타난다. 학자들은 이 차이의 일부는 필사자의 잘못에서 기인한 것으로 보고, 일부는 번역 과정에서 일어난 것으로 간주하며, 또 일부는 근원 본문을 서로 다른 것에 귀속시킨다. 그리스어 번역의 배후에 있는 근원 본문이 우리가 갖고 있는 MT 본문보다 더 오래되고 더 우월하다는 주장이 빈번하게 제시된다.

히브리어 성경과 그리스어 성경의 예레미야 31장에 대한 가장 최근의 연구 중 하나는 아드리안 쉥커(Adrian Schenker)의 연구다.[33] 쉥커는 그리스어 번역, 특히 예레미야 31:32의 번역의 차이는 주로 다른 이해를 제시하는 다른 근원 본문에 기인한다고 주장한다. 그리스어 역본의 배후에 있는 근원 본문이 심지어는 더 오래되고 더 우수할 수 있다.

여기서 우리는 예레미야 31장의 그리스어 역본(70인역)의 영어 번역을 간략히 제시하고, 새 언약의 설명과 관련해 쉥커가 제공한 주장을 살펴볼 것이다.

첫째, 예레미야 31:27-34에 대한 그리스어 역본의 번역이 유용하다.

27 여호와께서 말씀하시니라. "보라! 날이 이르리니, 내가 사람의 씨와 짐승의 씨를 이스라엘과 유다에 뿌릴 것이니라. 28 그리고 내가 깨어서 그들을 무너뜨리고 괴롭게 했던 것처럼 내가 깨어서 그들을 세우고 심을 것이니라." 여호와의 말씀이니라. 29 "그때에 그들이 '아버지가 신 포도를 먹고 아들들의 이가 시다'고 다시는 말하지 아니하겠고, 30 각기 자기의 죄로 죽을 것이고, 신 포도를 먹는 자는 자기의 이가 실 것이니라."

31 여호와의 말씀이니라. "보라! 날이 이르리니, 내가 이스라엘 집과 유다 집과 새 언약을 맺으리라. 32 이 언약은 내가 그들의 조상들의 손을 잡고 애굽 땅에서 그들을 이끌어내던 때에 맺은 언약과 같지 아니한데, 그것은 그들이 내 언약 안

---

33 Adrian Schenker, *Das Neue am neuen Bund und das Alte am alten: Jer 31 in der hebräischen und griecischen Bibel* (Forschungen zur Religion und Literatur des Alten und Neuen Testaments 212; Göttingen, Germany: Vandenhoeck & Ruprecht, 2006).

에 있지 못하고, 나는 그들에게 관심이 없었기 때문이니라." 여호와의 말씀이니라. 33 "그날 후에 내가 이스라엘 집과 맺을 언약은 이러하다. 곧 내가 나의 법을 그들의 생각 속에 두며 그들의 마음 위에 기록할 것이다. 그리고 나는 그들의 하나님이 되고 그들은 내 백성이 될 것이니라." 여호와의 말씀이니라. 34 "그리고 그들이 다시는 각각 자기 동료 시민과 각각 자기 형제에게 '여호와를 알라'고 말하며 가르치지 아니할 것이니라. 이는 그들이 작은 자로부터 큰 자까지 다 나를 알고, 내가 그들의 악행과 그들의 죄에 관하여 자비를 베풀고, 다시는 기억하지 아니할 것이기 때문이니라."

그리스어 본문과 히브리어 본문을 간략히 비교해보면 다음과 같은 차이가 나타난다. 70인역은 MT 본문과 다르게 예레미야 31:27에서 διὰ τοῦτο("이로 말미암아")를 덧붙인다. 그러나 MT 본문의 27a절 어법은 MT 본문의 예레미야 31:31a과 표현이 동일하다. 그리고 31:31a에서 70인역은 MT 본문과 양적으로 대응을 이루고 있다. 그리스어 번역자는 31:27에 나오는 אֶת־בֵּית יִשְׂרָאֵל וְאֶת־בֵּית יְהוּדָה(에트-베이트 이스라엘 웨에트-베이트 예후다, "이스라엘 집과 유다 집")이라는 표현 중 בַּיִת(바이트, "집")를 οἶκος로 번역하지 않는다. 그가 31:31에 나오는 בַּיִת를 οἶκος로 번역하는 것과는 다르게 말이다. 따라서 MT 본문과 비교할 때 70인역에는 생략이 발생했다. 만일 70인역의 추정 근원 본문이 MT 본문과 동일하다면, 이것은 문체상의 변화를 제공하려는 의도로 보인다. 31:28에서 MT 본문은 과거에 하나님의 백성을 부정적으로 "지켜보신" 것을 묘사하는 5개의 한정 부정사를 갖고 있고, 또 미래에 하나님의 백성을 긍정적으로 "지켜보시는" 것을 묘사하는 두 개의 한정 부정사를 갖고 있다. 70인역은 두 경우 모두 두 개의 부정사를 갖고 있다. 70인역의 근원 본문이 MT 본문과 다른 것으로 이해하는 것도 가능하다. 하지만 그리스어 번역자가 부정적 및 긍정적 종속절의 길이를 일치시키려고 했다고 보는 것이 더 개연성이 높다. 29a절, 34a절, 34b절에서 MT 본문은 부정어 + 미완료 + עוֹד("다시는") 형식을 사용한다. 이 구성은 29a절과 34a절에서 οὐ μή + 부정과거 가정법(즉 강조적인 미래 부정) 형태로 번역된다. 하지만 34b절에서는 길이에 맞추어 οὐ μή + 부정과거 가정법 + ἔτι 형태로 번역된다. 다시 말해 그리스어 번역자는 분명히 자유롭게 번역했다는 것이다. 30절과 관련해 MT 본문은 분열 구문을 사용하지만 70인역은 כל־הָאָדָם(사람마다)을 생략하고, 외치(extraposition)를 사용하기보다는 주어에 직접 의존하는 분사를 사용했다. 마지막에 있는 αὐτοῦ("자기의")라는 소유 대명사는 그리스어 본문에서는 불필요하다. 비록 문장의 길이를 MT 본문과 비슷하게 만들었지만 말이다. 32절에 대해 말한다면 בְּיוֹם הֶחֱזִיקִי בְיָדָם(베욤 헤헤지키 베야담, 손을 잡은 날에)은 ἐν ἡμέρᾳ ἐπιλαβομένου μου τῆς χειρὸς αὐτῶν으로 번역된다. 따라서 그리스어 번역자는 독립 소유격 구문을 사용하여 번역문의 언어가 요구하는 문제를 보여준다. 그 결과 MT 본문의 "베트"(beth) 전치사는 70인역에 해당되는 형식적 상당 어구가 없다. 더구나 종속절 ὅτι αὐτοὶ οὐκ ἐνέμειναν ἐν τῇ διαθήκῃ μου(호티 아우토이 우크 에네메이난 엔 테 디아데케 무, "그들이 내 언약 안에 있지 못하고")는 형식상 MT 본문의 관계절 אֶת־בְּרִיתִי אֲשֶׁר־הֵמָּה הֵפֵרוּ(아셰르-헤마 헤페루 에트-베리티, "그들이 내 언약을 깨뜨렸음이라")와 일치하지 않는다. 또한 καὶ ἐγὼ ἠμέλησα αὐτῶν(카이 에고 에멜레사 아우톤, "나는 그들에게 관심이 없었고")도 MT 본문의 וְאָנֹכִי בָּעַלְתִּי בָם(웨아노키 바알티 밤, "내가 그들의 남편이 되었어도")과 일치하지 않는다. 물론 וְאָנֹכִי("내가")를 καὶ ἐγώ("[그리고] 나는")로 어색하게 번역하고, 근원 본문이 크게 다르지 않음을 암시하기는 한다. 33절에서 διδοὺς δώσω(디두스 도소, "내가 준 것을 주며")는 MT 본문의 נָתַתִּי(나타티, "내가 두며")와 어울리지 않고, נָתוֹן אֶתֵּן(나톤 에텐)과 같은 근원 본문을 암시한다. [히브리서 8장의 인용에 δώσω가 없는 것을 주목하라.] בְּקִרְבָּם(베키르밤, "그들의 속에")에 대한 번역인 εἰς τὴν διάνοιαν αὐτῶν(에이스 텐 디아노이안 아우톤, "그들의 생각 속에")이라는 말은 번역문이 속한 문화의 요구에 대한 이해가 있음을 보여준다. 반면에 וְעַל־לִבָּם(웨알-리밤, "그들의 마음 위에")에 대한 번역인 καὶ ἐπὶ καρδίας αὐτῶν(카이 에피 카르디아스 아우톤, "그들의 마음에")은 "마음"이 그리스어의 요구에 따라 복수형(hearts)으로 표시된 것을 제외하면 그런 관심을 보여주지 않는다. 그럼에도 לב(레브, "마음")는 70인역에서 자주 문자적으로 번역된다. MT 본문에서 직접 목적어 אֶת־תּוֹרָתִי(에트-토라티, "나의 법을")는 단수형이지만 그리스어 번역에서 복수형 νόμους(노무스, "법들"[율법들])로 번역된다. אֶכְתָּבֶנָּה(에크타베나, "기록하여")의 3인칭 여성 단수형 접미사가 수를 맞추기 위해 복수형 αὐτούς("그들의")로 번역된다. 34절에 대해 말하자면, 3인칭 남성 복수형 대명사 접미사를 가진 직접 목적어들이 그리스어에서는 복수형으로 번역된다. "ταῖς ἀδικίαις αὐτῶν καὶ τῶν ἁμαρτιῶν αὐτῶν(타이스 아디키아이스 아우톤 카이 톤 하마르티온 아우톤, "그들의 악행과 그들의 죄").

우리는 **전체적으로** 이 번역의 특징―쉥커가 전반적으로 고찰하지 못한 내용―을 고려할 때 번역자의 번역에 대해 더 총체적인 관점을 갖게 되고, 그리스어 번역자가 자신이 취한 근원 본문에 대해 형식적 일치에서 기능적 일치로 방침이 크게 바뀐다는 것을 확인하게 된다. 나아가 예레미야서의 예레미야의 행적에 관한 기록은 분명히 작품이 여러 번에 걸쳐 다시 기록되었음을 암시한다. 예레미야서는 바빌론 포로들에게 주어졌으나 예레미야 자신은 이집트로 이주했다. 이 역사 자체는 이집트 판본은 에스라와 느헤미야가 권위를 인정한 문헌 내에서 정경의 지위를 갖지 못했음을 암시한다.[34] 또

---

34 최근에 나온 Emanuel Tov의 다음 논문들은 다만 간략한 개관과 요약을 제공하는 데 주력했다. Emanuel Tov, "The Nature of the Large-Scale Differences between the LXX and MT S T V, Compared with Similar Evidence in Other Sources," *The Earliest Text of the Hebrew Bible: The Relationship between the Masoretic Text and the Hebrew Base of the Septuagint Reconsidered*, ed. Adrian Schenker (Septuagint and Cognate Studies 52, Atlanta: Scholars Press, 2003), 121-144; 그리고 같은 저자, "The Septuagint as a Source for the Literary Analysis of Hebrew Scripture," *Exploring the Origins of the Bible: Canon Formation in Historical, Literary, and Theological Perspective*, ed. Craig A. Evans and Emanuel Tov (Grand Rapids, MI: Baker, 2008), 31-51. 그럼에도 Tov는 더 짧은 70인역 예레미야서가 더 초기의 판이고, MT 본문 예레미야서는 "다양한 새 개념이 덧붙여진" 새로운 판이라는 견해를 확립된 사실로 제시한다(126). 그는 자신의 박사학위 논문에서 이 문제점을 상세히 설명했다. E. Tov, *The Septuagint Translation of Jeremiah and Baruch―A Discussion of an Early Revision of the LXX of Jeremiah*

29-52 and Baruch 1:1-3:8, Harvard Semitic Monographs 8 (Missoula, MT: Scholars Press, 1976); 같은 저자, "The Characterization of the Additional Layer of the Masoretic Text of Jeremiah," *Eretz-Israel* 26 (1999): 55-63; 같은 저자, "Exegetical Notes on the Hebrew *Vorlage* of the Septuagint of Jeremiah 27 (34)," *The Greek and Hebrew Bible: Collected Essays on the Septuagint,* ed. E. Tov (Leiden, Netherlands: Brill, 1999), 315-332; 그리고 같은 저자, "The Literary History of the Book of Jeremiah in Light of Its Textual History," *Greek and Hebrew Bible,* 363-384. 또한 Young-Jin Min, "The Minuses and Pluses of the LXX Translation of Jeremiah as Compared with the Masoretic Text: Their Classification and Possible Origins" (박사학위 논문, Hebrew University of Jerusalem, 1977)도 보라. Tov의 견해를 지지하는 내용이 예컨대 다음 연구들 속에서 발견된다. P.-M. Bogaert, "La *vetus latina* de Jérémie: texte très court, témoin de la plus ancienne Septante et d'une forme plus ancienne de l'hébreu (Jer 39 et 52)," *in The Earliest Test of the Hebrew Bible: The Relationship between the Masoretic Text and the Hebrew Base of the Septuagint Reconsidered,* ed. Adrian Schenker, Septuagint and Cognate Studies 52 (Atlanta: Scholars Press, 2003), 51-82; Adrian Schenker, "Est-ce que le livre de Jérémie fut publié dans une édition refondue au 2e siècle? La multiplicité textuelle peut-elle coexister avec l'édition unique d'un livre biblique?" in *UN Carrefour dans l'histoire de la Blble: Du texte à la théologie au IIe siècle avant J.-C.,* ed. Innocent Himbaza and Adrian Schenker, Oebis biblicus et orientalis 233 (Fribourg, Switzerland: Academic Press, 2008), 58-74. Schenker는 이전 역본(= 70인역)이 여전히 유통되고 있는 동안에도 의의 교사가 예레미야서=MT에 대해 개정 권한을 줄 수 있었다고 주장한다. 그러나 70인역 예레미야서에 관한 최근의 연구는 예레미야서의 본문 전승의 복잡성을 드러내고, 이 곤란한 문제의 해결과는 거리가 멀다는 것을 보여준다. Sven Soderlund, *The Greek Text of Jeremiah. A Revised Hypothesis,* JSOTSup 47 (Sheffield, UK: JSOT Oress, 1985); Louis Stulman, *The Other Text of Jeremiah: A Reconstruction of the Hebrew Text Underlying the Greek Version of the Prose Sections of Jeremiah With English Translation* (Lanham, MD: University Press of America, 1985); H.-J. Stipp, *Das masoretische und alexandrinische Sondergut des Jeremiabuches—Textgeschichtlicher Rang, Eigenarten, Triebkräfte,* Orbis biblicus et Orientalis 136 (Fribourg, Switerland: Editions Universitaires/ Göttingen, Germany: Vandenhoeck & Ruprecht, 1994). J. Lundbom도 광범위하게 연구했고, 그 결과 70인역 예레미야서가 MT 본문보다 더 짧은 것은 2,700 단어 가운데 1,700단어에서 중복철자(重複綴字)를 빠뜨리고 잘못 쓴 것—주된 문학적 특징이 반복인 본문을 전사할 때 예상될 수 있는 문제점—으로 설명될 수 있다고 주장한다. J. Lundbom, "Haplography in the Hebrew *Vorlage of* Septuagint Jeremiah"(2004년 11월 22일에 샌안토니오에서 개최된 세계성서학회 연례 모임에서 발표된 논문)와 David Noel Freedmanand and Jack R. Lundbom, "Haplography in Jeremiah 1-20," *Eretz-Israel* 26 (1999): 28*-38*을 보라. 토론토 대학의 A. Pietersma 교수의 지도 아래 두 명의 박사 과정 연구생인 Marc Saunders와 Tony S. L. Michael이 더 깊이 연구했다. Michael은 자신의 연구를 통해 70인역 예레미야서는 의미가 다시 부여된 본문으로 분류된다고 주장했다(개인적 대화). A. Pietersma, "Greek Jeremiah

한 70인역 배후에 있는 근원 본문이 번역문의 언어 형식의 요청들에 부응하기 위해 고대 히브리어 본문을 새롭게 한 것일 수도 있었다. 이 모든 요소는 특히 쉥커가 인정하는 것처럼 근원 본문의 엄밀한 어법을 재구성하기가 불가능할 때 어떤 면에서든 그리스어 번역의 본문을 우월한 것으로 간주해야 한다는 주장을 확신하기 어렵게 만든다.[35] 비록 히브리서 8:7-13의 긴 인용이 일반적으로 70인역의 번역을 따를 수 있지만, 이것이 예레미야 31:32에 나오는 다른 문장들이 어쨌든 더 나은 본문임을 의미하는 것은 아니다. 히브리서 저자가 70인역에 기초해 어떤 특별한 주장을 도출하지 않는다면 말이다.

아마 쉥커는 예레미야 31:32의 그리스어 번역이 실제로 MT 본문으로 이전된 것과 동일한 히브리어 근원 본문에 대한 해석을 제시할 가능성이 있음을 충분히 고찰하지 못했을 것이다. ὅτι αὐτοὶ οὐκ ἐνέμειναν ἐν τῇ διαθήκῃ μου(호티 아우토이 우크 에네메이난 엔 테 디아테케 무, "그들이 내 언약 안에 있지 못하고")는 MT 본문에서 אֲשֶׁר־הֵמָּה הֵפֵרוּ אֶת־בְּרִיתִי(아셰르-헤마 헤페루 에트-베리티, "그들이 내 언약을 깨뜨렸음이라")에 대한 역동적 번역으로 간주될 수 있었다. 그다음 절에서 ἠμέλησα(에멜레사, "관심이 없었고")가 어떻게 בָּעַלְתִּי(바알티, "남편이 되었어도")의 역동적 번역일 수 있는지는 아직 적절히 탐구되지 않았다. 번역자는 백성들이 언약 안에 있지 못할지라도 하나님께서 "염려 마라!

---

and the Land of Azazel in *Studies in the Hebrew Bible, Qumran, and the Septuagint, Presented to Eugene Ulrich*, ed. Peter W. Flint, Emanuel Tov and James C. VanderKam, Supplements to Vetus Testamentum 101 (Leiden, Netherlands: Brill, 2006), 403-413 은 70인역과 MT 본문 사이의 차이는 본문 문제가 아니라 번역 문제라는 것에 대한 충분한 증거를 제공한다. 또한 A. Pietersma, "Of Translation and Revision: From Greek Isaiah to Greek Jeremiah," *Isaiah in Context: Context: Studies in Honour of Arie van der Kooij on the Occasion of His Sixty-Fifth Birthday*, ed. Michaël N. van der Meer, Percy van Keulen, Wido van Peursen, Bas ter Haar Romeny, Supplements to Vetus Testamentum 138 (Leiden, Netherland: Brill, 2010), 359-387도 보라. 거기 보면 Tov가 제시한 그리스어 예레미야 29-52장의 개정 가설은 거짓이고, 사실은 문맥적인 적용과 주석이라는 새로운 가설을 지시할 수 있다고 주장한다.

35 Schenker, *Das Neue am neuen Bund und das Alte am alten*, 23.

[내가 다른 계획이 있다]"고 말씀하신 것으로 생각할 수 있었다. 『슈투트가 르트판 히브리어 성경』(BHS)의 어법은 최소한 여기서 70인역의 번역이 MT 본문과 같을 가능성을 고려한다.

예레미야 32:36-41

화자가 최소한 주제를 두 번 반복해서 언급하는 것이 히브리 문학의 표준이 자 기준이다. 두 번째 언급할 때 화자는 보통 주제를 다른 관점에서 접근할 것이다. 두 대화를 동시에 들으면 입체적인 생각이 마음에 조명될 것이다. 예레미야 32:36-41에서 예레미야는 새 언약 주제를 두 번째로 언급한다.

36 그러나 이스라엘의 하나님 여호와께서 너희가 말하는 바 칼과 기근과 전염병 으로 말미암아 바벨론 왕의 손에 넘긴 바 되었다 하는 이 성에 대하여 이와 같 이 말씀하시니라. 37 "보라! 내가 노여움과 분함과 큰 분노로 그들을 쫓아 보내 었던 모든 지방에서 그들을 모아들여 이곳으로 돌아오게 하여 안전히 살게 할 것이라. 38 그들은 내 백성이 되겠고, 나는 그들의 하나님이 될 것이며, 39 내가 그들에게 한 마음과 한 길을 주어 자기들과 자기 후손의 복을 위하여 항상 나를 경외하게 하고, 40 내가 그들에게 복을 주기 위하여 그들을 떠나지 아니하리라 하는 영원한 언약을 그들에게 세우고 나를 경외함을 그들의 마음에 두어 나를 떠나지 않게 하고 41 내가 기쁨으로 그들에게 복을 주되 분명히 나의 마음과 정 성을 다하여 그들을 이 땅에 심으리라."

여기서 예언자 예레미야의 신탁은 백성들을 포로로부터 모으는 것과 그 들을 이스라엘 땅으로 돌아오게 하는 것을 묘사한다. 예레미야 32:38에 나 오는 언약 공식을 주목해보라. "그들은 내 백성이 되겠고 나는 그들의 하나

님이 될 것이며." 32:40은 "영원한 언약"이라고 선언함으로써 이것을 뒷받
침한다. 백성들은 "한 마음"이 되고(렘 32:39), 야웨를 경외하는 마음을 자극
받을 것이다(렘 32:40).

윌리엄슨은 표(표 13.1)를 통해 예레미야 31:31-34과 32:37-41을 비교
하고 대조한다.[36] 이 두 본문은 스테레오 시스템의 좌우 스피커와 같다. "새
언약"과 "영원한 언약"이라는 명칭은 상호 교체할 수 있음을 주목하라. 이
스라엘 언약이 깨진 사실은 새 언약의 인간 당사자의 신실함과 대조된다.
히브리어 본문 32:39은 문자적으로 다음과 같이 읽을 수 있다. "내가 그들
에게 그들의 유익을 위하여, 그리고 이후의 그들의 후손을 위하여 항상 나
를 경외하게 하는 한[37] 마음과 한 길을 줄 것이며." 게오르크 피셔(Georg
Fischer)가 유용하게 지적하는 것처럼 예레미야 32:39은 신명기 5:29에 기
초하고, 에스겔서 11:19과 긴밀하게 관련이 있다.[38] 하나님의 교훈을 마음
속에 갖게 되면 백성들은 흔들리지 않는 감정과 지성 그리고 의지를 갖고
야웨와 야웨의 **길**을 주목할 것이다. 다시 말해 하나님을 알고 야웨를 경외
하게 되면 또한 동일한 일을 다른 관점에 따라 보게 된다. 마지막으로 용서
의 긍정적 측면은 하나님이 자기 백성을 위해 계획하고 행하실 "복"에 해당
한다.

---

36 Paul R. Williamson, *Sealed with an Oath*, 165. 표는 허락을 받아 사용함.
37 70인역은 "또 다른 길과 또 다른 마음"(ὁδὸν ἑτέραν καὶ καρδίαν ἑτέραν)으로 되어 있다.
    이것은 "달렛"을 "레쉬"와 혼동하는 것(אחד를 אחר로 읽음)에 기초하고, 이 단어의 부차적이고
    지엽적인 본문 전승이다. 70인역은 또한 MT 본문과 관련해서 명사 어구들의 위치를 바꾼다는
    것과 70인역 에스겔서 11:19도 MT 본문의 "한 마음" 대신에 "또 다른 마음"으로 되어 있다는
    것을 주목하라. "달렛"과 "레쉬"의 혼동은 흔히 일어난다.
38 Georg Fischer, *Jeremia 26-52*, Herders Theologischer Kommentar zum Alten
    Testament (Freiburg, Germany: Herder, 2005), 212.

표 13.1: 예레미야 31:31-34과 32:37-41의 비교와 대조

예레미야 31:31-34	예레미야 32:37-41
31절 내가 이스라엘 집과 유다 집에 새 언약을 맺으리라	**40a절** 내가…영원한 언약을 그들[즉 이스라엘과 유다 사람들. 참조. 30절]에게 세우고
32절 이 언약은…맺은 것과 같지 아니할…그들이 내 언약을 깨뜨렸음이라	**40c절** 나를 떠나지 않게 하고
33a절 내가 나의 법을 그들의 속에 두며 그들의 마음에 기록하여	**39절** 내가 그들에게 한 마음과 한 길을 주어
	40b절 나를 경외함을 그들의 마음에 두어
33b절 나는 그들의 하나님이 되고 그들은 내 백성이 될 것이라	**38절** 그들은 내 백성이 되겠고 나는 그들의 하나님이 될 것이며
34a절 다 나를 알기 때문이라	**39b절** 항상 나를 경외하게 하고
34b절 내가 그들의 악행을 사하고	**40b, 41절** 내가 그들에게 복을 주고
다시는 그 죄를 기억하지 아니하리라	분명히 나의 마음과 정성을 다하여 그들을 이 땅에 심으리라

예레미야 33:12-26

예레미야 33:12-26은 새 언약에 관한 매우 탁월한 예레미야의 마지막 담화(렘 50:4-5의 간략한 언급을 제외하고)다. 그리고 에스겔이 새 언약에 관한 자신의 마지막 담화에서 다른 많은 요소를 하나로 나타내는 것처럼 예레미야도 똑같이 하나로 나타낸다. 포로로부터의 귀환과 새 언약은 다윗 언약과 레위 언약 그리고 창조 언약과 관련이 있다.

12 만군의 여호와께서 이와 같이 말씀하시니라. "황폐하여 사람도 없고 짐승도 없던 이곳과 그 모든 성읍에 다시 목자가 살 곳이 있으리니, 그의 양 떼를 눕게 할 것이라. 13 산지 성읍들과 평지 성읍들과 네겝의 성읍들과 베냐민 땅과 예루살렘 사면과 유다 성읍들에서 양 떼가 다시 계수하는 자의 손 아래로 지나리

라." 여호와께서 말씀하시니라.

14 여호와의 말씀이니라. "보라! 내가 이스라엘 집과 유다 집에 대하여 일러 준 선한 말을 성취할 날이 이르리라.

15 그날 그때에,

내가 다윗에게서 한 공의로운 가지가 나게 하리니,

그가 이 땅에 정의와 공의를 실행할 것이라.

16 그날에 유다가 구원을 받겠고,

예루살렘이 안전히 살 것이며,

이 성은 여호와는 우리의 의라는

이름을 얻으리라."

17 여호와께서 이와 같이 말씀하시니라. "이스라엘 집의 왕위에 앉을 사람이 다윗에게 영원히 끊어지지 아니할 것이며, 18 내 앞에서 번제를 드리며 소제를 사르며 다른 제사를 항상 드릴 레위 사람 제사장들도 끊어지지 아니하리라 하시니라."

19 여호와의 말씀이 예레미야에게 임하니라. 이르시되 20 "여호와께서 이와 같이 말씀하시니라. '너희가 능히 낮에 대한 나의 언약과 밤에 대한 나의 언약을 깨뜨려 주야로 그때를 잃게 할 수 있을진대, 21 내 종 다윗에게 세운 나의 언약도 깨뜨려 그에게 그의 자리에 앉아 다스릴 아들이 없게 할 수 있겠으며 내가 나를 섬기는 레위인 제사장에게 세운 언약도 파할 수 있으리라. 22 하늘의 만상은 셀 수 없으며 바다의 모래는 측량할 수 없나니, 내가 그와 같이 내 종 다윗의 자손과 나를 섬기는 레위인을 번성하게 하리라 하시니라."

23 여호와의 말씀이 예레미야에게 임하니라. 이르시되 24 "이 백성이 말하기를 여호와께서 자기가 택하신 그들 중에 두 가계를 버리셨다 한 것을 네가 생각하지 아니하느냐. 그들이 내 백성을 멸시하여 자기들 앞에서 나라로 인정하지 아니하도다." 25 여호와께서 이와 같이 말씀하시니라. "내가 주야와 맺은 언약이 없

다든지 천지의 법칙을 내가 정하지 아니하였다면 26 야곱과 내 종 다윗의 자손을 버리고 다시는 다윗의 자손 중에서 아브라함과 이삭과 야곱의 자손을 다스릴 자를 택하지 아니하리라. 내가 그 포로된 자를 돌아오게 하고 그를 불쌍히 여기리라."

새 언약과 다윗 언약

예레미야는 포로에서 귀환한 이스라엘의 회복을 계속해서 선언한다. 하나님은 이 재건과 갱신 그리고 회복의 한 부분으로 자신이 다윗 왕에 관해 주신 선한 말을 확증하실 것이다. NIV는 다음과 같이 번역했다. "내가 이스라엘 집과 유다 집과 맺은 약속을 이룰 것이다." 히브리어 본문에서 사용되는 동사는 "헤킴"(*bēqîm*)이다. 헤킴 베리트 (*bēqîm bĕrît*)라는 표현과 비슷하게 우리는 여기서 "헤킴 에트-하다바르 하토브"(*bēqîm 'eth-haddābār baṭṭôb*)라는 표현을 갖고 있고, 그 표현은 하나님이 이스라엘 집과 유다 집에 주신 선한 말을 "그[하나님]가 서게 하실 것이다", 즉 확증하고 확립하고 지키실 것이라는 것을 의미한다. 예레미야가 언급하는 선한 말 곧 은혜로운 약속은 궁극적으로 사무엘하 7장의 나단까지 거슬러 올라가는 이전 예언자들(예. 사 11장)이 준 예언의 말이다. 이 말은 예레미야 33:26에서 말하는 것처럼 아브라함과 이삭 그리고 야곱의 후손을 지배하는 왕과 통치자로서 다윗의 계보에서 나오는 어떤 한 인물에 대한 약속이다. 예레미야가 앞에서 곧 예레미야 23:5-6에서 그런 것처럼 이사야도 이에 대해 "가지"라는 말을 사용했다.

1 이새의 줄기에서 한 싹이 나며

그 뿌리에서 한 가지가 나서 결실할 것이요.

2 그의 위에 여호와의 영

곧 지혜와 총명의 영이요,

모략과 재능의 영이요,

지식과 여호와를 경외하는 영이 강림하시리니.

3 그가 여호와를 경외함으로 즐거움을 삼을 것이며(사 11:1-3a).

5 여호와의 말씀이니라. "보라! 때가 이르리니.

내가 다윗에게 한 의로운 가지를 일으킬 것이라.

그가 왕이 되어 지혜롭게 다스리며,

세상에서 정의와 공의를 행할 것이며,

6 그의 날에 유다는 구원을 받겠고,

이스라엘은 평안히 살 것이며.

그의 이름은 여호와 우리의 공의라

일컬음을 받으리라"(렘 23:5-6).

이사야서와 예레미야서 이 두 본문(사 11:1-3a; 렘 23:5-6)의 의미를 정확히 파악하고 이 두 본문 간의 관계를 이해하기 위해 우리는 영어 성경의 번역에서 보통 "가지"(Branch)로 번역되는 말의 의미를 설명하지 않으면 안 된다. 앞에서 우리는 구약성경에서 초목이나 당당하게 큰 나무가 왕과 나라의 통상적 은유로 사용된다고 설명했다. 볼터 로즈(Wolter Rose)의 "가지" 연구는 매우 탁월하고, 우리가 여기서 제시하는 주석의 기초가 된다.[39] 히브리어 단어 צֶמַח(체마흐)에 대해서는 두 가지 견해가 있다. (1) 그 단어는 초목/나무의 한 부분을 가리키고, "가지" 또는 "싹"을 의미한다. (2) 그것은 초목이나 초목들 전체를 가리키고, "식물"을 의미한다. 로즈는 초목의 한 부분과 초목 전체 곧 식물을 가리키는 히브리어의 모든 용어를 다음과 같이 표로 제시한다(표 13.2).[40]

---

39 Wolter H. Rose, *Zemah and Zerubbabel: Messianic Expectations in the Early Postexilic Period*, JSOTSup 304 (Sheffield, Sheffield Academic Press, 2000).

40 Rose, *Zemah and Zerubbabel*, 94.

표 13.2: 체마흐의 가능한 의미와 이에 대응하는 어휘의 장(場)

가지	싹/눈	초목(들)/식물
בַּד	יוֹנֶקֶת	דֶּשֶׁא
דָּלִית	נֵצֶר	חָצִיר
חֹטֶר	[פֶּרַח]	עֵץ
עָנָף		עֵשֶׂב
פֻּארָה		שִׂיחַ
קָצִיר		
שָׂרִיג		

이 용어들의 분석에서 흥미로운 것은 마지막 세로줄의 용어들은 "밭의 [초목들]"이라는 표현으로 사용될 수 있지만, 처음 두 세로줄은 그렇게 사용될 수 없다는 것이다. 따라서 "체마흐"는 초목의 한 부분이 아니라 "성장"과 같은 어떤 것을 의미하는 식물을 가리키는 일반 용어이고, 표에서 세 번째 세로줄에 포함되어야 한다(창 19:25; 겔 16:7).

"체마흐"의 정확한 의미를 염두에 두고, 우리는 이사야가 이사야 11:1에서 חֹטֶר(호테르)와 נֵצֶר(네체르)라는 말을 사용하는 반면, 예레미야는 예레미야 23:5과 33:15에서 "체마흐"를 사용하는 것을 주목해야 한다.[41] 이 두 예언서에서 이 두 단어의 강조점은 단어가 다른 것만큼이나 다르다. 이사야서에서 하나님의 심판은 다윗 왕과 나라를 상징하는 나무가 꺾이는 것을 의미한다. 그럼에도 하나님이 베푸시는 은혜의 회복으로 남은 뿌리에서 한 가지가 나서 결실할 것이다.

예레미야 23장은 고니야 왕에게 임한 저주를 담고 있는데, 이 특정한 다윗 계보의 왕의 후손 중 그 누구도 미래에 이스라엘의 왕이 되지 못할 것이다. 궁극적으로 이것은 미래의 이스라엘 왕이 다른 다윗 계보에서 출현해야

41　구약성경에서 "체마흐"가 은유적으로 사용되는 유일하게 다른 본문은 슥 3:8과 6:12이다.

한다는 것을 의미한다. 예레미야가 23:5에서 "내가 다윗에게 한 의로운 가지를 일으킬 것이라"고 말하는 것을 주목해보라. 우리는 이 본문에서 "에게"나 "위하여"라는 작은 전치사를 주목해보아야 한다. 지금까지 멸망이 있었기 때문에 **하나님**은 다윗 왕조의 회복을 일으키실 수 있게 될 것이다. 그 계보 자체에서는 가지가 날 수 없을 것이다. 로즈는 이사야서의 예언과 예레미야서의 예언의 차이를 다음과 같이 잘 요약한다.

> 이사야 11:1의 용어와 "체마흐" 신탁(예레미야서와 스가랴서의 신탁)의 차이는 이 본문들의 종합적 취지가 사실상 다르다는 것을 함축한다. "이새의 줄기에서 난 한 싹"과 "그 뿌리에서 난 한 가지"를 언급하는 이사야 11:1의 이미지는 다윗의 왕조가 그 왕조의 미래의 상황에 공헌할 여지를 남겨 놓는다. 하지만 예레미야 23:5의 "체마흐" 이미지는 오직 하나님의 간섭만이 다윗 왕조의 미래를 보장할 수 있다는 것을 암시한다.[42]

다시 말하자면 우리는 아브라함의 경험처럼 오직 죽은 몸에서 생명을 일으키시는 하나님의 선물만이 약속의 성취를 가져올 것이라는 결론에 이르게 된다.

예레미야 33:15에서 이 가지에 형용사 "공의로운"이라는 말이 첨가된다. 그다음 어절에서 분명히 진술하는 것처럼 "그가 이 땅에 정의와 공의를 실행할 것이기" 때문이다. "정의"와 "공의"는 단순한 사회 정의의 개념이 아니라 이스라엘 언약의 사회 정의 개념을 전달하는 데 있어 짝 단어를 구성한다. 따라서 그것은 토라 전체를 요약하는 한 방법이다. 그 왕은 이스라엘 언약의 시행자다. 다윗의 가문이 왕좌에 앉지 못하는 일이 다시는 벌어지지 않고, 장차 임할 왕에 대한 암시는 새 예루살렘의 이름 곧 "여호와는 우리의 의"(렘 33:15)에서 발견된다.

---

42 Rose, *Zemah and Zerubbabel,* 120.

새 언약과 레위 언약

이 미래의 회복에는 하나님의 의를 시행하는 다윗 왕의 지속적 통치만 포함하고 있는 것이 아니라 다음 사실도 포함되어 있다. "내 앞에서 번제를 드리며 소제를 사르며 다른 제사를 항상 드릴 레위 사람 제사장들도 끊어지지 아니하리라"(렘 33:18).

우리가 여기까지 오면서 설명하지 않은 언약은 하나님이 레위인과 맺으신 언약이다. 구약성경에 나오는 (얼마 되지 않는) 레위 언약 관련 본문들을 모두 제시하면 다음과 같다.

이스라엘 자손이 여호와께 거제로 드리는 모든 성물은 내가 영구한 몫의 음식으로 너와 네 자녀에게 주노니, 이는 여호와 앞에 너와 네 후손에게 영원한 소금 언약이니라(민 18:19).

6 이스라엘 자손의 온 회중이 회막 문에서 울 때에 이스라엘 자손 한 사람이 모세와 온 회중의 눈앞에 미디안의 한 여인을 데리고 그의 형제에게로 온지라. 7 제사장 아론의 손자 엘르아살의 아들 비느하스가 보고 회중 가운데에서 일어나 손에 창을 들고 8 그 이스라엘 남자를 따라 그의 막사에 들어가 이스라엘 남자와 그 여인의 배를 꿰뚫어서 두 사람을 죽이니, 염병이 이스라엘 자손에게서 그쳤더라. 9 그 염병으로 죽은 자가 이만 사천 명이었더라.

10 여호와께서 모세에게 말씀하여 이르시되, 11 "제사장 아론의 손자 엘르아살의 아들 비느하스가 내 질투심으로 질투하여 이스라엘 자손 중에서 내 노를 돌이켜서 내 질투심으로 그들을 소멸하지 않게 하였도다. 12 그러므로 말하라. 내가 그에게 내 평화의 언약을 주리니, 13 그와 그의 후손에게 영원한 제사장 직분의 언약이라. 그가 그의 하나님을 위하여 질투하여 이스라엘 자손을 속죄하였음이니라"(민 25:6-13).

1 너희 제사장들아, 이제 너희에게 이같이 명령하노라. 2 만군의 여호와가 이르노라. "너희가 만일 듣지 아니하며 마음에 두지 아니하여 내 이름을 영화롭게 하지 아니하면 내가 너희에게 저주를 내려 너희의 복을 저주하리라. 내가 이미 저주하였나니, 이는 너희가 그것을 마음에 두지 아니하였음이라."

3 "보라! 내가 너희의 자손을 꾸짖을 것이요. 똥 곧 너희 절기의 희생의 똥을 너희 얼굴에 바를 것이라. 너희가 그것과 함께 제하여 버림을 당하리라. 4 만군의 여호와가 이르노라. 내가 이 명령을 너희에게 내린 것은 레위와 세운 나의 언약이 항상 있게 하려 함인 줄을 너희가 알리라. 5 레위와 세운 나의 언약은 생명과 평강의 언약이라. 내가 이것을 그에게 준 것은 그로 경외하게 하려 함이라. 그가 나를 경외하고 내 이름을 두려워하였으며 6 그의 입에는 진리의 법이 있었고 그의 입술에는 불의함이 없었으며 그가 화평함과 정직함으로 나와 동행하며 많은 사람을 돌이켜 죄악에서 떠나게 하였느니라."

7 "제사장의 입술은 지식을 지켜야 하겠고 사람들은 그의 입에서 율법을 구하게 되어야 할 것이니, 제사장은 만군의 여호와의 사자가 됨이거늘, 8 너희는 옳은 길에서 떠나 많은 사람을 율법에 거스르게 하는도다. 나 만군의 여호와가 이르노니, 너희가 레위의 언약을 깨뜨렸느니라. 9 너희가 내 길을 지키지 아니하고 율법을 행할 때에 사람에게 치우치게 하였으므로, 나도 너희로 하여금 모든 백성 앞에서 멸시와 천대를 당하게 하였느니라" 하시니라(말 2:1-9).

내 하나님이여, 그들이 제사장의 직분을 더럽히고 제사장의 직분과 레위 사람에 대한 언약을 어겼사오니 그들을 기억하옵소서(느 13:29).

우리는 이 본문들의 요지를 간략히 요약할 수 있다. 먼저 민수기 18장 본문에서 이스라엘 백성이 거제로 드리는 제물은 "소금 언약"으로서 레위인의 생계를 위해 바쳐진다(참조. 대하 13:5). 소금은 고대 세계에서 물건을 보존하는 데 사용되었으므로 소금 언약은 지속적이고 계속적인 것 곧 영원한 협정을 의미한다.

이어서 민수기 25장 본문(민 25:6-13)을 보면, 비느하스가 야웨의 영예를 위해 특별한 열심을 보여주고, 그의 행동은 백성들의 죄를 속했으며, 따라서 하나님은 비느하스의 행동에 대해 그와 그의 후손에게 평화의 언약을 주시는 것으로 보상하셨다. 말라기 본문(말 2:1-9)은 당시 제사장들이 이 언약에 따라 살지 못하는 것에 대해 통렬히 비난한다. 이 말라기 본문은 레위인이 맡았던 이 언약에서의 역할 곧 레위인이 어떻게 평강을 도모해야 했었는지를 상세히 제시한다. 또한 이 본문은 포로로부터의 물리적 귀환이 제사장의 직분의 회복을 가져오지 못했다는 것을 예증한다.

존 데이비스는 다음과 같이 지적한다. "신명기 33:8-13에 나오는 모세의 마지막 축도는 '언약'과 관련해 레위의 제사장으로서의 지위도 제시한다(신 33:9). 반면에 레위에 대한 다른 오경 본문들은 정결과 영예에 대한 그의 열심을 강조하지만(창 34장; 출 32:25-29), 신명기 33:8-13은 족장 레위를 제사장 직무가 맡겨진 지파라는 것을 확인해주고, 제사장 용어로 족장 자신을 묘사하기 위해 단수형에서 복수형이 사용된다."[43]

윌리엄슨도 레위 언약을 다음과 같이 유용하게 설명한다.

어쨌든 이 제사장 언약은 제사장들이 긴밀하게 관련이 있는 모세 언약과 동일한 일반적인 목적으로 작용한 것으로 보인다. 말하자면 제사장들은 야웨와 아브라함 자손 간의 하나님-인간 관계의 유지를 촉진시켰다. 의미심장하게도 말라기가 "레위의 언약을 부패시켰다"(말 2:8, 표준영어역)고 제사장들을 비난한 것은 그들이 하나님-인간 관계를 촉진시키는 역할을 감당하지 못했기 때문이다. 따라서 제사장 언약과 모세 언약은 구별되지만 서로 평행 관계 속에 있고, 목적에 있어 긴밀하게 관련이 있다. 즉 그것들은 하나님과 이스라엘 사이의 관계를 유지시키는 것과 긴밀하게 관련이 있다.[44]

---

43 John A. Davies, *A Royal Priesthood: Literary and Intertextual Perspectives on an Image of Israel in Exodus 19.6*, JSOTSup 395 (London: T. & T. Clark, 2004), 186.

44 Paul R. Williamson, *Sealed with an Oath*, 105-106.

윌리엄슨이 레위 언약을 특별히 이스라엘에서 왕권이 세워지기 전에 이스라엘 언약을 시행하는 구조로 이해한 것은 올바르다.

그러나 우리가 다루고 있는 본문에서 예레미야는 무수한 레위인이 하나님께 제물을 바칠 것이라고 예언한다(렘 33:22). 그는 많은 레위인이 어떻게 하나님께 제물을 바치는지에 대해 세부적인 설명을 제시하지 않지만, 이사야는 제시한다. 우리는 이사야 56장에서 고자와 이방인으로 상징된 민족들로부터 나온 이방인이 어떻게 새 성전의 제사장이 되는지를 이미 확인했다. 신약성경은 그들의 제사를 교회 모임에서 드리는 기도와 찬송의 예배로 설명한다(히 13:15-16; 벧전 2:5; 빌 4:18).

예레미야 33:12-26은 עֶבֶד(에베드, 종)와 מְשָׁרֵת(메샤레트, 섬기다)라는 히브리어 단어가 나타내는 종의 직분이라는 개념을 강조한다. 예레미야 33:21-22에서 다윗은 야웨의 종으로 불리고, 레위인은 이와 평행적인 의미에서 하나님을 섬기는 자로 설명된다. 이사야서의 마지막 부분에서 단수형 종이 복수형 종들로 바뀌는 것을 상기할 때, 예레미야 33:22은 다윗과 레위인의 "씨" 곧 자손들이 무수히 많게 될 것이라고 말하고, 거기서 사용된 말 — 하늘의 만상과 바다의 모래 — 은 아브라함 언약의 말이다. 따라서 새 언약은 이 다른 언약들에 대한 약속을 성취시킨다.

새 언약과 창조 언약

예레미야 33:23-26에서 마지막 단락은, 백성들은 하나님이 자기들을 선택하셨다는 것을 더 이상 믿지 않았고, 그 결과 그들이 한 나라(gôy)로서 하나님의 백성('am)을 멸시했다는 것, 즉 그들은 더 이상 하나님 나라를 인정하지 않았다는 것을 보여준다. 이것은 창세기 12:1-3을 회고하게 한다. 거기 보면 아브라함 언약에서 하나님이 세상의 다른 집단들을 불명확한 친족 집단으로 간주하시고, 오직 아브라함의 가족만이 참되고 지속적인 **나라** 즉 통치권을 가진 정치적·사회적 구조로 이루어진 실재가 될 것이다. 예레미야 33:19-25에서 새 언약이 가져온 상황의 영속적이고 지속적인 특성은 주야

와 맺은 언약 곧 하늘과 땅의 고정된 법칙 또는 규례 — 창조 언약에 대한 분
명한 언급(윌리엄슨의 항의에도 불구하고) — 로 비유된다.

예레미야 50:4-5

바빌론에 대한 신탁이 주어지는 문맥인 예레미야 50:4-5에는 새 언약에 대
한 마지막 언급이 나온다. 바빌론은 하나님의 백성을 징계하는 도구로 사용
된 나라이지만, 결국 그들은 심판 받게 될 것이다.

2 "너희는 나라들 가운데에 전파하라. 공포하라.

깃발을 세우라.

숨김이 없이 공포하여 이르라.

'바벨론이 함락되고,

벨이 수치를 당하며,

므로닥이 부스러지며,

그 신상들은 수치를 당하며,

우상들은 부스러진다 하라.'

3 이는 한 나라가 북쪽에서 나와서 그ᅩ를 쳐서

그 땅으로 황폐하게 하여

그 가운데에 사는 자가 없게 할 것임이라.

사람이나 짐승이 다 도망할 것임이니라."

4 여호와의 말씀이니라.

"그날 그때에

이스라엘 자손이 돌아오며 유다 자손도 함께 돌아오되,

그들이 울면서 그 길을 가며 그의 하나님 여호와께 구할 것이며,

5 그들이 그 얼굴을 시온으로 향하여

  그 길을 물으며 말하기를,

'너희는 오라!

  잊을 수 없는 영원한 언약으로

  여호와와 연합하라' 하리라."

바빌론이 심판받을 때 포로상태로부터 귀환하는 과정이 이스라엘과 유다 자손에게 시작될 것이다. 물리적 귀환과 영적 귀환 과정이 여기서는 분리된 단계로 말해지지 않는다. 그러나 예레미야가 묘사한 이 장면은 백성들이 시온산을 향해 오며, 영원한 언약으로 야웨와 연합할 것이다. 이것은 간략하게 요약한 진술로, 앞에서 예레미야서를 상세히 설명한 내용을 돌아보게 한다.

12 예언서

12 (소)예언서에는 새 언약에 대한 명백한 언급이 별로 없다. 본서의 다음 장인 14장에서는 다니엘서 본문을 고찰하는 데 지면이 할애된다. 여기서는 간략히 호세아서의 한 본문을 고찰하는 것으로 그칠 것이다.

16 여호와께서 이르시되 "그날에

  네가 나를 내 남편이라 일컫고,

  다시는 내 바알이라 일컫지 아니하리라.

17 내가 바알들의 이름을 그의 입에서 제거하여,

  다시는 그의 이름을 기억하여 부르는 일이 없게 하리라.

18 그날에는 내가 그들을 위하여

  들짐승과 공중의 새와

땅의 곤충과 더불어 언약을 맺으며,

또 이 땅에서 활과 칼을 꺾어

전쟁을 없이하고,

그들로 평안히 눕게 하리라.

19 내가 네게 장가들어 영원히 살되,

공의와 정의와

은총과 긍휼히 여김으로 네게 장가들며,

20 진실함으로 네게 장가들리니,

네가 여호와를 알리라"(호 2:18-22[2:16-20 EV]).

호세아서 이 본문의 언어는 다른 본문의 언어와 약간의 차이가 있다. 그럼에도 하나님이 바알의 많은 이름을 자기 백성의 입에서 제거하고 이스라엘을 영원히 자기 아내로 삼으실 날은 곧 새 언약의 때를 가리킨다. 바알들의 이름을 제거하는 것은 우상숭배와 죄가 끝나는 것으로, 메시아의 초림과 재림 사이에 이루어지고 어린 양의 혼인 잔치에서 완전히 끝난다.

짐승과 새들이 다시는 해를 입지 않도록 그것들과 맺은 언약은 저주의 반전, 곧 새 언약으로 말미암아 궁극적으로 일어나는 일을 보여준다. 따라서 이것은 새 언약에 대한 예언임이 틀림없다.

14장

다니엘서의 일흔 이레 본문에 나타난 새 언약[1]

---

1 Peter J. Gentry, "Daniel's Seventy Weeks and the New Exodus," *SBJT* 14/1 (2010): 26-45.

서론

다니엘 9장은 "일흔 이레"에 관한 환상으로 유명하다. 유감스럽게도 일반 독자들뿐만 아니라 학자들도 이 본문을 해석하기 어렵다. 우리는 이 본문을 해석할 때 (1) 문화적 및 역사적 배경과, (2) 언어학적 및 본문적 내용을 유의해야 할 뿐만 아니라, (3) 문학적 구조, (4) 본문의 묵시 장르, (5) 다니엘 9장과 구약성경 다른 본문들과의 관계, 그리고 무엇보다 어떤 개별적인 본문의 의미를 파악하는 데 중대한 역할을 하는 메타내러티브 곧 성경신학적 뼈대를 주의 깊게 분석하고 고찰해야 한다. 묵시 문학과 예언 문학의 전달 방법에 대한 이해 부족이 교회에 어려움을 가져왔다. 나아가 이 본문의 세부 사실에 의미를 부여하는 포괄적 이야기를 파악하지 못한 탓에 이 본문에 맞지 않는 이해의 틀을 억지로 본문에 적용하는 결과가 빚어졌다.

다니엘서의 개요

다니엘서의 이야기와 환상들[2]

1부: 여섯 가지 이야기 (1-6장)

　　1장. 바빌론 궁정의 다니엘과 세 친구 이야기

　　2장. 바빌론 왕의 꿈: 거대한 신상/작은 돌 이야기

　　3장. 다니엘의 세 친구가 풀무불에서 구원받는 이야기

2　"다니엘서의 개요" 부분과 "다니엘서의 문학적 구조" 부분은 Peter J. Gentry, "The Son of Man in Daniel 7: Individual or Corporate?" *Acorns to Oaks: The Primacy and Practice of Biblical Theology,* ed. Michael A. G. Haykin (Toronto: Joshua, 2003), 59-75을 다듬고 요약한 것이다.

4장. 바빌론 왕의 꿈: 거대한 나무 이야기

5장. 벨사살 왕과 벽에 쓰인 이야기

6장. 다니엘이 사자 굴에서 구원받는 이야기

2부: 네 가지 환상 (7-12장)

7장. 다니엘의 환상: 무시무시한 짐승/인자 환상

8장. 다니엘의 환상: 숫양과 숫염소 환상

9장. 다니엘의 기도와 일흔 이레 환상

10-12장. 다니엘의 환상: 진리에 대한 기록

다니엘서는 열두 장으로 구성되어 있고, 내러티브를 담은 여섯 장(1-6장)과 환상을 담은 여섯 장(7-12장)으로 똑같이 반으로 나뉜다. 히브리 정경에서 다니엘서는 예레미야애가—포로 주제에 초점을 맞춘 책—로 끝나는 시가서 다음에 나온다. 다니엘 1-6장의 내러티브들도 이 포로 주제를 취해서 사나운 짐승과 불과 큰 박해로 신성 모독과 우상숭배 그리고 기도 금지를 강요받는 상황에도 불구하고, 포로들이 이스라엘의 하나님 곧 유일하게 참되고 살아계신 하나님을 믿는 믿음을 어떻게 유지하는지를 묘사한다. 본질상 묵시적인 다니엘 7-12장의 꿈과 환상은 깨진 언약의 갱신과 성전의 회복 그리고 영원하고 최종적인 하나님 나라의 설립과 함께 거역과 죄가 결정적으로 끝날 때까지 네 시기에 걸친 이방 민족들의 통치를 통해 역사를 통제하시는 하나님을 보여주면서 하나님의 백성에게 소망을 던져준다.

다니엘서의 문학적 구조

다니엘서의 문학적 구조를 파악하는 것은 9장을 적절히 이해하는 데 매우 중요하다. 다니엘서의 문학적 구조는 다니엘서의 기록 연대를 기원전 6세기로 연대를 결정하는 데 도움을 주고 다니엘서를 하나의 책으로 보는 데

도 도움을 준다. 다니엘서의 문학적 기교의 한 특징은 평행을 이루지만 서로 보완적인 역할을 하는 교차 구조의 사용에서 확인할 수 있다. 다니엘서의 문학적 구조는 복잡하고 복합적이며, 다음 두 표에서는 이 구조가 단지 부분적으로만 드러난다.[3]

다니엘서의 교차 구조: 표 1

프롤로그	1장
네 금속 신상: 하나님 나라의 승리	2장
다니엘의 세 친구에 대한 박해	3장
느부갓네살의 하나님 앞에서의 겸손	4장
벨사살의 하나님 앞에서의 겸손	5장
다니엘에 대한 박해	6장
네 짐승 환상: 하나님 나라의 승리	7장
미래 역사에 대한 환상	8장
다니엘의 기도와 하나님의 응답	9장
다니엘의 슬픔과 하나님의 반응	10장
미래 역사에 대한 환상	11:1-12:4
에필로그	12:5-13

주요 하부 단위로서 2-7장과 8:1-12:4의 교차 구조 표를 주목해보라.[4]

---

3   첫 번째 표는 Daniel I. Block이 남침례교 신학교에서 "Introduction to the Old Testament: Part II, 2003" 과목을 위해 작성한 강의 노트를 다듬은 것이다. 두 번째 표는 David W. Gooding, "The Literary Structure of the Book of Daniel and Its Implications," *Tyndale Bulletin* 32 (1981): 43-79로부터 허락을 받아 다듬은 것이다. 한 본문의 문학적 구조는 저자의 목적 및 의도와 관련이 있다. 만일 우리가 평행적인 문학적 구조들을 가정한다면 그중에 어느 것이 더 본문에 적합한지 물어보아야 한다. 그러나 다니엘서의 경우에는 평행적인 문학적 구조들이 서로 보완적이고 동일한 전달 목표를 향해 움직이고 있다.

4   단 8:1-12:4에서 Daniel I. Blcok이 제시한 네 부분 교차 구조 대신, A. Kuen의 분석은 A=8장, B=9장, A´=10-12장으로 구성된 A-B-A´ 교차 구조를 제시한다. 따라서 A와 A´는 7장

따라서 다니엘서는 교차 구조가 환상들과 이야기들을 견고하게 연결시킨다.

다니엘서의 교차 구조: 표 2

다니엘의 신실함	다니엘의 신실함
1장 왕이 주는 음식을 먹는 것을 거부함	**6장** 왕의 명령에 복종하기를 거부함
다니엘의 정당성이 입증됨	다니엘의 정당성이 입증됨
두 신상	**두 짐승 환상**
2장 느부갓네살의 꿈-신상	**7장** 네 짐승
3장 느부갓네살의 금 신상	**8장** 두 짐승
두 왕이 징계를 받음	**두 글이 설명됨**
4장 느부갓네살의 징계	**9장** 예레미야서에 나오는 예언
5장 성벽의 글과 벨사살의 멸망	**10-12장** 진리에 대한 기록과 왕의 멸망

다시 한번 주요 하부 단위인 1-5장과 6-12장 사이의 평행적인 문학적 구조의 특징을 주목해보자. 앞서 말한 것처럼 문학적 평행 관계가 다니엘서의 환상들과 이야기들을 견고하게 연결시킨다. 교차 구조와 평행 관계는 동시에 효과적일 수 있다.

요약하면 평행 관계는 다니엘서를 한쪽은 5장과 6장 사이, 다른 한쪽은 7장과 8장 사이로 반씩 나누고, 동일한 사실을 언급하는 꿈으로 2장과 7장을 연결한다. 이것은 이야기와 환상에 따라 반씩 곧 여섯 장씩 나누어지는 다니엘서 두 부분을 서로 맞물리게 한다. 이 단위의 중요성은 무엇인가? 그것은 바로 이것이다. 곧 다니엘서 전반부(1-6장)는 다니엘이 동시대인들이 독자적으로 확인할 수 있었던 사건들에 대한 꿈과 환상을 해석하는 은사를

의 기본 환상에 대한 "확대된 환상들"이고, 이 두 환상 사이에 다른 "일흔 이레 환상"이 샌드위치처럼 끼어 있다. 이것이 더 설득력이 있고, 당연히 9장을 더 크게 부각시킬 것이다. Alfred Kuen, *Soixante-six en un: Introduction ayx 66 livres de la Bible* (St-Légier: Editions Emmaüs, 2005), 121을 보라. 나는 이 문제에 관심을 갖는 데 있어 Stephen Kempf의 도움을 받았다.

갖고 있다는 사실을 확립하고 증명한다. 따라서 우리는 먼 미래의 일을 다루고, 그래서 다니엘 당시의 독자에게는 확인이 불가능한 다니엘서 후반부의 환상들에 대한 해석을 믿고 신뢰해야만 한다.

문학적 구조가 해석의 열쇠다. 우리는 다니엘서의 부분들과 이 부분들 상호 간의 관계를 이해하기 위해 다니엘서 전체를 명확히 조망할 필요가 있다.

다니엘 2장의 꿈과 7장의 환상은 다니엘서의 중심에 위치하고 있고, 동일한 사실을 다른 관점에 따라 제시한다.

다니엘 2장의 중심 사건은 바빌론 왕이 꾼 꿈으로, 그는 자신 앞에 거대한 신상이 서 있는 꿈을 꿨다. 이 신상의 머리는 순금, 가슴과 팔은 은, 배와 넓적다리는 놋, 종아리는 쇠, 발은 일부는 쇠, 일부는 진흙으로 구성되어 있다. 한 돌, 곧 산에서 나온 손대지 아니한 돌이 이 신상을 부서뜨리자 그 조각들이 온 세계를 가득히 채운다. 이 꿈은 영원히 존속할 하나님 나라가 임하기 전에 연속해서 등장하는 네 개의 세상 나라에 대해 예언한다.

다니엘 7장에서 다니엘서의 후반부가 시작된다. 여기서 바빌론 왕의 꿈은 마치 지도 안에 어떤 확대된 부분이 삽입된 것처럼 일련의 환상들로 확대된다. 연속적인 이 환상들은 각각 이전 환상의 부분을 확대한 것이고, 각 환상은 동일한 장면을 조금씩 더 세부적으로 제시한다. 여기서는 다니엘이 바빌론 왕을 대신해 꿈꾸는 자로 나타나고, 다니엘은 꿈속에서 네 짐승이 혼돈의 바다에서 나오는 것을 본다. 이어서 하늘의 궁정 장면이 등장하는 환상에서는 인자와 같은 이에게 나라가 주어진다. 다시 이 환상은 하나님 나라가 임하기 전에 연속해서 등장할 네 개의 세상 나라에 대해 예언한다. 다니엘 8장의 환상은 이 네 나라 중 둘째와 셋째 나라에 대한 환상을 확대하고, 10-12장의 환상은 셋째와 넷째 나라의 사건들에 대해 확대된 관점을 제공한다.[5] 그 결과 지금 우리는 연속적인 네 세상 나라를 통해 하나님의

---

5 더 구체적으로 말하자면 단 11:1-2은 둘째 나라에 대한 새로운 세부 사실을 제공하고, 12:1-3

백성을 반대하는 가공할 세력에 대한 세밀한 지도를 갖고 있다.

다니엘 9장의 세부 개요

다니엘 9장의 개요

<table>
<tr><td>1. 기도의 동기</td><td>9:1-4a</td></tr>
<tr><td>2. 은혜를 구하는 다니엘의 기도</td><td>9:4b-19</td></tr>
<tr><td>A. 간구와 고백</td><td>9:4b-14</td></tr>
<tr><td>B. 은혜와 긍휼에 대한 호소</td><td>9:15-19</td></tr>
<tr><td>3. 하나님의 사자를 통한 계시</td><td>9:20-27</td></tr>
<tr><td>A. 천사의 메시지의 경우</td><td>9:20-23</td></tr>
<tr><td>B. 일흔 이레에 관한 환상</td><td>9:24-27</td></tr>
</table>

일흔 이레에 관한 환상의 배경(단 9:1)

다니엘 9장은 전형적으로 연대를 보고하는 일반적인 방식으로 시작된다. 연대는 "갈대아[바빌론] 나라 왕으로 세움을 받던"(단 9:1) 다리오 원년이다. 이것이 중요한 것은 이 해가 페르시아 사람이 몇 십 년 전에 느부갓네살 왕 아래 유다를 패배시키고 추방시킨 바빌론 제국을 정복한 해였기 때문이다. 또한 이 해는 유다의 포로들이 고국으로 돌아가도록 허락하는 조서가 내려진 고레스 대왕 원년이었다.

그럼에도 다니엘 9장은 여러 가지 면에서 다른 장들과 다르다. 다니엘 9장은 다니엘의 포괄적인 기도로 시작된다. 이 기도는 다니엘이 다니엘서에

은 하나님 나라에 대한 새로운 세부 사실을 제공한다. 따라서 단 10-12장의 환상은 전문적으로 아직 임하지 않은 미래의 모든 나라에 미친다. 그럼에도 초점은 주로 그리스 제국(단 11:3-35)에 있고 로마 제국에 대해서도 얼마간 지면이 할애된다(단 11:36-45).

서 유일하게 기록한 중요한 기도다(단 2:20-23을 제외하고). 그리고 비록 다니엘 9장이 7-8장과 10-12장과 같은 환상을 포함하고 있기는 해도, 이 환상은 분명히 하나님 나라가 임하기 전 네 개의 세상 나라가 연속으로 세워지는 것을 선언하는 다른 "로드맵" 환상들의 한 부분이 아니다. 따라서 일흔 이레에 대한 환상을 해석하려면 이 환상이 다른 환상들과 어떻게 관련이 있는지를 보여줘야만 한다.

성경에 의해 동기를 부여받은 기도(단 9:2-4a)

다니엘의 기도는 성경에 의해 동기를 부여받고 성경에 기초한다. 다니엘은 다니엘 9:2-3에서 자신이 예언자 예레미야를 통해 주어진 야웨의 말씀으로 하나님의 포로 심판이 완료되고 끝날 때까지의 햇수가 70년이라는 것을 깨달았다고 말한다. 비록 오늘날 우리가 알고 있는 것처럼 자신이 알고 있던 본문(들)을 구체적으로 언급할 수는 없었다고는 해도, 다니엘은 분명히 예레미야 25:1-15과 29:1-23을 생각하고 있었을 것이다.

또한 다니엘의 기도는 열왕기상 8:33-34과 46:51에 기초한다. 거기 보면 솔로몬이 이스라엘 백성들에게 죄를 범할 때 성전을 향해 기도할 필요성과 가능성을 제시하는데, 그렇게 기도하면 하나님이 기도에 대한 응답으로 백성들을 용서하고 땅으로 돌아오게 하실 것이다.

나아가 이 솔로몬의 기도는 신명기 30:1-10에 기초한다. 거기 보면 모세가 언약에 따라 포로로 잡혀가는 저주가 적용된 후에 임할 회복 곧 죄의 회개에 수반되는 회복을 약속한다.

하나님을 시인함(단 9:4b)

다니엘의 기도는 어떤 것을 간청하는 내용으로 시작되지 않는다. 적절하게 하나님을 시인하는 것과 하나님의 성품과 인격을 인정하는 것으로 시작된다. 다니엘은 하나님을 "크시고 두려워할 주 하나님, 주를 사랑하고 주의 계명을 지키는 자를 위해 언약을 지키시고 그에게 인자(ḥesed)를 베푸시는 이"

라고 말한다. 여기서 초점은 언약 관계 안에서 하나님이 보여주시는 충성된 사랑 곧 "헤세드"에 있다. 하나님은 자기 백성을 처벌하는 데 오래 참으시고, 그들이 자기 법에 순종할 때에는 기꺼이 복을 베푸신다.

죄를 자백함(단 9:5-10)

다니엘 기도의 다음 부분은 죄를 자백하는 데 할애된다. 다니엘은 자신의 개인적 순결과 경건을 증명하는 데에는 관심이 없다. 대신 하나님의 백성과 자기 자신을 완전히 그리고 충분히 동일시하고 백성들의 죄를 인정한다. 다니엘은 하나님의 백성이 하나님의 명령에 순종하지 않고 대신 하나님을 거역했다는 사실을 자복한다. 하나님의 백성은 언약에 따라 하나님이 주신 삶의 방식에 대한 지침과 교훈에 순응하도록 그들의 태도와 행동을 변화시키라고 보내심을 받은 예언자들의 경고에 귀를 기울이지 않았다. 예언자들은 언약의 법률가들과 같다. 언약이 깨지면 그들은 하나님에 대한 자신들의 사랑과 신실함을 회복시키기 위한 궁극적인 의도를 갖고 백성들을 고소하기 위해 등장한다. 이사야와 예레미야, 에스겔 그리고 다른 많은 예언자가 경고와 회개의 메시지를 전달하는 일로 하나님께 쓰임 받았으나 백성들은 그들의 메시지에 크게 귀를 기울이지 않았다.

다니엘서에 따르면 예언자들은 왕으로부터 백성들에 이르기까지 사회의 각계각층으로 보내심을 받았다. 그러나 그들 중 반응한 자는 없었다. 오히려 그들은 완악하게도 미련하고 위험스러운 거역을 계속했다.

이어서 다니엘은 백성들의 죄와 하나님의 긍휼을 대조한다. 하나님은 신실하시고 하나님의 백성은 거역한다. 예언자 다니엘은 하나님의 백성들이 지금 처한 끔찍한 상태에 관해서는 그들의 책임을 매우 정직하게 인정한다. 그들은 포로로 잡혀갔다. 그들이 모세를 통해 하나님과 맺은 언약을 어겼기 때문이다.

하나님의 처벌(단 9:11-14)

이어서 다니엘 9:11-14에서 다니엘의 기도는 백성들의 죄와 그들이 현재 겪고 있는 고통 간에 직접적인 연관성이 있음을 강조한다(참조. 애 2:2-5). 현재 겪고 있는 고통은 언약을 위반한 자에게 임하도록 약속된 저주에 기인한다(신 28:15-68).

인자와 긍휼에 의지함(단 9:15-19)

마지막으로 다니엘은 자기 백성을 이집트에서 구원하신 하나님께 언약의 저주를 풀고 예루살렘 성과 예루살렘 성소를 회복시켜 달라고 간청한다. 출애굽은 하나님의 백성의 삶에서 중추적인 사건이었다. 출애굽 사건은 이스라엘 백성들을 한 나라로 규정했다. 하나님은 출애굽을 통해 이스라엘 백성들을 속박에서 해방시켜 약속의 땅으로 인도하셨다. 다니엘 이전의 예언자들은 출애굽과 이스라엘 백성들을 포로의 사슬에서 해방시킬 미래의 구원 간의 유비를 보았다(참조. 사 11:11-16; 40:3-5; 호 2:14-15[2:16-17 MT]). 본질적으로 포로로부터의 귀환은 제2의 출애굽 곧 새 출애굽이 될 것이다.

하나님의 응답: 일흔 이레에 대한 환상(단 9:20-27)

다니엘 9:20-23이 보여주는 것처럼, 9:24-27에 나오는 환상이 제공하는 이 간략한 메시지는 다니엘이 예레미야의 예언에 기초해서 제기한 호소와 간청에 대해 하나님이 천사를 통해 직접 응답하신 내용을 구성한다. 아래 본문은 다니엘서 본문에 들어 있는 다수의 문제점이 어떻게 이해되었는지 보여주기 위해 히브리어 본문을 꽤 문자적으로 번역한 것이다. 주석 문제를 충분히 다루기에는 지면이 허락하지 않는다.

다니엘 9:20-27의 문자적 번역

20 나는 계속 기도로 말하고 중재하며 내 죄와 내 백성 이스라엘의 죄를 자복하고 내 하나님 여호와 앞에서 내 하나님의 거룩한 산을 위하여 간구했다.

²¹ 곧 내가 계속 기도할 때에 처음에—내가 피곤하여 지쳐 있는 동안에—환상 중에 본 그 사람 가브리엘이 저녁 제사를 드릴 즈음에 내게 다가오더니,

²² 내게 설명하고 말하여 이르되 "다니엘아, 내가 이제 네게 명확한 통찰력을 주려고 왔다.

²³ 곧 네가 사랑받는 자이므로 기도를 시작할 즈음에 말씀이 주어졌고, 이제 내가 네게 알리러 왔다. 그러므로 너는 이 말씀을 주목하고 이 환상을 숙고하라.

²⁴ 네 백성과 네 거룩한 성이 거역을 그치고 죄를 끝내며 죄책/죄악을 속죄하고 영원한 의를 가져오며 예언적 환상을 봉하고 지극히 거룩한 곳/이에게 기름을 부을 때까지 일흔 이레를 기한으로 정하였다.

²⁵ 그러므로 너는 예루살렘을 중건하라는 말씀이 주어질 때부터 기름 부음을 받은 자 곧 왕이 일어나기까지 일곱 이레와 예순두 이레가 지나도록 되어 있다는 것을 알고 이해하라. 그 괴로운 기간에 광장과 도랑이 세워질 것이다.

²⁶ 예순두 이레 후에 기름 부음을 받은 자가 끊어질 것이나 자기 때문이 아니고, 장치 임할 왕의 백성이 그 성읍과 성소를 무너뜨리고/손상시키고, 그의 마지막은 홍수에 휩쓸림 같을 것이다. 또 결정되어 있는 것은 끝까지 전쟁 곧 황폐가 있는 것이다.

²⁷ 그가 장차 많은 사람들과 한 이레 동안 언약을 굳게 맺고, 그가 그 이레의 반 동안 제사와 예물을 금지시키고, 또 멸망을 일으키는 자가 가증한 것의 날개를 의지하여 설 것이며 끝까지 그리고 정해져 있는 것은 황폐하게 된 자에게 진노가 쏟아지는 것이다."

번역자가 이 부분과 관련해서 직면하는 많은 어려움 중 하나는 사전적·구문적 문제이고, 그중 가장 어려운 문제는 9:25과 관련해 절을 분할하는 것이다. MT 본문의 어법에 따르면 "일곱 이레"라는 말은 첫 문장에 속하지만, "예순두 이레"는 이 명사 어구 앞에 붙은 전치사와 함께(즉 **그리고** 예순두 이레) 새로운 절을 시작한다. 우리는 "타슈브"(*tāšûb*, "중건될 것이다"의 중언법에서 나옴)라는 미완료 동사 앞에 접속사와 명사 어구를 가진 새 문장이 시작되는

것은 히브리어 구문 법칙을 따르는 자연스러운 문장이라고 주장할 수 있다. 나아가 저자가 예순아홉 이레를 제시할 의도가 있었다면 왜 곧바로 그렇게 말하지 않는가? 왜 일곱 이레와 예순두 이레로 시대를 나누는가? 한편 거시 구문에 따르면 접속사 없이(연사 생략) "타슈브"로 절을 시작하는 것은 새로운 정보를 제공하는 것이 아니라 이전 문장에 대한 주석 또는 설명을 제시하는 것이다.[6] 일곱 이레와 예순두 이레로 시기를 구분하는 것에 대한 설명이 주어질 수 있으나(아래를 보라) MT 본문의 어법을 따를 때 일어나는 해석 문제는 해결할 수 없다. 일곱 이레 후에 기름 부음을 받은 자로 확인되는 자는 누구인가? 나아가 가장 자연스러운 해석은 9:25에 나오는 "기름 부음을 받은 자" 및 "왕"을 9:26에 나오는 "기름 부음을 받은 자" 및 "왕"과 동일시하는 것이다. 그러나 MT 본문의 구분에 따르면 이런 동일시는 가능하지 않다. 로저 벡위드는 세부적인 역사적 연구를 통해 MT 본문이 제시하는 절 구분은 그 본문의 메시아적 해석을 반대하지만, 앞서 보여준 번역이 받아들이는 절 분할은 70인역과 테오도티온역, 심마쿠스역, 그리고 시리아어 페시타를 따른다.[7] 따라서 여기서 채택한 절 구분은 초기의 본문 전승의 강력하고 광범위한 지지를 받고 있다.

포로기의 종결에 관한 이해

다니엘의 간청과 일흔 이레에 대한 환상을 통해 제공된 간청에 대한 응답을 적절히 이해하려면 우리는 포로기의 종결에 관한 예언적 가르침을 파악할

---

6   Stephen G. Dempster, "Linguistic Features of Hebrew Narrative: A Discourse Analysis of Narrative from the Classical Period" (박사학위 논문, University of Toronto, 1985).

7   Roger T. Beckwith, "Daniel 9 and the Date of Messiah's Coming in Essene, Hellenistic, Pharisaic, Zealot, and Early Christian Computation," *Revue de Qumran* 40 (1981): 521-542.

필요가 있다.

문맥에 따르면 다니엘은 포로기의 종결에 관해 관심이 있다. 하나님의 백성은 이스라엘 언약을 어겼고(출 19-24장/신명기), 그 결과 언약의 저주가 그들에게 임했다. 이때 마지막으로 임한 저주 또는 심판은 포로로 잡혀가는 것이었다(신 28:63-68). 그럼에도 포로로 잡혀가는 것이 마지막 말은 아니었다. 하나님은 **애초부터** 자기 백성을 귀환시킬 계획을 갖고 계셨다(신 30:1-10). 이사야는 포로상태로부터의 귀환이 분리된 두 단계를 수반한다고 말한다. (1) 바빌론에서 이스라엘 땅으로 돌아오는 것, (2) 언약 위반 관계에서 벗어나 언약 관계가 새롭게 회복되어 하나님과의 올바른 관계로 돌아가는 것(각각 사 42:18-43:21과 43:22-44:23을 보라). 첫째 단계는 포로상태로부터의 물리적 귀환이다. 그러나 앞에서 언급한 것처럼 "너는 바빌론에서 백성들을 데리고 갈 수는 있겠지만, 네가 어떻게 백성들의 마음에서 바빌론을 내보내겠는가?" 포로로부터의 물리적 귀환은 바빌론에서 백성들을 데리고 오는 것이지만, 백성들로부터 바빌론을 내보내는 문제는 둘째 단계를 통해 다루어져야 한다. 둘째 단계는 포로상태로부터의 영적 귀환이다. 곧 둘째 단계는 죄의 문제를 다루고 야웨와 야웨의 백성 사이의 새롭게 된 언약 안에서 용서와 화목을 가져온다. 이사야 메시지의 구조에 따르면 바빌론으로부터의 귀환을 이끈 대리인은 고레스이고, 죄로부터의 귀환을 이끄는 대리인은 야웨의 종이다. 따라서 두 구별된 대리인이 있다. 그리고 이 두 대리인은 포로기를 종결하는 구속의 두 구별된 부분과 대응을 이룬다. 이것은 분명히 앞에서 제시한 것처럼 이사야 38-55장의 구조에서 확인될 수 있다.[8]

이사야 38-55장의 개요: 종에 대한 책

A. 역사적 서언―히스기야의 치명적 선택   38:1-39:8

---

[8]   J. Alec Motyer, *The Prophecy of Isaiah: An Introduction and Commentary* (Downers Grove, IL: InterVarsity Press, 1993), 289에서 다듬었다.

다니엘의 기도는 바빌론으로부터의 물리적 귀환 — 구속의 첫째 단계 — 에 집중한다. 그러나 다니엘 9장에 기록된 천사의 메시지와 일흔 이레에 관한 환상은 죄 사함 및 언약과 의의 갱신 — 포로상태로부터의 귀환의 둘째 단계 — 에 집중한다. 다니엘 9:24에서 메시지와 환상의 여섯 가지 목적을 주목해보자.

세 가지 소극적 목적   1. 허물(거역)이 그침

                      2. 죄가 끝남

                      3. 죄책/죄악을 속함

세 가지 적극적 목적   1. 영원한 의를 가져옴

                      2. 예언적 환상이 응함

                      3. 지극히 거룩한 곳/이에게 기름을 부음

우리가 이사야가 제시한 것에 따라 구속 계획을 고찰하면 분명히 다니엘 9장에 기록된 천사가 전하는 메시지는 귀환의 첫째 단계가 아니라 특별히 귀환의 둘째 단계, 곧 죄 사함과 하나님과 올바른 관계를 맺는 회복과 관련이 있다.

포로기의 종결은 출애굽 관점에 따라 자주 묘사된다. 하나님이 출애굽으로 알려진 큰 사건에서 자기 백성을 이집트에서 이끌어내신 것처럼 이제는 자기 백성을 포로상태로부터 돌아오게 하면서 새 출애굽을 일으키실 것이다. 사실 이 포로로부터의 귀환의 많은 국면들이 원 출애굽 사건과 유사하다. 예컨대 에스겔 4:4-6에서 예언자 에스겔은 이스라엘의 죄에 대해 삼백구십 일 동안 한쪽으로 누워 있고, 유다의 죄에 대해 사십 일 동안 다른 쪽으로 누워 있으라는 명령을 받는다. 각 경우에 하루는 일 년에 해당된다. 그렇게 삼백구십 년과 사십 년을 합하면 사백삼십 년이 된다. 이 햇수는 정확히 이집트에서 속박 아래 있었던 기간이다. 에스겔서에서 드라마로 묘사되는 것은 하나님이 출애굽 사건을 일으키시기 전에 이집트에서 속박의 기간이 있었던 것처럼 지금도 새 출애굽이 있기 전에 외국 군주들의 지배를 받는 긴 기간이 있으리라는 것이다. 다니엘 9장을 제외하면 다니엘 8:19에서 이 새 출애굽이 일어나기 전에 있을 긴 속박 기간이 다니엘 8:19에서 "진노하시는 때"(NIV, time of wrath)로 언급된다.[9]

다니엘 9장의 환상도 동일한 사실을 전달한다. 다니엘은 예레미야의 예언을 통해 70년의 문자적 포로 기간을 예상한다. 이 70년 기간은 분명히 기원전 608년 요시야의 죽음으로 시작해 기원전 539년에 고레스 대왕이 바빌론을 멸망시킬 때까지의 기간이다. 다니엘이 기도로 하나님께 이 문제를 아뢰자 이에 대한 하나님의 응답은 이 70년 기간은 단지 포로상태로부터의 귀환의 첫째 단계에 해당된다는 것이다. 새 출애굽이 있기 전에 더 긴 포로 기간이 있을 것이다. 따라서 포로상태로부터의 진정한 귀환 곧 죄 사함과

9　슥 1:12을 참조하라. 이 본문은 바빌론의 통치 아래 놓인 70년을 진노의 시간으로 묘사한다.

언약의 갱신 그리고 성전의 성결을 포함하는 귀환은 단순히 70년이 걸리는 것이 아니라 일흔 "이레" 즉 훨씬 오랜 시간이 걸릴 것이다. 유감스럽게도 지난 100년 동안 세대주의자나 비세대주의자 모두 이 환상의 이런 **근본적인 특징**에 주의를 기울이지 못했다.

비록 메시지가 성과 백성(예루살렘과 이스라엘)에 초점을 맞추고 있지만, 그것은 민족들에 대한 포괄적인 함축성도 내포하고 있다. 이 본문은 아브라함 언약과 이스라엘 언약에 비추어 해석되어야 한다. 아브라함 언약은 아브라함 가족을 통해 민족들에게 복이 주어질 것을 약속했다(창 12:1-3). 이스라엘 언약은 하나님과의 올바른 관계, 언약 공동체의 지체들 상호 간의 올바른 관계, (창조물의 청지기로서) 땅과의 올바른 관계 속에서 사는 법에 관해 아브라함의 자손을 가르치고 교훈했다. 그 결과 그들은 민족들에게 복이 될 수 있었다(출 19-24장). 이스라엘 언약을 깨뜨린 이스라엘 백성들은 이제 언약을 새롭게 하고 복이 민족들에게 흘러갈 수 있도록 하려면 죄 사함을 필요로 한다. 따라서 포로상태로부터의 마지막이자 진정한 귀환은 이스라엘의 허물(거역)을 효과적으로 처리할 때 비로소 이루어진다. 여섯 가지 목적 중 처음 세 가지 목적은 말하자면 이스라엘의 "거역"을 끝내는 것이다. 그래야 민족들에게 복이 흘러갈 수 있고, 이 복은 예수 그리스도의 십자가와 부활에 대한 사도들의 설교를 통해 각 사람이 자기들의 악한 길에서 돌이킬 때(행 3:26) 성취된다. 이 점에서 포로상태로부터의 귀환의 둘째 단계는 특수하게는 이스라엘에게 영향을 미치고 보편적으로는 민족들에게 영향을 미칠 것이다.

포로기의 종결에 있어 다윗 계보의 왕의 역할

다니엘 9장의 천사의 메시지는 "기름 부음을 받은 자"(*māšîaḥ*)와 "왕[지도자, 통치자]"(*nāgîd*)을 언급한다. 이 인물(들)의 신원에 대해서는 다양한 견해가 제시되었다. 다니엘 9:25의 동격 관계 문법은 이 두 명칭이 동일한 한 인물을 가리킬 것을 요구한다. 그리고 다른 인물을 가리키는 어떤 문법적 신호 또는 문학적 신호가 없이 가장 단순한 해결책은 이 두 명칭이 동일한 사람을 가리킨다는 것이다. 즉 9:25에 나오는 그 두 명칭도 같은 사람을 언급했다. 비록 많은 학자들이 "기름 부음을 받은 자"를 기원전 171년에 살해되었다고 마카베오하 4:33-38에 기록되어 있는 대제사장 오니아스 3세로 간주하기는 해도, 대니얼 I. 블록은 이 견해를 거부해야 할 설득력 있는 네 가지 이유를 제시한다.[10] (1) 이 견해는 다니엘서의 저작 연대를 기원전 2세기로 보는 관점에 의존하는데, 이 관점은 (내가 주장한 것처럼[11]) 연대기적·언어학적·문학적 자료에 따르면 유지될 수 없는 입장이다. (2) 이 인물의 도래는 예루살렘의 중건 및 회복과 관련이 있다. 그 결과 우리는 자연스럽게 다윗 계보의 인물을 생각하게 된다. (3) 비록 "나기드" 곧 "왕"이 다른 곳에서 제사 직무를 감당하는 자를 가리키는 데 사용되기는 해도, 또 다른 곳에서 "나기드"와 어근 "마샤흐"(*mšḥ*)가 결합되어 기름 부음을 받은 왕을 가리키는 데 사용된다(삼상 9:16; 10:1; 대상 29:22). (4) 구약성경은 제사장으로 기능할 오실 왕에 대해 말하지만 왕으로 불리는 오실 제사장에 대해 말하지는 않는다. 이런 방식으로 구약성경은 일관되게 아론/사독 계열 제사장을 다윗 계보의 왕과 구분한다. 존 오스왈트(John Oswalt)가 주목하는 것처럼 다니엘 9장의 언급은 구약성경 전체에서 "마쉬아흐"(*māšîaḥ*, 메시아)를 종말론적 기름 부음을 받은 자를 명시적으로 유일하게 언급한 것이다.[12]

다니엘 9:25-26에서 이 미래의 왕이 히브리어로 "왕"을 가리키는 표준

---

10 Daniel I. Block, "Preaching Old Testament Apocalyptic to a New Testament Church," *Calvin Theological Journal* 41 (2006): 17-52로부터 부분적으로는 다듬고, 부분적으로는 인용함.

11 Gentry, "Son of Man in Daniel 7: Individual or Corporate?"

12 J. Oswalt, "משח" *New International Dictionary of Old Testament Theology and Exegesis,* ed. Willem A. VanGemeren, 5 vols. (Grand Rapids, MI: Zondervan, 1997), 2:1126.

어인 "멜레크"(*melek*)가 아니라 "나기드"(*nāgîd*) 곧 "지도자/통치자"라는 말로 언급되는 데는 충분한 이유가 있다. 도널드 머레이(Donald F. Murray)가 이에 대한 이유를 제시한다. 그는 "나기드"가 갖는 의미에 대해 철저히 연구했고 특히 사무엘하 5:17-7:29의 문맥과 관련해서 그 의미를 밝힌다. 머레이의 결론은 다음과 같이 인용할 만한 가치가 있다.

> 우리가 지금 살펴보고 있는 본문에서 "멜레크"는 야웨에게서 나온 자신의 권력을 자기 마음대로 조작이 가능한 것으로 보고, 야웨와 이스라엘 사이에서 부적절하고 불공평하게 자신을 내세우며, 이스라엘을 오로지 자신의 제왕적 권력에 복종하는 신하로만 대하는 사람이다. 반면에 "나기드"는 자신의 권력을 야웨의 주권적이고 불가침적인 산물로 보고, 야웨의 백성의 유익을 위해 야웨의 명령 아래 엄격하게 행동하며, 자신을 단지 신적 왕국의 자발적인 신하로 간주하는 사람으로 긍정적으로 묘사된다.[13]

요약하면 "나기드"는 하나님의 계획과 기준에 따라 왕권을 행사하지만, "멜레크"는 가나안 족속들의 절대적 독재와 자기 확대 방식에 따라 왕권을 행사한다. 이것이 "나기드"라는 단어가 다윗 언약에 관한 본문(삼하 7장)에서 가장 많이 사용되고 있고, 아울러 지금 그 단어가 다니엘 9장에서 사용되는 이유다.

예루살렘에서 다스리던 다윗 계보의 왕은 기원전 586년에 포로로 잡혀가서 왕조가 끊겼다. 그러나 예언자들은 야웨께서 다윗에게 주신 영원하고 불가침적인 약속에 따라 다윗 계보를 통해 장차 오실 왕에 대해 말했다. 다니엘에게 주어진 메시지와 환상은 이 왕의 귀환을 포로기의 종결 및 이스라

---

13 Donald F. Murray, *Divine Prerogative and Royal Pretension: Pragmatics, Poetics, and Polemics in a Narrative Sequence about David (2 Samuel 5.17-17.29)*, JSOTSup 264 (Sheffield, UK: Sheffield Academic Press, 1998), 299.

엘과 예루살렘에 대한 결정적 목적과 연계시키지만, 그것은 개인적인 큰 비극과 관련이 있다. 곧 이 왕은 일찍 죽게 될 것인데, **그것은 자기 자신을 위해서가 아니다.** 이 오실 왕은 자기 백성을 구원하기 위해 자신의 생명을 내어 주실 것이다.

일흔 이레에 대한 해석

여기서 "이레"에 해당되는 히브리어 단어는 "샤부아"(šāvûa)다. 이 단어는 "일주일"(week)이라는 영어 단어처럼 7일 기간을 가리킬 수 있다(창 29:27, 28 [참조. 삿 14:12; 토비트 11:19[18 EV]]; 신 16:9[2회]; 레 12:5; 렘 5:24; 단 10:2, 3; 겔 45:21[14]). 7일 기간을 가리키는 이 단어는 칠칠절(feast of weeks, 출 34:22; 신 16:10, 16; 대하 8:13; 그리고 "절"이라는 표제어가 없이, 민 28:26)이라는 표현에서도 나타난다. 또한 그 단어는 다니엘 9:24, 25[2회], 26, 27절[2회]에서도 나타나는데, 거기서는 일곱 번의 기간을 분명히 언급하지만, 분명히 7일의 기간은 아니다. 이것은 다니엘 10:2-3에 나오는 것을 보면 분명히 알 수 있다. 거기서 우리는 "이레"(week of days)라는 표현을 발견한다. 저자가 "이레"(week)라는 말을 문자적이고 통상적인 의미로 사용해 귀환을 암시하길 원하기 때문이다. 다니엘서 10:2-3은 구약성경에서 "이레"라는 단어가 사용되는 유일한 본문으로, 이 단어는 다니엘 9장의 근접 문맥에 따라 다른 의미를 갖는다.

일흔이라는 수는 분명히 문맥(단 9:2)에 따라 포로기의 종결에 관한 예레미야의 예언(렘 25:1-15과 29:1-23)과 관련이 있다. 역대기는 "땅이 안식년을 누림 같이 안식할" 때까지 계속될 기간으로서 70년에 대해 말하는 예레미야의 예언의 성취를 설명한다(대하 36:20-22). 비록 예레미야가 이것을 말

---

14 겔 45:21에는 본문 상에 문제점이 있다.

하지는 않아도, 역대기는 분명히 포로 기간 70년을 안식년 원리와 연계시킨다. 역대기에 주어진 설명은 정확히 레위기 26:34-35에 기초한다. "너희가 원수의 땅에 살 동안에 너희의 본토가 황무할 것이므로 땅이 안식을 누릴 것이라. 그때에 땅이 안식을 누리리니 너희가 그 땅에 거주하는 동안 너희가 안식할 때에 땅은 쉬지 못하였으나, 그 땅이 황무할 동안에는 쉬게 되리라"(참조. 레 26:40-45).

따라서 폴 윌리엄슨이 "일흔 이레"를 안식년 및 희년과 서로 관련시킬 때 그는 정곡을 찔렀다.

"일흔 이레"라는 시대 구분은 아마 특별히 유대교의 안식년과 희년 배경을 따를 때 가장 잘 이해될 것이다(참조. 레 24:8; 25:1-4; 26:43; 참조. 대하 36:21). 따라서 일흔 이레는 10번의 희년, 즉 마지막(일흔 번째 이레)을 의미하는 궁극적 희년(참조. 사 61:2)을 구성한다. 이 계시(단 9:2. 참조; 렘 25:11-12, 29:10)를 촉진시킨 예레미야서의 문맥을 고려하면, 이 결정적 희년과 예견된 새 언약 간에 어느 정도 명백한 관련성이 있는 것이 예상된다.[15]

따라서 "이레" 또는 "주"(weeks)는 7년 기간 또는 7년 단위 즉 안식 기간들이다. 이렇게 이해하면, "일흔 이레"는 10번의 희년, 즉 마지막 (일흔 번째 이레)을 의미하는 궁극적 희년을 구성한다. 누가복음 4:14-21을 보면 예수께서 이사야서 두루마리의 본문을 읽는데, 그때 예수는 이사야 61:2의 궁극적 희년이 자신의 생애와 사역에서 성취되는 것으로 보신다.

응보적인 공의, 곧 모세 언약에서 하나님의 의의 기초는 이스라엘 민족의 경험과 역사와 균형을 이룰 것을 요구한다. 이스라엘 나라의 시작부터 예루살렘의 멸망에 이를 때까지의 기간은 본질상 일흔 안식 기간이다.[16] 이

---

15 Paul R. Williamson, *Sealed with an Oath: Covenant in God's Unfolding Purpose,* NSBT (Downers Grove, IL: InterVarsity Press, 2007), 174-175.

어서 70년의 포로 기간이 발생한다. 이 기간은 이스라엘 땅이 안식일 휴식을 갖는 시기다. 이후 마지막으로 포로기가 끝나기 전에 또 일흔 안식 기간이 온다.[17]

표 14.1: 이스라엘 역사의 안식 기간의 균형

일흔 안식 기간	70년 포로 기간	일흔 안식 기간
= 포로의 원인	= 땅의 안식	= 포로의 종결

따라서 이스라엘의 죄 문제를 해결하기 위해 요구된 기간(일흔 안식 기간)은 엄밀히 처음에 문제를 낳을 때 걸린 기간(일흔 안식 기간)과 동일하다.

이레의 구분과 출발점

일흔 안식 기간의 연대는 본문에 명시된 일흔 "이레"의 구분에 적절하게 대답할 것과 또 이 기간이 쉽게 확인되도록 예언된 사건과 사람들에 관한 세부 사실을 인정할 것이 요구된다. 다니엘 9:25-27에 따르면 일흔 안식 기간은 세 부분으로 구분된다. 곧 그 기간은 예루살렘 성이 중건되는 일곱 안식 기간(단 9:25), 이 환상에 명시된 목적과 관련해 두드러지게 또는 현저하게 일어나는 일이 없는 예순두 안식 기간, 그리고 어쨌든 성전을 극도로 더럽히는 것과 황폐를 일으키는 자와 관련해 언약이 파괴되고 제사와 예물이 금지될 때인 결정적인 일흔 번째 안식 기간으로 구분된다. 대니얼 블록은 이와 비슷하게 다음과 같이 주장한다.

이 구절들이 제기하는 본문의 문제에도 불구하고, 이 일흔 번째 이레와 관련해서 관심의 초점은 기름 부음을 받은 자에게 있다. 이 사람은 "끊어지지만 자기

---

16 70년 X 7 = 490년ㅡ역자 주.

17 Block, "Preaching Old Testament Apocalyptic to a New Testament Church," 49에서 다듬음.

자신을 위해서 끊어지는 것이 아니다." 역설적으로, 이 이레 기간에 이스라엘 포로의 근본 문제점(죄)이 메시아의 죽음으로 말미암아 해결되지만, 예루살렘 성이 파괴된다.[18]

해석의 역사를 보면 일흔 이레의 시작이 언제인지에 대해 네 가지 가능한 연대가 제시되었다.[19]

기원전 586년 예루살렘 멸망 당시에 주어진 하나님의 말씀(렘 25:11-12; 29:10)

기원전 537년 포로상태로부터의 귀환을 허락하는 고레스의 명령(대하 36:23; 스 1:1-4)

기원전 457년 아닥사스다가 에스라에게 내린 조서(스 7:11-26)[20]

기원전 444년 아닥사스다가 느헤미야에게 내린 조서(느 2:1-6)[21]

첫 번째 주장은 거의 가능성이 없다. 예레미야서에서 온 이 "말씀"은 실제로 예레미야 25:1에 의해 연대가 여호야김 재위 4년 즉 기원전 605년으로 정해지고, 기원전 586년에 있을 예루살렘의 멸망을 예언한다. 이 두 기간 중 어느 때에 일흔 안식 기간이 시작되었다고 해도 세 시기에 대해, 또는

---

18 같은 책.

19 Robert C. Newman, John A. Bloom and Hugh G. Gauch, Jr., "Public Theology and Prophecy Data: Factual Evidence that Counts for the Biblical World View," *JETS* 46/1 (2003): 79-110, 특히 104.

20 Newman, Bloom and Gauch는 기원전 458년의 관습적 연대를 사용한다. 여기서는 Bob Pickle, "An Examination of Anderson's Chronological Errors Regarding Daniel 9's First 69 Week"〈www.pickle-publishing.com, 2009년 11월 30일 접속〉의 연대 연구에 기초해 기원전 457년의 멸망 연대를 채택한다. Newman, Bloom and Gauch 역시 스 4:11-12과 23절을 아닥사스다 왕이 에스라에게 명령을 재린 것을 언급하는 것으로 잘못 간주한다.

21 Newman, Bloom and Gauch는 기원전 445년의 관습적 연대를 사용한다. 여기서도 Bob Pickle, "An Examination of Anderson's Chronological Errors Regarding Daniel 9's First 69 Weeks"〈www.pickle-publishing.com, 2009년 11월 30일 접속〉의 연대 연구에 기초한다.

그 시기에 일어난 사건들에 대해, 그리고 기름 부음을 받은 자의 신원에 대해 만족스러운 해결책을 제공하지 못한다.

많은 학자들이 네 번째 주장을 선택한다. 그 이유는 아닥사스다가 느헤미야에게 내린 조서가 특별히 성벽 건축에 관한 내용을 담고 있고, 이것이 예루살렘을 중건하라는 말씀을 설명해주기 때문이다. 그러나 이 주장은 많은 문제점에 직면한다. 이 주장은 메시아가 예순두 안식 기간 **내에** 끊어지고, 다니엘 9:27의 일흔 번째 안식 기간을 설명하지 못하고서 미해결로 남겨두자고 제안한다. 또한 우리가 안식 기간과 햇수를 문자적 의미로 계산하면, 이 주장은 전혀 타당성이 없다. 이 주장의 가장 유능한 지지자 중 한 사람이자, 이 주장을 타당성 있게 만들려고 노력하는 해롤드 훼너(Harold Hoehner)는 소위 360일 "예언 연표"를 사용하지만 이런 달력 계산법이나 이것이 전형적인 예언적 예측이라는 증거를 지지하는 사람은 거의 없다.[22] 메시아의 죽음이 예순아홉 안식 기간에 일어난다고 주장하는 학자들은 통상적인 시간 용어와 계산에 따라 "예순아홉 이레 **후에**"는 사실 "예순아홉 이레 **안에**"를 의미한다고 설명한다.[23] 이런 주장은 자기에게 유리한 말만 내세우는 특수 변론에 불과하다.

에스라 1:1-4과 역대하 36:23에 따르면 기원전 537년에 주어진 고레스의 "명령"은 예루살렘에 야웨의 전을 건축하는 것에 초점이 맞추어져 있다. 이 고레스의 명령은 이사야 44:28 및 45:13의 예언과 완전히 일치한다. 이 이사야서 본문을 보면 고레스가 예루살렘의 성과 성전을 재건하라고 명령하는 것이 예언되어 있다. 고레스는 하나님이 명하신 목적(스 1:2)에 따라 이스라엘 백성이 이 임무를 달성하도록 귀환을 허락했다(스 1:3). 새 성전을 위해 제단이 재건되고 기초가 놓인 후에 그 일을 중단시키려는 반대가 일어났

---

22 Harold W. Hoehner, *Chronological Aspects of the Life of Christ* (Grand Rapids, MI: Zondervan, 1977).

23 Robert C. Newman, John A. Bloom, Hugh G. Gauch, Jr., "Public Theology and Prophecy Date: Factual Evidence that Counts for the Biblical World View," 104.

다. 다리오 왕이 건축을 완료하도록 조서를 내리자(스 6장) 학개와 스가랴는 건축에 박차를 가했다. 에스라 7장을 보면 아닥사스다의 "명령"(대략 기원전 457년)은 새 성전의 건축을 지원하는 데 초점이 맞추어져 있다. 그러나 에스라 6:14은 고레스와 다리오 그리고 아닥사스다가 마치 한 조서를 내린 것처럼 말한다. 다리오의 조서(스 6장)는 고레스가 포로로부터의 귀환과 예루살렘의 중건을 허락하는 조서를 **이미** 내린 사실에 기초한다(스 5:17-6:7을 보라). 따라서 다리오의 조서는 고레스의 원 조서(스 6:3-5)의 갱신(스 6:6-7)이자 확대(스 6:8-12)였다. 에스라 6:14은 아닥사스다가 에스라에게 내린 조서(스 7장에서) 역시 고레스의 원 조서의 연장이라는 것을 보여준다. 따라서 고레스가 기원전 537년에 성전 회복에 대해 내린 조서의 효력은 아닥사스다의 통치 아래 성소 건축으로 시작된 "예루살렘의 중건에 대한 명령"이 주어지는 해인 기원전 457년까지 끝나지 않는다. 기원전 444년에 아닥사스다가 느헤미야에게 내린 조서는 에스라 6:14에 나오는 고레스의 조서와 관련이 없다. 왜냐하면 에스라 6:14의 조서는 예루살렘 성벽이 아니라 성전 재건과 특별히 관련이 있기 때문이다. 의심할 것 없이 예루살렘 성의 중건은 느헤미야가 성벽을 회복시킬 때까지 완료되지 않았고, 성의 중건과 성전의 재건은 유대인들에게는 다른 일에 속한 일이 아니었다(참조. 사 44:28).[24]

따라서 기원전 457년이 일흔 안식 기간이 시작되는 정확한 연대다. 왜냐하면 성을 중건하라는 이 "명령"은 에스라의 귀환 및 도성 개념의 중심인 사법 제도의 재확립과 연계되어 있기 때문이다(스 7:25, 26). 에스라는 포로 상태로부터의 귀환을 주도한 중심인물이다. (이미 주목한 것처럼 아닥사스다가 에스라에게 내린 조서는 이전의 고레스와 다리오의 공헌과 관련이 있다.) 나아가 느헤미야서(히브리 정경에서 느헤미야서는 에스라서와 분리되어 있지 않다)는 하나님의 도성의 중건과 회복에 대한 내용을 다룬다. 느헤미야 1-6장은 물리적 관점에

---

24 나는 여기서 논증을 위해 Jason Parry의 도움을 받은 것을 인정한다(2009년 11월에 나눈 개인적 대화).

따른 도성의 회복에 초점을 맞추지만 7-13장은 하나님에 대한 섬김과 예배에 헌신하는 백성 집단으로서 도성의 회복에 초점을 맞춘다. 따라서 느헤미야에게 도성의 중건은 단순히 건축 문제가 아니다. 다니엘 9:1-2에 따르면 다니엘은 고레스 원년(기원전 537년)을 포로 기간이 끝나는 해로 계산했다. 에스라 1:1-4은 고레스를 예레미야의 예언의 성취로 인정한다. 그러나 일흔 이레에 관한 환상의 핵심 사항은 기원전 537년에 고레스의 명령 **이후에** 시작된 것에 있는 것으로 보인다. 따라서 아닥사스다의 조서에 따라 이루어진 에스라의 귀환은 그다음 가능한 핵심 사항이다. 더 중요하게는 기원전 457년에 내린 명령은 실제로 안식 기간 순환의 시작이라는 것이다.[25] 우리가 이 시점에서 계산하면 일흔 이레의 세 시기와 이 시기들과 관련된 사건들 및 사람들은 엄밀히 그리고 완전히 일치한다. 이와 관련해서 첫째, 본문의 문학적 구조가 확인되어야만 한다. 둘째, 연대와 사건들의 설명이 복잡하지 않아야 한다.

다니엘 9:25-27의 문학적 구조

다니엘 9:25-27은 그리스 로마 세계의 유산에 기초한 서구 세계의 산문 논리에 따라서는 제대로 이해되지 않는다. 대신 고대 히브리어 문학의 접근법은 하나의 주제를 택해 그 주제를 특수한 관점에 따라 전개하고, 이어서 그 전개를 중단하고 그 주제를 또 다른 관점에 따라 새롭게 다시 전개한다. 이 접근법은 입체적이고 반복적이다. 이 접근법은 동시적으로가 아니라 연속적으로, 스테레오 스피커로 음악을 듣는 것과 같다. 먼저 우편 스피커의 음악이 나오고 이어서 좌편 스피커의 음악이 나온다. 그런 다음 듣는(즉 읽는) 사람은 이 두 음악을 삼차원 스테레오로 결합한다.

첫째, 다니엘 9:25은 일흔 이레 가운데 첫 번째 기간인 일곱 이레를 소개하고, 그리고 예순두 이레와 결정적인 마지막 일흔 번째 이레 사이의 시간적

---

25 안식 햇수의 계산에 대해 나는 Ben Zion Wacholder보다 Zuckermann을 따른다(아래를 보라).

간격에 대해 언급한다. 이 마지막 일흔 번째 이레는 다니엘 9:26과 다니엘 9:27에서 두 번에 걸쳐 묘사된다. 9:26a과 27a절은 많은 사람과의 언약을 지키고 죄를 결정적으로 처리하고, 그리하여 속죄 제사 제도를 끝내기 위해 대리적인 죽음을 겪는 메시아의 사역을 묘사한다. 9:26b과 27b절은 역설적으로 이때에 성전에 대한 지극히 큰 모독 행위가 예루살렘 성의 멸망을 가져올 것이라는 사실을 보여준다. 따라서 다니엘 9:26-27은 A-B-A′-B′ 구조를 갖고 있다.[26] 이것은 반복적으로 주제를 다루는 히브리어 문학의 통상적 패턴과 일치한다. 이 문학적 구조는 다음과 같이 도표화될 수 있다.

A 26a절 메시아의 유익한 사역

   B 26b절 메시아의 백성으로 인한 성의 멸망/파괴와 전쟁으로 인한 성의 황폐

A′ 27a절 메시아의 유익한 사역

   B′ 27b절 황폐하게 하는 자로 인해 성의 멸망을 일으키는 가증한 것

이 문학적 구조를 주목하는 것이 중요하다. 우리가 평행 부분을 사용하는 한 부분에 있는 난점을 설명해줄 수 있기 때문이다. 예를 들어 9:26b에서 "장차 한 지도자[왕]의 백성"으로 인해 중건된 예루살렘이 파괴된다. 9:27b은 "황폐하게 하는 자"가 가증한 것과 관련해 예루살렘의 황폐함을 증명하는 사실을 더 상세히 제시한다. 우리는 아래에서 성전이 무너질 때 유대인과 로마 사람이 어떻게 그런 파괴의 역할을 완벽하게 했는지를 확인할 것이다. 우리는 이 문학적 구조를 통해 9:25과 9:26에 나오는 "마쉬아흐"와 "나기드"라는 말이 어떻게 동일한 한 개인을 가리키는지 명확히 확인하고, 나아가 9:27a의 "언약을 굳게 맺고"를 완전히 이해할 수 있을 것이다.

---

26 Wiliamson은 "통치자"나 "왕"을 다르게 해석할지라도 이 A-B-B′-A′ 구조를 인정한다. Paul R. Williamson, *Sealed with an Oath*, 175을 보라.

예언의 성취

다니엘 9:25은 메시아 곧 통치자/왕이 일곱 이레와 예순두 이레가 될 때까지 예루살렘을 회복시키고 건축하라는 조서를 내린 것에 대해 말한다. 일곱 안식 기간에 예루살렘 성은 중건되어 광장과 거리가 완전히 세워질 것이다. "그 곤란한 동안에 성이 중건되어 광장과 거리가 세워질 것이며"라는 문장에는 연결사가 없고(연사 생략), 담화 문법에 따르면 시기를 명시하는 이전 진술에 대한 해설을 암시한다. 이 절에는 성이 완전히 회복되고, 그 회복이 그 곤란한 동안에 이루어질 것이라는 해설이 추가된다. 일곱 안식 기간은 대략 기원전 457-407년 사이의 기간을 가리키고, 에스라와 느헤미야, 학개, 스가랴 그리고 말라기의 활동 기간을 망라한다. 만일 우리가 기원전 537년의 고레스의 조서나 기원전 444년의 아닥사스다의 조서를 출발점으로 삼는다면, 대략 50년의 기간은 이스라엘 역사와 예루살렘 중건에 관한 기록과 제대로 대응을 이루지 못한다.

따라서 예순두 이레 동안에는 하나님의 계획과 관련해 기록될 만한 중요한 일이 없다. 그렇다면 예순아홉 이레를 일곱 이레와 예순두 이레로 구분할 **충분한** 이유가 존재한다. 곧 메시아 시대까지 이르는 예순아홉 이레 중 도성과 성전의 적극적인 건축 기간은 단지 처음 일곱 이레에 해당될 것이다.

예루살렘을 회복하라는 "명령"이 기원전 457년에 내린 아닥사스다의 조서를 가리키는 것으로 이해되면, 예순아홉 안식 기간 또는 예순아홉 이레는 기원후 27년까지 이른다. 고대 이스라엘에서 안식 기간의 계산은 마카베오서와 요세푸스, 비문들, 탈무드, 그리고 마이모니데스에게서 나온 증거에 기초한다. 표준 계산법은 1866년에 베네딕트 주케르만(Benedict Zuckermann)이 제시한 것에서 연원한다.[27] 더 최근에는 와콜더(Ben Zion Wacholder)가 자료를 다르게 분석해서 기원전 519년에서 기원후 441년에 이르는 안식 기

---

27 Benedict Zuckermann, *Über Sabbathjahrcyclus und Jubelperiode* (Breslau, Germany: W. G. Korn, 1866).

간의 시간표를 제시했다.[28] 비록 이 두 학자가 재구성한 시간표에 고작 1년의 차이밖에 없기는 해도, 나는 여기서 주케르만의 표준 계산법(봅 피클이 와콜더를 비판한 것에 기초한다)을 따른다.[29] 따라서 일흔 번째 안식 기간은 주케르만의 견해를 따를 때에는 기원후 27-34년에 시작되거나 와콜더의 견해를 따를 때에는 기원후 28-35년에 시작된다.

이 시기의 중간 즉 기원후 31년에 메시아는 죽게 되지만 그것은 자기 자신을 위해서가 아니다. 놀랍게도 메시아는 죽지만 그의 죽음은 대리적 죽음이다. 통상적으로 "그리고 아무것도 갖지 못할 것이며"[30]로 번역된 "웨에인 로"(לו ואין)는 "그러나 자기 자신을 위하지 않을 것이며"로 번역하는 것이 더 낫다. 후기 성경 히브리어에서 준-동사 "아인"(אין)은 엄밀하게 표준 성경 히브리어의 부정어 "로"(לא, "아니, 아니다")로 기능할 수 있다.[31] 다니엘의 이 환상에서 핵심은 장차 오실 왕이 자기 백성을 위해 대신 죽으신다는 것이다.

진지한 성경 연구자들이라고 해도 십자가 죽음의 연대에 관한 견해가 반드시 일치하지는 않는다. 뉴먼과 블룸 그리고 가우치는 이 문제에 대해 다음과 같이 탁월하게 답변한다.

---

28 Ben Zion Wacholder, "The Calendar of Sabbatical Cycles during the Second Temple and the Early Rabbinic Period," *Hebrew Union College Annual* 44 (1973): 153-196.

29 안시 햇수 계산에 대해 나는 Wacholder보다 Zuckermann을 따른다. Bob Pickle, "Daniel 9's Seventy Weeks and the Sabbatical Cycle: When Were the Sabbatical Year"〈www.pickle-publishing.com, 2008년 11월 9일 접속〉. Pickle은 안식 기간 시간표를 만들 때 Wacholder가 사용한 모든 증거를 비판적으로 평가한다. 어쨌든 일흔 번째 안식 기간은 기원후 27-34년(Zuckermann) 또는 28-35년(Wacholder)이고, 우리는 그리스도의 십자가 죽음 연대로 기원후 31년이나 33년 어느 쪽을 택하든 만족할 수 있다.

30 개역개정은 "없어질 것이며"로 번역했다— 역자 주.

31 Stephen G. Dempster, *Dominion and Dynasty: A Biblical Theology of the Hebrew Bible*, NSBT 15 (Downers Grove, IL: InterVarsity Press, 2003), 218을 보라. 단순한 부정으로 기능하는 'ēn의 용법에 관해서는 *HALOT*, s.v. אין을 보라. 만일 통상적인 부정 용법으로 표현되면 청각적인 혼동이 일어날 수 있고 lō' lô가 될 수도 있을 것이다.

어쨌든 안식 기간 순환의 시간표에 대해 와콜더의 견해가 아닌 전통적 견해를 따른다고 해도, 예순아홉 번째 순환은 단지 1년의 차이가 나는 기원후 27-34년으로 바뀌고, 둘 다 똑같이 적합하다. 마찬가지로 어느 쪽이든 — 아닥사스다의 통치 20년 해에 대해서나 십자가 죽음의 연대에 대해서나 — 1년이나 2년의 착각으로는 결과를 바꾸지 못할 것이다. 이 판단은 예수의 십자가 죽음 연대가 매우 불확실하다는 사실에 대해서도 적합하다.[32]

따라서 안식 기간의 사용으로 이 예언은 나사렛 예수에게서 성취되는 놀라운 예언으로 남아 있지만 십자가 죽음의 연대를 계산할 때에도 차이가 허용된다. 십자가 죽음은 거의 항상 기원후 27년에서 34년 사이에 일어난 일로 계산된다.

다니엘 9:26b과 27b을 하나로 결합하면, 오실 왕의 대리적 죽음은 27절에 언급된 "많은 사람들"과 맺은 언약을 보증하고/강화하고/지키는 결과를 가져온다. 여기서 "많은 사람들"은 거의 확실히 이사야 53:10-12에 언급된 "많은 사람"을 가리킨다.[33] 의심할 것 없이 이사야 53장이 다니엘의 환상에 대한 간략한 해석의 배경으로 작용한다. 이사야 53장에는 다윗 계보의 미래의 야웨의 종이 나오는데, 그는 제사장이자 제물로서 자기 목숨을 많은 사람을 위해 내놓는 것으로 묘사된다. 이 종의 죽음으로 희생제사 제도는 끝난다. 그 이유는 그 죽음이 죄 문제에 대한 최종적 해결책이기 때문이다. "언약을 굳게 맺고"라는 표현은 전체 구약성경 중 오직 다니엘 9:27에서만 나타난다. "언약"이라는 말을 포함하는 모든 표현 중 다니엘 9:27의 "히그비르 베리트"(*higbîr běrît*)와 구문적으로 가장 가까운 표현은 "헤킴 베리트"(*hē*

---

32 Robert C. Newman, John A. Bloom and Hugh G. Gauch, Jr., "Public Theology and Prophecy Data: Factual Evidence that Counts for the Biblical World View," 105.

33 Meredith G. Kline, "The Covenant of the Seventieth Week," *The Law and the Prophets: Old Testament Studies in Honor of Oswald T. Allis,* ed. J. H. Skilton (Nutley, NJ: Presbyterian & Reformed, 1974), 452-469.

qîm běrît), 즉 언약을 보증하거나 지키는 것이 될 것이다. 앞에서 확인한 것처럼 이것은 통상적으로 언약 당사자가 이전에 맺어진 언약 속에 담긴 의무나 약속을 이행하거나 지킴으로써 다른 당사자가 역사적 현실 속에서 이 약속의 성취를 경험하는 것, 즉 언약 당사자가 자신의 약속을 이루는 것을 가리키는 표현이다.[34] 창세기 15장을 보면 하나님이 아브라함에게 땅과 자손에 관해 주신 약속이 언약으로 공식화된다. 이때 사용된 표현은 "카라트 베리트"다(창 15:18). 이후에 창세기 17장에서 하나님은 자신의 약속을 보증하고 사라에게 1년 안으로 아기가 있을 것이라고 말씀하신다. 거기서 일관되게 사용된 표현은 "헤킴 베리트"다(창 17:7, 19, 21). 그렇다고 해도 다니엘 9:27의 "히그비르 베리트"라는 표현은 어떻게 이해해야 할까?

만일 "히그비르 베리트"가 "헤킴 베리트"의 다른 표현이라면, "그가 장차 많은 사람들과 더불어…언약을 굳게 맺고"라는 진술은 예언자들이 각기 다른 시대에 각기 다른 방식으로 묘사한 새 언약의 효력을 일으키는 기름 부음 받은 왕의 사역을 가리키는 것으로 보는 것이 좋을 것이다. 이것은 깨진 이스라엘 언약의 일종의 갱신으로 간주할 수 있을 것이다.

그런데 제이슨 패리(Jason Parry)가 제시한 다른 설명이 더 만족스러울 수도 있겠다.[35] 패리는 다니엘 9:27의 "히그비르 베리트"란 표현은 아람어 표현 "테키프"(*tqp*, 파엘 형="강하게 하다") + 에사르(*'ĕsār*, "명령 또는 금령") 즉 "명령을 시행하다"와 비슷하다고 지적한다. 이 아람어 표현은 다니엘 6:7(6:8 MT)에서 다니엘의 원수들이 다니엘을 함정에 빠뜨리는 데 사용하려고 왕이

---

34 Cassuto가 이미 인정한 *kārat běrît* 표현과 "헤킴 베리트" 표현 사이의 차이에 대해서는 U. Cassuto, *The Documentary Hypothesis and the Composition of the Pentateuch* (Jerusalem: Magnes, 1941 [Hebrew], 1961 [English]); 같은 저자, *La Questione della Genesi* (Pubblicazioni della R. Università degli Studi di Firenze, Facoltà di Lettere e Filosofica, 3 Serie, vol. 1, Florence, 1934)를 보라. 최근에 Paul R. Williamson과 Jeffrey J. Niehaus는 이 둘 사이의 차이점을 설명한 William J. Dumbrell의 견해를 반대했다. 이것은 부분적으로는 Dumbrell의 부적절한 설명에 기인하고, 또 부분적으로는 그들의 부적절한 사전 연구에 기인한다. "베리트"를 가진 구문에 대한 철저한 분석은 본서의 부록에서 제공된다.

35 2009년 11월에 나눈 개인적 대화.

새 법을 만들기를 바랄 때 등장하며 "법률을 제정하다"와 비슷한 표현이다. 나아가 고전 아람어와 나바테아 아람어에서 "테키프"의 동족 형용사는 "합법적인" 또는 "적법한"의 의미를 갖고 있다. 따라서 파엘 형에서 "테키프"의 기본 의미는 "강하게 하다"이지만 특히 목적어가 "명령"일 때에는 "합법화하다"와 같은 의미를 갖는 것으로 보는 것이 적절하다. 따라서 다니엘 9:27의 "히그비르 베리트"라는 히브리어 표현은 다니엘 6:7의 아람어 표현을 차용한 것으로 간주될 수 있고, 그 결과 "카라트 베리트"의 의미와 같다고 보아야 할 것이다. 즉 존재하는 서약이나 약속을 보증하는 것보다 언약을 새로 시작하는 것과 동등하다는 것이다. 또 다른 가능성은 다니엘서 9:27의 "히그비르 베리트"는 에스겔 16:60과 62절에서 사용된 것과 비슷한 언어 용법을 반영한다는 것이다. 이 에스겔 본문을 보면 "헤킴 베리트"라는 표현이 후기 성경 히브리어의 언어적 변화/발전의 한 사례로 나타나고, "언약을 시작하다"를 의미할 수 있었다. 어쨌든 "히그비르 베리트"에 대한 어떤 설명을 취하더라도 다니엘 9:27의 언약이 하나님과 하나님의 백성 간의 깨진 언약 관계를 회복시키기 위해 메시아의 희생적 죽음으로 효력이 발휘된 새 언약을 가리킨다는 것은 의심의 여지가 없다.

희한하게도 다니엘 9:26b은 메시아가 와서 죄에 대한 최종적 해결책을 제공하실 그때에 장차 오실 통치자[왕]의 백성이 성과 성소를 파괴할 것이라고 말한다. 이 문장("장차 한 왕의 백성이 와서 그 성읍과 성소를 무너뜨리려니와")에서 목적어와 주어를 확인하는 데 있어 문법적 문제는 전혀 없다. 이 문장의 의미 역시 말 그대로다. 장차 임할 왕은 문맥과 문장 읽기의 통상적 규칙에 따르면 9:25의 메시아를 가리키는 것이 틀림없다. 왜냐하면 거기서 다른 오실 왕은 전혀 소개되지 않았기 때문이다. 따라서 "장차 [오실] 한 왕의 백성"은 유대 사람들이다.[36] 이 진술은 우리에게 장차 그들의 왕이 오실 때에

---

36 "암 나기드 하바"(עם נגיד הבא, 장차 오실 한 왕의 백성)라는 제한 어구에서, 한정적 관계 분사 הבא("장차 오실")는 נגיד("한 왕")를 수식한다. 통상적으로 이 한정적 분사와 명사는 명확하게 일치하지만 예외가 발견된다. Bruce K. Waltke and Michael P. O'Connor, *Introduction to*

회복된 성과 성전을 파괴하고/무너뜨릴 자가 유대 사람들이라는 사실을 말해준다. 역사적 기록은 이것이 엄밀하게 옳았음을 확증한다. 우리는 요세푸스의 『유대 전쟁사』로부터 첫 세기에 일어난 예루살렘의 멸망에 대한 기사를 직접 확인할 수 있다. 이 본문들을 읽어보거나 연구해본 자라면 누구든 저자의 요점을 파악할 것이다. 실제로는 로마 군대가 예루살렘을 불태운 것이지만 예루살렘 성의 멸망은 정확히 유대인들 자신에게 책임이 돌려졌다. 요세푸스는 **소수** 즉 열심당(셀롯)에게 책임을 돌림으로써 **다수** 곧 백성들의 결백을 증명하려고 작품을 썼다. 따라서 요세푸스는 예루살렘의 멸망에 대해 백성들 전체의 잘못은 없었고, 오히려 로마 제국의 진노를 불러일으킨 소수의 극단적 반역자들의 잘못이었다고 믿기를 원했다. 따라서 요세푸스는 다니엘 9:26b에서 예언하는 것과 같이 예루살렘의 멸망이 유대 사람들 전체의 잘못에 기인한다는 것을 입증한 적절한 역사적 증거다. 해석자들은 본문의 정직한 진술을 받아들이는 것이 거의 불가능하다고 보기 때문에 교묘하게 다른 주장들이 난무하고 있다. 그 가운데 많은 주장이 다니엘 9:25의 "왕"과 "기름 부음 받은 자"를 연결하여, 이 인물이 다른 사람임을 가리키는 문맥적 단서가 전혀 없는 데도 불구하고 9:26의 "왕"을 9:25의 왕과 다른 인물이라고 억지로 추정한다. 어쨌든 이 정도 말하는 것 외에 이 주장들을 여기서 다 제시할 수는 없다.

나아가 다니엘 9:26-27의 문학적 구조를 보면, 9:26b의 이 불가해한 어구를 설명하는 데 도움이 된다. 왜냐하면 9:27은 회복된 예루살렘의 멸망 주제로 되돌아가 더 깊은 세부 사실과 지식을 제공하면서 그것을 정교하게 한다. 성과 성소를 무너뜨리는 "장차 [오실] 한 왕의 백성"(단 9:26b)은 "가증한 것"(단 9:27b)에 대한 책임이 있고, "황폐하게 하는 자"(단 9:27b)는 26b절

<hr>

Biblical Hebrew Syntax (Winona Lake, IN: Eisenbrauns, 1990), 621-622을 보라. 따라서 "장차 오실"이라는 분사는 다른 인물을 의도하고 있음을 암시하지 않는다. 이 어구는 "장차 오실 통치자[왕]의 백성"을 의미하고, 26b절의 문장에서 동사의 주어는 통치자[왕] 자신의 동족이다. 이 통치자는 26a절의 기름 부음을 받은 자다.

의 "전쟁"에 대한 책임이 있다. 왜냐하면 거기서 "황폐함"을 일으키는 것은 전쟁이고, 다니엘의 기도(단 9:17-18)에서 "황폐함"은 언약을 깨뜨린 것 때문에 이방 민족이 이스라엘을 침략한 결과이기 때문이다(예. 레 26:31-35). 그렇다면 "가증한 것"은 예루살렘 통치를 위해 요한과 시몬 그리고 엘르아살("장차 [오실] 한 왕의 백성") 사이에 벌어진 권력 다툼이 가져온 죄악을 가리키고, "전쟁"은 베스파시아누스/티투스("황폐하게 하는 자")가 저지른 예루살렘과 성전의 파괴를 가리킨다. "황폐하게 하는 자"(베스파시아누스 황제를 위해 활동하는 티투스)가 오는 것은 유대인들이 일으킨 "가증한 것"이 "날개를 의지하기" 즉 결탁하기 때문이다. 전쟁으로 황폐하게 되는 것은 예루살렘 성과 성소다. 감람산 강화에서 예수께서 "멸망의 가증한 것"을 언급하시는 것은 이런 관점을 뒷받침한다. 왜냐하면 예수께서는 기샬라의 요한의 죄악을 "가증한 것"으로 말씀하시기 때문이다. 이것은 로마인들이 일으킬 임박한 예루살렘과 성전의 "황폐화"를 미리 경고하는 것으로 보인다.[37]

다니엘 9:27b은 "가증한 것이 날개를 의지하여 황폐하게 하는 자"에 관해 말한다. 여기서 "날개"는 "가장자리" 또는 "극단"을 의미할 수 있다. 그것은 극단적으로 가증한 것과 결탁하는, 황폐하게 하는 자를 가리킨다. 비슷하지만 정확히 같은 말은 아닌 표현이 다니엘 11:31과 12:11에서 성전을 더럽히는 안티오코스 에피파네스의 행위를 예언하는 데 사용된다. 그러나 다니엘 9:27b에서 가증한 것을 일으키는 행위자는 이방인 통치자가 아니라 유대 사람들이다. 복음서는 예수를 참 메시아이자 참 성전으로 제시한다. 예를 들어 네 친구가 지붕을 뚫고 내려놓은 중풍병자는 고침을 받았을 뿐만 아니라 죄 사함까지 함께 받았다.[38] 이때 유대 지도자들이 분노했다. 예수께서 성전과 관련해 자신만이 오직 할 수 있는 일을 하신다고 주장하셨기 때

---

37 나는 여기서 Jason Parry의 분석에 도움을 받은 것을 인정한다(2009년 11월에 나눈 개인적 대화).

38 추가 실례로는 N. T. Wright, *Jesus and the Victory of God*, Christian Origins and the Question of God 2 (Minneapolis: Fortress, 1996), 432-437을 보라.

문이다. 당시 예수는 자신이 참 성전이라고 주장하셨다(요 2:18-22). 따라서 유대 지도자들은 예수를 기름 부음 받은 자/메시아로 인정하지 않고, 대제 사장이 참 성전인 예수를 모욕했을 때 유대인들의 지지를 받은 헤롯 성전은 파괴되어야 했고 예루살렘 성은 멸망해야 했다.

다니엘 9:26b에 따르면 이 황폐화는 예순아홉 안식 기간 **이후에** 일어날 일이다. 비록 예루살렘 멸망 사건이 당시에 일어나는 다른 사건들과 연관이 있지만, 예루살렘의 멸망이 엄밀하게 일흔 번째 이레 **안에** 일어나는 것을 실제로 요구하는 내용이 9:27b에는 전혀 없다. 따라서 예루살렘의 멸망이 십자가 죽음 이후 어느 시점에 있으리라고 보는 것이 매우 적합하다. 예루살렘의 멸망은 일흔 번째 이레에 예수에 대한 유대인들의 반응에 의해 나타나는 최종적 결과이기 때문이다. 이 상황은 하나님이 아담에게 금지된 나무의 열매를 먹는 날에 그가 죽게 되리라고 말씀하신 것과 비슷하다. 어떤 의미에서 이 죽음은 바로 그날에 일어났다. 그러나 그 결과가 마치기까지는 시간이 걸렸다. 유대인들이 정확히 그대로 메시아를 거부하고 대제사장이 참 성전인 예수를 모욕했을 때 헤롯 성전은 파괴되고 예루살렘 성은 멸망해야 했다. 지성소를 가린 휘장이 십자가 죽음이 있을 때 둘로 찢어진 것으로 상징되는 멸망이 결국 기원후 70년에, 즉 이 죄악을 일으킨 세대가 생존하는 당대에 일어났다.

왕이자 참 성전이신 인물에 대한 개념은 다니엘 9:24에 나오는 여섯 가지 목적 중 마지막 목적에서 암시된다. "지극히 거룩한 이가 기름 부음을 받으리라." "기름 부음을 받다"는 동사는 통상적으로 예컨대 제사장(레 4:3)과 예언자(시 105:15), 그리고 가장 빈번하게는 왕(삼상 2:35)의 직분을 가진 사람들을 성결하게 할 때 사용된다. 또한 이 동사는 모세 당시의 성막과 기구들의 성결을 가리키는 데에도 사용될 수 있다(출 29:36; 30:26; 40:9, 10, 11; 레 8:10, 11). 다만 우리는 "지성소"(Holy of Holies)가 기름 부음을 받는다는 말을 오직 다니엘 9:24에서 본다. 이 말은 "지극히 거룩한 곳"이나 "지극히 거룩한 이"로 번역될 수 있다. 후자의 의미는 매우 생소할 것이다.[39] 따라서 우리는 성전과 관련해서 통상적으로 사용된 동사가 사람과 물건에 통상적으로 사용되는 사례를 갖고 있다. 그것은 미래의 왕과 성전이 동일한 한 사람이라는 것을 암시하는 것일 수 있다. 그것은 메시아이자 참 성전이신 나사렛 예수 안에서 그 성취가 발견된다.

어떤 해석자들은 다니엘 9:26의 "나기드"가 악한 왕[40]을 언급하고, 심지어는 적그리스도를 언급하는 것으로 간주하는 견해를 취했다. 이것은 다니엘 9:26의 "나기드"가 메시아를 가리키는 9:25의 나기드와 다르다는 견해를 취한 것이다. 이런 해석은 이 악한 왕이 다니엘 8:12-14, 11:31, 12:11에서 멸망하게 할 가증한 것과 유사한 방식으로 제사를 방해하는 거짓 언약을 맺는 것을 언급하는 것으로 다니엘 9:27a을 해석하면서 강화된다. 또한 이런 해석은 다니엘서에 있는 몇몇 본문이 삼 년 육 개월이라는 기간(단 7:25; 12:7, 11 12; 참조. 8:14, 26)을 말하는 것처럼 보인다는 사실에서 지지를 받는다. 이 본문들은 모두 해석적 문제들로 가득 차 있고, 그 문제들은 다니엘 2장의 꿈과 7장의 환상에서 상징적으로 묘사되며, 8장과 10-12장에서 그 주제들이 확대되어 나타나는 네 나라의 정체성과 관련이 있다.

방금 제시한 관련성에 대한 어려운 주석적 문제들을 여기서 모두 다루기에는 지면이 허락되지 않는다. 하지만 우리는 이 관련성이 피상적이고, 잘못된 해석으로 이끄는 원인이 된다는 것을 대체로 보여주는 본질적인 이유들을 지금 제시하고자 한다.

첫째, 다니엘 9:26에 나타나는 것들을 고찰하기 **전에** 9:25의 "기름 부음을 받은 자"(māšîaḥ)와 "왕[지도자 또는 통치자]"(nāgîd)이라는 말에 초점을 맞추어보자. 9:25에는 두 용어 곧 "마쉬아흐"와 "나기드"가 함께 나오는데, 여기서 두 번째 용어(나기드)는 분명히 첫 번째 용어(마쉬아흐)와 동격 관계에

---

39   개역개정판은 "지극히 거룩한 이"로 번역했다— 역자 주.

40   Stephen R. Miller, *Daniel*, New American Commentary 18 (Nashville: Broadman & Holman, 1994), 271과 Paul R. Williamson, *Sealed with an Oath*, 175을 참조하라.

있고 둘 다 동일한 한 개인을 가리킨다.

"나기드"의 경우에 대해 말한다면 어원과 명사 형식을 살펴보는 것이 유용하다. 동사 어근은 "앞에 두다"나 "모든 사람이 충분히 보다"라는 의미를 갖고 있다. 명사 형식은 "마쉬아흐"와 같다.[41] 이런 식으로 형성된 명사들은 능동적 의미나 수동적 의미를 갖는다. "마쉬아흐"의 경우는 수동적 의미다. 즉 기름 부음을 받은 자다. "나기드"의 경우는 능동적 의미다. 따라서 그 말은 "앞에 나와 있는 자" 즉 지도자를 의미한다. BDB 사전은 "지도자"를 일차적 의미로 제시하고, 이후로 "통치자"나 "왕"을 이차적 의미로 제시한다. 왜냐하면 "나기드"가 암시하는 "지도자"는 대부분 왕이기 때문이다. 모든 왕이 지도자이지만 모든 지도자가 왕인 것은 아니다.

어떤 이들은 우리가 다니엘 9:20-27을 번역할 때 "나기드"를 "지도자"로 번역하는 것에 의문을 제기하고, 어떤 문맥에서는 왕적 함축 의미를 갖고 있으므로 "왕"으로 번역하는 것이 좋다고 주장할 수 있다. 그러나 "나기드"는 반드시 왕이라는 인물을 가리키지 않고, 또한 어근 "나가드"(ngd)는 왕이라는 함축 의미를 특별히 갖고 있지 않으므로, "나기드"는 의미론적 영역에서 "왕"보다 상위의 범주에 속한다. 따라서 "지도자"가 "왕"보다 더 정확한 번역일 것이다. 비록 왕이 "나기드"의 한 형태가 될 수 있지만 말이다.

"나기드"라는 단어를 더 깊이 고찰하는 것이 유익하다. 이 단어는 히브리어 성경에서 44회에 걸쳐 발견되고 다음과 같이 분류될 수 있다. (1) 이스라엘의 왕(사울: 삼상 9:16; 10:1; 다윗: 삼상 13:14; 25:30; 삼하 5:2; 6:21; 7:8 = 대상 11:2; 대상 5:2; 17:7; 28:4; 대하 6:5; 솔로몬: 왕상 1:35; 대상 29:22; 아비야: 대하 11:22; 여로보암: 왕상 14:7; 예후: 왕상 16:2; 히스기야: 왕하 20:5; 기다리는 익명의 미래의 왕 = "메시아": 사 55:4; 단 9:25; 9:26?), (2) 하나님의 성전을 맡은 사독 계열 제사장

---

41 H. Bauer and P. Leander, *Historische Grammatik der hebräischen Sprache des Alten Testaments* (Halle, Germany: Max Niemeyer, 1922, repr. Hildesheim, Germany: Georg Olms, 1991), § 470n을 보라.

(대상 9:11; 9:20; 26:24; 대하 28:7; 31:12; 31:13; 35:8; 느 11:11; 렘 20:1), (3) 군사 지도자(대상 12:28[12:27 EV]; 13:1; 대하 11:11; 19:11; 32:21), (4) **지파 지도자**(대상 27:4; 27:16), (5) **일반 지도자**(시 76:13[76:12 EV]; 욥 29:10; 31:37; 잠 8:6; 28:16), (6) **외국 지도자**(겔 28:2; 단 11:22).

자료를 통해 "나기드"의 용법에 관해 몇 가지 사실을 분명히 하는 것이 좋다. "나기드"라는 단어는 실제로는 지도자를 가리키는 일반 용어다. 지도자는 높은 사회 계급에 속할 수도 있고, 훨씬 낮은 계급에 속할 수도 있다. 따라서 지도자는 왕이나 제사장 또는 군사 지도자나 지파 지도자 또는 단순히 어떤 부류의 주도적 위치에 있는 사람일 것이다.[42]

둘째, "나기드"는 본래 중립적 용어다. 그것은 좋은 지도자이거나 나쁜 지도자일 수 있다. 예레미야 20:1의 바스훌은 나쁜 지도자다. 에스겔 28장에 나오는 두로의 "나기드" 역시 나쁜 지도자이고 하나님의 비난을 받는다. 두로의 통치자가 에스겔 28:2에서는 "나기드"로 불리고, 에스겔 28:12에서는 "멜레크"로 불리는 것이 흥미롭다. 에스겔 28:12은 에스겔 자체의 문학적 구조를 따를 때 이 본문이 속한 단원의 둘째 부분이다. 두로 왕은 첫째 부분에서는 아담 언어로 제시되기 때문에 이것은 머레이가 제시하는 용법 묘사에 따른 "나기드"의 사용을 설명해준다. 말하자면 두로 왕은 **하나님 아래에서** 그가 신실하지 못한 것에 대해 책임이 있었다. 따라서 악한 사람이 "나기드"로 불린다면 그것은 책임이나 청지기 직분에 실패한 것을 강조하는 의미일 것이다.

나아가 다니엘 11:22의 "나기드"는 아마 악한 사람일 것이다. 엄밀한 신원을 파악하는 것이 어렵지만 말이다. 이 경우는 다니엘서에서 발견되므로, 잠재적으로 다니엘 9:26의 인물을 악한 왕으로 보는 전통적 견해를 지지하는 중요한 근거를 구성할 것이다. "언약"[동맹]이라는 말이 두 본문에서 나

---

42 후자의 용법이 후기의 것인지 여부가 문제점이다. 그 이유는 이 일반적 용법이 기록 연대가 불확실한 욥기에서 발견되기 때문이다.

타난다는 사실도 고려되어야 한다.

존 콜린스(John Collins)는 다음과 같이 말했다. 테오도레투스(Theodoret)가 다니엘 11:22의 "나기드"(왕)를 살해당한 대제사장 오니아스 3세(Onias III)를 가리키는 것으로 간주했고, "비록 이 언급이 안티오코스 통치 기간보다 약간 이후 시점을 예견하기는 해도, 이것을 현대의 학자들도 보편적으로 인정한다."[43] 이것은 BDB 사전에 제시된 입장을 설명해줄 것이다.

앤드류 스테인만(Andrew E. Steinmann)도 다니엘 11:22의 "나기드"를 "유대인 대제사장"에 대한 언급으로 간주한다. 하지만 스테인만은 "본문에서 묘사되고 있는 대제사장에 대해 모호함이 남아 있다"는 점을 인정한다.[44] 그는 오니아스 3세와 야손이 안티오코스 4세에게 퇴출당한 대제사장이었다고 말한다. 그런 다음 다니엘 11:22의 "동맹한 왕"이 사실은 프톨레마이오스 6세를 가리킨다는 견해를 지지하는 자로 밀러(Miller)를 인용한다. 하지만 스테인만은 밀러의 견해를 거부한다. 다니엘 11:22의 "나기드"가 프톨레마이오스 6세라면 11:23의 "소수의 백성"(그가 예루살렘과 유다로 간주하는)을 어떻게 이해해야 되는지를 파악하지 못하기 때문이다.

밀러가 제시한 가능성을 좀 더 충분히 고찰하기 위해 다니엘 11:2에 나오는 왕 역시 프톨레마이오스 6세로 간주하는 『ESV 스터디 성경』의 이 구절들에 대한 주석은 이 견해에 대한 유용한 요약을 제공할 것이다.

11:21-23 그의 왕위를 이을 자는 한 비천한 사람 즉 8장의 "작은 뿔"(8:9-12, 23-25)이기도 한 안티오코스 4세 에피파네스(기원전 175-164년 재위)였다. 그는 안티오코스 "에피파네스"(신의 현현, 8:25의 해설을 보라)라는 이름을 취했지만 다른 이들은 그를 "에피마네스"(광인)라고 불렀다. 셀레우코스 4세 필로파테르

---

43 John J. Collins, *Daniel: A Commentary on the Book of Daniel,* Hermeneia (Minneapolis: Fortress, 1993), 382.

44 Andrew E. Steinmann, *Daniel,* Concordia Commentary (Saint Louis: Concordia, 2008), 526.

의 아들 데메트리오스 1세 소테르는 적법한 왕위 계승자였다. 하지만 그는 로마의 옥에 갇혀 있었기 때문에 안티오코스 4세 에피파네스가 왕위를 차지했다. 비록 **나라의 영광**이 그에게 주어지지 않았음에도 불구하고 말이다. 에피파네스는 돈으로 중요한 사람들을 매수해서 자신을 지지하게 했다. 이것이 **속임수로 그 나라를 얻었다**라는 표현이 가리키는 것이다. 이집트의 프톨레마이오스 6세 필로메테르(기원전 181-145년)는 안티오코스 4세와 싸우러 왔다가 패배하여 인질로 잡혔다. 훗날 프톨레마이오스 6세(**동맹한 왕**)는 자신이 수리아에서 옥에 갇혀 있는 동안 자신의 형제(프톨레마이오스 8세 유에르게테스 2세 피스콘)가 찬탈한 자신의 왕위를 되찾기 위해 안티오코스 4세와 **약조**(언약)를 맺었다. 이 약조는 효력을 발휘했고 프톨레마이오스 6세는 왕위를 되찾았지만 훗날 그는 이 언약을 파기하고 안티오코스 4세를 이집트의 군사 도시 중 하나인 펠루시움 밖으로 몰아내기 위해 자신의 형제 프톨레마이오스 8세와 힘을 합쳤다.

이 묘사를 기초로 다니엘 11:21-23 본문에 이 인물들을 대입시키면 다음과 같이 신원을 확인할 수 있다.

21 또 그의[셀레우코스 4세의] 왕위를 이을 자는 한 비천한 사람[안티오코스 4세 에피파네스(기원전 175-164년)]이라, 나라의 영광을 그에게 주지 아니할 것이나[적법한 왕위 계승자인 데메트리오스 1세 소테르는 로마의 옥에 갇혀 있었기 때문에 안티오코스 4세가 왕위를 차지했다], 그[안티오코스 4세]가 평안한 때를 타서 속임수로 그 나라를 얻을 것이며[안티오코스 4세는 중요한 사람들을 매수하여 자신을 지지하게 했다], 22 [프톨레마이오스 6세 필로메테르(기원전 181-145년)의] 넘치는 물 같은 군대가 그[안티오코스 4세]에게 넘침으로 말미암아 패할 것이요, 동맹한 왕[프톨레마이오스 6세]도 그렇게 될 것이며, 23 그[프톨레마이오스 6세]와 약조한 후에 그[프톨레마이오스 6세]는 거짓을 행하여 올라올 것이요, [프톨레마이오스 6세는] 소수의 백성을 가지고 세력을 얻을 것이며[훗날 프톨레마이오스 6세는 안티오코스 4세를 이집트의 군사 도

시 중 하나인 펠루시움 밖으로 몰아내기 위해 자신의 형제 프톨레마이오스 8세와 힘을 합쳤다].

원 자료를 더 깊이 연구하면서 이 해석이 가장 좋은 견해인지에 대한 사실 확인이 필요하다. 그러나 이 해석이 정확하다면 프톨레마이오스 6세는 11:22에서 "넘침으로 말미암아" 패할 것이라고 이야기된다. 비록 11:23이 그에 대해 계속 묘사하고 있지만 말이다. 『ESV 스터디 성경』의 주석이 제공한 해석에 따르면 프톨레마이오스 6세의 패배는 11:26에 마지막으로 기록되어 있다.

따라서 다니엘 11:22의 "약조한 '나기드'"는 오니아스 3세와 같은 대제사장 아니면 그리스 제국의 왕 프톨레마이오스 6세다. 오니아스 3세와 같은 대제사장이라면 약조[언약]는 이스라엘 언약으로서, 이것은 언약 공동체 안에서 제사장들이 맡은 지도자 역할을 정당화하는 것이 될 것이다(예. 신 17:8-13). 반면에 프톨레마이오스 6세라면 약조[언약]는 프톨레마이오스 6세와 안티오코스 4세의 제휴 조약을 가리키는 것으로서, 이 결과 프톨레마이오스 6세는 왕위를 다시 차지했다. 어느 쪽 해석이든 다니엘 11:22의 "동맹한 왕"이라는 말은 그 약조라는 **수단에 의해** 왕[지도자]이 되어 결국 조약과 관련해서 신하들을 다스리는 자를 의미한다. 반면에 다니엘 9:26-27의 "나기드"는 "많은 사람들"과 언약을 맺거나 유지한다. 다니엘 9:26의 "나기드"를 악한 왕으로 해석하는 자들은 대체로 9:27의 언약을 하나의 언약, 곧 악한 왕이 이스라엘 민족의 평강을 보장하는 언약으로 이해한다. 하지만 다니엘 9:26의 "나기드"를 메시아로 해석하는 자들은 9:27의 언약을 새 언약으로 이해한다. 이 두 해석 모두 다니엘 9:26-27의 "나기드"는 "많은 사람들"에게 어떤 것을 보장하는 언약을 맺지만 그는 언약 자체와는 상관없는 "나기드"다. 따라서 "나기드"와 "언약"이라는 말이 다니엘 9:26-27과 11:22에서 함께 나타날지라도, "나기드"와 그와 관련된 언약 관계의 본질이 각 본문에서 완전히 다르다. 다양한 해석적 견해를 고려하더라도 말이다. 그러므로 다니엘 11:22의 "동맹한 왕"이라는 말은 저자가 특별히 9:26-27의 많은 사람들과 언약을 맺거나 지키는 "나기드"를 상기시키려는 의도가 있음을 암시하지 않는다. 이런 이유로 다니엘 11:22의 "나기드"의 실례는 9:26의 "나기드"를 악한 왕으로 해석하는 것을 지지하는 데 사용되어서는 안 된다. 다니엘 9:26-27과 11:22의 비슷한 어휘는 두 본문에서 확인되는 환상의 비슷한 상황과 주제를 반영하는 것이지, 비슷한 지시 대상을 가리키는 것이 아니다.[45]

아울러 사울이 "나기드"로 불리는 것과 사울이 나쁜 지도자였다는 사실은 사무엘서의 저자가 가나안 지방의 왕권 개념을 피하고 하나님이 자기 아래에서 자기 백성을 다스리도록 택하신 인물에게 **기대되는 다스림**을 촉진하기 위해 "나기드"라는 말을 사용하고 "멜레크"라는 말을 피한다는 주장과는 아무 관계가 없다. 사무엘서와 열왕기의 저자는 "나기드"를 나쁜 통치자와 좋은 통치자 모두에게 사용하고, 항상 하나님이 찾으시는 왕의 특징을 강조한다. 확실히 이스라엘 역사 전체에 걸쳐 각 세대는 "아마 다음 왕은 다윗의 약속된 자손이겠지만 지금 이 왕은 그 약속된 자손이 아니다"라고 생각한다. 하나의 예를 들자면 이사야 1-39장은 하나님의 뜻을 성취하는 미래의 왕은 나쁜 왕인 아하스도 아니고 심지어는 좋은 왕인 히스기야도 아니라는 점을 보여준다.

그럼에도 용법의 범위가 어떠하든 단어의 특수한 용례의 의미를 결정하는 것은 문맥이다. 나아가 근접 문맥이 일반적으로 근접 문맥이 아닌 문맥보다 더 중요하다. 따라서 다니엘 9:26을 설명하기 전에 9:25에 초점을 맞추어야 한다. 우리는 왜 이 본문을 소위 메시아 관련 본문으로 해석하는가? 어쨌든 이 본문이 구약성경에서 "마쉬아흐"라는 말이 장차 오실 왕에 대해 사용되는 유일한 본문이 아닌가? 그러면 우리는 이 본문이 예수에 대한 예언이라는 것을 어떻게 아는가? 우리는 어떤 기초에 따라 이 본문을 이런 식

---

45 나는 이 주장에 대해 Jason Parry의 도움을 받았음을 밝힌다(2012년 3월 개인적 대화).

으로 해석하는가?

다시 말해 "마쉬아흐"라는 용어의 용법의 범위는 매우 넓다. 하지만 대다수의 용례는 이스라엘의 왕으로 기름 부음을 받은 인물을 가리킨다. 나아가 다니엘 9:25에서 "마쉬아흐"와 "나기드"를 병렬 배치하는 것은 "나기드"가 사무엘서에서 정의되고, 열왕기에서 계속 전개되며, 역대기의 용법과 평행을 이루는 그 말의 특수한 용례에서 발견되는 "나기드" 형태를 가리킨다는 것을 암시한다. 사무엘서에 나오는 "나기드"의 많은 용례는 왕의 기름 부음과 관련해서 나타난다. 따라서 "마쉬아흐"와 "나기드"의 병렬 배치는 거의 틀림없이 이스라엘을 다스리는 기름 부음을 받은 미래의 왕을 함축하며, 다니엘 2장에서 돌로, 다니엘 7장에서 "인자"로 상징된 다윗 계보의 동일한 인물을 가리킨다. 다니엘 9:26의 "악한 왕" 견해를 지지하는 많은 이들도 이 분석에 동의할 것이다. 그들은 다니엘 9:25의 "마쉬아흐 나기드"를 이스라엘을 다스리기 위해 장차 오실 왕을 가리키는 것으로 해석하고, 이 말들이 거의 틀림없이 사무엘서와 열왕기의 성경 전통과 관련이 있다고 주장할 것이다. 다시 말해 "멜레크"라는 단어가 다니엘에게 주어진 환상에서 사용되지 않는 것은 주목할 만하다. 그것은 아마도 사무엘서에서 그 단어를 사용하지 않는 이유와 동일할 것이다.

만일 다니엘 9:25의 "나기드"가 장차 임할 다윗 계보의 왕을 언급한다면, 저자는 독자들에게 9:26에 나오는 "나기드"가 다른 대상을 의도한다는 것을 어느 정도 분명히 암시해야 할 것이다. "악한 왕" 견해를 취하는 자들은 다니엘서의 저자가 독자에게 다니엘 9:25의 "나기드"의 긍정적 의미와 메시아라는 지시 대상이 9:26에서 부정적 의미와 적대적인 지시 대상으로 갑자기 바뀐 것을 어떻게 표현했는지 만족스럽게 말하지 못했다. 다니엘 9:26의 "나기드"가 함축하고 있는 적대적인 의미는 성과 성소를 무너뜨리는 "나기드'의 백성"의 행동으로부터 적절하게 추론될 수 없다. 왜냐하면 왕의 백성들의 행동은 반드시 왕의 승인을 받아야 하기 때문이다.

우리는 이제 "하바"(_habbā_)에 붙은 관사의 기능을 고찰해야 한다. 다니엘 9:26은 문자적으로 다음과 같이 번역할 수 있다. "예순두 이레 후에 '기름 부음을 받은 자'가 끊어지지만, 그것은 자기 자신을 위해서가 아니며, '지도자 곧 오실 자'(하바)의 백성이 성읍과 성소를 무너뜨리고." 문법적으로나 수사학적으로 보아 관사가 있는 "하바"라는 분사, 곧 오실 자는 앞에 나오는 어구를 가리킨다. 이 말은 이미 언급된 본문 뒤의 어떤 사실을 가리킨다. "하바"라는 분사는 "(그) '나기드'의 (그) 백성"이라는 제한 어구의 지배를 받는 명사(*nomen rectum*)의 한정 용법이다. 따라서 "하바"의 기능은 "나기드"에 의도된 사실, 즉 예순아홉 이레 후에 오도록 되어 있는 앞에 언급된 "나기드"를 명시하는 것에 있음이 분명하다. 아마 이 전체 어구는 "그 지도자[왕]의 백성 즉 장차 오실 자"로 번역되는 것이 더 정확할 것이다. "악한 왕" 견해가 분명해지려면 본문은 "오실 **다른** 왕의 백성"으로 말해야 할 것이다. 지금으로서는 "악한 왕" 견해의 지지자들은 관사가 붙어 있는 것을 설명하거나 심지어는 "하바"가 왜 본문에 들어 있는지 인정할 만한 어떤 문법적 이유도 제시하지 못했다. 만일 "하바" 한(다른 적대적인) "나기드"가 본문이 그 "나기드"의 백성이 성읍과 성소를 무너뜨릴 것이라고 이미 진술한 후에 올 것이라고 선언하는 것이라면 문장 구성이 오히려 어색할 것이다. 약간 지루하지만 이상의 분석은 전통적 견해의 해석 뒤에 있는 **가정**을 보여주기 위해서는 필요하다. 이 전통적 견해의 지지자들은 본문이 명시적으로 진술하고 있지 않은 사실, 곧 메시아 왕이 끊어진 후에 (**다른**) (**악한**) 왕이 무대에 등장할 것이라고 가정한다. 그러나 본문은 그렇게 말하지 않는다. 본문은 그 왕 곧 오실 자(즉 앞에 나온 어구를 가리키는 용법)의 백성이 성과 성전을 파괴할 것이라고 말한다. "악한 왕" 견해는 진실을 보여주지 않고 미리 가정하는 것에 대해 비난을 받아야 할 것으로 보인다. 우리는 여기서 가능한 한 명확해야 한다. 다니엘 9:26b에서 본문은 단지 왕 곧 오실 자의 백성이 성읍과 성소를 무너뜨릴 것이라고 말할 뿐이다. 그러므로 다른 왕이 무대에 등장한다고 말하지 않는다. 본문은 장차 올 왕의 백성이 파괴를 가져올 것이라고 말한다.

또한 다니엘 9:26은 시의 2행 대구와 같다는 사실도 주목할 만하다. 다니엘 9:25에 나오는 짝 단어 "마쉬아흐 나기드"가 9:26에서는 평행을 이루는 행에서 각각 떨어져 있다. 다니엘 9:25에서 "마쉬아흐 나기드"가 올 것이라고 말한 후에, 9:26a에서는 "마쉬아흐"가 끊어질 것이라고 말하고, 또 9:26b에서는 장차 오실 "나기드"의 백성이 성읍과 성소를 무너뜨릴 것이라고 말한다. 다니엘 9:26에서 "마쉬아흐"와 "나기드", 이 두 단어가 떨어져 있는 것은 중요하나 일반적으로 제시되는 방법은 아니다. "마쉬아흐"가 끊어진다는 사실은 다른 "나기드"가 무대에 등장한다는 것을 암시하는 것이 아니다. 다니엘 9:26 본문에 따르면 "마쉬아흐"가 끊어진 후에 무대에 등장하는 자는 "나기드"의 백성이지 "나기드" 자신이 아니다. 일반적으로 우리는 왕과 그의 백성을 갈라놓아서는 안 되지만,[46] 이 경우에 본문은 한편으로는 장차 올 왕이 끊어지고 다른 한편으로는 그의 백성이 성읍과 성소를 무너뜨리는 사실을 암시할 때 둘 사이를 갈라놓는다. 이 두 문장은 반대 대구법에 따라 진술을 서로 대조시키는 것으로 보인다. 그리고 정확히 일어난 일은 바로 이것이다. 곧 예수는 오셔서 죽으셨고 그의 백성은 성읍과 성소를 무너뜨렸다. 성전이 무너지는 것이 가리키는 의미는 가야바가 재판에서 예수의 증언을 거부한 것이다.

나아가 다니엘 9:26에서 그다음 진술인 "그의 마지막은 홍수에 휩쓸림 같을 것이며"는 "임할 자"가 다른 악한 지도자라는 것을 보여주지도 않는다. 확실히 이 표현은 때때로 홍수로 비유되는(예. 사 8장) 원수의 군대를 가리키는 것으로 보인다. 메시아의 백성이 성과 성전을 무너뜨리고, 그의 마지막은 이 파괴를 돕고 부추기는 외국 군대를 수반하는 것일 것이다. 다시

---

46 단 7:27에서 왕과 백성 사이에 밀접한 연관성이 있다. 그러나 단 9:26과 7:27 사이에는 큰 차이가 존재한다. 단 7:27에서 우리는 여러 문장을 보는데, 거기서 백성에 대해 확언되는 사실이 3인칭 남성 단수형 지시 대상에 대해서도 확언된다. 단 9:26에는 단 한 문장이 있고, 거기서 주어는 "그 지도자의 백성, 곧 장차 오실 자"다. 따라서 이 점에서 볼 때 단 7:27과 9:26 간의 평행 관계는 나타나지 않는다.

한번 우리는 본문 속에 명확히 제시되지 않는 것을 근거 없이 **가정해서는** 안 된다.

여기서 외국 침략자들의 파괴를 예상하는 것이 자연스러울 수 있으나, 파괴가 내부에서 오는 것으로 보는 것도 자연스럽다. 포로기에는 외부로부터의 파괴와 내부로부터의 파괴가 함께 일어났다. 유다와 예루살렘은 심판을 자초했다. 다른 민족들의 군대는 하나님의 도구로서 이 파괴를 돕고 부추겼다(아시리아=야웨의 막대기).

우리는 다니엘서의 포괄적 문맥에 의지해 다니엘 9:26의 악한 "나기드"가 9:25의 "나기드"와 다르다는 것을 보여줄 수 있다. 외부 침략자의 박해 관련 주제가 다니엘서에 들어 있다. 그러나 이 주제가 다니엘서의 유일한 주제는 아니다. 다니엘서에는 다른 주제도 들어 있다. 곧 가나안 땅으로의 물리적 귀환이 있은 후에도 계속된 이스라엘의 죄(단 8:12, 23을 보라. 11:36 = 이스라엘의 죄로 말미암은 박해. 그리고 마카베오하에서 마땅히 받을 심판에 대한 의식도 주목하라)도 하나의 주제다. 다니엘 8:19(참조. 슥 1:12)에서 "진노하시는 때"를 주목하라. 우리는 메시아의 죽음과 메시아의 백성에 의한 성읍과 성소의 파괴가 어떤 이들이 주장하는 것처럼 외부 침략자가 벌이는 박해의 절정이 아니라 이스라엘이 물리적 귀환 이후에도 계속 저지르는 죄악의 절정이라고 주장할 수 있다. 나아가 이 해석은 다니엘 9:24에 진술된 것처럼 그 단락의 지배적 목적에도 더 적합하다. 외부 침략자가 가하는 박해의 절정은 확실히 9:26 그다음 부분에서 발견된다. "그의 마지막은 홍수에 휩쓸림 같을 것이며 또 끝까지 전쟁이 있으리니 황폐할 것이 작정되었느니라." 다니엘 9:26의 이 둘째 부분은 기원후 70년에 로마 사람의 손에 예루살렘이 최종적으로 멸망하는 것, 즉 외부 침략자가 벌이는 박해의 절정을 가리킨다. 요약하자면 유대인들은 자기들의 메시아를 죽이고, 그들이 지속해서 저지르는 죄의 절정으로 성읍을 파괴했고, 로마인들은 이스라엘 백성들이 가나안 땅으로 물리적으로 귀환한 후에 확대된 "포로기" 마지막 기간에, 외부 침략자가 벌이는 박해의 절정으로서 "홍수로 휩쓸듯이" 성읍을 파괴시켰다. 결론적으로 다니엘 9:26은 다니엘서의 두 가지 중요한 결정적 주제를 묘사한다. (1) 포로상태로부터의 물리적 귀환 이후에도 계속된 이스라엘의 죄악, (2) 외부 침략자의 박해. 따라서 다니엘서의 포괄적 문맥은 여기서 우리가 제시한 본문 이해에 반드시 반대되는 것은 아니다.

우리가 제시한 해석은 신약성경의 본문들과 반대된다는 비난도 받을 수 없다. 다니엘서 9장에 어느 정도 적합하다고 보는 신약성경 본문들에 대한 **우리의 해석**이 여기서 결정적으로 중요하다. 우리가 전개한 다니엘 9장에 대한 접근법은 마태복음 24장과 마가복음 13장 또는 데살로니가후서 2:3-13, 그리고 요한계시록 13장 및 17장과 같은 본문들에 대한 다양한 견해들에 충분히 부합할 수 있다. 우리는 이 본문들들 해석하는 데 있어 요세푸스에게 의존하지 않았다. 오히려 우리는 안티오코스 4세가 다니엘서에 나오는 일부 예언을 성취했다는 사실을 입증하기 위해서 마카베오서를 사용한 것처럼 동일하게 요세푸스를 역사적 정보 중 하나의 자료로 활용했다.

여기서 문제가 되는 한 본문은 예수께서 "멸망의 가증한 것"에 대해 언급하신 마가복음 13:14이다. 우리는 지금 이 구절을 심도 있게 고찰할 수가 없다. 상호 참조 성경들은 통상적으로 다니엘 9:27과 11:31 그리고 12:11을 참조 본문으로 제시한다. 다니엘서의 이 세 본문은 결코 동일하지는 않다. 비록 그 본문들이 70인역과 테오도티온역 다니엘서에서 어느 정도 비슷하게 언급되지만 말이다. 이 세 본문은 다른 사건들을 언급하는 것으로 볼 수 있다. 어쨌든 거역하는 이스라엘은 그리스도가 지상 사역을 행하실 때 그를 거부했는데, 그들을 적그리스도의 한 형태로 볼 수는 없을까? 바울도 예수처럼 역할 전환을 사용하고, 유대인들이 이방인에게 통상적으로 사용한 유대주의 용어인 "개들"과 같은 말을 사용한다.

이제 이상의 설명을 요약해보자. 첫째, 다니엘 9장의 문맥은 9:25과 26절에서 "나기드"가 동일한 한 개인을 가리킨다는 것을 강력히 암시한다. 둘째, 다니엘 9:26-27의 A-B-A′-B′의 문학적 구조는 9:27a의 26절과의 관련성을 암시하지 않는다. 셋째, 다니엘서 전체의 포괄적·문학적 구조는 "악한 왕" 견해와 대립한다. 다니엘 7장은 연속적인 네 개의 세상 나라 다음에 하나님 나라가 임하는 것에 대한 환상을 포함하고 있다. 네 나라 중 넷째 나라에는 교만하게 하나님을 반대하고(단 7:8) 성도들을 박해하는(단 7:25) 통치자가 있다. 다니엘 7장의 기본 환상을 확대하는 다니엘 8장과 10-12장의 "확대된 지도"에는 만군의 왕에게 반대하는 통치자가 있다(단 8:12-14). 다니엘 8:21에 따르면 이 통치자는 분명히 그리스 제국의 왕이다. 다니엘 10-12장의 마지막 환상은 8:12-14을 더 깊이 확대하고, 궁극적으로 그리스 제국 안의 한 통치자인 안티오코스 에피파네스에게서 성취되고 멸망하게 하는 가증한 것에 대해 말한다(단 11:31과 12:11). 나는 넷째 나라를 로마 제국으로 간주하고 셋째 나라를 그리스 제국으로 간주하기 때문에 넷째 나라에 관해 말하는 7:8과 셋째 나라에 관해 말하는 11:31과 12:11을 관련시키는 것은 문제가 있다고 본다.[47] 우리는 다니엘서의 문학적 구조로부터 일흔 이레에 관한 환상은 내용상 7장과 8장 그리고 11-12장에서 연쇄적으로 등장하는 외국 왕들을 묘사하는 세 가지 환상과 직결되어 있음을 확인할 수 있다.[48] 일흔 번째 이레는 다른 환상들에서 언급하는 하나님 나라의 출범 시기 곧 죄에 대한 속죄가 이루어지고 의가 드러나는 때(단 9:24)와 대응을 이룬다. 따라서 다니엘 9:26b-27a의 지시 대상은 셋째 나라가 아니라 넷째 나라에서 찾아야 한다. 이것이 다니엘 9:26b 및 9:27a을 8:12-14과 11:31

---

47 이것은 둘 사이의 모형적/대형적 관계를 배제하지 않는다. 그러나 안티오코스 에피파네스와 단 7:8, 25절에 묘사된 학대하는 통치자 간의 모형론은 반드시 9:26b의 "나기드"가 7:8, 25절에 묘사된 인물과 동일한 자를 가리키는 것을 함축하는 것은 아니다.

48 Jason Parry, "Desolation of the Temple and Messianic Enthronement in Daniel 11:36-12:3," *JETS* 54/3 (2011): 485-526을 보라. Parry는 다니엘서 11:36-45에는 그 본문이 단 9:26b과 27b절의 성취임을 보여주는 9:26-27의 암시가 있다고 주장하고, 11:36-45이 어떻게 기원후 67-70년에 일어난 사건들을 나타내는 것으로 이해될 수 있는지를 보여준다. Parry의 분석은 단 9:26b과 9:27a이 다른 환상들 속에 나타난 네 세상 나라에 대한 묘사와 연계되어 있다는 것을 보여준다. 따라서 그것은 단 7:8과 25절, 9:26b, 9:27b 그리고 11:36-45은 모두 기원후 70년 예루살렘 성과 성전의 파괴에서 절정에 달하는 베스파시아누스 황제의 갈릴리와 유대 침략 사건을 언급한다는 것을 보여준다.

그리고 12:11과 연관시키는 것을 반대하는 강력한 이유다. 독자는 다니엘서의 문학적 구조 때문에 몇 가지 피상적 유사점이 있음에도 불구하고 본문들을 연계시키는 것을 피해야 한다.

다니엘 7-12장 안에서 다니엘 9장이 차지하는 위치

다음과 같은 질문이 매우 적합하게 제기될 수 있다. 일흔 이레에 관한 환상과 다른 환상들 간의 관계는 무엇**인가**? 그것은 다니엘서 전체의 포괄적·문학적 구조에 어떻게 일치하는가? 이 질문은 답변이 절실하게 요구된다.

이미 말한 것처럼 다니엘 7장과 8장 그리고 10-12장의 환상은 마지막에 하나님 나라로 이어지는 일련의 네 이방 나라/세상 나라에 초점을 맞추고 있다. 나는 다니엘 7장의 "인자"에 관한 문제를 앞에서 검토할 때 "인자"는 신적 인물과 인간적 왕 그리고 인자의 나라의 구성원을 동시에 나타낸다는 것을 보여주고자 노력했다. 결론적으로 지극히 높으신 이의 성도들이 하나님 나라를 얻는다(단 7:18, 22, 27).[49] 따라서 이 세 환상은 다음 질문에 초점을 맞추고 있다. 곧 이스라엘이 포로로 잡혀가 있고, 그래서 지상적 왕이 없이 외세에 굴복하는 지금 하나님 나라에 일어나는 일은 무엇인가? 세 환상 중 둘째 환상과 셋째 환상 사이에 샌드위치처럼 끼어 있는 다니엘 9장은 다르나 긴밀하게 관련이 있는 문제를 다룬다. 이스라엘은 얼마나 오랫동안 포로로 잡혀 있을 것인가? 하나님 나라는 얼마나 오랫동안 외국 민족들의 손에 고난을 겪을 것인가? 죄 사함과 동등한 포로상태로부터의 마지막 또는 진정한 귀환은 성도들이 하나님 나라를 얻는 **선행 조건**이고, 따라서 일흔 이레에 관한 환상은 궁극적 희년이 어떻게 그리고 언제 시작될지를 드러낸다.

---

49 Gentry, "Son of Man in Daniel 7: Individual or Corporate?"를 보라.

결론

그러므로 다니엘의 일흔 이레에 관한 환상은 다음과 같이 간단히 설명될 수 있다. 곧 일흔 이레에 관한 환상은 궁극적 희년, 즉 죄로부터의 해방과 영원한 의의 확립 그리고 성전의 성결을 가져오는 데 필수적인 일흔 안식 기간, 곧 일흔 이레 기간을 언급한다. 처음 일곱 안식 기간에 예루살렘 성은 회복된다. 이어서 예순두 안식 기간에는 보고할 만한 일이 특별히 일어나지 않는다. 그리고 결정적인 일흔 번째 이레 기간에 이스라엘의 왕이 와서 자기 백성을 위해 대신 죽는다. 희한하게도 그리스 제국의 안티오코스 에피파네스가 저지른 사건과 비슷하게 성전을 더럽히는 사건을 유대인들이 저지르고, 이로 말미암아 예루살렘이 멸망한다. 이 사건들은 나사렛 예수의 인격 속에서 성취된다. 나사렛 예수는 오실 왕이시다. 예수의 십자가 죽음은 모든 희생 제사를 끝내는 제사이고, 많은 사람과 맺은 새 언약의 기초다. 대제사장이 재판정에서 메시아로서의 예수를 거부하고 참 성전으로서의 예수를 모욕한 사건으로 인해 헤롯 성전에 심판이 임하며, 이 심판은 기원후 70년에 결국 실현되었다. 예순아홉 이레와 일흔 번째 이레 사이의 간격에 대한 생각은 연대순 연쇄 관계를 주장하는 관점과는 반대된다. 이 예언은 나사렛 예수에 관한 사건들에 그대로 일치할 정도로 그 정확성이 뛰어나다.

15장

사랑 안에서 참된 것을 말하라 (엡 4:15): 새 언약 공동체의 삶[1]

---

1 나는 "Speaking the Truth in Love (Eph 4:15): Life in the New Covenant Community," *SBJT* 10/2 (2006): 70-87에 발표된 15장의 초기 형태에 대해 건설적 비판을 아끼지 않은 Daniel I. Block, Chip Hardy 그리고 John Meade에게 감사를 전한다. 그들의 비판을 통해 나는 실수를 많이 줄였을 뿐만 아니라 사고하는 데 있어서도 큰 자극을 받았다. 나는 특히 Daniel Block과 귀중한 대화를 나누었다.

서론과 개관

에베소 교회에 보내는 바울의 서신 전반부를 보면 모든 독자 곧 고대 에베소 교회의 교인들뿐만 아니라 오늘날의 그리스도인들은 상상할 수 없는 운명 속으로 삼위 하나님의 부르심을 받는다. 이 운명은 우리에게 창세전에 아버지의 사랑 안에서 계시된다. 곧 이 운명은 인간의 거역으로 말미암아 일어난 창조주와 창조물 간의 파괴적인 단절 관계로부터 우리를 벗어나게 하는 그분의 아들 예수 그리스도의 죽음과 부활 안에서, 그리고 하나님이 자신의 일을 우리 안에서 시작하셨을 뿐만 아니라 끝내실 것이라는 보증으로 주신 성령의 선물 안에서 주어진다. 하나님은 예수 그리스도의 부활로 말미암아 새 창조를 시작하셨다. 예수는 첫 부활절에 무덤에서 나오셨을 때 새 창조의 첫 사람이 되셨다. 우리는 예수를 믿으면서 그리스도에게 참여한다. 우리는 새 창조물의 일원이 되고 하나님이 지으시는 새 사람을 이룬다(엡 2:15). 하나님이 먼저 세상을 만들고 이후에 그분의 세상에 살 창조물을 지으신 첫 창조와 달리, 새 창조에서는 하나님이 먼저 새 사람을 창조하고 이후에 그들이 살아야 할 새 세상을 만드실 것이다. 십자가는 하나님과 우리의 관계를 화평으로 이끌었을 뿐만 아니라 파괴된 인간관계도 화목으로 이끌었다(엡 2:11-18). 따라서 유대인과 이방인이 교회로 불리는 새 사람으로 결합된다. 에베소서를 시작하는 찬송(엡 1:3)은 바울이 이 모든 것을 하나님이 아브라함을 통해 민족들에게 베푸신 복으로 이해하고 있음을 보여준다.

이어서 바울은 에베소서 후반부(엡 4-6장)에서 하나님께 부르심을 받은 우리가 아직 최후의 심판이 주어지지 않은 옛 세상 속에서 살고 있는 동안 하나님의 계획과 목적을 일상의 삶 속에서 실제로 어떻게 성취해야 하는지를 설명한다. 우리는 이 운명에 어떻게 부응해야 할까? 첫째, 바울은 새 사람으로 구성된 언약 공동체에 내재하는 통일성에 초점을 맞춘다(엡 4:1-6). 둘째, 그는 새 언약 공동체 안에서의 다양성이 어떻게 실제로 우리가 자라고 성숙할 수 있도록 만드는 부활하신 그리스도의 선물인지를 보여준다(엡 4:7-16). 새 사람의 목표는 새 창조의 첫 사람인 그리스도를 닮아가는 것에 있다.[2]

유대교 랍비들이 토라가 요구하는 행위에 대해 논했던 것처럼 바울도 에베소서 후반부의 두 번째 부분인 4:17-6:20에서 새로운 토라,[3] 즉 그리스도의 교훈 혹은 말씀[4]이 규정하는 그리스도인의 행실 또는 기독교적 "할라카"[5]를 설명한다. 그는 새 창조 공동체에서 요구되는 행실 즉 행동과 삶의 방식을 묘사한다. 이 부분의 포괄적인 개요는 잘 알려져 있다. 바울은 에베소서 4:17-24에서 독자들에게 옛 사람을 피하고 새 사람을 취하라고 명령하는 것으로 시작해서 5:6-14에서는 어둠에서 빛으로 이동하라고 권면하면서 끝낸다. 이 두 단락은 잘 정리된 한 단원을 둘러싸고 있는 북엔드를 구성한다. 이 두 북엔드 사이에 새 언약 공동체의 각 지체의 삶에 관한 특수한 명령과 교훈이 들어 있다. 바울은 이어지는 부분에서 이제 우리의 새로운 부르심과 운명으로 말미암아 바뀌고 변화되는 언약 공동체 안팎의 다양

---

2   엡 4:13과 골 1:18b의 결합.

3   많은 그리스도인이 "토라"(*tôrâ*)라는 말을 주로 율법 즉 모세 율법을 가리키는 뜻으로 생각한다. 토라에 관해 두 가지 중요한 요소가 우리의 사고 속에 형성되어야 한다. 첫째, 히브리어 단어 "토라"는 "지침" 또는 "교훈"을 의미한다. L. Koehler and W. Baumgartner, *Hebräisches und Aramäisches Lexikon zum Alten Testament*, 3rd ed., ed. W. Baumgartner, J. J. Stamm and B. Hartmann (Leiden, Netherlands: Brill, 1967-1995), s.v.를 보라. 둘째, 이 "교훈들"은 언약의 형태로 주어진다. 따라서 토라는 고대 근동의 어떤 법전과도 같지 않다. 토라는 언약 관계의 틀 속에서 살기 위한 일단의 지침이다. 여기서 "교훈"과 "토라"는 이 진리들을 시험하고 지키는 것에 대해 상호 교체적인 의미로 사용된다.

4   바울은 엡 4:20에서 그리스도의 교훈/가르침/토라를 직접 언급한다. 또한 이것은 골 3:16의 "그리스도의 말씀"과 동등한 개념이다.

5   에베소서에서 8회에 걸쳐 바울이 사용한 "페리파테오"(*peripateo*)라는 말 즉 행위 윤리, 삶의 방식, "할라카"(*balakab*) 중 6회가 어떻게 이 부분에서 집중적으로 나타나는지 주목해보라(엡 2:2, 10, 4:1, 17[2회], 5:2, 8, 15).

한 관계들에 대해 설명한다. 에베소서 5:15-33에서는 남편과 아내 사이의 결혼 관계에 대해 말하고, 6:1-4에서는 부모와 자녀 간의 관계에 대해 말하고, 6:5-9에서는 주인과 종의 관계에 대해 말하고, 그리고 6:10-20에서는 우리의 원수와의 관계와 영적 싸움에 대해 말한다.

에베소서 4:1-6:20의 본문 구조

에베소서 4:1-6:20의 일반적 개요는 잘 이해되지만, 우리가 사도 바울의 메시지를 충분히 파악하기 위해서는 문학적 구조에 내재하는 언약 구조와 전체적으로 본문에 나오는 사랑 안에서 참된 것을 말하는 것의 역할을 더 세밀하게 살펴보아야 한다.

에베소서 4:1-6:20의 개요: 기독교적 소명은 실천적 관점에서 무엇을 의미하는가

1. 그리스도의 몸의 통일성과 다양성 그리고 성숙함	4:1-16
2. 새 창조 공동체를 따르는 삶	4:17-5:14
A. 옛 사람에서 새 사람으로	4:17-24
B. 특수 지침	4:25-5:5
A′. 어둠에서 빛으로	5:6-14
3. 새 언약 공동체 안의 관계	5:15-6:9
4. 새 언약 공동체 밖의 관계: 어둠의 세력과 영적 싸움	6:10-20

에베소서 4:1-6:20은 네 부분으로 배열되어 있다. (1) 4:1-16은 이 부분 전체의 서론을 구성한다. (2) 4:17-5:14은 새 사람의 각 개별적 지체에 대한 새 언약의 일반 지침 또는 제반 규정을 제시한다. (3) 5:15-6:9은 4:2에서 처음 언급되는 인내와 겸손한 복종이 특히 공동체 안의 다양한 관계들

속에서 어떻게 드러나야 하는지를 설명한다. (4) 6:10-20은 두 가지 역할을 강조한다. 곧 (a) 새 사람을 반대하는 어둠의 세력을 처리하는 법을 다루고, (b) 이 부분 (그리고 에베소서) 전체를 개괄하고 요약한다.

어떤 면에서 에베소서 4:1-6:20과 출애굽기 19:1-23:33의 구조는 비슷하다. 출애굽기 19장은 하나님의 백성에게 주어진 언약/교훈에 대한 서론을 구성한다. 출애굽기 20장은 언약의 핵심이자 자기 백성에 대한 야웨의 교훈의 핵심인 십계명(문자적으로 열 가지 말씀)[6]을 구성한다. 그리고 출애굽기 21-23장은 어떻게 십계명이 다양한 삶의 상황에 실제로 적용되는지를 상술한다. 에베소서 4:1-16의 서론 이후 4:17-5:14 부분은 자기 백성에 대한 그리스도의 가르침 곧 간단히 말해 새 언약과 토라 또는 교훈을 다룬다. 이어서 에베소서 5:15-6:20은 다양한 삶의 상황 속에서 이 가르침의 적용 결과를 상술한다. 미국인들이 개인에게 초점을 맞추는 미국 문화의 이상들과 달리, 바울은 공동체와 우리의 집단적 생활에 초점을 맞추는 것으로 설명을 시작한다(엡 4:1-16). 그는 그런 다음에, 오직 4:17부터 개인들의 일상적 삶을 다룬다. 심지어 그때에도 바울은 주로 관계에 관심을 두고 있다. 개인주의는 서구 문화와 미국의 꿈을 강하게 지배하고 있다. 우리는 심각한 박탈 상황이나 가난에서 벗어나고, 스포츠와 교육 또는 연기로 국민적 우상이 되거나 심지어는 대통령이 되기도 하는 출세하는 힘이 있는 개인을 칭송했다. 그러나 성경의 다른 본문에서와 마찬가지로 에베소서 이 본문에서도 개인으로서 우리의 역할을 다루기 전에, 우리는 공동체에 속해 있고, 거기서 공동의 역할과 책임을 갖고 있다는 사실을 강조한다.

그러므로 에베소서 4:1-6:20에서 **핵심 부분**은 새 언약과 새롭게 된 하나님의 백성에 대한 새 언약의 요청들을 상술하는 4:17-5:14이다. 에베소

6　출 34:28, 신 4:13, 10:4에서 "열 가지 말씀"으로 불린다. 이 열 가지 말씀은 신약성경에서 계명으로 지칭된다(마 5장; 19:17-19; 막 10:19; 눅 18:20; 롬 13:9, 7:7-8; 엡 6:2. 참조. 딤전 1:9, 10).

서 4:17-5:14은 또 세 단원으로 나뉜다. 첫 단원과 마지막 단원은 일반적이고 동기를 부여하는 내용을 담고 있다. 이 북엔드 사이에 샌드위치처럼 끼어 있는 중간 단원은 실천적이고 특수적인 교훈들을 담고 있다. 바울이 자신의 가르침을 제시하는 방법은 우리가 교육적으로 매우 본받을 만하다. 그는 명령으로 사람들을 다그치기보다는 격려와 동기를 부여하는 데 지면을 더 많이 할애한다.

새 창조물/새 언약 공동체의 행동 지침

에베소서 4:17-5:14에서 중간 단원은 4:25-5:5 부분이다. 이 구절들은 분명히 바울이 여섯 가지 지침을 전달하기 때문에 한 단원으로서의 특징을 보여준다. 각 지침은 다음과 같이 동일한 방식을 취한다. 첫째, 명령이 부정적으로 표현된다. 둘째, 명령이 긍정적으로 주어진다. 셋째, 동기 절이 명령을 뒷받침한다. 이 패턴을 약간 변형시킨 것이 둘째 지침과 여섯째 지침에 포함되어 있다. 따라서 이 지침들 각각의 시작은 표 15.1에서 보는 것처럼 형식상 구별된다(엡 5:1-2은 막간을 구성하고 이것은 짧게 설명될 것이다).

표 15.1: 새 언약/언약 공동체의 행동 지침

(1) 거짓을 버리고 참된 것을 말하라	4:25
(2) 분을 내어도 죄를 짓지 마라	4:26-27
(3) 도둑질하지 말고 가난한 자를 구제할 수 있도록 수고하라	4:28
(4) 더러운 말을 하지 말고 덕을 세우라	4:29-30
(5) 비열한 정신을 갖지 말고 친절하라	4:31-32
서로 사랑하라	5:1-2
(6) 부정한 행동/말 또는 탐욕을 갖지 마라	5:3-5

이 중간 단원(엡 4:25-5:5)의 시작과 끝도 분명히 주목할 만하다. 4:25의 접속사 "그런즉"(*dio*)은 이전 단원에 함축된 의미를 확인하고, 5:5과 6절 사

이의 접속사가 생략(절 연결사의 결여)된 것은 두 번째 부분의 끝과 세 번째 부분의 시작을 구별해주는 강한 표시다.

이미 언급한 것처럼 첫째 단원과 셋째 단원 곧 4:17-24과 5:6-14은 각각 중간 단원의 북엔드를 구성한다. 이 두 부분은 프롤로그와 에필로그에 해당되고, 본질상 동일한 사실을 전달한다. 바울은 옛 사람과 옛 사람의 삶의 방식을 피하고 새 사람과 새 사람의 삶의 방식을 취하라는 일반적 호소와 권면으로 시작한다. 이 호소는 옛 옷을 벗어버리고 새 옷을 입으라는 은유적 표현으로 전달된다. 바울은 어둠과 빛의 이미지에 기초한 동기를 부여하면서 이 부분을 끝낸다. 부정적인 표현으로 말하자면, 그리스도인들은 탐욕과 음행을 피해야 한다. 왜냐하면 이런 행동은 심판받아 마땅한 행위이기 때문이다. 긍정적인 동기 부여는 그들이 그리스도와 연합되었을 때 일어난 변화에서 나온다. 이 변화는 어둠의 환경이나 상황에서 빛의 상황으로 이동하는 문제가 아니다. 오히려 그들 자신이 어둠**이었다**. 그들이 옛 사람에서 새 사람으로 바뀌었을 때 변화된 것은 그들의 삶이었지, 그들의 환경이 아니었다. 그들은 이제 빛으로 다시 지음 받는다.

이어지는 주요 부분 곧 에베소서 5:15-6:9은 자주 "가족생활규범"(household code)으로 지칭된다.[7] 이 지칭은 이 부분과 이전 부분인 4:17-5:14 사이의 중요한 연관성을 애매하게 만들 수 있는 표현이다. 에베소서 5:15-21은 5:15-6:9의 서론이자 이 부분과 이전 부분을 이어주는 다리와 같다. 지금 술 취하는 것이 성령으로 충만한 것과 대조된다. 술 취하는 것은 옛 사람이 온갖 부패한 습관으로 나아가는 관문이다. 반면에 성령으로 충만한 것은 그리스도에게 연결된 새 사람이 그리스도의 교훈을 수행할 수 있게 해주는 신적 수단이다. 최근에 주석가와 석의학자들은 "성령 충만"의 의미를 꽤 명확히 밝혔다. 성령 충만은 우리를 채우는 내용물로 성령을 말하는

---

7   예를 들어 Peter T. O'Brien, *The Letter to the Ephesians,* Pillar New Testament Commentary (Grand Rapids, MI: Eerdmans, 1999), 405-409을 보라.

것이 아니다. 해롤드 훼너(Harold W. Hoehner)가 자신의 권위 있는 작품에서 주목하는 것처럼 말이다. "신약성경 어디에도 "엔"(ἐν 안에) + 여격 앞에 있는 '플레로오'(πληρόω, 충만하게 하다)가 내용물을 가리키는 경우는 없다."[8] 대신 그것은 우리 왕의 가르침(즉 그리스도의 토라)이 우리의 사고와 행동을 형성하도록 성령 하나님이 제공하신 수단을 가리킨다. 이 구절과 평행을 이루는 골로새서 3:16의 내용이 분명히 보여주는 것처럼 말이다. 에베소서 5:19-21의 분사들은 이것을 분명히 제시한다. 우리가 그리스도의 가르침을 수평적으로(서로에 대해) 그리고 수직적으로(주님에 대해) 노래들로 화답하고, 끊임없이 범사에 감사하며, 공동체 안에서 펼쳐지는 다양한 관계들 속에서 어떤 집단이 다른 집단에게 적절하게 복종하는 것을 보여줄 때, 우리는 4:17-5:14의 교훈을 새 언약 공동체의 모든 삶에 실제로 적용할 수 있다. 바울은 특별히 에베소서 4:20-21에서 메시아의 교훈에 대해 말하고, 에베소서 4:25-5:5에서 이 교훈의 세부 규정을 열거한다. 지금 그는 다음 주요 본문의 서론인 5:15-21에서 신적 수단을 보여준다. 새 사람은 이 신적 수단에 의해 이 교훈 즉 "그리스도의 말씀"을 따라 산다. 따라서 에베소서 5:15-6:9은 4:17-5:14에 연결된다. 이것은 출애굽기 21-23장이 출애굽기 20장에 나오는 십계명과 연결되거나, 신명기 12-26장에 나오는 특수 규정들이 신명기 4:44-11:32에 나오는 기본 규정들에서 나오는 것과 정확히 똑같은 방식이다.

그러나 이 문학적 구조의 언약적인 틀을 적절히 파악하기 전에, 먼저 전체적으로 더 큰 맥락과 관련해 사랑 안에서 참된 것을 말하는 것의 중요성을 주목해야만 한다. 그리고 바울이 "사랑 안에서 참된 것을 말하는 것"에 관한 의미도 살펴보아야 한다.

---

[8] Harold W. Hoehner, *Ephesians: An Exegetical Commentary* (Grand Rapids, MI: Baker, 2002), 703.

사랑 안에서 참된 것을 말하는 것의 중요성

새 창조 공동체의 행위와 행실에 대한 교훈을 단순히 몇 마디 말로 요약하는 어떤 방법이 있다면, 그것은 "사랑 안에서 참된 것을 말하라"는 말이 될 것이다. 이 표현은 본문 구조에 중심이 되고, 또한 최소한 수평적 차원에서는 새 언약의 교훈들에 대한 완전하고 온전한 요약을 구성한다.

에베소서 후반부(4-6장)의 서론은 4:1-16이다. 이 서론은 새 사람의 온전한 통일성과 다양성 그리고 성숙함을 다룬다. 바울은 이 서론에서 부활하고 다스리시는 그리스도께서 교회에 어떤 선물을 주셨는지를 설명한다. 이 선물은 공동체를 섬기고 세우도록 사람들을 구비시키는 지도자들이다. 부정적으로 말하자면, 교회는 쉽게 속임 당하는 어린아이와 같아서는 안 된다. 긍정적으로 말하자면, 교회는 자라고 성숙해야 한다. 에베소서 4:15은 이것이 사랑 안에서 참된 것을 말하는 것으로 일어난다고 설명한다. 따라서 우리는 이것이 에베소서 후반부의 서론(4:1-16)의 핵심 진술이고, 에베소서 전체를 이해하는 열쇠라는 것을 알 수 있다. 그것은 바로 이 서론에서 에베소서의 실천적 부분이 시작되기 때문이다.

바울이 에베소서 4:8에서 시편 68편을 인용하는 것은 다음과 같은 사실을 보여준다. 곧 그는 야웨께서 시내산에서 언약/율법을 주셔서 이스라엘을 구원하시고 통치하셨다는 것과, 예수가 성육신해 죽으셨고 그리고 부활해 승천해서 백성들을 구원하고 통치하는 것이 유사하다고 이해한다.[9] 시편 68편은 다음과 같이 이스라엘 역사 속에서 펼쳐진 주님의 승리를 상기시킨다. 곧 주님은 시내산에서 땅을 흔들어 주님 자신을 계시하셨고, 자기 백성이 광야를 통과하도록 이끄셨으며, 그분이 가나안 족속들을 패배시키셨고 시온산에 자신의 성소를 세우기로 정하셨다. 야웨는 자신의 성소에 들어가

---

9 순교자 유스티누스는 예수의 십자가 죽음과 그분의 통치를 감동적으로 연결한다. "주께서는 나무 위에서 다스리셨다"(ὁ κύριος ἐβασίλευσεν ἀπὸ τοῦ ξύλου, *First Apology* 41.4).

실 때 사로잡혔던 자들을 사로잡으시고 사람들에게 선물을 주셨다. 따라서 시편 저자는 단순히 이스라엘만이 연합해서 야웨를 경배하는 것이 아니라 모든 민족이 야웨의 통치를 인정하실 미래를 내다본다. 이 일은 지금 보좌에 앉아계시는 다윗의 아들 예수께서 성취하신다. 그리스도는 자신의 십자가 죽음을 통해 죄와 사탄과 사망의 큰 원수들을 만나 그들을 완전히 패배시키셨다. 그분은 우리를 죄로부터 속량하셨고 어둠의 세력들을 패배시키셨으며 사망을 이기셨다. 그리스도의 부활은 단지 그가 소생한 것이 아니라 완전히 새 창조 곧 새 세상을 시작한 것이다. 그리고 예수는 부활 이후에 가장 높은 하늘로 올라가셨다. 이것은 그가 하늘의 성소/시온에 들어가신 다윗 계보의 왕이자 야웨 자신 외에 다른 분이 아님을 보여준다. 바울은 야웨께서 시내산에서 자신의 언약과 토라(교훈)를 주고 성소에서 자기 백성을 다스리기 시작하신 것처럼, 예수께서도 주로서 자신의 새 언약과 교훈을 주고 하늘에서 자기 백성 가운데서 다스리기 시작하신 것으로 묘사한다.

에베소서 후반부(4-6장)의 중간 부분은 4:25-5:5이다(이 부분 양쪽 바깥에는 4:17-24과 5:6-14이 북엔드로 놓여 있다). 바울은 에베소서 4:25-5:5에서 그리스도의 교훈 곧 토라로서의(특히 4:20을 보라) 새 언약의 교훈들을 여섯 가지 명령으로 제시한다. 다음과 같은 것은 주목할 만하다. 곧 이 여섯 가지 명령 중 첫째 명령이 서로 참된 것을 말하라는 것이고, 마지막으로 다섯째와 여섯째 교훈 사이에 끼어 있는 것은 여섯 가지의 모든 명령이 사랑(엡 5:1-2)을 특징으로 나타내며, 하나님 우리 아버지를 본받는 행위에 관한 것을 보여주는 요약 진술이다. 따라서 본문 구조에 따르면 사랑 안에서 참된 것을 말하라는 것이 새 언약 규정들의 핵심 속에 있고, 아울러 이 규정들을 간명하게 요약한다.

사랑 안에서 참된 것을 말하라는 이 중심 개념은 에베소서 4:15에서는 "알레테우오"(ἀληθεύω)라는 그리스어 동사를 사용하여 표현되었다. 그러나 지금 4:25에서는 "말하다"는 동사에 목적어로 사용되는 "참된 것"(진실)이라는 말이 더해진다. 앞의 단어 곧 "알레테우오"에 대해 바우어의 사전은 "진실하다, 진실을 말하다"라는 의미를 제공한다.[10] 리델-스코트-존스의『고전 그리스어-영어 사전』이나 더 새로운 아드라도스의『고전 그리스어-스페인어 사전』은 그 의미에 대해 더 분명한 설명을 제시해주지는 않는다.[11] 철저한『그리스어 사전 편찬을 위한 문헌 목록』에는 단지 두 학자의 연구만 제시된다.[12] 그중 한 사람이 스피크 신부(Père Spicq)다. 스피크의『신약성경 사전』은 키텔의『신약성경 신학사전』에서 루돌프 불트만이 제공한 것보다 훨씬 더 많은 것을 제공한다.[13] 스피크는『새 예루살렘 성경』에 동의해서 "진실을 따라 사랑 안에서 살라"는 말을 인용한다. 어형론에 따르면 "-에우오"(-euō)로 끝나는 그리스어 동사들은 "어떤 능력 또는 어떤 역할에 따라 행하다"는 의미를 갖고 있다.[14] 따라서 "알레테우오"라는 동사는 "진실하게 **행하다**"를 의미한다. 이런 종류의 행동은 자주 우리의 말을 포함하기 때문에 통상적 의미는 "진실하게 말하다"가 된다. 바울이 제공한 여섯 가지 명령 중 첫 번째 명령은 특별히 말에 관한 것이고, 확실히 여섯 가지 명령 중 네 가지나 다섯 가지 명령은 말을 포함하거나 반드시 포함하고 있지만, "진실하게 행하거나 진실하게 되는 것"이 그것들 전부를 압축해서 묘사한다. 이것

---

10 "wahrhaftig sein, die Wahrheit reden." Walter Bauer, *Griechisch-deutsches Wörterbuch zu den Schriften des Neuen Testaments und der frühchristlichen Literatur,* 6th ed., ref. and ed. K. Aland, B. Aland (Berlin: Walter de Gruyter, 1988), 70.

11 H. G. Liddell, R. Scott, and H. S. Jones, *A Greek-English Lexicon,* 9th ed. with revised supplement (Oxford: Oxford University Press, 1996), s.v., ἀληθεύω와 Francisco R. Adrados, *Diccionario Griego-Español,* vol. 1 (Madrid: Consejo Superior de Investigaciones Científicas, 1989), ἀληθεύω를 보라.

12 Pilar Boned Colera and Juan Rodríguez Somolinos, *Repertorio Bibliográfico de la Lexicografia Griega, Diccionario Griego-Español Anejo 3* (Madrid: Consejo Superior de Investagaciones Cientificas, 1998).

13 Ceslas P. Spicq, *Theological Lexicon of the New Testament,* trans. and ed. James D. Ernest (Peabody, Ma: Hendrickson, 1994), 1:18-82과 Gerhard Kittel ed. *Theological Dictionary of the New Testament,* trans. and ed. Geoffrey W. Bromiley (Grand Rapids, MI: Eerdmans, 1964), 1:251을 보라.

14 J. H. Moulton and W. F. Howard, *A Grammar of New Testament Greek, Vol. II: Accidence and Word-Formation* (Edinburgh: T. & T. Clark, 1929), 398-400.

이 언어학 및 사전학과 관련해 우리가 취할 수 있는 의미다.

그리고 에베소서 5:1-2의 단락이 다섯 번째와 여섯 번째 명령 사이에 들어가 있는 것이 암시하는 것처럼 진실하게 행하는 것 또는 진실하게 되는 것은 사랑 안에서 표현되어야 한다. 에베소서 5:1-2의 단락은 모든 명령과 교훈을 요약하는 것이다. 첫째, 이 단락은 모든 것을 하나의 명령이나 교훈으로 압축한다. 둘째, 이 단락은 이 행위, 이 행실, 이 삶의 방식이 우리에게 요구되는 이유를 설명한다. 곧 그 이유는 우리의 행동과 우리의 말은 우리가 누구인가로부터 나오기 때문이다. 에베소서 5:1-2은 우리가 신적 형상이 회복되는 새 창조물의 한 부분이 되었다는 것을 확인하는 4:24과 직결되어 있다. 새 사람의 행실은 하나님 자신의 성품과 품행을 반영해야만 한다. 셋째, 하나님의 본성의 핵심에 십자가가 있으므로 하나님의 자녀로서 우리의 본성의 핵심에도 십자가가 있다. 따라서 우리는 다른 사람에게 행하는 **언약적 헌신**으로, 즉 다른 사람이 좋은 삶(well-being)을 사는 것을 추구하는 행동을 보여주는 것으로 사랑을 정의할 수 있다.

새 언약의 이런 명령과 옛 언약의 핵심에 있는 십계명의 유사점들을 놓쳐서는 안 된다. 십계명의 처음 네 계명은 하나님을 사랑하는 것과 관련이 있고, 마지막 여섯 계명은 우리의 이웃을 사랑하는 것과 관련이 있다. 새 언약에서 하나님을 사랑하는 것은 예수를 사랑하는 것으로 대체되었고, 우리의 이웃을 사랑하는 것은 서로 사랑하라는 주 예수의 한 가지 명령으로 대체되었다(요 14:15과 15:12을 보라). 바울은 새 언약 공동체의 삶을 다루고 있기 때문에 여기서는 새 토라의 수평적 차원에 초점을 맞춘다. 주목할 만하게도 이것은 옛 언약에서 여섯 가지 계명으로 선포되고, 또한 우리의 이웃을 사랑하라는 것으로 요약될 수 있다(레 19:18; 마 22:39). 말라마트(A. Malamat)는 레위기 19:18의 "네 이웃 사랑하기를 네 자신과 같이 사랑하라"는 표현의 의미를 설명하면서, 그것은 우리의 이웃에 대해 "도움을 제공하거나" "우리의 이웃을 유익하게 하는 것"을 의미한다고 결론을 내린다.[15] 이것은 십자가에 나타난 더 큰 계시와 조화를 이루는 정의다. 따라서 중간 부분(엡 4:25-5:5)에서 사랑을 보여주는 한 가지 방법으로 참된 것을 말하는 것이 중요하다는 것은 아주 분명하다. 그것이 첫 번째 명령으로 주어졌기 때문이다. 에베소서 5:15-6:9은 참된 것을 말하는 것이 특수 관계들 속에서 어떻게 일어나는지를 보여준다.

에베소서 끝에 있는 마지막 부분 곧 6:10-20은 이미 언급한 것처럼 이중의 역할을 감당한다. 여기서 바울은 새 사람을 반대하는 어둠의 세력을 다루고 동시에 이 부분(그리고 에베소서) 전체를 개괄하고 요약한다.[16] 바울은 이사야 11:4-5과 59:17로부터 이끌어낸 야웨 자신의 전신 갑주를 입고 사용하라고 교의에 권면한다.[17] 새 창조에서는 머리에 맞는 것은 또한 몸에도 맞는 것이다. 그리고 갑주의 첫 번째 부분으로 언급되는 것은 무엇인가? 그것은 **진리**의 허리띠다!

따라서 우리는 에베소서의 시작 부분과 중간 부분 그리고 끝 부분이 본문 배열과 구조에 있어 참된 것을 말하는 것에 중점을 두고 있음을 확인할 수 있다. 만일 새 창조 공동체의 행실과 삶의 방식을 위한 교훈을 몇 마디 말로 요약하는 어떤 방법이 있다면, 그것은 "사랑 안에서 참된 것을 말하라"는 것이다.

"사랑 안에서 참된 것을 말하는 것"의 구약성경의 뿌리

"사랑 안에서 참된 것을 말하라"는 표현은 이 본문 전체(엡 4:25-5:5)의 메시

---

15 A. Malamat, "'You Shall Love Your Neighbour as Yourself': A Case of Misinterpretation," *Die Hebräische Bibel und ihre zwelfache Nachgeschichte: Festschrift für Rolf Rendtorff zum 65. Geburtstag*, ed. E. Blum, C. Macholz, and E. W. Stegemann (Neukirchen-Vluyn, Germany: Neukirchner, 1990), 111-115.

16 예를 들어, O'Brien, *Letter to the Ephesians*, 459을 보라.

17 "용사"라는 표현은 출애굽기에서(출 15:3) 그리고 그리스도 안에서 성취되는 새 출애굽에 대한 묘사(사 42:13)에서 야웨에게 적용된다.

지이자 본문 구조의 중심임이 분명하다. 그러나 엄밀히 말하자면 이 표현이 전달하려는 것은 더 깊이 탐구되어야 한다. 이 표현은 단순히 정직하게 되고 진실을 말하라는 것이지만 동시에 그것을 자애로운 방법으로 행하라는 의미가 아닐까? 이것은 교회가 그리스도 자신의 수준이 될 때까지 자라고 성숙하게 되는 방법인가? 아니, 이보다 훨씬 더 깊은 문제가 있다. 만일 "사랑 안에서 참된 것을 말하라"는 표현이 새 사람의 표준에 이르는 삶을 요약하는 것이라면, 그리스도의 명령에 단순히 복종하는 것을 넘어 이런 방식을 따라 살도록 동기를 부여하는 것은 과연 무엇일까? 이 점에 대해서는 한 가지 예증이 도움이 될 것이다. 여러분이 섬기는 교회에서 그리스도인을 자처하지만 바울의 여섯 가지 명령 중 마지막 명령이 금하는 성적 음행을 저지른 사람을 만났다고 가정해보자. 그때 여러분은 이렇게 생각할 것이다. "그렇다면 나는 그 사람을 찾아가 사랑하는 자세로 그에게 진실을 말해야겠다. 하나님 보시기에 그런 행동은 죄라는 것과 이런 나쁜 관계를 청산하지 않으면 안 된다는 것을 말해야만 한다." 이것이 사랑 안에서 참된 것을 말하라고 바울의 가르침을 통해 전해진 새 사람에 관한 그리스도의 교훈이 의미하는 것인가?

에베소서 4:25-5:5의 여섯 가지 교훈 중 첫 번째 교훈인 참된 것을 말하라는 명령은 실제로는 구약성경에서 인용한 내용이라는 점을 주목하라. 바울은 스가랴 8:16을 직접 인용하고, 이런 인용은 바울의 사고의 준거 틀에 들어갈 수 있는 문을 개방한다. 예수와 사도들은 구약성경을 인용할 때 여러분이 배경을 익히 알고 있다는 것을 기대한다. 왜냐하면 인용되는 부분은 보통 극히 일부분에 불과하기 때문이다. 유감스럽게도 오늘날 독자는 구약성경을 너무나 잘 모르고 있고, 따라서 여기서 배경에 대한 설명이 어떻게든 필요하다.

예언자 스가랴는 바빌론 포로 생활을 마치고 고국으로 돌아오는 유대인들에게 글을 썼다. 스가랴서는 회개에 대한 촉구와 이스라엘 백성들이 죄를 버리고 야웨께 돌아오면, 그분이 그들에게 돌아오실 것이라는 약속으로 시작된다(슥 1:3). 스가랴 1-6장에 나오는 밤에 주어진 일련의 묵시적 환상은 야웨께 돌아오는 것에 대한 사실을 자세히 밝힌다. 스가랴는 이 환상들을 통해 포로로부터의 귀환이 단순히 바빌론을 떠나 예루살렘으로 돌아오는 물리적 사건보다 훨씬 더 큰 의미가 담긴 사건이라고 선언한다. 유대인들의 죄는 사함 받고, 깨진 언약은 새롭게 되며, 하나님의 성은 회복되고, 성전은 재건되며, 야웨 하나님은 또다시 자기 백성 가운데 왕으로 살기 위해 돌아오실 것이다. 표 15.2는 밤의 환상들 속에 전개된 이 주제들을 개괄한다.

표 15.2: 스가랴서에 나오는 밤의 묵시적 환상들에 대한 요약

1:7-17	A. 야웨는 전지한 왕이심: 야웨께서 포로들의 문제점을 알고 계심
1:18-21	B. 네 뿔과 네 대장장이: 유다를 포로로 잡아간 민족들을 처벌하심
2:1-13	예루살렘으로의 귀환과 시온(즉 포로들)의 회복
3:1-10	C. 대제사장 직분의 회복—미래의 죄의 제거를 상징함
4:1-14	C'. 성전 재건을 위해 지도자들을 통해 나타나는 야웨의 능력과 임재
5:1-4	B'. 이스라엘 언약과 저주의 효력이 회복된 공동체에 미침
5:5-11	귀환한 포로들의 죄/죄악이 바빌론으로 옮겨짐
6:1-8A'.	A'. 야웨는 전능한 왕이심: 시온을 학대한 바빌론을 처벌하심

    밤의 환상들 속에 제시된 이스라엘의 회복과 귀환 계획은 스가랴 7-8장에서 정점에 달하고, 7-8장은 금식에서 축제로 이동하는 결정적 부분이다. 말하자면 포로 상태가 끝난 지금 금식을 계속 해야하는지에 대한 질문은 다음과 같은 선언, 곧 회복된 시온에서는 금식이 축제가 된다는 선언으로 답변된다. 마이크 버터워스(Mike Butterworth)는 스가랴 7-8장 전체가 교차 구조로 이루어진 단원임을 주장했다. 곧 표 15.3에서 예증되는 것처럼 첫 번째 단락은 마지막 단락과 일치하고, 두 번째 단락은 마지막에서 두 번째 단락과 일치하는 것처럼 말이다.[18]

표 15.3: 스가랴 7-8장의 교차 구조

A 7:2 벧엘 사람이 야웨의 은혜를 간청하도록 사람들을 보낸다

  B 7:3 금식에 관한 질문

    7:5-7 불쾌한 반응: 금식 뒤에 무엇이 있었는가?

      그 땅에 정착해서 번성했을 때 옛 예언자들의 말씀을 기억하라

  C 7:9-10 법정에서 공정하게 판결하라

    관계 속에서 긍휼과 충성을 보여주라

    서로 악과 해를 도모하지 마라

    D 7:11-14 그들이 옛 예언자들의 말씀을 거부했다

      그 결과 야웨로부터 진노가 임했다

      그들이 민족들 가운데 포로로 잡혀갔다

      그 땅이 황폐하게 되었다

    E 8:2-8a 내가 크게 질투하고 크게 분노했다

      내가…예루살렘 가운데에 거할 것이다

      남은 백성에게 복을 약속하신다

      내가 동과 서로부터…**구원**할 것이다

      그들은 예루살렘 가운데에 거주할 것이다

        F 8:8b 그들은 내 백성이 되고 나는 그들의 하나님이 될 것이다

    E′ 8:9-13 너희는 손을 견고히 할지어다

      남은 백성에게 복을 약속하신다

        너희는 민족들 가운데서 저주가 되었다

        내가 너희를 **구원**할 것이다

        너희는 복이 될 것이다

        두려워하지 말지니라. 손을 견고히 할지니라

    D′ 8:14-15 나를 격노하게 했을 때에…내가 재앙을 내리기로 정했다

    그런데 지금 나는 은혜를 베풀고자 한다. 두려워하지 말지니라

C′ 8:16-17 법정에서 공정하게 판결하고 행복하게 하라

　서로 진리를 말하라

　서로 악과 해를 도모하지 마라

B′ 8:18-19 금식이 축제가 되리니 진리와 화평을 사랑하라

A′ 8:20-23 여러 백성이 야웨의 은혜를 구하러 나올 것이다

복이 유대인을 통해 민족들에게 흘러갈 것이다[19]

문학적 교차 구조는 중앙 부분을 강조하는 기능을 한다. 여기서 중앙 부분은 8:8b이고, 이 구절은 "그들은 내 백성이 되고 나는 진리와 공의로 그들의 하나님이 되리라"는 언약 공식을 사용한다. 우리는 몇 구절 앞선 8:3에서 다음과 같은 주목할 만한 말씀을 본다. "내가 시온에 돌아와 예루살렘 가운데에 거하리니 예루살렘은 진리의 성읍이라 일컫겠고 만군의 야웨의 산은 성산이라 일컫게 되리라." 따라서 이 본문은 새롭게 된 하나님과 하나님의 백성 간의 언약 및 야웨께서 시온으로 돌아오신 것에 초점을 맞추고 있다. 그 결과 예루살렘은 진리의 성읍으로 불릴 것이다. 이것은 정확히 에베소서 4:1-6:20의 화제이자 주제다. 바울은 새 언약을 묘사하고, "참된 것을 말하는 것"이 언약 공동체의 삶을 이끈다는 것을 보여주고 있다. 바울은 스가랴서 8:16을 적절하게 인용한다. 왜냐하면 이 구절은 실천적 관점에서 예루살렘이 진리의 성읍으로서의 이름을 되찾는 것의 의미를 묘사하기 때문이다. "너희가 행할 일은 이러하니라. 너희는 이웃과 더불어 진리를 말하며 너희 성문에서 진실하고 화평한 재판을 베풀고."[20] 분명히 스가랴서에서 참된 것[진리]을 말하는 것은 공동체 안의 사회 정의의 배경 속에서 유효하게 작용

---

18 Mike Butterworth, *Structure and the Book of Zechariah*, JSOTSup 130 (Sheffield, UK: Sheffield Academic Press,1992), 149-165.

19 Butterworth, *Structure and the Book of Zechariah*, 163으로부터 다듬음.

20 슥 8:16에서는 이 가르침을 긍정적 방식으로 표현했던 것처럼 8:17에서는 다음과 같이 이 가르침을 부정적 방식으로 강조한다. "마음에 서로 해하기를 도모하지 말며 거짓 맹세를 좋아하지 말라."

한다.

지금 우리가 스가랴 8장을 이해하는 사려 깊은 독자라고 한다면, 우리는 스가랴가 이사야서의 앞선 메시지에 반응하고 대답하고 있는 것임을 깨달을 것이다. 스가랴서에는 사실 성경의 이전 부분, 특히 이사야서에 대한 언급이 많이 등장한다. 그리고 스가랴는 예수와 사도들이 사용하는 것과 똑같은 방식으로 성경의 이전 본문들을 사용한다. 아니, 더 낫게 말하자면 사도들의 성경 해석은 구약성경에서 이미 발견된 방식을 따르고 있다. 우리는 진리의 성읍의 흔적을 이사야서에까지 거슬러 올라가 확인해야 한다.

이사야는 천둥번개처럼 설교를 시작한다. 이사야의 첫 설교는 번개와 천둥으로 충만하다. 하나님은 자신의 언약 백성의 행동에 속이 뒤집히셨고, 그래서 예언자는 "신실하던 성읍이 어찌하여 창기가 되었는고"라고 외친다(사 1:21). 여기서 "신실하다"에 해당되는 히브리어 단어는 스가랴 8:3과 8:16에서 "진리"에 해당되는 단어와 동일한 어근에서 파생된 것이다.

예언자들의 메시지는 때때로 매우 충격적이다. 예언자들은 언약을 지키는 일에 있어 하나님의 백성의 잘못에 대해 주의를 촉구하면서 하나님의 대변자로 활동했다. 그들은 하나님의 백성에 맞서 백성들이 시내산에서 맺은 언약에 따라 하나님과 맺는 적절한 관계와 서로 간에 맺는 적절한 태도에 대해 규정된 표준들로부터 교묘하고 교활하게 점차 벗어나게 된 것을 폭로했다. 예언자들은 상상할 수 있는 온갖 방법을 동원한 전달 기법과 기교의 대가였으나 그들의 모든 문장 곧 그들의 모든 약속과 경고는 하나님과 이스라엘의 언약에 기초한다. 특히 신명기에서 가장 충분한 형태로 발견되는 것처럼 말이다.[21]

이사야와 다른 예언자들은 모세 및 이스라엘과 맺어진 언약을 자기들의 상황과 시대에 적용하려고 애쓸 때에 분명히 엄청나게 많은 분량의 토라의

---

21 특히 Claus Westermann, *Basic Forms of Prophetic Speech,* trans. Hugh Clayton White (Louisville: Westminster/John Knox, 1991)을 보라.

명령과 교훈을 하나의 문장, 또는 심지어는 하나의 문구로 압축하고 요약하는 새로운 방법들을 찾아냈다. 심지어 그들은 6백여 개에 달하는 교훈들의 기초가 되는 열 가지 말씀/십계명도 더 압축하고 요약할 수 있다.[22]

이사야가 전하는 메시지의 핵심은 시내산에서 모세를 통해 하나님과 이스라엘 간에 맺어진 언약이 깨졌다는 것이다. 이사야는 사회 정의와 신실하고 충성된 사랑 또는 사랑 안에서 진실하게 되는 것을 의미하는 표현이나 문구들을 사용해 이 언약 곧 십계명을 요약한다. 사회 정의에 대한 이사야의 표현은 먼저 설명되고 예증될 수 있다. 이사야 16:5에서 이사야의 예언을 주목해보라.

> 다윗의 장막에
>> 인자함으로 왕위가 굳게 설 것이요,
>> 그 위에 앉을 자는 충실함으로 판결하며,
> 정의를 구하며,
>> 공의를 신속히 행하리라.

이사야 시대에 존재했던 왕들의 통치와 달리 미래의 왕은 정의와 공의로 다스릴 것이 약속된다. 따라서 히브리 시—평행을 이루는 짝으로 이루어진 행에 기초한—에 따르면, 첫 행에서 정의는 둘째 행의 공의와 맞물려 있다. "정의"와 "공의"라는 단어가 산문에서 일반적으로 동등하게 함께 등장할 때에, 그 단어들은 사회 정의라는 한 가지 개념 또는 생각을 구성한다. 이것은 중언법으로 알려진 비유적 표현으로, 두 단어를 통해 한 개념을 표현한다. 짝 단어는 단순히 두 단어를 함께 묶는 것으로 그치는 것이 아니라 다른 의미나 더 큰 의미가 있는 한 가지 생각을 표현한다. 우리가 영어에서 버터(butter)와 날다(fly)를 연구하는 것으로 나비(butterfly)의 의미를 분석할

---

22 마 22:36-40을 보라.

수 없는 것처럼 "정의"와 "공의"라는 단어도 개별적으로 분석해서 의미를 결정할 수 없다. 그러나 히브리 시는 이처럼 짝 단어가 떨어져 있는 것을 허용한다. 그래서 짝 단어 중 한 단어는 대구법의 한 행에 위치하고, 또 다른 단어는 그 행과 평행을 이루는 다른 행에 위치한다.

따라서 이사야 16:5의 약속은 신명기 17장에 기초한다. 신명기 17:16-20은 이스라엘의 미래의 왕이 자신의 책임을 이행해야 하는 방법을 묘사한다. 17:16-17에서 소극적 명령을 제시한 후에 17:18-20에서 세 가지 적극적 명령을 제시하는데, 모두 토라와 관련이 있다. (1) 왕은 토라를 옮겨 적어야 한다. (2) 왕은 토라를 자기 옆에 두어야 한다. (3) 왕은 토라를 읽어야 한다.[23] 다시 말하자면 유일한 적극적 요청은 왕은 모범 시민으로서 토라를 적극 구현해야 한다는 것이다. 이것이 정확히 이사야가 이사야 16:5에서 말하는 것이고, 이때 이사야는 떨어져 있는 짝 단어 "정의-공의"로 표현된 "사회 정의" 개념을 오직 토라의 **요약**으로 사용한다.[24] 신명기는 통치할 때 토라를 시행할 왕을 요청하고, 이사야서는 통치할 때 사회 정의를 구현할 왕을 예언한다. 이때 이 두 책은 동일한 사실을 말하고 있는 것이다.

사회 정의의 한 **표현**으로서 그리고 모세 언약/토라의 **요약**으로서 짝 단

---

23 나는 Daniel I. Block이 자신의 새 주석 *Deuteronomy,* NIV Application Commentary (Grand Rapids, MI: Zondervan, 2012)을 출간하기 전에 미리 참조하도록 특권을 준 것에 감사를 전한다. 그의 연구의 일부는 Daniel I. Block, "The Burden of Leadership: The Mosaic Paradigm of Kingship (Deut. 17:14-20)," *How I Love Your Torah, O Lord! Studies in the Book of Deuteronomy* (Eugene, OR: Cascade, 2011), 118-139에서 찾아볼 수 있다(원래 *Bibliotheca Sacra* 162 [2005]: 259-278에서 출간되었다).

24 자주 시적 병행 법에 따라 떨어져 있는 짝 단어 "정의-공의"의 용례가 이사야서에서 약 21회나 22회에 걸쳐 나타난다. 사 1:21; 1:27; 5:7; 5:16; 9:6(7 EV); 11:4; 16:5; 26:9; 28:17; 32:1; 32:16; 33:5; 43:26; 50:8; 51:5; 56:1; 54:17; 58:2 (2회); 59:4; 59:9; 59:14. 그리고 사 11:4; 51:5; 59:4에서는 어근 "샤파트"(*šāphat*)의 동사 형태가 명사 "미쉬파트"(*mišpat*) 대신 사용된다. 사 51:5의 용례는, 그 용례가 11:4의 용례만큼 타당한 것으로 보임에도 불구하고, Thomas L. Leclerc의 더 철저하고 탁월한 연구 속에는 들어 있지 않다. Thomas L. Leclerc, *Yahweh Is Exalted in Justice: Solidarity and Conflict in Isaiah* (Minneapolis: Fortress, 2001), 특히 10-13, 88, 157을 보라.

어인 "정의-공의"의 의미는 특히 이사야 5장에서도 예증된다. 거기 보면 "진리의 성읍"에 대해 연속적인 여섯 가지 화로 구성된 저주스런 고발이 나온다. 또 떨어져 있는 짝 단어 "정의-공의"의 다른 실례가 그 부분의 표제인 이사야 5:7에 들어 있고, 사회적 정의에 대한 위반이 여섯 가지 모든 화의 핵심에 놓여 있음을 보여준다. 첫째 화에서 예언자는 땅에 집착하는 자들을 통렬히 비난한다. "가옥에 가옥을 이으며 전토에 전토를 더하여 빈틈이 없도록 하고 이 땅 가운데에서 홀로 거주하려 하는 자들은 화 있을진저"(사 5:8). 둘째 화(사 5:11)는 가난한 자와 약한 자를 학대해서 번 돈으로 새로운 부를 누리는 자를 정죄한다. 마지막 네 가지 화는 모두 사회 정의를 왜곡하는 원래의 죄악을 성토한다. 여기서 마지막 화는 두 가지 원래의 죄악 곧 사회적 불의로 재물을 얻는 것과 그 재물로 쾌락을 누리는 인생을 누리는 것을 결합한다. 따라서 이 화는 여섯 가지 화 전체의 정점이자 요약이다. 이사야는 화의 두 집단 사이에서 모세 언약/토라의 응보적인 공의에 기초한 처벌을 선포한다. 이 심판 단위의 주된 취지 중 하나가 유다의 고관들이 아니라 야웨께 귀속되는, 떨어져 있는 짝 단어 "정의-공의"다. 곧 야웨는 철저히 헌신하고(즉 거룩하고) 사회 정의를 증명하심으로써 찬송을 받으셨다. 확실히 모세 언약/토라는 야웨 자신이 갖고 있는 성품의 한 표현이다.

이사야가 이사야 5장에서 언급한 경제적·사회적 상황은 재산 소유권을 쥐고 있는 자들의 몰락을 암시한다.[25] 왕국 시대가 되기 전 이스라엘의 경제는 농업과 목축업에 기초하고 있었다. 재산은 **씨족** — 확대 가족과 지파 사이의 친족 집단 — 안에서 상속되고 보존되었다. 모세 언약의 다양한 지침들은 경제적 재산 소유권의 경제적 균등을 보존하고 가난한 자와 힘없는 자를 보호하기 위해 주어졌다. 예를 들면 다음과 같은 법들이 있다. 경계표지에 관한 법,[26] 여성 상속권,[27] 수혼법(형사취수제),[28] "고엘" 책임 제도,[29] 희년/안식

---

25 사 5장의 사회적 상황의 배경에 대한 이 묘사는 이 주제에 대한 많은 창조적 연구들을 종합하고 있는 Leclerc, *Yahweh Is Exalted in Justice*, 59-60에서 다듬은 것이다.

년 제도.[30] 이 사회 제도에 두 가지 요소가 바뀌었다. 한 요소는 왕정이고 또한 요소는 성읍화(도시화)다. 왕정의 출범과 함께 왕가에서 땅을 취득할 수 있게 되었다. 이 취득은 때로는 나봇의 포도원 사건(왕상 21장)과 같이 불법적으로 이루어졌고 때로는 죄수와 반역자들의 재산을 몰수하는 사건과 같이 합법적으로 이루어졌다. 따라서 가족 유산이 왕의 하사로 확대될 수 있었다. 사무엘은 이것에 대해 사무엘상 8:14-15에서 경고했다. 이런 왕의 하사를 받은 자는 큰 성읍에서 살고, 매일 왕의 식탁에서 음식을 먹으며 항상 자기들 소유물의 소득을 누릴 수 있었다. 이 점에서 주요 고관과 관리들, 특히 왕과 왕의 심복들의 환심을 산 자는 합법적이고 불법적 수단을 통해 학대에 취약한 자들의 재산을 취득할 지위를 갖고 있었다.

한편 성읍들[도시들]의 발전과 성장은 농부들과 보통 성읍에 살고 공무에 영향력을 행사한 새로운 상인 계급 간에 새로운 관계를 창출했다. 예를 들어 농부가 가뭄이나 메뚜기 떼의 출몰로 인한 흉작으로 경제적 타격을 입었을 때, 그는 성읍으로 들어가 상인이나 대금업자가 되기도 했다. 그때 그는 대부 업종에 종사하거나 소작 제도에 따라 다른 사람의 땅을 경작했다. 우리는 기원전 5세기에 이집트의 엘레판틴의 유대인 공동체에서 유대인들이 매달 5%의 이자를 지불해야 했다는 내용이 담긴 문서를 가지고 있다. 이자를 지불하지 못하면 추가로 지불해야 할 평균 이자율은 60%까지 치솟는다.[31]

농지는 한 소유자(대체로 성읍 거주자인 부재지주[absentee landlord])의 재산이 될 때, 농부가 계약직 농노나 심지어는 노예가 될 때, 그리고 그들의 생산품과 수고가 채무의 변제로 이루어질 때, 빈부 격차는 더 벌어진다. 땅의

---

26 신 19:14; 27:17.

27 민 26:33; 27:1-11; 36:1-13.

28 신 25:5-10; 룻 4:5, 10.

29 가장 가까운 친족에 의한 재산의 대속(레 25:23-28), 사람의 대속(레 25:47-55), 피의 대속(민 35장) 그리고 수혼법(형사취수제, 룻 4:5, 10).

30 레 25장.

31 만약 복리(또는 갚지 못한 이자)를 고려한다면 이자율은 더 높아질 것이다.

소유권은 경제력/정치력으로 바뀌기 때문에, 부자들이 재산권과 세금 문제 그리고 파산, 압류, 대부와 관련된 법들을 좌지우지했다. 그뿐만 아니라 그들은 권력의 격차를 부추기고 거들었다.

이사야가 정죄하는 상황은 생생하게 묘사된다. "크고 아름다운 가옥"(사 5:9b)을 짓고 전토에 전토를 더함으로써 큰 재산을 축적했다. 땅의 취득은 빚으로 압류되고 재산을 빼앗길 때 일어난다. 이 모든 것은 시장 법칙과 법령에 따라 이루어지기 때문에 엄밀히 보면 모두 합법적이다. 그러나 동시에 철저히 부도덕하고 토라의 사회 정의를 위반한다. 이것은 일하는 포도원 비유의 강한 설명이다. 곧 모든 것이 바깥에서 보면 합법적이고 적절한 것처럼 보이지만 철저히 조사해보면 포도가 썩고 악취를 풍기며 제대로 익지 않은 것이 확인된다. 나라 한가운데에 홀로 거주하는 지주의 이미지는 큰 두려움을 묘사한 것이다. 미국 사회는 엄격한 개인주의를 우상화하고 칭송하지만 고대 이스라엘은 개인보다 공동체에 더 큰 가치를 두었다. 아무리 똑똑하고 유능하며 노련한 기업가라고 해도 집단의 이익이 한 개인의 이익보다 더 중요했다. 따라서 우리가 하나의 사회로 끝나는 것에 두려움을 느끼기는 어렵다.

독자는 이사야 5장에 대한 설명이 현재 우리가 다루고 있는 주제, 즉 에베소서에 나타난 "참된 것을 말하는 것"의 의미를 찾는 것에서 벗어나는 것이 아니냐고 의아하게 여길 수 있다. 그러나 이미 언급한 것처럼 에베소서 마지막 부분에서 바울은 야웨 자신의 전신 갑주를 입고 싸우라고 교회에 권면할 때 특별히 이사야 11:4-5과 59:17에서 내용을 도출한다. 첫 번째 본문(사 11:4-5)은 장차 임할 다윗의 가지, 확실히 말하자면 사회 정의가 특징이 될 통치를 시행할 새로운 다윗에 대한 결정적 약속을 제시한다. 이사야 11:3b-5은 다음과 같이 말한다.

그가 그의 눈에 보이는 대로 심판하지 아니하며,

그의 귀에 들리는 대로 판단하지 아니하며,

공의로 가난한 자를 심판하며,

　　정직으로 세상의 겸손한 자를 판단할 것이며,

그의 입의 막대기로 세상을 치며,

　　그의 입술의 기운으로 악인을 죽일 것이며,

공의로 그의 허리띠를 삼으며,

　　성실로 그의 몸의 띠를 삼으리라.

바울이 말하는 "진리의 허리띠"는 이사야 11:5 마지막 부분에서 나온다. "성실로 그의 몸의 띠를 삼으리라." 여기서 "성실"이라는 단어는 "에무나"(*ĕmûnâ*)를 번역한 것이고, 진리에 대한 일반적인 단어인 "에메트"(*ĕmet*)와 관련이 있다. 이 두 단어는 "견고하다" 또는 "신실하다"를 의미하는 어근에서 파생된다. NIV 성경은 왕의 띠와 테에 대해 말한다. 이 히브리어 단어는 실제로는 거들이나 샅바를 의미한다. 이것은 우리의 전체 복장에서 가장 기본이 되는 의복이다. 심지어는 오늘날도 속옷이 기초 의상(foundation garment)으로 불린다. 이 나라의 기초는 공의와 성실이다. 이사야 11:4은 사회 정의 개념을 전달하기 위해 공의(righteousness)와 정직(justice)이 결합되어 있다. 이 미래의 왕은 사무엘하 7:14-15에 요구된 대로 하나님의 참 아들이 될 것이다. 왜냐하면 그는 통치할 때 야웨 자신의 성품을 표현하는 토라의 사회 정의를 보여줄 것이기 때문이다(신 17:16-20). 바울이 야웨의 전신 갑주를 묘사할 때 이끌어내는 다른 이사야서 본문인 이사야 59장을 보면 떨어져 있는 짝 단어 "공의-정의"가 세 번에 걸쳐 나타난다. 따라서 바울이 이사야 11장과 59장을 인용할 때, 그는 하나님의 전신 갑주를 묘사하면서 이사야서에 등장하는 이 짝 단어를 거의 4분의 1이나 인용하고 있다는 사실이 중요하다.[32]

에베소서에 나타나는 이사야서 배경에 대한 설명은 이사야 16:5로 돌

---

[32] 사 11:4; 59:4, 9, 14.

아가야 결론을 지을 수 있다. 이 구절 첫 부분은 시의 평행법에 따라 떨어져 있는 다른 짝 단어를 다른 행에 갖고 있다. 인자함과 충실함(히브리어, "헤세드"와 "에메트")이 그것이다.

이 짝 단어 역시 모세 언약/토라에 포함된 관계에 대한 **요약**이다. 영어에서는 "헤세드"의 모든 의미를 적절하게 포괄하는 동등한 말을 찾기가 어렵다(보통은 NASB의 "자비"[lovingkindness]). 이 말은 지난 수백 년 동안 무수한 연구를 거쳤다. 이 말은 통상적으로 두 당사자—강한 당사자와 약한 당사자—간의 언약 관계에 사용된다. 이 말은 강한 당사자가 약한 당사자를 도울 의무가 있음을 가리킨다. 적절한 실례가 창세기 47:29이다.

> 이스라엘이 죽을 날이 가까우매 그의 아들 요셉을 불러 그에게 이르되 "이제 내가 네게 은혜를 입었거든 청하노니, 네 손을 내 허벅지 아래에 넣고 인애와 성실함으로 내게 행하여 애굽에 나를 장사하지 아니하도록 하라."

여기서 우리는 가족 관계 곧 부자 관계를 본다. 이 문맥에서 아들은 강한 당사자이고 죽어가는 아버지는 약한 당사자다. 아들은 가나안 땅에 장사해달라는 아버지의 소원을 이루어줌으로써 언약에 따른 인애와 성실함을 보여주어야 한다. 창세기 47:29은 이사야 16:5에서와 같이 동일한 짝 단어를 사용한다.

모세 언약/토라의 요약으로서 인자함과 진실함("헤세드"와 "에메트")이라는 짝 단어의 기능은 시편 117편에서 적절하게 예증된다. 시편 117편은 이스라엘 찬송가에서 가장 짧은 시편이기는 해도, 전체 내용을 요약하고 있는 논문의 초록과 같은 역할을 한다. 곧 야웨는 자신의 언약적인 진실하심과 인자하심으로 찬양받으실 만하다. 요약하면 이스라엘은 하나님과의 언약 관계에서 이것을 경험했다.

사회 정의로서의 언약과 참된 인간성

우리는 짝 단어인 "공의-정의"와 "인자함-진실함"을 모세 언약/토라의 요약으로 간주했다. 사회 정의와 신실하고 충성된 사랑은 야웨의 성품의 표현이자 야웨께서 왕이신 언약 공동체가 보여주길 기대하는 행실의 표현이다. 비록 바울의 "사랑 안에서 참된 것을 말하라"는 표현이 언어적으로 "인자함-진실함" 짝 단어와 더 가깝기는 해도, 바울이 이사야서와 스가랴서를 직간접으로 사용하는 것은 그의 사고 역시 "정의-공의" 짝 단어에 기초하고 있음을 보여준다.

에베소서 4-6장으로 돌아가기 전에 모세 언약/토라의 초기 역사에 대한 간략한 묘사는 바울의 가르침의 언약적인 틀과 "사랑 안에서 참된 것을 말하는 것"의 의미를 파악하는 데 해결의 실마리를 제시한다. 에베소서의 전달 내용이 어떻게 포괄적 이야기에 적합한지 고찰하지 않으면 우리의 이해는 단편적이고 피상적인 것이 되고 말 것이다.

사실 신실한 사랑과 사회 정의 개념은 성경 첫 부분에서 발견된다. 창세기 1:26-28에 따르면 인간은 하나님의 형상으로 지음 받았다. 비록 하나님의 형상을 연구하는 데 엄청난 양의 잉크가 사용되었다고 해도, 여기서는 지면의 제약으로 이 본문에 대한 상세한 연구를 요약해서 간략히 설명하는 것으로 그쳐야 한다. 하나님의 형상으로 인간을 창조한 것은 한편으로는 인간과 창조주 하나님과의 언약 관계, 다른 한편으로는 인간과 다른 창조물 간의 언약 관계를 포함한다. 하나님의 형상은 인간으로서 우리가 누구인지, 어떻게 우리가 "굳건히 연결되어 있는지", 곧 우리의 존재론을 설명해준다는 사실을 주목하는 것이 중요하다. 하나님의 형상을 단순히 기능적 관점이나 관계적 관점에 따라 이해하는 것은 잘못된 이해다.

인간과 창조주 하나님의 언약 관계는 "아들 신분"이라는 말로 포착될 수 있고, 창세기 5:1-3에 함축되어 있다. 인간과 다른 창조물의 언약 관계는 왕권과 섬기는 종의 관점에 따라 요약될 수 있다. 우리는 앞에서 기원전

9세기의 텔 파카리야 비문이 어떻게 창세기 1:26에서 발견된 것과 동일한 단어를 사용하는지 확인했다. 곧 "찰마"(형상)는 그의 신하들과 관련해 왕의 위엄한 자아와 능력을 가리키지만 "데무타"(모양)는 신과 관련해 왕의 탄원 자로서의 역할을 가리킨다.[33] 따라서 고대 근동의 자료는 성경 본문에 대한 이 주석을 확증하고 이 주석과 정확히 대응을 이룬다.

창세기 2:4-25은 아담 아들이 동산 성소에서 제사장과 같다는 것을 보여주면서 하나님의 형상에 대해 더 많은 것을 이해하도록 도움을 준다. 아담은 처음으로 하나님 자신이 그렇게 하신 것처럼 하나님의 통치를 행사하기 위해 하나님의 방법을 배워야 한다.[34] 그는 그의 삶과 통치가 야웨의 토라로 완전히 채워져 있는 신명기 17장에 언급된 왕의 선구자다. 여기에 함축되어 있는 것은 하나님 자신의 성품 속에 담긴 신실하고 충성된 사랑과 사회 정의가 하나님-인간 언약 관계와 인간-세상 언약 관계를 규정한다는 것이다.

성경의 포괄적 이야기는 이스라엘이 이 아담 역할을 물려받았음을 보여주는 것으로 신속하게 이동한다.[35] 야웨는 출애굽기 4:22-23에서 이스라엘 민족을 자기 아들로 언급하신다. 시내산에서 하나님과 이스라엘 사이에 맺어진 언약의 신적 목적이 출애굽기 19:3-6에서 밝혀진다. 제사장 나라로서 이스라엘은 하나님의 길을 민족들에게 알리고, 또 민족들을 하나님과의 올

---

33 W. Randall Garr, "'Image' and 'Likeness' in the Inscription from Tell Fakhariyeh," *Israel Exploration Journal* 50/3-4 (2003): 227-234.

34 다음 자료들을 보라. Gordon J. Wenham, "Sanctuary Symbolism in the Garden of Eden Story," *I Studied Inscriptions from before the Flood: Ancient Near Eastern, Literary, and Linguistic Approaches to Genesis 1-11,* ed. R. S. Hess and D. T. Tsumura, Sources for Biblical and Theological Study 4 (Winona Lake, IN: Eisenbrauns: 1994), 399-404; William J. Dumbrell, *The Search for Order: Biblical Eschatology in Focus* (Grand Rapids, MI: Baker, 1994), 24-25; M. Hutter, "Adam als Gärtner und König (Gen. 2:8, 15)," *Biblische Zeitschrift* 30 (1985): 258-262.

35 출 15:17은 아담에게 에덴이 동산 성소였던 것과 같이 이스라엘에게 가나안이 성소가 된다는 것을 보여준다. N. T. Wright, *The Climax of the Covenant* (Minneapolis: Fortress, 1991), 21-23을 보라.

바른 관계로 이끄는 역할을 해야 한다. 이스라엘은 지리적으로 고대 세계의 초강대국들 사이를 연결하는 유일한 통로 지점에 위치하고 있으므로 이런 위치에서 이스라엘은 하나님과 올바른 관계를 맺는 법, 참된 인간적 방법으로 서로를 대하는 법, 그리고 땅의 자원들에 대해 신실한 청지기가 되는 법을 민족들에게 보여주어야 한다. 이것이 이스라엘이 아들 신분을 갖게 된 것의 의미다.

모세 언약 안에서 신명기 17장은 왕이 이 역할에 있어 대표가 될 것이라는 점을 암시한다. 우리는 앞에서 다음과 같은 사실이 이스라엘의 왕에게 요구된 것의 핵심이라는 사실을 언급했다. 곧 이스라엘의 왕은 자기 자신의 행위와 행실로 본보기가 되고, 모세 언약/토라에 소중히 담긴 그대로 야웨 자신의 신실하고 충성된 사랑과 사회 정의를 수단으로 통치해야 한다.[36]

하나님의 형상의 핵심에는 한편으로는 하나님과의 올바른 관계가 놓여 있고, 다른 한편으로는 세상과의 올바른 관계가 놓여 있다. 하나님의 형상은 사회 정의로 또는 인애와 진실 즉 사랑 안에서 신실하게 되는 것으로 요약될 수 있다. 아담과 하와는 하나님을 거역했고, 그 결과 혼돈과 사망이 세상에 임했다. 하나님은 노아와 새 출발을 하셨다. 그러나 이것 역시 혼돈과 파멸로 끝났다. 마지막으로 하나님은 아브라함 및 그의 자손과 한 번 더 새 출발을 하셨다. 시내산에서 맺은 언약은 아브라함의 후손이 하나님과 올바른 관계를 맺는 법과 참된 인간적 방법으로 서로를 대하는 법, 세상에서 하나님의 참된 아담적 아들과 섬기는 왕이 되는 법을 보여준다.

출애굽기와 신명기에서 모세 언약/토라는 두 부분, 곧 (1) 십계명(문자적으로 열 가지 말씀), (2) 법규(판결들)로 나뉜다. 출애굽기 21-23장에 나오는 모든 판결들[법규]과 신명기 12-26장의 세부 규정들은 십계명에서 나오고, 십계명이 실제로 어떻게 적용되는지를 상세히 표현한다. 십계명 역시 이중 구조를 갖고 있다.[37] 처음 네 계명은 하나님과의 올바른 관계를 맺는 법

---

36 Block, "Burden of Leadership"을 보라.

을 제시하고, 마지막 여섯 계명은 인간 상호 간에 올바른 관계를 맺는 법을 제시한다. 이 교훈들은 비록 소극적 관점에서 금지 명령으로 주어지기는 해도, 모든 인간의 기본 권리로서 적극적 관점에 따라 다음과 같이 다시 진술될 수 있다. (1) "살인하지 말라"는 계명은 모든 인간이 자기 자신의 생명을 보존하는 권리다. (2) "간음하지 말라"는 계명은 모든 인간이 자기의 가정을 보호하는 권리다. (3) "도둑질하지 말라"는 계명은 모든 인간이 자기의 재산을 지키는 권리다. (4) "네 이웃에 대하여 거짓 증거하지 말라"는 계명은 모든 인간이 자기 명예를 지키는 권리다. 어떤 사회도 모든 인간의 양도할 수 없는 권리를 존중하지 않으면 존속될 수 없다. 따라서 마지막 여섯 계명은 다음과 같은 고대 근동의 다른 사회들의 법전과 유사하다. 우르-남무 법(기원전 2064-2046년), 리피트-이쉬타르 법(기원전 1875-1864년), 에슈눈나 법(기원전 19세기), 함무라비 법전(기원전 18세기), 중기 아시리아 법(기원전 12세기), 고대 히타이트 법(기원전 17-15세기). 그러나 모세 언약/토라에서는 이 명령들이 왜 적극적 관점이 아니라 소극적 관점에 따라 주어지는가? 그리고 이 명령들이 왜 2인칭 복수형이 아니라 2인칭 단수형으로 표현되는가? 그 이유는 네가 "살인하지 말라"고 말할 때 그것은 공동체 안의 각 개인 모두가 자기 자신의 권리가 아니라 자기 이웃의 생명에 대한 권리를 먼저 생각해야 함을 의미하기 때문이다.[38] 다시 말하자면 이 명령들은 모두 사회 정의에 관한 것이다. 곧 내 이웃을 내 자신과 같이 신실하게 사랑하라는 것이다. 그리고 성경의 포괄적 이야기에 따르면 그것은 충분히 그리고 진실로 인간적이 되라는 것, 즉 하나님의 형상의 언약적인 의무를 이행하라는 것이다.

---

37 우리가 확인한 것처럼 가톨릭과 유대교 그리고 개신교 전통에서 십계명을 세는 방식에는 각기 다른 접근법이 있다. 이것은 이 단락에서 제공된 일반적 주장에는 영향을 미치지 않는다.

38 나는 이 통찰을 휘튼 대학의 구약학 교수인 Daniel I. Block에게 힘입었다. Block, "Beading the Decalogue Left to Right," *How I Love Your Torah, O LORD!* 31-42; 같은 저자, "You shall not covet your neighbor's wife: A Study in Deuteronomic Domestic Ideology," *The Gospel according to Moses: Theological and Ethical Reflections on the Book of Deuteronomy* (Eugene, OR: Cascade, 2012), 137-168을 보라. 이것은 슥 8:16의 취지이기도 하다.

바울의 가르침의 언약적 틀

모세 언약/토라와 그것을 알려주는 포괄적 이야기는 분명히 에베소서에서 바울이 진술한 것의 배경이다. 시내산에서 맺어진 옛 언약이 예수께서 "네 이웃을 네 자신 같이 사랑하라"는 말씀으로 요약하신 인애와 진실을 묘사하는 여섯 가지 계명을 가진 것처럼 새 언약 공동체에 주는 바울의 교훈/토라도 "사랑 안에서 참된 것을 말하라"는 명령으로 요약될 수 있는 여섯 가지 명령을 갖고 있다. 따라서 바울이 사랑 안에서 참된 것을 말하는 것에 관해 말할 때 그것은 구약성경의 인자함 및 진실함과 동일한 사실을 가리킨다. 옛 언약을 뒷받침하는 것과 동일한 사회 정의가 새 언약도 뒷받침한다.

바울은 에베소서에서 옛 언약 및 창세기 1장에서 시작되는 성경의 포괄적 이야기와의 관련성을 모두 **의식적**으로 이끌어낸다. 바울의 명령 목록에서 첫 번째 명령이 참된 것을 말하는 것에 관한 명령이라는 것은 결코 우연이 아니다. 그리고 마지막 명령 앞에 삽입된 에베소서 5:1-2의 중대한 요약은 사랑 안에서 행하라는 것으로, 옛 언약에서 그런 것과 마찬가지로 사랑과 진실이 바울의 교훈의 정수이자 요약이다. 또한 바울이 5:1-2에서 우리가 서로 사랑할 때 하나님을 본받는 자—하나님의 형상에 대한 분명한 언급—가 된다고 말하는 것도 결코 우연이 아니다. 또 에베소서 4:17-24과 5:6-14의 북엔드 부분에도 하나님의 형상에 대한 언급이 직접 나타난다. 에베소서 4:24에서 바울은 우리에게 "하나님을 따라 의와 진리의 거룩함으로 지으심을 받은" 새 사람을 입으라고 명령하는데, 이것은 평행을 이루는 골로새서 3:10이 보여주는 것처럼 하나님의 형상을 새롭게 하는 것을 직접 언급하는 것이다. 여기서 의와 거룩함은 하나님의 형상의 요소로 언급되는 것이 아니고 언약 관계 안에서 사랑으로 진실하게 되는 것의 요소로 언급된다. 왜냐하면 이것이 하나님의 형상에 관한 정의이기 때문이다. 마찬가지로 끝맺는 북엔드 부분인 5:9에서도 바울은 착함과 의로움과 진실함을 빛의 열매로 말하는데, 이것은 언약 관계로서 하나님의 형상을 요약하는 것이

다. 그리고 에베소서 4:21 초반에서 바울은 진리가 예수 안에 있다고 말한
다. 옛 언약이 야웨의 성품의 표현인 것처럼 이 새 언약은 예수의 성품의 표
현이기 때문이다. 에베소서 5:2에서 그분의 자기희생이 문제를 새로운 차원
으로 높인다. 심지어는 에베소서 4:17에서 동사 "마르튀로마이"(μαρτύρομαι,
엄숙하게 증언하다)도 옛 언약을 "증거"로 부르는 것을 상기시키고, 따라서 언
약 배경을 확립한다.[39] 에베소서 4:25에서 진실하게 되는 것의 동기는 우리
가 서로 지체가 된다는 것에 있다. 즉 우리는 언약 공동체다. 마지막으로 첫
번째 명령은 "거짓"을 버리라는 것이고(엡 4:25, ψεῦδος), 그 마음의 허망한
것으로 행하는 것은 이방인의 특징이다(엡 4:17, ματαιότης). 바울이 에베소서
4:26에서 인용하는 시편 4편을 보면 왕이 자신의 고관들에게 가뭄으로 인
한 위기 속에서 우상 숭배에 빠지지 않도록 경고한다. 이 점에서 에베소서
에서 "허망한 것"과 "거짓"은 시편 4편의 배경으로 볼 때 언약의 위반을 표
현하는 말이다.[40]

사랑 안에서 참된 것을 말하는 것의 의미

"사랑 안에서 참된 것을 말하라"는 말의 의미는 단순히 그리스어 사전을 참
조하거나 심지어는 사전 연구를 철저히 행한다고 해서 파악될 수 있는 것이
아니다. 성경신학적 배경과 뼈대가 먼저 이해되어야 한다. 새 언약 공동체
에서는 예수에 대한 충성이 옛 언약의 하나님을 사랑하라는 명령을 대신하
고,[41] 사랑 안에서 참된 것을 말하는 것은 새 사람으로서 우리가 맺는 관계
들에서 사회 정의를 실천할 것을 요약한 것이다.[42]

39　"증거판"(출 31:18; 32:15; 34:29)과 "증거궤"(출 25:22; 26:33-34; 30:6, 26; 39:35; 40:3, 5,
　　21)를 참조하라.

40　나는 이 통찰을 John Meade에게 힘입었다.

41　요 14:15.

앞에서 우리는 다음과 같은 질문을 제기했다. "그리스도를 알고 있다고 주장하지만 그리스도와 사도들이 저지르지 말라고 명령한 성적 음행을 저지르는 삶의 방식을 따르는 사람에게 뭐라고 말할까?" 사랑 안에서 참된 것을 말하는 것은 이런 상황에서 어떤 것을 의미할까? 에베소서 4-6장에 대한 성경신학적 이해에 따르면, 이런 삶의 방식은 도덕적으로 잘못일 뿐만 아니라 사회 불의의 한 형태로 사람을 충분히 인간적이지 못한 상태로 이끈다. 우리는 언약의 요청들을 위반하는 것을 하나님에 대한 범죄로 간주해야 할 뿐만 아니라 사회 불의와 비인간적 행위를 구성하는 파괴적인 길로 간주해야 한다. 이것은 언약 공동체 안에서 우리가 행하는 말과 행동의 한 요소임이 틀림없다.

그리고 하나님의 심판에서 살아남고 새 하늘과 새 땅에 들어갈 자는 오직 이런 새 사람뿐이다. 우리는 서로 신실하고 충성된 사랑으로 대하는가? 우리가 이 교훈들에 순종해야 하는 것은 오직 그렇게 해야만 우리가 사회 정의를 달성할 수 있고, 오직 그렇게 해야만 우리가 진실로 인간적인 존재가 될 수 있기 때문이다. 우리는 다른 모든 길을 통해서는 참된 인간적 의미를 상실하게 될 것이다.

---

42 사회적 정의가 새 창조물/새 언약 공동체를 위한 규정의 요청들을 종합하고 있다는 주장은 문맥에 따라 고찰되어야 한다. 이 지침들은 **이미 의롭다 함을 얻고 죄 사함을 받은** 사람들에게 주어진다. 그 결과 그들은 공동체 안에서 사는 법과 **서로**를 대하는 법을 알고 있고, 이 모습은 나머지 세상에 새 창조 안에서의 삶의 본보기가 된다. 바울은 엡 1:13-14에서 "진리의 말씀"과 "너희의 구원의 복음"을 동등하게 여긴다. 그럼에도 바울이 선포한 복음은 칭의, 개인적으로 및 언약 공동체 안에서의 관계 속에서 날마다 거룩함이 자라는 것, 그리고 최종적 구속을 포함했다. 따라서 복음을 믿고 구원받은 것에 따르면 사회적 정의로서 "참된 것을 말하는 것"과 "진리의 말씀" 사이에는 대립이 전혀 없다. 나아가 하나님이 옛 언약에서 표현하신 성품과 의는 새 언약에서 표현하신 것과 다르지 않으므로—물론 새 언약에서 더 충분히 밝혀지기는 해도—우리가 구약성경에서 보는 사회적 정의와 신약성경의 바울의 가르침 사이에는 연속성이 존재한다.

Kingdom
through
Covenant

3부

신학적 통합

16장

"언약을 통한 하나님 나라":
성경신학적 요약

많은 분량이 이전 장들에 할애되었다. 이제 우리의 과제는 나머지 두 장에서 지금까지 다룬 내용을 요약하고, "그래서 그것이 어떻다는 말인가?"라는 유명한 질문을 하는 것이다. 성경의 언약들 간의 관계에 대한 우리의 이해는 성경의 메타내러티브를 파악하는 데 어떻게 도움을 주는가? 그리고 우리의 주장은 성경신학과 조직신학에 대해 어떤 의미를 주는가? 이번 장에서 우리는 모호한 목적들을 함께 묶고 우리 제안의 중점들, 특히 우리의 견해와 다른 견해를 구분하는 점들을 강조하기 위해 우리의 견해를 종합적으로 요약하고자 한다. 그리고 마지막 장에서는 조직신학의 일부 분야, 특히 본서 2-3장에서 강조한 것처럼 세대주의 신학과 언약신학의 차이점과 관련된 문제들에 대해 우리의 견해가 가진 의미를 개괄할 것이다.

우리는 우리의 견해의 본질을 "언약을 통한 하나님 나라"(kingdom through covenant)라는 말에 담으려고 애썼다. 이제 우리는 이 표현을 두 단계로 제시할 것이다. 첫째, 우리는 **나라**라는 말에 그리고 정경 전체를 관통하는 **하나님 나라** 개념을 이해하는 방법에 중점을 두고자 한다. 둘째, 우리는 하나님 나라와 언약의 관계에 대한 우리의 견해를 요약하고, 우리 주 예수 그리스도의 인격과 사역에 중심을 둔 하나님 나라가 이 세상에 들어오는 것이 어떻게 **성경의 언약들을 통해** 이루어지는지 제시할 것이다.

언약을 통한 하나님 나라

나라라는 개념은 이전 장들에서 이미 강조되고 설명되었다. 그러나 이제는 그 개념을 성경적으로 그리고 신학적으로 요약하고자 한다. **나라** 또는 **하나님 나라**가 "신약 신학에서 가장 중요한 주제"라는 토마스 슈라이너(Thomas R. Schreiner)의 주장은 확실히 옳다.[1] 그런데 우리는 여기에 "전체 성경에서"

라는 말을 덧붙일 것이다. 이 점에서 그레엄 골즈워디(Graeme Goldsworthy)가 다음과 같이 올바르게 주장한다. "창조에 대한, 모든 창조물에 대한, 세상 나라들에 대한 그리고 독특하고 특별한 의미에서 그분의 택함 받고 구속받은 백성들에 대한, 하나님의 통치 개념이 히브리 성경 메시지의 진정한 핵심이다."[2] 다음과 같은 다섯 가지 특징이 우리가 **하나님 나라**에 대해 주장하고 그것의 용어와 개념을 이해하는 방법에 대해 간결하게 보여준다.

1. 성경은 창조주이자 삼위일체 주님이신 하나님이 우주의 주권적 통치자이자 왕이라는 선언과 함께 시작된다. 이 중요한 의미에서 보면 전체 우주가 하나님 나라인데, 그것은 하나님이 현재 전체 우주의 주와 왕이시기 때문이다. 창세기 첫 구절부터 하나님은 우주를 자신의 말씀으로 창조하셨으나 자기 자신은 창조되지 않았고 독립적이고 자존적이며 자충족적이고 자기 밖에 있는 것을 조금도 필요로 하지 아니하는 전능하신 주님으로 소개되고 그런 분으로 간주된다(시 50:12-14; 93:2; 행 17:24-25). 그것이 성경의 하나님이 완전히 독보적이고, 자신의 영광이 어떤 창조물에도 돌려지는 것을 좋아하지 않는(사 42:8) 유일한 참 하나님이신 이유다. 또한 하나님이 홀로 경배와 신뢰 그리고 순종을 받으셔야 하는 이유다. 하나님은 왕이시고 우주 전체는 하나님 나라다. 이 진리는 시편 103:19에서 예증된다. "여호와께서 그의 보좌를 하늘에 세우시고 그의 왕권으로 만유를 다스리시도다"(참조. 시 47:8; 단 4:34-35).

나아가 하나님의 왕권적인 창조 사역은 그 자체가 목적으로 제시되지 않는다. 오히려 하나님의 영원한 계획이 시간 속에서 시작된 것을 가리키고(엡 1:11; 계 4:11), 이에 따라 하나님은 지금 특별한 목적(*telos*)을 향해 주관하고 다스리신다. 이런 식으로 창조는 섭리로 이어지고, 창조와 섭리는 모두

---

1   Thomas R. Schreiner, *New Testament Theology: Magnifying God in Christ* (Grand Rapids, MI: Baker, 2008), 41. 『간추린 신약신학』(CLC 역간).

2   Graeme Goldsworthy, "Kingdom of God," in *NDBT*, 618.

하나님의 계획과 관련한 종말론적 방향을 확립한다. 특히 이런 하나님의 계획은 하나님이 그분의 창조물과 맺고 결국은 모든 것이 그리스도를 중심에 둔 특정한 목표로 이어지는 특수한 언약 관계에 따라 펼쳐진다(참조. 골 1:15-20). 이런 가르침과 관련해서 특정한 **말**, 곧 "하나님 나라"는 성경 뒷부분에 가서야 발견되지만, 성경 첫 부분에서 하나님 나라라는 개념을 이미 가르친다. 그레엄 골즈워디는 다음과 같이 올바르게 언급한다.

> **하나님 나라**는 성경에서 훨씬 뒷부분에 가서야 비로소 사용되는 용어지만 하나님 나라라는 개념은 우리가 창조에 대해 생각할 때 곧바로 머리에 떠오른다.…
> 성경에서 이 지점까지 계시된 대로 묘사한다면, 우리는 하나님 나라를 어떻게 묘사할 수 있을까? 하나님의 통치는 하나님이 자신과 자신이 창조하신 모든 것과 맺으신 관계를 포함한다. 다시 말하자면 하나님은 모든 존재를 통치하신다. 두 창조 기사는 인류가 하나님의 관심의 중심이자 그분과 맺는 유일한 관계의 수취인임을 보여준다. 따라서 하나님 나라의 초점은 하나님과 하나님의 백성의 관계에 있다. 인간은 하나님께 복종하지만 나머지 창조물은 인간에게 복종하고 인간의 유익을 위해 존재한다. 하나님 나라는 하나님이 물리적 우주 속에서 자기 백성을 다스리시는 것을 의미한다.[3]

2. 비록 삼위 하나님이 우주적 왕과 주님이시기는 해도, 타락으로 말미암아 모든 것이 변한다. 타락 이전에 창조자와 왕으로서 하나님은 "보시기에 좋았더라"(창 1:4, 10, 12, 18, 21, 25, 31)는 말로 아름답게 요약되는 세상을 창조하신다. 물론 이 좋음의 본질이 무엇인지에 대하여 논란이 있지만, 창

---

3 Graeme Goldsworthy, *According to Plan: The Unfolding Revelation of God in the Bible* (Downers Grove, IL: InterVarsity Press, 2002), 94-95. Goldsworthy, "Kingdom of God," 618은 그것을 훨씬 더 강력하게 진술한다. "창조에 대한 곧 전체 창조물, 세상 나라들 그리고 독특하고 특수한 방법으로 자신이 택하시고 구속하신 백성들에 대한 하나님의 통치 개념이 히브리 성경의 메시지의 한복판에 자리 잡고 있다."

세기 3장에 비추어보면 그 말은 최소한 도덕적 선함과 순결함을 지니고 있는 말이 틀림없다.[4] 그러나 지금 인간의 거역에 비추어보면 인간은 전체 창조물에 대한 하나님의 정당하신 통치를 어리석게도 거부한다. 죄는 본질상 이 왕의 주장을 거역하는 것, 곧 도덕적 자율이다. 그리고 우리는 우리의 죄의 결과로 말미암아 하나님의 정죄와 죄책과 사망의 사법적 선고 아래 지금 놓여 있다(창 2:16-17; 롬 3:23; 6:23). 구약성경은 타락을 고려해서 전체 창조물에 대한 하나님의 주권과 통치 그리고 거역하는 창조물의 상황에서 만물을 올바르게 만들기 위해 장차 임할 하나님의 **구원 통치** 사이를 중요하게 구분한다. 본래 선하게 창조된 창조물은 이제는 죄로 말미암아 잘못되었다. 만일 하나님이 모든 것을 올바르게 만들기로 정하신다면 하나님은 주와 왕으로서 구원을 행하셔야 한다. 이것은 당연히 구속자가 오셔서 창조물을 올바르게 만드는, 곧 이 세상에 대한 하나님의 **구원 통치**를 이끄는 성경의 구속사에 관한 줄거리의 전개를 준비한다. D. A. 카슨이 우리에게 상기시키는 것처럼 "궁극적으로 이 줄거리는 잘못된 우주의 좋은 상태[좋았더라]로의 회복, 아니 심지어는 더 큰 영광으로의 변화를 예견하고(롬 8:21), 결국은 의가 있는 곳(벧후 3:13)인 새 하늘과 새 땅의 시작에 도달한다."[5] 따라서 한

---

4   어떤 이들은 "좋음"이 하나님의 의도와 우주의 완전한 대응 관계를 단순히 가리키고, 이런 관계는 우주가 존재하게 된 목적을 성취하는 것으로 적합하다고 주장한다. 그러나 이 견해는 절대적으로 완전한 세상을 필수적으로 요청하지 않고, 타락 이전에 죽음이 존재했다는 개념을 허용할 수 있다. 따라서 이 견해에 따르면 아담과 하와는 가멸적인 존재(짐승들과 같이)로 지음 받았고, 그들의 죄에 대한 형벌은 고통과 고뇌 속에서 겪는 새로운 종류의 죽음이었다. 그렇게 보면 생명나무가 그들에게 불멸성을 주었을 것이다. 하지만 이것은 타락 이전에 그들이 실존한 모습이 아니었다. William J. Dumbrell, *The Search for Order: Biblical Eschatology in Focus* (Grand Rapids, MI: Baker, 1994), 20-22; 그리고 Hugh Ross, *Creation and Time: A Biblical and Scientific Perspective on the Creation Date Controversy* (Colorado Springs: NavPress, 1994), 62 이하를 보라. 더 나은 견해는 "좋음"을 도덕적 실재와 결합된 것으로 보고, 죽음과 고통 그리고 고난은 타락 이전에는 존재하지 않았고 이 실재들을 아담의 죄와 세상에 놓인 저주의 결과로 주장하는 것이다(창 2:17; 3:19; 롬 5:12; 6:23을 보라). 이 견해에 대해서는 예컨대 Andrew S. Kulikovsky, *Creation, Fall, Restoration: A Biblical Theology of Creation* (Fearn, Ross-shire, UK: Mentor, 2009), 204-220을 보라.

5   D. A. Carson, *The Gagging of God: Christianity Pluralism* (Grand Rapids, MI:

편 하나님 나라는 모든 죄와 거역을 전혀 용납치 않을 것이다. 다른 한편으로 하나님 나라는 하나님의 은혜로우신 뜻과 행동에 따라 구속받는 모든 것을 포함할 것이다. 결론적으로 모든 죄와 악이 제거될 때 우리는 하나님 나라를 충분히 볼 것이다. 성경은 우리의 대표 머리로 활동한 아담의 죄와 거역으로 말미암아 옛 창조에서 잃어버린 것과 대조되는 새 창조 범주에 따라 하나님 나라를 묘사한다.

3. 이 구원적인 의미에서 하나님 나라는 어떻게 도래하는가? 구약성경이 밝히는 것처럼 하나님 나라는 성경의 언약들을 **통해** 가장 분명히 계시되고 도래한다. 우리가 여기서 전치사 **통해**를 두 가지 의미로 사용한다는 사실에 주목하는 것이 중요하다. 첫째, 이전 장들에서 언급한 것처럼 이 단어는 삼위 하나님이 은혜로 인간을 자신의 형상을 지닌 자, 곧 문자적으로 자신과 언약 관계를 맺고 있는 자신의 제사장-왕으로 창조하기로 택하신 사실을 가리킨다. 언약을 맺으시는 우리의 야웨는 우리에게 자신을 아는 최고의 특권을 주셨다. 우리가 야웨의 섬기는 왕으로서 우리의 삶을 야웨께 바치고 삶의 모든 분야에서 야웨께 온전히 헌신하며 충분히 순종할 때, 하나님의 통치는 언약 공동체의 삶 전체에 그리고 전체 창조물에 미친다. 완전히 자충족적인 하나님은 자신의 목적을 이루시는 데 우리를 조금도 필요로 하지 않지만, 그럼에도 정말 믿을 수 없이 이 세상에서 우리가 순종과 신뢰로 하나님의 교훈들을 받도록 되어 있는 충성된 사랑(헤세드)과 신실함(에메트)으로 이루어진 언약 관계의 맥락에서 자신의 주권적 통치를 실현하기 위해 우리를 택하셨다. 따라서 우리는 이 언약 관계를 **통해** 야웨와의 언약 관계에서 우리에게 주어지는 우리의 실존의 참된 목적을 성취해야 한다. 그러나 이미 언급한 것처럼 우리는 우리의 부르심에 부응하지 못했고, 여기서 우리는 전치사 **통해**의 두 번째 용법으로 나아간다.

우리는 **통해**의 두 번째 용법과 관련해서 통시적 관점을 강조한다. 하나

Zondervan, 1996), 202.

님은 시대를 관통하는 성경의 언약들을 **통해** 죄의 재앙적인 결과를 반전시키고 이 세상에 대한 자신의 구원 통치 속에 들어가기로 정하신다. 에덴을 상실한 다음에 오는 구속은 사람들의 선택, 곧 노아와 그의 가족, 아브라함의 자손과 그리고 유일하게 다윗 계보의 왕과 관련이 있다. 이 사람들, 특히 이스라엘 민족과 관련된 사람들은 거주할 땅을 약속받는다. 그들은 민족들에게 복을 전하는 도구가 될 것이다. 궁극적으로 창세기 3:15에 나오는 하나님의 최초의 약속까지 거슬러 올라가는 이 언약의 약속들은 성경의 언약들을 **통해** 계시된다. 하나님은 구속의 모형이자 패턴이 되는 출애굽 사건에서 그분의 구속 계획을 계시하신다. 하나님의 백성은 시내산에서 신정 국가로 출범한다. 곧 그들은 야웨를 섬기고, 민족들에게 하나님을 계시하며, 민족들을 **통해** 하나님의 구원 통치가 이 세상에 임하게 하도록 부르심을 받은 제사장 **나라**로 구성된다. 거역으로 지체되기는 하지만 이스라엘 민족은 결국 그 땅을 차지한다. 여기서 이스라엘 정부 체제는 예루살렘에 세워진 다윗 왕조 아래 왕권으로 발전된다. 솔로몬은 하나님과의 화목과 교제가 이루어지는 장소로 성전을 세우는데, 이 성전은 에덴동산 자체가 성소였다는 것에서 기원한다. 다윗 계보의 왕들의 통치는 하나님 나라에 대한 하나님의 통치를 대변한다. 그러나 이 왕들과 이스라엘은 실패한다. 왕국은 분열되고 심판이 임한다. 이스라엘 백성과 언약 중보자들을 통한 하나님의 구원 통치는 충분히 실현되지 못한다. 그것은 단지 예표와 그림자와 예시에 불과하다. 궁극적으로 그것은 아담과 노아, 아브라함, 모세, 이스라엘 그리고 다윗과 그의 아들들보다 더 큰 대형(對型), 곧 우리 주 예수 그리스도의 도래를 기다리고 있다. 우리는 오직 이 순종하는 아들 곧 성육신하신 성자 하나님을 통해서만 오랫동안 기다린 하나님 나라가 이 세상에서 (새 언약을 통해) 시작되는 것을 본다.

4. 구약성경에서 이 약속들과 소망들 그리고 기대들은 예언자들을 통해 채택되고 선포되며 선언된다. 하나님은 예언자들을 통해 이스라엘 민족에 대해, 그리고 이 가련한 잃어버린 세상에 대해 소망을 선포하신다. 종합적인

갱신 패턴을 선포하는 예언자들은 과거에 일어난 구속의 역사를 되풀이하면서, 그리고 그 역사를 주님이 영광스럽고 영원한 나라에서 다스리기 위해 새 출애굽과 새 예루살렘 그리고 새 다윗 왕―이것들은 모두 새 언약 시대의 출범과 관련이 있다―을 통해 자기 백성을 구원하러 오실 미래에 투사하면서 그 패턴을 선포한다. 그들은 이런 식으로 특히 모든 것을 올바르게 하고 죄와 사망의 결과를 반전시키면서 하나님 나라를 세우실 다윗 계보의 왕과 관련시켜 야웨와 메시아의 오심을 예견한다. 그러나 주목해야 할 중대한 사실은 하나님의 구원 통치, 곧 하나님 나라의 도래는 메시아의 오심과 이전의 모든 언약을 성취로 이끌 새 언약의 출범과 함께 일어날 것이라는 점이다.

5. 신약 시대가 시작되면 이 구약 배경이 하나님 나라에 대한 가르침의 기초로 작용한다. 복음서 그리고 전체 신약성경에서 "하나님 나라"는 주로 하나님의 **왕으로서의 주권적 통치**를 가리키고, 특히 메시아이신 예수의 오심과 생애, 죽음 그리고 부활로 이 세상에 침투한 하나님의 **구원 통치**와 관련이 있다.[6] 하나님 나라는 주로 어떤 지리적 영역을 가리키는 것이 **아니고**, 다른 어떤 것보다 **하나님**(하나님이 다스리신다는 사실)에 관해 더 많이 말한다. 신약성경은 예수 안에서 오래 기다렸던 나라가 임했고, 죄와 사망의 통치가 파괴되었다고 선언한다. 따라서 예수는 자신의 순종하는 생애와 십자가 사역을 통해 하나님 나라를 **출범시키셨고**, 지금 그 나라에서 다스리고 통치하고 계신다. 곧 하나님 나라는 **이미** 여기에 있다. 그리고 승천하신 왕으로서 예수는 모든 사람에게 회개하고 그 생명의 나라로 들어가라고 명령하신다.

---

6 복음서를 보면 "하나님 나라"라는 표현이 마태복음에서 4회, 마가복음에서 14회, 누가복음에서 32회, 요한복음에서 4회가 나타난다. 마태복음은 또한 "하늘나라"라는 표현도 32회에 걸쳐 사용한다(Schreiner, *New Testament Theology*, 45-49을 보라). 본서 2장에서 설명한 것처럼, 고전적 세대주의 신학의 사상과 반대로, "하늘나라[천국]"와 "하나님 나라" 사이에 중대한 신학적 구분이 있다는 증거는 전혀 없다. 대신 마태복음에서 이 두 표현은, Jonathan Pennington, *Heaven and Earth in the Gospel of Matthew*, Novum Testamentum Supplements 126 (Leiden, Netherlands: Brill, 2007), 67-76이 보여주는 것처럼 "**하늘**나라"는, 하나님 나라가 위에서부터 임하는 것과 하나님 나라가 온 땅의 나라들에 대한 하나님의 통치를 나타내는 것을 강조하는 의미를 갖고 있음을 제외하면, 기본적으로 동의어로 나타난다.

한 세대 전에 윌리엄 맨슨(William Manson)은 그것을 다음과 같이 진술했다.

시선을 신약성경으로 돌리면, 우리는 예언 분위기에서 성취 분위기로 이동한다. 하나님이 자신의 거룩한 예언자들의 입을 통해 미리 예시하신 것이 지금은 적어도 부분적으로 성취되었다. 멀리서 식별되었던 **종말**이…예수 안에서 그 도래가 시작되었다.…**종말**의 최고의 표지는 예수의 부활과 성령의 교회 강림이다. 예수의 부활은 단순히 하나님이 자기 아들을 위해 주신 표지가 아니라 **마지막 때**의 시작 곧 그때가 역사 속에 들어온 것이다.

그러므로 그리스도인들은 그리스도를 통해 새 시대에 들어갔다. 교회와 성령 그리고 그리스도 안의 생명은 종말론적 요소들이다. 교회가 장엄하게 출범한 초기에 예루살렘에 모인 그리스도인들은 이런 사실을 알고 있다. 그들은 이미 다가올 세상의 능력을 맛보고 있었다. 성경에서 이스라엘이나 **종말** 시기의 사람에게 일어날 것으로 예언되었던 것이 예수에게 그리고 예수 안에서 일어났다. 새 창조의 기초석이 놓인 것이다.[7]

그러나 신약성경은 또한 예수 안에서 하나님 나라가 이미 도래했지만, 하나님 나라에는 **아직** 완성되지 않은 측면이 여전히 있다는 것을 강조한다. 하나님 나라는 그리스도의 재림으로 완성될 때를 기다리고 있기 때문이다. 신약성경 종말론의 특징인 이 중대한 "이미-아직" 사이의 긴장은 "시작된 종말론" 즉 구약성경이 예견하고 예언한 "마지막 때"는 실제로 우리 주 예수의 오심으로 시작되었으나 아직은 충분한 완성을 기다리고 있다는 종말론으로 익히 알려져 있다.[8] 이런 의미에서 구약성경이 예견하고 예언한 약속

---

7   W. Manson, "Eschatology in the New Testament," *Eschatology*, Scottish Journal of Theology Occasional Papers 2 (Edinburgh: Oliver & Boyd, 1953). 6. Anthony A. Hoekema, *The Bible and the Future* (Grand Rapids, MI: Eerdmans, 1994), 14에서 인용함. 『개혁주의 종말론』(부흥과개혁사 역간).

8   시작된 종말론을 보다 심도 있게 설명한 것은 Schreiner, *New Testament Theology*, 41-116을 보라. 또한 Herman Ridderbos, *Paul: An Outline of His Theology*, trans. John Richard

된 새 시대가 원리상 지금 여기 있기는 해도 올 것이 아직 더 남아 있다.

이 긴장은 여러 가지 방식으로 제시된다. 예를 들어 신약성경은 하나님 나라와 관련해서 다음과 같은 것을 가르친다. 곧 만물을 다스리시는 언약의 야웨(예. 시 93:1; 97:1; 99:1; 103:19; 단 4:34-35)는 예수 그리스도 안에서 이 타락한 세상에 하나님의 구원 통치와 지배를 가져왔다. 예를 들어 성령의 강림(마 12:28; 눅 11:20)과 놀랄 만한 기적과 설교(눅 4:16-30; 참조. 사 61:1-2; 58:6; 29:18)가 증언하는 것처럼 말이다. 주님이 친히 선포하시는 것처럼 진실로 예수 안에서 하나님의 주권적 구원 통치가 이 세상 속에서 시작되었다(마 4:17; 막 1:14-15). 그러나 비록 하나님 나라가 지금 여기 있기는 해도, 예수는 여전히 "나라가 임하시오며"(마 6:10)라고 기도하라고 우리를 가르치신다. 또 그는 제자들에게 "그 왕권을 가지고" 올(마 16:28; 눅 23:51) 미래의 때에 대해 말씀하시는데, "이것은 분명히 하나님 나라의 약속의 미래의 성취를 가리킨다."[9] 성령의 강림에 대해서도 똑같이 말할 수 있다. 예수는 오셔서 십자가와 부활 그리고 승천에서 승리하셨기 때문에 약속된 성령을 부어주셨다(행 2장; 참조. 요 14-16장; 엡 1:13-14). 그러나 성령의 선물은 "아라본"(*arrabōn*)이다. 곧 완성 때에 우리를 기다리고 있는 우리의 약속된 기업의 계약금과 보증이다.[10] 따라서 성령을 받는 것은 미래 시대와 관련된 새로운 실존 양식에

---

de Witt (Grand Rapids, MI: Eerdmans, 1975), 44-90 『바울신학』(솔로몬 역간); 그리고 K. E. Brower, "Eschatology," *NDBT*, 459-464도 보라.

9 Schreiner, *New Testament Theology*, 51. 하나님 나라의 "아직" 단계는 마 5:3-12; 8:11-12; 13:24-30, 36-43; 22:1-14; 25:1-13, 31-46; 26:29 등에서도 확인된다. Schreiner, *New Testament Theology*, 50-68을 보라.

10 사실 성령과 신자의 관계와 비교하여 "이미-아직" 긴장은 신약성경에서 다섯 가지 방식으로 작동된다. 첫째, 성령은 우리의 "자녀 신분"을 증언한다(갈 4:4-5; 롬 8:14-27). 비록 우리가 아직 아들 지위와 관련된 충분한 권리들을 기다리고 있다고 해도, 성령은 우리가 지금 하나님의 자녀인 것을 증언한다. 둘째, 성령의 역할은 "첫 열매"(*aparchē*, 고전 15:20, 23; 롬 8:23)로서의 역할이고, 이것은 우리가 지금 갖고 있는 것과 미래에 아직 기다리고 있는 것에 대해 다 말해준다. 셋째, 성령은 우리의 미래의 기업을 보증하는 우리의 "담보물" 또는 "계약금"(아라본, 고후 1:22; 5:5; 엡 1:14)이다. 넷째, 성령은 또한 "인"으로도 불린다(고후 1:22; 엡 4:30; 1:13). 이것은 신자들이 하나님의 소유 외에 다른 것이 아님을 의미한다. 다섯째, 성령은 우리 몸의 부

참여하고, "다가올 시대"의 능력을 지금 맛본다는 것을 의미한다. 그러나 신약성경은 성령이 주시는 것은 단지 장차 임할 훨씬 더 큰 복을 미리 맛보는 것에 불과하다고 주장한다. 앤서니 후크마(Anthony Hoekema)는 이렇게 요약한다. "…우리는 다음과 같이 말할 수 있다. 성령의 소유로, 그리스도 안에 있는 우리는 다가올 시대의 복을 미리 맛보고, 몸의 부활의 담보물과 보증을 갖는다. 그러나 우리는 단지 첫 열매를 갖고 있을 따름이다. 우리는 최종적으로 완성될 하나님 나라, 곧 우리가 이 복들을 충만하게 누릴 때를 기다린다."[11] 이런 방식과 그리고 다른 많은 방식으로 신약성경은 그리스도 안에서 "마지막 때"가 도래했지만 그때는 아직 충분히 완성되지 않았다고 가르친다.

이런 이유로 신약성경은 예수 그리스도께서 오시면서 하나님의 약속된 구속 계획에 대한 모든 예언과 소망 그리고 기대의 **성취**가 지금 일어났다는 사실을 강조한다.[12] 나아가 엄밀히 말해 예수께서 구약성경을 성취하셨기 때문에 또한 이전에 있었던 것에 큰 변화나 불연속성이 존재한다. 이것은 구속사에 있어 역사상 다른 어느 때와 비교할 수 없이 엄청나게 획기적인 변화가 그리스도 안에서 일어난 것을 함축한다. 이것이 신약성경이 구약성경의 기본 줄거리를 계속하기는 해도, 일단 그리스도께서 오셔서 완전히 새 언

활과 관련이 있다(롬 1:3-4; 8:11; 고전 15:42-44). 성령은 그리스도의 부활뿐만 아니라 우리의 부활과 관련해서 활동하신다고 이야기된다. 이것은 마지막 아담이신 그리스도께서 죽은 자 가운데서 부활하신 것처럼 언젠가 우리의 몸도 죽은 자 가운데서 부활하고, 그리하여 우리가 최후의 완성된 상태의 영광스러운 실존에 참여하게 되리라는 것을 암시한다. 이 점에 관한 더 깊은 설명은 Hoekema, *Bible and the Future*, 55-67을 보라.

11 Hoekma, *Bible and the Future*, 67.

12 나는 여기서 "성취"라는 말을 가장 넓은 예언적 의미로 사용하고 있다. 말하자면 예수는 구약성경이 자기를 지시하는 것에 있어 구약성경을 "성취하고", 예수께서 지금 오셨기 때문에 구약성경은 성취된다. 신약성경에서 "성취"는 예언의 의미에서 직접적인 성취일 수 있으나(예. 미 5:2; 마 2:1-12), 오직 이 의미로만 제한되지는 않는다. 또한 그것은 그리스도 안에서 성취되는 모형 또는 패턴과 관련 있는 간접적인 의미에서 예언적 성취일 수도 있다. 이 두 의미는 예언적이지만 정확히 같은 의미에서 그런 것은 아니다. 이 점에 대한 유용한 설명은 D. A. Carson, "Matthew," *Matthew, Mark, Luke*, The Expositor's Bible Commentary 8, ed. Frank E. Gaebelein (Grand Rapids, MI: Zondervan, 1984), 27-29; 그리고 Schreiner, *New Testament Theology*, 70-79를 보라.

약 시대를 출범시키시면, 구약성경에서 기본적이었던 많은 주제들이 지금은 바뀌고 변화되는 이유다. 그리스도께서 시작하신 획기적인 변화에 비추어 D. A. 카슨은 이렇게 일어난 몇 가지 변화의 실례를 다음과 같이 제시한다.

“하나님 나라”는 더 이상 일차적으로 하나님이 다윗 왕조에 있는 그분의 인간 봉신을 통해 다스리시는 신정 국가로 나타나지 않는다. 그것은 이제 약속된 메시아이신 예수의 사역과 죽음, 부활, 승천 그리고 좌정하심으로 시작되고 그분의 재림으로 완성되며 직접 변화시키는 하나님의 통치로 나타난다. 이로 말미암아 종말론도 변화된다. 하나님 백성의 범주는 더 이상 민족이나 지파의 범주가 아니다. 국제적이고 초-인종적이며 초-문화적인 범주다. 만일 구약의 예언자들이 끊임없이 하나님이 결정적으로 행하실 때를 고대하고 있다면, 신약성경의 저자들은 하나님이 결정적으로 행하신 것을 선포하고, 이것이 보편적이고 영원한 의미와 핵심적인 중요성을 갖고 있는 “기쁜 소식” 곧 복음이라고 선언한다. 따라서 하나님 나라와 기독론, 종말론, 교회 그리고 복음이 지배적 용어 또는 주도적 주제가 된다. 성전과 제사장, 제사, 율법 그리고 그 외에 더 많은 것들이 바뀐다. 국가적이고 지파적인 관점은 점차 시야에서 사라진다.[13]

그리스도의 오심으로 말미암아 바뀌고 변화되는 구약성경의 다양한 주제들 외에 구속사의 시간표의 구조도 변경된다. 구약성경의 관점에서는 “현시대”— 세상 **나라들**이 보여주는 것처럼 죄와 죽음 그리고 하나님에 대한 반대가 특징인 시대 — 와 “다가올 시대”— 언약의 하나님이 메시아를 통해 자기 백성을 구하러 오셔서 그분의 **나라**로 즉 자신의 구원 통치와 지배 속에 들어가게 하는 시대 — 사이에 구분이 있다. 그러나 이 두 시대는 서로 어떻게 관련되어 있는가? 데이비드 웰스(David Wells)는 그 관계를 다음과 같이 적절하게 묘사한다. “이 두 시대는 연대기적 순서로 서로 연결되어 있다.

---

13 Carson, *Gagging of God*, 254.

이 '아이온'(αἰών, 현시대)은 메시아가 땅으로 오실 때 끝났고, 메시아의 도래와 함께 하늘의 '아이온'(즉 다가올 시대)이 시작되었다."[14] 다시 말하자면 구약성경의 관점에서 볼 때에 주와 메시아는 권능과 능력으로 단 한 번 오도록 되어 있었다(도표 16.1을 보라). 그리고 주와 메시아가 마지막으로 오셔서 문자적으로 "마지막 날"과 "다가올 시대"에 들어갈 때 그때는 예언자들이 외친 종말론적 소망과 기대가 특징을 이루는 시대가 될 것이다. 예를 들면 "다가올 시대"가 임하면 그 시대는 새 언약과 새 언약이 수반하는 모든 것의 도래, 새 창조의 출범, 모든 원수에 대한 하나님의 심판, 주의 날과 관련된 하나님 백성의 구원이 분명히 보여주는 하나님의 구원 통치와 지배—하나님 나라—를 가져올 것이다. 이런 엄청난 실재들 모두는 동시에 임할 것이다.

구약성경

도표 16.1

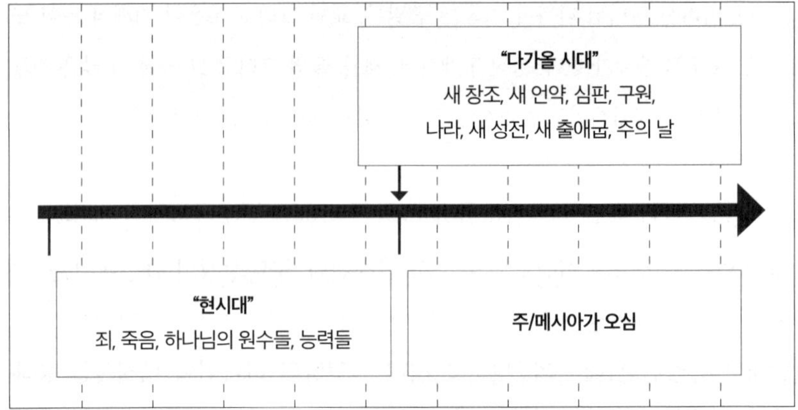

---

14 David F. Wells, *The Person of Christ* (Wheaton, IL: Crossway, 1984), 29. 『기독론』(부흥과개혁사 역간).

그러나 신약성경은 그리스도의 계시의 충만성 때문에 이 기본 연대표를 수정한다. 예를 들어 신약성경은 메시아가 단 한 번이 아니라 두 번 오시고, 아울러 이 두 시대가 겹친다는 것에 대해 언급한다. 첫 번째 오심, 곧 성자의 성육신과 생애, 사역, 죽음, 부활, 승천 그리고 오순절 사건과 관련된 모든 것에서 "다가올 시대"는 예언자들이 예언한 것처럼 지금 여기 있다. 그러나 이 미래 시대는 원리상으로 지금 여기 있기는 해도, 그리스도께서 영광과 권능으로 다시 오실 때까지는 충분히 여기 있지 않다. 따라서 "현시대"는 비록 "다가올 시대"가 그리스도 안에서 시작되었기는 해도 그리스도의 재림이 있을 때까지 계속된다. 이런 의미에서 두 시대가 겹친다.

때때로 이 겹침은 제2차 세계대전의 D-데이와 V-데이의 비유로 설명된다.[15] 제2차 세계대전에서 D-데이는 연합군의 결정적인 승리를 가져왔다. 그 전투의 결과, 적군은 치명적으로 패배했고, 비록 전쟁이 아직 끝나지 않았더라도 최후의 승리는 시간문제에 불과했다. 따라서 D-데이는 원리상 "다가올 시대"를 시작하지만 아직 완성된 상태에 이르지는 못한 그리스도의 초림으로 비유된다. 따라서 그리스도의 초림으로 구속에 대한 하나님의 약속이 지금 실현되었다. 하나님의 주권적인 구원 통치―하나님 나라―는 이 세상에 들어왔고, 그와 함께 새 언약과 새 창조도 임했다. 죄와 죽음 그리고 악한 자의 권능은 파괴되었다. 최종적 승리를 얻는 것은 시간문제에 불과하다. 원리상 승리했고 지금은 승리가 보장되어 있다. 그러나 우리의 D-데이는 아직 V-데이, 즉 그리스도께서 다시 오셔서 자신이 시작한 것을 완성하실 최종적 승리를 기다리고 있다. 따라서 우리가 하나님의 백성으로서 더 이상 "아담 안에" 있지 않고 이제는 "그리스도 안에" 있으므로 다시는 "현시대"와 관련이 있지 않다고 해도, 또 우리가 이 미래 시대에 참여하고 지금

---

15 Oscar Cullmann, *Christ and Time,* trans. Floyd V. Filson (Philadelphia: Westminster, 1950)은 그리스도께서 두 번의 오심으로 이루신 다양한 결과들을 설명하는 데 이 유명한 방법을 사용했다. 또한 Hoekema, *Bible and the Future,* 21도 보라.

영생과 하나님 앞에서의 칭의 및 우리 안에 거하시는 성령("다가올 시대"와 관련된 모든 실재)을 갖고 있다고 할지라도, 우리는 이 겹쳐진 두 시대, 곧 이 두 시대의 중간에서 여전히 그리스도의 충만한 승리와 완성된 영광을 갖고 임할 그리스도의 나라를 기다리고 있다. 그러나 그리스도께서 초림에서 얻은 승리는 이제 완성된 시대가 헛된 소망이 아니라 확실한 실재에 대한 보증이자 담보물이다. 이것에 비추어보면 우리는 신약성경이 구약성경의 연대표를 재구성하는 것을 다음과 같이 제시할 수 있다(도표 16.2를 보라).

신약성경

도표 16.2

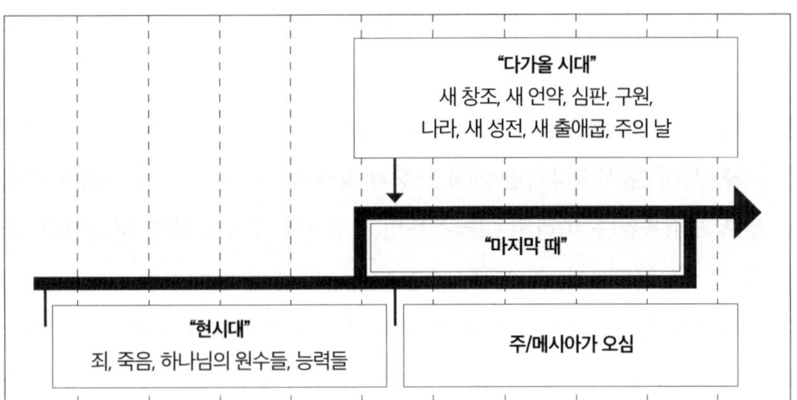

　　이 종합적 가르침 안에서 신약성경은 예수 그리스도 우리 주 안에서 **하나님 나라**의 도래와 출범을 선포한다. 시작된 종말론과 이 종말론의 완성된 종말론과의 관계에 관한 신약성경의 가르침이, 복음서나 바울서신 또는 다른 신약성경 책들에서 발견되든지 간에, 신약성경이 하나님 나라[천국], 영생, 성령의 선물, 교회, 구원, 종말론, 그리고 가장 중요하게는 기독론을 해설하는 전체 맥락을 구성한다고 말해도 과언은 아니다.[16] 그리스도께서 하나님의 모든 계획과 목적을 **성취하고 하나님 나라**를 출범시키심으로써, 우

리는 문자 그대로 "다가올 시대"에 이미 들어갔으며, 존재하는 모든 것이 다가올 "시대"와 관련이 있다고 말하는 것은 기독론적인 의미가 충만한 경이로운 확언이다. 그러나 **하나님 나라**에 대한 가르침에 중점을 둔 신약성경의 종말론적 관점은 우리가 본서에서 다루고 있는 핵심인 성경의 언약들이 없으면 절대로 이해될 수 없음을 주목하는 것 역시 중요하다.

언약을 통한 하나님 나라

지금까지 말한 것으로 우리가 **하나님 나라**와 **언약**의 결합을 어떻게 생각하고 있는지가 분명히 드러날 것이다. 우리는 주로 통시적으로 파악한 성경의 언약들을 통해 하나님의 구원 통치가 이 세상에 어떻게 임하는지를 배운다.[17] 다시 말하자면 하나님 나라와 성경의 언약들의 관계는 굳게 결합되어 있는 관계이고, 그러므로 성경의 언약들의 명확한 본질을 파악하는 것이 하나님 나라가 예수 안에서 어떻게 임하는지, 하나님의 구속의 약속이 어떻게 실현되는지, 그리고 성경의 전체 메타내러티브가 어떻게 일치하는지를 이해하는 과제의 핵심에 놓여 있다. 왜냐하면 성경의 언약들은 성경 전체 이야기의 뼈대와 중추를 구성하기 때문이다.

의심할 것 없이 이미 언급한 것처럼 언약들 간의 관계는 신학적으로 논란이 많았고, 그것은 오늘날도 마찬가지다.[18] 그러나 최소한 그리스도인들

---

16 David F. Wells, *God the Evangelist* (Grand Rapids, MI: Eerdmans, 1987), 9-10과 Schreiner, *New Testament Theology*, 41-116을 보라. 『전도자 하나님』(서로사랑 역간).

17 비록 여기서 **통해**의 통시적 용법이 주로 강조되기는 해도, 위에서 언급한 것처럼 이 전치사는 이중의 용법이 있다. 하나님은 언약 관계를 통해 자신을 계시하고, 자신의 형상을 지닌 자들 및 제사장-왕들과 관계 속에 들어가며, 자신의 통치를 온 창조물로 확대하기로 정하셨다. 믿을 수 없을 정도로 언약의 삼위 하나님은 우리가 우리의 삶의 모든 분야에서 그분에 대한 온전한 헌신과 순종으로 그리고 그분을 사랑하고 경배하며 그분의 영광을 위해 사는 그분과의 언약 관계를 위해 우리를 창조하셨다.

18 본서 2-3장에서 설명한 것처럼 기독교 신학에서, 특히 복음주의 신학에서 언약들 간의 관계는

은 하나님이 대대로 하나의 구원 계획을 갖고 계시고, 역사는 우리 주 예수 그리스도의 오심과 십자가 사역에 중심을 둔 구원 계획과 관련해서 진행된다는 사실을 주장했다. 나아가 대다수 복음주의자들은 성경의 줄거리가 창조에서 타락으로, 아브라함에서 다윗으로, 그리고 마지막으로 그리스도로 진행된다는 사실에 분명히 동의한다.[19] 그러나 하나님의 하나의 구원 계획은 **오로지** "은혜 언약" 관점에 따라 설명하는 "언약신학"과 달리, 또는 역사를 세대별로 구분하는 "세대주의 신학"과 달리 새 언약에서 성취되는 하나님의 **하나의** 구원 계획에 대한 점진적 계시의 한 부분인 **다수의** 언약들(예. 갈 4:24; 엡 2:12; 히 8:7-13)에 따라 생각하는 것이 더 정확하다. 이렇게 생각할 때 우리는 시대를 관통하며 지금 새 언약에서 절정을 이루고 있는 하나님의 계획의 **연속성**에 대해 적절하게 말할 수 있고, 또한 성경의 언약들 간의 관계를 너무 과장하거나 그것들 간의 중대한 진행 과정을 경시하는 것을 피할 수 있다. 또한 그 결과 우리는 다양한 신학적 문제들에 중요성을 부여하는 하나님의 점진적 계획 속에서 특정 언약들의 **불연속성**도 보게 된다. 성경의 언약들이 어떻게 결합되어 있는지 우리의 생각을 요약하기 전에, 이제 우리는 우리의 주장의 근간이 되는 다섯 가지 해석학적/방법론적 특징―우리의 주장의 요점을 제공할 뿐만 아니라 세대주의 신학과 언약신학 간의 유사점과 차이점도 강조하는 특징들―을 간략히 제시하고자 한다.

몇 가지 핵심적인 해석학적 및 방법론적 특징의 요약

1. 성경의 언약들의 전개에 대한 점진적 계시의 중요성. 모든 사람은 하나님의 말-행위 계시로서 성경이 어느 날 갑자기 한순간이 아니라 오랜 세월에 걸쳐 우리에게 주어진 것이라는 것을 인정한다. 구속과 마찬가지로 계시도 우

언약신학 진영과 세대주의 신학 진영 및 그 분파들 사이에 크게 논란이 되고 있다. 본서 4-15장에서 확인한 것처럼 성경 연구와 성경신학 분야에서도 언약들의 본질에 대해 논쟁이 있다.

19 마 1장을 보라. 또한 Goldsworthy, *According to Plan*도 보라. 거기서 Goldsworthy는 구속사를 이런 식으로 구분한다.

리가 예상하지 못한 뜻밖의 전개를 통해 점진적으로 펼쳐지고, 분리되나 서로 관련된 시대로 이어지며, 이 시대들은 주로 하나님의 행위와 구속적인 언약들로 말미암아 구별된다. 이 점에서 하나님의 영원한 계획 곧 바울이 하나님의 "비밀"로 지칭하는 것이 점진적으로 하나씩 전개되다가 궁극적으로는 그리스도 안에서 절정에 이른다. 성경의 언약들은 하나님의 하나의 영원한 계획을 알려주는 일차 수단이다. 우리는 이 수단을 통해 약속에서 성취로, 모형/그림자에서 그리스도 안에서 이루어지는 실체로 나아가게 된다. 성경의 언약들은 독립적이거나 서로 관련이 없는 것이 아니라 오히려 서로를 세우고, 그리하여 우리에게 많은 사실을 포괄하는 성경의 계획을 밝혀준다. 예를 들면 성경의 언약들은 우리 언약의 주님이 누구신지를 알려준다. 곧 그분의 성품과 그분의 길―"헤세드"와 "에메트"의 하나님―을 계시한다.[20] 또한 성경의 언약들은 우리를 창조한 목적과 언약 관계의 본질, 그리고 우리가 하나님 및 서로 간의 관계 속에서 사는 법을 계시한다.[21] 가장 중요하게는 인간의 죄와 거역에 비추어볼 때 성경의 언약들은 우리에게 하나님이 그분 자신을 위해 타락한 사람들을 어떻게 구속하고 모든 것을 올바르게 만들기로 정하시는지를 가르칠 뿐만 아니라, 하나님과 하나님의 형상을 지닌 자의 언약 관계에서 나타나는 긴장도 함께 계시한다. 우리는 성경의 언약을 통해 하나님이 얼마나 그분의 약속과 의무에 항상 신실하고 진실하신지를 발견한다. 하나님은 자신의 책임 있는 창조물인 우리에게 자신의 뜻에 대한 완전한 순종을 요구하시지만, 우리는 그렇게 순종하지 못한다. 성경의

---

20 John H. Walton, *Covenant: God's Purpose, God's Plan* (Grand Rapids, MI: Zondervan, 1994), 20은 성경의 언약들은 하나님의 계획과 자기계시를 우리에게 알려주는 핵심 수단이라고 올바르게 주장한다. 또한 야웨의 성품(*shem*)과 길(*derek*)이 성경의 언약들을 **통해** 어떻게 계시되는지에 대한 중요한 설명도 보라. 이 점에 대한 상세한 설명은 본서 4, 8, 13장을 보라.

21 John M. Frame, *The Doctrine of God* (Phillipsburg, NJ: P&R, 2002), 13-15은 올바르게 다음과 같이 언급한다. 곧 우리가 하나님을 아는 방법은 우선 그분의 행위를 통해서다. 그분의 행위들은 우리가 그분의 속성을 반성하도록 해준다. 하나님은 성경의 언약들을 통해 대대로 자신을 계시하시기 때문에, 우리는 그분의 성품(윤리적 특성들)과 본성(형이상학적 특성들)과 관련해서 하나님이 누구신지를 이해한다.

언약들이 펼쳐질 때에 우리는 모든 족속과 나라와 백성 그리고 방언으로부터 자신의 택함 받은 자를 언약 관계 속으로 이끌어 회복시키겠다는 하나님의 약속이 영원 전부터의 계획인 하나님 아들의 순종의 사역을 통해 어떻게 궁극적으로 성취되는지를 발견한다(예. 엡 1:4, 9-10).

2. 성경 해석의 세 지평과 이 세 지평이 언약들에 대해 갖고 있는 중요성. 성경의 언약들과 성경의 줄거리에 대한 통시적 이해는 본서 3장에서 설명한 것처럼 성경 해석의 세 지평과 직결되어 있다. 우리는 본서 5-13장에서 각 언약을 세 가지 확대된 배경에 연결했다. 첫째, 문제의 언약은 그 언약 자체의 직접적이고 구속사적인 배경, 즉 본문적 지평에서 해석되었다. 둘째, 그 언약이 하나님의 펼쳐지는 계획에 얼마나 적합한지에 대한 적절한 이해는 그보다 앞에 있던 것과의 관계(즉 시대적 지평)와 **상호텍스트적** 연관성에서 전개되었다. 그 결과 우리는 이전과 이후 계시 간의 상호 관련성을 더 잘 이해할 수 있었다. 셋째, 이어서 우리는 그 언약을 이후 언약들과 궁극적으로 예수의 오심 및 새 언약의 출범과 관련해서 살펴보았다. 따라서 이런 식으로 성경의 언약들을 추적할 때 우리는 하나님의 전체 계획이 어떻게 **유기적으로** 관련이 있으면서 동시에 그리스도 안에서 절정과 성취에 이르는지를 알 수 있다. 나아가 우리는 오직 이렇게 할 때에만 하나님이 가지고 계시는 계획의 **부분들**이 궁극적으로 **전체**와 어떻게 관련이 있는지 올바르게 알 수 있고, 우리가 이끌어내는 신학적 결론이 진실로 **성경적**으로 정당화된다.

3. 새 언약은 구속사에서 등장한 이전의 모든 언약을 대체한다. 우리는 성경의 언약들이 성경의 종합적 메타내러티브의 뼈대와 중추라는 것을 보여주고자 노력했다. 각 언약이 역사에 소개될 때마다 하나님의 점진적인 계획과 약속들은 더 명확해지고, 의미가 분명해지며 확장된다. 성경의 어떤 언약도 그 이전의 언약과 무관하지 않다. 왜냐하면 각 언약은 그리스도 안에서 중심이 된 하나님의 전체 계시에 기여하기 때문이다. 그러나 다음과 같은 것을 질문하는 것은 중요하다. 하나님의 계획은 어디로 가고 있는가? 하나님의 계획의 결말은 무엇인가? 우리는 구속사라는 과정에서, 말하자면 그 길

의 결말은 그리스도의 오심과 새 언약의 시대의 도래라는 것을 확신한다. 분명히 말해 시작된 종말론을 설명할 **때** 확인한 것처럼, 우리는 예수께서 시작하신 것이 아직 완성되어야 한다는 진리를 부인하지 않는다. 대신 우리는 새 언약이 도래할 때 이전의 모든 언약은 그리스도 안에서 그 **목적**을 달성한다는 것을 주장한다.

따라서 이 중요한 방식에서, 우리는 새 언약이 이전의 언약들을 **대체하는** 것으로 간주한다. 어떻게 대체하는가? 새 언약이 이전 언약들의 목적을 **성취하면서**, 곧 이전 언약들이 다양한 패턴과 모형 그리고 교훈을 통해 계시하고 예견하며, 심지어는 예고했던 것을 달성하면서 대체한다.[22] 이런 것이 우리는 주님을 새 언약의 머리로서, 곧 우리 주님은 그분의 인격과 사역에서 아담이 저지른 것을 원상 복구하고 우리를 위해 새 창조를 이루시면서 아담보다 더 위대하신 분이고, 아브라함의 참된 씨와 자손으로서 십자가 사역으로 민족들에게 복을 제공하며, 참이스라엘로서 이스라엘이 실패한 모든 것을 다 이루고, 다윗의 위대한 왕으로서 만왕의 왕이자 만주의 주로서 나라와 전체 창조물을 다스리시는 분으로 소개한 이유다.[23] 새 언약이 이전 언약들을 **대체하는** 것은 다음과 같은 것, 곧 이전 언약들은 더 이상 현대의 우리에게 아무런 가치가 없거나 우리가 전체 성경에서 구약성경을 제외해야 한다는 것을 수반하지 않는다. 무엇보다 이전 언약들은 구속사에서 하나님의 구속 계획과, 우리에게 매우 중요한 하나님에 관한 계시의 일환으로 자기 역할을 수행하고 있다. 그뿐만 아니라 그것들은 성경의 영원한 부분,

---

22　성취에 대한 이런 이해는 Carson, *Matthew*, 90-97, 140-147을 보라. 또한 Vern S. Poythress, *The Shadow of Christ in the Law of Moses* (Phillipsburg, NJ: P&R, 1995), 251-288도 보라.

23　여기서 우리는 "원상 복구"라는 말을 두 가지 의미로 사용하고 있다. 마지막 아담으로서 그리스도는 우리를 대신하는 대리적 제물로 자신을 바치시고, 그리하여 우리의 죗값을 지불해 타락을 "원상 복구"시키실 뿐만 아니라 또한 아담이 행하지 못한 것도 행하심으로써 "원상 복구" 시키신다. 말하자면 참 아들로서 그리스도는 자기 아버지께 온전한 헌신과 경배 그리고 순종으로 행하신다. 이 두 가지 방식은 개혁파 신학자들이 우리의 언약의 머리로서 자기 백성을 위해 행하신 그리스도의 "능동적 순종과 수동적 순종"으로 지칭한 것과 대응을 이룬다.

곧 바울이 우리에게 상기해주는 것처럼, 하나님이 감동을 주신 것이고, 우리의 교훈과 성장과 사역에 유용한 것이다(딤후 3:16-17을 보라). 하지만 그리스도께서 오셨으므로 우리는 더 이상 **언약으로서는** 이 이전 언약들 아래에 있지 않다는 것을 강조하는 것이 중요하다. 이전 언약들은 그리스도 안에서 성취가 이루어졌기 때문이다. 대신 우리는 새 언약과 그것이 수반하는 모든 것의 영향을 받는다.

이런 특징이 가진 중요한 의미는 새 언약 아래에 있는 신자로서 우리는 이전의 각각의 언약들이 가리키고 그것들의 모든 측면을 완전하게 성취하신 그리스도와 관련해서 이전 언약들을 이해하고 우리 자신에게 적용해야 한다는 것이다. 이것은 신약성경이 우리 주님을 제시하는 것과 일치한다. D. A. 카슨은 마태복음 5:17-20을 설명하면서 다음과 같이 올바르게 말한다. "우리 주님은 자기 자신을 구약성경의 종말론적 목표로 제시하고, 그로 말미암아 우리는 구약성경에 대한 유일하게 권위 있는 해석자이신 그리스도를 통해서만 구약성경 자체의 타당한 연속성과 중요성을 발견한다."[24] 이런 관찰은 특히 이 점들과 관련해서 우리가 분명하게 갖고 있는 신학적 차이점의 문제를 해결하는 데 있어 중요하다. 어떻게 이전 언약들이 새 언약의 시대를 사는 그리스도인들에게 "이어지는지"를 이해하는 데 있어 중요하다.

예를 들어 언약신학에 대해 말한다면, 교회에서 계보 원리(genealogical principle)의 지속적 타당성과 그것을 세례 의식에 적용한 것의 논의는 바로 이 문제에 집중되어 있다. 이 논의로 나아가기 위해서, 우리는 아브라함 언약의 어떤 특징이, 만일 그런 특징이 있다면, 오늘날 여전히 효력을 발휘하는지를 결정해야 한다. 하나님의 종합적 계획에서 아브라함 언약의 역할은 무엇이고, 아브라함 언약은 새 언약에서 어떻게 성취되며, 그리스도가 오셨으므로 어떤 변화가 일어났는가? 또는 세대주의 신학에 대해 말한다면, 아브라함 언약에서 주어진 땅의 약속은 언약들을 거치면서 변화를 겪지 않고

---

24 Carson, *Matthew*, 144.

변함없는 것으로 남아 있는가? 아브라함 언약은 아브라함에게 주어진 것과 똑같은 효력을 여전히 갖고 있는가, 아니면 지금 예수가 시작한 새 언약에서 성취되고 있는 창조에 기초한 전체 패턴의 한 부분인가? 다른 실례들도 제시할 수 있는데, 우리는 그중 몇 가지를 다음 장에서 강조할 것이다. 그러나 구속사의 흐름 속에서 새 언약이 이전 언약들을 **대체하고** 이전 언약들을 하나님이 의도하신 목적으로 이끄는 언약으로 보는 것은 우리가 어떻게 정경 전체를 "하나로 종합하고" 하나님의 "전체 경륜"을 이해할지에 대해 함축성을 갖고 있다. 다른 신학적 견해들과 달리 우리가 제시하는 "언약을 통한 하나님 나라"라는 견해는 일관되게 예수의 인격 및 사역과 새 언약 시대의 도래의 관점을 통해 이전 언약들을 이해하고 적용하고자 한다. 그렇게 할 때에 비로소 우리의 신학적 주장과 결론들은 온전히 성경적인 견해가 될 것이다. 곧 하나님의 의도와 정경의 관점에서 성경을 성경으로 해석하는 원리에 따르는 것이 될 것이다.

4. 성경의 모형론 구조들은 주로 언약들을 통해 전개된다. 본서 3장에서 우리는 성경의 "약속-성취" 주제와 모형론 패턴이 종합적인 성경신학과 조직신학을 위해 중요하다는 점을 강조했다. 또한 성경의 언약들이 성경신학과 조직신학, 이 두 분야에서 얼마나 중심 역할을 하는지도 언급했다. 언약들이 어떻게 펼쳐지는지 본질을 파악하게 되면 우리는 성경의 "약속-성취" 모티프와 하나님의 모든 약속이 그리스도 안에서 어떻게 "예와 아멘"이 되는지를 더 잘 이해하게 된다(고전 1:20). 여기서 모형론이 이 모티프와 직결되어 있는데, 모형론도 언약들을 통해 통시적으로 전개된다. 사실 직접적으로나 간접적으로 성경의 언약들과 관련되지 않은 적합한 모형론 패턴을 생각하기란 어렵다.

예를 들어 옛 창조의 언약의 머리로서 아담은 새 언약의 머리이신 "마지막 아담" 곧 우리 주 예수의 오심을 예견하고 고대한다. 그 사이에 성경의 언약들이 소개되고 점진적으로 펼쳐질 때 "작은 아담들"이 첫 사람 아담의 역할을 넘겨받아 인간 역사의 무대에 등장한다(예. 노아, 아브라함, 이스라엘,

다윗). 그러나 이 "작은 아담들" 중 어느 누구도 궁극적 성취가 아니다. 비록 그들이 자기들 자신을 넘어 오실 "마지막 아담"에 대한 예언적 기대를 알려 주지만 말이다. 이런 방식으로 이 모형론적인 패턴들은 언약들의 통시적이고 상호텍스트적인 전개를 통해 언약들이 지시하는 지점에 최종적으로 도달할 때까지 더 큰 의미와 명확성을 나타낸다. 아담에게 해당되는 것은 다른 모형론적인 패턴들에도 해당된다. 그 패턴들이 다양하게 인물(예. 모세, 이스라엘, 다윗, 예언자들, 제사장들, 왕들)과 사건(예. 출애굽 사건) 또는 제도(예. 제사 제도, 성막/성전)를 가리키더라도 말이다.

이 점이 왜 중요한가? 그것은 우리의 견해와 세대주의 신학 및 언약신학의 견해 사이의 몇 가지 유사점과 차이점을 조명하는 데 도움이 되기 때문이다. 우리가 3의 특징과 4의 특징을 결합시킬 때 중요한 점이 바로 이것이다. 구약의 모형/패턴들이 어떻게 하나님의 계획 속에서 성취되는지 적절하게 식별하기 위해 우리는 먼저 이 모형들이 구약성경 **안에서** 어떻게 **상호텍스트적으로** 전개되는지 주목해야 할 뿐만 아니라, 새 언약 아래에서는 어떻게 적용되고 전개되는지도 주목해야 한다. 다시 말하자면 예수와 새 언약이 우리가 구약성경의 모형/패턴들의 성취를 해석하는 해석학적 관점이 된다는 것이다. 이것이 땅이 흔들리는 소리처럼 크게 들리지는 않을 것이다. 하지만 세대주의 신학이나 언약신학과 같은 성경신학적 체계들 속에서는 이것이 일관되게 적용되지 **않는다는** 것이 우리의 확신이다. 본서 3장에서 설명한 것처럼 이것이 구약성경에 대해 신약성경의 우선권이 적용되어야 한다고 우리가 믿는 방법이다. 우리는 본서 3장에서 **성경적**이기 위해서는 구약성경의 배경을 먼저 정당화해야 하고, 이어서 모형론의 경우에는 어떤 것이 적합한 모형/패턴인지를 식별해야 한다고 주장했다. 따라서 우리는 성경의 언약들을 관통하는 이 패턴의 상호텍스트적인 전개를 통해 사고해야 하고, 결국은 그것이 그리스도와 새 언약 시대의 도래 안에서 어떻게 성취되는지 질문해야 한다.

앞에서 주목하고 다음 장에서 다시 살펴볼 것처럼, 세대주의 신학과 다르게 우리는 "땅"이 구약성경 배경에서 하나의 모형/패턴으로 작용한다고 주장했다. 따라서 아브라함 언약과 관련된 "땅의 약속"은 회고와 전망이 없으면 이해될 수 없다. 곧 그것은 에덴과 전체 창조물의 원형적 실재를 회고하고, 언약들을 통해 예수께서 새 언약을 출범시키는 새 창조에서 성취되는 대형적인 실재를 전망하는 것과 관련해서 이해되어야 한다. 우리는 신약성경에서 땅의 약속은 이스라엘 민족에게 주어진 실제 특정 지역의 땅과 관련해서 미래에 성취되는 개념이 아니라고 주장했다. 오히려 우리는 참이스라엘이자 마지막 아담이시고 자신의 승리의 사역으로 우리를 위해 새 창조를 이루시는 예수 안에서 땅의 약속이 성취된다고 주장한다. 새 창조는 개개의 그리스도인들(고후 5:17; 엡 2:8-10)과 교회(엡 2:11-21)에서 새 언약이 시작됨으로써 "이미" 도래했고, 그리스도께서 다시 오셔서 새 창조를 충만으로 이끄실 때 완성될 것이다. 우리가 이 결론에 이른 것은 두 가지 이유 때문이다. 첫째, 에덴 및 창조물과 관련된 땅은 하나의 모형이기 때문이다.[25] 둘째, 우리가 아담에서 그리스도까지 언약들을 통찰할 때, 옛 창조는 새 창조에 자리를 내주고, 창조의 모형인 땅은 예수께서 시작하신 새 언약 시대와 밀접한 관련이 있는 새 창조의 시작을 미리 전망해주기 때문이다. 심지어는 구약성경 안에서도 조차도 말이다.

마찬가지로 아브라함 언약의 계보 원리도, 언약신학의 주장과 달리, 성경의 언약들이 펼쳐질 때 변하지 않았고 또 변하지 않은 채로 남아 있는 것이 절대로 **아니다**. 오히려 이 계보 원리는 우리에게 그리스도를 모형론적으로 미리 알려주는 역할을 한다. 이것이 우리가 다음과 같이 생각하는 이유다. 곧 새 언약에서 우리가 그 언약의 머리, 즉 그리스도와 그분의 백성의

---

25 이 점에 대해서는 본서 12장을 보라. 거기서 우리는 사 65장에서 새 예루살렘과 새 창조물이 함께 공존하는 것으로 취급되는 것을 확인했다. 또한 계 21-22장이 어떻게 이와 동일한 점을 제시하는지도 보라. G. K. Beale, *The Temple and the Church's Mission: A Biblical Theology of the Dwelling Place of God*, NSBT 17 (Downers Greve, IL: InterVarsity Press, 2004), 313-334을 참조하라.

관계를 생각할 때, 이 계보 원리는 우선 그리스도, 이어서 신자로서 여러분, 그다음에 여러분의 자녀가 아니라 그리스도 자신이 대변하는, 즉 성령으로 태어나고 그리스도와 연합한 이들의 언약의 머리로서의 그리스도를 알려준다. 아브라함 언약에서 나온 혈통적 계보 관계는, 구약성경 자체가 예견하는 것처럼, 모든 족속에서 나아와 우리 주 그리스도 예수 안에서 "한 새 사람"이 되는 거듭난 사람들(엡 2:11-21)의 등장으로 바뀐다. 이 **새** 사람들은 세대주의 신학에서 말하는 의미의 새 사람들이 아니다. 그들은 구속사적 의미에서, 곧 마지막 아담이자 참이스라엘이신 분, 말하자면 우리 주 예수가 오셨다는 의미에서 새 사람들이고, 유대인과 이방인은 아브라함 약속의 성취에 의해 하나로 연합되었다는 의미에서 새 사람들이다. 실례를 더 제시할 수 있지만 여기서 핵심은 구약성경의 모형/패턴이 어떻게 하나님의 계획의 성취를 가져오는지 적절히 이해하기 위해서는 예수와 새 언약이 우리가 구약성경의 모형들의 성취를 해석하는 해석학적 안경이 되어야만 한다는 것이다.

  5. 성경의 언약들을 무조건적 언약이나 조건적 언약으로 분류하는 것은 올바르지 않다. 성경의 언약들을 구분하는 통상적 방법은 무조건적·단독적 언약(왕의 하사) 대 조건적·쌍방적 언약(종주-봉신 조약)으로 구분하는 것이다.[26] 이 기초에 따라 아브라함 언약과 다윗 언약 그리고 새 언약은 종종 왕의 하사(무조건적 언약)로 규정되지만 창조 언약과 이스라엘 언약은 종주-봉신 조약(조건적 언약)으로 설명된다. 여기서부터 이 문제에 따라 다양한 신학적 결론이 도출된다. 예를 들어 본서 8장에서 설명한 것처럼 이 구분을 기초로 폴 윌리엄슨은 두 개의 아브라함 언약 곧 창세기 15장에서 맺어진 무조건적 언

26　예컨대 다음 자료들을 보라. Craig A. Blaising, "The Structure of Biblical Covenants: The Covenants Prior to Christ," Craig A. Blaising and Darrell L. Bock, *Progressive Dispensationalism* (Wheaton, IL: BridgePoint, 1993), 128-211; Paul R. Williamson, *Sealed with an Oath: Covenant in God's Unfolding Purpose,* NSBT 23 (Downers Grove, IL: InterVarsity Press, 2007), 17-43; Michael S. Horton, *God of Promise: Introducing Covenant Theology* (Grand Rapids, MI: Baker, 2006), 23-110.

약과 창세기 17장에서 맺어진 조건적 언약이 있다고 주장한다. 또는 이 구분은 종종 포괄적인 율법-복음 대조 관계(이 관계는 포괄적인 신앙-행위 대조 관계와 관련이 있다)의 한 부분으로 활용된다. 따라서 창조 언약과 시내산에서 맺은 언약은 "율법" 또는 행위 언약의 한 사례로 간주되고, 아브라함 언약과 다윗 언약 그리고 새 언약은 "복음" 또는 은혜 언약의 한 사례로 간주된다. 또는 다른 신학적 관점에서 보자면, 세대주의 신학은 아브라함 언약에서 주어진 이스라엘에게 주겠다는 땅의 약속은 무조건적 언약의 한 부분이기 때문에 무조건적 약속이라고 주장한다. 따라서 이 약속은 미래의 천년 왕국 시대에 계속 성취되어야 한다. 왜냐하면 세대주의자의 주장에 따르면 이 약속의 모든 국면이 아직은 실현되지 않았기 때문이다. 예를 들어 이스라엘 땅에서 다윗 계보의 왕이 민족들을 통치하는 것처럼 말이다. 반면에 언약신학은 "땅"을 좀 더 모형론에 따라 볼 뿐만 아니라, 마이클 호튼이 주장하는 것처럼, 이스라엘에게 주어진 약속들, 특히 땅과 관련된 약속은 조건적 약속이고, 실제로는 상실되었으며, 지금은 교회에서 영적으로 성취되었다고 주장할 것이다. 또한 언약신학은 계보 원리와 관련해서, 이 원리가 무조건적인 아브라함 언약에서 주어진 것이고, 따라서 새 언약 속에서도 변하지 않았고 변하지 않고 지속된다고 주장한다. 왜냐하면 새 언약은 기본적으로 아브라함 언약의 지속과 갱신이기 때문이다. 그리스도의 사역에 따라 명백한 차이들이 있다는 것을 인정하더라도 말이다.

그러나 이전 장들에서 설명한 것처럼 우리는 성경의 언약들을 구분하는 이런 통상적인 방법에 동의하지 않는다. 앞의 설명이 확실하게 보여준 것처럼, 우리는 구약성경의 언약들을 이런 식으로 보는 것은 지나치게 환원주의적이라고 생각한다. 대신 구약성경의 언약들은 무조건적(단독적) 요소와 조건적(쌍방적) 요소들이 서로 결합되어 구성되어 있다. 사실 언약들 간에 의도적인 **긴장**이 있는 것은 엄밀하게 말해 이런 결합에 기인한다. 이런 긴장은 성경의 줄거리와 성경의 언약들이 그리스도에게서 성취될 때 강화된다.

한편으로 성경의 언약들과 성경의 줄거리가 계시하는 것은 결코 실패가 없으신 하나님이 주권적으로 약속을 맺고 언약을 지키신다는 것이다. 하나님은 특별히 "헤세드"와 "에메트"의 하나님, 또는 신약의 용어로 말하면 "은혜와 진리"의 하나님으로 자신을 계시하는 언약의 주님이시다. 창조자와 주(主)로서 하나님은 자신이 지으신 창조물과의 관계 속에 들어가기로 정하시고, 이 관계 속에서 항상 자신이 신실한 당사자임을 보여주신다. 그분은 항상 자신에 대해, 자신의 성품에 대해, 그리고 자신의 약속에 대해 참된 상태를 유지하신다. 그리고 우리는 이것에 기초해서 하나님에 대한 우리의 모든 확신을 소망하고 신뢰하며 찾을 수 있다. 히브리서 저자는 하나님의 언약의 약속들의 확실성, 특히 그리스도 안에서 성취되는 것을 생각했을 때, 이 점을 잘 포착하지 않는가? 히브리서 저자는 이렇게 말한다. "하나님은 약속을 기업으로 받는 자들에게 그 뜻이 변하지 아니함을 충분히 나타내시려고 그 일을 맹세로 보증하셨나니, 이는 하나님이 거짓말을 하실 수 없는 이 두 가지 변하지 못할 사실로 말미암아 앞에 있는 소망을 얻으려고 피난처를 찾은 우리에게 큰 안위를 받게 하려 하심이라"(히 6:17-18). 따라서 성경의 언약들은 무엇보다 먼저 믿을 수 없이 주권적이고 인격적인 성경의 삼위 하나님을 계시한다. 삼위 하나님은 그분의 약속을 맺고 지키신다. 말하자면, 그런 언약들은 결코 좌절되지 않는다. 이런 이유로 성경의 모든 언약은 하나님의 능력과 은혜로 말미암아 무조건적으로 또는 단독적으로 보증된다. 에덴동산에서 아담에게 하시는 것이든 또는 다른 언약의 지도자에게 하시는 것이든, 창세기 3:15에서 하나님의 약속과 관련된 하나님 자신의 형상을 가진 사람 및 창조물과의 서약은 결코 실패할 수 없다. 이 동일한 약속은 성전 전체를 관통하고, 성경의 언약을 통해 발전된다. 하나님의 사랑하는 친아들이 오셔서 그것을 가장 완전하게 성취할 때까지 말이다. 이 동일한 약속은 노아 언약으로 이어져 계속된다. 이 동일한 약속은 아브라함 언약에서 더 분명한 의미가 주어지고 확대된다. 옛 언약과 다윗 언약을 뒷받침하고, 언급한 것처럼 그리스도의 인격과 사역에서 최고의 절정에 도달한다.

다른 한편으로 성경의 모든 언약은 순종하는 당사자를 요구한다. 우리의 창조자와 주로서 하나님은 자신의 형상을 지닌 자들이 자기를 알고, 자기에게 온전한 헌신과 순종을 바칠 것을 요구하신다. 이런 의미에서 언약들에는 조건적 또는 쌍방적 요소가 들어 있다. 이것은 확실히 아담에게서 분명해진다. 아담은 아주 완벽하게 성취할 것이라는 기대를 받으면서 명령과 책임을 부여받는다. 비록 우리가 언약신학이 주장하는 "행위 언약"의 모든 면에 동의하지는 못하더라도, 우리는 이 점에 있어 언약신학이 올바른 견해를 갖고 있다고 생각한다. 나아가 노아 언약에서도 순종이 요구되고, 아브라함과 이스라엘 민족 그리고 다윗과 그의 후손에게도 마찬가지로 순종이 요구되며, 자기 생애의 모든 면에서, 특히 십자가에서 죽기까지 완전히 그리고 온전히 순종하시는 아들이 오실 때에는 상상할 수 있는 한 가장 큰 순종이 요구된다(빌 2:6-11).

그러나 성경의 언약들이 구속사를 통해 진행될 때 이 **긴장**이 심화된다. 그것은 신실한 언약 당사자로 남아 있는 분은 오직 주님 자신 밖에 없다는 것이 분명하기 때문이다. 죄와 죽음의 결과를 반전시킬 것이라는 창세기 3:15의 이 최초의 약속에서부터, 언약들을 거치며 점점 더 커지는 약속들에서, 언약의 의무를 오로지 자신에게 부여하시는 것을 예증하는 창세기 15장의 언약 체결에 대한 아름다운 장면에서, 그리고 거역하고 완고한 백성들에 대해 자신의 약속을 거듭 지키시는 것에서(레 17:11), 하나님은 반복해서 자신이 신실한 언약 당사자이심을 증명하신다. 반대로 인간 언약의 모든 중보자, 곧 아담과 노아, 아브라함, 이스라엘 그리고 다윗과 그의 아들들은 자기들이 신실하지 못하고 불순종하는 언약 위반자임을 보여준다. 어떤 파괴자는 다른 사람들보다 더 크게 언약을 깨뜨린다. 그 결과 언약의 요구들에 충분히 순종하는 신실하고 순종적인 아들은 하나도 없다. 언약은 순종으로 보답이 **이루어져야** 한다. 하지만 그렇게 순종하는 하나님의 형상을 지닌 자/아들이 하나도 없다. 그렇다면 하나님은 자신이 언약 관계에서 우리에게 보여주시고 또 계속 보여주시는 거룩하고 의로우신 하나님으로 어떻게 남으실 수 있을까? 우리의 불순종이 제거되고 우리의 죄가 충분히 지불되지 않는다면 하나님은 어떻게 우리와 관계를 계속 맺으실 수 있을까? 성경의 언약들이 계속 진행되며 **긴장**이 증가할 때 이 질문들에 대해서는 다음과 같은 한 가지 답변이 있다. 오직 하나님 자신만이 언약을 맺고 지키시는 분으로서, 새롭고 더 나은 언약을 세울 수 있는 신실하신 언약 당사자를 준비하셔서 그분 자신의 약속을 지키기 위한 행위를 하실 때에만 가능하다. 우리의 구속이 확보되고, 우리 죄의 대가가 지불되며, 흔들릴 수 없는 새 언약의 출범이 확립되는 일은 하나님이 자기 아들을 오직 성육신하신 성자로 우리에게 주시고, 우리를 위한 그 아들의 순종적인 생애와 죽음을 통해서만 가능하다.

우리가 성경의 경이로운 기독론적인 초점을 제대로 이해하는 것은 순종하는 하나님의 아들에 기초한 깨뜨릴 수 없는 새 언약의 성취로 우리를 이끄는 성경의 언약들에 대해 오직 무조건적 요소와 조건적 요소의 이중적 강조점을 유지할 때에만 가능하다. 우리는 성경의 언약들을 통해 이야기되는 성경의 줄거리를 따라 하나님께 나아간다. 하나님의 아들은 우리의 크신 예언자와 제사장 그리고 왕으로서 우리의 구원을 이루시는 분이시다. 성경의 언약들이 성취되고 이 굳건한 **긴장**이 해소되는 것은 오직 성육신하신 하나님의 아들인 그리스도 안에서만 가능하다.

이 다섯 가지 요약적인 해석학적/방법론적 특징들, 즉 성경의 언약들을 "하나로 종합하는" 다른 방법들 간의 유사점과 차이점을 부각시키는 특징들을 고려하면서, 이제 우리는 우리가 언약들 간의 관계와 그리스도 안에서의 성취 그리고 새 언약 시대의 출범을 어떻게 이해하는지 성경신학적으로 요약해보고자 한다. 분명하게 우리는 앞으로 우리 견해의 "큰 그림"을 제공하기 위해서 이전 장들의 가장 두드러진 특징만을 강조할 것이다.

성경의 언약들에 대한 성경신학적 요약

아담과 창조 언약

언약신학은 주로 창세기 1-2장의 언약을 "행위 언약"으로 말하고, 세대주의 신학은 창조 언약에 대해서는 거의 말하지 않는다.[77] 언약신학의 견해에 따르면 "행위 언약"은 전체 인류의 머리이자 대표로서 아담과 맺어졌다. 아담과 그의 모든 후손에게 하나님의 법에 완전히 순종할 것을 조건으로 영생이 허락되었다. 그런데 아담이 불순종함으로써 인류 전체와 함께 죄 죽음 그리고 정죄의 상태로 떨어졌다. 하지만 하나님은 자신의 주권적 은혜와 주도권에 따라 인간을 이 상태에 그냥 내버려두지 아니하고, 대신 "은혜 언약"—택함 받은 자와 맺어진 언약[28]—과 동일한 구원 약속을 주셨다. 이 약속에 따라 하나님은 자기 백성의 언약의 머리이신 마지막 아담 곧 주 예수 그리스도를 통해 은혜로 죄인들에게 생명과 구원을 제공하셨다.

비록 이 간단한 설명이 언약신학의 표준 견해이기는 해도, 많은 사람이 "행위 언약" 또는 창세기 1-2장에 있는 어떤 언약의 타당성에 대해 의심을 품었다. 우리는 이 언약을 거부하는 주장들을 본서 6장에서 상세히 다루었기 때문에 여기서는 반복해서 말하지 않고, 대신 가장 핵심적인 반론에 초점을 맞출 것이다. 첫째, 주석적으로 "언약"(베리트)이라는 말이 창세기 1-2장 본문에서는 발견되지 않으므로, 그리고 그 말이 창세기 6:18에 이르러서야 비로소 사용되므로, 어떤 이들은 노아 이전에 어떤 언약이 있다고 말해서는 안 된다고 결론지었다.[29] 둘째, 신학적으로 어떤 이들은 **행위** 언약 개념을 의심했다. 아담이 자신의 구원을 자기 힘으로 얻고자 하는가? 아담은 하나님과의 올바른 관계 속에 이미 들어가 있지 않은가? 그리고 아담이 분명히 불순종하면 모든 것을 잃어버리도록 되어 있기는 해도 우리가 그것을 "행위"의 의미로 생각해야 하는가?

그렇다면 우리는 어찌하여 언약의 중보자로 활동하는 아담과 맺어진 "창조 언약"이 있다고 주장하는가? 우리는 우리의 전체 논증을 다섯 가지

---

27 이 점에 대한 상세한 설명은 본서 2장을 보라.

28 본서 2장에서 우리는 언약신학 안에 은혜 언약의 당사자의 범주에 대해 논란이 있다는 것을 언급했다. 하나님은 택함 받은 자와만 언약을 맺으시는가, 아니면 신자와 그들의 자녀와 언약을 맺으시는가? 두 답변 모두 언약신학 안에서 발견된다.

29 Paul R. Williamson, *Sealed with an Oath*, 44-58을 보라.

핵심으로 요약하고, 아울러 이 핵심들을 살펴보면서 아담이 언약들의 발전에서 맡았던 근본적인 역할을 강조하고자 한다.

1. 창세기 1-2장에 "언약"이라는 단어가 나오지 않는 것은 거기에 언약이 없었다는 사실을 수반하지 **않는다.** 본서 5-7장에서 주장한 것처럼, 주석적 관점에서 윌리엄 덤브렐은 언약을 "쪼개다"와 언약을 "세우다"라는 두 단어 사이의 중요한 구분을 정확히 언급한다. 창세기 6:17-18과 9:8-17에서 노아 언약은 언약을 "쪼개다"가 아니고 언약을 "세우다"로 되어 있다.[30] 일반적으로 언약을 "쪼개다"는 단어는 언약의 시작 또는 개시를 언급한다. 언약을 "세우다"라는 단어는 언약 관계가 이미 존재하는 것을 전제하거나 한 언약 당사자가 이전에 시작된 언약에 따라 다른 당사자가 역사 속에서 이 약속의 성취를 경험하도록, 즉 자신의 약속으로 다른 당사자가 유익을 얻도록 의무를 이행하거나 약속을 지키는 것을 가리킨다(참조. 창 17:7, 19, 21; 출 6:4; 레 26:9; 신 8:18; 왕하 23:3; 렘 34:18). 따라서 창세기 6:18(그리고 창 9:9, 11, 17)에서 "내 언약을 세우리니"라는 말은 오직 아담 안에서 발견되고 창조에 기초한 이미 존재하는 **언약** 관계의 유지를 언급한다.[31]

2. 문맥상 우리가 창세기 2장을 주목할 때 거기서 "언약의 요소"를 발견하는 것은 부적절하지 **않다.** "언약"이라는 말이 사용되지는 않더라도, 불순종에 대한 처벌이 있는 순종의 조건을 포함해 야웨/봉신 협정의 모든 요소가 문맥 속에 들어 있기 때문이다.[32] 그런데 그것을 "행위 언약"으로 보기보

---

30 William J. Dumbrell, *Covenant and Creation: A Theology of the Old Testament Covenants* (Carlisle UK: Paternoster, 1984), 11-26, 31-39을 보라.

31 Williamson, *Sealed with an Oath*, 44-58; Jeffrey J. Niehaus, "An Argument against Theologically Constructed Covenants,: *JETS 50/2* (2007): 259-273과는 반대다. 이 점에 대한 상세한 설명은 본서 5-6장을 보라. 또한 우리는 창조 언약에 대한 추가 증거로 호 6:7(이 중요한 본문에 대한 설명은 본서 6장을 보라)에 호소할 수 있다. 또한 본서 6장에서 설명한 것처럼 렘 33:19-26도 보라.

32 하나님이 아담에게 요구하신 것은 창 2:16-17에 분명히 진술되어 있다. 히브리어에서 부정사 절대형은 큰 힘을 더하는 의미로 사용된다. "네가 먹고 먹으면" "네가 죽고 죽으리라." 첫 번째 경우의 어조는 충분한 허용의 어조다. 하나님은 매우 후하신 하나님으로 제시된다. 하나님은

다는 "창조 언약" 즉 특히 나머지 성경과 관련해서 인류를 대신해 대표로서의 역할을 맡은 아담이 관련된 원초적인 유일한 상황으로 보는 것이 가장 적절하다(참조. 롬 5:12-21; 고전 15:20-21).[33]

이 점은 아담과 전체 인류가 하나님의 형상을 지닌 자로 지음 받았다는 엄청난 진리와, 하나님의 형상과 하나님의 아들 신분의 관계의 의해 강화된다.[34] 비록 "이마고 데이"(*imago dei*, 하나님의 형상)의 정확한 의미에 대해 논란이 있지만, 곧 "형상"(첼렘)과 "모양"(데무트)이라는 단어가 구약성경에서 인간에게 적용되는 경우가 드물고,[35] 이 두 단어는 "확고한 의미의 경계선을 갖고" 전문적 의미로 사용되지는 않지만,[36] 고대 근동의 배경을 고려하면,

---

심지어 이 허용을 **명하신다**. 반면에 이 명령에 대한 불순종은 죽음의 경고를 가져온다. 이런 말의 사용은 하나님 앞에서 인간의 책임과 그 언약의 사법적 측면의 중요성을 강조한다. 한편으로 야웨의 선물을 누리지만 다른 한편으로는 자유로운 창조물이 자신의 행복 상태를 계속 지키려면 자신의 창조 상태를 자유롭게 인정해야 하는 조건이 있다. 대다수 사람들이 정경 전체에 비추어 창 2장에서 확립된 관계는 잠정적 관계였다고 본다. 만일 아담이 하나님께 순종했다면 시험을 통과하고 의를 확증하는 상태에 들어갔을 것이다. 그러나 본문은 이에 대한 세부 사실과 결론에 대해서는 침묵한다.

33 이와 동일한 요점을 주장하는 Horton, *God of Promise*, 83-104을 보라.

34 이 점에 대한 상세한 설명은 본서 6장을 보라.

35 성경의 내용에 따르면 다섯 본문이 인간을 "하나님의 형상" 대로(창 1:27; 9:6; 고전 11:7) 또는 하나님의 "모양"을 따라(창 5:1; 약 3:9) 지음 받은 것으로 명시한다. 다른 두 본문은 새롭게 된 인간을 구속으로 말미암은 하나님의 "형상" 또는 "모양"으로 언급한다(골 3:10; 롬 8:29; 참조. 엡 4:24; 고후 3:18). 나아가 우리는 하나님의 형상으로 지음 받은 우리의 존재의 대형이신(골 1:15; 참조. 히 1:3) 아들 곧 우리 주 예수 그리스도를 하나님의 참 "형상"으로 제시하는 중요한 기독론 관련 본문들도 있다.

36 Carson, *Gagging of God*, 204. 조직신학에는 "하나님의 형상"의 본질을 이해하고자 애쓴 세 가지 주요 견해가 있다. (1) 존재론적 견해. 이 견해를 지지하는 이들은 "이마고 데이"를 인간 내면에서 발견되는 특별한 속성(예. 이성, 도덕성 등)이라고 주장한다. 그리고 우리는 이 "속성"으로 인해 타락 이후에도 하나님의 "형상"을 계속 갖고 있다. 이 견해를 지지한 대표적인 사람으로는 Aquinas와 Luther 그리고 Calvin이 있다. (2) 기능적 견해. 이 견해의 지지자들은 우리 인간이 하는 것에 의해서, 특히 땅에 대한 "지배권"을 갖고 있는 것과 관련해서 하나님을 닮는다고 말한다. 그들은 이에 대한 증거로 창조 기사에 나타난 창조 명령과의 유사성을 언급한다(창 1:26; 시 8:5-6). Gerhard Von Rad가 이 견해의 대표자다. (3) 관계적 견해. 이 견해의 지지자들은 하나님과 타인과의 관계를 맺는 우리의 능력에서 하나님의 "형상"을 발견한다고 주장한다. 신정통주의 신학자들, 예를 들어 Emil Brunner와 Karl Barth 같은 신학자들

그 개념에 대한 명확한 이해가 존재한다. 고대 세계에서 "신의 형상"(image of the god)이라는 개념은 "신"의 물리적 대표 개념을 전달하고, 이것은 아담과 인류 전체가 어떻게 하나님을 대신해서 하나님의 대리인으로, 하나님을 섬기는 왕으로서 다스리고 기능하는 부섭정으로 간주되는지를 역설한다. 그러나 이 개념이 오직 왕에게만 적용되는 고대 근동에서와 달리, 성경에서는 전체 인간이 대표 머리인 아담 아래 모든 창조물을 다스리는 "왕"으로 지음 받았고, 따라서 이것은 아담과 인류가 가진 이중의 관계 곧 하나님과의 관계와 창조 질서와의 관계를 강조한다.[37] 이것은 창세기 1:26c에 의해 지지를 받는다. 거기서 그것은 목적절로 가장 잘 번역된다. "…그들[사람]이 지배권을 가질 수 있도록 하자." 즉 그들이 왕의 방식으로 기능하도록 하자. 이것은 어떤 이들이 주장하려는 것처럼 하나님의 형상에 대한 정의가 만물에 대한 지배권에 있다는 것을 의미하지 않는다. 대신 그레엄 골즈워디가 올바르게 주장하는 것처럼 지배권은 형상의 "결과"로 이해하는 것이 가장 좋다.[38] 이 점을 지지하는 중요한 본문이 시편 8편이다. 시편 8편은 인간

이 이 견해를 일반적으로 받아들였다. G. C. Berkouwer를 참조하라. 이 세 가지 견해에는 부분적으로 약간의 진실이 있다고 주장하는 것이 아마도 최선의 설명일 것이다. 이 문제를 신학적으로 잘 다룬 것은 Anthony A. Hoekema, *Created in God's Image* (Grand Rapids, MI: Eerdmans, 1986)를 보라. 『개혁주의 인간론』(부흥과개혁사 역간).

37 아담과 인류의 하나님 및 세상과의 이 **이중** 관계는 중요하다. 우리는 본서 6장에서 다룬 하나님의 "형상"과 "모양"에 관한 전체 주장을 여기서 되풀이할 수는 없다. 우리는 독자에게 본서 6장에 세부적인 설명이 있음을 상기시키고자 한다. 본서 6장에서 고대 근동에서 이 두 용어("형상"과 "모양")가 어떻게 왕권과 언약을 보여주는지를 설명했다. "모양"은 왕과 하나님 사이의 언약 관계를 보여주지만 "형상"은 왕과 그의 세계 간의 언약 관계를 보여준다.

38 Goldsworthy, *According to Plan,* 96. 형상이 주로 기능적 개념이고 지배권의 역할에 초점이 있다고 주장하는 학자들 중 다음 학자들의 자료를 보라. Eugene H. Merrill, *Everlasting Dominion: A Theology of the Old Testament* (Nashville: B&H, 2006), 169-172; D. J. A. Clines, "The Image of God in Man," *Tyndale Bulletin* 19 (1968): 53-103. Clines는 다음과 같이 결론짓는다. "형상은 존재론적으로가 아니라 실존적으로 이해되어야 한다. 형상은 인간의 본질에 대한 표현이 아니라 인간의 행동과 기능에 대한 표현이다. 이 기능은 낮은 질서의 창조물에 대한 하나님의 주재권을 보여주는 것이다. 창조물에 대한 인간의 지배권은 형상 자체의 내용에서 결코 배제할 수 없다"(101).

을 왕의 관점에 따라 묘사한다. 중요하게도 이 본문은 히브리서 2:5-18에서 전개된다. 히브리서의 이 본문은 "하나님의 형상"을 그리스도에게 적용한다. 그리스도는 하나님의 아들로서 참된 "하나님의 형상"이실 뿐만 아니라(골 1:15을 보라. 참조. 히 1:3) 그분은 스스로 우리의 인간성을 취하고, 우리와 같이 되셨으며 순종하는 아들로 우리를 위해 우리의 구원을 이루시면서 아담의 역할을 성취하신 분이시다.

이 모든 방식으로 하나님의 "형상"은 우리의 독특함, 하나님 앞에서의 우리의 존엄성, 그리고 우리가 전체 창조물에 대해 맡고 있는 대표자 역할을 의미하는 용어다. 그 결과 하나님은 그분이 인간 존재들을 다루시는 방법에 기초해서 창조물을 다루신다. 이것은 우리의 대표자이자 언약의 머리인 아담을 통해 중재되는 것으로서 독특한 언약 관계를 언급하는 것처럼 보인다. 골즈워디가 다음과 같이 말할 때 이것을 잘 진술하고 있다.

> 비록 하나님이 선한 질서와 보존을 위해 창조물 전체에 관심을 갖고 계신다고 해도, 이 관심의 특별한 초점은 인간에게 있다. 창조물은 우리 인간의 유익을 위해 존재한다. 인간은 전체 창조물의 대표다. 그 결과 하나님은 인간을 다루는 방법에 기초해서 창조물을 다루신다. 오직 인간만이 하나님을 알고 하나님을 닮도록 지음 받은 자로 이야기된다. 인간이 죄를 저질러 타락했을 때, 창조물도 인간과 함께 타락했다. 전체 창조물을 회복시키기 위해 하나님은 자기 아들을 통해 일하신다. 이 아들은 사람을 회복시키려고 사람이 되셨다. 전체 창조물은 최종적으로 하나님의 온전한 자녀로 나타나도록 구속받은 하나님의 백성을 간절히 기다리고 있다. 왜냐하면 그때에 창조물은 자기들도 속박에서 해방될 것이기 때문이다(롬 8:19-23). 이처럼 사람을 하나님의 언약적인 사랑과 구속의 대상으로 파악하는 것은 창세기 1-2장에서 사람에게 주어진 중대한 의미를 확증한다.[39]

---

[39] Goldsworthy, *According to Plan*, 96.

나아가 "형상" 개념을 "아들 신분"과 연결하고, 그리고 아들 신분을 성경의 언약들과 연결하는 것도 중요하다. "형상"이 기능적이고 대표적인 의미를 강력하게 전달하는 것처럼 "아들" 개념도 마찬가지다.[40] 스티븐 뎀스터가 다음과 같이 말하는 것처럼 말이다. 하나님의 형상이 이 계보를 통해 전달된다는 것은 "하나님이 아담을 하나님의 형상으로 창조하신 것과 이후에 인간이 아담의 형상으로 셋을 창조한 것을 나란히 병치시킨 것에 함축되어 있다. 아들 신분과 하나님의 형상이 관련이 있는 것처럼 말이다. 셋이 아담의 아들인 것처럼, 아담도 하나님의 아들이다. 표현이 지금 여기까지 이어지고 있는데 이는 문자 그대로 하나님의 아들을 분명히 고려하는 게 아니다. 그럼에도 저자는 자신의 주장을 정당화하고자 이런 유비를 사용한다."[41] 사실 신약성경은 누가복음 3:38에서 아담을 하나님의 "아들"로 부를 때 이와 동일한 관련성을 이끌어낸다. 이것이 가능한 것은 "아들 신분"이 강력한 대표적/기능적 의미를 전달하기 때문이다. 아담은 하나님의 "형상"이자 하나님의 "아들"이다. 그가 하나님의 대표이기 때문이다. 이것은 전체 인류도 마찬가지다. 아담은 하나님의 주권적 통치 아래 하나님의 창조물로서 하나님과 비슷한 방식으로 행동하고 기능해야 한다. 나중에 구약의 언약들에서 "아들"이라는 이 동일한 개념이 이스라엘에게 적용되고(출 4:22; 참조. 호 11:1), 아울러 다윗 언약과 관련된 다윗 왕(들)에게도 적용된다(삼하 7:14 이하; 시 2편). 모든 경우에 한 민족으로서 이스라엘 및 다윗과 그의 아들들은 야웨의 대표로 세움 받고, 이 세상에서 하나님의 통치를 수행한다. 그들에 앞서 아담이 행했던 것처럼 말이다. 이와 관련해서 우리가 "형상"과 "아들"에 대한 이런 강조점을 볼 때에 언약의 용어로 생각하지 않기란 매우 어렵다. 게다

---

40 이 점에 대해서는 Dan G. McCartney, "*Ecce Homo:* The Coming of the Kingdom as the Restoration of Human Viceregency," *Westminster Theological Journal* 56(1994): 3-7 을 보라.

41 Stephen G. Dempster, *Dominion and Dynasty: A Biblical Theology of the Hebrew Bible*, NSBT 15 (Downers Grove, IL: InterVarsity Press, 2003), 58-59.

가 이런 강조점은 신약성경의 기독론을 이해하고 그리스도를 새 언약의 머리로 이해하는 데 토대가 된다. 성경은 "형상"과 "아들"이라는 표현을 영원한 아들에게 적용하고(비록 이 영원한 아들이 더 위대하지만), 그리고 영원한 아들을 아담과 이스라엘 그리고 다윗의 대형적 성취로 분명하게 묘사하기 때문이다.

3. 신학적으로 성경의 전체 줄거리는 근본적인 역할을 하는 두 개인 곧 아담과 그리스도에게 집중되어 있다. 정경의 맥락에서 보면 태초의 상황에서 일종의 언약의 머리가 되는 아담이 없이는 그리스도를 새 언약의 머리로 생각하기가 어려워 보인다. 우리는, 이 관계에 대한 가장 좋은 설명은 아담이 독특하고 단회적인 상황에서 인류의 머리로 세움 받은 "창조 언약"이라고 주장했다. 하나님의 형상을 지닌 자(그리고 하나님의 아들)로서 아담과 하와는 하나님의 창조물을 다스리고, 하나님의 영광을 위해 만물을 그들의 발 아래에 두며(참조. 시 8편), 이 세상에서 하나님이 지으신 모든 것이 하나님의 의도대로 하나님과 올바른 관계 속에 서 있는 하나님의 나라의 패턴을 확립하라는 명령을 받는다.[42] 그러나 슬프게도 아담은 이 명령에 순종하지 못했고, 이것 때문에 자기 실존의 목적도 이루지 못했다. 도리어 아담은 하나님을 거역하고, 인류 언약의 머리로서 우리 모두를 자신의 운명 속으로 떨어뜨렸으며, 하나님의 선한 세상에 죄와 죽음의 실재와 권능을 가져왔다. 하나님이 은혜와 능력으로 역사하지 않으신다면, 아담 안에 있는 원 창조물은 완전히 하나님의 심판 아래 처한다. 그러나 감사하게도 하나님은 우리를 위해 조치를 취하기로 결정하신다. 하나님은 여자의 후손을 준비하셔서(창 3:15) 창조물과 인류에 대한 그분의 목적을 유지하신다고 약속하셨다. 이런 맥락에서 그분의 목적은 궁극적으로 타락의 재앙적인 결과에 반전을 가져오는 것으로 이해되어야 한다.

성경적으로 그리고 신학적으로, 성경의 줄거리를 이해하기 위해 아담-

42　Goldsworthy, *According to Plan*, 99.

그리스도의 모형론적 관계의 중요성을 과대평가하는 것은 어렵다(롬 5:12-21; 고전 15:20-23을 보라. 참조. 히 2:5-18). 성경은 모든 인간이 두 사람, 곧 아담과 그리스도라는 수장의 지도를 받는다는 사실을 분명히 밝힌다. 아담은 죄와 죽음 그리고 심판을 특징으로 하는 "옛 창조" 및 "현시대"와 관련이 있는 모든 것을 상징한다. 그리스도는 "새 창조" 및 "새 언약"과 관련이 있는 모든 것을 나타내고, 구약 예언자들의 관점에서 보면 "다가올 시대"는 구원과 생명 그리고 타락으로 잃어버린 것의 회복을 특징으로 나타낸다.[43] 이것이 성경이 유대인과 이방인을 모두 아담에게 궁극적으로 포함시키는 이유다. 따라서 아담의 불순종을 고려하면, "아담 안에" 있는 모든 이들은 지금 자신들의 죄로 이 죽은 세상에 들어오고, 하나님의 공정한 심판을 받는다(엡 2:1-3을 보라). 이런 방식으로 아담의 수장권(headship)은 일반적인 부권(fatherhood)보다 더 큰 권한을 갖고 있다. 또한 그것은 인간이라는 것의 의미를 정의하는 위엄도 포함한다. 아담은 우리의 혈통적·생식적 머리뿐만 아니라 우리의 언약적인 머리를 나타내기 때문이다.[44] 따라서 인간이 되는 것은 아담의 형상을 갖는 것과 동등하다(고전 15:49). 그런데 타락과 관련해서 "아담" 안에 있는 것은 "옛 창조"의 일부분이 되는 것이고, 죄와 죽음 그리고 심판의 특징을 나타내는 시대의 일부가 되는 것과 똑같다. 반면에 "그리스도 안에" 있는 것은 "새 창조"와 구원 및 생명과 관련된 시대의 일부가 되는 것과 똑같다. 이는 더글러스 무(Douglas Moo)가 다음과 같이 말하는 것과 같다. "바울은 다음과 같이 가르친다. 모든 사람은 두 사람 중 한 사람과 관계를 맺는다. 이 두 사람의 행동은 자기들에게 속한 모든 이들의 운명을 결정한다. 어떤 이들은 아담'에게 속해 있고', 아담의 죄나 불순종 때문에 죽음의 선고 아래 있다. 다른 어떤 이들은 그리스도의 '의로운' 행동이나

---

43 다음 자료들을 보라. Henri Blocher, *Original Sin: Illuminating the Riddle*, NSBT 5 (Downers Grove, IL: InterVarsity Press, 2001); Ridderbos, *Paul*, 44-90; Schreiner, *New Testament Theology*, 41-116.

44 이 점의 전개에 대해서는 아래를 보라.

순종 때문에 영생을 보장받는다. 따라서 아담과 그리스도의 행동은 '획기적인' 중요성을 갖고 있다는 점에서 비슷하다."[45] 비록 이 두 사람 사이에는 그들의 신분과 행위와 관련해서 엄청난 불연속성이 존재하지만, 이 두 사람의 능력은 동등하지 않다. 더글러스 무가 다음과 같이 올바르게 언급한 것처럼 말이다. "그리스도의 행위는 아담이 저지른 죄의 결과들을 완전히 극복할 수 있기 때문이다."[46]

우리의 견해와 관련해서 이런 점이 가진 중요성은 무엇일까? 우리는 이것과 관련해서 많은 것을 말할 수 있지만 중요 핵심은 다음과 같다. "창조 언약"과 창조 언약에서 아담의 대표 역할은 성경의 **모든** 언약에 토대다. 다시 말하자면 우리가 이후에 노아와 아브라함 그리고 이스라엘 또는 다윗과 맺은 언약 중 어느 한 가지 언약을 생각한다고 하더라도, 이 모든 후속 관계는 아담과 창조 언약의 부분 집합이다.[47] 이것이 왜 이후의 언약 중보자들이 아담의 역할을 맡고 "작은 아담들"로 기능하는지에 대한 이유다. 그리고 이것이 왜 "마지막 아담" 곧 우리 주 예수 그리스도를 통해 임하는 새 언약이 원래의 상황을 회복시키는 언약인지를 설명해주는 이유다. 물론 원래의 상황보다 더 좋고 더 강력한 회복으로 나타나기는 하지만 말이다. 성경에서 아담에게 할애되는 지면이 그리 많지는 않아도 창조물의 대표 수장으로서 아담의 역할은 아담 이후에 오는 것을 규정한다. 우리는 도표 16.3("시간 대 언약 구성원의 범주")에서 이 강조점을 제시하려고 했다. 비록 이후의 언약들에서 언약 구성원의 범주가 좁혀지기는 해도, 첫째 언약("창조 언약")의 범주는 창조물만큼 보편적이다. 그러나 성경의 줄거리가 진행될수록 이후 언약

---

45 Douglas J. Moo, *The Epistle to the Romans,* New International Commentary on the New Testament (Grand Rapids, MI: Eerdmans, 1996), 315. 『NICNT 로마서』(솔로몬 역간).

46 Moo, *Epistle to the Romans,* 315.

47 자신의 줄거리를 아담이 아니라 노아와 함께 시작하는 Williamson과는 반대다. 흥미롭게도 세대주의 신학은 특히 땅의 약속과 관련해서 아브라함 언약에 특권을 부여한다. 심지어는 아담과 함께 시작하는 언약신학도 종종 교회와 세례에 대한 신학적 구성을 할 때 아브라함 언약에 시선을 고정한다.

들의 좁아진 범주는 새 언약의 머리로 오시고, 자신의 순종을 통해 새 창조의 출범을 가져오신 그리스도 안에서 회복된다(도표 16.4, "시간 대 언약 당사자/역할").[48]

4. 창조 언약이 이후의 모든 언약의 토대 역할을 한다는 것을 고려한다면, 우리는 창조물에서 세워진 근본적인 모형론적 패턴들이 궁극적으로 그리스도와 새로운 언약이라는 **목적**에 도달한다는 사실에 놀라서는 안 된다. 예를 들어 창조의 7일을 생각해보자. 하나님은 창조하신 모든 것을 "심히 좋았더라"(창 1:31)고 선언하신 후 일곱째 날에 **안식**하신다. 이것은 하나님이 창조의 언약적인 즐거움에 들어가고 우리가 섬기는 왕으로서 창조 명령을 수행할 때 하나님에 대해 즐거워하게 된 것만을 말하는 것이 아니다. 또한 이것은 모세 시대의 안식일 율법(출 20:8-11)의 근거로 작용하는 구조 또는 패턴을 세우고, 장차 임할 더 큰 "안식"(히 3:7-4:13), 곧 예수께서 친히 시작하신 새 창조와 새 언약이라는 위대한 구원의 안식과 관련이 있는 것을 궁극적으로 그리고 모형론적으로 미리 알려준다.[49] 또는 성전 성소로서의 에덴, 곧 창조물과 결부된 땅의 중요성과 어떻게 이런 구조들이 성전을 대체하고, 자신과 함께 땅을 가져다준 우리 주 예수 안에서 성취되는지의 밀접한 관련성을 생각해보자. 비록 이 땅이 지금은 새 창조와 관련해서 이해되고 있지만 말이다.[50] 또는 창세기 2:24-25의 결혼 제도의 확립과 성경의 언약들을 통해 결혼이 어떻게 더 큰 실재 즉 하나님과 하나님의 백성의 관계 및 그리스도와 교회의 관계를 묘사하고, 또 새 창조의 궁극적 완성과 만물의 목적을 어떻게 미리 알려주는지 생각해보자.[51] 이런 방식으로 창조 언약

---

48 도표 16.3과 16.4는 Jason T. Parry가 만든 것이다. 허락을 받아 사용함 (도표 16.3은 Peter Gentry의 도표를 다듬은 것이다)

49 이런 생각의 발전에 대해서는 Carson, *Gagging of God*, 202; D. A. Carson ed. *From Sabbath to Lord's Day: A Biblical, Historical, and Theological Investigation* (Grand Rapids, MI: Zondervan, 1982, repr.; Eugene, OR: Wipf & Stock, 2000)을 보라.

50 Beale, *Temple and the Church's Mission*.

51 Raymond C. Ortlund, Jr., *God's Unfaithful Wife*, NSBT 2 (Downers Grove, IL:

은 구조와 패턴들을 씨앗 형태로 확립하고, 언약들이 펼쳐질 때 구조와 패턴들은 그리스도와 새 언약 시대 안에서 활짝 꽃을 피운다.

5. 우리는 세상에 죄가 들어온 것과 구속에 대한 하나님의 최초의 약속(창 3:15), 곧 이후의 성경의 언약들에서 더 분명함과 의미 그리고 확대가 이루어지는 약속에 대한 두 가지 강조점을 언급하지 않고서는 "창조 언약"에 대해 말할 수 없다. 우리는 이 두 가지 강조점을 간략하게 강조하고자 한다. 그것들은 성경의 전체 줄거리와 하나님의 점진적 계시에 토대가 되기 때문이다.

첫째, 창세기 3장은 역사에서 죄와 악이 어떻게 인류 안에 들어왔는지를 묘사하는 중요한 본문이다. 따라서 이 죄와 악은 오직 하나님만이 고치실 수 있는 인간 타락의 절망적인 본질이다.[52] 성경은 처음부터 끝까지 죄와 악을 심각한 실재로 취급한다. 우리는 창세기 1-2장에서 3장으로 옮겨가면 인간이 얼마나 빠르게 "심히 좋은" 세상(창 1:31)으로부터 병적이고 저주 받은 세상(창 3:14-24), 곧 이제 하나님의 심판과 죽음의 선고 아래 있는 세상으로 옮겨지는지를 본다. 하나님으로부터 상상할 수 있는 온갖 복을 받

InterVarsity Press, 2003).

[52] 여기서 나는 죄가 천사들의 영역에 들어간 것에 초점을 맞추고 있지 않다. 성경은 천사들의 타락 시기나 본질에 대해서는 많은 말을 하지 않는다. 창 3:1에서 뱀이 에덴에 들어온 것을 고려하면 천사들의 타락은 인간의 타락 이전에 일어난 사건이 틀림없다. 이 사건을 묘사하는 데 가장 긴밀한 본문들은 아마 유 1:6(참조. 딤전 3:6; 벧후 2:4)과 계 12장일 것이다. 나아가 아담과 타락의 **역사성**을 강조하는 것도 중요하다. 왜냐하면 이에 대한 확언이 없었으면 우리는 성경이 가르치는 것을 천명할 수도 없었기 때문이다. 궁극적으로 오직 역사적(따라서 책임 있는) 죄와 악이 소멸되고 완전히 제거될 것이다. 다른 어떤 것이 죄를 인간에게 내재적인 것으로 즉 인간을 구조적으로 흠이 있는 존재로 만든다. 그러나 죄를 구조적인 죄로 만드는 것은 두 가지 측면에서 성경의 입장을 파괴한다. 첫째, 죄와 악에 대한 책임을 궁극적으로 처음부터 우리를 흠 있는 존재로 만드셨다고 우리의 창조자에게 귀속시키면서 성경의 입장을 파괴한다. 둘째, 우리의 부패한 상태를 반전시킬 수 있는 희망의 기초를 잘라버리면서 성경의 입장을 파괴한다. 궁극적으로 우리 문제점의 해결에 대한 소망은 오직 우리의 "불구 상태"가 역사와 연계되고, 따라서 되돌릴 수 있으며, 하나님이, 만약 그렇게 하겠다고 정하신다면, 일어난 일을 반전시키는 데 있어 주도권을 가지신다면 발견될 수 있다. 이 점에 관해서는 Blocher, *Original Sin*을 보라.

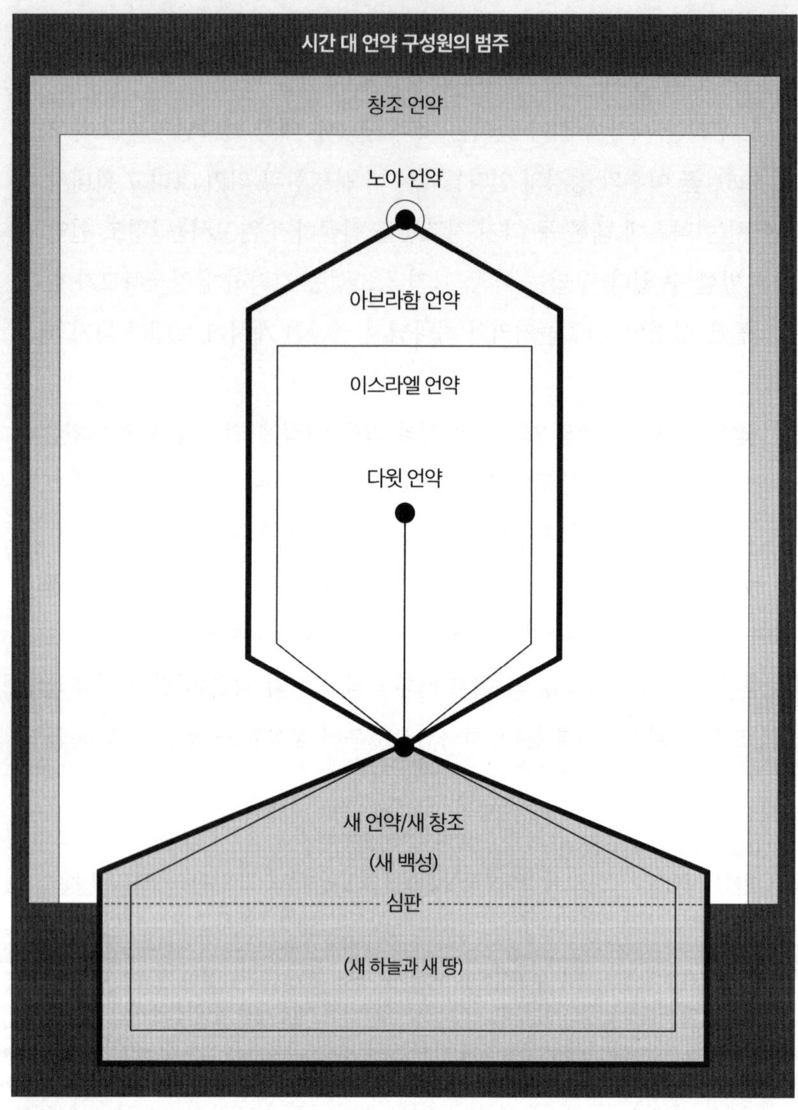

주목 아브라함 언약과 연결되어 있는 선은 이스라엘 언약과 새 언약이 아브라함 언약의 성취의 수단임을 뚜렷하게 보여준다. 다윗 언약의 선이 하나뿐인 것은 공식적으로 다윗 언약은 하나님과 다윗 사이에 맺어진 언약이기 때문이다. 아브라함 언약은 민족들에 대한 복을 약속하고, 이스라엘 언약은 메소포타미아와 이집트 사이를 잇는 땅에 이스라엘을 위치시키고, 다윗 언약은 인간에 대한 헌장이다. 따라서 이 언약들은 모두 원리상 전 세계에 영향을 미친다. 하지만 이 도표는 특별히 언약 구성원의 범주에 대해 말해준다. 새 창조는 결국 옛 창조를 완전히 대체한다. 구약 시대에 하나님은 먼저 백성을 만들고(이스라엘), 그다음에 땅을 주신다(팔레스타인). 신약 시대에도 하나님은 먼저 백성을 만들고(그리스도인), 그다음에 땅을 주신다(새 하늘과 새 땅).

고 선악을 알게 하는 나무의 열매는 따먹지 말라는 명령을 받은 후에, 그리고 한평생 계속 울려 퍼지는 경고―"네가 먹는 날에는 반드시 죽으리라"(창 2:17)―를 갖고, 아담은 고의적이고 자율적으로 하나님을 거역하는 행동을 하고, 비극적으로 창조 질서를 완전히 엉망으로 만든다. 최초의 유혹과 그 결과 이어진 거역 행위는 본문에 사실대로 진술되어 있다. 하지만 "여자가 그 나무를 본즉 먹음직도 하고 보암직도 하고 지혜롭게 할 만큼 탐스럽기도 한 나무인지라. 여자가 그 열매를 따먹고 자기와 함께 있는 남편에게도 주매 그도 먹은지라"(창 3:6)는 진술의 배후에는 인간이 자기 자신의 뜻과 선택을 창조물을 창조하신 영광스러운 하나님의 뜻과 선택보다 더 좋아했다는 끔찍한 실상이 놓여 있다. 바울의 말을 빌리자면 인간은 "영원히 찬송 받으실 조물주보다 창조물"을 더 경배하고 섬기는 선택을 했다(롬 1:25). 슬프게도 그 처벌은 그 죄에 적합하다. 인간은 이제 죽음의 선고 아래 있고, 이것은 성경에서죄의 속박과 허물로 말미암은 죽음 및 죄와 사망과 악한 자 등의 권능 아래 있음 등(렘 17:9; 롬 6:23; 엡 2:1-3)으로 다양하게 묘사된다. 그러나 이 모든 끔찍한 결과보다 더 나쁜 것은 하나님을 알고 사랑하며 섬기도록 지음 받은 인간이 이제는 하나님의 원수로서 하나님의 심판과 진노 아래 살고 있고, 더 이상 하나님과 살아 있는 관계 속에서 살지 못한다는 것이다. 곧 인간은 영적으로 하나님에 대해 죽었다(롬 8:7; 엡 2:1-3; 4:17-19). 결론적으로 이것이 죽음, 곧 육체적·영적 죽음인 것은 하나님의 영광을 위한 하나님의 형상의 담지자로서 하나님과 관계와 교제를 맺으며 사는 것이 생명이고 하나님 없이 사는 것은 죽음이기 때문이다.

성경 본문이 전개될 때, 우리 죄의 형벌은 최초의 죄의 직접적 결과와 관련해서 묘사되고, 그리고 곧이어 더 명백하고 장기적인 결과와 관련해서 묘사된다. 처음에 우리가 듣는 말은 금지된 열매를 따먹은 거역 행위로 아담과 하와의 눈이 "밝아졌다"는 것이고, 이 밝아짐은 뱀이 약속한 것과 달리 부정적인 의미로 간주된다(창 3:7). 아담과 하와는 일어난 일에 대한 책임을 서로에게 그리고 하나님께로 돌리고, 도피와 부끄러움으로 하나님 앞을 떠

도표 16.4

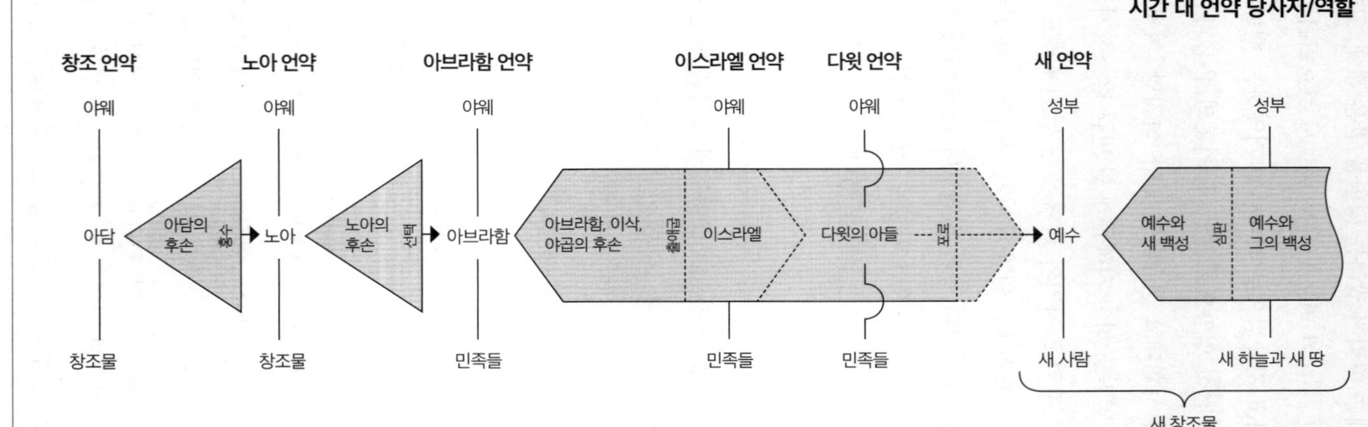

(수평으로 볼 때) 중간 부분은 대응을 이루는 언약에 따라 창조물/민족들을 다스리도록 세움 받은 섬기는 왕(들)/"하나님의 아들(들)"을 가리킨다. 새 창조물 부분은 설명이 잠정적이고 임시적이다.

- **고전 15:23-24.** "23 그러나 각각 자기 차례대로 되리니. 먼저는 첫 열매인 그리스도요 다음에는 그가 강림하실 때에 그리스도에게 속한 자요 24 그 후에는 마지막이니 그가 모든 통치와 모든 권세와 능력을 멸하시고 나라를 아버지 하나님께 바칠 때라." 마지막 장면은 설명하기 어렵다. 왜냐하면 한편으로 그리스도께서 아버지께 "나라를 바치시지만" 다른 한편으로 하나님과 어린 양은 예수의 부활 이후에 보좌에 함께 앉으신 것처럼(행 2:33) 새 하늘과 새 땅에서 보좌에 함께 앉아 계시기 때문이다(계 22:1, 3). 그러므로 나는 아버지께 "나라를 바치시는 것"을 예수께서 새 백성을 청조하시기 위한 초림의 역할과 민족들을 버림 받은 상태에서 벗어나게 하려는 재림의 역할을 성취하셨고, 그리하여 예수께서 거듭난 나라를 아버지께 "바치심으로써" 제사장과 심판자로서의 자신의 정해진 역할을 완수하신 것을 의미한다고 생각한다. 따라서 아버지와 어린 양은 이 새 하늘과 새 땅을 공동으로 지배하신다. 그리스도께서 아버지께 "나라를 바치시는 것"은 분명히 새 창조물을 다스리시는 왕으로서 자신의 역할을 피하는 것을 의미하지 않는다.

- **계 20:4** 그리스도와 그리스도 안에서 "살았던" 자들이 천년 동안(=초림과 재림 사이의 기간) 왕 노릇함
- **계 21:1** 새 하늘과 새 땅
- **계 21:3** "내가 들으니 보좌에서 큰 음성이 나서 이르되. 보라 하나님의 장막이 사람들과 함께 있으매 하나님이 그들과 함께 계시리니 그들은 하나님의 백성이 되고 하나님은 친히 그들과 함께 계셔서."
- **계 21:7** "이기는 자는 이것들을 상속으로 받으리라 나는 그의 하나님이 되고 그는 내 아들이 되리라."
- **계 22:5** 하나님의 종들이 새 하늘과 새 땅에서 세세토록 왕 노릇함

난다(창 3:8-13). 분명히 말해 하나님은 뱀과 하와 그리고 이어서 아담에게 사법적으로 심판하신다. 이 심판은 창세기 2장에 선포된 형벌의 집행을 두 단계로 행하시는 것에서 절정에 달한다. 첫째, 하나님은 인간을 에덴동산에서 쫓아내신다. 둘째, 그분은 생명나무로 가는 길을 차단하신다. 이것은 우리가 더 이상 하나님과 생명력 있는 교제를 나누지 못하는 것, 곧 복과 특권 그리고 관계에 기초해서 그분의 임재 속에서 살 수 없음을 의미한다. 하나님은 생명나무로 가는 것을 금하기 위해 그룹들을 두시고(참조. 겔 1:5 이하; 10:15; 계 4:6 이하), 거기에 "두루 도는 불 칼을 두어 생명나무의 길을 지키게 하신다"(창 3:24). 여기서 불 칼은 하나님이 심판하시면서 사용하시는 하나님의 공의와 거룩하심을 나타낸다(참조. 렘 47:6; 겔 21장). 성경은 이 모든 묘사를 통해 다음과 같은 것을 분명히 보여준다. 우리가 구속사를 따라갈 때, 하나님의 임재로 되돌아갈 수 있는 유일한 길은 하나님의 방식과 하나님의 계획을 통한 것이다. 이것은 궁극적으로 성경의 언약들을 통해, 그리고 성막과 성전을 준비하고 궁극적으로 성전을 대체하실 우리 주 예수 그리스도의 오심을 통해 이루어지는 것으로 확인된다(요 2:19-21; 참조. 계 21-22장).

아담의 죄가 이후 세대들에게 이전되는지의 문제에 관해서는 추호도 의심이 없다. 창세기 3장 직후 곧바로 우리는 형제간에 살인이 일어날 정도로 죄가 아담의 자녀들에게 영향을 미친 것을 발견한다(창 4장). 창세기 5장의 족보 명단에서 우리는 "…죽었더라"는 공통 후렴구를 발견하는데(창 5:5, 8, 11, 14, 17, 20, 27, 31), 이것은 아담의 죄가 그의 후손에게 미친 결과를 나타낸다. 창세기 6-9장에서 우리는 죄의 파급력이 너무 커서 그 결과 홍수의 형태로 하나님의 심판이 인류에게 임하고, 그리하여 한 사람과 그의 가족을 제외하고 모든 사람이 진멸되는 것을 확인한다. 그렇게 계속해서 정경 전체에 걸쳐 바벨탑 사건을 일으킨 사람들이든(창 11장) 또는 아브라함과 모세 그리고 다윗으로 대표되는 하나님의 백성이든 막론하고, 죄가 모든 사람에게 예외 없이 스며든 것을 확인한다. 결론적으로 우리는 바울이 로마서 3:23에서 다음과 같이 요약한 진술을 본다. "모든 사람이 죄를 범하였으매 하나님의 영광에 이르지 못하더니." 바울이 이런 진술을 할 수 있는 근거는 죄의 문제가 인간에게 보편적인 문제라는 데 있다. 창세기 3장 이후로 성경의 줄거리는 우리 중 일부가 아니라 우리 모두가 죄의 정죄 아래에 있고, 우리의 절망적인 상태에 대한 유일한 희망은 하나님의 계획에서 발견된다는 사실을 뒷받침한다.[53] 궁극적으로 보아 의지할 데 없는 아담의 후손에게 유일한 희망은 제2의 아담, 곧 첫 사람 아담과 전체 인류와 달리 절대로 실패하지 않고 자신의 생애와 죽음 그리고 부활로 우리의 구속과 구원 및 칭의―문자적으로 "새 창조"―를 이루시는 마지막 아담 안에서 발견된다. 그러나 우리가 많은 세월 뒤에 그리스도에게로 나아오기 전, 성경의 언약들은 하나씩 단계별로 교훈과 모형 그리고 그림자로 우리 주님의 오심을 계시하고 예견한다.

둘째, 또한 창세기 3장은 구속에 대한 하나님의 최초의 약속을 확립한다는 점에서도 중요하다. 이 약속은 성경의 언약들을 포함해, 곧 우리를 그리스도께로 인도하는 성경 전체의 줄거리를 이끌어간다. 창세기 3장은 정경 속에서 인간 문제점의 본질을 제시할 뿐만 아니라, 언약들 안에서 그리고 언약들을 통한 하나님의 은혜의 구속을 준비한다. 죄가 세상에 미친 결과가 언약 관계의 파괴에 기초한 끔찍한 이중의 단절/분리와 관련해서 묘사된다.

---

53 Carson, *Gagging of God*, 212-221도 비슷한 사실을 말한다. 창 3장과 성경의 전체 줄거리에서 어떻게 "원죄"와 "전적 부패" 교리를 이끌어내는지 설명할 때 Carson은 이 범주들을 조심스럽게 이해해야 한다고 경고한다. 그리고 그는 심지어 조심스럽게 이해해야 할 때도 "그것들은 죄에 대한 성경의 묘사, 곧 아주 많은 어휘와 하나나 두 개의 교리적 슬로건에 담길 수 없는 형식을 갖고 매우 다양한 장르를 통해 주어지기 때문에 우리는 엄밀하게 다면적인 묘사의 미묘함, 구조, 다양성을 완전히 포착하지 못한다"(215)고 말한다. 그러나 이것은 이 범주들이 적합하지 않다는 것을 의미하는 것은 아니다. Carson은 다음과 같이 올바르게 말한다. "예컨대 우리가 '전적으로 부패했다'는 것, 즉 인간에 대한 죄의 파급력이 우리의 실존, 우리의 의지, 우리의 몸, 우리의 감정, 우리의 상상, 우리의 이성, 우리의 관계 등 모든 면에 미친다는 것에 대해서는 성경적 증거가 풍성하다. 말할 것 없이 성경은 이보다 더 많은 말을 한다. 확실히 덜 말하지는 않는다. 그리고 이 모든 것이 창 3장에서 명시적으로 제시되는 것이 아님은 사실이지만 창 3장에서 이 내리막길 악순환이 시작되고, 이후의 정경 작품들 속에서 세부적으로 밝혀질 죄의 다양한 특징들이 이미 간결하게 묘사되고 있다"(215-216).

(1) 하나님과 인간 사이의 단절, (2) 인간과 창조물 사이의 단절(이 단절은 추가로 타인, 우리 자신, 에덴동산에서 가졌던 우리의 기업, 전체 창조 질서와의 단절을 초래한다). 창세기 3장의 내러티브는 죄가 하나님의 선한 창조물에 미친 끔찍한 결과를 묘사한 다음 놀랍게도 하나님의 약속의 말씀을 계시한다(창 3:15). 이것은 궁극적으로 창조물의 모든 깊이와 차원에 미치는 죄의 분리시키는 권능을 파괴하는 하나님 아들의 성육신과, 우리를 대신해서 그분의 구속하는 사역으로 우리를 이끈다.[54] 이와 관련해서 다시 한번 모형론에 따라 첫 아담과 마지막 아담의 관계를 주목하는 것이 중요하다. 성경의 줄거리에서 마지막 아담이 오셔야 했던 이유는 엄밀히 말해 첫 사람 아담이 역사 속에서 죄를 범했기 때문이다.

성경은 다음과 같은 사실을 명확히 한다. 곧 인간으로서 우리의 가장 큰 문제점은 하나님 앞에서 우리가 갖고 있는 죄에 있다. 이것은 많은 사람에게 너무 상투적인 말처럼 들릴지 모르지만 오늘날 세계 속에서는 이런 이해가 당연히 여겨질 수 있는 사실이 아니다. 우리는 하나님에 대한 성경적 개념을 상실했을 뿐만 아니라 인간과 죄에 대한 성경적 개념도 상실했다.[55] 우리가 "모더니즘"이나 "포스트모더니즘"의 여파에 대해 어떻게 말하든 간에

---

54 이 오중 단절의 전개에 대해서는 Kulikovsky, *Creation, Fall, Restoration*, 201-204을 보라.

55 David F. Wells, *Losing Our Virtue* (Grand Rapids, MI: Eerdmans, 1999).『윤리실종』(부흥과개혁사 역간). Wells는 오늘날 "죄"는 하나님과의 관계 개념으로 조명되었던 것으로부터 이전되어 "악"이라는 말로 대체되었다고 주장한다. 그러나 성경적 뼈대로부터 벗어난다면 "악"이라는 말은 성경에서 말하는 도덕적 이탈의 의미를 드러내지 못한다. 포스트모던 사상의 주된 문제점은 다음과 같다. 곧 포스트모던 사상은 판단할 기준을 갖고 있지 못하므로 악을 설명할 수 없다. 그 결과 사람들이 삶의 야만성과 잔인함 앞에서 아무 말을 못하도록 만든다. Wells가 말하는 것처럼 **악**의 문화적 개념과 **죄**의 기독교적 개념의 차이는 악과 죄란 단어 모두 동일한 현상을 설명하는 데 사용될 수 있지만 죄란 단어는 하나님과의 관계 속에서 죄 개념을 신중하게 파악한다는 것이다. 우리 문화에서 **악**이라는 단어 사용은 단순히 우리가 어떤 것을 싫어하는 것을 가리킨다. 반면에 성경에서 **죄**라는 단어는 그것에 대해 하나님이 싫어하시는 것을 가리킨다. 그러나 하나님과 하나님의 도덕법이 없을 때 이런 하나님이 싫어하는 일들은 사실상 악**일** 수 없다. 이런 일들은 단지 악으로 **불릴** 수 있을 뿐이다. 성경의 하나님의 중요성이 우리 문화에서 사라질 때 죄의 영역은 이에 상응해서 축소되었다. 이것은 죄의 문제점에 대한 해결책을 파악하는 데에도 큰 영향을 미친다.

최종적 결론은 동일하다. 곧 오늘날 세계에서 죄와 악은 주로 하나님과의 관계 속에서 조명되지 않고 이 세상의 일로 환원된다는 것이다. 그러나 죄와 악을 하나님과의 관계에서 조명하지 않으면 죄와 악에 대한 성경적 개념을 오해하고 결정적으로 성경적 개념을 제외하게 되며, 이것은 성경의 언약들이 구속과 어떻게 관련이 있는지, 그리고 성경의 언약들이 그리스도의 사역과 새 언약의 확립을 통해 이루어지는 온전한 죄 사함으로 우리를 어떻게 이끌고 가는지 정확한 파악을 어렵게 만들 것이다(렘 31:34을 보라. 참조. 히 8-10장).

하나님이 누구신지 그리고 타락한 창조물로서 우리가 누구인지를 고려한다면, 창세기 3장 이후로 여러 가지 면에서 하나님과 인간 사이의 언약 관계에 긴장이 점차 증가한다. 성경의 언약들은 하나님과의 친밀함을 중시한다. 우리 언약의 주로서 하나님은 자기 백성과 함께하고 하나님의 백성은 하나님 앞에서 자신의 책임을 다할 때 안식과 하나님과의 친밀한 관계를 누린다. 그러나 우리에게 죄가 있으면 어떻게 거룩하고 정의로우며 공의로우신 하나님이 우리와 함께 거하실 수 있을까? 아니, 더 낫게 말하자면 우리가 어떻게 하나님 임재 속에 들어갈 수 있을까? 하나님이 어떻게 우리를 자기 앞에서 의롭다고 선언하실 수 있을까? 하나님은 자존하고 거룩하며 인격적이시므로 우리의 죄에 대한 처벌을 반드시 요구하신다. 우리는 우리의 죄가 제거되지 않는 한 하나님 앞에 거할 수 없다. 이것이 성경이 우리의 죄와 하나님의 거룩하심이 양립할 수 없음을 반복적으로 강조하는 이유다. 하나님의 거룩하심은 우리의 죄를 드러내고, 따라서 궁극적으로 죄는 처리되지 않으면 안 된다. 죄는 우리가 하나님께 다가갈 수 없도록 만들고 하나님은 죄를 용납하실 수 없다.[56] 나아가 하나님의 거룩하심은 하나님의 진노, 즉 악에 대한 하나님의 거룩하신 반응과 면밀하게 관련이 있다. 성경은 하나님

---

56 이런 특징의 유용한 전개에 대해서는 John Stott, *The Cross of Christ* (Downers Grove, IL: InterVarsity Press, 1986), 87-110을 보라. 『그리스도의 십자가』(IVP 역간).

의 진노에 대해 아주 강한 어조로 말하고, 성경 줄거리의 실질적인 부분이 하나님의 진노에 달려 있다는 것을 주목하는 것이 중요하다. 의심할 것 없이 하나님은 관대하고 자비롭고 오래 참으신다. 그러나 또한 하나님은 거룩하고 진노하며 심판하는 하나님이시다.[57] 그분의 **진노**는 하나님의 사랑이나 거룩하심과 달리 하나님의 **내재적인** 속성으로 생각되어서는 안 된다. 오히려 그것은 죄를 반대하는 하나님의 거룩하심의 기능이나 표현이다. 죄가 없는 곳에는 하나님의 진노도 없고, 그곳에는 항상 하나님의 사랑과 거룩하심이 존재할 것이다. 거룩하신 하나님이 하나님의 형상을 지닌 자들의 반항을 마주하셨을 때, 그곳에는 **반드시** 하나님의 진노가 있어야만 한다. 그렇지 않다면 하나님이 주장하시는 것처럼 질투하거나 자충족적인 하나님이 아니고, 하나님의 거룩하심은 오히려 비난의 대상이 되어야 할 것이다.[58]

엄밀히 말해 언약 관계에서 심각한 **긴장**을 일으키는 인간의 죄를 심판하는 것이 하나님의 **필연성**이다. 존 스토트는 이것을 "사죄의 문제"라고 이야기했고, 그는 이것을 다음과 같이 탁월하게 설명한다.

사죄의 문제는 하나님의 완전하심과 인간의 반항, 하나님의 본성과 인간의 본성 사이의 필연적인 충돌에 의해 야기된다. 우리의 죄만이, 우리의 죄책만이 사죄의 장애물이 아니다. 죄책을 짊어진 죄인들을 향한 하나님의 사랑과 진노의 대응도 사죄의 장애물이다. 정말로 "하나님은 사랑이시다"라는 것이 사실이지만, 우리는 그 사랑이 "거룩한 사랑"이라는 사실, 즉 죄인들을 불쌍히 여기면서도 동시에 그들의 죄를 용서하기를 거부하는 그런 사랑임을 기억해야 한다. 그렇다면 하나님은 자신의 거룩한 사랑을 어떻게 표현하실 수 있었을까? 즉 어떻게 하나님은 그분의 거룩함을 죄와 타협하지 않고 죄인들을 용서하시고, 죄인

---

57 Carson, *Gagging of God*, 232-234과 D. A. Carson, *The Difficult Doctrine of the Love of God* (Wheaton, IL: Crossway, 2000)을 보라.

58 Carson, *Gagging of God*, 232-234; Richard Muller, *Post-Reformation Reformed Dogmatics*, vol. 3, 476-503을 보라.

을 향한 그분의 사랑을 실패하지 않고 죄인들을 심판하실 수 있었을까? 인간의 악에 직면해서, 하나님은 어떻게 거룩한 사랑으로서 자신에게 충실하실 수 있었을까? 이사야의 말대로 어떻게 하나님은 "공의를 행하시는 하나님이자, 동시에 구원을 베푸시는 하나님"이 되실 수 있었을까(사 45:21)?[59]

한마디로 여기에 "사죄의 문제"가 있다. 그것은 하나님 자신의 도덕적 본성에서 일어나는 긴장에 기인한다는 의미에서, 하나님에게 있는 **내적** 문제다. 거룩하고 공의로우며 의로우신 하나님은 우리를 용서하기 위해 자신을 부인하실 수 없다. 또 하나님 자신이 우주의 도덕적 기준이시기 때문에 하나님은 자신의 도덕적 성품과 본성을 충분히 만족시키지 않고 독단적으로 용서하실 수도 없다. 그러나 스토트는 이렇게 묻는다. "어떻게 하나님은 **우리**를 구원하는 동시에 **자기 자신**을 만족시키실 수 있을까?"[60] 하나님은 어떻게 우리를 진멸하지 않으면서도 그분의 거룩하심을 표현하며, 또 우리의 죄를 묵과하지 않으면서도 그분의 사랑을 표현하실 수 있을까? 어떻게 하나님은 자신의 거룩한 사랑을 만족시키실 수 있을까? 또는 바울의 말로 표현하자면 "하나님은 어떻게 자기도 **의로우시면서** 동시에 경건하지 아니한 자를 **의롭게 하실** 수 있을까(롬 3:25-26)?" 하나님은 어떻게 구원의 주체이자 객체일 수 있을까? 말하자면 어떻게 주도권을 갖고 계시면서 동시에 자신의 공의의 요청들을 만족시키실 수 있을까? 이런 문제에 대한 성경의 답은 **하나님 자신**이 이 문제점을 해결하시리라는 것이다. 하나님 자신, 곧 우주의 창조자이자 언약을 맺으시는 하나님이 스스로 구원의 주도권을 갖고 계셔야 한다는 것이다. 하나님은 그분 자신의 의로운 요구에 일치하는

---

59 Stott, *Cross of Christ,* 88-89. Stott가 설명하는 것은 출 34장에서도 증언된다. 이 중요한 본문에 대한 설명과 금송아지 사건의 하나님과 언약 위반자들 간의 충돌에 있어 "사죄의 문제"를 세밀하게 다루는 것은 본서 4장을 보라.

60 Stott, *Cross of Christ,* 132. 또한 Garry Williams, "The Cross and the Punishment of Sin," *Where Wrath and Mercy Meet: Proclaiming the Atonement Today,* ed. David Peterson (Carlisle, UK: Paternoster, 2001), 68-99의 설명을 보라.

완전한 정의를 행하셔야 할 뿐만 아니라, 동시에 하나님이 자신의 놀라운 주권적인 은혜를 드러내기로 정하셔야 한다. 이 문제에 조금이라도 해결책이 있을 수 있다면, 그건 하나님이 행하셔서만 한다는 것이다.

그러면 우리는 창세기 3:15의 구속에 대한 하나님의 최초의 약속을 이런 맥락에서, 나아가 그레엄 골즈워디가 다음과 같이 올바르게 말한 것과 관련해서 하나님의 약속을 이해해야 한다. "죄인들을 구원하시는 하나님의 사역의 배경에는 자신의 창조물에 대한 하나님의 헌신이 있다."[61] 우주에 대한 하나님의 계획 ― 죄를 지은 자신의 창조물에 대한 자유롭고 책임 있는 선택을 비롯해 모든 것을 포함하고 규제하는 계획 ― 이 영원하고 포괄적이며 불변적이라는 사실을 고려한다면, 하나님이 우주를 "시험 삼아 또는 시간이 지나면 폐기시키려고" 창조하셨다는 암시는 어디에도 없다.[62] 오히려 창세기 내러티브, 특히 모든 것이 심히 좋았다는 선언(창 1:31)은, 하나님은 자신이 지으신 모든 것을 찬성하실 뿐만 아니라 그것에 대한 헌신을 인정하시는 것으로 가장 잘 이해된다. 골즈워디는 이와 관련해서 다음과 같이 올바르게 주장한다. "하나님의 헌신의 힘은 내러티브가 진행될수록 더 명확해진다. 인간의 반역으로 심판이 초래되지만 즉각적 멸망은 아니다. 하나님은 우주와 인간 사회의 질서를 보존하고 동시에 인간 죄의 결과들을 제거하는 자신의 목적들을 계시하기 시작하신다."[63] 그리고 엄밀하게 이런 목적들은 모든 영역에 있는 죄의 결과들을 없애고, "현시대"의 세력들을 파괴하며, 성경의 줄거리가 성경의 언약들을 통해 펼쳐지는 삼위 하나님의 위대한 구속의 계획과 관련해서 해석되는 "새 창조"의 도래를 궁극적으로 알려주는 것이다.

창세기 3:15의 약속 자체와 관련해서, 하나님은 여자의 "후손"[64]과 뱀의

---

61 Goldsworthy, *According to Plan*, 112.

62 같은 책.

63 같은 책.

64 "후손"(*zera'*)은 창세기의 핵심 단어다. 구약성경에서 170회에 걸쳐 등장하는 것과 비교하면,

후손 간에 다툼이 있다고 예고하신다. 곧 여자의 후손이 뱀의 머리를 상하게 하는데, 이것은 뱀의 후손의 패배를 상징한다. 반면에 뱀의 후손은 여자의 후손의 발꿈치를 상하게 할 것인데, 이것은 일종의 싸움과 갈등이 있음을 알려준다. 본문적 지평, 즉 직접 문맥과 관련해서, 스티븐 뎀스터는 그 약속이 다음과 같은 것을 함축한다고 아주 올바르게 주장했다. (그 약속은) "여자의 후손의 승리는 뱀이 여자의 후손에게 손상을 가하고 세상이 뱀의 지배로 훼손되기 전, 에덴동산의 상태로 회복되는 것을 제안한다."[65] 다시 말하자면 여자의 후손을 통해 창조 당시의 아담의 역할이 회복되고 저주는 제거되며 뱀은 멸망을 당할 것이다. 나아가 창세기 3:15의 약속은 이 승리의 사역을 행하시는 분이 인류에게서 나오리라는 점을 함축한다는 사실을 주목하는 것이 중요하다. 뎀스터가 다음과 같이 언급하는 것과 같다. "여자가 옛 창조를 완성시킬 남자로부터 만들어진 것처럼, 여자의 후손도 옛 창조의 상실된 지배권을 올바른 상속자에게 회복시킬 임무를 가진 여자로부터 만들어질 것이다."[66]

이상의 설명은 우리가 창조 세계에서 하나님의 형상을 가진 자로서 인간의 역할에 대해 살펴본 것과 일치한다. 인간은 창조물 전체의 대표이고, 특히 아담이 인류의 대표자다. 따라서 우리는 하나님이 인간을 다루시는 방법에 기초해서 창조물을 다루시는 것을 보고 놀라서는 안 된다. 아담이 죄로 말미암아 타락하고 그 결과 창조물이 저주 아래 떨어졌을 때, 하나님은 전체 창조물을 회복시키겠다는 약속을 주시고, 잃어버린 것을 회복시키기

창세기에서만 59회에 걸쳐 등장한다(T. D. Alexander, "Seed," *NDBT*, 769-773). 비록 이 명사가 구별된 단수형과 복수형을 갖고 있는 것은 아니라고 해도, 우리는 특히 창세기 나머지 부분이 하와로부터 나와 노아, 아브라함 등을 거치는 한 계열의 후손에 초점을 맞추고 있다는 사실을 고려하면, 그 단어가 단수형이라고 강력히 주장할 수 있다. 추가로 C. John Collins, "A Syntactical Note (3:15): Is the Woman's Singular or Plural?" *Tyndale Bulletin* 48 (1997): 139-148; T. D. Alexander, "Further Observations on the Term 'Seed' in Genesis," *Tyndale Bulletin* 48 (1997): 363-367을 보라.

65 Dempster, *Dominion and Dynasty*, 68.

66 같은 책.

위해 다른 사람 곧 여자의 후손을 통해 역사하신다. 여러 가지로 이 문맥에서 문제가 되고 있는 것은 창조 질서를 누가 지배하는가다. 곧 인간 존재 혹은 뱀이 창조 질서를 다스릴지가 문제다. 창세기 1-2장에서 남자와 여자는 이미 생육하고 번성하여 땅을 다스리라는 명령을 받았다. 그러나 "타락"으로 말미암아 땅에 대한 그들의 지배권은 상실된다. 따라서 인류의 소망은 이제 잃어버린 영광을 회복시킬 여자의 후손에게서 발견된다. 뎀스터가 올바르게 말하는 것처럼 진정으로 여자의 후손에서 "세상에 대한 인간 지배권—그 때문에 신적 지배권—이 확립될 것이다. 하나님 나라의 실현은 인류의 미래와 관련이 있다."[67]

성경 본문이 전개될 때 창세기 3:15의 약속에 대한 권리는 아담에게 있다는 것이 분명해진다. 예를 들어 아담은 자기 아내의 이름을 "하와"—모든 산 자의 어머니(창 3:20)—라 부르는데, 이것은 생명을 단순히 포함하는 것 이상의 의미를 갖고 있는 것으로 보인다. 아니 오히려 이 맥락에서 아담은 다음과 같이 말하면서 믿음으로 지배권을 되찾고 있는 게 분명하다. 곧 그는 "자기 아내를 **어머니**라고 **이름을 지어 부르는데**, 이것은 그녀가 뱀을 칠 후손을 낳을 자로서 그녀가 앞으로 갖게 될 훨씬 더 특별한 역할을 암시하는 것이다."[68] 더욱이 하나님은 아담과 하와의 부끄러움과 벌거벗음을 가리기 위해 옷을 지어 입히신다(창 3:21). 이것은 하나님이 그분의 창조 계획이 무산되지 않도록 조치를 취하실 것이라는 점을 보여준다. 하지만 전체 성경 줄거리 중 이 지점에서 창세기 3:15의 약속이 "씨의 형태"로 주어졌다는 것은 의심 없이 사실이고, 이것은 사실 난해한 예측이다. 이것은 앞으로 펼쳐질 하나님의 계획이 언약을 통해 더 자세히 들어날 때 더욱 분명하게 구체화될 것이다.

---

67 같은 책, 69.
68 같은 책, 68-69; 참조. Gerhard von Rad, *Genesis: A Commentary*, trans. J. Marks (Philadelphia: Fortress, 1976), 96.

이 점에서 교회가 창세기 3:15을 "프로토유앙겔리온"(*protoeuangelion*), 즉 원시복음(최초의 복음 선포)으로 부르는 것은 정말 정확했다.[69] 하나님은 여기서 "인류 속에서 나온 어떤 사람(여자의 후손)이 뱀(사탄)을 멸망시킬 것"이라고 분명히 말씀하시는 것이다. 비록 그 싸움에서 불가피하게 "상처를 입기는" 해도 말이다.[70] 사실 성경의 전체 줄거리가 더 큰 명확성과 정의를 가진 다양한 방향 전환과 추이를 통해, 그리고 궁극적으로 예수 그리스도의 인격과 사역에서 정점에 달하는 성경의 언약들을 통해 펼쳐지는 것은 다름 아닌 바로 이 약속 곧 원시복음이다(갈 3:16; 참조. 롬 16:20; 25-27). 또한 우리는 여기서 성경의 언약들을 통해 더 상세히 드러날 중요한 진리가 시작되는 것을 보는데, 그것은 하나님이 모든 언약 관계 속에서 순종하는 언약 당사자를 요구하신다는 것이다. 그러나 앞에서 말한 것처럼 엄밀히 말해 이것은 문제점이다. 왜냐하면 하나님은 자신의 약속들에 신실함을 지키시지만 우리는 신실함을 지키지 못하기 때문이다. 따라서 하나님 자신이 순종하는 아들—자신의 아들—을 제공하실 때에만 언약 관계는 처음부터 의도한 대로 될 것이다.

노아 언약

"언약"이라는 단어는 노아와 관련해 처음 성경에 등장하지만(창 6:18; 참조. 9:9-11), 창세기 5장이 주장하는 것처럼 노아 언약은 이전에 맺어진 아담 언약의 관계가 지속되는 것이다. 하나님이 노아와 맺으신 언약은 창조물에 대한 서약, 즉 그분이 지으신 모든 창조물을 보살피고 보존하며 공급하고 다

---

[69] 이 점에 대한 설명은 T. D. Alexander, *The Servant King* (Leicester, UK: Inter-Varsity Press, 1998), 16-19; Geerhardus Vos, *Biblical Theology* (Grand Rapids, MI: Eerdmans, 1948), 41-44을 보라.

[70] Robert L. Reymond, *Jesus, Divine Messiah* (Fearn, Ross-shire, UK: Mentor, 2003), 69. 또한 Paul R. House, *Old Testament Theology* (Downers Grove, IL: InterVarsity Press, 1998), 65; John H. Sailhamer, *The Pentateuch as Narrative: A Biblical-Theological Commentary* (Grand Rapids, MI: Zondervan, 1992), 106-109도 보라.

스리며, 죄와 관련해서도 창조 계획은 결코 실패하지 않도록 하겠다는 서약을 보증하고 확증하는 것으로 여겨진다. 이런 의미에서 노아 언약은 "창조 언약"이다. 그러나 태초의 창조와 노아 홍수 이후의 차이는, 하나님이 홍수로 인류를 심판하신 것이 분명하게 보여주는 것처럼(창 6-8장) 이전과는 다르게 창조물이 지금 부패한 상태에 있다는 것이다. 인간과 창조물에 대한 하나님의 서약은 인간의 죄와 부패로 인해 위협을 받는다. 하지만 창세기 3:15에 나오는 하나님의 약속과, 노아의 언약을 "영원하고" "땅이 있을 동안에는"(창 8:22) 지속되는 것으로 묘사하는 것을 고려한다면, 노아 언약은 창조물이 결국 상실되지 않고, 인간은 하나님의 형상을 지닌 자로 계속 자신의 역할을 감당하게 되리라는 하나님의 뜻을 강화한다. 따라서 "여자의 후손"은 이제 언약 중보자인 노아와 그의 가족을 통해 올 것이다. 그리고 이 후손이 죄의 결과를 반전시키고 하나님의 통치와 다스림을 이 세상에 가져올 회복된 상황, 곧 "새 창조"를 이끌 장본인이 될 것이다.[71]

이런 중요한 방식으로, 언약 중보자로서 노아는 "제2의 아담"으로 기능한다. 노아는 인류의 새로운 머리로 서 있다. 노아는 아담과 동일한 창조 명령을 받는다(창 9:1-7; 참조. 1:26-30). 그리고 노아 언약의 범위는 아담 언약과 마찬가지로 보편적이다. 왜냐하면 노아 언약은 단순히 한 백성이나 한 민족이 아니라 전체 인류와 땅을 포함하기 때문이다. 창세기 1-11장에서 강조되는 창조의 보편성은 이후 언약들에서 초점의 범위가 좁아지기는 해도, 창세기 이후 장들(또는 그 외의 장들)에서 완전히 사라지지 않는다(도표 16.3을 보라. 거기 보면 노아 언약의 범주를 창조 언약만큼 넓은 것으로 제시된다).

게다가 창조 언약이 전체 인류에게 순종을 요구한 것처럼, 노아 언약에서도 전체 인류에게 순종을 요구한다. 그러나 아담이 실패한 것처럼 노아도 믿을 수 없을 정도로 실패한다(창 9:18-28). 사실 우리가 창세기 11장에 이르면 창세기 3장이 또다시 반복된다. 노아와 그의 가족을 제외한 인류 전체

71　창조와의 모든 평행 관계에 대한 세부적인 설명은 본서 5장을 보라.

가 진멸 당하고, 하나님이 살아남은 그들과 새 출발을 하지만, 인간의 마음의 문제점은 그대로 남아 있다(창 6:5-7과 8:21-22을 함께 보라). 우리에게 필요한 것은 우리 죄의 용서, 곧 문자적으로는 하나님의 영으로 태어나는 것과 관련이 있는 마음의 변화다. 오직 마음의 변화가 있을 때에만 인간들은 자기들의 창조 목적, 곧 언약의 하나님과 그들의 관계 그리고 인간들 간의 관계에서 순종하는 삶을 살 수 있을 것이다. 그러나 성경의 줄거리의 이 부분에 이를 때 인간은 여전히 실패 상태에 있다. 여기서 우리는 하나님 없이 그리고 하나님의 은혜의 부르심을 거부하고 자신의 힘으로 자기 이름을 내려고 애쓰는 반역하는 인간과, 하나님이 은혜로 하나님의 이름을 내도록 선택받은 아브라함이 대조되는 것을 본다(창 11:4과 12:1-3을 함께 보라).

아브라함 언약

아브라함 언약이 성경에서 중요한 역할을 한다는 것은 확실하다. 예를 들어 신약성경에서 바울은 창세기 12:7의 "자손[씨]"을 단수형으로 사용해서 창세기 12:7의 예언이 궁극적으로 주 예수 그리스도 안에서 성취된다고 주장한다(갈 3:16).[72] 지금 바울은 아담과 함께 시작해서, 노아, 아브라함, 이삭, 이스라엘, 다윗에게 이어지고, 결국은 그리스도 안에서 완결되는 창세기 3:15의 약속이라는 주제를 선택했다. 우리는 그리스도 안에서 약속된 자손, 곧 하나님의 모든 약속, 특히 아브라함에게 주어진 약속을 성취하시는 하나님의 백성의 중보자를 갖게 된다. 나아가 갈라디아서 3:1-25에 나타나 있는 바울의 주장은 아브라함 언약이 구속사에서 율법 언약보다 **우선했다**는 것이다. 이것은 율법 언약이 아브라함 언약을 폐기시키는 것이 아니라 어떤 면에서는 아브라함 언약이 율법 언약의 근간이 된다는 점을 보여주는 것이다.

또한 아브라함 언약이 세대주의 신학 및 언약신학과 같은 성경신학적

---

72 Alexander, "Seed," *NDBT*, 769-773과 Thomas R. Schreiner, *Paul: Apostle of God's Glory in Christ* (Downers Grove, IL: InterVarsity Press, 2001), 73-85을 보라.

체계들 속에서 두드러진 역할을 하는 것도 의미심장하다. 본서 3장에서 설명한 것처럼 이 두 신학 체계는 아브라함 언약에 의존해서 자기들의 핵심 신념들을 정당화한다. 세대주의 신학은 아브라함과 함께 출범한 이스라엘에게 주어진 땅에 대한 무조건적 약속에 의존하지만, 언약신학은 새 언약을 포함해 성경의 언약들을 통해 변하지 않았고 또 변하지 않는 원리로 창세기 17장에서 처음 주어진 계보 원리에 의존한다. 이것을 고려해서, 우리는 아브라함 언약의 본질과, 아브라함 언약과 성경의 다른 언약들 간의 관계를 어떻게 봐야 할까? 우리의 견해는 다음과 같은 네 가지 특징으로 요약될 수 있다.

1. 아브라함 언약은 두 개의 언약이 아니라 하나의 언약이다.[73] 그것은 하나님의 선택과 아브라함의 부르심, 하나님께서 그에게 약속을 주시는 것(창 12장), 그리고 언약을 쪼개거나 개시하는 것(창 15)에서 시작하고, 그리고 아브라함의 생애 동안 최초의 약속들이 더 확장되면서 더 큰 의미와 명료함이 언약에 주어진다(창 17장, 22장).

2. 성경신학과 관련해 말하자면, 아브라함 언약이 성경의 줄거리에서 창세기 1-11장 이후에 자리를 잡고 있음을 주목하는 것이 중요하다. 노아 언약과 비슷하게 아브라함 언약도 인간의 죄에 대한 하나님의 심판과 대조되고, 새로운 창조 계획을 제시한다. 이것은 인간 창조의 중요한 요소들이 아브라함에게 주어지는 복으로 반복된다는 점에서 확인될 수 있다. 곧 하나님은 아브라함에게 큰 이름과 자손, 인간의 번성, 땅의 제공, 하나님과 인간의 화평 관계, 민족들의 회복을 약속하신다(창 12:1-3; 참조. 15:4-5; 17:1-8; 18:18-19; 22:16-18).[74]

그러나 하나님이 노아와 그의 가족을 제외하고 모든 사람을 진멸시키셨

---

73 Paul R. Williamson, *Sealed with an Oath: Covenant in God's Unfolding Purpose*, NSBT 23 (Downers Grove, IL: InterVarsity Press, 2007), 77-93과는 반대다. 이 점에 대한 세부적인 설명은 본서 7장을 보라.

74 Blaising, "Structure of Biblical Covenants," 130-140을 보라.

던 노아의 상황과 달리, 아브라함의 상황에서는 하나님이 홍수와 같은 방법으로 인간을 멸하시지 않는다. 대신 그분은 민족들의 존속을 허락하고, 그다음에 민족들로부터 아브라함을 불러내신다. 궁극적으로 하나님의 의도는 언약의 중보자, 곧 아브라함과 그의 자손을 통해 일하시고, 그를 큰 민족으로 만들어 민족들에게 복을 베푸시는 것이다. 도표 16.3을 보라. 이것은 아브라함 언약의 이런 좁아진 특징을 강조하고, 궁극적으로는 이것이 바로 아브라함 언약의 보편적 **목적**이다.

그렇다면, 이 맥락에서 우리는 하나님이 창세기 3:15에서 그의 가족과 자손(좁은 초점)을 통해 주신 약속과 관련해서 인류를 위한 그분의 약속(우리로 하여금 새 언약을 바라보도록 이끄는 보편적 초점, 곧 창조의 초점)을 성취하실 것이라는 수단으로 아브라함의 언약을 고려해야만 한다. 이런 중요한 방식으로, 아브라함과 그의 가족은 "제2의 아담", 곧 옛 창조와 평행을 이루는 새로운 어떤 것, 이 경우에는 "새 창조"를 생겨나게 하는 것이다(롬 4:17을 보라). 아브라함 언약은 "창조 언약"의 한 부분으로 올바르게 기능하지만 이제는 초점이 한 가족과 민족으로 좁아졌다. 아브라함과 그의 자손 중 특히 이삭을 통해(그리고 이어서 이스라엘과 다윗 왕을 통해) 인간에 대한 하나님의 모든 약속이 실현될 것이다. 이 약속들은 창세기 15장에 나오는 언약 체결 의식에 아름답게 묘사된 것처럼 하나님이 책임을 지고 단독으로 성취하신다. N. T. 라이트는 성경의 줄거리에서 아브라함 언약이 차지하는 중요성을 다음과 같이 정확하게 요약한다. "아브라함은 창세기 구조에서 모든 인류의 곤경에 대한 해답으로 등장한다. 아담으로부터 시작되어 가인과 홍수 그리고 바벨탑 사건으로 이어지는 재앙과 '저주'의 노선이 하나님께서 아브라함을 부르시고 '땅의 모든 족속이 너로 말미암아 복을 얻을 것이라'고 말씀하실 때 반전되기 시작한다."[75]

---

75 N. T. Wright, *The New Testament and the People of God* (Minneapolis: Fortress, 1992), 262.

이런 관점에서 본다면, 우리는 하나님이 아브라함의 후손을 큰 민족 (*gôy*), 즉 세계 공동체, 정치적 실재, 적절한 의미에서 **나라**로 만들겠다고 약속하시는 것에 놀라서는 안 된다. 이런 방식으로 우리는 특히 타락 이후로 이 세상에 속해 있는 두 종류의 나라 간의 대조를 본다. 한편으로 우리에게는 바벨과 관련이 있고 모든 것이 하나님을 반대하는 위치에 있는 나라가 있다(창세기 11장). 다른 한편으로 우리에게는 하나님의 주도적이고 주권적인 구원의 은혜와 관련된 다른 나라가 있다. 이 은혜는 아담의 역할을 성취하고, 민족들을 구원으로 이끌며, 하나님이 본래 모든 인간에게 의도하셨던 종류의 관계를 세상에 보여줄 것이다. 성경 전체에 걸쳐 이 두 나라는 대조될 것이다. 그러나 오직 아브라함과 그의 가족을 통해서만 하나님의 구원의 통치가 이 세상에 침투하고 죄와 죽음에 대한 해답이 주어질 것이다. 오직 아브라함과 그의 자손을 통해서만 우리는 창조물과 인간에 대한 하나님의 목적을 회복시킬 수 있을 것이다. 말하자면 하나님 나라의 설립과 이 구속받은 공동체를 통해, 이 세상에 대한 하나님의 통치가 이루어질 것이다. 궁극적으로 이것은 요한계시록 21-22장에 제시된 것처럼 새 언약의 도래와 새 창조로 성취될 것이다.

3. 아브라함 언약의 본질은 다면적이고 다채롭다. 다시 말해 역사적 배경에 따르면 아브라함 언약은 우리를 궁극적으로 새 언약과 연계시키는 영적 요소들을 포함할 뿐만 아니라 성경의 언약들이 펼쳐질 때 조심스럽게 밝혀져야 하고 새 언약과 상당히 많은 불연속성을 결과하는 민족적/혈통적 요소 및 모형론적 요소들도 포함하고 있다. 이것은 성경이 아브라함과 그의 자손에 대해 어떻게 말하는지 성찰해보면 가장 잘 설명된다. 첫째, "아브라함의 자손"은 **자연적**(혈통적) 자손, 즉 이스마엘과 이삭 그리고 그두라의 아들들, 더 나아가 에서와 야곱과 같이 모든 방식에 있어서 혈통적 아브라함에게서 나온 모든 이들을 언급한다. 비록 그들 중 많은 이들이 비신자였기는 해도, 그리고 하나님의 약속과 언약의 성취가 오직 이삭의 계보를 통해서만 실현되었기는 해도, 각 경우에 이 자손들은 모두 아브라함 언약의 표

징인 할례를 받았다(창 17:20-21; 참조. 롬 9:6-9). 둘째, "아브라함의 자손"은 자연적(혈통적) 자손이지만 하나님의 선택의 목적과 관련된 **특별한** 자손, 즉 이삭, 더 나아가 야곱 그리고 이스라엘 전체 민족을 가리킨다. 그러나 옛 언약 아래 있는 이 택함 받은 민족 안에서도 백성들은 "혼합" 민족이었다. 말하자면 신자와 비신자로 동시에 구성되었다. 구원의 관점에서 말하자면, 비록 그들이 단순한 자연적 자손(예. 이스마엘)과 달리 메시아의 오심을 통해 하나님의 복을 모든 민족에게 전달하는 최고의 특권을 갖고 있었다고 해도, 이스라엘 민족의 모든 사람이 택함 받은 자는 아니었다. 셋째, 궁극적으로 "아브라함의 자손"은 모형론의 관점에서 볼 때 **참된/유일한** 후손, 즉 그리스도(갈 3:16)를 가리킨다. 따라서 우리는 창세기 3:15에 기초한 아브라함에게 주어진 약속을 그리스도 안에서 성취한다. 그 결과 가장 진정한 의미에서 그리스도는 아브라함의 자손, 참이스라엘 그리고, 다윗보다 더 큰 아들이시다. 이 점에서 예수는 특수한 계보를 통한 혈통적 후손으로서, 그리고 구약성경의 모든 언약 중보자의 대형으로서 아브라함의 유일한 자손이시다. 넷째, 신약성경은 그리스도께서 오셨기 때문에 모든 신자는 **영적** "아브라함의 자손"이라고 가르친다. 이것은 교회 안의 믿는 유대인과 이방인을 모두 포함하고(엡 2:11-22), 이렇게 해서 민족들에게 복이 될 것이라는 아브라함 언약의 약속을 성취하는 것을 포함한다. 바로 이 의미에서 보면 오직 성령으로 말미암아 거듭남을 경험하고 믿음으로 그리스도와 연합한 자만이 아브라함의 **영적** 자손이다(갈 3:26-29). 아브라함 가족의 일원이 되는 것이 이제는 특수한 혈통적 계보나 할례나 다른 신자들과의 어떤 종류의 혈통적 연계성과 관련된 문제가 **아니다.**

아브라함 언약의 다면적이고 다채로운 본질을 강조하는 것이 왜 그토록 중요한가? 여기에는 적어도 두 가지 이유가 있다. 하나는 그것이 역사적 배경 속에서 아브라함 언약의 정당성을 입증하기 때문이다. 다른 하나는 그것이 본서 3장에서 설명한 것처럼 세대주의 신학과 언약신학 간의 중대한 차이점이기 때문이다. 먼저 언약신학에 초점을 맞추어보자.

여러분은 세대주의 신학이 아브라함 언약의 민족적이고 모형론적인 국면을 무시하고 주로 **영적인** 실재로 환원시키면서 아브라함 언약을 너무 단조롭게 하는 경향이 있다는 이유로 언약신학을 비판한 것을 기억할 것이다. 이것과 관련해서 우리는 세대주의 신학의 비판에 동의한다. 그래서 이스라엘-교회 관계에서, 언약신학이 이스라엘이 "혼합된" 실체였던 것처럼 그렇게 교회도 그와 같다는 함축을 가진 "새 이스라엘"로 아주 쉽게 교회를 간주한다. 언약신학은 아브라함 언약에 작용하는 계보 원리 ─ "너와 네 후손"(창 17:7) ─ 가 이스라엘에 적용되는 것처럼 교회에도 정확히 그대로 적용되고, 또 언약의 표징인 할례가 이스라엘에서 기능한 것처럼 유아세례도 교회에서 똑같이 언약의 표징으로 기능한다고 말한다. 그러나 이 견해의 문제점은 아브라함 언약의 다양한 성격을 정당화하지 못하고, 새 언약이 가진 많은 적절한 **영적** 실재들을 **너무 성급하게** 아브라함 언약에 집어넣고 이해한다는 것이다. 우리가 아브라함 언약을 다룰 때에는 먼저 직접 문맥에서 다루고, 이어서 아브라함 언약이 이후 성경 언약들에서 어떻게 취해지는지를 다루며, 또 이어서 궁극적으로 아브라함 언약이 새 언약에서 어떻게 취해지는지를 다루어야 하는데 사실 언약신학은 그렇게 하지 못한다.

그러나 세대주의 신학 역시 이 점에서 언약신학을 비판한다는 사실을 주목하는 것이 중요하다. 왜냐하면 세대주의자는 언약신학자가 이스라엘에게 주어진 땅의 약속을 아직 천년왕국 시대에 성취를 기다리고 있는 혈통적/민족적 약속으로 간주하지 못하는 이유라고 확신하기 때문이다. 그런데 아브라함 언약에서, 그리고 성경의 모든 언약에 나오는 땅의 약속이 창조물의 모형으로 더 잘 간주되지 못한다는 것을 보여줄 수 있다면, 그것은 공정한 비판이다. 하지만 우리는 세대주의 신학이 이것을 보여줄 수 없다고 주장했다.

4. 아브라함 언약은 무조건적/단독적 요소와 조건적/쌍방적 요소로 함께 구성되어 있고, 이 두 요소 중 어느 하나의 요소로 환원될 수 없다. 이전 장들에서 설명한 것처럼 아브라함 언약은 주로 창세기 15장에 나오는 독특한 언약 체결 의식을 고려해서 무조건적 언약(고대의 "왕의 하사" 조약을 따른 방

식)이라고 흔히 주장된다. 또는 윌리엄슨이 주장하는 것처럼 창세기 15장의 언약의 무조건적 성격과 창세기 17장의 언약(종주-봉신 조약을 따른 방식)의 조건적 요구를 고려해서 아브라함 언약은 두 개가 있다고도 주장된다. 우리는 8장에서 제시한 이유들 때문에 이 두 접근법은 잘못되었다고 생각한다. 대신에 아브라함의 언약을 하나의 언약으로 생각하고, 창세기 12장의 약속들과 관련이 있는 창세기 15장의 언약, 곧 하나님과 아브라함이 처음으로 맺은 언약을 보증하는 것으로 창세기 17장의 언약을 생각하는 것이 더 적절하다. 아브라함의 언약에는 믿을 수 없을 정도로 강력한 일방적인 강조점이 있다. 의심할 것 없이 아브라함과 그의 자손들에게 약속들이 주어지고, 그리고 하나님이 절단(쪼갬)이라는 두려운 상징을 통해 언약을 개시하시기 때문이다. 하나님은 아브라함이 어떻게 하느냐와 상관없이 자신의 약속을 지키실 것이고, 아브라함은 하나님의 약속을 믿음으로 받으며, 그것이 하나님께 의로 여겨진다(창 15:6). 크레이그 블레이싱(Craig Blaising)은 이 점을 다음과 같이 잘 포착한다.

> 아브라함이 언약을 받은 방법 역시 언약의 무조건적 성격을 지지한다. 야웨는 창세기 15장에서 자신의 약속을 아브라함에게 반복하신다. 그리고 성경은 그 약속을 불가능하게 만드는 상황에도 불구하고 "아브람이 여호와를 믿으니 여호와께서 이를 그의 의로 여기시고"(창 15:6)라고 말한다.…
>
> 바울은 로마서 4장과 갈라디아서 3장에서 창세기 15장이 아브라함 언약의 약속으로서의 성격을 이해하는 데 근본적인 본문이라고 주장한다. 복이 아브라함에게 주어진 것은 아브라함이 어떤 행위를 행했기 때문이 아니다. 오히려 아브라함은 믿음으로 말미암아 복을 받았다. 하나님은 아브라함에게 약속을 주셨다. 아브라함은 하나님을 믿었다. 그래서 하나님은 아브라함을 의인으로 간주하고 아브라함에게 주신 약속을 언약으로 공식화하셨다.[76]

그러나 아주 강한 일방적인 강조점이 성경 전체에 걸쳐 발견되기는 하지만, 동시에 하나님이 요구하신 순종에도 강조점이 있다(창 17:1; 18:19; 22:16-18).[77] 이 순종의 요구는 하나님의 약속을 무효화하지 않고, 언약을 엄밀히 쌍방적 언약으로 만든다고 결론짓는 것이 정확하다. 나아가 "하나님의 계명에 대한 아브라함의 순종은 아브라함이 날마다 하나님의 복을 경험하는 **수단**으로 작용하는 것도 사실이다.…그러나 이 의무가 아브라함에게 복을 베푸시려는 하나님의 근본적인 뜻에 영향을 미치지 못한다. 이 의무는 하나님의 복을 **어떻게** 받고 **언제** 받을지에 영향을 미친다."[78] 따라서 하나님의 약속은 우리의 순종 여부와는 상관없이 실현될 것으로 주어진다. 왜냐하면 하나님의 약속은 창조물을 회복시키고 구속을 제공하려는 그분의 뜻에 기초하기 때문이다. 하지만 이것이 성경의 포괄적 줄거리와 관련해서 볼 때 하나님이 순종하는 아들을 요청하고 아브라함이 자기 이전의 아담과 노아와 비슷하게 그 요청을 충분히 만족시키지 못한다는 사실을 헛되게 하는 것은 아니다. 그렇다면 하나님이 언약의 약속의 실현을 보증하시지만, 또한 동시에 언약 관계에서 순종하는 아들을 요구하신다는 것과 관련해서 긴장이 발생한다. 그렇지만 이런 요구는 오직 아브라함의 참된 자손, 곧 우리 주 예수 그리스도 안에서만 최종적으로 그리고 충분히 해결된다.

"옛 언약" 또는 "이스라엘 언약"[79]

구약성경에서는 "옛 언약"에 많은 지면이 할애되지만, 전체 성경은 옛 언약 자체는 목적이 아니라 더 크고 좋은 새 언약으로 끝나는 포괄적인 목적으

---

76 Blaising, "Structure of Biblical Covenants," 132.

77 Paul R. Williamson, *Sealed with an Oath*, 84-91.

78 Blaising, "Structure of Biblical Covenants," 133-134.

79 이스라엘 언약은 여러 가지 이름으로 불렀다. 때때로 이 언약은 모세 언약으로 지칭된다. 모세가 여러 가지 면에서 이 언약의 중보자로 활동하기 때문이다. 그는 이스라엘의 삶에서 세 직분이 분리되기 전 선지자와 제사장 그리고 왕의 역할을 수행한다. 이 언약은 또 체결 장소를 고려해 시내산 언약으로도 불린다. 성경에서 주로 불리는 이 언약의 이름은 새 언약과 대비되는 "옛 언약"으로 확인된다. 이 용어에 대한 더 깊은 설명은 본서 9장을 보라.

로 나아가기 위한 수단이라고 가르친다. 이것이 성경이 "옛 언약"을 하나님의 계획에서 잠정적인 것으로, 또는 더 잘 표현하자면 하나님의 구속 목적에 중대한 한 부분으로 간주하는 이유다. 곧 이스라엘 언약(곧 옛 언약)은 그 언약이 지시하는 것이 도래하면 **하나의 전체 언약 패키지로서의** 역할을 끝내고, 그리스도인들은 더 이상 **하나의 언약으로서** 이스라엘 언약 아래 있지 않는다. 예를 들어 1세기 유대교가 율법 언약(곧 옛 언약)을 불멸의 불변적인 영원한 언약으로 간주한 것과 다르게, 바울은 "옛 언약"을 적절한 구속사적 사건에 두고, D. A. 카슨이 말하는 것처럼 옛 언약은 하나님의 계획에서 거의 "삽입구"(갈 3:15-4:7)와 같고, 보통 말하는 것처럼 그보다 앞서 있는 것, 즉 (창조 언약과 분리시켜서는 이해될 수 없는) 아브라함에게 주신 언약은 "율법이 주어졌다고 해서 폐기될 수 없다(갈 3:17). 율법이 성경 본문에서 많이 다루어지고, 이스라엘 역사에서 아무리 큰 역할을 맡았다고 하더라도 말이다."[80] 카슨이 주목하는 것처럼 이것은 예상한 대로 갈라디아서 3:19의 질문으로 이어진다. "그런즉 율법은 무엇이냐?" 의심할 것 없이 이에 대한 대답은 복합적이다. 하지만 중심 대답은 율법은 죄가 무엇인지를 우리에게 보여줄 뿐만 아니라 "'때가 차면'(갈 4:4) 그리스도의 오심을 준비하는 기능을 할 것이다. 이것 자체가 옛 언약의 약속의 성취다."[81] 다시 말하자면 우리는 하나님의 점진적 계획 속에서 옛 언약의 역할을 적절하게 이해하기 위해 옛 언약이 그 이전에 있었던 것과 어떻게 **유기적으로** 관련이 있는지, 옛 언약이 창세기 3:15에서 주어진 하나님의 약속을 어떻게 진전시키는지, 그리고 옛 언약이 어떻게 다양하게 그리스도의 오심과 시대의 완성을 지시하고 예견하

---

80 D. A. Carson, "Mystery and Fulfillment: Toward a More Comprehensive Paradigm of Paul's Understanding of the Old and the New," *Justification and Variegated Nomism: Volume 2—The Paradoxes of Paul,* ed. D. A. Carson, P. T. O'Brien and M. A. Seifrid (Grand Rapids, MI: Baker, 2004) 412. 또한 Douglas J. Moo, "The Law of Christ as the Fulfillment of the Law of Moses," *The Law, the Gospel, and the Modern Christian: Five Views,* ed. Wayne G. Strickland (Grand Rapids, MI: Zondervan, 1993), 319-324도 보라.

81 Carson, "Mystery and Fulfillment," 412.

고 예언하는지 숙고해보아야 한다. 옛 언약의 본질 및 성경 언약들과 옛 언약의 종합적 관계는 다음과 같이 네 가지 특징으로 요약될 수 있다.

1. 우리가 본문적 지평과 시대적 지평에서 옛 언약을 본다면, 이스라엘에 대한 하나님의 부르심과 이스라엘과 맺으신 하나님의 언약은 아브라함과 맺어진 언약들에서 성취된다. 이것은 그다음에 그의 자손인 이삭과 야곱에게 전해지고 보증된다(창 26:3-5; 28:13-15; 35:9-12). 아브라함과 이삭 그리고 야곱의 하나님으로서 하나님은 자기 백성을 이집트에서 구원하도록 모세를 부르신다(출 3:6; 참조. 출 2:24-25; 신 4:36-38; 왕하 13:22-23; 대상 16:15-19). 그분이 이스라엘을 사랑하신 것은 이스라엘이 다른 민족보다 더 낫거나 수효가 많기 때문이 아니다(신 7:7). 그렇다고 이스라엘이 가나안 땅을 받은 것도 그들에게 의(義)가 있었기 때문이 아니다. 하나님이 이스라엘을 부르신 것은 이스라엘에게서 발견되는 것에 기초한 것이 아니라, 하나님의 주권적 선택과 아브라함과 맺은 언약에 대한 하나님의 충성에 기초한다(출 19:4; 신 7:8). 따라서 옛 언약은 아브라함 언약이 없이는 이해될 수 없다. 옛 언약은 아브라함 언약과 **유기적으로** 관련이 있기 때문이다. 그러므로 동시에 옛 언약은 창조 언약과 관련해서 이해되어야 한다. 나아가 옛 언약을 하나님의 계획에 있는 이전 언약들과 관련시킬 때 우리는 이제 아브라함의 "자손"이 어떻게 이삭과 야곱을 통해 이스라엘 민족으로 범주가 좁혀지는지를 더 명확히 확인하게 된다(도표 16.3을 보라. 거기 보면 옛 언약의 범주가 특히 이삭을 통해 아브라함 언약의 범주만큼 광범하게 나타난다. 왜냐하면 하나님이 모든 민족에게 복을 베푸시는 것이 이제 이스라엘 민족을 통해 일어나기 때문이다).

나아가 아브라함에게 주어진 약속을 기초로해서 하나의 민족(gôy, 출 19:5-6)인 이스라엘은 "제2의 아담"이 되고, 민족들에 대한 아담의 역할을 성취한다. 성경에서 이스라엘 언약의 위치를 고려하면, 이것은 하나님께서 창세기 3:15에서 시작하신 그분의 약속 즉 첫 사람 아담이 일으킨 죄와 죽음의 문제에 대한 해결을 이스라엘을 통해 이루시고 이 해결은 궁극적으로 새 창조의 출범에서 정점에 달한다는 것만을 의미한다. 이 주장에 대한 추가 증거는 하나의 민족으로서 이스라엘이 하나님의 "아들"로 묘사되는 것에서 확인된다(출 4:22-23). 출애굽기 4장에서 하나님은 바로에게 하나님의 아들인 이스라엘을 풀어주지 않으면 그의 아들에게 심판을 내리실 것이라고 경고하신다. 하나님의 아들로서 이스라엘은 바로가 허락하지 아니한 것 곧 완전한 헌신과 순종으로 야웨를 섬기도록 되어 있었기 때문이다. "부자" 관계로 묘사된 야웨와 이스라엘의 관계는 아담에게까지 거슬러 올라갈 뿐만 아니라 이후에 다윗 언약에서도 취해진다. 다윗 계보의 왕들이 야웨와 맺는 관계도 이와 동일한 부자 관계로 제시된다. 따라서 이 모든 언약은 하나의 종합적 관계로 연결되며, 궁극적으로 아담 안에 기초한다. 따라서 하나의 민족으로서 이스라엘은 땅에서 하나님의 대표―섬기는 왕과 아들―로 섬겼다. 이스라엘은 하나님의 형상을 지닌 자와 하나님의 백성이 되는 것이 무엇을 의미하는지 예증해야 했다. 이스라엘을 통해 아브라함의 복이 실현되고, 하나님의 구속에 대한 약속이 실현되었다.

2. 옛 언약을 하나의 전체 패키지로 간주하는 것이 가장 좋다. 하나의 전체 패키지로서 옛 언약의 주된 목적 중 하나는 하나님이 누구신지, 그리고 우리가 하나님 앞에서 어떻게 살아야 하는지(레 11:45를 보라)를 보여주는 데 있다. 즉 하나님의 성품(*shem*)과 하나님의 길(*derek*)을 보여주는 데 있다. 나아가 하나님의 성품과 길에 대한 계시로서 율법 언약은 우리에게 율법에 일치된 삶을 살 것을 요구한다. 이와 관련해서 전체 언약은 어떤 이들이 하나님을 계시한다는 사실을 강조하는 것이 중요하다. 사실 본서 9장에서 설명한 것처럼 성경적으로 말하면 율법 언약은 이후의 신학 전통이 그렇게 구분하는 것처럼 도덕법과 시민법 그리고 의식법으로 결코 분할되지 않는다. 비록 이것이 율법 언약을 구분하고, 그리스도 안에서 율법 언약이 성취된 것으로 생각하는 일반적 방법, 즉 도덕법은 계속되지만 시민법과 의식법은 이미 다 이루어졌다고 생각하지만, 성경에는 이것을 정당화하는 내용이 전혀 없다.[82] 옛 언약은 하나의 전체 패키지다. 그리고 하나의 전체 단위로서 옛 언약은 이스라엘의 삶을 지배하고, 하나의 전체 언약으로서 옛 언약은 그리

스도와 새 언약 안에서 성취가 이루어진다.[83]

　3. 앞의 특징 즉 옛 언약은 하나의 전체 패키지라는 사실에 기초한다면, 율법 언약 안에는 궁극적으로 그리스도와 새 언약 안에서 대형적인 성취가 발견되는 많은 모형론 구조들이 전개된다. 예를 들어 율법 언약 안에서 우리는 제사 제도가 확립된 것을 보는데, 제사 제도는 진실로 전체 언약 관계에 근본적 요소다(히 7:11을 보라). 죄의 실상을 고려하면 이것은 충분히 이해된다. 죄의 속량이 없고 하나님의 언약적인 임재를 누릴 수 있게 하는 수단이 없이는 우리가 거룩하고 의로우신 언약의 하나님과 언약 관계를 맺을 수 없기 때문이다. 물론 제사장 제도는 전체 성막-성전-제사 제도와 관련되어 있다. 이 제도는 모두 이스라엘이 가나안 땅에 거할 수 있게 하고, 또 그들이 하나님이 언약에 따라 죄악 된 백성 가운데 임재하고 계시는 것을 알 수 있는 수단으로 작용할 뿐만 아니라 제도들 자체를 넘어 레위 제사장의 역할을 성취하고 대체하며(히 5:1-10; 7-10), 성막-성전을 본질상 종결로 이끌고(예컨대 요 2:19-22을 보라), 자신의 새 언약의 역사로 죄의 속량을 충분히 이루도록(렘 31:34; 히 10:1-18) 야웨의 종(사 52-53장을 보라)의 속죄를 제공하시는 하나님의 더 큰 준비를 지시한다. 제사장에 관해 이야기된 것은 예언자와 왕에게도 그대로 적용된다. 이 다른 두 직분도 모형론적인 중요성을 갖고 있고 그리스도 안에서 성취된다(예. 예언자: 신 18:15-18; 34:10-12; 행 3:22-26; 히 1:1-3; 왕: 창 17:6, 16; 49:8-12; 민 24:17-19; 참조. 민 24:7; 신 17:14-20; 삼하 7:8-16; 마 1:1-17; 롬 1:3-4; 히 1:5, 13; 5:4-6). 또는 하나님과의 언약 관계 속에 처음으로 이스라엘을 세우는 근본적 사건에 대해 생각해보라. 말하자면 출애굽 사건과 유월절 사건과 같이 출애굽 사건과 관련된 모든 사건에 대해

82　이 전통 안에 있는 자들은 정확히 옛 언약으로부터 어떤 요소가 유효한지에 대하여 차이가 있다. 어떤 이들은 오직 도덕법만이 이전된다고 말하지만 다른 이들은 몇 가지 제한 조건과 함께 도덕법과 시민법이 이전된다고 주장한다. 이 문제에 대한 탁월한 설명은 Wayne G. Strickland ed., *The Law, the Gospel, and the Modern Christian: Five Views* (Grand Rapids, MI: Zondervan, 1993)를 보라.

83　Moo, "Law of Christ as the Fulfillment of the Law of Moses," 335-337에서 설명을 보라.

생각해보라. 우리가 구속사를 자세히 살필 때 출애굽 사건을 통해 조망되는 것처럼 유월절 사건과 중대한 구속 행위는 장차 임할 더 큰 새 출애굽/구속의 한 패턴이 되고, 이 모든 사건은 새 언약 시대의 도래와 관련이 있다(출 15:14-17을 보라. 참조. 사 11:15-16; 40:3-5; 41:17-20; 42:14-16; 43:1-3, 14-21; 48:20-21; 49:8-12; 51:9-11; 52:3-6, 11-12; 55:12-13; 렘 16:14-15; 23:4-8; 31:32; 호 2:14-15; 11:1; 12:9, 13; 13:4-5).

4. 비록 옛 언약이 대부분 조건적/쌍방적 방향이고 당연히 백성들에게 순종을 요구하지만, 단순히 조건적 언약의 범주에서 언약을 생각하는 것은 너무 단순한 생각이다. 다시 말하자면 우리는 이전 언약들과 마찬가지로 구속을 베풀겠다는 하나님의 궁극적 약속—언약의 야웨께서 단독적으로 시작하고 이루시는 실재—에 옛 언약을 기초하지 않는다면, 우리는 옛 언약을 이해할 수 없다. 사실 이것이 우리의 죄와 거역하는 마음과 상관없이 하나님의 구원 계획이 실제로 일어날 일에 대한 우리의 소망과 확신의 근거가 되는 것이다. 그러나 말한 바와 같이 옛 언약이 그에 수반되는 복과 저주, 그리고 이스라엘 민족에 대한 하나님의 순종의 요구와 함께 형식상 고대 근동의 종주-봉신 조약의 특징들을 취한다는 것은 의심할 여지가 없는 사실이다.[84]

이스라엘은 아담과 전체 인류가 그랬던 것처럼 순종하는 아들로 부르심을 받는다. 하지만 이스라엘은 실패한다. 이스라엘을 통해 인간의 잃어버린 지배권이 다시 회복되어야 하지만 그들은 신실하지 못한 아들로 증명된다. 율법 언약은 생명의 약속을 보존하지만(레 18:5) 죄로 말미암아 이스라엘은 율법을 어기고 하나님의 저주 아래 떨어지며, 이것은 전체 인류에게 일어나는 일의 축소판이다. 율법은 "거룩하고 의로우며 선하다"(롬 7:12). 하지만 죄로 말미암아 율법은 구원 능력이 없다(신 27:26; 참조. 갈 3:10-12). 비록 하나의 전체 패키지로서 율법 언약은 특히 모형론적인 구조/패턴(예. 제사 제도, 성막/

---

84 종주-봉신 조약에 대한 설명은 본서 10장을 보라.

성전, 제사장 제도 등)을 통해 용서를 제공하기는 해도, 그것은 하나님이 궁극적으로 제공하시려는 죄 사함과 칭의가 아니었다.[85] 이 점에서 하나의 전체 패키지로서 율법 언약은 하나님이 준비하시는 구속을 지시하지만 결국 의는 율법 언약과 상관없이 오고(롬 3:21), 우리 주 예수 그리스도와 새 언약 안에서 하나님이 제공하신 약속 및 준비와 연관이 있다. 이것이 왜 성경이 율법 언역을 예언적인 언약, 곧 여러 가지 방식으로 하나님께서 친히 자신의 순종하는 아들을 주실 때 임하는 더 큰 구속을 예견한 언약으로 간주할 수 있는지에 대한 이유다(마 11:13; 참조. 롬 3:21-31; 히 2:5-18, 7-10).

앞에서 말한 것처럼 옛 언약에는 **긴장**이 내재되어 있다. 하나님은 이스라엘에게 순종을 요구하시지만 이스라엘은 불순종한다. 율법은 생명을 강조하지만 죄로 말미암아 궁극적으로 구원의 능력이 없다. 율법 언약에는 사람들에게 절대적으로 필요한 인간의 마음을 변화시키는 힘이 전혀 없다. 사실 이스라엘 역사가 보여주는 것처럼 율법 언약은 더 큰 정죄를 가져온다. 율법 언약이 이스라엘의 죄를 더욱 크게 드러내기 때문이다. 그것은 죄를 하나님의 성품과 하나님의 요구에 반하는 것으로 명확히 정의하면서 죄를 양적으로 증가시킨다(롬 5:20). 그리고 율법 언약은 이스라엘을 죄의 권능과 정죄 아래 가둔다(롬 3:19-20; 갈 3:10, 13; 골 2:14). 심지어는 하나님의 제사 제도의 준비도 단지 모형적이고 잠정적인 제도에 불과하기 때문에 "죄를 기억하게 함으로써"(히 10:3) 마음의 변화와 충분한 죄 사함을 가져올 새 언약의 필요성을 미리 지시하는 역할을 했다. 그러나 옛 언약은 하나님의 펼치시는 구속 계획의 한 부분으로, 하나님이 최초로 주신 구속 약속을 성취시키는 수단이다. 정경 전체에 걸쳐 하나님의 약속들은 하나님의 구원에 대한 주권적인 주도권에 기초한다. 왜냐하면 하나님이 단독적으로 행하시지 않으면, 전체 인류의 일원으로서 우리는 소망이 없기 때문이다. 하나님이 행하셔야

---

85   율법 언약의 목적에 대한 유용한 요약은 Moo, "Law of Christ as the Fulfillment of the Law of Moses," 324-343을 보라.

하고, 오직 하나님만이 행하셔야 한다. 그러나 궁극적으로 그 행동은 하나님의 모든 약속을 성취하실 신실한 아들의 준비를 요청한다. 이 주제는 특히 우리가 이제 살펴볼 다윗 언약에서 다시 시작한다.

다윗 언약

다윗 언약이 하나님이 펼치시는 구속 계획에서 차지하는 중요성을 간략하게 말하기 위해서는 다음과 같은 두 가지 점이 특별히 중요하다. 첫째, 다윗 언약이 이전 언약들과 갖는 유기적 관계와 다윗 언약이 새 언약의 도래를 어떻게 예견하는지 파악하기 위해 성경의 줄거리에서 다윗 언약이 차지하는 위치를 주의 깊게 생각해봐야 한다. 둘째, 다윗 언약 안에 나타나 있는 무조건적 요소와 조건적 요소의 **긴장**을 파악하고, 이전 언약들과 마찬가지로 이 긴장이 어떻게 성경의 종합적 줄거리에 기여하는지를 보여줘야 한다.

1. 다윗 언약은 두 가지 주요 부분으로 이루어져 있다. (1) 다윗의 집을 영원히 세우시는 것에 관한 하나님의 약속(삼하 7:12-16; 대상 17:11-14), (2) 하나님과 다윗의 후손 사이의 친밀한 관계 즉 야웨와의 관계에 있어 "아들"로서의 다윗 왕에 관한 약속(삼하 7:14; 대상 17:13; 참조. 시편 2편; 89:26-27). 이런 방식으로 다윗 왕(들)은 다윗 언약의 시행자이자 중보자다. 말하자면, 다윗의 아들들은 이스라엘에 대해 야웨의 대표자로서 기능한다.

성경의 줄거리 및 성경의 언약들과 관련해서 이 "아들 신분"의 중요성은 두 가지다. 첫째, 아들 신분은 다윗 언약을 이전 언약들과 불가피하게 관련시킨다. 둘째, 아들 신분은 모형과 그림자로서, 장차 임할 새 언약의 중보자의 더 큰 아들 신분을 예견한다. 예를 들어 모형론의 관점에서 보면 하나의 민족으로서 이스라엘에게 적용되었던(출 4:22-23; 참조. 호 11:1) 아들 신분은 이제 다윗과 그의 아들들에게 적용된다. 다시 말하자면 한 개인으로서 다윗 계보의 왕이 하나의 민족으로서 이스라엘의 대표로서의 역할을 취한다(삼하 7:22-24). 본서 11장에서 상세히 전개한 것처럼 다윗 언약에서 왕권은 출애굽기 19:3b-6에 기록된 내용을 이루는 수단이 된다. 이스라엘 왕은 헌신적인 종과 아들이 되라고 부르심을 받는다. 물론 그는 때때로 제사장의 신분으로 기능하면서 민족들에게 하나님의 의를 가르치고, 야웨의 지배를 받으라고 초대한다. 도표 16.3은 크게 두 가지로 이 점을 잘 표현한다. 첫째, 그것은 다윗 언약을 옛 언약의 한 부분으로 제시한다(다윗 계보의 왕이 언약으로서 토라 아래 있기 때문이다). 둘째, 그것은 이스라엘의 대표, 곧 아들 됨의 역할이 이제는 백성들의 공동의 대표자로서 왕에게 한정되었음을 잘 보여준다.

또한 다윗 언약이 아브라함 언약 및 아담을 통해 전달된 창조 언약과 유기적으로 관련이 있다는 것을 아는 것도 중요하다. 아브라함 언약과 관련해서 말하자면 큰 이름에 대한 약속이 다윗 왕에게 이전되고(삼하 7:9; 대상 17:8), 큰 민족에 대한 약속(참조. 창 12:2)도 마찬가지로 이전된다. 이 다윗 언약은 모든 민족에게 복을 전달할 약속된 "후손"의 계보를 확증하는 것으로 작용한다.[86] 그러나 다윗 언약에는 그 이상의 사실이 들어 있다. 다윗 왕은 또한 "하나님의 아들"로서 아담과 이스라엘이 인간 전체에 대해 맡은 역할을 물려받는다. 월터 카이저가 올바르게 주장한 것처럼 사무엘하 7:19b의 표현("이것이 사람의 법이니이다")은 "이것은 인간이 따라야 할 헌장이다"로 이해해야 한다. 이는 다윗은 다윗 언약이 전체 인류에게 미치는 의미를 이해했음을 암시한다. 말하자면 언약 중보자로서 다윗의 역할은 인간이 타락하기 전 원래 상황에서 하나님이 원하셨던 것, 곧 온 세상에 하나님의 통치를 이루는 것이다.[87] 다윗 언약이 온 세상에 미치는 영향에 대한 다윗 자신의 이해는 성경에서 메시아 대망의 기초가 될 뿐만 아니라 위에서 말한 것처럼 다윗 언약과 아브라함 언약을 연결시키는 것이다. 이것은 하나님의 이전 약

---

[86] 다윗 언약에 대한 탁월한 설명은 William J. Dumbrell, *Covenant and Creation: A Theology of the Old Testament Covenants* (Carlisle, UK: Paternoster, 1984), 127-163; 그리고 Blaising, "Structure of Biblical Covenants," 159-173을 보라.

[87] 이 점의 전개에 대해서는 본서 11장을 보라. 또한 Walter C. Kaiser, Jr., "The Blessing of David: The Charter for Humanity," *The Law and the Prophets,* ed. John H. Skilton (Nutley, NJ: P&R, 1974), 311-314도 보라. 참조. Dumbrell, *Covenant and Creation,* 151-152.

속들과 차례대로 연결된다. 따라서 다윗 왕 아래에서 아브라함 언약에서 주어진 큰 민족과 큰 이름에 대한 약속이 함께 등장한다. 이런 의미에서 아브라함 언약의 궁극적 성취는 다윗 언약의 궁극적 성취와 일치된다. 뒤로 아담 및 창조물과 관련된 아브라함 언약의 복은 궁극적으로 다윗의 아들을 통해서만 이루어질 것이다. 확실히 약속의 땅에서 주어질 복에 대한 아브라함 언약의 약속의 최종적 성취는 이 다윗 왕의 통치 아래 일어날 것이다. 이 중요한 의미에서 다윗 왕은 뒤로 아브라함과 관련되고, 궁극적으로는 인류의 언약의 머리인 아담까지 관련된 언약의 복의 중보자가 된다.

그렇다고 우리가 이것 때문에 놀라서는 안 된다. 하나님의 구속 계획의 핵심에는 여자의 후손을 통해 창조물을 다스리는 인간의 대리인 역할의 회복 계획이 놓여 있기 때문이다. 우리는 다윗에 관한 기록에 이르면 창조물의 상실된 운명을 회복시킬 여자의 후손이 다윗의 계보에서 나오고, 궁극적으로 다윗의 아들이 이 회복을 이룰 것이라는 사실을 깨닫게 된다. 구약성경 많은 곳에서, 특히 시편에서 이런 종류의 통치를 가져올 다윗의 아들에 대한 환상이 펼쳐진다. 중요하게도 이런 시편은 신약성경(예. 시편 2, 8, 45, 72편 등)에서 예수에게 적용되고, 또 새 언약 시대의 전반적인 출범에도 적용된다. 다윗의 더 위대한 아들이 마지막으로 오면 하나님의 모든 약속은 실현되고 이전의 모든 언약 중보자들의 역할은 완수될 것이다. 이 왕 안에서 아담의 역할과 관련된 이스라엘의 역할은 완수되고 궁극적으로 죄와 죽음의 결과를 반전시키고 새 창조로 이끄실 것이라는 하나님의 약속이 성취될 것이다. 그러나 이와 관련해 중요한 문제가 있다. 이전의 언약 중보자들—아담과 노아 그리고 아브라함 또는 한 민족으로서 이스라엘을 막론하고—에게 하나님은 순종을 요구하시지만 이 중보자들 중 진실로 순종한 자는 아무도 없었다는 점이다. 이것은 다윗과 그의 아들들의 경우도 마찬가지다. 이것 때문에 우리는 다윗 언약에 무조건적 요소와 조건적 요소의 **긴장**이 내재되어 있음을 더 상세히 살펴보아야 한다.

2. 앞에서 그리고 이전 장들 전체에 걸쳐 말한 것처럼, 하나님은 자신의

형상을 지닌 자들에게 완전한 순종을 요구하신다. 이런 순종은 언약 중보자에게도 분명히 요구된다. 그러나 다윗과 그의 아들들을 포함해 이 중보자들 중 어느 누구도 진정으로 순종하지 못했고, 그들은 자기들의 역할을 완수하지 못하고 하나님의 약속을 이루지 못했다. 이전의 이 모든 중보자들은 단지 장차 임할 다른 한 사람 곧 참 아들로서 특별히 완전한 순종을 통해 그들의 역할을 이루실 다윗의 아들을 예표하고 예견할 수 있었을 뿐이다. 그렇지만 다윗 언약을 포함해 성경의 언약들의 강력한 단독적 요소를 조건적 요소와 함께 강조하는 것이 중요하다.

대다수 성경신학자가 다윗 언약과 관련해서 왕의 하사 방식을 올바르게 강조한다. 문제는 다윗 언약이 이런 종류의 언약으로 유일한 것인지의 여부다.[88] 본서 11장에서 상술한 것처럼 다윗 언약을 세우실 때 하나님은 다윗 생전에 성취될 것뿐만 아니라 다윗 사후에 성취될 것을 망라하는 많은 사실들 곧 결코 실패할 수 없는 약속들을 제공하신다. 다윗 생전에 성취된 약속은 사무엘하 7:8-11a에서 제시된다. (1) 큰 이름, (2) 하나님의 백성으로서 이스라엘의 처소, (3) 원수들로부터 다윗을 보호하시는 안식. 다윗 사후에 주어지는 약속은 사무엘하 7:11b-13에서 제시되고 여기에는 영속적인 왕조, 나라, 왕위에 대한 약속이 포함된다. 따라서 하나님의 의도는 이스라엘 백성의 허다한 불충성에도 불구하고 자신의 약속들을 이루시는 것에 있다(왕상 11:11-13; 34-36; 15:4-5; 왕하 8:19; 대하 21:7, 23:3). 그리고 만약 하나님이 그것을 약속하신다면 그것은 반드시 이루어질 것이다.

그러나 사무엘하 7:14-15은 다음과 같이 분명히 밝힌다. 하나님은 다윗 왕에게 신실함과 순종을 요구하시고, 다윗은 이 신실함과 순종이 창조 언약에서 하나님이 인간이 그렇게 되기를 바라셨던 것처럼 오로지 온 세상에서 하나님의 통치가 이루어지도록 효력을 일으킬 것이라고 이해한다(삼하 7:18-

---

[88] 예컨대 Blaising, "Structure of Biblical Covenants," 159-165; Horton, *God of Promise*, 43-50을 보라.

19). 본서 11장에서 주목한 것처럼 결론적으로 사무엘하 7:14-15이 말하는 것은 다윗 언약이 신실하신 아버지(즉 자신의 약속을 지키시는 야웨)에 의해서만이 아니라 신실한 아들(즉 야웨의 토라에 대한 왕의 순종)에 의해서도 성취될 것이라는 것이다. 이것이 다윗 언약을 왕의 하사나 종주-봉신 언약 중 어느하나로 분류하기 어려운 이유 가운데 하나다. 곧 다윗 언약은 두 가지 언약적 요소를 모두 갖고 있다.

다윗 언약에서 발견되는 이 단독적 요소와 쌍방적 요소의 긴장에 대한 추가 증거는 이사야 55:3에 나오는 이사야의 예언에서 발견된다. 본서 11장에서 설명한 것처럼 오랜 세월에 걸쳐 "하스데 다비드"(*ḥasdê dāwîd*)라는 말의 해석에 대해 논쟁이 벌어졌다. 이 말은 종종 "다윗에게 허락한 확실한 은혜"로 번역된다. 그러나 11장에서 주장한 것처럼 이 번역은 정확하지 않다. 이 어구의 일반적인 언어 용법에 따라 본문을 번역하는 더 나은 방식은 다윗을 객체가 아니라 행위자 또는 주체로 해석하는 것이다. 그렇게 보면 "다윗이 행한 확실한 은혜 또는 신실함"으로 번역된다. 메시아와 장차 임할 다윗 왕에 대한 이사야의 예언에서 이사야 55장이 차지하는 중요성을 고려한다면 이것은 의미가 있다. 우리는 여기서 이사야서의 "야웨의 종"이 다윗 가문에 속하고 왕이라는 것을 보여주는 모든 주장을 되풀이할 수 없다. 그러나 이것은 거듭 드러났다.[89] 예를 들어 다윗 왕과 나라가, 큰 나무가 베임을 당하는 것으로 묘사되는(사 6:13) 비유 언어와 이사야 53:2의 순과 뿌리에 대한 언급은 야웨의 종 관련 본문들을 제2의 다윗을 가리키는 미래의 왕의 환상과 연결한다(사 11:1, 10). 사실 이스라엘을 야웨의 종으로 보는 것과 한 개인을 이스라엘 민족을 구원하는 종으로 보는 것 간에 계속된 정체성

89　예컨대 Daniel I. Block, "My Servant David: Ancient Israel's Vision of the Messiah," *Israel's Messiah in the Bible and the Dead Sea Scrolls,* ed. Richard S. Hess and M. Daniel Carroll (Grand Rapids, MI: Baker, 2003), 17-56과 J. Alec Motyer, *The Prophecy of Isaiah An Introduction and Commentary* (Downers Grove, IL: InterVarsity Press, 1993)를 보라.

관련 논쟁은 우리가 다윗 왕이 이스라엘 민족 전체의 대표 인물이라는 것을 깨닫는다면 해결되는 문제다. 이 모든 것은 이사야가 우리에게 "야웨의 종"으로 간주되고, 자신의 승리의 사역의 결과로 말미암아 시온을 회복시키며(사 2:1-5), 야웨를 경외함으로 즐거움을 삼고(사 11:1-10), 사회 정의를 실천함으로써 야웨를 완벽하게 대표하며(사 11:3-5), 만민의 기치로 설 것이고(사 11:10), 자신의 교훈을 통해 민족들을 가르치고 다스리실(사 42:1, 3-4; 49:1, 6) 장차 오실 다윗 왕에 대한 하나의 환상을 제시한다고 말하는 것이다. 따라서 이사야 55장에서 우리는 다윗 언약과 새 언약의 관련성을 발견한다. 거기 보면 야웨의 종이 행한 사역을 기초로 하나님께서 "다윗이 행한 신실함"에 따라 "영원한 언약"을 맺으실 것이라고 선언된다(사 55:3). 이런 방식으로 야웨는 그분의 언약적 의무를 이행하시지만 다윗도 자신의 언약적 의무를 이행한다. 그 결과 새 언약은 시작되고 약속은 성취된다. 이것은 다윗 언약에서 왕에게 신실한 순종의 요구가 있음을 보여줄 뿐만 아니라, 이 다윗의 아들과 왕이 일어날 것이라는 기대에 참여하도록 우리를 이끌어간다. 왜냐하면 이스라엘 민족의 역사에서 다윗 계보의 왕들은 순종하지 않았기 때문이다. 거의 모든 경우에 그들은 언약을 어겼으나 이사야는 "제2의 다윗" 즉 다윗과 그의 아들들의 대형, 자신의 생애와 죽음으로 완전히 순종하고 새 언약을 출범시키며, 따라서 궁극적으로 "프로토유앙겔리온"(*protoeuagnelion*, 원시복음) 곧 아담 안에서 상실된 것을 회복시킬 다윗보다 더 큰 아들(사 52:13-53:12)이 오실 것에 대한 소망을 강조한다.

이런 식으로 성경의 술거리가 펼쳐질 때 하나님의 구원 통치와 하나님 나라가 성경의 언약들을 통해 임하고, 이것은 그리스도 안에서 정점에 달한다. 다시 말하자면 언약들의 점진적 계시는 우리에게 하나의 이야기를 말해준다. 언약들은 우리에게 언약의 주로서 하나님이 누구신지, 그리고 자신이 지으신 창조물에게 하나님이 기대하시는 것이 무엇인지 가르쳐준다. 우리는 언약에 따른 하나님의 행동들을 통해 삼위 하나님 곧 "헤세드"와 "에메트"의 하나님을 알게 된다. 게다가 언약들은 우리가 하나님 앞에서 그리고 서로 간에 어떻게 살아야 하는지, 그리고 하나님의 형상을 지닌 자와 섬기는 왕으로서 창조물을 어떻게 다스려야 하는지를 우리에게 계시한다. 그리고 언약들은 무엇보다 그리스도에 기초해서 하나님의 영원한 계획의 비밀을 밝혀준다. 곧 하나님이 이전의 언약 중보자들의 역할을 성취하고 창세기 3:15까지 거슬러 올라가는 약속을 이루실 자를 기대하라고 우리를 가르친다는 것을 밝혀준다. 따라서 성경의 언약들은 하나님의 형상을 지닌 자로서 자신의 역할에 결코 실패가 없으실 완전하고 순종하는 아들의 오심을 예견한다. 언약들은 이 아들 ― 완전히 유일하신 분 ― 의 오심과 사역에서 하나님의 구원의 통치와 다스림이 이 세상에 임하고, 문자 그대로 "새 창조"가 새롭고 더 나은 언약의 출범을 결과할 것이라는 점을 여러 가지 면으로 예견한다. 이제 이 새 언약을 간략히 설명해보자. 구약성경의 문맥에서 제시되는 대로 이 새 언약을 간략히 설명하고, 이어서 신약에서 그리스도 예수 우리 주 안에서 새 언약의 성취를 확인해보자.

새 언약

성경의 한 언약이 언약을 맺으시는 삼위 하나님이 누구신지를 계시하고 창조물에 대한 하나님의 계획을 밝히면서 다음 언약으로 나아갈 때, 궁극적으로 성경의 모든 언약은 새 언약에서 성취와 결말 그리고 목적에 도달한다(렘 31:29-34를 보라; 참조. 눅 22:20; 고후 3장; 히 8장, 10장). 이전의 모든 언약이 예견하고 예시하는 언약은 새 언약이고, 이 점에서 새 언약은 이전의 모든 언약을 대체한다. 새 언약이 도래하면 우리는 하나님의 백성이 과거에 있었던 것과 정확히 똑같은 방식으로는 더 이상 이전 언약들 아래에 있지 않다. 우리는 이제 그리스도 안에 있고, 그리스도의 언약의 머리와 그리스도인으로서 우리의 삶을 위해 새 언약의 머리가 수반하는 모든 것 아래에 있다.

구약성경에서 새 언약과 관련해서 가장 유명한 본문은 아마 예레미야 31장일 것이다. 그러나 본서 12-14장에서 설명한 것처럼 새 언약은 단지 예레미야 31장으로 한정되는 것은 아니다. 새 언약은 예언서 전체에 걸쳐 발견되고, 특히 "영원한 언약"이라는 말과 새 창조의 도래와 성령 그리고 민족들 가운데서 이루어지는 하나님의 구원 통치와 다스림 등에 대한 예언의 말로 제시된다. 예를 들어보자. 본서의 이전 장들에서 상세히 설명된 것처럼 포로기 이후 예언자들 속에는 새 언약이 "옛 언약"과 비슷한 목적, 즉 아브라함 언약의 복을 이스라엘, 아니 사실은 이보다 훨씬 더 멀리 나아가 민족들의 현재의 경험 속으로 이끌 것이라는 기대가 있다. 따라서 새 언약은 이스라엘과 민족들 모두에게 유익을 가져오고, 도표 16.3이 설명하는 것처럼 보편적 함축성을 갖고 있다는 점에서 아브라함의 복을 가져올 것이다. 구약성경에서 새 언약은 민족적 언약(렘 31:36-40; 33:6-16; 겔 36:24-38; 37:11-28)이자 국제적 언약(렘 33:9; 겔 36:36; 37:28)으로 간주된다. 사실 새 언약의 범주는 특히 이사야서에서 보편적인 것으로 간주된다(사 42:6; 49:6; 55:3-5; 56:4-8; 66:18-24). 이사야서의 이 본문들은 새 언약의 약속들의 궁극적 성취를 "이상적 이스라엘" 즉 야웨의 종과 연계하고 회복된 새 하늘과 새 땅에 자리 잡은 공동체에 투사한다(사 65:17; 66:22). 이 "이상적 이스라엘"은 아브라함에게 주어진 약속들을 취하고, 하나님이 족장들과 이스라엘 민족 그리고 다윗의 아들과 세우신 언약들의 결정적이고 궁극적인 성취로 제시된다(사 9:6-7; 11:1-10; 렘 23:5-6; 33:14-26; 겔 34:23-24; 37:24-28). 나아가 성경의 줄거리에서 새 언약이 단순히 아브라함의 복을 이스라엘과 민족들에게 가져온다고 말하는 것으로는 충분하지 않다. 우리는 "창조 언약"이 없으면 아브라함 언약을 이해할 수 없다. 따라서 진실로 새 언약이 임하게 되면 하나님의 모든 약속의 궁극적 성취, 아담이 일으킨 죄와 죽음의 결과들의 반전, 새 언약의 확립을 보게 된다.

신약성경에서는 새 언약 관련 본문들이 분명히 그리스도와 교회에 적용된다(참조. 눅 22:20; 고후 3장; 히 8, 10장). 비록 새 언약이 "이스라엘 집과 유다 집"(렘 31:31)과 맺어지기는 해도, 고전적 세대주의 신학의 가르침과 달리 신약성경은 새 언약을 다윗의 더 위대한 아들, 참이스라엘, 마지막 아담이신 예수 그리스도의 중보 사역을 통해 교회에 적용한다.[90] 최소한 세대주의 신학과 언약신학 간에 논란이 되고 있는 이스라엘과 교회의 관계가 아무리 복잡하더라도, 이스라엘은 모형론 관점에 따라 그리스도를 통해 교회와 관련된다. 우리는 많은 세대주의 사상이 그렇게 하는 것처럼 이스라엘과 교회를 말하자면 존재론적으로 너무 크게 분리시켜서는 안 된다. 그러나 언약신학과 달리 우리는 마치 이스라엘이 교회이고 반대로 교회가 곧 이스라엘인 것처럼 구속사와 언약의 차이의 관점에서 둘 사이에 아무런 구분을 하지 않고 이스라엘과 교회를 지나치게 동일시해서도 안 된다. 하나의 백성으로서 이스라엘은 하나님의 계획 속에 있는 다수의 목적에 도움이 된다. 이스라엘은 하나님이 자신의 약속들을 성취하는 수단인 혈통적 민족이다. 이스라엘은 더 위대한 아들이신 우리 주 예수 그리스도의 모형이다. 이스라엘 안에서 참 하나님의 백성(택함 받은 자 또는 남은 자, 즉 믿음의 사람들)이 발견된다. 하지만 이스라엘은 동시에 그리스도를 통해 교회를 예견한다. 그러나 이스라엘과 교회가 동일한 종류의 언약 공동체라고 생각하는 것은 잘못이고, 언약신학이 종종 이런 실수를 저지른다.

이스라엘과 교회, 이 두 공동체 간의 가장 두드러진 차이는 아마 이스라엘은 **혼합** 공동체(즉 신자와 비신자로 함께 구성된 집단)이지만, 교회는 **거듭난** 공동체(즉 성령으로 거듭나고 그리스도를 믿는 믿음을 고백하는 신자로만 구성된 집단)라는 점일 것이다. 이 차이는 신약성경에서 가르치는 사실일 뿐만 아니라 구약성경에서, 특히 예레미야 31장에서도 예견하는 사실임을 강조하는 것이 중요하다. 우리는 우리의 목적을 위해 새 언약의 결정적 본질뿐만 아니라, 왜 또 그 본질이 우리 새 언약의 머리이신 그리스도의 더 큰 사역과 매우 긴밀하게 관련이 있는 이유를 강조하는 세 가지 주된 차이점─구약성경이 자체로 예견하는─에 초점을 맞춤으로써 새 언약의 본질을 요약하고자 한다.

---

90 신약성경이 새 언약 관련 본문들을 교회에 적용한다고 말하는 것은 충분한 설명이 아니다. 왜냐하면 본서 12-13장이 보여주는 것처럼 구약성경 자체는 새 언약을 메시아의 사역의 결과로 말미암아 새롭게 되고 회복된 이스라엘에 포함되는 민족들에게 적용되는 것으로 간주하기 때문이다.

이제 다음 질문을 제기하면서 이 세 가지 차이점을 파혜쳐보자. "새 언약"에서 **새로운** 요소는 무엇인가?[91]

1. 새 언약은 옛 언약과 다른 **구조적** 차이점이 있다. D. A. 카슨이 주목한 것처럼 옛 언약 아래에서 하나님은 자기 백성을 중보자 또는 "지파"의 방식으로 다루셨다.[92] 구약성경은 남은 자 주제와 개인 신자들을 강조함에도 불구하고 지파들로 이루어진 자기 백성과 함께 일하시는 하나님을 묘사한다. 지파들이 가진 하나님에 관한 지식과 그들과 하나님의 관계는 특별히 지명 받은 지도자들에게 독특하게 의존한다. 따라서 구약성경은 각 신자가 아니라 예언자와 제사장과 왕 그리고 특별히 지명된 소수의 지도자들(예. 브살렐)에게 부어지는 하나님의 영을 크게 강조한다. 언약 공동체의 이런 계층 구조를 고려한다면, 이 지도자들이 옳은 일을 행하면 민족 전체가 유익을 얻었다. 그러나 이 지도자들이 잘못했을 때에는 민족 전체가 지도자들의 행동으로 고통을 겪었다. 그런데 예레미야가 예견하는 것은 이 지파 구조가 변화될 것이라는 사실이다. "그때에 그들이 말하기를 다시는 아버지가 신 포도를 먹었으므로 아들들의 이가 시다 하지 아니하겠고 신 포도를 먹는 자마다 그의 이가 신 것 같이 누구나 자기의 죄악으로 말미암아 죽으리라"(렘 31:29-30). 카슨이 다음과 같이 말하는 것과 같다.

---

91 "새 언약"에서 "새로운"이라는 단어(히브리어, *ḥadaš* 70인역, *kainos*)의 의미에 대해 논란이 있다. 어떤 이들은 이 단어가 단지 "새롭게 된" 것을 의미한다고 주장하고(예. 애 3:22-23), 다른 이들은 질적으로 달라졌다는 의미에서 "새로운"을 의미한다고 주장한다(예. 출 1:8; 신 32:17; 삼상 6:7; 전 1:10). 궁극적으로 새 언약의 "새로움"은 문맥에 따라 결정되어야 한다. 이 논쟁에 관해서는 다음의 작품을 보라. Dumbrell, *Covenant and Creation*, 175; James R. White, "The Newness of the New Covenant: Part 1" *Reformed Baptist Theological Review* 1:2 (2004), 144-152; 그리고 Carl B. Hoch, Jr., *All Things New* (Grand Rapids, MI: Baker, 1995), 105-107.

92 D. A. Carson, *Showing the Spirit: A Theological Exposition of 1 Corinthians* 12-14 (Grand Rapids, MI: Baker, 1987), 150-158을 보라. 참조. D. A. Carson, "Evangelicals, Ecumenism, and the Church," *Evangelical Affirmations*, ed. Kenneth S. Kantzer and Carl F. H. Henry (Grand Rapids, MI: Zondervan, 1990), 347-385.

요약하면 예레미야는 새 언약이 어떤 극적인 변화를 가져올 것으로 이해했다. 하나님의 백성의 지파적인 성격은 끝날 것이고, 새 언약은 하나님에 관한 지식이 언약 공동체의 각 지체에게까지 미치는 배분에 새로운 강조점을 둘 것이다. 하나님에 관한 지식은 더 이상 특별히 지명된 지도자들을 통해 전달되지 않을 것이다. 작은 자부터 큰 자까지 하나님의 **모든** 언약 백성이 하나님을 알게 될 것이기 때문이다. 예레미야는 새 언약 아래에서는 선생들이 전혀 없을 것이라고 말하는 데 관심이 없다. 그는 전체 백성 중 하나님에 관한 지식을 이차 지식, 곧 중재된 지식으로 만들었던 중보자의 역할을 특수 지도자들로부터 제거할 것이라고 말하는 데 관심이 있다.[93]

이것은 새 언약이 중재된 언약이 아니라고 말하는 것이 **아니다**. 새 언약은 이전의 모든 언약 중보자들의 대형(對型)이신 우리 주 예수 그리스도 안에서, 그리고 그분을 통해 중재된다. 그리스도 안에서 우리는 약속된 자, 하나님 백성의 중보자, 다윗의 더 큰 아들, 참이스라엘, 아브라함의 참된 자손, 마지막 아담을 갖고 있다. 그러나 그리스도께서 중보하시는 언약 공동체는 구조상 이전의 언약 공동체와 같지 않다. 중보자로서 그리스도의 통치와 다스림 아래 나오는 자는 믿는 유대인과 믿는 이방인을 함께 포함하고, 그들은 혈통적 출생과 할례 또는 토라를 통해서가 아니라 영적 거듭남과 믿음을 통해 이 관계 속으로 들어간다. 오직 믿음으로 자기들의 언약의 머리와 연합하는 자만이 그리스도의 가족이고, 그리스도의 가족은 **모두** 하나님을 알고 그리스도를 통해 하나님께 나아간다. 이것을 진술하는 또 다른 방법은 이전 언약들 아래에서 계보 원리, 즉 언약 중보자(예. 아담, 노아, 아브라함, 이스라엘, 다윗)와 그의 후손 간의 관계가 혈통적이었으나 지금은 그리스도 안에

---

93 Carson, *Showing the Spirit*, 152. 문맥으로 보아 여기서 말해진 지식은 구원을 가져오는 지식임이 분명하다. Dumbrell, *Covenant and Creation*, 177-178과 Paul R. House, *Old Testament Theology*, 317-321을 보라.

서 그분의 중보 아래 그리스도와 그의 백성 간의 관계가 **영적** 관계라는 것이다. 이것이 이스라엘의 "혼합된" 민족과 달리 새 언약 공동체 안에 있는 **모든** 자가 야웨를 아는 이유다.

메시아의 오심과 관련이 있는 새 언약 시대가 출범할 때 성령이 독특하게 메시아에게 먼저 부어지고(사 11:1-3; 49:1-2; 61:1 이하를 보라), 이어서 메시아의 백성들과 전체 새 언약 시대에 부어질 것(겔 11:19-20; 36:25-27; 욜 2:28-32을 보라. 참조. 민 11:27-29)이라는 예언이 이 점과 관련이 있다.[94] 옛 언약 아래에서 언약 공동체의 "지파" 구조는 또한 성령이 독특하게 지도자들에게만 부어졌다는 것을 의미했다. 그러나 예언자들이 예언한 내용에 중대한 변화가 일어난다. 새 언약 시대의 도래는 성령의 보편적 배분을 보여줄 것이다(욜 2:28-32; 행 2장을 보라). 하나님은 자신의 영을 **모든** 육체에, 즉 새 언약 공동체 안에 있는 **모든** 자에게 부어주실 것이다. 따라서 "새 언약 아래에 있는" **모든** 자가 종말론적 성령의 약속된 선물을 받는다(엡 1:13-14을 보라). 신약성경에서 성령은 우리에게 생명을 주실 뿐만 아니라 우리가 하나님의 법령을 따르고 하나님의 율법을 지킬 수 있도록 하시면서 우리를 언약 위반자가 **아니라** 언약 준수자로 만드는 행위자로 제시된다. 이스라엘이 감당하도록 되어 있던 역할이 이제 성령으로 말미암아 우리 안에, 곧 교회에서 성취된다.[95] 그리고 엄밀히 말해 세례 요한이 그리스도 안에서 가장 먼저 선포하는 것은 바로 이 새 시대의 출범이고(마 3:11), 이것은 오순절에 메시아의 백성들 속에서 나타나며, 그리스도의 인격과 사역―새 언약 시대의 출범과 관련이 있는 사역―에 기초한다(요 7:39; 16:7; 행 2:33). 그것이 새 언약 시대

---

94 이 점에 관해서는 다음 자료들을 보라. Max Turner, "Holy Spirit," *NDBT*, 551-558; Wells, *God the Evangelist*, 1-4, Geerhardus Vos, "The Eschatological Aspect of the Pauline Conceptin of the Spirit," *Redemptive History and Biblical Interpretation: The Shorter Writings of Geerhardus Vos*, ed. Richard B. Gaffin, Jr. (Phillipsburg, NJ: P&R, 2001), 91-125; Hoekema, *Bible and the Future*, 55-67.

95 이 점에 관해서는 Thomas R. Schreiner, *Romans*, Baker Exegetical Commentary on the New Testament (Grand Rapids, MI: Baker, 1998), 395-468을 보라.

곧 메시아 시대가 동시에 성령의 시대로 이해되는 이유다. 이 시대에 그리스도는 **모든** 신자에게 성령을 보내시고, 성령은 마지막 때의 약속된 기업의 보배로운 표징이자, 계약금이자 보증이 되신다. "그리스도 안에" 있는 것은 성령을 소유하고 있는 것이다. 왜냐하면 바울이 우리에게 상기시키는 것처럼 "누구든지 그리스도의 영이 없으면 그리스도의 사람이 아니기" 때문이다(롬 8:9). 이 모든 것의 핵심은 무엇인가? 그것은 간단히 말해 다음과 같은 것이다. 곧 우리는 일어난 방대한 **구조적** 변화를 인정하지 않으면 **새** 언약을 이해할 수 없고, 모든 것이 그리스도의 오심과 관련이 있고, 그리스도는 새 언약 시대가 가져오는 방대한 변화와 함께 새 언약 시대를 출범시킨다는 것이다.

2. 새 언약 공동체의 **본질**은 옛 언약 공동체의 본질과 다르다. 예레미야는 이 차이를 두 가지 방식으로 제시한다. 첫째, 예레미야는 새 언약과 옛 언약을 대조한다. "이 언약은 내가 그들의 조상들의 손을 잡고 애굽 땅에서 인도하여 내던 날에 맺은 것과 같지 아니할 것은…그들이 내 언약을 깨뜨렸음이라…"(렘 31:32). 둘째, 예레미야는 이 언약이 언약 공동체의 진정한 **본질**의 변화로 말미암아 옛 언약과 같지 **않게** 되는 이유를 말한다. 새 언약 아래에서는 공동체 안의 **모든 자**가 간접적으로가 아니라 직접적으로 야웨를 알게 되고, **모든 자**가 자기들의 마음에 기록된 법을 갖게 되며, 죄 사함을 충분히 경험할 것이다. 사실 예견되고 지금 교회에서 현실이 되고 있는 엄청난 변화를 강조하는 것은 새 언약의 이 마지막 두 측면이다. 확실히 "법을 그들의 마음에 기록하다"는 표현은 거듭남을 의미하는 표현인 "마음에 할례를 행하다"라는 말과 매우 가깝다(참조. 신 30:6; 신 10:16; 렘 4:4; 9:25). 이것은 구약 시대에는 아무도 "마음의 할례"를 경험하지 못했음을 의미하는 것이 **아니다.** 오히려 **전체** 언약 공동체의 본질에 변화가 일어나는 점을 가리킨다. 백성들이 "혼합적" 실재가 되는 것이 아니고, 이제 전체 공동체가 "마음의 할례"를 경험하게 될 것이다. 말하자면 전체 공동체가 **거듭난** 사람들이 될 것이다.[96] 예레미야 31:32은 다음 사실을 분명히 한다. 곧 새 언약 공동체는

구약 시대 하나님의 백성과 완전히 대조적이다. 말할 것 없이 이스라엘 민족 안에도 많은 신자들이 있었다. 그러나 전체 공동체로서 "이스라엘에게서 난 그들이 다 이스라엘"은 아니었다(롬 9:6). 이스라엘 민족 공동체 안에는 아브라함의 혈통적 자손과 영적 자손 간의 구별이 있었다. 옛 언약 아래에서는 이 두 "자손"이 언약의 표징인 할례를 받았고, 민족적인 의미에서 충분한 언약 구성원으로 간주되었다. 그러나 새 언약 아래에서는 구원론적인 의미에서 "참이스라엘"인 아브라함의 영적 자손들, 곧 신자들 — 남은 자 — 만 있었다. 제임스 화이트(James White)가 상기시키는 것처럼 옛 언약 공동체의 참된 본질 안에는 "…모든 다윗에게 열두 명의 아합들이 있었고, 모든 요시야에게 한 군단의 므낫세들이 있었다. 신실하지 못함과 하나님의 율법에 대한 허세, 진실로 하나님의 백성이 되는 역할의 거부, 하나님을 아는 지식의 부정, 그리고 하나님의 진노를 맛봄이 옛 언약에서는 **표준적인** 경험이었다."[97] 그러나 이것은 새 언약 아래 있는 자들에게 예견된 것은 **아니다**.

3. 앞의 두 가지 점과 관련된 새 언약의 새로운 마음은 **온전한 죄 사함의 약속**에서 발견된다. 구약성경에서, 특히 옛 언약 아래에서 죄 사함은 통상적으로 제사 제도를 통해 주어진다. 그러나 구약 시대의 신자도 영적으로 지각한다면, 이것이 충분하지 못하다는 것을 알았다. 제사 제도의 반복적 성격이 증언하는 것처럼 말이다. 그러나 이제 우리는 새 언약에서는 죄가 다시는 기억되지 않을 것이라는 말을 듣는다(렘 31:34). 구약성경에서 "기억하다"는 말의 개념은 단순히 상기하다는 뜻이 아니다(참조. 창 8:1; 삼상 1:19).

---

96 Paul R. House, *Old Testament Theology*, 317-321. House는 다음과 같이 올바르게 말한다. "모든 언약 백성이 야웨를 알게 되리라는 야웨의 선포는 택함 받은 자의 정의에 중대한 변화를 가져온다. 아브라함 이후로 택함 받은 민족은 믿는 자와 믿지 않는 자로 함께 구성되었고, 이런 상황 때문에 남은 자 개념이 생겨난다. 그런데 지금은 전체 언약 집단이 신자들 곧 지금까지 남은 자로 불린 자들로 구성될 것이다. 모든 구성원이 미래의 복을 받게 될 것이다. 그 누구도 하나님이 그들의 마음속에 두신 것을 갖는 데 실패하지 않을 것이기 때문이다. 믿지 않는 다수는 더 이상 존재하지 않을 것이다"(318).

97 James R. White, "The Newness of the New Covenant: Part 2," *Reformed Baptist Theological Review* 2/1 (2005): 88.

예레미야 31:34의 문맥에서 하나님이 "기억하지 아니하리라"는 말은 새로운 시대에는 죄에 대해 어떤 조치를 취할 필요가 없다는 것을 의미한다. 결국 **이**[새] 언약의 조건 아래 있다는 것은 우리가 충분하고 완전한 죄 사함을 경험한다는 것을 함축한다.[98] 결론적으로 다른 본문들을 고찰해보면 예레미야는 하나님의 거하심이 사람들과 함께하고, 사람들은 하나님의 백성이 되며, 하나님은 그들의 하나님이 되시는 상태 곧 하나님의 백성과 야웨 간의 온전하고 자유로운 교제 및 창조물과 하나님 사이의 회복된 조화—새 창조물과 새 예루살렘—를 예견한다(겔 37:1-23을 보라; 참조. 단 12:2; 사 25:6-9; 계 21:3-4). 진실로 새 언약 시대의 도래와 함께 우리는 "프로토유앙겔리온"(원시복음)의 성취와 창조 언약의 머리이자 중보자였던 아담 아래 일어났던 불행의 반전을 보게 된다.

이 세 가지 면에서 구약성경은 새 언약의 도래로 나타나는 **새로운** 사실을 예견하고 예고한다. 구약의 예언자들에게는 그것이 아직 미래의 사실이지만 그것이 시작되면 하나님의 구속 계획은 의도했던 목적을 달성하고, 하나님의 구원 통치와 다스림 즉 하나님 나라가 세상 속에 들어와 모든 것을 올바르게 만들어놓을 것이다. 성경의 언약들은 하나님의 놀라우신 계획과 약속을 실현하고 언약들의 모든 것을 그리스도 안에서 성취하는 수단이 된다. 우리는 성경의 언약들을 통해 하나님이, 오직 하나님만이 구속이 일어나도록 어떻게 시작하고 행하며 제공하셔야 하는지를 배우고, 그렇지 아니하면 우리에게 소망이 없다. 우리는 아담의 불순종을 파기하고 죄와 죽음 그리고 뱀을 파멸시키기 위해 순종하는 언약 중보자가 오셔야 한다는 것을 깨닫는다. 이 순종하는 언약 중보자는 아담을 통해, 이어서 노아를 통해, 그리고 아브라함과 이스라엘 민족 그리고 다윗의 계보를 통해 오는 것으로 좁혀질 것이다. 이 순종하는 언약 중보자는 신실하게 자신의 역할을 수행하고, 아담이 하나님의 형상을 지닌 자로서 오랜 세월 전에 그렇게 해야 했던

---

98 Dumbrell, *Covenant and Creation*, 181-185.

것처럼 이 세상에 하나님의 구원 통치 즉 하나님 나라를 일으킬 것이다.

메시아이신 예수께서 오실 때까지 구속사가 진행되었을 때 신약성경이 예수를 어떻게 제시하는지 생각해보라. 예수는 곧 순종하는 아들, 둘째 아담 또는 마지막 아담, 참되고 유일한 아브라함의 자손, 다윗보다 더 위대한 아들이시다. 그리스도 안에서 창세기 3장에서 시작된 하나님의 모든 약속은 예와 아멘이 된다(고후 1:20). 이전의 모든 언약 중보자의 대형으로서 예수는 그들보다 훨씬 더 위대한 분이다. 실제로 그는 모든 면에서 이전의 모든 언약 중보자를 능가하신다. 이전의 언약 중보자들은 모형과 그림자로서 예수를 예견할 수 있으나 예수는 새 언약의 머리로서 그들을 크게 능가하신다. 왜냐하면 그는 메시아이자 주이시기 때문이다. 오직 예수 안에 있을 때 우리는 새 언약의 충분하고 온전한 죄 사함의 실재와 이 실재에 수반된 모든 것을 완수한다.

이것은 앞에서 설명한 용서의 문제점에 비추어보면 결코 작은 공로가 아니다. 사실 성경의 언약들이 전면에 부각시키는 중요한 긴장 중 하나가 우리의 죄와 관련해서 하나님이 어떤 분이신지를 고려하면, 인간이 하나님께 받아들여질 수 있는 길이 과연 어떻게 발견될 수 있겠느냐는 것이다. 우리는 창조 사역에서 전체 창조 질서가 하나님을 위해, 특히 인간을 위해 어떻게 지음 받았는지 확인한다. 하나님의 창조 사역은 "안식" 주제에 따라 아름답게 묘사된다(창 2:3). 하나님은 창조 사역을 마치실 때 창조물을 보고 "매우 좋았다"고 선언하실 뿐만 아니라 그분은 그때 안식하시는데, 이것은 하나님이 창조물 및 창조물과의 관계를 즐거워하시는 것을 의미한다. 만물은 적절한 자리와 질서 속에 있다. 그러나 죄가 세상 속에 들어오면서 인간은 하나님의 임재에서 쫓겨나고 하나님과의 언약 관계에서 배제된다. 거룩하고 의로우신 하나님은 자신의 임재 속에서 죄를 용납하실 수 없다. 죄는 처벌받아야 하고 처리되어야 한다. 그러나 거룩하신 하나님이 우리를 진멸하시지 않고 인간이 어떻게 하나님과 그리고 확실히 전체 창조 질서와 올바른 관계 속으로 되돌아가는 것이 가능할까? 이 질문은 성경의 언약들에서 새로운 형태로 주어진다. 언약의 핵심에는 하나님과의 "친밀함"이 있기 때문이다. 이스라엘 민족의 관점에서 그것을 생각해보자. 이스라엘 민족은 야웨의 눈동자와 같다. 이스라엘 민족은 야웨의 손에 새겨져 있다(신 32:10; 사 49:16). 이스라엘 민족에 대한 하나님의 헌신은 유명한 "헤세드"라는 단어, 즉 하나님이 이런 헌신을 요구하거나 받을 수 없는 자들을 자기 자신과 결합시키는 헌신적인 사랑으로 구현된다. 그러나 하나님이 자신의 거룩하심의 불꽃으로 그들을 불사르지 않고 어떻게 그들 가운데서 다니고 사실 수 있을까? 언약과 언약 관계의 참된 본질로 말미암아 용서의 문제점이 새롭게 제기된다.

궁극적으로 유일한 해결책은 새 언약에서 발견된다. 옛 언약에서 하나님은 죄 사함을 위해, 결국 거룩하신 언약의 야웨와 그의 거역하는 창조물 간의 "친밀함"을 위해 제사 제도를 마련하셨다(레 17:11). 그러나 구약성경이 분명히 밝히고 새 언약의 약속이 예견하는 것처럼 제사 제도는 결코 충분하지 못했다. 하나님은 더 명확한 방법을 마련하셔야 한다. 그분이 친히 오셔서 더 위대한 제사장과 중보자 곧 자신의 사랑하는 아들을 준비하면서 죄문제를 해결하셔야 한다. 하나님의 영이 충만하게 부어지고, 언약 공동체의 마음들이 변화되며, 궁극적으로 잃어버린 창조물의 운명이 회복되는 것은 오직 그리스도의 오심과 새 언약의 도래에 달려 있다.

신약성경은 다음 사실을 분명히 한다. 곧 구약성경이 예견하고 약속한 것은 이제 그리스도 안에서 이루어졌다. 어떤 의미에서 그 성취는 그리스도의 잉태와 함께 시작되었다. 하지만 그리스도의 속죄의 죽음에서 가장 분명하게 시작했다(눅 22:20; 참조. 고전 11:25; 고후 3장; 히 8-10장). 그리스도의 사역의 유익은 이제 성령의 사역을 통해 믿음으로 그리스도에게 연합된 교회 ─ 새로운 국제적 공동체 ─ 에 적용된다. 약속된 시대는 지금 여기 있다. 비록 그리스도가 재림하실 때 있을 완성을 기다리고 있지만 말이다. 마지막 때가 이미 이르렀다. 메시아이자 성육신하신 하나님의 아들 예수 안에서 하나님은 자신의 능하신 팔을 펼쳐 능력과 은혜로 자기 백성을 구원하신다. 그리스도의 순종하는 생애와 죽음 안에서, 에덴에서 시작된 절망적인 곤경은 이제 해결책을 발견하고 새 창조가 시작된다. 예수 그리스도 안에서, 오직 예수 그리스도 안에서만, 다윗보다 더 위대한 아들 안에서 그리고 그분을 통해 하나님이 구원하러 오신다는 예언이 성취된다. 확실히 D. A. 카슨이 다음과 같이 상기시키는 것과 같다. "아브라함의 후손을 통해 땅의 모든 족속이 복을 받을 것이라는 약속은 점차 구약성경에서 핵심 주제로 확대되고, 이제는 지상 명령으로 등장해 유대인으로 이루어진 교회가 이방인 세계로 급성장하여, 로마 제국과 그 외의 지역으로 불꽃처럼 번지는데, 이것은 새 하늘과 새 땅에서 하나님의 약속들의 결정적 완성을 예견한다."[99]

요약하자면 성경의 언약들과 성경 전체의 메타내러티브의 기본 중추 및 뼈대 사이의 관계에 대한 우리의 이해가 여기 있다. "언약을 통한 하나님 나라"는 우리가 전달하고자 하는 내용을 적절하게 포착한다. 이제 마지막 장에서 우리는 선별된 조직신학 주제들, 특히 세대주의 신학과 언약신학이 펼친 논쟁의 주제들에 대해 우리의 견해가 가진 다수의 함축적 의미를 간략히 제시하고자 한다. 따라서 우리의 견해가 어떻게 중도를 추구하는지 드러날 것이다.

---

[99] Carson, *Gagging of God*, 263.

17장

"언약을 통한 하나님 나라":
몇 가지 신학적 의미

이제 우리는 "그래서 그것이 어떻다는 것인가?"라는 유명한 질문에 몰두하고자 한다. 성경의 메타내러티브를 "하나로 종합하는 데" 있어 **언약을 통한 하나님 나라**에 대한 우리의 주장을 고려한다면, 우리의 주장이 조직신학에 대해 갖고 있는 몇 가지 의미는 무엇일까? 분명히 말해 우리는 17장에서 **몇 가지** 의미를 간략히 제시하고자 한다. 사실 신학의 모든 "영역들"[1](*loci*)은 성경의 언약들 간의 관계에 대한 이해에 영향을 받는다. 언약들이 성경 줄거리의 뼈대를 구성한다는 사실을 고려한다면 말이다. 율법-복음의 구분, 옛 언약, 특히 십계명을 오늘날 그리스도인들에게 적용하는 문제, 안식일 규정과 관련된 창조 규례의 문제, 그리스도인들이 사회에 정치적으로 참여하는 방법과 관련된 교회-국가의 문제 등은 사람들이 언약을 이해하는 견해와 직접적으로 관련이 있다.

나아가 이 모든 신학적 의미를 정당화하려면, 각 주제마다 책 한 권을 쓸 정도의 설명이 필요하다. 최소한 성경과의 종합적인 적실성에 비추어 설명되거나 비판되는 다른 견해들을 다루면서 말이다. 이런 현실을 고려한다면, 우리의 목표는 단순히 몇몇 분야에서, 특히 세대주의 신학과 언약신학의 몇 가지 차이점과 관련된 분야에서 우리가 취하는 견해의 방향성을 암시하는 것이다. 여기서 다루지 않은 다른 분야들을 충분히 설명하려면 장차 이 의미를 더 상세히 다루는 작품을 따로 써야 할 것이다. 지금 우리는 조직

---

1   역사적으로 하나의 분야로서 조직신학은 다양한 "로키"(위치 또는 자리를 의미하는 라틴어 "*locus*"의 복수형)에 따라 배열되었다. "최초의 일들"(서론)에 관한 첫 설명 다음에 이어지는 설명은 다음과 같은 다양한 주제와 교리 분야로 이동한다. 신론(하나님에 관한 교리), 신학적 인간론(인간과 죄에 관한 교리), 기독론(그리스도의 인격과 사역에 관한 교리), 구원론(구원에 관한 교리), 교회론(교회에 관한 교리), 종말론(마지막 일들에 관한 교리). 조직신학을 **수행하기** 위해 반드시 이런 식의 배열에 따라야만 하는 것은 아니다. 무엇이든 성경을 삶의 모든 분야에 적용시키는 것이라면 조직신학을 **수행하는** 것이다. 그러나 조직신학이 이런 식으로 배열된 것을 고려해서, 우리는 신학의 다양한 주제에 따라 우리의 견해가 갖고 있는 함축적 의미를 개진할 것이다.

신학의 주된 네 가지 영역 곧 신론과 기독론 및 교회론 그리고 종말론에 중점을 두고자 한다.

신론

신학에서 가장 중요한 교리가 신론이라고 말하는 것은 거의 자명한 일이다. 창세기에서 요한계시록까지 성경의 하나님은 만물의 주(主)로서 주연 배우가 되신다. 성경을 통해 우리는 주권적이고 초자연적인 하나님을 만난다. 인격적이지만 초월적이신 분 곧 삼위 하나님은 우리에게 우리의 모든 관심과 사랑, 순종과 헌신을 요구하신다. 성경의 하나님은 만물의 중심이 되신다. 이 우주는 우리의 것이 아니라 하나님의 것이고, 우리는 하나님을 알고 또 하나님을 섬기는 왕이 될 특권을 갖고 있다. 성경의 하나님만이 오로지 우리의 가장 큰 즐거움과 만족이고, 그래서 웨스트민스터 소요리문답은 인상적이게도 이렇게 말한다. "사람의 주된 목적은 무엇인가?…하나님을 영화롭게 하고 그분을 영원토록 즐거워하는 것이다."[2]

우리는 언약들이 한 본문을 이루는 구약과 신약성경의 내러티브 줄거리로 들어가는 열쇠라는 것을 살펴보았다. 왜 그런가? 이것의 의미는 무엇인가? 성경의 메타내러티브는 창세기 9장의 노아 언약에서 이미 신적 당사자의 신실하심과 인간 당사자의 변덕스러움을 강력히 묘사했다. 이런 긴장이 어떻게 해소될 수 있을지 의아하게 생각할 정도로 초기 단계부터 플롯은 긴장으로 가득 차 있다. 우리는 그때 다음과 같은 것을 질문했다. "그러나 인간의 불충성과 신실하지 못함으로 인해 파괴된 창조물이 신적 은혜로만 회

---

2 언약의 하나님으로서의 하나님 안에 근거를 둔 모든 성경 계시에 있어 하나님 중심성에 대한 탁월한 설명은 R. C. Sproul, *Grace Unknown: The Heart of Reformed Theology* (Grand Rapids, MI: Baker, 1998), 23-40을 보라.

복될 수 있다면, 어찌하여 하나님은 우리가 갈보리와 새 창조로 나아가는 말할 수 없이 긴 길(최소한 2천 년에 달하는 '이미'와 '아직' 사이의 기간)을 가기 전에 창세기 10장에서 그분의 은혜로 우리를 감동시키시지 않는가?" 이 질문에 제시된 답변 중 하나―존 월튼이 제공한 답변―는 언약 관계는 상대편 당사자에게 진정하고 정직한 지식을 요청하기 때문이라는 것이다. 그래서 성경의 언약들은 하나님을 계시하는 프로그램을 구성한다. 진정으로 하나님을 알 때에만 우리는 하나님과 **언약** 관계를 맺을 수 있기 때문이다.

우리는 아브라함 언약과 시내산(출애굽기) 및 모압(신명기)에서 맺어진 이스라엘 언약에 있는 언약 규정들이 야웨(*Yahweh/kurios*)의 영광스러운 성품(*shem*)과 삶의 방식 또는 길(*derek*)―"헤세드"와 "에메트"로 각인된 성품(출 34:5-7)―을 해설하고 밝히는 역할을 한다는 사실을 확인했다. 따라서 하나님의 사랑과 통치와 관련해 그 동일한 "셈"과 "데레크"를 창조물에게 전달하는 수단인 인간 당사자에게는 하나님을 경배하는 일이 가장 우선이다. 다른 말로 하자면 하나님 나라를 실현하는 것은 끊임없는 언약적인 친교를 함축한다.

그러나 이 모든 것은 빙산의 일각에 불과하다. 왜 성경의 언약들이 성경의 메타내러티브의 중심인가? 그리고 왜 성경은 첫 장부터 하나님을 **아버지**로, 아담을 **아들**―순종과 함께 헌신/충성을 요구받는―로 묘사하는가? 이 질문에 대한 답변은 아버지 되심이 하나님 자신의 존재의 본질에 있어 하나님의 정체성 자체이기 때문이라는 것이다. 고대 근동에서 아버지와 아들이 언약 언어를 구성하고, 이 언약 관계가 "형상"과 "모양"이라는 단어로 전달되는 것은 결코 우연이 아니다. 왜냐하면 이 단어들은 우리에게 우리 자신의 존재에 관한 사실만큼 하나님이 누구신지에 관해서도 말해주려는 의도가 담겨 있기 때문이다. 우리가 신약성경에 이르게 되면 분명히 유일하신 참 하나님이 삼위일체 하나님으로 존재하신다는 것을 확인한다. 한 하나님이라는 존재 안에서, 우리는 시작하시는 성부와 헌신적이고 충성되고 순종하는 성자가 성령의 교통 안에서 맺는 관계는 항상 "헤세드"와 "에메트"―

신실한 사랑과 충성된 순종―를 특징으로 하는 언약 관계라고 말할 수 있다. 마이클 호튼은 다음과 같이 말하면서 이 진리를 잘 포착하고 있다. "우리는 단순히 지음 받고, 그렇게 지음 받은 다음에 언약이 **주어진** 것이 아니다. 우리는 처음부터 언약적인 창조물**로** 지음 받았다.…왜냐하면 하나님의 진정한 실존이 언약적인 실존이기 때문이다. 곧 성부와 성자 그리고 성령은 끊임없이 서로에게 헌신하며 살고, 신격 자체(Godhead)를 넘어 신격 관계의 중대한 유비로 작용하는 창조물의 공동체를 창조하시는 데까지 이르시기 때문이다."[3] 우리는 성경의 언약들을 **통해** 삼위 하나님으로서의 하나님의 본질과 하나님의 영광스러운 성품(셈)과 길(데레크)에 관한 이 놀라운 진리를 더 충분히 배운다.

나아가 이것이 하나님의 본질이므로, 우리는 하나님이 그분의 모든 창조물과, 특히 그분 자신의 형상과 모양이 각인된 이들과 맺길 원하는 그런 종류의 관계가 언약 관계라는 사실에 놀랍지 않다.

존 프레임은 성경의 내용을 "하나님, 언약의 주"라는 표현으로 멋지게 요약한다. 프레임이 이렇게 표현하는 이유는 두 가지다. 첫째, 하나님은 주(*Yahweh, kurios*)이시기 때문이다. 비록 "주"라는 이름이 성경에서 하나님의 유일한 이름은 아니지만, 이 이름은 고유하게 하나님이 자기 자신과 동일시하는 이름이다(출 3:13-15; 34:6-7). 이 이름은 옛 언약이 시작될 때 주어진다. 또한 새 언약의 머리로서 예수 그리스도에게도 주어진 이름이다(출 6:1-8; 20:1 이하; 요 8:58; 빌 2:11). 사실 성경 곧 구약과 신약성경 모두 반복해서 하나님을 가리켜 능하신 일을 행하고 자신을 드러내시는 분으로 묘사하기 때문에 우리는 하나님이 주권적인 주가 되시는 것과 하나님 외에 다른 신이 없다는 것을 알게 된다(출 7:5; 14:4, 18; 시 83:18; 사 43:3; 행 2:36). 둘째, 하나님은 언약의 주이시기 때문이다. 하나님은 우주를 존재하게 하는 하나님이실 뿐

---

3 Michael S. Horton, *God of Promise: Introducing Covenant Theology* (Grand Rapids, MI: Baker, 2006), 10.

만 아니라 우주 안에서 활동하는 하나님이시기도 하다. 나아가 이전 장들이 보여준 것처럼 세상 속에서 하나님의 자기계시와 하나님의 행동은 독특하게 아담과 함께 시작되고, 주 예수 안에서 정점에 달하는 언약 관계 속에서 드러난다.[4] 완전히 영광스러운 성경의 하나님은 자신의 창조물에 대해 알고 원하고 계획하며 말씀하고 사랑하며 분노하고 질문하며 명령하고 찬송과 기도를 듣고 교통하시는 분이시다. 하나님에 관한 이 온갖 묘사는 성경의 언약들에 담겨 펼쳐진다. 확실히 우리가 언약들을 따라 나아갈수록 하나님은 자신을 더 충분히 계시하시는데, 단순히 한 인격적 존재가 아니라 세 위격적 존재, 곧 성부와 성자 그리고 성령으로, 관계 속의 존재로서 그리고 세 위격의 통일체로서 자신을 계시하신다.

개혁파 신학은 "구속 언약"(*pactum salutis*) 곧 성부, 성자, 성령 간의 영원한 하나님의 구원 계획에 대해 말하면서 신격 안에 들어 있는 언약 관계에 대한 진리를 포착하는 데 올바르게 힘썼다. 의심할 것 없이 성경은 한 하나님의 존재 안에서 삼위 간에 이루어진 공식적 협정에 대해 명시하자는 것에 반해, 창세전에 이루어진 하나님의 계획, 선택, 구원에 대한 성경의 가르침을 고려하면, 삼위 하나님 간의 관계는 언약 관계로 적절하게 묘사된다고 생각할 이유가 충분히 있다. 나아가 마이클 호튼이 상기시키는 것처럼, 삼위 하나님의 이런 관계로 말미암아 우리의 구원은 삼위 하나님 간의 공동의 연대성에서 흘러나온다. 호튼은 다음과 같이 올바르게 말한다. "성부와 성자 그리고 성령이 경험하신 주고받는 즐거움은, 말하자면 창조주-창조물 관계 속으로 흘러들어가 넘치고", 따라서 성자에 향한 성부와 성령의 사랑은 성자를 자기들의 살아계신 머리로 갖게 될 사람들에게 주어질 선물로 나타내며, 동시에 성부와 성령을 향한 성자의 사랑은 가장 큰 인간적 대가를 치르고 하나님의 가족을 속량하겠다는 성자의 서약에서 드러난다."[5] 하나

---

4   John M. Frame, *The Doctrine of God* (Phillipsburg, NJ: P&R, 2002), 11-61.

5   Horton, *God of Promise*, 79. 삼위일체 교리의 중요성과 이 교리의 하나님과의 관계에 대

님이 우리의 영원한 구속을 계획하고 시작하며 이루시는 역사는 이처럼 삼위 하나님 안의 충만한 인격적 관계로부터 나온다. 성경의 언약들을 반성하는 것은 우리가 하나님의 모든 미덕과 영광에서 하나님을 알게 되는 비결이다. 따라서 우리는 먼저 정경을 관통하고, 궁극적으로 우리의 크신 주와 구주이신 예수 그리스도 앞에 서서 성경의 언약들로부터 시작해 하나님의 자기계시, 하나님의 성품과 길을 추적하고, "하나님의 생각을 하나님을 따라 생각하는 법"을 배우지 않으면 신론을 정확히 파악할 수 없다.

기독론

성경의 언약들에 대한 적절한 이해가 어떤 방식으로 기독론에 영향을 미치는가? 여기서 우리는 두 가지 관련된 영역에 초점을 맞출 것이다. 하나는 그리스도의 **인격**과 관련된 영역이고, 다른 하나는 그리스도의 **사역**과 관련된 영역이다. 그리스도의 **인격**과 관련해서, 우리는 "성경의 예수는 누구인가?" 또는 오늘의 표현으로 "예수 그리스도의 **정체성**은 무엇인가?"라는 질문을 다루기 위해 "인격"이라는 용어를 사용할 것이다.[6] 우리는 그리스도의 **사역**과 관련해서 논란이 많은 그리스도의 능동적 순종과 속죄의 범위의 문제에 중점을 두고자 한다.

한 탁월한 설명은 Robert Letham, *The Holy Trinity: in Scripture, History, Theology, and Worship* (Phillipsburg, NJ: P&R, 2004), 377-478을 보라.

6   그리스도의 "인격"(person)이라는 단어는 오해받을 수 있다. 신학에서 이 단어는 두 가지 의미로 사용되기 때문이다. 첫 번째 의미는 전문적인 의미로 삼위일체 관계들(한 본성에 참여하는 세 **인격**)과 칼케돈 신조의 공식과 관련된 것이다. 이 경우에는 성육신의 "주체"를 붙들고 씨름한다. 두 번째 의미는 우리가 이 문맥에서 사용하는 것으로, **인격**은 사람의 "정체성" 즉 한 개인의 신원 그리고 우리에 대한 그 정체성의 중요성과 관련이 있다. 이 말의 후자의 용법에 대해서는 Richard Bauckham, *Jesus and the God of Israel: God Crucified and Other Studies on the New Testament's Christology of Divine Identity* (Grand Rapids, MI: Eerdmans, 2008)을 보라.

언약을 통한 하나님 나라와 예수의 정체성

성경의 예수는 누구인가? 성경은 교회가 대대로 고백해온 답변을 솔직하게 제시한다. 성경에 따르면 예수는 **성육신하신 성자 하나님**이다. 성자 하나님으로서 예수는 영원부터 존재하셨고, 성부 및 성령과 동등하시며, 따라서 온전히 하나님이시다. 그러나 특정한 시점에 예수는 자신의 영광스러운 생애와 죽음과 부활 그리고 승천을 통해 우리를 죄로부터 구원하려고 우리의 인간적 본성을 취하고 육신이 되셨다. 또는 이후에 칼케돈 신조가 요약하는 것처럼 예수는 참 하나님이자 참 인간이시고, 지금 그리고 영원히 두 본성을 가진 한 인격이시다.

성경은 예수에 관해 이것을 어떻게 가르치는가? 교회는 이런 신학적 결론을 다양한 성경 본문에서 어떻게 이끌어냈는가? 대체로 교회는 예수와 성부 하나님의 독특한 관계를 제시할 뿐만 아니라 예수의 독특한 신적 지위와 특권, 예수의 신적 사역과 행위 그리고 예수의 신적 이름과 명칭들을 보여주는 개별적인 본문들에 의지해 이 결론을 이끌어냈다.[7] 그러나 예수의 정체성을 확립하는 데 있어 종종 간과되는 한 가지 방법은 성경의 줄거리를 추적하는 것이다. 하나님의 구속 계획은 성경의 언약들을 **통해** (통시적으로 조명되어) 점진적으로 계시되기 때문에 오실 아들(메시아)의 정체성은 갈수록 더 명확히 규정되는 특징이 있다.[8] 신약 시대가 시작될 시점에 이르면 하나

---

7   예컨대 다음 자료들을 보라. Christopher W. Morgan and Robert A. Peterson eds. *The Deity of Christ* (Wheaton, IL: Crossway, 2011); Robert M. Bowman, Jr., J. Ed. Komoszewski, *Putting Jesus in His Place: The Case for the Deity of Christ* (Grand Rapids, MI: Kregel, 2007); Simon J. Gathercole, *The Preexistent Son: Recovering the Christologies of Matthew, Mark, and Luke* (Grand Rapids, MI: Eerdmans, 2006); Robert L. Reymond, *Jesus, Divine Messiah: The New and Old Testament Witness* (Fearn, Ross-shire, ULK: Mentor, 2003); Murray J. Harris, *3 Crucial Questions about Jesus* (Grand Rapids, MI: Baker, 1994); 같은 저자, *Jesus as God: The New Testament Use of Theos in Reference to Jesus* (Grand Rapids, MI: Baker, 1992).

8   이번 장에서 우리는 메시아 사상이 구약성경에 보급되었는지, 아니 사실은 존재하고 있었는지 여부에 대한 역사비평 문제는 다루지 않을 것이다. 우리는 우리의 신학적 및 해석학적 신념을 고려해서 그것을 처음부터 가정한다. 이 문제에 관해서는 다음 자료들을 보라. Stanley

님의 구원 통치를 출범시키고 새 언약 시대를 열 장본인으로 오시는 메시아에 대한 구약성경의 기대는 예언적 증언으로 계시되고 예시된다. 구약성경의 가르침을 보면 메시아는 이전의 모든 언약 중보자들의 대형[실체]으로, 순종하는 아들 겸 성육신하신 성자 하나님이자 유일하게 야웨와 동일시되는 하나님의 **그** 아들로 간주된다. 이제 점진적으로 펼쳐지는 **언약을 통한 하나님 나라**를 따라, 성경책들이 성경의 예수를 어떻게 규정하는지를 네 단계로 제시할 것이다.

1. 성경은 창조자이자 주이신 삼위 하나님이 우주의 주권적 통치자와 왕이시라는 선언으로 시작된다. 창세기 첫 구절부터 하나님은 자신의 작품으로 우주를 창조하신 전능하신 주가 되시지만, 하나님 자신은 창조되지 않고 자충족적이며 자기 밖에 있는 어떤 것도 필요로 하지 않는 분으로 소개되고 확인된다(시 50:12-14; 93:2; 행 17:24-25). 주이신 하나님은 첫 사람 아담을 통해 자신의 창조물과의 언약 관계에 들어가기로 정하신다. 그러나 유감스럽게도 아담은 고의로 그리고 미련하게도 하나님의 주권적 통치를 거역하고, 이 아담의 불순종 행위로 말미암아 죄와 죄의 모든 치명적 결과가 이 세상에 들어온다. 하나님은 우리 자신을 내버려두거나 재빨리 심판하시지 않고 은혜로 행하시되, 자기 힘으로 사람들을 구원하고 죄의 다양한 결과를 반전시키기로 정하신다.[9] 구원하기로 하신 이 선택은 오실 구원자를 통해 세상

Porter ed., *The Messiah in the New and Old Testaments* (Grand Rapids, MI: Eerdmans, 2008); J. H. Charlesworth et al., eds. *The Messiah: Developments in Earliest Judaism and Christianity* (Minneapolis: Fortress, 1992); John J. Collins, *King and Messiah as Son of God: Divine, Human, and Angelic Messianic Figures in Biblical and Related Literature* (Grand Rapids, MI: Eerdmans, 2008); Walter C. Kaiser, Jr., *The Messiah in the Old Testament* (Grand Rapids, MI: Zondervan, 1995); Robert Reymond, *Jesus: Divine Messiah*.

9 진실로 하나님의 계획은 영원한 계획이고, 시간에서 발생하지 않는다. 이렇게 진술하는 것은 우리가 단순하게 했던 것처럼 이 이야기의 드라마를 반영하려는 것이다. 이는 하나님의 계획이 창세전에 온 것임을 부인하는 것을 의미하지 않는다(예컨대 시 139:16; 잠 16:4; 19:21; 사 14:24-27; 22:11; 37:26; 46:10-11; 행 2:23을 보라; 참조. 행 4:27-28; 17:26; 롬 8:28-29; 9-11; 갈 4:4-5; 엡 1:4; 11-12; 2:10).

에 임한 죄의 치명적 결과를 반전시키기 위해 타락 직후에 주신 "프로토유 앙겔리온"(원시복음, 창 3:15)에서 분명해진다. 씨의 형태로 주어진 이 약속은 사탄과의 싸움으로 상처를 입지만, 사탄의 일을 파괴하고 이 세상에 선을 회복시킬 "여자의 후손" 곧 구속자의 오심을 예견한다. 이 약속이 최종적으로 실현될 때 하나님의 정당하신 통치가 인정되고 느껴질 정도로 모든 죄와 죽음이 패배하며 하나님의 구원 통치가 충만하게 이 세상에 임할 것이라는 기대를 불러일으킨다.

2. 하나님의 약속은 성경의 언약들을 **통해** 더 깊은 정의와 명확성을 얻는다. 하나님의 계획이 구속사에서 펼쳐지고 하나님이 노아와 아브라함, 이스라엘 그리고 다윗과 한 명씩 차례로 언약 관계에 들어가면서, 그분은 자기 백성에게 능하신 행위와 말씀으로 "여자의 후손" 곧 구원자, 메시아―하나님의 구원 통치를 이 세상에서 펼치심으로써 하나님의 모든 약속을 **이루실** 메시아―의 오심을 예언하신다.[10] 이 점은 메시아의 정체성, 특히 메시아가 성육신하신 성자 하나님이라는 진리를 확립하는 데 중요하다. 한편 성경은 하나님의 약속들의 성취가 아담, 노아, 모세, 이스라엘, 다윗과 같은 다양한 모형적인 인물들이 전개한 것처럼, **사람을 통해** 이루어질 것이라고 가르친다. 다른 한편 성경은 이 메시아가 단순한 인간 이상의 존재라고 가르친다. 그것은 그분이 하나님과 **동일하시기** 때문이다. 어떻게 그런가? 하나님의 약속들을 성취할 때 메시아는 문자 그대로 **하나님의** 구원의 통치(하나님 나라)를 시작하고, 단순한 인간은 결코 할 수 없는, 하나님의 보좌에 함께 앉아계시기 때문이다. 이것은 메시아의 정체성이 유일하게 참되고 살아계신 하나님과 긴밀하게 연결되어 있음을 함축한다.[11] 이런 고찰은 새 언약의 출

10　이 점의 전개에 대해서는 본서 이전 장들과 또 앞에서 인용한 작품 Graeme Goldsworthy, *According to Plan: The Unfolding Revelation of God in the Bible* (Downers Grove, IL: InterVarsity Press, 2002)와 Stephen G. Dempster, *Dominion and Dynasty: A Biblical Theology of the Hebrew Bible, NSBT 15* (Downers Grove, IL: InterVarsity Press, 2003)를 보라.

11　이런 특징들의 전개에 대해서는 David F. Wells, *The Person of Christ* (Wheaton, IL:

범을 통해 하나님 나라의 설립을 함께 가져온다는 세 번째 특징에서 더 강화된다.

3. 어떻게 하나님 나라는 **구원/구속/새 창조**의 의미에서 도래할까? 구약성경이 전개될 때, 하나님의 구원의 나라는 적어도 예언의 형태로 언약들과 언약 중보자들─아담과 노아, 아브라함과 이스라엘 민족을 중심으로 한 아브라함의 자손─을 통해, 그리고 가장 중요하게는 다윗과 그의 아들들을 통해 이 세상에 계시되고 도래한다. 그러나 구약성경을 보면 분명히 모든 언약 중보자(아들들)는 실패하고 하나님의 약속은 성취되지 못한다. 특히 다윗 계보의 왕들을 보면 이것이 분명하다. 이 왕들은 야웨의 "아들들"로 이스라엘의 대표자들이고, "작은 아담들"이지만 자기들의 임무를 이행하는 데 실패했다. 오직 참되고, 순종하는 아들, 곧 하나님이 친히 보내주시는 아들이 오실 때 하나님의 통치는 최종적으로 그리고 온전히 확립되고 그분의 약속이 성취된다. 이것이 구약성경의 예언에서 궁극적으로 하나님 나라의 도래가 새 언약의 출범과 유기적으로 연계되어 있는 이유다. 또한 우리가 복음서를 읽을 때, 하나님 나라가 예수의 생애와 가르침에서 매우 핵심적이라는 사실에 놀라는 이유이기도 하다. 예수는 하나님 나라와 떨어져서는 제대로 이해될 수 없다.[12] 하지만 다음과 같은 사실에 주목해보자. 곧 성경의 사

Crossway, 1984), 21-81과 Richard Bauckham, *Jesus and the God of Israel*을 보라. 우리가 염두에 두고 있는 몇 개의 특정 본문은 시 2, 45, 110편; 사 7:14; 9:6-7; 겔 34장; 단 7장 등이다.

12 복음서에서 [하나님의] 나라는 마가복음에서 13회, 마태복음과 누가복음에 공통적인 어록에서 9회, 마태복음에서 추가로 26회, 누가복음에서 추가로 12회 그리고 요한복음에서 2회에 걸쳐 직접 언급된다(막 1:15; 4:11, 26, 30; 9:1, 47; 10:14, 15, 23, 24, 25; 12:34; 14:25; 마 5:3[눅 6:20]; 6:10[눅 11:2]; 6:33[눅 12:31]; 8:11[눅 13:29]; 10:7[눅 10:9]; 11:11[눅 7:28]; 11:12[눅 16:16]; 12:28[눅 11:20]; 13:33[눅 13:20]; 마 5:10, 19, 20; 7:21; 8:12; 13:19, 24, 38, 43, 44, 45, 47, 52; 16:19; 18:1, 3, 4, 23; 19:12; 20:21; 21:31, 43; 22:2; 23:13; 24:14; 25:1; 눅 4:43; 9:60, 62; 10:11; 12:32; 13:28; 17:20, 21; 18:29; 21:31; 22:16, 18; 요 3:3, 5). 비록 요한복음이 하나님의 나라라는 용어를 자주 사용하지 않아도, 요한은 이와 동일한 실재를 가리키는 데 "영생"이라는 말을 사용한다(Howard Marshall, *New Testament Theology* [Downers Grove, IL: InterVarsity Press, 2004], 498과 D. A. Carson,

상에서 우리는 새 언약의 도래를 제외하고 하나님 나라의 출범을 결코 생각할 수 없다.

이와 관련해서 예레미야 31장은 아마도 구약성경에서 새 언약 본문과 관련해 가장 유명한 본문일 것이다. 하지만 본서의 이전 장들에서 설명한 것처럼 새 언약에 대한 가르침은 이 본문에 한정되지 않는다. 새 언약에 대한 가르침은 또한 "영원한 언약"이나 "화평의 언약"이라는 말이 나오는 본문에서도 확인되고, 예언서 전체에 걸쳐 발견되는 새 창조의 도래와 성령, 그리고 민족들 가운데서 행하시는 하나님의 구원 사역을 예언하는 말씀 속에서도 확인된다. 사실 포로기 이후 예언자들은 새 언약이 모세 언약과 비슷한 목적을 갖고 있을 것이라고 기대했다. 즉 그들은 아브라함 언약의 복이 이스라엘과 민족들의 현재의 경험 속에 나타나게 될 것이라고 기대한다.[13] 하지만 옛 언약과 중대한 차이를 갖고 있는 몇 가지 기대도 있는데, 이

The Gospel according to John, Pillar New Testament Commentary [Grand Rapids, MI: Eerdman, 1991], 187-190을 보라). 요한에게 영생은 "다가올 시대"에 속해 있는 것으로, 이것은 중요하게도 예수와 동일시된다(요 1:4; 5:26; 요일 5:11-12). 왜냐하면 예수 자신이 곧 "생명"이시기 때문이다(요 11:25; 14:6). 이 점에서 요한은 영생을 예수와 연계시키는데, 이것은 공관복음이 하나님 나라를 그분의 오심과 십자가 사역을 통해 예수와 연계시키는 것과 같다. 우리는 공관복음이 하나님 나라에 대해 말함으로써 하나님의 약속들의 성취에 강조점을 두는 것과 요한복음이 영생에 관해 말함으로써 하나님의 약속들의 성취에 초점을 맞추는 것을 대립 관계로 간주해서는 안 된다. 이 점을 주장하는 Andreas J. Köstenberger, *John*, Baker Exegetical Commentary on the New Testament (Grand Rapids, MI: Baker, 2004), 123을 보라.

13 "새 언약"은 이스라엘과 민족들 모두에게 혜택을 제공할 것이라는 점에서 아브라함의 복을 가져올 것이다. 구약성경에서 새 언약은 민족적 언약(렘 31:36-40; 33:6-16; 겔 36:24-38; 37:11-28)이자 국제적 언약(렘 33:9; 겔 36:36; 37:28)으로 간주된다. 사실 새 언약의 범주는 특히 이사야서에서 보편적인 것으로 간주된다(사 42:6; 49:6; 55:3-5; 56:4-8; 66:18-24). 이 이사야서 본문들은 새 언약에서 이루어질 하나님의 약속들의 궁극적 성취를 "이상적 이스라엘" 즉 야웨의 종과 연계되어 새 창조물로 복원된 공동체에 투사한다(사 65:17; 66:22). 이 "이상적 이스라엘"은 아브라함에게 주어진 약속들을 취하고, 하나님이 족장들과 이스라엘 민족 그리고 다윗의 아들과 세우신 언약들의 결정적 및 궁극적 성취로 제시된다(사 9:6-7; 11:1-10; 렘 23:5-6; 33:14-26; 겔 34:23-24; 37:24-28). 구약의 새 언약 관련 예언 본문들은 신약성경에서 취해질 때 그리스도 안에서, 나아가 확대시키면 교회 안에서 성취된 것으로 간주된다.

런 기대는 모두 예레미야 31장에 제시된다. 새 언약에 관해 가장 **새로운** 것은 아마 온전한 죄 사함에 대한 약속일 것이다(렘 31:34). 구약 시대에 죄 사함은 통상적으로 제사 제도를 통해 주어진다. 그러나 구약 시대의 신자는, 영적으로 깨닫는다면, 제사 제도가 충분하지 못함을 알았다. 제사 제도의 반복적 성격이 증언하는 것처럼 말이다. 하지만 이제는 예레미야가 예레미야 31:34에서 새 언약에서는 죄가 "다시는 기억되지 않을" 것이라고 선언하는데, 이것은 확실히 죄가 최종적으로 충분히 처리될 것이라는 뜻을 함축한다.[14] 결론적으로 특히 다른 본문들을 고찰해보면 구약성경은 하나님의 백성과 야웨 간의 온전하고 자유로운 교제 및 창조물과 하나님 사이의 회복된 조화, 곧 하나님이 사람들과 함께 거하시는 새 창조물과 새 예루살렘을 예견한다(겔 37:1-23을 보라; 참조. 단 12:2; 사 25:6-9; 계 21:3-4). 그것이 새 언약 시대의 도래와 함께 엄밀히 "프로토유앙겔리온"(원시복음)의 성취로 이 세상에 임하는 하나님의 구원의 나라를 우리가 갖게 되는 이유다.

4. 이제 이런 기본적인 성경의 줄거리를 가지고, 어떻게 그것이 "예수는 누구신가?"라는 중대한 질문에 답을 내리는지 설명해보자. 여기서 잠시 뒤로 돌아가 이렇게 물어보면 어떨까? **누가** 또는 어떤 부류의 인간이 이 세상에서 하나님의 모든 약속을 성취하고, 이 세상에서 하나님의 구원 통치를 출범시키며, 충분한 죄 사함을 포함해 새 언약과 관련이 있는 모든 것을 확립할 수 있을까? 성경의 사상에서 이에 대한 답변은 명확하다. 그렇게 하실 수 있는 분은 **오직 하나님** 밖에 없고 다른 어느 누구도 그렇게 할 수 없다는 것이다.[15] 이것은 구약성경의 메시지가 아닌가? 이것은 성경의 언약들

---

14 구약성경에서 "기억하다"는 개념은 단순히 상기한다는 뜻이 아니다(참조. 창 8:1; 삼상 1:19). 그것이 렘 31:34 문맥에서 하나님이 "기억하시지 않는" 것이 새 언약 시대에는 죄에 대해 어떤 조치를 취할 필요가 없게 되리라는 것을 의미하는 이유다. 결론적으로 이(새) 언약의 조건을 따른다는 것은, 우리는 충분히 그리고 완전히 죄 사함 받는 것을 경험한다는 것을 의미한다. 이 점의 전개에 대해서는 William J. Dumbrell, *Covenant and Creation: A Theology of the Old Testament Covenants* (Carlisle, UK: Paternoster, 1984), 181-185을 보라.

15 이 점을 주장하는 Bauckham, *Jesus and the God of Israel,* 184을 보라. Bauckham은 구

의 메시지가 아닌가? 여러 세기에 걸쳐 이스라엘 역사를 살펴보면 오직 야웨께서 자신의 약속을 이루기 위해 행동하셔야 한다는 것이 분명해진다. 야웨께서 구원하기 위해 일을 시작하셔야 한다. 만일 온전히 구속을 이루려면 야웨께서 **단독으로** 행하셔야 한다. 어쨌든 궁극적으로 하나님 말고 누가 죄사함을 베푸실 수 있겠는가? 확실히 이 중대한 사실들 중 어느 것도 이전의 언약 중보자들을 통해서는 이루지 못할 것이다. 왜냐하면 그들은 모두 여러 가지 면에서 실패했기 때문이다. 하나의 민족으로서 이스라엘을 통해서도 이루지 못할 것이다. 이스라엘은 자기들의 죄로 말미암아 포로와 심판에 처해졌기 때문이다. 따라서 구원을 온전히 이루려면 하나님 **자신**이 오셔서 구원을 이끌고 심판을 행하셔야 한다. 야웨의 팔이 나타나야 한다(사 51:9; 52:10; 53:1; 59:16-17; 참조. 겔 34장). 이전에 광야를 통해 이스라엘을 인도하신 것처럼 자기 백성에게 구원을 베푸시려면 야웨께서 다시 오셔서 새 출애굽을 일으키셔야 한다(사 40:3-5).[16]

그러나 하나님 **자신**이 오셔서 이 중대한 과제를 이루셔야 한다는 강조점과 함께 성경의 언약들이 세워질 때, 구약성경은 야웨께서 제2의 다윗, 곧 인간을 **통해** 그렇게 하실 것이고, 이 인간은 야웨 자신과 분명하게 동일시되는 인물이라는 점도 강조한다. 이사야는 이것을 잘 묘사한다. 오실 이 왕은 다윗의 왕좌에 앉으실 것이다(사 9:7). 그러나 그는 하나님의 명칭과 이름

약성경의 이 가르침에 "종말론적 일신론"이라는 명칭을 붙인다. 그는 이 표현을 통해 하나님의 유일한 주재권을 강조할 뿐만 아니라 유일한 창조자와 주로서 "여호와께서 자기 백성 이스라엘에게 주신 자신의 약속을 이루실 미래에 또한 자신의 보편적 나라를 세우시고, 자신의 이름을 보편적으로 알리시며, 모든 사람이 이스라엘이 알았던 대로 하나님을 알게 하심으로써 자신의 신성을 증명하실 것"이라는 기대가 있다는 점도 강조한다. 이와 동일한 특징에 대해서는 N. T. Wright, "Jesus," *New Dictionary of Theology,* ed. Sinclair B. Ferguson, et al. (Downers Grove, IL: InterVarsity Press, 1988), 349을 보라. 거기서 Wright는 첫 세기 당시 유대교의 세 가지 특징을 다음과 같이 기술한다. "a. 이스라엘과 언약 속에 들어가신 한 창조자 하나님을 믿는 믿음; b. 이 하나님이 역사 속에 들어오셔서 이스라엘을 그의 원수들 앞에서 정당화하심으로써 자신의 언약을 지키실 것이라는 소망…; c. 율법(토라)에 간직된 언약의 의무에 충실함으로써 이 날을 속히 임하게 하겠다는 결단."

16 R. E. Watts, "Exodus," *NDBT,* 478-487을 보라.

도 지닐 것이다(사 9:6). 제2의 다윗이지만(사 11:1) 이 왕은 신적 통치를 공유하실 다윗의 주가 되신다(시 110:1; 참조. 마 22:41-46). 그는 새 언약의 중보자가 되실 것이다. 또한 완전히 순종하고 야웨와 같이 행하실 것이다(사 11:1-5). 그렇지만 이 왕은 많은 사람을 의롭게 하려고 우리의 죄 때문에 고난을 겪으실 것이다(사 53:11). 이 왕을 통해 죄 사함이 임할 것인데, 그것은 이 왕이 "여호와 우리의 공의"가 되시기 때문이다(렘 23:5-6). 이런 방식으로 모든 것이 구원을 위한 주의 오심에 기초한 구약성경의 소망과 기대는 메시아, 곧 참으로 인간이지만 동시에 하나님의 이름을 갖고 계시는 분의 오심과 결합되어 있다(사 9:6-7; 겔 34장).

성경의 이 기본 줄거리는 신약성경의 예수에 대한 기록의 뼈대와 배경으로 작용한다. 예수는 누구신가? 예수는 **하나님** 나라와 새 언약 시대를 출범시키신 장본인이다. 예수 안에서 온전한 죄 사함이 이루어진다. 예수 안에서 종말론적인 영이 부어지고, 새 창조가 시작되며, 하나님의 모든 약속이 성취된다. 그러나 구약성경의 가르침에 비추어보면 누가 이런 일을 행할 수 있을까? 오직 주**와** 순종하는 아들이 되시는 분만이 하실 수 있고, 이것이 엄밀히 신약성경이 예수를 제시하는 관점이다. 신약성경은 이구동성으로 이 **인간** 예수는 또한 주가 되신다고 가르치는데, 그 이유는 오직 그분만이 **하나님** 나라를 가져오시기 때문이다. 예수는 자기 아버지와의 관계에서 영원한 아들이시다(마 11:1-15; 12:41-42; 13:16-17; 눅 7:18-22; 10:23-24을 보라; 참조. 요 1:1-3; 17:3). 그러나 동시에 우리의 구원을 이루려고 우리의 육신을 취하고 우리 가운데서 살다 죽으신 분이다(요 1:14-18). 하나님의 영광과 광채가 온전한 인간으로서 예수 안에 온전히 표현되는데, 그것은 그분이 아버지의 정확한 형상이자 표상이기 때문이다(히 1-3장; 참조. 골 1:15-17; 2:9). 성경의 모든 언약은 예수 안에서 목적을 달성하고, 예수는 자신의 십자가 사역으로 새 언약과 새 언약에 수반되는 모든 것을 시작하셨다. 그러나 제시되어야 할 중요한 점은 바로 이것이다. 곧 예수께서 이 모든 것을 행하셨다고 말하는 것은 그분을 참 하나님이자 참 사람이신 분 곧 **성육신하신 성자 하나**

님으로 간주하는 것이다.[17]

이런 이유로 신약성경은 어떤 창조물과도 완전히 다른 차원에 따라 예수를 제시한다. 사실 성경은 예수를 그분의 모든 행동과 성품 그리고 사역에 따라 주님으로 간주하므로, 데이비드 웰스가 상기시키는 것처럼 예수는 "하나님의 주권적이고 영원하며 구원하는 통치의 행위자이자, 도구이자, 화신"으로 간주된다.[18] 예수 그리스도 안에서 우리는 하나님의 모든 계획과 목적이 성취되는 것을 본다. 또한 우리는 타락의 끔찍한 결과를 반전시키고, 자기 자신의 의로운 요청들을 만족시키며, 이 세상을 올바르게 만들고, 새 언약을 출범시키기 위해 자신의 피로 우리의 죄책과 죄를 친히 짊어지시는 하나님의 해결책을 본다. 예수 그리스도 안에서, 우리는 인간적 육신을 자신이 취하고, 자신의 영광을 감추시며, 우리를 위해 우리의 구속을 이루심으로써 주도적으로 언약의 약속들을 지키시는 주이자 온전히 순종하는 아들을 본다. 우리는 예수 그리스도 안에서 두 가지 주된 구약의 종말론적 기

---

17 David Wells, *Person of Christ*, 38은 성경적 사상에서 **오직 하나님만 하실 수 있는** 하나님 나라와 새 언약 시대를 출범시키신 것을 예수의 중요성으로 밝힐 때 이 점을 잘 포착하고 있다. Wells는 이렇게 말한다. "우리가 본 이 '시대'는 초자연적인 시대로, 오직 하나님 자신에 의해서만 세워질 수 있었고, 오직 하나님만이 주실 수 있는 복과 유익을 가져올 것이며, 오직 하나님만이 이루실 수 있는 죄와 사망과 마귀의 몰락을 일으킬 것이고, 어떤 인간적 노력도 그것을 이끌어낼 수 없고 어떤 인간적 저항도 그것을 거부할 수 없을 정도로 하나님 자신과 매우 가까운 것으로 확인될 것이다. 만일 예수께서 자기 자신을 이런 종류의 나라를 출범시킨 자로 보셨다면, 예수께서 자신의 신성에 대해 모르셨다고 말하는 것은 사기와 속임수가 될 기독론적인 주장이다." 이와 비슷한 견해에 대해서는 Reymond, *Jesus, Divine Messiah*, 239-241과 G. E. Ladd, "Kingdom of Christ, God, Heaven," *Evangelical Dictionary of Theology*, ed. W. A. Elwell (Grand Rapids, MI: Baker, 1984), 609을 보라.

18 Wells, *Person of Christ*, 172. Gerald Bray, "Christology," *New Dictionary of Theology*, 137도 이와 동일한 점을 제시한다. 거기서 Bray는 이렇게 말한다. "신약성경은 다윗의 아들이자 이스라엘 왕권 전통의 상속인 예수가 속죄 제사의 대제사장과 제물이 되셨고, 그리하여 사람들을 그들의 죄로부터 구원하기 위해 십자가에 단번에 달리셨다. 오직 하나님만이 이런 식으로 이스라엘 사회의 확립된 질서를 무너뜨리고 '새 길'을 세우실 권세를 갖고 계셨다. 이것이 일어난 것은 예수께서 인간의 육체를 입으신 하나님이셨다는 최초 그리스도인들의 주장과 일치되고, 이것은 사실상 복음서에 나타나는 그리스도의 권세에 대한 빈번한 설명에 함축된 사실이다."

대가 하나로 결합되는 것을 본다. 곧 예수는 자기 백성을 구출하고 구원하기 위해 오시고, 동시에 다윗보다 더 위대한 아들로 주권적인 주가 되신다. 이런 식으로 우리 주 예수 그리스도는 구약성경의 모든 모형과 그림자를 성취하고, 또한 언약의 주와 동일시되는, 따라서 하나님과 동일시되는, 영원한 아들로 제시된다. 곧 그는 모든 면에서 성부 하나님과 동등하시다. 우리가 주장하는 **언약을 통한 하나님 나라**는 예수의 본질을 가르치며, 그 본질을 제외한다면 우리는 예수를 올바로 이해할 수 없다.

언약을 통한 하나님 나라와 그리스도의 사역

그리스도의 사역과 관련해서 최소한 두 가지 주제가 있다. 성경의 언약들을 적절히 파악하는 것이 이 중요한 교리를 조명하는 데 도움을 줄 것이다. 비록 여기서 제공하는 설명은 이 두 가지 주제의 깊이와 너비에 비추어보면 "수박 겉핥기"에 불과할 것이지만 말이다.

순종하는 아들: 그리스도의 능동적 순종

역사적으로 그리고 현대의 신학적 논의에서 사람들은 그리스도의 능동적 순종으로 이야기되는 것과 관련해서 성경적·신학적 기초에 대해 논쟁을 벌였다.[19] 개혁파 신학에서 (그러나 개혁파 신학에만 제한되지 않고) 그리스도의 능동적 순종에 대한 논의는 그리스도의 십자가 사역의 본질과, 어떻게 그리스도의 사역이 구원과 관련해서 우리에게 적용되는지에 대한 더 큰 논의의 한

---

19 예컨대 Robert Gundry, "Why I Didn't Endorse 'The Gospel of Jesus Christ: An Evangelical Celebration'···Even though I Wasn't Asked To," *Books and Culture* 7:1 (2001), 6-9을 보라. 찬반양론을 다룬 다음과 같은 다양한 논문들을 참조하라. Mark Husbands and Daniel J. Treier, eds., *Justification: What's at Stake in the Current Debates?* (Downers Grove, IL: InterVarsity Press, 2005); J. R. Daniel Kirk, *"The Sufficiency of the Cross (I): The Crucifixion as Jesus' Act of Obedience,"* *The Scottish Bulletin of Evangelical Theology* 24/1 (2006): 36-64; 같은 저자, "The Sufficiency of the Cross (II): The Law, the Cross, and Justification," *The Scottish Bulletin of Evangelical Theology* 24/2 (2006): 133-154.

부분이다. 종종 사람들은 그리스도의 **능동적** 순종과 **수동적** 순종 사이를 구분한다.

우선 웨인 그루뎀이 설명하는 것처럼 **능동적** 순종은 다음과 같은 것을 의미한다. "그리스도는 우리를 위해 의를 얻고자 하나님께 온전히 순종하는 삶을 사셨다. 그분은 우리를 대신해 한평생 율법에 순종하셨다. 그 결과 그분의 온전한 순종의 적극적 공로가 우리에게 주어질 것이다."[20] 이런 능동적 순종이 우리에게 적용될 때, 그것은 우리에게 주어지는 그리스도의 의의 **전가**와 관련한 것, 곧 믿음을 통해 은혜로 얻는 칭의에 대한 더 큰 논의와 연결되어 있는 것으로 보인다. 다시 말하자면 우리의 주님은 자신의 생애와 죽음에서 우리 대신 순종하는 아들로 행하셨다. 따라서 믿음으로 그분과 연합한 우리는 그분의 의를 법적으로 가진 것으로 간주된다. 반면에 **수동적** 순종은 그리스도께서 우리의 대리인으로서 우리의 죄를 대신 짊어지고 당연히 우리가 받아야 할 형벌을 자신이 받으셨음을 의미한다. 이 두 순종은 우리 주 예수께서 우리의 구주로 행하셨다는 것과, 그리고 그분의 전체 생애와 죽음은 우리를 위해 아버지께 순종한 행위라는 것을 강조한다. 구원은 주께서 우리의 대리인으로 우리의 죄에 대해 값을 치르셔야 했던 것(수동적 순종)과, 우리의 대표로 하나님 앞에서 완전하고 헌신적인 순종의 삶을 사셔야 했던 것(능동적 순종)을 함께 요구한다. 그렇게 함으로써 순종하는 아들로서 예수는 형벌 규정 및 적극적 요구와 관련해 우리를 위해 하나님의 의의 요청을 이루셨다.

왜 어떤 이들은 그리스도의 능동적 순종 교리의 성경적 기초에 대해 의심을 제기했을까?

---

20 Wayne Grudem, *Systematic Theology* (Grand Rapids, MI: Zondervan, 2000), 270. 『조직신학』(은성 역간). 또한 Francis Turretin, *Institutes of Elenctic Theology,* ed. James T. Dennison, Jr., trans. *George Musgrave Giger,* 3 vols. (Phillipsburg, NJ: P&R, 1994), 2:445-455; Herman Bavinck, *Reformed Dogmatics,* ed. John Bolt, trans. John Vriend (Grand Rapids, MI: Baker, 2006), 3:394-395도 보라.

이에 대해서는 수많은 이유가 제시될 수 있다. 그리스도의 능동적 순종이라는 용어에 대한 오해부터, 그 교리는 "행위 언약"의 특별한 이해와 관련된 것으로만 주장될 수 있는 것으로 생각하고, 그리고 하나님은 구원을 위해 완전한 순종을 요구하신다는 개념의 거부에 이르기까지 말이다.[21] 하지만 그런 기각, 아니 더 심하게 표현해서 그런 개념의 거부는 우리가 그리스도의 십자가와 그 십자가를 우리에게 적용하는 것을 생각하는 방식에 큰 영향을 미친다. 능동적/수동적 순종의 구분은 단순히 칭의의 사법적 성격을 묘사하는 시도가 아니다. 그렉 판 코트(Greg Van Court)가 우리에게 다음과 같은 것을 상기시켜주는 것처럼 말이다.

또한 그것은 하나님의 성품의 거룩하심과 무한한 가치 그리고 모든 참된 순종이 그분의 완전한 뜻에 본질적으로 밀접하게 결합되어 있는 적극적 및 소극적 측면을 분명히 설명하는 수단이다. 예컨대 하나님 앞에 다른 신을 두지 않는 것으로는 충분하지 않다. 만일 어떤 사람이 거룩한 신 앞에 받아들여지려면 그는 자신의 온 마음과 생각과 뜻을 다해 그를 사랑해야 한다. 간음을 저지르지 않는 것으로는 충분하지 않다. 만일 남편이 하나님께 순종해야 한다면 그는 아내를 그리스도께서 교회를 사랑하고 교회를 위해 자신의 생명을 주신 것처럼 사랑해야 한다. 부정한 짓을 저지르지 않는 것으로는 충분하지 않다. 아울러 우리는 의를 입어야 한다. 의는 단순히 악한 것을 소극적으로 갖고 있지 않는 것뿐만 아니라 선한 것을 적극적으로 행하는 것이다. 개혁파 신학자들은 그리스도가 아버지의 뜻에 순종한 것, 특히 죽기까지 순종하신 이런 적극적 측면을 **능동적** 순종이라고 말했다.[22]

---

21 그리스도의 능동적 순종 교리가 논박되거나 거부되는 이유를 광범하고 탁월하게 설명한 것은 Micah J. McCormick, "The Active Obedience of Jesus Christ" (박사학위 논문, The Southern Baptist Theological Seminary, 2010), 1-93을 보라. 또한 Brian Vickers, *Jesus' Blood and Righteousness: Paul's Theology of Imputation* (Wheaton, IL: Crossway, 2006)도 보라.

22 Gregory A. Van Court, *The Obedience of Christ* (Frederick, MD: New Covenant Media,

또는 존 머레이가 적절하게 다음과 같이 진술하는 것과 같다.

우리는 그리스도의 순종을 어떤 자의적인 의미나 기계적인 의미로 조명해서는 안 된다. 우리가 그리스도의 순종에 관해 말할 때, 우리는 하나님의 계명을 단순히 형식적으로 성취한 것으로 생각해서는 안 된다. 히브리서 2:10-18; 5:8-10보다 더 분명하게 그를 직접 언급하면서 그리스도의 순종을 표현한 곳은 아마 그 어디에도 없을 것이다. 이 두 본문에서 우리는 예수께서 "받으신 고난으로 순종함을 배우셨다"는 것, 예수께서 고난을 통해 온전하게 되셨다는 것, 그리고 "온전하게 되셨은즉 자기에게 순종하는 모든 자에게 영원한 구원의 근원이 되셨다는 것"이라는 말을 듣는다.…예수께서 고난을 통해 온전하게 되셔야 했던 것과 이 온전하게 되신 것을 통해 구원의 근원이 되시는 것이 필요했다. 물론 죄로부터 거룩함으로 옮겨지는 성화가 요구된 온전하심은 아니었다. 예수는 항상 거룩하고 순전하며 깨끗하고 죄인들과 분리되셨다. 그러나 순종의 과정과 길에서 이 온전하심에 발전과 성장이 있었다. 예수는 순종을 **배우셨다**. 우리 주님의 마음과 생각 그리고 의지는 시험과 고난의 풀무에서 형성되었다. 그렇다면 우리는 예수가 연단을 받으셨다고 말해야 하지 않을까? 그리고 예수께서 오류 없는 지혜와 영속적인 사랑의 요소로 고정된 정점에서 죽기까지, 아니 사실은 십자가에 달려 죽기까지 복종하실 수 있었던 것은 시험과 고난의 경험을 통해 배우셨기 때문이다.[23]

그리스도의 사역과 그것을 우리에게 적용하는 것을 이해하기 위해 그리스도의 능동적 순종의 중요성을 고려한다면, 어떻게 우리는 그리스도의 능동적 순종을 가장 잘 설명할 수 있을까? 그리스도의 정체성에 대한 논의에

2005), 6.

23 John Murray, *Redemption Accomplished and Applied* (Grand Rapids, MI: Eerdmans, 1955), 22-23.

서 했던 것처럼, 우리는 본문별로 성경적 기초를 확립해야 한다. 그러나 개개의 본문들은 그 본문들을 파악하는 범주와 구조 그리고 뼈대를 제공하는 종합적 줄거리에 포함되어 있다는 사실을 기억하는 것이 중요하다. 그리스도의 능동적 순종의 경우에도 성경의 언약들에 대한 파악이 그 순종의 근거를 확립하는 데 중요한 역할을 한다. 이제 이 특징을 세 가지 단계에 따라 전개하고자 한다.

1. 그리스도의 능동적 순종은 성경의 언약들의 무조건적 요소-조건적 요소라는 포괄적 문제와 긴밀하게 관련이 있다. 본서의 이전 장들에서 설명한 것처럼 성경의 언약들을 구분하는 통상적 방법은 무조건적-단독적 요소(왕의 하사) 대 조건적-쌍방적 요소(종주-봉신 조약) 구분을 사용하는 것이다. 우리는 이 사고에 동의하지 않는다. 언약들은 전체적으로 이 두 요소를 함께 결합하고 있기 때문이다. 사실 우리는 언약들에 의도적인 **긴장**이 있는 것, 곧 언약들이 그리스도 안에서 성취를 향해 나아갈 때 높아지는 긴장**과** 그리스도의 능동적 순종의 기초를 세울 때 드러나는 중요한 긴장이 있는 것은 엄밀히 이 결합 때문이라고 생각한다.

한편으로 언약들과 성경의 줄거리가 계시하는 것은 결코 실패가 없으신 하나님이 주권적으로 약속을 주시고 또 언약을 지키신다는 것이다. 하나님은 일차적으로 자신을 "헤세드"와 "에메트"의 하나님으로 계시하는 언약의 주이시다. 창조주와 주로서 하나님은 창조물과 관계를 맺기로 정하시고, 그 관계에서 자신이 항상 신실한 당사자임을 보여주신다. 그분은 항상 자기 자신과 자신의 성품 그리고 자신의 약속들에 대해 참되시다. 우리는 오직 이것에 기초해서 하나님을 바라고 신뢰하며 의지할 수 있다. 이런 이유로 볼 때 성경의 모든 언약은 무조건적 언약이다. 아니 더 낫게 말하자면 그것은 하나님의 능력과 은혜로 말미암아 단독적으로 보증되는 언약이다. 에덴동산에서 아담과 함께 시작된 성경의 언약들 전체를 통해 우리는 하나님 자신이 실패하지 않는 분이므로 결코 실패가 없는 자신의 약속에 따라 자신의 형상을 지닌 자들과 창조물에게 헌신하시는 것을 발견한다. 하나님은 정경 전체에서 자신의 약속들에 참되시고, 이 참됨은 그리스도 안에서 가장 깊은 성취에 도달한다.

다른 한편으로 성경의 모든 언약은 순종하는 당사자(아들)를 요청한다. 이것은 아담을 보면 분명하다. 왜냐하면 아담에게 명령과 책임이 주어지고, 이에 따라 아담이 이 책임을 온전히 감당할 것이라고 기대하기 때문이다. 나아가 언약들은 펼쳐질 때 동일한 강조점이 언약들 전체에서 나타난다. 곧 온전한 순종과 헌신이 언약 중보자와 사람들에게 요구된다. 하나님은 요구하시고, 또 그렇게 요구하실 만하다. 이런 의미에서 모든 언약에 조건적/쌍방적 요소가 들어 있다. 그리스도의 능동적 순종의 근거를 확립하는 데 있어 중요한 것은 하나님이 자신의 창조물에게 온전한 순종을 요구하시는 이 조건적/쌍방적 요소에 강조점을 두는 것이다. 이것은 정의와 공의의 기준으로 하나님이 누구신지와 부합된다. 하나님이 창조물에게 온전한 헌신이 아닌 다른 것을 요구하시는 것은 자기 자신을 부인하는 것일 수 있다. 게다가 우리를 창조하실 때, 삼위 하나님은 우리가 그분을 알고, 우리가 섬기는 왕으로서 그분을 경배하며 우리가 그분에게 순종하면서 자신을 위해 살도록 우리를 준비시키셨다. 우리가 전체 창조물에 하나님의 통치를 확대시키는 우리의 임무를 완수할 때처럼 말이다.

2. 창조 언약에서 하나님이 아담과 최초에 협정을 맺으실 때, 그분이 영생에 대한 조건적 언약을 제안한 것으로 생각하는 것이 가장 좋다. 비록 이런 생각에 종종 논란이 있지만, 그렇게 주장할 만한 충분한 이유가 있다.[24] 이와 관련해서 창세기 2:16-17에서 하나님이 아담에게 주신 특별한 명령과 경고 그리고 생명나무에 대한 강조(창 2:9)가 중요하다. 물론 본문에는 보상이 명시적으로 언급되지는 않지만 전체 정경에 비추어보면 보상이 보장되어 있다. 첫째, 선악을 알게 하는 나무의 열매를 따먹지 **말라**는 명령에 대

---

24 이 견해에 대한 세부적인 변증은 McCormick, "Active Obedience of Jesus Christ," 108-118을 보라.

해 생각해보라. 이 명령은 야웨에 대한 아담의 순종을 시험하는 것으로 보는 것이 가장 좋다. 아담은 하나님과 그의 이웃을 사랑하도록 창조되었다. 이 특별한 금지 명령은 아담이 원래 지음 받은 존재 곧 순종하는 아들이 될 수 있는지 여부를 식별하기 위한 시험이었다. 하지만 슬프게도 아담은 실패했고, 그가 행한 행동의 결과는 아담 개인의 문제로 끝나지 않았다. 인류의 첫 사람과 대표 머리로서 아담의 선택은 전체 인류에게 미치는—영적·육적—죽음을 이 세상에 가져왔다.

둘째, 생명나무에 대해 생각해보라. 생명나무는 생명에 대한 약속을 함축하고 있는 것으로 이해하는 것이 가장 좋다. 특히 창세기 3:22에 비추어서 생각한다면 말이다. 거기서 하나님은 생명나무 열매를 따먹고 영생하지 못하도록 사람을 에덴에서 쫓아내신다.[25] 에덴에서 쫓아내는 것은 아담(그리고 전체 인류)에 대한 하나님의 심판을 가리키는 것이다. 그뿐만 아니라 그것은 영생이 여전히 가능하다는 약간의 희망을 준다. 특히 창세기 3:15의 약속 문맥에서 나오는 오실 구원자와 관련해서 생각한다면 말이다. 따라서 선악을 알게 하는 나무와 생명나무는 에덴에서 두 가지 선택, 곧 생명이냐 죽음이냐를 보여준다. 이는 미카 맥코믹(Micah McCormick)이 다음과 같이 올바르게 주장하는 것과 같다. "선악을 알게 하는 나무가 죽음의 위협과 함께 에덴동산을 드리웠다면, 생명나무는 영생에 대한 기대감을 에덴동산에 흐르도록 했다."[26]

정경에 따르면 생명나무가 새 창조에서 다시 나타나는 것이 중요하다.[27]

---

25 Gordon J. Wenham, *Genesis 1-15*, WBC 1 (Waco, TX: Word, 1987), 62을 보라. 거기서 Wenham은 이렇게 주장한다. "나무는 생명의 상징으로서 성경에서 잘 알려져 있다.…성경에서 나무는 여름 가뭄 기간에도 푸름을 유지하기 때문에 하나님의 생명의 상징으로 간주된다 (예. 시 1:3; 렘 17:8).…게다가 성막 안에 놓인 금 촛대는 양식화된 생명나무였던 것으로 보인다. 임재의 떡 상의 열두 떡 위로 금 촛대의 빛이 비취는 것은 이스라엘 열두 지파를 유지하시는 하나님의 생명을 상징했다"(출 25:31-35; 24:1-9).

26 McCormick, *Active Obedience of Jesus Christ*, 112.

27 정경에는 생명나무에 대한 많은 상호텍스트적인 연계성도 존재한다. 잠 3:18; 11:30; 13:12; 15:4; 겔 47:12 등을 보라.

신자들은 자기들이 끝까지 견인하면 생명나무 열매를 먹게 될 것이라는 말을 들을 뿐만 아니라(계 2:7), 새 창조에서 거하는 자는 모두 생명나무를 먹는 하나님의 아들들이라는 말도 듣는다(계 22:1-5). 그레고리 비일은 이 의미를 다음과 같이 잘 포착한다. "'하나님의 낙원에 있는 생명나무의 열매를 주어 먹게 하는' 것은 죄 용서와 그에 따르는 하나님의 친근한 임재의 경험을 묘사하는 장면이다(계 22:2-4)…'생명나무'는 하나님의 임재의 회복을 가져온 십자가의 구속의 결과를 언급한다."[28] 이 점에 비추어본다면, 생명나무는 처음에 아담에게 제공되고 나중에 우리 주 예수 그리스도께서 획득하신 영생을 상징한다고 결론내리는 게 적합하다.

이 조각들을 하나로 맞추어보면, 특히 포괄적인 아담-그리스도 모형론 관계(롬 5:12-21; 고전 15:22; 45-49; 참조. 히 2:5-18)와 관련해서 맞춘다면, 아담은 실패하고 그리스도는 자기 백성의 영생을 얻는 데 성공하셨다. (육적 및 영적) 죽음은 아담의 불순종의 결과였다. (영적 및 육적) 영생은 그리스도의 순종, 즉 자신의 죽음을 통한 최고의 순종 행위를 포함해(빌 2:8) 그리스도의 전 생애의 특징이었던 순종의 결과였다. 아담은 우리의 언약의 머리로 행했지만 시험을 통과하지 못했다. 하나님은 아담에게 언약적인 충성과 헌신 그리고 순종을 요구하셨으나 아담은 자신의 창조 목적을 달성하지 못했다. 호튼이 다음과 같이 올바르게 말하는 것처럼 말이다. "아담은 하나님께 온전한 순종을 바칠 수 있는 능력을 가진 고결한 상태로 지음 받았고, 따라서 합당한 인간 당사자의 자격을 갖추고 있었다."[29] 하지만 그는 실패했다. 둘째 아담으로서 우리 주님은 우리를 위해 ─ 순종하는 아들의 본래의 모습을 우리에게 보여주심으로써 ─ 하늘에 계신 자기 아버지에게 온전한 사랑과 헌신 그리고 순종을 보여주는 삶을 사셨다. 주님은 우리를 위해 최대한 가장

---

28 G. K. Beale, *The Book of Revelation: A Commentary on the Greek Text*, New International Greek Testament Commentary (Grand Rapids, MI: Eerdmans, 1999), 234-235. 『NIGTC 요한계시록』(새물결플러스 역간).

29 Horton, *God of Promise*, 89.

큰 순종의 행위로 우리의 죗값을 치르고, 우리가 죄와 거역 그리고 불순종으로 위반했던 하나님의 의의 요청을 만족시키려고 십자가로 가셨다.

3. 앞의 특징에 기초해서, 우리가 하나님이 순종적인 언약 당사자들에게 요구하신 성경의 언약들을 **통해** 나아갈 때 어떻게 **긴장**이 증가하는지를 주목하는 것이 중요하다. 확실히 주님 자신은 약속을 주시는 분이자 약속을 지키시는 분으로서 신실한 언약 당사자로 항상 서 계신다. 반대로 모든 인간 언약 당사자―아담, 노아, 아브라함, 이스라엘, 다윗과 그의 아들들―는 신실하지 못하고 어떤 당사자는 다른 당사자보다 더 크게 불순종하는 언약 위반자임을 스스로 증명한다. 그 결과 언약의 요구에 온전히 복종하는 신실하고 순종하는 아들은 전혀 없다. 순종으로 보답하는 것이 **당연함에도** 불구하고 그렇게 순종하는 아들이 하나도 없다. 그러면 하나님은 이런 우리와 언약 관계를 맺고 또 언약 관계를 계속 유지하시면서 어떻게 거룩하고 의로우신 하나님으로 계실 수 있을까? 하나님은 우리의 불순종이 제거되지 않고 우리의 죗값이 충분히 지불되지 않으면 어떻게 우리와 관계를 계속 유지하실 수 있을까? 이에 대한 유일한 답변은 바로 이것이다. 곧 언약을 세우고 지키시는 분으로서 하나님 자신이 단독으로 **신실하고 순종하는 아들을 준비하셔서** 자신의 약속을 지키는 조치를 취하셔야 한다. 오직 그분의 순종, 곧 아들의 생애와 죽음을 통해서만 우리의 구속이 확보되고, 우리의 죗값이 지불되며, 흔들릴 수 없는 새 언약의 출범이 확립된다.

신약성경이 이것과 관련해서 그리스도의 순종을 얼마나 크게 강조하는지를 주목하는 것이 중요하다.[30] 칼뱅의 다음과 같은 말은 올바르다. "그런데 어떤 이는 그리스도께서 어떻게 죄를 제거하고, 우리와 하나님 사이에

---

30 신약성경은 세 본문에서 그리스도의 순종에 대해 명시적으로 말한다(롬 5:19; 빌 2:8; 히 5:8-9; 참조. 히 2:5-18). 나아가 순종 개념 또는 주제는 다수의 본문에서 발견된다. 예를 들어, 그리스도의 순종을 강조하는 종 주제(막 10:45; 빌 2:7; 참조. 사 42:1; 52:13-53:12), 아들로서 자기 아버지의 뜻을 행하려고 오신 예수의 목적(요 5:19-30; 8:28-29; 10:18; 12:49; 14:31; 히 10:5-10), 율법에 순종하심(마 3:15; 갈 4:1-4), 고난을 통해 온전하게 되심(히 2:10-18; 5:8-10; 7:28).

있는 분리를 없애며, 하나님이 우리를 호의와 자비로 대하시도록 의를 취득하셨는지 묻는다. 우리는 이에 대해 일반적으로 그리스도께서는 우리를 위해 전체 과정을 순종함으로써, 이것을 이루셨다고 답변할 수 있다."[31] 여기서 순종의 "전체 과정"은 우리를 대신하신 그리스도의 순종의 죽음을 언급하는 것일 뿐만 아니라, 우리의 대표 머리로서 한평생 우리를 위해 사신 그분의 순종적인 생애 전체를 언급하는 것이다. 창조 언약의 맥락에서, 하나님의 요구는 개인적으로나 대표적으로나 완전히 만족되어야 한다. "따라서 하나님의 형상을 지닌 자로서 하나님을 반영하는 것은 의롭고 거룩하며 순종하는 자가 되는 것이다. 곧 언약 헌장에 따라 그렇게 정의되는 언약의 종이 되는 것이다(사 24:5과 함께 호 6:7; 사 24:5; 렘 31:35-37; 33:20-22, 25-26을 함께 보라)."[32] 그리스도는 아담의 역할을 이루신다. 그분은 아담이 에덴동산에서 받은 시험을 되풀이하시지만 그분은 실패하지 않으신다. 그리스도는 자신의 순종하는 삶을 통해 우리의 대표로서 창조 언약을 성취하고, 또 자신의 순종하는 죽음을 통해 우리의 대리인으로서 우리가 결코 갚을 수 없었던 빚을 청산하신다. 그리고 새 언약의 머리로서 그리스도께서 행하신 모든 것이 우리의 것이 된다. 이것은 혈통적 출생이나 우리 안에 있는 어떤 것으로가 아니라 오로지 성부께서 그리스도 안에서 우리를 택하시고, 성령께서 거듭남을 통해 우리를 그리스도와 연합시키며, 그 결과 그리스도의 의로우신 지위가 우리의 것이 되는 하나님의 주권적 은혜에 의한 것이다.

이런 언약의 맥락에서 우리는 그리스도의 의가 어떻게 신자에게 전가되는지, 그리고 그리스도의 능동적 순종이 어떻게 우리의 것이 되는지 생각해야 한다. 우리의 언약의 머리로서 행하시는 그리스도로 말미암아, 우리는 하나님의 은혜로 그리고 회개와 믿음을 통해 우리의 언약의 머리이신 그리

---

31 John Calvin, *Institutes of the Christian Religion,* ed. John T. McNeill, trans. Ford Lewis Battles, 2 vols. (Philadelphia: Westminster, 1960), 2:16.5.

32 Horton, *God of Promise,* 93.

스도의 권세 아래 들어간다. 이는 존 머레이가 다음과 같이 올바르게 진술하는 것과 같다. "그리스도의 순종은 죄에 대한 하나님의 온전한 심판을 감당하신 것이라는 점에서 대리적 순종이었고, 의의 요구를 충분히 만족시키신 것이라는 점에서 대리적 순종이었다. 그리스도의 순종은 죄 사함과 실제적 칭의의 근거가 된다."[33] 하나님은 우리의 모든 죄를 그리스도의 죄로 간주하거나 계산하며, 그리스도의 전체 의를 우리의 의로 간주하거나 계산하신다. 이 엄청난 교환은 죄 사함과 영생의 선물의 기초를 제공한다. 이 점에서 성경은 세 가지 중대한 전가에 대해 말한다. "첫 번째 전가는 타락 이후로 아담의 모든 죄책이 모든 사람에게 전가되는 것이다(롬 5:12, 18a, 19a; 시 51:5). 두 번째 전가는 택함 받은 자의 모든 죄가 그리스도에게 전가되는 것이다(사 53:4-6; 롬 8:3-4; 고전 5:21a; [원문대로] 갈 3:13). 세 번째 전가는 그리스도의 모든 의가 택함 받은 자에게 전가되는 것이다(롬 3:21-22; 5:18a, 19b; 고전 5:21b; [원문대로] 빌 3:9)."[34]

언약을 통한 하나님 나라의 맥락에서 그리스도의 능동적 순종과 전가 및 칭의를 조명하는 것은 전혀 새로운 일이 아니다. 그러나 오늘날 벌어지는 논쟁들에 비추어보면 이 맥락은 오직 은혜로, 오직 믿음으로, 그리고 오직 그리스도만으로 얻는 구원에 대한 중대한 복음 진리를 조명하고 강조하는 데 도움을 준다. "바울에 관한 새 관점"과 맞서 논쟁을 벌인 최근의 한 논문에서 케빈 밴후저(Kevin Vanhoozer)는 그리스도의 자기 백성에 대한 언약적인 대표와 믿음을 통한 우리의 언약적인 머리와의 연합의 맥락에서 그리스도의 사역이 우리의 차지가 되는 법을 조명하는 것이 더 나은 성경적 사고 방식이라고 올바르게 주장한다. 우리가 그렇게 할 때 이제 다음과 같은 말이 타당하다.

---

33 Murray, *Redemption Accomplished and Applied*, 22.

34 Van Court, *Obedience of Christ*, 15. 고린도전서에 대한 언급들은 고린도후서로 수정해야 한다.

하나님은 그리스도의 "올바른 언약 관계"를 우리의 것으로 간주하신다.…[왜냐하면] "그리스도께서 이스라엘(그리고 아담)이 했어야 했던 모든 것을 행하시기" 때문이다. 그리스도는 언약의 벌을 감당하고, "하나님과 이웃을 네 자신 같이 사랑하라"는 결론적 명령을 포함해 언약의 법을 이루신다. 따라서 우리를 의롭다고 간주하실 때 하나님은 우리를 사하시고("그러므로 이제 그리스도 예수 안에 있는 자에게는 결코 정죄함이 없나니"[롬 8:1]), 우리가 실제로 의로운 **상태**(즉 성화)에 들어간 것에 따라 정직에 대한 적극적 **지위** 곧 계약금, 말하자면 성령으로 인 치시는 것을 결국 우리에게 주신다.…

그리스도인들은 하나님의 아들의 지위 곧 **의로운 아들 신분**을 받음으로써 하나님의 언약 가족의 일원이 된다. 예수 그리스도는 아버지께서 항상 이스라엘 그리고 아담이 되었으면 했던 바로 그 의로운 아들이셨다.…그리스도 안에서 하나님의 아들과 딸에 해당되는 우리는 하나님 앞에 서는 그리스도의 의(원문대로) **그리고** 그리스도의 한 몸의 지체로서 서로 하나가 되는 통일성을 갖고 있다.[35]

언약들, 특히 왕이 나라를 대표하는 다윗 언약이 열쇠가 되는 메타내러티브가 없다면, 전가 교리는 적절하게 유지되기가 어렵다.

속죄의 범위[36]

성경의 언약들에 대한 이해는 속죄의 범위에 대한 고질적인 논의와 과연 상관이 있을까? 우리는 상관이 있다고 확신한다. 이 논의에서 요구되는 질문

---

35 Kevin J. Vanhoozer, "Wrighting the Wrongs of the Reformation? The State of the Union with Christ in St, Paul and Protestant Soteriology," *Jesus, Paul, and People of God: A Theological Dialogue with N. T. Wright,* ed. Nicholas Perrin and Richard B. Hays (Downers Grove, IL: InterVarsity Press, 2011), 251, 256.

36 이 주장에 대한 더 세부적인 설명은 Stephen J. Wellum, "The New Covenant Work of Christ: Priesthood, Atonement, and Intercession" *From Heaven He Came and Sought Her: Definite Atonement in, Biblical, Theological, and Pastoral Perspective,* ed. David Gibson and Jonathan Gibson (Wheaton, IL: Crossway, 2013)을 보라.

은 다음과 같다. 아버지가 아들을 보내시고 아들이 인간의 구원을 위해 자신을 바칠 때, 그분들의 목적과 계획 그리고 의도는 무엇인가? 그리스도의 죽음의 의도는 단순히 예외 없이 모든 사람이 구원받는 것은 아니지만 모든 사람의 구원을 **가능하게** 하는 것에 있었는가(아르미니우스주의의 일반 속죄론)? 또는 그리스도의 의도는 다음과 같은 의미, 곧 십자가의 첫 번째 의도는 그리스도께서 자신의 택함 받은 자의 확실한 구원을 얻기 위한 것이고, 또 다른 의도는 그리스도께서 믿는 모든 자가 구원받는 것을 **가능하도록** 보편적으로 모든 사람의 죗값으로 벌을 받으셨다는 의미에서 **두 가지**인가(수정 칼뱅주의자의 일반 속죄론)? 아니면 속죄의 의도는 택함 받은 자의 죄를 제거할 뿐만 아니라 "택함 받은 자가 거듭남을 통해 믿음에 이르고, 하나님의 영광을 위해 믿음을 유지하며, 이것이 바로 그 의도된 것을 성취하는 것이다"라는 것을 보증한다는 점에서, 특별히 택함 받은 자의 구원을 **확실하게** 하는 것에 있었는가?(칼뱅주의자의 특수 구속론)?[37] 우리는 마지막 견해가 옳다고 확신한다. 그리스도는 오직 자신이 실제로 자신의 사역의 유익을 적용하는 자들만을 구원하려는 목적을 갖고 죽으셨다. 따라서 십자가의 **의도**와 **결과**는 조화를 이루고, 그리스도의 십자가 사역은 성령으로 말미암아 우리의 삶에 그리스도의 구원을 적용하는 데 필수적인 모든 것을 이루고 취득하신다는 점에서 우리 구원의 유일한 근거로 작용한다.

우리는 어떻게 이런 입장에 찬성을 말할 수 있을까? 특수 구속 또는 제한 속리는 여러 가지 면과 관련해서 주장되어야 한다. 대부분의 사람이 인정하는 것처럼 제한 속리는 단 하나의 본문으로만 설명될 수 없고 전체 본문에 의해 설명되고 상호 관련된 문제들, 즉 주석적 문제와 신학적 문제들에 의해 설명된다.[38] 그러나 이 논쟁에서 무시된 한 가지 신학적 측면은 그

---

37 J. I. Packer, *Concise Theology: A Guide to Historic Christian Beliefs* (Carol Stream, IL: Tyndale, 1993), 137.

38 예컨대 속죄의 "범위" 논의는 대리적 형벌, 하나님의 작정과의 관계, 선택, 십자가에서 성령의 사역 그리고 "세상/모든"이라는 말이 들어 있는 본문들에 대한 이해에 따라 속죄의 본질을 갖

리스도의 사역을 새 언약에 비추어 제사장의 사역으로 간주하는 것이다. 존 머레이 같은 대다수 학자들은 우리 주님의 사역이 성경에서 제사장의 사역으로 제시된다는 점을 인정한다. "속죄는 더 폭넓게 그리스도의 중보 사역에 포함되어야 하고, 더 특별하게 제사장 직무에 포함되어야 한다. 그러나 한 중보자가 있고, 오직 그리스도만이 멜기세덱의 반차를 따르는 대제사장으로 부르심 받았다."[39] 그러나 일반 속죄론을 옹호하는 자들을 포함해 그리스도의 사역이 제사장의 사역이라는 것을 주장하는 많은 학자가 그리스도의 제사장 사역을 언약 배경에서 분리하고, 그리하여 제한 속죄를 찬성하는 논증의 힘을 놓치고 만다. 그러면 그 논증은 무엇인가? 새 언약의 큰 대제사장으로서 그리스도의 사역은 특수 구속론을 함축한다. 이 논증의 기본 개요는 두 단계로 제시될 것이다. (1) 우리의 대제사장으로서의 그리스도의 사역은 **통합** 사역이다. (2) 새 언약의 중보자로서의 그리스도의 사역은 일반적 대표가 아니라 특수적 대표를 함축한다. 이제 이 두 가지 특징을 차례로 살펴보자.

1. 우리의 큰 대제사장으로서 그리스도의 사역은 통합 사역이다. 기본적인 논증을 요약하면 다음과 같다. 곧 새 언약의 큰 대제사장으로서 우리 주님은 우리의 대리인이 되어 자기 아버지의 뜻에 자발적으로 복종하시면서 기꺼이 그리고 기쁘게 자기 자신을 바치셨다. 그리스도는 그와 같은 행동을 통해 특정한 사람들의 구속을 이룰 뿐만 아니라, 이 특정한 사람들이 자신의 죽음의 계획된 목적, 즉 온전한 죄 사함과 하나님의 아들이 대표하는 자들에게 그 아들의 사역을 효과적으로 적용시키시는 성령의 선물을 포함해 새 언약

고 싸운다.

39 John Murray, "The Atonement," *Collected Writings of John Murray, 4 vols.* (Carlisle, PA: Banner of Truth, 1977), 2:148. 참조. Hugh Martin, *The Atonement: In Its Relations to the Covenant, the Priesthood, the Intercession of Our Lord* (Edinburgh: James Gemmell, 1882).

의 온갖 복을 얻는 데 필요한 모든 것을 취득하시는 것을 의도하셨다. 나아가 우리의 큰 대제사장으로서 주님의 사역은 놀라운 그분의 부활과 승천을 통해 지금도 우리의 제사장-왕으로서 아버지의 보좌 우편에 앉아 다스리고, 자기 백성을 위해 중보하시며, 그리하여 그들에게 영원한 구원을 보증하신다. 하지만 모든 일반 속죄론이 갖고 있는 문제점은 다음과 같다. 곧 그것들은 그리스도의 통합된 제사장 사역을 분리시키고, 그리스도가 제사장으로서 자기 백성과 맺는 관계를 다시 정의하며, 새 언약의 머리로서 그리스도의 사역을 궁극적으로 무력화시킨다. 일반 속죄론은 성경이 인정하지 않는다.[40]

제한 속죄론의 제사장 사역 논증은 전혀 새로운 것이 아니다. 특수 구속을 옹호하는 거의 모든 견해는 이 논증을 포함한다.[41] 하지만 비판가들은 이것을 거의 다루지 않았거나 그것을 조금이라도 논의해도, 그들은 그것의 일

---

40 Robert Letham, *The Work of Christ* (Downers Grove, IL: InterVarsity Press, 1993), 236-237은 다음과 같이 논증을 진술한다. "대제사장으로서의 그리스도의 역할은 하나의 전체 사역이다. 그것은 그리스도께서 아버지께 순종하시는 데 있어, 우리의 죄를 속죄하고 우리를 하나님께 이끄시는 데 있어 우리 대신 취하시는 인간성을 향한 하나로 통합된 은혜의 움직임이다. 그리스도는 자신이 우리를 위해 죽으시는 것 외에도, 우리를 위해 기도하신다는 것을 매우 분명히 하신다. 이것이 요한복음 17장에서 그리스도께서 아버지께 드린 대제사장 기도의 지배적인 주제다. 그 기도에서 그리스도는 아버지께 자신이 세상을 위해 기도하는 것이 아니라 아버지께서 자기에게 주신 자들을 위해 기도하신다고 말씀하신다.…그리스도의 중보는 제한적인 중보다. 그리스도는 세상이 아니라 자기 자신에게 속한 자만을 위해 기도하신다. 여기서 그리스도의 속죄의 죽음도 차별 없이 모든 사람을 위한 것이 아니라 아버지께서 그분에게 주신 자들만을 위해 이루어진다는 사실이 파생되어 나온다. 만일 우리가 그리스도의 중보를 특수한 중보로 간주하고, 십자가 죽음을 보편적 범주를 가진 것으로 간주한다면, 그리스도의 대제사장 사역의 핵심을 파괴하는 태도를 취하는 것이 될 것이다."

41 John Owen, *The Death of Death in the Death of Christ* (1648, repr., Carlisle, PA: Banner of Truth, 1983)를 보라. 우리는 Owen의 이 글이 전체적으로 이 논증을 제시하는 데 할애되었다고 강하게 주장할 수 있다. 또한 다음 자료들도 보라. Turretin, *Institutes of Elenctic Theology*, 2:403-486; Bavinck, *Reformed Dogmatics*, 3:455-475; Louis Berkhof, *Systematic Theology* (Grand Rapids, MI: Eerdmans, 1941), 361-405; Gary D. Long, *Definite Atonement* (Phillipsburg, NJ: P&R, 1977); Tom Barnes, *Atonement Matters* (Darlington, UK: Evangelical Press, 2008); Michael S. Horton, *The Christian Faith* (Grand Rapids, MI: Zondervan, 2011), 486-520.

부 측면, 곧 일반적으로 성경신학적 주장과는 분리되어 있는 측면만 언급한다.[42] 신약성경은 우리 주님이 대형으로서 모형인 구약 제사장의 성취라는 사실을 분명히 한다. 독특하게도 히브리서는 레위 제사장의 자격을 그리스도와 비교하고 대조하면서 이 은혜로운 진리를 상세히 밝히고, 그리하여 예수께서 제사장 직분의 모든 자격을 충족시키지만 사실은 훨씬 더 뛰어나신 제사장이라는 사실을 확립한다(히 5:1-10; 8:1-10:18). 다음과 같은 다섯 가지 유사점과 차이점이 이 점을 분명히 할 것이다.

1. 구약의 제사장이 특정 자격을 구비하고 그 역할을 위해 **택함을 받았던** 것처럼 그리스도께서도 대제사장이 되는 영광을 스스로 취하신 것이 아니었다. 그리스도 역시 아버지에게서 **신적으로 부르심을 받고** 제사장 직분과 사역을 감당하도록 **지명을 받으셨다**(히 5:4-6; 참조. 시 2, 110편).

2. 구약의 제사장이 하나님 앞에서 **특정한** 사람들(즉 이스라엘 민족)을 **대표한** 것처럼 그리스도께서도 새 언약의 머리와 중보자로서 새 언약 아래에 있는 모든 자를 대표하고, 그것도 매우 효과적으로 대표하신다.[43] 우리는 아

---

42 예컨대 다음 자료들을 보라. Donald Lake, "He Died for All," *Grace Unlimited*, ed. Clark H. Pinnock (Minneapolis: Bethany, 1975), 31-50; Yerry Miethe, "The Universal Power of the Atonement," *The Grace of God, the Will of Man*, ed. Clark H. Pinnock (Grand Rapids, MI: Zondervan, 1989) 71-96; Bruce Demarest, *The Cross and Salvation* (Wheaton, IL: Crossway, 1997), 189-193.

43 옛 언약 아래에서 제사장은 특정 백성을 대표했다. 구약 시대 제사장은 특정 장소(성막과 성전)에서 특정 백성을 위해 자기들의 직무를 수행했다(민 3:7-8). 구약성경 어디에도 제사장이 모든 민족의 속죄를 위해 제사를 드리거나 보편적 중보자로 활동한다는 기록이 없다. 이 대표적이고 특수적인 직무는 대제사장의 복장에 아름답게 나타나 있다. 머리부터 발끝까지 제사장의 복장은 제사장의 직무가 백성들의 대표로 행해지는 것을 가르치기 위해 디자인되었다(출 28:17-21). 제사장이 메고 있는 흉패에 이스라엘 열두 지파를 상징하는 열두 보석이 치장되어 있었던 것처럼 말이다. 그가 하나님의 임재 앞으로 나아갈 때마다 "이 보석들을 달고 들어갔다(출 28:29). 이것은 제사장이 야웨께서 언약을 맺으려는 백성을 상징한다는 것을 암시했다"(Letham, *Work of Christ*, 106). 제사장은 하나님의 언약 백성 외에 다른 사람들을 대표하거나 중보한 적이 결코 없었다. 제사장의 특수한 대표 역할은 민수기에서 더 분명히 강조된다. 민수기에서 레위인들은 이스라엘 백성들의 장자의 대표로 활동한다(민 3:11-13). 사실 여호와께서는 레위인으로 처음 태어난 장자를 대신하기 위해 모세에게 레위인들(민 3:14-39)과 이스라엘 자손의 처음 태어난 남자(민 3:40-43)를 계수하도록 지시하신다. 이것은 제사장의

래에서 새 언약의 큰 대제사장으로서 그리스도를 설명할 때 이 부분으로 돌아갈 것이다.

3. 구약의 제사장은 자기 자신을 포함해 속죄 제사를 드렸던 것처럼(히 5:1; 8:3), 이 속죄제사는 결코 죄를 제거할 수 없는(그리고 하나님은 이것을 결코 의도하지 않으셨다) 제사였지만(히 10:4), 그리스도께서는 자기 자신을 제물로 바치셨고, 그리하여 최종적인 속죄를 단번에 이루셨다(히 7:27; 9:12; 10:15-18). 그렇지만 결코 온전함에 이르지 못했던 구약의 제사장들과 달리 우리 주님의 제사는 온전했고, 그러므로 "자기를 힘입어 하나님께 나아가는 자들을 온전히 구원하실 수 있다"(히 7:25).

4. 구약의 제사장의 패턴을 따르지만 그보다 더 큰 그리스도의 사역은 결코 속죄의 제공과 그 제공을 적용하는 것 사이에 분리가 없다.[44] 이 점을 예증하는 두 가지 방법이 있다. 첫째, 예수께서는 하늘의 성소에 들어가실

직무의 대리적 성격뿐만 아니라 그 범위도 강조한다. 구약성경은 대표와 대리 개념을 특수적 관점에 따라 이해한다.

44 제사장이 하나님 앞에서 제물을 바칠 때 속죄를 위한 준비와 제물을 백성들에게 적용하는 것 사이에 분리가 전혀 없었다는 사실을 주목하는 것이 중요하다. 하나님을 진정시키기 위해 속죄가 먼저 제단에 적용될 때 제물은 제사의 장애물을 제거했을 뿐만 아니라 하나님의 실제 거처에 어떤 효력이 발휘되었다(Richard Nelson, *Raising Up a Faithful Priest* [Louisville: Westminster John Knox, 1993], 76-78에서 이 요점에 대한 설명을 보라). Nelson은 제사장의 직무를 이중의 의무에 따라 설명한다. 곧 (1) 하나님께 가까이 나아가거나 거하는 백성들을 깨끗하게 하고, (2) 성소 자체를 깨끗하게 하는 의무에 따라 설명한다. 또한 우리는 출 24:6-8에서 이것을 확인할 수 있다. 거기 보면 모세가 제단과 백성들에게 피를 뿌린다(참조. 레 8:15; 22-24). 제사장은 이 행동을 통해 제물의 피를 제단에 뿌리면서 백성들이 하나님께 인정받을 수 있도록 했다. 이것은 속죄일에도 확인된다. 제사장은 속죄일에 백성들을 깨끗하게 하려고 백성들을 위해 속죄했을 뿐만 아니라 하나님 앞에서 어떤 더러움으로부터 성소를 깨끗하게 하려고 제단에 같은 피를 뿌렸다(레 16:15-19). 이런 방식으로 속죄의 준비와 제물의 백성들에 대한 적용 사이에 구분이 전혀 없었다. 옛 언약 아래에서는 어떤 제사장도 동시에 그 피를 제단에 뿌리지 않은 제물을 바치지 않았다. 이것이 그리스도 안에서 성취되는 것처럼, 그리고 히브리서가 매우 빈틈없이 선포하는 것처럼, 하나님이 의도하신 옛 언약의 무력화된 힘은 준비와 적용 간의 분리에 기인하는 것이 아니라 이 제사들의 저급한 성격에 기인하는 것이었다. 그러나 우리는 그리스도 안에서 온전한 제사장과 속죄 제물을 갖고 있다. 그리스도의 죽음은 온전한 구원과 새 언약 백성들에 대한 그 구원의 온전한 적용을 이룬다.

때(히 8:4-5; 9:24) 자신의 피를 제단에 뿌리고 새 언약을 시작하시는데, 이것은 온전하고 효과적이다. 구약의 제사장의 이런 패턴을 고려한다면, 예수께서 택함 받지 못한 자를 위해 제사를 드리는 것은 전혀 가능성이 없는 일이다. 대신 우리 주님은 새 언약 백성의 대표로서 하나님의 보좌로 들어가신다. 둘째, 우리 주님의 성취와 그 성취가 그의 백성에게 가져온 효력 사이의 연계성이 히브리서 9:11-15에서 강조된다. 윌리엄 레인(William Lane)이 지적하는 것처럼, 히브리서 9:15의 도입절 "이로 말미암아"(*kai dia touto*)는 그리스도의 제사장 사역(히 9:11-14)과 새 언약 백성 가운데서 그 사역의 효력(9:15) 간의 강력한 인과 관계를 확립한다.[45] 다시 말하자면 예수의 제사장 사역은 새 언약의 실재들을 취득하고 **동시에** 그 실재들을 새 언약에 속한 **모든** 자에게 적용하는데, 이것은 특수 구속을 요청한다. 특수 구속 외에 다른 견해들은 보편 구속(만인구원론) 아니면 그리스도께서 자신의 제사장 직분을 감당하는 데 실패했다는 결론 중 하나다. 하지만 이 두 견해는 모두 비성경적이다.[46]

5. 구약의 제사장의 사역은 통합적이지만 불완전한 사역이었고, 반면에 그리스도의 사역은 준비와 교훈, 보호 그리고 중보에 있어 통합적이면서 온전한 사역이다.[47] 중보와 관련해 말한다면 제사장으로서 우리 주님은 십자가 죽음 **이전과**(눅 22:31-32; 요 17:6 이하) 승천 **이후에**(롬 8:32-34; 히 7:24-25; 요일 2:1-2) 효과적으로 그의 백성을 위해 간구하시고, 이것은 새 언약의 모든 복이 그분의 백성에게 적용되는 것을 보증한다. 그리스도께서 택함 받지

45　William L. Lane, *Hebrews 9-13*, WBC 47b (Dallas: Word, 1991), 241.

46　Owen, *Death of Death*, 110-124. John Owen은 이 주장을 매우 강력히 제시한다.

47　그리스도께서 어떻게 자기 백성의 인도자와 보호자가 되시는지를 설명하기에는 지면이 부족하다. 하지만 요한은 이 특징들을 제시한다. 하나님의 아들은 아버지께서 자기에게 주신 자를 위해 죽으시고, 효과적으로 구원하신다(요 6:37-40; 10:11, 14). 바로 이 사람들이 하나님의 아들의 음성을 듣고 그분의 교훈을 받아들인다(요 10:16; 26-30; 17:17). 반면에 하나님의 아들의 백성이 아닌 자는 그분의 음성을 듣지 않고 그분의 말씀을 거부한다(요 5:46-47; 8:42-47; 10:26-27). 제사장과 보호자로서 예수는 자기 양을 위해 자기 목숨을 내놓지만 자기 양이 아닌 자에게는 심판을 행하신다(요 10:11; 이하. 참조. 사 53:6).

못한 자의 구원을 위해 중보하신다는 증거는 전혀 없다. 다음 세 본문이 이 주장을 지지한다.

우리 주님은 요한복음 17:6-19에서 세상을 위해서가 **아니라** 제자들 곧 아버지께서 자기에게 주신 자를 위해 효과적으로 기도하신다(요 17:9-10). 그분은 요한복음 17:20-26에서 미래의 모든 신자 곧 또다시 아버지께서 자기에게 주신 자를 위해서도 기도하신다(요 17:24; 참조. 요 6:37-44). 이 중보는 이전의 예수의 가르침과 일치된다. 곧 예수는 양들을 위해 목숨을 버리는 선한 목자가 되신다(요 10:11, 15). 예수의 양은 그의 아버지께서 그에게 주신다(요 10:29). 그의 양은 그의 죽음으로 말미암아 영생을 얻는다. 그러나 모든 사람이 그의 양은 아니다(요 10:26-27). 이 모든 것은 특정한 사람들을 위해 자신을 바치고 그들을 위해 중보하시는 제사장으로서 예수의 직분과 일치된다.

로마서 8:28-39에서도 동일한 진리를 가르친다. 이 로마서 본문에서는 제사장으로서의 예수의 통합 사역이 우리의 확신의 근거를 주권적 은혜의 하나님에게 두려는 의도에 맞추어 전개된다. 하나님이 택하시고 효과적으로 부르시고 의롭다 하시고 또한 영화롭게 하신 자들(롬 8:28-30)은 우리 "모든" 사람을 위한 아들의 죽음 안에서, 아버지께서 우리에게 **모든** 것을 주시기 때문에 확신을 갖는다. 이와 관련해서 이 모든 것에는 새 언약의 실재들을 우리에게 완전히 적용하는 것이 포함되어 있다. 따라서 어느 누구도 하나님께서 택하신 자들을 고발할 수 없다. 우리를 **위해** 죽으시고 **아울러** 중보하시는 분은 예수이기 때문이다. 예수는 자신의 제사장 직분을 통해 확실한 결과 곧 효과적인 구속을 갖고 우리를 위해 자신을 바치고 중보하신다.

히브리서 7:23-28도 동일한 점을 제시한다. 예수께서 구약의 제사장보다 훨씬 더 뛰어나신 이유는 그분의 정체성이 성육신하신 성자 하나님이기 때문이다. 그는 자신을 제물로 바치는 것과 자신의 영광스러운 부활을 통해 더 나은 언약을 보증하는 영원한 제사장 직분을 수행하신다(히 8-10장을 보라). 그 결과 항상 살아 계셔서 자기에게 나아오는 자들을 위해 중보하시기

때문에 예수는 그들을 온전히 구원하신다. 이는 윌리엄 레인이 다음과 같이 주석하는 것과 같다. "예수께서 중보하시는 온전하고 영원한 구원은 부정할 수 없는 그분의 제사장 직분의 성격으로 보증된다.…예수의 중보 활동의 직접적 결과는 자기 백성들을 보존하고, 종말론적 구원에 필수적인 모든 것을 취득하는 것이다.…"[48]

그러나 모든 보편적 속죄 견해가 갖고 있는 문제점은 그 견해들이 제사**와** 중보에 대한 그리스도의 제사장 사역을 분리시킨다는 것이다. 그 견해들은 이런 모형론적인 패턴과 상관없이 그리스도의 사역을 조명하고, 이런 성경적 범주들의 제약에서 속죄를 설명하지 않거나 또는 그리스도의 중보를 그분의 죽음과 분리시킴으로써 그분의 제사장 사역을 구분하는 것이 틀림없다. 예를 들어보자. 로버트 라이트너(Robert Lightner)는 그리스도의 중보가 오직 택함 받은 자에게만 구원의 효력이 있다고 올바르게 주장하지만, 이어서 택함 받은 자가 믿을 때까지는 이 효력이 미치지 못한다고 주장하면서 그리스도의 중보를 하늘에서의 중보로 제한한다.[49] 이 주장은 최소한 세 가지 면에서 실패한다. 첫째, 그 주장은 그리스도의 제사장 사역을 통합적으로 보는 데 실패한다. 말하자면 그것은 그리스도는 자신이 대표하는 자들을 위해서도 효과적으로 중보하신다는 것을 보지 못하고 있다. 둘째, 보편적 속죄의 주장은 그리스도께서 지상 사역 기간에 앞으로 믿을 자들을 포함해 자신에게 속해 있는 모든 자를 위해 중보하신다는 것을 인정하지 못하고 있다. 그리스도의 중보는 결코 실패할 수 없다. 그분이 자기 백성을 하나도 잃어버리지 않기 때문이다(요 6:39; 10:14-18, 26-30; 17:20-24). 셋째, 보편적 속죄의 주장은 그리스도의 통합 제사장 사역을 새 언약의 맥락에서 분리하고, 그리스도가 새 언약의 지체로 간주될 수 없는 사람들을 위해 죽으시는 것으

---

[48] Lane, *Hebrews*, 189-190.

[49] Robert Lightner, *The Death Christ Died*, 2nd ed. (Grand Rapids, MI: Kregel, 1998), 102-104을 보라.

로 이해한다.

한편 게리 슐츠(Gary Schultz)는 그리스도의 중보는 택함 받지 못한 자의 구원을 위한 중보로 간주될 수 있다고 주장한다. 그는 이런 주장을 위해 누가복음 23:34에 강하게 호소한다. 거기 보면 예수께서 자기를 십자가에 못 박는 자들의 용서를 위해 기도하신다.[50] 슐츠는 이 본문에 기초해서 다음과 같이 주장한다. "구원을 위한 중보는 모든 사람에게 적용될 수 있지만, 효력은 그리스도 안에 있는 자들에게만 나타난다."[51] 그러나 슐츠는 그리스도의 중보를 **성경의** 범주에서 제거해야만 이런 주장을 유지할 수 있다. 우리가 제사장에 대해 알고 있는 사실은 제사장은 언약에 따라 자신이 대표하는 자들만을 중보하는 자라는 것이 전부다. 누가복음 23:34은 어떤가? 이 본문은 그리스도께서 택함 받지 못한 자의 구원을 위해 중보하신다는 것을 증명하는가? 아니다. 증명하지 않는다고 대답한 이유는 네 가지다. 첫째, 이런 해석은 제사장의 중보에 관한 성경의 전체 주장과 반대된다. 둘째, 존 오웬이 올바르게 말한 것처럼 우리는 소수의 사람들을 위한 특별한 기도에서 이것이 "지금까지 존재했고, 현재 존재하고 있으며, 또는 앞으로 존재할 개개의 모든 사람을 위한" 기도라는 것을 도출할 수 없다.[52] 셋째, 예수는 순종하는 아들로서 자기를 핍박한 자들을 위해 기도하면서 율법을 이루실 뿐만 아니라 **사람들의 무지에** 기초해 심판의 지연이나 처벌의 감경을 효과적으로 간청하신다.[53] 사람들이 예수를 십자가에 못 박아 죽인 행위는 하나님의 심

---

50 일부 가장 이른 시기의 사본들에 34절이 생략되어 있음을 주목해야 한다. 논란이 있지만 우리는 그것을 원문으로 가정할 것이다. Bruce M. Metzger, *A Textual Commentary on the Greek New Testament*, 2nd ed. (Peabody, MA: Hendrickson, 2005)를 보라.

51 Gary Schultz, "A Biblical and Theological Defense of a Multi-Intentional View of the Extent of the Atonement" (박사학위 논문, Southern Baptist Theological Seminary, 2008), 155, fn. 195.

52 Owen, *Death of Death*, 83.

53 다수의 중요한 점들을 주목하라. 첫째, 이 사건의 전체 배경은 신적 심판을 상징하는 묵시적 배경이다(행 2:29-30; 2:44-46을 보라; 참조. 마 27:45-54). 둘째, 문맥도 완전히는 아니지만 하나님이 이스라엘을 심판하시는 렘 4:18-31을 회상시킨다(렘 4:27). 셋째, 눅 12:47-48도 도

판을 받아 마땅한 일이었으나(행 2:23-24), 그리스도는 역사가 계속되고 자기 백성을 구원하고자 하는 하나님의 궁극적 목적이 실현되도록 이 심판의 지연을 위해 기도하신다.[54] 이 기도는 예수께서 택함 받지 못한 자의 구원을 중보한다는 사실에 대한 증거로 알맞지 **않다**. 넷째, 만약 슐츠가 옳다면 그것은 그리스도께서 자신의 제사장 사역에 실패했다는 것, 즉 자신이 구원하려는 이들을 위해 죽었고 그가 중보하려는 자들이 구속을 받지 못하는 것을 함축하는 것은 아닐까? 그러나 이런 결론은 성경이 그리스도의 제사장 사역을 온전하고 효과적인 제사장 사역으로 가르치는 모든 것에 맞지 않는다.

보편 속죄론의 옹호자들은 이런 다섯 가지 주장에 대해 어떻게 반응할까? 그들은 최소한 두 가지 반응을 보인다. 첫째, 그들은 대표라는 관점과 관련해서, 구약의 제사장이 특정한 사람들을 대표한 것은 사실이지만, 지금은 그리스도 안에서 이 대표가 전체 인류에게 확대된다고, 곧 그리스도의 성육신과 연결되어 있다고 주장한다.[55] 둘째, 어떤 이들은 구약의 제사장은 "혼합" 집단(즉 신자들과 비신자들로 구성된 집단)인 이스라엘을 위해 제물을 바쳤고, 결국 이것이 보편 구속을 보증한다는 것에 호소한다.[56] 우리는 이에 대한 반박으로 다음 세 가지 답변을 제시한다. 첫째, 우리가 성경의 범주에서 제사장을 생각한다면 구약의 제사장은 오직 언약 백성만을 대표했다는 점을 인정해야 한다. 구약성경 어디에도 제사장이 민족들을 위해 속죄하거나 보편적 중보자로 기능한다는 사실이 나오지 않는다. 언약에 따라 속죄와 용서의 복이 하나님의 백성에게 주어지고, 율법 언약 전체는 이스라엘과 민

움이 된다. 예수께서 지식의 유무에 따라 처벌에 구분이 있다는 것을 가르치시기 때문이다.

54 Klaas Schilder, *Christ Crucified* (Grand Rapids, MI: Eerdmans, 1940), 129-147을 보라.

55 A. H. Strong, *Outlines of Systematic Theology* (Valley Forge, PA: Judson, 1907), 771-776과 Norman Douty, *Did Christ Die Only for the Elect?* (Eugene, OR: Wipf & Stock, 1998), 21-29을 보라.

56 Mark Driscoll, Gerry Breshears, *Death by Love* (Wheaton, IL: Crossway, 2008), 179을 보라. 참조. David Nelson, "The Design, Nature, and Extent of the Atonement," *Calvinism: A Southern Baptist Dialogue,* ed. E. Ray Clendenen and Brad Waggoner (Nashville: B&H, 2008), 129-130.

족들을 분리시키고 구분시켰다.

둘째, 보편 구속이 성육신에 의존하는 것은 어떤가? 여기서는 히브리서 2:5-18이 중요하다. 이 히브리서 본문에서 아들은 천사들보다 더 크신 분으로 제시되는데, 그 이유는 그분이 어떤 천사도 할 수 없는 일을 행하시기 때문이다. 말하자면 아들은 우리의 인간적 본성을 취해 아담의 일을 복원하고, 자신의 속죄 사역으로 말미암아 우리의 창조의 목적을 회복시키는 일을 행하시기 때문이다. 얼핏 보면 이 본문이 보편 속죄론을 지지하는 것처럼 보인다. 이를테면 예수께서 "모든 사람을 위하여 죽음을 맛보려 하심이라"(히 2:9)고 말하기 때문이다. 그러나 주장이 펼쳐지면서 예수의 십자가 사역이 새 언약의 제사장 및 중보자로서의 역할과 분리될 수 없다는 사실이 분명해진다(히 2:17-18; 참조. 히 5-10장). 나아가 언약의 머리로서 예수의 죽음은 "**아브라함의 자손**으로 말해지는(히 2:16) 하나님의 백성(히 2:17)"과 동일시되는 "많은 아들들을 이끌어 영광에 들어가게 하시는" 데 있어 실패가 없다.[57] 따라서 그리스도의 십자가의 결과는 효과적이다. 곧 그것은 단순히 아브라함의 민족적 후손만이 아니라 아브라함의 영적 자손에게까지 확대된다. 이것은 유대인과 이방인을 포함하지만, 예외 없이 모든 사람을 포함하는 것은 아니다.[58] 그렇지 않다면, 전체 제사장 사역과 그리스도의 대표적인 머리 됨이 성취하고자 의도되었던 것, 곧 죄와 죽음의 파기, 새 창조의 출범, 악한 자의 패배, 많은 아들을 영광으로 이끄는 일을 성취하지 못할 것이다.

우리는 그리스도의 성육신과 죽음으로부터 그분이 예외 없이 모든 사

---

57 Peter T. O'Brien, *The Letter to the Hebrews,* Pillar New Testament Commentary (Grand Rapids. MI: Eerdmans, 2010), 105.

58 Barnes, *Atonement Matters,* 214-217을 보라. 그리스도를 언약의 머리로 보는 생각은 그리스도와의 연합과 긴밀하게 관련이 있다. 그러나 우리와 그리스도의 연합은 그분의 성육신에 기인하는 것이 **아니다**. 비록 그리스도께서 우리와 같은 본성을 갖고 계신다고 해도, 그분이 자신의 육체를 통해 죄 사함이라는 새 언약의 복을 베푸시는 것은 **아니다**. 죄 사함은 오직 성령으로 말미암아 그리고 믿음을 통해 거듭날 때에만 주어진다. 아담과 달리 그리스도께서 대표하는 자는 성령으로 거듭난 신자들이다.

람에게 구원을 제공하기 위해 마지막 아담으로 오신다는 결론을 도출할 수 없다. 대신 성경은 우리 주님이 우리를 위해 새 창조를 시작하고, 아브라함의 자손 곧 모든 족속과 나라 그리고 방언에서 나온 믿음의 사람들을 구속하기 위해 우리의 인간적 본성을 취하신다고 가르친다. 나아가 개인들은 구원을 받아 자기들의 언약의 머리이신 그리스도에게 연합되고, 예수는 오직 그리스도의 속죄 사역에 기초하는 "언약-선택-부르심-믿음-회개-인침"을 통해[59] 언약의 중보자로 역할을 하신다. 우리가 그리스도를 우리의 새 언약의 머리로 생각할 때, 우리는 그분이 예외 없이 모든 사람을 위해 언약의 머리가 되신다고 말할 수 있는 근거가 전혀 없다. 우리가 그분의 제사장 사역을 산산조각내고 십자가를 그분이 대표하는 자들을 구원으로 이끄는 데 아무런 효력이 없는 것으로 만들고자 하지 않는 한 말이다.

셋째, 구약의 제사장이 "혼합" 집단의 백성을 위해 제사를 드리는 것은 어떤가? 이것이 보편 속죄를 보증하는가? 아니다. 그것이 보편 속죄를 보증하지 않는 이유는 세 가지다. 첫째, 제사장은 옛 언약에서 오직 언약 백성의 죄만 속죄했다. 이것은 보편적 방향이 아니라 특정한 방향으로 작용한다. 둘째, 제사장의 사역은 단지 모형론적인 사역이었다. 제사장의 사역은 계획에 따라 **결국** 효력이 상실되었다(히 10:4). 의심할 것 없이 옛 언약 아래에서 제사장과 속죄제사는 수많은 목적, 곧 메시아를 배출하고 이후 세대들의 초등교사로 섬기도록 구별된 혈통적 민족 이스라엘에 대한 하나님의 목적들에 기초한 목적들에 공헌했다(고전 10:6, 11). 그러나 우리는 조심스럽게 모형에서 대형으로 이동해야 하고, 특히 속죄의 범주 문제를 직시해야 한다. 톰 반스(Tom Barnes)가 다음과 같이 올바르게 말한 것처럼 말이다. "이 이스라엘 민족 전체에 대한 이 모형론적인 사역의 폭은 예수 그리스도를 통한 속죄의 범위를 규정하려는 의도를 결코 갖고 있지 않다. 바울이 로마서 4장과

---

59 Donald Macleod, *The Person of Christ* (Downers Grove, IL: InterVarsity Press, 1998), 203.

9장에서 분명히 하는 것처럼, 하나님께서 그분의 주권적인 은혜의 구원을 개인들에게 베푸실 때, 그분의 목적은 이스라엘 전체에 걸쳐 이루어진 모형론적인 목적보다는 항상 더 특별했다."[60] 셋째, 이 주장은 옛 언약과 새 언약 간의 **불연속성**을 이해하는 데 실패한다. 따라서 새 언약이 얼마나 더 **나은지**(즉 얼마나 더 효과적인지) 모르고 있다. 다시 말하자면 우리가 논증을 위해 보편 속죄론이 정확하다고 간주해보자. 말하자면 구약의 제사장들이 "혼합" 집단인 이스라엘을 위해 속죄했던 것처럼, 우리가 옛 언약에서 새 언약으로 이동한 지금 그리스도께서도 예외 없이 **모든** 인간을 위해 속죄한다고 생각해보자. 그러나 이 주장에는 두 가지 문제가 있다. 한편으로, 이 주장은 옛 언약이 이스라엘에게 효력이 없던 것만큼 새 언약을 효력이 없는 것으로 만든다. 만일 새 언약의 핵심에 놓여 있는 용서에 대한 약속(렘 31:34)이 구속받은 모든 자가 아니라 모든 인간에게 주어진 것이라면, 그렇다면 어떻게 새 언약이 더 효과적일 수 있을까? 옛 언약과 비슷하게, 새 언약에는 새 언약이 이룰 것으로 의도했던 것 즉 영원한 구원을 받지 못하는 언약 지체들이 있다. 그러나 이것은 새 언약의 효과적인 사역에 관한 히브리서의 전체 주장과 모순된다. 왜냐하면 그리스도는 자기 이전의 언약 중보자들과 달리 자신이 구원하려고 죽으신 자 모두를 성공적으로 하나님의 영원한 안식으로 이끄시기 때문이다. 그것이 새 언약이 더 나은 이유다! 다른 한편으로, 보편 속죄론은 언약의 주체들의 관점에서 볼 때 새 언약이 옛 언약과 같지 않다는 것을 인정하지 못한다. 이제 이 점을 살펴보자.

2. 새 언약의 중보자로서 그리스도의 사역은 특수 구속을 함축한다. 우리는 성경의 언약들, 특히 옛 언약을 고려하지 않으면, 그리스도의 제사장 사역과 그 사역의 목적에 대해 생각할 수 없다. 이 점의 중요성은 무엇인가? 그리스도의 제사장 사역의 목적과 그 사역의 본질을 이해하려면, 그 사역을 새 언약

60　Barnes, *Atonement Matters*, 82.

에 비추어 조명해야 한다. 이는 샘 왈드론(Sam Waldron)과 리처드 바셀로스(Richard Barcellos)가 다음과 같이 올바르게 말한 것과 같다. "새 언약은 분명히 예수 그리스도의 사역의 배경 또는 뼈대다. 예수 그리스도의 사역은 새 언약과 분리되면 구원의 능력을 전혀 갖지 못한다.…예수의 사역은 전체적으로 언약의 사역이었다. 예수의 피는 언약의 피였다. 예수의 제사장 직분은 언약의 제사장 직분이었다. 중보자로서 예수의 직무는 언약의 직무였다. 따라서 그리스도의 죽음의 범위와 정도 또는 목적에 관한 질문은 새 언약에 대한 언급이 없이는 답변될 수 없다."[61] 따라서 여기서 질문은 다음과 같다. "새 언약의 범위와 정도 그리고 목적은 무엇인가? 새 언약은 모든 사람과 맺은, 곧 사람들이 새 언약을 취한다면 모든 사람이 구원 받는 게 가능한 보편적 언약인가? 또는 새 언약은 오직 어떤 사람들과 맺어진 것이고, 그들에게만 영원한 구원을 확실히 보장하는 제한적 언약인가?"[62] 새 언약의 대제사장으로서 우리 주님은 그분의 죽음과 관련해서 누구를 대변하고, 새 언약의 열매를 누구에게 적용하시는가? 우리 주님은 모든 사람을 보편적으로 대변하시는가, 아니면 효과적으로 구원으로 이끌고 새 언약의 모든 유익을 받을 특정한 사람들을 대변하시는가?

우리는 새 언약에 대한 우리의 설명에 따라 그리스도가 특정한 사람을 대변한다고 주장한다. 이와 다른 방식으로 답변하는 것은 그리스도의 사역을 새 언약의 배경에서 제거하는 것이다. 이것은 엄밀히 말해 보편 속죄 견해가 가진 문제다. 새 언약의 유익과 특권들, 곧 거듭남과 죄 사함 그리고 성령의 선물 등이 포함된 최소한의 유익과 특권을 모든 사람에게 확대하지 않고서는, 그리스도의 속죄 사역이 모든 사람에게 확대될 수 없다. 보편 속죄 견해는 새 언약의 본질을 다시 정의하거나, 그리스도께서 다른 언약(그

61　Samuel Waldron and Richard Barcellos, *A Reformed Baptist Manifesto* (Palmdale, CA: Reformed Baptist Academic Press, 2004), 59-60.

62　Waldron, Barcellos, *Reformed Baptist Manifesto*, 60.

언약이 무엇이 되었든지 간에)의 언약적인 머리로 죽으신다고 주장해야 한다. 하지만 이것은 지지될 수 없다. 주목할 만한 점은 보편 속죄 옹호자들이 이 언약적인 범주들과 자기들의 견해를 아주 자주 분리시킨다는 것이다. 보편적 속죄 옹호자들은 "세상"이라는 말과 "모든"이라는 말이 들어 있는 성경 본문들 그리고 복음의 보편적 초청 등에 대해 많은 설명을 하지만, "제사장"과 "언약"에 대한 성경 자체의 범주들 내에서 십자가의 목적을 거의 설명하지 않는다. 예를 들어보자. 페이지 패터슨(Paige Patterson)은 제한 속죄 옹호자들은 성경이 아니라 "하나의 논리 체계"[63]를 따른다고 비난한다. 그러나 패터슨의 견해는 새 언약 배경 안에서 그리스도의 제사장적 죽음을 전혀 설명하지 않는다. 또는 데이비드 넬슨(David Nelson)은 다음과 같이 말하면서 훌륭하게 설명을 시작한다. "나는 성경의 웅대한 구속 내러티브에서 속죄 교리를 제시하기를 원한다. 속죄 교리는 아브라함 언약과 다윗 언약 그리고 새 언약의 궤적을 따르고, 의로우신 하나님 앞에서 의롭다 함을 얻는 기초를 구성하는 야웨에 대한 신뢰의 지속적 촉구를 포함한다(창 15:6; 합 2:4)"[64] 그러나 그는 속죄의 목적을 설명할 때에 아무런 설명을 하지 않는다.[65] 브루스 데머리스트(Bruce Demarest)의 설명을 보자. 그는 익숙한 분야를 다루지만 그럼에도 그리스도의 죽음을 새 언약의 배경에서 설명하는 일에는 힘쓰지 않고, 다음과 같이 결론을 맺는다. "속죄의 **준비**의 관점에서 보면 그리스

---

[63] Paige Patterson, "The Work of Christ," *A Theology for the Church*, ed. Daniel Akin (Nashville: B&H, 2007), 585-586; 참조. I. Howard Marshall, "Universal Grace and Atonement in the Pastoral Epistles," *Grace of God, Will of Man*, 52. 거기서 Howard Marshall은 비슷한 사실에 대해 말하지만 이 성경의 범주들을 붙들고 씨름하지는 않는다.

[64] Nelson, "Design, Nature, and Extent of the Atonement," 127.

[65] 이 목록은 다양해질 수 있다. Millard Erickson, *Christian Theology*, 2rd ed. (Grand Rapids, MI: Baker, 1998), 829은 범주 문제를 다룰 때 그것을 제사장과 새 언약의 맥락 속에 두지 않는다. David Allen, "The Atonement: Limited or Universal?" *Whosoever Will* (Nashville: B&H, 2010), 68-109도 마찬가지다. Lightner, *Death Christ Died*, 118-123은 언약들을 다루지만 경멸적인 태도로 다룬다. 또한 Schultz, "Biblical and Theological Defense of a Multi-Intentional View of the Extent of the Atonement"도 보라. Schultz도 역시 그렇게 하지 않는다.

도는 단순히 택함 받은 자를 위해 죽으신 것이 아니라 모든 시대의, 모든 지역의, 모든 죄인을 위해 죽으셨다."[66]

새 언약의 주체는 누구인가? 옛 언약 아래에서 언약의 주체는 주로 "혼합" 집단인 이스라엘 민족이었다. 그러나 새 언약은 어떤가? 새 언약의 머리로서 그리스도는 예외 없이 모든 사람("혼합" 집단)을 대표하고, 그리하여 모든 사람에 대한 구원을 가능하게 만드는가, 아니면 효과적으로 구원으로 나아오고 성령의 적용 사역을 포함해 새 언약의 모든 유익을 받는 특정한 사람들을 대표하는가? 다시 말하지만 성경은 후자의 입장을 긍정한다. 독자는 이 진리에 대해 세 가지를 상기해야 할 것이다. 첫째, 신약성경은 그리스도의 제사장 사역이 새 언약의 사역이라는 것을 분명히 한다(눅 22:20; 고전 11:25; 히 5-10장). 그리스도께서 새 언약의 유일한 중보자이시고 다른 중보자는 없다.

둘째, 새 언약의 "새로움"을 묘사할 수 있는 중요한 방법 중 하나는 새 언약 아래에서 하나님을 아는 **모든** 자(렘 31:34) 곧 그들 **모두**가 영[성령]으로 태어나고, 새 마음을 갖고 있으며(렘 31:33; 참조. 겔 11:19-20; 36:25-27; 욜 2:28-32), 그들 **모두**가 자기들의 죄에 대해 충분한 칭의를 경험한다(렘 31:34b; 롬 8:1)는 사실이다. 이것은 엄밀히 구약의 예언자들이 예견한 것이다. 미래에 성령은 **모든** 육체 즉 새 언약 공동체 안의 **모든** 사람에게 부어질 것이다. 이것이 신약성경이 새 언약 공동체 안의 **모든** 사람이 종말론적 성령의 약속된 선물을 누린다고 말하는 이유다(엡 1:13-14). 그리고 신약성경은 다음과 같은 사실도 분명히 한다. 곧 성령의 사역은 그리스도의 십자가 사역에 기초한다(요 7:39; 16:7; 행 2:33). 그리스도의 새 언약 사역의 결과로 성령은 새 언약 공동체 안에 있는 **모든** 사람에게 보내진다. 성령이 그리스도의 속죄의 죽음으로 말미암아 우리를 위해 취득된 새 언약의 복된 선물 중 하나이기 때문이다. 성령은 약속된 기업의 보배로운 인과 계약금 그리고 보증이

---

66 Demarest, *Cross and Salvation*, 191.

다. "그리스도 안에" 있는 것은 성령을 소유하는 것이다. 왜냐하면 바울이 상기시키는 것처럼 "누구든지 그리스도의 영이 없으면 그리스도의 사람이 아니기" 때문이다(롬 8:9). 이것을 강조하는 것이 왜 그토록 중요한가? 예수 께서 새 언약의 중보자이신 것과 새 언약은 준비와 적용에 있어 완전히 효력 있는 언약이라는 것을 고려할 때, 우리가 보편 구원론을 인정하지 않기를 바라는 한, 그리스도의 제사장 사역이 특수하고 효과적이라는 것은 부인하기 어렵다. 다시 말하자면 예수께서 구원하기 위해 언약 중보자로 활동한 새 언약 안의 **모든** 자는 때가 되면 거듭나고 의롭게 되며 영화롭게 될 것이다. 그들 가운데 잃어버릴 자는 하나도 없을 것이다. 우리 주 예수께서 **위대한** 대제사장이자 **위대한** 언약의 중보자로서 결코 실패하지 않으시기 때문이다. 예수께서 구원하기 위해 언약의 머리로 죽은 자들에게 그리스도의 사역은 성령을 통해 효과적으로 적용된다. 이 동일한 성령은 새 언약과 분리될 수 없다. 그것은 성령이 예수께서 자신의 속죄의 죽음을 통해 취득하신 핵심적인 복 중 하나이기 때문이다.

셋째, 이상의 분석을 고려하면 보편 속죄 옹호자들에게 최소한 두 가지 문제점이 있다. 첫 번째 문제점은 보편 속죄 옹호자들이 그리스도께서 누구의 언약의 중보자가 되신다고 생각하는가에 있다. 그들은 예수가 새 언약의 제사장이라고 성경적으로 주장한다. 그런데 그렇다고 해도 성경과 반대로 그들이 설명하는 "새 언약"은 옛 언약만큼 효력이 없다. 왜냐하면 새 언약 안에 있는 많은 사람이 그들에게 적용되는 새 언약의 복—예, 거듭남, 칭의, 성령의 선물 등—을 갖지 못하기 때문이다. 그러나 성경은 새 언약의 주체에 대한 이런 "혼합된" 이해를 부정할 뿐만 아니라, 우리 주님은 **위대한** 대제사장으로서 새 언약 안에 있는 **모든** 사람에게 자신의 사역을 반드시 적용하신다고 강력히 천명한다. 결론적으로 보편적 속죄 옹호자들은 새 언약의 사람들을 다시 정의하고, (성령의 사역과 관련된) 믿음과 회개를 우리 주 예수 그리스도의 제사장 사역 밖에 두는 것이 틀림없다.[67] 두 번째 문제점은 보편 속죄 옹호자들은 구원의 제공과 구원의 적용을 날카롭게 구분하는 것으로 반응한다는 것이다.[68] 의심할 것 없이 누구나 그리스도의 객관적 사역과 그 사역의 주관적 적용을 구분한다. 제한 속죄 옹호자들이 이 구분을 무너뜨린다는 것은 결단코 사실이 아니다. 실제 문제는 보편 속죄 옹호자들이 구원의 제공과 적용이 그리스도의 새 언약의 사역의 중심이라는 것을 인정하지 못하는 데 있다. 새 언약의 제사장과 중보자로서 우리 주님은 새 언약에 속해 있는 모든 자를 위해 죽으신다. 또한 우리 주님은 새 언약의 머리로서 새 언약의 모든 유익을 취득하고, 여기에는 성령의 적용 사역이 포함되어 있다.[69] 이런 방식으로 우리 주님은 구원을 제공 하면서 동시에 적용하기도 하신다. 그리스도의 **위대한** 사역이 결코 실패하지 않는 확실한 이유가 바로 이것이다. 물론 성령의 적용 사역은 역사 전체에 걸쳐 택함 받은 자가 구원을 얻는 믿음으로 나아올 때 일어난다. 그러나 구원 사역의 확실성은 주권적 은혜를 베푸시는 삼위 하나님의 계획에 기초한다. 곧 성부가 사람들을 선택하신다. 성자는 택함 받은 자의 구원에 필수적인 모든 것을 성취하시고 보장하신다. 그리고 성부와 성자에게 보내심을 받은 성령이 새 언약의 **모든** 주체에게 성자의 사역의 유익을 적용한다.

---

67 언약 배경을 가장 크게 중시하는 일반적 속죄 옹호자는 Douty, *Did Christ Die Only for the Elect?* 19-38이다. 그러나 Douty의 설명은 그리스도가 언약의 대표라는 생각을 새 언약의 관점에서, 즉 그리스도가 효과적으로 특정한 사람들의 구원을 이루고 성령의 사역을 포함해 새 언약의 모든 복을 취득하는 그들의 머리로서 다루지 않는다. Douty는 모든 보편 속죄 옹호자가 행하는 대로 행한다. 곧 새 언약의 죄 사함의 복을 모든 인간에게 확대하고, 이어서 새 언약으로부터 그 언약의 특수성과 완전성, 영속성 그리고 안전성을 제거한다.

68 다음 자료들을 보라. Strong, *Outlines of Systematic Theology,* 773; Demarest, *Cross and Salvation,* 189-193, Douty; *Did Christ Die Only for the Elect?* 58-60; Lightner, *Death Christ Died,* 124-135; Nelson, *"Design, Nature, and Extent of Atonement,"* 132-133.

69 Lightner, *Death Christ Died,* 130-135은 성령은 보편적으로 모든 사람에게 주어진다고 주장한다. 하지만 성경적으로 성령의 사역은 새 언약과 유기적으로 관련이 있다. 따라서 보편 속죄 옹호자들은 두 종류의 새 언약 백성을 인정하지 않으면 안 된다. (1) 지은 죗값이 지불되고 성령을 받은 자, (2) 지은 죗값이 지불되었으나 성령을 갖지 못한 자. 그러나 이것은 새 언약 공동체를 옛 언약 공동체와 같이 "혼합" 집단으로 축소시킬 뿐만 아니라 특히 성경이 성령을 새 언약의 효과적인 선물로 제시하기 때문에 새 언약의 어떤 주체들은 성령을 받고 다른 주체들은 받지 못하는 이유를 설명하지 못한다.

성경의 언약들에 대한 적절한 이해는 속죄의 범위에 대한 논쟁에 대해 엄청난 함축성을 갖고 있다는 것이 우리의 주장이다. 보편 속죄 옹호자들이 아르미니우스주의자든 또는 수정 칼뱅주의자든, 그들의 가장 큰 문제는 우리 주님의 제사장 사역을 **언약의** 배경과 관련해서 이해하지 않는 것이다. 만약 그들이 주님의 제사장 사역을 언약의 배경과 관련해서 이해한다면, 그들은 아마 십자가에 대한 특별한 견해를 옹호하지 않을 수 없을 것이다. 보편 속죄 옹호자들은 그리스도와 그분의 백성의 중요한 관련성을 무시하면 안 된다. 그들은 그리스도께서 **새 언약의 위대한** 대제사장으로서 자기 백성을 위해 자기 백성의 대표, 대리인, 교사, 인도자, 중보자로서, 그들의 죗값을 지불하실 뿐만 아니라, 성령의 사역을 포함해, 곧 성령의 사역을 그들에게 적용하고 그들에게 영원한 안식을 성취하시면서 필요한 모든 것을 보장하신다는 것을 올바르게 이해할 수 있다.

교회론

세대주의 신학과 언약신학의 주된 차이에는 교회의 본질에 대한 견해도 포함되어 있다. 이런 교회의 본질에 대한 차이는 이스라엘-교회 관계 개념, 특히 옛 언약과 새 언약의 관계에 대한 각각의 신학적 견해에 기초한다. 성경의 언약에 대한 우리의 견해는 이 케케묵은 논쟁에 해결의 실마리를 던져주는가? 우리는 유기적으로 관련이 있는 다음과 같은 두 가지 문제에 집중하면서 이 질문에 답변할 것이다. (1) 교회의 본질은 무엇인가? 교회는 옛 언약에 속한 이스라엘과 비슷한 "혼합" 공동체인가, 아니면 거듭난 신앙 공동체라는 점에서 본질상 이스라엘과 다른가? (2) 언약들에 대한 우리의 견해는 신자세례와 유아세례의 아주 오래된 전통적 구분을 어떻게 설명하는가?

언약을 통한 하나님 나라와 교회의 본질

세대주의 신학은 이스라엘-교회 관계에 대해 독특한 견해를 갖고 있다. 세대주의 신학자들에게 이스라엘은 특수한 혈통적 유산 및 구별된 특권과 약속들을 갖고 있는 국가적·민족적 백성을 언급한다. 반면에 교회는 하나님의 구원 계획에서 이스라엘을 계승하거나 대체하는 것이 **아니다**. 대신 교회는 하나님의 구속 목적에서 보면 유일한 **새** 백성이다. 교회는 자기의 기원을 그리스도에게서 찾는다. 특히 그것은 그리스도께서 오순절에 전체 교회에 똑같이 부여하신 성령의 거듭나게 하고 내주하시는 사역에서 자기의 기원을 찾는다. 이런 의미에서 교회는 국제적 공동체를 구성하는 **영적** 백성이고, 민족성이나 국가적 기원과는 관련이 없다. 이런 이해를 고려한다면, 세대주의 신학은 이 두 언약 공동체의 **불연속성**을 더 큰 것으로 이해한다. 종종 이 불연속성은 "혼합" 공동체 대 거듭난 공동체의 차이로 묘사된다. 혼합 공동체로서 이스라엘은 신자와 비신자로 함께 구성된다. 반면에 거듭난 공동체로서 교회는 성령으로 거듭나 그리스도와 연합하고, 이것이 사실이라는 것을 고백하는 모든 자로 구성된다. 세대주의 신학이 유아세례를 반대하고 신자 세례만을 인정하는 주된 이유 중 하나가 이것이다. 세례의 언약적인 표징은 다만 성령으로 거듭나 그리스도 안에서 믿음의 연합을 고백하는 자들에게만 적용되어야 한다.

언약신학은 세대주의 신학과 동일하게 이스라엘-교회를 구분하지 않는다. 비록 두 공동체 간에 차이점이 있기는 해도 이스라엘과 교회는 기본적으로 다음과 같은 면에서 볼 때 동일하다. 곧 이스라엘과 교회는 하나님의 한 백성이다. 그리고 거듭남과 성령의 내주하심을 비롯해서 비슷한 구원 경험을 거친다. 이 두 공동체의 언약의 표징(할례와 세례)은 형식이 다르기는 해도 기본적으로 동일한 의미를 전달한다. 그리고 본질상 이 두 공동체는 "혼합" 공동체 대 거듭난 공동체이고, 언약 공동체의 장소와 택함 받은 자의 장소는 서로 구별된다. 이 마지막 강조점은 "가시적" 공동체 대 "불가시적" 공동체 구분으로 나아가고, 가시적 공동체는 교회의 "혼합적" 성격을 가리키며 불가시적 공동체는 모든 시대의 택함 받은 자를 가리킨다. 이런 교회론을 고려하면 언약신학이 유아세례를 할례의 언약의 표징과 평행을 이루는 것으로 적극 찬성한 것은 결코 우연이 아니다.

그러면 우리의 견해는 특히 교회의 본질과 관련해 세대주의 신학 및 언약신학의 견해와 어떤 점에서 다를까? 우리가 성경의 언약들에 관한 우리의 견해를 중도파 견해로 제시하는 것을 고려한다면, 우리가 여러 가지 점과 관련해서 이 두 견해에 동의하고 동의하지 않는 것은 놀라운 일이 아니다. 예를 들어 우리는 점진적 세대주의 및 언약신학과 일치해서 시대 전체에 걸쳐 오직 **한** 하나님의 백성과 그리스도에게 중심을 둔 **한 가지** 구속 계획이 있다고 믿는다. 그러나 우리는 언약신학과 달리 교회가 최소한 두 가지 면에서 이스라엘과 다르다고 생각한다. 첫째, 교회는 엄밀히 새 언약의 공동체이므로 구속사에서 등장한 **새로운** 공동체다. 우리 주 예수 그리스도의 오심과 함께 이전의 모든 언약은 성취되었다. 그 결과 예수께서 성취하시고 자기 백성들에게 적용한 구원의 실재들은 정확히 옛 언약 아래 있었던 것과 동일하지 **않다**.[70] 이것은 세대주의 신학에 반대해서 이스라엘은 존재론적으로 교회와 다르고, 따라서 여전히 그리스도와 교회와 구별된 특권을 갖고 있다고 말하는 것이 **아니다**.[71] 그러나 교회의 **새로움**은 그리스도의 오심과 새 언약 시대의 출범에 기초한 구속사적인 새로움이다. 모형과 그림자와 예언자들의 선포를 통해 그리스도를 예견하고 예시한 이전의 모든 언

---

[70] 특히 우리는 옛 언약의 신자들과 새 언약의 신자들이 경험한 구원의 차이에 대해 생각하고 있다. 우리는 옛 언약의 신자들이 거듭났다는 것과 그들이 하나님의 약속을 믿는 믿음을 통해 은혜로 구원받았다는 사실을 인정한다. 또한 옛 언약의 신자들이 옛 언약의 모형과 그림자들이 그리스도 안에서 성취되는 것을 예견하는 옛 언약의 구조 아래에서 야웨를 알고 죄 사함을 경험했다고 믿는다. 그러나 우리는 이 구원 경험이 전체 옛 언약 공동체 구성원 전부에게 해당되었다는 것과 구약 시대 성도도 신약 시대 성도가 겪는 것과 동일한 하나님께 나아감과 성령의 내주하심 그리고 우리 주님의 오심과 사역에서 유일하게 맛보는 다른 경험들을 겪었다는 것은 부인한다.

[71] 특히 우리는 팔레스타인 땅의 약속을 염두에 두고 있다. 세대주의 신학은 교회와 구별된 천년 왕국 시대에 이스라엘에 임할 미래의 복으로 팔레스타인 땅을 여전히 생각하고 있다.

약은 이제 그리스도 안에서 목적을 달성하게 되었다. 우리 주님은 자신의 생애와 십자가 사역을 통해 우리의 영원한 구속을 이루고, 새 언약의 약속과 성령의 선물을 취득하며, 새로운 공동체, 곧 믿음으로 그리스도와 연합한 백성을 탄생시키셨다. 둘째, 교회는 이스라엘과 달리 "혼합" 집단이 아니라 **새로운** 공동체다. 왜냐하면 교회는 **거듭나서 믿는** 사람들로 구성되었기 때문이다. 새 언약 공동체의 참된 지체는 오직 자기들이 회개와 믿음으로 그리스도와 연합하고, 새 언약 시대의 모든 유익과 복에 참여한다고 고백한 자들이다. 이것이 우리가 다음과 같이 주장하는 중요한 이유 중 하나다. 곧 새 언약 교회의 언약의 표징인 세례는 자기들의 삶에 나타난 하나님의 은혜의 주권적 사역으로 말미암아 이 은혜로운 실재들에 참여한 자들에게만 준비되는 규례다.

지금까지 성경의 언약들을 설명할 때 우리는 우리의 견해에 타당한 이유들을 제공하는 데 힘썼다. 다음의 세 가지 핵심은 우리 견해의 주장들에 대한 요약과 개요를 간단히 제시하는 것이다.

1. 대대로 오직 **한** 하나님의 백성이 있다. 이 점에 대해서는 많은 증거 자료가 제시될 수 있으나 오늘날 대부분의 사람이 이 사실에 대해서는 논란을 제기하지 않는다.[72] 구약 시대 사람들은 하나님의 약속들을 믿는 믿음으로 말미암아 은혜로 구원받았고, 이것은 그리스도께서 오실 때에도 마찬가지다. 다만 하나님의 약속들이 이제는 성경의 언약들을 통한 점진적 계시에 따라 더 큰 명확성을 갖고 기독론에 따라 정의된다(창 15:6; 롬 4:9-12; 갈 3:6-9; 히 11:8-19을 보라). 약속은 성취에 자리를 내주었고, 따라서 이제 우리는 그리스도를 믿는 믿음이 없으면 구원론의 관점에 있어 하나님을 알 수 없게 되었다(요 5:23; 행 4:12; 참조. 요일 2:23; 4:2-3). 나아가 성경은 구약 시대 성도와 신약 시대 성도 간의 진정한 연속성을 전제하고(롬 1:1-2; 11장; 빌 3:3, 7, 9), 하나님의 언약 백성으로서 이스라엘에 적용된 말이 그대로 교회에

---

72 이런 특징에 대해 초기 세대주의 신학과 달리 점진적 세대주의 신학은 언약신학과 일치한다.

도 적용된다. 예를 들어 대다수 사람들은 "회중"(qāhāl과 ekklēsia)이라는 단어가 이스라엘과 교회에 적용될 때(예. 신 4:10; 수 24:1, 25; 사 2:2-4; 마 16:18; 고전 11:18; 히 10:25), 또는 이스라엘을 묘사하는 구약성경의 단어(예. 출 19:6; 사 43:20-21; 호 1:6, 9; 2:1)나 이스라엘에 적용된 구약성경의 본문(예. 렘 31:31-34; 호 1:10-11)이 현재의 교회에 적용될 때(예. 롬 9:24-26; 히 8:6-13; 벧전 2:9-10), 이것은 시대 전체에 걸쳐 오직 한 하나님의 백성이 존재한다는 주장을 지지하는 강력한 증거가 된다.

그러나 이런 점을 주장하는 것은 이스라엘과 교회가 기본적으로 동일한 종류의 공동체라는 사실을 수반하지는 **않는다**. 오히려 교회는 구속사적으로, **그리고** 그 **본질**과 **구조**와 관련해 **새로운** 공동체다. 다시 말하자면 교회는 옛 언약 아래에 있던 이스라엘과 같이 "혼합적" 실재가 **아니고, 거듭난 신앙** 공동체로 가장 잘 이해된다. 이 주장의 증거는 먼저 **구약성경에서** 예언자들이 그리스도의 오심을 예고하고 이전의 공동체와는 다른 새로운 공동체를 예언했을 때 발견된다. 이런 의견은 두 번째 핵심으로 이어진다.

2. 구약성경 자체가 새 언약 공동체의 **구조와 본질**에 일어난 변화를 예견한다. 이 점을 나타내는 가장 좋은 본문은 새 언약 관련 본문으로 유명한 예레미야 31장이다. 본서의 이전 장들에서 주장한 것처럼 예레미야 31장은 새 언약 공동체의 도래로 일어난 몇 가지 중대한 변화를 예견한다. 먼저 **구조적** 변화에 대해 살펴보자. 이 변화는 "만인 제사장 직분"처럼 교회를 이해하는 데 기초가 된다. 카슨이 언급한 것처럼 하나님은 옛 언약 아래에서 자기 백성을 중보 방식이나 "지파" 방식으로 다루셨다.[73] 남은 자 주제와 개개의 신자를 강조함에도 불구하고 구약성경은 하나님이 자기 백성 곧 하나님에 대한 지식과 하나님과의 관계가 특별하게 지명된 지도자들에게 독특하

---

[73] D. A. Carson, *Showing the Spirit: A Theological Exposition of 1 Corinthians 12-14* (Grand Rapids, MI: Baker, 1987), 150-158을 보라. 참조. 같은 저자, "Evangelicals, Ecumenism, and the Church," *Evangelical Affirmation*, ed. Kenneth S. Kantzer and Carl F. H. Henry (Grand Rapids, MI: Zondervan, 1990), 347-385.

게 의존했던 "지파"와 함께 일하신 것을 묘사한다. 따라서 구약성경은 각 신자가 아니라 특히 예언자, 제사장, 왕 그리고 다른 지정된 지도자들에게 하나님의 영이 부어지는 것을 크게 강조했다. 옛 언약 공동체의 이런 계층 구조를 고려하면 이 지도자들이 옳은 일을 행했을 때에는 민족 전체가 유익을 얻었다. 그렇지만 그렇게 하지 못했을 때에는 민족 전체가 지도자들의 행동 때문에 고난을 겪었다. 그러나 예레미야가 예견하는 것은 이 지파 구조가 변화될 것이라는 것이고, 이것은 예레미야 31:29-30에서 진술된다.[74]

이렇게 예견된 구조적 변화는 성령에 대한 구약의 약속과 상세하게 연결되어 있다. 즉 구약은 새 언약 시대에서는 성령이 우선 메시아에게(사 11:1-3; 49:1-2; 61:1 이하), 그리고 이후에는 메시아의 백성에게(겔 11:19-20; 36:25-27; 욜 2:28-32; 참조. 민 11:27-29) 권능을 부여하시는 성령의 역사를 약속했다. 여기서 후자(메시아의 백성에게 성령의 권능이 주어지는 것)의 경우를 보면 성령은 더 이상 지도자들에게만 권능을 주시는 것이 아니라 성령이 **보편적으로** 부어지는 역사가 있을 것이다(욜 2:28-32; 행 2장). 하나님은 자신의 영을 새 언약 공동체 안의 **모든** 사람에게 부어주시고, 엄밀히 일어나는 일은 바로 이것이다(행 2장; 엡 1:13-14). 사실 신약성경은 우리에게 생명을 주실 뿐만 아니라 하나님의 규례를 따르고 하나님의 법을 지킬 수 있는 능력을 주시고, 따라서 우리를 언약 위반자가 아니라 언약 준수자로 만드시는 행위자

---

74 본서 16장에서 주장한 것처럼 예레미야는 하나님의 백성의 지파적인 성격은 끝이 나고, 새 언약은 새 언약 공동체의 모든 지체가 하나님을 아는 지식을 배분받는 것에 새로운 강조점을 둘 것이라고 예견한다. 왜냐하면 그때에는 하나님의 **모든** 언약 백성이 하나님을 알게 될 것이기 때문이다. 이것은 새 언약 아래에서는 선생이나 지도자가 전혀 없다고 말하는 것이 **아니다**. 대신 예레미야는 그들의 구별된 중보자 역할이 끝날 것을 예견한다. 왜냐하면 **모든** 언약 백성이 한 중보자 곧 우리 주 예수 그리스도를 통해 하나님을 직접 알게 될 것이기 때문이다. 나아가 여기서 말한 **지식**은 구원 얻는 지식이라는 사실을 확립하는 것도 중요하다. 다음 자료들을 보라. Dumbrell, *Covenant and Creation, 177-178*; Richard L. Pratt, Jr., "Infant Baptism in the New Covenant," Gregg Strawbridge ed., *The Case for Covenantal Infant Baptism* (Phillipsburg, NJ: P&R, 2003), 159-161; Paul R. House, *Old Testament Theology* (Downers Grove, IL: InterVarsity Press, 1998), 317-321.

로 성령을 제시한다. 이스라엘이 감당하도록 정해졌던 역할이 이제 성령으로 말미암아 우리 곧 교회에서 성취된다.[75] 신약성경에서 세례 요한이 다가올 시대(마 2:33)와 이 시대를 획득하고 취득하는 그리스도의 십자가 사역(요 7:39; 16:7; 행 2:33)을 선포하고, 오순절 사건은 이 시대가 드디어 지금 출범했음을 선언한다. 이것이 새 언약 시대가 성령과 긴밀하게 관련이 있는 이유다. 곧 새 언약 공동체 안의 **모든** 사람에게 성령이 그들의 약속된 기업의 인침과 계약금 그리고 보증으로 주어지기 때문이다. 그리스도와 연합하는 것은 성령이 내주한다는 의미다. 그리고 성령이 내주하지 **않는** 것은 그리스도가 **없거나** 그리스도의 백성이 아니라는 뜻이다(롬 8:9).

나아가 이 구조적 변화는 언약 백성의 **본질**에 변화가 있음을 암시한다. 예레미야는 새 언약이 옛 언약과 같지 않을 것이라고 선언한다(렘 31:32). 우리의 대표 머리와 대리인이신 그리스도의 사역으로 말미암아 이스라엘이 단지 예시만 할 수 있었던 것이 이제는 실재가 될 것이기 때문이다. 새 언약 아래에서는 그리스도의 사역에 따라 그리고 그리스도로 말미암아 새 언약 공동체 안에 있는 **모든** 자가 야웨를 직접 알고, **모든** 자가 자기들의 마음에 기록된 하나님의 법을 가질 것이며(이것은 "마음의 할례" 또는 **거듭남**을 다른 방식으로 말하는 것이다[참조. 신 10:16; 30:6; 렘 4:4; 9:25]), **모든** 자가 온전한 죄 사함을 알 것이다.

그렇다고 우리가 이것으로부터 구약 시대 성도들은 하나님을 알지 못했고, 거듭나지 못했으며, 또는 죄 사함을 받지 못했다고 결론짓는 것은 **아니다**. 대신 옛 언약 아래에서는 이 실재들이 모형과 그림자와 예언 방식에 따라 이스라엘 민족 안에 있는 남은 자(택함 받은 자)에게 적용되었다. 구약 시대 신자들은 오직 중보를 통해 곧 제사장 직분과 성막/성전 제도를 통해 하나님께 나아갔다. 그들의 나아감은 직접적이지 않았다. 또한 옛 언약 아래

75　Thomas R. Schreiner, *Romans,* Baker Exegetical Commentary on the New Testament (Grand Rapids, MI: Baker, 1998), 395-468을 보라.

에서는 택함 받은 자는 거듭났지만 공동체 전체 구성원이 거듭난 것은 아니
었고, 심지어는 택함 받은 자도 성령의 역사와 같은 새 언약의 실재들을 충
분히 경험하지는 못했다. 그들 역시 죄 사함을 받았다(창 15:6을 보라). 하지만
이 죄 사함은 제사 제도에만 기초했던 것이 아니고, 그들 역시 하나님의 약
속을 믿고 하나님이 장차 임할 더 큰 제사를 제공하실 것을 바라보았기 때
문에 죄 사함을 받았다(롬 3:21-26; 히 9-10장). 그러나 여기서 주요 강조점은
예레미야가 다음과 같은 것을 알려준다는 것이다. 곧 새 언약 아래에서, 이
스라엘에 남은 자(택함 받은 자)에게 해당되었던 것이 이제는 **전체** 공동체에
해당되고, **그것도** 그때보다 더 크게 해당될 것이다. **그 참된 구조와 본질이**
"혼합" 집단이었던 옛 언약 아래에서의 이스라엘과 달리, **전체** 백성이 다음
과 같은 세 가지 특징을 갖게 될 것이라고 예언된다. (1) 구원과 관련된 하나
님을 아는 지식, (2) 거듭남, (3) 칭의에 대한 선언. 나아가 우리는 이 실재들
을 **더 큰** 특징으로 가질 것이다. 왜냐하면 이제 우리는 하나님께 직접 나아
가고, 성령의 능력을 받고 성령의 내주에 들어갈 것이며, 칭의를 단번에 이
루신 그리스도의 사역의 본질로 말미암아 칭의에 대한 결정이 최종적이다.

구약성경 자체가 다음과 같은 사실을 예견한다고 결론을 내리는 것은
어렵지 **않다.** 곧 교회와 분명히 동일시되는 새 언약 공동체의 **본질은 새로운**
공동체이고 "혼합" 집단으로서의 이스라엘과 달리 **믿고 거듭난** 백성이라는
데 있다.[76] 옛 언약 아래에서는 이스라엘 민족 안에 혈통적/생물학적 신자
(반드시 참된 신자는 아닌)인 아브라함의 자손과 영적/참된 신자인 아브라함의
자손 사이에 구분이 있었다. 이 두 "자손"은 똑같이 언약의 표징인 할례를
받았고 민족적 관점에서 그들 모두 언약의 충분한 지체로 간주되었다. 그러

---

[76] Paul R. House, *Old Testament Theology*, 317-321은 렘 31장이 택함 받은 자의 정의에 중
대한 변화를 제공한다고 올바르게 주장한다. 우리는 이스라엘 민족을 믿는 자와 믿지 않는 자
로 함께 구성된 집단으로 생각할 수 있고, 이 상황 때문에 남은 자 개념이 발생한다. 그러나 새
언약에서 새 언약 공동체 안에 남은 자 곧 택함 받은 자가 포함되어 있다는 생각은 예레미야가
예견하는 것이 아니다. 또한 이와 동일한 점을 제시하는 James R. White, "The Newness of
the New Covenant: Part 2," *Reformed Baptist Theological Review* 2/1 (2005): 88도 보라.

나 구원론 관점에서 "참이스라엘"이었던 자는 오직 신자들 곧 남은 자뿐이었다. 이것은 단순히 교회에 대한 예견이 **아니다.**

3. 구약성경이 교회의 **새로움**과 **본질**에 관해 약속하고 예견하는 것은 신약성경이 그리스도 안에서 성취되는 것으로 선언하는 것이다. 초기 세대주의 신학의 견해와 반대로 새 언약은 그리스도의 희생적 죽음으로 시작되고 확증되며(눅 22:20; 참조. 고전 11:25; 고후 3:7-18), 히브리서 저자는 명백하게 예레미야 31장을 교회에 적용한다(히 8-10장). 카슨이 주목하는 것처럼 이 사실은 다음과 같은 것을 수반한다. 곧 이스라엘과 교회가 어떤 복합적인 관계를 성립하더라도, 그런 관계는 최소한 모형론적 관계다. 예레미야서의 새 언약에 대한 약속이 "이스라엘 집 및 유다 집"과 맺어지기 때문이다(렘 31:31).[77] 교회는 **새로운** 공동체지만 존재론적으로 새로운 실재는 아니다. 그러나 일부 언약신학의 주장과는 반대로 히브리서는 거듭난 공동체의 온전한 확립이 아직 미래의 일이라는 암시를 전혀 제공하지 않고 새 언약의 실재를 교회에 확립시킨다는 점을 주목하라.[78] 말할 것 없이 우리는 지금도 여전히 우리의 구속과 "아직" 국면을 기다리고 있다. 하지만 이것이 새 언약 공동체가 "이미" 거듭난 백성이 아니라는 사실을 함축하는 것은 **아니다.** 히브리서 8:6에서 완료 수동태 동사―"세워졌으니"―를 사용하는 것은, 충분한 결말은 아직 미래의 일일 수 있으나 이미 완료된 행동이라는 사실을 강조한다.[79] 옛 언약 아래 있던 이스라엘과 달리 본질상 새 언약 공동체의 위

---

77 Carson, "Evangelicals, Ecumenism, and the Church," 361.

78 이 주장을 제시하는 Pratt, "Infant Baptism in the New Covenant"를 보라. Pratt에 대한 세밀하고 유용한 비판은 White, "Newness of the New Covenant: Part 2," 97-103을 보라.

79 James R. White, "The Newness of the New Covenant: Part 1" *Reformed Baptist Theological Review* 1:2 (2004), 157은 다음과 같이 주장할 때 이 점을 잘 포착한다. "본문에는 우리로 하여금 이 언약의 충분한 확립이 아직은 미래라고 믿도록 이끄는 내용이 조금도 들어 있지 않다. 왜냐하면 그것은 저자의 현재 변증적 관심사를 파괴하기 때문이다. 또한 저자는 첫 언약의 폐지된 성격을 천명하는 것으로 렘 31장의 인용을 마칠 것이다. 이것은 νενομοθέτηται라는 단어에서 확인하는 것처럼, 만일 우리가 새 언약의 충분한 확립을 받아들이지 않는다면, 우리로 하여금 본문에 기초하지 않고 모종의 중간적 언약 상태를 이론화하

치와 구속받은 자의 위치는 하나다.

우리는 예레미야가 예견한 것이 지금 교회에서 일어났다는 사실을 깨닫지 못하면 (신약성경은 고사하고) 히브리서의 주장을 이해할 수 없다. 그리스도의 오심으로 새 시대가 여기 이곳에 임했다. 성령이 전체 공동체에 부어졌다(행 2장). 우리는 **모두** 직접 그리고 즉각 하나님을 안다(엡 2:18; 히 10:19-25). 우리는 이제 하나님의 자녀로 입양된 것을 경험한다. 우리는 하나님 앞에서 의인으로 선언된다(롬 8:1). 비록 이미 일어난 것의 완성된 실재들을 아직 고대하고 있는 상태에 있기는 해도 말이다. 구약성경이 예견한 이 엄청난 변화가 지금 교회 안에서 일어나고 있다.

어떻게 이 믿을 수 없는 변화가 일어났는가? 답변은 기독론에 있다. 새 언약의 머리가 누구이고 그분이 무엇을 행하셨는지를 고려한다면, 성취된 실재들이 이미 임했다. 이것은 성경의 언약들의 줄거리가 계시하는 것이 아닌가? 우리가 정경을 계속 읽을수록 모형에서 대형으로 나아간다. 곧 아담과 노아, 아브라함, 모세/이스라엘, 그리고 다윗과 같은 언약의 머리들에서 그리스도에게로 나아가고 이 그리스도와 함께 변화가 일어난다. 이것이 언약신학이 교회를 이해하는 것처럼, 단순히 이스라엘의 대체, 곧 일종의 이스라엘의 "갱신된" 예시로 교회를 간주하는 것이 옳지 **않은** 바로 그 이유다. 오히려 교회는 **새로운** 공동체다. 교회와 새 창조물의 머리이신 그리스도의 동일시로 말미암아 교회는 "새 사람"이다(엡 2:11-22). 이것이 교회가 옛 시대의 구조와 또는 "현시대"라는 명칭으로 불리는 것과 동일시되지 않고 "다가올 시대"와 동일시되는 이유다. 이것이 교회가 옛 언약 아래 있던 이스라엘과 달리 소속된 **모든** 사람이 성령으로 거듭나고 성령의 능력을 받은 공동체로 간주되는 이유다. 나아가 이것이 세대주의 신학이 틀린 이유다. 우리는 이스라엘과 교회를 존재론적으로 구분하지 말고 그리스도에 비추어 두 공동체의 관계를 조명해야 한다.

도록 만들 것이다.

성경의 언약들은 우리에게 예수는 마지막 아담**이자** 참이스라엘로, 아담과 이스라엘의 대형적인 성취라고 가르친다. 그리스도 안에서 창조물에 대한 하나님의 목적들이 실현되고, 여기에는 이스라엘에 대한 하나님의 목적도 포함된다. 창조물과 관련된 하나님의 모든 약속과 이스라엘에 대한 약속을 포함하는 성경의 언약들은 그리스도 안에서 성취된다. 이것이 "새 언약"이라는 말이 신약성경에서 교회에 적용될 수 있는 이유다. 비록 예레미야서에서 새 언약이라는 말이 "이스라엘 집"에 적용되지만 말이다. 하나님의 모든 약속은 이스라엘의 대형인 그리스도 안에서 예와 아멘이 된다. 우리는 교회로서, 곧 그리스도의 백성으로서 그리스도의 은혜롭고 효과적인 승리의 모든 유익을 **믿음으로 그리스도와 연합해서 취한다. 우리의 언약의 머리이신 그리스도는 우리를 위해 우리의 구속을 이루시고, 그리스도께서 이루신 모든 것이 우리가 그리스도와 연합하면서 우리의 것이 된다. 다시 말해 이것이 신약성경이 교회를 거듭난** 공동체로 간주하는 이유다. 오직 믿음으로 그리스도와 실제로 연합하고, 성령으로 거듭나며, 의롭다고 선언된 자만이 그리스도의 백성이기 때문이다. 우리가 그리스도와 연합하는 것이 무슨 뜻인지에 대한 신약성경의 가르침을 변경시키지 않는 한, 신약성경은 교회를 믿음으로 그리스도와 연합한 어떤 사람들과 그렇지 못한 다른 사람들로 함께 구성된 것으로 간주하지 **않는다.**

이런 특징들은 신약성경에서 교회가 어떻게 묘사되는지에 대해서도 충분히 보여준다. 예를 들어 교회는 종말론적이고 "모이는"(*ekklēsia*) 공동체로 간주된다.[80] 이 점에서 "다가올 시대"와 동일시되는 교회는 "이미-아직" 사이의 지속적 긴장의 한 예증이다. 교회는 단일한 의미에서 "모이는" 하나님의 백성 곧 **"그 교회"**다(골 1:18을 보라; 참조. 히 12:22-24). 왜냐하면 **지금도** 그

---

80 Carson, "Evangelicals, Ecumenism, and the Church," 363-367을 보라. 또한 Edmund P. Clowney, *The Church: Sacraments, Worship, Ministry, Mission* (Downers Grove, IL: InterVarsity Press, 1995), 27-33에서 유용한 설명도 보라.

리스도인들은 새 창조물의 시작으로 종말론적인 하늘의 그리스도의 교회에 참여하기 때문이다. 카슨이 우리에게 상기시키는 것처럼, 교회에 대한 우리의 이해가 함축하는 것은 다음과 같다.

> …각각의 지역 교회는 본질적으로 한 지체가 다른 교회의 여러 지체들과 유사한, 곧 함께 하나의 몸으로 구성된, 하나의 교회로 보이지 않는다. 그뿐 아니라 각각의 지역 교회는 그리스도의 몸으로 있는 다른 지상 교회들과 유사한 그리스도의 몸으로 보이지도 않는다. 마치 그리스도가 많은 몸을 가진 것처럼 말이다. 오히려 각 교회는 시공간에서 하나의 참되고 거룩하며 종말론적인 새 언약의 교회를 충분하게 보여준다. 지역 교회들은 하늘의 드러냄, 곧 "위에 있는 예루살렘"의 비유로, 정말로 새 예루살렘의 거류지, 즉 "하나님의 자녀들의 영광스러운 자유"를 집단적이고 가시적인 표현으로 지상에서 제공하는 것으로 그들 자신을 생각해야 한다.[81]

그러나 만일 이것이 그렇다면, 교회에 대한 이런 이해는 교회가 **거듭난** 공동체, 곧 믿음으로 그리스도와 연합하고, 성령으로 거듭나며, 하늘의 영역에서 그리스도와 함께 살리심을 받아 함께 앉아 있는 자들의 공동체라는 것을 전제로 한다는 사실을 주목하는 것이 중요하다(엡 2:5-6; 골 2:12-13; 3:3을 보라). 교회를 혼합된 실재로 생각하기는 어렵다. 카슨이 올바르게 말한 것처럼, 이런 성경적이고 신학적인 교회의 이해가 기본적으로 옳다면, "가시적 교회와 불가시적 교회의 전통적 구분 곧 그동안 교회론 분야를 크게 지배해온 이 구분은 근본적으로 잘못된 것이거나 기껏해야 지엽적인 중요성을 갖고 있다."[82] 왜 그런가? 신약성경은 교회를 **거룩한** 공동체(즉 "아담 안에

---

81 Carson, "Evangelicals, Ecumenism, and the Church," 366. 또한 P. T. O'Brien, "Church," *Dictionary of Paul and His Letters,* ed. Gerald F. Hawthorne et al. (Downers Grove, IL: InterVarsity Press, 1993), 123-131도 보라.

82 Carson, "Evangelicals, Ecumenism, and the Church," 367.

서"가 아니라 "그리스도 안에서" "다가올 시대" 및 새 창조와 관련된 공동체)와 **영적** 공동
체(즉 믿음으로 그리스도와 연합함으로써 성령으로 거듭나고 능력을 받은 공동체)로 보
고 있고, 교회는 지금 완성 곧 문자적으로 "위에 있는 예루살렘에서 모인 하
늘의 총회의 드러남"을 기다리면서 자신의 삶을 살고 있기 때문이다.[83]

교회에 대한 이런 이해가 신약성경의 근본적인 교회론이다.[84] 그리고 이
모든 것이 사실이다. 그리스도 예수께서 오셔서 자신의 십자가 사역을 통해
새 언약 시대를 출범시키셨기 때문이다. 예수는 아담, 아브라함, 이스라엘,
다윗의 성취로서 언약적이고 시대적인 변화를 일으키셨다. 그리고 우리는
하나님의 새 언약 백성으로서 단 하나의 방법, 곧 하나님을 향한 개인적 회
개와 우리 주 예수 그리스도를 믿는 믿음을 통해서만 그리스도의 사역의 유
익을 얻는다. 그렇다면 우리는 하나님의 은혜와 능력으로 "아담 안에" 있는
상태에서 "그리스도 안에" 있는 상태로 이동하고, 그리스도와의 연합으로
말미암아 온갖 유익을 얻는다. 그리고 신약성경은 다음 사실을 분명히 한
다. "그리스도 안에" 있는 것, 그리고 결과적으로 새 언약 아래 모이는 그리
스도의 백성(교회)의 지체가 되는 것은 그 사람이 거듭난 신자라는 것을 의
미한다. 신약성경은 "그리스도 안에" 있는 거듭나지 않은 자가 아버지로부
터 효과적으로 부르심을 받고, 성령으로 태어나며, 또 의롭고 거룩하고 영
광을 기다리는 자가 되는 것에 대해서는 전혀 말하지 않는다.[85]

이스라엘과 교회의 "혼합적" 성격을 계속 고수하는 언약신학은 이상의
분석에 과연 어떻게 반응할까? 아마 가장 중요한 반응은 **가시적** 교회는 옛
언약 아래의 이스라엘과 똑같이 "혼합" 공동체라는 것을 보여주기 위해 경

---

83 같은 책, 371.

84 다음 자료들을 보라. Clowney, *Church*, 27-70; D. J. Tidball, "Church," *NDBT*, 407-411;
Thomas R. Schreiner, *Paul: Apostle of God's Glory in Christ* (Downers Grove, IL:
InterVarsity Press, 2001), 331-344; 참조. S. Motyer, "Israel (nation)," *NDBT*, 581-587.

85 그리스도와의 연합에 관한 성경적 및 신학적 내용의 전개는 Sinclair B. Ferguson, *The Holy
Spirit* (Downers Grove, IL: InterVarsity Press, 1996); Grudem, *Systematic Theology*,
840-850을 보라.

고/배교 관련 성경 본문들에 의존하는 것일 것이다(예컨대 히 6:4-6; 10:26-39 를 보라). 이 히브리서 본문들은 어떤 사람들은 새 언약 공동체의 지체가 되는 것이 가능하지만 슬프게도 믿음에서 떠나고, 그리하여 자기들이 외적으로는 교인이지만 실제로는 거듭나서 믿는 자가 아님을 보여준다는 것을 예증하지 않는가?[86] 우리는 이 반응에 간략하게 세 가지 문제점을 말하는 것으로 답변할 수 있다.

첫째, 경고 본문들에서 "혼합" 공동체를 이끌어내는 해석은 이스라엘과 교회의 본질이 기본적으로 동일하다는 것을 가정하지만 이것은 논점을 흐려놓는다. 언약신학자들의 주장이 어떤 가치를 지니려면 이 두 언약 공동체의 성격이 본질상 동일하다는 것을 먼저 입증해야 한다. 하지만 우리는 이미 이것이 정확하지 않다고 생각하는 이유들을 제시했다. 우리가 성경의 언약들을 통해 생각할 때, 이스라엘과 교회가 구조적으로 그리고 본질적으로 동일하다는 생각을 유지하기 어렵다. 이 가정은 각 언약의 배경과 각 언약에 대한 성경 전체의 제시를 정당화하지 못한다.

둘째, 경고 본문들에서 "혼합" 공동체를 이끌어내는 해석은 새 언약 교회의 본질에 관한 성경의 가르침과 모순된다. 신약성경은 배교의 가능성에 관해 말하고, 슬프게도 우리는 일상적 삶 속에서 배교를 경험하기 때문에, 우리는 이것이 교회가 옛 언약 아래에서의 이스라엘과 같은 혼합 공동체라는 사실을 보여준다는 주장이라는 이야기를 흔히 듣는다. 그런데 여기서 문제점은 이런 주장이 구약성경이 새 언약 공동체의 **본질**에 관해 예견하는 것과 신약성경이 확증하는 것에 반한다는 것이다. 우리는 일어나는 배교 **사실**과 배교를 저지르는 자의 **지위**를 조심스럽게 구분해야 한다. 새 언약 시대

---

86 예컨대 다음 자료들을 보라. Douglas Wilson, *To a Thousand Generations: Infant Baptism—Covenant Mercy for the People of God* (Moscow, ID: Canon, 1996), 34; Gregg Strawbridge, "Introduction," *The Case for Covenantal Infant Baptism*, ed. Gregg Strawbridge (Phillipsburg, NJ: P&R, 2003), 4-5; 같은 저자, "Baptism and the Relationship Between the Covenants: A Review"〈www.paedobaptism.com/Wellum/pdf, 1-7에서 접속〉.

에도 배교가 일어나는 **사실**에 대해서는 아무도 왈가왈부하지 않는다. 왈가왈부하는 것은 배교하는 자의 **지위**에 대해서다. 배교자들은 (그들이 과거에 진정한 언약의 구성원이었음을 가정하는) "새 언약의 위반자"로 간주되어야 하는가, 아니면 교회와 동일시된 믿음을 **공언했으나** 사실은 복음을 거부하면서 **자기들이 결코 우리에게 속하지 아니했음**을 나타낸 자로 간주되어야 하는가(요일 2:19을 보라)? 언약들에 대한 우리의 "종합적인 평가"와 관련된 다양한 이유들을 고려해서, 우리는 신약성경이 후자의 견해를 가르친다고 확신한다. 배교가 일어날 때, 우리는 그 사람의 과거 신앙고백과 그들의 언약적인 지위를 다시 평가한다. 그러나 이 상황은 옛 언약의 비신자들의 상황과 같지 않다. 사실 본질상 옛 언약은 혼합 집단을 인정했다. 파울러 화이트(R. Fowler White)는 다음과 같이 정곡을 찔러 표현한다. "모세 언약(히 3:7-11, 16-19)의 배교자들은 하나님께서 중보 역할을 한 그들의 선조들 가운데서 그들을 [미리]아셨다(참조. 신 4:37; 7:6-8; 10:15)고 말씀하신 그분의 음성을 들었지만, 메시아 언약의 배교자들은 주님이 '내가 너희를 도무지 알지 못한다'(마 7:23; 참조. 딤후 2:17-19)고 말씀하는 것을 듣게 될 것이다."[87] 몇 가지 예외를 제외하고 옛 언약 아래 있었던 자는 거듭남과 구원받는 믿음을 전제하지 못한 혈통적/생물학적 관계에 의존했다. 그러나 새 언약의 지체들은 정의상 "그리스도 안에" 있고, 그리스도 안에 있는 모든 것을 갖고 있는 자다.

나아가 종종 교회는 거듭난 공동체라는 견해에 가해지는 비판은, 우리가 어떤 이의 거듭남에 대해 오류 없는 지식을 가져야 한다는 것이다.[88] 이것은 올바른 비판이 아니다. 두말할 것 없이 교회는 이와 관련해서 많은 잘못을 저질렀다. 그러나 우리는 **자신들이 그리스도를 믿는다는 신앙고백에 기초해** 교회에 들어오는 이들을 받아들인다. 이것은 옛 언약에 있는 상황과는

---

87 R. F. White, "The Last Adam and His Seed: An Exercise in Theological Preemption," *Trinity Journal n. s.* 6/1 (1985): 72, fn. 19.

88 Strawbridge, "Baptism and the Relationship between the Covenants: A Review," 1-7을 보라.

완전히 다르다. 옛 언약에 있는 많은 이들은 하나님을 믿는 믿음을 고백하지 않았다. 문제의 진실은 다음과 같다. 곧 참된 구원의 믿음을 분별하려고 시도하는 것은 순전히 인간적인 인식론의 문제이고, 우리는 자신의 신앙**고백**이 참된지를 식별하는 데 최선을 다한다. 그러나 이것은 신앙고백을 하지 **않는** 사람들, 특히 유아세례를 받은 아기들은 믿음으로 그리스도와 연합한 완전히 새로운 언약의 지체들이라고 생각하는 것과는 전혀 다른 것이다.

셋째, 비록 이런 경고 본문들에 대한 "혼합" 공동체 해석이 이런 본문을 이해하는 **가능한** 독법이지만, 성경의 언약들 간의 관계, 새 언약 공동체의 본질, 누군가 그리스도와 연합했다는 것의 의미를 이해하는 더 나은 방법에 비추어볼 때, 이런 본문에 대한 다른 적절한 방식의 독법이 있다. 우리의 견해에 따르면, 이런 독법이 성경의 **모든** 내용을 더 적절하게 다룬다.[89] 결론적으로 다음의 질문이 어떤 사람의 신학을 검증하는 참된 방식이다. 곧 그것이 성경의 **모든** 내용을 공평하게 다루는가? 우리는 매 순간 우리의 견해가 성경의 모든 내용에 대해 더 나은 의미를 제시한다고 생각하는 이유를 제시하고자 힘썼다.

언약을 통한 하나님 나라와 세례의 구분[90]

세례의 의미와 세례를 받아야 하는 대상자들에 대한 끊임없고 격화된 논쟁은 성경 언약들 간의 관계와 관련된 포괄적 논쟁과 관련해서 가장 잘 조명

---

[89] 성경의 경고 본문들에 대한 가장 나은 설명과 그 본문들이 그리스도인의 삶 속에서 갖고 있는 역할에 대한 우리의 견해에 따르면, 성경의 경고 본문들은 교회가 "혼합 공동체"라는 점을 함축하고 있다는 결론을 담고 있지 **않다**. 이 견해에 대한 설명은 Thomas R. Schreiner and A. B. Caneday, *The Race Set before Us* (Downers Grove, IL: InterVarsity Press, 2001)를 보라. 또한 Thomas R. Schreiner, *Run to Win the Prize: Perseverance in the New Testament* (Wheaton, IL: Crossway, 2010)도 보라.

[90] 여기서는 단지 요약만 할 수 있는 이 점에 대한 상세한 설명은 Stephen J. Wellum, "Baptism and the Relationship between the Covenants," *Believer's Baptism: Sign of the New Covenant in Christ,* ed. Thomas R. Schreiner and Shawn D. Wright (Nashville: B&H Academic, 2006), 97-161을 보라.

된다. 세례에 대한 각기 다른 견해는 성경을 언약과 관련해서 "하나로 종합하는" 다양한 방법을 반영한다. 언약신학자들은 유아세례에 대한 그들의 옹호와 변호에서 확실히 이 점을 인정했다. 그들은 자기들의 견해가 "은혜 언약"에 대한 종합적 이해에서 도출한 결과를 의미한다고 반복해서 주장했다. 많은 방식에서 유아세례에 대한 다른 모든 논증은 이런 전반적인 추론에 비해 부차적이다. 언약신학자들은 정경 전체에 걸쳐 "은혜 언약"의 기본적인 연속성을 확립한다면, 그들은 자기들의 견해가 입증될 수 있다고 생각했다. 신약성경에는 유아세례를 명시적으로 명령하는 것이 없고/또는 유아세례에 대한 명확한 사례가 기록된 본문이 없다는 사실이 언약신학자들을 괴롭히지 않는다.[91] 오히려 존 머레이가 인정하는 것처럼 "유아세례의 증거는 유익하며 필연적인 추론의 범주에 들어 있고",[92] 궁극적으로 이 추론은 특별한 언약적인 주장에 뿌리박고 있다. 따라서 유아세례주의자에 따르면, 언약신학은 유아세례가 **필요하다**. 따라서 우리가 이 논의를 진전시키기 위해서는 성경의 언약들 간의 관계, 특히 언약 공동체들의 본질과 언약의 표징들 그리고 언약들이 그리스도 안에서 어떻게 성취되는지를 설명해야 한다.

우리는 본서 2장에서 유아세례에 대한 기본 주장을 강조했다. 아브라함 언약의 계보 원리는 새 언약에서 변함없이 존속한다는 사실과 함께, 은혜 언약의 통일성(일부 수정 요소들과 함께), 언약 공동체들과 언약의 표징들의 연속성을 고려한다면, 교회는 유아들에게 세례를 실시해야 한다. 본서 3장에서는 유효한 해석학에 대해 설명했다. 유아세례주의자는 아브라함 언약의 무조건적 성격과 계보 원리에 의지해서 유아세례가 대대로 변함없이 존속한다고 주장한다. 하나님이 아브라함 언약의 계보 원리를 특별히 폐기하지

---

91 대다수 유아세례주의자는 이 점을 인정한다. 예컨대 다음 자료들을 보라. John Murray, *Christian Baptism* (Phillipsburg, NJ: P&R, 1980), 69; Berkhof, *Systematic Theology* 632; Robert L. Reymond, *A New Systematic Theology of the Christian Faith* (Nashville: Thomas Nelson, 1998), 936.

92 Murray, *Christian Baptism* 69.

않으신다면, 유아세례는 여전히 유효하다. 비록 신약성경에서 유아세례에 대한 예나 유아세례를 명령하지 않을지라도 말이다.[93]

왜 우리는 유아세례에 대한 언약신학의 주장을 거부하는가? 우리는 언약에 대한 언약신학의 이해를 고려해서 유아세례에 대한 그들 견해의 종합적인 문제점을 다음과 같은 다섯 가지로 요약하고자 한다.

1. 우리의 **전반적인** 비판은 언약신학이 언약들 자체의 구속사적 맥락에서 언약들과 언약 공동체의 본질 그리고 언약의 표징들을 이해하지 않고 있고, 그다음으로 연속성과 불연속성을 통해 지금 그리스도가 오셨다는 것을 주의 깊게 사고하지 않으면서 **너무 성급하게** 새 언약의 실재들을 구약 성경에 귀속시켜 이해한다는 것이다.

2. 이 비판에 대한 적절한 하나의 예는 언약신학이 아브라함 언약을 다루는 방식에 있다. 본질상 언약신학은 아브라함 언약을 명백한 소수의 변화들을 제외하고 새 언약과 직접적인 연속성을 갖고 있는 것으로 이해한다. 그렇게 연속성을 가진 것으로 이해하면서, 언약신학은 아브라함 언약의 민족적이고 모형론적인 국면들을 무시하고, 주로 **영적** 실재들로 환원하면서

---

93 Bill Smith, "Infant Baptism, the New Man, and the New Creation: A Response to Stephen J. Wellum," 28-29; ⟨http://www.communitypca.org/wp-content/uploads/2007/11/infant-baptism-new-man-creation1.pdf⟩는 "명시적 언급"의 오류를 범하고 있다고 나를 비난한다. Smith는 내가 신약성경의 세례 패턴(회개와 믿음 그리고 세례)과 유아세례에 대한 신약성경의 구체적인 명령의 부재에 근거해서 다음과 같이 주장했다고, 곧 내가 신약성경이 **명시적으로** 유아세례를 명령하지 않는 한, 유아세례는 정당화되지 않는다고 가정하면서 유아세례를 거부했다고 생각한다. 이어서 Smith는 이런 해석은 여성의 주의 만찬 참여나 수간(獸姦) 거부와 같은 관례를 손상시킬 것이라고 주장한다. 왜냐하면 이 두 관례는 신약성경에서 명시적으로 언급되는 것이 아니기 때문이다. 그렇지만 이것은 정확한 말이 아니다. 내 주장의 요점은 다음과 같다. 곧 **계보 원리에 대한** 언약신학의 해석은 언약신학이 아브라함 언약과 새 언약 간의 연속성을 인정하기 때문에 계보 원리를 불변의 원리로 가정한다는 것에 있다. 이 견해에 반대하는 나의 종합적인 주장은 이런 요점보다 훨씬 더 세밀하다. 나는 언약들 간의 관계에 대한 언약신학의 이해에 흠이 있다는 것을 보여주고자 했을 뿐만 아니라 언약 공동체들은 오랜 시간 동안 동일한 것으로 남아 있다는 그들의 가정이 틀렸고, 언약의 표징들은 그 표징이 속한 각각의 언약들과 관련된 다른 실재들을 상징하지 않으며, **그리고** 세례에 대한 신약성경의 의미는 언약신학이 생각하는 것과 같지 않다는 것을 보여주려고 했다.

아브라함 언약을 "단조롭게 만든다."[94] 이것이 아브라함 언약의 무조건적 성격으로 작용하는 계보 원리(창 17:7)가 새 언약에서 중지, 파기, 재해석되지 않고, 정경 전체에 걸쳐 정확히 동일하게 적용되는 이유다. 또한 이것이 언약신학이 세례가 할례를 대체한 것이고, 사람의 언약적인 지위와 상관없이 언약의 표징이 "너와 네 후손"(즉 혈통적 자손)에게 주어진다고 주장하는 이유다.

이전 장들에서 보여준 것처럼 우리는 아브라함 언약과 새 언약의 관계를 이해하는 언약신학의 방식에 동의하지 않는다. 앞에서 주장한 것처럼 우리도 아브라함 언약이 하나님의 계획에서 중요하다는 사실을 알고 있다. 물론 이것은 모든 언약이 마찬가지다. 아브라함과 그의 후손은 하나님이 모든 민족을 복으로 이끌고 창조 언약에 따라 전체 창조물에 대한 하나님의 약속을 실천하기 위해 택하신 수단이다. 아브라함과 그의 후손은 인류의 곤경에 대한 해답이다. 그들은 창조물과 인간에 대한 하나님의 목표의 회복과 구속받은 사회를 통한 하나님 나라의 건설을 가져오는 데 도움을 주기 위한 수단이다. 그러나 우리는 새 언약으로 너무 성급하게 들어가기 전에, 직접적 배경에 따라 새 언약의 다면적이고 다채로운 본질을 공정하게 다루어야 한다. 이 점은 아브라함의 자손과 (세례 논쟁에 대해 직접적인 함축성을 갖고 있는) 계보 원리에 대한 언급에서 가장 잘 설명된다.

유아세례에 대한 언약신학의 논증은 우리가 혈통적·생물학적 관점에

---

94 Bill Smith, "Infant Baptism, the New Man, and the New Creation," 4-6은 내가 "육적"[혈통적]이라는 말과 "영적"이라는 말을 대립시키는 것으로 생각하면서, 내가 말하는 "영적"이라는 말의 의미를 근본적으로 오해하고 있다. 나는 언약 중보자들과 그들이 대표하는 자들의 생물학적 연계성을 가리키는 의미로 "육적"이라는 말을 사용하고 있다. 아담, 노아, 아브라함, 다윗 안에는 그들이 유전적으로 그들로부터 내려온 자들을 대표한다는 점에서 육적 관계가 있다. 반면에 그리스도 안에는 그리스도와 그의 백성의 관계가 **영적**이다. 말하자면 성령의 주권적 역사로 말미암아 거듭남(육적 탄생이 아님)이 일어난다. 그것은 이전 언약들에서와 같이 민족적 기원이나 특권이 아니라 믿음으로 말미암은 것이다. 이것은 이전 언약들 아래에 있는 자 가운데 참된 신자가 있었다는 것, 따라서 **영적** 관계가 있었음을 부인하는 것이 아니라 언약의 머리의 중보로 말미암아 새 언약에서는 이전 언약들과 다른 변화가 있었음을 확언하는 것이다.

따라 아브라함 언약의 계보 원리(창 17:7)를 조명할 것을 요구한다. 우리가 아브라함 언약의 계보 원리를 교회에 적용시킬 때처럼 말이다. 그러나 이 접근법에는 두 가지 문제점이 있다. 첫째, 이 접근법은 아브라함 언약에서, 그리고 성경 전체에 걸쳐 "아브라함의 자손"의 의미가 다르게 사용되는 것을 구분하지 못한다. 예를 들어 아브라함의 자손은 확실히 생물학적 후손(예. 이스마엘, 이삭, 그두라의 아들들)을 의미하지만 생물학적/특수적 후손(예. 이삭, 이스라엘)이자 모형론적 후손(예. 그리스도, 갈 3:16)을 의미하기도 한다. 그리고 그것이 모든 신자에게 적용되기 때문에 영적 후손(갈 3:26-29)을 의미하기도 한다. 처음 두 경우(생물학적/특수적 후손, 모형론적 후손)에는 아브라함의 모든 자손이 할례를 언약의 표징으로 갖는다는 특징이 있지만 그들이 생물학적으로 아브라함과 관련이 있는 것 이상의 어떤 사실을 반드시 함축하는 것은 아니다. 따라서 그것이 "혼합" 공동체인 이스라엘의 기초를 의미하지 않는다. 구약 시대에 이스라엘은 한 나라이자 동시에 하나님의 백성이었다. 그들은 하나님과 특별한 관계를 맺고 있었다. 그들은 구속받은 백성이었지만 교회(아브라함의 **영적** 후손)가 구속받은 것과 똑같은 방법으로 구속받은 백성은 아니었다(왜냐하면 이스라엘 백성 모두가 구속받은 것은 아니었기 때문이다). 언약들이 펼쳐졌을 때, 아브라함의 자손의 모형론적인 특성은 그리스도 안에서 완성에 이른다. 이것은 우리가 그리스도와 그분의 백성의 관계를 이해하는 방법에 중대한 변화를 가져온다. 그리스도의 백성은 아브라함의 **영적** 자손으로 간주된다. 하지만 이것은 할례와 토라, 심지어 민족적 계보에 의존하는 것이 아니라 거듭남과 믿음을 통해 그리스도와 연합하는 것에 의존한다. 이 모든 것은 다음과 같은 것, 곧 우리는 아브라함 언약의 다양한 국면들의 직접적 배경을 다루지 않고, 또 그 국면들이 그리스도 안에서 어떻게 성취되는지 확인하지 않고 아브라함 언약을 새 언약과 너무 성급하게 동일시하면 안 된다는 것이다.

둘째, 유아세례에 대한 언약신학 논증은 계보 원리가 언약들을 거치면서 변화된다는 사실도 이해하지 못한다. 계보 원리는 변하지 않고 남아 있는 것이 아니다. 이전 언약들 아래에서 언약 중보자와 그의 후손 사이의 관계는 주로 혈통적·생물학적 관계였다(예. 아담, 노아, 아브라함, 이스라엘, 다윗). 하지만 지금은 그리스도 안에서 그분의 중보 아래 그분과 그분의 후손의 관계는 더 이상 혈통적 관계가 아니라 **영적** 관계다. 말하자면 그리스도의 후손은 성령의 역사로 말미암아 태어나고, 이것은 새 언약의 표징이 실제로 자신이 아브라함의 **영적** 자손이라고 고백하는 자들에게만 적용되어야 함을 함축한다. 특히 언약 중보자와 그의 후손의 관계에 따라 구속사를 거치며 펼쳐진 언약들의 중대한 진보를 고려하면, 언약신학은 계보 원리가 아브라함에서 그리스도까지 어떻게 변했는지를 정확히 식별하지 못하고 있다. 따라서 언약신학은 결국 새 언약의 "새로움"을 이해하지 못한다. 언약신학은 은혜 언약의 연속성을 강조하기 때문에 언약의 차이점들을 폐기한다. 따라서 새 언약 공동체의 본질을 잘못 해석한다.

3. 위에서 설명한 것처럼 언약적인 차이점, 특히 이스라엘과 교회의 관계에 있는 언약의 차이점을 무시하는 이런 경향은 언약신학이 가진 또 다른 문제점이다. 새 언약 공동체(교회)는 **구조와 본질**에 있어 옛 언약 아래에 있는 이스라엘과 다르다. 이 새 언약 공동체는 많은 특징을 갖고 있지만, 공동체의 백성이 새 창조와 "다가올 시대"와 동일시되고, "아담 안에서"가 아니라 "그리스도 안에서" 성령으로 거듭난 것처럼 교회는 "혼합된" 집단이 아닌 **거듭난 믿음의** 공동체로 간주되어야 한다. 신약성경은 "그리스도 안에" 있는 자가 아버지로부터 효과적으로 부르심을 받지 않고, 성령으로 태어나지 않으며, 또 의롭고 거룩하고 영광을 기다리지 않는 것에 대해서는 조금도 말하지 않는다. 새 언약의 이 모든 복은 우리 언약의 머리이신 우리 주 예수 그리스도와 우리의 관계로 주어진 우리의 것이다. 이것이 신약성경은 그리스도를 믿는 믿음을 고백하지 않으며 자기들이 죄를 회개하고 그리스도를 믿는다고 증언하지 않는 자에게 새 언약의 표징인 세례를 베풀지 않는 이유다.

4. 세례의 가장 근본적인 **의미**는 신자가 믿음으로 말미암아 은혜로 그리스도와 연합된 것과 그 연합으로 말미암아 모든 유익이 주어지는 것을 의미

한다는 것이다. 세례는 사람이 새 언약의 실재들 속에 들어갔고, 따라서 그가 거듭남, 성령의 선물과 보증, 죄 사함을 경험했음을 증언한다. 세례는 신자가 이제 그리스도의 몸의 지체라는 것을 생생히 보여준다(엡 4:22-25). 그것은 우리의 소속과 세상과의 구별을 규정하는 표시다(참조. 행 2:40-41). 세례는 새 창조—우리 주님이 이끄신—의 종말론적 질서 속에 들어가는 것이다. 세례를 통해 우리는 믿음으로 예수 그리스도와 연합하고, 구원의 날까지 성령으로 인치심을 받는다(엡 4:30).[95] 흥미롭게도 유아세례주의자인 제임스 패커(J. I. Packer)는 세례의 의미를 다음과 같이 잘 포착한다.

기독교의 세례는…하나님께서 내적 깨끗함과 죄 사함(행 22:16; 고전 6:11; 엡 5:25-27), 성령으로 말미암은 거듭남과 새 생명(딛 3:5), 그리고 그리스도 안에서 영원히 안전하리라는 것을 보증하는 하나님의 인(印)으로서 성령의 지속적 임재(고전 12:13; 엡 1:13-14)를 나타내는 표징이다. 세례가 이런 의미들을 전달하는 것은 무엇보다 근본적으로 세례가 그리스도의 죽음과 장사 그리고 부활로 그분과 연합된 것을 상징하기 때문이다(롬 6:3-7; 골 2:11-12). 그리고 이 그리스도와의 연합이 우리의 구원의 모든 요소의 원천이다(요일 5:11-12). 믿음으로 이 표징을 받는 것은 세례 받는 자들에게 그리스도 안에서 하나님이 주시는 새 생명의 선물을 받는 것을 보증한다.[96]

사실, 세례와 그리스도 안에 있는 새 언약의 복 사이의 관련성은 매우 밀접해서 많은 이들이 신약성경에서 세례는 "전체적으로 회심 경험에 대한 약칭으로 기능한다"고 주장했다.[97] 이에 대한 증거는 매우 분명하다. 예를 들

---

95 기독교 세례에 대한 신학적 요약은 G. R. Beasley-Murray, *Baptism in the New Testament* (Grand Rapids, MI: Eerdmans, 1962), 263-305을 보라.

96 Packer, *Concise Theology*, 212.

97 Douglas J. Moo, *The Epistle to the Romans*, New International Commentary on the New Testament (Grand Rapids, MI: Eerdmans, 1996), 355. Douglas Moo는 초기 교회가 믿음, 성령의 선물, 물세례를 하나로 통합된 경험 곧 James Dunn이 "회심-입회"(conversion-

어 바울은 갈라디아서 3:26-27에서 다음과 같이 말한다. "너희가 다 믿음으로 말미암아 그리스도 예수 안에서 하나님의 아들이 되었으니 누구든지 그리스도와 합하기 위하여 세례를 받은 자는 그리스도로 옷 입었느니라." 여기서 그리스도로 "옷 입었다"는 말은 가장 확실하게 우리가 그리스도와 연합된 사실을 가리킨다.[98] 그러나 바울의 진술에서 흥미로운 것은 바울이 그리스도와의 연합이 믿음(갈 3:26)과 세례(갈 3:27)에 있다고 말한 것이다. 바울은 어떻게 이렇게 말할 수 있었을까? 바울은 세례에 대해 "사효론"(ex opere operato) 견해를 취하고 있을까? 아니다. 바울은 여기서 세례는 받았으나 믿지 않는 자들에 대해 말하는 것이 아니다. 그것은 3:26의 분명한 진술을 반대하는 것일 수 있기 때문이다. 오히려 바울은 회심한 자들, 곧 이처럼 그리스도로 옷 입고 믿음으로 그리스도와 연합한 모든 자를 언급하고 있다. 따라서 환유법에 따라 세례는 회심을 나타낼 수 있고, 외적 표징으로 신자가 믿음으로 말미암아 그리스도와 연합한 결과 새 언약의 실재들에 들어갔음을 의미할 수 있다.[99]

---

initiation)로 부르는 것으로 간주했다는 Dunn의 주장을 받아들인다. 이것은 중요한 지적이고, 로마 가톨릭교회의 "사효론" 견해를 반박하는 데 중대한 역할을 한다. 세례 자체가 거듭남을 일으키는 것처럼 보지 않고, 믿음이 세례를 낳고 세례는 항상 타당성을 위해 믿음을 가정한다고 본다. 이 지적은 신약성경이 믿음으로 말미암아 은혜로 얻는 구원의 우선권을 부인하지 않고 세례의 중요성을 강조한다. James Dunn, *Baptism in the Holy Spirit* (London: SCM, 1970), 139-146; Moo, *Epistle to the Romans,* 366을 보라.

98 다음 자료들을 보라. Ronald Y. K. Fung, *The Epistle to the Galatians,* New International Commentary on the New Testament (Grand Rapids, MI: Eerdmans, 1988), 170-175; Beasley-Murray, *Baptism in the New Testament,* 146-151; Clowney, *Church,* 280.

99 Fung, *Epistle to the Galatians,* 173-174을 보라. Beasley-Murray, "Baptism," *Dictionary of Paul and His Letters,* ed. Gerald F. Hawthorne, et al. (Downers Grove, IL: InterVarsity Press, 1993), 62은 그것을 다음과 같이 진술한다. "갈라디아서 3:26과 3:27의 두 진술은 상호 보완적이다. 곧 26절은 신자들이 '믿음으로 말미암아' 하나님의 자녀라고 선언하고, 27절은 그리스도와의 연합 속에 들어간 것과 세례를 받은 자가 그리스도의 아들 됨에 참여하는 것을 연결한다. 이것은 바울이 구원을 위해 주님께 돌아서는 믿음에 대한 신학적 이해와 믿음을 선언하는 세례에 대한 신학적 이해가 동일하다는 것으로 믿음과 세례를 연결하는 한 가지 사례다." 이와 동일한 점에 대해서는 Richard N. Longenecker, *Galatians,* WBC 41 (Dallas: Word, 1990), 41:154-156도 보라. 『갈라디아서』(솔로몬 역간).

우리는 로마서 6:1-4에서도 이와 비슷한 사실을 발견한다. 거기 보면 바울은 세례 입문 의식을 그리스도의 구속 행위―그리스도의 죽음과 장사 그리고 부활―안에서 신자와 예수 그리스도가 연합하는 것으로 본다. 의심할 것 없이 바울은 이 본문에서 주로 세례의 본질에 신학적 설명을 제공하는 것이 아니라 오히려 세례가 삶에 대해 갖고 있는 의미를 밝히고 있는 것이다. 지금 그는 신자가 은혜를 부각시키기 위해 "죄에 거해야" 한다는 논리를 논박하는 데 깊은 관심을 기울이고 있다. 따라서 바울은 이런 주장이 진정 얼마나 믿을 수 없는 것인지를 보여주기 위해 "영역 이동"[100] 언어를 사용한다. 그는 그리스도인으로서 우리는 "죄에 대하여 죽었다"고 말한다(롬 6:2b). 우리는 아담의 영역(죄)에서 그리스도의 영역(생명, 부활, 은혜)으로 이동했다. 따라서 우리가 여전히 죄 가운데 사는 것은 확실히 불가능하다. 우리 안에 있는 죄의 권능은 그리스도의 죽음 안에서 우리가 그분과 연합하면서 결정적으로 파괴되었다. 이 영역 이동 곧 이 "죄에 대한 죽음"은 언제 일어났는가? 바울이 로마서 6:3-4에서 우리의 세례와 "죄에 대한 죽음"을 연결하는 것은 흥미롭다. 우리는 "그리스도 예수와 합하여 세례를 받았을" 때 "그의 죽으심과 합하여 세례를 받았다"(롬 6:3). 우리는 죄에 대해 죽었다. 죄와 사망을 정복하고자 죽고 부활하신 주님과 하나가 되었기 때문이다. 나아가 "우리가 그의 죽으심과 합하여 세례를 받음으로 그와 함께 장사되었나니 이는…그리스도를 죽은 자 가운데서 살리심과 같이 우리로 또한 새 생명 가운데서 행하게 하려 함이라"(롬 6:4). 따라서 이런 의미에서 세례는 그리스도의 죽음과 장사 그리고 부활 안에서 우리를 그리스도와 연합시키는 도구로 작용한다.[101] 다시 한번 다음과 같은 것을 강조하는 것이 중요하다. 곧 바울의 핵심은 세례 의식이 우리를 그리스도와 연합시키는 것이 **아님**을 강조하는 것이다. 오히려 갈라디아서 3:26-27에 나오는 것처럼 세례는 전체 회심

---

100 Moo, *Epistle to the Romans*, 354.
101 같은 책, 353-367.

경험에 대한 약칭으로 기능한다. 따라서 더글러스 무는 다음과 같이 올바르게 결론짓는다. "믿음은 항상 세례로 이어지는 것으로 생각되는 것처럼, 세례는 항상 그것의 타당성을 위해 믿음을 전제한다. 따라서 우리는 로마서 6:3-4에서 세례가 믿음과 성령의 선물을 전제로 하는 온전한 회심-입회 경험을 나타낸다고 추정할 수 있다."[102] 진실로 우리가 바울의 주장을 이해한다면, 바울의 주장의 일차적인 초점은 세례에 있는 것이 결코 **아니다**. 세례는 **단지** 그리스도의 구속 사역으로 우리가 그분과 연합되었음을 예증하기 위해 도입되는 것이고, 이제는 우리 주님이 우리를 위해 취득하신 새 언약의 모든 복이 우리의 것이 되는 것은 우리와 그리스도의 관계로 말미암은 것이다.

다른 본문들도 이와 동일한 점을 제시할 수 있지만[103] 여기서는 다음과 같이 곧 신약성경에서 세례는 기본적으로 복음 자체와 관련이 있고, 새 언약 시대의 모든 실재와 우리에게 임하는 유익들은 우리가 믿음으로 그리스도와 연합하기 때문에 있는 것이라고 말하는 것으로 충분하다. 그러면 세례의 언약의 표징을 누가 받아야 하는가? 오직 세례가 실제로 상징하는 실재들을 경험했다고 고백하는 자들이 받아야 한다. 말하자면 자기들의 죄를 회개하고 그리스도를, 오직 그리스도만을 믿는 사람들이 받아야 한다.

5. 아브라함 언약에서 언약의 표징인 할례는 본질상 새 언약 시대의 세례가 갖고 있는 것과 똑같은 의미를 전달하지 **않는다**. 언약신학은 할례와 세례는 본질적으로 동일한 **영적** 의미를 전달하고, 이런 영적 의미가 왜 세례가 새 언약에서 할례를 **대체**하는지의 이유라고 생각한다. 그러면 언약의 표징의 의미는 무엇인가? 기본적으로 언약의 표징은 최소한 외적 의미에서

---

102 같은 책, 366.

103 예컨대 벧전 3:21을 보라. 이 본문에 대해서는 Thomas R. Schreiner, *1, 2 Peter, Jude,* New American Commentary 37 (Nashville: B&H, 2003), 193-197; Wayne Grudem, *1 Peter,* Tyndale New Testament Commentaries (Grand Rapids, MI: Eerdmans, 1988), 164-165 을 보라.

사람이 언약 공동체의 일원이라는 것을 상징하는 객관적인 입문 표시다. 그리고 언약의 표징은 복음을 약속하고 예견한다. 즉 구원의 충분한 의미에서 사람이 거듭났다는 것을 반드시 함축하지는 않아도 믿음으로 말미암아 의가 주어질 것이라는 하나님의 약속을 증언하고, 어쨌든 그리스도와의 연합 및 그 연합과 관련된 모든 복을 상징하는 "마음의 할례"의 필요성을 미리 지시한다.[104]

이 견해는 언약의 표징들을 그것들 자체의 언약적인 배경에서 공정하게 보지 못한다는 데 문제가 있다. 의심할 것 없이 언약의 표징은 많은 면에서 서로 유사하다. 하지만 할례는 특별히 구속사적 배경에서 확립된 구약의 규례다. 그리고 신약의 세례도 이와 동일하다. 그렇다고 해도 이 둘을 일대일로 대응해서 동일시하는 것은 옳지 않다.[105] 사실 할례는 전체 성경에 비추어 최소한 두 가지 사실을 보여주는 것으로 간주되어야 한다. 첫째, 가장 중요한 사실은 할례는 혈통적이고 민족적인 사람들을 구분하는 수단이라는 것이다. 둘째, 할례는 지금 그리스도 안에서 성취되고 있는 신약성경의 실재들을 예견하는 모형으로 작용한다는 것이다. 우리는 할례를 다음과 같이 두 가지 면에서 모형으로 간주할 수 있다. 첫째, 할례는 그리스도를 예견하는 모형이다. 위에서 언급한 것처럼 "아브라함의 자손"은 그리스도를 언급

---

104 언약신학의 입장에는 용어 사용의 모호함이 있는 것 같다. 사람이 믿음 없이 그리스도와 연합하는 것 또는 사람이 믿음, 거듭남, 죄 사함 없이 새 언약의 실재들 속에 들어갔다고 주장하는 것은 무엇을 뜻하는가? 사실 유아세례는 믿음 없이 어떤 효력을 일으킬까? 언약신학은 어떤 식으로든 설명을 제공하려고 애쓰지만 이 점에 대해 입장이 명확하지 않다. 이 문제점에 대한 유용한 설명은 David F. Wright, "Recovering Baptism for a New Age of Mission," *Doing Theology for the People of God: Studies in Honor of J. I. Packer,* ed. Donald Lewis and Alister McGrath (Downers Grove, IL: InterVarsity Press, 1996), 51-66을 보라. 유아세례가 어떤 효력을 갖고 있는지와 관련해서 "거듭남"이라는 말의 혼동적인 사용의 한 실례는 Rich Lusk, "Do I Believe in Baptismal Regeneration?" 다음 사이트를 보라. 〈http://www.auburnavenue.org/articles/do%20i%20believe%/20in%20baptismal% 20regeneration.htm〉

105 이 주장을 더 상세히 전개한 것은 Wellum, "Baptism and the Relationship between the Covenant," 153-160을 보라.

하는 것을 포함해 다양한 뉘앙스를 갖고 있다(갈 3:16). 따라서 모형론의 관점에서 아브라함의 모든 남자 후손, 특히 이삭과 유다 그리고 다윗 계보를 통한 남자 후손은 그리스도의 모형이었고, 그런 의미에서 그리스도의 궁극적 오심을 예견했다. 이와 관련해서 누가복음 2:21이 중요하다. 예수의 할례는 작은 사건이 아니다. 예수의 할례는 아브라함부터 예수에 이르기까지 후손의 계보를 보존하는 할례의 목적이 성취된 것을 나타내고, 또 그리스도 안에서 하나님의 모든 약속이 성취되었음을 나타낸다. 그리스도 안에서 아브라함의 참된 자손이 지금 여기 있다. 따라서 할례는 더 이상 필요하지 않고 곧 폐지되었다. 이런 의미에서 예수의 할례는 성경에 기록된 언약에 따른 마지막 중대한 할례다. 디모데의 할례와 같은(행 16:3) 다른 모든 할례는 단지 유대인들을 복음으로 이끌기 위한 실용적 관심에 의해 의도적으로 행해진 것이다.[106] 둘째, 할례는 "마음의 할례"― 모든 새 언약 백성이 경험한 실재 ― 의 필요성을 예견하는 모형이다. 우리 내면에서 할례의 영적 의미가 실현된다(롬 2:25-29; 빌 3:3). 그것이 육체적인 할례를 받은 것과는 상관없이, 참 신자가 "참된 할례자"로 불리는 이유다. 그리스도의 십자가 사역과 우리 안에서 이루어지는 성령의 사역으로 말미암아 우리는 지금 손으로 하지 아니한 할례를 받았고, 그리하여 우리에게 하나님의 백성으로서 새 언약의 지위가 주어지며, 그로 말미암아 우리는 상속자 및 그리스도와 함께하는 공동 상속자가 된다.

사실 이것이 골로새서 2:11-13의 핵심이다. 이 골로새서 본문은 신약성경에서 할례와 세례를 함께 언급하는 유일한 본문이다. 그러나 반복해서 보

---

106 Doug Wilson, *To a Thousand Generations*, 59-80의 주장과는 반대로, 신약성경에는 그리스도의 십자가 사역 이후로 할례의 언약적인 중요성은 전혀 나타나 있지 않다. 바울이 디모데에게 할례를 베푼 것이나 다른 유대인 신자들이 자녀에게 할례를 베푼 사실(행 21:21-26)은 할례가 언약적인 효력을 갖고 계속되었음을 의미하지 않는다. 바울이 디모데에게 할례를 베푼 것은 단지 선교에 목적이 있었다. 곧 우리가 "원리적인 실용적 관심사"로 부른 것을 위해서였다. 이 문제에 대한 유용한 설명은 D. A. Carson, "Pauline Inconsistency: Reflection on 1 Corinthians 9. 19-23 and Galatians 2.11-14," *Churchman* 100:1 (1986), 6-45을 보라.

여준 것처럼 이 두 구절의 연관성은 마치 세례가 육체적 할례를 대신하는 것처럼 육체적 할례와 세례가 관련이 있는 것이 **아니라 영적 할례**는 그리스도와의 연합 및 **세례**와 관련이 있다.[107] 바울이 신자들에게 상기시키는 것처럼 그들이 그리스도 안에서 온전한 것은 육체적으로 할례를 받았기 때문이 아니라 "그리스도의 할례"를 받았기 때문이다. 그리스도의 할례는 "그리스도인들이 마음으로 받는 할례"[108]를 의미하거나 그리스도의 십자가 죽음을 의미한다. 그리스도의 십자가 죽음은 신자들이 필요로 하는 유일한 할례로, 우리가 그리스도의 십자가 죽음과 연합됨으로 이루어지는 것을 수반한다.[109] 두 가지 중 어느 쪽이든 할례는 그리스도와 연합되고, 새 언약 시대의 출범과 연계된 약속들을 경험하는 것에서 성취를 나타낸다. 하지만 골로새서 2:11-13은 그 이상의 것을 말한다. 2:12은 우리가 세례를 통해 그리스도의 장사에 참여하고, 세례를 통해 다음과 같은 일이 벌어지는 것을 분명히 말한다. "진정한 죽음이 일어나고, 옛 생명은 이제 과거 사실이 된다. '그의 죽으심과 합하여 세례를 받음으로'(롬 6:4) 그리스도와 함께 장사된 자는 더 이상 죄의 종으로 살지 아니한다."[110] 바울이 세례를 "사효론" 사건으로 보지 않는 것은 분명하다. 왜냐하면 바울은 분명히 믿음의 도구로서의 세례의 역할을 강조하기 때문이다. 그러나 바울은 세례에서 죄에 대해 죽고 그리스도 안에서 살게 된 객관적 실재가 실제로 일어났다고 주장한다. 이것은 유아들에게 적용될 수 없는 것이다. 누군가 세례를 통해 거듭남을 주장하지

---

107 예컨대 Herman Ridderbos, *Paul: An Outline of His Theology,* trans. John Richard de Witt (Grand Rapids, MI: Eerdmans. 1975), 404-405, fn. 38; Martin Salter, "Does Baptism Replace Circumcision? An Examination of the Relationship between Circumcision and Baptism in Colossians 2:11-12," Themelios 35/1 (2010): 15-29을 보라.

108 Murray J. Harris, *Colossians and Philemon,* Exegetical Guide to the Greek New Testament (Grand Rapids, MI: Eerdmans, 1991), 101-105을 보라.

109 O'Brien, *Colossians and Philemon,* WBC 44 (Dallas: Word, 1982), 114-121을 보라. 『골로새서·빌레몬서』(솔로몬 역간).

110 O'Brien, *Colossians and Philemon,* 118; 참조. Beasley-Murray, *Baptism in the New Testament,* 152-160.

않는다면 말이다.

이 모든 것은 하나의 모형으로서 할례는 영적 거듭남을 **나타내고**, 새 언약의 실재들을 예견했다는 것을 말한다. 할례와 달리 세례는 우리 주님이 명령하신(마 28:18-20) 새 언약의 표징이다. 이것은 하나님의 은혜를 **믿음이 있는 자들에게** 전달한다. 이는 옛 언약의 할례가 전달할 수 없던 것이다. 세례는 사람이 믿음으로 그리스도와의 연합에 들어간 것에 대한 공적 증언이고, 그것은 하나님의 자녀 곧 예수를 메시아로 믿는 자들을 규정하고 나타낸다. 우리가 예수를 주로 시인하고, 예수의 능력을 경험하며, 믿음과 영적 탄생으로 아브라함의 참된 영적 자손이 된 자들에게만 세례를 주는 이유다. 세례는 하나님의 새 언약 백성을 위한 새 의식이다. 세례는 할례를 대체한 것이 아니다. 이 주장과 반대되는 주장은 근본적으로 성경의 언약들 간의 관계를 오해하고, 약속과 성취, 모형과 대형을 혼동하는 것이다.

종말론

성경의 언약들에 대한 적절한 이해는 종말론에 어떤 영향을 미칠까? 우리가 여기서 충분히 다룰 수 없는 많은 주제들을 종말론이 포함한다는 사실을 고려한다면, 우리는 이 질문에 대해 단 하나의 영역에만 초점을 맞추어 답변할 것이다. 곧 우리는 이스라엘에게 주어진 땅의 약속과 어떻게 그 약속이 새 언약 시대의 출범에서 성취되는지에 관심을 기울일 것이다.

성경 연구와 신학 연구에서 "땅"이라는 주제가 중요하다는 것을 의심하는 자는 거의 없다. 월터 브루그만(Walter Brueggemann)은 성경적 믿음의 **그 중심 주제 중 하나가 땅이라고 강력히 주장한다.**[111] J. G. 밀라(J. G. Millar)는

---

111 Walter Brueggemann, *The Land: Place as Gift, Promise, and Challenge in Biblical Faith* (London: SPCK, 1978), 3. 『성경이 말하는 땅』(CLC 역간).

더 나아가 땅이라는 주제는 **하나의** 중요한 성경적 주제이고, 따라서 "성경에서 중요한 신학적 한 범주"로 기능한다고 주장한다.[112] 게다가 본서 2-3장에서 주장한 것처럼 땅 문제는 세대주의 신학과 언약신학 간의 중요한 구분점이기도 하다. 세대주의 신학의 핵심에는 이스라엘-교회 구분이 놓여 있고, 이 구분은 한 민족으로서 이스라엘은 아직도 미래의 천년왕국 시대에 땅의 약속에 대한 "문자적인" 성취를 기다리고 있다는 사상과 긴밀하게 관련이 있다. 종말론에 대한 논의의 상당 부분이 이 문제에 집중되어 있고, 세대주의 전-천년설의 많은 근거가 처음에는 아브라함에게 주어지고 그 이후에는 이스라엘에게 주어지는 땅의 약속이 그리스도의 구속 사역에 따라 성취되는 것을 어떻게 생각하느냐에 집중되어 있다. 사실 우리가 이 질문에 어떻게 답변하느냐는 또한 그리스도인들이 현재의 지정학적 논의들, 특히 이 세상에서 이스라엘의 역할, 가나안 땅에 대한 이스라엘의 권리, 매일 뉴스에서 끊임없이 등장하고 많은 종말론적 고찰에 연료를 공급하는 시급한 문제들을 어떻게 이해할지에 대한 의미를 갖는다.

"언약을 통한 하나님 나라"가 이처럼 중요한 땅의 문제에 어떤 영향을 미치는지를 설명하기 전에, 우리는 우리의 논의가 나아갈 포괄적 맥락을 제공하기 위해 세대주의 신학의 기본 주장을 요약하고자 한다. 세대주의 신학의 주장을 뒷받침하는 최소한 세 가지 이유가 있고 이것들은 서로 맞물려 있다.[113] 첫째, 세대주의자는 이스라엘 민족에게 주어진 땅의 약속은 천년왕

---

112   J. G. Millar, "Land," *NDBT*, 623. 성경신학과 조직신학 분야에서 "땅"에 대한 유용한 설명은 다음 자료들을 보라. Philip Johnston and Peter W. L. Walker ed, *The Land of Promise: Biblical, Theological, and Contemporary Perspectives* (Downers Grove, IL: InterVarsity Press, 2000); Bruce K. Waltke with Charles Yu, *An Old Testament Theology: An Exegetical, Canonical, and Thematic Approach* (Grand Rapids, MI: Zondervan, 2007), 512-587; C. J. H. Wright, *God's People in God's Land: Family, Land, and Property* (Grand Rapids, MI: Eerdmans, 1994); Moshe Weinfeld, *The Promise of the Land: The Inheritance of the Land of Canaan by the Israelites* (Berkeley: University of California Press, 1993); W. D. Davies, *The Gospel and the Land: Early Christianity and Jewish Territorial Doctrine* (Berkeley: University of California Press, 1974).

국 시대에 이루어질 성취를 기다린다고 믿는다. 하나님이 아브라함 언약에서 그 땅을 **무조건적으로** 이스라엘에게 약속하셨기 때문이다. 하나님은 그분의 약속을 취소하실 수 없고 땅의 약속이 그리스도 안에서 아직 충분히 실현되지 않았기 때문에, 이스라엘 백성은 미래에 그것이 성취될 것임을 기다린다.[114] 둘째, 두 번째 이유는 첫 번째 이유에 근거하고 있고, 해석학적인 특징이 있다. 신약성경이 명시적으로나 함축적으로 구약성경의 가르침을 번복하지 않는다면, 땅의 약속은 여전히 유효하다. 비록 신약성경이 땅의 약속을 반복해서 언급하지 않지만 말이다.[115] 이것이 특별히 땅의 약속에 무

---

113 예컨대 다음 자료들을 보라. John S. Feinberg, "Systems of Discontinuity," *Continuity and Discontinuity: Perspectives on the Relationship between the Old and New Testaments*, ed. John S. Feinberg (Wheaton, IL: Crossway, 1988), 73-83; H. Wayne House ed, *Israel: The Land and the People* (Grand Rapids, MI: Kregel, 1998), 특히 80-83.

114 Walter C. Kaiser, Jr., "Israel and Its Land in Biblical Perspective," *The Old Testament in the Life of God's People: Essays in Honor of Elmer A. Martens*, ed. Jon Isaak (Winona Lake, IN: Eisenbrauns, 2009), 249-250은 이 점을 강조한다. Kaiser는 우리가 땅의 약속의 상속자는 이스라엘 민족이 아닌 교회라고 생각한다면, 우리에게는 다음과 같은 두 가지 견해가 가능하다고 주장한다. 하지만 그는 이 두 견해, 곧 우리는 아브라함 언약을 조건적 언약으로 간주하거나 또는 땅의 약속은 "이야기된 것의 단순한 의미나 자연적 의미가 아닌" 다른 의미를 가진 것으로 결론을 내려야 한다는 것을 거부한다. Kaiser는 전자에 관해 아브라함 언약과 다윗 언약에 조건적 요소가 있다는 점을 인정한다. 하지만 그는 하나님의 종합적 약속은 언약들을 취소할 수 없는 것으로 만든다고 주장한다. Kaiser는 후자에 관해 땅의 약속은 "문자적으로" 또는 직접적으로 성취되어야 하고, 따라서 천년왕국 시대에 미래의 성취가 있을 것이라고 생각한다. 나아가 그는 "하나님은 교회 자체와 언약을 맺으신 적이 없다"(252)고 주장한다. 왜냐하면 새 언약은 "이스라엘 집과 유다 집"과 맺어진 것이기 때문이다(렘 31:31b). 물론 교회는 새 언약에 참여한다. 하지만 그것은 다만 이스라엘과의 관계에 따라서 이루어지는 일이다. Kaiser는 교회론을 다루면서 주장한 것처럼 새 언약을 먼저 마지막 아담이자 참이스라엘이신 그리스도와의 관계 속에서 조명하지 않고, 단지 이스라엘 민족에 따라 조명하는 것으로 보인다. 그렇다면 이것은 교회에 대해서는 부정적인 효력을 미친다. 또한 Kaiser는 땅의 약속을 모형론에 따라 조명하지 않는다. 이는 그가 땅의 약속의 성취에 대한 이해를 위의 두 가지 견해로 제한하는 이유다.

115 위에서 주목한 것처럼 역설적이게도 이것은 언약신학이 언약들을 통해 계보 원리가 변함없이 지속된다고 주장하면서 동일하게 채택하는 해석학적 특징이다. 이 두 체계(언약신학과 세대주의 신학)에 대한 우리의 반응은 세 지평(본문적 지평, 시대적 지평, 정경적 지평)에 따라 그리고 언약의 점진성에 비추어 계보 원리와 땅의 약속을 밝히는 것이다. 계보 원리와 땅의 약속이 구속사의 이전 시대들에서 효력을 발휘했던 것과 정확히 똑같이 지금도 여전히 효력을 발휘하

조건적 성격이 주어진 이유다. 셋째 이유는 종종 주장되기 보다는 아예 전제된다. 세대주의 신학은, 우리가 주장하는 것과 달리, "땅"을 더 큰 어떤 것을 지시하는 모형이나 패턴으로 간주하지 **않는다**. 대신 그리스도께서 이스라엘 땅에서 천년왕국 기간에 다스리고 통치하는 것으로 오직 성취에 이르는 액면 그대로의("문자적") 약속이라고 본다. 세대주의자는 창조를 되돌아보고 새 창조의 더 큰 실재를 고대하도록 하나님이 주신 패턴에 따라 땅을 이해하는 것을 거부한다.[116]

그러면 우리의 견해는 세대주의의 견해와 어떻게 다른가?[117] 이 질문에 답변하는 유일한 방식은 성경의 언약들을 통해 땅의 주제를 주의 깊게 추적하는 것이다. 우리가 신론과 기독론 그리고 교회론을 다루면서 이미 주장한 것처럼 성경의 언약들 간의 관계에 대한 우리의 해석은 우리가 이 중요한 교리적 문제들을 "하나로 종합하는" 방법에 그대로 영향을 미친다. 우리는

고 있다고 결론을 내리기 전에 말이다.

116 Bruce Ware, "The New Covenant and the People(s) of God," *Dispensationalism, Israel, and the Church,* ed. Craig A. Blaising and Darrell L. Bock (Grand Rapids, MI: Zondervan, 1992), 92-96은 땅의 약속을 모형론에 따라 조명하지 않는 점진적 세대주의자의 전형적인 한 본보기다. 대신 Ware는 새 언약의 영적 국면을 영역적/정치적 국면(즉 땅의 약속)과 분리하고, 시작된 종말론의 "이미-아직" 사이의 긴장에 의존해서 새 언약의 영적 국면은 지금 교회에 적용되나 영역적/정치적 국면은 이스라엘 민족의 천년왕국 시대에 있을 미래의 성취를 아직 기다리고 있다고 주장한다. 이 주장은 단지 땅의 약속을 이미 여기서 그리스도의 십자가 사역과 새 언약 시대의 출범으로 이루어진 것으로 보지 않는 것이고, 새 창조물에 대한 비무형론적인 관점에서 해석할 때에만 유효하다. 땅에 대한 이와 비슷한 설명은 Craig A. Blaising, "The Fulfillment of the Biblical Covenants Through Jesus Christ," Craig A. Blaising and Darrell L. Bock, *Progressive Dispensationalism* (Wheaton, IL: Bridge-Point, 1993), 174-211을 보라.

117 "땅"에 대한 우리의 견해는, 비록 우리가 제시하는 이유들이 여러 가지 면에서 차이가 있을 수 있기는 해도, 최근의 언약신학의 견해와 훨씬 더 가깝다. 예컨대 다음 자료들을 보라. Anthony A. Hoekema, *The Bible and the Future* (Grand Rapids, MI: Eerdmans, 1994), 274-287; Vern S. Poythress, *Understanding Dispensationalists,* 2nd ed. (Phillipsburg, NJ: P&R, 1994), 97-129; Dumbrell, *Covenant and Creation;* O. Palmer Robertson, *The Israel of God: Yesterday, Today, and Tomorrow* (Phillipsburg, NJ: P&R, 2000), 3-31; Johnston, Walker, *Land of Promise,* 특히 15-50, 81-141.

성경의 언약들이 그리스도 안에서 성취될 때 성경 전체에 걸쳐 땅의 약속이 어떻게 점진적으로 전개되는지 우리의 이해를 다음과 같이 다섯 단계에 따라 간략히 요약할 것이다.

1. 아브라함 언약의 무조건적 성격에 의존하는 것은 문제의 해결책이 아니다.

세대주의 신학은 땅의 약속이 절대로 취소될 수 없다고 강하게 주장한다. 땅의 약속은 무조건적으로 주어졌고, 그것에 의해서, 땅의 약속이 미래에 임할 천년왕국 기간에 이스라엘 민족에게 이루어질 것을 부정하는 것은 하나님이 실패했거나 하나님이 자신의 약속을 지키지 않으셨다고 말하는 것과 같다는 것이다. 물론 이 두 가지 모두 불가능하다. 여기서 문제는 문제를 해결하지 못하는 아브라함 언약에 주어진 약속의 무조건적 성격에 의존하는 것이다. 그것이 문제를 해결하지 못하는 이유는 최소한 두 가지가 있다.

첫 번째 이유는 성경의 언약들을 무조건적 요소(왕의 하사)나 조건적 요소(종주-봉신 조약) 중 어느 한 범주에 속해 있는 것으로 구별하는 것은 올바르지 **않다**는 것이다. 대신 언약들은 무조건적-단독적 요소와 조건적-쌍방적 요소가 결합되어 나타난다. 무조건적/단독적 요소에 따르면 언약의 약속들이 단독적으로 보장되는 것은 오직 하나님이 언약을 세우고 지키시는 주(主)가 되시기 때문이다. 다른 무엇보다 자기 자신, 창조물 그리고 자신의 형상을 지닌 자들에게 주어지는 하나님의 서약은 언약 관계가 절대로 실패하지 않을 것이라는 우리의 확신의 근거가 된다. 그러나 조건적-쌍방적 요소에 따르면 하나님은 순종하고 헌신적인 언약 당사자를 요구하신다. 이것이 성경의 언약들이 점차 전개될 때 하나님은 항상 신실하시지만 다양한 언약 중보자들은 신실하지 못한 탓에 그 사이에 심각한 **긴장**이 일어나는 이유다. 새 언약이 더 나은 근거, 아니 사실은 절대로 파기될 수 없는 근거에 따라 확립되는 것은 오직 결코 실패가 없으신 하나님께서 자신의 헌신적인 순종하는 아들 곧 우리 주 예수 그리스도를 준비하시기 때문이다. 단순히 성경의 언약들을 이런 식으로 구분하기 때문에 세대주의 신학은 (다른 견해들도 포함해) 성경의 언약들의 종합적인 줄거리를 놓친다. 따라서 그들의 기독론적인 주장은 믿을 수 없다. 우리는 이스라엘이 불순종 때문에 땅의 약속을 상실했고, 따라서 그것이 포로가 된 이유라고 말한 마이클 호튼의 주장에 동의한다.[118] 그러나 성경의 언약들이 펼쳐질 때 하나님은 이스라엘보다 더 크신 분 곧 언약의 규정들을 지키고, 결코 실패하지 않으며, **땅의 약속을 포함해** 하나님의 약속들을 성취하실 순종하는 아들을 보내주셔야 한다는 것이 분명해진다.

이 마지막 관찰을 통해 우리는 오직 아브라함 언약에만 호소하는 것이 문제의 해결책이 아닌 두 번째 이유로 나아간다. 세대주의 신학은 (거의 논증 없이) 아브라함 언약에서 약속된 "땅"은 성경 전체에 걸쳐 변함없이 존속하는 명확한 지리적 경계들을 가진 특수한 지역의 땅을 오로지 가리킨다고 가정한다. 세대주의자는 "땅"이 소우주로서 어떤 더 큰 것, 즉 창조물의 패턴이나 모형으로 기능한다는 견해를 거부한다. 월터 카이저가 이 접근법의 적절한 본보기다. 카이저는 땅의 약속은 "직접적이거나 자연적인" 의미를 갖고 있음이 틀림없다고 주장한다.[119] 그래서 그는 땅의 약속이 천년왕국 기간에 특정한 땅으로 성취되어야 한다는 결론을 내린다. 이와 다른 것을 주장하는 것은 문법적·역사적 주석으로 발견되지 않는 "더 깊은 의미"를 찾는 것이고, (신적 저자이신 하나님을 포함해) 성경 저자들의 의도에 따라 해석하지 않는 것이다.[120] 우리는 이런 결론을 거부한다. 대신 우리는 성경 저자들이 "땅"을 **단순히** 특정한 지리적 경계의 제한된 범주 안에서 이해되기를 의도하지 않았다고 주장하는 것이 직접 문맥과 성경 전체의 문맥 모두에 합당한 주석적 근거가 있다고 주장할 것이다. 다시 말하자면 "땅"은 성경의 언약들 안에 두고 통시적으로 조명될 때 하나님은 더 큰 어떤 것 즉 창조물의

---

118 Horton, *God of Promise*, 47.
119 Kaiser, "Israel and Its Land in Biblical Perspective," 249.
120 같은 책.

"모형" 또는 "패턴"으로 기능하도록 의도하셨다는 것이다. 이것은 엄밀히 말해 그리스도의 오심과 새 언약의 출범에 비추어 이해하도록 하는 방법이다. 나머지 네 가지 점에서 우리는 "땅"을 언약들 전체에 걸쳐 변화나 발전이 없이 단순히 "직접적이거나 자연적인" 의미의 관점이 아니라 모형론의 관점에서 조명하는 몇 가지 이유를 열거할 것이다.[121]

2. 처음에 아브라함 언약이라는 직접적 배경에서 이해되는 "땅"은 더 큰 어떤 것에 대한 모형으로 기능한다는 사실에 대해 본문의 단서를 제공한다.

의심할 것 없이 땅의 약속은 아브라함 언약에서 헤아릴 수 없을 정도로 중요하고, 그 약속은 시내산에서 맺은 언약에서도 계속된다(예컨대 창 1:12-13; 13:14-16; 15:18-21; 17:8; 26:3; 4, 24; 28:3-4, 13-15; 35:9-12). 많은 학자가 문제의 "땅"이 명확한 지리적 경계를 가진 특정 지역의 땅 즉 가나안 땅을 가리킨다는 것에 대해서는 논란을 제기하지 않는다. 그러나 더 중요한 문제는 이것이다. 곧 아브라함 언약의 직접 문맥에서 "땅"이 **단순히** 제한된 지리적 경계를 가진 실제로 한 지역의 땅을 가리키는 본문상의 단서가 있는가, 아니면 더 큰 어떤 것을 지시하는 단서가 있는가? 다음 두 가지 증거는 우리가 후자의 결론을 주장하도록 이끈다.

첫째, 아브라함 언약이 민족적이면서 동시에 국제적인 함축 의미를 갖고 있다는 것은 거의 논란의 여지가 없다. 이전 장들에서 지적한 것과 같이 아브라함 언약은 아브라함의 "자손"을 설명할 때 예증한 것처럼 다양한 국면을 갖고 있다. 이삭과 관련이 있고 이어서 결정적으로 이스라엘 민족과 관련된 민족적 의미에서 보면, 땅은 경계가 정해져 있는 비교적 작은 지리

---

121 독자는 지금 우리의 주장이 계보 원리에 대한 언약신학의 이에 반대하는 우리의 주장과 비슷하다는 것을 기억할 것이다. 세대주의 신학 및 언약신학과 달리 우리는 "땅"**과** "계보 원리"는 모형론적인 개념이고, 그것들은 언약들을 통해 그리스도 안에서 성취될 때까지 조심스럽게 밝혀져야 한다고 주장했다. 여기에 **언약을 통한 하나님 나라**가 어떻게 언약신학과 세대주의 신학이라는 두 지배적인 성경신학의 체계와 다르고, 중도 견해를 제공하는지 두 가지 실례가 있다.

적 영역에 대한 특정 토지에 관한 약속을 취한다. 그러나 우리는 아브라함 언약의 국제적 목적을 잊을 수 없다. 사실 이 국제적 목적에 따르면 아브라함 언약의 주된 이유는 아브라함의 "자손"을 통해 민족들에게 복이 임하리라는 것이다(창 12:1-3; 참조. 창 17:5-8; 22:15-19). 아브라함을 통한 하나님의 계획의 정점은 단순히 이스라엘 민족을 세우는 데 있지 않고, 오히려 이스라엘을 통해 민족들이 복을 받도록 하는 데 있으며, 이것은 궁극적으로 그리스도 안에서 일어난다(갈 3:16). 따라서 그리스도의 사역에 비추어보면 지금 이미 이 복이 민족들, 곧 새 탄생과 그리스도와의 믿음의 연합을 통해 아브라함의 **영적** 자손들에게 이르렀다. 따라서 유대인과 이방인을 막론하고 아브라함의 영적 자손들은 땅의 약속을 물려받는다(엡 2:11-22).

그러나 만일 아브라함의 영적 자손들이 땅의 약속을 물려받는다면, 거기에는 우리가 어떻게 땅의 약속을 봐야하는지에 대한 중요한 의미가 있다. 심지어는 직접 문맥과 관련해서 조차도 말이다. 폴 윌리엄슨이 다음과 같이 주장하는 것과 같다. "땅의 약속은 하나님의 계획이라는 포괄적 맥락, 곧 세상의 모든 족속이 아브라함의 자손을 통해 복을 받는 것에서 절정에 이른다는 계획과 관련해 이해되어야 한다(참조. 갈 3:6 이하; 계 7:9). 아브라함의 자손을 통해 모든 민족이 복을 받는다는 하나님의 계획은 (어느 한 가지 지리적 위치로 제한되지 않는다는 의미에서) 명백히 땅과 관련이 없기 때문에, 이 땅의 약속의 민족적 국면은 아마도 하나님의 궁극적 계획의 완성에서 일어나는 전환기로 이해되어야 할 것이다."[122] 다시 말해 아브라함 언약의 국제적인 집중을 고려한다면, 땅의 약속을 상속받을 자가 단순히 이스라엘 민족과 동일시된 아브라함의 "자손"이라고 말하는 것으로는 충분치 않다. 오히려 족장들에게 주어진 땅의 약속의 궁극적 상속자는 국제적 공동체다. 따라서 우리는 윌리엄슨이 다음과 같이 올바르게 주장하는 것처럼 이해해야 한다. "하나

---

122 Paul R. Williamson, "Promise and Fulfillment: The Territorial Inheritance," Johnston, Walker, *Land of Promise*, 18.

님의 계획에서 절정의 요소가 실현되기 시작한 **이후부터**, 그 영토의 약속을 엄밀하게 지리적인 성취로 생각하는 것은 확실히 어렵다. 분명히 아브라함의 방대하고 국제적인 자손들은 훨씬 더 큰 상속, 정말이지 세계적인 상속을 필요로 한다."[123]

둘째, 직접 문맥을 보면 땅의 지리적 경계를 제시하는 특정 본문들도 그 경계가 일관적이거나 엄밀하지 **않다**(창 15:18-21; 출 23:31 이하; 신 1:7; 11:24; 수 1:2-4). 약속의 땅의 범위는 각 본문마다 동일하지 않다. 이것을 어떻게 처리해야 할까? 일부 학자들은 이것을 편집의 증거로 해석했지만, 윌리엄슨은 다음과 같이 말한다. "통일성을 부여하려는 어떤 단계도 취해지지 않았다는 사실은 엄격하게 정해진 영역적 경계를 조화시키기 어려운 유연성의 요소를 제안한다."[124] 그는 다음과 같이 더 나은 설명을 제공한다. 아브라함 언약에서 이것들은 약속된 땅이 "영구적으로 고정된 곳으로 결코 간주되지 않았고, 최소한 어느 정도의 확장과 재정의될 수 있다"는 것을 보여주는 본문의 단서들이다.[125] 다시 말하자면 땅과 관련한 이 본문의 모호함은 땅의 약속이 **단순히** 특정 지역의 경계로 환원될 수 없고, 오히려 훨씬 더 큰 이상적인 땅을 암시하는 단서와, 아브라함의 자손이 온 세상을 채우고 차지할 때까지 이 약속이 이루어지지 않을 것이라는 단서를 제공한다. 만약 이것이 사실이라면, 이것은 로마서 4:13a에서 아브라함에 관한 바울의 진술의 부분적 기초를 제공한다. "아브라함이나 그 후손에게 **세상의 상속자가 되리라고 하신** 언약…"에 대해, 바울은 아브라함이 땅의 약속을 단순히 특수한 지리적 영역을 가리키는 것으로 이해하지 **않는다**고 말하는 것으로 보인다. 오히려 아브라함은 땅의 약속을 궁극적으로 전체 창조 질서를 포괄할 것으로

---

123 같은 책.

124 같은 책, 20-21.

125 같은 책, 21. 그는 다른 곳에서 암시된 지리적 범주를 넘어 땅이 크게 확대될 가능성을 암시하는 것처럼 보이는 본문들(창 26:3-4; 출 34:24; 민 24:17-18; 신 19:8-9)에 호소하면서 자신의 주장을 크게 강화시킨다.

간주했다.[126] 윌리엄슨이 이 증거에 기초해서 다음과 같이 주장하는 것은 타당하다. 곧 아브라함 언약에서 "가나안은 단순히 하나님의 계획, 곧 땅의 모든 족속을 포함할 뿐만 아니라 땅의 모든 지역을 포괄하는 계획이 궁극적으로 실현되기 위한 예비 단계였다."[127] 직접 문맥에도 땅의 약속이 더 큰 어떤 것을 나타낸다는 것을 제안하는 본문의 단서가 있다.

3. 아브라함 언약과 관련된 땅의 "약속"은 그 이전에 있었던 것, 즉 창조 언약과 관련해서 이해되어야 한다. 그렇게 이해할 때, "땅"을 전체 창조물의 모형이나 패턴으로 보는 것은 성경에 의해 더욱더 보증된다.

이전 장들에서 주장한 것처럼 우리는 하나님의 점진적 계시의 **이전**과 **이후**를 통찰하지 않고는 성경의 언약들을 절대로 적절하게 이해할 수 없다. 성경의 언약들에 새겨져 있는 "땅"의 약속도 마찬가지다. 만일 우리가 아브라함 언약(그리고 땅의 약속)을 그 **이전에 있었던** 것, 즉 창조 언약과 관련해서 평가한다면, 땅은 에덴과 연결되고 창조 질서와 연결되어야만 한다. 다시 말하자면 땅은 처음에 아브라함에게는 신학적으로 중요하지 **않았다**. 대신 땅의 소유에 대한 아브라함의 소망은 아담이 타락하기 전 원래 상태의 회복 개념에서 나왔다. 사실은 "프로토유앙겔리온"(원시복음)의 결말에서 나왔다.[128] J. G. 밀라는 이런 방식으로 다음과 같이 정확하게 말한다. "땅의 약속

---

126 이와 동일한 요점을 제시하는 Schreiner, *Romans*, 227-228과 Moo, *Epistle to the Romans*, 274을 보라.

127 Paul R. Williamson, "Promise and Fulfillment: The Territorial Inheritance," 22.

128 Robertson, *Israel of God*, 4를 보라. Paul R. Williamson, "Promise and Fulfillment: The Territorial Inheritance," 25은 창 1-11장과 창 12장의 병렬 배치가 땅의 약속이 창 3-11장을 지배하고 있는 추방 패턴의 반전임을 암시한다고 올바르게 주장한다. 나아가 아브라함에게 큰 민족을 이루도록 하겠다는 하나님의 약속은 창조 명령(창 1:28; 9:1)의 지속일 뿐만 아니라 인간의 곤경에 대한 하나님의 응답이기도 하다. 이것이, 우리가 아브라함 언약을 그 언약 이전에 있었던 것의 문맥에 안에 두면, 땅을 창조에 비추어 이해해야 하는 이유다. 또한 이것은 아브라함이 땅의 일시적인 영역이 아니라 영속적인 어떤 것에 대해 예견하고 있었다는 주장하는 히브리서 저자에게 주석적 기초를 제공한다(히 11:8-16을 보라).

은 에덴에 대한 묘사를 상기시키는 말로, 하나님과 나누는 친밀함의 회복을 보증한다."[129] 밀라가 말하는 것처럼 이것이 중요하다. "구약성경 첫 부분에 나오는 땅의 신학은 성경의 마지막 장을 예견한다. 곧 사도 요한이 창세기 1-3장에서 나오는 말을 취해 새 하늘과 새 땅을 묘사하기" 때문이다.[130]

나아가 우리가 "땅"을 창조 언약의 포괄적 배경에 두면, 최소한 서로 다르지만 관련된 두 가지 진리가 나온다. 이 두 진리는 성경 전체에 걸쳐 땅과 긴밀하게 관련이 있다. 하나는 하나님의 안식 주제이고, 다른 하나는 하나님의 제사장-왕과 하나님의 형상을 지닌 자들에게 에덴의 경계를 세상 끝까지 확장하라는 명령이 수반된 성전 성소로서의 에덴 주제다.

먼저 하나님의 안식 주제에 대해 생각해보자. 하나님의 안식은 창조의 7일의 절정으로 작용한다. 그때 하나님은 창조하신 모든 것을 보시고 "심히 좋았다"고 선언하신 이후(창 1:31) 일곱째 날에 안식하신다. 이것은 하나님이 자신의 창조물에 대해 언약적인 즐거움에 들어가신 것과 우리가 하나님을 섬기는 왕으로서 창조 명령을 수행하면서 하나님의 즐거움을 누리는 것에 대해 말해준다. 또한 이것은 성경 전체에 걸쳐 흐르고 있는 패턴인 모세 시대의 안식일 법의 근거가 되고(출 20:8-11), 궁극적으로 예수 자신이 시작한 새 언약 시대의 큰 구원의 안식과 관련이 있는 장차 임할 더 큰 "안식"을 미리 언급하는(히 3:7-4:13) 패턴을 확립한다. 그러나 아울러 주목해야 할 중대한 한 가지 사실은 "안식" 주제가 "땅"과 어떻게 유기적으로 연관되어 있는지의 문제다.[131] 이것은 나중에 성경에서 약속의 땅이 분명히 안식과 관련이 있을 때 분명해진다(신 3:20; 12:9-10; 25:19; 참조. 수 1:13-15; 21:43-44; 22:4; 시 95; 히 3:7-4:13). 양자를 함께 연계시키면 이것은 땅을 차지하는 것이 하나

---

129 Millar, "Land," *NDBT*, 623.

130 같은 책.

131 예컨대 이 요점을 강조하는 T. D. Alexander, "Beyond Borders: The Wider Dimensions of Land," Johnston, Walker, *Land of Promise*, 36-39를 보라. 이 요점에 대한 더 깊은 전개는 T. D. Alexander, *From Eden to the New Jerusalem* (Nottingham, UK: Inter-Varsity Press, 2008)을 보라. 『에덴에서 새 예루살렘까지』(부흥과개혁사 역간).

님의 영원한 안식에 들어가는 것을 예표하고, 이 점에서 가나안 땅은 오직 안식의 한 모형 또는 패턴이다. 윌리엄슨이 다음과 같이 지적하는 것과 같다. "하나님은 처음부터 인간과 함께 안식을 공유하길 원하셨다(창 2장에 묘사된 에덴 낙원에 반영된 것처럼). 따라서 영역적 땅에 대한 약속은 인간의 불순종으로 처음에 잃어버렸고 계속 위태함 속에 있던 에덴 상태의 온전한 회복을 예견했다. 그러므로 에덴에서 누렸던 상태의 영속적 회복 외에 어떤 것도 이 영역적 땅의 약속의 포괄적인 성취가 아니라고 결론짓는 것이 합리적이다."[132]

이번에는 성전 성소로서의 에덴동산 주제를 생각해보자.[133] 지금까지 이 풍성한 성경 주제를 가장 광범하게 전개한 작품이 있다면 그것은 그레고리 비일의 성전에 대한 탁월한 작품이다.[134] 비일은 에덴 땅은 성전의 원형으로서 아담과 하와가 하나님의 제사장-왕과 아들로서 하나님께 순종하는 헌신과 경배로 그분을 섬겼을 때 하나님이 유일하게 그들과 함께 거하셨던 장소로 제시된다는 것을 설득력 있게 보여준다.[135] 아담과 하와의 임무는 온 땅을 정복하고 다스리는 것이었고, 이것은 그들이 "에덴이 온 땅을 망라할 때까지 에덴동산의 지리적 경계를 확대시키는" 임무였음을 암시한다.[136] 이것은 시편 8편이 분명히 하는 것처럼 전체 인류가 수행해야 했던 역할이었다. 그러나 아담은 자신의 임무에 실패했고, 그의 불순종으로 말미암아 에덴의 신적 임재를 확대시키기는커녕 도리어 에덴에서 쫓겨났다. 그러나 우리의

---

132 Paul R. Williamson, "Promise and Fulfillment: The Territorial Inheritance," 27. 이와 동일한 결론을 이끌어내는 Alexander, "Beyond Borders," 39를 보라. 땅의 휴경은 "아담과 하와의 에덴동산으로부터의 추방이 있기 전에 존재했던 전원적인 상태로의 복귀를 표상한다."

133 이 요점은 이전 장들에서 전개된 것처럼 오늘날에도 익히 인정된다. 또한 Alexander, "Beyond Borders," 39-41과 Dumbrell, *Covenant and Creation*, 119-123도 참조하라.

134 G. K. Beale, *The Temple and the Church's Mission: A Biblical Theology of the Dwelling Place of God*, NSBT 17 (Downers Grove, IL: InterVarsity Press, 2004). 『성전신학』(새물결플러스 역간).

135 같은 책, 66-80.

136 같은 책, 81-82.

목적에 중요한 것은 땅과 성전 사이의 긴밀한 연관성이고, 에덴이 어떻게 이스라엘의 땅과 이후의 성막/성전이 패턴이 되어 따르는 원형으로 작용하는가에 있다.

이 모든 특징을 결합시켜 땅의 약속을 창조의 배경에 위치시킬 때 우리는 "땅"을 창조물의 모형과 패턴으로 보는 것에 대해 성경적인 보증을 갖는다. 이런 이해에 따르면 원형은 에덴 땅이고, 에덴 땅의 경계는 창조물 전체로 확대되어야 한다. 아담의 타락과 "땅"(에덴)에서 쫓겨남으로 하나님의 약속은 잃어버린 것을 회복시켜야 하고 죄와 죽음의 치명적인 결과를 반전시켜야 한다. 성경의 언약들(노아, 아브라함, 이스라엘, 다윗과 그의 아들들)을 따라 전개된 것처럼 "여자의 후손"을 통해(창 3:15) 하나님의 안식과 하나님의 성막/성전에서의 언약적인 임재―모두 땅과 관련됨―는 모형과 그림자로 회복되기는 하지만 궁극적 실재로 회복되는 것은 아니다. 하나님의 아들로서 이스라엘은 제2의 아담과 같은 역할을 하고, 약속의 땅에서 하나님의 임재를 경험하도록 되어 있지만 그렇게 하지 못하고 실패한다. 이스라엘은 하나님의 복을 민족들에게 전하기 위해 하나님의 제사장-왕으로, 또 거룩한 백성으로 활동해야 했다. 따라서 이스라엘의 땅은 온 세상의 패턴 또는 축소판이 된다. 민족들은 이스라엘을 통해 곧 이스라엘이 하나님의 거룩한 백성으로서 살아가는 모습을 통해 하나님이 온 세상에 대해 무엇을 의도하시는지 보아야 한다. "아담과 하와가 에덴에서 하나님의 복을 알았던 것처럼 하나님은 이제 새로운 땅에서 자기 백성에게 복을 베푸실 것이다."[137] 그러나 슬프게도 그들의 실패를 고려한다면, 이스라엘은 하나님께서 그들에게 행하시길 원했던 것을 행하지 못한다. 하나님의 목적이 최종적으로 실현되도록 하려면 하나님은 자기 아들을 보내셔야 한다. 이 아들은 참이스라엘이자 마지막 아담으로서 성전을 자기 자신으로 대체하고, 자신의 피로 새 언약을 출범시키며, 새 창조를 시작하신다.

---

137 Robertson, *Israel of God*, 7.

4. 구약성경에서, 특히 예언자의 예언에서 이스라엘의 "땅"은 새 언약 시대의 출범과 관련된 새 창조물과 동일시된다.

우리가 성경의 언약들을 살펴볼 때 "땅"이 단순히 가나안 땅과 관련된 특수한 한 지역으로 간주되지 않고, 그 경계가 전체 창조물을 포함하는 것으로 확대된다고 생각할 만한 어떤 성경 본문의 보증이 있는가? 우리는 보증이 있다고 생각한다. 성경의 언약들이 펼쳐질수록 땅의 약속에 대해 두 가지 주된 성취가 있다. 첫 번째 성취는 여호수아 시대에 있고(수 21:43-45), 두 번째 성취는 솔로몬 시대에 있다(왕상 4:20-21). 그러나 각 경우에 땅의 약속의 성취는 이스라엘 민족과 다윗 계보의 왕들의 실패로 말미암아 부족하다.[138] 나아가 **복합적** 성취 개념도 유익하다는 사실을 주목하는 것이 중요하다. 윌리엄슨이 다음과 같이 말하는 것처럼 말이다. "땅의 약속이 이전보다 더 크게 성취되었다는 사실은 복합적 성취 가능성을 열어 놓고 동시에 궁극적 성취의 문제를 불러일으킨다."[139] 우리는 어떤 의미에서 에덴의 안식이 부분적으로 회복되었지만, 궁극적으로 완성된 형태로 회복되지 않았다는 사실의 증거로 이것을 인용한다. 이스라엘과 다윗 계보의 왕들의 실패를 고려한다면, 우리는 다음과 같은 사실에 놀라면 안 된다. 곧 구약성경에서 땅의 약속이 어떤 면에서 이스라엘 역사 속에서 성취된다. 하지만 "구약성경 그 어디에서도 하나님의 계획 중 이 부분이 가장 포괄적인 의미에서 성취되었다는 사실을 제안하지 않는다."[140]

예언자들은 땅의 신학적 중요성을 고려해서 조금도 과장하지 않고 충격적인 포로 사건을 예견했을 때도, 그들은 포로로 잡힌 곳에서 이스라엘로 귀환하는 소망을 가졌다.[141] 그러나 예언자들은 그 땅으로의 귀환에 믿을 수

---

138 이 점의 설명에 대해서는 Paul R. Williamson, "Promise and Fulfillment: The Territorial Inheritance," 28-32을 보라.

139 같은 책, 28.

140 같은 책, 31.

141 Millar, "Land", *NDBT*, 626은 포로 사건은 고국을 잃은 상태에 빠지는 것 이상의 사실을 포함했다고 설명한다. 그것은 이스라엘 백성이 포로로 말미암아 상속권을 박탈당했고 하나님과 하

없는 놀라운 실재들이 포함되리라는 점을 분명히 한다. 문자 그대로 포로
상태로부터의 귀환은 결국 새 창조의 출범을 가져올 것이다. 예언자들은 땅
의 회복에 대한 장면을 옛 언약 형태의 경계에 포함될 수 없을 정도로 매우
영광스럽게 묘사했다. 역사적인 예루살렘 성은 생명보다 더 큰 성의 함축적
의미를 취하고 궁극적으로 하나님의 백성과 동일시된다. 그 성은 성곽이 없
는 성으로 하나님의 영광이 거할 곳이고(슥 2:1-5; 학 2:9) 이방 민족들이 몰
려들어 아브라함의 약속을 성취할 것이다(사 56:3-7; 겔 47:22). 나아가 이 새
예루살렘은 전체 창조물을 경계로 취할 것이다(사 65:1-66:21).[142] 다시 말하
자면 예언자들은 "땅"이 하나님의 성전 성소가 되고 그 경계가 왕의 통치와
같이 전체 창조물에 미치게 될 미래에 대해 예견한다(시 72:8-11, 17-19). 요
한계시록 21-22장은 그리스도의 오심에 비추어서 구약성경의 이 예언적
환상을 선택했다.

**5. 신약성경은 "땅"의 기업이 이전의 모든 언약을 (그 모형과 그림자에 따라) 완성하고,
자신의 십자가 사역을 통해 새 창조를 시작하시는 우리 주 예수 그리스도 안에서 성
취될 것이라고 선포한다.**

신약성경에는 땅에 대한 명시적 언급들이 많지 않다고 종종 주장된다.[143] 그
러나 신약성경이 "땅"에 대해 아무 말을 하지 않는다고 생각하는 것은 두 가
지 면에서 잘못이다. 첫째, 본서 12장에서 주장한 것처럼 새 창조물을 낳는
순서는 옛 창조물을 낳을 때의 순서를 반대로 한 것이다. 옛 창조에서 하나

나님 백성의 관계에 의심을 불러일으켰다. 그들은 하나님이 자기들과 세우신 아버지(야웨)-아
들(이스라엘) 관계를 깨뜨릴 수 없는 관계처럼 생각했지만, 이제 포로로 말미암아 이 관계를
의심했다. 또한 하나님의 궁극적 구원의 대상이 온 세상이라는 사실에 대해서도 의심이 일어
났다. 이스라엘이 실패한다면 어떻게 아브라함 언약의 복이 실현될 수 있겠는가?

142 이 점은 본서 12장에서 분명히 전개된다.

143 Peter W. L. Walker, "The Land in the Apostles' Writings," Johnston, Walker, *Land of
Promise*, 82-83은 이 점을 제시한다. 신약성경에는 땅에 대한 언급이 50회에 미치지 못하고,
세상 전체가 아니라 이스라엘 땅을 언급하는 경우도 그 가운데 소수에 불과하다.

님은 우리가 살 장소를 먼저 창조하셨고, 그다음에 그곳에 살 창조물을 만드셨다. 하지만 하나님은 새 창조에서는 먼저 자신의 새 백성을 창조하실 것이고, 그다음에 그들이 살 집을 만드실 것이다. 신약성경의 우선권은 하나님이 새 백성을 어떻게 지으시는지에 있다. 땅에 관한 주제는 새 백성의 창조와 비교해서 이차적이다. 비록 신약성경이, 특히 요한계시록 21-22장이 이것을 명확하게 가르치지만 말이다. 둘째, 땅의 주제가 언약들이라는 포괄적 논의에 자리하면, 신약성경은 어떤 이들이 생각하는 것보다 땅에 관해 훨씬 더 많이 말한다. 위에서 설명한 것처럼 우리 주님은 아담(롬 5:12-21; 고전 15:21-28)과 이스라엘(마 2:13-15; 4:1-11; 요 15:1-17) 모두의 대형[실체]으로 제시된다. 따라서 주님은 자신의 사역을 통해 이 세상에 하나님의 안식을 가져오고(마 11:28-30), 또한 땅의 약속을 받아 자신이 출범시키는 새 창조를 통해 이 약속을 이루신다. 주님은 자신의 순종하는 삶과 죽음을 통해 모든 언약 중보자들의 역할을 포함해 아담의 역할을 이루신다. 하나님의 유일하신 임재는 참 성전이신 그리스도 안에서 발견된다(요 1:1; 14-18; 2:13-22). 그리고 우리는 이제 믿음으로 그리스도와 연합하면서 하나님이 자신의 영으로써 개인적으로 그리고 집단적으로 세우시는 성전이 된다(고전 6:19; 엡 2:19-22). 우리는 이제 그리스도 안에서 아브라함의 영적 자손으로서 약속된 기업을 받는다(롬 8:17; 갈 4:7; 엡 1:14). 사실 많은 이들이 주장한 것처럼 바울은 우리의 **기업**과 양자 됨에 따라 구원론적이고 우주적인 관점에서 땅에 대한 구약성경의 강조점을 전개한다(골 1:13-14).[144] 밀라가 다음과 같이 말하는 것과 같다. "이스라엘 백성은 하나님의 아들들로서 자기들의 기업을 받았다. 이것의 관련성은 로마서 8:14-15에서 매우 명확히 나타난다. 또한 이 본문은 땅의 신학을 창조 신학과 연결한다. 구약성경에서 '땅에 충만

---

144 땅에 대한 구약의 배경 없이 바울이 말하는 상속에 대해 이해하기는 어렵다. 이 중요한 문제에 관한 설명은 James D. Hester, *Paul's Concept of Inheritance: A Contribution to the Understanding of Heilsgeschichte*, Scottish Journal of Theology Occasional Papers 14 (Edinburgh: Oliver & Boyd, 1968), 77-78을 보라.

하고 땅을 정복하라'(창 1:28)는 창조 명령과 땅의 신학은 그리스도 아래 임한 새 창조에서 궁극적으로 성취된다."[145] 다음과 같은 사실을 주목하는 게 중요하다. 곧 그리스도께서 새 언약 사역에서 이루신 것에 관한 이 전반적인 논의에서, 땅의 약속은 이스라엘 민족에게 준 특정 지역의 땅과 관련해서 기독론적인 성취를 찾는다는 증거가 거의 없다. 성경의 줄거리는 단순히 이런 방향으로 다시 돌아가지 않는다.[146] 오히려 전체 신약성경은 마지막 아담이자 참이스라엘이신 예수 안에서 우리의 유산은 바로 새 창조라고 선언한다. 이것은 개개의 그리스도인(고후 5:17; 엡 2:8-10)과 교회(엡 2:11-21)에서 새 언약의 출범이 이미 이루어졌고, 그리스도께서 재림하고 새 창조가 충만하게 이루어질 때 완성될 것이다(계 21-22장). 우리가 성경의 언약들을 통해 본 구속사의 흐름에 전체 땅의 대한 논의를 설정한다면, 이것은 완벽한 의미를 갖는다. 그리스도는 온 세상을 다스리는 주님이시지만, 그분은 자신의 사역의 결과로 온 세상을 물려받으신다. "그는 이스라엘의 메시아이지만 그의 통치는 원래 약속된 땅의 경계 너머에까지 확장된다(예. 빌 2:10; 참조. 고전 3:22-23; 엡 1:10)."[147]

땅의 약속이 그리스도 안에서 성취된다는 이 사고방식은 다른 중요한 신약 본문들로 확증된다(롬 4:13; 엡 6:3; 히 3:1-4:13; 11:8-22). 예를 들어 바울은 로마서 4:13에서 아브라함이 땅의 약속이 단순히 팔레스타인 지역의 한 작은 땅을 가리키는 것이 아니라 궁극적으로 온 세상에 대한 모형 또는 패턴으로 보았다는 점을 분명히 한다. 또는 그는 에베소서 6:3에서 십계명의

---

145 Millar, "Land", *NDBT*, 627.

146 이것은 중요한 점이다. 성경의 언약들을 통해 펼쳐지는 구속사의 흐름은 그리스도 안에서 그 목적을 달성한다. 우리 주님이 시작하신 것을 옛 언약의 모형과 패턴으로 되돌려서는 **안 된다**. 이것은 땅과 관련해서 특히 중요하다. 세대주의 신학은 적어도 땅 문제와 관련해서는 구속사에서 앞으로 나아가기보다는 되돌아오려고 한다. 하지만 Robertson은 *Israel of God*에서 "땅에 대한 옛 언약의 약속은 새 창조에서 새 언약의 실현을 찾는다"고 훌륭하게 진술한다(26). 또한 이 점에 관해서는 Beale, *Temple in the Church's Mission*, 372-375도 보라.

147 Walker, "Land in the Apostles' Writings," 87.

다섯 번째 계명(이 계명은 구약성경의 맥락에서는 가나안 땅에 매우 적합하다)을 인용하고, 이제 그것을 온 땅으로 확대한다. "약속의 땅에 대한 하나님의 통치는 이제 그리스도를 통해 온 세상으로 확대되고, 하나님의 참 '백성'은 특수한 땅과 관련된 한 민족 집단이 아니라 세계적인 공동체다."[148] 히브리서 저자도 동일한 관점을 제시한다. 그는 히브리서 3:1-4:13에서 시편 95:11에 기초해 하나님의 안식(창세기 2:1-3과 관련된)은 구약 시대에 약속의 땅에 들어감으로써 끝난 것이 아니었다고 주장한다. 대신 여호수아의 인도 아래 일어난 일은 장차 임할 더 큰 것을 미리 알려준다. 이것은 지금 그리스도와 새 언약 시대에 시작되었다. 지금 우리는 그리스도 안에서 구원 안식에 들어가고, 그리스도께서 우리를 위해 이루신 것을 누림으로써 하나님의 안식에 들어간다. 말하자면 우리는 그 "땅"에 들어간다. 하지만 지금은 그 땅이 미리 지시한 것을 누리고 있다. 곧 하나님의 백성으로서 새 창조의 실재들에 참여하고 있다. 히브리서 저자는 이후에 또한 성막-성전의 성취이자 하나님의 백성과 동일시된 새 예루살렘을 갖고 오시는 분이신 예수 주제를 전개한다. 또한 바울이 로마서 4:13에서 말하는 것과 비슷하게 이 동일한 요점을 전개하는 다른 중요한 본문은 히브리서 11:8-22이다. 거기서 히브리서 저자는 아브라함의 기업은 궁극적으로 가나안 땅이 아니라 새 예루살렘 및 새 창조와 연계된 하늘의 기업이었다고 주장한다.[149]

성경의 언약들이 "땅" 주제를 어떻게 밝히는지를 고려한다면, 성경의 전체 줄거리가 요한계시록 21-22장에서 어떻게 끝나는지 보고 놀라서는 안 된다. 요한계시록 마지막 부분의 장들을 보면 창조물의 완성된 상태가 옛 시대의 에덴을 상기시키는 말인 안식으로 묘사되지만 사실은 훨씬 더 큰 안식으로 묘사된다. 우리는 이 새 창조 시대에 온 창조물로 확대된 에덴("그

---

148 같은 책. 참조. Peter T. O'Brien, *The Letter to the Ephesians*, Pillar New Testament Commentary (Grand Rapids, MI: Eerdmans, 1999), 442-445.
149 이 점들에 관해서는 다음 자료들을 보라. Lane, *Hebrews 1-8*, 70-105; 같은 저자, *Hebrews 9-13*, 347-366; O'Brien, *Letter to the Hebrews*, 138-173, 409-427.

땅")의 지리적 경계를 갖고 있다. 또한 이것은 지성소의 구역들로 아름답게 묘사된다. 이는 단순히 구약 시대의 성막/성전의 제한된 구역들이 아니라 전체 창조물에 두루 임하시는 하나님의 유일하신 언약적인 임재를 상징한다. 새 하늘과 새 땅에 관한 이 환상에서 하나님의 백성은 하나님의 임재 속에 거처를 정한다. 이 거처는 구약 시대의 땅의 성취의 대형으로 묘사된다. 사실 우리는 이 마지막 환상에서 우리의 마지막 기업—아브라함에게 바라보라고 이야기된 것—즉 건축자와 조물주가 하나님이고 하나님의 영광으로 충만한 창조물 곧 성을 발견한다. 그리고 가장 중요한 것은 이 새 창조물의 중심에는 우리의 언약의 하나님이 계신다는 것이다. 이때 하나님의 임재는 성전을 필요로 하지 않는다. 하나님과 어린 양이 바로 성전이시기 때문이다. 우리는 하나님의 임재 속에서 세세토록 거할 것이다. 그것도 하늘의 구름 위에서가 아니라 영광스럽게 새로워진 우주에서 세세토록 거할 것이다. 우리는 이 우주에서 하나님의 영광과 존귀를 위해 하나님의 자녀로서 우리의 부르심을 실현할 것이다. 이 마지막 환상에서 휘장이 걷히는 것처럼 우리는 이제 하나님의 창조물에 대한 종말론적 목표가 첫 번째 자리에 있는 것을 본다. 성전 성소로서의 에덴이 이제 새 창조물에서 목적을 달성한다. 이 더 큰 실재의 모형으로 기능했던 땅은 이제 결말에 도달한다. 그리고 하나님이 첫 번째 자리에 두려고 우리를 지으신 언약 관계는 이제 우리가 우리의 크고 영광스러운 언약의 삼위 하나님의 임재를 누리고 예배와 경배와 헌신과 순종으로 영원토록 그 하나님을 섬길 때 완성된 상태로 실현된다.[150]

---

150 Alexander, *From Eden to the New Jerusalem*, 171-187; Beale, *Temple and the Church's Mission*, 313-334.

결론적 반성

우리는 지금까지 **언약을 통한 하나님 나라**의 신학적 의미에 대해 일부만 다루었다. 그래서 모든 면에서 그리고 다루지 못한 분야에 대해서도 더 많은 설명이 필요하다. 앞으로 우리의 목표는 성경의 언약들을 "하나로 종합하는" 약간 다른 방법이 우리의 신학적 결론을 알려주고, 심지어 바꾸는지를 진술하려고 시도할 때 이 분야들을 더 상세하게 설명하는 것이다. 우리는 우리 이전에 활동했던 학자들에게 의존한다. 우리는 성경을 읽고 잘 적용한 학자들에게서 배운다. 하지만 우리는 하나님의 가장 거룩하신 말씀에 비추어 살아야 한다는 종교개혁의 원리, 곧 "항상 개혁되어야 한다"(*semper reformanda*)는 원리를 따르고 싶다. 그래서 우리는 "하나님을 따라 하나님의 생각을 생각하고", "모든 생각이 그리스도에게 사로잡히도록" 늘 새롭게 배운다. 또한 우리는 다른 무엇보다도 하나님의 말씀을 듣는 자가 아니라 행하는 자가 되기를 바란다. 우리는 하나님의 언약 백성으로서 우리의 영광스러운 언약의 하나님을 알고 즐거워하며 영화롭게 하는 삶의 의미에 따라 살 것이다. 우리는 우리의 주님이 영광 속에 다시 오고, 우리 주 예수께서 우리의 새 언약의 머리로서 얻으신 이 엄청나고 은혜로우며 영광스러운 모든 실재를 충만하게 누리면서, 우리의 삼위 하나님이 모든 영광과 존귀 그리고 찬양을 받으시기를 바란다.

"베리트" בְּרִית 의 사전적 분석

출처

BibleWorks 6.0, LLC. Norfolk, VA, 2008.

Clines, David J. A., ed. *The Dictionary of Classical Hebrew*. 2권: ר-ב, Sheffield, UK: Sheffield Academic Press, 1995.

Even-Shoshan, Abraham. *A New Concordance to the Old Testament*. Jerusalem: Sivan, 1982.

Lisowsky, Gerhard. *Konkordanz zum Hebräischen Alten Testament*. 2nd ed. Stuttgart: Württembergische Bibelanstalt, 1958.

Weinfeld, Moshe, "בְּרִית, bᵉrîth," In *Theological Dictionary of the Old Testament*. Edited by G. Johannes Botterweck, Helmer Ringgren. 15 vol. 2:253-279. Grand Rapids, MI: Eerdmans, 2003.

Willamson, Paul R. *Sealed with an Oath: Covenant in God's Unfolding Purpose*. New Studies in Biblical Theology 23. Downers Grove, IL: InterVarsity Press, 2007).

등장 횟수

사전과 연구에 따라 구약성경에 등장하는 횟수가 다양하다. 283회(Even-Shoshan), 284회(Bible Works 6.0), 285회(*Dictionary of Classical Hebrew*), 286회(Williamson, 36쪽), 287회(Lisowsky). 우리의 분석은 288회의 횟수를 제시한다.

기호 설명

בְּרִית의 예를 나타내는 것으로 간주된 인용 구절만 성경 구절에서 콜론(:)을 사용한다. 반면 콜론 대신에 마침표(.)가 사용된 성경 구절은 בְּרִית가 중복된 구절들을 나타낸다. (주의: xxx는 관계절을 나타낸다).

동사의 목적어로 בְּרִית를 가진 표현들

1 כרת ברית 언약을 쪼개다/시작하다

창세기 15:18 ....

בַּיּוֹם הַהוּא כָּרַת יְהוָה אֶת־אַבְרָם בְּרִית לֵאמֹר

לְזַרְעֲךָ נָתַתִּי אֶת־הָאָרֶץ הַזֹּאת

מִנְּהַר מִצְרַיִם עַד־הַנָּהָר הַגָּדֹל נְהַר־פְּרָת

주석 ㅣ 아브라함 언약.

창세기 21:27 ....

וַיִּקַּח אַבְרָהָם צֹאן וּבָקָר וַיִּתֵּן לַאֲבִימֶלֶךְ

וַיִּכְרְתוּ שְׁנֵיהֶם בְּרִית

주석 ㅣ 아브라함과 아비멜렉이 조약을 맺는다.

창세기 21:32 ....

31 עַל־כֵּן קָרָא לַמָּקוֹם הַהוּא בְּאֵר שָׁבַע כִּי שָׁם נִשְׁבְּעוּ שְׁנֵיהֶם

32 יִכְרְתוּ בְרִית בִּבְאֵר שָׁבַע

וַיָּקָם אֲבִימֶלֶךְ וּפִיכֹל שַׂר־צְבָאוֹ וַיָּשֻׁבוּ אֶל־אֶרֶץ פְּלִשְׁתִּים

주석 ㅣ 아브라함과 아비멜렉이 조약을 맺는다.

창세기 26:28 ....

וַיֹּאמְרוּ רָאוֹ רָאִינוּ כִּי־הָיָה יְהוָה עִמָּךְ

וַנֹּאמֶר תְּהִי נָא אָלָה בֵּינוֹתֵינוּ בֵּינֵינוּ וּבֵינֶךָ וְנִכְרְתָה בְרִית עִמָּךְ

주석 ㅣ 이삭과 아비멜렉이 조약을 맺는다.

창세기 31:44

וְעַתָּה לְכָה נִכְרְתָה בְרִית אֲנִי וָאָתָּה

וְהָיָה לְעֵד בֵּינִי וּבֵינֶךָ

주석 | 라반과 야곱이 둘 사이의 증거로 협정을 맺는다.

출애굽기 23:32

31 וְשַׁתִּי אֶת־גְּבֻלְךָ מִיַּם־סוּף וְעַד־יָם פְּלִשְׁתִּים וּמִמִּדְבָּר עַד־הַנָּהָר

כִּי אֶתֵּן בְּיֶדְכֶם אֵת יֹשְׁבֵי הָאָרֶץ וְגֵרַשְׁתָּמוֹ מִפָּנֶיךָ

32 לֹא־תִכְרֹת לָהֶם וְלֵאלֹהֵיהֶם בְּרִית

주석 | 하나님이 이스라엘 백성에게 가나안 족속과 조약을 맺지 말도록 명령하신다.

출애굽기 24.8

xxx

וַיִּקַּח מֹשֶׁה אֶת־הַדָּם וַיִּזְרֹק עַל־הָעָם

וַיֹּאמֶר הִנֵּה דַם־הַבְּרִית אֲשֶׁר כָּרַת יְהוָה עִמָּכֶם עַל כָּל־הַדְּבָרִים הָאֵלֶּה

주석 | 관계사 문장이 무동사절에서 언약을 수식한다. "그 언약의 피니라." 이 관계사 문장은 그 언약이 시내산에서 주어진 말씀(즉 열 가지 말씀과 판결들)을 기초로 맺어진 것임을 암시한다.

출애굽기 34:10

וַיֹּאמֶר הִנֵּה אָנֹכִי כֹּרֵת בְּרִית נֶגֶד כָּל־עַמְּךָ

אֶעֱשֶׂה נִפְלָאֹת אֲשֶׁר לֹא־נִבְרְאוּ בְכָל־הָאָרֶץ וּבְכָל־הַגּוֹיִם

וְרָאָה כָל־הָעָם אֲשֶׁר־אַתָּה בְקִרְבּוֹ אֶת־מַעֲשֵׂה יְהוָה

כִּי־נוֹרָא הוּא אֲשֶׁר אֲנִי עֹשֶׂה עִמָּךְ

주석 | 야웨께서 이스라엘과 언약을 맺으신다. 이것은 깨진 후에 새로 맺어진 시내산 언약이다.

출애굽기 34:12

הִשָּׁמֶר לְךָ פֶּן־תִּכְרֹת בְּרִית לְיוֹשֵׁב הָאָרֶץ אֲשֶׁר

אַתָּה בָּא עָלֶיהָ פֶּן־יִהְיֶה לְמוֹקֵשׁ בְּקִרְבֶּךָ

주석 | 하나님이 이스라엘 백성과 가나안 족속과 언약을 맺지 말도록 명령하신다.

출애굽기 34:15

פֶּן־תִּכְרֹת בְּרִית לְיוֹשֵׁב הָאָרֶץ

וְזָנוּ אַחֲרֵי אֱלֹהֵיהֶם וְזָבְחוּ לֵאלֹהֵיהֶם וְקָרָא לְךָ וְאָכַלְתָּ מִזִּבְחוֹ

주석 | 하나님이 이스라엘 백성과 가나안 족속과 언약을 맺지 말도록 명령하신다.

출애굽기 34:27

וַיֹּאמֶר יְהוָה אֶל־מֹשֶׁה כְּתָב־לְךָ אֶת־הַדְּבָרִים הָאֵלֶּה

כִּי עַל־פִּי הַדְּבָרִים הָאֵלֶּה כָּרַתִּי אִתְּךָ בְּרִית וְאֶת־יִשְׂרָאֵל

주석 | 야웨께서 이스라엘과 언약을 맺으신다. 이것은 깨진 후에 새로 맺어진 시내산 언약이다.

신명기 4.23

xxx

הִשָּׁמְרוּ לָכֶם פֶּן־תִּשְׁכְּחוּ אֶת־בְּרִית יְהוָה אֱלֹהֵיכֶם אֲשֶׁר כָּרַת עִמָּכֶם

וַעֲשִׂיתֶם לָכֶם פֶּסֶל תְּמוּנַת כֹּל אֲשֶׁר צִוְּךָ יְהוָה אֱלֹהֶיךָ

주석 | 이스라엘은 하나님이 그들과 맺으신 언약을 잊지 말고 우상을 만들지 않도록 조심하라는 요청을 받는다. 아마 시내산 언약을 가리키는 것일 것이다.

신명기 5:2

אֱלֹהֵינוּ כָּרַת עִמָּנוּ בְּרִית בְּחֹרֵב

주석 | 야웨께서 이스라엘과 언약을 맺으신다. 이것은 시내산 언약이다.

신명기 5:3

לֹא אֶת־אֲבֹתֵינוּ כָּרַת יְהוָה אֶת־הַבְּרִית הַזֹּאת

כִּי אִתָּנוּ אֲנַחְנוּ אֵלֶּה פֹה הַיּוֹם כֻּלָּנוּ חַיִּים

주석 | 야웨께서 이스라엘과 언약을 맺으신다. 이것은 시내산 언약이다.

신명기 7:2

וּנְתָנָם יְהוָה אֱלֹהֶיךָ לְפָנֶיךָ וְהִכִּיתָם

הַחֲרֵם תַּחֲרִים אֹתָם לֹא־תִכְרֹת לָהֶם בְּרִית וְלֹא תְחָנֵּם

주석 ㅣ 하나님이 이스라엘 백성에게 가나안 족속과 조약을 맺지 말도록 명령하신다.

신명기 9:9

בַּעֲלֹתִי הָהָרָה לָקַחַת לוּחֹת

אֲשֶׁר־כָּרַת יְהוָה עִמָּכֶם

וָאֵשֵׁב בָּהָר אַרְבָּעִים יוֹם וְאַרְבָּעִים לַיְלָה

לֶחֶם לֹא אָכַלְתִּי וּמַיִם לֹא שָׁתִיתִי

주석 ㅣ 위의 인용 구절은 "여호와께서 너희와 세우신 언약의 돌판들"에 대한 언급이다. 이것은 열 가지 말씀(십계명)이 두 돌 판에 기록된 것을 가리킨다.

신명기 28:69

אֵלֶּה דִבְרֵי הַבְּרִית אֲשֶׁר־צִוָּה יְהוָה אֶת־מֹשֶׁה

לִכְרֹת אֶת־בְּנֵי יִשְׂרָאֵל בְּאֶרֶץ מוֹאָב מִלְּבַד הַבְּרִית אֲשֶׁר־כָּרַת אִתָּם בְּחֹרֵב

주석 ㅣ 신명기는 시내산 언약의 부록 또는 추가 조항으로 야웨께서 자기 백성인 이스라엘과 맺으신 언약이다.

신명기 29:13

וְלֹא אִתְּכֶם לְבַדְּכֶם אָנֹכִי כֹּרֵת אֶת־הַבְּרִית הַזֹּאת וְאֶת־הָאָלָה הַזֹּאת

주석 ㅣ 신명기는 시내산 언약의 추가 조항이다.

신명기 29:24

וְאָמְרוּ עַל אֲשֶׁר עָזְבוּ אֶת־בְּרִית יְהוָה אֱלֹהֵי אֲבֹתָם

אֲשֶׁר כָּרַת עִמָּם בְּהוֹצִיאוֹ אֹתָם מֵאֶרֶץ מִצְרָיִם

주석 ㅣ 신명기는 하나님이 이스라엘을 이집트에서 나오게 하셨을 때 하나님과 이스라엘 사이에 맺어진 언약을 구성하는 "이 율법책"이다.

신명기 31.16 ....

xxx

וַיֹּאמֶר יְהוָה אֶל־מֹשֶׁה הִנְּךָ שֹׁכֵב עִם־אֲבֹתֶיךָ

וְקָם הָעָם הַזֶּה וְזָנָה אַחֲרֵי אֱלֹהֵי נֵכַר־הָאָרֶץ אֲשֶׁר הוּא בָא־שָׁמָּה בְּקִרְבּוֹ

וַעֲזָבַנִי וְהֵפֵר אֶת־בְּרִיתִי אֲשֶׁר כָּרַתִּי אִתּוֹ

주석 ı 이스라엘 백성은 하나님이 자기들과 맺으신 언약(즉 신명기)을 위반할 것이다.

여호수아 9:6 ....

וַיֵּלְכוּ אֶל־יְהוֹשֻׁעַ אֶל־הַמַּחֲנֶה הַגִּלְגָּל וַיֹּאמְרוּ אֵלָיו

וְאֶל־אִישׁ יִשְׂרָאֵל מֵאֶרֶץ רְחוֹקָה בָּאנוּ וְעַתָּה כִּרְתוּ־לָנוּ בְרִית

주석 ı 이스라엘 백성은 기브온 족속과 조약을 맺는다.

여호수아 9:7 ....

וַיֹּאמְרוּ וַיֹּאמֶר אִישׁ־יִשְׂרָאֵל אֶל־הַחִוִּי

אוּלַי בְּקִרְבִּי אַתָּה יוֹשֵׁב וְאֵיךְ אֶכְרוֹת־לְךָ בְרִית

주석 ı 이스라엘 백성은 기브온 족속과 조약을 맺는다.

여호수아 9:11 ....

וַיֹּאמְרוּ אֵלֵינוּ זְקֵינֵינוּ וְכָל־יֹשְׁבֵי אַרְצֵנוּ לֵאמֹר

קְחוּ בְיֶדְכֶם צֵידָה לַדֶּרֶךְ וּלְכוּ לִקְרָאתָם וַאֲמַרְתֶּם אֲלֵיהֶם

עֲבָדֵיכֶם אֲנַחְנוּ וְעַתָּה כִּרְתוּ־לָנוּ בְרִית

주석 ı 이스라엘 백성이 기브온 족속과 조약을 맺는다.

여호수아 9:15 ....

וַיַּעַשׂ לָהֶם יְהוֹשֻׁעַ שָׁלוֹם וַיִּכְרֹת לָהֶם

בְּרִית לְחַיּוֹתָם וַיִּשָּׁבְעוּ לָהֶם נְשִׂיאֵי הָעֵדָה

주석 ı 이스라엘 백성이 기브온 족속과 조약을 맺는다. שָׁלוֹם 과 כָרַת בְּרִית 와 평행 관계에 있는 것으로 עשׂה(화친하며)을 주의하라.

여호수아 9:16 ··

וַיְהִי מִקְצֵה שְׁלֹשֶׁת יָמִים אַחֲרֵי אֲשֶׁר־כָּרְתוּ לָהֶם בְּרִית

וַיִּשְׁמְעוּ כִּי־קְרֹבִים הֵם אֵלָיו וּבְקִרְבּוֹ הֵם יֹשְׁבִים

주석 ǀ 이스라엘 백성이 기브온 족속과 조약을 맺는다.

여호수아 24:25 ···

וַיִּכְרֹת יְהוֹשֻׁעַ בְּרִית לָעָם בַּיּוֹם הַהוּא וַיָּשֶׂם לוֹ חֹק וּמִשְׁפָּט בִּשְׁכֶם

주석 ǀ 여호수아가 세겜에서 이스라엘 백성과 언약을 맺는다. 이 언약은 야웨를 섬기고 야웨께 순종
하겠다는 서약이다.

사사기 2:2 ···

וְאַתֶּם לֹא־תִכְרְתוּ בְרִית לְיוֹשְׁבֵי הָאָרֶץ הַזֹּאת מִזְבְּחוֹתֵיהֶם

תִּתֹּצוּן וְלֹא־שְׁמַעְתֶּם בְּקֹלִי מַה־זֹּאת עֲשִׂיתֶם

주석 ǀ 하나님이 이스라엘 백성에게 가나안 족속과 조약을 맺지 말도록 명령하신다.

사무엘상 11:1 ···

וַיַּעַל נָחָשׁ הָעַמּוֹנִי וַיִּחַן עַל־יָבֵשׁ גִּלְעָד

וַיֹּאמְרוּ כָּל־אַנְשֵׁי יָבֵישׁ אֶל־נָחָשׁ כְּרָת־לָנוּ בְרִית וְנַעַבְדֶךָּ

주석 ǀ 야베스 길르앗 사람들이 암몬 왕에게 암몬의 봉신 국가 곧 종으로 섬기는 국가가 되겠다는
조약을 맺자고 간청한다.

사무엘상 18:3 ···

וַיִּכְרֹת יְהוֹנָתָן וְדָוִד בְּרִית בְּאַהֲבָתוֹ אֹתוֹ כְּנַפְשׁוֹ

주석 ǀ 요나단과 다윗이 언약을 맺는다.

사무엘상 23:18 ···

וַיִּכְרְתוּ שְׁנֵיהֶם בְּרִית לִפְנֵי יְהוָה

וַיֵּשֶׁב דָּוִד בַּחֹרְשָׁה וִיהוֹנָתָן הָלַךְ לְבֵיתוֹ

주석 ǀ 요나단과 다윗이 언약을 맺는다(두 번째).

사무엘하 3:12 ··

וַיִּשְׁלַח אַבְנֵר מַלְאָכִים אֶל־דָּוִד תַּחְתָּו לֵאמֹר לְמִי־אָרֶץ

לֵאמֹר כָּרְתָה בְרִיתְךָ אִתִּי וְהִנֵּה יָדִי עִמָּךְ לְהָסֵב אֵלֶיךָ אֶת־כָּל־יִשְׂרָאֵל

주석 ǀ 아브넬이 온 이스라엘이 다윗의 통치 아래 있도록 만들기 위해 자기와 협정을 맺자고 다윗에게 제안한다.

사무엘하 3:13 ··

וַיֹּאמֶר טוֹב אֲנִי אֶכְרֹת אִתְּךָ בְּרִית

אַךְ דָּבָר אֶחָד אָנֹכִי שֹׁאֵל מֵאִתְּךָ לֵאמֹר

לֹא־תִרְאֶה אֶת־פָּנַי כִּי אִם־לִפְנֵי הֱבִיאֲךָ

אֵת מִיכַל בַּת־שָׁאוּל בְּבֹאֲךָ לִרְאוֹת אֶת־פָּנָי

주석 ǀ 아브넬이 온 이스라엘이 다윗의 통치 아래 있도록 만들기 위해 자기와 협정을 맺자고 다윗에게 제안한다.

사무엘하 3:21 ··

וַיֹּאמֶר אַבְנֵר אֶל־דָּוִד אָקוּמָה וְאֵלֵכָה וְאֶקְבְּצָה אֶל־אֲדֹנִי הַמֶּלֶךְ

אֶת־כָּל־יִשְׂרָאֵל וְיִכְרְתוּ אִתְּךָ בְּרִית וּמָלַכְתָּ בְּכֹל אֲשֶׁר־תְּאַוֶּה נַפְשֶׁךָ

וַיְּשַׁלַּח דָּוִד אֶת־אַבְנֵר וַיֵּלֶךְ בְּשָׁלוֹם

주석 ǀ 다윗과 이스라엘은 다윗이 이스라엘을 다스릴 수 있도록 언약을 맺는다.

사무엘하 5:3 ··

וַיָּבֹאוּ כָּל־זִקְנֵי יִשְׂרָאֵל אֶל־הַמֶּלֶךְ חֶבְרוֹנָה

וַיִּכְרֹת לָהֶם הַמֶּלֶךְ דָּוִד בְּרִית בְּחֶבְרוֹן לִפְנֵי יְהוָה

וַיִּמְשְׁחוּ אֶת־דָּוִד לְמֶלֶךְ עַל־יִשְׂרָאֵל

주석 ǀ 다윗과 이스라엘은 다윗이 이스라엘을 다스릴 수 있도록 언약을 맺는다.

열왕기상 5:26(5:12 EV) ··

וַיהוָה נָתַן חָכְמָה לִשְׁלֹמֹה כַּאֲשֶׁר דִּבֶּר־לוֹ

וַיְהִי שָׁלֹם בֵּין חִירָם וּבֵין שְׁלֹמֹה וַיִּכְרְתוּ בְרִית שְׁנֵיהֶם

주석 ㅣ 히람과 솔로몬이 조약을 맺는다.

열왕기상 8.21 ㅣ 열왕기상 20:34 ···

20:34 וַיֹּאמֶר אֵלָיו הֶעָרִים אֲשֶׁר־לָקַח־אָבִי מֵאֵת אָבִיךָ אָשִׁיב

וְחֻצוֹת תָּשִׂים לְךָ בְדַמֶּשֶׂק כַּאֲשֶׁר־שָׂם אָבִי בְּשֹׁמְרוֹן

וַאֲנִי בַּבְּרִית אֲשַׁלְּחֶךָּ וַיִּכְרָת־לוֹ בְרִית וַיְשַׁלְּחֵהוּ

주석 ㅣ 아합과 벤하닷이 조약을 맺는다.

열왕기하 11:4 ···

וּבַשָּׁנָה הַשְּׁבִיעִית שָׁלַח יְהוֹיָדָע

וַיִּקַּח אֶת־שָׂרֵי הַמֵּאוֹת לַכָּרִי וְלָרָצִים

וַיָּבֵא אֹתָם אֵלָיו בֵּית יְהוָה

וַיִּכְרֹת לָהֶם בְּרִית וַיַּשְׁבַּע אֹתָם בְּבֵית יְהוָה

וַיַּרְא אֹתָם אֶת־בֶּן־הַמֶּלֶךְ

주석 ㅣ 여호야다가 요아스를 왕으로 세우기 위해 일단의 군대와 협정을 맺는다.

열왕기하 11:17 ···

וַיִּכְרֹת יְהוֹיָדָע אֶת־הַבְּרִית בֵּין יְהוָה וּבֵין

הַמֶּלֶךְ וּבֵין הָעָם לִהְיוֹת לְעָם לַיהוָה וּבֵין הַמֶּלֶךְ וּבֵין הָעָם

주석 ㅣ 여호야다가 야웨와 왕과 백성 사이에, 또 왕과 백성 사이에 언약을 맺는다.

열왕기하 17.15 ㅣ 열왕기하 17:35 ···

35 וַיִּכְרֹת יְהוָה אִתָּם בְּרִית וַיְצַוֵּם לֵאמֹר לֹא תִירְאוּ אֱלֹהִים

אֲחֵרִים וְלֹא־תִשְׁתַּחֲווּ לָהֶם וְלֹא תַעַבְדוּם וְלֹא תִזְבְּחוּ לָהֶם

주석 ㅣ 시내산에서 맺어진 언약을 가리킨다.

열왕기하 17:38

הַבְּרִית אֲשֶׁר־כָּרַתִּי אִתְּכֶם לֹא תִשְׁכָּחוּ

וְלֹא תִירְאוּ אֱלֹהִים אֲחֵרִים

주석 ㅣ 시내산에서 맺어진 언약을 가리킨다.

열왕기하 23:3

וַיַּעֲמֹד הַמֶּלֶךְ עַל־הָעַמּוּד וַיִּכְרֹת אֶת־הַבְּרִית לִפְנֵי יְהוָה לָלֶכֶת

אַחַר יְהוָה וְלִשְׁמֹר מִצְוֺתָיו וְאֶת־עֵדְוֺתָיו וְאֶת־חֻקֹּתָיו בְּכָל־לֵב

וּבְכָל־נֶפֶשׁ לְהָקִים אֶת־דִּבְרֵי הַבְּרִית הַזֹּאת הַכְּתֻבִים עַל־הַסֵּפֶר הַזֶּה

וַיַּעֲמֹד כָּל־הָעָם בַּבְּרִית

주석 ㅣ 요시야가 시내산 언약/신명기 언약을 지키겠다는 언약을 맺는다.

이사야 28:15

כִּי אֲמַרְתֶּם כָּרַתְנוּ בְרִית אֶת־מָוֶת

וְעִם־שְׁאוֹל עָשִׂינוּ חֹזֶה

שִׁיט שׁוֹטֵף כִּי־עָבַר לֹא יְבוֹאֵנוּ

כִּי שַׂמְנוּ כָזָב מַחְסֵנוּ וּבַשֶּׁקֶר נִסְתָּרְנוּ

주석 ㅣ 조롱하는 자들이 자기들은 사망과 언약을 맺었다고 자랑한다. 이것은 이사야가 우상숭배자
들을 조롱하는 것을 가리킬 것이다. 이사야 28.18을 보라.

이사야 55:3

הַטּוּ אָזְנְכֶם וּלְכוּ אֵלַי שִׁמְעוּ וּתְחִי נַפְשְׁכֶם

וְאֶכְרְתָה לָכֶם בְּרִית עוֹלָם חַסְדֵי דָוִד הַנֶּאֱמָנִים

주석 ㅣ 이사야는 하나님이 영원한 언약으로 불리는 새 언약을 시작하실 것이라고 선언한다.

이사야 61:8

כִּי אֲנִי יְהוָה אֹהֵב מִשְׁפָּט שֹׂנֵא גָזֵל בְּעוֹלָה

וּבְרִית עוֹלָם אֶכְרוֹת לָהֶם

주석 | 하나님이 자기 백성과 영원한 언약으로 불리는 새 언약을 맺으실 것이다.

예레미야 31:31

הִנֵּה יָמִים בָּאִים נְאֻם־יְהוָה

וְכָרַתִּי אֶת־בֵּית יִשְׂרָאֵל וְאֶת־בֵּית יְהוּדָה בְּרִית חֲדָשָׁה

주석 | 예레미야는 하나님이 새 언약을 시작하실 것이라고 선언한다.

예레미야 31:32

לֹא כַבְּרִית אֲשֶׁר כָּרַתִּי אֶת־אֲבוֹתָם בְּיוֹם

הֶחֱזִיקִי בְיָדָם לְהוֹצִיאָם מֵאֶרֶץ מִצְרָיִם

אֲשֶׁר־הֵמָּה הֵפֵרוּ אֶת־בְּרִיתִי

וְאָנֹכִי בָּעַלְתִּי בָם נְאֻם־יְהוָה

주석 | 시내산에서 맺어진 언약을 가리킨다.

예레미야 31:33

כִּי זֹאת הַבְּרִית אֲשֶׁר אֶכְרֹת אֶת־בֵּית יִשְׂרָאֵל

אַחֲרֵי הַיָּמִים הָהֵם נְאֻם־יְהוָה נָתַתִּי אֶת־תּוֹרָתִי בְּקִרְבָּם אֶכְתֳּבֶנָּה וְהָיִיתִי

לָהֶם לֵאלֹהִים וְהֵמָּה יִהְיוּ־לִי לְעָם

주석 | 예레미야는 하나님이 새 언약을 시작하실 것이라고 선언한다.

예레미야 32:40

וְכָרַתִּי לָהֶם בְּרִית עוֹלָם אֲשֶׁר לֹא־אָשׁוּב מֵאַחֲרֵיהֶם לְהֵיטִיבִי אוֹתָם

וְאֶת־יִרְאָתִי אֶתֵּן בִּלְבָבָם לְבִלְתִּי סוּר מֵעָלָי

주석 | 예레미야는 하나님이 영원한 언약으로 불리는 새 언약을 시작하실 것이라고 선언한다.

예레미야 34:8

הַדָּבָר אֲשֶׁר־הָיָה אֶל־יִרְמְיָהוּ מֵאֵת יְהוָה אַחֲרֵי כְּרֹת הַמֶּלֶךְ

צִדְקִיָּהוּ בְּרִית אֶת־כָּל־הָעָם אֲשֶׁר בִּירוּשָׁלַ͏ִם לִקְרֹא לָהֶם דְּרוֹר

예레미야 34:13

כֹּה־אָמַר יְהוָה אֱלֹהֵי יִשְׂרָאֵל אָנֹכִי כָּרַתִּי בְרִית

אֶת־אֲבוֹתֵיכֶם בְּיוֹם הוֹצִאִי אוֹתָם מֵאֶרֶץ מִצְרַיִם מִבֵּית עֲבָדִים לֵאמֹר

주석 ı 시내산에서 맺어진 언약을 가리킨다.

예레미야 34:15

וַתָּשֻׁבוּ אַתֶּם הַיּוֹם וַתַּעֲשׂוּ אֶת־הַיָּשָׁר בְּעֵינַי לִקְרֹא דְרוֹר אִישׁ

לְרֵעֵהוּ וַתִּכְרְתוּ בְרִית לְפָנַי בַּבַּיִת אֲשֶׁר־נִקְרָא שְׁמִי עָלָיו

주석 ı 시드기야 왕이 종들에게 자유를 선포하도록 온 백성과 언약을 맺었다.

에스겔 17:13

וַיִּקַּח מִזֶּרַע הַמְּלוּכָה וַיִּכְרֹת אִתּוֹ בְּרִית

וַיָּבֵא אֹתוֹ בְּאָלָה וְאֶת־אֵילֵי הָאָרֶץ לָקָח

주석 ı 바빌론 왕이 유다의 왕족 하나와 언약을 맺었다. "그에게 맹세하게 하고"라는 평행적 표현에 주의하라.

에스겔 34:25

וְכָרַתִּי לָהֶם בְּרִית שָׁלוֹם וְהִשְׁבַּתִּי חַיָּה־רָעָה מִן־הָאָרֶץ

וְיָשְׁבוּ בַמִּדְבָּר לָבֶטַח וְיָשְׁנוּ בַּיְּעָרִים

주석 ı 에스겔이 화평의 언약 = 새 언약을 선포한다.

에스겔 37:26

וְכָרַתִּי לָהֶם בְּרִית שָׁלוֹם בְּרִית עוֹלָם יִהְיֶה אוֹתָם

וּנְתַתִּים וְהִרְבֵּיתִי אוֹתָם וְנָתַתִּי אֶת־מִקְדָּשִׁי בְּתוֹכָם לְעוֹלָם

주석 ı 에스겔이 화평의 언약 = 새 언약을 선포한다.

호세아 2:20

וְכָרַתִּי לָהֶם בְּרִית בַּיּוֹם הַהוּא

עִם־חַיַּת הַשָּׂדֶה וְעִם־עוֹף הַשָּׁמַיִם וְרֶמֶשׂ הָאֲדָמָה

וְקֶשֶׁת וְחֶרֶב וּמִלְחָמָה אֶשְׁבּוֹר מִן־הָאָרֶץ וְהִשְׁכַּבְתִּים לָבֶטַח

주석 | 호세아는 기원전 8세기 중반에 생존하고 활동했다. 그는 미래에 야웨께서 짐승들이 더 이상 파괴의 도구가 되지 않도록 짐승들과 맺으실 언약에 대해 선포한다. 그때 그 땅에 안전과 안정이 있을 것이다. 추가로 호세아 6.7과 8.1을 보라.

호세아 10:4

דִּבְּרוּ דְבָרִים אָלוֹת שָׁוְא כָּרֹת בְּרִית

וּפָרַח כָּרֹאשׁ מִשְׁפָּט עַל תַּלְמֵי שָׂדָי

주석 | 호세아는 여기서 이스라엘 북 왕국의 마지막 왕들이 맺은 조약에 대해 말한다.

호세아 12:2

אֶפְרַיִם רֹעֶה רוּחַ וְרֹדֵף קָדִים כָּל־הַיּוֹם כָּזָב וָשֹׁד יַרְבֶּה

וּבְרִית עִם־אַשּׁוּר יִכְרֹתוּ וְשֶׁמֶן לְמִצְרַיִם יוּבָל

주석 | 호세아는 여기서 이스라엘 북 왕국의 마지막 왕들이 맺은 조약에 대해 말한다.

시편 50:5

אִסְפוּ־לִי חֲסִידָי כֹּרְתֵי בְרִיתִי עֲלֵי־זָבַח

주석 | 시내산 언약에 대한 언급이다(출 24.4-8을 보라). 이 본문은 그 언약 공동체에 속해 있는 자들 곧 언약 당사자를 "하시딤"(성도들)으로 지칭하고, 그 언약을 제사를 기초로 맺어진 언약으로 말한다.

시편 83:6

כִּי נוֹעֲצוּ לֵב יַחְדָּו עָלֶיךָ בְּרִית יִכְרֹתוּ

주석 | 아삽은 이스라엘을 반대하는 방대한 수의 민족들이 체결한 언약 또는 동맹에 대해 묘사한다.

시편 89:4

כָּרַתִּי בְרִית לִבְחִירִי נִשְׁבַּעְתִּי לְדָוִד עַבְדִּי

주석 ǀ 다윗 언약에 대한 언급이다(사무엘하 7장을 보라).

욥기 31:1

בְּרִית כָּרַתִּי לְעֵינָי וּמָה אֶתְבּוֹנֵן עַל־בְּתוּלָה

주석 ǀ 욥의 무고함에 관한 선언: 욥은 처녀를 음흉하게 바라보지 않겠다고 자신의 눈과 언약을 맺었다.

욥기 40:28

הֲיִכְרֹת בְּרִית עִמָּךְ תִּקָּחֶנּוּ לְעֶבֶד עוֹלָם

주석 ǀ 야웨의 말씀: 야웨는 욥에게 리워야단을 통제해 보라고 반박하신다. 욥은 리워야단이 영원히 자신의 종이 되도록 리워야단과 협정을 맺을 수 있는가?

에스라 10:3

וְעַתָּה נִכְרָת־בְּרִית לֵאלֹהֵינוּ לְהוֹצִיא כָל־נָשִׁים וְהַנּוֹלָד

מֵהֶם בַּעֲצַת אֲדֹנָי וְהַחֲרֵדִים בְּמִצְוַת אֱלֹהֵינוּ וְכַתּוֹרָה יֵעָשֶׂה

주석 ǀ 에스라는 이스라엘 백성들에게 비유대인 아내와 헤어지겠다는 언약을 하나님과 맺으라고 촉구한다.

느헤미야 9:8

וּמָצָאתָ אֶת־לְבָבוֹ נֶאֱמָן לְפָנֶיךָ וְכָרוֹת עִמּוֹ הַבְּרִית

לָתֵת אֶת־אֶרֶץ הַכְּנַעֲנִי הַחִתִּי הָאֱמֹרִי

הַפְּרִזִּי וְהַיְבוּסִי וְהַגִּרְגָּשִׁי לָתֵת לְזַרְעוֹ

וַתָּקֶם אֶת־דְּבָרֶיךָ כִּי צַדִּיק אָתָּה

주석 ǀ 아브라함 언약(특히 창 15.18-21)에 대한 언급이다. הקים이 여기서 하나님이 자신의 말씀을 이루시는 것 즉 이전에 시작된 언약에 담긴 약속들을 이루시는 것에 대해 사용되는 것을 주의하라.

역대상 11:3

וַיָּבֹאוּ כָּל־זִקְנֵי יִשְׂרָאֵל אֶל־הַמֶּלֶךְ חֶבְרוֹנָה

וַיִּכְרֹת לָהֶם דָּוִיד בְּרִית בְּחֶבְרוֹן לִפְנֵי יְהוָה

וַיִּמְשְׁחוּ אֶת־דָּוִיד לְמֶלֶךְ עַל־יִשְׂרָאֵל כִּדְבַר יְהוָה בְּיַד־שְׁמוּאֵל

주석 �⏐ 사무엘하 5.1-3과 평행 관계를 이룸.

역대하 21:7

וְלֹא־אָבָה יְהוָה לְהַשְׁחִית אֶת־בֵּית דָּוִיד לְמַעַן הַבְּרִית אֲשֶׁר כָּרַת לְדָוִיד
וְכַאֲשֶׁר אָמַר לָתֵת לוֹ נִיר וּלְבָנָיו כָּל־הַיָּמִים

주석 ˏ⏐ 야웨께서 다윗과 맺으신 언약을 가리킨다. 여호람은 악한 왕이었으나 야웨는 다윗과 맺으신 언약 때문에 그를 멸하지 아니하셨다.

역대하 23:3

וַיִּכְרֹת כָּל־הַקָּהָל בְּרִית בְּבֵית הָאֱלֹהִים עִם־הַמֶּלֶךְ
וַיֹּאמֶר לָהֶם הִנֵּה בֶן־הַמֶּלֶךְ יִמְלֹךְ כַּאֲשֶׁר דִּבֶּר יְהוָה עַל־בְּנֵי דָוִיד

주석 ˏ⏐ 열왕기하 11.4과 평행 관계?

역대하 23:16

וַיִּכְרֹת יְהוֹיָדָע בְּרִית בֵּינוֹ וּבֵין
כָּל־הָעָם וּבֵין הַמֶּלֶךְ לִהְיוֹת לְעָם לַיהוָה

주석 ˏ⏐ 열왕기하 11.17과 평행 관계를 이룸.

역대하 29:10

עַתָּה עִם־לְבָבִי לִכְרוֹת בְּרִית לַיהוָה
אֱלֹהֵי יִשְׂרָאֵל וְיָשֹׁב מִמֶּנּוּ חֲרוֹן אַפּוֹ

주석 ˏ⏐ 히스기야는 야웨의 분노가 백성들에게서 떠나가도록 야웨와 언약을 맺을 의도가 있다고 선언한다. 히스기야는 레위인들에게도 성전을 깨끗하게 하도록 촉구한다.

역대하 34:31

וַיַּעֲמֹד הַמֶּלֶךְ עַל־עָמְדוֹ וַיִּכְרֹת אֶת־הַבְּרִית לִפְנֵי יְהוָה
לָלֶכֶת אַחֲרֵי יְהוָה וְלִשְׁמוֹר אֶת־מִצְוֹתָיו וְעֵדְוֹתָיו וְחֻקָּיו בְּכָל־לְבָבוֹ
וּבְכָל־נַפְשׁוֹ לַעֲשׂוֹת אֶת־דִּבְרֵי הַבְּרִית הַכְּתוּבִים עַל־הַסֵּפֶר הַזֶּה

주석 ㅣ 열왕기하 23.3과 평행 관계를 이룸.

2 הקים ברית **언약을 지키다/보증하다**

창세기 6:18 ⋯⋯⋯⋯⋯⋯⋯⋯⋯⋯⋯⋯⋯⋯⋯⋯⋯⋯⋯⋯⋯⋯⋯⋯

[17] וַאֲנִי הִנְנִי מֵבִיא אֶת־הַמַּבּוּל מַיִם עַל־הָאָרֶץ

לְשַׁחֵת כָּל־בָּשָׂר אֲשֶׁר־בּוֹ רוּחַ חַיִּים מִתַּחַת הַשָּׁמָיִם

כֹּל אֲשֶׁר־בָּאָרֶץ יִגְוָע

[18] וַהֲקִמֹתִי אֶת־בְּרִיתִי אִתָּךְ

וּבָנֶיךָ וְאִשְׁתְּךָ וּנְשֵׁי־בָנֶיךָ אִתָּךְ

주석 ㅣ 노아 언약.

창세기 9:9 ⋯⋯⋯⋯⋯⋯⋯⋯⋯⋯⋯⋯⋯⋯⋯⋯⋯⋯⋯⋯⋯⋯⋯⋯

וַאֲנִי הִנְנִי מֵקִים אֶת־בְּרִיתִי אִתְּכֶם וְאֶת־זַרְעֲכֶם אַחֲרֵיכֶם

주석 ㅣ 노아 언약.

창세기 9:11 ⋯⋯⋯⋯⋯⋯⋯⋯⋯⋯⋯⋯⋯⋯⋯⋯⋯⋯⋯⋯⋯⋯⋯⋯

וַהֲקִמֹתִי אֶת־בְּרִיתִי אִתְּכֶם

וְלֹא־יִכָּרֵת כָּל־בָּשָׂר עוֹד מִמֵּי הַמַּבּוּל

וְלֹא־יִהְיֶה עוֹד מַבּוּל לְשַׁחֵת הָאָרֶץ

창세기 9.17 ⋯⋯⋯⋯⋯⋯⋯⋯⋯⋯⋯⋯⋯⋯⋯⋯⋯⋯⋯⋯⋯⋯⋯⋯

xxx

וַיֹּאמֶר אֱלֹהִים אֶל־נֹחַ זֹאת אוֹת־הַבְּרִית

אֲשֶׁר הֲקִמֹתִי בֵּינִי וּבֵין כָּל־בָּשָׂר אֲשֶׁר עַל־הָאָרֶץ

주석 ㅣ 노아 언약.

창세기 17:7 ⋯⋯⋯⋯⋯⋯⋯⋯⋯⋯⋯⋯⋯⋯⋯⋯⋯⋯⋯⋯⋯⋯⋯⋯

[6] וְהִפְרֵתִי אֹתְךָ בִּמְאֹד מְאֹד וּנְתַתִּיךָ לְגוֹיִם

מְלָכִים מִמְּךָ יֵצֵאוּ

7 וַהֲקִמֹתִי אֶת־בְּרִיתִי בֵּינִי וּבֵינֶךָ וּבֵין זַרְעֲךָ אַחֲרֶיךָ לְדֹרֹתָם
לִבְרִית עוֹלָם לִהְיוֹת לְךָ לֵאלֹהִים וּלְזַרְעֲךָ אַחֲרֶיךָ

주석 ㅣ 아브라함 언약.

창세기 17:19

וַיֹּאמֶר אֱלֹהִים אֲבָל שָׂרָה אִשְׁתְּךָ יֹלֶדֶת לְךָ בֵּן וְקָרָאתָ אֶת־שְׁמוֹ
יִצְחָק וַהֲקִמֹתִי אֶת־בְּרִיתִי אִתּוֹ לִבְרִית עוֹלָם לְזַרְעוֹ אַחֲרָיו

주석 아브라함 언약.

창세기 17:21

20 וּלְיִשְׁמָעֵאל שְׁמַעְתִּיךָ הִנֵּה בֵּרַכְתִּי אֹתוֹ וְהִפְרֵיתִי אֹתוֹ וְהִרְבֵּיתִי אֹתוֹ
וְהִרְבֵּיתִי אֹתוֹ בִּמְאֹד מְאֹד שְׁנֵים־עָשָׂר נְשִׂיאִם יוֹלִיד וּנְתַתִּיו לְגוֹי גָּדוֹל
21 וְאֶת־בְּרִיתִי אָקִים אֶת־יִצְחָק
אֲשֶׁר תֵּלֵד לְךָ שָׂרָה לַמּוֹעֵד הַזֶּה בַּשָּׁנָה הָאַחֶרֶת

주석 ㅣ 아브라함 언약.

출애굽기 6:4

3 וָאֵרָא אֶל־אַבְרָהָם אֶל־יִצְחָק וְאֶל־יַעֲקֹב בְּאֵל שַׁדָּי
וּשְׁמִי יְהוָה לֹא נוֹדַעְתִּי לָהֶם
4 וְגַם הֲקִמֹתִי אֶת־בְּרִיתִי אִתָּם לָתֵת לָהֶם אֶת־אֶרֶץ כְּנָעַן
אֵת אֶרֶץ מְגֻרֵיהֶם אֲשֶׁר־גָּרוּ בָהּ

주석 ㅣ 이것이 הקים בְּרִית가 언약을 "보증하다"나 "이루다"가 아니라 "세우다"나 "시작하다"를 의미하는 경우일까? 반드시 그런 경우는 아니다. 왜냐하면 야웨께서 자신이 그들에게 땅을 주겠다는 언약을 보증했다고 말씀하시기 때문이다. 따라서 다시 말해 언약을 보증하거나 확립하는 것은 맹세나 서약으로 형식적 관계를 세우는 것이 아니라 헌신의 유효성을 확언하는 것이다.

레위기 26:9

וּפָנִיתִי אֲלֵיכֶם וְהִפְרֵיתִי אֶתְכֶם וְהִרְבֵּיתִי אֶתְכֶם

וַהֲקִימֹתִי אֶת־בְּרִיתִי אִתְּכֶם

주석 ㅣ 이것은 순종의 복과 불순종의 저주를 약속하는 부분이다. 순종하면 야웨께서 그들과 맺으신 자신의 언약을 "지키실" 것이다. 즉 자신이 약속하신 복을 베푸실 것이다.

신명기 8:18

וְזָכַרְתָּ אֶת־יְהוָה אֱלֹהֶיךָ כִּי הוּא הַנֹּתֵן לְךָ כֹּחַ לַעֲשׂוֹת חָיִל

לְמַעַן הָקִים אֶת־בְּרִיתוֹ אֲשֶׁר־נִשְׁבַּע לַאֲבֹתֶיךָ כַּיּוֹם הַזֶּה

주석 ㅣ 야웨를 기억하는 것은 언약 규정들에 순종함으로써 야웨를 사랑하는 것이다. 그렇게 하면 야웨께서 자신이 약속하신 복 즉 부(富)를 제공하고, 따라서 자신의 언약을 "이루거나" "지키실" 것이다.

열왕기하 23:3

וַיַּעֲמֹד הַמֶּלֶךְ עַל־הָעַמּוּד וַיִּכְרֹת אֶת־הַבְּרִית לִפְנֵי יְהוָה לָלֶכֶת

אַחַר יְהוָה וְלִשְׁמֹר מִצְוֹתָיו וְאֶת־עֵדְוֹתָיו וְאֶת־חֻקֹּתָיו בְּכָל־לֵב

וּבְכָל־נֶפֶשׁ לְהָקִים אֶת־דִּבְרֵי הַבְּרִית הַזֹּאת הַכְּתֻבִים עַל־הַסֵּפֶר הַזֶּה

וַיַּעֲמֹד כָּל־הָעָם בַּבְּרִית

주석 ㅣ 여기서 요시야는 야웨를 따르고 야웨의 명령을 지키겠다는 언약을 맺는다. 그러면 야웨는 언약의 말씀을 "이루거나" "지키실" 것이다.

예레미야 34:18

וְנָתַתִּי אֶת־הָאֲנָשִׁים הָעֹבְרִים אֶת־בְּרִתִי

אֲשֶׁר לֹא־הֵקִימוּ אֶת־דִּבְרֵי הַבְּרִית אֲשֶׁר כָּרְתוּ לְפָנָי

הָעֵגֶל אֲשֶׁר כָּרְתוּ לִשְׁנַיִם וַיַּעַבְרוּ בֵּין בְּתָרָיו

주석 ㅣ "[언약의] 말을 실행한다"는 표현은 이전에 맺어진("쪼개진") 언약의 의무를 이루는 것을 가리킨다.

에스겔 16:60 ㅣ 에스겔 16:62

60 וְזָכַרְתִּי אֲנִי אֶת־בְּרִיתִי אוֹתָךְ

בִּימֵי נְעוּרָיִךְ וַהֲקִמוֹתִי לָךְ בְּרִית עוֹלָם

61 וְזָכַרְתְּ אֶת־דְּרָכַיִךְ וְנִכְלַמְתְּ בְּקַחְתֵּךְ אֶת־אֲחוֹתַיִךְ הַגְּדֹלוֹת

מִמֵּךְ וְנָתַתִּי אֶתְהֶן לָךְ לְבָנוֹת וְלֹא מִבְּרִיתֵךְ

⁶² וַהֲקִימוֹתִי אֲנִי אֶת־בְּרִיתִי אִתָּךְ וְיָדַעַתְּ כִּי־אֲנִי יְהוָה

주석 ㅣ 하나님은 예루살렘을 다루실 때 그들이 하는 것에 따라 다루실 것이다. 그럼에도 하나님은 예루살렘과 맺은 자신의 언약을 기억하고 그 언약을 영원한 언약으로 "세우실" 것이다. 여기서 "헤킴"은 "시작하는" 것을 가리키는 것으로 보인다. 그러나 그 의미는 "이루는" 것 즉 "지키는 것이 될 수 있다. 첫 언약은 지켜지지 못했으나 이 언약은 지켜질 것이다.

3 הגביר ברית **언약을 굳게 지키다**

다니엘 9:27

וְהִגְבִּיר בְּרִית לָרַבִּים שָׁבוּעַ אֶחָד

חֲצִי הַשָּׁבוּעַ יַשְׁבִּית זֶבַח וּמִנְחָה

וְעַל כְּנַף שִׁקּוּצִים מְשֹׁמֵם

וְעַד־כָּלָה וְנֶחֱרָצָה תִּתַּךְ עַל־שֹׁמֵם

주석 ㅣ 이 구절에 대한 해석은 뜨거운 논란과 논쟁을 불러 일으켰다. 중심 문제는 동사의 주어의 신원에 대한 문제다. 윌리엄슨은 최근에 『맹세로 보증함』(*Sealed with An oath*)이라는 작품을 통해 26절과 27절은 그 구절 전반부가 오실 왕에 대해 말하고, 후반부는 멸망자에 대해 말한다고 주장했다. 이 견해에 따르면 많은 사람과 언약을 굳게 맺고 제사를 금지시킬 자가 메시아다. הגביר ברית라는 표현은 독특하지만 הקים רית라는 표현과 비슷하다.

4 נתן ברית **언약을 주다/두다**

창세기 9.12 ㅣ 창세기 17:2

¹⁷:² וְאֶתְּנָה בְרִיתִי בֵּינִי וּבֵינֶךָ

וְאַרְבֶּה אוֹתְךָ בִּמְאֹד מְאֹד

주석 ㅣ 하나님은 아브람에게 "내 앞에서 행하여 완전하고, 그러면 내가 내 언약을 나와 너 사이에 주어/두어 너를 크게 번성하게 하리라"고 명령하신다. 이런 배치를 갖고 있는 유일한 사례가 ברית הקים라는 표현을 사용하는 본문의 문맥들에서 발견된다.

לָכֵן אֱמֹר הִנְנִי נֹתֵן לוֹ אֶת־בְּרִיתִי שָׁלוֹם

5 צוה ברית 언약을 명하다

여호수아 7.11 ㅣ 여호수아 23.16 ㅣ 사사기 2.20 ㅣ 시편 111:9 ···

111:9 פְּדוּת שָׁלַח לְעַמּוֹ צִוָּה־לְעוֹלָם בְּרִיתוֹ

קָדוֹשׁ וְנוֹרָא שְׁמוֹ

주석 ㅣ 자기 백성을 위한 하나님의 구속의 준비는 자신의 언약을 영원히 지시하거나 명령하시는 것과 동등하다. 이것은 아브라함 언약도 마찬가지다.

6 הגד ברית 언약을 반포하다

신명기 4:13 ···

וַיַּגֵּד לָכֶם אֶת־בְּרִיתוֹ אֲשֶׁר צִוָּה אֶתְכֶם לַעֲשׂוֹת עֲשֶׂרֶת הַדְּבָרִים

וַיִּכְתְּבֵם עַל־שְׁנֵי לֻחוֹת אֲבָנִים

주석 ㅣ 모세는 어떻게 시내산에서 "야웨께서 그분의 언약 즉 열 가지 말씀을 너희에게 반포하셨는지" 상술한다. 모세 언약을 참조하라.

7 שים ברית 언약을 두다/세우다

사무엘하 23:5 ···

כִּי־לֹא־כֵן בֵּיתִי עִם־אֵל

כִּי בְרִית עוֹלָם שָׂם לִי עֲרוּכָה בַכֹּל וּשְׁמֻרָה

כִּי־כָל־יִשְׁעִי וְכָל־חֵפֶץ כִּי־לֹא יַצְמִיחַ

주석 ㅣ 다윗은 "여호와께서 나와 더불어[나를 위해] 언약을 두셨다/세우셨다"고 말한다. 이 표현은 아마 נתן ברית에 동등할 것이다. 또한 본문이 ערך ברית와 שמר ברית라는 표현을 함축하고 있는 것도 주의하라(아래 #15를 보라). ערך ברית와 נתן ברית라는 표현은 언약을 세우는[시작하는] 것을 가리키지만 שמר ברית는 언약을 이루는[지키는] 것을 가리킨다.

예레미야 33:25 ···

주석 ι 만약 하나님이 창조물과 언약을 맺지 아니하셨다면 아브라함 후손을 거부하고 아브라함의
후손 중 하나가 아브라함의 후손을 다스리도록 하지 아니하셨을 것이다.

8 הֶעֱמִיד בְּרִית **언약을 확실히 하다**

역대상 16:17 ···

וַיַּעֲמִידֶהָ לְיַעֲקֹב לְחֹק לְיִשְׂרָאֵל בְּרִית עוֹלָם

주석 ι 다윗은 언약궤를 예루살렘으로 옮기고, 그곳에 성막을 세우며, 백성들이 거기서 경배하도록
정하고 명령한다. 이어서 백성들에게 영원한 언약 곧 "천 대에 걸쳐 명령하신 말씀"을 기억하도록
촉구하는 감사의 시편이 나온다. 그다음 구절은 이것을 아브라함 언약으로 간주하고, 언어는 시편
105.10을 생각나게 한다. 17절은 야웨께서 야곱에게 주신 율례로 세우겠다고 명세하거나 이스라
엘을 위한 영원한 언약으로 세우겠다고 맹세하신 것을 설명한다.

시편 105:10 ···

8 זָכַר לְעוֹלָם בְּרִיתוֹ

דָּבָר צִוָּה לְאֶלֶף דּוֹר

9 אֲשֶׁר כָּרַת אֶת־אַבְרָהָם

וּשְׁבוּעָתוֹ לְיִשְׂחָק

10 וַיַּעֲמִידֶהָ לְיַעֲקֹב לְחֹק

לְיִשְׂרָאֵל בְּרִית עוֹלָם

주석 ι 문맥은 분명히 이 언약을 아브라함 언약과 동일시한다. 이 언약은 "천 대에 걸쳐 명령하신 말
씀"이고 또한 이삭에게 하신 "맹세"다. 이 언약은 야곱에게 주신 "율례"와 이스라엘에게 하신 영원한
언약으로 서 있다. 10절 첫 단어 וייעמידה에 붙은 접미사는 지시 대상으로 ברית를 갖고 있다. 아브
라함 언약은 야곱에게 보증되었다. 따라서 이 표현은 הקים ברית와 비슷하다.

열왕기하 23:3 ········

וַיַּעֲמֹד הַמֶּלֶךְ עַל־הָעַמּוּד וַיִּכְרֹת אֶת־הַבְּרִית לִפְנֵי יְהוָה לָלֶכֶת

אַחַר יְהוָה וְלִשְׁמֹר מִצְוֹתָיו וְאֶת־עֵדְוֹתָיו וְאֶת־חֻקֹּתָיו בְּכָל־לֵב

וּבְכָל־נֶפֶשׁ לְהָקִים אֶת־דִּבְרֵי הַבְּרִית הַזֹּאת הַכְּתֻבִים עַל־הַסֵּפֶר הַזֶּה

וַיַּעֲמֹד כָּל־הָעָם בַּבְּרִית

주석 | 요시야는 시내산 언약/신명기 언약을 지키겠다고 언약을 맺는다(참조. 왕하 22:8).

역대하 34:32 ········

וַיַּעֲמֵד אֵת כָּל־הַנִּמְצָא בִירוּשָׁלַם וּבִנְיָמִן

וַיַּעֲשׂוּ יֹשְׁבֵי יְרוּשָׁלַם כִּבְרִית אֱלֹהִים אֱלֹהֵי אֲבוֹתֵיהֶם

주석 | "하나님의 언약"이라는 명사구는 문명히 시내산 언약을 가리킨다. 왕인 요시야는 그의 백성들이 언약 규정들과 선조들이 경배한 하나님을 돌아보도록 이끌고 있다.

10 언약에 들어가다 בוא בברית

사무엘상 20:8 ········

וְעָשִׂיתָ חֶסֶד עַל־עַבְדֶּךָ כִּי בִּבְרִית יְהוָה הֵבֵאתָ אֶת־עַבְדְּךָ עִמָּךְ

וְאִם־יֶשׁ־בִּי עָוֹן הֲמִיתֵנִי אַתָּה וְעַד־אָבִיךָ לָמָּה־זֶּה תְבִיאֵנִי

주석 | 요나단은 다윗과 "야웨의 언약"을 맺었다. 아마 이런 생각은 다윗과 요나단 사이의 언약이 야웨 앞에서 이루어진 맹세였다는 것을 의미할 것이다. 이것은 사무엘상 18.3에서는 분명하지는 않지만 23.18에서는 분명하게 나타난다.

예레미야 34:10 ········

וַיִּשְׁמְעוּ כָל־הַשָּׂרִים וְכָל־הָעָם אֲשֶׁר־בָּאוּ בַבְּרִית

שַׁלַּח אִישׁ אֶת־עַבְדּוֹ וְאִישׁ אֶת־שִׁפְחָתוֹ חָפְשִׁים

לְבִלְתִּי עֲבָד־בָּם עוֹד וַיִּשְׁמְעוּ וַיְשַׁלֵּחוּ

주석 | 이 사례는 בברית בבוא라는 표현이 ברית כרת라는 표현과 동등하다는 것을 보여준다. 예레미야 34.8과 34.10을 참조하라.

에스겔 16:8

וָאֶעֱבֹר עָלַיִךְ וָאֶרְאֵךְ וְהִנֵּה עִתֵּךְ עֵת דֹּדִים

וָאֶפְרֹשׂ כְּנָפִי עָלַיִךְ וָאֲכַסֶּה עֶרְוָתֵךְ

וָאֶשָּׁבַע לָךְ וָאָבוֹא בִבְרִית אֹתָךְ נְאֻם אֲדֹנָי יְהוִה וַתִּהְיִי לִי

주석 | 『NIV 스터디 성경』의 각주는 다음과 같다. "내 옷의 구석까지 펼치고"(spread the corner of my garment). 이것은 결혼 관계에 들어가는 것을 상징한다(신 22.30; 룻 3.9에 대한 각주를 보라). 처녀는 예루살렘을 상징하므로 이것은 시내산 언약을 가리키는 것이 아니라 언약으로서의 결혼을 가리킨다(말 2:14을 보라). 이것은 쓸데없는 것과 함께 중요한 것을 버리는 것이다. 에스겔 16.8에서 처녀는 하나님의 백성을 상징하고 그 결혼 언약은 시내산 언약을 상징한다. 사실 출애굽기 24장은 야웨와 그분의 백성 간의 언약을 결혼 언약/관계로 묘사한다.

에스겔 20:37

הַעֲבַרְתִּי אֶתְכֶם תַּחַת הַשָּׁבֶט

וְהֵבֵאתִי אֶתְכֶם בְּמָסֹרֶת הַבְּרִית

주석 | 일종의 새 출애굽에서 야웨는 포로들을 모아 그들을 민족들의 광야로 데리고 가고, 거기서 그들을 심판하며, 그런 다음 그들을 언약의 줄로 매실 것이다. 에스겔서의 문맥에서 이것은 어떤 의미에서 모세 언약의 갱신인 새 언약을 가리키는 것이 틀림없다.

역대하 15:12

וַיָּבֹאוּ בַבְּרִית לִדְרוֹשׁ אֶת־יְהוָה אֱלֹהֵי אֲבוֹתֵיהֶם

בְּכָל־לְבָבָם וּבְכָל־נַפְשָׁם

주석 | 아사의 유다 개혁에는 백성들을 모아 제사를 드리는 것이 포함되었다. 그 결과 백성들은 야웨를 찾겠다는 언약 속에 들어갔다. 이것은 여호수아서 마지막 부분에 나오는 언약과 비슷하게 야웨를 따르겠다는 서약을 새롭게 하는 것이다.

11 עבר בברית **언약에 참여하다**

לְעָבְרְךָ בִּבְרִית יְהוָה אֱלֹהֶיךָ וּבְאָלָתוֹ

שֶׁר יְהוָה אֱלֹהֶיךָ כֹּרֵת עִמְּךָ הַיּוֹם

주석 ǀ 모세의 설교를 들은 백성들은 신명기에 규정된 하나님과 이스라엘 사이의 언약 곧 협정 속에 들어가게 된다.

12 בברית X עם לקח **언약을 함께 취하다**

וּבַשָּׁנָה הַשְּׁבִעִית הִתְחַזַּק יְהוֹיָדָע וַיִּקַּח אֶת־שָׂרֵי הַמֵּאוֹת

לַעֲזַרְיָהוּ בֶן־יְרֹחָם וּלְיִשְׁמָעֵאל בֶּן־יְהוֹחָנָן וְלַעֲזַרְיָהוּ בֶן־עוֹבֵד

וְאֶת־מַעֲשֵׂיָהוּ בֶן־עֲדָיָהוּ וְאֶת־אֱלִישָׁפָט בֶּן־זִכְרִי עִמּוֹ בַבְּרִית

주석 ǀ 역대하 23.3을 보라.

13 זכר ברית **언약을 기억하다**

וְזָכַרְתִּי אֶת־בְּרִיתִי אֲשֶׁר בֵּינִי וּבֵינֵיכֶם וּבֵין כָּל־נֶפֶשׁ חַיָּה בְּכָל־בָּשָׂר

לֹא־יִהְיֶה עוֹד הַמַּיִם לְמַבּוּל לְשַׁחֵת כָּל־בָּשָׂר

주석 ǀ 하나님은 구름 속에서 활[무지개]을 보실 때 모든 생물과 맺은 자신의 언약을 기억하실 것이다.

וְהָיְתָה הַקֶּשֶׁת בֶּעָנָן וּרְאִיתִיהָ לִזְכֹּר בְּרִית עוֹלָם

בֵּין אֱלֹהִים וּבֵין כָּל־נֶפֶשׁ חַיָּה בְּכָל־בָּשָׂר אֲשֶׁר עַל־הָאָרֶץ

주석 ǀ 하나님은 구름 속에서 활[무지개]을 보실 때 모든 생물과 맺은 자신의 언약을 기억하실 것이다.

출애굽기 2:24

וַיִּשְׁמַע אֱלֹהִים אֶת־נַאֲקָתָם

וַיִּזְכֹּר אֱלֹהִים אֶת־בְּרִיתוֹ אֶת־אַבְרָהָם אֶת־יִצְחָק וְאֶת־יַעֲקֹב

주석 | 하나님이 아브라함과 이삭 그리고 야곱과 맺은 자신의 언약을 기억하고, 이집트에서 학대받던 자기 백성을 구원하는 조치를 취하셨다.

출애굽기 6:5

וְגַם אֲנִי שָׁמַעְתִּי אֶת־נַאֲקַת בְּנֵי יִשְׂרָאֵל אֲשֶׁר מִצְרַיִם מַעֲבִדִים אֹתָם

וָאֶזְכֹּר אֶת־בְּרִיתִי

주석 | 하나님이 아브라함과 이삭 그리고 야곱과 맺은 자신의 언약을 기억하고, 이집트에서 학대받던 자기 백성을 구원하는 조치를 취하셨다.

레위기 26:42

וְזָכַרְתִּי אֶת־בְּרִיתִי יַעֲקוֹב

וְאַף אֶת־בְּרִיתִי יִצְחָק וְאַף אֶת־בְּרִיתִי אַבְרָהָם אֶזְכֹּר וְהָאָרֶץ אֶזְכֹּר

주석 | 포로로 잡혀간 백성들이 자기 죄를 자복하면 하나님은 그들과 맺은 언약을 기억하실 것이다. 즉 하나님은 자신의 서약에 따라 행하실 것이다.

레위기 26:45

וְזָכַרְתִּי לָהֶם בְּרִית רִאשֹׁנִים אֲשֶׁר הוֹצֵאתִי־אֹתָם מֵאֶרֶץ מִצְרַיִם

לְעֵינֵי הַגּוֹיִם לִהְיוֹת לָהֶם לֵאלֹהִים אֲנִי יְהוָה

주석 | 이스라엘은 불순종한다면 당연히 처벌을 받을 것이다. 그러나 그들은 완전히 진멸 당하는 일은 없을 것이다. 제한 어구인 "조상과의 언약"은 시내산 언약을 가리키는 것으로 보인다. 왜냐하면 야웨께서 이스라엘의 하나님이 되고 이스라엘은 하나님의 백성이 된 것은 그 언약 때문이다. 야웨는 아브라함과 이삭 그리고 야곱에게 주신 자신의 약속들에 기초해 그분이 이집트에서 이끌어낸 자들에게 언약의 서약을 하셨기 때문에 그들이 불순종하더라도 완전히 진멸하시지는 않을 것이다.

 ·····

וְזָכַרְתִּי אֲנִי אֶת־בְּרִיתִי אוֹתָךְ

בִּימֵי נְעוּרָיִךְ וַהֲקִמוֹתִי לָךְ בְּרִית עוֹלָם

주석 ㅣ 하나님은 예루살렘을 다루실 때 그들이 하는 것에 따라 다루실 것이다. 그럼에도 하나님은 예루살렘과 맺은 자신의 언약을 기억하고 그 언약을 영원한 언약으로 "세우실" 것이다.

아모스 1:9 ·····

כֹּה אָמַר יְהוָה עַל־שְׁלֹשָׁה פִּשְׁעֵי־צֹר וְעַל־אַרְבָּעָה לֹא אֲשִׁיבֶנּוּ

עַל־הַסְגִּירָם גָּלוּת שְׁלֵמָה לֶאֱדוֹם וְלֹא זָכְרוּ בְּרִית אַחִים

주석 ㅣ 페니키아(두로) 사람들과 이스라엘 자손은 다윗 왕 시기에 친밀한 국제 관계를 맺고 있었다. 그들은 솔로몬 왕과 또 아합 왕 시기에도 국제 조약을 맺었다(왕상 5.15, 26; 16.30-31). 아모스는 이 "형제의 계약"을 무시한 조치를 비난한다.

시편 105:8 ㅣ 시편 105:10 ·····

⁸ זֵכֶר לְעוֹלָם בְּרִיתוֹ

דָּבָר צִוָּה לְאֶלֶף דּוֹר

⁹ אֲשֶׁר כָּרַת אֶת־אַבְרָהָם

וּשְׁבוּעָתוֹ לְיִשְׂחָק

¹⁰ וַיַּעֲמִידֶהָ לְיַעֲקֹב לְחֹק

לְיִשְׂרָאֵל בְּרִית עוֹלָם

주석 ㅣ 문맥은 이 언약을 아브라함 언약으로 분명히 간주한다. 이 언약은 천 대에 걸쳐 명령하신 "말씀"이자 이삭에게 하신 "맹세"다. 이 언약은 야곱에게 주신 율례로 세워지고 이스라엘에게 하신 영원한 언약으로 세워졌다.

시편 106:45 ·····

וַיִּזְכֹּר לָהֶם בְּרִיתוֹ

וַיִּנָּחֵם כְּרֹב חֲסָדָיו

주석 ㅣ 문맥은 야웨께서 완고한 거역에 대한 처벌로 자기 백성을 외국 민족들에게 내주심으로써 그들이 외국 민족들의 정복 아래 들어가게 된 사실을 언급한다. 그럼에도 야웨는 "자신의 언약을 기억하셨기" 때문에 여러 번에 걸쳐 그들을 구원하셨다. 이 언약은 다르게 설명되지 않는다. 따라서 우리는 아브라함 언약 아니면 모세 언약이라고 주장할 수 있다. 물론 아브라함 언약이 더 개연성이 크지만 말이다. 시편 111.9도 하나님의 백성의 구속과 영원히 세워진 하나님의 언약을 연계시킨다.

시편 111:5

טֶרֶף נָתַן לִירֵאָיו

יִזְכֹּר לְעוֹלָם בְּרִיתוֹ

주석 ㅣ 하나님이 자기를 경외하는 자들에게 양식을 주시는 것은 하나님이 자신의 언약의 의무를 이행하시기 때문이다. 그러면 이 언약은 창조 언약일까, 아니면 아브라함 언약일까? 시편 105.8 곧 아브라함 언약과 비슷한 것으로 보인다.

역대상 16:15

15 זִכְרוּ לְעוֹלָם בְּרִיתוֹ דָּבָר צִוָּה לְאֶלֶף דּוֹר

16 אֲשֶׁר כָּרַת אֶת־אַבְרָהָם וּשְׁבוּעָתוֹ לְיִצְחָק

주석 ㅣ 다윗은 언약궤를 예루살렘으로 옮기고, 그곳에 성막을 세우며, 백성들이 거기서 경배하도록 정하고 명령한다. 이어서 백성들에게 영원한 언약 곧 "천 대에 걸쳐 명령하신 말씀"을 기억하도록 촉구하는 감사의 시편이 나온다. 그다음 구절은 이것을 아브라함 언약으로 간주하고, 언어는 시편 105.10을 생각나게 한다.

14 הַבֵּט לִבְרִית 언약을 바라보다

시편 74:20

הַבֵּט לַבְּרִית

כִּי מָלְאוּ מַחֲשַׁכֵּי־אֶרֶץ נְאוֹת חָמָס

주석 ㅣ 시편 저자는 자신의 왕으로서 하나님께 호소하고, 하나님의 언약으로 말미암아 자신을 구원해 달라고 간구한다. 이것은 아마 모세 언약에 대한 호소일 것이고, 또한 모세 언약 배후에 있는 아브라함 언약에 대한 호소일 것이다.

15 שָׁמַר בְּרִית **언약을 지키다**

창세기 17:9

וַיֹּאמֶר אֱלֹהִים אֶל־אַבְרָהָם וְאַתָּה אֶת־בְּרִיתִי תִשְׁמֹר

אַתָּה וְזַרְעֲךָ אַחֲרֶיךָ לְדֹרֹתָם

주석 ı 아브람은 자기 자신과 자기 후손 모두 언약을 지키라는 명령을 받는다.

창세기 17:10

זֹאת בְּרִיתִי אֲשֶׁר תִּשְׁמְרוּ בֵּינִי וּבֵינֵיכֶם וּבֵין זַרְעֲךָ אַחֲרֶיךָ

מִוֹל לָכֶם כָּל־זָכָר

주석 ı 아브람은 자기 자신과 자기 후손 모두 언약을 지키라는 명령을 받는다.

출애굽기 19:5

וְעַתָּה אִם־שָׁמוֹעַ תִּשְׁמְעוּ בְּקֹלִי וּשְׁמַרְתֶּם אֶת־בְּרִיתִי

וִהְיִיתֶם לִי סְגֻלָּה מִכָּל־הָעַמִּים כִּי־לִי כָּל־הָאָרֶץ

주석 ı 이 문장은 조건절이고, 귀결절은 시내산 언약을 "지키는" 것을 언급한다.

신명기 7:9

וְיָדַעְתָּ כִּי־יְהוָה אֱלֹהֶיךָ הוּא הָאֱלֹהִים הָאֵל הַנֶּאֱמָן

שֹׁמֵר הַבְּרִית וְהַחֶסֶד לְאֹהֲבָיו וּלְשֹׁמְרֵי מִצְוֹתוֹ מִצְוֹתָיו לְאֶלֶף דּוֹר

주석 ı 모세는 여기서 하나님이 자신의 언약을 지키시는 것을 언급한다. 이것은 일반적 진술이자 신명기에 대한 언급이다. 왜냐하면 모세는 "하나님이 오늘 주시는" 명령을 언급하고 있기 때문이다.

신명기 7:12

וְהָיָה עֵקֶב תִּשְׁמְעוּן אֵת הַמִּשְׁפָּטִים הָאֵלֶּה וּשְׁמַרְתֶּם וַעֲשִׂיתֶם אֹתָם

וְשָׁמַר יְהוָה אֱלֹהֶיךָ לְךָ אֶת־הַבְּרִית וְאֶת־הַחֶסֶד אֲשֶׁר נִשְׁבַּע לַאֲבֹתֶיךָ

주석 ı 모세는 여기서 하나님이 자신의 언약을 지키시는 것을 언급한다. 이것은 이스라엘 백성들이 법도를 듣고 지키고 실천하는 것에 따라 조건화 된다.

열왕기상 8:23 ···

וַיֹּאמַר יְהוָה אֱלֹהֵי יִשְׂרָאֵל

אֵין־כָּמוֹךָ אֱלֹהִים בַּשָּׁמַיִם מִמַּעַל וְעַל־הָאָרֶץ מִתָּחַת

שֹׁמֵר הַבְּרִית וְהַחֶסֶד לַעֲבָדֶיךָ הַהֹלְכִים לְפָנֶיךָ בְּכָל־לִבָּם

역대하 6:14 ···

וַיֹּאמַר יְהוָה אֱלֹהֵי יִשְׂרָאֵל אֵין־כָּמוֹךָ אֱלֹהִים בַּשָּׁמַיִם וּבָאָרֶץ

שֹׁמֵר הַבְּרִית וְהַחֶסֶד לַעֲבָדֶיךָ הַהֹלְכִים לְפָנֶיךָ בְּכָל־לִבָּם

주석 | 솔로몬은 이스라엘의 하나님을 "온 마음으로 주의 앞에서 행하는 자들에게 언약을 지키시고 החסד(은혜)를 베푸시는 분"으로 인정하는 것으로 성전 봉헌 기도를 시작한다. 다니엘(단 9.4)과 느헤미야(느 1.5와 9.32)가 이 기도 패턴을 따른다.

열왕기상 11:11 ···

וַיֹּאמֶר יְהוָה לִשְׁלֹמֹה יַעַן אֲשֶׁר הָיְתָה־זֹּאת עִמָּךְ

וְלֹא שָׁמַרְתָּ בְּרִיתִי וְחֻקֹּתַי אֲשֶׁר צִוִּיתִי עָלֶיךָ

קָרֹעַ אֶקְרַע אֶת־הַמַּמְלָכָה מֵעָלֶיךָ וּנְתַתִּיהָ לְעַבְדֶּךָ

주석 | 하나님은 솔로몬에게 그가 야웨의 언약, 구체적으로 말하자면 그에게 명령한 법도를 따라 규정된 언약을 지키지 아니했기 때문에 그에게서 나라를 빼앗을 것이라고 선언하신다.

에스겔 17:14 ···

לִהְיוֹת מַמְלָכָה שְׁפָלָה לְבִלְתִּי הִתְנַשֵּׂא

לִשְׁמֹר אֶת־בְּרִיתוֹ לְעָמְדָהּ

주석 | 바빌론 왕은 유다를 패배시키고, 유다의 한 왕족에게 자신에 대한 충성을 다하는 조약을 맺을 것을 강요했다. 이 본문은 이 조약의 목적이 유다 나라를 오직 바빌론에 의지하여 존속할 수밖에 없는 무기력한 권력 집단으로 만드는 것에 있다고 설명한다.

시편 78:10 ··

לֹא שָׁמְרוּ בְּרִית אֱלֹהִים

וּבְתוֹרָתוֹ מֵאֲנוּ לָלֶכֶת

주석 | "하나님의 언약"이라는 명사구는, 평행 본문(시 78.10b)이 보여주는 것처럼, 시내산 언약에 대한 명백한 언급이다.

시편 103:18

לְשֹׁמְרֵי בְרִיתוֹ

וּלְזֹכְרֵי פִקֻּדָיו לַעֲשׂוֹתָם

주석 | 야웨의 חסד(인자하심)와 צדקה(의)는 하나님의 언약을 지키고 하나님의 법도를 실천하는 자들에게 주어진다. 이것은 의심할 것 없이 모세 언약을 가리킨다.

시편 132:12

אִם־יִשְׁמְרוּ בָנֶיךָ בְּרִיתִי וְעֵדֹתִי זוֹ אֲלַמְּדֵם

גַּם־בְּנֵיהֶם עֲדֵי־עַד יֵשְׁבוּ לְכִסֵּא־לָךְ

주석 | 문맥은 다윗 언약을 언급하고 있다. 다윗의 자손은 다윗 언약을 지키면 다윗의 왕위에 앉을 것이다. "내 언약"과 평행을 이루는 말은 "그들에게 교훈하는 내 증거"다. 이것이 신명기 17장의 규정에 맞추어 모세 언약을 지키는 것을 가리키는 것일까? 곧 그들이 모세 언약을 지킨다면 하나님께서 그들의 왕위를 보존하실까?

다니엘 9:4

וָאֶתְפַּלְלָה לַיהוָה אֱלֹהַי וָאֶתְוַדֶּה

וָאֹמְרָה אָנָּא אֲדֹנָי הָאֵל הַגָּדוֹל וְהַנּוֹרָא

שֹׁמֵר הַבְּרִית וְהַחֶסֶד לְאֹהֲבָיו וּלְשֹׁמְרֵי מִצְוֹתָיו

주석 | 다니엘은 야웨께 포로기를 끝내주실 것을 간구하는 것으로 그의 유명한 기도를 시작하고 있다. 그렇게 간구한 다음 다니엘이 첫 번째로 인정하는 하나님의 성품은 "언약과 헤세드"(인자)를 지키시는 성품이다(참조. 느 1:5).

느헤미야 1:5

וָאֹמַר אָנָּא יְהוָה אֱלֹהֵי הַשָּׁמַיִם הָאֵל הַגָּדוֹל וְהַנּוֹרָא

שֹׁמֵר הַבְּרִית וָחֶסֶד לְאֹהֲבָיו וּלְשֹׁמְרֵי מִצְוֹתָיו

주석 | 느헤미야는 예루살렘의 물리적 상태에 관해 야웨께 간구하는 것으로 그의 유명한 기도를 시작하고 있다. 그렇게 간구한 다음 느헤미야가 첫 번째로 인정하는 하나님의 성품은 "언약"과 "헤세

드"를 지키시는 성품이다. 이 패턴은 다니엘 9:4의 다니엘의 기도와 동일하다.

느헤미야 9:32

וְעַתָּה אֱלֹהֵינוּ הָאֵל הַגָּדוֹל הַגִּבּוֹר וְהַנּוֹרָא

שׁוֹמֵר הַבְּרִית וְהַחֶסֶד

אַל־יִמְעַט לְפָנֶיךָ אֵת כָּל־הַתְּלָאָה

אֲשֶׁר־מְצָאַתְנוּ לִמְלָכֵינוּ לְשָׂרֵינוּ וּלְכֹהֲנֵינוּ

וְלִנְבִיאֵנוּ וְלַאֲבֹתֵינוּ וּלְכָל־עַמֶּךָ

주석 | 느헤미야는 예루살렘의 영적 상태에 관해 야웨께 간구하는 것으로 그의 유명한 기도를 시작하고 있다. 그렇게 간구한 다음 느헤미야가 첫 번째로 인정하는 하나님의 성품은 "언약"과 "헤세드"를 지키시는 성품이다. 이 패턴은 다니엘서 9:4의 다니엘의 기도와 동일하다.

16 נצר ברית 언약을 지키다/보호하다

신명기 33:9

הָאֹמֵר לְאָבִיו וּלְאִמּוֹ לֹא רְאִיתִיו וְאֶת־אֶחָיו לֹא הִכִּיר

וְאֶת־בָּנוֹ בָּנָיו לֹא יָדָע

כִּי שָׁמְרוּ אִמְרָתֶךָ וּבְרִיתְךָ יִנְצֹרוּ

주석 | 레위인은 하나님의 말씀을 준행하고 하나님의 언약을 보호했다. 이것은 레위인이 언약을 보관하는 곳인 성막을 보살피고 보호할 책임이 있었다는 사실을 가리킬 수 있다. 따라서 여기서 "언약"은 모세 언약을 가리킨다.

시편 25:10

כָּל־אָרְחוֹת יְהוָה חֶסֶד וֶאֱמֶת

לְנֹצְרֵי בְרִיתוֹ וְעֵדֹתָיו

주석 | 야웨는 חסד와 אמת를 성품으로 갖고 계시고, 이 두 단어는 언약 관계에서 성실함과 충성됨을 보여주는 언약 용어다. 하나님의 언약과 경고를 지키는 자들은 하나님의 성실하고 충성된 사랑을 경험하는 자들이다.

17 נאמן בברית **언약에 성실하다**

וְלִבָּם לֹא־נָכוֹן עִמּוֹ

וְלֹא נֶאֶמְנוּ בִּבְרִיתוֹ

주석 ㅣ 아삽은 여기서 백성들이 얼마나 자주 언약에 성실하거나 충성하지 못하는지를 지적한다. 이것은 모세 언약을 가리키는 것이 틀림없다.

18 החזיק בברית **언약을 굳게 지키다/굳게 붙잡다**

이사야 56:4 ···

כִּי־כֹה אָמַר יְהוָה לַסָּרִיסִים אֲשֶׁר יִשְׁמְרוּ אֶת־שַׁבְּתוֹתַי

וּבָחֲרוּ בַּאֲשֶׁר חָפָצְתִּי וּמַחֲזִיקִים בִּבְרִיתִי

주석 ㅣ 이사야의 환상은 이방인이 야웨께 나아가는 미래의 때에 대해 묘사한다. 이방인은 본래 언약 공동체의 일원으로 태어난 자 곧 언약을 위반하고 안식을 깨뜨린 자(유대인)와 다르게 안식일을 준수하고, 언약을 굳게 붙잡고 지킨다.

이사야 56:6 ···

וּבְנֵי הַנֵּכָר הַנִּלְוִים עַל־יְהוָה

לְשָׁרְתוֹ וּלְאַהֲבָה אֶת־שֵׁם יְהוָה לִהְיוֹת לוֹ לַעֲבָדִים

כָּל־שֹׁמֵר שַׁבָּת מֵחַלְּלוֹ וּמַחֲזִיקִים בִּבְרִיתִי

주석 ㅣ 이사야의 환상은 이방인이 야웨께 나아가는 미래의 때에 대해 묘사한다. 이방인은 본래 언약 공동체의 일원으로 태어난 자 곧 언약을 위반하고 안식을 깨뜨린 자(유대인)와 달리 안식일을 준수하고, 언약을 굳게 붙잡고 지킨다.

19 עזב ברית **언약을 버리다/저버리다**

신명기 29:24 ···

וְאָמְרוּ עַל אֲשֶׁר עָזְבוּ אֶת־בְּרִית יְהוָה אֱלֹהֵי אֲבֹתָם

אֲשֶׁר כָּרַת עִמָּם בְּהוֹצִיאוֹ אֹתָם מֵאֶרֶץ מִצְרָיִם

주석 ǀ 신명기는 하나님이 이스라엘을 이집트에서 나오게 하셨을 때 하나님과 이스라엘 사이에 맺어진 언약을 구성하는 "이 율법책"이다.

열왕기상 19:10 ǀ 열왕기상 19:14 ··········

10 וַיֹּאמֶר קַנֹּא קִנֵּאתִי לַיהוָה אֱלֹהֵי צְבָאוֹת

כִּי־עָזְבוּ בְרִיתְךָ בְּנֵי יִשְׂרָאֵל אֶת־מִזְבְּחֹתֶיךָ הָרָסוּ

וְאֶת־נְבִיאֶיךָ הָרְגוּ בֶחָרֶב

וָאִוָּתֵר אֲנִי לְבַדִּי וַיְבַקְשׁוּ אֶת־נַפְשִׁי לְקַחְתָּהּ

14 וַיֹּאמֶר קַנֹּא קִנֵּאתִי לַיהוָה אֱלֹהֵי צְבָאוֹת

כִּי־עָזְבוּ בְרִיתְךָ בְּנֵי יִשְׂרָאֵל אֶת־מִזְבְּחֹתֶיךָ הָרָסוּ

וְאֶת־נְבִיאֶיךָ הָרְגוּ בֶחָרֶב

וָאִוָּתֵר אֲנִי לְבַדִּי וַיְבַקְשׁוּ אֶת־נַפְשִׁי לְקַחְתָּהּ

주석 ǀ 엘리야는 이스라엘 아들들이 "주의 언약"을 버리고 포기한 것에 대해 설명한다.

예레미야 22:9 ··········

וְאָמְרוּ עַל אֲשֶׁר עָזְבוּ אֶת־בְּרִית יְהוָה אֱלֹהֵיהֶם

וַיִּשְׁתַּחֲווּ לֵאלֹהִים אֲחֵרִים וַיַּעַבְדוּם

주석 ǀ 많은 민족이 예루살렘의 멸망을 지켜보고, 그 이유가 예루살렘 백성들이 야웨와 맺은 언약을 버린 것에 있음을 주목할 것이다.

다니엘 11:30 (아래에서 단 11:28, 30, 32를 참조하라.) ··········

וּבָאוּ בוֹ צִיִּים כִּתִּים וְנִכְאָה וְשָׁב וְזָעַם עַל־בְּרִית־קוֹדֶשׁ וְעָשָׂה

וְשָׁב וְיָבֵן עַל־עֹזְבֵי בְּרִית קֹדֶשׁ

창세기 17:14

וְעָרֵל זָכָר אֲשֶׁר לֹא־יִמּוֹל אֶת־בְּשַׂר עָרְלָתוֹ

וְנִכְרְתָה הַנֶּפֶשׁ הַהִוא מֵעַמֶּיהָ אֶת־בְּרִיתִי הֵפַר

주석 ㅣ 할례를 받지 아니한 남자는 하나님과 맺은 언약을 위반한 것이므로 하나님의 백성에게서 끊어질 것이다.

레위기 26:15

וְאִם־בְּחֻקֹּתַי תִּמְאָסוּ וְאִם אֶת־מִשְׁפָּטַי תִּגְעַל נַפְשְׁכֶם

לְבִלְתִּי עֲשׂוֹת אֶת־כָּל־מִצְוֺתַי לְהַפְרְכֶם אֶת־בְּרִיתִי

주석 ㅣ 하나님의 계명을 준수하거나 실천하지 않고, 하나님의 법도를 거부하며, 그 계명을 실천하지 않음으로써 하나님의 규례를 멸시하는 자는 하나님과의 언약(모세 언약)을 배반하는 것이다.

레위기 26:44

וְאַף־גַּם־זֹאת בִּהְיוֹתָם בְּאֶרֶץ אֹיְבֵיהֶם

לֹא־מְאַסְתִּים וְלֹא־גְעַלְתִּים לְכַלֹּתָם לְהָפֵר בְּרִיתִי אִתָּם

כִּי אֲנִי יְהוָה אֱלֹהֵיהֶם

주석 ㅣ 이스라엘이 모세 언약의 위반에 대한 저주로 포로 사건을 겪을 때에도 하나님은 이스라엘을 그들의 원수의 땅에서 진멸시키지 않고, 그들과 맺은 언약을 폐하지 아니하실 것이다. 이 언급은 아브람 언약에 대한 것이다(레 26:42을 보라).

신명기 31:16

וַיֹּאמֶר יְהוָה אֶל־מֹשֶׁה הִנְּךָ שֹׁכֵב עִם־אֲבֹתֶיךָ

וְקָם הָעָם הַזֶּה וְזָנָה אַחֲרֵי אֱלֹהֵי נֵכַר־הָאָרֶץ אֲשֶׁר הוּא בָא־שָׁמָּה בְּקִרְבּוֹ

וַעֲזָבַנִי וְהֵפֵר אֶת־בְּרִיתִי אֲשֶׁר כָּרַתִּי אִתּוֹ

주석 ㅣ 이스라엘은 그 땅의 이방 신들을 따르고 야웨를 포기할 것이고, 그렇게 그들은 야웨의 언약을 위반할 것이다.

신명기 31:20 ···

כִּי־אֲבִיאֶנּוּ אֶל־הָאֲדָמָה אֲשֶׁר־נִשְׁבַּעְתִּי לַאֲבֹתָיו

זָבַת חָלָב וּדְבַשׁ וְאָכַל וְשָׂבַע וְדָשֵׁן

וּפָנָה אֶל־אֱלֹהִים אֲחֵרִים וַעֲבָדוּם וְנִאֲצוּנִי וְהֵפֵר אֶת־בְּרִיתִי

주석 | 이스라엘은 풍족한 삶을 누리게 되면 다른 신들을 섬기고 야웨를 저버릴 것이고, 그렇게 그들은 야웨의 언약을 위반할 것이다.

사사기 2:1 ···

וַיַּעַל מַלְאַךְ־יְהוָה מִן־הַגִּלְגָּל אֶל־הַבֹּכִים פ וַיֹּאמֶר

אַעֲלֶה אֶתְכֶם מִמִּצְרַיִם וָאָבִיא אֶתְכֶם אֶל־הָאָרֶץ

אֲשֶׁר נִשְׁבַּעְתִּי לַאֲבֹתֵיכֶם וָאֹמַר לֹא־אָפֵר בְּרִיתִי אִתְּכֶם לְעוֹלָם

주석 | 야웨는 이스라엘을 그들의 조상에게 [주기로] 맹세하신 땅으로 이끄셨다. 그분은 그들과 맺은 언약을 결코 깨뜨리지 아니할 것이라고 말씀하셨다. 이것은 아브라함 언약을 가리키는 것이 틀림없다.

열왕기상 15:19 ···

בְּרִית בֵּינִי וּבֵינֶךָ בֵּין אָבִי וּבֵין אָבִיךָ

הִנֵּה שָׁלַחְתִּי לְךָ שֹׁחַד כֶּסֶף וְזָהָב לֵךְ

הָפֵרָה אֶת־בְּרִיתְךָ אֶת־בַּעְשָׁא מֶלֶךְ־יִשְׂרָאֵל וְיַעֲלֶה מֵעָלָי

주석 | 유다의 왕인 아사는 다메섹을 다스리는 아람의 왕 헤시온의 손자 다브림몬의 아들 벤하닷에게 성전 보물들을 뇌물로 바치고, 둘 사이에 조약을 맺으려고 벤하닷을 설득하고 이스라엘 왕 바아사와의 조약을 깨뜨린다. 벤하닷과의 조약에 따라 아사는 벳하닷으로 하여금 바아사를 공격하도록 함으로써 바아사가 아사와 유다에 대한 공격을 멈출 수 있도록 히려고 시도한다.

이사야 24:5 ···

וְהָאָרֶץ חָנְפָה תַּחַת יֹשְׁבֶיהָ

כִּי־עָבְרוּ תוֹרֹת חָלְפוּ חֹק הֵפֵרוּ בְּרִית עוֹלָם

주석 | 주민들이 "영원한 언약을 깨뜨렸기" 때문에 온 땅에 멸망이 약속된다. 이것은 모세 율법에 대한 언급이 아니다. 모세 율법은 영원한 언약으로 불린 적이 결코 없기 때문이다. 대신 이것은 노아와 맺은 언약에 대한 언급이다. 노아 언약은 실제로는 하나님과 그의 창조물 사이의 원래 언약을 보증

하고 재확립했다.

이사야 33:8

נָשַׁמּוּ מְסִלּוֹת שָׁבַת עֹבֵר אֹרַח

הֵפֵר בְּרִית מָאַס עָרִים לֹא חָשַׁב אֱנוֹשׁ

주석 ㅣ 시온은 구원받겠지만 사람들은 처벌을 받을 것이다. 어떤 역사적 언급인지 모호하다. 분명히 아시리아의 공격은 다른 민족들뿐만 아니라 유다 대부분의 지역에도 여파가 미칠 것이다. 조약을 파한 것은 히스기야 왕이 아시리아 사람들을 쫓아내기 위하여 엄청난 대가를 치르게 된 것을 암시할 것이다. 곧 "히스기야는 그 조약을 위반했다."

예레미야 11:10

שָׁבוּ עַל־עֲוֹנֹת אֲבוֹתָם הָרִאשֹׁנִים אֲשֶׁר מֵאֲנוּ לִשְׁמוֹעַ אֶת־דְּבָרַי

וְהֵמָּה הָלְכוּ אַחֲרֵי אֱלֹהִים אֲחֵרִים לְעָבְדָם

הֵפֵרוּ בֵית־יִשְׂרָאֵל וּבֵית יְהוּדָה אֶת־בְּרִיתִי אֲשֶׁר כָּרַתִּי אֶת־אֲבוֹתָם

주석 ㅣ 분명히 시내산에서 맺어진 언약을 가리키고, 이스라엘 집과 유다 집은 이 언약을 위반했다(참조. 렘 11:3-4).

예레미야 14:21

אַל־תִּנְאַץ לְמַעַן שִׁמְךָ אַל־תְּנַבֵּל כִּסֵּא כְבוֹדֶךָ

זְכֹר אַל־תָּפֵר בְּרִיתְךָ אִתָּנוּ

주석 ㅣ 아브라함과 이삭 그리고 야곱과 맺은 언약을 가리킨다. 레위기 26:40-45을 보라.

예레미야 31:32

לֹא כַבְּרִית אֲשֶׁר כָּרַתִּי אֶת־אֲבוֹתָם בְּיוֹם

הֶחֱזִיקִי בְיָדָם לְהוֹצִיאָם מֵאֶרֶץ מִצְרָיִם

אֲשֶׁר־הֵמָּה הֵפֵרוּ אֶת־בְּרִיתִי וְאָנֹכִי בָּעַלְתִּי

וְאָנֹכִי בָּעַלְתִּי בָם נְאֻם־יְהוָה

주석 ㅣ 시내산에서 맺어진 언약을 가리킨다.

כֹּה אָמַר יְהוָה אִם־תָּפֵרוּ אֶת־בְּרִיתִי הַיּוֹם וְאֶת־בְּרִיתִי הַלָּיְלָה

וּלְבִלְתִּי הֱיוֹת יוֹמָם־וָלַיְלָה בְּעִתָּם

주석 | 낮과 밤에 대한 언약(즉 창조 언약)의 취소 불가능성과 다윗 및 레위 언약의 취소 불가능성 사이에 비교가 이루어진다. 예레미야 33:21, 25을 보라.

에스겔 16:59 ┄┄

כִּי כֹה אָמַר אֲדֹנָי יְהוִה וְעָשִׂית וְעָשִׂיתִי אוֹתָךְ כַּאֲשֶׁר עָשִׂית

אֲשֶׁר־בָּזִית אָלָה לְהָפֵר בְּרִית

주석 | 문맥에 따르면(겔 16:8과 16:60을 보라), 이 언약은 시내산에서 맺어진 언약일 것이다(윌리엄슨, 『맹세로 보증함』 167-168).

에스겔 17:15 ┊ 에스겔 17:16 ┊ 에스겔 17:18 ┊ 에스겔 17:19 ┄┄┄┄┄┄┄┄┄┄┄┄┄┄┄

15 וַיִּמְרָד־בּוֹ לִשְׁלֹחַ מַלְאָכָיו מִצְרַיִם לָתֶת־לוֹ סוּסִים וְעַם־רָב

הֲיִצְלָח הֲיִמָּלֵט הָעֹשֵׂה אֵלֶּה וְהֵפֵר בְּרִית וְנִמְלָט

16 חַי־אָנִי נְאֻם אֲדֹנָי יְהוִה אִם־לֹא בִּמְקוֹם הַמֶּלֶךְ

אֹתוֹ אֲשֶׁר בָּזָה אֶת־אָלָתוֹ וַאֲשֶׁר הֵפֵר אֶת־בְּרִיתוֹ

אִתּוֹ בְתוֹךְ־בָּבֶל יָמוּת

18 וּבָזָה אָלָה לְהָפֵר בְּרִית

וְהִנֵּה נָתַן יָדוֹ וְכָל־אֵלֶּה עָשָׂה לֹא יִמָּלֵט

19 לָכֵן כֹּה־אָמַר אֲדֹנָי יְהוִה חַי־אָנִי

אִם־לֹא אָלָתִי אֲשֶׁר בָּזָה וּבְרִיתִי אֲשֶׁר הֵפִיר

וּנְתַתִּיו בְּרֹאשׁוֹ

주석 | 에스겔 17:14을 보라. 만약 유다 왕이 바빌론 왕의 봉신임에도 불구하고 이집트에 의지함으로써 바빌론과의 조약을 깨뜨린다면, 그가 이집트를 의존하는 시도는 성공하지 못하고 바빌론에서 죽게 될 것이다.

에스겔 44:7 ┄┄┄

בַּהֲבִיאֲכֶם בְּנֵי־נֵכָר עַרְלֵי־לֵב וְעַרְלֵי בָּשָׂר

לִהְיוֹת בְּמִקְדָּשִׁי לְחַלְּלוֹ אֶת־בֵּיתִי

בְּהַקְרִיבְכֶם אֶת־לַחְמִי חֵלֶב וָדָם

וַיָּפֵרוּ אֶת־בְּרִיתִי אֶל כָּל־תּוֹעֲבוֹתֵיכֶם

주석 ┃ 거역하는 이스라엘의 집은 이방인을 성소로 끌어들이고, 그리하여 하나님의 언약을 위반하게 될 것이다. 이것은 모세 언약에 대한 명백한 언급이다.

스가랴 11:10

וָאֶקַּח אֶת־מַקְלִי אֶת־נֹעַם וָאֶגְדַּע אֹתוֹ

לְהָפֵיר אֶת־בְּרִיתִי אֲשֶׁר כָּרַתִּי אֶת־כָּל־הָעַמִּים

주석 ┃ 이 본문은 해석이 어렵다. 분명히 이 상징적 드라마에서 말하는 언약은 유다를 민족들의 파괴로부터 보호하도록 하나님과 민족들 간에 맺어진 협정을 가리킨다.

역대하 16:3

בְּרִית בֵּינִי וּבֵינֶךָ וּבֵין אָבִי וּבֵין אָבִיךָ

הִנֵּה שָׁלַחְתִּי לְךָ כֶּסֶף וְזָהָב לֵךְ

הָפֵר בְּרִיתְךָ אֶת־בַּעְשָׁא מֶלֶךְ יִשְׂרָאֵל וְיַעֲלֶה מֵעָלָי

주석 ┃ 이스라엘 왕 바아사는 백성들이 유다를 왕래하는 것을 막으려고 라마를 요새화 한다. 유다 왕 아사는 수리아(아람) 왕에게 대가를 지불하고 이스라엘을 공격하도록 만들고, 그 결과 바아사는 유다를 대적할 요새를 구축하는 시도를 포기하게 된다. 이것은 수리아 왕이 이스라엘과 맺은 제휴 조약을 깨뜨리는 결과를 초래할 것이다.

21 שׁכח ברית **언약을 잊다**

신명기 4:23

הִשָּׁמְרוּ לָכֶם פֶּן־תִּשְׁכְּחוּ אֶת־בְּרִית יְהוָה אֱלֹהֵיכֶם אֲשֶׁר כָּרַת עִמָּכֶם

וַעֲשִׂיתֶם לָכֶם פֶּסֶל תְּמוּנַת כֹּל אֲשֶׁר צִוְּךָ יְהוָה אֱלֹהֶיךָ

주석 ┃ 언약 즉 모세 언약, 특히 우상을 만드는 것에 관한 명령을 잊어버리는 것을 가리킨다.

신명기 4:31 ....

כִּי אֵל רַחוּם יְהוָה אֱלֹהֶיךָ לֹא יַרְפְּךָ וְלֹא יַשְׁחִיתֶךָ

וְלֹא יִשְׁכַּח אֶת־בְּרִית אֲבֹתֶיךָ אֲשֶׁר נִשְׁבַּע לָהֶם

주석 ㅣ "조상들"은 야웨와 언약을 맺었다. 곧 야웨는 조상들에게 단독적이고 무조건적인 언약으로 엄숙히 체결된 약속들을 주셨다.

열왕기하 17.38 ㅣ **예레미야 50:5** ....

צִיּוֹן יִשְׁאָלוּ דֶּרֶךְ הֵנָּה פְנֵיהֶם

בֹּאוּ וְנִלְווּ אֶל־יְהוָה בְּרִית עוֹלָם לֹא תִשָּׁכֵחַ

주석 ㅣ 이스라엘 자손과 유다 자손은 함께 돌아와 야웨를 찾고 시온의 길을 구할 것이다. 그들은 "오라 잊을 수 없는 영원한 언약으로 야웨와 연합하라"고 말할 것이다. 이것은 새 언약에 대한 또 하나의 언급이다.

잠언 2:17 ....

הַעֹזֶבֶת אַלּוּף נְעוּרֶיהָ

וְאֶת־בְּרִית אֱלֹהֶיהָ שָׁכֵחָה

주석 ㅣ "그의 하나님의 언약"이라는 명사구는 하나님 앞에서 행한 결혼 서약을 분명히 가리킨다. 다른 해석도 가능하다. 결혼 서약을 잊어버릴 때 그는 간음을 저지르고, 따라서 시내산 언약을 위반한다.

22 חלל ברית **언약을 더럽히다/오염시키다**

말라기 2:10 ....

הֲלוֹא אָב אֶחָד לְכֻלָּנוּ הֲלוֹא אֵל אֶחָד בְּרָאָנוּ

מַדּוּעַ נִבְגַּד אִישׁ בְּאָחִיו לְחַלֵּל בְּרִית אֲבֹתֵינוּ

주석 ㅣ 말라기는 이혼을 우리 조상들의 언약을 위반하는 것으로 비난한다. 아마 이것은 아브라함 언약의 연장인 모세 언약에 대한 언급일 것이다. E. R. 클렌덴넨의 『말라기』(*Malachi*), 327-328을 보라.

시편 55:21 ....

שָׁלַח יָדָיו בִּשְׁלֹמָיו חִלֵּל בְּרִיתוֹ

주석 ㅣ 55:14-15에서 다윗은 하나님을 경배하는 데 함께했던 절친한 친구의 배반에 대해 불평한다. 55:21은 이 친구가 그의 친구들을 공격하고 그의 언약을 욕되게 한 것에 대해 진술한다. 아마이 3인칭 남성 단수형 대명사는 그 친구(그리고 예컨대 하나님이 아니라)를 가리킬 것이다. 그렇다면 그언약은 그들의 친밀한 우정을 기초로 한 언약이었을 것이다.

시편 89:35

לֹא־אֲחַלֵּל בְּרִיתִי

וּמוֹצָא שְׂפָתַי לֹא אֲשַׁנֶּה

주석 ㅣ 하나님은 자신이 자신의 언약을 더럽히거나 자신이 하신 말씀을 변경시키지 아니할 것이라고 약속하신다. 이것은 다윗 언약을 가리킨다.

23 שחת ברית 언약을 깨뜨리다/파기하다

말라기 2:8

וְאַתֶּם סַרְתֶּם מִן־הַדֶּרֶךְ הִכְשַׁלְתֶּם רַבִּים בַּתּוֹרָה

שִׁחַתֶּם בְּרִית הַלֵּוִי אָמַר יְהוָה צְבָאוֹת

주석 ㅣ 말라기 2.4-9에 나오는 "레위의 언약"이라는 표현은 금송아지 사건에서 레위인이 보여준 야웨에 대한 특별한 헌신(출 32.27-29과 민 8.5-26)의 결과로 주어진 하나님을 섬기는 특별한 임무를위해 그들을 구별시키는 것을 가리킨다.

24 גאל ברית 언약을 모독하다/더럽히다

느헤미야 13:29

זָכְרָה לָהֶם אֱלֹהָי

עַל גָּאֳלֵי הַכְּהֻנָּה וּבְרִית הַכְּהֻנָּה וְהַלְוִיִּם

주석 ㅣ 느헤미야는 당시에 제사장들이 자기들의 연고와 힘과 지위를 사리사욕을 채우는데 사용하고, 그렇게 함으로써 제사장 직분에 대한 언약을 위반했기("모독했기") 때문에 하나님께 호소한다.

25 נאר ברית 언약을 미워하다/싫어하다

시편 89:40

נֵאַרְתָּה בְּרִית עַבְדֶּךָ

חִלַּלְתָּ לָאָרֶץ נִזְרוֹ

주석 ㅣ 에스라인 에단은 다윗 언약에 대한 자신의 중요한 시편에서 야웨께서 다윗 언약을 포기하신("거부하신", "경멸하신") 것에 대해 불평을 토로한다.

26 עבר ברית 언약을 벗어나다/어기다

신명기 17:2

כִּי־יִמָּצֵא בְקִרְבְּךָ בְּאַחַד שְׁעָרֶיךָ אֲשֶׁר־יְהוָה אֱלֹהֶיךָ נֹתֵן לָךְ

אִישׁ אוֹ־אִשָּׁה אֲשֶׁר יַעֲשֶׂה אֶת־הָרַע בְּעֵינֵי יְהוָה־אֱלֹהֶיךָ לַעֲבֹר בְּרִיתוֹ

주석 ㅣ 본문은 "야웨의 언약을 어김으로써" 야웨의 눈에 악한 것을 행하는 자에 대해 말한다. 이것은 시내산 언약이나 신명기 언약이나 어느 것이든 막론하고 모세 언약을 가리킨다.

여호수아 7:11

חָטָא יִשְׂרָאֵל וְגַם עָבְרוּ אֶת־בְּרִיתִי אֲשֶׁר צִוִּיתִי אוֹתָם

וְגַם לָקְחוּ מִן־הַחֵרֶם וְגַם גָּנְבוּ וְגַם כִּחֲשׁוּ וְגַם שָׂמוּ בִכְלֵיהֶם

주석 ㅣ 아간이 하나님께 바쳐진 물건을 취한 것은 "이스라엘이 범죄하여 나의 언약을 어긴" 죄과를 낳은 불순종이었다. 레위기 27.28-29과 신명기 20.16-18에 따르면 가나안 주민들은 멸망을 위해 야웨께 바쳐진 자들이었다. 그러므로 아간의 불순종은 모세 언약에 대한 위반의 한 요소를 구성했다.

여호수아 7:15

וְהָיָה הַנִּלְכָּד בַּחֵרֶם יִשָּׂרֵף בָּאֵשׁ אֹתוֹ וְאֶת־כָּל־אֲשֶׁר־לוֹ

כִּי עָבַר אֶת־בְּרִית יְהוָה וְכִי־עָשָׂה נְבָלָה בְּיִשְׂרָאֵל

주석 ㅣ 바쳐진 물건을 취한 자는 야웨의 언약을 어긴 자였다.

여호수아 23:17(23:16 EV) ···

בְּעָבְרְכֶם אֶת־בְּרִית יְהוָה אֱלֹהֵיכֶם אֲשֶׁר צִוָּה אֶתְכֶם

וַהֲלַכְתֶּם וַעֲבַדְתֶּם אֱלֹהִים אֲחֵרִים וְהִשְׁתַּחֲוִיתֶם לָהֶם

וְחָרָה אַף־יְהוָה בָּכֶם וַאֲבַדְתֶּם מְהֵרָה מֵעַל הָאָרֶץ הַטּוֹבָה אֲשֶׁר נָתַן לָכֶם

주석 | 다른 신들을 섬기고 경배하는 것은 모세 언약에 대한 위반의 한 요소를 구성한다.

사사기 2:20 ···

וַיִּחַר־אַף יְהוָה בְּיִשְׂרָאֵל

וַיֹּאמֶר יַעַן אֲשֶׁר עָבְרוּ הַגּוֹי הַזֶּה אֶת־בְּרִיתִי

אֲשֶׁר צִוִּיתִי אֶת־אֲבוֹתָם וְלֹא שָׁמְעוּ לְקוֹלִי

주석 | 이스라엘의 우상 숭배는 모세 언약의 위반의 한 요소를 구성했다.

열왕기하 18:12 ···

עַל אֲשֶׁר לֹא־שָׁמְעוּ בְּקוֹל יְהוָה אֱלֹהֵיהֶם

וַיַּעַבְרוּ אֶת־בְּרִיתוֹ אֵת כָּל־אֲשֶׁר צִוָּה מֹשֶׁה

וְלֹא שָׁמְעוּ וְלֹא עָשׂוּ

주석 | 이 본문은 이후 언급에서 이스라엘의 마지막 왕이 아시리아 사람에게 정복을 당하는 것에 대한 묘사와 이 일이 일어나게 된 이유에 대한 요약 곧 그들이 야웨의 규례와 언약을 거부한 것을 언급하는 열왕기하 17.15과 평행을 이루는 또 하나의 본문이다. 여기 열왕기하 18.12에서 "그들이 그의 언약을 따르지 아니했다"는 표현과 "야웨의 종 모세가 명령한 것을 따르지 아니했다"는 표현은 동격 관계에 있다.

예레미야 34:18 ···

וְנָתַתִּי אֶת־הָאֲנָשִׁים הָעֹבְרִים אֶת־בְּרִתִי

אֲשֶׁר לֹא־הֵקִימוּ אֶת־דִּבְרֵי הַבְּרִית אֲשֶׁר כָּרְתוּ לְפָנָי

הָעֵגֶל אֲשֶׁר כָּרְתוּ לִשְׁנַיִם וַיַּעַבְרוּ בֵּין בְּתָרָיו

주석 | 왕과 백성들은 종들을 해방시키기로 언약을 맺었다(즉 "쪼갰다"). 말하자면 그들은 종들을 해방시켜 주기로 서로 협정을 맺었다. 야웨는 백성들이 종들을 해방시키겠다고 한 협정의 의무를 이행하지 않았을 때 그들이 "내 언약"을 어겼다고 선언하신다. 이것은 분명히 모세 언약을 가리킨다.

וְהֵמָּה כְּאָדָם עָבְרוּ בְרִית

שָׁם בָּגְדוּ בִי

주석 ㅣ 이 본문에 대한 해석은 논란이 많다. 윌리엄슨, 『맹세로 보증함』 55-56을 보라. 윌리엄슨은 거기에서 "그들이 아담처럼 언약을 어겼다"고 해석한다. 그는 이렇게 말한다. "대다수 해석자들은… 이 명사를 지리적 의미로 받아들이고, 이스라엘이 약속의 땅에 들어간 후에 처음으로 도착한 성읍 (수 3.16)을 가리키는 것으로 그 단어를 해석한다." 그러나 이곳은 약속의 땅에 들어갈 때 이스라엘 이 도착한 곳이 아니라 요단 강물이 넘실대던 지역의 이름이다. שָׁם(거기서)라는 말이 있는 것은 אדם 을 지리적 위치로 해석하는 것을 지지할 것이다. 그러나 이후 본문에서 길르앗(호 6.8)과 세겜(호 6.9)이 등장하는 것은 그것을 지지하지 않는다. 윌리엄슨은 본문이 무엇을 **의미**할 수 있는지에 대해 설명하지 않는다. 이 모호한 성읍에서 백성들이 어떤 행동을 했는지에 대한 언급이 역사에 전혀 없 다. 만일 אדם이 첫 사람 아담을 가리킨다면 본문은 에덴에서 언약을 어긴 것에 대해 말하는 것으로 볼 수 있다.

호세아 8:1 ....

אֶל־חִכְּךָ שֹׁפָר כַּנֶּשֶׁר עַל־בֵּית יְהוָה

יַעַן עָבְרוּ בְרִיתִי וְעַל־תּוֹרָתִי פָּשָׁעוּ

주석 ㅣ 호세아 예언자는 언약을 위반한 것에 대해 백성들을 고소한다. 여기서 염두에 두고 있는 언 약은 모세 언약이다. 이와 평행을 이루는 어구는 וְעַל־תּוֹרָתִי פָּשָׁעוּ("내 율법을 범함이로다")이다.

27 מאס ברית **언약을 버리다**

열왕기하 17:15 ....

וַיִּמְאֲסוּ אֶת־חֻקָּיו וְאֶת־בְּרִיתוֹ אֲשֶׁר כָּרַת אֶת־אֲבוֹתָם

וְאֵת עֵדְוֹתָיו אֲשֶׁר הֵעִיד בָּם

וַיֵּלְכוּ אַחֲרֵי הַהֶבֶל וַיֶּהְבָּלוּ וְאַחֲרֵי הַגּוֹיִם אֲשֶׁר סְבִיבֹתָם

אֲשֶׁר צִוָּה יְהוָה אֹתָם לְבִלְתִּי עֲשׂוֹת כָּהֶם

주석 ㅣ 이스라엘의 마지막 왕을 언급한 다음에 아시리아에 의한 이스라엘의 정복과 포로에 대한 묘 사와 이 일이 일어나게 된 이유에 대한 요약이 나온다. 이스라엘이 야웨의 율법과 언약을 거부했기 때문이다.

28 בברית שֶׁקֶר **언약을 속이다**

시편 44:18 ....

כָּל־זֹאת בָּאַתְנוּ וְלֹא שְׁכַחֲנוּךָ

וְלֹא־שִׁקַּרְנוּ בִּבְרִיתֶךָ

주석 ∣ 시편 저자는 비록 그들이 언약에 거짓으로 반응하지 않았는데도 그들에게 나쁜 일이 일어났다고 주장한다. 이것은 모세 언약을 가리키는 것이 틀림없다.

29 ברית הרשיע **언약에 악하게 행하다**

다니엘 11:32 ....

וּמַרְשִׁיעֵי בְרִית יַחֲנִיף בַּחֲלַקּוֹת

וְעַם יֹדְעֵי אֱלֹהָיו יַחֲזִקוּ וְעָשׂוּ

주석 ∣ 안티오코스 4세 에피파네스에 관한 예언이다. 다니엘 11:28은 그가 "거룩한 언약"을 반대한 것, 즉 팔레스타인의 유대인들의 문화를 거부한 것을 보여준다. 그는 군사를 동원해 유대인들에게 자신의 진노를 쏟아내고 언약을 위반하는 자들을 타락시킨다(단 11:32절).

30 ברית נשׂא **언약을 두다/집어 올리다**

시편 50:16 ....

וְלָרָשָׁע אָמַר אֱלֹהִים מַה־לְּךָ לְסַפֵּר חֻקָּי

וַתִּשָּׂא בְרִיתִי עֲלֵי־פִיךָ

주석 ∣ 악인은 이스라엘 언약에 대해 말할 권리가 없다. 말하자면 그 언약의 규례들을 자기 입술에 들어 올리거나 입으로 말할 자격이 없다. (위에서) 시편 50:5에 대한 주석을 보라.

31 ברית על **언약 위에 있다/언약을 넘어가다**

²⁸ וַיָּשָׁב אַרְצֹו בִּרְכוּשׁ גָּדֹול וּלְבָבֹו עַל־בְּרִית קֹדֶשׁ

וְעָשָׂה וְשָׁב לְאַרְצֹו

³⁰ וּבָאוּ בֹו צִיִּים כִּתִּים וְנִכְאָה

וְשָׁב וְזָעַם עַל־עֹזְבֵי בְּרִית קֹדֶשׁ

(19번에서 עזב ברית 항목 아래에 있는 단 11:30을 참조하라. 그리고 29번에서 הרשיע ברית 항목 아래에 있는 단 11:32을 참조하라).

주석 ❘ 안티오코스 4세 에피파네스에 관한 예언이다. 28절은 그가 "거룩한 언약"을 반대한 것, 즉 팔레스타인의 유대인들의 문화를 거부한 것을 보여준다. 그는 군사를 동원해 유대인들에게 자신의 진노를 쏟아내고 언약을 위반하는 자들을 타락시킨다(32절).

ברית를 동사의 주어로 갖고 있는 표현들

창세기 17:4

אֲנִי הִנֵּה בְרִיתִי אִתָּךְ

וְהָיִיתָ לְאַב הֲמֹון גֹּויִם

주석 ❘ 하나님은 자신이 언약을 여러 민족의 아버지가 될 아브라함과 맺는다고 선언하신다. 이것은 분명히 아브라함 안에서 모든 민족이 복을 받을 것이라는 창세기 12장의 약속과 관련이 있다.

창세기 17:13

הִמֹּול יִמֹּול יְלִיד בֵּיתְךָ וּמִקְנַת כַּסְפֶּךָ

וְהָיְתָה בְרִיתִי בִּבְשַׂרְכֶם לִבְרִית עֹולָם

주석 ❘ 할례는 아브라함의 가족과 육체로 맺어진 하나님의 언약이다.

열왕기상 8:21

וָאָשִׂם שָׁם מָקֹום לָאָרֹון אֲשֶׁר־שָׁם בְּרִית יְהוָה

אֲשֶׁר כָּרַת עִם־אֲבֹתֵינוּ בְּהֹוצִיאֹו אֹתָם מֵאֶרֶץ מִצְרָיִם

주석 ┃ 솔로몬이 세운 성전은 출애굽 기간에 시작된 야웨의 언약을 보관하는 장소로 세워졌다. "야웨의 언약"이라는 어구는 열 가지 말씀(십계명)을 가리킨다. 이 "소유격"은 언약을 맺은 당사자를 가리키는 것이 아니라 소유나 원천을 가리키는 소유격으로 보인다.

열왕기상 15:19

בְּרִית בֵּינִי וּבֵינֶךָ בֵּין אָבִי וּבֵין אָבִיךָ

הִנֵּה שָׁלַחְתִּי לְךָ שֹׁחַד כֶּסֶף וְזָהָב לֵךְ

הָפֵרָה אֶת־בְּרִיתְךָ אֶת־בַּעְשָׁא מֶלֶךְ־יִשְׂרָאֵל וְיַעֲלֶה מֵעָלָי

주석 ┃ 유다의 왕인 아사는 다메섹을 다스리는 아람의 왕 헤시온의 손자 다브림몬의 아들 벤하닷에게 성전 보물들을 뇌물로 바치고, 둘 사이에 조약을 맺으려고 벤하닷을 설득하고 이스라엘 왕 바아사와의 조약을 깨뜨린다. 벤하닷과의 조약에 따라 아사는 벳하닷이 바아사를 공격하게 해서 바아사가 아사와 유다에 대한 공격을 멈출 수 있도록 하려고 시도한다.

이사야 28:18

וְכֻפַּר בְּרִיתְכֶם אֶת־מָוֶת וְחָזוּתְכֶם אֶת־שְׁאוֹל לֹא תָקוּם

שׁוֹט שׁוֹטֵף כִּי יַעֲבֹר וִהְיִיתֶם לוֹ לְמִרְמָס

주석 ┃ 이 구절은 본문 문제 때문에 해석이 어렵다. וכפר는, 비록 본문 전승 속에서 어떤 증거도 이것을 지지하지 않음에도 불구하고, והפר로 교정되어야 하는가, 아니면 כפר의 적절한 의미가 발견될 수 있는가? KB3은 일차 의미로 "덮이다"를, 이차 의미로 "해체되다"를 주장한다. 이 본문은 이사야 28:15과 대응을 이룬다. 거기 보면 우상 숭배자들이 자기들은 사망과 언약을 맺었다고 자랑한다.

예레미야 33:21

גַּם־בְּרִיתִי תֻפַר אֶת־דָּוִד עַבְדִּי מִהְיוֹת־לוֹ בֵן מֹלֵךְ עַל־כִּסְאוֹ

אֶת־הַלְוִיִּם הַכֹּהֲנִים מְשָׁרְתָי

주석 ┃ 만일 낮과 밤과 맺어진 하나님의 언약(즉 창조 언약)이 깨어질 수 있다면, 다윗 및 레위와 맺어진 언약도 깨질 수 있을 것이다.

이사야 54:10

כִּי הֶהָרִים יָמוּשׁוּ וְהַגְּבָעוֹת תְּמוּטֶנָה

וְחַסְדִּי מֵאִתֵּךְ לֹא־יָמוּשׁ וּבְרִית שְׁלוֹמִי לֹא תָמוּט אָמַר מְרַחֲמֵךְ יְהוָה

주석 Ⅰ "나의 화평의 언약"으로 불린 새 언약은 산들과 언덕들보다 더 영원하다. 새 언약은 결코 무효화되지 않을 것이다.

에스겔 37:26

וְכָרַתִּי לָהֶם בְּרִית שָׁלוֹם בְּרִית עוֹלָם יִהְיֶה אוֹתָם

וּנְתַתִּים וְהִרְבֵּיתִי אוֹתָם וְנָתַתִּי אֶת־מִקְדָּשִׁי בְּתוֹכָם לְעוֹלָם

주석 Ⅰ 에스겔은 화평의 언약 = 새 언약을 선포한다.

말라기 2:4

וִידַעְתֶּם כִּי שִׁלַּחְתִּי אֲלֵיכֶם אֵת הַמִּצְוָה הַזֹּאת

לִהְיוֹת בְּרִיתִי אֶת־לֵוִי אָמַר יְהוָה צְבָאוֹת

주석 Ⅰ 이 본문은 하나님과 레위 제사장 간의 언약을 언급한다.

말라기 2:5

בְּרִיתִי הָיְתָה אִתּוֹ הַחַיִּים וְהַשָּׁלוֹם וָאֶתְּנֵם־לוֹ מוֹרָא וַיִּירָאֵנִי

וּמִפְּנֵי שְׁמִי נִחַת הוּא

주석 Ⅰ 이 본문은 하나님과 레위 제사장 간의 언약을 언급한다.

시편 25:14

סוֹד יְהוָה לִירֵאָיו

וּבְרִיתוֹ לְהוֹדִיעָם

주석 Ⅰ 시편 25편에 대해서는 로핑크와 젱어의 작품을 보라. 하나님은 자기를 경외하는 자들에게 자신의 언약을 알려주신다. 이 본문은 이 언약을 모세 언약을 넘어 민족들에게 확대시킨다. 따라서 이 언약의 기초는 아브라함 언약임이 틀림없다. 그러나 시편 25:10을 보라.

시편 89:29

לְעוֹלָם אֶשְׁמוֹר־אֶשְׁמָר־לוֹ חַסְדִּי

וּבְרִיתִי נֶאֱמֶנֶת לוֹ

주석 Ⅰ 하나님은 자신이 다윗에 대한 자신의 의무를 지키실 것을 약속하고, 하나님의 언약은 다윗에게 굳게 세워질 것이다. 새국제역 성경은 이것을 부정적 방식으로 번역한다.

욥기 5:23

כִּי עִם־אַבְנֵי הַשָּׂדֶה בְרִיתֶךָ

וְחַיַּת הַשָּׂדֶה הָשְׁלְמָה־לָךְ

주석 ㅣ 엘리바스는 하나님의 징계를 받는 사람이 경험하는 복에 대해 설교한다. 이 사람에게는 돌에 의해서도 해를 입지 아니하고(시 91:12; 121:3을 보라. 거기 보면 사람은 돌에 걸려 넘어짐으로써 상처를 입을 수 있다고 진술한다), 들짐승에게 어떤 해를 입을까 두려워할 필요도 없다. 이것은 들에 있는 돌이 그와 언약을 맺는다는 말로 표현되고 있다.

역대하 6:11

וָאָשִׂים שָׁם אֶת־הָאָרוֹן אֲשֶׁר־שָׁם בְּרִית יְהוָה

אֲשֶׁר כָּרַת עִם־בְּנֵי יִשְׂרָאֵל

주석 ㅣ 솔로몬은 성전을 봉헌할 때 봉헌 기도를 드리기 직전에 자신이 궤 속에 언약을 두었다고 언급한다. 이것은 분명히 "야웨의 언약"과 동일시되는 모세 언약의 "짧은 본문"인 "열 가지 말씀"을 가리킨다.

역대하 16:3

בְּרִית בֵּינִי וּבֵינֶךָ וּבֵין אָבִי וּבֵין אָבִיךָ

הִנֵּה שָׁלַחְתִּי לְךָ כֶּסֶף וְזָהָב לֵךְ

הָפֵר בְּרִיתְךָ אֶת־בַּעְשָׁא מֶלֶךְ יִשְׂרָאֵל וְיַעֲלֶה מֵעָלָי

주석 ㅣ 이스라엘 왕 바아사는 백성들이 유다를 왕래하는 것을 막으려고 라마를 요새화한다. 유다 왕 아사는 수리아(아람) 왕에게 대가를 지불하고 이스라엘을 공격하도록 만들고, 그 결과 바아사는 유다를 대적할 요새를 구축하는 시도를 포기한다. 이것은 수리아 왕이 이스라엘과 맺은 제휴 조약을 깨뜨리는 결과를 초래할 것이다.

ברית를 목적어나 주어로 갖고 있지 않은 표현들

제한 어구: ברית + 명사

창세기 14:13 --

וַיָּבֹא הַפָּלִיט וַיַּגֵּד לְאַבְרָם הָעִבְרִי

וְהוּא שֹׁכֵן בְּאֵלֹנֵי מַמְרֵא הָאֱמֹרִי אֲחִי אֶשְׁכֹּל וַאֲחִי עָנֵר

וְהֵם בַּעֲלֵי בְרִית־אַבְרָם

주석 ㅣ 마므레와 에스골 그리고 아넬은 아브람과 조약을 맺을 때 당사자들이었다.

출애굽기 31:16 --

וְשָׁמְרוּ בְנֵי־יִשְׂרָאֵל אֶת־הַשַּׁבָּת לַעֲשׂוֹת

לַעֲשׂוֹת אֶת־הַשַּׁבָּת לְדֹרֹתָם בְּרִית עוֹלָם

주석 ㅣ 이스라엘 자손은 안식일을 기념하거나 지켜야 하고, 그럼으로써 그것을 영원한 언약으로 삼아야 한다.

레위기 2:13 --

וְכָל־קָרְבַּן מִנְחָתְךָ בַּמֶּלַח תִּמְלָח

וְלֹא תַשְׁבִּית מֶלַח בְּרִית אֱלֹהֶיךָ מֵעַל מִנְחָתֶךָ

עַל כָּל־קָרְבָּנְךָ תַּקְרִיב מֶלַח

주석 ㅣ "네 하나님의 언약"이라는 표현은 시내산 언약을 가리킨다.

열왕기상 20:34 --

וַיֹּאמֶר אֵלָיו הֶעָרִים אֲשֶׁר־לָקַח־אָבִי מֵאֵת אָבִיךָ אָשִׁיב

וְחֻצוֹת תָּשִׂים לְךָ בְדַמֶּשֶׂק כַּאֲשֶׁר־שָׂם אָבִי בְּשֹׁמְרוֹן

וַאֲנִי בַּבְּרִית אֲשַׁלְּחֶךָּ וַיִּכְרָת־לוֹ בְרִית וַיְשַׁלְּחֵהוּ

주석 ㅣ 아합은 "조약을 기초로" 즉 그가 아합과 조약을 맺는 것을 조건으로 벤하닷을 놓아준다.

열왕기하 13:23 ··

וַיָּחָן יְהוָה אֹתָם וַיְרַחֲמֵם וַיִּפֶן אֲלֵיהֶם

לְמַעַן בְּרִיתוֹ אֶת־אַבְרָהָם יִצְחָק וְיַעֲקֹב

וְלֹא־הִשְׁלִיכָם מֵעַל־פָּנָיו עַד־עָתָּה

주석 ∣ 다메섹(아람) 왕 하사엘은 북쪽 지파들을 학대하였으나 야웨는 아브라함과 이삭 그리고 야곱과 언약을 맺으셨기 때문에 이스라엘을 불쌍히 여기셨다.

에스겔 16:61 ··

וְזָכַרְתְּ אֶת־דְּרָכַיִךְ וְנִכְלַמְתְּ בְּקַחְתֵּךְ אֶת־אֲחוֹתַיִךְ

הַגְּדֹלוֹת מִמֵּךְ אֶל־הַקְּטַנּוֹת מִמֵּךְ

וְנָתַתִּי אֶתְהֶן לָךְ לְבָנוֹת וְלֹא מִבְּרִיתֵךְ

주석 ∣ 유다의 자매로는 북쪽에 사마리아가 있고 남쪽에 소돔이 있다. 결국 유다는 그들을 받아들이지만 그것은 그들과 맺은 언약에 기초한 것이 아니다. 말하자면 민족들을 선물로 주시는 것은 모세 언약에 기초한 것이 아니라 영원한 언약 즉 아브라함 언약에 기초한 것이다.

오바댜 1:7 ··

עַד־הַגְּבוּל שִׁלְּחוּךָ כֹּל אַנְשֵׁי בְרִיתֶךָ הִשִּׁיאוּךָ יָכְלוּ לְךָ אַנְשֵׁי שְׁלֹמֶךָ

לַחְמְךָ יָשִׂימוּ מָזוֹר תַּחְתֶּיךָ אֵין תְּבוּנָה בּוֹ

주석 ∣ 오바댜는 공격과 정복의 형태로 에돔에게 장차 심판이 임할 것이라고 선언한다. 심지어는 에돔의 동지와 친구들도 에돔을 배반할 것이다. 여기서 동지에 대한 표현은 "너와 약조한 자들"이다.

스가랴 9:11 ··

גַּם־אַתְּ בְּדַם־בְּרִיתֵךְ שִׁלַּחְתִּי אֲסִירַיִךְ מִבּוֹר אֵין מַיִם בּוֹ

주석 ∣ 스가랴 예언자는 "나의 언약의 피로 말미암아" 야웨께서 포로들(갇힌 자들)을 해방시키실 것이라고 진술한다. 구약성경의 포괄적인 이야기의 맥락에서 이것은 새 언약에 대한 언급임이 틀림없다.

말라기 2:14 ··

וַאֲמַרְתֶּם עַל־מָה

עַל כִּי־יְהוָה הֵעִיד בֵּינְךָ וּבֵין אֵשֶׁת נְעוּרֶיךָ

אֲשֶׁר אַתָּה בָּגַדְתָּה בָּהּ וְהִיא חֲבֶרְתְּךָ וְאֵשֶׁת בְּרִיתֶךָ

주석 ㅣ 분명히 포로들은 에스라와 느헤미야의 인도 아래 고국으로 돌아왔을 때 경제적 지위를 차지하고자 유대인 아내들과 이혼하고 이방 여인들과 결혼했다. 그들이 원래 결혼했던 "어려서 맞이한 아내"는 "너와 서약한 아내"로 불렸고, 이것은 그 결혼이 하나님 앞에서 이루어진 언약이라는 것을 암시한다.

말라기 3:1

הִנְנִי שֹׁלֵחַ מַלְאָכִי וּפִנָּה־דֶרֶךְ לְפָנָי

וּפִתְאֹם יָבוֹא אֶל־הֵיכָלוֹ הָאָדוֹן אֲשֶׁר־אַתֶּם מְבַקְשִׁים

וּמַלְאַךְ הַבְּרִית אֲשֶׁר־אַתֶּם חֲפֵצִים הִנֵּה־בָא אָמַר יְהוָה צְבָאוֹת

주석 ㅣ 야웨와 그분의 백성의 차이는 "언약의 사자"로 말미암아 해소될 것이다. 이것은 그들이 구하는 주가 "자신의 성전에" 임하실 자와 동격 관계일 수 있는 것으로 보인다. 이것은 그 사자가 신적 인물이라는 것을 암시한다. 그것은 이사야 63.9에서 광야에서 백성들을 돕도록 하나님이 보내신 사자와 같은 언급일 수도 있다.

어구 = 바알 베리트

사사기 8:33

הַבְּעָלִיסוּיְהִי כַּאֲשֶׁר מֵת גִּדְעוֹן וַיָּשׁוּבוּ בְּנֵי יִשְׂרָאֵל וַיִּזְנוּ אַחֲרֵי

וַיָּשִׂימוּ לָהֶם בַּעַל בְּרִית לֵאלֹהִים

주석 ㅣ 기드온이 죽은 후에 이스라엘 자손은 다시 우상 숭배에 빠지고 바알브릿을 자기들의 신으로 섬긴다.

사사기 9:4

וַיִּתְּנוּ־לוֹ שִׁבְעִים כֶּסֶף מִבֵּית בַּעַל בְּרִית

וַיִּשְׂכֹּר בָּהֶם אֲבִימֶלֶךְ אֲנָשִׁים רֵיקִים וּפֹחֲזִים וַיֵּלְכוּ אַחֲרָיו

주석 ㅣ 이 본문은 바알브릿 신전을 세겜에 둔다.

사사기 9:46

וַיִּשְׁמְעוּ כָּל־בַּעֲלֵי מִגְדַּל־שְׁכֶם

וַיָּבֹאוּ אֶל־צְרִיחַ בֵּית אֵל בְּרִית

주석 ⏐ 세겜에 있는 바알브릿 신전은 다른 말로는 엘브릿 신전으로 불린다.

제한 어구: 명사 + בְּרִית

창세기 9:12 ⏐ 창세기 9:13

12 וַיֹּאמֶר אֱלֹהִים זֹאת אוֹת־הַבְּרִית אֲשֶׁר־אֲנִי נֹתֵן בֵּינִי

וּבֵינֵיכֶם וּבֵין כָּל־נֶפֶשׁ חַיָּה אֲשֶׁר אִתְּכֶם לְדֹרֹת עוֹלָם

13 אֶת־קַשְׁתִּי נָתַתִּי בֶּעָנָן

וְהָיְתָה לְאוֹת בְּרִית בֵּינִי וּבֵין הָאָרֶץ

주석 ⏐ 구름 속의 활(무지개)은 하나님과 모든 생명체 간의 언약의 표징이다.

창세기 9:17

וַיֹּאמֶר אֱלֹהִים אֶל־נֹחַ

זֹאת אוֹת־הַבְּרִית אֲשֶׁר הֲקִמֹתִי בֵּינִי וּבֵין כָּל־בָּשָׂר אֲשֶׁר עַל־הָאָרֶץ

주석 ⏐ 구름 속의 활(무지개)은 하나님과 모든 생명체 간의 언약의 표징이다.

창세기 17:7

6 וְהִפְרֵתִי אֹתְךָ בִּמְאֹד מְאֹד וּנְתַתִּיךָ לְגוֹיִם

וּמְלָכִים מִמְּךָ יֵצֵאוּ

7 וַהֲקִמֹתִי אֶת־בְּרִיתִי בֵּינִי וּבֵינֶךָ וּבֵין זַרְעֲךָ אַחֲרֶיךָ לְדֹרֹתָם

לִבְרִית עוֹלָם לִהְיוֹת לְךָ לֵאלֹהִים וּלְזַרְעֲךָ אַחֲרֶיךָ

주석 ⏐ 아브라함 언약은 영원한 언약이다.

창세기 17:11

וּנְמַלְתֶּם אֵת בְּשַׂר עָרְלַתְכֶם

וְהָיָה לְאוֹת בְּרִית בֵּינִי וּבֵינֵיכֶם

주석 ⏐ 할례는 하나님과 아브라함 가족 간의 언약의 표징이다.

הִמּוֹל יִמּוֹל יְלִיד בֵּיתְךָ וּמִקְנַת כַּסְפֶּךָ

וְהָיְתָה בְרִיתִי בִּבְשַׂרְכֶם לִבְרִית עוֹלָם

주석 | 아브라함 언약은 영원한 언약이다.

וַיֹּאמֶר אֱלֹהִים אֲבָל שָׂרָה אִשְׁתְּךָ יֹלֶדֶת לְךָ בֵּן וְקָרָאתָ אֶת־שְׁמוֹ

יִצְחָק וַהֲקִמֹתִי אֶת־בְּרִיתִי אִתּוֹ לִבְרִית עוֹלָם לְזַרְעוֹ אַחֲרָיו

주석 | 아브라함 언약은 영원한 언약이다.

וַיִּקַּח סֵפֶר הַבְּרִית וַיִּקְרָא בְּאָזְנֵי הָעָם

וַיֹּאמְרוּ כֹּל אֲשֶׁר־דִּבֶּר יְהוָה נַעֲשֶׂה וְנִשְׁמָע

주석 | "언약서"라는 표현은 하나님과 모세/이스라엘 간에 체결될 언약을 가리킨다.

וַיִּקַּח מֹשֶׁה אֶת־הַדָּם וַיִּזְרֹק עַל־הָעָם

וַיֹּאמֶר הִנֵּה דַם־הַבְּרִית אֲשֶׁר כָּרַת יְהוָה עִמָּכֶם עַל כָּל־הַדְּבָרִים הָאֵלֶּה

주석 | "언약의 피"라는 표현은 하나님과 모세/이스라엘 간에 체결될 언약을 가리킨다.

וַיְהִי־שָׁם עִם־יְהוָה אַרְבָּעִים יוֹם וְאַרְבָּעִים

לַיְלָה לֶחֶם לֹא אָכַל וּמַיִם לֹא שָׁתָה

וַיִּכְתֹּב עַל־הַלֻּחֹת אֵת דִּבְרֵי הַבְּרִית עֲשֶׂרֶת הַדְּבָרִים

주석 | "언약의 말씀"이라는 표현은 모세 언약의 규정으로서 열 가지 말씀을 가리킨다.

בְּיוֹם הַשַּׁבָּת בְּיוֹם הַשַּׁבָּת יַעַרְכֶנּוּ לִפְנֵי יְהוָה תָּמִיד

מֵאֵת בְּנֵי־יִשְׂרָאֵל בְּרִית עוֹלָם

주석 ǀ 떡은 야웨 앞에 주기적으로 곧 안식일마다 "영원한 언약"으로서 야웨 앞에 진설된다.

레위기 26:25

וְהֵבֵאתִי עֲלֵיכֶם חֶרֶב נֹקֶמֶת נְקַם־בְּרִית וְנֶאֱסַפְתֶּם אֶל־עָרֵיכֶם

וְשִׁלַּחְתִּי דֶבֶר בְּתוֹכְכֶם וְנִתַּתֶּם בְּיַד־אוֹיֵב

주석 ǀ 야웨의 징계를 받는 것을 완고하게 거부하는 것은 "복수의 칼"을 낳을 것이다. "언약을 어긴 원수를 갚을 것"이라는 말이 이와 동격 관계에 있다. 따라서 칼로 망하는 것은 언약의 위반에 대한 사법적 보복을 구성할 것이다.

민수기 18:19

כֹּל תְּרוּמֹת הַקֳּדָשִׁים אֲשֶׁר יָרִימוּ בְנֵי־יִשְׂרָאֵל לַיהוָה

נָתַתִּי לְךָ וּלְבָנֶיךָ וְלִבְנֹתֶיךָ אִתְּךָ לְחָק־עוֹלָם

בְּרִית מֶלַח עוֹלָם הִוא לִפְנֵי יְהוָה לְךָ וּלְזַרְעֲךָ אִתָּךְ

주석 ǀ 아론과 그의 아들과 딸들에게 거제로 드리는 예물이 주어진다. 이 영구한 규례는 야웨 앞에 아론과 그의 후손에게 "영원한 소금 언약"으로 불린다. 레위기 2.13을 참조하라.

역대하 13:5

הֲלֹא לָכֶם לָדַעַת כִּי יְהוָה אֱלֹהֵי יִשְׂרָאֵל נָתַן מַמְלָכָה

לְדָוִיד עַל־יִשְׂרָאֵל לְעוֹלָם לוֹ וּלְבָנָיו בְּרִית מֶלַח

주석 ǀ 유다의 아비야와 이스라엘의 여로보암 사이에 일어난 전쟁을 묘사한다. 아비야는 자기 대적들에게 항의하며 "하나님이 소금 언약으로 이스라엘 나라를 영원히 다윗과 그의 자손에게 주신 것을 너희가 알 것 아니냐?"고 묻는다. 레위기 2:13을 참조하라.

민수기 25:12

לָכֵן אֱמֹר הִנְנִי נֹתֵן לוֹ אֶת־בְּרִיתִי שָׁלוֹם

민수기 25:13

וְהָיְתָה לּוֹ וּלְזַרְעוֹ אַחֲרָיו בְּרִית כְּהֻנַּת עוֹלָם

תַּחַת אֲשֶׁר קִנֵּא לֵאלֹהָיו וַיְכַפֵּר עַל־בְּנֵי יִשְׂרָאֵל

주석 | 비느하스의 행동이 야웨의 분노를 진정시켰다. 그 결과 하나님은 비느하스에게 "평화의 언약"을 주셨고, 이것은 "영원한 제사장 직분의 언약"으로 묘사된다.

이사야 42:6

אֲנִי יְהוָה קְרָאתִיךָ בְצֶדֶק וְאַחְזֵק בְּיָדֶךָ
וְאַחְזֵק בְּיָדֶךָ וְאֶצָּרְךָ וְאֶתֶּנְךָ לִבְרִית עָם לְאוֹר גּוֹיִם

이사야 49:8

כֹּה אָמַר יְהוָה בְּעֵת רָצוֹן עֲנִיתִיךָ וּבְיוֹם יְשׁוּעָה עֲזַרְתִּיךָ
וְאֶצָּרְךָ וְאֶתֶּנְךָ לִבְרִית עָם לְהָקִים אֶרֶץ לְהַנְחִיל נְחָלוֹת שֹׁמֵמוֹת

주석 | 통상적으로 제한 요소가 בְרִית고 자유 요소가 인물인 제한 어구에서 이 인물은 언약 당사자이다. 여기서는 독특하게도 야웨의 종 자신이 하나님과 백성 사이의 언약이다.

이사야 59:21

וַאֲנִי זֹאת בְּרִיתִי אוֹתָם אָמַר יְהוָה
רוּחִי אֲשֶׁר עָלֶיךָ וּדְבָרַי אֲשֶׁר־שַׂמְתִּי בְּפִיךָ
לֹא־יָמוּשׁוּ מִפִּיךָ וּמִפִּי זַרְעֲךָ וּמִפִּי זֶרַע זַרְעֲךָ
אָמַר יְהוָה מֵעַתָּה וְעַד־עוֹלָם

주석 | 이 본문은 야웨의 말씀이 백성들의 입에서 또는 그들의 후손들의 입에서 떠나지 않을 새 언약에 대한 또 다른 묘사다.

에스겔 30:5

כּוּשׁ וּפוּט וְלוּד וְכָל־הָעֶרֶב וְכוּב וּבְנֵי אֶרֶץ הַבְּרִית
אִתָּם בַּחֶרֶב יִפֹּלוּ

주석 | 이 본문은 이집트에 대한 애가로, 이집트와 함께 죽음을 겪는 사람과 민족들을 언급한다. 예레미야서 25.20은 이 본문과 평행 관계에 있을 것이다. 이것은 이스라엘 땅에서 이스라엘 자손이 아닌 자들을 가리키는 것으로 보이고, 여기서 "언약의 땅"이라는 제한 명사구는 이스라엘을 가리키는 한 방법이다.

다니엘 11:22

וּזְרֹעוֹת הַשֶּׁטֶף יִשָּׁטְפוּ מִלְּפָנָיו וְיִשָּׁבֵרוּ

וְגַם נְגִיד בְּרִית

주석 ⏐ 마카비 시대에 일어난 사건들이 북방 왕과 남방 왕이 저지른 사건들로 묘사된다. 일련의 사건들을 거쳐 비천한 사람이 왕족이 아님에도 권력을 차지할 것이다. 엄청난 군대가 "동맹한 왕"과 함께 그 앞에 패할 것이다. 이것은 한 유대인 지도자에 대한 언급일 것이다.

신명기 29:20

וְהִבְדִּילוֹ יְהוָה לְרָעָה מִכֹּל שִׁבְטֵי יִשְׂרָאֵל

כְּכֹל אָלוֹת הַבְּרִית הַכְּתוּבָה בְּסֵפֶר הַתּוֹרָה הַזֶּה

주석 ⏐ 불순종하는 자는 언약의 모든 저주를 받는 데서 제외되지 아니할 것이다. 맹세가 11절에서는 긍정적 의미로 사용되고 여기서는 부정적 의미로 사용된다.

어구 = "언약궤"

민수기 10:33

וַיִּסְעוּ מֵהַר יְהוָה דֶּרֶךְ שְׁלֹשֶׁת יָמִים

וַאֲרוֹן בְּרִית־יְהוָה נֹסֵעַ לִפְנֵיהֶם דֶּרֶךְ שְׁלֹשֶׁת יָמִים לָתוּר לָהֶם מְנוּחָה

주석 ⏐ 야웨의 언약궤가 백성들 앞에서 갔다.

민수기 14:44

וַיַּעְפִּלוּ לַעֲלוֹת אֶל־רֹאשׁ הָהָר

וַאֲרוֹן בְּרִית־יְהוָה וּמֹשֶׁה לֹא־מָשׁוּ מִקֶּרֶב הַמַּחֲנֶה

주석 ⏐ 야웨의 언약궤는 이스라엘이 점령을 위해 가데스 바네아에서 산꼭대기로 올라갈 때 진영에 그대로 남아 있었다.

예레미야 3:16

וְהָיָה כִּי תִרְבּוּ וּפְרִיתֶם בָּאָרֶץ בַּיָּמִים הָהֵמָּה נְאֻם־יְהוָה

לֹא־יֹאמְרוּ עוֹד אֲרוֹן בְּרִית־יְהוָה וְלֹא יַעֲלֶה עַל־לֵב

וְלֹא יִזְכְּרוּ־בוֹ וְלֹא יִפְקֹדוּ וְלֹא יֵעָשֶׂה עוֹד

주석 | 언약궤가 더 이상 하나님의 백성의 한 부분이 아닐 미래의 때에 대해 묘사된다.

어구 = "언약궤"

여호수아 3:6; 여호수아 3:6

어구 = "야웨의 언약궤"

신명기 10:8; 여호수아 4:7; 여호수아 6:8; 사무엘상 4:3; 사무엘상 4:5; 열왕기상 6:19; 열왕기상 8:1; 열왕기상 8:6; 역대상 15:25; 역대상 15:28; 역대상 15:29; 역대상 16:37; 역대상 17:1; 역대상 22:19; 역대상 28:2; 역대상 28:18; 역대하 5:2; 역대하 5:7

어구 = "만군의 야웨의 언약궤"

사무엘상 4:4

어구 = "언약궤를 멘 자들"

여호수아 3:8; 여호수아 3:14; 여호수아 4:9

어구 = "야웨의 언약궤를 메는 자들"

신명기 31:9; 신명기 31:25; 역대상 15:26; 여호수아 4:18; 여호수아 8:33; 여호수아 3:17(הַכֹּהֲנִים נֹשְׂאֵי הָאָרוֹן בְּרִית־יְהוָה)

어구 = "너희 하나님 야웨의 언약궤"

신명기 31:26; 여호수아 3:3

어구 = "하나님의 언약궤"

사사기 20:27; 사무엘상 4:4; 사무엘하 15:25; 역대상 16:6

어구 = "야웨의 언약궤"

왕상 3:15

어구 = "온 땅의 주의 언약궤"

여호수아 3:11

어구 = "하나님의 궤"

사무엘상 3:3

어구 = "언약의 말씀"

신명기 29:8(29:9 EV) ···

וּשְׁמַרְתֶּם אֶת־דִּבְרֵי הַבְּרִית הַזֹּאת וַעֲשִׂיתֶם אֹתָם

לְמַעַן תַּשְׂכִּילוּ אֵת כָּל־אֲשֶׁר תַּעֲשׂוּן

주석 | 언약의 조건에 대한 언급이다. 이 명령은 이것이 신명기와 동등하다는 것을 보여준다.

예레미야 11:2 ···

שִׁמְעוּ אֶת־דִּבְרֵי הַבְּרִית הַזֹּאת

וְדִבַּרְתָּם אֶל־אִישׁ יְהוּדָה וְעַל־יֹשְׁבֵי יְרוּשָׁלָם

예레미야 11:3 ···

וְאָמַרְתָּ אֲלֵיהֶם כֹּה־אָמַר יְהוָה אֱלֹהֵי יִשְׂרָאֵל

אָרוּר הָאִישׁ אֲשֶׁר לֹא יִשְׁמַע אֶת־דִּבְרֵי הַבְּרִית הַזֹּאת

예레미야 11:6 ···

וַיֹּאמֶר יְהוָה אֵלַי קְרָא אֶת־כָּל־הַדְּבָרִים הָאֵלֶּה

בְּעָרֵי יְהוּדָה וּבְחֻצוֹת יְרוּשָׁלַם לֵאמֹר

שִׁמְעוּ אֶת־דִּבְרֵי הַבְּרִית הַזֹּאת וַעֲשִׂיתֶם אוֹתָם

וְלֹא שָׁמְעוּ וְלֹא־הִטּוּ אֶת־אָזְנָם וַיֵּלְכוּ אִישׁ בִּשְׁרִירוּת לִבָּם הָרָע

וָאָבִיא עֲלֵיהֶם אֶת־כָּל־דִּבְרֵי הַבְּרִית־הַזֹּאת אֲשֶׁר־צִוִּיתִי לַעֲשׂוֹת וְלֹא עָשׂוּ

주석 ı 예레미야 11장에서 언급되는 네 번의 예는 "이 언약의 말씀(즉 조건)"이라는 표현을 담고 있고, 특히 모세 언약의 조건을 언급한다. 이것은 5절에서 "맹세"로 지칭되는 아브라함 언약과 구별된다.

וַיַּעַל הַמֶּלֶךְ בֵּית־יְהוָה וְכָל־אִישׁ יְהוּדָה וְיֹשְׁבֵי יְרוּשָׁלַ͏ִם

וְהַכֹּהֲנִים וְהַלְוִיִּם וְכָל־הָעָם מִגָּדוֹל וְעַד־קָטָן

וַיִּקְרָא בְאָזְנֵיהֶם אֶת־כָּל־דִּבְרֵי סֵפֶר הַבְּרִית הַנִּמְצָא בֵּית יְהוָה

וַיַּעֲמֹד הַמֶּלֶךְ עַל־עָמְדוֹ וַיִּכְרֹת אֶת־הַבְּרִית לִפְנֵי יְהוָה

לָלֶכֶת אַחֲרֵי יְהוָה וְלִשְׁמוֹר אֶת־מִצְוֹתָיו וְעֵדְוֹתָיו וְחֻקָּיו בְּכָל־לְבָבוֹ

וּבְכָל־נַפְשׁוֹ לַעֲשׂוֹת אֶת־דִּבְרֵי הַבְּרִית הַכְּתוּבִים עַל־הַסֵּפֶר הַזֶּה

주석 ı 이 본문은 요시야가 성전을 수리하고 이 언약(의심할 것 없이 신명기)에 대한 헌신을 새롭게 하는 동안 발견된 율법책(대하 34.14)에 대한 내용을 다루고 있다. 그 표현은 "그가[왕이] 여호와 앞에서 언약을 세우되("쪼개되") 여호와를 순종하고 그의 계명…을 지켜"라는 것이다. 우리는 여기서 בְּרִית라는 말에 관사가 붙어 있는 이유와 이것이 어떤 의미를 가질 수 있는지 궁금하다. 여기서 כרת라는 표현은 언약 갱신을 언급할까?

어구 ="언약의 돌판들"

בַּעֲלֹתִי הָהָרָה לָקַחַת לוּחֹת הָאֲבָנִים לוּחֹת הַבְּרִית

אֲשֶׁר־כָּרַת יְהוָה עִמָּכֶם

וָאֵשֵׁב בָּהָר אַרְבָּעִים יוֹם וְאַרְבָּעִים לַיְלָה

לֶחֶם לֹא אָכַלְתִּי וּמַיִם לֹא שָׁתִיתִי

נָתַן יְהוָה אֵלַי אֶת־שְׁנֵי לֻחֹת הָאֲבָנִים לֻחוֹת הַבְּרִית

주석 | "여호와께서 내게 [쪼갠] 언약의 두 돌판을 주시고"라는 언급이 나온다. 이것은 두 돌판에 기록된 십계명을 가리킨다.

어구 ="언약책"

열왕기하 23:2 ·····

וַיַּעַל הַמֶּלֶךְ בֵּית־יְהוָה וְכָל־אִישׁ יְהוּדָה וְכָל־יֹשְׁבֵי יְרוּשָׁלַם אִתּוֹ

וְהַכֹּהֲנִים וְהַנְּבִיאִים וְכָל־הָעָם לְמִקָּטֹן וְעַד־גָּדוֹל

וַיִּקְרָא בְאָזְנֵיהֶם אֶת־כָּל־דִּבְרֵי סֵפֶר הַבְּרִית הַנִּמְצָא בְּבֵית יְהוָה

주석 | 여기서 성전을 회복시키는 동안 발견된 "언약책의 모든 말씀"은 요시야의 부흥 역사가 진행되는 동안 읽힌다.

열왕기하 23:21 ·····

וַיְצַו הַמֶּלֶךְ אֶת־כָּל־הָעָם לֵאמֹר עֲשׂוּ פֶסַח לַיהוָה אֱלֹהֵיכֶם

כַּכָּתוּב עַל סֵפֶר הַבְּרִית הַזֶּה

주석 | 여기서 왕은 성전을 회복시키는 동안에 발견된 "언약책에 기록된" 대로 유월절을 지키라고 명령한다.

2회 등장   창세기 9.12 (נתן, 명사 + ברית)

2회 등장   출애굽기 24.8 (כרת, 명사 + ברית)

2회 등장   신명기 4.23 (שכח, כרת)

2회 등장   신명기 29.24 (עזב, כרת)

2회 등장   신명기 31.16 (הפר, כרת)

2회 등장   열왕기하 17.38 (כרת, שכח)

2회 등장   열왕기상 8.21 (כרת, 주어)

2회 등장   열왕기하 17.15 (מאס, כרת)

2회 등장   예레미야 11.10 (הפר, כרת)

2회 등장   스가랴 11.10 (הפר, כרת)

2회 등장   시편 105.8-9 (זכר, כרת)

2회 등장   역대상 16.15 (זכר, כרת)

2회 등장 신명기 9.9 (כרת, לוחת)

2회 등장 신명기 29.11 (כרת, עבר ב)

평행 표현

1. הקים ברית = הקים השבעה

창세기 26:3 ···

גּוּר בָּאָרֶץ הַזֹּאת וְאֶהְיֶה עִמְּךָ וַאֲבָרְכֶךָּ

כִּי־לְךָ וּלְזַרְעֲךָ אֶתֵּן אֶת־כָּל־הָאֲרָצֹת הָאֵל

וַהֲקִמֹתִי אֶת־הַשְּׁבֻעָה אֲשֶׁר נִשְׁבַּעְתִּי לְאַבְרָהָם אָבִיךָ

1부와 3부 참고문헌

Alexander, T. D. "Beyond Borders: The Wider Dimensions or Land." In *The Land of Promise: Biblical, Theological, and Contemporary Perspectives.* Edited by Philip Johnston and Peter W. L. Walker. Downers Grove, IL: InterVarsity Press, 2000.

______. *From Eden to the New Jerusalem.* Nottingham, UK: Inter-Varsity Press, 2008. 『에덴에서 새 예루살렘까지』(부흥과개혁사 역간).

______. "Seed." In *New Dictionary of Biblical Theology.* Edited by T. D. Alexander, Brian S. Rosner, D. A. Carson, and Graeme Goldsworthy. 769–773. Downers Grove, IL: InterVarsity Press, 2000.

______. *The Servant King.* Leicester, UK: Inter-Varsity Press, 1998.

Allen, David L. "The Atonement: Limited or Universal?" In *Whosoever Will: A Biblical-Theological Critique of Five-Point Calvinism.* Edited by David L. Allen and Steve W. Lemke. 68–109. Nashville: B&H, 2010.

Anderson, A. A. *2 Samuel.* Word Biblical Commentary 11. Waco, TX: Word, 1989.

Baker, David L. *Two Testaments, One Bible: The Theological Relationship between the Old and New Testaments.* 3rd ed. Downers Grove, IL: InterVarsity Press, 2010. 『구약과 신약의 관계』(부흥과개혁사 역간).

Barnes, Tom. *Atonement Matters.* Darlington, UK: Evangelical Press, 2008.

Barr, James. "Biblical Theology." In *Interpreter's Dictionary of the Bible: Supplementary Volume.* Edited by K. Crim. 104–106. Nashville: Abingdon, 1976.

______. *Fundamentalism*. London: SCM, 1977. 『근본주의 신학』(대한기독교서회 역간).

Bartholomew, Craig G., et al. *Canon and Biblical Interpretation*. Scripture and Hermeneutics Series 7: Grand Rapids, MI: Zondervan, 2006.

Bateman, Herbert W. IV, ed. *Three Central Issues in Contemporary Dispensationalism: A Comparison of Traditional and Progressive Views*. Grand Rapids, MI: Kregel, 1999.

Bauckham, Richard. *Jesus and the God of Israel: God Crucified and Other Studies of the New Testaments Christology of Divine Identity*. Grand Rapids, MI: Eerdmans, 2008.

Bavinck, Herman. *Reformed Dogmatics*. Edited by John Bolt. Translated by John Vriend. Grand Rapids, MI: Baker, 2006.

Beale, G. K. *The Book of Revelation: A Commentary on the Greek Text*. New International Greek Testament Commentary. Grand Rapids, MI: Eerdmans, 1999. 『NIGTC 요한계시록』(새물결플러스 역간).

______. "Did Jesus and His Followers Preach the Right Doctrine from the Wrong Texts?" In *The Right Doctrine from the Wrong Texts: Essays all the Use of the Old Testament in the New*. Edited by G. K. Beale. Grand Rapids, MI: Baker, 1994.

______. *The Erosion of Inerrancy in Evangelicalism*. Wheaton, IL: Crossway, 2008.

______. "The Eschatological Conception of New Testament Theology." In *"The Reader Must Understand": Eschatology in Bible and Theology*. Edited by K. E. Brower and M. W. Elliott. 11-52. Leicester: Apollos, 1997.

______. *The Temple and the Church's Mission*. New Studies in Biblical Theology 17: Downers Grove, IL: InterVarsity Press, 2004. 『성전 신학』(새물결플러스 역간).

________. *We Become What We Worship: A Biblical Theology of Idolatry*. Downers Grove, IL: InterVarsity Press, 2008. 『예배자인가, 우상숭배자인가?』(새물결플러스 역간).

Beale, G. K., and D. A. Carson, eds. *Commentary on the New Testament Use of the Old Testament*. Grand Rapids, MI: Baker, 2007. 『신약의 구약사용 주석 시리즈』(CLC 역간).

Beasley-Murray, G. R. "Baptism." In *Dictionary of Paul and His Letters*. Edited by Gerald F. Hawthorne, el al. 60-66. Downers Grove, IL: InterVarsity Press, 1993.

________. *Baptism in the New Testament*. Grand Rapids, Ml: Eerdmans, 1962.

________. "The Kingdom of God in the Old and New Testaments." In *Reclaiming the Prophetic Mantle: Preaching the Old Testament Faithfully*. Edited by George L. Kline. 179-201. Nashville: Broadman, 1992.

Berkhof, Louis. *Principles of Biblical Interpretation: Sacred Hermeneutics*, 2nd ed. Grand Rapids. MI: Baker, 1952.

________. *Systematic Theology*. 1941. Repr., Grand Rapids, MI: Eerdmans, 1982. 『벌코프 조직신학』(크리스천다이제스트 역간).

Bigalke, Ron J., Jr., ed. *Progressive Dispensationalism: An Analysis of the Movement and Defense of Traditional Dispensationalism*. Lanham, MD: University Press of America, 2005.

Bird, Chad L. "Typological Interpretation within the Old Testament: Melchizedekian Typology." *Concordia Journal* 26 (2000): 36-52.

Bird, Michael F. "Biblical Theology: An Endangered Species in Need of Defense." http://euangelizomai.blogspot.com/2008/01/biblical-theology-endangered-species-in.html.

________. "New Testament Theology Re-Loaded: Integrating Biblical Theology and Christian Origins." *Tyndale Bulletin* 60/2 (2009): 265-291.

Blaising, Craig A., and Darrell L. Bock, eds. *Dispensationalism, Israel, and the Church: A Search for Definition*. Grand Rapids, Ml: Zondervan. 1992.

Blaising, Craig A., and Darrell L. Bock. *Progressive Dispensationalism*. Wheaton, IL: BridgePoillt, 1993. 『점진적 세대주의』(CLC 역간).

Blocher, Henri. *Original Sin: Illuminating the Riddle*. New Studies in Biblical Theology 5: Downers Grove, IL: InterVarsity Press, 2001.

Block, Daniel l. "My Servant David: Ancient Israel's Vision of the Messiah." In *Israel's Messiah in the Bible and the Dead Sea Scrolls*. Edited by Richard S. Hess and M. Daniel Carroll. 17-56. Grand Rapids, MI: Baker, 2003.

______. "Preaching Old Testament Apocalyptic to a New Testament Church." *Calvin Theological Journal* 41 (2006): 17-52.

Bock, Darrell L. "Covenants in Progressive Dispensationalism." In *Three Central Issues in Contemporary Dispensationalism: A Comparison of Traditional and Progressive Views*. Edited by Herbert W. Bateman IV. 169-203. Grand Rapids, MI: Kregel, 1999.

______. "Current Messianic Activity and OT Davidic Promise: Dispensationalism, Hermenutics. and NT Fulfillment." *Trinity Journal* 15 (1994): 55-87.

______. "The Kingdom of God in New Testament Theology." In *Looking into the Future: Evangelical Studies in Eschatology*. Edited by David W Baker. 28-60. Grand Rapids, MI: Baker, 2001.

Booth, Robert R. *Children of the Promise: The Biblical Case for Infant Baptism*. Phillipsburg. NJ: P&R, 1995.

Bowman, Robert M., Jr., and J. Ed. Komoszewski, *Putting Jesus in His Place: The Case for Deity of Christ*. Grand Rapids, MI: Kregel, 2007.

Bray, Gerald. "Christology." In *New Dictionary of Theology*. Edited by Sinclair 8. Ferguson. et al. Downers Grove, IL: InterVarsity Press, 1988.

Bromiley, Geoffrey W. "The Case for Infant Baptism." *Christianity Today*, October 9, 1964, 7-10.

Brower, K. E. "Eschatology." In *New Dictionary of Biblical Theology*. Edited by T. D. Alexander, Brian S. Rosner, D. A. Carson, and Graeme Goldsworthy. 459-464. Downers Grove, IL: InterVarsity Press, 2000.

Brown, Raymond E. *The Sensus Plenior of Sacred Scripture*. Baltimore: St. Mary's University, 1955.

Brueggemann, Walter. *The Land: Place as Gift, Promise, and Challenge in Biblical Faith*. London: SPCK, 1978. 『성경이 말하는 땅』(CLC 역간).

Burns, J. Lanier. "Israel and the Church of a Progressive Dispensationalist." In *Three Central Issues in Contemporary Dispensationalism: A Comparison of Traditional and Progressive Views*. Edited by Herbert W. Bateman IV. 263-291. Grand Rapids, MI: Kregel, 1999.

Calvin, John. *Institutes of the Christian Religion*. Edited by John T. McNeill. Translated by Ford Lewis Battles, 2 vols. Philadelphia: Westminster, 1960.

Caneday, A. B. "Covenant Lineage Allegorically Prefigured: 'What Things Are Written Allegorically' (Galatians 4:21-31)." *Southern Baptist Journal of Theology* 14/3 (2010): 50-77.

Carson, D. A. *The Difficult Doctrine of the Love of God*. Wheaton, IL: Crossway, 2000.

________. "Evangelicals, Ecumenism, and the Church." In *Evangelical Affirmations*. Edited by Kenneth S. Kantzer and Carl F. H. Henry. 347-385. Grand Rapids, MI: Zondervan, 1990.

________. ed. *From Sabbath to Lord's Day: A Biblical, Historical, and Theological Investigation*. Grand Rapids, MI: Zondervan, 1982. Repr. Eugene, OR: Wipf & Stock, 2000.

________. *The Gagging of God: Christianity Confronts Pluralism*. Grand Rapids,

MI: Zondervan, 1996.

________. *The Gospel according to John*. Pillar New Testament Commentary. Grand Rapids, MI: Eerdmans, 1991.

________. "Matthew." In *Matthew, Mark, Luke*. The Expositor's Bible Commentary 8. Edited by Frank E. Gaebelein. Grand Rapids, Ml: Zondervan, 1984.

________. "Mystery and Fulfillment: Toward a More Comprehensive Paradigm of Paul's Understanding of the Old and the New." In *Justification and Variegated Nomism: Volume 2-The Paradoxes of Paul*. Edited by D. A. Carson, P. T. O'Brien, M. A. Seifrid. 393-436. Grand Rapids, MI: Baker, 2004.

________. "New Testament Theology." In *Dictionary of the Later New Testament and Its Developments*. Edited by Ralph P. Martin and Peter H. Davids. Downers Grove, IL: InterVarsity Press, 1997.

________. "Pauline Inconsistency: Reflections on 1 Corinthians 9.19-23 and Galatians 2.11-14." *Churchman* 100/1 (1986): 6-45.

________. *Showing the Spirit: A Theological Exposition of Corinthians 12-14*. Grand Rapids, MI: Baker, 1987.

________. "Systematic Theology and Biblical Theology." In *New Dictionary of Biblical Theology*. Edited by T. D. Alexander, Brian S. Rosner, D. A. Carson, and Graeme Goldsworthy. 89-104. Downers Grove, IL: InterVarsity Press, 2000.

Carson, D. A., and John D. Woodbridge, eds. *Hermeneutics, Authority, and Canon*. Grand Rapids, MI: Zondervan, 1986.

________. *Scripture and Truth*. Grand Rapids, Ml: Zondervan, 1983.

Chafer, Lewis S. "Dispensationalism." *Bibliotheca Sacra* 93 (1936): 390-449.

________. *Systematic Theology*. 1948. Repr., Grand Rapids, MI: Kregel, 1993.

Chapell, Bryan. "A Pastoral Overview of Infant Baptism." In *The Case for*

Covenantal Infant Baptism. Edited by Gregg Strawbridge. Phillipsburg, NJ: P&R, 2003.

Charlesworth, J. H., et al., eds. *The Messiah: Developments in Earliest Judaism and Christianity*. Minneapolis: Fortress, 1992.

Clark, R. Scott. "A Contemporary Reformed Defense of Infant Baptism," http:// public.csusm.edu/public/guests/rsclarkl/Infant_Baptism. html, 1-29.

______. "Theses on Covenant Theology." Accessed at http://www.wseal.edu/ clark/covtheses.php.

Clowney, Edmund P. *The Church: Sacraments, Worship, Ministry, Mission*. Downers Grove, IL: InterVarsity Press, 1995. 『교회』(IVP 역간).

______. *Preaching and Biblical Theology*. Grand Rapids, MI: Eerdmans, 1961.

Cole, Graham A. *He Who Gives Life: The Doctrine of the Holy Spirit*. Wheaton, IL: Crossway, 2007.

Collins, John J. *King and Messiah as Son of God: Divine, Human, and Angelic Messianic Figures in Biblical and Related Literature*. Grand Rapids, MI: Eerdmans, 2008.

Compton, Jared M. "Shared Intentions? Reflections on Inspiration and Interpretation in Light of Scripture's Dual Authorship." *Themelios* 33 (2008).

Cullmann, Oscar. *Christ and Time*. Translated by Floyd V. Filson. Philadelphia: Westminster, 1950.

Davidson, Richard. *Typology in Scripture: A Study of Hermeneutical TUPOS Structures*. Andrews University Seminary Doctoral Dissertation Series 2. Berrien Springs, MI: Andrews University. 1981.

Davies, W. D. *The Gospel and the Land: Early Christianity and Jewish Territorial Doctrine*. Berkeley: University of California Press, 1974.

Demarest, Bruce. *The Cross and Salvation*. Wheaton, IL: Crossway, 1997.

Dempster, Stephen G. *Dominion and Dynasty: A Biblical Theology of the*

Hebrew Bible. New Studies in Biblical Theology 15. Downers Grove, IL: InterVarsity Press. 2003.

________. "An 'Extraordinary Fact:' Torah and Temple and the Contours of the Hebrew Canon. part 1." *Tyndale Bulletin* 48/1 (1997): 23-56.

________. "An 'Extraordinary Fact:' Torah and Temple and the Contours of the Hebrew Canon, part 2." *Tyndale Bulletin* 48/2 (1997): 191-218.

Douty, Norman. *Did Christ Die Only for the Elect?* Eugene, OR: Wipf & Stock, 1998.

Driscoll, Mark., and Gerry Breshears. *Death by Love*. Wheaton, IL: Crossway, 2008.

Dumbrell, William J. *Covenant and Creation: A Theology of the Old Testament Covenants*. Carlislie, UK: Paternoster, 1984.

________. *The Search for Order: Biblical Eschatology in Focus*. Grand Rapids, MI: Baker, 1994.

Dunn, James D. G. *Baptism in the Holy Spirit*. London: SCM, 1970.

Dunn, Matthew W. I. "Raymond Brown and the Sensus Plenior Interpretation of the Bible." *Studies in Religion* 36 (2007): 531-551.

Erickson, Millard. *Christian Theology*. 2nd ed. Grand Rapids, MI: Baker, 1998.

Feinberg, John S., ed. *Continuity and Discontinuity: Perspectives on the Relationship between of the Old and New Testaments*. Wheaton, IL: Crossway, 1988.

Feinberg, John S. "Systems of Discontinuity." In *Continuity and Discontinuity: Perspectives on the Relationship between the Old and New Testaments*. Edited by John S. Feinberg. 63-86. Wheaton, IL: Crossway, 1988.

Feinberg, Paul D. "Hermeneutics of Discontinuity." In *Continuity and Discontinuity: Perspectives on the Relationship between the Old and New Testaments*. Wheaton, IL: Crossway, 198X.

Ferguson, Sinclair B. *The Holy Spirit*. Downers Grove, IL: InterVarsity Press, 1996. 『성령』(IVP 역간).

______. "How Does the Bible Look at Itself?" In *Inerrancy and Hermeneutic*. Edited by Harvie M. Conn. 47-66. Grand Rapids, MI: Baker, 1988.

Fesko, J. V. "On the Antiquity of Biblical Theology." In *Resurrection and Eschatology: Theology in Service of the Church*. Edited by L. G. Tipton and J. C. Waddington. 443-477. Phillipsburg, NJ: P&R, 2008.

Frame, John M. *The Doctrine of God*. Phillipsburg, NJ: P&R, 2002.

______. *The Doctrine of the Knowledge of God*. Phillipsburg, NJ: P&R, 1987.

______. *The Doctrine of the Word of God*. Phillipsburg, NJ: P&R, 2010. 『성경론』 (P&R 역간).

______. "Scripture Speaks for Itself." In *God's Inerrant Word*. Edited by John W. Montgomery. 178-181. Minneapolis: Bethany, 1974.

Frei, Hans. *The Eclipse of Biblical Narrative: A Study in Eighteenth and Nineteenth Century Hermeneutics*. New Haven, CT: Yale University Press, 1980.

Fung, Ronald Y. K. *The Epistle to the Galatians*. New International Commentary on the New Testament. Grand Rapids, MI: Eerdmans, 1988.

Gaffin, Richard B., Jr., ed. *Redemptive History and Biblical Interpretation: The Shorter Writings of Geerhardus Vos*. Phillipsburg, NJ: P&R, 2001.

Gaffin, Richard B., Jr. "Systematic Theology and Biblical Theology." *Westminster Theological Journal* 38 (1976): 281-299.

Gathercole. Simon J. *The Preexistent Son: Recovering the Christologies of Matthew, Mark, and Luke*. Grand Rapids, MI: Eerdmans, 2006.

Geisler, Norman L. ed. *Inerrancy*. Grand Rapids, MI: Zondcrvan, 1979.

Golding, Peter. *Covenant Theology: The Key of Theology in Reformed Thought and Tradition*. Fearn, Ross-shire, UK: Mentor, 2004. 『현대인을 위한 언약신학』

(그나라 역간).

Goldsworthy, Graeme. *According to Plan: The Unfolding Revelation of God in the Bible*. Downers Grove, IL: InterVarsity Press, 2002. 『복음과 하나님의 계획』 (성서유니온선교회 역간).

______. *Gospel-Centered Hermeneutics: Foundations and Principles of Evangelical Biblical Interpretation*. Downers Grove, IL: InterVarsity Press, 2006. 『복음적 해석학』(CLC 역간).

______. "Kingdom of God." In *New Dictionary of Biblical Theology*. Edited by T. D. Alexander, Brian S. Rosner, D. A. Carson, and Graeme Goldsworthy. 615-620. Downers Grove, IL: InterVarsity Press, 2000.

______. *Preaching the Whole Bible as Christian Scripture: The Application of Biblical Theology to Expository Preaching*. Grand Rapids, MI: Eerdmans, 2000. 『성경신학적 설교 어떻게 할 것인가?』(성서유니온선교회 역간).

______. "Relationship of Old Testament and New Testament." In *New Dictionary of Biblical Theology*. Edited by T. D. Alexander, Brian S. Rosner, D. A. Carson, and Graeme Goldsworthy. 81-89. Downers Grove, IL: InterVarsity Press, 2000.

Goppelt, Leonhard, *Typos: The Typological Interpretation of the Old Testament in the New*. Translated by D. H. Madvig. Grand Rapids, Ml: Eerdmans, 1982.

Grenz, Stanley J. *A Primer on Postmodernism*. Grand Rapids, MI: Eerdmans, 1996. 『포스트모더니즘의 이해』(예배와설교아카데미 역간).

Grenz, Stanley J., and Roger Olson. *20th Century Theology: God and the World in a Transitional Age*. Downers Grove, IL: InterVarsity Press, 1992. 『20세기 신학』(IVP 역간).

Grudem, Wayne. J Peter. *Tyndale New Testament Commentaries*. Grand Rapids, MI: Eerdmans, 1988.

______. "Scripture's Self-Attestation and the Problem of Formulating a Doctrine

of Scripture." In *Scripture and Truth*. Edited by D. A. Carson and John
Woodbridge. 19-59. Grand Rapids, MI: Zondervan, 1983.

________. *Systematic Theology*. Grand Rapids, MI: Zondervan, 2000. 『조직신학』(은
성 역간).

Gundry, Robert. "Why I Didn't Endorse 'The Gospel of Jesus Christ: An
Evangelical Celebration'···Even though I Wasn't Asked To." *Books and
Culture* 711 (2001): 6-9.

Hamilton, James M., Jr. *God's Glory in Salvation through Judgment: A Biblical
Theology*. Wheaton, IL: Crossway, 2010.

________. *God's Indwelling Presence: The Holy Spirit in the Old and New
Testaments*. Nashville: B&H, 2006.

Hannah, John D. ed. *Inerrancy and the Church*. Chicago: Moody, 1984.

Harris, Murray J. Colossians and Philemon. *Exegetical Guide to the Greek New
Testament*. Grand Rapids, MI: Eerdmans, 1991.

________. *Jesus as God: The New Testament Use of Theos in Reference to Jesus*.
Grand Rapids, MI: Baker, 1992.

________. *Three Crucial Questions about Jesus*. Grand Rapids, MI: Baker, 1994.

Hasel, Gerhard F. "The Nature of Biblical Theology: Recent Trends and Issues."
Andrews University Seminary Studies 32/3 (1994): 211-214.

________. *Old Testament Theology: Basic Issues in the Current Debate*. 2nd ed.
Grand Rapids, MI: Eerdmans, 1991.

________. "The Relationship between Biblical Theology and Systematic
Theology." *Trinity Journal* 5 (1984): 113-127.

Hays, Richard B. *The Conversion of the Imagination*. Grand Rapids, MI:
Eerdmans, 2005.

________. *Echoes of Scripture in the Letters of Paul*. New Haven, CT: Yale
University Press, 1989. 『바울서신에 나타난 구약의 반향』(여수룬 역간).

Helseth, Paul Kjoss. *"Right Reason" and the Princeton Mind: An Unorthodox Proposal*. Phillipsburg, NJ: P&R, 2010.

Hester, James D. *Paul's Concept of Inheritance: A Contribution to the Understanding of Heilsgeschichte*. Scottish Journal of Theology Occasional Papers 14. Edinburgh: Oliver & Boyd, 1968.

Hoch, Carl B., Jr. *All Things New*. Grand Rapids, MI: Baker, 1995.

Hodge, Charles. *Systematic Theology*. 1852. Repr., Grand Rapids, MI: Eerdmans, 1982.

Hoekema, Anthony A. *The Bible and the Future*. Grand Rapids, MI: Eerdmans, 1994. 『개혁주의 종말론』(부흥과개혁사 역간).

______. *Created in God's Image*. Grand Rapids, MI: Eerdmans, 1986. 『개혁주의 인간론』(부흥과개혁사 역간).

Hoffecker, W. Andrew, ed. *Revolutions in Worldview: Understanding the Flow of Western Thought*. Phillipsburg, NJ: P&R, 2007.

Horton, Michael S. *The Christian Faith*. Grand Rapids, MI: Zondervan, 2011.

______. *Covenant and Eschatology: The Divine Drama*. Louisville: Westminster John Knox, 2002. 『언약과 종말론』(크리스챤출판사 역간).

______. *God of Promise: Introducing Covenant Theology*. Grand Rapids, MI: Baker, 2006. 『언약신학』(부흥과개혁사 역간).

Hoskins. Paul M. *Jesus as the Fulfillment of the Temple in the Gospel of John*. Eugene, OR: Wipf & Stock Publishers, 2006.

House, H. Wayne, ed. *Israel: The Land and the People*. Grand Rapids, MI: Kregel, 1998.

House, Paul R. *Old Testament Theology*. Downers Grove, IL: InterVarsity Press, 1998. 『구약신학』(CLC 역간).

Husbands, Mark, and Daniel J. Treier, eds. *Justification: What's at Stake in the Current Debates?* Downers Grove, IL: InterVarsity Press, 2005.

Jewett, Paul K. *Infant Baptism and the Covenant of Grace*. Grand Rapids, MI: Eerdmans, 1974,

Johnson, Elliott E. "Covenants in Traditional Dispcnsalionalism." In *Three Central Issues in Contemporary Dispensationalism: A Comparison of Traditional and Progressive Views*. Edited by Herbert W. Bateman IV. 121-168. Grand Rapids, MI: Kregel, 1999.

Johnston, Philip, and Peter W. L. Walker, eds. *The Land of Promise: Biblical, Theological, and Contemporary Perspectives*. Downers Grove, IL: InterVarsity Press, 2000.

Kaiser, Walter C., Jr. "The Blessing of David: The Charter for Humanity." In *The Law Prophets*. Edited by John H. Skilton. Nutley, NJ: P&R, 1974.

________. "Israel and Its Land in Biblical Perspective." In *The Old Testament in the Life of God's People: Essays in Honor of Elmer A. Martens*. Edited by Jon Isaak. Winona Lake, IN: Eisenbrauns. 2009.

________. *The Messiah in the Old Testament*. Grand Rapids, MI: Zondervan, 1995.

________. *Toward Rediscovering the Old Testament*. Grand Rapids, MI: Zondervan, 1987.

Kaiser, Walter C., and Moisés Silva. *Introduction to Biblical Hermeneutics: The Search for Meaning*. 2nd ed. Grand Rapids, MI: Zondervan, 2007. 『성경해석학 개론』(은성 역간).

Kirk, J. R. Daniel. "The Sufficiency of the Cross (I): The Crucifixion as Jesus' Act of Obedience." *The Scottish Bulletin of Evangelical Theology* 24/1 (2006): 36-64.

________. "The Sufficiency of the Cross (II): The Law, the Cross, and Justification." *The Scottish Bulletin of Evangelical Theology* 24/2 (2006): 133-154.

Kline, Meredith G. *The Structure of Biblical Authority*. Grand Rapids, Ml: Eerdmans, 1975. 『언약과 성경』(부흥과개혁사 역간).

Köstenberger, Andreas J. *John*. Baker Exegetical Commentary on the New Testament. Grand Rapids, MI: Baker, 2004.

Kulikovsky, Andrew S. *Creation, Fall, Restoration: A Biblical Theology of Creation*. Fearn, Rossshire, UK: Mentor, 2009.

Ladd, G. E. "Biblical Theology, History of," and "Biblical Theology, Nature of," In *International Standard Bible Encyclopedia*. Rev. ed. 4 vols. 1 :498-509. Grand Rapids, MI: Eerdmans, 1979.

______. "Kingdom of Christ, God, Heaven." In *Evangelical Dictionary of Theology*, Edited by W. A. Elwell. 607-611. Grand Rapids, MI: Baker, 1984.

______. *The Presence of the Future: The Eschatology of Biblical Realism*. Rev. ed. Grand Rapids, MI: Ecrdmans. 1974. 『하나님 나라』(크리스천다이제스트 역간).

LaHaye, Tim, and Jerry Jenkins, *Left Behind: A Novel of the Earth's Last Days*. Carol Stream, IL: Tyndale, 1996. 『레프트 비하인드』(홍성사 역간).

Lake, Donald. "He Died for All." In *Grace Unlimited*. Edited by Clark H. Pinnock. 31-50. Minneapolis: Bethany, 1975.

Lane, William L. *Hebrews 1-8*. Word Biblical Commentary 47a. Dallas: Word, 1991.

______. *Hebrews 9-13*. Word Biblical Commentary 47b. Dallas: Word, 1991.

Lehrer, Steven, ed. *Journal of New Covenant Theology*.

Letham, Robert. *The Holy Trinity: In Scripture, History, Theology, and Worship*. Phillipsburg, NJ: P&R. 2004.

______. *The Work of Christ*. Downers Grove, IL: InterVarsity Press, 1993.

Lightner, Robert. *The Death Christ Died*. 2nd ed. Grand Rapids, MI: Kregel, 1998.

Lindbeck, George A. *The Nature of Doctrine: Religion and Theology in a Postliberal Age*. 25th anniversary edition. Louisville: Westminster John Knox, 2009.

Lindsey, Hal. *The Late Great Planet Earth*. Grand Rapids, MI: Zondervan, 1973.

______. *There's a New World Coming*. Santa Ana, CA: Vision, 1974.

Lints, Richard. *The Fabric of Theology: A Prolegomenon of Evangelical Theology*. Grand Rapids, MI: Eerdmans. 1993.

Long, Gary D. *Definite Atonement*. Phillipsburg, NJ: P&R, 1977.

Longenecker, Richard N. *Galatians*. Word Biblical Commentary 41. Dallas: Word, 1990. 『갈라디아서』(솔로몬 역간).

Lusk, Rich. "Do I Believe in Baptismal Regeneration?" Accessed at http://www.auburnavenue.org!/Articles/DO%/20I%20BELIEVE%20IN%20BAPTISMAL%20REGENERATION.htm.

Manson, W. "Eschatology in the New Testament." In *Eschatology*, Scottish Journal of Theology Occasional Papers 2. Edinburgh: Oliver & Boyd, 1953.

Marshall, I. Howard. *New Testament Theology*. Downers Grove, IL: InterVarsity Press, 2004.

______. "Universal Grace and Atonement in the Pastoral Epistles." In *The Grace of God, the Will of Man*. Edited by Clark H. Pinnock. Grand Rapids, MI: Zondervan, 1989.

Martin, Hugh. *The Atonement: In Its Relations to the Covenant, the Priesthood, the Intercession of Our Lord*. Edinburgh: James Gemmell, 1882.

Mathison, Keith A. *From Age to Age: The Unfolding of Biblical Eschatology*. Phillipsburg, NJ: P&R.2009.

McCartney. Dan, and Charles Clayton. *Let the Reader Understand: A Guide to Interpreting and Applying the Bible*. 2nd ed. Phillipsburg, NJ: P&R, 2002.

McCartney, Dan O. "Ecce Homo: The Coming of the Kingdom as the

Restoration of Human Viceregency," *Westminster Theological Journal* 56 (1994): 1-21.

McCormick, Micah J. *The Active Obedience of Jesus Christ*. PhD diss., The Southern Baptist Theological Seminary, 2010.

Mendenhall, George E. *Law and Covenant in Israel and the Ancient Near East*. Pittsburgh: The Biblical Colloquium, 1955.

Merrill, Eugene H. "Covenant and the Kingdom: Genesis 1-3 as Foundation for Biblical Theology," *Criswell Theological Review* 1 /2 (1987): 295-308.

_______ . "The Covenant with Abraham: The Keystone of Biblical Architecture." *Journal of Dispensational Theology* 12 (2008): 5-17.

_______ . *Everlasting Dominion: A Theology of the Old Testament*. Nashville: B&H, 2006.

Metzger, Bruce M. *A Textual Commentary on the Greek New Testament*. 2nd ed. Peabody, MA: Hendrickson, 2005.

Meyer, Jason C. *The End of the Law: Mosaic Covenant in Pauline Theology*. Nashville: B&H Academic, 2009.

Miethe, Terry. "The Universal Power of the Atonement." In *The Grace of God, the Will of Man*. Edited by Clark H. Pinnock. 71-96. Grand Rapids, MI: Zondcrvan, 1989.

Millar, J. G. "Land." In *New Dictionary of Biblical Theology*. Edited by T. D. Alexander, Brinn S. Rosner, D. A. Carson, and Graeme Goldsworthy. 623-627. Downers Grove, IL: InterVarsity Press, 2000.

Moo, Douglas J. *The Epistle to the Romans, New International Commentary on the New Testament*. Grand Rapids, MI: Eerdmans, 1996. 『NICNT 로마서』(솔로몬 역간).

_______ . "The Law of Christ as the Fulfillment of the Law of Moses." In *The Law, and the Modern Christian: Five Views*. Edited by Wayne O. Strickland.

Grand Rapids, MI: Zondervan, 1993.

________. "The Problem of Sensus Plenior." In *Hermeneutics. Authority, and Canon*. Edited by D. A. Carson and John D. Woodbridge. 179-211. Grand Rapids, MI: Zondervan, 1986.

Morgan, Christopher W, and Robert A. Peterson, eds. *The Deity of Christ*. Wheaton, IL: Crossway 2011.

Motyer, J. Alec. *The Prophecy of Isaiah: An Introduction and Commentary*. Downers Grove. IL: InterVarsity Press, 1993.

Motyer, S. "Israel (nation)." In *New Dictionary of Biblical Theology*. Edited by T. D. Alexander, Brian S. Rosner, D. A. Carson, and Graeme Goldsworthy. 581- 587. Downers Grove, IL: InterVarsity Press, 2000.

Muller, Richard. *Post-Reformation Reformed Dogmatics: The Rise and Development of Reformed Orthodoxy, ca. 1520 to ca. 1725*. 4 vols. Grand Rapids, MI: Baker. 2003.

Murray, John. "The Atonement." In *Collected Writings of John Murray*. 4 vols. 2: 142-150. Carlisle, PA: Banner of Truth, 1977.

________. "Baptism." In *Collected Writings of John Murray*. 4 vols. 2:370-375. Carlisle, PA: Banner of Truth, 1977.

________. *Christian Baptism*. Phillipsburg, NJ: P&R, 1980.

________. "Covenant Theology." In *Collected Writings of John Murray*. 4 vols. 4:216-240. Carlisle, PA: Banner of Truth, 1982.

________. *Redemption Accomplished and Applied*. Grand Rapids, MI: Eerdmans, 1955.

Nelson, David. "The Design, Nature, and Extent of the Atonement." In *Calvinism: A Southern Baptist Dialogue*. Edited by E. Ray Clendenen and Brad Waggoner. Nashville: B&H, 2008.

Nelson, Richard. *Raising Up a Faithful Priest*. Louisville: Westminster John

Knox, 1993.

Niehaus, Jeffrey J. "An Argument against Theologically Constructed Covenants." *Journal of the Evangelical Theological Society* 50/2 (2007): 259-273.

Niell, Jeffrey D. "The Newness of the New Covenant." In *The Case for Covenantal Infant Baptism*. Edited by Gregg Strawbridge. 127-155. Phillipsburg, NJ: P&R, 2003.

Ninow, Friedbert. *Indicators of Typology within the Old Testament: The Exodus Motif*. Berlin: Peter Lang, 2001.

Noble, Paul. *The Canonical Approach: A Critical Reconstruction Hermeneutics Brevard S. Childs*. Leiden, Netherlands: Brill Academic, 1995.

O'Brien, Peter T. "Church." In *Dictionary of Paul and His Letters*. Edited by Gerald F. Hawthorne, et al. 123-131. Downers Grove, IL: InterVarsity Press, 1993.

______. *Colossians and Philemon*. Word Biblical Commentary 44. Dallas: Word, 1982.『골로새서·빌레몬서』(솔로몬 역간).

______. *The Letter to the Hebrews*. Pillar New Testament Commentary. Grand Rapids, MI: Eerdmans, 2010.

Ortlund, Raymond C., Jr. *God's Unfaithful Wife*. New Studies in Biblical Theology 2. Downers Grove, IL: InterVarsity Press, 2003.

Osborne, Grant R. *The Hermeneutical Spiral: A Comprehensive Introduction to Biblical Interpretation*. 2nd ed. Downers Grove, IL: InterVarsity Press, 2006.『성경해석학 총론』(부흥과개혁사 역간).

Oss, Douglas A. "Canon as Context: The Function of Sensus Plenior in Evangelical Hermeneutics." *Grace Theological Journal* 9 (1988): 105-127.

Owen, John. *The Death of Death in the Death of Christ*. 1648. Repr., Carlisle, PA: Banner of Truth, 1983.

Packer, J. I. *Concise Theology*. Wheaton, IL: Tyndale, 1993.

Parker, Brent E. "Paedocommunion, Paedobaptism, and Covenant Theology: A Baptist Critique and Assessment." Unpublished paper.

Patterson, Paige. "The Work of Christ." In *A Theology for the Church*. Edited by Daniel Akin. 545-602. Nashville: B&H, 2007.

Pennington, Jonathan. *Heaven and Earth in the Gospel of Matthew*. Novum Testamentum Supplements 126. Leiden, Netherlands: Brill, 2007.

Pinnock, Clark H., ed. *The Grace of God, the Will of Man*. Grand Rapids, Ml: Zondervan, 1989.

________. *Grace Unlimited*. Minneapolis: Bethany, 1975.

Plantinga, Alvin. "Methodological Naturalism?" *Origins and Design* 18/1. Accessed at http://www.arn.org/docs/odesign/od181/methnat181.htm

________. "Methodological Naturalism? Part 2" *Origins and Design* 18/2. Accessed at http://www.am.org/docs/odesign/od182/methnat182.htm.

Porter, Stanley, ed. *The Messiah in the Old and New Testaments*. Grand Rapids, MI: Eerdmans, 2007.

Poythress, Vern S. *The Shadow of Christ in the Law of Moses*. Phillipsburg, NJ: P&R, 1995.

________. *Understanding Dispensationalists*. 2nd ed. Phillipsburg, NJ: P&R, 1994. 『세대주의 이해』(총신대학교출판부 역간).

Pratt, Richard L., Jr. "Infant Baptism in the New Covenant." In The Case for Covenantal Infant Baptism. Edited by Gregg Strawbridge. 156-174. Phillipsburg, NJ: P&R, 2003.

Radmacher, Earl D., and Robert D. Preus, eds. *Hermeneutics, Inerrancy, and the Bible*. Grand Rapids, MI: Zondcrvan, 1984.

Reisinger, John G. *Abraham's Four Seeds*. Frederick, MD: New Covenant Media, 1998.

Reventlow, H. G. "Theology (Biblical), History of." In *Anchor Bible Dictionary*.

Edited by David Noel Freedman. 6 vols. 6:483-505. New York: Doubleday, 1992.

Reymond, Robert L. *Jesus, Divine Messiah: The New and Old Testament Witness*. Fearn, Ross-shire, UK: Mentor, 2003.

______. *A New Systematic Theology of the Christian Faith*. Nashville: Thomas Nelson, 1998.

Ridderbos, Herman. *Paul: An Outline of His Theology*. Translated by John Richard de Witt. Grand Rapids, MI: Eerdmans, 1975.『바울신학』(솔로몬 역간).

Robertson, O. Palmer. *The Christ of the Covenants*. Grand Rapids, MI: Baker, 1980.『계약신학과 그리스도』(P&R 역간).

______. *The Israel of God: Yesterday, Today, and Tomorrow*. Phillipsburg, NJ: P&R, 2000.『하나님의 이스라엘』(CLC 역간).

Roger, Jack B., and Donald K. McKim. *The Authority and Interpretation of the Bible*. San Francisco: Harper & Row, 1979.

Rosner, Brian. "Biblical Theology." In *New Dictionary of Biblical Theology*. Edited by T. D. Alexander, Brian S. Rosner, D. A. Carson, and Graeme Goldsworthy. 3-11. Downers IL: InterVarsity Press. 2000.

Ross, Hugh. *Creation and Time: A Biblical and Scientific Perspective on the Creation-Date Controversy*. Colorado Springs: NavPress, 1994.

Ross, Mark E. "Baptism and Circumcision as Signs and Seals." In *The Case for Covenantal Infant Baptism*. Edited by Gregg Strawbridge. 85-111. Phillipsburg, NJ: P&R, 2003.

Ryrie, Charles C. *Dispensationalism*. Rev. ed. Chicago: Moody, 2007.

Sailhamer, John H. *Introduction to Old Testament Theology: A Canonical Approach*. Grand Rapids. MI: Zondervan, 1995.

______. *The Pentateuch as Narrative: A Biblical-Theological Commentary*. Grand Rapids. MI: Zondervan, 1992.

Salter, Martin. "Does Baptism Replace Circumcision? An Examination of the Relationship between Circumcision and Baptism in Colossians 2: 11-12." *Themelios* 35/1 (2010): 15-29.

Saucy, Robert L. *The Case for Progressive Dispensationalism*. Grand Rapids, MI: Zondervan, 1993.

Scalise, Charles J. "The 'Sensus Literalis': A Hermeneutical Key to Biblical Exegesis." *Scottish Journal of Theology* 42 (1989): 45-65.

Schaeffer, Francis A. *The God Who Is There*. Thirtieth anniversary ed. Downers Grove, IL: InterVarsity Press, 1998. 『거기 계시는 하나님』(생명의 말씀사 역간).

______. *He is There and He is Not Silent*. Carol Stream, IL: Tyndale, 1972. 『거기 계시며 말씀하시는 하나님』(생명의 말씀사 역간).

Schilder. Klaas. *Christ Crucified*. Grand Rapids, MI: Eerdmans, 1940.

Schnabel, E. J. "Scripture." In *New Dictionary of Biblical Theology*. Edited by T. D. Alexander, Brian S. Rosner, D. A. Carson, and Graeme Goldsworthy. 34-43. Downers Grove, IL: InterVarsity Press, 2000.

Schreiner, Thomas R. *1, 2 Peter, Jude*. New American Commentary 37. Nashville: B&H, 2003.

______. *New Testament Theology: Magnifying God in Christ*. Grand Rapids, MI : Baker, 2001. 『간추린 신약신학』(CLC 역간).

______. *Paul: Apostle of God's Glory in Christ*. Downers Grove, IL: InterVarsity Press, 2001. 『바울신학』(은성 역간).

______. *Romans*. Baker Exegetical Commentary on the New Testament. Grand Rapids, MI: 1998. 『로마서』(부흥과개혁사 역간).

______. *Run to Win the Prize: Perseverance in the New Testament*. Wheaton, IL: Crossway, 2010. 『구원의 확신과 경주』(CLC 역간).

Schreiner, Thomas R., and A. O. Caneday, *The Race Set before Us*. Downers Grove, IL: InterVarsity Press, 2001 .

Schultz, Gary. "A Biblical and Theological Defense of a Multi-Intentional View of the Extent of the Atonement." PhD diss., The Southern Baptist Theological Seminary, 2008.

Scobie, C. H. H. "History of Biblical Theology." In *New Dictionary of Biblical Theology*. Edited by T. D. Alexander, Brian S. Rosner, D. A. Carson, and Graeme Goldsworthy. 11-20. Downers Grove, IL: InterVarsity Press, 2000.

Smith, Bill. "Infant Baptism, the New Man, and the New Creation: A Response to Stephen J. Wellum." Accessed at http://www.communitypca.org/wp-content/uploads/2007/11/infant- baptism-new-man-new-creation 1.pdf.

Sproul, R. C. *Grace Unknown: The Heart of Reformed Theology*. Grand Rapids, MI: Baker, 1997. 『개혁주의 은혜론』(CLC 역간).

Stein, Robert H. "Baptism and Becoming a Christian in the New Testament." *Southern Baptist Journal of Theology* 2/1 (1998): 6-17.

Stek, John H. "Biblical Typology Yesterday and Today." *Calvin Theological Journal* 5 (1970): 133- 162.

Stott, John. *The Cross of Christ*. Downers Grove, IL: InterVarsity Press, 1986. 『그리스도의 십자가』(IVP 역간).

Strawbridge, Gregg. "Baptism and the Relationship between the Covenants: A Review." Accessed at www.paedobaptism.eom/Wellum/pdf, 1-7.

________. ed. *The Case for Covenant Communion*. Monroe, LA: Athanasius, 2006.

________. "Introduction." In *The Case for Covenantal Infant Baptism*. Edited by Gregg Strawbridge. 4-5. Phillipsburg, NJ: P&R, 2003.

Streett, Daniel R. "As It Was in the Days of Noah : The Prophets' Typological Interpretation of Noah's Flood." *Criswell Theological Review* 5 (2007): 33-51.

Strickland, Wayne G., ed. *The Law, the Gospel, and the Modern Christian: Five*

Views. Grand Rapids, MI: Zondcrvan, 1993.

Strong, A. H. *Outlines of Systematic Theology*. Valley Forge, PA: Judson, 1907.

Tidball, D. J. "Church." *New Dictionary of Biblical Theology*. Edited by T. D. Alexander, Brian S. Rosner, D. A. Carson, and Graeme Goldsworthy. 407-411. Downers Grove, IL: InterVarsity Press, 2000.

Treier, Daniel J. *Introducing Theological Interpretation of Scripture: Recovering a Christian Practice*. Grand Rapids, MI: Baker, 2008.

______. "Typology." In *Dictionary for Theological interpretation of the Bible*. Edited by Kevin J. Vanhoozer. 823- 827. Grand Rapids, MI: Baker, 2005.

Turner, David L. "The Continuity of Scripture and Eschatology: Key Hermeneutical Issues." *Grace Theological Journal* 6/2 (1985): 275-287.

Turner, Max. "Holy Spirit." In *New Dictionary of Biblical Theology*. Edited by T. D. Alexander, Brian S. Rosner, D. A. Carson, and Graeme Goldsworthy. 551- 558. Downers Grove, IL: InterVarsity Press, 2000.

Turretin, Francis. *Institutes of Elenctic Theology*. Edited by James T. Dennison, Jr. Translated by George Musgrave Giger. 3 vols. Phillipsburg, NJ: P&R, 1994.

Van Court, Gregory A. *The Obedience of Christ*. Frederick, MD: New Covenant Media, 2005.

VanGemeren, Willem. "Israel as the Hermeneutical Crux in the Interpretation of Prophecy (II)." *Westminster Theological Journal* 46 (1984).

______. "Systems of Continuity." In *Continuity and Discontinuity: Perspectives on the Relationship between the Old and New Testaments*. 37-62. Wheaton, IL: Crossway, 1988.

Vanhoozer, Kevin J. *The Drama of Doctrine: A Canonical Linguistic Approach to Christian Doctrine*. Louisville: Westminster John Knox, 2005. 『교리의 드라마』(IVP 역간).

______. "Exegesis and Hermeneutics." In *New Dictionary of Biblical Theology*. Edited by T. D. Alexander, Brian S. Rosner, D. A. Carson, and Graeme Goldsworthy. 52-64. Downers Grove, IL: InterVarsity Press, 2000.

______. *First Theology: God, Scripture, and Hermeneutics*. Downers Grove, IL: InterVarsity Press, 2002. 『제일신학』(IVP 역간).

______. "God's Mighty Speech-Acts: The Doctrine of Scripture Today." In *A Pathway into the Holy Scripture*. Edited by Philip E. Satterthwaite and David F. Wright. 143-182. Grand Rapids, MI: Eerdmans, 1994.

______. *Is There a Meaning in This Text? The Bible, the Reader and the Morality of Literary Knowledge*. Grand Rapids, MI: Zondervan, 1998. 『이 텍스트에 의미가 있는가?』(IVP 역간).

______. "Wrighting the Wrongs of the Reformation? The State of the Union with Christ in St. Paul and Protestant Soteriology," In *Jesus, Paul and the People of God: A Theological Dialogue with N. T Wright*. Edited by Nicholas Perrin and Richard B. Hays. Downers Grove, IL.: InterVarsity Press, 2011.

Venema, Cornelius P. *Children at the Lord's Table?* Grand Rapids, MI: Reformation Heritage, 2009.

______. "Covenant Theology and Baptism." In *The Case for Covenantal Infant Baptism*. Edited by Gregg Strawbridge. Phillipsburg, NJ: P&R, 2003.

Vickers, Brian. *Jesus' Blood and Righteousness: Paul Theology of Imputation*. Wheaton, IL: Crossway, 2006.

von Rad, Gerhard. *Genesis: A Commentary*. Translated by J. Marks. Philadelphia: Fortress, 1976.

Vos, Geerhardus. *Biblical Theology: Old and New Testaments*. Grand Rapids, MI: Eerdmans, 1948. Repr., Carlisle, PA: Banner or Truth, 2004. 『성경신학』(크리스천다이제스트 역간).

______. "The Doctrine orthe Covenant in Reformed Theology." In *Redemptive*

History and Biblical Interpretation: The Shorter Writings of Geerhardus Vos. Edited by Richard B. Gaffin, Jr. Phillipsburg, NJ: P&R, 1979.

______. "The Eschatological Aspect of the Pauline Conception of the Spirit." In *Redemptive History and Biblical Interpretation: The Shorter Writing of Geerhardus Vos*. Edited by Richard B. Gaffin, Jr. Phillipsburg, NJ: P&R, 1979.

______. *Pauline Eschatology*. Phillipsburg, NJ: P&R, 1979. 『바울의 종말론』(좋은 씨앗 역간).

Waldron, Samuel, with Richard Barcellos. *A Reformed Baptist Manifesto*. Palmdale, CA: Reformed Baptist Academic Press, 2004.

Walker, Peter W. L. "The Land in the Apostles' Writings." In *The Land of Promise: Biblical Theological, and Contemporary Perspectives*. Edited by Philip Johnston and Peter Walker. Downers Grove, IL: InterVarsity Press, 2000.

Waltke, Bruce K. "The Kingdom of God in Biblical Theology." In *Looking into the Future: Evangelical Studies in Eschatology*. Edited by David W. Baker. 15-27. Grand Rapids, MI: Baker, 2001.

______. "The Phenomenon of Conditionality within Unconditional Covenants." In *Israels and Restoration: Essays in Honor of Roland K. Harrison*. Edited by Avraham Gileadi 123-139. Grand Rapids, MI: Baker, 1988.

Waltke, Bruce K. with Charles Yu. *An Old Testament Theology*. Grand Rapids, MI: Zondervan, 2007. 『구약신학』(부흥과개혁사 역간).

Walton, John H. *Covenant: God: God's Plan*. Grand Rapids, MI: Zondervan, 1994.

Walvoord, John F. "Biblical Kingdoms Compared and Contrasted." In *Issues in Dispenstionalism*. Edited by Wesley R. Willis, John R. Masler, Charles C. Ryrie, el al. 75-91. Chicago: Moody, 1994.

Ward, Timothy. *Words of Life: Scripture as the Living and Active Word of God*. Downers Grove, IL: InterVarsity Press, 2009.

Ware, Bruce A. "The New Covenant and the People(s) of God." In *Dispensationalism, Israel, and the Church: A Search for Definition*. Edited by Craig A. Blaising and Darrell L. Bock. 68-97. Grand Rapids, MI: Zondervan, 1992.

Warfield, B. B. "The Spirit of God in the Old Testament." In *Biblical Doctrines*. 121-128. New York: Oxford University Press, 1929. Repr., Carlisle, PA: Banner of Truth, 1988.

Watts, R. E, "Exodus." In *New Dictionary of Biblical Theology*. Edited by T. D. Alexander, Briall S. Rosner, D. A. Carson, and Graeme Goldsworthy. 478-487. Downers Grove, IL: InterVarsity Press, 2000.

Webster, John. "Principles of Systematic Theology." *International Journal of Systematic Theology* 11/1 (2009): 56-71.

_______. "Systematic Theology." In *The Oxford Handbook of Systematic Theology*. Edited by John Webster, Kathryn Tanner, and Iain Torrance. 1-18. Oxford: Oxford University Press, 2007.

Weinfeld, Moshe. *The Promise of the Land: The Inheritance of the Land of Canaan by the Israelites*. Berkeley: University of California Press, 1993.

Wells, David F. *God the Evangelist*. Grand Rapids, MI: Eerdmans, 1987. 『전도자 하나님』(서로사랑 역간).

_______. *Losing Our Virtue*. Grand Rapids, Ml: Eerdmuns, 1999. 『윤리실종』(부흥과개혁사 역간).

_______. *The Person of Christ*. Wheaton, IL: Crossway, 1984. 『기독론』(부흥과개혁사 역간) .

Wells, Tom, and Fred Zaspel, *New Covenant Theology*. Frederick, MD: New Covenant Media, 2002.

Wellum, Stephen J. "Baptism and the Relationship between the Covenants." In *Believer's Baptism: Sign of the New Covenant in Christ*. Edited by Thomas R. Schreiner and Shawn D. Wright. 97-161. Nashville: B&H, 2006.

______. "The Inerrancy of Scripture." In *Beyond the Bounds: Open Theism and the Undermining of Biblical Christianity*. Edited by Paul K. Helseth, Justin Taylor, et al. 237- 274. Wheaton, IL: Crossway, 2003.

______. "The New Covenant Work of Christ Priesthood, Atonement, and Intercession." In *From Heaven He Came and Sought Her: Definite Atonement in Biblical, Theological, and Pastoral Perspective*. Edited by David Gibson and Jonathan Gibson. Wheaton, IL: Crossway, forthcoming.

Wenham, Gordon J. *Genesis 1-15*. Word Biblical Commentary I. Waco, TX: Word, 1987. 『창세기 1-15』(솔로몬 역간).

Wenham, John. *Christ and the Bible*. 3rd ed. Grand Rapids, MI: Baker, 1994.

White, A. Blake. *The Newness of the New Covenant*. Frederick, MD: New Covenant Media, 2007.

White, James R. "The Newness of the New Covenant: Part I." *Reformed Baptist Theological Review* 1/2 (2004): 144-152.

______. "The Newness of the New Covenant: Part 2." *Reformed Baptist Theological Review* 2/1 (2005).

White, R. F. "The Last Adam and His Seed: An Exercise in Theological Preemption." *Trinity Journal* n.s. 6/1 (1985).

Williams, Garry. "The Cross and the Punishment of Sin." In *Where Wrath and Mercy Meet: Proclaiming the Atonement Today*. Edited by David Peterson. 68-99. Carlisle, UK: Paternoster, 2001.

Williams, Michael D. *Far as the Curse Is Found: The Covenant Story of Redemption*. Phillipsburg, NJ: P&R, 2005.

______. *This World Is Not My Home: The Origins and Development of*

Dispensationalism. Fearn, Ross-shire, UK: Mentor, 2003.

Williamson, Paul R. "Promise and Fulfillment: The Territorial inheritance." In *The Land of Promise: Biblical, Theological, and Contemporary Perspectives*. Edited by Philip Johnston and Peter W. L. Walker. Downers Grove, IL: InterVarsity Press, 2000.

______. *Sealed with an Oath: Covenant in God's Unfolding Purpose*. New Studies in Biblical Theology 23; Downers Grove, IL: InterVarsity Press, 2007.

Willis, Wesley R., John R. Master, and Charlcs C. Ryrie, eds. *Issues in Dispensationalism*. Chicago: Moody, 1994.

Wilson, Alistair I., and Jamie A. Grant. "Introduction." In *The God of Covenant: Biblical, Theological, and Contemporary Perspectives*. Edited by Jamie A. Grant and Alistair I. Wilson. Leicester: Apollos, 2005.

Wilson, Douglas. *To a Thousand Generation Infant Baptism-Covenant Mercy for the People of God*. Moscow, ID: Canon, 1996.

Woodbridge, John D. *Biblical Authority*. Grand Rapids. MI: Zondcrvan, 1982.

Wright, C. J. H. *God's People in God's Land: Family, Land. and Property*. Grand Rapids, MI: Eerdmans, 1994.

Wright, David F., ed. *A Pathway into the Holy Scriptures*. Grand Rapids, MI: Eerdmans. 1994.

Wright, David F. "Recovering Baptism for a New Age of Mission." In *Doing Theology for the People of God: Studies in Honor of J. I. Packer*. Edited by Donald Lewis and Alister McGrath. 51-66. Downers Grove, IL: InterVarsity Press, 1996.

Wright, N. T. "Jesus," In *New Dictionary of Theology*. Edited by Sinclair B. Ferguson, et al. Downers Grove, IL: InterVarsity Press, 1988.

______. *The New Testament and the People of God*. Minneapolis: Fortress,

1992.

Yarbrough, Robert. *The Salvation Historical Fallacy? Reassessing the History of NT Theology*. Leiden, Netherlands: Deo, 2004.

2부 참고문헌

Aejmeiaeus, A. "Function and Interpretation of כי in Biblical Hebrew." *Journal of Biblical Literature* 105/2 (1986), 193-209.

Alexander, T. Desmond. *From Eden to the New Jerusalem: An Introduction to Biblical Theology*. Grand Rapids, MI: Kregel, 2008. 『에덴에서 새 예루살렘까지』(부흥과개혁사 역간).

______. "Further Observations of the Tenn 'Seed' in Genesis." *Tyndale Bulletin* 48/1 (1997): 363-367.

______. "Genesis 22 and the Covenant of Circumcision." *Journal for the Study of the Old Testament* 25 (1983), 17-22.

______. "A Literary Analysis of the Abraham Narrative in Genesis," PhD diss., The Queen's University of Belfast, 1982.

______. "The Regal Dimension of the תולדות־יעקב: Recovering the Literary Context of Genesis 37-50," In *Reading the Law: Studies in Honour of Gordon J. Wenham*. Edited by J. O. McConville and Karl Möller. Library of Hebrew Bible/Old Testament Studies 461. 254-266. New York: T. & T. Clark, 2007.

Andersen, Francis I. "Yahweh, the Kind and Sensitive God." In *God Who is Rich in Mercy: Essays Presented to Dr. D. B. Knox*. Edited by Peter T. O'Brien and David G. Peterson. 41-87. Homebush West, NSW, Australia: Lancer, 1986.

Anderson, Bernhard W. "Exodus Typology in Second Isaiah." In *Israel's Prophetic Heritage: Essays in Honor of James Muilenburg*. Edited by

Bernhard W. Anderson and Walter Harrelson. 177-195. New York: Harper, 1962.

Arnold, Bill T. *Genesis*. Cambridge: Cambridge University Press, 2009.

Baden, Joel S. "The Morpho-Syntax of Genesis 12:1-3: Translation and Interpretation." *Catholic Biblical Quarterly* 72 (2010): 223-237.

Baltzer, Klaus. *Deutero-Isaiah*, Hermeneia. Minneapolis: Fortress, 2001.

Barr, James. "The Image of God in the Book of Genesis-A Study of Terminology." *Bulletin of the John Rylands Library* 51 (1968-1969): 11- 26.

_______ . "The Image of God in Genesis-Some Linguistic and Historical Considerations." In *Proceedings of the Tenth Meeting (1967) of Die Ou-Testamentiese Werkgemeenskap in SuidAfrika*. Edited by A. H. van Zyl. 5-13. Pretoria: Craft, 1971.

Barth, Karl. *Church Dogmatics*, 3/1. Authorised translation by J. W. Edwards, O. Bussey, and Harold Knight. Edinburgh: T. & T. Clark, 1958. 『교회교의학 III/1』(대한기독교서회 역간).

_______ . *Church Dogmatics*, 3/2. Authorised translation by Harold Knight, G. W. Bromiley, J. K. Reid, and R. H. Fuller. Edinburgh: T. & T. Clark, 1960.

Barthélemy, Dominique. *Critique Textuelle de L'Ancien Testament*, I. Josué, Juges, Ruth, Samuel, Rois, Chroniques, Esdras, Néhémie, Esther. Rapport final du Comité pour I'analyse textuelle de I'Ancien Testament hébreu institué par I'Alliance Biblique Universelle, établi en coopération avec Alexander R. Hulst, Norbert Lohfink, William D. McHardy, H. Peter Rüger, coéditeur, James A. Sanders, coéditeur. Orbis Biblicus et Oriental is 50/1. Göttingen, Germany: Vandenhoeck & Ruprecht, 1982.

Bartholomew, Craig G. "Covenant and Creation: Covenant Overload or Covenantal Deconstruction, *Calvin Theological Journal* 30 (1995): 11-33.

_______ . "The Theology of Place in Genesis 1- 3," In *Reading the Law: Studies in Honour of Gordon J. Wenham*. Edited by J. G. McConville and Karl Möller. Library of Hebrew Bible/Old Testament Studies 461. 173-195. New York: T. & T. Clark, 2007.

______. "A Time for War and a Time for Peace; Old Testament Wisdom, Creation, and O'Donovan's Theological Ethics," In *A Royal Priesthood? The Use of the Bible Ethically and Politically-A Dialogue with Oliver O'Donovan*. Edited by Craig Bartholomew, Jonathan Chaplin, Robert Song, and Al Wolters. Grand Rapids, MI: Zondervan, 2002.

Barton, John. *Reading the Old Testament: Method in Biblical Study*. Philadelphia: Westminster, 1984.

Batto, Bernard F. *Slaying the Dragon: Mythmaking in the Biblical Tradition*. Louisville, KY: Westminster/John Knox, 1992.

Baudissin, W. W. "Der Begriff der Heiligkeit im Alten Testament." In *Studien zu semitischen Religionsgeschichte*. 2:1-142. Leipzig, Germany: Grunow, 1878.

Bauer, H., and P. Leander. Historische Grammalik del hebräschen Sprache des Allen Testaments. Halle, Germany: Max Niemeyer, 1922. Repr., Hildesheim, Germany: Georg Olms, 1991.

Bauer, Walter. *A Greek-English Lexicon of the New Testament and Other Early Christian Literature*. Translated and revised by W. F. Arndt and F. W. Gingrich. 2nd ed. Revised by F. W. Gingrich and F. W. Danker. Chicago: University of Chicago Press, 1979.

______. *A Greek-English Lexicon of the New Testament and Other Early Christian Literature*. 3rd ed. Revised and edited by F. W. Danker. Chicago: University of Chicago Press, 1957, 1979, 2000.

______. *Griechisch-deutsches Wörterbuch zu den Schriften des Neuen Testaments und der frühchristlichen Literatur*. 6th ed. Revised and edited by K. Aland and B. Aland. Berlin: Walter de Gruyter, 1988.

Beckerleg, Catherine. "The 'Image of God' in Eden: the Creation of Mankind in Genesis 2:5- 3:24 in Light of the *mīs pî pīt pî* and *wpt-r* Rituals of Mesopotamia and Ancient Egypt." PhD diss., Harvard University, 2009.

________ . "New Light on Genesis 1-3 and Man as the Image of God." Paper presented at the annual meeting of the Evangelical Theological Society, Providence, RI, November 19, 2008.

Beckman, Gary. *Hittite Diplomatic Texts.* 2nd ed. Atlanta: Scholars Press, 1995, 1999.

Beckwith, Roger. "Daniel 9 and the Date of Messiah's Coming in Essene, Hellenistic, Pharisaic. Zealot, and Early Christian Computation." *Revue de Qumran* 40 (1981): 521-542.

________ . *The Old Testament Canon of the New Testament Church and It's Background in Early Judaism.* Grand Rapids, MI: Eerdmans, 1985.

Bernat, David A. *Sign of the Covenant: Circumcision in the Priestly Tradition.* Atlanta: Society of Biblical Literature, 2009.

Beuken, W. A. M. "Isaiah 55, 3-5: the Reinterpretation of David." *Bijdragen* 35 (1974): 49-64.

________ . "Isaiah LIV: The Multiple Identity of the Person Addressed." *Oudtestamentische Studiën* 19 (1974): 29-70.

Bivin, Bill. "Translating IM." Paper presented at 2010 Genesis Workshop, SIL International, Dallas, Texas, October 20, 2010.

Blenkinsopp, Joseph. *Isaiah 40-55.* Anchor Bible 19. New York: Doubleday, 2000.

Blocher, H. *In the Beginning.* Downers Grove, IL: InterVarsity Press, 1984.

Block, Daniel I. "Bearing the Name of the Lord with Honor." In *How I Love Your Torah, O Lord! Studies in the Book of Deuteronomy.* Eugene, OR: Cascade, 2011. 61-72 (originally published in *Bibliotheca Sacra* 168)

[2011]: 20-31).

________. "The Burden of Leadership: The Mosaic Paradigm of Kingship (Deuteronomy 17: 14-20." In *How I Love Your Torah, O Lord!* 118-139 (originally published in *Bibliotheca Sacra* 162 [July-September 2005]: 259-278).

________. *Deuteronomy*. NIV Application Commentary. Grand Rapids, MI: Zondervan, 2012.

________. "The Foundations of National Identity: A Study in Ancient Northwest Semitic Perceptions." PhD diss., University of Liverpool, 1981.

________. *The Gospel according to Moses: Theological and Ethical Reflections on the Book of Deuteronomy*. Eugene, OR: Cascade, 2012.

________. *How I Love Your Torah, O Lord! Studies in the Book of Deuteronomy*. Eugene, OR: Cascade, 2011 .

________. "Introduction to the Old Testament, Part I: Pentateuch and Historiographic Literature 20200," Course notes, The Southern Baptist Theological Seminary, 2004.

________. "My Servant David: Ancient Israel's Vision of the Messiah." In *Israel's Messiah in the Bible and the Dead Sea Scrolls*. Edited by Richard S. Hess and M. Daniel Carroll. 17-56. Grand Rapids, MI: Baker, 2003.

________. "Reading the Decalogue Right to Left: The Ten Principles of Covenant Relationship in the Hebrew Bible." In *How I Love Your Torah, O Lord! Studies in the Book of Deuteronomy*. Eugene, OR: Cascade, 2011 . 56-60.

________. "A Study in Deuteronomic Domestic Ideology." In *The Gospel according to Moses: Theological and Ethical Reflections on the Book of Deuteronomy*. Eugene, OR: Cascade, 2012. 137-168 (originally published in *Journal of the Evangelical Theological Society* 53 [2010]: 449-474).

Boda, Mark J., and Jamie Novotny, eds. *From the Foundations to the*

Crenellations: Essays on Temple Building in the Ancient Near East and Hebrew Bible. Alter Orient und Altes Testament 366. Münster, Germany: Ugarit-Verlag, 2010.

Bogaert, P.-M. "La *vetus latina* de Jérémie: text très court, témoin de la plus ancienne Septanle et d'une forme plus ancienne de l'hébreu (Jer 39 et 52)." In *The Earliest Text a/the Hebrew Bible: The Relationship between the Masoretic Text and the Hebrew Base of the Septuagint Reconsidered*. Edited by Adrian Schenker. Septuagint and Cognate Studies 52. 51-82. Atlanta: Scholars Press, 2003.

______. ed. *Le Livre de Jéremie: le Prophet et son Milieu, les Oracles et leur Transmission*. Bibliotheca Ephemeridum Theologicarum Lovaniensium 54. Leuven, Belgium: Peelers, 1981.

Boned Colera, Pilar, and Juan Rodríguez Somolinos. *Repertorio Bibliográdfico de la Lexieografia Griega, Diccionario Griego-Español Anejo* 3. Madrid: Consejo Superior de Investagaciones Cientificas, 1998.

Bordreuil, P., ed. *Ras Shamra-Ougarit*. Publications de la Mission Française Archéologique de Ras Shamra-Ougarit. Paris: Éditions Recherche sur les Civilisations, 1991-.

Bordreuil, P. *Une bibliothéque au sud de la ville: Ras Shmra-Ougarit VII*. Paris: Éditions Recherche sur les Civilisations, 1991.

Bottéro, J. "The 'Code' of Hammurabi." In *Mesopotamia: Writing, Reasoning and the Gods*. 156-184. Chicago: University of Chicago Press, 1992.

______. "Intelligence and the Technical Function of Power: EnkilEa." In *Mesopotamia: Writing, Reasoning and the Gods*. 232-250. Chicago: University of Chicago, 1992.

Bright, John. *Jeremiah*. Anchor Bible 21 . New York: Doubleday, 1984.

Brocklmann, C. *Hebräische Syntax*. Neukirchen-Vluyn, Germany:

Neukirchener, 1956.

Brown, Francis, S. R. Driver, and C. A. Briggs. *A Hebrew and English Lexicon of the Old Testament.* Oxford: Clarendon, 1907, 1953.

Brueggemann, Walter. *Isaiah 40-66.* Louisville: Westminster John Knox, 1998.

Butterworth, Mike. *Structure and the Book of Zechariah.* Journal for the Study of the Old Testament: Supplement Series 130. Sheffield, UK: Sheffield Academic Press, 1992.

Callaham, Scott N. *Modality and the Biblical Hebrew Infinitive Absolute.* Wiesbaden: Harrassowitz. 2010.

Caquot, A. "Les «Graces de David», A Propos d'Isaie 55/3b." *Semitica* 15 (1965): 45- 59.

Carson, Donald A. "Evangelicals, Ecumenism, and the Church." In *Evangelical Affirmations.* Edited by Kenneth S. Kantzer and Carl F. H. Henry. 359- 360. Grand Rapids, MI: Zondervan, 1990.

Cassuto, Umberto. *A Commentmy on the Book of Exodus.* Jerusalem: Magnes, 1976.

______. *A Commentary on the Book of Genesis I.* Jerusalem: Magnes, 1961.

______. *The Documentary Hypothesis: Eight Lectures.* Translated by I. Abrahams. Jerusalem : Magnes, 1961.

______. *La Questione della Genesi.* Florence: Felice Ie Monnier, 1934.

Christensen, Duane L. *Deuteronomy 1: 1-21:9.* Rev. ed. Word Biblical Commentary 6a. Nashville: Thomas Nelson, 2001.

Clark, Gordon R. *The Word Hesed in the Hebrew Bible.* Journal for the Study of the Old Testament: Supplement Series 157. Sheffield, UK: JSOT Press, 1993.

Clark, W. M. "A Legal Background to the Yahwist's Use of 'Good and Evil' in Genesis 2-3." *Journal of Biblical Literature* 88 (1969): 266-278.

Claude Schaeffer, F.-A., ed. *Le Palais Royal d'Ugarit.* Mission de Ras Shamra

6-9. Paris: Klincksieck, 1955-.

_______. *Ugaritica*. Paris: P. Geuthner, 1939-.

Clines, David J. A., ed. *The Dictionary of Classical Hebrew*. Sheffield, UK: Sheffield Phoenix, 1993- .

Clines, David J. A., "The Image of God in Man." *Tyndale Bulletin* 19 (1968): 53-103.

Cogan, M. *1 Kings*. Anchor Bible 10. New York: Doubleday, 2000.

Collins, C. John. "Galatians 3:16: What Kind of Exegete Was Paul?" *Tyndale Bulletin* 54/1 (2003) 75-86.

Collins, Jack. "A Syntactical Note (Genesis 3.15): Is the Woman's Seed Singular or Plural?" *Tyndale Bulletin* 48/1 (1997): 142-144.

Collins, John J. *Daniel: A Commentary on the Book of Daniel*. Hermeneia. Minneapolis: Fortress, 1993.

Costecalde, Claude-Bernard. *Aux origines du sacré biblique*. Paris: Letouzey & Ané, 1986.

Currid, John D. *Deuteronomy*. Darlington, UK: Evangelical Press, 2006.

Dahood, Mitchell. "Ugaritic Hebrew Parallel Pairs." In *"Ras Shamra Parallels: The Texts from Ugarit and the Hebrew Bible*. Edited by Loren R Fisher. 3 vols. Analeeta Orientalia, 49-51, 2:1-33. Rome: Pontifical Biblical Institute Press, 1975.

Dallaire, Héléne. "The Syntax of Volitives in Northwest Semitic Prose." PhD diss., Hebrew Union College, Cincinnati, OH, 2002.

Dancygier, Barbara, and Eve Sweetser. *Mental Spaces in Grammar: Conditional Constructions*. Cambridge Studies in Linguistics 108. Cambridge: Cambridge University Press, 2005.

Da Riva, Rocío. "A Note to the Nebuehadnezzar Inscription of Brisa." Nouvelles Assyriologiques Bréves et Utilitaires (2009/1): 15-16.

Davies, John A. *A Royal Priesthood: Literary and Intertexual Perspectives on an Image of Israel in Exodus 19:6.* Journal for the Study of the Old Testament: Supplement Series 395. London: T. & T. Clark, 2004.

Day, J. "Why Does God 'Establish' rather than 'Cut' Covenants in the Priestly Source?" In Covenant as Context: Essays in Honour of E. W Nicholson. Edited by A. D. H. Mayes and R. B. Salters. 71-109. Oxford: Oxford University Press, 2003.

Day, John. "The Canaanite Inheritance of the Israelite Monarchy." In *King and Messiah in Israel and the Ancient Near East.* Edited by John Day. Journal for the Study of the Old Testament: Supplement Series 270. 72-90. Sheffield, UK: Sheffield Academic Press, 1998.

Dietrich, M., O. Loretz, and J. Sanmartín. *The Cuneiform Alphabetic Texts from Ugarit, Rab Ibn Hani and Other Places* (*KTU:* 2nd, enlarged edition.) Münster, Germany: Ugarit-Verlag, 1995.

del Olmo Lete, Gregorio, and Joaquín Sanmartín. *A Dictionry of the Ugaritic Language in the Alphabetic Tradition.* Translated by W. G. E. Watson. 2 vols. Handbook of Oriental Studies I: The Near and Middle East 67. Leiden, Netherlands: Brill, 2003.

Detitzsch, F. *Biblical Commentary on the Prophecies of Isaiah.* Translated by J. Martin. 2 vols. Grand Rapids, MI: Eerdmans, 1950.

Dell, J. "Covenant and Creation in Relationship." In *Covenant as Context Essays in Honour of E. W. Nicholson.* Edited by A. D. H. Mayes and R. B. Salters. 111-133. Oxford: Oxford University Press, 2003.

Dempster, Stephen G. *Dominion and Dynasty: A Biblical Theology of the Hebrew Bible.* New Studies in Biblical Theology 15. Downers Grove, IL: InterVarsity Press, 2003.

______. "Linguistic Features of Hebrew Narrative: A Discourse Analysis of

Narrative from the Classical Period." PhD diss., University of Toronto, 1985.

______. "The Servant of the Lord." In *Central Themes in Biblical Theology: Mapping Unity in Diversity*. Edited by Scott J. Hafemann and Paul R. House. 128-178. Grand Rapids, MI: Baker, 2007.

DeRouchie, Jason S. *A Call to Covenant Love: Text Grammar and Literary Structure in Deuteronomy 5-11*. Gorgias Dissertations 30. Piscataway, NJ: Gorgias, 2007.

______. "Circumcision in the Hebrew Bible and Targums: Theology, Rhetoric, and the Handling of Metaphor." *Bulletin for Biblical Research* 14/2 (2004): 175-203.

______. "Numbering the Decalogue: A Textlinguistic Reappraisal." Paper presented at the Upper Midwest Regional Meeting of the Society of Biblical Literature, April 2007.

Dietrich, M., and O. Loretz. "Die soziale Struktur von Alalah und Ugarit (II)." *Die Welt des Orients* 5 (1969): 57-93.

Dion, P. E. "Resscmblance et Image de Dieu." In *Suppléments aux Dictionnaire de la Bible*. Edited by H. Cazelles and A. Feuillet. Paris: Letouzey & Ané, 1985. 55:365-403.

Dumbrell, William J. *Covenant and Creation: A Theology of Old Testament Covenants*. Nashville: Thomas Nelson, 1984. 『언약과 창조』(크리스챤서적 역간).

______. *The End of the Beginning: Revelation 21-22 and the Old Testament*. Homebush West, NSW, Australia: Lancer, 1985.

______. *The Search for Order*. Grand Rapids, MI: Baker, 1994.

Dupont, J. "TA ὍΣΙΑ ΔΑΥΙΔ ΤΑ ΠΙΣΤΑ (Ac XIII 34 = Is LV 3)." *Revuee Biblique* 68 (1961): 91-114.

Duriez, Colin. *Francis Schaeffer: An Authentic Life*. Wheaton, IL: Crossway,

2008. 『프란시스 쉐퍼』(복있는사람 역간).

Eaton, John. "The King as God's Witness." *Annual of the Swedish Theological Institute* 7 (1970): 25-40.

Eichrodt, Walther. *Theology of the Old Testament*. Translated by J. A. Baker. 2 vols. Old Testament Library. Philadelphia: Westminster, 1961/1967.

Eissfeldt, Otto. "The Promises of Grnee to David in Isaiah 55:1-5." In *Israel's Prophetic Heritage: Essays in Honor of James Muilenburg*. Edited by Bernhard W. Anderson and Walter Harrelson. 196-207. New York: Harper, 1962.

Engnell, Ivan. "The Ebed Yahweh Songs and the Suffering Servant Messiah in 'Deutero-lsaiah'." *Bulletin of the John Rylands Library* 31 (1948): 54-93.

_______. *Studies in Divine Kingship in the Ancient Near East*. 2nd ed. Oxford: Blackwell, 1967.

Fischer, Georg. *Jeremia 26-52*. Herders Theologischer Kommentar zum Alten Testament. Freiburg, Germany: Herder, 2005.

Fitzmyer, Joseph A. *The Aramaic Inscriptions of Sefire*. Rome: Pontifical Biblical Institute, 1967.

Fockner, Sven. "Reopening the Discussion: Another Contextual Look at the Sons of God," *Journal for the Study of the Old Testament* 32.4 (2008): 435-456.

Fokkelman. J. P. *Narrative Art and Poetry in the Books of Samuel: A Full Interpretation Based on Stylistic and Structural Analyses: Vol. III: Throne and City (II Sam. 2-8 & 21- 24)*. Assen, Netherlands: Van Gorcum, 1990.

Frame, John M. *The Doctrine of the Christian Life*. Phillipsburg, NJ: P&R, 2008. 『기독교 윤리학』(CLC 역간).

Frankena, R. "The Vassal-Treaties of Esarhaddon." *Oudtestamentische Studiën* 25 (1965): 122-154.

Frankfort, H. *Kingship and the Gods*. Chicago: University of Chicago Press, 1948.

Frantz-Szabó, G. "Hittite Witchcraft and Divination." In *Civilizations of the Ancient Near East*. Edited by Jack M. Sasson. New York: Charles Scribner's Sons, 1995.

Freedman, David Noel, and Jack R. Lundbom. "Haplography in Jeremiah 1-20." *Eretz-Israel* 26 (1999): 28*-38*.

Fretheim, Terence E. *Jeremiah*. Smyth and Helwys Bible Commentary. Macon, GA: Smyth & Helwys, 2002.

Friedman, Richard Elliott. "The Hiding of the Face: An Essay on the Literary Unity of Biblical Narrative." In *Judaic Perspectives on Ancient Israel*. Edited by Jacob Neusner, Baruch A. Levine, and Ernest S. Frerichs. Philadelphia: Fortress, 1987.

Gage, Warren Austin. *The Gospel of Genesis: Studies in Prolology and Eschatology*. Winona Lake, IN: Carpenter, 1984.

Gakaru, Griphus. *An Inner-Biblical Exegetical Study of the Davidic Covenant and the Dynastic Oracle*. Mellen Biblical Press 58. Lewiston, NY: Edwin Mellen, 2000.

Gamberoni, J. "קוּם qûm." In *Theological Dictionary Old Testament*. Edited by G. Johannes Botterweck, Helmer Ringgren, and Heinz-Josef Fabry. 15 vols. 12:589-612. Grand Rapids, MI: Eerdmans, 2003.

Garlington, D. B. "Oath-Taking in the Community of the New Age (Matthew 5:33-37)." *Trinity Journal* n.s. 16/2 (1995): 139-170.

Garr, W. Randall. "'Image' and 'Likeness' in the Inscription from Tell Fakhariyeh." *Israel Exploration Journal* 50/3-4 (2003): 227-234.

______. *In His Own image and Likeness: Humanity. Divinity, and Monotheism*. Culture and History Of the Ancient Near East 15. Leiden,

Netherlands: Brill, 2003.

Gentry, Peter J. "The Atonement in Isaiah's Fourth Servant Song (Isaiah 52:13-53:12)." *The Southern Baptist Journal of Theology* 11/2 (2007): 20-47.

______. "Daniel's Seventy Weeks and the New Exodus." *The Southern Baptist Journal of Theology* 14/1 (2010): 26-45.

______. "Kingdom through Covenant: Humanity as the Divine Image." *The Southern Baptist Journal of Theology* 12/1 (2008): 16-42.

______. "Rethinking the 'Sure Mercies of David' in Isaiah 55:3." *Westminster Theological Journal* 69 (2007): 279-304.

______. "The Son of Man in Daniel 7: Individual or Corporate?" In Acorns to Oaks: The Primacy and Practice of Biblical Theology. Edited by Michael A. G. Haykin. 59-75. Toronto: Joshua, 2003.

______. "Speaking the Truth in Love (Eph 4: 15): Life in the New Covenant Community." *The Southern Baptist Journal of Theology* 10/2 (2006): 70-87.

______. "The System of the Finite Verb in Classical Biblical Hebrew." Hebrew Studies 39 (1998): 7-39.

Gibson, J. C. L. *Textbook of Syrian Semitic Inscriptions: Phoenician Inscriptions*. Vol. 3. Oxford: Clarendon, 1982.

Glenn, Donald. "Psalm 8 and Hebrews 2: A Case Study in Biblical Hermeneutics and Biblical Theology." In *Walvoord: A Tribute*. Edited by Donald K. Campbell. 39-51. Chicago: Moody. 1982.

Glueck, Nelson. Hesed *in the Bible*. Translated by Alfred Gottschalk. Edited by Elias L. Epstein. Cincinnati: Hebrew Union College, 1927, 1967.

Goldingay, John. *Isaiah*. New International Biblical Commentary. Peabody, MA: Hendrickson, 2001.

______. *The Message of Isaiah 40-55: A Literary-Theological Commentary*. London: T. & T. Clark, 2005.

________. *Old Testament Theology: Volume One-Israel's Gospel*. Downers Grove. IL: InterVarsity Press, 2003.

Gooding, David W. "The Literary Structure of the Book of Daniel and Its Implications." *Tyndale Bulletin* 32 (1981): 43-79.

Greenberg, Moshe. "Hebrew segulla: Akkadian sikiltu." *Journal of the American Oriental Society* 71 (1951), 172-174.

Gröndahl, Frauke. *Die Personennamen der Texte aus Ugarit*. Studia Pohl 1. Rome: Pontifical Biblical Institute, 1967.

Grüneberg, Keith N. *Abraham, Blessing, and the Nations: A Philological and Exegetical Study of Genesis 12:3 in Its Narrative Context*. Berlin: Walter de Gruyter, 2003.

Guest, Steven W. "Deuteronomy 26: 16-19 as the Central Focus of the Covenantal Framework of Deuteronomy." PhD diss., The Southern Baptist Theological Seminary, 2009.

Hafemann, Scott J. "The Covenant Relationship." In *Central Themes in Biblical Theology: Mapping Unity in Diversity*. Edited by Scott J. Hafemann and Paul R. House. Grand Rapids, MI: Baker, 2007.

Handy, Lowell. *Among the Host of Heaven*. Winona Lake, IN: Eisenbrauns, 1994.

Hasel, Gerhard F. "The Meaning of the Animal Rite in Genesis 15." *Journal of the Study of the Old Testament* 19 (1981): 61-78.

Heim, Knut M. "The (God-)forsaken King of Psalm 89: A Historical and Intertextual Enquiry." In *King and Messiah in Israel and the Ancient Near East: Proceedings of the Oxford Old Testament Seminar*. Edited by John Day. Journal for the Study of the Old Testament: Supplement Series 270.296-322. Sheffield, UK: Sheffield Academic Press, 1998.

Heimpel, Wolfgang. *Letters to the King of Mari: A New Translation, with*

Historical Introduction, Notes, and Commentary. Winona Lake, IN: Eisenbrauns, 2003.

Hess, Richard S. "The Onomastics of Ugarit." In *Handbook of Ugaritic Studies*. Edited by W. G. E. Watson and N. Wyatt. Handbook of Oriental Studies I: The Near and Middle East 39. 499-528. Leiden. Netherlands: Brill, 1999.

______. *Amarna Personal Names*. American Schools of Oriental Research Dissertation Series 9. Winona Lake, IN: Eisenbrauns, 1993.

______. "Amarna Proper Names." PhD dissertation, Hebrew Union College, 1984.

______. "The Slaughter of the Animals in Genesis 15: Genesis 15:8-21 and Its Ancient Near Eastern Context." In *He Swore an Oath: Biblical Themes from Genesis 12-50*. Edited by R. S. Hess, G. J. Wenham, and P. E. Satterthwaite. 2nd ed. 55-65. Cambridge: Tyndale House, 1993. 1994.

______. "Splitting the Adam: The Usage of *'ĀDĀM* in Genesis I-V" In *Studies in the Pentateuch*. Edited by J. A. Emerton. Supplements to Vetus Testamentum 41. 1- 15. Leiden, Netherlands: Brill, 1990.

Hill, C. E. "The New Testament Canon: *Deconstructio ad Absurdum?*" *Journal of the Evangelical Theological Society* 52 (2009): 101-120.

______. *Who Chose the Gospels?* Oxford: Oxford University Press, 2010.

Hoehner, Harold W. *Chronological Aspects of the Life of Christ*. Grand Rapids, MI: Zondervan, 1977.

______. *Ephesians: An Exegetical Commentary*. Grand Rapids, MI: Baker, 2002.

Hoffmeier, J. K. "The King as God's Son in Egypt and Israel." *Journal of the Society for the Study of Egyptian Antiquities* 24 (1994): 28-38.

House, Paul R. *Old Testament Theology*. Downers Grove, IL: InterVarsity Press, 1998.

Höver-Johag, 1. "בוֹט *ṭôb*." In *Theological Dictionary of the Old Testament*. Edited by G. Johannes Bolterweek and Helmer Ringgren. 15 vols. 5:296-317. Grand Rapids, Ml: Eerdmans, 1986.

Hugenberger, Gordon. *Marriage as a Covenant: A Study of Biblical Law and Ethics Governing Marriage Development from the Perspective of Malachi*. Supplements to Vetus Testamentum 52. Leiden, Netherlands: Brill, 1994.

Hunger, Hermann. *Astrological Reports to Assyrian Kings*. State Archives of Assyria. Vol. 8. Helsinki: Helsinki University Press, 1992.

Hutter, M. "Adam als Gärtner und König (Gen. 2:8, 15)." *Biblische Zeitschrrift* 30 (1985): 258-262.

Hwang, Jerry. "The Rhetoric of Remembrance: An Exegetical and Theological Investigation into the 'Fathers' in Deuteronomy." PhD diss., Wheaton College, 2009.

Jacobsen, T. "The Concept of Divine Parentage of the Ruler in the Stela of the Vultures." *Journal of Near Eastern Studies* 2 (1943): 119-121.

Janzen, J. G. *Genesis 12-50: Abraham and All the Families of the Earth*. International Theological Commentary. Grand Rapids/Edinburgh: Eerdmans/Handsel, 1993.

Jean, Charles-F. *Archives Royales de Mari*. Paris: Imprimerie Nationalc, 1950.

Jenni, Ernst. *Die hebräichen Präpositionen, Band I: Die Präposition Beth*. Stuttgart: Kolhammer, 1992.

______. *Die hebräischen Präpositionen, Band 2: Die Präposition Kaph*. Stuttgart: Kolhammer, 1994.

______. *Die hebräischen Präpositionen, Band 3: Die Präposition Lamed*. Stuttgart: Kolhammer, 2000.

Jenni, Ernst, and Claus Westermann. *Theological Lexicon of the Old Testament*. Translated by Mark E. Biddle. 3 vols. Peabody, MA: Hendrickson, 1997.

Jónsson, Gunnlauger A. *The Image of God: Genesis 1:26-28 in a Century of Old Testament Research*. Coniectanea Biblica: Old Testament Series 26. Lund, Sweden: Almqvist & Wiksell, 1988.

Joüon, Paul. *Grammaire de l'hébreu biblique*. Rome: Biblical Institute Press, 1923.

Kaiser, Walter C., Jr. "The Blessing of David: The Charter for Humanity." In *The Law and the Prophets: Old Testament Studies Prepared in Honor of Oswald Thompson Allis*. Edited by John H. Skilton, Milton C. Fisher, and Leslie W. Sloat. 311-312. Philadelphia: Presbyterian & Reformed, 1974.

________. *The Messiah in the Old Testament*. Grand Rapids, MI: Zondervan, 1995.

________. "The Unfailing Kindnesses Promised to David: Isaiah 55:3." *Journal of the Study of Old Testament* 45 (1989): 91-98.

Kalluveettil, Paul. *Declaration and Covenant*. Analecta Biblica 88. Rome: Biblical Institute Press, 1982.

Kasari, Petri. *Nathan's Promise in 2 Samuel 7 and Related Texts*. Helsinki: Finnish Exegdil'lll Society, 2009.

Kaufman, Stephen A. "The Structure of the Deuteronomic Law." *Maarav* 1/2 (1978-1979): 105-158.

Kearney, Peter J. "Creation and Liturgy: The P Redaction of Exod 25-40." *Zeitschrijt für die alttestamentliche Wissenschaft* 89 (1977): 375-387.

Kedar-Kopfstein, B. "תָּמַם, *tāmam*; תָּם; *tām*; תָּמִים (תם) tōm (tom-); תֻּמָּה *tummâ*; תֻּמִּים *tummî*." In *Theological Dictionary of the Old Testament*. Edited by G. Johannes Botterweck and Helmer Ringgren. 15 vols. 15:699- 711. Grand Rapids, MI: Eerdmans, 2006.

Keel, Othmar. *The Symbolism of the Biblical World: Ancient Near Eastern Iconography and the Book of Psalms*. Translated by Timothy J. Hallett. New

York: Seabury, 1978.

Keller, Timothy. *Counterfeit Gods: The Empty Promises of Money, Sex, and Power, and the Only Hope that Matters*. New York: Dutton, 2009. 『팀 켈러의 내가 만든 신』(두란노 역간).

Kim, Yoo-Ki. *The Function of the Tautological Infinitive in Classical Biblical Hebrew*. Harvard Semitic Studies 60. Winona Lake, IN: Eisenbrauns, 2009.

Kissane, E. J. *The Book of Isaiah: Translated from a Critically Revised Hebrew Text with Commentary*. 2 vols. Dublin: Browne & Nolan, 1943.

Kitchen, Kenneth A. *Ancient Orient and Old Testament*. Downers Grove, IL: InterVarsity Press, 1966.

______. *The Bible in Its World: The Bible and Archaeology Today*. Downers Grove, IL: InterVarsity Press, 1977.

______. "Egypt, Ugarit, Qatna and Covenant." *Ugarit-Forschungen* 11 (1979): 453-464.

______. "The King List of Ugarit." *Ugarit Forschungen* 9 (1977): 131-142.

______. *On the Reliability of the Old Testament*. Grand Rapids, MI: Eerdmans, 2003.

Kittel, Gerhard, ed. *Theological Dictionary of the New Testament*. Translated and edited by Geofrrey W. Bromiley. Grand Rapids, MI: Eerdmans, 1964.

Kleven, T. "Kingship in Ugarit (KTU 1.16 I 1-23)." In *Ascribe to the Lord: Biblical and Other Studies in Memory of Peter C. Craigie*. Edited by L. Eslinger and G. Taylor. Journal for the Study of the Old Testament: Supplement Series 67. 29-53. Sheffield, UK: Sheffield Academic Press, 1988.

Kline, Meredith G. "The Covenant or the Seventieth Week." In *The Law and the Prophets: Old Testament Studies in Honor of Oswald T. Allis*. Edited by J. H. Skilton. 452-469. Nutley, NJ: Presbytcrian & Reformed, 1974.

______. "Double Trouble." *Journal of the Evangelical Theological Society* 32/2

(1989): 171-179.

Knoppers, Gary N. "Ancient Near Eastern Royal Grants and the Davidic Covenant: A Parallel?" *Journal of the American Oriental Society* 116/4 (1996): 670-697.

Koehler, L., and W. Baumgartner. *Hebräiches und Aramäisches Lexikon zum Alten Testament*. 3rd ed. Edited by W. Baumgartner, J. J. Stamm, and B. Hartmann. Leiden, Netherlands: Brill, 1967-1995.

______. *Lexicon in Veteris Testamemi Libros*. 2nd. ed. Leidcn, Netherlands: Brill, 1958, 1985.

Koehler, L., W. Baumgartner, et al. *The Hebrew and Aramaic Lexicon of the Old Testament*. Translated by M. E. J. Richardson. Study edition. 2 vols. Leiden, Netherlands: Brill, 2001.

Korošec, Viktor. *Hethitische Staatsverträge: Ein Beitrag zu ihrer juristischen Wertung*. Leipzig, Germany: T. Weicher, 1931.

Korpel, Marjo C. A. *A Rift in the Clouds: Ugaritic and Hebrew Descriptions of the Divine*. Münster, Germany: Ugarit-Verlag, 1990.

Kuen, Alfred. *Soixante-six en un: Introduction aux 66 livres de la Bible*. St-Légier: Editions Emmaüs, 2005.

Lambdin, Thomas O. *Introduction to Biblical Hebrew*. New York: Charles Scribner's Sons, 1971.

Lane, Daniel C. "The Meaning and Use of the Old Testament Term for 'Covenant' (bᵉrît): with Some Impications for Dispensationalism and Covenant Theology." PhD diss., Trinity International University, 2000.

Latto, A. "Second Samuel 7 and Ancient Near Eastern Royal Ideology." *Catholic Biblical Quarterly* 59 (1997): 244-269.

Leclerc, Thomas L. *Yahweh Is Exalted in Justice: Solidarity and Conflict in Isaiah*. Minneapolis: Fortress, 2001.

Lee, Chee-Chiew. "גוים in Genesis 35:11 and the Abrahamic Promise of Blessing for the Nations." *Journal of the Evangelical Theological Society* 52/3 (2009): 472.

Lee, Sung-Hun. "Lament and the Joy of Salvation in the Lament Psalms," In *The Book of Psalms: Composition and Reception*. Edited by Peter W. Flint and Patrick D. Miller, Jr. Supplements to Vetus Testamentum 94. Leiden, Netherlands: Brill, 2005.

Leithart, Peter J. *A House for My Name: A Survey of the Old Testament*. Moscow, 10: Canon, 2000. 『새로운 관점의 구약성경 읽기』(CLC 역간).

Levenson, Jon D. *Creation and the Persistence of Evil: The Jewish Drama of Divine Omnipotence*. San Francisco: Harper & Row, 1988.

______. *Theology of the Program of Restoration of Ezekiel 40-48*. Harvard Semitic Museum 10. Missoula, MT: Scholars Press, 1976.

Lewis, C. S. *The Abolition of Man*. London: Geoffrey Bles, 1943, 1946. 『인간폐지』 (홍성사 역간).

Lichtheim, Miriam. *Ancient Egyptian Literature: A Book of Readings*. 3 vols. Berkeley: University of California Press, 1976.

Liddell, H. G., R. Scott, and H. S. Jones, *A Greek-English Lexicon*. 9th ed. with revised supplement. Oxford: Oxford University Press, 1996.

Lohfink, Norbert, and Erich Zenger, *The God of Israel and the Nations: Studies in Isaiah and the Psalms*. Collegeville, MN: Liturgical Press, 1994. 『이스라엘의 하느님과 민족들』(가톨릭출판사 역간).

Lohr, Joel N. *Chosen and Unchosen: Conceptions of Election in the Pentateuch and Jewish Christian Interpretation*. Shiphrut 2. Winona Lake, TN: Eisenbrauns, 2009.

Longacre, Robert E. "The Analysis of Preverbal Nouns in Biblical Hebrew Narrative: Some Overriding Concerns." *Journal of Translation and*

Textlinguistics 5/3 (1992): 208-224.

________. "The Grammar of Discourse." In *Topics in Language and Linguistics*. Edited by Thomas A. Seboek and Albert Valdman. New York: Plenum, 1983.

________. "*Weqatal* Forms in Biblical Hebrew Prose." In *Biblical Hebrew and Discourse Linguistics*. Edited by Robert D. Bergen. 50-98. Dallas: SIL, 1994.

Lövestam, E. *Son and Saviour: A Study of Acts 13, 32-37. With an Appendix: 'Son of God' in the Synoptic Gospels*. Coniectanea Neotestamentica 18. Lund, Sweden: Gleerup, 1961.

Lundbom, J. "Haplography in the Hebrew Vorlage of Septuagint Jeremiah." Paper presented at the annual meeting of the Society of Biblical Literature, San Antonio, November 22, 2004.

Malamat, A. "'You Shall Love Your Neighbour as Yourself': A Case of Misinterpretation." In *Die Hebräische Bibel und ihre zweifache Nachgeschichte: Festschrift für Rolf Rendtorff zum 65*. Edited by E. Blum, C. Macholz, and E. W. Stegemann. 111-115. Neukirchen-Vluyn, Germany: Neukirchner Verlag, 1990.

Martens, Elmer A. *God's Design: A Focus on Old Testament Theology*. Grand Rapids, MI: Baker, 1981.

Mathews, Kenneth A. *Genesis 1-11:26*. New American Commentary 1A. Nashville: Broadman & Holman, 1996.

________. *Genesis 11:27-50:26*. New American Commentary lB. Nashville: Broadman & Holman, 2005.

McConville, J. Gordon. "Abraham and Melehizedek: Horizons in Genesis 14." In *He Swore an Oath: Biblical Themesfrom Genesis 12-50*. 2nd ed. Edited by R. S. Hess, G. J. Wenham, and P. E. Satterthwaite. 93- 118. Cambridge: Tyndale House, 1993, 1994.

McKenzie, Steven 1. *Covenant*. St. Louis: Chalice, 2000.

McCarter, P. Kyle, Jr. *II Samuel*. Anchor Bible 9. New York: Doubleday, 1984.

_______. "Two Bronze Arrowheads with Archaic Alphabetic Inscriptions." *Eretz-Israel* 26 (1999): 124*-128*.

Meade, John D. "The Meaning of Circumcision in Israel: A Proposal for a Transfer of Rite from Egypt to Jsrael." *Adorare Mente* 1 (2008): 14-29.

_______. "OT *Ḥesed* in the NT." Unpublished paper presented to faculty of The Southern Baptist Theological Seminary, 2006.

Mendenhall, George E. "The Conflict between Value Systems and Social Control." In *Unify and Diversity: Essays in the History, Literature, and Religion of the Ancient Near East*. Edited by Hans Goedicke and J. J. M. Roberts. 169-180. Baltimore: Johns Hopkins University Press, 1975.

_______. "Covenant Forms in Israelite Tradition." In *The Biblical Archaeologist Reader*. Vol. 3. Edited by Edward F. Campbell and David N. Freedman. New York: Doubleday. 1970.

_______. *The Tenth Generation: The Origins of the Biblical Tradition*. Baltimore: Johns Hopkins University Press, 1973.

Merrill, Eugene H. *Kingdom of Priests: A History of Old Testament Israel*. Grand Rapids, MI: Baker, 1987. 『제사장의 나라』(CLC 역간).

_______. "A Theology of the Pentateuch." In *A Biblical Theology of the Old Testament*. Edited by Roy B. Zuck. 7-87. Chicago: Moody, 1991.

Mettinger, T. N. O. *King and Messiah: The Civil and Sacral Legitimation of the Israelite Kings*. 259-274. Lund, Sweden: Gleerup, 1976.

Meyer, R., and H. Donner. *Wilhelm Gesenius Hebräisches und Aramäisches Handwörlerbuch das Aile Testament*. 18th ed. 6 vols. Berlin: Springer, 1987-2010.

Meyer, Rudolf. "Auffallcnder Erzählungstil in einem angeblichcn Auszug aus der 'Chronik der Konige von Juda'." In *Festschrift Friedrich Baumgärtel zum 70. Geburstag*. Edited by J. Herrmann and L. Rost. 115–122. Erlangen, Germany: Universitätsbund Erlangen, 1959.

Meyers, Carol L. *The Tabernacle Menorah: A Synthetic Study of a Symbol from the Biblical Cult*. American Schools of Oriental Research Dissertation Series 2. Missoula, MT: Scholars Press, 1976.

Milgrom, Jacob. *Leviticus 23-27*. Anchor Bible 38. New York: Doubleday, 2001.

Millard, Alan. "The Tablets in the Ark." In *Reading the Law: Studies in Honour of Gordon J. Wenham*. Edited by J. G. McConville and Karl Moller. Library of Hebrew Bible/Old Testament Studies 461.254–266. New York: T. & T. Clark, 2007.

Miller, Stephen R. *Daniel*. New American Commentary 18. Nashville: Broadman & Holman, 1994.

Min, Young-Jin. "The Minuses and Pluses of the LXX Translation of Jeremiah as Compared with the Masoretic Text: Their Classification and Possible Origins." PhD diss., Hebrew University of Jerusalem, 1977.

Mirqin, M. A., ed. *Midrash Rabbah*. Tel-Aviv: Yavneh, 1956.

Mitchell, David C. *The Message of the Psalter: An Eschatological Programme in the Book of Psalms*. Journal for the Study of the Old Testament: Supplement Series 252. Sheffield, UK: Sheffield Academic Press, 1997.

Moberly, R. W. L. *The Bible. Theology, and Faith: Abraham and Jesus*. Cambridge Studies in Christian Doctrine 5. Cambridge: Cambridge University Press, 2000.

Moon, Joshua N. *Jeremiah's New Covenant: An Augustinian Reading*. Journal of Theological Interpretation Supplement 3. Winona Lake, IN: Eisenbrauns, 2011.

Moran, William L., ed. and trans. *The Amarna Letters*. Baltimore/London: John

Hopkins University Press, 1987, 1992, 2002.

Morris, Henry M. *The Genesis Record: A Scientific and Devotional Commentary on the Book of Beginnings*. Grand Rapids, MI: Baker, 1976.

Morris, Leon. *Testaments of Love: A Study of Love in the Bible*. Grand Rapids, MI: Eerdmans, 1981.

Motyer, J. Alec. *Isaiah: An Introduction and Commentary*, Tyndale Old Testament Commentaries. Downers Grove, IL: InterVarsity Press, 1999.

______. *The Prophecy of Isaiah: An Introduction and Commentary*. Downers Grove, IL: InterVarsity Press, 1993.

Moulton, J. H., and W. F. Howard. *A Grammar of New Testament Greek, Vol. II: Accidence and Word-Formation*. Edinburgh: T. & T. Clark, 1929.

Muilenburg, James. "The Form and Structure of the Covenantal Formulations." *Vetus Testamentum* 9 (1959), 347-365.

Munch, Peter Andreas. *The Expression Bajjôm Hā hū: Is It an Eschatological Terminus Technicus?* Oslo: I Kommisjon hos Jacob Dybwad, 1936.

Muraoka, T. *A Greek-English Lexicon of the Septuagint*. Leuven, Belgium: Peeters, 2009.

______. "The Tell-Fekherye Bilingual Inscription and Early Aramaic." *Abr-Nahrain* 22 (1983- 1984): 79-117.

Murray, Donald F. *Divine Prerogative and Royal Pretension: Pragmatics. Poetics. and Polemics in a Narrative Sequence about David (2 Samuel 5.17-7.29)*. Journal for the Study of the Old Testament: Supplement Series 264. Sheffield, UK: Sheffield Academic Press, 1998.

Nash, Peter T. "The Hebrew Qal Active Participle: A Non-Aspectual Narrative Backgrounding Element." PhD diss., University of Chicago, 1992.

Newman, Robert C., John A. Bloom, and Hugh G. Gauch, Jr. "Public Theology and Prophecy Data: Factual Evidence that Counts for the Biblical World

View." *Journal of the Evangelical Theological Society* 46/1 (2003): 79-110.

Niehaus, Jeffrey J. *Ancient Near Eastern Themes in Biblical Theology*. Grand Rapids, MI: Kregel. 2008.

______. "An Argument against Theologically Constructed Covenants." *Journal of the Evangelical Theological Society* 50/2 (2007): 259-273.

______. "Covenant: An Idea in the Mind of God." *Journal of the Evangelical Theological Society* 52/2 (2009), 225-246.

Noonan, Benjamin J. "Abraham, Blessing, and the Nations: A Reexamination of the Niphal and Hitpael of ברך. in the Patriarchal Narratives." Hebrew Studies 51 (2010): 73-93 .

O'Brien, Peter T. *The Letter 10 the Ephesians*. Pillar New Testament Commentary. Grand Rapids. MI: Eerdmans, 1999.

Olley, J. W. "'Righteous' and Wealthy? The Description of the *Ṣaddîq* in Wisdom Literature." Colloquium 22 (1990): 38-45.

Oppenheim, A. Leo, et al, eds. *The Assyrian Dictionary*. Chicago: Oriental Institute, 1968.

Oswalt, J. W. "משׁח" In *New International Dictionary of Old Testament Theology and Exegesis*. Edited by Willem A. VanGemeren. 5 vols. 2:1123-1127. Grand Rapids, MI: Zondervan, 1997.

Oswalt, John N. *The Book of Isaiah: Chapters 40-66*. Grand Rapids, MI: Ecrdmans, 1998.

Parpola, Simo. *Letters From Assyrian Scholars to the Kings Esarhaddon and Assurbanipal. Part I: Texts*. Winona Lake, IN: Eisenbrauns, 2007.

______. *Letters from Assyrian Scholars to the Kings Esarhaddon and Assurbanipal, Part II: Commentary and Appendices*. Winona Lake, IN: Eisenbrauns, 2007.

Parpola, Simo, and Kazuko Watanabe. *Neo-Assyrian Treaties and Loyalty*

Oaths. State Archives of Assyria 2. Helsinki: Helsinki University Press, 1988.

Parry, Jason. "Desolation of the Temple and Messianic Enthronement in Daniel 11:36-12:3." *Journal of the Evangelical Theological Society*, 54/3 (2011): 485- 526.

Patrick, Dale. "The Covenant Code Source." *Vetus Testamentum* 27 (1977): 145- 157.

Pietersma, A. "Greek Jeremiah and the Land of Azazel in *Studies in the Hebrew Bible, Qumran, and the Septuagint, Presented to Eugene Ulrich*. Edited by Peter W. Flint, Emanuel Tov, and and James C. VanderKam. Supplements to Vetus Testamentum 101.403-413. Leiden, Netherlands: Brill, 2006.

_______. "Of Translation and Revision: From Greek Isaiah to Greek Jeremiah." In *Isaiah in Context: Studies in Honour of Arie van der Kooij on the Occasion of his Sixty-Fifth Birthday*. Edited by Michaël N. van der Meer, Percy van Keulen, Wido van Peursen, and Bas ter Haar Romeny. Supplements to Vetus Testamentum 138.359-387. Leiden, Netherlands: Brill, 2010.

Porter, Stanley E. "The Concept of Covenant in Paul." In *The Concept of the Covenant in the Second Temple Period*. Edited by Stanley E. Porter and Jacqueline C. R. de Roo. Supplements to the Journal for the Study of Judaism 71. 269-285. Leiden, Netherlands: Brill, 2003.

Preuss, H. D. "דָּמָה *dāmāh*; דמות." In *Theological Dictionary of the Old Testament*. Edited by G. Johannes Botterweck and Helmer Ringgren. 15 vols. 3:250-260. Grand Rapids, MI: Eerdmans, 1978.

Pritchard, James B., ed. *Ancient Near Eastern Texts Relating to the Old Testament*. 3rd ed. with supplement. Princeton, NJ: Princeton University Press, 1969.

Qimron, E., and J. Strugnell. *Miqṣat Ma'aśe HaTōrah*. Qumran Cave 4. Vol. 5.

Discoveries in the Judean Desert 10. Oxford: Clarendon, 1994.

Rae, Murray. "Texts in Context: Scripture in the Divine Economy." Journal of Theological Interpretation 1/1 (2007): 1-21.

Rendtorff, Rolf. *Die "Bundesformel": eine exegetisch-theologische Untersuchung*. Stuttgart: Katholisches Bibelwerk, 1995.

______. *The Covenant Formula: An Exegetical and Theological Investigation*. Trans. Margaret Kohl. Old Testament Studies. Edinburgh: T. & T. Clark, 1998.

Renz, Thomas. "The Use of the Zion Tradition in the Book of Ezekiel." In *Zion, City of Our God*. Edited by Richard S. Hess and Gordon J. Wenham. 86-87. Grand Rapids, MI: Eerdmans, 1999.

Ringgren, H. "שׁוֹפָר *šôpār*" In *Theological Dictionary of the Old Testament*. Edited by G. Johannes Botterweck, Helmer Ringgren, and Heinz-Josef Fabry. 15 vols. 14:541-542. Grand Rapids, MI: Eerdmans, 2004.

Robertson, O. Palmer. *The Christ of the Covenants*. Phillipsburg, NJ: Presbyterian & Reformed, 1980. 『계약신학과 그리스도』(P&R 역간).

Rooker, Mark F. *Biblical Hebrew in Transition: The Language of Ezekiel*. Journal for the Study of the Old Testament: Supplement Series 90. Sheffield: JSOT Press, 1990.

Rose, Wolter H. *Zemah and Zerubbabel: Messianic Expectations in the Early Postexilic Period*. Journal for the Study of the Old Testament: Supplement Series 304. Sheffield, UK: Sheffield Academic Press, 2000.

Ross, Allen P. *Introducing Biblical Hebrew*. Grand Rapids, MI: Baker, 2001.

Ruprecht, Eberhard. "Der Traditionsgeschictliche Hintergrund der Einzelnen Elemente von Genesis XII 2-3." *Vetus Testamentum* 29 (1979): 444-464.

______. "Vorgegebene Tradition und Theologische Gestaltung in Genesis XII 1-3." *Vetus Testamentum* 29 (1979): 171-188.

Sailhamer, John H. *The Meaning of the Pentateuch: Revelation, Composition, and Interpretation*. Downers Grove, IL: InterVarsity Press, 2009. 『모세 오경 신학』(새물결플러스 역간).

Sakenfeld, Katharine D. *Faithfulness in Action: Loyalty in Biblical Perspective*. Philadelphia: Fortress, 1985.

________. *The Meaning of Hesed in the Hebrew Bible: A New Inquiry*. Harvard Semitic Monographs 17. Missoula, MT: Scholars Press, 1978.

Schenker, Adrian. *Das Neue am neuen Bund und das Alte am alten: Jer 31 in der hebräischen und griechischen Bibel*. Forschungen zur Religion und Literatur des Alten und Neuen Testaments 212. Göttingen, Germany: Vandenhoeck & Ruprecht, 2006.

________. "Est-ce que Ie livre de Jérémie fut publié dans une édition rcfondue au 2ᵉ siécle? La multiplcité textuelle peut-elle coexister avec l'édition unique d'un livre biblique?" In *Un Carrefour dans l'histoire de la Bible: Du texteà la théologie au IIᵉ siécle avant J.-C*. Edited by Innocent Himbaza and Adrian Schenker. Orbis biblicus et orientalis 233.58-74. Fribourg, Switzerland: Academic Press, 2008.

Schmidt, Werner. *The Faith of the Old Testament*. Philadelphia: Westminster, 1983.

Schniedewind, William M. *How the Bible Became a Book: The Textualization of Ancient Israel*. Cambridge: Cambridge University Press, 2004.

________. *Society and the Promise to David: The Reception History of 2 Samuel 7:1-17*. Oxford: Oxford University Press, 1999.

Schullz, Richard. "The King in the Book of Isaiah." In *The Lord's Anointed: Interpretation of Old Testament Messianic Texts*. Edited by P. E. Satterthwaite, Richard S. Hess, and Gordon J. Wenham. 141- 165. Grand Rapids, MI: Baker, 1995.

Scofield, C. I., ed. *The New Schofield Reference Bible*. Oxford: Oxford University Press, 1970.

Seitz, Christopher. "The Call of Moses and the 'Revelation' of the Divine Name: Source-Critical Logic and Its Legacy." In *Theological Exegesis: Essays in Honor of Brevard S. Childs*. Edited by Christopher Seitz and Kathryn Greene-McCreight. Grand Rapids, MI: Eerdmans, 1995.

________. *Word Without End: The Old Testament as Abiding Theological Witness*. Grand Rapids, MI: Eerdmans, 1998.

Shulman, Ahouva. "The Use of Modal Verb Forms in Biblical Hebrew Prose." PhD diss., University of Toronto, 1996.

Sivan, Daniel. *Grammatical Analysis and Glossary of the Northwest Semitic Vocables in Akkadian Texts of the 15th-13th C.B.C. from Canaan and Syria*. Alter Orient und Altes Testament 214. Neukirchen-Vluyn, Germany: Neukirchener, 1984.

Smend, Rudolf. *Die Bundesformel*. Theologische Studien 68. Zürich: EVZ-Verlag, 1963.

Smith, George Adam. *The Book of Isaiah*. 2 vols. New York: Doubleday, 1927.

Smith, M. "God Male and Female in the Old Testament: Yahweh and His 'Asherah'." Theological Studies 48 (1987): 333–340.

Soderlund, Sven. *The Greek Text of Jeremiah. A Revised Hypothesis*. Journal for the Study of the Old Testament: Supplement Series 47. Sheffield, UK: JSOT Press, 1985.

Sommer, Benjamin D. *A Prophet Reads Scripture: Allusion in Isaiah 40-66*. Stanford, CA: Stanford University Press, 1998.

Spicq, Ceslas P. *Theological Lexicon of the New Testament*. Translated and edited by James D. Ernest. Peabody, MA: Hendrickson, 1994.

Stamm, Johann J., and Maurice E. Andrew. *The Ten Commandments in Recent*

Research, Studies in Biblical Theology, Second Series 2. Naperville, IL: Alec R. Allenson, 1967.

Steinmann, Andrew E. *Daniel*. Concordia Commentary. Saint Louis: Concordia, 2008.

Stek, John H. "'Covenant' Overload in Reformed Theology." *Calvin Theological Journal* 29 (1994): 12-41.

Stendebach, F. J. "צֶלֶם ṣelem" In *Theological Dictionary of the Old Testament*. Edited by G. Johannes Botterweck, Helmer Ringgren, and Hcinz-Josef Fabry. 15 vols. 12:386-396. Grand Rapids, MI: Eerdmans, 2003.

Sterchi, David A. "Does Genesis 1 Provide a Chronological Sequencc?" *Journal of the Evangelical Theological Society* 39/4 (1996): 529-536.

Stipp, H.-J. Das masoretische und alexandrinische Sondergut des Jeremiabuches- Textgeschichlicher Rang, Eigenarten, Triebkräfte. Orbis biblicus et orientalis 136. Fribourg. Switzerland: Éditions Univcrsitaires/ Göttingen, Germany: Vandenhoeck & Ruprecht, 1994.

Stoebe, Hans J. *Das zweite Buch Samuelis*. Kommentar zum Alten Testament VIII 2. Gutersillh. Gennany: Gutersloher, 1994.

Stol, M. *Birth in Babylonia and the Bible: Its Mediterranean Setting*. Cuneifom Monographs 14. Groningen, Netherlands: Styx, 2000.

Stulman, Louis. *The Other Text of Jeremiah: A Reconstruction of the Hebrew Text Underlying the Greek Version of the Prose Sections of Jeremiah With English Translation*. Lanham, MD: University Press of America, 1985.

______. *The Prose Sermons of the Book of Jeremiah: A Redescription of tthe Correspondences with the Deuteronomistic Literature in the Light of Recent Textual Research*. SBL Dissertation Series 83. Atlanta: Scholars Press, 1986.

Thompson, J. A. *The Book of Jeremiah*. New International Commentary on the Old Testament. Grand Rapids, MI: Eerdmans, 1980.

Tigay, J. *The Evolution of the Gilgamesh Epic*. 152-156. Philadelphia: University of Pennsylvania Press, 1982.

Tov, Emanuel. "The Characterization of the Additional Layer of the Masoretic Text of Jeremiah." *Eretz-Israel* 26 (1999): 55-63.

______ . "Exegetical Notes on the Hebrew *Vorlage* of the Septuagint of Jeremiah 27 (34)." In *The Greek and Hebrew Bible: Collected Essays on the Septuagint*. Edited by E. Tov. 315-332. Leiden, Netherlands: Brill, 1999.

______ . "The Literary History of the Book of Jeremiah in Light or Its Textual History." In *The Greek and Hebrew Bible: Collected Essays on the Septuagint*. Edited by E. Tov. 363-384. Leiden, Netherlands: Brill, 1999.

______ . "The Nature of the Large-Scale Differences between the LXX and MT S T V, Compared with Similar Evidence in Other Sources." In *The Earliest Text of the Hebrew Bible: The Relationship between the Masoretic Text and the Hebrew Base of the Septuagint Reconsidered*. Edited by Adrian Schenker. Septuagint and Cognate Studies 52. 121-144. Atlanta: Scholars Press, 2003.

______ . "The Septuagint as a Source for the Literary Analysis of Hebrew Scripture." In *Exploring the Origins of the Bible: Canon Formation in Historical, Literary, and Theological Perspective*. Edited by Craig A. Evans and Emanuel Tov. 31-56. Grand Rapids, MI: Baker, 2008.

______ . *The Septuagint Translation of Jeremiah and Baruch–A Discussion of an Early Revision of the LXX of Jeremiah 29-52 and Baruch 1:1-3:8*. Harvard Semitic Monographs 8. Missoula, MT: Scholars Press, 1976.

Trobisch, David. *The First Edition of the New Testament*. Oxford: Oxford University Press, 2000.

______ . *Paul's Letter Collection*. Minneapolis: Fortress, 1994.

Vander Laan Ray, with Judith Markham. *Echoes of His Presence: Stories of the Messiah from the People of His Day*. Colorado Springs: Focus on the Family, 1996.

van der Merwe, Christo H. J., Jackie A. Naudé, and Jan H. Kroeze. *A Biblical Hebrew Reference Grammar*. Biblical Languages: Hebrew 3. Sheffield, UK: Sheffield Academic Press, 1999.

van Soldt, Wilfred H. *Studies in the Akkadian of Ugarit: Dating and Grammar*. Alter Orient und Altes Testament 40. Neukirchen-Vluyn, Germany: Neukirchener, 1991.

Veijola, Timo. "The Witness in the Clouds: Ps 89:38." *Journal of Biblical Literature* 107/3 (1988): 413-417.

Vita, Juan-Pablo. "The Society of Ugarit." In *Handbook of Ugaritic Studies*. Edited by W. G. E. Watson and N. Wyatt. Handbook of Oriental Studies I: The Near and Middle East 39. 455-498. Leiden, Netherlands: Brill, 1999.

Wacholder, Ben Zion. "The Calendar of Sabbatical Cycles during the Second Temple and the Early Rabbinic Period." *Hebrew Union College Annual* 44 (1973): 153-196.

Walsh, Brian. "The Church in a Postmodern Age: Ten Things You Need to Know." In *Good Idea! A Resource Sheet on Evangelism and Church Growth* 3/4. Toronto: Wyclitfe College Institute of Evangelism, 1996, 1-5.

Waltke, Bruce K. *The Book of Proverbs: Chapters 1-15*. New International Commentary on the Old Testament. Grand Rapids, MI: Eerdmans, 2004.

________. "The Book of Proverbs and Old Testament Theology." *Bibliotheca Sacra* 136 (1979): 302-317.

Waltke, Bruce K., with Cathi 1. Fredricks, *Genesis: A Commentary*. Grand Rapids, MI: Zondervan, 2001.

Waltke, Bruce K., with Charles Yu, *An Old Testament Theology*. Grand Rapids, MI: Zondervan, 2007. 『구약신학』(부흥과개혁사 역간).

Waltke, Bruce K., and Michael P. O'Connor. *An Introduction to Biblical Hebrew Syntax*. Winona Lake, IN: Eisenbrauns, 1990.

Walton, John H. *Ancient Near Eastern Thought and the Old Testament*. Grand Rapids, MI: Baker, 2006.『고대 근동 사상과 구약성경』(CLC 역간).

______. *Covenant: God's Purpose. God's Plan*. Grand Rapids, MI: Zondervan, 1994, 72-73.

______. "Deuteronomy: An Exposition of the Spirit of the Law," *Grace Theological Journal* 8/2 (1987), 213-225.

______. *Genesis*. NIV Application Commentary. Grand Rapids, MI: Zondervan, 2001.

______. *Genesis One as Ancient Cosmology*. Winona Lake, IN: Eisenbrauns, 2011.『창세기 1장과 고대 근동 우주론』(새물결플러스 역간).

______. "Interpreting the Bible as an Ancient Near Eastern Document." In Israel- Ancient Kingdom or Late Invention? Archaeology, Ancient Civilizations, and the Bible}. Edited by Daniel I. Block. 306-309. Nashville: Broadman & Holman, 2008.

______. *The Lost World of Genesis One: Ancient Cosmology and the Origins Debate*. Downers Grove, IL: InterVarsity Press, 2009.

Watson, W. G. E. "Ugaritic Onomastics (1)." *Aula Orientalis* 7 (1990): 113-127.

Weinfeld, M. "בְּרִית *bĕrît*." In *Theological Dictionary of the Old Testament*. Edited by G. Johannes Botterweck, Helmer Ringgren and Hcinz-Josef Fabry. 15 vols. 2:253-279. Grand Rapids, MI: Eerdmans. 2003.

______. "Book of Deuteronomy." In *The Anchor Bible Dictionary*. Edited by David N. Freedman. New York: Doubleday, 1992.

______. "The Covenant of Grant in the Old Testament and in the Ancient Near East." *Journal of the American Oriental Society* 90 (1970): 184-203.

______. *Deuteronomy 1-11: A New Translation with Introduction and*

Commentary. Anchor Bible 5. New York: Doubleday, 1991.

———. *Deuteronomy and the Deuteronomic School*. 1972. Repr., Winona Lake, IN: Eisenbrauns, 1992.

———. "Sabbath. Temple, and the Enthronement or the Lord – The Problem of the Sitz im Leben of Gen. 1:1-2:3." In *Melanges bibliques et orientaux en l'honneur de M. Henri Cazelles*. Edited by A. Caquot and M. Delcor. Alter Orient und Altes Testament 212. 501-512. Kevelaer. Germany: Butzon & Becker, 1981.

Wenham, Gordon J. *Exploring the Old Testament: A Guide to the Penateuch*. Downers Grove, IL: InterVarsity Press, 2003.

———. *Genesis 1-15*. Word Biblical Commentary I. Waco, TX: Word, 1987. 『창세기 1-15』(솔로몬 역간).

———. "Sanctuary Symbolism in the Garden of Eden Story." In *I Studied Inscriptions from before the Flood: Ancient Near Eastern, Literary. and Linguistic Approaches to Genesis 1-11*. Sources for Biblical and Theological Study 4. Edited by Richard S. Hess and David Toshio Tsumura. 399-404. Winona Lake, IN: Eisenbrauns, 1994.

Westermann, Claus. *Basic Forms of Prophetic Speech*. Translated by Hugh Clayton While. Louisville: Westminster/John Knox, 1991.

———. *Das Buch Jesaia: Kapitel 40-66*. 2nd ed. Göttingen, Germany: Vandenhoeck & Ruprecht, 1970.

Wheaton, Byron L. "Abraham, Land, and Stewardship: Reading the Abraham Narratives for their Contribution to Israel's Land Ethic." PhD diss., Westminster Theological Seminary, 2001.

Whitelam, K. W. "Israelite Kingship: The Royal Ideology and Opponents." In *The World of Ancient Israel*. Edited by R. E. Clements. 119-140. Cambridge: Cambridge University Press, 1989.

Wilcock, Michael. *I Saw Heaven Opened: The Message of Revelation*. The Bible Speaks Today. Downers Grove, IL: InterVarsity Press, 1975. 『요한계시록 강해』 (IVP 역간).

Williams, Ronald J. *Williams' Hebrew Syntax*. 3rd ed. Revised and expanded by John C. Beckman. Toronto: University of Toronto Press, 2007.

Williamson, H. G. M. "'The Sure Mercies of David': 'Subjective or Objective Genitive'?" *Journal of Semitic Studies* 23 (1978): 31-49.

______. *Variations on a Theme: King, Messiah and Servant in the Book of Isaiah*. Carlisle, UK: Paternoster, 1998.

Williamson, Paul R. *Abraham, Israel, and the Nations: The Patriarchal Promise and Its Covenantal Development in Genesis*. Journal for the Study of the Old Testament: Supplement Series 315. Sheffield, UK: Sheffield Academic Press, 2000.

______. *Sealed with an Oath: Covenant in God's Unfolding Purpose*. New Studies in Biblical Theology 23. Downers Grove, IL: InterVarsity Press, 2007.

Winston, David. *The Wisdom of Solomon*. Anchor Bible 43. New York: Doubleday, 1979.

Wolff, Hans Walter. *Anthropology of the Old Testament*. Philadelphia: Fortress, 1974.

______. "The Kerygma of the Yahwist." *Interpretation* 20 (1966): 131-158.

Wright, Christopher J. H. *Deuteronomy*. Peabody, MA: Hendrickson, 1996.

______. *The Mission of God: Unlocking the Bible's Grand Narrative*. Downers Grove, IL: InterVarsity Press Academic, 2006. 『하나님의 선교』(한국 IVP 역간).

Wright, N. T. *The Climax of the Covenant*. Minneapolis: Fortress, 1991.

______. *Following Jesus: Biblical Reflections on Discipleship*. 57-59. Grand Rapids, MI: Eerdmans, 1995. 『나를 따르라』(살림출판사 역간).

______. *Jesus and the Victory of God*. Christian Origins and the Question of God 2. Minneapolis: Fortress, 1996. 『예수와 하나님의 승리』(크리스천다이제스트 역간.)

______. *The New Testament and the People of God*. Minneapolis: Fortress, 1992.

Youngblood, Kevin J. "Beyond Deuteronomism: Jeremiah's Unique Theological Contribution." Paper presented at Lipscomb University, 2009.

Younger, K. Lawson, Jr. "Shalmaneser III and Israel." In *Israel-Ancient Kingdom or Late Invention? Archaeology, Ancient Civilizations. and the Bible*. Edited by Daniel I. Block. 225-256. Nashville: Broadman & Holman, 2008.

Zobel, H.-J. "חֶסֶד ḥesed." In *Theological Dictionary of the Old Testament*. Edited by G. Johannes Botlerweck and Helmer Ringgren. 15 vols. 6:44-64. Grand Rapids, MI: Eerdmans, 1986.

Zogbo. Lynell. "Interrace entre l'exégèse et la traduction de la Bible: le cas de l'infinitif absolu en hébreu." Paper presented at 2010 International Symposium May 25-26, Montreal.

Zuckermann, Benedict. *Über Sabbathjahrcyclus lind Jubelperiode*. Breslau, Germany: W. G. Korn, 1866.

Hardy, Chip 577n35, 810n1

Harriman, Jim 571n17

Hasel, Gerhard F.(하젤) 29n2, 42n18,
  49n31, 364

Hays, Richard B. 136n29, 957n35

Heim, Knut M.(하임) 578

Heimpel, W. 570n17

Helseth, Paul Kjoss 118n4

Hess, Richard S.(헤스) 258n2, 267n12, 364-
  365, 368, 592, 616n99, 646n15, 916n89

Hill, C. E., 199n15

Hoch, Carl B., Jr. 921n91

Hodge, A. A. 118n4

Hodge, Charles 85n67, 101n97, 118n4

Hoehner, Harold W.(훼너, 해롤드 W.) 782,
  817

Hoekema, Anthony A.(후크마, 앤서니 A.)
  62n15, 852n7, 854, 857n15, 876n36,
  923n94, 1007n117

Hoffecker, W. Andrew 39n13

Holmstedt, Robert 667n23

Horton, Michael S.(호튼, 마이클 S.) 29,
  30n3, 45n22, 80-81, 83-84, 85n67, 87,
  88n73, 90n75, 93-95, 99n93, 100n95,
  130-131, 133n27, 138, 159n63, 162n70,
  869, 934-935, 953, 960n41, 1009

Hoskins, Paul M.(호스킨스, 폴 M.) 146,
  149n48, 151n52

House, Paul R.(하우스, 폴 R.) 215, 283n37,
  351

Hövar-Johag, I.(회베르-요하그, I.) 577

Hoyt, H. 66n26

Huffmon, Herbert(후퍼몬, 허버트) 486

Hugenberger, Gorodn(휴겐버거) 190-191

Hwang, Jerry(황, 제리) 544, 549, 552

Ice, Thomas, D. 56n2

Irenaeus(이레나이우스) 38, 268

Janzen, J. G.(얀젠) 418

Jenni, Ernst(예니, 에른스트) 232n37, 241,
  289, 414, 460n35, 586n47

Jerome(히에로니무스) 484, 724,

Jewett, Paul K. 168n81, 169n83

Johnson, Elliot(존슨, 엘리엇) 68, 172n85

Johnston, Gordon 571n18

Johnston, Philip 1005n112

Jónsson, Grunnlauger A. 268n13

Josephus(요세푸스) 606, 786, 791, 805

Joüon, Paul 272n18, 339n16

Jowett, Benjamin 39n14

Justin Martyr(순교자 유스티누스) 818n9

Kaiser, Walter C., Jr.(카이저, 월터 C., Jr.)
  90n75, 134n28, 574n28, 575, 586, 590,
  591, 594n65, 913, 1006n114, 1009

Kalluveettil, Paul 571n18

Kant, Immanuel(칸트, 임마누엘) 125

Kasari, Petri 578n36

Kaufman, Stephen A. 526n13

Kearney, Peter J.(커니) 310, 310n84, 311,
  311n88

Kedar-Kopfstein, B. 378n16

Keel, Othmar 276n21

Keller, Timothy(켈러, 티머시) 409, 410

Kempf, Stephen(켐프, 스티븐) 341n22,
  764n4

Kim, Yoo-Ki(유기 김) 453

Kitchen, K. A.(키친) 192n6, 516, 519, 522,
523n9, 569n11
Kline, Meredith G.(클라인, 메러디스 G.)
75n42, 93, 396, 704n14, 788n33
Knoppers, Gary N. 571n18
Korošec, Viktor(코로첵, 빅토르) 526
Köstenberger, Andreas J. 941n12
Kroeze, Jan H. 546n44
Kuen, Alfred 763n4
Kulikovsky, Andrew S. 848n4, 889n54
Kuyper, Abraham(카이퍼, 아브라함) 45,
46n24

Labuschagne, Casper J.(라부샹) 381
Ladd, George E.(래드, 조지 E.) 38n9, 70,
126n15, 139n33, 945n17
Lambdin, Thomas O. 272n18, 339n16
Lane, Daniel C.(레인, 대니얼 C.) 191
Lane, William L.(레인, 윌리엄 L.) 128, 963,
965
Leclerc, Thomas L. 625n3, 639n11,
829n24, 830n25
Lee, Chee-Chiew(리) 347, 348n26, 419,
422n69
Lee, Sung-Hun 586n47
Leithart, Peter J.(레이하르트, 피터 J.)
112n119, 508-510, 544
Letham, Robert 936n5, 960n40, 961n43
Levenson, Jon D. 309n81, 670n27
Lightner, Robert(라이트너, 로버트) 965,
972n65, 975n68
Lindbeck, George(린드벡, 조지) 130
Lints, Richard(린츠, 리처드) 45n22, 132,
144n41, 145, 146, 149

Lohfink, Norbert(로핑크, 노르베르트) 430,
431, 576n32, 643, 648n16
Lohr, Joerl N. 349
Longacre, Robert E. 361n2, 454n24
Longenecker, Richard N. 998n99
Lövestam, E.(뢰베스탐) 602, 604n88
Lucas, Richard 33n7
Lundbom, Jack R. 743n34
Lusk, Rich 1001n104
Luther, Martin 875n36

Macleod, Donald 969n59
Malamat, A.(말라마트) 476n57, 821,
822n15
Manson, William(맨슨, 윌리엄) 852
Marshall, I. Howard 940n12, 972n63
Martens, Elmer A.(마튼스, 엘머 A.) 201-202
Mathews, Kenneth A.(매튜스, 케네스, A.)
234, 294-295, 300, 335-336, 361, 365,
367n7, 369-370, 395, 396n34, 405n46
McCarter, P. Kyle 577n33
McCartney, Dan 117n2, 134n28, 139n33,
878n40
McClain, A. 66n26
McConville, J. Gordon 342n23, 343n24,
443n6, 670n28
McCormick, Micah J.(맥코믹, 미카 J.)
948n21, 951n24, 952
McEvenue, Sean E.(맥어버뉴) 385
McKenzie, Steven L. 579n38
McKim, Donald K. 118n4
Meade, Joh D.(미드, 존 D.) 21, 206, 393,
395n32, 446n9, 465n45, 527n16, 810n1,
840n40

Pickle, Bob 781, 787

Pietersma, A. 743n34

Plantinga, Alvin 42n16

Porter, Stanley E. 727n27

Poythress, Vern(포이트레스, 번) 46n26,
    56n1, 58, 62n15, 64n21, 82, 158n62,
    863n22

Pratt, Richard L, Jr. 90n76, 94n83, 95n87,
    981n74

Preus, Robert D. 118n4

Preuss, H. D. 279n28

Radmacher, Earl D. 118n4

Rae, Murray 629n8

Reisinger, John G. 33n6, 166n78

Rendtorff, Rolf(렌토르프, 롤프) 391, 532,
    541

Renz, Thomas 646

Reymond, Robert 105n105, 896n70,
    937n7, 945n17, 992n91

Richter, Sandra(리히터, 산드라) 18

Robertson, O. Palmer(로버트슨, 팔머 O.)
    80n54, 86n69, 89n73, 257, 393

Rogers, Jack B. 118n4

Rooker, Mark F. 682n32

Rose, Wolter H.(로즈, 볼티 H.) 750, 752

Rosner, Brian(로스터, 브라이언) 46

Ross, Allen P. 339n16

Ross, Mark E. 110n114

Ruprecht, Eberhard(루프레흐트, 에버하르
    트) 353

Ryrie, Charles C.(라이리, 찰스 C.) 56n2,
    59n11, 66n26, 70

Sailhamer, John H.(세일해머, 존 H.) 548-
    549

Sakenfeld, K.(자켄펠트) 206

Saucy, Robert 56n1

Saunders, Marc 743n34

Scalise, Charles J. 159n62

Schaeffer, Francis A.(쉐퍼, 프란시스 A.) 247

Schenker, Adrian(쉥커, 아드리안) 724n25,
    739, 742, 744

Schmidt, Werner(슈미트, 베르너) 297

Schnabel, E. J. 119n7

Schniedewind, William M. 443n6, 577n34

Schreiner, Thomas R.(슈라이너, 토마스 R.)
    21, 46n26, 845, 851n6, 853n9

Schröten, Jutta(슈뢰텐, 주타) 430

Schultz, Gary(슐츠, 게리) 966

Schultz, Richard(슐츠, 리처드) 258

Scobie, C. H. H. 38n9, 43n20

Scofield, C. I.(스코필드) 57, 64n21

Seitz, Christopher(세이츠) 487, 587

Shulman, Ahouva 336n13

Smend, Rudolf(스멘트, 루돌프) 391

Smith, Bill 993n93

Smith, George Adam 591n58

Smith, Gregory 571n17

Smith, M. 274n20

Soderlund, Sven 743n34

Sommer, Benjamin D. 601n81

Spicq, Ceslas P. 820n13

Sproul, R. C. 932n2

Stamm, Johann J.(스탐) 230n30, 475,
    736n30

Stein, Robert H. 103n102

Steinmann, Andrew E.(스테인만, 앤드류 E.)

언약과 하나님 나라

Copyright ⓒ 새물결플러스 2017

1쇄 발행 2017년 12월 8일
3쇄 발행 2023년 2월 21일

지은이 피터 J. 젠트리 & 스티븐 J. 웰럼
옮긴이 김귀탁
펴낸이 김요한
펴낸곳 새물결플러스

편 집 왕희광 정인철 노재현 이형일 나유영 노동래
디자인 박인미 황진주
마케팅 박성민 이원혁
총 무 김명화 이성순
영 상 최정호 곽상원
아카데미 차상희

홈페이지 www.holywaveplus.com
이메일 hwpbooks@hwpbooks.com
출판등록 2008년 8월 21일 제2008-24호
주 소 (우) 07214 서울특별시 마포구 마포대로19길 33
전 화 02) 2652-3161
팩 스 02) 2652-3191

ISBN 979-11-6129-044-7 93230

책값은 뒤표지에 있습니다.